Herbert Glötzl

Prinzipien effektiven Unterrichts

Handbuch für die
Erziehungs- und Unterrichtspraxis

Ernst Klett Verlag
Stuttgart Düsseldorf Leipzig

Dr. Herbert Glötzl
Grund- und Hauptschullehrer; Praktikumslehrer; Promotion in Pädagogik und Psychologie; Seminarrektor; Schulrat; Referent in der Lehreraus- und Fortbildung

Gedruckt auf Papier aus
chlorfrei gebleichtem Zellstoff, säurefrei.

Die Deutsche Bibliothek – CIP-Einheitsaufnahme

Ein Titeldatensatz für diese Publikation ist bei der Deutschen Bibliothek erhältlich.

1. Auflage 2000 A

Internetadresse: http://www.klett-verlag.de
E-Mail: klett-kundenservice@klett-mail.de
Redaktion: Christine Thirase-Nitzschke, Herrenberg
Umschlaggestaltung: Axel Reis, Stuttgart
Grafik: Rudolf Hungreder, Leinfelden-Echterdingen
Satz: Hahn Medien GmbH, Kornwestheim
Druck: Auer, Donauwörth
Printed in Germany
ISBN 3-12-924402-6

Inhalt

Band 1

Band 2

Vorwort

Seit einigen Jahren beklagen Lehrerinnen und Lehrer vor allem in städtischen Ballungsgebieten sinkende Lern- und Arbeitsmotivation, unangepasste Verhaltensweisen, fehlende Kooperations- und Konfliktfähigkeit der Kinder und Jugendlichen. Medien berichten von einer zunehmenden Gewaltbereitschaft aufgrund familiärer und gesellschaftlicher Veränderungen und fehlender beruflicher Perspektiven.[1] Zudem weisen Ergebnisse vergleichender internationaler Schulleistungsstudien darauf hin, dass die Durchschnittsleistungen unserer Schüler in Mathematik und naturwissenschaftlichen Fächern nur im internationalen Mittelfeld liegen.[2] Politiker mahnen eine rasche Reform unserer Schulen, Hochschulen und Universitäten im Hinblick auf ein effektives, persönlichkeitsbildendes, wertorientiertes, praxisbezogenes, internationales, vielgestaltiges Bildungssystem an, das jungen Menschen grundlegende Sach- und Fachkenntnisse und notwendige Kompetenzen und Schlüsselqualifikationen zum selbstständigen Wissenserwerb, zur Problem- und Konfliktlösung, zur Teamarbeit mit anderen und zur Entwicklung von Selbstkompetenz vermittelt.[3]

Als erste Reaktion darauf wurden nationale Bildungsprogramme auf Bund-Länder-Ebene und Beteiligungen an internationalen Schulleistungsstudien in die Wege geleitet und auf Länderebene jährliche vergleichende Schulleistungstests in einzelnen Fächern beschlossen.[4] Produktorientierte Leistungstests führen aber nicht automatisch zu einem effektiveren Unterricht, wenn dieser den Schülern beispielsweise in naturwissenschaftlichen Fächern nicht in viel größerem Umfang selbstständiges, problemlösend-entdeckendes Handeln und Lernen ermöglicht. Auch die Renaissance reformpädagogischen Gedankenguts, die sich in einer Vielzahl didaktisch-methodischer Unterrichtshilfen, in Stundenentwürfen, Arbeitsblättern und pädagogischen Erfahrungsberichten vor allem zu Formen offenen Unterrichts wie Freiarbeit, Wochenplan- oder Projektunterricht, zur Handlungsorientierung und zum autonomen Lernen ausdrückt, bewirkt nicht automatisch einen effektiveren Unterricht.[5] Entscheidend für die Effizienz von Unterricht ist, ob es Lehrern durch ihr Handeln gelingt, „die Schüler zu aktivieren, zu eigenen Denkanstrengungen zu bewegen, sie bei der produktiven Überwindung von Denkanstrengungen und Fehlern zu unterstützen, ... ihnen beim Aufbau einer geordneten Wissensbasis behilflich zu sein und ihnen notwendig werdende remediale Unterstützung zukommen zu lassen“ (Weinert/Helmke 1996, S.225).[6] Unterricht wirkt darüber hinaus nur dann persönlichkeitsbildend, wenn er in einer Atmosphäre des Vertrauens und der gegenseitigen Wertschätzung neben Sachkompetenz auch Sozial- und Selbstkompetenz vermittelt und Wertorientierung ermöglicht. Angesichts zunehmender Verhaltensprobleme einzelner Schüler ist dies von besonderer Bedeutung.

Den Lehrkräften kommt die Schlüsselrolle bei der Steigerung der Effizienz unserer Schulen und der Umsetzung angestrebter Reformen zu.[7] Von ihnen hängt es ab, ob Unterricht lernwirksam und effektiv für die Schüler wird. Sie können ihnen das Lernen nicht abnehmen. Sie initiieren, unterstützen und fördern aber durch eine effektive Unterrichtsgestaltung und durch ihr erzieherisches Wirken, ihr Vorbild, ihre Einstellungen und Haltungen kognitive, psychomotorische, soziale, emotional-affektive, wertorientierte, persönlichkeitsbildende Lernprozesse der Schüler. Das erzieherische Handeln der Lehrkräfte ist dabei das Grundprinzip eines effektiven Unterrichts.

Gegenstand dieses Buches ist die Verwirklichung eines effektiven, erzieherisch wirksamen Unterrichts in unserem gegenwärtigen Schulsystem. Auf der Grundlage eines kognitiv-konstruktivistischen Verständnisses von Lernen werden durch viele Praxisbeispiele zahlreiche Möglichkeiten aufgezeigt, wie durch Realisierung der theoretisch begründeten Prinzipien erzieherischen Handelns und effektiver Unterrichtsgestaltung die Effektivität eines traditionellen lehrergesteuerten wie offenen Unterrichts oft recht einfach erheblich gesteigert werden kann.

In Teil A des Bandes wird explizit dargelegt, wie durch das Grundprinzip erzieherischen Handelns die erzieherischen Voraussetzungen für Unterricht geschaffen werden können, d. h. ein verständnisvolles Vertrauensverhältnis zu Schülern aufgebaut, soziale und wertorientierte Lernprozesse initiiert und gefördert und Konflikte durch aggressives Schülerverhalten zusammen mit Schülern, Eltern und Fachleuten gelöst werden können. Der Grundlagenteil A sollte deshalb im Zusammenhang mit dem Grundlagenkapitel B I gelesen werden. Letzteres gibt einen Überblick über das zugrunde liegende Lernkonzept und über Modellvorstellungen, wie Wissen und Kompetenzen von den Schülern aufgebaut, verarbeitet, abgespeichert, bei Bedarf abgerufen und angewandt werden können.
Alle weiteren Kapitel über die Prinzipien effektiver Unterrichtsgestaltung wie Zielorientierung, Strukturierung und Passung des Unterrichts, Motivierung, Interessenweckung und Aktivierung der Schüler, Sicherung der Unterrichtsergebnisse und Feststellung und Bewertung der Schülerleistungen können einzeln studiert werden. Das Buch erfüllt damit den Anspruch eines Studien- und Handbuchs. Es vermittelt als Studienbuch Studierenden aller Lehrämter eine strukturierte theoretische Grundlegung zentraler, aber subjektiv ausgewählter und gewichteter Prinzipien des pädagogischen und didaktisch-methodischen Handelns. Ausgespart bleiben beispielsweise Möglichkeiten der Integration behinderter Schüler in den Regelunterricht. Als Handbuch liefert es Lehramtsanwärtern, Referendaren und praktizierenden Lehrkräften viele Anregungen für ihre tägliche Erziehungs- und Unterrichtspraxis.

Mein besonderer Dank gilt meiner Familie für die langjährige Unterstützung, große Nachsicht und die vielen Impulse, des weiteren meinem verehrten Lehrer, Herrn Professor Dr. Helmut Heid, vielen Freunden, Kolleginnen und Kollegen in Schulaufsicht, Seminar und Schulleitung, namentlich Herrn Leitenden Regierungsschuldirektor Bernhard Czinczoll und Schulrätin Beate Spitzer, für hilfreiche Anregungen.

Lappersdorf, im Januar 2001 — Herbert Glötzl

1 Vgl. A II/4.2
2 Vgl. Baumert/Lehrmann 1997; B I/1
3 Vgl. Herzog 1997, S. 1001 ff.; A I/2
4 Vgl. BLK 1997; Baumert u. a. 1999; OECD 1999; Brockmeyer 1999; B VIII/1
5 Vgl. Jürgens 1995c; Heid 1992, 1996; B VI/3.2
6 Vgl. Weinert 1998, S. 114 ff.
7 Vgl. Hentig 1994, Struck 1994

A

Die erzieherischen Voraussetzungen für einen effektiven Unterricht schaffen

I Die Aufgaben von Schule und Unterricht angesichts einer veränderten Kindheit und Jugendzeit

Mit Sorge betrachten viele Lehrer[1] die Zunahme sozialpsychologischer Probleme in ihren Schulklassen. Der Anteil der Kinder und Jugendlichen, die wegen Leistungs-, Lern- und Konzentrationsschwierigkeiten Erziehungsberatungsstellen aufsuchen, nimmt stetig zu. Medizinische und psychiatrische Stellen weisen auf zunehmende gesundheitliche und psychische Störungen hin. In vielen Klassen fallen hyperaktive, nervöse, verhaltensauffällige und aggressive Schüler auf. Besonders beunruhigend sind der ansteigende Gebrauch legaler wie illegaler Drogen, vor allem Alkohol und Nikotin, der beängstigende Medikamenten- und Arzneimittelkonsum Jugendlicher und die steigende Anzahl jugendlicher Selbstmorde.[2]

Der Schulalltag wird heute durch veränderte Formen von **Störungen** und **Auffälligkeiten** belastet: **Überaktivismus** tritt vor allem in der Grundschule als Zappeligkeit, Herumwandern, Aufspringen, Herumschreien, Nicht-zuhören-Können, Nie-bei-der-Sache-Sein auf. Damit ist nicht das medizinisch diagnostizierte hyperaktive Syndrom gemeint, sondern das Verhalten gesunder Kinder.

In den Haupt- und Berufsschulklassen kann man immer öfter **Passivismus** in Form von generellem Desinteresse, Müdigkeit, Lustlosigkeit und geringer Sprechbereitschaft beobachten. Die genannten Beispiele sind beiläufige, fast allgegenwärtige, permanente Belastungen und Störungen, nicht planmäßige, mutwillige oder inszenierte.

Daneben zeigt sich vor allem in städtischen Ballungsgebieten mit ihrer Kumulierung sozialpsychologischer Probleme bei einer Minderheit von Schülern ein Anstieg **verbaler Aggressionen** und **gewalttätigen Verhaltens**. Einem Teil der Schüler fehlen aufgrund ihrer spezifischen Sozialisation und Schulkarrieren oft interaktive, dialogische Kompetenzen, Können und Geschick zur Konfliktlösung.

Jede dieser Verhaltensauffälligkeiten will uns auf etwas hinweisen, enthält eine Botschaft, die es zu entziffern gilt, ist ein Signal für eine Störung in der Lebenswelt des Kindes.

Verhaltensauffällige Schüler und Unterrichtsstörungen gibt es in vielen Klassen. Bei manchen Lehrern treten sie aber gehäuft auf. Dies liegt nicht nur an der Zusammensetzung der Klasse, an ihrem Einzugsgebiet oder am Unterricht, sondern oft an grundlegenden Beziehungsproblemen. Wahrnehmung, Einschätzung und Interpretation von Unterrichtsstörungen und Verhaltensauffälligkeiten sind subjektiv und von Lehrer zu Lehrer verschieden. Sie hängen von seinem Geschlecht, Alter, seiner Lebensgeschichte, Persönlichkeit, Berufserfahrung, Berufszufriedenheit, Gesundheit und von seinen Alltagstheorien und seinem Menschenbild ab.
Je massiver Lehrer Schwierigkeiten mit einzelnen Schülern erleben, um so schneller schreiben sie ihnen die Verantwortung dafür zu. Früher hatten die Lehrer Disziplinschwierigkeiten, heute haben die Schüler Verhaltensstörungen.[3]
Versucht man die Ursachen für diese Entwicklungen aufzudecken und dann Konsequenzen für die Schule zu reflektieren, müssen auch die nachfolgend nur schlagwortartig aufgelisteten, auf die Schule rückwirkenden Veränderungen in den Familien, im sozialen, gesellschaftlichen Umfeld, in den Wert- und Lebensorientierungen, im Freizeitbereich und im Schul- und Ausbildungssystem bedacht werden.

1 Erscheinungsformen einer veränderten Kindheit und Jugendzeit

1.1 Veränderte Lebens- und Familiensituationen[4]

Unsere heutige Gesellschaft ist durch eine starke **Singularisierung** und **Individualisierung** geprägt. Einem Drittel junger, lediger oder allein stehender, alter Menschen steht eine fast gleich große Gruppe kinderloser Ehepaare oder jener in der nachelterlichen Phase und eine nur unwesentlich größere Gruppe der Familien mit Kindern gegenüber. Die Familiengründung wird im Interesse einer qualifizierten Ausbildung und eigenständigen Berufsposition immer weiter hinausgeschoben.
Entscheiden sich Partner für Kinder, dann bleiben sie überwiegend zusammen, so dass die große Mehrheit aller Kinder während der gesamten Kindheit und Jugendzeit bei ihren verheirateten bzw. zusammenlebenden Eltern aufwächst. „Bei den übrigen Kindern dominieren Kindschaftsverhältnisse, die weniger durch das Fehlen eines Elternteils, sondern vielmehr durch multiple Elternschaft infolge erneuter Aufnahme einer (ehelichen) Beziehung durch den Elternteil, mit dem das Kind eine Haushaltsgemeinschaft bildet, bestimmt ist. Sehr selten sind dagegen Kindschaftsverhältnisse, die nicht durch Ehen oder die Legalisierung vorehelicher Kinder, sondern durch dauerhaft-nichteheliche Lebensgemeinschaften konstituiert werden" (NAUCK 1993, S. 957f.).
Rund 18 % aller Kinder wachsen heute als Einzelkinder, zwischen 48 und 60 % mit Bruder oder Schwester in einer Zwei-Kinder-Familie auf. In den großen urbanen Zentren sind Drei- und Vier-Kinder-Familien fast völlig verschwunden. Dies gilt auch für Mehrgenerationenfamilien mit älteren Erwachsenen einer weitläufigen Ver-

wandtschaft. Allerdings haben vier Fünftel aller Kinder regelmäßige Kontakte zu ihren Großeltern, die sich angesichts gestiegener Lebenserwartungen über einen längeren Zeitraum als früher erstrecken.[5] Immer weniger Kinder können in der Familie soziale Erfahrungen des Umgangs mit mehreren Geschwistern und dem anderen Geschlecht, des Teilens, Streitens und der gemeinsamen Freude sammeln. Einzelkinder weisen oft erhebliche soziale Defizite auf, obwohl sie viel stärker als Kinder mit Geschwistern durch die intellektuelle Ansprache der Erwachsenen in ihrer kognitiven Entwicklung gefördert werden. Sie lernen häufig nicht, angemessen mit Gleichaltrigen zu kooperieren, auf sie einzugehen, sich in sie einzufühlen, Aufgaben solidarisch zu lösen.
Da in den Großstädten nicht nur die Ehe als Lebensform an Bedeutung verloren hat, sondern auch die Scheidungsquoten extrem hoch sind, tritt dort der relative Anteil der Alleinerziehenden viel deutlicher in unser Bewusstsein, ohne insgesamt tatsächlich massiv zugenommen zu haben. Durch die Trennung steigt für den sorgeberechtigten Elternteil das Risiko, mit seinen Kindern unter die Armutsgrenze zu sinken und Sozialhilfeempfänger zu werden.[6]
Früh werden Kinder auch von Sorgen und Problemen der Erwachsenen durch Scheidung, Arbeitslosigkeit, Krankheit, Alkoholismus, finanzielle Belastungen, von überzogenen Leistungserwartungen und Umweltängsten „erdrückt". Besonders belastend für die Entwicklung der Kinder ist die Konfrontation mit Partnerkonflikten, Ehescheidungen und die Beeinträchtigung des Erziehungsverhaltens der Mutter. Die Kinder müssen besonders bei Scheidungen lernen, „sich mit wechselnden Familienformen zu arrangieren,... Bindungen aufzugeben, mit Verlust fertig zu werden. Sie lernen früh, was Verlassenwerden und Abschied bedeuten" (BECK-GERNSHEIM 1994, S. 12). Jede Trennung der Eltern ist mit vielfältigen Veränderungen der Lebenssituation verbunden. Die Kinder bleiben aber infolge des reduzierten Kontakts zum ausgezogenen Elternteil, dem Abbrechen der Beziehung zu ehemaligen Verwandten, dem Erwerbseintritt der Mutter, durch finanzielle Knappheit, Wohnungs- und Schulwechsel immer häufiger mit ihren Problemen und Wünschen allein und reagieren mit Trennungsängsten, Schlafstörungen, Regressionen oder Aggressionen.[7] Zu ihrem Problemverhalten trägt ein wenig unterstützendes und inkonsistentes Erziehungsverhalten der Mutter kurz nach der Scheidung bei. Unter neuen Partnerbeziehungen leiden besonders Jugendliche. Sie reagieren heftiger und schneller mit Normverstößen auf mangelnde Zuwendung und Reziprozität in der Beziehung zu den „Eltern" und auf ineffiziente Kontrollversuche, vor allem des Stiefvaters.
Überwiegend in der Ein-Kind-Familie verändern sich durch die zunehmende und bei Alleinerziehung notwendige Berufstätigkeit der Mutter gravierend die Kommunikationsmöglichkeiten mit den Kindern und die Gestaltung des Nachmittags. Unterschiedlichste Zeitregelungen von Kindergarten, Schule, Hort, verschiedenen Berufen, die Öffnungszeiten von Geschäften usw. bestimmen die mit erheblichem physischem und psychischem Aufwand durchgeführte Verplanung des Tagesablaufs und Familienalltags. Gelingen diese Abstimmungsleistungen nicht, bedrohen sie den Familienverbund.

Verschiedene Schul-, Spiel- und Fernsehzeiten wirken sich schon in der Grundschule auf die **Freizeitgestaltung** und das **Spielverhalten** aus. Kinder und Jugendliche übernehmen aus den Medien sehr schnell Moden, Musikkulturen und Trends, z. B. das Inline-Skaten oder Mountain-Biking. Die Aktivitäten von Kindern und Jugendlichen verlagern sich in städtischen Gebieten mit den beengten Wohnverhältnissen von der Straße mit drohendem Verkehrskollaps und Staus hin auf Spielplätze, Jugendzentren, Kindertageseinrichtungen, auf institutionalisierte Freizeitangebote von Sportvereinen, Musik-, Mal- und Ballettschulen oder bei fehlenden Angeboten oder finanziellen Ressourcen auf die Freizeitgestaltung zu Hause. Von dieser **Verhäuslichung** sind besonders Mädchen und Kinder der oberen Mittelschicht betroffen, die mehr Zeit für Schul- und Hausarbeiten verwenden. Mädchen stehen weit häufiger als Jungen aus Sorge der Eltern vor sexueller Bedrohung unter deren Beaufsichtigung und nützen deshalb intensiver die verschiedensten musisch-kreativen wie sportlichen Angebote.[8] In der Stadt spielen schon Grundschulkinder am Nachmittag nach telefonischer Verabredung hauptsächlich mit einem bestimmten gleichaltrigen Spielpartner und sammeln kaum noch Sozialerfahrungen durch Spielen in größeren Gruppen. Kinder und Jugendliche allein erziehender Eltern werden oft lange in Horten betreut. Andererseits erhöht das häufige Auf-sich-allein-gestellt-Sein ihren alltäglichen Entscheidungsspielraum bei der Gestaltung des Nachmittags, aber auch ihre Verantwortung für die Konsequenzen ihrer Entscheidungen. In ihrem Leben dominiert der Konsum audiovisueller Medien, der zu Passivität und reduzierten Sozial- und Umweltkontakten führt.[9]

Mit den Familienstrukturen verändert sich auch das Erzieherverhalten. Eltern versuchen, ihre Kinder durch einen **liberalisierten Erziehungsstil**, durch Appelle, Überzeugungsversuche bzw. Gewährenlassen verstärkt zu Kommunikation, Selbstständigkeit und Verantwortungsbereitschaft zu erziehen. Schlägt dies aber in **Forderungs- und Verzichtslosigkeit** (alles bekommen können, nichts verboten bekommen), in indifferente Erwartungen und Entscheidungen um, so werden die Kinder überfordert und auf sich selbst zurückgeworfen. Das macht sie anfällig für überraschende, rigide Formen des Anspruchs, des Verzichts, der Begrenzung und des Aufschubs von Seiten verschiedener politischer Gruppierungen oder religiöser Sekten.[10] Andere Eltern erdrücken ihre Kinder oft durch **Überbetreuung**, wieder andere durch unkontrollierte, aus Unsicherheit erwachsende aggressive Reaktionen. Verwerflich sind zunehmende rein egoistische, die kindliche Würde missachtende sexuelle Übergriffe.

Auch auf diese **Widersprüche im elterlichen Erzieherverhalten** machen die Kinder durch ihr Verhalten aufmerksam: Sie wollen Anerkennung und Aufmerksamkeit gewinnen und schießen dabei durch Clownereien, Herumrennen, Widersprechen dauernd über das Ziel hinaus. Sie begehren gegen Grenzen auf und sehnen sich gleichzeitig danach. Sie setzen ohne Rücksicht auf andere ihren Willen durch, lassen andere Meinungen nicht gelten und reagieren bei Widersprüchen sofort verbal aggressiv, akzeptieren aber ohne Murren Anweisungen und Verbote eines anerkannten Erwachsenen oder Gleichaltrigen oder ziehen sich durch Passivität ganz aus dem Unterricht zurück.

1.2 Veränderte Lebensorientierungen, Lebensstile und Werte sowie der Einfluss der Gleichaltrigengruppen[11]

Unsere Kinder wachsen in eine Zeit hinein, in der Medien, Motorisierung, Auslandsreisen unseren Horizont erweitern und Genuß, Konsum, Freizeit und Freizügigkeit dominieren. Noch nie durchliefen Jugendliche so **lange Ausbildungs- und Studiengänge**, waren so lange vom Broterwerb freigesetzt, als soziale Gruppe und als kaufkräftige, souveräne Konsumenten im Wirtschaftsprozess so bedeutend wie heute. Die teilweise bis in das dritte Lebensjahrzehnt hineinreichende wirtschaftliche Abhängigkeit von den Eltern steht aber dem gleichzeitigen früheren **Streben nach Selbstständigkeit, Unabhängigkeit** und **Individualität** entgegen. Freundschaften beginnen früher, die soziale Reife in Bezug auf das andere Geschlecht ist vorverlegt. Die nichtehelichen Lebensgemeinschaften und das Ledigsein sind Alternativen zu Ehe und Familie und Teil der Lebensvorstellungen der meisten Jugendlichen. Alle Erwartungen hinsichtlich der Erfüllung sexueller Wünsche oder der Bewältigung von Einsamkeit konzentrieren sich dann auf einen Partner. Dieser hohe emotionale Anspruch führt leicht zu Überforderung, Enttäuschung und schneller Trennung bei auftretenden Schwierigkeiten. Die Bereitschaft, Bindungen in Partnerschaften, Familie oder Gleichaltrigengruppen trotz Konflikten aufrechtzuerhalten und zu verteidigen, ist reduziert.

In der Pubertät bedingt die soziale Ablösung vom Elternhaus, seinen Wertvorstellungen und Beziehungsmustern zuerst eine **Hinwendung zu Gleichaltrigengruppen**, zu Peer-groups. Sie vermitteln häufig die Standards für die Orientierung im Konsumsektor und prägen, unterstützt von den Musikkanälen und Jugendprogrammen der Medien, teilweise eine eigene Jugendkultur aus, die die Entfaltung eines eigenen Lebensstils ermöglicht und sich im Sprach- und Musikwahlverhalten und in Ansprüchen an Kleidung, Freizeitgestaltung, Urlaub, Reisen, Motorisierung ausdrückt.[12] Wer hier nicht mithalten kann oder wem, wie vielen Hauptschülern, Verhaltensstrategien fehlen, um materielle „Mängel" durch geschickte Selbstdarstellung zu kompensieren, gerät allzu leicht in die Gefahr, Unzufriedenheit, Neid, Verbitterung, Minderwertigkeitsgefühle zu entwickeln. Peer-groups verschaffen ihren Mitgliedern eine Basis für soziale Selbstdarstellung, die in Familien und Schulen in diesem Umfang nicht gewährt wird. Sie vermitteln ihren Mitgliedern durch das Zusammengehörigkeitsgefühl soziale Sicherheit, Anerkennung und Selbstwert, fördern zuweilen aber recht fragwürdige Verhaltensweisen wie Zerstörungswut unter Alkoholeinfluss, Diebstähle, Raubüberfälle und Schlägereien. Peer-groups können die Funktion einer psychischen Stabilisierung der Jugendlichen übernehmen, bis sich ein neuer Beziehungsmodus mit ihren Eltern eingependelt hat. Scheitern aber die Beziehungen zu Eltern oder Gleichaltrigen, kommen Jugendliche mit dem Gesetz in Konflikt oder gewinnen keine tragfähige Wertorientierung, so prägt dies ihre Einstellungen zur nachkommenden Generation, zur Gesellschaft und zum Staat.

Die Veränderungen lassen sich auch am **Wertewandel** ablesen. Die in westlichen Industriegesellschaften anzutreffende **Individualisierung** der Menschen, ihrer Lebensbedingungen und gesellschaftlichen Beziehungen fordert von ihnen zunehmend individuelle, selbst zu verantwortenden Entscheidungen. Gleichzeitig ist die religiöse

Bindung als stärkster Rückhalt und als Legitimation für Werte erschüttert. Standen bei den Eltern als Nachkriegsgeneration materielles Wohlergehen und Sicherheitsdenken, Erwerbs- und Leistungsstreben mit Pflicht- und Akzeptanzwerten wie Fleiß, Ehrgeiz, Disziplin, Pflichtbewusstsein im Vordergrund, wird von ihren Kindern das Gewicht mehr auf **Selbstentfaltungswerte** gelegt, auf individuell hoch geschätzte Werte und Lebensqualitäten wie die freie Entfaltung des Individuums, Lebensgenuss, Mobilität, Selbstständigkeit bei der Bewältigung von Aufgaben und Problemen, Freude und Spaß an sinnvollen Arbeitsinhalten, die Erfolgserlebnisse und Anerkennung durch andere vermitteln. Selbstständigkeit wird zunehmend auch von der Elterngeneration der 30- bis unter 54-jährigen als wichtig erachtet. In ihr stehen nonkonforme Idealisten der 68er-Generation, die die Gesellschaft sehr kritisch betrachten, Pflicht- und Akzeptanzwerte geringer einschätzen und die Selbstentfaltung besonders engagiert betonen, neben aktiven Realisten mit ausgeprägten Selbstentfaltungs-, Pflicht- und Akzeptanzwerten. Letztere setzen sich eigene Ziele, streben attraktive, mit Erfolgserlebnissen, Einfluss und Prestige verbundene Tätigkeiten an, halten gleichzeitig aber konservative Werte wie Familie, Partnerschaft, Freundschaft, soziale Kontakte zu anderen hoch und zeigen Interesse an gesellschaftlichen Problemen. Sie wollen etwas Sinnvolles und Nützliches innerhalb und für die Gesellschaft tun. Auch bei den Jugendlichen gibt es beide Persönlichkeitstypen.
Seit Mitte der 80er Jahre nimmt aber vor allem in der Großstadt mit geringerer sozialer Kontrolle der neue Persönlichkeitstyp des Konsumjugendlichen stark zu. Sein Interesse gilt dem Lebensgenuss auf der Basis eines hohen Lebensstandards, der Suche nach Spaß, Zerstreuung, Entspannung, Anregung und Kick, nicht aber den Problemen der Gesellschaft und der Welt. Diese Jugendlichen integrieren sich kaum in Familie, Partnerschaft und Nachbarschaft. Warum sollen sie beispielsweise rücksichtsvoll sein, wenn sie täglich erleben, dass Egoisten Vorteile haben? Ihre ausgeprägte Gegenwartsorientierung („Ich will leben, jetzt, sofort, intensiv.") wird ihnen täglich in den Medien vorgeführt.
Werden diese Erfahrungen Jugendlichen aufgrund fehlender Ausbildungs- und Arbeitsplätze oder beschränkter finanzieller Mittel der Eltern verweigert, gelangen zunehmend vordergründige Wert- und Arbeitsorientierungen zum Zug, wie z. B. „Hauptsache Kohle, wie auch immer". Der wichtige Motivationsfaktor der Freude an selbstständiger Arbeit und Leistung, die Abwechslung, Herausforderung und Erfolgserlebnisse bieten kann, wird dann zurückgedrängt. Das nicht nur in fehlgelaufenen Sozialisationsprozessen, sondern auch bei der Suche nach einem Ausbildungs- oder Arbeitsplatz erfahrene „Nicht-gebraucht-Werden" führt zu **Perspektive- und Orientierungslosigkeit** und erschüttert nochmals das schwach ausgeprägte Selbstbild. Die gesellschaftlichen Probleme der Massenarbeitslosigkeit, des Lehrstellenmangels, des Sozialabbaus und der Verarmungsprozesse werden von Jugendlichen als drängendste Probleme der späten 90er Jahre empfunden. Sie bedrohen und verunsichern ihren Schritt in ein selbst bestimmtes Erwerbsleben. Jugendliche fühlen sich von der Politik und den Erwachsenen im Stich gelassen und einflusslos. Dieses Nicht-gebraucht-Werden drängt sie auch zu verstärktem Anschluss an gleich Betroffene, zu spontanem Aufbegehren aus Langeweile und Untätigkeit oder zu unkritischem Annehmen „einfacher", politisch extremer Problemlösungen.[13]

Die Mehrzahl der Jugendlichen ist sehr sensibel für die **Widersprüchlichkeiten** und **Werteunsicherheit** in unserer Gesellschaft. Die Komplexität und Undurchschaubarkeit gesellschaftlichen, wirtschaftlichen Handelns und globaler Probleme, die Perspektivlosigkeit realer Politik, die Diskrepanz zwischen moralischem Anspruch und konkretem Handeln der Kirchen, die Unglaubwürdigkeit vieler Erwachsener machen es Heranwachsenden schwer, zu einer positiven Wertorientierung zu gelangen. Eltern mangelt es an Konsequenz und Sicherheit in Erziehungsfragen, echte Vorbilder und Autoritäten fehlen. Selbst die Staatsgewalt setzt Jugendlichen bei Gesetzesübertretungen zu wenig oder zu spät Grenzen.

1.3 Veränderte Freizeitgestaltung und Medieneinfluss[14]

Kinder und Jugendliche betreiben in ihrer Freizeit im Alter von 10 bis 13 Jahren vor allem Sport wie Schwimmen, Fußballspielen, Radfahren, sind mit Gleichaltrigen und Freunden zusammen, hören Musik oder gehen ins Kino. Ähnliches gilt für ältere Jugendliche bis 24 Jahre, die mit Freund oder Freundin Musik hören, fernsehen, in die Disco, ins Kino, auf Rock-Pop-Konzerte oder auf Parties gehen. Medien bestimmen unter dem Aspekt von Spaß und Vergnügen einen Großteil ihrer Freizeit, vor allem Fernsehtätigkeiten und Computerspiele. „Jugendliche sind in einem großen Maß frei und unkontrolliert beim Aufbau von medienbestimmten Aktionsrahmen während ihrer Freizeit. In diesem Feld geben die Eltern oft sehr früh auf und versuchen nicht einmal, ihre Kinder zu regulieren oder zu erziehen" (SPANHEL 1995, S. 59). Über Satellitenantennen und Kabelnetze können über 100 Fernseh- und Radioprogramme einer gigantischen Medienindustrie empfangen werden. Kinder sitzen dann oft stundenlang vor dem Fernsehgerät. Besonders jüngere Haupt- und Berufsschüler konsumieren täglich bis zu dreieinhalb Stunden aktion-, gewalt- und unterhaltungsorientierte Fernsehsendungen mit ständig wechselnden Bildern. Sie kommen vor allem aus Familien mit niedrigerem sozialem Status. Ältere Schüler weiterführender Schulen bevorzugen informationsorientierte Sendungen und lesen zudem mehr Bücher.[15] Selbst scheinbar objektive Nachtrichtensendungen überfluten die Heranwachsenden mit Negativmeldungen, die allzu leicht eine Übermacht und Unlösbarkeit der Probleme suggerieren.

Kindheit ist für viele vor allem **Medien-Kindheit**. Kinder und Jugendliche sind dabei aber nicht nur als Empfänger und Konsumenten von Medien zu betrachten. Bildschirmmedien wie Fernsehen und Multimediasysteme eröffnen ihnen neue Welten, erweitern ihre Erfahrungsmöglichkeiten, geben Anlässe für Gruppenaktivitäten und Kommunikation, motivieren zu spielerischen Aktivitäten und sprechen vorrangig die affektive Seite ihrer Persönlichkeit an. Jugendliche benutzen Medien aktiv und absichtsvoll zur Erweiterung ihrer Alltagswelt, auch „zu all den tabuisierten Bereichen des Erwachsenenlebens" (SPANHEL 1995a, S.59)[16]. Den positiven Aspekten stehen aber eine bedenkliche Einengung auf Erfahrungen aus zweiter Hand und vielfach **negative Folgen des übermäßigen Medienkonsums** gegenüber. Kinder und Jugendliche machen heute kaum noch primäre Erfahrungen durch den unmittelbaren Umgang mit Dingen und Menschen, durch Handeln und Erfassen mit allen Sinnen. Besonders bei Kindern mit hohem Fernsehkonsum und geringen Sozialbeziehungen zeigen sich Defizite bei Aufmerksamkeit und Konzentrationsfähigkeit, beim Sprechen, Zuhören, Verstehen und Behalten von Gesagtem. Passiv erwarten sie sofortige Befriedigung ihrer auch von der Werbung geweckten Bedürfnisse und schnelle Problemlösungen, zeigen aber wenig Eigeninitiative und Ideen zur sinnvollen Freizeitbeschäftigung und geringe Bereitschaft, sich bei schwierigen Aufgaben anzustrengen.

Beängstigend sind vor allem die vielen Gewaltdarstellungen. Zu den Hunderten von Fernsehmorden pro Woche kommen vor allem in den Vorabendprogrammen noch zahllose Schlägereien, Betrügereien, Ehebrüche. Actionteile können durch Kanalspringen dann gezielt gesucht und aneinander gereiht werden. Kanalspringen und Videoclips ersetzen das konzentrierte Sehen eines Programms.
Besonders besorgniserregend ist das Ausmaß des Videokonsums Jugendlicher. Vor allem über Freunde und Bekannte haben fast alle 13- bis 18-jährigen Zugang zu Videos. Rund ein Fünftel der Jugendlichen konsumiert als Intensivseher zusätzlich zum Fernsehen täglich bzw. mehrmalig pro Woche einen Videofilm. Fatal ist, dass unter den gewaltverherrlichenden Action-, Porno- und Kriegsfilmen rund ein Drittel indizierte und rund ein Zehntel beschlagnahmte Filme sind mit einem extremen Ausmaß an Action, Gewalt, Härte und Sex.
Der Konsum gewaltverherrlichender Fernsehsendungen und Videos hat unmittelbare **physische** und nachfolgende **psychische Auswirkungen,** wie Herzklopfen, ein flaues Gefühl im Magen, Gefühle wie Angst, Ekel und Alpträume, und kann bei frühzeitigem und dauerhaftem Medienkonsum zu Persönlichkeitsveränderungen wie massiven Angstzuständen, durch den Gewöhnungseffekt zu emotionaler Abstumpfung, vor allem aber zu verstärkter spontaner, auch verbaler Aggressivität und gesteigerter Aggressionsbereitschaft, zu gehäuften Verhaltensauffälligkeiten in der Schule und zur Kriminalität führen. Medialer Gewaltkonsum dient auch zur Kompensation von geringem Selbstwertgefühl und zur Flucht vor der Realität in eine Scheinwelt, die bestehende Schwierigkeiten aber nicht löst.[17] Über die Identifikation mit Negativmodellen führt exzessiver Gewaltmedienkonsum zu geringerer moralischer Urteilsfähigkeit, zur Befürwortung nationalsozialistischer Orientierungen und zur Annäherung an entsprechende Organisationen und Peer-groups. Demokratische Verhaltensweisen wie Achtung vor der Würde des Menschen, Toleranz, Beistand für Schwächere und das Bemühen um gewaltfreie Konfliktlösungen kommen nicht in diesen Medien vor. Bedrückend ist die Ratlosigkeit und zum Teil sogar Gleichgültigkeit der Eltern als Reaktionen auf dieses Phänomen.
Auch Video- und Computerspiele können negative Auswirkungen haben. Exzessive Vielseher wechseln meist zwischen Fernsehen, Video- und Computerspielen. Kinder und Jugendliche benutzen am häufigsten Abschuss- und Kampfspiele, dann Geschicklichkeits- und Sportspiele, selten Denk- und Logikspiele. Obwohl sie nicht generell als bedenklich einzustufen sind und das Interesse an den Spielen nach Abklingen des Neuigkeitseffektes schwindet, erscheint doch der starke Anstieg indizierter Spiele, die Gewalt verherrlichen, den Nationalsozialismus verklären oder harte Pornographie enthalten, besonders problematisch.[18]

1.4 Veränderte Bildungserwartungen der Eltern und mögliche Ursachen sozialpsychologischer Probleme von Kindern und Jugendlichen

Die Bildungssituation ist charakterisiert durch eine **längere Schulzeit** und den Trend zum Besuch weiterführender Bildungseinrichtungen, während die Hauptschule trotz intensiver Reformbemühungen bezüglich der Anerkennung qualifizierender Abschlüsse wie des mittleren Bildungsabschlusses der 10. Jahrgangsstufe oder des Qualifizierten beruflichen mittleren Bildungsabschlusses (Quabi), die dem Realschulabschluss gleichgesetzt sind, an Zuspruch verliert.[19]
Nach wie vor zeigen sich im Bildungsverhalten schichtspezifische Unterschiede. Wenngleich Arbeiterkinder von der Bildungsexpansion der 70er Jahre profitierten, verschoben sich dennoch die Erfolgsquoten zugunsten einer Privilegisierung der Kinder aus Beamten-, Angestellten- und Selbstständigenfamilien. Ihre bildungsinteressierten Elternhäuser fördern zudem eine stärkere musische Ausrichtung des Freizeitverhaltens wie das Spielen eines Musikinstruments, besonders der klassischen wie Klavier und Geige, die Einbindung in Musik-, Ballettschulen und Vereinsaktivitäten und in die damit verbundenen kulturellen und sozialen Lernmöglichkeiten. Das gelernte Können unterstützt das schulisches Lernen und verleiht individuelles Ansehen, z. B. als Mitglied des Schulorchesters. Durch das Eingebunden-Sein in Bildungsangebote und Vereinsaktivitäten können soziale Schlüsselqualifikationen wie „ein kompetentes und selbstständiges Zeitmanagement, Planungs- und Konfliktlösekompetenzen, ein sozial verträgliches Durchsetzungsvermögen oder der angemessene Umgang mit Informations- und Beratungsangeboten" angeeignet werden (BÜCHNER/KRÜGER 1996, S. 27 ff.).
Dieser Bildungsanspruch führt zur **Verschulung der Vorschul- und Freizeit** unserer Kinder. Statt Freizeit stehen am Nachmittag Schularbeiten, Nachhilfestunden, Besuche von Arbeitsgruppen und zusätzliche Förderung durch die Mutter als „Hauslehrerin" auf dem Programm. Erbringen dann die Kinder in der Schule nicht die erwarteten Leistungen, üben viele Eltern über Nachhilfe starken Druck auf sie aus, um den angestrebten Bildungsabschluss doch noch zu erreichen.

Eine Enttäuschung der familialen Berufs- und Statuserwartungen durch schlechte Schulleistungen, durch Nichtaufnahme in die Wunschschule, Versetzungsgefährdung, Klassenwiederholung, Schulwechsel, Notwendigkeit von Nachhilfe kann Ausgangspunkt lang andauernder Konflikte sein, die das Auftreten **psychischer und physischer Stresssymptome** mitbewirken und verstärken. Je größer die Belastungen durch Leistungsanforderungen der Schule, durch die elterlichen Bildungserwartungen und vor allem durch emotionale Spannungen und Konflikte mit den Eltern beim gleichzeitigen Ablösungsversuch von der Familie und beim Aufbau eines neuen Lebensstils sind, desto häufiger klagen Jugendliche über Angst vor dem nächsten Schultag, Sorgen, die Schule nicht zu schaffen, über gesundheitliche Beschwerden von Kopfschmerzen bis zu Konzentrations- und Magenbeschwerden. Der Konsum von Medikamenten ist ebenso wie der legaler oder illegaler Drogen ein untaugliches Mittel, einer unbefriedigenden Schulsituation mit ihren Leistungsanforderungen und familiären Problemen zu begegnen und somit in eine Scheinwelt zu fliehen. Dies gilt auch für den exzessiven Medienkonsum. Hoch sensible Jugendliche mit geringem

Selbstvertrauen, Selbstwertgefühl und persönlicher Stabilität können dann in tiefe Depressivität und moralische Verstörung geraten und bei fehlender sozialer Unterstützung mit Kurzschlusshandlungen bis zum Selbstmord reagieren.[20]

Diese Prozesse können durch einen handlungsarmen, rein fachwissenschaftlich und frontal ausgerichteten Unterricht, der oftmals die Lernvoraussetzungen und -bedürfnisse der Schüler missachtet, sie zu rezeptivem Lernverhalten drängt und mit schnell aufgenommenem, nicht vielseitig durchgearbeitetem und deshalb bald wieder vergessenem Wissen überfrachtet, verstärkt werden. Vor allem den durch Leistungs- und Verhaltenserwartungen geprägten Interaktionen mit Lehrern und Mitschülern kommt eine große Bedeutung zu. Besonders Grundschüler übernehmen schnell die Leistungs- und Verhaltenserwartungen ihrer Lehrer in ihr Einstellungs- und Verhaltensrepertoire gegenüber Mitschülern und drängen leistungsschwache Kinder in soziale Randpositionen. Für das Schulversagen ihrer Schüler fühlen sich Lehrer aber selten mitverantwortlich.[21]

1.5 Anforderungen an die Schule durch gesellschaftliche und globale Probleme

Auch **„epochaltypische Schlüsselprobleme“** können nach KLAFKI teilweise unmittelbar über ihre Auswirkungen auf die Familien, z. B. die Arbeitslosigkeit der Eltern, meist aber mittelbar über die Medien die Entwicklung und Erziehung unserer Kinder, ihre Einstellungen, Haltungen und Ängste beeinflussen:

- die Bedrohung durch aktuelle **Kriege** in vielen Staaten der Erde selbst unterhalb der Konfrontationschwelle der Weltmächte und großen Bündnissysteme mit der Gefahr des Einsatzes atomarer, biologischer oder chemischer Waffen; der Friede ist vielfältig gefährdet durch makrosoziologische und -politische Ursachen wie ökonomische Interessen, nationalistisch, rassistisch oder fundamentalistisch motivierte Imperialismen, Ungleichheitsverhältnisse, durch gruppen- und massenpsychologische Ursachen wie kollektive Aggressionen, Feindbilder, Stereotype, Vorurteile und durch die moralische Rechtfertigung für Kriege
- die globale Bedrohung unserer Existenz durch die Vernichtung unserer natürlichen Grundlagen durch **Umweltverschmutzung und -zerstörung**, durch eine unkontrollierte **technologisch-ökonomisch-gentechnische Entwicklung**, durch die **Ungleichheit** zwischen hoch- und unterentwickelten Ländern
- die **„gesellschaftlich produzierte Ungleichheit“** zwischen Menschen mit und ohne Arbeitsplatz, zwischen Behinderten und Nichtbehinderten, alten Menschen und jungen, den Ausländern und der einheimischen Bevölkerung, dem Wohlstands- und Machtungleichgewicht zwischen den entwickelten und unterentwickelten Ländern
- die millionenfache **Migration** aus den ärmeren, unterentwickelten in die höher entwickelten, reichen Länder bedingt durch die sich verschärfende wirtschaftliche Kluft, die Bevölkerungsexplosion und die zunehmenden Umweltprobleme; sie führt zu einer immer stärkeren Auseinandersetzung mit anderen Kulturen, zu Wettbewerb, Rivalität und Angst um Arbeitsplätze, zur Abschottung der reichen Länder durch Einwanderungs- und Ausländergesetze, zu Verteidigungskämpfen, Kriegen, Terror, Krankheitsepidemien

- die Probleme, Gefahren, aber auch Möglichkeiten der neuen technischen **Steuerungs-, Informations- und Kommunikationsmedien**. Dies zeigt sich beispielsweise bei der computergesteuerten Weiterentwicklung des Produktionssystems, der Arbeitsteilung, aber auch bei der Vernichtung von Arbeitsplätzen durch Rationalisierung. Informations- und Kommunikationsmedien verändern gravierend den Freizeitbereich und die zwischenmenschlichen Kommunikationsbeziehungen.[22]

Die Schule ist deshalb gefordert, sich mit diesen Schlüsselproblemen an exemplarischen Beispielen auseinanderzusetzen, problemspezifische, strukturelle Kenntnisse und Erkenntnisse und ein „internationales Problembewusstsein" im Sinne grundlegender Einstellungen, Fähigkeiten und Kompetenzen zum Handeln, zur Übernahme von Rollen, zur Konfliktlösung, zur moralische Sensibilität, Bereitschaft zur Wertveränderung und zum Denken in größeren Zusammenhängen zu vermitteln.[23]

2 Aufgaben von Erziehung und Unterricht in der Schule von heute

Wenngleich die Darstellung der schulischen Wirklichkeit in Ballungsgebieten für viele Schulen in ländlich strukturierten Gebieten in diesem Ausmaß noch nicht zutrifft, zeigt sie doch Trends und Tendenzen auf, mit denen sich Lehrer in den nächsten Jahren auseinandersetzen müssen. Die Vielfalt gesellschaftlicher Strukturveränderungen führt nicht nur zu einer größeren Individualisierung und Selbstverantwortung der Kinder, sondern auch zu Formen der Überforderung durch diese Ansprüche, zu Vereinzelung, Bindungsunfähigkeit, Wertirritation, Orientierungs- und Heimatlosigkeit. Diese veränderten familiären, gesellschaftlichen und bildungspolitischen Strukturen, die Eigenart und Lebenssituation der Kinder müssen deshalb stärker beachtet und dann Konsequenzen für Erziehung und Unterricht gezogen werden, wenn die Schule ihren **Bildungs- und Erziehungsauftrag** weiterhin erfüllen soll.

2.1 Der Bildungs- und Erziehungsauftrag der Schulen

Der Bildungs- und Erziehungsauftrag der Schulen ist meist in den Länderverfassungen wie beispielsweise im Artikel 131 der Bayerischen Verfassung verankert:

„(1) Die Schulen sollen nicht nur Wissen und Können vermitteln, sondern auch Herz und Charakter bilden.
(2) Oberste Bildungsziele sind Ehrfurcht vor Gott, Achtung vor religiöser Überzeugung und vor der Würde des Menschen, Selbstbeherrschung, Verantwortungsgefühl und Verantwortungsfreudigkeit, Hilfsbereitschaft und Aufgeschlossenheit für alles Wahre, Gute und Schöne und Verantwortungsbewusstsein für Natur und Umwelt.
(3) Die Schüler sind im Geiste der Demokratie, in der Liebe zur bayerischen Heimat und zum deutschen Volk und im Sinne der Völkerversöhnung zu erziehen" (VERFASSUNG DES FREISTAATES BAYERN 1998, Art. 131, 1–3).

Diesem Bildungs- und Erziehungsauftrag liegt wie dem Grundgesetz der Bundesrepublik Deutschland, den Verfassungen der Bundesländer, vielen Erziehungs- und Unterrichtsgesetzen ein christlich geprägtes Menschenbild zugrunde, das jedoch zunehmend in Frage gestellt wird. „Was den Menschen als Menschen überhaupt ausmacht, worin die Würde des Menschen begründet liegt, ja ob der Mensch überhaupt eine einzigartige Würde für sich beanspruchen kann, ist heute strittig geworden... Die Krise des christlich geprägten Menschenbildes birgt die Gefahr, dass der Wertekonsens, auf den unsere freiheitliche Gesellschaftsordnung lebensnotwendig angewiesen ist, allmählich verlorengeht ... Anzeichen hierfür...(sind) eine zunehmende Pluralisierung der Wertvorstellungen und ... (ein umfassender) Wertewandel" (KASPER 1997, S. 69). Die Schule ist davon unmittelbar betroffen. Sie muss sich nicht nur wegen des steigenden Anteils muslimischer oder bekenntnisloser Schüler mit dem Wertekonsens unserer Gesellschaft und dem Wertewandel auseinander setzen. Sie ist ja jene „Institution der Gesellschaft, in der durch planmäßige Unterrichtung das Lernen zahlreicher Kinder bzw. Jugendlicher gleichzeitig organisiert wird, damit durch eine systematische Ordnung und Erweiterung der kindlichen Vorstellungswelt der Fortbestand und die Fortentwicklung der Kultur einerseits und die Mündigkeit/Emanzipation des einzelnen Mitglieds der Gesellschaft andererseits sichergestellt werden" (WIATER 1993a, S. 100).

Im Einzelnen soll Schule
- die persönlichen Anlagen, kognitiven und psychischen Befähigungen und Kräfte von Kindern und Jugendlichen durch Bildung und Erziehung bestmöglich entwickeln und entfalten **(Personalisationsfunktion)**,
- bei ihnen durch zielorientiert geplante und methodisch vermittelte Unterrichtsinhalte und durch soziale Interaktionen mit Lehrern und Mitschülern Lernprozesse initiieren, durch die sie Kenntnisse, Fähigkeiten, Fertigkeiten und Einstellungen zur Lebens- und Berufsbewältigung erwerben können **(Qualifikationsfunktion)**,
- ihnen die Werte, Normen, sozialen Ordnungen und das kulturelle Erbe der Gesellschaft vermitteln, um sie in die Gesellschaft zu integrieren, für eine verantwortete Mitgestaltung zu befähigen und dadurch ihren Fortbestand zu garantieren **(Sozialisationsfunktion),**
- die individuellen Leistungen der Schüler feststellen, rückmelden und bewerten, Berechtigungen verleihen und Zugangsmöglichkeiten zu weiterführenden Bildungsgängen und gesellschaftlichen Positionen eröffnen **(Selektions- und Allokationsfunktion),**
- Kinder verschiedener Kulturräume sozial integrieren **(Integrationsfunktion),**
- individuelle, familiäre und gesellschaftliche Defizite kompensieren **(Kompensationsfunktion)**.[24]

Die Schulen streben besonders die Persönlichkeitsentwicklung, Qualifizierung und Sozialisierung der Schüler durch Erziehungs- und Unterrichtsprozesse als Bildungsziele an. **Erziehung** wird dabei verstanden als „absichtliche, anregende und unterstützende, das Lernen fordernde, stellenweise auch eingrenzende Einflussnahme (der älteren Generation) auf Anlagen, Gewohnheiten und Denkungsart" der jüngeren in der Begegnung und dem Zusammenleben in der Familie wie in der Schule mit dem Ziel der Entwicklung der Mündigkeit des Zöglings (APEL 1994a, S. 519).[25] **Unterricht** ist das planvolle, zielstrebige, didaktisch-methodische Handeln der Lehrkräfte. **Bildung** betont die inneren Entfaltungsprozesse und die Selbstbestimmung des Menschen, die Erfahrungs- und Urteilsfähigkeit, das Selbst- und Weltverständnis aufgrund von Wissen und Einsicht. Bildung betrifft den ganzen Menschen. Sie umfasst als Prozess der Selbstentfaltung und Selbstverwirklichung alle Dimensionen des Menschen.

Wichtigstes Bildungsziel der Schule ist die **Erziehung der Schüler zu mündigen Persönlichkeiten mit hohem Selbstkonzept**, „die von sittlicher Mitverantwortung sich, dem anderen, (der Umwelt) und der Gesellschaft gegenüber geprägt sind, selbstständig, rücksichtsvoll und hilfsbereit handeln, Initiative entwickeln und zur Mitgestaltung des Zusammenlebens bereit und fähig sind" (LEHRPLAN FÜR DIE HAUPTSCHULE 1997, S. 8). Mündigkeit wird im Sinne HEINRICH ROTHS als „Kompetenz für verantwortliche Handlungsfähigkeit" in einem dreifachen Sinn verstanden:

- als „Selbstkompetenz ..., d.h. als Fähigkeit, für sich selbst verantwortlich handeln zu können" und seine individuellen, zwischenmenschlichen, religiösen wie ethischen Lebensbeziehung und Sinndeutungen zu bestimmen,
- als „Sachkompetenz, d.h. als Fähigkeit, für Sachbereiche urteils- und handlungsfähig und damit zuständig sein zu können",
- als „Sozialkompetenz, d.h. als Fähigkeit, für sozial, gesellschaftlich und politisch relevante Sach- oder Sozialbereiche urteils- und handlungsfähig und also ebenfalls zuständig sein zu können".

„Moralisch-mündige Handlungsfähigkeit als Selbstbestimmung ist nur möglich, wenn der Handelnde über Sachverstand und Sachkompetenz verfügt und über soziale Einsichtsfähigkeit und Sozialkompetenz ... ‚Moralisch mündig handeln' kann ja nur heißen, mit Sach- und Sozialverstand den großen ethischen Prinzipien der Menschheit wie Freiheit, Brüderlichkeit u.a. in den konkreten Situationen gerecht zu werden, in denen es zu handeln gilt. Mündige moralische Selbstbestimmung als Höchstform menschlicher Handlungsfähigkeit muss auf intellektueller und sozialer Mündigkeit aufbauen ... Selbstkompetenz im Sinne freier und effektiver Selbstbestimmung und mündige Moralität im Sinne kritischer und kreativer Autonomie setzen Sachkompetenz und Sozialkompetenz voraus" (ROTH 1971, S. 180, 388f.).[26]

Moralisch-mündige Handlungsfähigkeit macht dann Bildung des Menschen aus. Als Allgemeinbildung ist sie umfassende Menschenbildung, Befähigung zu sachgerechtem, selbstständigem, kritischem wie kreativem Denken zur Erschließung der Lebenswelt, zum Durchschauen der Wirklichkeit und zu selbst- wie sozialverantwortetem Handeln. Sie kann nur durch eine breit angelegte Entwicklung aller menschlicher Fähigkeiten, Fertigkeiten, Motivationen, Interessen, Orientierungen und Einstellungen aufgrund vielfältiger kognitiver, sozialer, emotional-affektiver, religiöser wie moralisch-ethisch wertender Lernprozesse in allen wichtigen familiären, schulischen und gesellschaftlichen Bezugsgruppen erreicht werden.[27]

2.2 Aufgaben von Erziehung und Unterricht

Der Schule kommt bei einer umfassenden Menschenbildung besondere Bedeutung zu. „In einer Atmosphäre des Vertrauens, der Anerkennung und der Lebensfreude sollen die Kinder Selbstwertgefühl, Eigenverantwortung und eine bejahende Lebenseinstellung aufbauen und lernen, die eigene Person und die Person des Anderen anzunehmen. Sie sollen Kenntnisse erwerben und Kreativität, Einfühlungsvermögen, Initiative und Flexibilität entwickeln. Die Kinder sollen lernen, das eigene Können richtig einzuschätzen, sich selbst zu akzeptieren, eigene Schwächen anzunehmen und soweit möglich auf deren Überwindung hinzuwirken" (LEHRPLAN FÜR DIE BAYERISCHE

GRUNDSCHULE 2000, S. 7). Im Einzelnen können folgende wichtige Aufgaben von Erziehung und Unterricht in der Schule bestimmt werden:

Die Vermittlung grundlegenden Wissens und Könnens

Voraussetzung für die Bewältigung des Lebens, für sinnerfülltes Lernen und solide, fundierte Leistungen in bestimmten Fachgebieten, für die Qualifikation für bestimmte Berufe und die Teilnahme am kulturellen Leben ist die Verfügbarkeit über ein **grundlegendes Sach- und Fachwissen** über Phänomene und Zusammenhänge des menschlichen, geschichtlichen und gesellschaftlichen Lebens, des Lebensraumes und elementarer naturwissenschaftlicher wie technischer Erscheinungen und Prozesse, des Weiteren über **grundlegende Fähigkeiten und Kompetenzen** wie die Kulturtechniken Lesen und Schreiben, sachlich angemessenes und verständliches Sprechen und Kommunizieren in der Muttersprache und ansatzweise in einer modernen Fremdsprache, Rechnen, praktische handwerklich-technische wie hauswirtschaftlich-soziale Fertigkeiten.[28] Erst ein breites, grundlegendes, inhaltlich relevantes Wissen ermöglicht es, Fakten zu verstehen, Zusammenhänge zu erkennen, sich in verschiedenen fachbezogenen Wissensdomänen unserer Kultur zu orientieren, neue Informationen in ihrer aufgabenspezifischen Bedeutsamkeit zu bewerten und in ihrer inhaltlichen Besonderheit produktiv zu verarbeiten.[29] Die hierzu notwendigen Kompetenzen und Fertigkeiten, motivationalen Orientierungen sind aufgrund unserer schnell sich verändernden Welt unbestimmt. Es ist deshalb eine grundlegende Allgemeinbildung notwendig, die ein kontinuierliches Weiterlernen nach der Schule ermöglicht und erleichtert, um die neuen Kenntnisse und Fähigkeiten zu erwerben, die für eine erfolgreiche Anpassung an künftige Lebenssituationen nötig sind.[30] „Dabei geht es nicht um Wissen im Sinne mechanischer Kenntnisse, um eine passive Verfügbarkeit von Fakten oder um unverstandene Leistungsdispositionen, sondern um den Erwerb intelligenten Wissens. Darunter versteht man ein wohl organisiertes, disziplinär, interdisziplinär und lebenspraktisch vernetztes System von flexibel nutzbaren Fähigkeiten, Fertigkeiten, Kenntnissen und metakognitiven Kompetenzen. Voraussetzung dafür und Resultat davon ist ein sachlogisch aufgebautes, systematisches, inhaltsbezogenes Lernen, das grundlegende Kenntnislücken, Verständnisdefizite und falsche Wissenselemente vermeidet" (WEINERT 1998, S. 115). Dieses **intelligente Wissen** einer grundlegenden Allgemeinbildung wird bei den Schülern durch die systematische Initiierung effektiver, kumulativer Lernprozesse im Unterricht der Grundschule grundgelegt und in allen weiterführenden Schulen und Bildungsgängen erweitert, differenziert und vertieft.
In unserer technisch und ökonomisch schnell sich verändernden Welt ist es notwendig, in hohem Maße abstrakt, symbolisch und vernetzend zu denken. Flexibles, kreatives Denken und Problemlösen umfasst die Fähigkeit, Inhalte und Probleme aus unterschiedlichen Perspektiven zu durchdenken, in verschiedene Repräsentationsformen umzusetzen, von gewohnten Denk- und Einstellungsmustern abzuweichen, systematisch zu assoziieren, unterschiedlichste Informationen und Ansätze zu verknüpfen, umzustrukturieren, bestehende Zustände konstruktiv zu kritisieren, begründete Verbesserungsvorschläge zu machen, neue Lösungen zu finden und zu transferieren. Die Befähigung der Schüler, mit Hilfe formalen Denkens (Abstraktions-

und Theoriebildungsfähigkeit) ihre Vorstellungswelt zu ordnen, verschiedene Modelle und Konzepte der Welterschließung zu verstehen, ihr Verhalten an kritisch geprüften Wertmaßstäben auszurichten, zu kontrollieren und zu steuern und aus der Kenntnis abendländischer Kultur heraus besonders verantwortlich und sozial zu handeln, kennzeichnet dann eine **vertiefte Allgemeinbildung**.[31]

Die dazu notwendigen, meist aufgabenunspezifischen und situationsübergreifenden, flexibel anwend- und transferierbaren kognitiven und sozialen Fähigkeiten und Fertigkeiten werden als **Schlüsselqualifikationen** bezeichnet. Sozial-emotionale Fähigkeiten wie die Kooperation, Zusammenarbeit, Kommunikation mit anderen, Kritik- und Konfliktfähigkeit sind Voraussetzungen für zunehmende Teamarbeit in vielen Berufen. „Schlüsselqualifikationen sind einerseits als Grundfähigkeiten in einem gewissen Maß Voraussetzung für jeden gelingenden Lernprozess der Schüler. Auf der anderen Seite sind Schlüsselqualifikationen gewissermaßen ‚Dauerziele' für jeden Unterricht: Es lässt sich kein Punkt angeben, an dem sie endgültig erreicht sind. Sie bedürfen ständiger Übung und Förderung im tätigen Vollzug, um sie zu erhalten, neu zu sichern und weiter zu verbessern" (SPANHEL 1995b, S. 55).[32]
Besonders methodische Qualifikationen gewinnen angesichts der drastischen Flut international produzierter, digital verarbeiteter Informationen, der Expansivität und schnellen „Veralterung" des Wissens, der Globalisierung der Märkte und der damit verbundenen rasanten Veränderung beruflicher wie lebenspraktischer Anforderungen an Bedeutung. Wissen ist nur dann effektiv, flexibel und intelligent anwendbar, wenn den Schülern Methoden, Strategien und fachgemäße Arbeitsweisen und -techniken der Wissensgewinnung auch mit Hilfe elektronischer Medien, der Wissensverarbeitung, der Wissensanwendung und des Transfers wie des Problemlösens und metakognitives Wissen zur Verfügung stehen.

Grundlegendes intelligentes Wissen und Können, Kenntnisse, Erkenntnisse und Einsichten, Schlüsselqualifikationen, Werte und Normen, die zum selbst verantworteten Handeln in der gegenwärtigen wie einer künftigen, noch nicht überschaubaren Welt befähigen, werden von den Schülern in der Schule in verschiedenen Fächern an exemplarischen Inhalten durch einen effektiven, systematischen, strukturierten Unterricht, durch eine möglichst selbstständige, aktive, problemlösend-entdeckende Auseinandersetzung mit vorgegebenen wie selbst gewählten, offenen Aufgabenstellungen und lebensnahen Lernarrangements wie beispielsweise der Gruppenarbeit aufgebaut und durch konzentriertes, variationsreiches, vertiefendes, einsichtiges Üben, Anwenden und Transferieren konsolidiert. Eine detaillierte Darstellung findet sich in den Kapiteln B III, V und VII.[33]

Die Weckung vielseitiger Interessen, Motivationen und positiver Einstellungen zur schulischen Arbeit

Erlerntes Wissen, erlernte Verfahren, Fertigkeiten und Fähigkeiten werden nur dann zum geistigen Besitz, im späteren Leben angewendet, geschätzt und fortgeführt, wenn damit positive Einstellungen und Gefühle zum Gelernten und der Art der Vermittlung verbunden sind. Die Aktualisierung vielfältiger Motivationen, die Weckung

von Interessen und positiven Einstellungen ist **Voraussetzung wie Ziel des Unterrichts**. Höhere Lernleistungen wie Initiative, Kritikfähigkeit, Handlungsbereitschaft sind ohne eigenes Interesse und intrinsische Lernmotivation undenkbar. Interesse und intrinsische Motivation sind Wesensmerkmale von Bildung. „Wer kein Interesse hat, ist nicht gebildet. Er mag wissen und können und leisten, was er will, solange er nicht eingewachsen ist in bestimmte für ihn bedeutsame Gegenstandsbereiche, erkennend, emotional engagiert und wertorientiert handelnd, solange lebt er auch nicht daraus ... Ein Mensch, der sich einen Gegenstand erschließt, wird nur dann zugleich und eben dadurch für den Gegenstand erschlossen, wenn es ihm ums Verstehen der Sachverhalte geht, um das Stück Weltdeutung und Begreifen, das in jedem Gegenstand steckt... Die Sachverhalte geben vor, wie sie zu erschließen sind, und wer sich darauf einlässt, verändert, erweitert seine Weltsicht, und zwar dem Gegenstand gemäß. Er lernt gegenstandsspezifisch" (SCHIEFELE 1986, S. 159)[34]. „Interessiertes Lernen schafft ... die Grundlage für ein Weiterlernen, das den Veränderungen von Gegenständen und Kontexten folgt ... Die Qualität des beruflichen Weiterlernens und Engagements hängt ebenso vom Interesse ab wie das subjektive Wohlbefinden angesichts von Veränderung und Beanspruchung ... Sinnvolle Freizeitgestaltung ist interessenorientiert ... Über die Ausgleichs- und Entspannungsfunktion hinaus kann die Person über Interesse in vielfältiger Weise bis in das hohe Alter sich weiterentwickeln, dabei Identität und Lebenssinn gewinnen und zugleich an der Gestaltung von Kultur und Gesellschaft mitwirken. Die Weiterentwicklung von Demokratie, das Lösen sozialer Probleme im lokalen wie globalen Rahmen, die Sicherstellung der Lebensgrundlagen für zukünftige Generationen – all dies hängt davon ab, ob Menschen Interesse entwickeln, sich darüber die notwendigen Wissensgrundlagen erarbeiten und in sozialer Verantwortung handelnd engagieren" (PRENZEL 1994, S. 1326 f.).
Die Förderung von Lernmotivationen und Interesse ist deshalb unabdingbar für eine zukunftsorientierte Erziehung und Bildung. Möglichkeiten der Interessenweckung und intrinsischen Motivierung im Unterricht werden detailliert im Kapitel B IV dargestellt.[35]

Die Vermittlung sozialer Verhaltensweisen und Wertorientierungen

In unserer hochtechnisierten Wirtschafts- und Arbeitswelt müssen fachliche Aufgaben und komplexe Probleme grundsätzlich durch Zusammenarbeit unterschiedlich ausgebildeter und spezialisierter Arbeitskräfte gelöst werden. Ein Einzelner kann immer weniger den gestellten Anforderungen gerecht werden. Notwendige Teamkompetenzen sind deshalb rechtzeitig anzubahnen. Da vielen Kindern aufgrund der veränderten familiären Beziehungen grundlegende Orientierungen zum Sozial- und Lernverhalten fehlen, sind **soziale Lernziele** wie die Fähigkeit zu sozialer Kooperation und Kommunikation, zur Empathie, zu emotionaler und sozialer Sensibilität, zu Toleranz, zum arbeitsteiligen Lernen, zur Rollenübernahme, zur gewaltfreien Konfliktlösung oder zum Aushalten von Konflikten besonders wichtige Erziehungs- und Bildungsziele. Der Vermittlung sozialer Verhaltensweisen in der Schule durch vielfältige, systematisch geplante, von gegenseitigem Vertrauen getragene Interaktions- und Kommunikationssituationen kommt deshalb besondere Bedeutung zu.

Der **Lehrer** ist als Verhaltensvorbild der **Initiator grundlegender Erziehungsprozesse**. Er hat die Wissens-, Handlungs- und Verhaltenskompetenz, die Interaktionen beispielsweise durch den Einsatz von Sozialformen wie Partner- und Gruppenarbeit oder lebensnaher, mehrperspektivischer Konfliktfälle so zu gestalten, dass die Schüler gemeinsam Aufgaben und Probleme lösen lernen und sich durch die Auseinandersetzung mit den Mitschülern grundlegender Werte und Normen wie der Achtung vor der Würde der Mitmenschen, der Toleranz oder Rücksichtnahme bewusst werden, sie im Gespräch thematisieren, durch Weltklärungsprozesse und reflexive Diskurse hinterfragen, internalisieren und zu einem eigenen Standpunkt kommen. Durch Sozial- und Werterziehung werden nicht nur wichtige Team- und Kommunikationsfähigkeiten, sondern auch grundlegende demokratische Verhaltensweisen einer moralisch mündigen Persönlichkeit vermittelt, die bereit ist, Verantwortung zu übernehmen, sich in sozialen Gruppierungen wie Bürgerinitiativen, Parteien oder Gewerkschaften zu engagieren, im Diskurs mit anderen Problemlösungen zu suchen, Kritik zu äußern, anzunehmen und Regeln auszuhandeln. Detaillierte Möglichkeiten der Sozial- und Werterziehung in der Schule finden sich im nächsten Kapitel.[36]

1 Aus Gründen der besseren Lesbarkeit werden die Bezeichnungen Schüler, Lehrer, Schulleiter, Schulräte, Eltern als Synonyma für männliche und weibliche Personen verwendet.
2 Vgl. HURRELMANN 1989a,b; LUKESCH 1989a; DEUTSCHE SHELL 1985, Bd.1, Bd 2.;1992; SCHENK 1988; GREIL/KREUZ 1990; HÄRLE 1990; STRUCK 1996
3 Vgl. GLÖTZL 1979a, S. 51ff.,75ff.; HÄRLE 1990
4 Vgl STATISTISCHES BUNDESAMT 1989, 1992, S.49ff.; HÜBNER/ROHLFS 1989; FÖLLING-ALBERS 1988,1989; ZEIHER 1989; RÜLCKER 1989; HARMS 1989; GLÖTZL 1990a, 1991a; 1997; WINKEL 1992; BERTRAM 1992, 1994; CLOER 1992; HEITMEYER 1992; KLAFKI 1993, S.101; 1994, S.148f.; BECK-GERNSHEIM 1994; HELLE 1994; ROTH 1994, S.312ff.; NAUCK 1993; NAUCK/MEYER/JOOS 1996; HURRELMANN 1995, 1996; STRUCK 1996; ZINNECKER 1996; NEUMANN 1999
5 Vgl. NEUMANN 1999, S.28
6 Vgl. BERTRAM 1992, S.278ff.; 1994, S.33; NAUCK 1993, S.964ff.; NAUCK/MEYER/JOOS 1996, S.15ff.; NEUMANN 1999, S. 34
7 Vgl. WAGNER-WINTERHAGEN 1988, S.652ff.; CLOER 1993, S.26ff.; NEUMANN 1999, S.27ff., 31, 34
8 Vgl. NISSEN 1992, S.281ff.; COLBERG-SCHRADER 1999, S.101ff.
9 Vgl. KONRAD 1992, S.4
10 Vgl. HÄRLE 1990, S.340
11 Vgl. ALLERBECK/HOAG 1988; HORNSTEIN 1988; GAISER 1989a,b; DEUTSCHE SHELL 1985, Bd.1; 1992, Bd.1; 1997, S. 20ff., 280ff.,380ff; SINUS 1983; HERRMANN 1982; SCHÄFERS 1980; BAETHGE u. a. 1988; HEITMAYER 1992; HENTIG 1994; HELLE 1994; HÖHLER 1994; OPASCHOWSKI 1988,1994; GENSICKE 1994; KLAGES/GENSICKE 1994; COLBERG-SCHRADER 1999; BARTHELMES 1999
12 Vgl. BARTHELMES 1999, S.40ff., 46ff.
13 Vgl. OPASCHOWSKI 1988, S.115ff.; 1994, S.262f.; GENSICKE 1994, S.38ff.; KLAGES/GENSICKE 1994, S.677ff.; WIATER 1994, S.421ff.; DEUTSCHE SHELL 1997, S.13f., S. 277-301; PFEIFFER/WETZELS 1999, S. 16ff., 20ff.
14 Vgl. LUKESCH 1989a, S.301-408; 1989b; 1995, S.158ff.; 1996a; 1996b; GLOGAUER 1992, S.347ff.; FRITZ 1983; SPANHEL 1988, S.52ff.; 1995a; SANDER 1988, S.350ff.; SACHER 1993; WIATER 1994, S.422ff.; OPASCHOWSKI 1994, S.263ff.; EICKE/EICKE 1994, S.22ff.; DEUTSCHE SHELL 1997, S. 20ff., 343ff.; HOPF 1998.
15 Vgl. LUKESCH 1989a,b; 1996a, S.20ff; 37ff; 49ff; SAXER u. a. 1989; HOPF 1998, S.66ff.; WEISS 1999, S.67ff.
16 Vgl. LUKESCH 1996, S.45ff; 51ff.; HOPF 1998, S.65ff.
17 Vgl. LUKESCH 1996, S. 61-79; LUKESCH u. a. 1989, S.320ff.;364ff.; 398ff.; HOPF 1998, S.69ff.; WEISS 1999, S.65ff.
18 Vgl. LUKESCH 1989a, S.128ff., 237ff.; 1996b, S. 52ff; SACHER 1993, S.32ff.; WEISS 1999, S.68
19 Vgl. BÜCHNER/KRÜGER 1996, S.29ff.; DEUTSCHE SHELL 1997, S.285ff.
20 Vgl. HURRELMANN 1988; 1989a,b
21 Vgl. GLÖTZL 1979a, S.77ff., 107ff.; VIERLINGER 1994; PETILLON/LAUX 1996, S.29ff.
22 Vgl. KLAFKI 1985; 1993; 1994, S.147f.; BÖNSCH 1994, S.34ff.; LIEDTKE 1994, S.191ff.; OERTER 1994, S.1290ff.; WINKEL 1994, S.1170ff.
23 Vgl. KLAFKI 1994, S.137f.; 1993; 1985,S.12ff.; OSER 1994, S.791ff.

24 Vgl. Wiater 1993a, S.104ff.; Köck 1992, S.12ff.; Glöckel 1993, S.53ff.; Liedtke 1994, S.204ff.
25 Vgl. Brezinka 1994, S.590ff.
26 Vgl. Weber 1994, S.386ff.; Klafki 1994, S.151; 1993, S.98.
27 Vgl. Wiater 1993, S.97ff.
28 Vgl. BLK 1997, S.11ff., 17ff.
29 Vgl. Weinert 1996b, S.4ff.,12ff.,17ff.; Weinert/Schrader 1997, S.307ff.; Van der Meer 1997, S.307ff.; Ewert/Thomas 1996, S.104ff.
30 Vgl.BLK 1997, S.9ff., 17ff., 44ff.
31 Vgl. Wiater 1993a, S.100; B I; III/3; VII
32 Vgl. Bönsch 1994, S.38ff.
33 Vgl. Friedrich/Mandl 1992, S.3ff.; 1997, S.237ff.; Spanhel 1995b, S.55f.; Liedtke 1994, S.204ff.; Klafki 1993, S.101f.; 1994, 150f.; Van der Meer 1996, S.209ff.; Baumert/Lehmann 1997; S.113ff; 215ff; Weinert 1996b, S.4, 16ff.; 1998, S.101ff., 115ff.; Weinert/Schrader 1997, S. 296ff.; BLK 1997, S. 11ff., 29ff.; B II/3.2; III/3.2; V/4; VI/3.2; VII/3
34 Vgl. Blumenstock 1995, S.10f.; BLK 1997, S.29ff.
35 Vgl. Klafki 1994, S.156ff.; BLK 1997, S.29ff.; B III/3.2; B IV; B VI/2.3;2
36 Vgl. Roth 1971, 428ff.; Schade 1978; Mauermann/Weber 1981; Mauermann 1987; Silbereisen 1987; Schorch 1988, S.70ff.; Glötzl 1991a; Klafki 1993, S.101ff.;1994, S.150ff.; Affemann 1994; Apel 1994; Brademann 1995, S.53ff.; BLK 1997, S.13ff.; Weinert 1998, S.118ff.; Klippert 1999a; 1999b, S.14ff., 34-45; A II/2

II Als Lehrer erzieherisch handeln und wirken

1 Die Voraussetzungen für Unterricht und erzieherisches Handeln schaffen

1.1 Erziehung als Voraussetzung und Aufgabe von Unterricht

Unterricht ist planmäßiges, zielstrebiges, didaktisch-methodisches Handeln des Lehrers mit dem Ziel, auf der Grundlage eines vorgegebenen Lehrplans die Schüler allseitig zu fördern, sie zur Auseinandersetzung mit dem Unterrichtsgegenstand und zu sozialen Interaktionen zu motivieren und dadurch Lernprozesse zu initiieren, durch die sie Kenntnisse, Einsichten, Fähigkeiten, Fertigkeiten, Einstellungen, Haltungen, Bereitschaften und Wertorientierungen aufbauen.

Unterricht ist ein **dialogisches Interaktionsgeschehen** zwischen Lehrer und Schülern und den Schülern untereinander. Unterricht ist Lern- und Führungshilfe auf dem Weg zu personaler Entfaltung und gesellschaftlicher, moralischer Mündigkeit; er bereitet in seiner gesellschaftlichen Funktion die Schüler auf ihre Mitwirkung und Einordnung in die Gesellschaft vor und ist wesentliches Mittel der Tradierung von Kultur als Voraussetzung für deren Höherentwicklung. Unterricht ist „Ernstfall der Bewährung gegenüber angemessenen Aufgaben in der überschaubaren Gemeinschaft. So ist Unterricht Teilaufgabe und -maßnahme der Erziehung, und er ist ein Stück sinnvoll gelebten Lebens" (GLÖCKEL 1990, S. 316).[1]

Unterricht ist als dialogische Interaktion aber immer **erziehender Unterricht**. Unterricht und Erziehung sind nicht voneinander zu trennen. Unterricht kann nur über erziehliche und soziale Lernprozesse Sozialkompetenz vermitteln. Die Schüler brauchen soziale, wert- und normorientierte Maßstäbe, um zu einem mündigen Urteil zu gelangen. „Unterricht erzieht im Zusammenleben durch kluge Steuerung von Gruppenprozessen, Gewöhnung an richtiges Arbeits- und Sozialverhalten, Kultivierung des Umgangstons und der Sprache, gegenseitige Hilfe und Wettbewerb, Förderung sozialer Sensibilität mittels vorsichtiger Reflexion, Rücksicht auf das Recht der anderen, Hilfe bei der Wahrung berechtigter Ansprüche, Gewährung von Mitsprache und Mitverantwortung. Kern aller Erziehungsmaßnahmen sind die personalen Führungshilfen, die der Lehrer gibt durch Zuwendung und Gespräch, Vorbild und taktvollen Hinweis, Verständnis für Probleme und Nöte, Verlässlichkeit und Vertrauenswürdigkeit. Unterricht kann so zu Lebenshilfe werden."

„Unterricht erzieht (auch), und das ist sein Spezifikum, mittels seiner Inhalte. Diese sind unmittelbar erziehungsrelevant, wenn sie menschliches Handeln in seiner Auswirkung auf andere Menschen betreffen und somit unter der Frage der Verantwortung stehen." Die Moral in Fächern wie Erziehungskunde, Religionslehre, Geschich-

te, Politik, Biologie, Verkehrserziehung, Physik, Technik „liegt in der Sache und muss durch sachliche Behandlung in ihr aufgedeckt werden. Das geschieht in anschaulicher Vergegenwärtigung, emotionalem Nacherleben, gedanklichem Nachvollzug, kritischer Prüfung und persönlicher Stellungnahme ... (Im) Nachvollzug fremden Erlebens ... klären sich doch Verständnis und Urteil in der Vorbereitung auf den künftigen Ernstfall."
„Jedes Fach ... stellt den Lernenden vor Aufgaben, verlangt Auseinandersetzung mit den Ansprüchen der Sache, Fertigwerden mit Schwierigkeiten, verbindliche Erfüllung von Pflichten. Jedes bietet eben dadurch Chancen der Bewährung, Bestätigung, Lebenssteigerung, aber auch der Selbstprüfung, des Erfahrens von Grenzen, der Selbsterkenntnis. Es fördert die Haltung der Sachlichkeit, die Zurücknahme subjektiver Wünsche und Zwecke vor dem Anspruch des Gültigen. Den Kräften angemessene sachliche Forderung und nachfolgende Bestätigung gehören unabdingbar zu Erziehung." Erziehung ist Voraussetzung und Aufgabe des Unterrichts. „Sie ist Voraussetzung für ihn, weil er ohne Mitverantwortung aller Beteiligten nicht gelingen kann, und sie ist Teil seines Vollzugs, der Auseinandersetzung mit Menschen im Sozialprozess, mit Sachverhalten im Lernprozess" (GLÖCKEL 1990, S. 302 f.).

Jeder Lehrer muss deshalb diese grundlegenden erzieherische Aufgaben erfüllen. Ihm als Verhaltensvorbild kommt beim Aufbau eines tragfähigen pädagogischen Bezugs, bei der Planung und Gestaltung sozialer Lernprozesse durch bewussten Einsatz von Sozial- und Interaktionsformen und bei der Lösung von Konflikten besondere Bedeutung zu. Das erzieherische Wirken und Handeln der Lehrer ist deshalb Voraussetzung und Grundprinzip eines effektiven Unterrichts.

1.2 Vertrauensvolle Beziehungen zu den Schülern aufbauen

Begriffsklärung und Funktion von Vertrauen als Grundlage menschlicher Beziehungen[2]

Mit dem Begriff Vertrauen verbindet man in der Alltagssprache verschiedenste Bedeutungsinhalte. Vertrauen beschreibt allgemein die **Qualität einer Beziehung** zu anderen Menschen bzw. **bestimmte Einstellungen** zu politischen oder wirtschaftlichen Fragestellungen.
In der pädagogisch-philosophischen Literatur wird **Vertrauen als Grundeinstellung des Erziehers wie des Zöglings** aufgefasst, die konstituierend für den Aufbau eines pädagogischen Verhältnisses ist. Beide müssen sich durch gegenseitig geschenktes Vertrauen als Person bejaht und angenommen fühlen. Vertrauen ist ein Gefühl des Sich-verlassen-Könnens, das Glaubwürdigkeit und Kompetenz beim anderen voraussetzt. Vertrauen kann sich langfristig nur dann ausbilden, wenn im Verhalten des Partners Zuverlässigkeit und Beständigkeit erlebt und damit die Risiken des Vertrauensmissbrauchs, der Enttäuschung oder des Ausgenutzt-Werdens vermindert werden können.[3]
Vertrauen kommt in Interaktionsprozessen in funktionalistischer Sicht nach LUHMANN eine **entlastende, komplexitätsreduzierende Funktion** zu. Im Vertrauen auf

den anderen verhält sich der vertrauensvoll Handelnde trotz der ungeheuren Komplexität und Unüberschaubarkeit sozialer Situationen so, als ob es in Zukunft nur einige bestimmte Möglichkeiten geben würde. Durch das Akzeptieren von Informationen anderer, deren Wahrheitsgehalt er nicht ohne weiteres nachprüfen kann, reduziert er die Komplexität der Umwelt und richtet sich dadurch optimistisch auf die Zukunft aus, die aber in Wirklichkeit durch eine Vielzahl möglicher und nicht vorhersehbarer Ereignisse geprägt ist.[4]

In seinem tiefenpsychologisch orientierten Entwicklungsmodell sieht ERIKSON Vertrauen als grundlegend für die Entwicklung der Persönlichkeit an. Ausgehend von den meist unbewussten Erfahrungen des Kindes in der Mutter-Kind-Beziehung wird ein **Urvertrauen** als Gefühl, sich auf die Mutter verlassen zu können, dann aufgebaut, wenn positive Erfahrungen der Zuverlässigkeit vorliegen und unnötige Versagungen, Drohungen und persönliche Unzuverlässigkeit vermieden werden.[5] Diese Erfahrungen werden im Gefühlsbereich gespeichert, sind dort lange wirksam und durch spätere kognitive Prozesse nur schwer veränderbar. „Aus dem Vertrauen in die Eltern, dass sie zur Not verfügbar und hilfsbereit sind, auch aus ihrem Zutrauen in die Tüchtigkeit ihres Kindes sowie aus dem Vertrauen in eine beherrschbare Umwelt entwickeln sich das Selbstvertrauen und das Selbstwertgefühl eines Kindes. Jeder Erfolg, jedes Lob stärkt es. Misserfolge können es nur schwächen, wenn sie mit abwertenden, entmutigenden Bemerkungen der Eltern, statt mit Aufmunterung quittiert werden...

Die frühen Bindungserfahrungen werden deswegen als grundlegend für das Vertrauen in andere Menschen angesehen, weil das Kind zunächst nur von seinen Eltern auf andere Menschen schließen kann, bevor es genügend eigene Erfahrungen mit anderen sammeln konnte, und weil das Kind natürlich mit seinem bestehenden Selbstbild auf andere zugeht.

Hält es sich für liebenswert, dann ist es selbstsicher, freundlich und erwartet auch von anderen Freundlichkeit. Selbst gelegentliche Enttäuschungen gelten für dieses Kind eher als Ausnahme, die es nicht unbedingt dem eigenen Fehlverhalten zuschreibt.

Ein Kind mit einem niedrigen Selbstwertgefühl hat dagegen meist ein tief sitzendes Misstrauen in andere Menschen, das ihm oft nicht einmal bewusst ist. Es hat Angst vor erneuter Zurückweisung und ärgert sich vielleicht über die Abhängigkeit von der Gruppe, der Kindergärtnerin oder dem Lehrer. Diese Abhängigkeit ist ihm besonders dann bewusst, wenn es eigentlich Lob, Zuwendung und Freundschaft erfahren möchte. Durch sein misstrauisches, manchmal aggressives Verhalten verhindert es aber oft selbst, dass es andere gern haben könnten" (GROSSMANN 1988, S. 435 ff.,437).[6]

Durch frühe Erfahrungen der Kindheit, durch übernommene Einstellungen und Werte der Bezugspersonen und -gruppen werden Einstellungen, Annahmen und Alltagstheorien darüber geprägt, wem es vertrauen kann und wie bestimmte Situationen interpretiert werden können.[7] Im Sinne eines **generalisierten Vertrauens** beeinflussen die konkrete Interaktionssituation und die Interpretation der selektiv wahrgenommenen Verhaltensweisen die Handlungen der Partner. Einzelne Äußerungen, Mimik, Gestik werden dabei als Indikatoren für vertrauensvolles Verhalten gedeutet. Vertrauen wird dann gezielt aufgebaut durch Modelllernen, gegenseitiges Feedback, gezielte Verstärkungen und ein hohes Maß an Selbstvertrauen. Je positiver die eigenen Verhaltensweisen, Handlungen und Absichten vom Interaktionspartner eingeschätzt

werden und je erfolgreicher das eigene Verhalten in den Reaktionen des anderen erlebt wird, desto so stärker prägen sich Selbstvertrauen und Identität aus.[8] Da übersteigertes Selbstvertrauen allerdings für Bedürfnisse und Absichten des anderen blind machen kann, stellt PETERMANN besonders das Einfühlungsvermögen, die Empathie, und die Fähigkeit des Individuums heraus, dem anderen gezielt Aufmerksamkeit zuzuwenden und vertrauensfördernde Verhaltensweisen in den Interaktionsprozess einzubringen.[9]
Viele Kinder und Jugendliche wachsen in veränderten familiären Beziehungen auf, in denen Vertrauen nicht in der geschilderten Weise entwickelt wurde. Dem Aufbau von Vertrauen in den Interaktionsprozessen zwischen Lehrern und Schülern kommt deshalb besondere Bedeutung zu.[10]

Möglichkeiten des Lehrers, vertrauensvolle Beziehungen zu seinen Schülern aufzubauen und zu fördern

Grundlage jeglichen angstfreien, lernwirksamen Unterrichts, sozialer Einstellungen und Wertorientierungen ist das Vorhandensein einer vertrauensvollen Lehrer-Schüler-Beziehung, die von gegenseitiger Achtung, Wärme, Rücksichtnahme und einfühlendem Verstehen gekennzeichnet ist. Erst in einem solchen pädagogischen Bezug kann sich ein Gefühl des Sich-als-Person-angenommen-Fühlens und Sich-bejaht-Wissens, des Sich-auf-den-anderen-verlassen-Könnens ausprägen, das uns dann die Sicherheit gibt, sich auch anderen Mitmenschen zuzuwenden und ihnen Vertrauen, Toleranz und Akzeptanz entgegenzubringen. Allerdings muss im Lehrerverhalten langfristig Zuverlässigkeit, Beständigkeit, Glaubwürdigkeit, Echtheit und Kompetenz erlebt werden können. „Mit einem positiven Klima schafft der Lehrer überhaupt erst die basalen Voraussetzungen dafür, dass er erfolgreich unterrichten und erziehen kann. Das geschieht ... durch die Art und Weise, wie er im Unterricht und in pädagogischen Situationen mit den Schülern umgeht. Nur gemeinsam mit den Schülern und in einer positiven Atmosphäre kann der Lehrer die auch von den Schülern bejahten Bildungs- und Erziehungsziele anstreben und schließlich verwirklichen" (SPANHEL 1993, S. 233).
Diese den pädagogischen Bezug konstituierenden Verhaltensweisen und Handlungen wurden in den letzten Jahrzehnten vor allem von TAUSCH/TAUSCH zusammengestellt und decken sich in wesentlichen Aspekten mit anderen Ergebnissen der Pädagogischen Psychologie, der Entwicklungs-, Sozial- und Lernpsychologie.[11]

Über längere Zeit wahrgenommene positive, ermutigende Äußerungen und Verhaltensweisen von Erwachsenen führen zu positiven Reaktionen der Kinder und Jugendlichen, zur Verbesserung ihrer Beziehungen zu den Erwachsenen, zum Aufbau positiver sozialer Verhaltensweisen, zu positiven, emotional befriedigenden Gefühlen, zur positiven Wahrnehmung ihrer eigenen Person, zum Aufbau von Selbstvertrauen und zu einem positiven Selbstkonzept, das dann wieder auf das eigene Verhalten, die eigene Wahrnehmung und Bedeutungszuschreibung, die psychische Stabilität und die schulischen Leistungen zurückwirkt.[12]

Im Einzelnen lassen sich folgende gegenseitiges Vertrauen, Akzeptieren, Tolerieren und Rücksichtnahme fördernde, Aggressionen abbauende, positive Verhaltensweisen und Handlungen zusammenfassen.[13]

◆ Schülern aktiv zuhören und ihnen positives verbales/nonverbales Feedback geben

Jede grundlegende, den anderen achtende, warmherzig-verständnisvolle pädagogische Interaktionssituation ist nach Gordon durch „aktives, erwartungsvolles Zuhören“ gekennzeichnet, d. h. durch Verhaltensweisen und Einstellungen wie sich in den Schüler einfühlen, ihm eigene Problemlösungen zutrauen, sich für ihn Zeit nehmen, reversible Äußerungen anwenden und irreversible vermeiden.[14] Aktives Zuhören kann sich konkret durch folgende Verhaltensweisen des Lehrers ausdrücken:

- sich einem Schüler durch häufigen Blickkontakt direkt zuwenden
- ermutigende, **sozial reversible Äußerungen** der Anerkennung gebrauchen, berechtigtes Lob und sachliche, den Schüler nicht als Person verletzende Kritik
  Eine solche soziale Reversibilität drückt die Gleichwertigkeit zwischen den Interaktionspartnern aus. Sprachliche Äußerungen, Handlungen und Verhaltensweisen werden danach charakterisiert, inwieweit sie vom Partner übernehmbar sind und von ihm gelebt werden können. Einige Formulierungshilfen für ermutigende Äußerungen führen DREIKURS und Mitarbeiter an: „Du kannst gut ...“, „Du hast Fortschritte gemacht in ...“, „Wir mögen dich, aber wir mögen nicht, was du tust“, „Du hast also einen Fehler gemacht; nun, was kannst du aus deinem Fehler lernen“, „Ich bin sicher, du kannst das herausfinden (dieses Problem lösen), aber wenn du Hilfe brauchst, weißt du ja, wo du mich finden kannst“.[15]
  Auch direktes Lob kann erwünschtes Verhalten steuern und zur Entwicklung der Persönlichkeit beitragen, wenn es sich auf konkrete Vorfälle bezieht, sachlich angemessen ist, differenziert gebraucht wird und Achtung und Akzeptanz signalisiert.[16]
- schüchterne **Schüler direkt ansprechen**, gegebenenfalls zunächst nicht vor der Klasse, Fragen stellen und spontane Äußerungen verstärken
- **Äußerungen** und Vorschläge der Schüler im Unterricht **aufgreifen**
- **eigene Maßnahmen begründen**, besonders unterschiedliches Verhalten in scheinbar gleichen Situationen
- positive **nonverbale Rückmeldungen** geben durch Mimik und Gestik wie Anlächeln, Zunicken, sich vorbeugen, sich interessiert zuwenden, geduldiges Warten auf Antworten, Gewähren von Pausen
- einzelnen Schülern ein **verbales Feedback** über ihre Äußerungen geben durch Paraphrasieren ihrer Aussagen, durch Zurückspiegeln der dadurch ausgedrückten Gefühle und durch Nachfragen, ob der eigene Eindruck richtig ist
  Diese Gesprächstechniken können gerade Problemgespräche mit älteren Schülern und Eltern in Gang halten und ihnen Akzeptanz und Verstehenwollen signalisieren. Auf der Inhaltsebene können durch das Paraphrasieren („Verstehe ich Sie richtig, ...“; „Mit anderen Worten ...“; „Das klingt so wie ...“; „Meinen Sie damit, dass ...“) und durch genaues Nachfragen (Schüler: „Jimmy beachtet mich nicht.“ Lehrer: „Wie genau beachtet er dich nicht?“ Schüler: „Er geht aus dem Zimmer und wartet nicht auf mich.“) der Sinn des Gesagten, auf der Gefühlsebene durch das Zurückspiegeln („Sie fühlen sich im Augenblick sehr bedrückt.“; „Du fühlst dich unsicher,

weil bei deinem Unterrichtsbeitrag alle auf Dich schauen.") die hinter den Aussagen stehenden Gefühle und emotionalen Erlebnisinhalte geklärt werden. Diese Formulierungen ermutigen die Gesprächspartner, selbst nach Lösungsmöglichkeiten zu suchen. Dies kann vom Lehrer durch weitere Gesprächstechniken unterstützt werden, z.B. durch das Umformulieren von Handlungsalternativen in hypothetische Fragen („Wenn du drei Wünsche äußern dürftest, damit es dir in der Schule besser geht, was würdest du dir wünschen?"), das Herausstellen positiver Seiten eines Problems, das Erzählen einer Geschichte, die eine praktikable Lösung eines ähnlich gelagerten Problems erhält, das Provozieren als letzte Möglichkeit.[17]

- einzelne **Schüler zum Feedback**, zur eigenen Stellungnahme, („Wie findest Du das?") und zur Hilfe **auffordern** („Du kannst mir/uns bei ... helfen.")
  Durch die Aufforderung des Lehrers zum Feedback über seine Verhaltensweisen, Handlungen, Vorstellungen, Gefühle, Ideen achten die Schüler bewusster darauf, nehmen sie realistischer wahr, kommen mit ihm ins Gespräch und lernen ihn besser kennen. Weitere Feedbackformen sind das Brainstorming, d.h. das Sammeln freier, spontaner, unkommentierter Äußerungen von Gedanken, Ideen, Gefühlen zu einem Begriff, einem Bild, einer Aussage oder einem Problem, kleine Vorstellungsübungen eines Schülers, der freiwillig Auskunft über sich gibt („Ich unterscheide mich von anderen darin, dass ich ..."; „Was ich am ehesten an mir ändern möchte, ist ..."; „Es ärgert mich, wenn ..."), Einschätzungen der Jugendlichen zu Fragen eines Stimmungsbarometers (Fragen zum Wohlbefinden, zur Arbeitsintensität, zur Sachbezogenheit eines Gesprächs, zur Toleranz gegenüber abweichenden Meinungen, zur Selbst- und Fremdeinschätzung, zu erwünschten Eigenschaften des Lehrers) oder ein ritualisiertes Feedback bei polemischer, unfairer Kritik mit festgelegten Sprechformen („Lieber..., ich finde es gut, dass ich dir sagen kann, was mich an dir stört, und mich stört an dir..." Antwort des Angesprochenen: „Lieber ..., ich danke dir für deine Kritik, aber ich bin nicht dazu da, so zu sein, wie du es willst.").[18]

Fördernde, ermutigende Äußerungen und Verhaltensweisen wie auch kurze, bestätigende **Kommentare** unter Proben, Aufsätzen, Hausaufgaben geben den Schülern zu erkennen, dass der Lehrer ihre Gefühle, Vorstellungen, Ideen ohne Wertung akzeptiert, sich dafür interessiert, ihnen die Lösung ihrer Probleme zutraut und sie selbst nicht gegängelt werden. Sie verringern bei Schülern mit mittleren und schwächeren Leistungen und bei ängstlichen Kindern langfristig Angst, Unlust, Neurotizismus, verhaltensauffälliges wie aggressives Verhalten und fördern die positive Stimmung und das Selbstvertrauen.[19]

◆ Ich-Botschaften formulieren

Ich-Botschaften werden vor allem **im persönlichen Gespräch** mit einem Schüler formuliert. Sie enthalten als selbstexplorative Äußerungen keine negativen Bewertungen und Urteile, keine irreversiblen Äußerungen. Sie verletzen die Beziehungen zwischen Lehrer und Schüler nicht. Sie geben dem Schüler durch die Teilnahme an der inneren Welt des Lehrers bei gleichzeitiger Berücksichtigung seiner eigenen Gefühle die Möglichkeit, sich selbst frei zu entscheiden und zu ändern („Ich bin sehr erfreut,

dass du das geschafft hast!", „Mich hat gefreut, dass du deine Ideen nicht mit Gewalt durchsetzen willst!"). Ich-Botschaften beschreiben ohne Wertung, welches Schülerverhalten dem Lehrer Probleme verursacht, zeigen konkrete Auswirkungen des beschriebenen Verhaltens auf den Lehrer und bringen die Gefühle und die Betroffenheit des Lehrers zum Ausdruck („Wenn ihr Farben anrührt und Ausguss und Tisch damit beschmiert, muss ich hinterher sauber machen oder ich kriege mit dem Hausmeister Ärger. Ich habe es satt, hinter euch aufzuwischen, und ich weiß nicht, was ich dagegen tun kann.").[20]
Diese Offenheit können viele Lehrer aber als Bedrohung empfinden, an Image zu verlieren, wenn der Schüler erkennt, wie sie wirklich denken und fühlen. Diese Gefahr scheint für ein persönliches Gespräch mit einem Schüler meist nicht gegeben, aber für ein Gespräch mit einer neu übernommenen Klasse solange möglich, bis eine tragfähige, vertrauensvolle Beziehung zu den Schülern aufgebaut ist. Der Vertrauensvorschuss der Ich-Botschaften enthält das Risiko, abgelehnt, verächtlich gemacht, nicht respektiert zu werden, führt aber langfristig über das Wahrnehmungslernen zum Aufbau befriedigender, positiver Interaktionen und eines positiven Selbstkonzepts.
Durch diese vertrauensfördernden Maßnahmen kommt es bei den Schülern zu einer motivierten Bereitschaft, sich mit den Handlungen und den Wertorientierungen des Lehrers zu identifizieren, aggressives, gewalttätiges oder störendes Verhalten zu reduzieren und ein Repertoire sozialer Verhaltensweisen und Einstellungen aufzubauen.[21]

◆ Kompetenzen erfahren lassen

Der Lehrer sollte **die Stärken jedes Schülers kennen und sie im Unterricht berücksichtigen.** Besonders im Bereich sportlicher und musischer Fächer wie Kunsterziehung, Musik oder Werken können sich Schüler sehr schnell ihrer Fähigkeiten und kreativen Möglichkeiten bewusst werden, sie weiterentwickeln und dadurch Langeweile und Aggressionsbereitschaft abbauen. Sie erfahren dann beispielsweise durch die gemeinsame Arbeit mit Künstlern, dass zum Kreativen das Suchen eines Anfangs, das Ertragen eines inneren Chaos und des Gefühls der Entwurzelung, das Ausprobieren, Verwerfen, Sich-Entscheiden für eine Form gehören, und werden in ihren Ansätzen ernst genommen und ermutigt.[22]

Der Lehrer könnte Schüler in allen Fächern über gezielt gestellte Aufgaben eigene Kompetenzen erfahren lassen. Einfache Möglichkeiten dazu sind:
- die Schüler zur Aufgabenlösung ermutigen und sie das Vertrauen in ihre Fähigkeiten spüren lassen („Ich bin sicher, du kannst dieses Problem lösen; wenn du Hilfe brauchst, weißt du ja, wo du mich finden kannst.");[23]
- die Aufgaben und die erreichbaren Ziele so verständlich, klar und so differenziert und dem Leistungsniveau angepasst formulieren, dass sie die Schüler bewältigen können, sich aber dennoch anstrengen müssen,
  Verständliche, strukturierte Arbeitsmaterialien, Veranschaulichungshilfen, überlegter Medieneinsatz, gezielte Hilfen von Lehrern und Mitschülern helfen ihnen, kleine Erfolge zu erringen und stärken ihr Selbstwertgefühl;[24]
- den Schülern durch Leistungsrückmeldung mitteilen, ob sie den Zielen näher ge-

kommen sind, durch Transparenz der Notengebung, durch Vergleich mit früheren Leistungen, durch geäußerte positive Erwartungen und durch ermutigende Anmerkungen zu verstehen geben, dass sie durch eigenes Können, Anstrengung und Fleiß diese Aufgaben geschafft haben.[25]

„Wichtig ist, ihnen etwas zuzutrauen, ihnen Verantwortung zu übertragen, um sie dazu zu bringen, sich aufgrund des Erlebnisses persönlichen Erfolges mit den ihnen gestellten Zielen und Aufgaben zu identifizieren. Mit anderen Worten: Die herausfordernde Verantwortungsrolle ist die Schlüsselkategorie der produktiven Persönlichkeitsentwicklung. Auf diese Weise können (auch) Werte – ohne aufdringliche Indoktrination – indirekt über Tätigkeiten und Aufgaben vermittelt werden. Es kommt zu einer persönlichen Selbstentwicklung, die so wenig wie möglich fremd gesteuert ist" (GENSICKE 1994, S. 43 f.).

◆ Die Schüler zur Stille, Sammlung und Konzentration führen

Voraussetzung für jegliches schulische Lernen ist die „Polarisierung der Aufmerksamkeit"[26], d.h. die Sammlung und Konzentration auf das Unterrichtsthema oder das Problem, auf die Arbeitsmaterialien und das generelle Zur-Ruhe-Kommen. Der Lehrer sollte deshalb möglichst oft zu Unterrichtsbeginn, in Randstunden oder bei spürbarer Erregung und Unruhe der Schüler kurze Phasen der Ruhe, Stille, Entspannung, Meditation in den Unterricht einbauen. Über **Stille-Übungen** versucht er reizgestresste, hektische Schüler zu beruhigen, zu sammeln und zu konzentrieren, über **Wahrnehmungsübungen** zu einer differenzierten Erfassung der Wirklichkeit mit möglichst vielen Sinnen anzuregen, über **Einfühlungsübungen** zur Empathie und zu positiven Beziehungen zu führen und durch **meditative Übungen** innere Bilder des Selbst wachzurufen. Diese Übungen können von jedem Lehrer unabhängig vom Fach, besonders gut aber im Religionsunterricht, eingesetzt werden. Für viele Schüler fremd und ungewohnt, sind hierbei „Störversuche" einzukalkulieren. In die Schule hineingetragene familiäre Hektik, Unruhe durch Stundenwechsel, Durchsagen, Klingelzeichen können Hindernisse auf diesen „Wege(n) in die Tiefe" (KRAUS/WOLLER/SCHWARZ 1993) sein. Häufige, gezielte Übungen führen aber schrittweise zur Bereitschaft der Schüler, sich zu entspannen und zu sammeln. Sie fördern das konzentrierte Hinsehen und Hinhören, das Eingehen auf den Partner, das intuitive, imaginative, symbolische Denken und das emotional-affektive Erleben.

❖ Stille-Übungen sind Hilfen zum Ruhig-Werden, zur Entspannung, Sammlung und Konzentration:

- Still werden kann man durch das **Hören** auf Geräusche, die von außen kommen oder im Klassenzimmer wahrgenommen werden, z.B. Stimmen von Menschen und Tieren, Verkehrsgeräusche, Regen, durch konzentriertes Hören eines verklingenden Tons oder meditativen Musikstückes. Die Schüler spüren, dass meditative Musik ihre Grundstimmung verändern und sie entspannen, besinnlich und ruhig machen kann.
- Still werden kann man durch konzentriertes **Sehen, Betrachten** und **Sich-Vorstellen** von Naturgegenständen wie Blüten, Blumen, Steine, einer brennenden Kerze, Skulpturen und vor allem von Bildern. Bilder aktivieren Erinnerungen, wecken As-

soziationen und Träume, machen nachdenklich oder provozieren. Beruhigende Musik kann die Wirkung erheblich verstärken.
In einem kurzen Gespräch mit dem Partner, der Gruppe oder Klasse werden Gefühle und Gedanken darüber ausgetauscht, aber nicht kommentiert, oder in Form von Skizzen und Bildern ausgedrückt.

- Still werden kann man durch eigene **Körpererfahrungen** bei Spielen (Stillhaltekönig, Verzaubern, Wachsen wie Pflanzen), bei einer Gedanken- oder **Fantasiereise**, z. B. Mein Weg zur Schule, Ein Waldspaziergang o. Ä.
- Still werden kann man durch **progressive Muskelentspannung** im Sitzen („Atme tief ein, bis sich der Brustkorb wölbt! ... 5,4,3,2,1 ... Atme aus und entspannne dich!"), durch ruhige, rhythmische, schweigend durchgeführte Bewegungen und Tänze im Raum zu meditativer Musik.
- Still werden kann man durch einfache **autogene Entspannungsübungen**. Else MÜLLER entwickelte einen „neuen Weg zum Autogenen Training durch gelenkte Imagination". Fantasiereisen „erleichtern ... das Ausschalten des Alltags mit all seinen ablenkenden und belastenden Faktoren. Die Visualisierung der Bilder, die innere Bilderschau, führt zu Außenreizverarmung und Wahrnehmungseinengung. Dem angstfreien Bilderleben folgen zwanglos die physisch-psychische Entspannung und ein umfassender Stressabbau. Die gelenkten Imaginationen mit dem eingebundenen Autogenen Training wirken unmittelbar auf das Vegetativum und normalisieren die organischen Funktionen. Eine Disfunktionalität, die durch Stress ausgelöst wurde, wird wieder normalisiert. Das regelmäßige Üben, etwa wie Zähneputzen in den Alltag integriert, löst die Umschaltung schon bald reflexhaft aus. Die therapeutische Wirkung des Autogenen Trainings wird fühlbar."

Beispiel: **Schwereübung – Arme**

„Ich bin ganz ruhig.
Stelle dir vor, du gehst einkaufen.
Du trägst schwere Einkaufstaschen.
Du fühlst, wie schwer die Taschen sind.
Die Arme sind ganz schwer.
Ich bin ganz ruhig und entspannt" (MÜLLER 1994, S. 35, 54).

❖ **Wahrnehmungsübungen dienen dem konzentrierten, verweilenden Erfassen eines Gegenstandes, einer Person, des eigenen Körpers mit allen Sinnen:**

- Nach einer kurzen Stilleübung wird ein **Gegenstand**, z. B. eine Blume, ein Stein, ein Weizenkorn, in die Hände der Schüler gelegt, mit allen Sinnen wahrgenommen, betrachtet, betastet , geschmeckt, daran gerochen und dann spontan versprachlicht („Es sieht aus wie ..., fühlt sich an wie ..., man kann es vergleichen mit ...").
- **Bilder** werden ruhig betrachtet, besprochen, Konturen mit dem Finger nachgefahren, Szenen pantomimisch nachgestellt, in Gedanken vorgestellt.
- Mit einem frei gewählten Partner werden **Interaktionsspiele** durchgeführt: Der andere wird genau betrachtet, Wahrnehmungen, Gefühle werden beschrieben, durch nonverbales Spiel mit den Händen nimmt man Kontakt mit dem anderen

auf, lässt sich vom Partner blind führen, stellt ihn nach einer kurzen Unterhaltung vor usw.

❖ **Einfühlungsübungen helfen dem Sich-Hineindenken und Sich-Hineinversetzen in andere Menschen, dem Nacherleben einer Situation, z. B.**

- sich einfühlen in **menschliche Grundsituationen** des Belastet- oder Ausgeliefertseins, der Arbeit, der Ruhe durch Bilder, durch Arbeit mit Zeitungsausschnitten oder durch Fallgeschichten (Was geht der Situation voraus? Wie konnte es zu dieser Situation kommen? Wie geht es den Betroffenen? Wie wird es weitergehen?);
- sich einfühlen in **Personen** einer Fallgeschichte, in Jugendliche in Not-, Konflikt- oder Entscheidungssituationen (Ablehnung, Angst, Trauer, Freude);
- sich einfühlen in **Gegenstände** (Woran erinnert er mich? Was bedeutet er für mein Leben? Was macht ihn kostbar? Wie muss ich mit ihm umgehen?).

❖ **Meditative Übungen können innere Bilder, affektiv-emotionale Tiefendimensionen wecken und sind Vorstufen auf dem Weg zum Selbst:**

- Bei der **Naturalmeditation** betrachten die Schüler wie bei den Wahrnehmungsübungen einen Gegenstand , z. B. eine Pflanze, ein Samenkorn, ein Tier, fließendes Wasser, eine brennende Kerze, einen Brotfladen. Sie erfassen ihn mit allen Sinnen, beschreiben ihre Empfindungen, staunen über die Schönheit, Einmaligkeit und Ordnung und lassen sich davon ansprechen.
- Bei der **Symbolmeditation** denken sie über Symbole und ihre Bedeutung nach, z. B. über Sonne, Licht, Wasser, Regenbogen, Baum, Kreis, Rad, Ring, Labyrinth, Mandala, Kreuz.
- In **meditativen Bewegungen** und **Tänzen** setzen sie Inhalte von Texten oder Liedern in Gesten zur Musik um.
- Bei der **Metaphermeditation** drücken die Schüler Begriffe des täglichen Lebens durch Bilder oder Vergleiche aus (Liebe, Hoffnung, Sehnsucht, Glück, Reichtum, Zufriedenheit, Himmel, Jesus, Kirche; z. B. Jesus ist für mich wie ...). Bei der **Spruchmeditation** denken sie über wichtige Aussprüche nach und erläutern sie.
- Beim **meditativen Malen**, bei der **Bild- und Musikmeditation** bringen sie ihre Gefühle, Empfindungen, Eindrücke zum Ausdruck.[27]

◆ Mit den Schülern Unterricht und Schulleben gemeinsam gestalten

Der tägliche Unterricht bietet vielfach Möglichkeiten, vertrauensvolle Lehrer-Schüler-Beziehungen zu konsolidieren und das soziale Lernen der Schüler zu fördern. Möglichkeiten wie der überlegte Einsatz von Sozialformen, gemeinsame Konfliktlösung und Regelsetzung, Veränderung der Unterrichtsgestaltung und Öffnung des Unterrichts (z. B. freie Wahl der Lern- und Arbeitsgruppen, gemeinsame Auswahl der Inhalte, Einbeziehen von Schülerinteressen, projektorientierte Verfahren) und vielfältige Möglichkeiten der gemeinsamen Gestaltung des Schullebens werden detaillierter in den nächsten Kapiteln dargestellt.

1.3 Förderliche Persönlichkeitseigenschaften, Haltungen und Kompetenzen des Lehrers

Alle genannten Verhaltensweisen und Handlungen des Lehrers werden von den Schülern nur dann als vertrauensfördernd gedeutet, als konstituierend für die pädagogische Interaktion erlebt und in das eigene Verhaltensrepertoire übernommen, wenn sie diese als echt und glaubwürdig empfinden. Fördernde Persönlichkeitseigenschaften und Kompetenzen sind:

Echtheit, Glaubwürdigkeit, Zuverlässigkeit und Offenheit

Kinder spüren und empfinden sehr genau, ob Äußerungen und Verhaltensweisen eines Erwachsenen nur Fassade sind oder mit seinen Gefühlen, Einstellungen und seinem Denken übereinstimmen. Echtheit, Offenheit und Glaubwürdigkeit zeigen sich nach Tausch/Tausch in der Aufrichtigkeit gegenüber sich selbst, in natürlichen, nicht konformistischen oder stereotypen Verhaltensweisen und Äußerungen, in der Kongruenz von Äußerungen und innerem Erleben, im Offen-Sein für die eigene seelische Wirklichkeit und für die der Kinder und in der Selbstachtung und -akzeptanz.
Reinhard Tausch belegt in einer Reihe von Untersuchungen, dass diese Persönlichkeitsvariablen des Lehrers dazu beitragen, vertrauensvolle Beziehungen zwischen Lehrern und Schülern aufzubauen, und als persönlichkeitsbildende Einflüsse bei den Schülern positiveres Verhalten mit weniger Disziplinkonflikten, weniger Schulschwänzen, aktiverer Mitarbeit im Unterricht, größerer Zufriedenheit mit eigenen Leistungen und flexiblere kognitive Denkleistungen bewirken.[28]
Nach Tausch gelingt es aber nur 10–15 % der Lehrer, solche Haltungen im Klassenunterricht zu verwirklichen, da diese Verhaltensweisen und reversiblen Äußerungen als Techniken ohne grundlegende persönliche Reife, Offenheit, Selbstachtung und Selbstverwirklichung nicht langfristig durchzuhalten sind. Dies kann auch an dem subjektiven und intuitiven Echtheitsbegriff liegen, der sich aus unterschiedlichsten, heterogenen Begriffen zusammensetzt, wie Peez konstatiert. Wahrscheinlich stellt aber der Berufsalltag des Lehrers die Grenze der Echtheit dar. Die Vermittlung des Erziehungs- und Unterrichtsauftrags innerhalb der hierarchisch strukturierten Institution Schule verlangt unter Umständen von ihm Handlungen und Unterlassungen, die im Gegensatz zu seinen eigenen Gefühlen und Überzeugungen stehen können.[29] Des Weiteren kann er gerade aus Gründen des pädagogischen Takts und der Ermutigung einzelner Schüler nicht immer ‚echt' sein. Die Schüler hätten nach Peez auch ein Recht darauf, „sowohl von falschem Echtheitsgehabe als auch von allzu großer Inanspruchnahme durch die ‚echte' Person des Lehrers verschont zu werden. Schließlich ist der Unterricht keine gruppendynamische Sitzung und selbst der Lehrer kann nicht mehr geben als er hat. Gerade die Echtheitsforderung bringt die Gefahr der Unechtheit mit sich" (Peez 1989, S. 69 f.).
Vom Lehrer darf und muss man **Gerechtigkeit, Geduld, Gelassenheit, Humor**, vor allem aber **Achtung, Wärme, Rücksichtnahme, Vertrauen, Aufrichtigkeit, Verlässlichkeit** und **Engagement** erwarten können. Die Schüler reagieren besonders sensibel auf gerechtes oder ungerechtes Verhalten des Lehrers und weisen eine ungleiche Be-

handlung sofort als „ungerecht“ zurück. Besonders bei Regelverstößen sollte deshalb der Lehrer auf vereinbarte Konsequenzen zurückgreifen und sie situationsangemessen anwenden. Erziehungsprobleme und Verhaltensauffälligkeiten erfordern aber ein erzieherisch differenziertes Eingehen und nicht eine unreflektierte Gleichbehandlung. Solch ein pädagogisches Vorgehen „der Ungerechtigkeit als Unterrichtsprinzip“ (SEITZ 1986, S. 148) muss langsam angebahnt und intensiv begründet werden, damit es Schüler akzeptieren. Voraussetzung dafür ist ein von gegenseitigem Verständnis geprägtes Vertrauensverhältnis.[30]

Will der Lehrer diese Persönlichkeitsvariablen und Haltungen ausprägen und die Schüler in ihrer Persönlichkeit fördern, muss er

- sich immer wieder um sie bemühen und sich selbstkritisch damit auseinandersetzen. Dazu gehört die regelmäßige **Reflexion** der sein Verhalten beeinflussenden und damit eminent wirksamen **Alltagstheorien, Stereotype** und **Erwartungen** über Persönlichkeitseigenschaften leistungsstarker wie -schwacher Schüler und über Ursachen abweichenden Verhaltens und seiner oft unbewusst dem Schüler aufgedrückten Etikette.
- auch seine **Unterrichtsroutinen** wie seine Leistungsfeststellungen und -bewertungen und die dazu konstruierten Probearbeiten kritisch überdenken, um nicht selbst durch Fehler dazu beizutragen, leistungsschwache Kinder zu „produzieren“.[31]

Dazu helfen ihm beispielsweise **Gespräche** mit Schülern und Kollegen über seinen Unterricht, **Tonband- und Videoaufzeichnungen** des Unterrichts, **Unterrichtsbeobachtungen und -analysen** zusammen mit einem vertrauenswürdigen Kollegen, die Arbeit mit Videokatalogen von Problemsituationen des Unterrichts, die **Reflexion und Diskussion** eigener Verhaltensweisen, Einstellungen, Erwartungen, Alltagstheorien und ein **Training** angemessener Verhaltensweisen beispielsweise mit Hilfe des Konstanzer Trainingsmodells, personenzentrierte Fortbildungsgruppen (Encountergruppen), Selbsterfahrung durch Fallbesprechungen in Lehrergruppen, gestaltorientierte Selbsterfahrung oder Kontakte mit persönlich reifen Kollegen, daneben Meditations-, Atem-, Entspannungs-, Yogaübungen.[32]

Fachliche Kompetenz

Grundlage professionellen Lehrerhandelns ist eine solide Wissensbasis in den unterrichteten Fächern einschließlich eines pädagogischen, psychologischen, fachdidaktischen Kontextwissens. „Für ein qualifiziertes Unterrichten ist die Verknüpfung von Fach- und Wissensstruktur einerseits sowie Lehr-Lern-Prozess andererseits entscheidend. Dafür ist fachdidaktisches Wissen von Bedeutung. Schließlich ist operatives Handlungswissen von besonderer Tragweite (Lehr-Lern-Arrangements, Erkennen und Einordnen von Schülerfehlern und Fehlvorstellungen, Konfliktbearbeitungsformen, Gesprächsführung); die Grundlagen dafür werden in der schulpraktischen Ausbildung erworben“ (BLK 1997, S. 64). Die fachliche Kompetenz eines Lehrers zeigt sich in den genannten erziehlich fördernden Lehrermaßnahmen und in der didaktisch-methodischen Unterrichtsgestaltung, z. B.

- in der Auswahl der Unterrichtsziele, der Einbeziehung der Schülerinteressen in

den Unterricht und der Interessenweckung der Schüler durch eine motivierende Unterrichtsgestaltung;
- in der Planung und Initiierung sachlich richtiger, strukturierter, den kognitiven Fähigkeiten und Voraussetzungen der Schüler angepasster Lernprozesse;
- in der Betonung des aktiven Handelns der Schüler, z. B. im problemlösend-entdeckenden Unterricht, in offenen Unterrichtsformen;
- in der kontinuierlichen Konsolidierung, Sicherung, Anwendung und Übertragung der aufgebauten kognitiven Strukturen, des vermittelten Wissens und Könnens und der emotional-affektiven Einstellungen;
- bei der Feststellung und Bewertung der Schülerleistungen unter pädagogischem Anspruch;
- in der intensiven Kooperation mit anderen Lehrkräften, beispielsweise in Form wechselseitiger Hospitation, Abstimmung der einzelnen Unterrichtsfächer, gemeinsame Planungen von Projekten, die für ihre berufliche Entwicklung von zentraler Bedeutung ist;
- in der Bereitschaft, das eigene berufliche Handeln, die Alltagserfahrungen und impliziten Berufsroutinen (Skripts) über Umfang, Strukturierung und Sequenzierung des Stoffes und Reaktionen bei bestimmtem Schülerverhalten kritisch zu reflektieren und auf neue Situationen und Herausforderungen zu beziehen, z. B. auf Verhaltensweisen von Schülern, Erwartungen von Erziehungsberechtigten und der Gesellschaft, die neuen Informationstechnologien und Medien oder die Optimierung der Unterrichts- und Lehrformen.[33]

Aufgrund seiner fachlichen Kompetenz unterstellen die Schüler dem Lehrer Glaubwürdigkeit, Zuverlässigkeit, Berechenbarkeit und Gerechtigkeit und sind daher eher bereit, sich im Unterricht, in Arbeitsgemeinschaften und Projekten zu engagieren. Ein interessanter, effektiver, gut strukturierter, handlungsorientierter, problemlösend-entdeckender Unterricht ist ein schlechter Nährboden für störendes, verhaltensauffälliges oder aggressives Schülerverhalten.[34] Konsequente individuelle **Weiterbildung**, kritische Reflexion des eigenen erziehlichen und unterrichtlichen Handelns **(Selbstevaluation)** und der **Erfahrungsaustausch** mit Kollegen und Schülern geben dem Lehrer Sicherheit und tragen zu seiner Professionalisierung bei. Eine „sichtbare und langfristige Verbesserung des ... Unterrichts (kann) ohne eine Stärkung der beiden zentralen Elemente professionellen Handelns, nämlich der Selbstvergewisserung und Kooperation, nicht gelingen" (BLK 1997, S. 65 f.).

Die fachliche Kompetenz eines Lehrers zeigt sich auch in einer **konsequenten Elternarbeit**. Zur Erfüllung des gemeinsamen Erziehungsauftrags bezieht er die Eltern nach Möglichkeit stärker in den Unterricht und in das Schulleben ein, macht ihre Erfahrungen verfügbar, beugt Fehlentwicklungen durch verstärkte Beratung bei Erziehungsschwierigkeiten und Schullaufbahnentscheidungen vor und trägt durch die gemeinsam mit ihnen vorgenommene Reflexion ihrer Erwartungen und der veränderten Kindheit und Jugendzeit zum Abbau psychosozialer Stresssituationen bei.
Dazu sind nicht nur Fachwissen, Engagement und grundlegende persönlichkeitsfördernde Verhaltensweisen und Einstellungen wie aktives Zuhören, Paraphrasieren, Spiegeln von Gefühlen, Ich-Botschaften, sozial-reversibles Feedback notwendig, die

dann situations- und sachangemessen eingesetzt werden.[35] Darüber hinaus gibt es eine ganze Reihe von Verhaltensweisen und Methoden, die den Aufbau sozialer Kompetenzen und Wertorientierungen der Schüler fördern und das erziehliche Handeln in erziehungsschwierigen Situationen und Konfliktlösungen erleichtern können.

2 Das soziale Lernen der Schüler fördern

2.1 Grundlagen des sozialen Lernens

Das soziale Lernen von Individuen ist Bestandteil ihres lang andauernden Entwicklungsprozesses. In den Interaktionen und Auseinandersetzungen mit Bezugspersonen ihrer Umwelt bauen sie die sozialen Fähigkeiten, Kompetenzen und die soziale Kognition auf, mit deren Hilfe sie mit anderen sozial- und sachadäquat interagieren und kommunizieren können. Streng genommen gibt es kein „nicht soziales Lernen. Prozess und Inhalt eines jeden Lernvorgangs sind immer schon sozial bestimmt. Zwar lernt ein jeder für sich, aber gleichzeitig lernt er wegen der anderen, von anderen, mit anderen" (RAUSCHENBERGER 1985, S. 315).
Die Ausbildung sozialer Kompetenzen erfordert kognitive Fähigkeiten. Fasst man die geistige Entwicklung im Sinne des kognitionspsychologischen, strukturalistischen Ansatzes PIAGETS als aktiven Konstruktionsprozess kognitiver Strukturen auf (vgl. BI/3.2), kann parallel dazu die soziale Entwicklung des Kindes als ein durch Interaktionen mit anderen initiierter, aktiver Konstruktionsprozess sozialer, emotional-affektiver und kognitiver Strukturen verstanden werden. Durch Assimilation, Akkomodation, Differenzierung und Generalisierung sozialer Handlungskompetenzen und sozialen Wissens wird eine immer flexiblere Anpassung an die Erfordernisse der sozialen Umwelt, an den Umgang mit anderen Personen und mit sich selbst, an die Bewältigung sozialer Problemsituationen erreicht.[36] Soziale und kommunikative Kompetenzen sind Ziel und teils Voraussetzung sozialen Lernens. Sie umfassen eine Vielzahl kognitiver, emotional-affektiver Fertigkeiten und Leistungen und motivationaler Aspekte zur Bewältigung sozialer Situationen. Dazu dienen vor allem spezifische verinnerlichte Handlungsroutinen und -schemata, die **Skripts**, die gleichsam wie verinnerlichte Drehbücher soziale Interaktionen routiniert in Gang halten und inhaltlich mit spezifischem Wissen gefüllt werden können. Sie enthalten mental repräsentierte Handlungsabfolgen, z. B. die Organisation einer Gruppenarbeit, Formen der Repräsentation von Ergebnissen, das Verhalten in einem Restaurant oder die Organisation einer Geburtstagsfeier, hauptsächliche Rollen, Requisiten und Leerstellen für Besonderheiten und ermöglichen durch diese Festlegung Handlungssicherheit und Selbstständigkeit. Mit zunehmendem Alter werden die Handlungsabfolgen länger und ihre Verknüpfungen und Inhalte komplexer. „Unabhängig davon ... scheint es aber so zu sein, dass in den strukturellen Aspekten zwischen Vorschulkindern und Erwachsenen praktisch keine Unterschiede bestehen" (SILBEREISEN 1995, S. 840).
Um sozial kompetent handeln zu können, ist es notwendig, Denken, Fühlen, Wollen anderer Interaktionspersonen an Äußerungen, Mimik, Gestik wahrzunehmen und zu verstehen, die Situationsgebundenheit ihres Handelns, ihre Perspektive, zu erkennen

und entsprechende Schlussfolgerungen zu ziehen. Zu den kognitiven Komponenten sozialer Kompetenz gehören deshalb das Dekodieren nonverbaler Kommunikation, die Perspektivenübernahme und das Selbstkonzept der sozialen Kompetenz. Emotionale **Perspektivenübernahme** bezeichnet das Verstehen emotional-affektiver Zustände, während **Empathie** das Sich-Einfühlen in die Situation des anderen, das Erleben emotionaler Vorgänge anderer, und als Konsequenz Mitgefühl oder negative Betroffenheit ausdrückt. Empathie und soziale Orientierungen wie Kooperation, Individualismus, Altruismus, Konkurrenz und Aggression sind emotionale und motivationale Aspekte sozialer Kompetenz. Die sozialen Erfahrungen in den Interaktionen mit anderen Personen sind die Grundlage jeglicher sozialer Kognition. **Soziale Kognition** umfasst dann „sowohl das Wissen über die Welt sozialer Geschehnisse als auch den Prozess des Verstehens von Menschen, ihrer Beziehungen sowie der sozialen Gruppen und Institutionen, an denen sie teilhaben. Mitgedacht ist die Bedeutung sozialer Kognition für die Organisation sozialer Interaktion" (SILBEREISEN 1995, S. 823). Soziale Erfahrungen schaffen einerseits die notwendigen Voraussetzungen für die Entwicklung sozialen Wissens und Verstehens, andererseits bestimmt die jeweilige soziale Kognition mit, welche Erfahrungen im sozialen Handeln gemacht werden.
Ob eine soziale Handlung dann zum gewünschten Ziel führt, hängt nicht nur von den Kompetenzen und Motiven einer handelnden Person ab, sondern auch von den Besonderheiten der Interaktionssituation. Erfolgreiches soziales Handeln erfordert die flexible Anpassung des eigenen Verhaltens an die sich ändernden situationalen Gegebenheiten, besonders bei kooperativer und kommunikativer Konfliktlösung.[37]

Die **Eltern** steuern die Entwicklung sozialer Kompetenzen und Kognitionen bewusst durch die **Gestaltung des sozialen Umfelds** und, häufig unbewusst, als **Verhaltensmodelle**. Kinder erwerben soziale Kompetenzen und bauen Handlungsschemata auf, indem sie sich zwanglos in die alltäglichen oder arrangierten Handlungsroutinen der Familie einfügen und aktiv erwartete Rollen übernehmen, z. B. beim Anziehen, beim Aufpassen auf ein jüngeres Geschwister, beim Mittagessen. Eltern demonstrieren richtiges Verhalten, weisen die Kinder direkt an, verstärken richtiges Verhalten durch Lob, tadeln oder bestrafen unsoziales Verhalten und stellen die Folgen bestimmter Verhaltensweisen und Handlungen für sich oder andere heraus. Daneben geben die Beobachtung und Nachahmung ihres Verhaltens, z. B. beim Umgang miteinander, und die sozialen Erfahrungen im Umgang mit Geschwistern und Spielpartnern wichtige Anstöße für die soziale Entwicklung.

Mit dem **Schuleintritt** muss sich das Kind in vorgegebene komplexe Strukturen einfügen und gleichzeitig bestimmte leistungsbezogene Aufgaben erfüllen. Durch die Interaktionserfahrungen mit Klassenkameraden, den Aufbau neuer Freundschaftsbeziehungen und die Anforderungen des Unterrichts ist es zu einer fortlaufenden Akkomodation und Differenzierung vorhandener sozialer Handlungsschemata und zur Konstruktion neuer gezwungen. Dies gefährdet nicht nur sein Gleichgewicht zu seiner sozialen Umwelt, sondern auch sein **Selbstkonzept**. Es umfasst als affektive Komponente der persönlichen Identität das **Selbstvertrauen** und **Selbstwertgefühl** in die eigene Leistungsfähigkeit, als kognitive Komponente das **Wissen** über seine wahrgenommenen Leistungen, Fähigkeiten, Haltungen, Gefühle und jene, die es gerne besitzen möchte. Die soziale Komponente umfasst als **Selbstbild** die Vorstellungen über das Bild, das sich andere von ihm machen und die tatsächlich wahrgenommenen Reaktionen und Wertschätzungen.[38] Das Kind muss sein Selbstkonzept zunehmend auf die schulische Leistung hin ausrichten. Neben der kognitiven Förderung ist es wichtige Aufgabe der Schule, es aus seinem Egozentrismus herauszuführen und durch kontinuierliche soziale Prozesse zur sozial-, wert-, sach- und aufgabenbezogenen Handlungskompetenz, Kooperation, Team- und Konfliktlösefähigkeit und zur Solidarität für gemeinsame Interessen zu führen.[39]

Auch in schulischen Interaktionsprozessen spielen **Anweisung, Modelllernen, Verstärkungen** und **soziale Arrangements** wie Sozialformen eine große Rolle. Diesen sozialen Lernprozessen kommt angesichts großer sozialer Defizite unserer Kinder durch die veränderten familiären und gesellschaftlichen Verhältnisse einerseits und durch die Anforderungen an Teamfähigkeit im Wirtschafts- und Arbeitsleben andererseits besondere Bedeutung zu. In der Grundschule wirkt der Lehrer vor allem aufgrund seiner Machtposition und sozialen Stellung als Verhaltensmodell. Er sollte deshalb sein Verhalten bewusst kontrollieren. „Der Lehrer ist nicht erst dann für seine Schüler Modell, wenn er bestimmte soziale Lernprozesse in Gang setzten will, sondern er ist es immer und zu jeder Zeit" (SCHADE 1978, S. 125). Er besitzt eine große Chance, als Modell wahrgenommen zu werden, wenn es ihm gelingt, eine vertrauensvolle Beziehung zu den Schülern aufzubauen und sie darin Wertschätzung und Akzeptanz erleben zu lassen. Eine Reihe bereits beschriebener grundlegender Verhaltensweisen helfen ihm dabei.

Je stärker die emotionale und soziale Bindung an ein **Verhaltensmodell** ist, je höher der soziale Status des Modells und seine Machtposition eingeschätzt werden, je freundlicher es wahrgenommen wird, je ähnlicher die Einstellungen zwischen Modell und Beobachter sind und je erfolgreicher das beobachtete Verhalten ist, desto eher werden in den schulischen Interaktionsprozessen erwünschte wie unerwünschte Verhaltensweisen und Handlungen von Lehrern und Mitschülern bewusst und unbewusst übernommen. Durch Beobachtung erlerntes Verhalten wird aber oft so lange nicht imitiert, als ungünstige Bedingungen, negative Sanktionen oder fehlende Reize dies verhindern.

Die Nachahmung setzen dann direkte wie stellvertretende **Verstärkung** durch Lehrer oder Mitschüler in Gang und intensivieren sie zusätzlich. Soziale Anerkennung, Lob, Ermunterung, Aufmerksamkeit wirken unmittelbar direkt verstärkend. Bei der stellvertretenden Verstärkung erlebt ein Schüler, dass beispielsweise ein Mitschüler für sein Verhalten belohnt wird. Das beobachtete Verhalten gewinnt dadurch an Attraktivität. An der stellvertretenden Verstärkung wird das Charakteristische des sozialen Lernens sichtbar: „Seine kognitiven, motivationalen und affektiven Prozesse richten sich danach, ob durch Verstärkungen oder anders begründbare Identifikationsprozesse beobachtete Verhaltenweisen Modellcharakter gewinnen und damit eine größere Wahrscheinlichkeit haben, imitiert zu werden" (SCHADE 1978, S. 122 f.).

Die Sozialerziehung in der Schule greift vor- und außerschulische Erfahrungen der Schüler auf, führt sie weiter und ergänzt sie durch planmäßig angeregte. „Kennzeichnend für die Sozialerziehung in der Grundschule ist das Bemühen um planmäßige Grundlegung für alle unter Berücksichtigung individuell unterschiedlicher

Voraussetzungen sowie das Bestreben, ein solides Fundament für selbstständiges Weiterlernen innerhalb und außerhalb der Schule zu schaffen“ (SCHORCH 1988, S. 71).

2.2 Soziale Beziehungen der Schüler durch soziometrische Wahlverfahren aufdecken[40]

Die sozialen Beziehungen der Schüler innerhalb der Klasse werden durch Sympathie, Antipathie oder Durchsetzungsvermögen beeinflusst. Sie lassen sich mit Hilfe soziometrischer Verfahren aufdecken. Der Begriff „soziometrischer Test“ wird auf viele Möglichkeiten zur Erfassung sozialer Beziehungen in Gruppen angewandt und schließt Beobachtungen, Fragebögen usw. ein. Für die Schule sollte man den Begriff auf soziometrische Wahlverfahren beschränken, bei denen sich Schüler auf der Grundlage bestimmter Kriterien gegenseitig wählen. „Mit Hilfe des soziometrischen Tests erhält man einen wichtigen Einblick in das Sozialleben der Schulklasse. Man wird in die Lage versetzt, Verhaltensweisen einzelner Schüler vor dem sozialen Hintergrund der Gleichaltrigengruppe zu beurteilen und Strukturen dieser Gruppe genauer zu erkennen. Auf dieser Basis lassen sich gezieltere Beobachtungen durchführen und sozialpädagogische Maßnahmen erfolgversprechend entwickeln. Darüber hinaus eignet sich der soziometrische Test bei mehrfacher Anwendung zur Überprüfung von Erfolgen sozialerzieherischer Aktivitäten“ (PETILLON 1980, S. 4). Er leistet große Hilfe, wenn der Lehrer bewusst soziales Lernen fördern und bei der Einführung von Sozialformen Einfluss auf die Wahl der Sitzordnung oder die Zusammensetzung von Arbeitsgruppen nehmen will, weil z. B. bestimmte Schüler zu viel miteinander schwätzen. Für die Schule besonders geeignet erscheinen **Fragen**, die im unterrichtsbezogenen Interesse der Schüler liegen wie die **Wahl eines Sitznachbarn** oder der **Mitglieder einer Arbeitsgruppe** (Neben wem möchtest du gerne sitzen? Warum? – Neben wem möchtest du nicht sitzen? Warum nicht? – Mit wem möchtest du in einer Arbeitsgruppe zusammenarbeiten/nicht zusammenarbeiten? Warum?). Das Verfahren wird erläutert und begründet, z. B. mit der Änderung der Sitzordnung in der Klasse oder der Zusammenstellung von Arbeitsgruppen. Dabei sollen auf ein Blatt oder einen Wahlzettel die Kinder als erste notiert werden, die man am liebsten als Sitznachbarn oder als Arbeitsgruppenmitglied hätte. Beim standardisierten soziometrischen Test nach PETILLON werden deshalb für eine spätere geschlechtsspezifische Auswertung zuerst alle Mädchen, dann alle Jungen alphabetisch aufgelistet, nummeriert und an die Tafel geschrieben. Die Kindern notieren bei der Wahl nur die Nummern der gewählten oder abgelehnten Schüler. Wichtig ist die Zusicherung, dass die Ergebnisse nicht in der Klasse bekannt gegeben werden, kein Kind also Angst haben muss, durch Ablehnungen bloßgestellt zu werden. Die abgegebenen Wahlen und Ablehnungen auf die gestellten Fragen werden in eine **Grundtabelle** oder in eine **reziproke Soziomatrix** eingetragen, die einen ersten Überblick über die sozialen Beziehungen und Gruppenstrukturen in der Klasse mit gegen- oder einseitigen Wahlen und Ablehnungen liefert.

Grundtabelle (nach CAPPEL 1970, S. 33)

Namen	1	2	3	4	abgegebene Wahlen	Ablehnungen
1 Alfred		+	–		1	1
2 Bruno	+		+		2	0
3 Christina	–	–			0	2
4 Daniel	+		–		1	1
erhaltene Wahlen	2	1	1	0		
erhaltene Ablehnungen	1	1	2	0		

\+ = Wahl
– = Ablehnung

Reziproke Soziomatrix (nach PETILLON 1980, S. 8, 27)

	1	2	3	4
1		+	#	|
2	+		⧺	
3	#	ǂ		‖
4	–		=	

–	: wählt
=	: lehnt ab
|	: wird gewählt
⧺	: wird abgelehnt
+	: gegenseitige Wahl
#	: gegenseitige Ablehnung
ǂ ⧺	: zurückgewiesene Wahl
Leerzelle	: gegenseitiges Ignorieren

Das Beziehungsgeflecht der Wahlen und Ablehnungen kann, ausgehend von einem oft gewählten Schüler, auch als **Soziogramm** grafisch dargestellt werden.

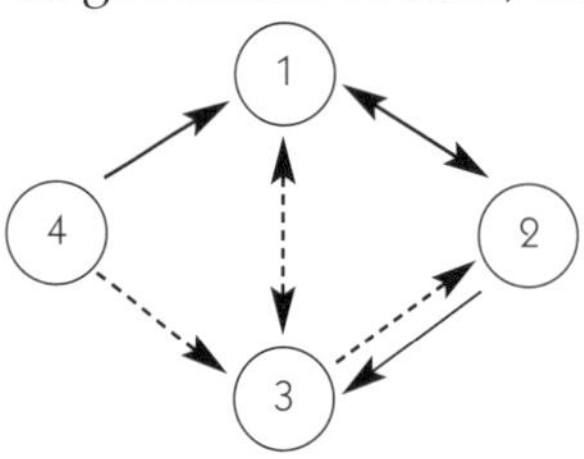

⟶ = wählt
⇢ = lehnt ab
⟷ = gegenseitige Wahl
⇠⇢ = gegenseitige Ablehnung

(nach CAPPEL 1970, S. 44)

Bei einer großen Anzahl von Schülern und Wahlen wird eine grafische Darstellung schnell unübersichtlich. PETILLON hat sie vereinfacht und standardisiert.

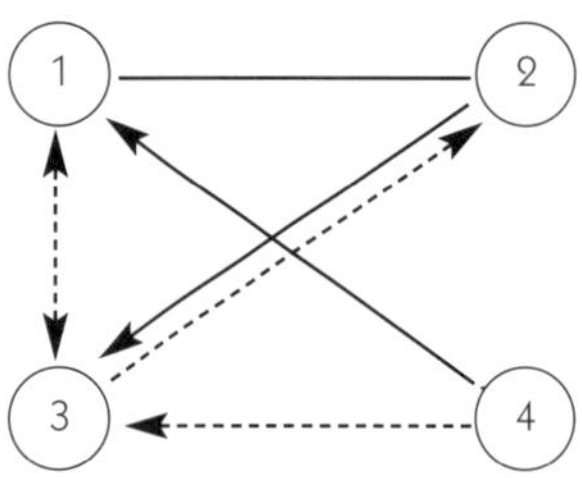

⟶ = wählt
⇢ = lehnt ab
⟷ = gegenseitige Wahl
⇠⇢ = gegenseitige Ablehnung

(nach PETILLON 1980, S. 20).

Ein soziometrischer Test liefert über das positive und negative Wahlverhalten eine **Momentaufnahme der sozialen Beziehungen** und verdeutlicht Gruppenstrukturen durch die sozialen Positionen wie den Star mit vielen positiven Wahlen, den abgelehnten Außenseiter und den unbeachteten Schüler. Auf seiner Grundlage kann der Lehrer sozialerzieherisch Einfluss nehmen und unbeachtete wie abgelehnte Schüler oder Cliquen in die Klasse zu integrieren suchen. Er findet so leichter Schüler, die einen abgelehnten oder nicht beachteten Mitschüler als Sitznachbarn oder Arbeitsgruppenmitglied akzeptieren. Dies ist besonders wichtig, da gerade in der Grundschule die Schüler häufig Mitschüler bei Nichterfüllung von Leistungserwartungen in soziale Randpositionen drängen und ablehnen und dies um so eher, je negativer die Lehrererwartungen diesen Kindern gegenüber sind. Der Lehrer sollte sich deshalb auch seiner impliziten Persönlichkeitstheorien und Erwartungen bewusst werden.

2.3 Soziale Interaktionen der Schüler fördern

Soziale Verhaltensweisen können durch erziehliche und unterrichtliche Maßnahmen des Lehrers wie den Einsatz von Sozialformen bewusst initiiert und systematisch gefördert werden. Besondere Bedeutung gewinnen dabei das Vorbild des Lehrers und sein Bemühen um ein förderliches Verhalten. Über Vorbild und Rückmeldung werden auch Höflichkeits- und Ordnungsformen des täglichen Umgangs beeinflusst.

Partner- und Gruppenarbeit überlegt einsetzen

◆ Begriffsklärung

Schulisches Lernen ist immer Lernen im sozialen Verband der Klasse oder einzelner Gruppen. Gruppendynamische Prozesse bestimmen deshalb auch schulisches Lernen mit. Unter **Gruppe** wird ein soziales Gebilde verstanden, das „aus zwei oder mehr Personen gebildet (wird), die bestimmte Gemeinsamkeiten haben und miteinander in Interaktion stehen" (ULICH 1971, S. 25). Aus dem gemeinsamen Miteinander erwachsen gemeinsame Ziele, Motive, Verhaltensnormen. Durch die gegenseitige Interaktion entwickeln sich Bündel von Verhaltenserwartungen, die Gruppenrollen eines jeden Mitgliedes.

Im Unterricht werden Gruppen zum Lösen vorgegebener oder selbst gewählter Aufgaben und Probleme gebildet. Die Aufgabenauswahl ist dabei von besonderer Bedeutung. Nur wenn sie eine koordinierte Zusammenarbeit erfordert und jedes Gruppenmitglied einen produktiven Beitrag dazu leisten kann, fördert sie die Gruppenarbeit.[41] Die sozialen Aktivitätsformen der Partner- und Gruppenarbeit bezeichnet man als **Sozialformen**. Sie fördern die vielfältigen zwischenmenschlichen Beziehungen der Schüler untereinander, ihre Fähigkeit und Bereitschaft zur Kommunikation und Kooperation in Arbeitsteams des künftigen Berufslebens, ihre Eigenständigkeit und die Übernahme von Verantwortung. Voraussetzung dafür ist, dass die „SchülerInnen mit den Zielen, den Abläufen und den Regelwerken der Gruppenarbeit vertraut sind und zudem die Einsicht besitzen, dass das Zusammenarbeiten in Gruppen sinnvoll, notwendig und für den eigenen Lern- und Berufserfolg auch vor-

teilhaft ist" (Klippert 1999b, S. 32). Die grundlegenden Handlungsschemata, Methoden und Regeln der Gruppenarbeit werden in einzelnen Fächern an geeigneten Themen oder durch gezielte Übungen im Sinnes eines Gruppenarbeitstrainings geschult und im nachfolgenden Unterricht kontinuierlich gesichert.[42]
Von diesem Verständnis her kann die Einzelarbeit/Alleinarbeit eines Schülers nicht zu den sozialen Aktivitätsformen gezählt werden. Bei der Einzelarbeit geht es um die individuelle Erledigung einzelner Aufgaben, die entweder auf die eigenen Leistungsmöglichkeiten bezogen sind, z. B. bei Hausaufgaben oder in Übungsphasen, oder in Konkurrenz zu allen anderen Schülern beispielsweise bei Probearbeiten zu erbringen sind. Jeder einzelne Schüler soll in Ruhe sein Können unter Beweis stellen.

◆ Partnerarbeit

Partnerarbeit bezeichnet die Kooperation und Interaktion zweier Schüler, die vorübergehend eine Zweiergruppe bilden, in der Regel mit dem Tischnachbarn oder wie beim materialgeleiteten Lernen mit einem frei gewählten Arbeitspartner. „Die Partnerarbeit ist eine freie Arbeitsform der Schüler, die jedoch vom Lehrer veranlasst und organisiert wird. Sie lässt in der Konfrontation mit dem Lerngegenstand den Ideen, Gedanken und Gefühlen der Partner freien Lauf und ebnet den Weg zu einer ‚originalen' sachlichen und menschlichen Begegnung. Sie ist jedoch vom Lehrer als dem berufenen Garanten der Leistung und der partnerschaftlichen Haltung seiner Schüler abhängig" (Coppes in Steindorf 1991, S. 163).
Partnerarbeit ist meist zeitlich begrenzt und kann in allen Phasen des Unterrichts eingeplant werden. Sie stellt eine wichtige **Übergangs- oder Vorform zur Gruppenarbeit** dar. Grundlage der Partnerarbeit ist ein vom Lehrer erteilter Arbeitsauftrag an alle Schüler oder eine frei gewählte Aufgabe.

❖ Möglichkeiten der Partnerarbeit

- das **Partnergespräch,** z. B. das Formulieren von Problemfragen und Hypothesen, das Suchen und Besprechen von Lösungsmöglichkeiten;
- die gemeinsame **Durchführung von Aufgaben**, z. B. eine Kartenarbeit in Erdkunde wie das Besprechen und Auswerten thematischer Karten, ein Partnerdiktat, Wortschatz- und Ausdrucksübungen in Sprachbetrachtung, Sammeln von Verben eines Wortfeldes, Suchen treffender Beispielsätze, die Lösung von Sachaufgaben, das Erledigen selbst gewählter Arbeiten in der Freiarbeit;
- die **Kontrolle** des Gelernten, z. B. gegenseitiges Abfragen der Hausaufgaben, eines Gedichts, des Wortschatzes (Wesentlich ist die Angabe eines sachlichen Korrekturmaßstabes, dem alle Schüler verpflichtet sind, beispielsweise der Vergleich der diktierten Wörter mit Hilfe der Wörterliste, das Markieren der Fehler durch einen Strich am Rand und das gemeinsame Besprechen sinnvoller Verbesserungen und Lösungshilfen.).

❖ Bedeutung der Partnerarbeit

- Partnerarbeit **aktiviert alle Schüler gleichzeitig**. Durch sie werden mehr Schüler bei gleichem Zeitaufwand am Unterrichtsprozess beteiligt als im frontal geführten Klassenunterricht.

- Partnerarbeit **ermöglicht kooperatives Lernen**. Bearbeiten Partner gemeinsam Aufgaben, besprechen Fragen, suchen Problemlösungen, erproben verschiedene Lernstrategien, helfen sich gegenseitig beim Zusammenfassen von Informationen, beim Umsetzen in Skizzen oder andere Darstellungsformen, beim Suchen von eigenen Beispielen und geben sich Rückmeldung über Auslassungen, Fehler oder Unverstandenes, dann erbringen diese heterogenen Dyaden bessere Lernleistungen am Ende der Partnerarbeit und beim späteren individuellen Lernen als jene Schüler, die allein lernen. Vor allem schwächere Schüler profitieren von dieser kooperativen Lernpartnerschaft und gewinnen zunehmend an Selbstvertrauen. In der Untersuchung von Beck u. a. unterstützt Partnerarbeit auch die Lernmotivation und das sozial-emotionale Wohlbefinden der Schüler.[43]
- Partnerarbeit **fördert das soziale Verhalten** der Schüler. Durch den Partner wird der einzelne Schüler zu Partnerschaft, Kameradschaft, Hilfsbereitschaft, Rücksichtnahme, Verantwortung für den anderen, Kompromissbereitschaft, Kritikfähigkeit angehalten. Gerade zurückhaltende und schwächere Schüler sind bei der Partnerarbeit bereit, eigene Meinungen und Vorstellungen zu äußern und zu vertreten und dem anderen zu helfen. Wenn die Tischnachbarn keine funktionierende Arbeitsgruppe bilden, sollte der Lehrer in einzelnen Unterrichtsphasen die Wahl des Arbeitspartners freigeben oder aufgrund eines Soziogramms („Neben wem möchtest du gerne sitzen, neben wem nicht?") andere Dyaden zusammensetzen.

◆ Gruppenarbeit

Im Folgenden werden die Begriffe Gruppenunterricht und Gruppenarbeit synonym verwendet. Die Betonung liegt bei ersterem auf der Unterrichtsform, beim zweiten auf der Arbeit der Schüler. Der Begriff Kleingruppenarbeit legt noch stärker das Gewicht auf die sozialpsychologische Bedeutung der Arbeit einzelner Schüler in kleinen Gruppen im Vergleich zur Arbeit in der gesamten Klasse.
Unter Gruppenarbeit soll die Bearbeitung von Aufgaben und Themenstellungen durch Schüler in Gruppen von drei bis maximal sechs Schüler verstanden werden.
Bei **arbeitsgleicher Gruppenarbeit** bearbeiten alle Schülergruppen den gleichen Arbeitsauftrag oder das gleiche Thema, bei **arbeitsteiliger Gruppenarbeit** einzelne Schülergruppen verschiedene Aufgaben.
Mischformen sind möglich, z. B. kann in einer großen Klasse zu jeder Schülergruppe jeweils eine Kontrollgruppe den gleichen Arbeitsauftrag erledigen.

❖ Möglichkeiten der Einführung von Gruppenarbeit

- Die **Hinführung** zur Gruppenarbeit erfolgt **schrittweise** über die Partnerarbeit als ideale Übergangsform. Eine arbeitsteilige Gruppenarbeit ist meist erst dann möglich, wenn die Schüler an einfache Formen arbeitsgleicher Gruppenarbeit gewöhnt sind. Sie bearbeiten zuerst alle die gleichen Arbeitsaufträge und lernen das Sammeln, Besprechen, Zusammenfassen, Vortragen, Präsentieren, Diskutieren und Reflektieren der Arbeitsergebnisse.
- Gruppenarbeit muss **sinnvoll vorgeplant** werden. Der Lehrer strukturiert den Unterricht so, dass in einzelnen Phasen die Schüler die Erarbeitung der Thematik oder einzelner Teile daraus übernehmen können. Das kooperative Lernen muss fester

Bestandteil des Unterrichts werden. Die grundlegenden Kommunikationsmuster müssen in möglichst vielen Fächern im Sinne eines Grund- und Aufbautrainings konsequent eingeübt und durch häufige Anwendung konsolidiert werden.

- Geeignet für die Gruppenarbeit erscheinen vor allem **Unterrichtsthemen und Lerninhalte der Sachfächer**, zu deren Lösung Informationen mittels fachgemäßer Arbeitsweisen und -techniken zusammengetragen und transformiert werden.

Beispiele

- Sammeln, Beschreiben, Vergleichen von Gegenständen, Bestimmen von Pflanzen, z. B. Blätter verschiedener Laubbäume
  Zusammenfassen und Besprechen verschiedener Beobachtungen
- Aufstellen von Vermutungen/Hypothesen und Planen von Problemlösungen
  Durchführen einfacher Schülerversuche und Experimente
- Entnehmen, Besprechen und Zusammenfassen von Informationen aus Arbeitsblättern, Bildern oder Texten
  Gliedern von Fakten und Texten nach vorgegebenen Gesichtspunkten
  Lösen von Sachaufgaben und Suchen weiterer Lösungswege
  Kreative Um- oder Weitergestaltung von Texten, Gedichten oder Liedern
- Sammeln von Meinungen, Vorschlägen und Erfahrungen der Schüler, z. B. zur Planung eines Vorhabens wie einer Klassenfahrt oder zu Ursachen eines Konflikts
- Sammeln und Diskutieren überzeugender Argumente, um ein Ziel zu erreichen, z. B. in Deutsch oder in Erziehungskunde, und Erproben bestimmter Verhaltensweisen im Rollenspiel oder in einem kurzen szenischen Spiel

- Die angestrebten **Ziele** und die **Arbeitsaufträge** sollen klar und verständlich formuliert und in einer festgelegten Zeit (10 bis 20 Minuten) erledigt werden können. Sie erwachsen im problemlösend-entdeckenden Unterricht der Grundschule aus der Hypothesenbildung und der gemeinsamen Planung des Lösungsweges. Mögliche Schwierigkeiten erkennt der Lehrer bei seiner intensiven Auseinandersetzung mit der Sache.
  Die notwendigen Arbeitsweisen und -techniken werden in verschiedenen Unterrichtsphasen an geeigneten Themen geschult und bei der Arbeitsrückschau immer wieder vor Augen gestellt.[44]
- Der Lehrer stellt die notwendigen Arbeitsmittel wie Informationsblätter, Texte, Geräte den einzelnen Gruppen zur Verfügung. Er gibt vor der Gruppenarbeit notwendige **Hinweise und Hilfen zur Durchführung**, hält sich aber während der Arbeit im Hintergrund. In der Anfangsphase, bei sehr komplexen Problemen oder sehr schwachen Schülern bietet er in unaufdringlicher Weise seine fachliche und persönliche Hilfe an, hebt wichtige Ergebnisse im Gespräch mit den einzelnen Gruppen hervor, stellt falsche Ansätze richtig oder gibt sie zur erneuten Bearbeitung an die Gruppe zurück.
- Eine effektive Gruppenarbeit erfordert eine **klare Rollen- und Funktionsverteilung** der Gruppenmitglieder. Erst eine strikte Zuständigkeitsregelung verhindert Überforderung und gibt jedem das Gefühl, gebraucht zu werden. KLIPPERT schlägt

für den Sekundarbereich folgende Funktionen vor, die zu Beginn einer Gruppenarbeitsphase verteilt werden: Der Gesprächsleiter erteilt das Wort und fasst zusammen, der Fahrplanüberwacher achtet auf die Einhaltung der Arbeitsschritte des Arbeitsfahrplans, der Zeitmanager überwacht die Einhaltung des Zeitplans, der Präsentator stellt des Gruppenergebnis vor und der Regelbeobachter kontrolliert die Einhaltung der gemeinsam vereinbarten und akzeptierten **Interaktions- und Verhaltensregeln**. Grundsätzlich sollte jedes Gruppenmitglied alle Funktionen ausüben können. Auch dominante Schüler sollten sich unterordnen und nicht immer nur als Gruppensprecher fungieren. Die Notwendigkeit, das Gruppenergebnis präsentieren zu müssen, bewirkt eine intensivere gemeinsame Sachklärung und Mitarbeit.[45]

Ein planvolles, zielstrebiges, reflektiertes Vorgehen wird durch einen **Arbeitsfahrplan** erreicht, der die wichtigsten Arbeitsschritte der Planungsphase (Funktionen verteilen, Aufgabenstellung klären, Vorgehensweise und Zeitplan besprechen), der Durchführungsphase (Arbeiten erledigen und sich gegenseitig helfen, Arbeitsstand kontrollieren, Präsentation vorbereiten) und der Auswertungsphase (Arbeitsergebnisse zusammenfassen, präsentieren und bewerten) enthält.

– Nach der Gruppenarbeit werden die **Ziele, Vorgehensweisen** und **Arbeitsergebnisse** von einem oder mehreren Gruppenmitgliedern als freier Vortrag mit Spickzettel, als Informationsplakat mit Skizzen und Fotos, als Demonstrationsversuch, als Expertendiskussion o. Ä. **präsentiert**. Jedes Gruppenmitglied sollte zusätzliche Fragen aus dem Plenum beantworten können. Eine seriöse inhaltliche Auswertung und Würdigung der Ergebnisse und angemessene Rückmeldungen durch Mitschüler und Lehrer verpflichten die Gruppenmitglieder zu weiteren Lernanstrengungen.[46]

  Wesentlich für den Aufbau metakognitiven Wissens ist, dass der Lehrer den Schülern in der **Arbeitsrückschau** das methodische Vorgehen bei der Problemlösung strukturiert vor Augen stellt und noch offene Fragen beantwortet. Vor allem in der ersten Zeit des Einübens werden in diesen regelmäßigen Reflexionsphasen auch die abgelaufenen Arbeits- und Interaktionsprozesse besprochen. Dazu können auch ein schnelles **Blitzlicht** (Wie habt ihr die Gruppenarbeit erlebt?), ein **Feedbackbogen** mit freien Antworten (Mir hat gefallen – Mich hat gestört – Ich wünsche mir für die nächste Gruppenarbeit) oder ein **Einschätzbogen** zum Ankreuzen eingesetzt werden (Ich habe mich in der Gruppe wohl gefühlt, gut und interessiert mitgearbeitet, wurde beachtet und ernst genommen ...).[47]

– Der Lehrer bestimmt nur dann die Teilnehmer der Gruppe mit, wenn einzelne Schüler ausgeschlossen werden oder die Zusammenarbeit nicht störungsfrei abläuft. Damit die Gruppenbildung nicht nur nach Sympathie oder Taktik erfolgt, erscheint die zufällige Zuteilung zu Gruppen durch ein Losverfahren (Spielkarten, Tierbilder, Symbole) besonders in der Anfangsphase sinnvoll. Es unterstützt das schnelle Kennenlernen. Gezielte Informationen über sozialpsychologische und gruppendynamische Beziehungen in der Klasse oder Gruppe gibt auch ein durchgeführtes **Soziogramm** mit der Fragestellung „Mit wem möchtest du gerne in einer Arbeitsgruppe zusammenarbeiten, mit wem nicht?".

❖ Bedeutung der Gruppenarbeit[48]

Gruppenarbeit fördert nach einer Vielzahl empirischer Untersuchungen kognitive, soziale und emotionale Aspekte der Persönlichkeit.

Die Förderung kognitiver Vorgänge:
- Gruppenarbeit motiviert die Schüler, die sich aktiv am Unterrichtsprozess beteiligen, relativ selbstständig unter Verwendung von Hilfsmitteln Arbeitsaufträge erledigen, nach kreativen Lösungswegen oder Vorgehensweisen suchen, Fehler und falsche Lösungsansätze diskutieren usw.
- Gruppenarbeit fördert das Elaborieren und Behalten von Informationen, das Anwenden von Lösungsstrategien und den Aufbau von Arbeitshaltungen durch die gemeinsame handlungsorientierte, multisensorische Auseinandersetzung mit dem Unterrichtsgegenstand, die Äußerung eigener Vorstellungen und die Rechtfertigung des eigenen Standpunkts in der Gruppe, das Versprachlichen und kritische Abschätzen des Lösungsweges durch das „laute Denken".
- Gruppenarbeit ermöglicht eine Individualisierung des Lernens und Arbeitens und eine Erhöhung der aktiven Lernzeit durch Differenzierung der Arbeitsaufträge entsprechend den Fähigkeiten, Begabungen, Neigungen, Interessen, des Lern- und Arbeitstempos der Schüler.
- Gruppenarbeit vermittelt den Schülern Erfahrungen individueller und persönlicher Hilfe durch andere. Besonders leistungsschwächere Schüler profitieren von der Arbeit in heterogen zusammengesetzten Arbeitsgruppen.

Die Förderung sozialer Vorgänge:
Gruppenarbeit fördert durch die intensive Kooperation und Kommunikation die interaktive und kommunikative Kompetenz der Schüler:
- Sie äußern sich ohne Scheu, knüpfen engere Kontakte zu Mitschülern, kommunizieren und kooperieren vertrauensvoll miteinander und helfen sich gegenseitig.
- Sie erhalten durch die Gruppenmitglieder ein Feedback über ihre eigenen Verhaltensweisen und können sie korrigieren.
- Sie lernen, sich in andere einzufühlen, die Perspektive der anderen zu sehen und ihnen ein konstruktives Feedback zu geben.
- Sie treffen verantwortlich Gruppenentscheidungen und erfahren die Konsequenzen ihrer Tätigkeit.
- Sie bauen gegenseitiges Verständnis, soziale Tugenden und Werthaltungen auf wie die Bereitschaft zur Zusammenarbeit mit anderen, zur Hilfestellung, zur Übernahme von Verantwortung, zu Rücksichtnahme, Toleranz und zur gewaltfreien Lösung von Konflikten und Meinungsverschiedenheiten.

Die Förderung emotionaler Vorgänge:
- Gruppenarbeit ermutigt leistungsschwächere Schüler, sich in der kleinen Gruppe selbst einzubringen, sich zu äußern, die eigene Meinung zu vertreten, Fragen zu stellen und fördert dadurch Selbstvertrauen und Selbstwertgefühl.
- Die Schüler sind bei häufiger Gruppenarbeit emotional zufriedener. Sie erleben ihr selbst bestimmtes Handeln, ihre sozialen Kontakte, das Vertrauen auf die Hilfe

durch die Gruppe als emotional befriedigend, als Erfüllung ihres Bedürfnisses nach sozialer Anerkennung und Kompetenz und stehen nicht so unter Anspannung wie im frontal geführten Unterricht.
- Die Schüler sind freudiger und interessierter bei der Sache. Je mehr sie selbstständig, eigenverantwortlich, selbst bestimmt handeln und lernen können, desto höher sind Interesse und intrinsische Motivation für diese Lernaufgaben und Unterrichtsinhalte. Je öfter sich Interessengruppen zusammenfinden, um so intensiver und positiver beeinflusst dies das Arbeits- und Lernklima. Leistungshomogene Gruppierungen dagegen demotivieren schwache Schüler häufig.

Interaktionsspiele und weitere Feedbackformen einsetzen

Die soziale Kompetenz der Schüler wird nicht nur durch Sozialformen, durch die Übernahme von Verantwortung für sich und andere bei Klassenämtern oder durch das gemeinsame Lösen von Aufgaben in Kleingruppen gefördert, sondern auch durch die Auseinandersetzung mit anderen im freien Spiel, in Gruppen- und Mannschaftsspielen im sportlichen Bereich und besonders durch Interaktionsspiele. Durch sie lernen sich die Schüler über die Reaktionen der Partner kennen, sensibilisieren ihre Selbst- und Fremdwahrnehmung über dosiertes Feedback, erweitern ihr soziales Verhaltensrepertoire und entwickeln Selbstbewusstsein und Selbstvertrauen. Besonders die Differenzierung der sozialen Wahrnehmung und das bewusste Erkennen von Fehlwahrnehmungen sind wichtige erste Schritte zur Verbesserung des Kommunikationsverhaltens. Gezielte Übungen lassen die selektive Wahrnehmung („Ich nehme wahr ...“, „Erster Eindruck“), Körper- und Gefühlswahrnehmungen (feuchte Hände, Kloß im Hals, Wut im Bauch) erkennen und fördern die Einfühlung in andere.
Durch Feedback-Spiele oder ritualisierte Feedback-Regeln („Höre genau zu und frage nach! Welche Gefühle lösen die Äußerungen oder Verhaltensweisen eines anderen bei dir aus? Beschreibe sie möglichst genau! Nicht gleich verteidigen, kontern oder argumentieren! Berücksichtige auch die Bedürfnisse des anderen!“) lernen sie in offener, den anderen achtender Weise dosiertes Feedback zu geben.
Durch kooperative Regelsetzung oder Simulationsspiele verbessern sie ihre Entscheidungsfähigkeit. Gleichzeitig prägen sich bei den Schülern Gefühle der Zusammengehörigkeit (Wir-Gefühl), des Sich-angenommen-Fühlens und Sich-verlassen-Könnens aus.[49]

Schule als Lebens- und Erfahrungsraum gestalten

◆ Schulräume und -zeiten strukturieren

Ein selbstständig mitgestaltetes, anregungsreiches Klassenzimmer mit Lese-, Sitz-, Spiele-, Experimentierecken, Blumen, Bildern und Arbeitsmaterialien schafft eine Atmosphäre des Sich-wohl- und Sich-geborgen-Fühlens. Es bietet viele motivierende Möglichkeiten zur Erfassung der Umwelt mit allen Sinnen, zum selbst bestimmten, handlungsorientierten Lernen und Problemlösen und ermöglicht ohne großen Aufwand die Anpassung unterrichtlicher Lernprozesse an die Leistungsvoraussetzungen der Schüler.[50]

Bedingung für konzentriertes, schülerorientiertes Lernen ist aber auch eine flexible Gestaltung der Unterrichtszeit durch den Lehrer. In der Grundschule wechseln nach einem gleitenden Unterrichtsbeginn Gespräche im Morgenkreis, Singen, Spielen, Stille-, Wahrnehmungs- und Meditationsübungen mit konzentrierten Arbeitsphasen mit mehr lehrergelenktem, strukturiertem, handlungsorientiertem oder entwickelndem Klassenunterricht und Phasen der Einzel-, Partner- oder Gruppenarbeit entsprechend den aktuellen Lernvoraussetzungen der Kinder ab. Die 90-minütigen Unterrichtsblöcke werden vom Klassenlehrer in eigener Verantwortung gestaltet. Dies wird auch in Lehrplänen und Schulordnungen gefordert. In Bayern erteilt in der Grundschule der Klassenleiter grundsätzlich den gesamten Kernunterricht, in den beiden ersten Grundschulklassen mindestens den Grundlegenden Unterricht und täglich einen zusammenhängenden Block von wenigstens drei Unterrichtsstunden.[51]

◆ **Alle Möglichkeiten eines abwechslungsreichen Schullebens nutzen**

Gemeinsame Feiern und Feste im Jahreslauf wie Geburtstage, Schulanfang und -ende, das monatliche Schulfrühstück, das Lernen an außerschulischen Lernorten (z. B. bei Erkundungen, Aufenthalten in Schullandheimen oder Jugendherbergen), klassen- und fächerübergreifende Projekte und Patenschaften wie Aktionen gegen Ausländerfeindlichkeit und Gewalt, Umweltschutzaktionen mit der Dokumentation der Tätigkeiten der Klasse in der Schülerzeitung, im Jahresbericht, in Leserbriefen usw. fördern das soziale Lernen, die Öffnung des Unterrichts und die Identifikation mit der Schule.[52]

Konflikte und soziale Probleme aufgreifen, reflektieren und lösen

Durch die Induzierung sozialer Dissonanzen wie die Erfahrung fehlgeschlagener Konfliktlösungen werden strukturelle Lernprozesse in Gang gesetzt, die zum Erwerb von Grundqualifikationen sozialen Handelns wie dem Suchen nach akzeptablen Konfliktlösungen oder der Perspektivenübernahme beitragen. Weitere methodische Möglichkeiten sind neben **situativen Anlässen** die Wahl **geeigneter Unterrichtsthemen** und Lerninhalte wie werterziehliche Lesestücke und Diskussionen über situationsangemessene Argumentationen und soziale Verhaltensweisen. Sie motivieren die Schüler zum gemeinsamen Gespräch über das Thema, zur Reflexion des eigenen Verhaltens, zur Suche nach Lösungen und zum Erproben von Handlungsalternativen im **Rollenspiel**.

Besonders dem sprachdidaktischen Rollenspiel kommt zur Förderung der kommunikativen Kompetenz und der Sprachentwicklung im Deutsch-, Religions-, Sozialkundeunterricht Bedeutung zu. Im Rollenspiel entwickeln die Schüler kommunikative Kompetenz, d. h. Konflikte auszudrücken, Gefühle zu äußern, ihre Sprache bewusster einzusetzen und zu reflektieren, nonverbales Verhalten und Körpersprache zu beobachten, und setzen sich mit Regeln und Normen des Zusammenlebens auseinander. Schrittweise bauen sie Empathie auf, die Fähigkeit, psychologische Vorgänge des anderen zu verstehen, daneben Rollendistanz, die distanzierte, kritische Reflexion übernommener Rollen, und Ambiguitätstoleranz, die Fähigkeit zum Ertragen divergierender Erwartungen, Bedürfnisse, Norm- und Wertvorstellungen der Partner.

Rollenspiele haben nicht nur eine außerordentliche Bedeutung für die Erprobung möglicher Handlungs- und Kommunikationsalternativen bei sozialen Konflikten, sondern auch für die Förderung emotional-affektiver, sozialer wie kognitiver Persönlichkeitsstrukturen und der sozialen Identität, die schließlich zur sozialen wie politischen Handlungsfähigkeit führen.[53]

Zur gewaltfreien Lösung von Konflikten und zur Vereinbarung gemeinsamer Regeln dienen vor allem **Konfliktgespräche** und **kooperative Verhaltensmodifikation**. Sie vermitteln die notwendigen Fähigkeiten und soziale Sensibilität und werden in den nachfolgenden Kapiteln detailliert dargestellt.[54]
Da soziales Verhalten, Handeln und Urteilen durch normative Regelsysteme und zugrunde liegende Werte in Form von Gesetzen, Sitten, Bräuchen, Spielregeln, vereinbarten Absprachen geleitet wird, die Inhabern von Positionen bestimmte soziale Rollen zu- und Aufgaben, Pflichten, Formen des Zusammenlebens und Maßnahmen bei Regelverletzungen vorschreiben, übernehmen die Schüler mit ihnen immer auch die zugrunde liegenden Normen, Werte, Wertorientierungen und Haltungen wie Achtung vor der Würde des Menschen, Toleranz, Solidarität, Gerechtigkeit, Verantwortungs-, Hilfs-, Kooperationsbereitschaft, Selbstbeherrschung, Offenheit. Sozial- und Werterziehung sind deshalb eng miteinander verknüpft.[55]

3 Grundlegende Werte aufbauen und Wertorientierung durch Werterziehung ermöglichen

3.1 Werte, Normen, Wertorientierung als Grundlagen der Werterziehung

„Absichtliche, planvolle Erziehung richtet sich immer an Zielen aus, die Vorstellungen von dem beinhalten, was für Einstellung und Verhaltensweisen von Individuen und Gruppen allgemein als wünschenswert gilt. Erziehungsziele haben also Wertvorstellungen als Grundlage. Beziehen sich diese Ziele auf sozial-verantwortliches Handeln, so spricht man meist von ‚moralischer oder sittlicher Erziehung'" (BRESLAUER 1988, S. 125). Durch die Weitergabe kritisch reflektierter soziokultureller Wertvorstellungen, moralischer Einstellungen, Weltanschauungen und Rechtsauffassungen an die nächste Generation soll die Schule einen Beitrag zum Fortbestand einer sich mit den Anforderungen wandelnden Gesellschaft leisten.

Folgende Wertüberzeugungen und normative Einstellungen können als **Leitvorstellungen** unserer Demokratie angesehen werden: Ehrfurcht vor dem Leben; Achtung vor der Würde des Menschen; Respektierung seiner Personalität; Anerkennung seiner Freiheit als Recht auf individuelle Selbstentfaltung und eigene Lebensgestaltung; Gleichberechtigung im Sinne von Rechtsgleichheit; Verantwortlichkeit als Selbst- und Mitverantwortung, Verpflichtung auf das Gemeinwohl; Einfühlungsfähigkeit, Mitgefühl, Rücksichtnahme, Fairness; Kooperations- und Kommunikationsbereitschaft; Wille zur fairen Konfliktlösung, Friedensbereitschaft; Respektierung des weltanschaulichen Pluralismus und Toleranz mit Ausnahme gegenüber Feinden der demokratischen Grundordnung, Unvoreingenommenheit, Vorurteilsfreiheit, Nüch-

ternheit, Sachlichkeit; Gewissenhaftigkeit, Zuverlässigkeit, Wahrhaftigkeit und Aufrichtigkeit; Offenheit für die Sinnfrage.
Oberstes Erziehungsziel der Schule ist die mündige, selbst verantwortliche Persönlichkeit mit sozialer Einsichts- und Handlungsfähigkeit auf der Grundlage allgemein akzeptierter Grundwerte.

Werte und Normen sind Richtlinien für menschliches Handeln und ermöglichen seine Orientierung. „Werte und Wertungen ... haben die Funktion, menschliches Handeln zu ordnen und zu kultivieren" (HEID 1990, S. 9). Werte sind Vorstellungen von dem, was subjektiv oder objektiv als erwünscht gilt. Unter dem mehrdeutigen Begriff „Wert" werden sowohl als wertvoll eingeschätzte Güter, Gegenstände, Persönlichkeitseigenschaften als auch moralisch-ethische normative Orientierungen, Haltungen, Einstellungen und Überzeugungen subsumiert.[56] Des weiteren sind Werte „Kriterien für Wahlentscheidungen, Auffassungen über das Vorziehenswürdige, d.h. emotional-kognitive Einschätzungen des mehr oder weniger Wünschens- und Erstrebenswerten". Werte sind Ergebnisse individueller Bewertungsprozesse, zu denen es kommt, „wo Menschen, die sich entwickeln und lernen, aus den dabei gewonnenen Erfahrungen bestimmte allgemeine Leitbilder für ihr Verhalten gewinnen, welche ihrem Leben Richtung geben. Werte sind ideelle Bedeutungseinheiten, die durch Abstraktionen aus Wertungen zustande kommen" (WEBER 1981, S. 38f). Ein Wert „konstituiert sich erst im menschlichen Akt der Stellungnahme, der Wertung, der positiven oder negativen Auszeichnung eines immer und notwendig konkreten Sachverhalts oder Handelns" (HEID 1990, S. 8; 1993, S. 53ff.). Werturteile sind der sprachliche Ausdruck einer positiven oder negativen Wertung eines Sachverhalts. Normen sind Sollensforderungen, Handlungsanweisungen und Verhaltensregeln, die als Gebot oder Verbot, als Pflichten oder Verantwortlichkeiten gegenüber anderen und sozialen wie staatlichen Gemeinschaften feststellen, wie man sich in bestimmten Situationen verhalten soll, was Wertungen voraussetzt. Sie entstammen kulturellen oder religiösen Traditionen oder staatlichen Legitimations- und Rechtsetzungsprozessen. Soziale und moralische Normen, Konventions- und Rechtsnormen regeln das eigene Handeln und liefern dafür Bewertungsmaßstäbe, wenn ihr Geltungsanspruch anerkannt und sie befolgt werden.
Die Gruppe der **moralisch-sittlichen, ethischen Werte und Normen** ist innerhalb der vielfältigen Werte von besonderer Bedeutung. „Moralische Werte und Normen ermöglichen dort, wo die handelnde Person für ihr Tun selber verantwortlich ist, die Unterscheidung zwischen dem, was als gut bzw. böse gilt, sie bieten Kriterien für Entscheidungen angesichts der Frage ‚Was soll ich tun?'" Moralisch mündiges Verhalten bedeutet die Fähigkeit und Bereitschaft, „moralische Grundsätze unter Berücksichtigung der jeweils spezifischen Handlungssituation und unter Abwägung der Konsequenzen für die davon Betroffenen in selbstständiger und flexibler Anwendung vernünftig zu verwirklichen" (WEBER 1981, S. 40, 64).

Wertorientierung ist ein komplexes Phänomen. „Mit Wertorientierung bezeichnet man eine Orientierung hinsichtlich des vielfältigen und umfassenden Wertkomplexes. Sie ist dort erforderlich, wo man sich angesichts einer Vielzahl schwer überschaubarer, sich wandelnder, aber z.B. auch widersprüchlicher und konfligierender

Werte nicht ohne weiteres zurechtfindet, so dass man zunächst desorientiert bzw. orientierungslos ist. Wertorientierung, sowohl als Prozess, aber auch als Resultat, lässt sich umschreiben als Strukturierung im Gesamtbereich der Werte, so dass die einzelnen Werte in ihrer jeweiligen Bedeutung für das umfassende Wertgefüge erfasst und evtl. sogar in eine Rangordnung gebracht werden. Die Wertorientierung ermöglicht es dem einzelnen, bei aller Mannigfaltigkeit der Werte sowie in Wertkonflikten begründet zu wählen und zu entscheiden. Wertorientierung als geordnete Gesamtheit aller Wertaspekte einer Person ist eine Voraussetzung dafür, dass diese sich in einer Situation mit alternativen Handlungsmöglichkeiten wertbegründet und wertrational zu entscheiden vermag. Wertorientierung bewirkt im einzelnen Menschen eine relative Beständigkeit seines Verhaltens und damit für die anderen eine gewisse Verlässlichkeit, wie sie für alle zwischenmenschlichen Koordinationen und Kooperationen erforderlich ist" (WEBER 1981, S. 45 f.).

3.2 Die Entwicklung von Werten, Normen und Wertorientierungen in Familie und Schule

In den sozialen Systemen der Familien, Peergruppen, Nachbarschaften, Betrieben, Kirchen, Gemeinden, Staaten werden durch bestimmte Normen Rechte und Pflichten zugeordnet, aus Traditionen, Religionen, Menschenrechten usw. gerechtfertigt und ihre Einhaltung durch ein Kontrollsystem überwacht. Als Indikator der Verinnerlichung oder Internalisation von Normen gilt dann die „Beachtung eines Gebotes oder Verbotes ohne Kontrolle von außen, ohne Furcht vor Entdeckung und Strafe und ohne Hoffnung auf äußeren Gewinn oder Anerkennung". „Mit Internalisierung oder Verinnerlichung meinen wir den Prozess, dass vorgegebene Normen von der Person als ihre eigenen verpflichtenden Normen akzeptiert und aufgefasst werden. Nach der Verinnerlichung ist die Norm ein Teil der Person, sie ist eine Facette ihres Selbst, ihrer Identität geworden. Die Einhaltung dieser Norm ist deshalb eine Bestätigung des Selbst, ungerechtfertigte Abweichungen führen zu Schuld- und Schamgefühlen und Versuchen, das beschädigte Selbstbild wieder respektabel zu machen" (MONTADA 1987, S. 741; 1995b, S. 866).[57]
Die Entwicklung von Werten, Normen und Wertorientierungen steht in engem Zusammenhang mit der gesamten kognitiven, emotionalen, sozialen Entwicklung des Kindes. Die **Familie** ist die erste Instanz der moralischen Sozialisation und **grundlegenden Werterziehung**. Kinder übernehmen im **Vorschulalter** meist unreflektiert zugrunde liegende Werte und Normen. Sie lernen durch Beobachten, Mitmachen, Nachahmen von Handlungen, durch Befolgen von Anweisungen und Einhalten von Ordnungen und durch die Bewertung dieser ganz konkreten Handlungen durch die Erwachsenen in Form von Lob, Tadel, Strafe oder Zwang, was in bestimmten Situationen von ihnen erwartet wird, was sie zu tun oder zu lassen haben. Sie identifizieren sich mit den Verhaltensweisen und Anweisungen der Eltern und anderer Autoritäten, akzeptieren deren Vorschriften, Anordnungen und Strafen bei Regelverletzungen grundsätzlich als berechtigt. Gut oder böse ist bei dieser **heteronomen, fremd bestimmten Moral**, was die Autoritäten so bezeichnen. Das Verbot zu stehlen wird beispielsweise damit erklärt, dass die Eltern dies verboten haben und man nicht ungehorsam sein darf.

Welche konkreten Verhaltensweisen als positiv oder negativ erwartet werden, hängt von soziokulturellen Bedingungsfaktoren wie Bildungsstand, sozialer Position, Berufserfahrungen und -tätigkeiten ab. Von Kindern höherer sozialer Schichten werden dann Durchsetzungsfähigkeit, Initiative, Entscheidungsfreude, Nonkonformismus, von Angehörigen unterer Schichten Pflichtbewusstsein, Zufriedenheit, Leistungsbereitschaft, Gehorsam, Ehrlichkeit und Bescheidenheit erwartet.
Etwa im **Grundschulalter** beginnen Kinder, angeregt durch Erfahrungen abweichender Regelungen in anderen Familien oder inkonsequent benutzter Regeln in der eigenen Familie, nach Herkunft und Begründung von Anordnungen, Vorschriften, Regeln und Strafen im Hinblick auf Kleidung, Nahrung, Fernsehen, häusliche Pflichten, Sozialkontakte zu fragen und Zweifel an ihrer Berechtigung zu hegen. Nicht mehr Einhaltung oder Nichteinhaltung, sondern Sinn und Begründung von Normen und Regeln stehen jetzt im Vordergrund. Das Verbot des Stehlens wird jetzt damit begründet, dass keiner seines Eigentums sicher wäre oder keiner mehr Vertrauen haben könnte. Die Autoritätsmoral wird zunehmend von einer Moral der gegenseitigen Achtung abgelöst. Erwartete Handlungsweisen und Anforderungen, Ver- und Gebote sollten den Kindern von den Erwachsenen in kindgemäßer Sprache erklärt und begründet werden. Nach HEID vermögen Kinder „früher als wir oft meinen, die Seriosität der Gründe für unsere Forderungen und Wertungen zu erfassen ... Sie spüren, ob sie willkürlich reglementiert werden oder ob es Gründe dafür gibt, dass sie etwas Bestimmtes tun oder unterlassen sollen. Der Vertrauensvorschuss in die eigene Urteilsfähigkeit von Kindern ist wahrscheinlich eine wesentliche Voraussetzung dafür, dass sie eigene Urteilskompetenz entwickeln und steigern" (HEID 1993, S. 70; 1990, S. 12).
Im **Jugendalter** wollen die Heranwachsenden auch unter dem stärker werdenden Einfluss Gleichaltriger und dem gleichzeitig nachlassenden Einfluss der Erwachsenen selbst entscheiden, was richtig oder falsch ist, und Regeln unter Bezugnahme auf Gerechtigkeit vereinbaren. „Zur moralischen Unterstützung gehört es, sie zu ermutigen, ihre eigenen normativen Überzeugungen zu klären und entschlossen nach ihnen zu leben" (BREZINKA 1991, S. 247). „Moralische Autonomie beruht auf einer Einsicht in den Sinn von Normen für das Leben in der Gemeinschaft. Die Verletzung einer Norm ist eine Gefährdung des sozialen Bandes, des Vertrauens und der gegenseitigen Verantwortlichkeit" (MONTADA 1987, S. 749; 1995, 870 ff.).[58] Bei dieser Entwicklung moralischer Normen und Wertorientierungen zeigen sich ein zunehmender Trend von einer fremd bestimmten, heteronomen zu einer **autonomen Moral**, eine Abstraktion vom konkret Anschauungsgebundenen zum gedanklich Prinzipiellen, eine zunehmende Differenzierung der Betrachtung wie Beurteilung und eine zunehmende Verallgemeinerung moralischer Normen.
Die **Internalisierung** von Normen und Werten wird von der kognitiven Entwicklung, der Schichtzugehörigkeit, dem Geschlecht, dem Einfluss von Massenmedien und besonders stark vom erzieherischen Handeln der Eltern und anderer Erzieher, ihrem Erziehungsstil und ihrer gefühlsmäßigen Bindung an die Kinder beeinflusst. Von herausragender Bedeutung ist dabei das **Erzieherverhalten**. Ein machtausübendes, strafandrohendes und strafendes Erzieherverhalten verhindert eher die Übernahme von Normen, da die Kinder nur aus Angst vor Strafe ein bestimmtes angepasstes Verhal-

ten zeigen. Gleichzeitig provoziert es allerdings Protestneigung, Opposition und Nichtbefolgen der Vorschriften bei Wegfall der Kontrolle oder Furcht vor Entdeckung. Die Notwendigkeit, Disziplin zu entwickeln und Normen einzuhalten, wird dadurch abgewertet. Auch Liebesentzug, der sich in Enttäuschung, demonstrativem Gekränktsein, Zurückweisung des kindlichen Wunsches nach Kontakt, Reduzieren des Kontakts und der Ansprache auf das Nötigste ausdrückt, führt häufig zu einer ängstlich-rigiden Moral, zu Angst vor eigenen Bedürfnissen, Trieben und moralischem Versagen und zur Vermeidung von Verantwortung und Kritik. „Als Ideal gilt die induktive Erziehung. Hier werden je nach Verständnis des Heranwachsenden argumentative Erläuterungen der Forderungen gegeben, ihr Sinn erklärt, Konflikte zwischen Normen angesprochen, Ausnahmen durchdacht und Lösungsmöglichkeiten erwogen. Auf Zwang und Zurechtweisung wird verzichtet. Stattdessen wird Spielraum für eigene Entscheidungen gewährt. Heranwachsende können die Beachtung einer Norm als ihre eigene Entscheidung erleben und so wird sie auch von den Erziehern kommentiert und gelobt. Die Beachtung der Norm wird auf diese Weise zu einem Teil ihres Selbst, ihrer Identität" (MONTADA 1995, S. 869).
Erziehungsstile von Eltern, Lehrern, Vorgesetzten, Freunden eröffnen Interaktionen und Handlungsfelder für die jungen Menschen, in denen ihnen soziale Rollen zugewiesen werden. Je nach Erziehungsstil werden sie durch Integrations- und Konformitätsdruck zur Übernahme von Pflicht- und Akzeptanzwerten genötigt oder erhalten mehr Möglichkeiten zur Selbstentfaltung. Entsprechend der individuellen Entwicklung der Kinder ist ein Fortschreiten von einem stärker vormundschaftlichen zu einem zunehmend partnerschaftlichen, argumentativ-erläuternden Erzieherverhalten nötig.[59]

3.3 Methoden der Werterziehung in der Schule

Vorrangig und grundlegend sind die Eltern für die Werterziehung ihrer Kinder verantwortlich. In zunehmendem Maße kommen aber junge Eltern dieser Erziehungsaufgabe nicht mehr nach. Sie haben selbst Probleme mit den divergierenden Wertvorstellungen unserer wertpluralistischen Gesellschaft, die durch Schlagworte wie Individualisierung ihrer Lebensstile und Ideale, beliebiger Austausch der Orientierungsgüter, soziale Vereinzelung charakterisiert werden könnte, und fühlen sich nicht mehr durch moralische Traditionen der Gruppen, denen sie angehören, in ihrem Gewissen gebunden.[60] Sie hegen Skepsis gegenüber Glaubensgütern, werden „gehemmt durch falsche Vorstellungen von Toleranz. Sie verwechseln Toleranz mit Gesinnungslosigkeit, moralischer Gleichgültigkeit und unkritischem Gewährenlassen ... (Sie haben noch nicht gelernt), in weltanschaulich-religiösen und moralischen Fragen selbst zu denken und vernünftig begründet zu entscheiden. Sie lassen die für das eigene und das fremde Glück wichtigsten Lebensfragen ungeklärt und unentschieden. Sie leben überangepasst an zufällige zeitgeistige Moden, in Selbsttäuschungen und normativer Heuchelei. Durch die eigene Wertunsicherheit bringen sie ihre Kinder ungewollt in Gefahr, ohne gute Wert-Einstellungen zu bleiben und moralische Nihilisten zu werden" (BREZINKA 1991, S. 247). Schulischen Erziehungsidealen und -normen, die einen Aufschub der sofortigen Bedürfnisbefriedigung von den Schülern fordern, stehen konsum- und lustorientierte Einstellungen gegenüber. Zudem erleben ausländische Kinder und Jugendliche der verschiedensten kulturellen und ethnischen Gruppen, dass die familiär tradierten Werte und Normen im neuen gesellschaftlichen Umfeld gering geschätzt oder abgelehnt werden. Die daraus resultierenden Wertambivalenzen bzw. Wertkonflikte werden in die Schule getragen und müssen aufgearbeitet werden.

Werterziehung ist deshalb **eine wichtige Erziehungsaufgabe** unserer Schulen. Sie ist „das Bemühen, es so wenig wie möglich dem Zufall zu überlassen, ob Kinder und Jugendliche eine hinreichende normative Orientierungssicherheit erwerben. Das kann bei realistischer Betrachtung nur ein Werteinstellungsgefüge sein, das zum sinnvollen und sozialverantwortlichen Leben unter den Bedingungen einer pluralistischen Gesellschaft befähigt ... Werteinstellungserziehung ist im Wesentlichen weltanschauliche und moralische Erziehung. Ihre Ziele sind weltanschauliche und moralische Gesinnungseinstellungen" (BREZINKA 1991, S. 244 f.), aber keine indoktrinierende Gesinnungsbildung. Werterziehung bezweckt „die Erzeugung oder Veränderung jeweils erwünschter Werthaltungen ... (Werthaltungen sind dann) Bereitschaften oder Neigungen, bestimmte Typen von Sachverhalten oder Handlungen und das (logisch wie kausal) mit ihnen Verknüpfte mit einer gewissen Regelmäßigkeit bzw. kalkulierbaren Wahrscheinlichkeit positiv oder negativ auszuzeichnen" (HEID 1993, S.62f.). Mit den im Unterricht konkret umgesetzten allgemeinbildenden wie fachlichen Unterrichts- und Erziehungszielen werden auch Werthaltungen aufgebaut und grundlegende, den Grundwerten des Grundgesetzes und eines humanistischen (vorwiegend christlichen) Menschenbildes entlehnte Wertorientierungen vermittelt. Sie sollen wertbegründete und wertrationale Entscheidungen in den verschiedenen Handlungssituationen ermöglichen. Dies wird in der Schule nicht nur durch Gewöhnung, authentisches Vorleben, argumentative Belehrung erreicht, sondern vor allem durch das begründete und begründbare alltägliche unterrichtliche Handeln und seine Reflexion in allen Fächern, formellen und informellen Beziehungen.

Dem Lehrer stehen zusätzlich **methodische Möglichkeiten** zur Verfügung, grundlegende Werte und Normen bewusst zu machen, ihre Funktion und Notwendigkeit zu begründen, auf die Einhaltung ausgewählten und als richtig erkannten Verhaltens zu drängen und dieses durch Lob und Anerkennung zu verstärken.

Gemeinsame Regelsetzung in der Klasse

Keine menschliche Gemeinschaft kommt ohne Regeln des Zusammenlebens und -arbeitens aus, die auch durchgesetzt werden müssen. „Die Schule ist ein überschaubares Gemeinwesen ... In ihr könnte der junge Mensch konkret erleben, dass und mit welchen Mitteln der Einzelne auf das Ganze Einfluss nimmt; er könnte lernen, was Institutionen leisten, wie man Regeln macht und ihre Einhaltung sichert, welchen Schutz sie geben" (HENTIG 1994, S. 225). **Regeln des Zusammenlebens entlasten** den Unterricht, reduzieren Verhaltensunsicherheiten und geben Orientierung. In der Schule stehen deshalb klare, einsichtige, begründete Regeln, Ordnungen, Gewohnheiten, Sitten, Rituale im Dienste elementarer Werterziehung.

Vernünftige Absprachen in Form konkreter, eindeutiger, durchschaubarer und eingegrenzt gültiger Regeln und Verhaltensverträge werden von den Schülern eher akzeptiert und als positive Orientierung anerkannt, wenn sie gemeinsam mit dem Lehrer gesetzt, ausführlich diskutiert, begründet, konsequent abverlangt und kontrolliert werden. Sie müssen deshalb auch sinnvolle Konsequenzen für die Nichtbeachtung enthalten. Zu den Regeln gehören ebenso **Signale**, die Regelverstöße anzeigen und zur Beruhigung der Situation dienen, z. B. Blicke, Kopfnicken, Sprechpausen, Veränderungen der Stimmhöhe.
Gemeinsam vereinbarte Regeln und Grenzen fördern die Persönlichkeitsentwicklung der Kinder und Jugendlichen, wie eine Untersuchung von COOPERSMITH zeigt. 10- bis 13-jährige Jugendliche mit hoher Selbstachtung hatten im Vergleich zu Jugendlichen mit geringer Selbstachtung Eltern, die sie weitgehend respektierten, akzeptierten, großes Interesse an ihren Aktivitäten zeigten und sehr auf ihr Wohlergehen bedacht waren. Sie setzten ihnen aber klare Grenzen für ihr Verhalten im sozialen und schulischen Bereich und achteten in einer toleranten, partnerschaftlichen Weise mit einer gewissen Duldung von Überschreitungen auf die Einhaltung dieser Normen. Klare Normen geben den Jugendlichen Gelegenheit, sich kompetent zu fühlen, fördern ihre Selbstbestimmung und spornen zu größerem Einsatz an.[61]

Das Zusammenleben unterstützen auch **Rituale, Höflichkeitsformen** und **positive Gewohnheiten**. Bestimmte Normierungen sind Lehrern und Schülern durch das Erziehungs- und Unterrichtsgesetz, durch Schul- und Hausordnungen faktisch vorgegeben. Sie können und sollen diskutiert und ihr Sinn hinterfragt werden, müssen aber hingenommen und befolgt werden. Ein gemeinsamer **Konsens** darüber sollte angestrebt werden. Im Bereich des alltäglichen Schullebens bleibt ein großer Freiraum, der von Lehrern und Schülern gestaltet werden kann:

- Der **tägliche Gesprächs- oder Morgenkreis** ist nicht nur im offenen Unterricht ein wichtiges Ritual zur Planung der Arbeit, zum Vorstellen von Ergebnissen, zur Besprechung von Problemen. Regeln für Arbeit, Ordnung, Sauberkeit im Klassenzimmer, Verhalten und den Umgang miteinander ergeben sich zwanglos aus dem Unterricht oder aufgrund kleiner Konflikte, werden vereinbart und von allen eingehalten. Feste Zeiten, Zeichen und Symbole führen zur Gewöhnung, z. B. das Beenden der Arbeit bei einsetzender Musik oder Symbolkärtchen für Gesprächsregeln.
- Der **„Klassenrat"** ist eine Möglichkeit der **Konsensbildung**. Wöchentlich einmal besprechen die Schüler im Gesprächskreis Wünsche, Beschwerden, Kritik und Anregungen mit dem Lehrer. Manchmal übernimmt schon in der 3./4. Klasse der Grundschule nach einiger Zeit ein Schüler die Diskussionsleitung. Gesprächsregeln erweisen sich als zweckmäßig oder notwendig und werden vereinbart. Der Lehrer muss aber den Schülern verdeutlichen, wo ihre Kompetenzen liegen. In einer **Wandzeitung** im Klassenzimmer (Wir üben Kritik... Wir fordern... Wir beglückwünschen...) werden alle Vorfälle festgehalten, die Lehrern und Schülern positiv wie negativ auffallen. Die Eintragungen bilden am Ende der Woche die Gesprächsthemen des Klassenrates.
  Ein **„Vermittlungsausschuss"** aus gewählten Schülern unterbreitet Lösungsvorschläge oder Sanktionen, die diskutiert und dann von allen mitgetragen werden,

wenn die Klasse als Plenum damit überfordert ist, Ansprüche der Gemeinschaft an Einzelne oder umgekehrt auszubalancieren und Konflikte beizulegen.

- In streng ritualisierten **Dilemma-Diskussionen**, in denen drei Schüler den Vorsitz führen, werden beispielsweise aggressive Verhaltensweisen nach ihren verborgenen Botschaften, z. B. dem Wunsch nach Anerkennung oder Kontaktaufnahme, untersucht, aber nicht entschuldigt, hingenommen oder verharmlost.[62]
- In institutionalisierten Formen der **Schülermitverantwortung** wie der Schülermitverwaltung, dem Schulforum, in Zusammenkünften mit dem Verbindungslehrer werden Gewohnheiten, Regeln, Riten nach ihrem Sinn hinterfragt, Wünsche, Anregungen für die jeweilige Schule oder für einzelne Jahrgangsstufen diskutiert und Veränderungen vorgeschlagen.

Die Initiierung von Wertklärungsprozessen

Wertorientiertes Handeln sollte im Unterricht immer wieder durch Reflexion und Wertklärungsprozesse initiiert und bewusst gemacht werden. Besonders PIAGET und KOHLBERG weisen darauf hin, dass erst durch moralisch-ethische Dissonanzen, durch Erfahrungen unzulänglicher Konfliktlösungen Widersprüchlichkeiten früherer Lösungsversuche erkannt und durch neue Bewertungsprozesse höhere Urteilskompetenz erreicht werden können.

Mit zunehmendem Alter setzen sich Schulkinder und Jugendliche mit Regeln und moralischen Problemen auseinander und kommen in der Hauptschule und anderen weiterführenden Schulen durch eigene Bewertung, Einsicht und freie Entscheidung zu persönlichen Wertüberzeugungen. Dies gelingt um so eher, je mehr Lehrer und Mitschüler Regeln, Normen, Forderungen argumentativ begründen oder in Frage stellen, ihren Sinn erklären, gemeinsam auftretende Normkonflikte ansprechen, Ausnahmen durchdenken und alternative Lösungsmöglichkeiten erwägen. Dem Lehrer als sozialem Verhaltensmodell kommt bei diesen wertvermittelnden und -klärenden Lernprozessen große Bedeutung zu. Besonders die Fähigkeit zu Empathie und Perspektivenwechsel (Was geht wohl im anderen vor? Wie würdest du an seiner Stelle fühlen, denken, handeln?) fördert die Entwicklung moralischen Bewusstseins und die Übernahme von Verantwortung für sich und andere im Bereich des Schullebens.[63]

Da sich Werte und Wertungen in konkretem Handeln konstituieren, kann dies auch nicht getrennt von einem Sach- oder Fachunterricht erfolgen, „in dem die Zwecke, Mittel, Inhalte und Effekte dieses Handelns, aber auch die Adressaten und die vom Handeln betroffenen Menschen und Dinge Gegenstand der Vergewisserung sein sollten. Wertende Stellungnahmen zu Sachverhalten im weitesten Sinne sind nur auf der Grundlage überprüften, relevanten und hinreichenden Wissens vertretbar" (HEID 1990, S. 10). Eine unterrichtlich initiierte **Wertklärung** unterstützt deshalb die autonome, moralische Urteilsfähigkeit, Sinnfindung und Selbstbestimmung der Schüler. „Wertklärungen sind dort erforderlich, wo spezifische eigene Wertungsprozesse und Wertkonzepte unklar sind ... Wertklärung bedeutet dementsprechend Aufklärung über die einzelnen eigenen spezifischen Wertungen und Wertvorstellungen, so dass diese bewusst gemacht und im Hinblick auf ihre praktischen Konsequenzen kritisch geprüft und abgewogen werden sowie sich sprachlich formulieren und vernünftig legitimieren lassen. Erziehung als Wertklärung meint eine durch absichtliche Lernhilfe veranlasste und unterstützte Besinnung auf die spezifischen eigenen Werte und deren Begründung" (WEBER 1981, S. 44). Ausgangspunkte für Wertklärungsprozesse können **situative Anlässe** wie alltägliche Schulkonflikte aufgrund Übertretung bestimmter Regeln der Schul- und Klassenordnung sein, deren Sinn von den verursachenden Schülern häufig in Frage gestellt wird. Auch realitäts- und altersbezogene **Dilemma-Geschichten**, d.h. Fallgeschichten mit divergierenden Normen und Werten, reizen zur zielgerichteten Diskussion über moralische Probleme (z. B. Ehrlichkeit kontra Schulnormen, Gemeinwohl kontra individuellem Vorteil, Umweltschutz kontra Profitdenken). Die Themen für Dilemma-Diskussionen liefern auch Befragungen der Schüler über erlebte Konflikte, lebensnahe Konfliktgeschichten mit offenem Handlungsende, Konfliktfälle aus Film, Fernsehen, kontrastreiche Bilder und viele Themen der Unterrichtsfächer Deutsch, Religion, Sozialkunde, Geschichte, Arbeitslehre, Biologie und des Heimat- und Sachkundeunterrichts.[64]

Bei allen Dilemma-Diskussionen sollen das Eingebundensein des Menschen in eine von Grundwerten und -normen geprägte Gesellschaft und die Auswirkungen seines Verhaltens auf andere erkannt und die daraus resultierende Verantwortung akzeptiert werden. Nach der Präsentation des Konfliktfalls und freien Schüleräußerungen wird deshalb das Problem, das moralische Dilemma geklärt. In Kleingruppen- oder Partnergesprächen planen die Schüler selbsttätig problemlösend **Lösungsmöglichkeiten**, die dann im Plenum diskutiert werden. Dazu überprüfen sie zuerst die erhaltenen Informationen, suchen Handlungsalternativen, wägen sie unter Beachtung der Konsequenzen ab und entscheiden sich für die beste. Der Lehrer leitet mit gezielten Fragen und behutsamen Aufforderungen die Diskussion, regt zum Hinterfragen und Begründen von Einstellungen und Normen an, lässt die Schüler sich in die Rollen der beteiligten Personen hineinversetzen und drängt sie immer wieder zur Reflexion der Handlungskonsequenzen. Er ermutigt sie zum Nachdenken über ihre Werte und ihr Leben und Handeln im Einklang mit argumentativ begründeten Wertentscheidungen. **Einfühlungsübungen, darstellendes Spiel** und **Rollenspiel** mit Rollenwechsel betonen emotional-affektive, handlungsorientierte Persönlichkeitskomponenten und dienen dem Verständnis bestimmter Verhaltensweisen und ihrer Wirkungen. Die Schüler beginnen dadurch in immer allgemeineren Begriffen zu denken, eine breitere soziale Perspektive zu entwickeln, mehrere Seiten eines Problems zu sehen, sich auf die moralischen, wertbezogenen Aspekte des Dilemmas zu konzentrieren, ihre Selbsteinschätzung und ihre Argumentationsfähigkeit zu verbessern und verantwortungsbewusst zu handeln.

4 In erziehungsschwierigen Situationen erzieherisch handeln

4.1 Erziehungsschwierige Situationen durch „auffälliges" Schülerverhalten

„Erziehungsschwierigkeiten sind Verhaltens- und Handlungsweisen, die je nach Ausprägung und wiederholtem Auftreten eine am Schüler orientierte Unterrichts- und Erziehungsarbeit in ihrer Intention stören bzw. erheblich behindern können" (SEIBERT

1992d, S. 257). Unter **Verhaltensauffälligkeiten** versteht man die von einem Lehrer subjektiv wahrgenommenen und als negativ abweichend von einer erwarteten, zugrunde liegenden, objektiven, institutionell bedingten Norm eingestuften Verhaltensweisen von Schülern. Erst der Bezug auf eine eingeführte Norm oder einen Beurteilungsmaßstab führt zur Klassifizierung faktischer Verhaltensweisen als normal oder auffällig.[65] Bei diesen Bewertungsprozessen spielen die subjektiven Einschätzungen der verschiedenen Lehrer, ihre impliziten Persönlichkeits- und Alltagstheorien, Vorurteile, Stereotype eine wesentliche Rolle, bewirken unterschiedliche Reaktionen und Konsequenzen für die betroffenen Schüler.

Am Beispiel erwartungswidriger Schulleistungen sollen diese **Typisierungs- und Etikettierungsprozesse** kurz geklärt werden. Schwache Schulleistungen stellen bei hohen Leistungsanforderungen von Elternhaus und Schule die größte Belastungssituation für Schüler dar.[66] Sie initiieren aufgrund von Alltags- und impliziten Persönlichkeitstheorien, z. B. langsamer Lerner, schwach begabt, aber willig, fleißig und diszipliniert versus begabt, aber faul, frech und interesselos, bestimmte Etikettierungen und Erwartungen des Lehrers, die sein konkretes Verhalten beeinflussen und als „schlechter" beurteilte Schüler vielfältig kumulativ benachteiligen. Lehrer interagieren dann wesentlich weniger mit leistungsschwächeren Schülern, rufen schneller leistungsstärkere auf, wenn sie nicht gleich eine Frage beantworten können, wiederholen seltener eine Frage, übersehen richtige Antworten, geben ein geringeres sachliches Feedback. Jüngere Schüler übernehmen diese Einstellungen und Erwartungen und drängen schwache Schüler in soziale Randpositionen. Leistungsschwache Schüler trachten dann häufig, solchen unbefriedigenden Situation zu entkommen und sich Leistungsanforderungen zu entziehen, um negative Etikettierungen und Konsequenzen im sozialen Bereich so gering wie nur möglich zu halten.
Sie versuchen beispielsweise,
sich nicht am Unterricht zu beteiligen, „aus dem Felde zu gehen":
- Sie schalten ab, träumen, schaukeln mit dem Stuhl oder maskieren und blicken interessiert zum Lehrer.
- Sie zeichnen, malen, spielen mit Gegenständen, schreiben Briefchen.
- Sie lesen Comics, Romane, Zeitungen.
- Sie schwätzen oder spielen mit Nachbarn, beispielsweise ein Kartenspiel, Schiffchen versenken.

Leistungen zu verweigern, sich Leistungsanforderungen bewusst zu entziehen:
- Sie gebrauchen Ausreden bei Hausaufgaben, täuschen Hausaufgaben vor, kommen häufig zu spät, lügen den Lehrer an, fälschen Unterschriften.
- Sie zeigen offen die eigene Interesselosigkeit und lassen sich nicht durch Drohungen oder Hinweise des Lehrers auf berufliche oder soziale Folgen schlechter Leistungen beeindrucken.
- Sie schwänzen die Schule.

negative Auswirkungen im sozialen Bereich abzuschwächen:
- Sie ziehen sich zurück, isolieren sich selbst, gehen anderen aus dem Weg.
- Sie verschaffen sich Anerkennung bei Mitschülern durch „lustige, verrückte Verhaltensweisen" wie Grimassieren oder Auftreten als Klassenclown.

Diese Kompensationsversuche leistungsschwacher Schüler werden dann häufig von Lehrern als Interesselosigkeit, Gleichgültigkeit bis hin zu abweichendem, aggressivem Verhalten interpretiert.[67] Nur **gezielte Hilfen** tragen zum Abbau von Lernschwierigkeiten bei wie ein differenzierter, den Lern- und Leistungsvoraussetzungen der Schüler angepasster Unterricht, angemessene Arbeits- und Lernmittel, zusätzliche Lernzeit, die Vermittlung notwendiger Lern-, Arbeitsweisen und -techniken, die Variation der Übungs- und Sozialformen, die Klarheit der Aufgabenstellung, Interessenweckung und selbst bestimmtes Lernen in offenen Lernphasen, ein sachliches Feedback und die Vereinbarung eines geregelten Arbeits- und Ordnungsrahmens.[68]

Zu den belastendsten erziehungsschwierigen Situation zählen aber vor allem folgende **Unterrichtsstörungen** und **Verhaltensauffälligkeiten**, die oft mit Lernschwierigkeiten einhergehen:
- verbale Störungen durch dauerndes Schwätzen, Dazwischenreden, unqualifizierte Kommentare, verbale Aggressionen gegen Mitschüler,
- nicht-verbale Störungen durch Herumlaufen, motorische Unruhe, unterrichtsfremde Beschäftigungen, physische Auseinandersetzungen zwischen den Schülern, Aggressivität,
- Unkonzentriertheit, mangelnde Aufmerksamkeit, Desinteresse, Passivität, Opposition,
- Unpünktlichkeit, Unterrichtsversäumnisse, vergessene Arbeitsmittel, fehlende Hausaufgaben,
- das Herumwerfen von Gegenständen, Verunreinigung der Schulräume.[69]

Die Bewertung dieser Verhaltensweisen als normabweichend und verhaltensauffällig, ihre Definition und Erklärung durch den Lehrer und seine Reaktion bestimmen, ob sie reduziert werden oder häufiger auftreten und den Unterricht dann zeitweise extrem belasten. Je nach Häufigkeit und empfundener Belastung werden sie als Lausbubereien, jugendliches Imponiergehabe, aggressives Verhalten, Verhaltensstörung usw. etikettiert und monokausal „erklärt". Sieht ein Lehrer solche Verhaltensauffälligkeiten als **Signale für eine Störung in der Lern- und Lebenswelt** der Kinder an, dann muss er sich intensiv mit ihnen und ihren zugrunde liegenden Konflikten und Bedingungen auseinander setzen. Meist machen nur die Schüler Schwierigkeiten, die Schwierigkeiten haben.[70] Bedingungen können liegen in den körperlichen, kognitiven, affektiven Voraussetzungen der Schüler, im Elternhaus mit verschiedenen familiären Erziehungspraktiken, Erwartungen, Geschwisterkonstellationen, im sozialen Netz der Klasse, in den Einflüssen des soziometrischen Status, der Mitschüler und informeller Normen, in der Institution Schule mit ihrem Leistungsdruck, ihrer Selektion, hohen Klassenfrequenzen, in der Gesellschaft und in der Person des Lehrers selbst. Charakteristisch ist allerdings die **Personalisierung** und **Individualisierung** auffälligen Schülerverhaltens. Ursachen werden der Persönlichkeit der Schüler oder familiären und gesellschaftlichen Einflüssen zugeschrieben. Nur etwa drei Prozent der Lehrer sehen ihr Erziehungs- und Unterrichtsverhalten als entscheidende Bedingung für die Entstehung erziehungsschwieriger Situationen an.[71]

Auf gesellschaftliche wie auf familiäre Einflussbereiche können Lehrer kaum einwirken. Ansatzmöglichkeiten sind deshalb vor allem in ihrem eigenen erziehlichen

Verhalten, in der Reflexion und Änderung ihrer Alltagstheorien, Einstellungen und Erwartungen gegenüber diesen Schülern, in der pädagogischen Gestaltung der Schulumwelt, in der fantasievollen didaktisch-methodischen Realisierung des Unterrichts zu finden und in einer engen Zusammenarbeit mit Eltern, Schulpsychologen, Sozialarbeitern, Erziehungsberatern usw. Nur eine **möglichst frühe Intervention** und entwicklungsorientierte therapeutische Verhaltensförderung kann einer Verhaltensverfestigung vorbeugen. Die Stabilität und Ausprägung eines problematischen Verhaltens wird verstärkt, wenn es häufig und sehr ausgeprägt auftritt, mit anderen Verhaltensweisen wie beispielsweise dem Lügen und Stehlen verknüpft ist, unabhängig vom jeweiligen Kontext und schon früh im Kindesalter auftritt.[72]
Je angemessener und konsequenter der Lehrer im Unterricht auf Störmaßnahmen reagiert und je mehr er die Schüler durch seine Unterrichtsgestaltung fasziniert, desto weniger treten Probleme durch Disziplinschwierigkeiten auf.[73] Meist versuchen Lehrer Verhaltensauffälligkeiten von Schülern kurzfristig durch **nonverbale Maßnahmen** wie das Wegnehmen eines unterrichtsfremden Gegenstandes, durch Signale wie festes Anblicken oder eine abwehrende Handbewegung, durch **verbale Reaktionen** wie Bitten, Aufforderungen, Zurechtweisungen, Ermahnungen, Gespräche mit den einzelnen Schülern oder mit der Klasse, durch **Eingriffe** in die soziale Gruppierung wie Umsetzen, Entzug von Klassenämtern, durch **schulrechtliche Erziehungs-** oder **Ordnungsmaßnahmen** wie das Erteilen einer Nacharbeit oder eines Verweises, durch **didaktisch-methodische Maßnahmen** wie den Wechsel der Arbeits- und Sozialformen, das Einrichten einer Schwätzminute, eines Kummerkastens mit regelmäßiger Gesprächsrunde, langfristig vor allem durch ein verständnisvolles Lehrerverhalten, den Aufbau vertrauensvoller Beziehungen zu den Schülern und unterstützende, differenzierende Unterrichtsmaßnahmen zu beeinflussen.[74]
Den Schulalltag und Unterricht belasten vor allem aggressive Verhaltensweisen der Schüler. Angemessene erziehliche Reaktionen des Lehrers sollen nach einer definitorischen Abklärung diskutiert werden.

4.2 Bestimmung, Formen und Ausmaß aggressiver Verhaltensweisen von Schülern

Bestimmung und Formen aggressiven Verhaltens

Als aggressives Verhalten bezeichnet man gerichtete, intentionale Verhaltensweisen, die andere schädigen bzw. destruktiv und aversiv sind. Die **absichtsvolle Schädigung** „kann offen und erkennbar erfolgen, aber auch versteckt hinterhältig; sie kann sich gegen eine Person direkt wenden oder gegen Gegenstände, die der Person gehören" (PETERMANN/PETERMANN 1987, S. 213). Ob ein Verhalten aggressiv genannt wird, hängt von den Bezugsystemen und Alltagstheorien wie auch von situativen und normativen Kriterien der Angemessenheit ab. **Aggressivität** ist dann eine „relativ überdauernde Bereitschaft zu aggressivem Verhalten" (SELG/MEES/BERG 1988, S. 20).
Gewalt wird als Teilmenge der Aggressionen aufgefasst, als angedrohte oder ausgeübte physische oder psychische Aggression gegen den Willen oder die Bedürfnisse eines anderen. Als Gewalttätigkeit werden physische Aggressionen im Sinne eines ge-

zielten körperlichen Zwanges gegenüber Mitmenschen gekennzeichnet. Zur Abwehr oder Vorbereitung von Gewalttätigkeiten bewaffnen sich Schüler mit Gegenständen, z. B. mit Schlagringen oder Reizgas.
Richtet sich die physische **Aggression gegenüber Sachen**, gegen Schuleinrichtungen oder das Eigentum der Mitschüler, bezeichnet man dies als **Vandalismus**.[75]
Aggressive Verhaltensweisen werden von Lehrern und Mitschülern als **indirekte Aggressionen** in Form von Unterrichtsstörungen, Disziplinschwierigkeiten und Disziplinlosigkeiten oder als **direkte, offene Aggressionen** wahrgenommen. Sie richten sich hauptsächlich gegen Mitschüler, Lehrer, die Schule oder gegen sich selbst.

◆ Aggressionen gegen Mitschüler

- Mitschüler ärgern, reizen, an den Haaren ziehen, anrempeln, mit dem Zirkel stechen, mit Gummiringen und Papiermunition beschießen, von der Arbeit abhalten;
- Mitschülern Arbeitsgeräte wegnehmen, ohne zu fragen, ihr Eigentum mutwillig zerstören, z. B. Hefte zerfetzen, Füller zerbrechen, Knöpfe von Jacken abreißen, stehlen;
- Mitschüler verspotten, hänseln, durch dauerndes Dreinreden bloßstellen, lächerlich machen, mit Ausdrücken und Gesten herabsetzen, sie sexuell belästigen;
- Mitschülern ein Bein stellen, den Stuhl beim Hinsetzen wegziehen, ein Buch auf den Kopf schlagen, sie schlagen, prügeln, würgen, treten, vom Stuhl werfen, boxen und bewusst mit Waffen oder Gegenständen verletzen;
- Mitschüler bedrohen, berauben, erpressen oder nötigen;
- Mitglieder anderer Cliquen, Jugendgruppen, -banden oder ausländische Jugendliche verprügeln und verletzen.

◆ Aggressionen gegen Lehrer

- Fragen, Anweisungen, Aufforderungen des Lehrers bewusst überhören oder ihm absichtlich falsche oder freche Antworten geben, ihm widersprechen oder ihn provozieren;
- dauernd dazwischenrufen, den Unterricht lautstark kommentieren, absichtlich singen, summen, klopfen, mit den Füßen scharren, trampeln;
- trotz Verbots während des Unterrichts absichtlich in der Klasse herumlaufen;
- den Lehrer beschimpfen, beleidigen, bedrohen oder mit Ausdrücken und Gesten herabsetzen;
- ihn mit Gegenständen wie Kreide, Schwamm, Heften, Papierkugeln bewerfen;
- den Lehrer tätlich angreifen, ihn anspucken oder mit Waffen bedrohen.

◆ Aggressionen gegen die Schul-, Hausordnung und das Schuleigentum

- Regeln der Schulordnung absichtlich verletzen und im Schulbereich rauchen, Alkohol trinken oder Schule schwänzen;
- Schuleinrichtungen und Schuleigentum mutwillig beschädigen oder zerstören wie Wände, Tische, Stühle, Bücher beschmieren, verkratzen oder zerreißen, Stühle oder Toilettenschüsseln zertrümmern.

◆ Aggressionen gegen die eigene Person

Aggressionen gegen sich selbst werden im Allgemeinen vernachlässigt. Sie zeigen sich als

- Nägelkauen, Bettnässen, Erkrankungen an Mager-, Ess-, Medikamentensucht, Bulimie, Allergien, Ekzemen, Asthma,
- Nikotin-, Alkohol-, Drogenabhängigkeit,
- psychosomatische Erkrankungen, Neurosen, Psychosen, Depressionen, Todessehnsucht, Suizidversuche,
- Schulschwänzen, Ausreißen.

Aggressionen gegen sich selbst nehmen bei Kindern und Jugendlichen, vor allem bei Mädchen, alarmierend zu. Sie halten sich wohl erziehungsbedingt an das Gewalttabu gegenüber Menschen und Dingen, fühlen sich aber ungeliebt, als Versager und genauso frustriert wie aggressive Gewalttäter. Solche Verhaltensauffälligkeiten müssen ernst genommen und es muss versucht werden, sie durch pädagogische Maßnahmen wie medizinische, psychologische Hilfen zu klären.
Die weitere Analyse berücksichtigt nur die ersten drei Aggressionsarten.[76]

Das Ausmaß aggressiven Verhaltens in der Schule

In den Medien wird seit einigen Jahren durch reißerische, spektakuläre Artikel und Sendungen über den „Tatort Schule" der Eindruck vermittelt, als herrsche dort ein nicht bekanntes Ausmaß an gewalttätigem Schülerverhalten, das sich in verbalen Aggressionen, physischer und psychischer Gewalt gegen Mitschüler und Lehrer und in Vandalismus äußere. In wissenschaftlichen Untersuchungen kann aber die Hypothese von einer höheren Gewaltbereitschaft der heutigen Jugend auf „breiter Front" nicht bestätigt werden. Allerdings zeigen sich **Veränderungen der Formen und Qualitäten aggressiver Verhaltensweisen**. In Ballungsgebieten und sozialen Brennpunkten kumulieren sich Verhaltensprobleme. Wahrscheinlich erhöht sich auch die Sensibilität der Beobachter bei der selektiven Wahrnehmung und Bewertung gewalttätigen Verhaltens.
Deutlich zugenommen haben vor allem **verbale** und **nonverbale psychische Aggressionen**, die sich ausdrücken in einer Verrohung des Umgangstones, im Beschimpfen, Beleidigen, Bedrohen, Verächtlichmachen oder Herabsetzen von Mitschülern, in Belästigung auch sexueller Art. Besonders betroffen sind Menschen anderen Geschlechts, anderer Hautfarbe oder ethnischer Herkunft. Verbale Gewalt gegenüber Mitschülern oder Lehrern tritt in durchschnittlich 30 bis 40 % aller erhobenen Fälle von Aggressivität auf. Aggressionen mit rassistischen, politischen und sexuellen Komponenten trifft man vor allem in Jugendgruppen und -szenen an, die politisch extrem orientiert sind und/oder bei denen die Anwendung von Gewalt Bestandteil ihres ideologischen oder subkulturellen Selbstverständnisses ist.
Etwas zugenommen haben **physische aggressive Verhaltensweisen** gegen Personen. Wenngleich es sich nur um eine Minderheit von etwa 5 bis 10 % stark problembelasteter Schüler handelt, bereitet doch die Intensität ihrer Übergriffe erhebliche Sorgen. Die Täter fühlen sich durch kleinste Anlässe wie einen Blick, ein Schimpfwort, ein

leichtes Anrempeln provoziert. Immer skrupelloser, brutaler schlagen und treten sie weiter, auch wenn das Opfer „kampfunfähig“ am Boden liegt, und setzen vermehrt Schlag-, Stich- und Schusswaffen und waffenähnliche Gegenstände ein. Sie haben nicht das geringste Einfühlungsvermögen in das Opfer, zeigen Gefühlskälte und Desinteresse an seinem Befinden und ein nachlassendes Unrechtsbewusstsein. Diese **irritierende Grenzen- und Maßlosigkeit der Gewaltausübung** bewirkt den hohen Stellenwert, den Aggressionen in der Schule in der Öffentlichkeit erhalten. Allerdings konzentrieren sich diese Gewalttätigkeiten vor allem auf 13- bis 15-jährige männliche Jugendliche in mittel- und großstädtischen Haupt-, Berufs-, Förder- und Gesamtschulen.

Aggressionen gegen Gegenstände wie absichtliches Beschädigen, Beschmieren, Zerstören, Wegnehmen, Abmontieren von Ausstattungen umfasst ca. 15 bis 20 % des Schülerverhaltens. Werden allerdings Polizeistatistiken zugrunde gelegt, dann machen Sachbeschädigungen zwischen 70 bis 90 % der bekannten Straftaten aus. Gleichzeitig zeigt sich in den letzten Jahren eine Zunahme polizeilich registrierter Gewaltkriminalität, obwohl die durchschnittliche Deliktschwere abnimmt.[77]

4.3 Motive und Ursachen aggressiven Verhaltens

Motive aggressiven Verhaltens

Da Aggression darauf abzielt, eine andere Person direkt oder indirekt zu schädigen, und sich Aggression meistens in der Begegnung von Menschen ereignet und schon in früher Kindheit zu Verhaltensproblemen führt, kann sie als „eine Verhaltensstörung aufgefasst werden. Sie ist einerseits dadurch charakterisiert, dass bestimmte Verhaltensweisen übermäßig auftreten, z. B. häufiges und massives Sich-Verteidigen. Andererseits sind bestimmte soziale Fertigkeiten zu wenig oder gar nicht ausgeprägt. Bei solchen Verhaltensstörungen sind die unangemessenen Handlungsweisen in der Regel gut gelernt, eingeübt und von daher langlebig sowie schwer abzubauen“ (Petermann/Petermann 1987, S. 213 f.).[78]

Jede Aggression hat für die Urheber einen subjektiven Sinn, den es zu verstehen gilt. Nach Petermann/Petermann kann eine Aggression in drei Formen positiv und negativ in Erscheinung treten:

◆ Aggression als „angemessene Selbstbehauptung“

Diese Aggressionsform zur Wahrung persönlicher Bedürfnisse, Wünsche und Ziele enthält die positive Seite. „Sie kann auch nachdrücklich erfolgen, solange Gefühle, Bedürfnisse und Rechte des anderen bedacht werden, darauf Rücksicht genommen wird und die Fähigkeit zur Selbstkontrolle, also die Zügelung von unangemessenen Wutausbrüchen, gegeben ist“ (Petermann/Petermann 1987, S. 213). Dazu zählen z. B. auch das spielerische, körperliche Raufen und Balgen unter Beachtung von Regeln oder das gegenseitige Provozieren und Beschimpfen. Diese Form aggressiven Kräftemessens und Imponierens erscheint als Ausdruck überschwenglicher Kraft, als Versuch, soziale Möglichkeiten und Grenzen abzutasten, Langeweile zu begegnen und gleichzeitig Anerkennung bei Mitschülern zu gewinnen. Die Gefahr des Abgleitens in negative Aggressionen besteht jedoch.[79] Prosoziale Aggressionen können auch kulturell gebilligt oder verlangt werden, z. B. bei Notwehr, im Verteidigungsfall oder zum Schutz eines schwächeren bzw. behinderten Schülers vor den Angriffen seiner Mitschüler.

◆ Aggression als „zielgerichtetes Schädigen"

Schädigen oder Verletzen eines anderen oder von Gegenständen (instrumentelle und feindselige Aggression) enthält die negative Seite. „Jemand handelt in einer konkreten Situation deshalb aggressiv, weil er es so gelernt hat und sich für diese Situation mit Hilfe der Aggression einen Erfolg erwartet" (SELG/MEES/BERG 1988, S. 20).
„Die Motive können ... einmal einem egoistischen Sich-durchsetzen-Wollen und einmal einer Angst und Unsicherheit im Kontakt mit anderen (entspringen). Das Durchsetzen-Wollen eigener Interessen, Wünsche und Bedürfnisse wird mit zielgerichteten Schädigungen anderer erreicht." Aggressive Schüler benutzen dazu Schwachstellen anderer Personen und setzen ihr Verhalten bewusst ein, weswegen man von „instrumentell aggressivem Verhalten" spricht. „Man erkennt das zielgerichtet aggressive Verhalten dieser Kinder daran, dass ihr Verhalten das „Opfer trifft", sie meistens ihr Ziel erreichen, eine geringe Frustrationstoleranz haben, also kaum warten, verzichten oder sich anstrengen können" (PETERMANN/PETERMANN 1987, S. 216).
Instrumentelle Aggression kann sozial motiviert sein, wenn dadurch weitgehend unbewusst versucht wird, Anerkennung, Geltung oder Status in einer Gleichaltrigengruppe zu erringen und das Selbstwertgefühl zu stärken.
„Aggression tritt besonders häufig auf bei Forderungen und Aufforderungen an ein Kind, bei Zurückweisen von Wünschen und bei der Erwartung, Regeln und Absprachen einhalten zu müssen. Aggressive Kinder suchen ihren Vorteil und ergreifen jede Chance, diesen mit den ihnen zur Verfügung stehenden Mitteln durchzusetzen." Als besonders aggressiv werden Personen bezeichnet, die andere ohne erkennbaren Grund mit hoher Intensität aus Freude oder Lust an der Gewalt schädigen (feindselige Aggression) (PETERMANN/PETERMANN 1987, S. 213).[80]

◆ Angstmotivierte Aggression

Sie äußert sich in Form überraschender, stark gefühlsmäßig geprägter, expressiver Wutausbrüche (expressive Aggression). „Charakteristisch für angstmotiviert aggressive Kinder ist, dass sie sich sehr schnell bedroht und angegriffen fühlen. Sie befinden sich oft in einer Abwehr-, Verteidigungs- und „Lauer"haltung, d.h. sie beobachten ihre Umwelt misstrauisch ... Nicht selten meint man, sie verhielten sich vorbeugend aggressiv ... Bei dieser Aggressionsform scheint folgender Kreislauf zu wirken: Ein Kind, das ängstlich und unsicher im Umgang mit anderen sowie sich der Zuneigung und positiven Grundeinstellung seiner Mitmenschen nicht gewiss ist, hat oft übermäßige Erwartungen bezüglich der Anerkennung durch andere und ist übermäßig sensibel für Bedrohungen. Wird eine Bedrohung empfunden, dann löst dies leicht aggressives Verhalten aus ... Aggression führt also zur gefühlsmäßigen (emotionalen) Erleichterung. Dies wird vom Kind so positiv und verstärkend (im Sinne einer negativen Verstärkung) erlebt, dass es immer häufiger Angst mit Hilfe von Aggression abbaut. Die Umwelt reagiert darauf (natürlich und verständlich) mit Vergeltung, Ablehnung, Strafe. Dies wird wiederum bedrohlich vom Kind wahrgenommen – diesmal sind es auch reale Bedrohungen –, versetzt es in Angst und löst sein angstreduzierendes Verhalten, nämlich Aggression, aus. Damit liegt ein Selbstregulationsmodell vor, das aggressives Verhalten schrittweise steigert" (PETERMANN/PETERMANN 1987, S. 217 ff.).[81]

Hyperaktives Verhalten muss von aggressivem unterschieden werden. Hyperaktive Kinder zeigen ein relativ beständig hohes Niveau an motorischer Unruhe, impulsgesteuerter Aktivitäten, mangelnder Aufmerksamkeit, Wahrnehmung und Konzentration. Sie haben besondere Schwierigkeiten damit, ihre Aktivitäten zu kontrollieren, an die jeweilige schulische Situation und Anforderung anzupassen und zu stoppen, wenn Ruhe, Stillsitzen und Konzentration verlangt werden. „Das Verhalten des hyperaktiven Kindes ist nicht dadurch gekennzeichnet, dass es absichtlich mit Worten oder Handlungen anderen Schaden zufügen will. Sein Kontakt zu Gleichaltrigen kann zwar durch sein „zappeliges" und ungeduldiges Verhalten belastet sein. Sein Sozialkontakt ist jedoch nicht durch übermäßiges Angriffs-, Verteidigungs- und Schädigungsverhalten gestört, wie man es bei einem aggressiven Kind beobachten kann" (PETERMANN/PETERMANN 1987, S. 214).[82]
Hyperaktives Verhalten kann jedoch aggressivem Verhalten vorausgehen. Nach Längsschnittuntersuchungen stammt rund ein Sechstel aller 13-jährigen Schüler mit aggressiven Auffälligkeiten aus der Gruppe der Hyperaktiven und rund ein Viertel zeigte schon mit acht Jahren diese Verhaltensweisen. In früher Kindheit werden Aufmerksamkeitsstörungen und hyperaktives Verhalten oft erst nach dem Laufenlernen bemerkt. Nach Wahrnehmungen von Müttern weist ihr Kind ein „schwieriges Temperament" und kurze Aufmerksamkeitsspannen auf und kann sich nicht allein beschäftigen. Die hyperaktiven Verhaltensweisen und andere kaum von ihnen beeinflussbaren Verhaltensweisen wie expressives Schreien, Essensverweigerung und Schlafschwierigkeiten können zu aggressivem Verhalten führen, das als Trotzverhalten gegen die massiven oder hilflosen Reaktionen der Eltern auftritt und sich schnell verfestigt. Erfahrungen mit Gleichaltrigen oder Erwachsenen prägen dann Rückzugsverhalten und mangelhafte Beziehungen aus. In der Schule überlagern anfänglich Verhaltensprobleme Schulleistungsschwierigkeiten, die dann zunehmend in den Vordergrund treten. Je älter die Kinder werden, umso eher schlägt offene Aggression in eine verdeckte um wie Diebstahl oder Betrug. Um solche Entwicklungsverläufe zu unterbrechen, sind bei Hyperaktivität wie bei aggressivem Verhalten schon in früher Kindheit und im Vorschulalter Interventions- und Behandlungsmaßnahmen notwendig.[83]

Ursachen und Bedingungen aggressiven Verhaltens

Die Entstehung aggressiven Verhaltens wird meist durch ein Bündel möglicher Faktoren und Bedingungen verursacht bzw. verstärkt, ohne dass im Sinne von Kausalschlüssen die jeweiligen Ursachen detailliert bestimmt werden könnten. Nicht jede negative Bedingung muss auch zur Ursache aggressiven Verhaltens werden.[84]

◆ Das Verhalten der Erzieher in Familie und Schule

Aggressives, gewalttätiges Verhalten von Kindern und Jugendlichen ist oft das Ergebnis familiärer Sozialisations- und Interaktionsprozesse und der Auseinandersetzung mit den gesellschaftlich geprägten Lebensbedingungen und Problemen. Ob und inwieweit dabei genetische Faktoren eine Rolle spielen, kann derzeit noch nicht geklärt werden. Fehlende klare Regeln und Maßstäbe des Zusammenlebens wie gemeinsam geteilte Wert- und Normvorstellungen, indifferente Erwartungen der Eltern an das Kind, wechselhaftes, verwöhnendes, vernachlässigendes oder übermäßig strafendes Erzieherverhalten behindern das Lernen grundlegender sozialer Verhaltensregeln, angemessener Selbstbehauptung und Selbstkontrolle, differenzierter Selbst- und Fremdwahrnehmung, positiven Einfühlungsvermögens, kooperativen Verhaltens und der Fähigkeit zu motorischer Ruhe und Entspannung. Trotz Zunahme kurzfristiger Sozialkontakte werden grundlegende, sozial vermittelte Regeln nicht intensiviert. Soziale Erfahrungen der Grenzenlosigkeit und Inkonsequenz bei der Erziehung führen dann häufig zu psychischer Instabilität und Verunsicherung und schaffen die Basis für aggressive Verhaltensweisen.[85]
Aggressives, gewalttätiges Verhalten von Kindern und Jugendlichen ist abhängig von ihrer Bereitschaft zur Aggression und der Billigung durch Erziehungsberechtigte.
Im Einzelnen gelten nach PETERMANN/PETERMANN folgende Erscheinungsformen des Erziehungsverhaltens von Eltern und Erziehern als **unmittelbare Ursachen aggressiven Verhaltens:**

- **Zu viele**, oft nicht begründete und einsehbare **Regeln**, Ge- und Verbote engen Kinder ein und provozieren aggressives Verhalten, zu wenige rufen Orientierungslosigkeit hervor. In Familien aggressiver Schüler existieren häufig **keinerlei Regeln**, keine festgelegten Essens-, Zu-Bett-geh-Zeiten, häusliche Aufgabenverteilungen usw.
- Unbewusst **verstärken** Eltern und Lehrer aggressives Verhalten von Kindern **positiv**, wenn diese dadurch ihr Ziel erreichen, sich durchsetzen, behaupten und Zuwendung und Aufmerksamkeit gewinnen. In künftigen Situationen werden die Kinder wegen der positiven Konsequenzen mit größerer Wahrscheinlichkeit wieder aggressiv reagieren. Eltern und Lehrer müssen deshalb rechtzeitig dem Erfolg von Aggressionen entgegenwirken.[86]
- Die **Duldung** aggressiven Verhaltens wirkt verstärkend, da sie vom Kind als Zustimmung wahrgenommen wird. Dazu zählt auch die Gleichgültigkeit von Eltern, Lehrern wie Mitschülern gegenüber Vandalismus, die Gewöhnung an zerstörte Einrichtungsgegenstände, Unterrichtsmaterialien oder beschmierte Wände, für deren Reparatur oder Wiederbesorgung die Urheber selten aufzukommen haben.
- Eltern verstärken durch **inkonsequentes Erziehungsverhalten** aggressives Verhalten negativ, wenn sie nicht konsequent auf einer für das Kind unangenehmen Konsequenz wie das Einhalten von Regeln und Abmachungen bestehen, dem Nörgeln oder Wutanfall nicht widerstehen und die nächsten Male ein Nichtbefolgen der Regeln ohne Folge für das Kind bleibt. Die ausbleibende negative Konsequenz verstärkt aggressives Verhalten. Das Kind lernt unangenehme, aversive Reize wie das Sich-anstrengen-, Regeln-beachten-, Warten- und Verzichten-Müssen durch Aggressionen zu vermeiden, übernimmt sie aber nicht in sein Verhaltensrepertoire.

- Erzieher wie Eltern, Lehrer, Freunde, Verwandte wirken als **aggressive Modelle**, wenn sie „unbedacht, übermäßig oder sogar ausschließlich körperlich strafen, Konflikte und Probleme nur durch Schreien und Befehle lösen. Die Art des Umgangs der Ehepartner untereinander wie der Lehrer mit den Schülern ist entscheidend dafür, wie Kinder sich miteinander verhalten. Je erfolgreicher und sympathischer das Modell ist, um so eifriger wird es nachgeahmt. Schließlich sind die Eltern auch Modell, wenn sie aggressives Verhalten anderer oder in Medien wie Fernsehen, Zeitungsberichten billigen bzw. sogar für gut befinden oder sich davon beeindrucken lassen" (PETERMANN/PETERMANN 1987, S. 220).
  Die Ursachen für Gewalterfahrungen unterschiedlichster Art liegen in lang anhaltenden familiären Spannungen und Problemen, besonders im Vorfeld von Ehescheidungen, wirtschaftlichen Krisensituationen wie Arbeitslosigkeit, sozialer Isolation der Kleinfamilie, schlechten Wohnverhältnissen, der Verunsicherung der Geschlechterrolle und der Unfähigkeit vieler Eltern zu gewaltfreier Konfliktlösung. Das aggressive, repressive oder erpresserische Verhalten der Kinder kann Erzieher dazu bringen, aus Hilflosigkeit zu immer massiveren Maßnahmen zu greifen.[87]
- Viele Eltern empfinden ihre aggressiven Kinder als Belastung und signalisieren ihnen besonders bei Nichterfüllung ihrer Leistungserwartungen, dass sie nichts sind und können. Häufige **Frustrationen** der Kinder aufgrund nicht erfüllter Erwartungen an Liebe, Zuwendung, Anerkennung durch Erwachsene und Gleichaltrige können Ursachen aggressiven Verhaltens sein. Sie schätzen selbst die durch ihre Aggressionen bewirkte negative Zuwendung von Erwachsenen höher ein als deren Gleichgültigkeit. „Die zerstörten Türen und Fenster, die verbalen Angriffe, die Drohungen, die Schlägereien, die autodestruktiven Rückzüge in die Toiletten, zu Zigaretten, Drogen und Alkohol verweisen eindeutig auf eine Aggression aus verlorenem Sinn. Es bestätigt sich, was man in der psychotherapeutischen Arbeit mit Jugendlichen immer wieder erfährt, dass die oft ungeheure Zerstörungswut und auch Zerstörungslust sich letztlich als der verzweifelte Versuch erweist, Realität zu erzwingen und zumindest auf diesem höchst paradoxen und verzerrten Wege auf sich aufmerksam zu machen und sich der eigenen Existenz zu vergewissern bzw. auf dem Wege der Destruktion Konstruktives zu erreichen" (KAGERER 1992, S. 23).
- **Ignorieren** Lehrer die Probleme, Ängste, Sorgen der Jugendlichen und deren Suche nach Anerkennung und ziehen – oft aus Ratlosigkeit – ihren Unterricht durch, wird der Teufelskreis verstärkt. Dadurch verlieren sie in den Augen der Schüler an Autorität, die sich dann immer distanzloser zu verbalen Provokationen, zum „Fertigmachen der Lehrer" bis hin zu tätlichen Angriffen hinreißen lassen.[88]
- Wird durch aggressives Schülerverhalten das Ansehen des Lehrers herabgesetzt, trifft ihn das meist empfindlich in seinem Selbstwertgefühl. Er wertet dieses Verhalten als Angriff gegen seine Person und reagiert meist heftig darauf mit Empörung, offener oder versteckter Wut oder Angst. Die Gefahr besteht, dass er aus der Erregung heraus emotional-affektiv reagiert und durch Schimpfen, Brüllen, unangemessene Strafen selbst aggressiv gegen störende Schüler vorgeht. Manche Lehrer forcieren verdeckte Formen aggressiver Gegenwehr und erhöhen

Lernanforderungen und disziplinären Leistungsdruck. Besonders negativ wirken Ironie, Sarkasmus und Spott bei schwachen Leistungen aggressiver Schüler. Sie verstärken den **Teufelskreis aus Aggression und Gegenreaktion.**[89]

- **Gewalttätiges Verhalten** ist vor allem ein **Jungenphänomen. Mädchen** verarbeiten Aggressionsimpulse offenbar anders als Jungen und tragen Aggressionen nur in einem Fünftel der Fälle wie Jungen aus. Sie setzen eher manipulative Techniken ein, um unbemerkt über dritte Personen andere zu schädigen, oder richten mehr defensiv **Aggressionen gegen sich selbst**, fallen in depressive Stimmungen oder werden krank. Möglicherweise hängt dies mit den kulturell unterschiedlich zugestandenen Aggressionshandlungen zusammen. Als geschlechtstypische Form der Aggressivität wird besonders sexuelle Gewalt von Männern auf der Grundlage patriarchalischer Strukturen und Männlichkeitsansprüchen gegenüber Frauen und Mädchen ausgeübt. Jungen lernen sehr schnell am Modell, sich gegenüber Mädchen stark und überlegen zu zeigen.[90]

◆ Die Zugehörigkeit zu Gleichaltrigengruppen, die Freizeitgestaltung und der Medieneinfluss

Cliquen, Jugendgruppen und jugendliche Subkulturen wie beispielsweise Rapper, S-Bahn-Surfer, Graffiti-Sprayer haben für die psychische Entwicklung der Kinder und Jugendlichen im zweiten Lebensjahrzehnt gerade im Freizeitbereich besondere Bedeutung. Sie vermitteln Orientierungsstandards, setzen den Bezugsrahmen für viele alltägliche Handlungen und Maßstäbe für Anerkennung und Prestige.

Gemeinsame Aktionen beleben den Gruppenzusammenhalt, durchbrechen Langeweile und vermitteln Spaß, Unterhaltung, Lust, Sensation und Nervenkitzel. Kinder und Jugendliche mit langjährigen Erfahrungen der Vernachlässigung, des Versagens, der Demütigung und Gewalt in Familien, Schule, Nachbarschaft, Beruf, der Ohnmacht hinsichtlich der weiteren Gestaltung ihrer Zukunft, des tiefsitzenden Misstrauens in die eigenen Fähigkeiten, gegenüber gesellschaftlichen Strukturen oder Mächtigen sind dann anfällig für Aggressionen und Gewalt gegen noch schwächere, häufig diskriminierte Menschen wie Ausländer, Aussiedler, Behinderte, Homosexuelle, Straffällige, Obdachlose und Prostituierte.[91]

In Ballungsgebieten haben viele Kinder und Jugendliche außer in Sportvereinen, kirchlichen und kommunalen Jugendverbänden nur geringe Möglichkeiten, auf verkehrsarmen Straßen, Plätzen, Parks mit ihren Skatebrettern, Inlineskatern, Bikes ihren Spieltrieb, ihre Spontaneität, Körperlichkeit, „gesunde" Aggressivität auszuleben. Eine nichtkommerzielle, -organisierte, -pädagogisierte, -betreute Herausforderung und Befriedigung ihrer Interessen, Abenteuerlust, psychischen und körperlichen Kompetenzen und Erprobung ihrer Verhaltensgrenzen fehlt häufig.

Die wichtigste Freizeitbeschäftigung ist deshalb neben dem Treffen mit anderen die Nutzung von Medien, Computerspielen, Musikvideo-Clips usw. Für die Ausprägung aggressiven, gewalttätigen Verhaltens spielt **extensiver Konsum gewaltverherrlichender Medien** eine bedeutende Rolle. Besonders anfällig sind Kinder und Jugendliche mit familiären Belastungen, Gewalterfahrungen und Frustrationen. Die spektakulären, dramatischen Gewaltdarstellungen in den täglichen Fernsehprogrammen und die gewaltverherrlichenden Videos überschwemmen das Bewusstsein unserer

Kinder, stimulieren und ermutigen zur Gewaltanwendung. In der gesellschaftlichen Billigung von Gewalt in den Medien zeigt sich besonders drastisch der Verlust gemeinsamer Wert- und Normvorstellungen.
Selbst wenn diese aggressiven Verhaltensmodelle nicht unmittelbar imitiert werden, führt langfristiger Gewaltkonsum zu einer **Steigerung der Gewaltbereitschaft**, zu einer Erweiterung des Repertoires an negativen Verhaltensmustern, zu Nachahmungs-, Gewöhnungs- und Verinnerlichungseffekten, zur Trivialisierung und Rechtfertigung der Gewalt, zur Verstärkung nationalistischer Orientierungen, zu geringem Einfühlungsvermögen, zu fehlendem Unrechtsbewusstsein und niedrigem moralischen Urteilsvermögen.[92]

◆ Gesellschaftliche Bedingungen

Jugendliche rechtfertigen ihre Aggressivität und Gewalt oft als Widerstand gegen den Staat. Sie empfinden das politische System als eine Form „struktureller Gewalt". „Mit diesem Begriff ist ein Typus von Gewalt gefasst, bei dem die Beeinflussung nicht von einem handelnden Subjekt ausgeht, sondern in das gesellschaftliche System eingebaut ist: Gewalt durch **ungleiche Machtbeziehung oder Besitzverhältnisse** und hierdurch beeinflusste ungleiche Lebenschancen, Entwicklungsperspektiven und schulische und berufliche Chancen" (HURRELMANN 1995, S. 32).[93] Sie kennen den Leistungsdruck in Schule und Beruf, den Mangel an gewünschten Ausbildungs-, Studien- und Arbeitsplätzen, an bezahlbaren Wohnungen, die Rücksichtslosigkeit, den Egoismus und die Gewalt in Interaktionen und fühlen sich von der offiziellen Politik im Stich gelassen. Sie glauben, auf politische Entscheidungen keinen Einfluss zu haben und rationalisieren ihre Gewalt gegen Institutionen und Einrichtungen des Staates wie die Polizei oder Schulen und gegen deren Vertreter.

◆ Individuelle Ursachen und Bedingungen

Individuelle Ursachen von Aggressionen sind zu suchen in mangelhaft ausgebildeten sozialen Kommunikations- und Interaktionsfähigkeiten, Kompetenzen und falschen Problemlösungsversuchen aufgrund fehlgelaufener, konflikthafter sozialer Lernprozesse.[94]
Wahrnehmungsmängel führen zur falschen Deutung bestimmter Verhaltensweisen anderer Kinder. Schnelle Bewegungen, ein längerer Blickkontakt, kurze Berührungen beim Vorbeigehen, Worte zur angemessenen Selbstbehauptung werden als feindliche Absicht, als Bedrohung aufgefasst und lösen aggressive Abwehr- oder Verteidigungshandlungen aus. Besonders das Imponiergehabe Jugendlicher auch durch Vorzeigen von Waffen provoziert aggressives Verhalten anderer.[95]

Mängel im Sozialverhalten begünstigen aggressives Verhalten:
- Aggressive Kinder besitzen **kaum Verhaltensweisen zur angemessenen Selbstbehauptung**. Besonders Haupt-, Berufs- und Förderschülern fehlen häufig verbale Kompetenzen und Strategien der Selbstbehauptung und Durchsetzung des eigenen Standpunktes. Viele aggressive Schüler haben ein derart stark eingeschränktes Verhaltensrepertoire, dass sie erst mühsam durch systematisches Training positive Verhaltensweisen zur angemessenen Selbstbehauptung und Konfliktlösung lernen müssen.

- Aggressive Kinder besitzen **unzureichende Möglichkeiten der Selbstkontrolle**. Sie sind unfähig, Impulse und Handlungen zu stoppen, zu verzögern, Selbstgespräche zur Beruhigung oder Steuerung eigenen Verhaltens zu führen, um sich nicht vorschnell in Wut hineinzusteigern. Ihre oft große motorische Unruhe, ihre Ungeduld und Angespanntheit, ihr häufiger Gebrauch verbaler und nonverbaler Kraftausdrücke und entsprechender Gesten reduziert die Hemmschwelle gegen aggressives Verhalten und fördert über die Modellwirkung zusätzlich die Gewalttendenzen. In fehlverlaufenden Interaktionen schaukeln sich negative oder aversive Äußerungen schnell bis zum plötzlichen Abbruch eines Streitgesprächs oder zur tätlichen Auseinandersetzung auf.
- Sie verfügen über **wenig Kompromiss- und Kooperationsfähigkeit** zur Anbahnung und Aufrechterhaltung sozialer Kontakte. Obwohl Jugendliche mit gering ausgeprägtem Selbstwertgefühl und Sozialverhalten in einer Gleichaltrigengruppe zwischenmenschliche Zuwendung, soziale Anerkennung und Geltung durch eine bedingungslose Unterordnung unter Gruppennormen und -rituale, durch Überschreiten oder Verletzen sozialer Werte und Normen suchen, kommt es zu einer paradoxen „Vereinzelung in der Gruppe ..., weil man unter Konkurrenzdruck nicht das Gemeinsame, sondern die Besonderheit der eigenen Leistung und Person herausstellen muss" (HEITMEYER 1992, S. 9). Befehle und Anordnungen von Gruppenautoritäten, die Anwesenheit von geächteten Außenseitern, die als Rechtfertigung der Aggression und als Feindbild benutzt werden, begünstigen dann Aggressionen. Auch aggressive Vorbilder, Slogans und Waffen und eine gewaltreiche Sprache tragen dazu bei („Ich mach' dich platt, ich hau dich tot!"; „Du Arsch, Sau, Fresse, Fotze, Wichser!"; „Wir gehen Asys und Schwule klatschen!").[96]
- Sie besitzen meist eine **geringe Empathiefähigkeit** und können sich schwer in die Person und Lage eines anderen hineinversetzen und einfühlen.[97]
- Aggressive Kinder und Jugendliche besitzen häufig durch nicht erfüllte Erwartungen an Liebe, Zuwendung, Anerkennung und aufgrund von Misserfolgen und Leistungsversagen in der Schule ein **schwaches Selbstwertgefühl** und eine **geringe Frustrationstoleranz**. Sie versuchen diese frustrierenden Erfahrungen durch aggressives Auf-sich-aufmerksam-Machen zu verarbeiten und ihr Selbstwertgefühl zu stärken. Frustrierend wirken auch Langeweile in Freizeit und Schule, Monotonie, Leere, keine Berücksichtigung eigener Interessen und Erfahrungen und Lärm im Unterricht.[98]

Aggressive Verhaltensweisen in der Schule können also als Reaktionen auf persönlich und sozial unbefriedigende Unterrichtssituationen, auf die durch Misserfolge und Etikettierungen erlittenen Frustrationen, als Selbstverteidigungsmechanismen im sozial-emotionalen Bereich, als ungeeignete Mittel zur Selbstbehauptung, Durchsetzung, Erringung sozialer Anerkennung und Geltung interpretiert werden. „Aggressivität ist immer ein Versuch – wenn auch ein völlig untauglicher und kontraproduktiver – sich aus einer bedrängten und belastenden Situation zu befreien, in die man nicht eingesperrt sein möchte" (HURRELMANN 1995, S. 32).

4.4 Strategien zur Intervention, kommunikativen Konfliktlösung und Prävention aggressiven Verhaltens

Alltägliche Lehrerreaktionen auf aggressives Schülerverhalten

In der Schule läuft aggressives Verhalten dem erziehlichen und unterrichtlichen Bemühen des Lehrers zuwider, belastet die Mitschüler und kann daher nicht geduldet werden. Ignorieren verstärkt aggressives Schülerverhalten und ermutigt Mitläufer zu ähnlichen Handlungen.

Die meisten Lehrer reagieren deshalb konsequent mit einem nach „pädagogischer Härte" **abgestuften Verhaltensrepertoire**, um das störende Verhalten bei möglichst geringem Aufwand rasch und wirksam für den Augenblick zu beenden:

- Sie signalisieren dem Schüler durch ruhiges oder strafendes Anblicken, dass sie sein störendes, aggressives Verhalten bemerkt haben und nicht dulden.
- Sie bedeuten ihm durch Gesten und vereinbarte Signale, das unangemessene Verhalten zu beenden.
- Sie gehen zum Schüler und drücken durch diese Distanzverringerung aus, dass sie bei einer Fortsetzung des aggressiven Verhaltens zu raschem Eingreifen bereit sind.
- Sie fordern ihn sachlich auf, sein Verhalten zu beenden.
- Sie weisen ihn zurecht, ermahnen oder tadeln ihn.
- Sie nehmen dem Schüler den Gegenstand weg, mit dem er beispielsweise Mitschüler geschlagen hat.
- Sie setzen ihn an einen einzelnen Tisch und isolieren ihn von der Klasse.
- Sie drohen ihm eine Strafe an.
- Sie bestrafen ihn beispielsweise durch Entzug eines positiven Reizes wie eines bevorzugten Helferdienstes oder durch Verhängen einer pädagogischen Ordnungsmaßnahme wie einer Nacharbeit.
- Sie schicken ihn zum Schulleiter.
- Sie mobilisieren die Einstellungen der Klasse gegenüber aggressiven Schülern, um sie durch kollektiven Druck zu konformen Verhaltensweisen und Handlungen zu zwingen.
- Sie wenden im Ausnahmefall physische Gewalt an, wenn die Gesundheit eines Schülers bedroht ist, und trennen streitende Schüler, um den Täter vom Opfer zu entfernen.[99]

Sprachliche und nichtsprachliche Reaktionen werden meist bei geringfügigen Störungen angewendet, erfordern wenig Aufwand und haben scheinbar den Vorteil, das aggressive Verhalten ohne Unterbrechung des Unterrichts zu unterbinden. Der Entzug positiver Tätigkeiten ohne körperliche Bestrafung ist eine der wichtigsten Maßnahmen zur raschen Beendigung des aggressiven Verhaltens. Längerfristige Wirkungen müssen jedoch bezweifelt werden, da tiefer liegende Ursachen der Aggressionsbereitschaft oder aggressionsauslösende Bedingungen nicht weiter beachtet oder beseitigt werden. Zudem provozieren die Reaktionen des Lehrers vor der Klasse neue Aggressionen aggressiver Schüler.

Aggressivem Verhalten eines Schülers kann auch mit Isolation von der Klasse, oft als Auszeit bezeichnet, und mit Verstärkung positiven sozialen Verhaltens begegnet wer-

den. Eine solche Reaktion des Lehrers hat aber nur dann Erfolg, wenn der aggressive Schüler soziale Kontakte mit Mitschülern wünscht.
Schüler erwarten von Lehrern, dass sie als Persönlichkeiten mit Autorität und Souveränität konsequent handeln und auch einmal ein „Machtwort" sprechen. Dienstanfänger unterliegen jedoch häufig aus falsch verstandenem pädagogischen Idealismus oder aus ideologischen Gründen dem Trugschluss, jede distanzierte wie restriktive, punitive pädagogische Reaktion würde einem positiven Lehrer-Schüler-Verhältnis zuwiderlaufen. Aggressives Verhalten nicht zu dulden, bedeutet nicht Geringschätzung und -achtung des Schülers als Person.[100] Das konsequente Verhalten des Lehrers darf allerdings nicht in aggressiver Absicht gegen den Schüler gerichtet sein, sei es als Eindruck schindende Präventivmaßnahme oder aus Überforderung durch Stress, übermäßige Belastung, persönliche Probleme und Konflikte, berufliche Frustration, Unzufriedenheit, Resignation, fortwährende Kritik der Eltern. Er trägt sonst selbst zur Verursachung weiterer Aggressionen bei. „Der mit einem gediegenen pädagogischen Grundwissen ausgerüstete und seiner selbst sichere Lehrer kennt heute die allgemeinen Ursachen und konkreten Einzelbedingungen eines aggressiven Verhaltens besser und weiß, dass mit persönlicher Gekränktheit, moralischer Entrüstung und harten Strafmaßnahmen, die in die Nähe einer Aggression rücken oder bewusst frustrierend angelegt sind, nichts auszurichten ist" (HEINELT 1994, S. 62).
Körperliche Reaktionen von Lehrern stellen bei den abgestuften pädagogischen Maßnahmen die letzte Handlungsmöglichkeit dar. **Physische Gewalt** der Lehrer gegen aggressive Schüler ist außer in Notwehr und zur Abwehr einer Gefahr verboten. Ohrfeigen oder Schlagen mit Büchern oder Stöcken ist meist ein Zeichen persönlicher Verzweiflung, Hilflosigkeit wie pädagogischen Unvermögens und zieht juristische Konsequenzen nach sich. Aus der Sicht des Nachahmungslernens erfahren die Schüler, dass aggressives Verhalten bei unterstellten oder unterlegenen Personen zum Erfolg führt.

Kontrolliert auf aggressives Verhalten reagieren

In schwierigen Unterrichtssituationen ist es oft hilfreich, den Schülern im persönlichen Gespräch ein **Feedback** über ihr Verhalten zu geben, mit Ich-Botschaften eigene Gefühle zu verbalisieren und damit einen entstehenden Konflikt zu thematisieren. Ständige Störungen und aggressive Verhaltensweisen eines Schülers können die Wut und den Ärger des Lehrers aber so anstacheln, dass er unüberlegte Maßnahmen ergreift, die seine Beziehungen zu den Schülern belasten und den Konflikt verschärfen (Kurzschlusshandlungen). Auch entgegengesetzte Gefühle der Resignation und Hilflosigkeit können den Konflikt stabilisieren. Bei starker gefühlsmäßiger Erregung ist es deshalb notwendig, automatisch auftretende Situations-Reaktionsketten durch eine „Denkpause" zu unterbrechen. Bewährt haben sich folgende **verhaltensmodifikatorische Maßnahmen** und Techniken:

- **Das „innere" Sprechen von Stopp-Befehlen**
  Sobald der Lehrer eine kritische Situation wahrnimmt, versucht er durch einen Stopp-Befehl, z. B. „Jetzt nicht ermahnen!", eine unangemessene Verhaltensweise seinerseits zu unterbinden. Um solche Befehle in konkreten Situationen anwenden zu können, müssen sie regelmäßig eingeübt werden.

- **Das „äußere“ Sprechen von Stopp-Befehlen und das Modellieren von Problemlösestrategien**
  Spricht der Lehrer Stopp-Befehle laut aus und teilt dadurch den Schülern mit, was er nicht tun will, z. B. „Ich fühle mich durch dein Verhalten persönlich betroffen, möchte aber jetzt nicht in gleicher Weise zurückschießen“, dann lässt er sie an seinen Überlegungen und Denkvorgängen teilhaben. Er wirkt dadurch als Verhaltensmodell und demonstriert reflektierte Konfliktlösestrategien. Eine häufige Anwendung solcher Äußerungen sollte wegen des Gewöhnungseffektes allerdings vermieden werden.
- **Eingeschobene Handlungen als Stopp-Befehle**
  Sobald eine kritische Situation im Unterricht auftaucht und der Lehrer spürt, dass Ärger in ihm aufkommt, sollte er bewusst eine vorgeplante Handlung einschieben, z. B. zum Pult gehen und sich Notizen machen. Dies ermöglicht ihm, anschließend ruhiger und reflektierter zu reagieren.
- **Entspannungstechniken**
  Langfristig eingeübte Entspannungstechniken wie Autogenes Training helfen dem Lehrer bei der Kontrolle von Gefühlen wie Ärger, Verstimmtheit, Zorn. Sie können eingesetzt werden zur Entspannung nach einer belastenden Situation am Nachmittag oder Abend.
  Auch vor einer belastenden Situation, z. B. einer Unterrichtsstunde in einer erziehungsschwierigen Klasse, kann man sie anwenden. Im entspannten Zustand kann sich der Lehrer problematische Situationen vorstellen und Handlungsalternativen durchdenken, die er im Entscheidungsfall dann ruhig und mutig anwendet.
  Entspannungstechniken helfen auch während der belastenden Situation, um aufkommenden Ärger frühzeitig wahrzunehmen und sich so weit zu beruhigen, dass man kontrolliert reagieren kann. Bei emotional sehr starker Anspannung helfen auch Signalwörter wie „ruhig“, „gelassen“, „entspannt“ nicht mehr. Im Vorfeld ist es deshalb für den Lehrer wichtig herauszufinden, bei welchen Unterrichtssituationen und -bedingungen aggressives Verhalten besonders massiv auftritt, z. B. bei Gruppenarbeit, in der Pause, bei Leistungsanforderungen, und bei welchen er selbst besonders leicht wütend und ärgerlich wird.
- **Selbstkontrollmöglichkeiten**
  Liegen die Ursachen für einen Konflikt in gestörten Lehrer-Schüler-Beziehungen, z. B. in einer Ungleichbehandlung einzelner Schüler durch den Lehrer, könnte dieser sein Verhalten durch einfache Methoden besser kontrollieren.
  Durch die Technik des „Münzendrehens“ vermeidet es der Lehrer im Unterricht, immer die gleichen Schüler anzusprechen oder bei Unruhe übersensibel auf einzelne Schüler oder Gruppen zu reagieren. Eine während einer Unterrichtsstunde unauffällig in der Hand gehaltene Münze erinnert ihn daran abzuwechseln. Durch diese Technik nehmen Lehrer Schüler aufmerksamer wahr, erleben bewusster ihren Unterricht und kontrollieren besser negative Gefühle.
  Ähnlich wirkt die Technik des „Verhaltenszählers“. Mit Hilfe eines kleinen Zählgerätes anstelle eines Selbstkontrollbogens kann der Lehrer mitzählen, wie oft er erwünschte Verhaltensweisen einsetzt, z. B. einen Schüler ermuntert oder lobt. „Münzendreher“ und „Verhaltenszähler“ unterbrechen wie Stopp-Befehle automatisierte Reiz-Reaktionsketten.[101]

Den Aufbau sozial erwünschter Verhaltensweisen und Kompetenzen aggressiver Schüler fördern

Aggressive Verhaltensweisen verweisen auf **Defizite im Sozialverhalten** des Schülers. Obwohl die Lehrer bei aggressiven Verhaltensweisen unter Handlungszwang stehen, sollten sie doch gleichzeitig Erziehungsprozesse initiieren, durch die aggressive Schüler langfristig sozial angemessene Fertigkeiten und Fähigkeiten aufbauen und stabilisieren können. Aggressive Verhaltensweisen sind als Verhaltensstörungen schwer zu verändern. Geduld und kleinschrittiges Vorgehen sind deshalb von allen Lehrer gefordert. Die wichtigsten erzieherischen Maßnahmen, um den Aufbau positiver sozialer Verhaltensweisen der Schüler zu fördern, wurden detailliert in den vorhergehenden Kapiteln behandelt.[102]

◆ Grundlegende vertrauensvolle Beziehungen aufbauen

Grundlage jeder Prävention ist eine vertrauensvolle Lehrer-Schüler-Beziehung, die die Schüler die Wertschätzung und Akzeptanz ihrer Person und ihrer Fähigkeiten erleben lässt. Generell gilt, dass sozialintegratives Lehrerverhalten dazu beiträgt, vorhandene Aggressionen abzubauen bzw. mögliches aggressives Verhalten von vornherein abzuschwächen.

◆ Gemeinsam Regeln und Normen setzen

Gemeinsam gesetzte Absprachen, Regeln und Normen geben Orientierung und reduzieren Verhaltensunsicherheiten. Da sich auch der Lehrer verpflichtet, sie einzuhalten, wird sein Verhalten für die Schüler kalkulierbar.

◆ Gezielte Rückmeldungen und positive Bekräftigungen geben

Lehrer dürfen aggressives Verhalten nicht dulden, sollten aber erwünschtes Schülerverhalten so oft wie möglich bekräftigen, dadurch verstärken und geringfügig auffälliges Verhalten durch Nichtbeachtung abbauen. Besonders sind jene Fälle hervorzuheben und den Schülern rückzumelden, in denen sie sich an abgesprochene Regeln halten. Auch zaghafte Ansätze sollten registriert werden. Besonders wirksam ist eine soziale Bekräftigung, wenn sich ein aggressiver Schüler um einen schwächeren kümmert, z. B. Tutorenfunktion ausübt, und dabei positives Verhalten zeigen kann. Auch die gemeinsame Erledigung von Aufgaben zusammen mit dem Lehrer kann positive Verhaltensansätze verstärken.[103]

Diese von den Lehrern als sinnvoll eingestuften Maßnahmen werden aber selten ergriffen oder in ungünstiger Weise durchgeführt. So können beispielsweise Gespräche mit Eltern dazu führen, dass sich beide gegenseitig Vorwürfe machen oder von Schuld freisprechen und dem Schüler allein die Verantwortung für sein Verhalten anlasten. Sinnvoll geführten Konfliktgesprächen kommt deshalb große Bedeutung zu.

◆ Konfliktgespräche mit aggressiven Schülern, der Klasse und den Eltern führen

Die meisten Lehrer versuchen bei gravierenden Verhaltensproblemen durch intensive **Einzelgespräche** mit den betroffenen Schülern, ihren Eltern und Mitschülern die Ur-

sachen abzuklären, durch Perspektivenwechsel ihre Motive zu verstehen, sich in sie einzufühlen, Einsicht in die Unangemessenheit ihrer Handlungen zu wecken und ihnen bei der Suche nach Lösungen zu helfen. Besonders wichtig ist die **Abstimmung der Erziehungsmaßnahmen** mit den Eltern und die Mithilfe der Klassenkameraden. Zu letzterem tragen vor allem **Konfliktgespräche mit der Klasse** bei. Ziele sind nicht die schnelle Entschuldigung oder die pauschale Verurteilung, sondern eine breite Problemanalyse, die Vermittlung sozialer Kommunikationskompetenz und die Stärkung des Selbstwertgefühls der Schüler.
Jedes Konfliktgespräch sowohl mit dem einzelnen Schüler wie mit der Klasse umfasst verschiedene Phasen:

❖ Vorbereitungsphase und Problemanalyse (Artikulation)

Der Lehrer thematisiert in der Vorbereitungsphase den ihn belastenden Konflikt und seine Gefühle mit Ich-Botschaften. Er nennt das Ziel des Gesprächs oder vereinbart es interaktiv mit den Schülern.
Eine ausführliche Problemanalyse (Artikulation) ermöglicht es dann, eine erziehungsschwierige Situation oder ein auffälliges Schülerverhalten in seiner ganzen Breite zu erfassen und nicht vorschnell wichtige Bedingungsfaktoren auszuklammern:

- Zuerst stellen alle am Konflikt Beteiligten in einer **subjektiven Situationsschilderung** die Situation aus ihrer persönlichen Sicht dar, beschreiben den allgemeinen Situationsrahmen, die Reihenfolge und die Häufigkeit der problematischen Schüler- und Lehrerverhaltensweisen und präzisieren dadurch das Problem.
- Durch einen **Perspektivenwechsel** werden dann die Ziele aller am Konflikt Beteiligten erkannt. Dies wird allerdings erschwert, wenn Gefühle und Empfindungen anderer Personen nur vermutet werden können oder die mit dem Konflikt verbundene Belastung das Verständnis anderer Sichtweisen erheblich beeinträchtigt. Gelingt beim Artikulieren ein offener Meinungsaustausch, ist die Suche nach realistischen Lösungen meist sehr einfach. Der Lehrer sollte deshalb diesen ersten Phasen große Aufmerksamkeit schenken.

Zur **Artikulation von Konflikten** können schon ab dem 4. Schuljahr folgende Methoden gut eingesetzt werden, die positiv das Gesprächsklima beeinflussen:

- Der **„Bienenkorb"** ermöglicht es vielen Schülern, sich spontan zur gleichen Zeit zum Konflikt zu äußern. Die Schüler gehen etwa fünf Minuten im Klassenzimmer herum und tauschen in kleinen Gruppen ihre Meinungen aus.
- Bei spontanen **„Reihum-Stellungnahmen"** geben alle reihum kurze Stellungnahmen ab, die nicht diskutiert oder bewertet werden. Dieses Verfahren sollte vorher an unproblematischen Sachverhalten in der Klasse oder in Gruppen eingeübt werden. Reihum-Stellungnahmen bringen ein großes Spektrum unterschiedlicher Meinungen zutage, da nicht nur die wortgewandten Schüler mitreden; sie vereinfachen die Suche nach Lösungen, sind aber bei großen Klassen sehr zeitaufwendig.
- Beim **„Schüler-Paarinterview"** befragen sich die Schüler gegenseitig zu an der Tafel oder auf einem Arbeitsblatt vorgegebenen Fragen über mögliche Ursachen und Lösungen eines Konflikts.

- Die Schüler können auch freie Stellungnahmen zum Konflikt auf **Wandzeitungen** notieren. Ist der Lehrer an ihren individuellen Meinungen interessiert, sollten sie verschiedenfarbige **Meinungskärtchen** für ihre Sicht des Konflikts und für ihre Lösungsvorschläge verwenden. Die ausgezählten „Ergebnisse" unterstützen die Lösungsfindung im Gesprächskreis.

❖ Lösungssuche und Festlegung von gemeinsamen Vereinbarungen

Aus der intensiven Problemanalyse oder nochmaligem „Brainstorming" ergeben sich meist sinnvolle Lösungsvorschläge, die aber vom Lehrer nicht sofort kommentiert werden.
Die Konfliktthematisierung sollte nicht aus Zeitdruck abgebrochen werden, da es dann weder zu genauen, schriftlich fixierten Festlegungen noch zur Vereinbarung von Erinnerungshilfen (Beobachtungen und Kontrollen durch Schüler) kommt. Diese stellen sicher, dass schriftlich fixierte Beschlüsse auch eingehalten und durchgeführt werden. Nach ein bis zwei Wochen werden die Problemlösungen reflektiert und bewertet.[104]

◆ Kooperative Verhaltensmodifikation durchführen und Konfliktlösungsverhalten präventiv erproben

Aus einem Konfliktgespräch kann der Wunsch erwachsen, das erwünschte Verhalten systematisch durch Techniken der Fremd- und Selbstkontrolle herbeizuführen. Ein solcher Sonderfall der kooperativen Konfliktbearbeitung ist die **kooperative Verhaltensmodifikation**. Dabei werden Techniken des Konfliktgesprächs mit Techniken der Bekräftigung verbunden. Ziel ist die Vermeidung unerwünschter (aggressiver) Verhaltensweisen und die Förderung sozial erwünschter.
Im Gegensatz zur Fremdmodifikation sind bei der Festlegung von Regeln Lehrer und Schüler beteiligt. Positives Verhalten soll beachtet und durch Dokumentation, z. B. Ankreuzen zutreffender Verhaltensbeschreibungen in einem Selbstbeobachtungsbogen, verstärkt werden. Die kooperative Verhaltensmodifikation versucht die Gewöhnung an erwünschte Verhaltensweisen durchschaubarer und durch erstrebenswerte Belohnungen angenehmer zu machen.
Jede kooperative Verhaltensmodifikation umfasst folgende Stufen:

❖ Diagnose des Schülerverhaltens durch Verhaltensbeobachtungen

Wird ein Konflikt aufgrund der unterschiedlichen Wahrnehmungen einzelner Beteiligter verschieden interpretiert, ist es sinnvoll, zuerst weitere Verhaltensbeobachtungen zur Diagnose des bisherigen Schüler- und Lehrerverhaltens im nachfolgenden Unterricht einzuplanen:
- **Gelegenheitsbeobachtungen** sind einfach durchzuführen, unterliegen aber besonders leicht Beurteilungsfehlern, wenn sie nicht täglich praktiziert und mit Datum und Zeitpunkt in einem Beobachtungsheft oder pädagogischen Tagebuch eingetragen werden. Vor allem besteht die Gefahr, nicht nur angemessenes oder unangemessenes Verhalten unkommentiert zu notieren, sondern negative Ereignisse zu betonen, schüchterne, unauffällige Schüler zu übersehen, Detailbeobachtungen zu vergessen und „fertige" Interpretationen zu liefern.

- Ein praktikables Verfahren ist **die systematische minutenweise freie Beobachtung** durch einen Fremdbeobachter. Stichpunktartige Notizen, z. B. „Hans schreit während der Gruppenarbeit plötzlich seinen Banknachbarn an", fixieren besonders auffällige Verhaltensweisen der Konfliktpersonen.
- Steht kein anderer Lehrer als Fremdbeobachter zur Verfügung, sind **Beobachtungen in relevanten Situationen** oder **Selbstbeobachtungsbögen** für Lehrer oder Schüler hilfreich.
  Bei der Beobachtung in relevanten Situationen beschränkt der Lehrer die Aufmerksamkeit auf bestimmte Situationen (z. B. Einzelarbeit, stilles Lesen, Beteiligung an der Gruppenarbeit) und beobachtet ausgewählte Schüler drei bis fünf Minuten lang.
  Selbstbeobachtungen sind besonders dann zu empfehlen, wenn das kritische Verhalten, z. B. die Angst eines Schülers, nicht direkt beobachtet, sondern allenfalls vermutet werden kann. Da sie neben den gewohnten Unterrichtstätigkeiten durchgeführt werden sollen, müssen die Selbstbeobachtungsbögen sehr einfach aufgebaut, zu beobachtende Verhaltensweisen klar beschrieben, unterscheid- und ankreuzbar sein. Allein durch den aufliegenden Beobachtungsbogen nehmen Bevorzugungen ab und positive Kontakte zu.[105]

***Beispiel:* „Beobachtungsbogen für aggressives Verhalten"**

1. „Kind wird beschimpft und angeschrien.
2. Schadenfreudiges Lachen, zynische Bemerkung gegenüber Erwachsenen.
3. Anschreien, anbrüllen und beschimpfen von Erwachsenen und Kindern.
4. Kind wird geboxt, getreten, gestoßen, gekratzt, an den Haaren gezogen und bespuckt.
5. Hinterhältiges Beinstellen, Stuhlwegziehen, Stoßen, schadenfreudiges Hilfeverweigern.
6. Boxen, Treten, Schlagen, Stoßen, Beißen, Kratzen, Spucken, Haareziehen, Beschmutzen von Personen.
7. Selbstbeschimpfen, Selbstironie, Fluchen über eigenes Verhalten (z. B. über einen Fehler).
8. Nägelbeißen, Haareraufen, Kopfanschlagen, selbstschädigende Kopf- und Körperbewegungen.
9. Beschimpfen und Verfluchen von Gegenständen.
10. Beschädigen von Gegenständen: beschmieren, treten, zerreißen, beschmutzen, Türe zuknallen und Sachen durch die Luft werfen.
11. Sich angemessen selbst behaupten: in normaler Lautstärke seine Meinung oder Kritik äußern; keine verletzenden Worte benutzen.
12. Kooperativ und kompromissbereit: Vorschläge unterbreiten, nachgeben, Regeln einhalten, andere unterstützen.
13. Selbstkontrolle: bei Wut sich mit einer anderen Beschäftigung ablenken, der Steigerung des Konflikts aus dem Wege gehen, Aufforderungen nachkommen, unaufgefordert Verpflichtungen nachkommen.
14. Einfühlen und Eindenken in das Gegenüber: anderen zuhören, die Meinung eines anderen akzeptieren, nach Ursachen für Konflikte fragen und nachfragen, wie der andere sich fühlt" (PETERMANN, F. 1995a, S.24; PETERMANN/PETERMANN 1993, S. 40).

❖ Festlegung eines Verhaltensvertrages

Aus den Analysen wird dann als Ziel das angestrebte Lehrer- oder Schülerverhalten definiert und in einem **Verhaltensvertrag** fixiert. Die Dauer einer Verhaltensänderung sollte genau festgelegt werden. In der Regel empfiehlt sich eine Einführungswoche, in der die Abmachungen ausprobiert und gegebenenfalls abgeändert werden. Daran schließt sich ein definierter Trainingszeitraum beispielsweise von etwa vier Wochen mit täglich einer Unterrichtsstunde an, in der das erwünschte Verhalten mit einfachen Selbstbeobachtungsbögen kontrolliert und verstärkt wird. Die Anforderungen können nach Absprache schrittweise gesteigert werden. Während des „Trainingsprogramms" geben sich Lehrer wie Schüler über positive Ermunterung oder Konfliktgespräche fortlaufend ein Feedback. Jeder Erfolg steigert das Selbstwertgefühl der Schüler.
Besonders wirksam sind Dreierverträge zwischen Lehrern, Schülern und Eltern oder die Mithilfe der Klasse durch Helferverträge. Den Anreiz, das erwünschte Verhalten zu zeigen, erhöhen begehrenswerte Aktivitäten wie ein Ausflug oder ein Fest.

Beispiele

Verstärkervertrag
Thorsten bekommt ... (ein Bild ..., einen Pluspunkt ...), wenn er es eine Woche lang schafft, sich immer bis zur großen Pause ganz toll am Unterricht zu beteiligen (mindestens 5x melden) und keine Gegenstände wirft.

....	....
Lehrer	Thorsten

Helfervertrag
Wir helfen Thorsten über seine Schwierigkeiten hinweg, verpetzen ihn nicht, versuchen ihm Mut zu machen, lachen ihn nicht aus. Wenn wir das gut schaffen, dürfen wir uns beim Lehrer ...(eine Wunschunterrichtsstunde, eine Wanderung, einen hausaufgabenfreien Tag, einen Film...) wünschen.

....	....
Lehrer	Klassensprecher

(GRATZER 1993a, S. 111).

❖ Reflexion des Verhaltensprogramms

Am Ende des Programms thematisiert der Lehrer nochmals Planung, Verlauf und Erfolg der Bemühungen und lässt die betroffenen Schüler oder die Klasse darüber entscheiden, ob es in anderer Form weitergeführt oder beendet werden soll.
Die kooperative Verhaltensmodifikation ist eine recht erfolgversprechende, aber auch aufwendige Handlungsmöglichkeit. Sie eignet sich sehr gut zur Minderung aggressiven und zum Aufbau sozialen Verhaltens, sofern ein genügend langer Interventionszeitraum von mindestens vier bis sechs Wochen gewählt wird. Die erforderliche hohe Motivation der Schüler ist oft nur durch einen starken Leidensdruck gegeben.[106]

◆ Soziales Verhalten und Konfliktlösungsverhalten durch Konfliktgeschichten präventiv trainieren

PETERMANN schlägt zum präventiven Lernen eines angemessenen sozialen Kontakt- und Konfliktlösungsverhaltens den Einsatz von Konfliktgeschichten im Unterricht vor. Soziale Lernziele werden durch mehrere unterschiedliche Geschichten angestrebt.

- Nach einer kurzen Beschreibung und Veranschaulichung des Konflikts durch Bilder/Fotos **analysieren** die Schüler in Klassen-, Einzel-, Partner- oder Gruppenarbeit das **Problem** und diskutieren **Lösungsvorschläge**.
- Problemlösungen werden im **Rollenspiel** erprobt. Um Eskalationen und unerwünschte Effekte zu vermeiden, bestimmt der Lehrer bei den ersten Spielen die Schüler für einzelne Rollen. Jedes Spiel sollte nicht länger als zwei bis drei Minuten dauern, um mehrere Durchgänge mit unterschiedlichen Rollenbesetzungen zu ermöglichen.
- Nach jedem Spiel wird die vorgestellte Problemlösung in einer **Zwischenbesprechung** reflektiert und in weiteren Spieldurchgängen optimiert.
- Positive Vorgehensweisen werden als Poster dokumentiert. Sie unterstützen als **Instruktionsanweisungen** angemessenes Schülerverhalten.

Auch aus Medien, Zeitschriftenartikeln, Lesestücken, Sachunterrichtsthemen können Konfliktfälle entnommen und im Unterricht intensiv auf Ursachen und Problemlösungsmöglichkeiten hin analysiert werden. Soziale Lernprozesse lassen sich dann in Form von Rollenspielen, Theateraufführungen, Projekten initiieren und unterstützen. Die Stimulation des Einfühlungsvermögens, des Sich-Hineinversetzens in die Situation von Opfern, Tätern, Zusehern und Produzenten kann auch durch **aktive Medienarbeit** gefördert werden. Gleichzeitig vermittelt sie Fertigkeiten für einen selbstkritischen Umgang mit Medien und für eine sinnvolle Freizeitgestaltung.[107]

◆ Fachliche Kompetenzen und Selbstvertrauen aggressiver Schüler durch den Unterricht aufbauen

Lehrer neigen vielfach dazu, die Ursachen für aggressives Verhalten allein in der Schülerpersönlichkeit, in außerschulischen Umständen wie zerrütteten Familienverhältnissen, im Konsum von Gewaltvideos oder in der Jugendarbeitslosigkeit zu suchen. Auftreten und Häufigkeit von aggressivem Verhalten und Vandalismus hängen aber auch vom **Schulklima** ab. In „guten" Schulen mit allgemein akzeptierten anspruchsvollen Zielstellungen, Leistungserwartungen und positiven Schulnormen kommen sie sehr selten, in „schlechten" Schulen sehr häufig vor. Allein die Zugehörigkeit zu einer guten oder schlechten Schule erklärt nach Untersuchungen FENDS 42 % der Varianz bei körperlichen Aggressionen gegenüber Mitschülern.[108]

Lehrer können durch die Qualität ihres Unterrichts sehr wohl Einfluss nehmen auf die Aufmerksamkeit und das Verhalten erziehungsschwieriger Schüler:

- Sie passen in einem a**bwechslungsreichen Unterricht** Lerninhalte und -methoden den Lernvoraussetzungen, Bedürfnissen und Interessen ihrer Schüler an und ermöglichen ihnen **Erfolgserlebnisse** durch einen sorgfältig differenzierenden und individualisierenden, handlungsorientierten, problemlösend-entdeckenden Un-

terricht. Schon bei der Unterrichtsvorbereitung sollten sie sich Gedanken darüber machen, bei welchen Themen, Unterrichtsphasen und Arbeiten die Schüler ihre Stärken einbringen, Erfolge erzielen und sie die Schüler besonders bestärken können. Sie vermitteln ihren Schülern über selbstständiges Problemlösen und aktives Tun grundlegende Schlüsselqualifikationen, Denk- und Lernstrategien sowie fachspezifische Arbeitsweisen und -techniken. Sie öffnen ihren Unterricht nach außen und fördern soziales Lernen durch ein reichhaltiges Schulleben. Über pädagogische Leistungsfeststellung und -bewertung mildern sie Selektionsmechanismen der Schule ab.
Ein solcher Unterricht könnte auch einem übermäßigen Gewaltkonsum aus Medien entgegenwirken. Originale Begegnung mit der unmittelbaren Wirklichkeit, multisensorisches Lernen, frühzeitige Hinführung zur Kinder- und Jugendliteratur, aktive Videoarbeit im Unterricht wecken individuelle Interessen, bieten sinnvolle Möglichkeiten der Freizeitgestaltung und fördern die Identifikation und Verbundenheit der Schüler mit ihrer Schule.[109]
- Lehrer wenden sich Schülern mit Schwächen und Problemen besonders zu und akzeptieren ihre Individualität. Notfalls sollten in Absprache mit dem Schulleiter, der Schulaufsicht, den Erziehungsberechtigten, dem Schulpsychologen oder Mitarbeitern von Erziehungsberatungsstellen die **schulischen Rahmenbedingungen** für diese Schüler geändert und ein Wechsel der Klasse oder der Schule bedacht werden. Neue Lehrer und Klassenkameraden könnten einen Neuanfang erleichtern. Auch das zeitweilige Ausgliedern eines Schülers aus bestimmten Fächern, z. B. der Besuch des Sportunterrichts anstelle des Englischunterrichts, stunden- oder tageweiser Einzelunterricht, der Besuch einer Sonderklasse oder -gruppe mit zusätzlicher Betreuung durch Lehrer oder Sozialarbeiter oder die Einweisung in eine Schule für Erziehungshilfe bieten sich im Einzelfall an.

Trotz dieser Maßnahmen können massive Erziehungsschwierigkeiten von Schülern nur in den seltensten Fällen von Psychologen und Therapeuten wirklich zufriedenstellend gelöst werden. Die Lehrer müssen immer wieder mit Verhaltensproblemen rechnen. Je intensiver aber die Lehrkräfte **kooperativ zusammenarbeiten**, individuelle Erfahrungen besprechen, angemessene Reaktionen und Interventionen diskutieren, sich auf gemeinsame Regeln, Vorgehensweisen, Erwartungen und Wertorientierungen einigen, sie im Unterricht zu realisieren suchen und sich gegenseitig unterstützen, desto eher wird ein Modus gefunden werden können, der verhaltensauffälligen Schülern Chancen zur Integration eröffnet.
- Besondere Bedeutung gewinnt dabei die notwendige Auseinandersetzung mit eigenen Verhaltensweisen, Erwartungen, Gefühlen, Einstellungen gegenüber aggressiven Schülern, mit Alltagstheorien, Vorurteilen und Stereotypen. Im Rahmen **Pädagogischer Konferenzen** sind hierfür die **Fallbesprechung** in Lehrergruppen[110], die Arbeit mit **Videokatalogen**[111] oder vor allem das **Konstanzer Trainingsmodell** (KTM) geeignet. Gerade das KTM bietet eine sehr anspruchsvolle, aber wirksame Möglichkeit zur Beobachtung eigener Verhaltensweisen und sinnvoller Interventionen zusammen mit einer zweiten Lehrkraft, einem „Trainingspartner". Auf der Grundlage eines handlungstheoretischen Modells werden vier

Phasen einer Lehrerhandlung (Situationsauffassung, Handlungsauffassung, Handlungsausführung und Handlungsergebnisauffassung) unterschieden, denen dann einzelne Trainingselemente zugeordnet werden. Bei Lehrern wie Schülern zeigen sich zahlreiche positive Veränderungen. „Die Lehrkräfte sehen sich eher in der Lage, kompetent und wirksam mit Unterrichtsstörungen und Schüleraggressionen umzugehen. Sie setzen andere Maßnahmen ein und haben auch veränderte Zielpräferenzen. Das Klassenklima hat sich zum Besseren gewandelt. Die Schüler Innen stören weniger und sind seltener aggressiv; sie arbeiten auch besser und engagierter mit" (DANN 1989, S. 56).[112]

- Verschiedenste sinnvolle Formen der **Elternarbeit** wie Elternabende, -briefe, -stammtische, Einzelgespräche unterstützen alle genannten Möglichkeiten zum Aufbau sozial erwünschten Schülerverhaltens. Eltern könnten sich auch für die Reduzierung der Gewalt in Medien einsetzen und über Direktkontakte und Elternverbände politischen Druck und Einfluss auf Politiker, Parteien, Gewerkschaften und Kirchen ausüben.[113]

◆ Verhaltenstherapeutische Hilfen zur Stärkung der Selbstsicherheit aggressiver Schüler nutzen

Manche Fälle aggressiven Verhaltens übersteigen die erziehlichen und unterrichtlichen Interventionsmöglichkeiten des Lehrers. Er sollte deshalb rechtzeitig **psychologische und medizinische Fachleute** wie Schulpsychologen, Ärzte, Sozialarbeiter, Vertreter von Erziehungsberatungsstellen und Jugendämtern einschalten, um aggressiven Schülern therapeutische Hilfe zu ermöglichen oder in schwerwiegenden Fällen durch Überweisung an spezielle Erziehungseinrichtungen für erziehungsschwierige Kinder die anderen Kinder der Klasse zu schützen.[114]
Lehrer sollten deshalb schon in der ersten Klasse die Eltern aggressiver Kinder auf Therapiemöglichkeiten hinweisen, einen Besuch beim Schulpsychologen oder bei einer Erziehungsberatungsstelle anregen oder selbst Kontakte knüpfen.

Bei aggressiven Schülern versuchen Psychologen in speziellen **verhaltenstherapeutischen Trainingsprogrammen** das Verhalten eines Kinder und seiner Familie zu ändern. Eltern sollen dadurch die ursächlichen und aufrechterhaltenden Bedingungen aggressiven Verhaltens erkennen und schrittweise ihr Verhalten und ihre Einstellungen ändern. Die Kinder sollen Mängel in der Wahrnehmung und im Sozialverhalten ab- und ein Repertoire angemessener positiver Verhaltensweisen aufbauen.[115] Eine Therapie ist ab dem fünften Lebensjahr möglich und umfasst beispielsweise nachfolgende Elemente:

- **Entspannungstraining**
  Aggressive Schüler stehen durch das Gefühl, von anderen bedroht zu werden, häufig unter einer starken psychischen und physischen Anspannung, die positive Lernprozesse stört. Zu Beginn jeder Trainingseinheit üben deshalb die Schüler im Einzel- oder Gruppentraining, sich durch einfache Entspannungstechniken wie z. B. Kapitän-Nemo-Geschichten zu beruhigen und zu entspannen.
- **Wahrnehmungsförderung**
  Bei aggressiven, hyperaktiven, sozial unsicheren Schülern zeigen sich häufig er-

worbene Wahrnehmungsverzerrungen. Durch Videofilme, Bildmaterial, Geschichten und Rollenspiele lernen sie Verhaltensweisen, Mimik und Gestik anderer realitätsgerecht wahrzunehmen, bedrohliche, neutrale und kooperative Handlungen zu unterscheiden, zu interpretieren, bestimmten Absichten zuzuordnen und die Folgen an- wie unangemessenen Verhaltens abzuschätzen.

- **Verhaltenssteuerung und -übung**
  Trotz genauerer Wahrnehmung der Absichten und Handlungen anderer hängt ein angemessenes Verhalten von seiner Steuerung und Kontrolle ab. Über Selbstbeobachtung mittels eines „Detektivbogens", über Gedankenstopp, Selbstinstruktion, Selbstgespräche werden einzelne Schritte einer angemessenen Problemlösestrategie vermittelt, Formen positiver Selbstbehauptung erprobt, Kompromiss- und Hilfsbereitschaft aufgebaut, Wut und Ärger kontrolliert und Handlungsalternativen reflektiert. Kooperatives Verhalten wird dann schrittweise entwickelt und in Rollenspielen eingeübt.
- **Förderung des Einfühlungsvermögens**
  Aggressiven Schülern mangelt es an Einfühlungsvermögen in die Opfer. Es kann nur gezielt eingeübt werden, wenn sie den Gefühlszustand und die grundlegenden Emotionen anderer Menschen anhand von Fotos mit abgebildeter Gestik, Mimik, Körperhaltung differenziert wahrnehmen können. In thematischen Rollenspielen denken sie sich dann in die Gefühle und die Lage anderer hinein.

Ein stabiler Behandlungserfolg wird durch die Verknüpfung der einzelnen Förderelemente und durch Einbeziehung und **aktive Mitarbeit der Bezugspersonen** wie Eltern und Lehrer erreicht.[116]

Bei **hyperaktiven Kindern** sind aufgrund der großen Konzentrations- und Wahrnehmungsmängel und der motorischen Unruhe besondere Hilfen nötig. In enger Zusammenarbeit zwischen Lehrern, Schulpsychologen und Ärzten kann eine **multimodale Behandlung** Abhilfe schaffen, die eine Stimulantientherapie mit einer kognitiv-verhaltenstherapeutischen Intervention verbindet und schulische und sozial-emotionale Aspekte berücksichtigt. Durch Medikamente wird die Informationsverarbeitung erhöht und die motorische Unruhe beeinflusst, während die Verhaltenstherapie die Aufmerksamkeit steigert, durch Selbstinstruktion zu konzentrierter Aufgabenlösung und zur Kontrolle der Unlustgefühle bei Fehlern anleitet. Auch die Eltern werden in die Behandlung einbezogen. In der Schule unterstützen dann **sozialintegratives Lehrerverhalten** und **didaktisch-methodische Einzelmaßnahmen** wie mehrmaliges Wiederholen von Anweisungen, Untergliedern der Unterrichtsstunden in kleinere Lernblöcke, multisensorisches Lernen, kurzzeitige Stilleübungen, Konzentrationsspiele die Therapie.[117]

1 Vgl. Glöckel 1990, S.313ff.; Wiater 1993, S.86ff.; Apel 1994a, S.517ff.
2 Vgl. Glötzl 1989
3 Vgl. Bollnow 1981, S.33ff.; Muehle 1968, S.124ff.; Potschka 1988, S.386ff.
4 Vgl. Luhmann 1973, S.18ff.
5 Vgl. Erikson 1968, S.24ff.
6 Vgl. Rauh 1995, S.238ff.
7 Vgl. Glötzl 1979a, S.42ff.

8 Vgl. GLÖTZL 1979a, S.122ff.; GROSSMANN 1988, S.437ff.
9 PETERMANN 1985, S.12ff.,27ff., 49ff.,88ff.,116ff.; vgl. GROSSMANN 1989
10 Vgl. HÄRLE 1988, S.14; CZINCZOLL 1993, S.494ff.
11 Vgl. STAUB 1982; S.52ff.,136ff.,157ff.; FISCHER 1984, S.496ff.; WEIDENMANN/KRAPP 1986, S.397ff.; PETERMANN 1985, S.74ff.,88ff.; TAUSCH/TAUSCH 1991, 99ff., 118ff.; SPANHEL 1993, S.227ff.; SILBEREISEN 1995, S. 823ff., 854ff.
12 Vgl. TAUSCH/TAUSCH 1991, S.59ff., 172ff.; STAUB 1982, S.157ff.
13 Vgl. GLÖTZL 1989
14 GORDON 1977, S.66ff.,114ff.
15 DREIKURS/GRUNWALD/PEPPER 1987, S.102ff.
16 Vgl. VUKOVICH 1989
17 Vgl. HENNIG/KELLER 1992, S.98ff.; GORDON 1977, S.303ff.; CZERWENKA 1993b
18 GUDJONS 1978, S.160, 39ff.,66ff.,142ff., 213ff.; vgl. FISCHER 1984, S.497ff.; GRATZER 1993a, S.141ff.; 1993b, S.250ff.; KLIPPERT 1999a, S. 62,94f., 115ff., 124ff., 142ff., 153
19 TAUSCH/TAUSCH 1991, S.174; vgl. B VIII/3.2
20 GORDON 1977, S.115; vgl. CRISAND 1994, S.91ff.
21 Vgl. TAUSCH/TAUSCH 1991, S.31ff.,51ff.,146ff.,172ff.; GORDON 1977, S.124ff.; PETTERMANN 1985, S.88ff.; GLÖTZL 1979a, S.122ff.
22 Vgl. GLÖTZL 1991; KAGERER 1992, S.30ff.
23 GORDON 1977, S.73; Vgl. TAUSCH/TAUSCH 1991, S.171; DREIKURS/GRUNWALD/PEPPER 1987, S.102; .B IV/4.1
24 Vgl. B III/3; VI/3
25 Vgl. BECKMANN 1973; ULICH 1981; WEIDENMANN/KRAPP 1986, S.334ff.; B VIII/ 3.2
26 Vgl. MONTESSORI 1980; B VI/3.3
27 Vgl. KRAUS/SCHWARZ/WOLLER 1993; GUDJONS 1978, S.66ff.; HUTH/HUTH 1989, S.20ff.; PORTMANN/SCHNEIDER 1990; HENNIG/KELLER 1992, S.56ff.; GRATZER 1993, S.156ff.; FAUST-SIEHL/BAUER/BAUER/WALLASCHEK 1993; MUELLER 1994; BURGER/BURGER 1996
28 TAUSCH 1983, S.279ff.; TAUSCH/TAUSCH 1991, S.214ff., 374ff.
29 Vgl. GLÖTZL 1979a,30ff.
30 Vgl. VIERLINGER 1990, S.293ff.; SEIFERT 1992d, S.257ff.
31 Vgl. CZINCZOLL/HARTL 1989 a,b; HEID 1989; B VIII/4
32 Vgl. TAUSCH/TAUSCH 1991, S.383ff.; TAUSCH 1983, S.282ff.; GLÖTZL 1979a, S.144ff.; FITTKAU 1983; GUDJONS 1983; WINKEL 1988, S.102ff.; SEITZ 1991; TENSSTÄDT/KRAUSE/HUMPERT/DANN 1992; SEIBERT 1992d, S.257ff.
33 Vgl. BKL 1997, S.64ff.
34 Vgl. VIERLINGER 1990, S.278, 284ff.; v. CUBE/ALSHUTH 1989, S.17
35 Vgl. MARTINSEN 1995
36 Vgl. MONTADA 1995; SPANHEL 1985, S.80ff; OERTER 1995b, S.295ff.
37 Vgl. A II/ 4.4
38 Vgl. GLÖTZL 1979a, S.122ff.; OERTER/DREHER 1995a, S.346ff.
39 Vgl. SPANHEL 1985, S.83ff.; KLIPPERT 1999b, S.14ff., 31ff.
40 Vgl. PETILLON 1980, S. 4ff.; DOLLASE 1973, S.10ff., 36ff., 88ff., 106ff., 141ff.; 1974, S.11ff., 22ff.; CAPPEL 1970; HÖHN/SCHICK 1954; INGENKAMP 1985, S.209ff.; GLÖTZL 1979a, S.107ff.; OERTER 1995b, S.290ff.
41 Vgl. MANDL/ROTHMEIER 1995, S.71ff.
42 Vgl. KLIPPERT 1999b, S. 46-266
43 Vgl. BENWARE/DECI 1984, S.761ff.; STEINER 1996, S.308ff.; WEINERT 1996b, S.32ff.; BECK/GULDIMANN/ZUTAVERN 1991, S.742ff., 750f.; 763ff.; B IV/4.1; VII/3.2;4.3
44 Vgl. B III/3.3
45 Vgl. KLIPPERT 1999b, S.53ff., 206
46 Vgl. STEINER 1996, S.292ff.
47 Vgl. KLIPPERT 1999b, S.61, 124ff.
48 Vgl. TAUSCH/TAUSCH 1991, S. 253-266; PFEUFFER 1988, S.70ff.; STEINDORF 1991, 156-172; GLÖCKEL 1990, S.73-83; KÖCK 1991, S.204-215; 1992, S.131-169; SCHIEFELE 1993, S.179; MIETZEL 1993, S.280ff.; MANDL/ROTHMEIER 1995, S.71ff.; STEINER 1996, S.292ff., 308ff.; WEINERT 1996a, S.18f., 33ff.; WEINERT/SCHRADER 1997, S.326; FRIEDRICH/MANDL 1997, S.267ff.; SCHUBERT 1998, S.400ff., KLIPPERT 1999b, S.34-45; A II/1.3; 3.3; B IV/1.2
49 Vgl. GUDJONS 1978, 23ff., 66ff.; FISCHER 1984, S.498ff.; vgl. GRATZER 1993a, S.141ff.; AUTENRIETH 1994, S.275; SCHUBERT 1998, S.401ff., A II/2.1; 4.4
50 Vgl. B VI/3.1
51 Vgl. LEHRPLAN FÜR DIE GRUNDSCHULE IN BAYERN 1981, S.552; FRANKE 1987
52 Vgl. AUTENRIETH 1994, S.278; STAATSINSTITUT FÜR SCHULPÄDAGOGIK 1991; 1994; B IV/4; V/4; VI/3.2; 3.3
53 Vgl. GUDJONS 1978, S.13; SCHUSTER 1991, S.8ff.; GÖLLNER 1994; MIEDERER 1994; VALTIN 1996, S.184ff.; KLIPPERT 1999a, S. 119ff.,138ff.,172ff., 200ff.
54 Vgl. OELKERS/PRIOR 1982,S.51ff.; OERTER 1995b, S.307ff.; KLIPPERT 1999b, S.150ff.; A II/4

55 Vgl. Schade 1978, S.117ff.; Dürr 1978, S.113ff.; Knoll-Jokisch 1981; Wiedemann/Krapp 1986, S.417ff., 534ff.; Schorch 1988, S.70ff.; Mietzel 1993, S.292ff.; Brademann 1995, S.53ff.; Silbereisen 1995, S.823ff., 840ff., 848ff.
56 Vgl. Brenzinka 1991, S.228ff.
57 Vgl. Weber 1981, S.38ff.; Lukesch 1995, S.291ff.
58 Vgl. Piaget 1973; 1977, S.147ff., 180ff., 197ff.; Kohlberg 1981; Breslauer 1978, S.173ff.; Lukesch 1995, S.298ff.
59 Vgl. Gensicke 1994, S.42ff.; Klages/Gensicke 1994, S.690ff.; Montada 1995, S.868ff.; Piaget 1977, S.147ff., 180ff., 197ff.
60 Vgl. AI/1
61 Coopersmith 1967; vgl. Staub 1982, S.53ff., 68ff., 119ff., 136ff.; Tausch/Tausch 1991, S.55ff.; Behr/Walterscheid/Kramer 1986, S.68ff.; Steiner 1988, S.103ff.; Grossmann 1988, S.437ff.
62 Vgl. Winkel 1992, S.306; A II/2.3; 4.4
63 Vgl. Mauermann 1987, S.73ff.
64 Vgl. Norden 1977; Schwindt 1977; Wölfel 1986; Beyer 1981, S.185ff.; Teutsch 1981; Mauermann 1981b,c; Simon 1981; A II/4.4
65 Vgl. dazu sehr kritisch Heid 1989c, S.41ff.
66 Vgl. Hurrelmann 1988; 1989a,b; A I/1
67 Vgl. Glötzl 1979a, S.77-84, 107-119; Czerwenka 1988
68 Vgl. Apel 1994c, S.13ff.; B II -VIII
69 Vgl. Seitz 1986a, S.195ff.; 1989, S.241ff.; 1991; 1994b; Dann 1991, S.109ff.; Dann/Heubeck/Stark 1994, S.53ff.; Salz 1996, S.18ff.
70 Vgl. Härle 1990, S.341
71 Vgl. Seitz 1991, S.71ff.; 1994b, S.19; Glötzl 1979a, S.83; Heid 1989c, S.49ff.
72 Vgl. Petermann 1995a, S.26; 1995b, S.1023
73 Vgl. Vierlinger 1990, S.240ff., 277ff., 284ff.
74 Vgl. Seitz 1994b, S.19ff.; Vierlinger 1990, S.240ff.; 277ff.
75 Vgl. Selg/Mees/Berg 1988, S.13ff.,18; Heitmeyer 1992, S.4ff.; Niebel/Hanewinkel/Ferstl 1993, S.777ff.; Tillmann 1994, S.163ff.; Petermann F.1995a, S.23ff.; 1995b, S.1016ff.; Hurrelmann 1995, S.29ff.
76 Vgl. Glötzl 1979a, 116ff.; Seitz 1986, S.195ff.; Selg/Mees/Berg 1988, S.22; Härle 1992; Gratzer 1993a,b; Bayerisches Staatsministerium 1994, S.12ff.; Heinelt 1994, S.54ff.; Struck 1996, S.27ff.
77 Vgl. Bayerische Staatsregierung 1994, S.14ff.; Seitz 1986, S.195ff.; Niebel/Hanewinkel/Ferstl 1993; Dettenborn/Lautsch 1993; Spaun 1994; Schnabel 1993, S. 818ff.; Tillmann 1994, S.167ff.; Claus/Herter 1994, S.13ff.; Todt/Busch 1994, S.176ff.; Bründel/Hurrelmann 1994, S. 5ff.; Dann/Heubeck/Stark 1994, S.53ff.; Hurrelmann 1995, S.30ff.; Greszik/Hering/Euler 1995, 266ff.; Petermann F. 1995b, S.1016f.; Salz 1996, S.18ff.; Pfeiffer/Wetzels 1999, S. 3ff., 8ff.
78 Vgl. Diff 1982, 3A, S.14ff.; Petermann F. 1995a, S.23ff.; 1995b, S.1016ff.
79 Vgl. Winkel 1993, S.15ff.; Heinelt 1994, S.54ff.
80 Vgl. Selg/Mees/Berg 1988, S.20ff.
81 Vgl. Petermann F. 1995a, S.24ff.; 1995b, S.1017ff.; Winkel 1993; Claus/Herter 1994, S.14ff.
82 Vgl. Eichlseder 1991; Czerwenka 1993a, S.722ff., 732ff.; Schor 1993, S.128ff.
83 Vgl. Petermann F. 1995a, S.25ff.; 1995b, S.1918ff.
84 Vgl. Seitz 1986, S.196ff.; 1992, S.257ff.
85 Vgl. Petermann F. 1995a, S.24ff.
86 Vgl. Selg/Mees/Berg 1988, S.192ff.
87 Vgl. Selg/Mees/Berg 1988, S.41ff., 134ff.; Mietzel 1993, S.114ff.; Petermann F. 1995b, S.1018ff.; Pfeiffer/Wetzels 1999, S.11ff.; A I/1.2
88 Vgl. Niebel/Hanewinkel/Ferstl 1993, S.747ff.
89 Vgl. Heinelt 1994, S.58ff.
90 Vgl. Selg/Mees/Berg 1988, S.101ff., 134ff.; Heitmeyer 1992, S.5ff.; Bründel/Hurrelmann 1994, S.4ff.; Hurrelmann 1995, S.29ff.; Klein-Allermann/Wild/Hofer/Noack/Kracke 1995, S.192ff.; Petermann 1995b, S.1017ff.
91 Vgl. Pfeiffer/Wetzels 1999, S.9ff., 16ff.
92 Vgl. A I/1.3
93 Vgl. Selg 1988, S.147ff.; Struck 1996, S.28; Pfeiffer/Wetzels 1999, S.8ff.; A I/1.2
94 Vgl. Dettenborn/Lautsch 1993, S.769
95 Vgl. Selg/Mees/Berg 1988, S.132ff.; Petermann 1995a, S.24ff.; 1995b, S.1019ff.
96 Struck 1996, S.30; vgl. Morawietz 1994
97 Vgl. Petermann/Petermann 1987, S.220ff.
98 Vgl. Dollard/Doob/Miller/Mowrer/Sears 1970, S.83ff.; Gratzer 1993a, S.15; Niebel/Hanewinkel/Ferstl 1993, S.797
99 Vgl. Glötzl 1979a, S.87ff.
100 Vgl. Seitz 1995, S.7ff.; 1986, S.198
101 Diff 1982, 1A, S.46ff.; 2A; 3A, S.9ff., 26ff.; Selg/Mees/Berg 1988, S.209ff.

102 Vgl. A II/1-3
103 Vgl. PETERMANN U. 1995, S.20; A II/2.3
104 Vgl. DIFF 1982, 2A, S.68ff.; SELG/MEES/BERG 1988, S.201ff.; SCHMIELAU 1992
105 Vgl. DIFF 1982, 1A,S.40ff.
106 Vgl. DIFF 1982, 3A, S.60ff.
107 Vgl. PETERMANN U. 1995, S.21ff.; PETERMANN/PETERMANN 1993; PSCHIBUL 1980, S.298-329; GUDJONS 1978, 177ff.; LUKESCH 1989b, S.243ff.; RUPRECHT 1992; PROSCH/ROMMIG/SELGRATH 1993; EGGERSH 1994; GÖLLNER 1994; BERTHOLD/JAROSCH 1994; HOPPE 1994; MILLER 1995; ILLIN/REISS 1995
108 Vgl. FEND 1986, S.290; 1988; TILLMANN 1994, S.172ff.; BESSOTH 1991; AURIN 1991; HURRELMANN 1991; MAUERMANN 1992
109 Vgl. WINKEL 1991; VIERLINGER 1990, S.284ff.; HELMKE/RENKL 1993, S.196ff.; B I-VIII
110 Vgl. GUDJONS 1983
111 Vgl. SEITZ 1989; 1991
112 Vgl. DANN 1991, S.114ff.; TENNSTÄDT/KRAUSE/HUMPERT/DANN 1992; EMMINGER 1993
113 Vgl. DIETRICHS 1989; CZERWENKA 1993b; LUKESCH 1995, S.159ff.; MARTINSEN 1995
114 Vgl. DETTENBORN/LAUTSCH 1993, S.764ff.; HENSEL 1992
115 Vgl. PETERMANN/PETERMANN 1993; PETERMANN F. 1995b, S.1023ff.
116 Vgl. PETERMANN/PETERMANN 1993; PETERMANN U. 1995, S.20ff.; PETERMANN F. 1995b, S.1022ff.
117 Vgl. CZERWENKA 1993a, S.732ff; EICHSEDER 1991; BALSTER 1993; SCHOR 1993, S.130ff.

B

Unterricht effektiv gestalten

I Unterricht effektiv gestalten durch die Realisierung von Unterrichtsprinzipien und die Beachtung grundlegender psychologischer Erkenntnisse

1 Kennzeichen eines traditionellen und eines problemlösend-entdeckenden, effektiven Unterrichts

Unterricht soll planmäßig, zielorientiert, systematisch und methodisch Wissen und Können, Schlüsselqualifikationen, Sozial- und Selbstkompetenz und Wertorientierung vermitteln. Die für die Bildung zuständigen und im Bildungssystem tätigen Politiker, Lehrer, Aufsichtsbeamten und Eltern gehen davon aus, dass das mehr oder weniger gegliederte Schulsystem diese Ziele auch wirklich erreicht. Vor allem die weiterführenden Schulen wie das Gymnasium seien beispielsweise effizienter als das amerikanischen Kurswahlsystem der Junior High Schools. Als Effizienzkriterium werden Leistungen in Abschlußprüfungen oder in standardisierten Schulleistungstests angeführt.[1]
Diese vorgefasste Meinung wird durch die Ergebnisse der „Dritten Internationalen Mathematik- und Naturwissenschaftsstudie – The Third International Mathematics and Science Study (TIMSS)“ in Frage gestellt. In dieser internationalen Vergleichsstudie wurden die Leistungen von Schülerinnen und Schülern der 7./ 8. Jahrgangsstufen in Mathematik und den naturwissenschaftlichen Fächern (Physik, Chemie, Biologie) in 45 Staaten auf der Basis eines identifizierten internationalen mathematischen und naturwissenschaftlichen Kerncurriculums erhoben. Die dazu entwickelten Testaufgaben deckten mehr als 75 % des in den einzelnen Ländern unterrichteten Unterrichtsstoffes ab. Für Deutschland können die Fachleistungstests als lehrplanvalide gelten. Sie repräsentieren zu 95 % den Mathematikstoff und zu 88 % den Lehrplanstoff der naturwissenschaftlichen Fächer. In Mathematik wurden Aufgaben aus den Bereichen

Arithmetik, Algebra, Geometrie, in Physik Mechanik, Akustik, Optik, Elektrotechnik und Wärmelehre bearbeitet. Die Gegenstände der Chemie entstammten dem chemischen Allgemeinwissen wie chemische Eigenschaften von Stoffen, Klassifikation, Struktur der Materie, Reaktionen. In Biologie deckten die Aufgaben den Bau der Lebewesen, Lebensvorgänge, Morphologie, Lebenssysteme, Genetik, Ökologie, Pflanzen- und Tierkunde und Humanbiologie ab.[2]
Für moderne Informations- und Kommunikationsgesellschaften sind ein hinreichend sicherer Umgang mit mathematischen Symbolen und Modellen neben der Beherrschung der Muttersprache und ausreichenden Kenntnissen und Fertigkeiten in einer modernen Fremdsprache unabdingbar. Mathematik und Naturwissenschaften stellen spezifische Formen der Erschließung und Rekonstruktion der Welt dar. Sie verbinden theoretische Modellbildung mit einem experimentellen Zugriff auf die Realität und können durch keine anderen Formen des Weltzugangs ersetzt werden. Eine allgemeine Grundbildung muss deshalb ein grundlegendes Verständnis „einiger tragender naturwissenschaftlicher Ideen und Konzepte und deren Bedeutung für die Lösung technischer Probleme sowie eine elementare Vorstellung von der spezifischen Arbeits- und Denkweise naturwissenschaftlicher Disziplinen" vermitteln (BAUMERT/LEHMANN 1997, S. 62).[3]
Die Befunde der Vergleichsstudie zeigen, dass die Leistungen der deutschen Schülerinnen und Schüler in Mathematik und in den naturwissenschaftlichen Fächern im Großen und Ganzen durchschnittlich sind. „Die Mathematikleistungen liegen am Ende der 8. Jahrgangsstufe in Deutschland nahe am internationalen Mittelfeld. Dies entspricht einem Fähigkeitsniveau, auf dem mathematische Routineverfahren, die Unterrichtsstoff der 6. bis 8. Jahrgangsstufe sind, einigermaßen sicher ausgeführt werden können... Zur Selbstzufriedenheit geben die Ergebnisse jedoch keinen Anlass, eher zur Besorgnis darüber, dass sich ein nennenswerter Teil von Schülerinnen und Schülern der 8. Jahrgangsstufe noch auf einem mathematisch-naturwissenschaftlichen Fähigkeitsniveau der Grundschule bewegt... Die für Deutschland angemessene Vergleichsgruppe sind in erster Linie die angelsächsischen Länder. Die Schülerinnen und Schüler der Mehrzahl der nord-, ost- und westeuropäischen Staaten – ganz zu schweigen von den asiatischen Ländern – verfügen in Mathematik und den Naturwissenschaften über einen Leistungsvorsprung von mehr als einem Schuljahr... Die Mathematikleistungen der internationalen Spitzengruppe, die von asiatischen Ländern (Singapur, Korea, Japan) gebildet werden, liegen für deutsche Schülerinnen und Schüler in unerreichbarer Höhe. Die Schülerleistungen in diesen Ländern stehen für ein qualitativ anderes Niveau mathematischen Verständnisses... Es besteht eine Diskrepanz zwischen den Kompetenzen, die im Rahmen einer mathematisch-naturwissenschaftlichen Grundbildung angezielt werden, und dem am Ende der 8. Jahrgangsstufe erreichten mittleren Fähigkeitsniveau. Defizite liegen insbesondere im Bereich konzeptuellen Verständnisses und im Verständnis naturwissenschaftlicher Arbeitsweisen" (BAUMERT/LEHMANN 1997, S. 56, 18, 55ff.). Die Ergebnisse rütteln auf, dürfen aber auch nicht überinterpretiert werden. Die Vergleichbarkeit der erzielten Schülerleistungen in den verschiedensten, nicht näher klassifizierten Bildungssystemen muss hinterfragt werden, da weder die eingesetzten Forschungsmethoden in der zugängigen Literatur genauer dargestellt und kritisch reflektiert noch beispielsweise

die Art der Vermittlung des Lernstoffes im vorausgegangenen Unterricht, der Umfang und die Art des selbst gesteuerten Lernens und des zusätzlichen außerschulischen Unterrichts oder die Unterstützung durch die Eltern expliziert werden. Sie geben jedoch Anlass, über die Effizienz unseres Bildungssystems nachzudenken und sinnvolle Verbesserungen und Reformen anzustreben.
Angesichts der referierten Leistungsunterschiede ist zu fragen, worin sich der traditionelle Unterricht deutscher Schulen von jenem der asiatischen Länder unterscheidet, die zur Spitzengruppe gehören. Einige Antworten darauf geben Ergebnisse einer Detailstudie, die den auf Video aufgezeichneten Mathematikunterricht in 8. Jahrgangsstufen in Deutschland, den USA und Japan vergleicht und Unterschiede verdeutlicht. Allerdings bleiben auch hier wichtige leistungsbeeinflussende Faktoren unberücksichtigt wie die elterlichen Erwartungen und Unterstützungen, vor allem aber der erhebliche Anteil des außerschulischen, konkurrenzbetonten, oft drillmäßig durchgeführten privaten Zusatzunterrichts kommerzieller Institute in Japan, durch den am Abend oder am Wochenende die Hälfte der Grundschüler und fast zwei Drittel der Mittelschüler auf die entscheidenden Aufnahmeprüfungen vorbereitet werden, die den Zugang zu den High Schools (Gymnasien) und Universitäten regeln.[4]
Mit der Zulassung zu einer bestimmten High School wird eine Vorentscheidung über die spätere Berufslaufbahn getroffen.

1.1 Kennzeichen eines traditionellen Unterrichts[5]

Unterricht umfasst immer planvolle Handlungen Lehrender zur Initiierung, Organisation und Steuerung von Lernprozessen und Lernaktivitäten Lernender. Lehrer haben die Aufgabe, die Bedingungen und Voraussetzungen für erfolgreiches und effektives Lernen der Schüler zu schaffen.

- Im vorherrschenden traditionellen, lehrerzentrierten Unterricht **plant und steuert die Lehrkraft** im 45-Minuten-Takt in wechselnden Fächern allein das Unterrichtsgeschehen. Sie legt meist ohne Beteiligung der Schüler und ohne Berücksichtigung ihrer Interessen, Wünsche und anderer Lernvoraussetzungen die Lernziele und –inhalte fest und versucht sie bei **frontaler Führung** durch ein oft monologisierendes, **darbietendes** oder **fragend-entwickelndes**, selten aber problemlösend-entdeckendes **Verfahren** zu erreichen. „Das Lehr-Lerngeschehen wird dabei als Prozess betrachtet, bei dem der Lehrende versucht, objektive Inhalte so zu vermitteln, dass der Lernende am Ende dieses ‚Wissenstransports'... den vermittelten Wissensausschnitt in genau derselben Form besitzt wie der Lehrende" (MANDL/ROTHMEIER 1995, S. 16). Die Lehrkraft präsentiert Wissensinhalte, erklärt sie, leitet die Schüler zum nachvollziehenden Denken, Arbeiten und Übernehmen von Musterlösungen an und stellt Lernfortschritte durch eine Vielzahl geplanter Wiederholungen, Übungen und unmittelbarer Rückmeldungen sicher. Als Indizien für einen „erfolgreichen" Unterricht gelten als angemessen und zieladäquat bewertete Schülerantworten. Intelligente Schüler durchschauen solche Erwartungen der Lehrkräfte und produzieren manchmal schon auf Verdacht hin adäquate Gesprächsbeiträge.
- Im traditionellen Unterricht werden **Methoden** und **Medien** zur Erreichung der festgelegten Lernziele und -inhalte **zweckrational vorgeplant**. Ausgefeilte **Artiku-**

lationsmodelle für jedes Fach und jeden Lernbereich verführen dazu, sie als verbindlich anzusehen. Die Schüler arbeiten in fast minutiös festgelegten Unterrichtsschritten (Artikulationsstufen) in gleichem Rhythmus nach dem Tempo der Lehrkraft.
Nach Ergebnissen der TIMSS beginnen viele Mathematikstunden in deutschen Schulen beispielsweise mit der Durchsicht und Besprechung der Hausaufgaben. Nach einer kurzen Wiederholungsphase wird „der neue mathematische Stoff... im fragend-entwickelnden Unterrichtsgespräch, das auf eine einzige Lösung hinführt, relativ kurzschrittig erarbeitet und vom Lehrer an der Tafel dokumentiert... Wenn das Thema schon in der vorhergegangenen Stunde vorbereitet wurde, entwickelt ein Schüler – unterstützt von der Klasse und dem Lehrer – eine Aufgabe an der Tafel. (Anschließend)... werden in Stillarbeit ähnliche Aufgaben zur Einübung des Verfahrens gelöst... Der Mathematikunterricht in Deutschland und den USA folgt idealtypisch einem Modell des Wissenserwerbes, das am sicheren Auffinden einer Aufgabenlösung bzw. an der Beherrschung eines Rechenverfahrens orientiert ist" (BAUMERT/LEHMANN 1997, S. 226).
Ein kleinschrittiger, fragend-entwickelnder Unterricht kann bei schwächeren Schülern mit geringem Vorwissen, unzureichenden Kompetenzen und Lernstrategien unterstützend wirken und sie von der Verantwortung für die Selbststeuerung ihres Lernens entlasten. Bei Verständnisschwierigkeiten versuchen ihnen Lehrkräfte durch nochmaliges Erklären und den Einsatz zusätzlicher Veranschaulichungs- und Arbeitsmittel zu helfen, d. h. ihnen zu ermöglichen, den Gedanken des Lehrers zu folgen.[6]
Kleinschrittige Lernarrangements schränken bei oberflächlichem Lernen von Fertigkeiten und Musterlösungen allerdings den sachbezogenen kognitiven Bewegungsspielraum der Schüler ein. Bereits leichte Veränderungen in Aufgabenstellung und Formulierung führen dann zu Verunsicherung. Dies ist aber ineffektiv und nicht auf Langzeiterfolge angelegt. Häufig bleibt wenig Zeit für das aufwendigere produktive Handeln und Denken. Die Bedürfnisse der Schüler nach selbstständigem Durchdenken und Lösen von Problemen, nach handelnder Exploration der Umwelt, nach Übernahme von Verantwortung für eigenes Lernen, Kommunikation und Kooperation werden oft wenig beachtet. Das Lernen ist für sie größtenteils fremd bestimmt.

- Im traditionellen Unterricht konzentrieren sich die Schüler meist ganz auf die Lehrkraft und lernen in **Alleinarbeit**. Die individuell erbrachte Leistung zur Erreichung der Ziele wird durch Lernzielkontrollen und Probearbeiten überprüft. Gemeinsam erbrachte unterrichtliche Leistungen werden oft nicht durch Noten gewürdigt.
- Im traditionellen Unterricht werden die emotionalen und sozialen Bedürfnisse der Schüler zurückgestellt. Nur für alle verbindlich eingeplante Sozialkontakte bei der Partner- oder Gruppenarbeit sind erwünscht. Selbst dann bestimmt die Lehrkraft noch häufig die Arbeitspartner oder weist einzelnen Schülern einen individuellen Arbeitsplatz zu.

Diese Darstellung des traditionellen Unterrichts ist plakativ und damit vereinfachend. Mit diesem Unterrichtsverfahren werden seit Jahrzehnten Schüler in den unterschiedlichsten Schulformen und Fächern unterrichtet. Es ist aber problematisch, wenn die Schüler durchgängig nur als rezeptiv aufnehmende Objekte, nicht aber als Subjekte des Lernprozesses verstanden werden. Entscheidend für die Bewertung dieses Verfahrens ist, welche Vorstellungen Lehrer vom Lernen ihrer Schüler haben, welche Bedeutung sie dem selbst gesteuerten Lernen wie den Sozialformen beimessen und welche Erwartungen und Anforderungen sie an die Lernergebnisse stellen.

Um den traditionellen Unterricht schülerorientierter zu gestalten, versuchen beispielsweise viele Lehrkräfte in der Grundschule besonders in den ersten beiden Schuljahren den kurzen Konzentrations- und Aufmerksamkeitsspannen und der Bewegungslust der Kinder durch eine **Rhythmisierung** des Unterrichts zu entsprechen, d. h. durch einen sinnvollen Wechsel zwischen An- und Entspannung oder verschiedenen Arbeits- und Sozialformen, durch Lieder, Auflockerungs- und Bewegungsspiele. Gleichzeitig **öffnen** sie ihren **Unterricht** durch Unterrichtsgänge, Einbeziehung von Experten, Erkundungen oder Freiarbeit und fördern soziale Kompetenzen durch variative Möglichkeiten gemeinsamen Lernens und Arbeitens. Auch in weiterführenden Schulen finden solche Ideen zunehmend Anklang und werden von interessierten Lehrkräften in einzelnen Fächern erprobt. Aufgrund der Aufsichtspflicht der Lehrer besteht jedoch beispielsweise bei Unterrichtsgängen die Gefahr, dass sie zur Aufrechterhaltung der Ordnung wie ein Frontalunterricht in straffer Form durchgeführt werden und ein selbstständiges Erkunden in Arbeitsgruppen unterbleibt.[7]

1.2 Kennzeichen eines problemlösend-entdeckenden Unterrichts

In einem effektiven Unterricht, der zu höheren Schulleistungen führt, wird wenigstens phasenweise anders unterrichtet. So charakterisiert TIMSS etwas plakativ den japanischen Mathematikunterricht: „Japans Schüler nehmen nicht anderen oder mehr mathematischen Stoff durch, sondern denselben Stoff variationsreicher und mathematisch anspruchsvoller. Im Vergleich zu Mathematikstunden in den USA und Deutschland sind japanische Mathematikstunden komplexer und zugleich in sich kohärenter aufgebaut."
„Eine typische Mathematikstunde in Japan hat etwa folgenden Verlauf:

- Der Lehrer stellt der Klasse ein komplexes und kognitiv anspruchsvolles mathematisches Problem, dessen Lösung nicht unmittelbar evident ist.
- Die Schüler arbeiten einzeln oder in Gruppen- oder Partnerarbeit an der Problemlösung.
- Verschiedene Schüler, die vom Lehrer aufgrund der eingeschlagenen unterschiedlichen Lösungswege ausgewählt wurden, präsentieren der Klasse alternative Aufgabenlösungen, die an der Tafel dokumentiert werden.
- Im Unterrichtsgespräch werden die verschiedenen Lösungswege diskutiert.
- Der Lehrer fasst die Ergebnisse des Unterrichtsgesprächs in einem kurzen Lehrervortrag zusammen und notiert sie an der Tafel.
- Die Schüler bearbeiten in Einzel- oder Gruppenarbeit ähnliche, aber auf neue Anwendungskontexte übertragene mathematische Aufgaben."

„Japanischer Mathematikunterricht ist Problemlöseunterricht. Er schult mathematisches Verständnis und mathematisches Denken ... (Er) zeichnet sich durch intelligente Formen des Anwendens und Übens aus. Die von Schülern erarbeiteten Konzepte

werden in variierenden Situationen angewandt und damit verfügbar gemacht. Übungen sind oft abwechslungsreicher und kognitiv anspruchsvoller ... Die oftmals offenen Aufgabenstellungen ... lassen Lösungen unterschiedlicher Güte zu ... Die Lehrerin oder der Lehrer bestimmt auch in Japan ... das Unterrichtsgeschehen. Aber das Interaktionstempo ist im japanischen Unterricht langsamer und lässt Schülern etwas mehr Zeit zur Entfaltung. Sozialformen wechseln häufiger. In Schülerarbeitsphasen ist Gruppen- oder Partnerarbeit öfter als in Deutschland anzutreffen."
„Der Mathematikunterricht in Deutschland und den USA folgt idealtypisch einem Modell des Wissenserwerbs, das am sicheren Auffinden einer Aufgabenlösung bzw. an der Beherrschung eines Rechenverfahrens orientiert ist, während der japanische Mathematikunterricht eher einem konstruktivistischen Modell verpflichtet ist, das auf die individuelle Erarbeitung von mathematischem Problemverständnis setzt, das in der Auseinandersetzung mit unterschiedlichen Lösungen und Kontexten schrittweise erweitert wird" (BAUMERT/LEHMANN 1997, S. 215, 225, 215, 226).
Die Ergebnisse der internationalen Vergleichsstudie machen deutlich, dass für die Mathematikleistungen asiatischer Schüler eine **andere Unterrichtsgestaltung**, eine generelle **Wertschätzung des schulischen Lernens**, die **Bereitschaft zur Anstrengung** und **spezifische Unterstützungsleistungen** als verantwortlich angesehen werden.[8]

Die vorgestellten Unterrichtsverfahren sind aber nicht neu. Sie sind Lehrern und Pädagogen vor allem im Grund- und Hauptschulbereich seit vielen Jahren bekannt. Schon vor über 30 Jahren versuchte MARTIN WAGENSCHEIN im mathematisch-naturwissenschaftlichen Unterricht des Gymnasiums fachgemäße, das problemlösend-entdeckende Lernen fördernde, forschend-experimentelle Verfahren und Arbeitsweisen einzuführen.[9] Neu sind nicht die Methoden, sondern eher ihre konsequente Umsetzung im Unterricht. In Deutschland, Japan und den USA gelten beispielsweise die gleichen Ziele für den Mathematikunterricht als erstrebenswert. „Die Schülerinnen und Schüler sollen im Unterricht die Möglichkeit haben, sich Strukturen und Verfahren der Mathematik so anzueignen, dass sie die Bedeutung mathematischer Begriffe, Modelle und Methoden sowohl in innermathematischen Zusammenhängen als auch in ihrer Anwendung auf außermathematische Problemstellungen kennen lernen und verstehen. Auch die grundlegenden mathematikdidaktischen Vorstellungen darüber, wie ein Verständnis fördernder Mathematikunterricht gestaltet werden könne, sind in allen drei Ländern sehr ähnlich. Es wird weitgehend die Meinung geteilt, dass mathematischem Verständnis in besonderer Weise Lernformen entgegenkämen, die auf der selbstständigen und aktiven Auseinandersetzung mit mathematisch angehbaren Problemen und der gezielten Reflexion über die angewandten Methoden und deren zugrunde liegender Logik basierten" (BAUMERT/LEHMANN 1997, S. 232).

Unterricht wird effektiv, wenn die nachfolgend dargelegten grundlegenden Vorstellungen über das Lehren und Lernen von allen Lehrern geteilt und in entsprechende Unterrichtsverfahren umgesetzt werden. So wurde in den letzten Jahren beispielsweise in Japan „eine praktische Didaktik entwickelt, die offene, multipel lösbare, in der heterogenen Jahrgangsklasse behandelbare und zugleich mathematisch anspruchsvolle Probleme in den Mittelpunkt des Mathematikunterrichts stellt und in-

tuitive Konzepte von Schülern konstruktiv aufnimmt. Diese Didaktik ist die konzeptionelle Basis des nationalen Lehrplans, der einen auf mathematische Aktivitäten (Problemlösen, Anwenden und Vernetzen) orientierten Mathematikunterricht in konkreter Form vorschreibt" (BAUMERT/LEHMANN 1997, S. 232f.). Voraussetzung dafür ist eine **Kultur des gemeinsamen, sich wechselseitig unterstützenden Lernens, der kooperativen Selbstkontrolle und gemeinsamen Bewältigung von Störungen.**
In der sechsjährigen versetzungs- und notenfreien japanischen Grundschule wird großer Wert auf das gemeinsame Problemlösen, auf die Diskussion offener Fragen und Vorschläge der Schüler und vor allem auf die Übernahme von Verantwortung für sich und andere, beispielsweise für die Ordnung im Klassenzimmer, in institutionalisierten Kleingruppen gelegt. In diesen arbeiten, diskutieren, planen und spielen Kinder mit unterschiedlichen Fähigkeiten über mehrere Monate hinweg zusammen und verteilen ihre verschiedenen Aufgaben selbstständig untereinander. Erst diese systematisch eingeübten Formen der gegenseitigen Unterstützung beim Lernen und im Schulleben ermöglichen den flexiblen Wechsel der Sozial- und Arbeitsformen und die offene Diskussion verschiedener Lösungsmöglichkeiten auch in den dreijährigen öffentlichen Mittelschulen und in den Highschools.[10]
Auch andere Befunde der Unterrichtsforschung bestätigen, dass im Vergleich zu weiteren Beeinflussungsfaktoren wie der zur Verfügung gestellten Lernzeit, den kognitiven Lernvoraussetzungen oder dem soziokulturellen, familiären Hintergrund der **Qualität des Unterrichts** ein stärkeres Gewicht für den Aufbau von Kenntnissen, Fähigkeiten und Fertigkeiten der Schüler und ihre Leistungsentwicklung zukommen dürfte, als bisher angenommen wurde. Neben einem **unterstützenden, schülerorientierten Verhalten der Lehrer**, ihrem das gemeinsame Lernen fördernden Klassenmanagement mit Hilfe organisatorischer Maßnahmen, Regeln, Rituale und Konfliktlösestrategien sind die nachfolgend genannten Unterrichtsvariablen besonders bedeutsam, die in den weiteren Kapiteln auch in ihren Konsequenzen für die Unterrichtsgestaltung detaillierter erörtert werden.[11]

1.3 Kennzeichen eines effektiven Unterrichts

- Ein effektiver Unterricht basiert auf einem **kognitiv-konstruktivistischen Verständnis des Wissenserwerbs**. Der **Lehrer** ist nicht vorrangig Wissensvermittler, sondern **Initiator, Begleiter** und **Förderer von Lernprozessen der Schüler**. Er orientiert seine Unterrichtsplanung und -gestaltung an diesem angestrebten Ziel (Zielorientierung). „Primär und direkt geht es im Kontext erfolgsorientierten Lehrens um die Lösung des Problems, wie Lerngelegenheiten unter vorfindlichen Voraussetzungen (z. B. kognitiver und affektiver Lernvoraussetzungen der Adressaten des Lehrens) organisiert werden müssen, damit Lernende erfahren und verstehen, was sie erfahren und verstehen sollen und wollen, damit sie jenes Wissen erwerben, das sie erwerben, verarbeiten und anwenden sollen und wollen. Hier geht es ... zunächst und vor allem um die Qualität von Handlungen, die notwendig sind, um jene Voraussetzungen zu schaffen, die eine Optimierung erfolgsorientierten Lernens (mit theoretisch abschätzbarer Wahrscheinlichkeit) gewährleisten" (HEID 1996, S. 161). Der Lehrer gestaltet und strukturiert deshalb seinen Unterricht so,

dass sich die Schüler in einzelnen Unterrichtsphasen oder -stunden mit vorgegebenen, selbst entdeckten oder selbst gewählten Problemen und Aufgaben auseinander setzen, sie selbstständig zu lösen versuchen und dadurch zu Erkenntnissen und Einsichten gelangen.
Der Aktivierung der Schüler im Sinne des aktiven Handelns mit allen Sinnen, des selbstständigen Problemlösens und der gezielten Transformation in unterschiedliche Repräsentationsformen kommt dabei besondere Bedeutung zu. Je aktiver, selbstständiger handelnd Wissen und Können erworben, je systematischer und strukturierter es aufgebaut, je intensiver das Vorwissen eingebunden wird, je breiter der Zugang zur Wirklichkeit ist, je vielfältiger die Lernwege und Repräsentationsformen sind, desto verfüg- und nutzbarer ist es. Ein systematisch aufgebautes, gut strukturiertes, intelligentes Wissen fördert über den vertikalen Transfer das nachfolgende kumulative Lernen innerhalb eines Faches. Komplexe, authentische Probleme, vielfältige situative Kontexte und kooperative Lernformen eröffnen dabei große Handlungs- und Denkspielräume, die aber häufig erst durch Strukturierungshilfen zu befriedigenden Lernprozessen führen. Dieser Wissensaufbau ist in der Regel ein langjähriger, übungsintensiver Prozess, der Ausdauer und Anstrengung erfordert und Defizite im Bereich des Basiswissens beseitigen muss. Die **Strukturierung des Unterrichts** und der initiierten Lernprozesse der Schüler und die **Aktivierung der Schüler** bilden das Zentrum eines effektiven Unterrichts.[12]

- Das erworbene Wissen bleibt nur dann nicht auf eine bestimmte Erarbeitungssituation fixiert und kann flexibel auf ähnliche oder veränderte Situationen übertragen werden, wenn es durch verschiedenste Maßnahmen der **Sicherung** wie operative Durcharbeitung verinnerlicht und konsolidiert und seine Anwendung auf variative Kontexte und multiple Situationen einsichtig geübt werden. Flexibles, produktives Wissen ist immer auf das Ineinandergreifen von systematischem, kumulativem Lernen und situiertem Lernen angewiesen.[13]
- Das selbstständige Handeln und Problemlösen motiviert die Schüler. Die aktive Lernbereitschaft kann durch weitere Maßnahmen der **Motivierung** und Interessenweckung wie beispielsweise die Anknüpfung an Problemstellungen aus dem Alltag der Schüler, die Einbeziehung individueller Interessen in den Unterricht und die Berücksichtigung individueller Bedürfnisse wie die der Selbstbestimmung und Autonomie bei der Problemlösung oder der Erfahrung von Kompetenz und sozialem Eingebundensein erheblich verstärkt werden.[14]
- Die Schüler können nur dann aktiv eigenes Wissen, kognitive Strukturen, Fähigkeiten und Fertigkeiten im Unterricht aufbauen, wenn ihnen **Methoden, Strategien, Arbeitsweisen und -techniken** zur Gewinnung von Informationen, zur operativen Durcharbeitung und einsichtigen Anwendung zur Verfügung stehen. Der Lehrer lässt die Schüler durch geeignete Unterrichtsmaterialien oder Medien eigene Methoden entdecken und erproben oder vermittelt sie ihnen an konkreten, exemplarischen Inhalten. Er begleitet und fördert ihre zunehmend selbst verantworteten Lernprozesse durch gezielt ausgewählte Problemstellungen, strukturierte Lernarrangements und variative Anleitungen und Hilfestellungen. Durch **kooperatives Lernen** in Arbeitsgruppen oder mit einem Partner bauen die Schüler auch Arbeitshaltungen, soziale und wertorientierte Bereitschaften und Einstellun-

gen auf. Sie lernen aktives Handeln und Leisten als Teil ihrer Lebenswelt kennen und entwickeln Anstrengungsbereitschaft, Konzentration, Ausdauer, Rücksichtnahme, Hilfsbereitschaft und ein positives Selbstwertgefühl, die wiederum günstige Voraussetzungen für schulisches Lernen sind.[15]

- Unterricht wird dann effektiv, wenn durch **Individualisierungs- und Differenzierungsmaßnahmen** die individuellen Lernprozesse der Schüler ihren aufgrund familiärer und gesellschaftlicher Bedingungen unterschiedlichen Lern- und Leistungsvoraussetzungen angepasst werden. Von den Lehrkräften werden jedoch häufig Umfang und Qualität des verfügbaren Wissens der Schüler überschätzt, die Bedeutung des Vorwissens oder in weiterführenden Schulen die Quantität der Nachhilfe unterschätzt. Durch **gezielte Passung** können Misserfolge vermieden und Leistungsrückstände schrittweise abgebaut werden. Durch informatives Feedback melden Lehrer, Mitschüler oder auch Material den Schülern regelmäßig Lernfortschritte zurück und verstärken dadurch den Aufbau von Selbstvertrauen und Selbstwertgefühl und schaffen Möglichkeiten zur Stressbewältigung gegenüber übertriebenen Elternerwartungen. Die Passung unterstützen vielfältige Formen der **Öffnung des Unterrichts**.[16]
- Die regelmäßige **Kontrolle des Lernfortschritts** ist wichtiger Bestandteil effektiven Unterrichts. Ein **verständnisvoller Umgang mit Fehlern**, welche Denk- und Lernprozesse der Schüler, fehlendes Vorwissen oder unzureichende metakognitive Kompetenzen aufdecken, fördert das selbstständige Weiterlernen. In einem eng geführten, kleinschrittigen, fragend-entwickelnden Unterricht erleben Lehrkräfte Verständnisfehler meist als Unterbrechungen ihres zielgerichteten Unterrichts, übergehen sie oder bewerten sie negativ. In einem solchen Unterricht wird damit jede Schülerfrage in der Erarbeitungsphase zu einer Leistungssituation. Aus Fehlern wird nur dann gelernt, wenn sie ohne negative Bewertung bleiben und keine Herabsetzung oder Beschämung zur Folge haben. Die Schüler erleben Fehler in Lernsituationen als Grenzen und gleichzeitig als Herausforderungen, in Leistungssituationen wie in Proben, Schulaufgaben, Tests, Abschlussprüfungen hingegen als Versagen. Die Überprüfung der Schülerleistungen verdeutlicht die Art und den Umfang des erwarteten Wissens und die gültigen Gütemaßstäbe. Lern- und Leistungssituationen sollten deshalb stärker getrennt werden. Durch eine **lernzielorientierte, pädagogische Leistungsfeststellung und -bewertung** können Lernprozesse effektiv unterstützt, durch regelmäßige Kommunikation des Lehrers mit den Schülern und durch **intensive Zusammenarbeit mit Eltern und Kollegen** Fehlentwicklungen bei Schullaufbahnentscheidungen, Lern- oder Erziehungsschwierigkeiten vorgebeugt werden.[17]

Die Wirksamkeit eines solchen lernzielorientiert geplanten, den Lernvoraussetzungen der Schüler angepassten problemorientierten, strukturierten Unterrichts, in dem der Lehrer Aufmerksamkeit und Aktivitäten der Schüler auf die Unterrichtsinhalte oder die Problemstellung fokussiert und dadurch Lernprozesse initiiert, sie durch Medien und Arbeitsmittel fördert, individuelle Lernfortschritte beobachtet und informativ rückmeldet, Lernschwierigkeiten durch individuelle Unterstützung überwinden hilft, wird nicht nur durch die Erfahrung der Lehrkräfte, sondern auch durch

eine Vielzahl empirischer Studien bestätigt. Besonders im Elementarbereich führt ein solcher, etwas missverständlich als „direkte Unterweisung" oder „direkte Instruktion" bezeichneter Unterricht „im Vergleich zu anderen Lehrmethoden bei größeren Lerngruppen (Schulklassen) zu höheren Durchschnittsleistungen, zu stärkeren Leistungszuwächsen und zu besseren individuellen Lernergebnissen auch der schwächeren Schüler" (WEINERT 1996b, S. 30).[18] Darüber hinaus belegt eine Fülle von Einzeluntersuchungen die Bedeutung und Effizienz des selbstständigen, selbst gesteuerten Lernens und Problemlösens, ihre Förderung durch offene Lernformen, des weiteren die Bedeutung grundlegender Lern- und Gedächtnisstrategien, fachgemäßer Arbeitsweisen und -techniken für die selbstständige Informationsgewinnung, -verarbeitung und -speicherung, die Wichtigkeit kooperativer Lernformen, der Mitbestimmung der Schüler und der Einbeziehung ihrer Interessen bei der Auswahl von Zielen und Inhalten.[19]
Die Effektivität von Unterricht darf dabei nicht kurzschlüssig auf produktorientierte Leistung verkürzt werden. **Effektiver Unterricht** ist ein **umfassend lernwirksamer, erziehender Unterricht**, der die Schüler in ihrer Individualität und Persönlichkeit sieht und von ihnen wie von den gesellschaftlichen Aufgaben der Schule her die Kriterien für unterrichtliche und erziehliche Entscheidungen gewinnt.[20] Ein effektiver, lernwirksamer Unterricht ermöglicht den Schülern durch vielfältige Angebote selbstbestimmten Lernens wie durch das planmäßige, systematische, zielorientierte, didaktisch-methodische und erzieherische Handeln des Lehrers und durch vielfältige soziale Arrangements, Verantwortung für sich und andere zu übernehmen, führt sie zur **Aneignung von Wissen und Können**, von **Sach-**, **Sozial-**, und **Selbstkompetenz** und fördert dadurch auch ihre **Wertorientierung** und **Persönlichkeitsentwicklung**.[21]

2 Die Bedeutung von Unterrichtsprinzipien für einen effektiven Unterricht

Die angesprochenen Kennzeichen effektiven Unterrichts beziehen sich auf die folgenden **Prinzipien effektiver Unterrichtsgestaltung:**
- auf die **zielorientierte Planung** von Unterricht auf der Grundlage vorgegebener Lehrpläne zur gezielten Initiierung struktureller, problemlösend-entdeckender, kreativer Lernprozesse der Schüler (B II);
- auf die Initiierung, Förderung und Organisation dieser Lernprozesse durch die **Strukturierung** eines handlungsorientierten Unterrichts (B III);
- auf die **Motivierung** der Schüler zum selbst bestimmten, selbstständigen Handeln und Lernen und zum Aufbau von Interessen (B IV);
- auf die **Aktivierung** der Schüler zum selbsttätigen Handeln und Problemlösen durch den bewussten Einsatz und sinnvollen Wechsel von Arbeits- und Sozialformen und durch die Vermittlung notwendiger methodischer Kompetenzen und Schlüsselqualifikationen wie Problemlösestrategien, fachgemäße Arbeitsweisen und -techniken (B III; V);
- auf die **Passung** des Unterrichts an die Lernvoraussetzungen der Schüler durch Elementarisierung, exemplarisches Lehren, Differenzierung, Veranschaulichung und Formen der Öffnung des Unterrichts für mehr Erfolgserlebnisse und den da-

durch bedingten Aufbau eines positiven Selbstkonzepts (B VI);
- auf die **Sicherung** der erarbeiteten Wissens-, Handlungs- und Denkstrukturen durch Übung, Anwendung und Transfer (B VII);
- auf die **Feststellung und Bewertung** der Fähigkeiten und Fertigkeiten der Schüler zum Zwecke der Diagnose, der Zuweisung notwendiger Fördermaßnahmen oder der Beratung über geeignete weiterführende Schullaufbahnen (B VIII).

Unterrichtsprinzipien sind als **Grundsätze unterrichtlichen Handelns** Hilfen für die Planung und Gestaltung eines effektiven, lernwirksamen Unterrichts. Prinzipien oder „Grundsätze sind relativ allgemeine Aussagen, in knappster Form ausgedrückte Handlungsanweisungen, deren tiefere Begründung als bekannt vorausgesetzt wird und die weitreichende, nicht notwendig absolute Geltung für bestimmte Handlungsbereiche beanspruchen... Prinzipien sind flexibler als Regeln und weniger zwingend als Gesetze, sie fordern ein bewegliches Entscheiden gemäß der Situation" (GLÖCKEL 1990, S. 273ff.).

Diese Grundsätze unterrichtlichen Handelns wurden ursprünglich durch Verallgemeinerung pädagogischer Erfahrungen und Beobachtungen bewährten Handelns gewonnen. Sie sind historisch entstanden, dem historischen Wandel unterworfen, weisen auf Mängel hin und warnen vor Gefahren. „Sie helfen dem Lehrer, naheliegende Fehler zu vermeiden, ersparen ihm den immer neuen Beginn vom „didaktischen Nullpunkt" aus und ermöglichen so erst den Fortschritt in Theorie und Praxis des Unterrichtens ... Unterrichtsgrundsätze sind Handlungsanweisungen von hohem Allgemeinheitsgrad und weitreichendem Geltungsanspruch. Sie sind keine technologischen Regeln, deren Anwendung den messbaren Erfolg garantiert, und keine absolut gültigen Gesetze, aus denen Einzelmaßnahmen deduziert werden können. Sie haben produktive Funktion und verlangen vom Lehrer, dass er sie sinnvoll auf die jeweilige Situation bezieht und in konkretes Handeln umsetzt. Sie schränken seine Freiheit nicht ein, sondern fordern sie heraus ... Sie sind somit Voraussetzung für professionelles Urteilsvermögen und verantwortliches berufliches Handeln" (GLÖCKEL 1990, S. 308, 274). Sie sind **Orientierungen** und **Möglichkeiten zur Optimierung des pädagogischen und unterrichtlichen Handelns**, „deren Bedeutung für die jeweilige Lehr-Lern-Situation immer wieder aufgrund lerntheoretischer Einsichten und aus pädagogischer Verantwortung festgestellt werden muss" (APEL 1992, S. 37).[22]

GLÖCKEL unterscheidet zwischen „fundierenden Unterrichtsprinzipien", die als konstitutive Bedingungsbereiche des Unterrichts die Sache (Sachgemäßheit), den Schüler (Schülergemäßheit) und die Zielsetzung (Zielgemäßheit) in ihrer wechselseitigen Verflechtung darstellen, und „regulierenden Unterrichtsprinzipien", wie Anschauung, Selbsttätigkeit, Motivation, Elementarisierung, Erfolgssicherung, Ökonomie, und weiteren Prinzipien, wie Kooperation, Gestaltung, Konzentration, Exemplarisches Lehren, Lebensnähe, Planmäßigkeit, Situationsgemäßheit.[23]

Alle Prinzipien sind eng miteinander verknüpft, ergänzen sich oder stehen sich polar gegenüber. Sie kommen in einer ganzheitlichen Sicht der Erziehungs- und Unterrichtsaufgaben erst dann voll zum Tragen, wenn als wesentlichste erziehliche und soziale Grundlage des Unterrichts eine vertrauens- und verständnisvolle Beziehung zwischen Lehrern und Schülern aufgebaut wurde.

Das Grundprinzip eines effektiven Unterrichts ist das erzieherische Handeln der Lehrer. Erst in einer emotional-affektiv, sozial entspannten Lern- und Arbeitsatmosphäre, in der die Bedürfnisse der Schüler nach sozialer Anerkennung, Akzeptanz, Autonomie und Kompetenz erfüllt und ihre wichtigsten Probleme aufgearbeitet werden, können dann durch den Unterricht die kognitionspsychologisch begründeten, strukturellen Lernprozesse bei den Schülern initiiert werden, die ihnen die Möglichkeit eröffnen, problemlösend-entdeckend, kreativ handelnd Erfahrungen zu sammeln, Wissensstrukturen aufzubauen, zu Einsichten zu kommen, sich fachgemäße und kreative Strategien und Methoden der Informationsaufnahme, -verarbeitung und -speicherung wie auch soziale Kompetenzen des kooperativen Lernens und Arbeitens mit anderen anzueignen, Motive und Interessen und eine tragfähige Sinn- und Wertorientierung zu entwickeln, die selbst verantwortetes Handeln in einer künftigen Welt ermöglichen.[24]
Die den Schülern von den Lehrern eingeräumten Kooperations-, Mitwirkungs- und Mitbestimmungsmöglichkeiten, die höheren Selbstständigkeitserwartungen, das gegenseitige Verständnis und Vertrauen tragen nicht nur dazu bei, Schul- und Lernfreude zu entwickeln, die Identität der Schüler zu fördern, die Erziehungs- und Lernbedingungen in der Klasse wie in der Schule positiv einzuschätzen, sondern haben auch generelle Auswirkungen auf das **Schulklima**. Die positiven Einstellungen der Lehrer beeinflussen die Kooperation mit Kollegen, Schulleitung und Eltern, die Erweiterung sozialer Perspektiven und Wertorientierung, die Ausprägung gemeinsamer Ziele und die Bewältigung von psychischen Belastungen und Stress am Arbeitsplatz Schule.[25]
Lehrer können nur dann Lernprozesse der Schüler lerneffektiv initiieren und angemessen unterstützen, wenn sie Kenntnisse über ihre kognitive Entwicklung, ihre Lern- und Leistungsvoraussetzungen und psychologischen Grundbedürfnisse haben.

3 Grundlegende psychologische Erkenntnisse über die geistige Entwicklung der Schüler, ihr Denken, Lernen und Behalten

3.1 Lernprozesse als Grundlage der geistigen Entwicklung

In den letzten Jahrzehnten änderte sich das Verständnis menschlichen Lernens in entscheidender Weise. In verhaltenspsychologischen Auffassungen stand der Aspekt der Veränderung beobachtbaren Verhaltens im Vordergrund. Kognitionspsychologische und strukturalistische Ansätze legen stärkeres Gewicht auf die geistige Entwicklung und die informationsverarbeitenden Prozesse.
Die geistige Entwicklung eines Menschen lässt sich nach Piaget unter strukturellem Gesichtspunkt als progressiver Aufbauprozess verstehen. Auf der Basis eines funktionstüchtigen Zentralen Nervensystems werden im Laufe der Entwicklung über Wahrnehmungs-, Anpassungs- und Verarbeitungsprozesse aus vorhandenen einfachen immer umfassendere, differenziertere kognitive Denk- und Wissensstrukturen wie Handlungsschemata, Operationen und Begriffe aufgebaut, die eine große Anzahl komplexer, variabler, sehr beweglicher Denkoperationen erlauben.[26] Denken ist In-

Beziehung-Setzen, Vergleichen, Ordnen, Zusammenfassen, Gliedern, Verarbeiten von neu aufgenommenen Informationen, um Probleme und Aufgaben zu lösen, ein Ziel zu erreichen, eine Handlung zu planen, sich den Handlungsablauf vorzustellen und die Konsequenzen einer Handlung abzuschätzen, Aspekte der Wirklichkeit unter bestimmten Gesichtspunkten zusammenzufassen oder die Strukturen von Objekten und der Beziehungen zwischen ihnen zu klären. Beziehungsstiftendes Denken erzeugt neue Wissensstrukturen. Diese können mit Hilfe von Schema- und Netzwerkmodellen beschrieben und modellhaft als im Langzeitgedächtnis netzwerkartig angeordnete, abstrakt-symbolisch abgespeicherte semantische Schemata und umfassendere Strukturkonzepte vorgestellt werden. Wissensstrukturen, Denken und Lernen beruhen, wie im nächsten Kapitel detaillierter ausgeführt wird, auf neuronalen Verknüpfungen von Nervenbahnen und biochemischen Veränderungen in den Nervenzellen des Großhirns. Während PIAGET diese Strukturen als spontan vom Kind entwickelt ansieht, werden sie nach AEBLI durch effektiv strukturierte und zielgerichtete Lernprozesse konstruiert. Dabei spielen das relevante Vorwissen, die Eigenart der Problemstellungen und Fragen, die Komplexität oder Anschaulichkeit eines Gegenstandes, elaborationsfördernde Strategien wie das Organisieren und Strukturieren, Interessen, Motivationen und kommunikativer Kontext eine wichtige Rolle.[27]
Lernen wird im Folgenden **kognitiv-strukturalistisch** im Sinne PIAGETS und AEBLIS interpretiert und durch ein **gemäßigt konstruktivistisches Paradigma** erweitert.

Prozessmerkmale des Lernens[28]

Lernen ist ein aktiver, selbst und fremd gesteuerter Prozess der Wissenskonstruktion eines Individuums. Wissen und Kompetenzen sollen in konkreten Situationen angewendet werden können und zum Handeln befähigen:

- Lernen ist ein **aktiver Prozess**. Lernen kann nur der Lernende selbst. Er muss zum Lernen motiviert sein durch intrinsische und extrinsische Motivation, durch Interesse, Neugier, Fragen und Probleme. Lernen wird dann aus eigenem Willen heraus oder durch kognitive Dissonanzen zwischen den Anforderungen von außen und dem vorhandenen Wissen und Können in Gang gesetzt.
- Lernen ist ein **konstruktiver Prozess.** Lernen im engeren Sinn bezeichnet die informationsverarbeitenden Prozesse, die direkt zu einer Veränderung kognitiver Strukturen führen. Sind die biologischen Voraussetzungen eines individuell ausgeprägten, funktionstüchtigen Zentralen Nervensystems gegeben, ist Lernen als lebenslanger Entwicklungsprozess zu verstehen. Kognitionspsychologische Ansätze unterscheiden aktive Prozesse der Aufnahme von Informationen, ihrer Verarbeitung und Speicherung und Prozesse des Abrufens, Aktivierens, Anwendens und Übertragens von Wissen und Können. Vorhandene kognitive Strukturen, abgespeichertes Vorwissen, Überzeugungen usw. bestimmen die selektive Wahrnehmung und Interpretation neuer Informationen.
  Die Veränderung kognitiver Strukturen im Gedächtnis muss sich nicht unmittelbar im Verhalten zeigen. Lernen spielt sich im Inneren des Menschen ab und bleibt in seiner eigentlichen Form unsichtbar. Wahrnehmbar und damit messbar sind nur bestimmte Formen der Verarbeitung, Transformation und Übertragung des Ge-

lernten wie beispielsweise Antworten auf Prüfungsfragen, Aufgabenlösungen, die Anwendung des Gelernten in Handlungssituationen. Von festgestellten Leistungen und Verhaltensweisen werden Rückschlüsse auf das Lernen gezogen. Dabei beeinflusst auch die Leistungsfeststellung selbst das beobachtete Wissen, Können und Verhalten.[29]

- Lernen ist ein **selbst bestimmter Prozess**. Diese individuellen kognitiven Prozesse unterliegen immer den Lernvoraussetzungen, -möglichkeiten und in variierendem Ausmaß stets der Verantwortung und Kontrolle der Lerner. Höhere kognitive Strukturen zeichnen sich durch einen hohen Grad an Abstraktion, Beweglichkeit und vielfältige Anwendungsmöglichkeiten aus. Dies kann nur durch einsichtiges, operatives Durcharbeiten in multiplen Kontexten und durch den gezielten Einsatz von Kompetenzen des Wissensmanagements wie Denk- , Problemlöse- und Lernstrategien erreicht werden, so dass Informationen schneller aufgenommen, verarbeitet, verstanden, behalten, abgerufen und transferiert werden können.[30]
- Lernen ist immer **situiert**, d. h. es findet immer in bestimmten situativen Kontexen statt. Die Bedingungen und Bedeutungen der Lernsituation, der Objekte und Personen beeinflussen das in der Auseinandersetzung mit ihnen aufgebaute Wissen und seine flexible, kreative Anwendung. Bei diesen Prozessen des Wissenserwerbs werden dann nicht nur die kognitiven Inhalte und situativen Kontexte seiner Anwendung gespeichert, sondern auch die über verschiedenste Eingangskanäle aufgenommenen und mit ihnen verknüpften Sinneswahrnehmungen, darüber hinaus emotional-affektive Begleitphänomene wie Freude, Spaß, Neugier, Erfolgserlebnisse und soziale Bewertungen und Einstellungen.
- Lernen ist immer auch ein **sozialer Prozess**. Jedes Individuum ist eingebettet in ein soziokulturelles Umfeld, kommuniziert und interagiert mit anderen und baut dadurch soziales Wissen, soziale Fähigkeiten und Kompetenzen auf. Da der Lernende zur Wissenskonstruktion Informationen von externen Instanzen wie Personen und Medien (Texten, Bildern, Filmen, Computerprogrammen usw.) aufnimmt, die wesentlich bestimmen, wie und was gelernt wird, ist Lernen immer auch fremd bestimmt und fremd gesteuert.

Selbst und fremd gesteuertes Lernen

Um die Entwicklung und Ausprägung unterschiedlicher, oft komplexer Verhaltensweisen zu erklären, werden von der Lernpsychologie verschiedene Theorien und Modellvorstellungen angeboten. Sie sind wie beispielsweise das operante Konditionieren oder das Modelllernen für den Bereich des Sozialverhaltens nach wie vor sinnvoll und gültig. Eine kognitiv-konstruktivistische Sicht des Lernens legt den Schwerpunkt auf das Lernen der Schüler. Lernprozesse können bei ihnen initiiert werden durch ihre selbstständige Auseinandersetzung mit einem Gegenstand, einer Aufgabe, einem ungelösten Problem oder anderen Personen aus Neugier oder eigenem Interesse, wie dies beispielsweise beim freien Spiel oder bei frei gewählter Arbeit zu beobachten ist. Auch durch das Anbieten interessanter, motivierender Lernmaterialien, spielerischer Lernformen wie auch gezielt geplanter, didaktisch-methodisch gestalteter Lernsituationen und durch systematisch eingesetzte Lehrverfahren können Lernprozesse ausgelöst werden, die sich ohne diese fördernde Anregung spontan so nicht ereignen würden. AEBLI hebt die eminente Bedeutung kognitionspsychologisch und didaktisch-methodisch sinnvoll organisierter und strukturierter **Lernanregungen** für die Förderung der Persönlichkeits- und Denkentwicklung eines Kindes hervor. Der Lehrer „regt Lernprozesse an, indem er ein strukturiertes Lernangebot gestaltet, und er leitet das Kind zum Aufbau von Strukturen des Verhaltens und Denkens an, mit denen er als Angehöriger einer gegebenen Kultur vertraut ist. Auf diese Weise wird das Kind sozialisiert, d.h. es erwirbt die Kulturtechniken, die affektiven Möglichkeiten und die Haltungen, die in seiner sozio-kulturellen Umwelt lebendig sind" (AEBLI 1983, S. 392).[31]

Je jünger die Kinder sind, umso mehr können und müssen sie zum gezielten Lernen motiviert und angeleitet werden. Gerade in den ersten Schuljahren unterstützt der Lehrer durch seinen strukturierten Unterricht, durch seine Entscheidungen über Lernzeit und Lernort, über Lernziele und Lerninhalte, über Lernwege und die Art und Verfügbarkeit von Lernmaterialien die Hinführung der Schüler zum selbst bestimmten und selbst gesteuerten Lernen, das das angeleitete Lernen zunehmend ergänzt bzw. ersetzt.

Selbst gesteuertes, intentionales Lernen der Schüler ist durch eine Reihe von Fähigkeiten und Kompetenzen charakterisiert. Lernende sollen

- das **Lernen selbst bestimmen und vorbereiten**, sich über Ziele und Handlungen informieren, bedeutungsvolle auswählen, Aufmerksamkeit aktivieren und sich auf frühere Lernprozesse und ihr Vorwissen rückbesinnen.
- den **Lernprozess selbst steuern** und erforderliche Lernhandlungen ausführen, um den Lernstoff, das Problem zu verstehen, zu behalten und anzuwenden.
- das **Lernen überwachen und kontrollieren**, alternative Lernstrategien bei Problemen auswählen und die Lernschritte reflektieren.
- sich selber **Rückmeldung** über den Lernprozess und die Ergebnisse geben und sie realistisch bewerten.
- sich **motivieren** und ihre Lernabsicht und Konzentration willentlich aufrechterhalten.[32]

Entwicklung und Entwicklungsaufgaben

Selbst gesteuertes Lernen ist vom Entwicklungsstand der Schüler und ihren kognitiven und metakognitiven Kompetenzen abhängig. Mit zunehmender Fähigkeit zur Introspektion können sie Metawissen über das eigene Lernen und eine Art Bewusstsein über ablaufende Lern- und Denkprozesse erwerben. Dies ermöglicht dann die Entwicklung effektiverer Formen der Informationsverarbeitung und die Überwachung der eigenen Lernvorgänge.

Für die Selbststeuerung des Lernprozesses ist es notwendig, den Schülern im Unterricht neben **Lern- und Gedächtnisstrategien** (Wiederholungs-, Elaborations-, Organisations- und Transformationsstrategien) auch jene entdecken und erproben zu lassen oder an exemplarischen Beispielen zu vermitteln, die den Prozess der Informationsverarbeitung aufrechterhalten, leiten und steuern. Zu ihnen zählen **metakognitive Strategien der Lernorganisation** wie eine mittel- und langfristige Zeitplanung, das Einhalten fester Lernzeiten, der Einsatz zweckmäßiger Lernmittel und Medien. Sie enthalten auch Strategien der Konzentrationssteuerung und Selbstmotivierung.[33]

Selbst und fremd bestimmtes Lernen begleitet unser Leben und macht unser Leben aus. AEBLI deutet deshalb die **„Summe der Lernprozesse eines Individuums"** als seine **Entwicklung**. Dieser Entwicklungsbegriff enthält auch Reifungsprozesse und biologische Determinanten wie hormonelle Einflüsse und individuelle, personale Faktoren (Systeme der Selbstbestimmmung, der Motivationen, Interessen, Einstellungen, Erfahrungen), die sich durch Interaktionen mit Sozialisationsinstanzen (Familienmitglieder, relevante Bezugspersonen und Lerngegenstände) ausprägen.[34] Von der sozialen Umwelt, insbesondere der Familie und der Schule, gehen wichtige Anstöße zur Entwicklung aus und steuern sie.

Unterschiedliche Anforderungen unserer Kultur gewinnen die Funktion von **Entwicklungsaufgaben**, die sich dem Individuum in bestimmten Lebensperioden wie beispielsweise bei der Einschulung stellen. Sie umfassen die gesamten körperlichen, geistigen, psychischen, sozialen, emotionalen Persönlichkeits- und Lebensbereiche und die des gesellschaftlichen, sozialen, politischen Lebens. Ihre Bewältigung hängt von individuellen Leistungsfähigkeiten, Zielsetzungen und Werten in den einzelnen Lebensbereichen, von soziokulturellen Entwicklungsnormen, von Erfolg oder Misserfolg, von Wiederholung, Übung und Motivation ab. Entscheidende Anstöße sind Unzulänglichkeiten und Widersprüchlichkeiten bei der Lösung von Aufgaben und Problemen sowie kognitive Dissonanzen zwischen erreichtem und antizipiertem, erwünschtem Entwicklungsstand. „Strukturen der Aufgabenschwierigkeit sind daher auch Entwicklungsdimensionen: Mit jeder Schwierigkeit, die das Kind meistert, kommt es in seiner Entwicklung einen Schritt weiter"(AEBLI 1981, S. 347).[35] Subjektiv entsprechen einem Entwicklungsstand bestimmte Handlungskompetenzen, objektiv erfüllte Anforderungen und Abschlüsse.

Besondere Bedeutung für die Bewältigung von Entwicklungsaufgaben kommt einer positiven **Beziehung und Bindung an Bezugspersonen** wie Eltern, Lehrern, Geschwistern und Gleichaltrigen zu. Sie übernehmen zunächst die Auswahl der Entwicklungsziele und sorgen für ihre Erreichung, bis die Heranwachsenden sie zunehmend selbst setzen können. Sie verstärken diese Lernprozesse durch ihre Zuwendung, ihre Reaktionen, ihr Interesse und ihre Bewertung der Aktivitäten der Schüler und bieten sich als Verhaltensvorbilder zur Nachahmung an.[36]

Entwicklungsangemessenes Unterrichten setzt also die Kenntnis der von den Schülern aufzubauenden Strukturen und der Möglichkeiten ihrer Förderung voraus. Eine kognitiv-konstruktivistische Sicht des Lernens beeinflusst dabei unmittelbar die Gestaltung des Unterrichts. Kognitiv-konstruktivistische Lehrer geben im Gegensatz zu jenen, die Lernen mehr als rezeptiven Vorgang verstehen, ihren Schülern beispielsweise in Mathematik mehr Möglichkeiten, Sachaufgaben auf individuellem Wege zu lösen, und bieten komplexere, offene, vor allem aber strukturorientierte Aufgaben an, welche die mathematische Struktur verdeutlichen. Dies wirkt sich dann beim Lösen von einfachen und komplexen Sachaufgaben auf den Leistungsfortschritt leistungsstarker wie -schwacher Schüler aus. Gleichzeitig sind sie sensibler für fehlende Kompetenzen und das noch nicht verfügbare Wissen.[37]

3.2 Der Prozess der geistigen Entwicklung des Kindes nach Piaget

Der strukturalistisch-kognitionspsychologische Ansatz Piagets wurde in den letzten Jahrzehnten durch zahlreiche empirische Untersuchungen in Teilbereichen modifiziert. Piaget und seine Mitarbeiter untersuchten die Entwicklung des kindlichen Denkens in vielen kognitiven Dimensionen (Raum, Zeit, Zahl, Masse, Gewicht u. a.). Aus der Beobachtung relativ spontaner Handlungen, Denk-, Verhaltensweisen und mündlicher Äußerungen von Vorschul- und Grundschulkindern in ihrer alltäglichen Umwelt heraus und in experimentell induzierten Problemsituationen formulierte Piaget seine strukturalistisch-kognitive Theorie der geistigen Entwicklung des Kindes. Obwohl er immer wieder darauf verwies, dass kognitive, psychomotorische, emotional-affektive und soziale Faktoren des Verhaltens zusammengehören, beschäftigte er sich im Wesentlichen nur mit den ihnen zugrunde liegenden kognitiven Strukturen und mit ihrer Entwicklung. Aebli und Bruner modifizierten diese Theorie für die Schule. Sie ist für die Planung und Realisierung von Unterricht, welcher strukturelle Lernprozesse zum Aufbau kognitiver, affektiver, psychomotorischer und sozialer Strukturen bei den Schülern initiiert, von außerordentlicher psychologischer und pädagogischer Relevanz. Die Grundlagen dieses Ansatzes und seine didaktisch-methodischen Implikationen sollten Basiswissen eines jeden Lehrers sein.

Grundbegriffe und Grundannahmen

Jeder Mensch erfasst seine Umwelt mit Hilfe seiner sensomotorischen, kognitiven und sozialen Wahrnehmungs-, Denk-, Handlungs- und Verhaltensmuster, Methoden und Begriffe. Aus konkreten Handlungen, Verhaltensweisen und Denkleistungen wie dem Erkunden, Vergleichen, Ordnen, logischen Schlussfolgern, Klassifizieren, Problemlösen, Zusammenfassen, Trennen, Aussondern, Kombinieren, Symbolisieren und Kodieren können strukturelle Gemeinsamkeiten, die **Strukturen oder Schemata**, erschlossen und als leistungserklärende hypothetische Konstrukte eindeutig operational definiert werden.[38] Strukturen ermöglichen, dass bestimmte Handlungen, Verhaltensweisen, Begriffe wiederholt erzeugt und situationsadäquat angewendet werden können. Die einzelnen Verhaltensschemata fasst Piaget zu umfassenderen Gesamtstrukturen von Verhaltensweisen, den Operationen, zusammen. Diese strukturellen Idealformen bezeichnet er in Äquivalenz zu mathematischen Strukturen als Gruppierungen und beschreibt sie in der Sprache der Logik.
Um einen Gegenstand oder eine Situation wahrzunehmen, zu identifizieren und zu begreifen, werden durch den Prozess der **Assimilation** abgespeicherte kognitive Schemata aktiviert und die neuen Informationen in vorhandene Denkstrukturen und Wissensbestände eingeordnet. Voraussetzung dafür sind bestimmte neuronal grundgelegte Wahrnehmungs- und Verarbeitungsmuster sowie begriffliche Schemata, die **Assimilationsschemata**. „Nur das kann gesehen, begriffen und manipuliert werden, wofür Assimilationsschemata bestehen. Wer nicht zählen kann, kann keine Anzahl erfassen... Es ist nicht so, dass sich die ‚objektive' Umwelt einem passiven Geist als Information aufdrängte, im Gegenteil, ein aktiver Geist assimiliert sich die Umwelt und er assimiliert das, was für ihn aufgrund seines Erkenntnis- und Verhaltensinstrumentariums assimilierbar ist" (Montada 1970, S. 22). Ein Objekt assimilieren bedeutet im-

mer, sich handelnd oder denkend mit ihm auseinander zu setzen, es einem Schema einzuverleiben, ohne dabei alle seine Eigenheiten oder Merkmale berücksichtigen zu müssen.
Lassen sich ein Gegenstand oder eine Situation aufgrund veränderter Eigenschaften oder Perspektiven nicht assimilieren oder taucht ein neues Problem auf, so müssen die bei der Assimilation eingesetzten Strukturen oder Schemata durch **Akkomodation** so abgeändert, modifiziert, neu kombiniert werden, dass sie den Eigenheiten des Gegenstands oder Problems besser angepasst sind. Das in diesem **Elaborationsprozess** aufgebaute neue System von Strukturen kann dann wieder assimiliert (aktiviert) und als Baustein für weitere komplexere Systeme verwendet werden. Aus verschiedenen Schemata werden dann umfassendere kognitive Strukturen, kognitive Konzepte aufgebaut und wie Leerstellen auf verschiedene Situationen angewendet. Akkomodation enthält deshalb immer auch Assimilation. „Assimilation und Akkomodation sind die komplementären Funktionen innerhalb der kognitiven Aktivität sowohl des Kleinkindes als auch des Heranwachsenden..., die sich in einem beweglichen, d.h. stets sich erneuernden Gleichgewicht halten“ (STEINER 1975, S. 89). Durch **Äquilibration**, d.h. Differenzierung und Integration der Strukturen in vorhandene Gesamtstrukturen durch aktive Akkomodation, soll ihre Beweglichkeit und ihr Handlungsfeld vergrößert und ein stabiles, bewegliches Gleichgewicht erreicht werden. Menschliche Entwicklung könnte deshalb nach PIAGET als Äquilibrationsprozess auf ein größeres, bewegliches Gleichgewicht hin beschrieben werden. Mit fortschreitender Entwicklung werden kognitive Strukturen aufgebaut, mit denen neue Situationen bewältigt, Konflikte gelöst und Unzulänglichkeiten immer sicherer vermieden werden können.
Allerdings sind auch hier immer **Entwicklungs- und Lernvoraussetzungen** zu beachten. Jede Struktur baut immer schon auf vorhandenen elementaren Strukturen auf. Jede Stufe fußt auf der vorhergehenden, jede Entwicklung geht von bestimmten Ausgangsstrukturen aus, die dann differenziert, ergänzt und zu neuen, überlegenen Strukturen kombiniert werden.[39]
„Piagets Verdienst liegt darin, dass er den Strukturalismus unter den Denkpsychologen durchgesetzt hat. Heute ist dieser Gedanke weithin aufgegriffen worden. Er findet sich mit einem reichen Angebot an Strukturmodellen in der Psychologie des Handelns, der Begriffsbildung, des Problemlösens, des Wissens, des Gedächtnisses ... sowie in allen Handwerken und Wissenschaften. Strukturbeschreibungen von Fertigkeiten, Denkprozessen, Sachzusammenhängen stammen aus den verschiedenen Praxis- und Wissenschaftsbereichen. Schreiner, Maurer, Skilehrer liefern ebenso Strukturbeschreibungen wie Architekten, Mathematiker, Geographen oder Mediziner. Alle haben je eigene Strukturmodelle mit spezifischen begrifflichen Bezeichnungen für Elemente und deren Beziehungen innerhalb einer Struktur entwickelt. Jede der in diesen Bereichen beschriebenen Strukturen kann als Modell dienen für die Darstellung von Verhalten, von Verständnis- und Problemlösungsleistungen (‚Er verhält sich so, als ob er diese oder jene Struktur entwickelt oder angewandt hätte‘)“ (MONTADA 1995a, S. 550).
So dienen Strukturen beispielsweise in Konzepten des Wissensaufbaus und des Gedächtnisses zur Repräsentation und Organisation komplexer Wissensbestände und

zur Beschreibung der kognitiven Prozesse der Wissensgenese. Schemata sind demnach Voraussetzung wie auch Ergebnis von Wissenserwerb. Dieser vollzieht sich über Wissensassimilation im Sinne der Verknüpfung neuer Informationen mit vorhandenen Schemata, der Um- und Neustrukturierung durch Modifikation und der Feinabstimmung der Schemata durch Erweiterung bzw. Begrenzung des Anwendungsbereichs.[40]

„Obwohl Piaget als Strukturalist eine epochale Gestalt ist, hat er zur Bereicherung der Welt der Strukturmodelle wenig beigetragen. Interessiert war er an der Entwicklung der Strukturen, und zwar an der allgemeinen Sequenz der geistigen Entwicklung" (MONTADA 1995a, S. 550).

Allgemeine Stadien der geistigen Entwicklung

Tauchen im Laufe der kindlichen Entwicklung charakteristische Verhaltensweisen, Handlungen, Kompetenzen und Erklärungen der Kinder auf, an denen die gleichen strukturellen Merkmale erkannt werden und die sich von bisher gezeigten qualitativ unterscheiden, sieht PIAGET darin eine **Entwicklungsstufe**. Seiner Meinung nach vollzieht sich die geistige Entwicklung der Kinder in einer Sequenz von vier durch charakteristische Verhaltensweisen und alterstypische, bereichsübergreifende und inhaltsunabhängige Denkstrukturen **idealtypisch** gekennzeichneten Entwicklungsstufen.

PIAGET interessiert nicht, wie durch gezielt gestaltete Lernumwelten und Entwicklungsaufgaben und dadurch initiierte Lernprozesse kognitive Denkleistungen der Kinder teils erheblich gefördert werden können. Er beschäftigt sich auch nicht mit spezifischen inhaltlichen, naiven, intuitiven Wissenskonzepten von Kindern. So deuten die Ergebnisse empirischer Untersuchungen der letzten eineinhalb Jahrzehnte mit ausgefeilten, variationsreichen Methoden darauf hin, dass kindliches Wissen schon ab einem sehr frühen Alter in bereichsspezifischen Rahmentheorien organisiert ist. Früher als PIAGET annahm sind Säuglinge in der Lage, belebte und unbelebte Objekte anhand ihres spezifischen Bewegungsmusters zu unterscheiden, Objekte zu identifizieren und Erwartungen über die Verursachung einer Objektbewegung auszubilden. Vorschulkinder unterscheiden früher zwischen Materie und Geistigem, Lebewesen und Nichtlebewesen, Realität und Fiktion und liefern erste Erklärungen über die Zusammenhänge von Ursache und Wirkung oder über die Gründe menschlichen Handelns.[41] Auch die nachfolgend dargestellten bereichsübergreifenden kognitiven Strukturen und Kompetenzen der Kinder in den einzelnen Entwicklungsstadien dürften zwischenzeitlich wahrscheinlich altersmäßig etwas früher anzusetzen sein. Die Altersangaben der einzelnen Stadien sind relativ und schwanken mit dem soziokulturellen, sozialen und schulischen Anregungsmilieu.

◆ Das Stadium der sensomotorischen Entwicklung

Dieses Stadium zwischen der Geburt und dem Erwerb der Sprache ist durch eine ungeheure vorsprachliche geistige Entwicklung des Säuglings gekennzeichnet, der sich mit Hilfe seiner Sinnesorgane und seines motorischen Bewegungsapparates mit seiner gesamten gegenständlichen Umwelt auseinander setzt.

Das Kind lernt die Welt durch motorische Aktivitäten, durch das Tun und durch Beobachtung der Verhaltensweisen anderer kennen. Der Säugling wiederholt Bewegungen und Handlungen, wenn sie zufällig zu einem assimilierbaren Ergebnis führen, variiert sie absichtlich und entdeckt durch dieses lustbetonte, aktive Experimentieren neue. Durch wechselseitige Assimilation und Akkomodation baut er Bewegungs- oder Handlungsschemata in Bezug auf einen bestimmten Gegenstand auf, die dann die „Bedeutung" des Gegenstandes ausmachen. Die Vorstellungen von Dingen, Raum, Kausalität und Zeit werden als Kategorien reiner Aktionen und nicht als Begriffe des Denkens entwickelt. Nach PIAGET beginnt damit die **sensomotorische, praktische Intelligenz**, „die sich auf die Handhabung von Gegenständen beschränkt und an Stelle von Wörtern und Begriffen lediglich Wahrnehmungen und in ‚Aktionsschemata' organisierte Bewegungen benützt" (PIAGET 1977, S. 159ff.). PIAGET glaubt, dass zielgerichtetes Handeln erst mit etwa sechs bis acht Monaten auftritt. Nach neueren Untersuchungen scheinen hingegen schon Säuglinge über eine angeborene Kernausstattung an Problemlösungsfähigkeiten zu verfügen, sich Ziele zu setzen, Problemlösungsstrategien aufzubauen und sie zu komplexeren Handlungsschemata zu vereinen.[42]
Spätestens ab Mitte des zweiten Lebensjahres antizipiert ein Kind die Ergebnisse seines Handelns in der Vorstellung, ohne sie praktisch erproben zu müssen. Das konkrete Handeln und Denken bleiben eng miteinander verknüpft. Diese Verinnerlichung von Handlungen kennzeichnet den Übergang zum Denken. „Piagets Theorie ist aber vor allem im genetischen Sinne eine Theorie des Handelns: Etwas begreifen heißt am Anfang wirklich, etwas be-greifen" (STEINER 1975, S. 89f.). Die sensomotorische Entwicklung ist damit nicht abgeschlossen, sondern läuft in enger Verschränkung mit dem Aufbau von Kenntnissen und Wissen weiter, z. B. beim Erwerb von Kulturtechniken wie dem Schreiben sowie von handwerklichen und sportlichen Fertigkeiten.

◆ Das Stadium des voroperatorischen, anschaulichen Denkens

Durch das Auftreten der Sprache werden Verhalten und sensomotorische Intelligenz tiefgreifend modifiziert. Die sensomotorische, praktische Intelligenz des ersten Stadiums wird fortgeführt und bereitet die technischen Begriffe und Kenntnisse vor, die sich bis ins Erwachsenenalter entwickeln. Das Kind wird zunehmend fähig, ausgeführte Handlungen zu beschreiben, sie sich vorzustellen, sich vergangene in Form von Berichten zu vergegenwärtigen und künftige durch Vorstellung vorwegzunehmen. Es versucht, mit seinen geläufigen Schemata seine Umwelt oder neuartige Probleme zu bewältigen. Es deutet unbelebte Dinge als belebt (Animismus) und unterstellt ihnen Wille, Motiv oder Absicht (Finalismus und Artifizialismus).
Das Kind ist in seinen Handlungen oft weiter fortgeschritten als in seinen Worten. Weil in den kindlichen Denkabläufen aber immer wieder bestimmte Verstöße gegen logische Regeln vorkommen, spricht PIAGET von **prälogischem oder intuitivem Denken**. Das Kind ersetzt die Logik durch „Intuition, durch einfache Verinnerlichung der Wahrnehmungen und Bewegungen in der Gestalt von Vorstellungsbildern und ‚geistigen Erfahrungen'... (Die primäre Intuition kann als) ein in einen Denkakt transponiertes sensomotorisches Schema", als verinnerlichte Nachahmung, **verinnerlichtes Handeln** aufgefasst werden (PIAGET 1977, S. 176).

Das Kind zentriert die Aufmerksamkeit auf ein Merkmal, auf einzelne Aspekte oder Ausschnitte wie die Form eines Gegenstandes und lässt andere außer Acht. Es beachtet beispielsweise beim Umschütten einer Flüssigkeit von einem Gefäß in ein anders geformtes nur die Höhe, nicht aber die Breite des Gefäßes. Es erfasst noch nicht die Invarianz der Menge und begreift das Umschütten nicht als Transformation. Diese Unfähigkeit, mehrere Dimensionen gleichzeitig zu erfassen, könnte auf die geringe Speicherkapazität des Kurzzeitgedächtnisses zurückzuführen sein. PIAGET spricht von fehlender Beweglichkeit des Denkens.
Das Kind vermag veränderte Gegebenheiten noch nicht zu einem integrierten Ganzen zu verbinden, Handlungen und Ereignisabläufe noch nicht auf den Ausgangspunkt zurückzuführen. Sie sind irreversibel und noch **keine** verallgemeinerbaren, untereinander verknüpfbaren und reversiblen **logischen Operationen**. Aus diesem Grund bezeichnet PIAGET dieses Stadium als **voroperationale Phase**.
In der späten voroperationalen und in der nachfolgenden konkret-operationalen Phase verstärkt sich die Fähigkeit, Objekte, Ereignisse, Handlungen nur durch Symbole wie die Sprache zu repräsentieren. Durch das Artikulieren werden die intuitiven Schemata gegliedert, die Rekonstruktion von vergangenen Aktionen und die Vorwegnahme der Folgen von Aktionen gelingen zunehmend. Diese Anfänge der Rekonstruktion und Antizipation und die Umkehrbarkeit effektiver Handlungen bereiten die Reversibilität des Denkens vor.

◆ Das Stadium des konkret-operativen Denkens

Zwischen dem fünften und sechsten Lebensjahr beginnt das Kind, die Perspektive anderer zu erkennen, sich in seinem Handeln und Reden auf die Verständnismöglichkeiten des anderen einzustellen, Rollen zu übernehmen und die Wirklichkeit zunehmend rational zu strukturieren. Um die Widersprüche zwischen der eigenen Meinung und der anderer oder zwischen aufeinander folgenden Urteilen zu erkennen, ist eine gewisse Beweglichkeit durch die Erweiterung des Handlungsfeldes notwendig. Diese bewusst erkannten Widersprüche zwingen das Kind zu einer Reorganisation seiner voroperationalen Schemata.
Das Kind wird fähig, auf geistiger Ebene zu operieren, obwohl noch ein recht enger Bezug zum konkreten Gegenstand nötig ist. Es ist auf konkret-anschauliche oder sprachlich-abstrakt gegebene Informationen angewiesen. Es erkennt jetzt bei Umschüttversuchen die Invarianz von Mengen, wendet diese Erkenntnis etwa mit neun bis zehn Jahren auf Gewichts- und mit elf bis zwölf Jahren auf Volumenprobleme an. Kinder können jetzt mehrere Merkmale einer Aufgabe berücksichtigen. Sie sind in der Lage zu dezentrieren, Mengen und Teilmengen miteinander zu vergleichen, anhand konkreten Materials Ordnungsrelationen zu erkennen und Reihenbildungen nach dem Ausprägungsgrad eines Merkmals wie Größe, Länge, Helligkeit vorzunehmen, alles wesentliche Voraussetzungen für die Entwicklung des Zahlbegriffs.
Diese elementaren Gruppierungen, durch die die verschiedenen Bereiche der Erfahrung organisiert und koordiniert werden können, resultieren aus dem Wirken koordinierter, verinnerlichter **Operationen**, d. h. effektiver oder gedanklich vorgestellter Handlungen, die nach bestimmten logischen Regeln ablaufen und sich mit anderen zu operativen Gesamtstrukturen koordinieren. Sie sind aber noch **konkret**, d. h. sie

betreffen „noch nicht verbale Aussagen.., sondern vielmehr die Objekte oder Gegenstände selbst, die sie bloß klassifizieren, in Reihen ordnen, zuordnen usw. ... Wenn man dagegen Kinder auffordert, über einfache Hypothesen nachzudenken, verlieren sie sofort den Boden unter den Füßen und verfallen in prälogische Intuition des Kleinkindes" (PIAGET 1977, S. 249, 203).[43]
Das Kind beginnt in diesem Stadium reversibel zu denken und einen beobachteten Prozess gedanklich umzukehren, ohne die Handlung effektiv ausführen zu müssen. Es versucht, von verschiedenen Punkten aus zum gleichen Ergebnis, auf verschiedenen Lösungswegen zum Ziel zu kommen und Verhaltenselemente in beliebiger Reihenfolge zu verknüpfen (Assoziativität). **Reversibilität und Assoziativität** garantieren die Beweglichkeit des Denkens.

◆ Das Stadium der formalen Operationen

Durch geeignete Anregungen werden etwa ab dem elften Lebensjahr neue Qualitäten der intellektuellen Funktionen erkennbar, das **formal-operative Denken**, das im Jugendalter die konkret-operationalen Strukturen ergänzt und in systematischer und spezifischer Weise über vorgegebene Informationen hinausgeht.
„Es geht für das Kind nicht mehr bloß darum, seine Operationen auf Objekte anzuwenden oder... mögliche Handlungen in Gedanken mit diesen Objekten zu vollziehen, sondern diese Operationen unabhängig von den Gegenständen zu ‚überlegen' und diese durch einfache Aussagen zu ersetzen. Dieses ‚Überlegen' ist also gewissermaßen ein Denken zweiten Grades: Das konkrete Denken ist die Vorstellung einer möglichen Handlung, das formale Denken die Vorstellung einer Vorstellung von möglichen Handlungen." Formale Operationen sind „also nichts anderes als konkrete Operationen auf Hypothesen oder Aussagen angewendet" (PIAGET 1977, S. 204).
Das Kind klebt auf dem formal-operationalen Niveau nicht mehr an gegebenen Informationen, sondern **abstrahiert** aus Beobachtungen und Aussagen mögliche Einflussvariablen, **kombiniert** sie zu einem System, das es dann ständig überprüfen muss, um eine korrekte Antwort geben zu können. In diesem Stadium kann ein Problemlöser systematisch **Hypothesen** über ein komplexes Phänomen aufstellen und Variablen kognitiv kontrollieren. Dies setzt das Überschauen oder das systematische Durchprobieren aller Möglichkeiten voraus. Neben der Variablenkontrolle und dem freien Kombinieren stellen die Reversibilität durch reziproke Operationen (Umkehrung) und Negation und das Verständnis für Proportionen zentrale Kennzeichen des formal-operationalen Niveaus dar.[44] Neuere Untersuchungen mit reduzierten Aufgabenanforderungen deuten darauf hin, dass Kinder schon am Ende der Grundschulzeit in Grundzügen die Logik der Hypothesenprüfung verstehen und zwischen Hypothesen und Evidenz differenzieren können.[45]
Das freie, vom Realen losgelöste **Denken und Überlegen in hypothetisch-deduktiven Aussagen** kennzeichnet den Aufbruch des formalen Denkens des Jugendalters. „Das Gleichgewicht ist erreicht, sobald der junge Mensch einsieht, dass die eigentliche Funktion seiner Überlegung nicht darin besteht zu widersprechen, sondern die Erfahrung voranzutreiben und zu interpretieren"(PIAGET 1977, S. 205). Jede neue Erfahrung und Strategie vergrößert die Anzahl und die Vielfalt der lösbaren Probleme. Oft entwickeln Jugendliche und Erwachsene die Phase der formalen Operationen nur

in den Bereichen, für die sie hochgradig motiviert sind oder in denen sie fundierte Kenntnisse besitzen. Es hängt von den bisherigen Erfahrungen, dem Bildungsstand, den Interessen und dem jeweiligen Problem ab, ob sich formal-operationales Denken zeigt.

3.3 Modellvorstellungen von der Funktionsweise unseres Gehirns beim Denken und Lernen und von verschiedenen Formen unseres Wissens[46]

Vorstellungen vom Aufbau und der Arbeitsweise unseres Gehirns und von den Leistungen unseres Gedächtnisses

Das Gehirn ist der wichtigste Teil des Nervensystems. Etwa 80 % des Gehirnvolumens werden vom **Großhirn** eingenommen. Es besteht aus zwei reichlich gefalteten **Gehirnhälften**, die durch eine Brücke aus Nervenfasern, den Balken, miteinander verbunden sind. Im Querschnitt liegt direkt unter der Oberfläche eine 13–14 mm dicke **graue Substanz** (Großhirnrinde). Sie besteht aus ca. 15 Milliarden unterschiedlichster Nervenzellen, den **Neuronen**, die über zahlreiche Nervenfasern nicht nur untereinander, sondern durch Vermittlung anderer Gehirnteile und des Rückenmarks mit allen Teilen des Körpers in Verbindung stehen. Weiß umhüllte Nervenfasern machen das Innere des Großhirns aus, die **weiße Substanz**.
Das **Großhirn** ist der Sitz aller geistigen Vorgänge des Denkens und Lernens, Erkennens, Erinnerns, Versprachlichens, Planens, Vergleichens, Kombinierens und Vergessens. Aufnehmen unterschiedlichster Informationen, Verknüpfen mit bereits abgespeicherten, mit Erfahrungen und Empfindungen, Verarbeiten und aktives Aufbauen neuen Wissens, neuer Fertigkeiten, Fähigkeiten und Einstellungen und ihre Anwendung und Übertragung sind die grundlegenden geistigen Leistungen unseres Gehirns. Vom Großhirn aus werden alle willkürlichen Tätigkeiten des Körpers gesteuert.
Die beiden **Großhirnhemisphären** sind im Wesentlichen spiegelbildlich aufgebaut. Die linke Hirnhälfte ist für die rechte Körperseite zuständig, die rechte Hälfte für die linke Körperseite. In der grauen Substanz bilden sich mit zunehmendem Alter bestimmte Bezirke für Sehen, Hören, Fühlen, Bewegungen usw. heraus. Durch das Studium von Ausfallserscheinungen einzelner **Gehirnfelder** oder durch elektrische und chemische Reizung hat man versucht, ihre Funktion zu klären. So liegen beispielsweise in der linken Hälfte ein aktives Sprachzentrum und ein Bezirk für Schriftbilder von Wörtern und Buchstaben, in der rechten Hemisphäre ein passives Sprachzentrum und ein Bezirk für Figuren und Formen. Die linke Gehirnhälfte soll deshalb überwiegend für Aufgaben des abstrakten Denkens, der Logik, Analytik, Sprache, Mathematik zuständig sein, während die rechte Gehirnhälfte eher bei bildlichen, intuitiven, kreativen, rhythmischen, ganzheitlichen, emotionalen Prozessen aktiviert wird.[47] Man unterscheidet im mittleren und hinteren Bereich der Großhirnrinde motorische Felder, von denen Befehle für Bewegungen ausgesandt werden, und sensorische Felder, die zur bewussten Aufnahme, Weiterleitung und Verarbeitung von Impulsen der Sinnesorgane dienen. Im vorderen Teil des Gehirns sind die Assoziationsfelder genannten Hirnfelder lokalisiert, die der Kombination und Verschaltung von Informationen dienen.

Unter dem Balken liegen das **limbische System**, eine begrenzte Region an der Basis des Großhirns, und das **Zwischenhirn**. Zusammen mit dem **Thalamus**, dem oberen Bereich des Zwischenhirns, überprüft das limbische System die von den Sinnesorganen oder aus den verschiedenen Bezirken des Großhirns kommenden Informationen, verbindet sie mit Sinneseindrücken und positiven Gefühlen wie Freude, Lust oder negativen wie Angst, Wut oder Schmerz, vergleicht sie mit früheren Erfahrungen, bewertet sie und leitet sie an das Großhirn zur bewussten Wahrnehmung weiter. Zu jeder Wahrnehmung, zu jedem Denken und Lernen gehört auch die emotionale Prägung durch Gefühle und Bewertungen des Körpers. Da der Erinnerungswert eines Eindruck auch von den ihn begleitenden Gefühlen abhängt, beeinflusst das limbische System über das Kurzzeitgedächtnis auch Denken, Lernen und Vergessen. Der untere Teil, der **Hypothalamus**, steht mit dem vegetativen Nervensystem und dem Hormonsystem in Verbindung. Er regelt zusammen mit der Hypophyse (Zirbeldrüse) den Energiehaushalt und die Temperatur des Körpers, den Wassergehalt des Gewebes, Nahrungs- und Flüssigkeitsaufnahme über Hunger- und Durstgefühl sowie die Funktion der Hormondrüsen und beschleunigt oder blockiert über Hormonausschüttungen alle geistigen Prozesse.
Mittelhirn und **Nachhirn** bilden den Übergang zum Rückenmark, das von der Wirbelsäule umschlossen ist. Zwischen-, Mittel- und Nachhirn werden mit dem Begriff **Stammhirn** zusammengefasst. Das **Nachhirn** (verlängertes Rückenmark) ist Schalt- und Durchgangsstelle aller Nervenbahnen vom Gehirn zum Rückenmark und umgekehrt und regelt reflektorisch lebenswichtige Körpervorgänge wie Kreislauf, Herztätigkeit, Atmung, Husten, Niesen, Kauen, Schlucken und Erbrechen.
Das **Kleinhirn** koordiniert Gleichgewicht und Körperhaltung, automatische und gewollte Muskelbewegungen unserer Organe, Impulse aus den Sinnesorganen und Befehle der Großhirnrinde.

Die Steuerung unseres Körpers und unsere Denkleistungen ermöglichen die **Neuronen** in der grauen Substanz des Großhirns. Jede Nervenzelle nimmt über Fortsätze ihres Zellkörpers, die Dendriten, Informationen von anderen Zellen auf und gibt sie selbst wieder über eine lange Nervenfaser, das Axon, die sich in Tausende von Zweigen aufteilt, an andere Zellen weiter. Dadurch sind die Neuronen untereinander mit einer noch einmal zehntausendfachen Zahl von Querverbindungen zu einem komplizierten Netz verknüpft. Das Axon ist mit einer weißen Isolierschicht aus zahlreichen Lagen einer Plasmamembran, dem Myelin, umgeben. Das Myelin verhindert Kurzschlüsse zwischen den Neuronen. Es ist in regelmäßigen Abständen von etwa 1mm durch Einschnürungen unterbrochen. Die Erregungsleitung in der Nervenfaser geschieht über eine fortlaufende Änderung der Polarität an diesen Schnürringen und der Durchlässigkeit der Nervenmembran für Kalium- und Natrium-Ionen. Jede Nervenfaser ist damit nicht nur Leiter, sondern gleichzeitig auch selbst erregbar und reaktionsfähig, bildlich gesprochen Generator und Verstärker. Die umhüllten Fasern machen die weiße Gehirnmasse aus; sie verknüpfen die Neuronen der Rindenschicht untereinander und über das Rückenmark mit den Organen des Körpers.
Ankommende wie abgehende Nervenfasern sind durch spezifische Kontaktstellen, die **Synapsen**, mit den Nervenzellen und miteinander verbunden. Die Synapsen sind

durch einen nur hunderttausendstel Millimeter breiten Spalt von der Membran des ausgewählten Neurons getrennt. Läuft eine elektrische Erregung durch das Axon bis zur Synapse, dann „feuert" sie, d.h. sie setzt chemische Überträgersubstanzen, sogenannte Neurotransmitter wie Acetylcholin, Noradrenalin, Dopamin und Serotonin, aus kleinen Bläschen in den Spalt frei. Sie erhöhen an der gegenüberliegenden Membran der Nervenzelle oder einer ihrer Verzweigungen die Durchlässigkeit für bestimmte Ionen. Durch den Einstrom von Natrium-Ionen und den Ausstrom vom Kalium-Ionen wird der Spalt überbrückt und der von der Synapse abgegebene Impuls aktiv zur angrenzenden Nervenzelle übermittelt. Je nach Aktivierung leiten Synapsen über die ausgeschütteten Neurotransmitter Signale weiter, verstärken oder hemmen sie. Während bei einzelnen Neuronen weit über 1000 Verbindungen möglich sind, werden bei einem Reiz nur wenige aktiviert. Etwa 500 Billionen Synapsen ermöglichen so, dass wir gezielt denken und uns erinnern können und durch wenige zutreffende Gedankenverbindungen immer nur ganz bestimmte Erinnerungen abrufen. Welche Neuronen miteinander verbunden werden, welche „feuern" und Impulse durchschalten, bestimmen spezifisch kodierte Eiweißmoleküle, eine Art Erkennungsmoleküle, die in den Zellkörpern der Nervenzellen gebildet werden und die Axone bis zu den Synapsen entlangwandern.[48] Sie veranlassen die Verschaltung spezifischer Neuronen, die sich aufgrund ihrer Impulsverarbeitung von anderen aktiven Nervenzellen unterscheiden, zu einem Ensemble, zu einem **neuronalen Netz**. Jede geistige Vorstellung wie eine bestimmte Erinnerung, Wahrnehmung, Bedeutung wird von solchen neuronalen Netzen aktiv erzeugt und erhalten, welche Subsysteme für bestimmte Aufgaben bilden. Für komplexe geistige Phänomene wie Sehen, Hören, Begriffsbildung, gefühlsmäßige Bewertungen ist die Verschaltung vieler Subsysteme notwendig. Sie sind über das ganze Gehirn verteilt, verbinden unterschiedliche Hirnregionen, operieren miteinander und verändern sich gemeinsam. Das Gehirn baut meist gleichzeitig mehrere neue neuronale Netze auf und bearbeitet sie gleichzeitig oder hintereinander. Im Mittelpunkt der Aufmerksamkeit steht allerdings immer nur ein Ereignis, welches uns „bewusst" wird.

Jedes Neuron trägt mit seinen Synapsen durch den Aufbau bestimmter Nervenverbindungen aktiv zur Bildung verschiedenster Informationen und durch die Einlagerung von spezifischen Eiweißmolekülen an bestimmten Stellen der Neuronen und in bestimmten Synapsen gleichzeitig zu ihrer Speicherung bei. Sie verändern nach Modellvorstellungen die Zellmembran, so dass gezielte Signale sie durch Resonanz über eingeprägte Bahnen finden können und die Gehirnzellen zum Aussenden von Impulsen aktivieren. Dadurch werden Nervenzellen eines Ensembles gezielt aktiviert, abrufbar und die Grundlagen für Denken und Lernen geschaffen. „Diese denkende Erzeugung neuer Neuronenkombinationen durch aktive Stabilisierung nennen wir umgangssprachlich ‚Lernen'... Kenntnisse und Fähigkeiten (‚liegen' also) nicht in ‚gefüllten Nervenzellen' in bestimmten Abteilungen des Gehirns, sondern (bestehen) in aktiven bzw. aktivierbaren Netzen zusammengeschalteter und zusammenschwingender Nerven und Nervenzellen... Diese aktiven Netze sind ‚verschleift' mit anderen Netzen... Physisch wird diese Stabilisierung – besonders in jungen Jahren – (auch) gestützt von der Myelinisierung der Nervenbahnen: Genutzte Neuronenverbindungen werden mehr und mehr von einer grauen Myelinschicht umgeben... Wie Jahres-

ringe eines Baumes bildet sich ein Myelinmantel um die Nervenbahnen und schützt sie vor Störungen, macht damit allerdings das Gelernte auch resistenter gegen Veränderungen. Weil die Myelinisierung von den unteren, inneren Bereichen des Cortex nach außen fortschreitet, behalten wir früh Gelerntes dauerhafter. Je später im Leben wir etwas lernen, desto eher kann es vergessen, aber auch desto leichter kann es verändert werden" (INGENDAHL 1998, S. 5).[49] Die durch Denk- und Lernprozesse zur Lösung von Aufgaben und Problemen aktiv konstruierten, häufig aktivierten und stabilisierten neuronalen, kognitiven Strukturen machen unser Gedächtnis aus.
Damit es zum Aufbau solcher neuronaler Verschaltungen kommen kann, muss das Gehirn „eingeschaltet" und die Fülle der Eindrücke radikal reduziert werden. Die Wachheit und der Spannungszustand des Gehirns werden im Stammhirn in Abhängigkeit von aktuellen Erfordernissen reguliert, sensorische, muskuläre, limbische und cortikale Funktionen miteinander verbunden und unsere Aufmerksamkeit auf einen Focus konzentriert. Erst dann können Neuronenschaltkreise gebildet, durch Übung und Anwendung immer wieder aktiviert, dadurch stabilisiert und nicht aktivierte Bahnen und Kontakte zurückgebildet werden.
Bis zur Geburt ist der größte Teil des Großhirns ausgebildet. Innerhalb der ersten drei Lebensmonate differenzieren und verzweigen sich die Nervenzellen des Großhirns je nach äußeren Umwelteinflüssen, Sinneseindrücken und Wahrnehmungen beim Sehen, Hören, Riechen, Schmecken, Tasten, Fühlen, der Zusammensetzung der Nahrung und den Erfahrungen mit anderen Menschen weiter und werden vielfach verschaltet. Neuronale Grundmuster der ersten Lebensmonate sind einerseits angeboren und dienen als Wegweiser für nachfolgende Verknüpfungen; andererseits werden sie durch Lernprozesse und die Ablagerung unterschiedlicher Moleküle bestimmt und kodifiziert. Sie stellen gleichsam die biologische Hardware unseres Denkens und Erlebens dar, alle weiteren Grundmuster und Subsysteme die Software unseres Gehirns.
Neuronale Grundmuster und **Subsysteme** von Beziehungen und Assoziationen entsprechen den Assimilationsschemata PIAGETS. Jeder Eindruck nutzt vorhandene Strukturen, beeinflusst sie aber auch. Er verstärkt bestimmte Verbindungen, verändert aktivierte Neuronen in ihrer Substanz und Synapsen in ihrer Arbeitsweise. Die Wechselwirkung zwischen vorhandenen neuronalen Grundmustern und der Außenwelt gewinnt immer mehr an Bedeutung. Je größer die Resonanz der Schwingungen zwischen eigenen und fremden Grundmustern ist, je ähnlicher sie sich in ihrer Struktur sind, desto schneller findet eine Verständigung oder Lernen statt. Je mehr Wahrnehmungskanäle benutzt werden, je intensiver man sich mit Informationen, Gegenständen oder neuen Lernstoffen auseinandersetzt, sie mit Emotionen und Interessen verbindet, desto vielfältiger werden sie verknüpft, verstanden, verankert, gespeichert und später wieder erinnert und angewandt.

Vorstellungen von der Informationsverarbeitung in verschiedenen Gedächtnisspeichern

Die Speicherung von Informationen beruht auf elektrochemischen Erscheinungen wie auch auf biochemischen, strukturellen Veränderungen der Nervenzellen. Die Untersuchung von Ausfallerscheinungen hirngeschädigter Patienten oder die Löschung von Informationen aufgrund von Schockeinwirkung, starken Schmerzen usw. führte zur Vorstellung verschiedener **Gedächtnisspeicher**, die sich hinsichtlich ihrer Funktion, der Speicherkapazität und -dauer von Informationen voneinander unterscheiden. Sie stellen Filter für Wahrnehmungen und Erlebnisse dar. Nach dem bekannten **Mehr-Speicher-Modell** der Gedächtnispsychologie bezeichnet man sie als Ultrakurzzeitgedächtnis, sensorisches Register oder sensorischen Informationsspeicher, als Kurzzeit- und Arbeitsgedächtnis bzw. Kurzzeit- oder Arbeitsspeicher und als Langzeitgedächtnis oder Langzeitspeicher.

◆ Das Ultrakurzzeitgedächtnis

Nehmen die Sinnesorgane mit ihren Rezeptorzellen Informationen wie akustische, optische, motorische, taktile oder olfaktorische Reize auf, kreisen sie in Form von Ionenströmen in kurzzeitig aktivierten Nervenbahnen, die das Ultrakurzzeitgedächtnis, den **sensorischen Informationsspeicher** bilden. Durch die ungeheure Fülle an vorgefertigten Grundmustern (Assimilationsschemata) und Verschaltmöglichkeiten besitzt dieses Gedächtnis eine sehr große Kapazität, kann aber Informationen nur bis maximal zwanzig Sekunden festhalten, ohne sie zu verarbeiten. Nur wenn sie innerhalb dieser Zeit wieder abgerufen werden, wenn die Aufmerksamkeit auf sie gerichtet ist und/oder durch Resonanz und Vergleich mit bereits abgespeicherten Informationen Bilder, Begriffe, Gedankenverbindungen, Gefühle wieder erkannt, verknüpft und Assoziationen gebildet werden können, klingen sie nicht ab und gehen verloren, sondern werden in den Kurzzeitspeicher überführt, verstehend wahrgenommen und weiter verarbeitet. Der Übergang vom Ultrakurzzeitgedächtnis zum Kurzzeitgedächtnis gleicht einem Filter, der unser Gedächtnis vor einer Flut einströmender Informationen schützt und dadurch Orientierung ermöglicht.

◆ Das Kurzzeitgedächtnis

Das Kurzzeitgedächtnis besitzt eine erheblich kleinere Kapazität als das Ultrakurzzeitgedächtnis und kann deshalb nur einen Bruchteil der dort eingehenden Informationen übernehmen. Es enthält alles, dessen sich ein Mensch in einem bestimmten Augenblick bewusst ist. Es ist notwendig, um den Inhalt eines gesprochenen oder geschriebenen Satzes zu verstehen, einfache Kopfrechungen auszuführen oder eine Telefonnummer kurzzeitig zu behalten. Die mit bestimmten Assoziationen verknüpften Informationen bleiben dort aber ohne Wiederholung, weitere Verarbeitung oder Verankerung an intensive Gefühle nur etwa 30 Sekunden bis wenige Minuten verfügbar.

Bei der Informationsverarbeitung werden durch die gleiche elektrische Schwingung in den Nervenbahnen bestimmte Neuronenverbindungen relevanter neuronaler Netze und Verbundsysteme der verschiedensten Gehirnbezirke vorläufig zu „flüchtigen mentalen Strukturen" zusammengeschaltet und aufrechterhalten. Diese überprüfen vorhandene Gedächtnisinhalte, verketten sie mit den neuen Informationen oder bilden durch Akzentuierung bestimmter Merkmale neue Klassifizierungen. Das Kurzzeitgedächtnis dient somit gleichzeitig als **Arbeitsgedächtnis** für das Denken, Vorstellen, Abrufen gespeicherter Wissensbestandteile und das Einprägen. Denn erst durch **Elaboration**, d.h. durch aktive Verknüpfung mit bereits verfügbarem Wissen, mit inneren Vorstellungsbildern, Begriffen, emotional-affektiven Empfindungen, Gefühlen, Interessen, Einstellungen und durch aktive Verarbeitung mit Hilfe bewusst eingesetzter Problemlöse-, Lern- und Elaborationsstrategien, werden über neuronale Netze und Subsysteme kognitive Wissensstrukturen aufgebaut, kontinuierlich erweitert und durch die häufige Aktivierung über die Synthese spezifischer Eiweißmoleküle auch langfristig im Langzeitgedächtnis gespeichert. Elaborative Prozesse sind beispielsweise notwendig, um verbale Informationen zu verstehen, neue in bestehende Wissensstrukturen sinnvoll zu integrieren, sie einzuprägen und zu reproduzieren, Vergessenes adäquat zu rekonstruieren, auf neue Kontexte zu übertragen und die Behaltensleistung zu erhöhen. Neu erworbenes Wissen, das nicht hinreichend durch elaborative Prozesse mit bereits abgespeichertem Wissen verknüpft wird, geht wieder verloren.[50]

Bei Gedächtnisversuchen mit isolierten Wörtern oder sinnlosen Silben zeigte sich, dass dabei nicht wesentlich mehr als 7 ± 2 Reize gespeichert werden können. Diese **geringe Speicherkapazität** des Kurzzeitspeichers kann durch Einsatz von Lern- und Gedächtnisstrategien oder durch **Automatisierung** von Operationen und Prozeduren wesentlich erweitert werden. Bedeutsam ist das „Chunking" als Organisationsstrategie, d. h. das strukturierte Zusammenfassen und Gruppieren mehrerer Einzelinformationen zu größeren Informationseinheiten (chunks) je nach Art und Umfang der vorausgegangenen Lernerfahrungen, durch die Reduktion der Informationen auf wesentliche Aussagen. So werden aus einer sechsstelligen Kontonummer durch Aufteilen in zwei dreistellige Ziffern nur noch zwei Informationseinheiten, ein Fremdwort wird mit der deutschen Bezeichnung und einer bildhaften Vorstellung assoziiert, ein Satz mit erheblich mehr als sieben Wörtern unter einem Oberbegriff kodiert, ein Lerninhalt mit einer Geschichte verbunden und durch ein Stichwort symbolisiert. Auch Strukturierung durch Rhythmisieren und zeitliches und räumliches Gruppieren des Lernmaterials dienen dazu.[51] Besonders wichtig ist auch die **Transformation** der über möglichst viele Sinne aufgenommenen Informationen in andere, durch Handeln, bildliche oder symbolische Darstellungen wie die Sprache repräsentierte Formen des Wissens **(Transformationsstrategie)** und ihre häufige Anwendung und Übertragung zur Lösung neuer Aufgaben und Probleme. Motorische Lernprozesse werden wie beim Gehen, Schreiben oder Autofahren durch häufige Übung automatisiert und als fest verschaltete Programme in der Großhirnrinde verankert. Wichtige Sinneswahrnehmungen, beispielsweise aus dem Straßenverkehr, werden dann ohne Reflexion und erneute Verarbeitung direkt an die ausführenden Nerven weitergeleitet und entlasten dadurch unser Gedächtnis. Die geringe Speicherdauer lässt sich durch aktives Wiederholen und Memorieren (rehearsal) mit Hilfe von **Wiederholungsstrategien** bewusst verbessern.

Da das Gehirn nicht eingleisig, linear arbeitet, sondern mehrere Wege gleichzeitig beschreitet, wird es umso mehr angeregt, je mehr Informationen über die verschiedensten Sinneskanäle zu einem Lerninhalt vermittelt und über verschiedenste Repräsentationsformen elaboriert werden. **Multisensorisches Lernen** schafft vielfältige Assoziationsmöglichkeiten, nützt die unterschiedlichen Wahrnehmungs-, Denk- und Speicherfunktionen beider Gehirnhälften und erleichtert durch die eingesetzten elaborativen Strategien die Reproduktion und Rekonstruktion von Wissen.[52]

◆ Das Langzeitgedächtnis

Die aktiv durch Elaboration im Kurzzeitgedächtnis aufgebauten Wissensstrukturen in Form spezifischer neuronaler Netze und Subsysteme werden durch die Bildung spezifischer Proteine in den Nervenzellen langfristig als Langzeitgedächtnis fixiert. Je nach Elaboration werden dabei in den Nervenzellen unterschiedliche Ribonukleinsäurematrizen kodiert, in den Ribosomen synthetisiert und in den Zellen und Synapsen eingelagert. Hinweise auf diese etwa 20 Minuten dauernde Proteinsynthese geben Störungen durch Schock- und Schreckerlebnisse. Durch sie werden beispielsweise bei einem Unfall die Informationen der letzten zwanzig Minuten bis zu diesem Ereignis gelöscht, die noch nicht bleibend eingeprägt sind, während bereits abgespeicherte nach Abbau von Blockaden wieder erinnert werden können. Das Langzeitgedächtnis stellt durch die biochemische Speicherung dem Arbeitsgedächtnis gleichzeitig eine ungeheure Vielzahl unterschiedlich kodierter, über das Gehirn verteilter, ansprechbarer neuronaler Netze und Systeme zur Verfügung, bei denen bestimmte Impulse schneller weitergeleitet und vorgebahnte Assoziationen schneller verknüpft werden. Je mehr Vorstellungen, Ideen, Eindrücke, Erkenntnisse, äußere und innere Wahrnehmungen so fixiert werden, desto eher können durch aktive Auseinandersetzung mit einem Lerngegenstand aus ihrem gleichzeitigen Wechselspiel neue Ideen und Einfälle entstehen, Probleme gelöst, neue Erkenntnisse gewonnen, Strukturen aufgebaut und nach vielfältiger Verarbeitung oder Verknüpfung mit emotional bedeutsamen Ereignissen erneut abgespeichert werden.[53]
Im Langzeitgedächtnis ist unser gesamtes **Wissen** spezifisch kodiert und abstrakt-symbolisch gespeichert. Es enthält nicht nur begriffliches, relationales, ikonisches, sondern auch prozedurales Wissen im Sinne des **Könnens**. Wissen ist das Ergebnis aktiver Denk-, Handlungs- und Problemlösungsprozesse und gleichzeitig ihre Voraussetzung. Mit seiner Hilfe kann das Individuum seine Umwelt interpretieren und gezielt darauf einwirken.[54]

Formen des Wissens im Langzeitgedächtnis und Möglichkeiten der Aktualisierung

Neben der Vorstellung zeitabhängiger Gedächtnisspeicher werden verschiedene **inhalts- und wissensabhängige Gedächtnisformen** angenommen, die besonders die **Struktur des Langzeitgedächtnisses** betreffen. Es wird unterstellt, dass sich das Langzeitgedächtnis aus verschiedenen Komponenten zusammensetzt. Die wichtigste Unterscheidung betrifft die zwischen dem bewussten Gedächtnis für Fakten und Ereignisse (deklaratives Gedächtnis) und Formen unbewusster Gedächtnisprozesse (nicht-deklaratives Gedächtnis). Neuere neuropsychologische Gedächtnisstudien deuten darauf hin, dass neurobiologisch und anatomisch unterschiedliche Subsysteme des Gehirns dafür spezialisiert sind. Der „Ort" des abgespeicherten Wissens hängt von der Beteiligung sensorischer oder motorischer Systeme und seiner deklarativen oder prozeduralen Form ab.[55]

◆ Das deklarative Wissen

Das deklarative Gedächtnis kann differenziert werden in ein semantisches und ein episodisches Gedächtnis. Das **semantische Gedächtnis** umfasst das inhaltliche Wissen über Sachverhalte, also Faktenwissen wie Namen und Aussehen von Gegenständen, Personen, Ereignissen, Ländern, daneben Formeln, Maßbezeichnungen und das Wissen über komplexe Zusammenhänge, z. B. Ursachen und Verlauf des II.Weltkrieges, grundlegende Gesetze der Physik. Das **episodische Gedächtnis** ist autobiografisch angelegt und verarbeitet und speichert Informationen, die sich auf das eigene Erleben und die eigene Erfahrung beziehen, in der zeitlichen Sequenz der erlebten Episoden. Erst wenn sich das Selbstkonzept etwa ab dem zweiten bis dritten Lebensjahr herausbildet, werden Erlebnisse als autobiografisch bedeutsam enkodiert. Im semantischen Gedächtnis ist als dritte Form das **strukturelle Wissen** über allgemeine Organisationsformen, beispielsweise vom Aufbau eines Textes, vorhanden.
Das deklarative Wissen ist in Form flexibel und produktiv in neuen Situationen nutzbarer kognitiver Strukturen, Handlungs- und Wahrnehmungsschemata, Operationen, Vorstellungsbilder, Begriffe und ihrer Bedeutungen gespeichert. Sie bilden als hierarchisch strukturierte **Netzwerke** eine Art mentales Wörterbuch zu einzelnen Objekten und Konzepten, in dem ähnliche Inhalte miteinander assoziiert sind.[56]

◆ Das nicht-deklarative, prozedurale Wissen

Das nicht-deklarative, größtenteils unbewusste Gedächtnis umfasst vor allem das prozedurale Wissen in Form psychomotorischer und kognitiver Fertigkeiten (Prozeduren), d. h. Wissen über den **Ablauf komplexer Handlungsfolgen**, die meist in festgelegter Weise wiederholt werden, und Können, d. h. ihre Anwendung im alltäglichen Leben. Im Gegensatz zu psychomotorischen Fertigkeiten wie das Rad- und Autofahren oder das Maschinenschreiben bestehen kognitive Fertigkeiten aus rein mentalen Prozessen, die das deklarative Wissen über Sachverhalte nützen, z. B. Handlungsschemata, Operationen, Lösungsverfahren und Algorithmen der Mathematik.
Ein spezifisches Merkmal der Fertigkeiten ist, dass sie mit zunehmender Beherrschung durch ständige Übung immer weniger ins Bewusstsein treten, bis sie schließlich **automatisiert** wenig Aufmerksamkeit erfordern, schnell und verlässlich ausgeführt werden und andere gleichzeitige Handlungen und Fertigkeiten immer weniger stören.

◆ Das methodische und metakognitive Wissen

Metakognitives Wissen umfasst deklaratives Wissen über die eigenen kognitiven Prozesse beim Denken und Lernen und ihre Bedingungen und als prozedurale Fähigkeit metakognitive und ressourcenbezogene **Strategien** zur Kontrolle und Regulation gedächtnisbezogener Aktivitäten. Es steuert und kontrolliert den effizienten **Einsatz von Lern- und Problemlösestrategien** und die **Organisation von Handeln und Lernen**. Strategien sind in der Regel als flexibel und situationsangemessen einsetzbare Handlungspläne, Verfahren und Operationen mental repräsentiert, aufgabenspezifischen Handlungsschemata und Prozeduren übergeordnet und beeinflussen direkt den Prozess der Informationsverarbeitung beim Denken und Lernen. Besonders zur Bewältigung von Problemsituationen, in denen das vorhandene Wissen nicht aus-

reicht, ist ein Individuum auf Strategien angewiesen. Der kognitive Prozess beim planvollen, absichtlichen allgemeinen wie spezifischen Problemlösen basiert auf dem verfügbaren Sachwissen über die Situation und auf der Elaboration des Wissens. „Die Entwicklung eines breiten Repertoires von Lern- und Denkstrategien hängt vom Anregungsreichtum der Lernumwelt, von der Entwicklung der Wissensbasis und den metakognitiven Fähigkeiten der Selbstregulation sowie von vielfältigen Anwendungs- und Übungsmöglichkeiten ab“ (BAUMERT 1993, S. 329f.).[57]
Kinder entwickeln mit zunehmendem Alter ein „Gespür“ für die benötigte Anstrengung und Lernzeit zum Einspeichern von Informationen und für den Umfang bereits korrekt abrufbarer Inhalte. Dazu gehört auch Wissen über die Art der Aufgabenstellung, der Aufgabenschwierigkeit, die Gestaltung von Texten, kommunikative Strategien zum Einprägen und Konsolidieren von Lerninhalten, die Verwendung bildlicher Vorstellungen und anderer Repräsentationsformen und richtiges Formulieren von Fragen als Voraussetzung systematischen Vorgehens.[58]

◆ Das sozial-kommunikative Wissen und Können

Das sozial-kommunikative Wissen und Können, die soziale Kognition, „umfasst sowohl das Wissen über die Welt sozialer Geschehnisse, als auch den Prozess des Verstehens von Menschen, ihrer Beziehungen sowie der sozialen Gruppen und Institutionen, an denen sie teilhaben. Mitgedacht ist die Bedeutung sozialer Kognition für die Organisation sozialer Interaktion“ (SILBEREISEN 1995, S. 823). Es enthält gleichzeitig auch **grundlegende soziale Fähigkeiten** wie Kommunikations- und Kooperationsfähigkeit, Perspektivenübernahme, Empathie, soziale Sensibilität und Toleranz, die sich in bestimmten sozialen Vorstellungen, Verhaltensweisen, Handlungsschemata äußern, sowie dazu notwendige methodisch einsetzbare **Fertigkeiten** (prozedurales Wissen), z. B. Methoden der Kontaktaufnahme, Gesprächstechniken, Verhandlungs- und Konfliktlösestrategien. Je umfangreicher soziales Wissen ist, je mehr soziale Verhaltensweisen und Handlungsschemata man erworben und je bewusster man darüber im Sinne **metakognitiven Wissens (soziales Verstehen)** verfügen kann, um so effektiver kann es zur positiven wie negativen Beeinflussung anderer Menschen eingesetzt werden. Eine grundlegende positive Einstellung und Vertrauen gegenüber anderen sind Voraussetzung jeglicher humaner Kommunikation und Interaktion. Sozial-kommunikatives Wissen wird ab dem ersten Lebenstag durch soziale Erfahrungen im täglichen Umgang mit anderen Menschen erworben, im erziehenden Unterricht vor allem in Interaktionsprozessen, über Prozesse des Beobachtungs- und Modelllernens, durch Verstärkung und bewusst eingeplante Sozialformen.[59]

◆ Das Abrufen des Wissens und Könnens aus dem Gedächtnis

Um das Wissen des Langzeitgedächtnisses abrufen zu können, braucht man geeignete **Abrufanker** in Form von Wahrnehmungs-, Assimilations- und Handlungsschemata, Vorstellungsbildern, Schlüsselbegriffen, Stichwörtern, d. h. biochemisch gespeicherten neuronalen Verknüpfungen. Über sie greifen wir auf Schemata unseres Denkens zurück. Um Gedächtnisinhalte ausfindig und verfügbar zu machen, brauchen sie meistens nur dem Sinn nach aktiviert zu werden. „Sie erscheinen als Rekonstruktionen im Bewusstsein. Unser Gedächtnis wäre total überfordert, müssten wir auch diese Inhalte in ihrer ursprünglichen Form reproduzieren. Mit Hilfe von Reizwörtern, Ankerbegriffen, Handlungsschemata und Kontextassoziationen werden Reihenfolge, logischer Aufbau und Sinngehalt rekonstruiert" (SCHMIDT 1988, S. 34). Je besser bedeutungsvolle Wissenselemente geordnet und strukturiert sind und je mehr Schlüsselbegriffe vorhanden sind, je mehr positive Emotionen damit verbunden sind, desto leistungsfähiger ist unser Gedächtnis. Die kognitive Struktur des Wissens wächst permanent, wird ergänzt, aber auch neu gruppiert und geordnet. Bei diesem Prozess der Wissensverarbeitung sind immer auch emotionale und über die Ausschüttung von Stresshormonen auch hormonelle Prozesse beteiligt, die selektiv, aktivierend oder hemmend wirken können.[60]

Für den Lehrer ergeben sich **weitreichende didaktisch-methodische Möglichkeiten, Denk- und Lernprozesse der Schüler** über die Gestaltung des Unterrichts **zu initiieren und zu unterstützen**, z. B. durch die vielkanalige, problemlösend-entdeckende, handelnde Auseinandersetzung mit dem Lerngegenstand, durch die Weckung von Interessen, Neugier und intrinsischer Motivation, durch das Anbieten vielfältiger Möglichkeiten des selbst gesteuerten Lernens und Arbeitens und durch die Vermittlung dazu notwendiger Arbeitsweisen, -techniken und Lernstrategien. Sie werden in den folgenden Kapiteln detailliert erörtert und durch viele Beispiele illustriert.

1 Vgl. BAUMERT/LEHMANN 1997, S. 231; Siehe zur Leistung als Effizienzkriterium gernauer B VIII/1; B I/3.1.
2 Vgl. BAUMERT/LEHMANN 1997, S. 177ff.; BOS/BAUMERT 1999, S. 3ff.
3 Vgl. BAUMERT/LEHMANN 1997, S. 17, 59ff.; WEINERT 1998, S. 151ff.
4 Vgl. ITO 1997, S. 455ff.; SCHUBERT 1998, S. 398ff.; BAUMERT/LEHMANN 1997, S. 218ff.; RENNER 1998, S. 221ff.; HESSE/JOSCZOK 1999, S. 22ff.
5 Vgl. MANDL/ROTHMEIER 1995, S. 15ff.; GERR 1991, S. 4ff.; FRIEDRICH/MANDLL 1997, S. 258ff.; WITTMANN 1994a, S. 159ff.; 1994b, S. 175ff.; KRAUTHAUSEN 1998, S. 10-17;
6 Vgl. BLK 1997, S. 25; KRAFT1999, S. 842f.
7 Vgl. GERR 1991, S. 4ff.; FRIEDRICH/MANDL 1997, S. 258ff.; B VI/3.2; 3.3
8 Vgl. BAUMERT/LEHMANN 1997, S. 17.
9 Vgl. B VI/2.3.
10 Vgl. SCHUBERT 1998, S. 401ff.; BAUMERT/LEHMANN 1997, S. 215ff., 232ff.
11 Vgl. EINSIEDLER 1997a, S. 227ff; 1997b, S. 13ff; STERN 1997, S. 163ff.; STEINER 1996, S. 293ff.
12 Vgl. EINSIEDLER 1997a, S. 227ff., 234ff.; 1997b, S. 13ff.; 19ff.; WEINERT 1996b, S. 28ff.; 1998, S. 115ff.; STEINER 1996, S. 294ff.; KRAUTHAUSEN 1998, S. 15ff., 21ff., 28ff., 61ff.; BLK 1997, S. 23ff.; B III; B V
13 Vgl. BLK 1997, S. 21ff.; B VII
14 Vgl. B IV/2.1
15 Vgl. B V; B VII/2; 3; A II/2.3
16 Vgl. B VI/3
17 Vgl. WEINERT 1986, S. 104; JÜRGENS 1995b, S. 37; RHEINBERG 1981; WEIDENMANN/KRAPP 1986, S. 230ff.; BLK 1997, S. 26ff., 91ff.; A II/1; B VIII
18 „Instruktion lässt sich als Inbegriff jener Handlungen und Maßnahmen umschreiben, die darauf gerichtet sind, die Bedingungen, Prozesse und Ergebnisse des Lernens kollektiv, differentiell oder individuell zu optimieren" (WEINERT 1996b, S. 37f.). „Direkte Unterweisung (ist)... also weder der zu Recht kritisierte Frontal- oder Paukunterricht, noch eine lehrerzentrierte und schülerrezeptive Didaktik, sondern eine lehrergesteuerte, aber schülerzentrierte, also die Lernenden aktivierende, verständnisfördernde und auf die Vermeidung oder schnelle Beseitigung von Wissensdefiziten bei einzelnen Schüler ausgerichtete Unterrichtsform" (WEINERT 1998, S. 115); Vgl. BLK 1997, S. 24ff..
19 Vgl. WEINERT/SCHRADER 1997, S. 308ff., 318ff.; FRIEDRICH/MANDL 1997, S. 249ff.; WEINERT 1996b, S. 28ff., 36ff.; 1996b, S. 110ff.; 114ff.; STEINER 1996, S. 297ff.; B II – B VIII
20 Vgl. MARAS 1984, S. 475
21 Vgl. A I/2; A II/1-3
22 Vgl. SCHRÖDER 1991, S. 112; APEL 1992a, S. 12ff., 36ff.; WEINERT 1996b, S. 41
23 Vgl. GLÖCKEL 1990, S. 276-309; APEL 1992a, S. 36

24 Vgl. Fischer 1984, S. 495; Einsiedler 1997a, S. 23ff.; 1997b, S. 19ff., 27ff.
25 Vgl. Aurin 1991; Mauermann 1992, S. 56ff.; Fend 1988, S. 545ff.; 1996, S. 88ff.
26 Vgl. Aebli 1968, S. 24ff.
27 Vgl. Aebli 1968, S. 69ff.; Mandl/Friedrich/Hron 1988; Fortmuller 1991, S. 167ff., 214ff.; Friedrich/Mandel 1992; Einsiedler 1996, S. 169ff., 174ff.; van der Meer 1996, S. 211ff., 218ff.; Weinert 1996b, S. 15ff.; 20ff.; Weinert/Schrader 1997, S. 304ff., 309ff.; B III/3.; VII
28 Vgl. Aebli 1968, S. 24ff.,, 31ff.,88ff.; Piaget 1975a, S. 375ff., 384ff.; 1975b, S. 344ff.; 1976; 1977, S. 154ff.; Montada 1970, S. 20ff.,30ff., 45ff., 50ff., 113ff.; 1995a, S. 548-560; Steiner 1975, S. 89ff., 101ff.; 1996, S. 280ff.; Reinmann-Rothmeier/Mandl 1995, S. 50ff; 1996, S. 18ff.; 1997a, 10ff; 1997b, S. 144ff; Mandl/Gruber/Renkl 1995, S. 167ff; Gerstenmeier/Mandl 1995; Schiefele/Pekrun 1996, S. 249ff., 256ff.; van der Meer 1996, S. 211ff.; Weinert 1996b, S. 7ff., 28ff., 33ff.; Weinert/Schrader 1997, S. 306f., 312ff., 324ff.; Friedrich/Mandl 1997, S. 241ff, 247fff.; Clement/Martens 2000, S. 102ff.
29 Vgl. Clement/Martens 2000, S. 102ff.; B VIII/1; B I/3.1; B III/3; B VII/2.3; 3; 4
30 Vgl. Montada 1995a, S. 556; B III/3; VII/2; 3
31 Vgl. Aebli 1981, S. 353ff.; Schiefele/Pekrun 1996, S. 254ff.;
32 Vgl. Simons 1992, S. 254ff.; Klippert 1991, S. 54ff.; Dubs 1995, S. 840ff; Reinmann-Rothmeier/Mandl 1997a, S. 28ff.; Friedrich/Mandl 1997, S. 238ff.; Weinert 1996b, S. 8ff., 35ff.; 1997, S. 249ff.; Weinert/Schrader 1997, S. 306ff.; Schiefele/Pekrun 1996, S. 250ff., 259ff.; Baumert/Klieme/Neuhaus u. a. 1999; Kraft 1999, S. 834ff.
33 Vgl. Mandl/Friedrich/Hron 1986; Friedrich/Mandl 1992, S. 8ff.; Joerger 1983, S. 12ff.; Prenzel/Schiefele 1986, S. 114ff.; Prenzel 1993, S. 240f; Keller 1992, S. 152ff.;Baumert 1993; Wild/Schiefele 1993; Krapp 1993b; Brademann 1995; Schneider/Buettner 1995, S. 672ff.; Schiefele/Pekrun 1996, S. 260ff.; Weinert 1998, S. 115ff.; Kraft1999, S. 835ff., 842ff.; B I/3; III/3.3; V/4; VII/3
34 Vgl. Montada 1995a, S. 548-560
35 Vgl. Aebli 1981, 352ff.; 1968, S. 35-45; 1983, S. 391f.
36 Vgl. Oerter 1995a, S. 122ff.; Steiner 1996, S. 293; A II/1-3
37 Vgl. Stern 1997, S. 162ff.; 190; Einsiedler 1997b, S. 18ff.; Baumert/Lehmann 1997, S. 226ff.
38 „Schemata sind demnach Abstraktionen des Verhaltensforschers, um die Vielfalt des Verhaltens von Mensch und Tier auf eine begrenzte Anzahl von Grundmustern zu reduzieren und um das Auftreten bestimmter Verhaltensweisen zu erklären" (Messner1978, S. 66). Vgl. Piaget 1977, S. 154ff.; Piaget/Inhelder 1974; Montada 1970, S. 18ff.; 1995a, S. 551ff.; Aebli/Montada/Steiner 1975, S. 86ff.; 96ff.
39 Vgl. Piaget/Inhelder 1974; B I/3.3
40 Vgl. van der Meer 1996, S. 218ff.; Steiner 1996, S. 279ff., 297ff.
41 Vgl. Pauen 1997, S. 99ff., 106ff.; Mähler 1999, S. 56ff.; Schrempp/Sodian 1999, S. 68ff.;76ff.
42 Vgl. Oerter/Dreher M.. 1995, S. 563ff.; Pauen 1997, S. 99ff., 106ff.; Mähler 1999, S. 56ff.
43 Vgl. Piaget 1977, S. 192ff., 223f., 246ff.
44 Vgl. Montada 1995a, S. 540ff.
45 Vgl. Schrempp/Sodian 1999, S. 68ff., 75ff.
46 Vgl. Steiner 1975; Miram 1978, Aebli 1980, 1981, 1983, 1987; Wippich 1984, S. 27ff.; Miram/Scharf 1985, S. 220ff; Angermeier 1984, S. 155ff.; Gage/Berliner 1986, S. 312ff.; Mandl/Friedrich/Hron 1986, S. 155ff.; Oerter/Schuster-Oeltzschner 1987; Oerter 1988; Schmidt 1988, S. 33f.; Mandl/Spada 1988; Baeriswyl 1989; Fortmueller 1991, S. 18ff., 106ff., 188ff.; Mandl/Friedrich 1992; Mietzel 1993, S. 170ff.; Krapp 1993b; Baumert 1993; Vester 1995, S. 22ff., 43ff., 74ff., 92-143; Schneider/Büttner 1995, S. 672-699; Hasselhorn/Lindner-Müller 1995; Einsiedler 1996, 169ff., 174ff.; van der Meer 1996, S. 211ff.; Ingendahl 1998.
47 Vgl. Vester 1995, S. 22ff.; Seitz 1991, S. 56f.
48 Vgl. Vester 1995, S. 26f.; Miram/Scharf 1985, S. 220ff.; Miram 1978, S. 28ff.
49 Vgl. Vester 1995, S. 56ff.;63ff.; Fortmüller 1991, S. 216ff.; Schneider/Büttner 1995, S. 655
50 Vgl. Ewert/Thomas 1996, S. 105ff.; Ingendahl 1998, S. 5ff.
51 Vgl. Mandl/Friedrich/Hron 1986, S. 150, 161ff.; Baeriswhyl 1989, S. 63, 70; Fortmüller 1991, S. 175ff.; Baumert 1993, S. 327ff.; Schneider/Büttner 1995, S. 655ff., 672ff.; van der Meer 1996, S. 222ff.; Steiner 1996, S. ,9ff.; B VII
52 Vgl. van der Meer 1996, S. 209ff., 231ff.
53 Vgl. Vester 1995, S. 82ff.
54 Vgl. Aebli1980, 1981; Einsiedler 1996, S. 169ff.
55 Vgl. Schneider/Büttner 1995, S. 657ff; Ingendahl 1998, S. 8ff.
56 Vgl. Wender 1988, S. 60ff.
57 Vgl. Friedrich/Mandl 1992, S. 6ff.; Krapp 1993, S. 292ff.; B III/3.3; V/4.2; VII/3
58 Vgl. Mandl/Friedrich/Hron 1986, S. 145-218; Opwis 1988, S. 80ff.; Friedrich/Mandl 1992, S. 8ff.; Wild/Schiefele 1993, S. 318ff.; Baumert 1993, S. 331ff.
59 Vgl. Silbereisen 1995; A II/1; 2.
60 Vgl. Mandl/Huber 1983; Vester 1995, S. 69ff.; Schneider/Büttner 1995, S. 683ff.; van der Meer 1996, S. 232ff.; B VII/2;3

II Das Prinzip der Zielorientierung

1 Begriffsklärung

Zu den wichtigsten Prinzipien des Unterrichts zählt die Zielorientierung. Diese Bezeichnung wird als Oberbegriff für die **Orientierung des absichtsvollen unterrichtlichen Handelns des Lehrers** an möglichst klar formulierten **Zielen** verstanden, für die **Zielgerichtetheit** und **Zielgemäßheit seiner Einzelmaßnahmen** wie auch für die **Orientierung der Schüler an Zielen**, die sie gemeinsam mit dem Lehrer aufgestellt haben (Vgl. GLÖCKEL 1990, S. 135).
Die Ziele und Zwecke des Unterrichts werden von der Gesellschaft, von den Eltern und dem Lernenden selbst bestimmt. Erstere fließen in die Lehrpläne verschiedenster Bildungseinrichtungen der einzelnen Bundesländer ein. Das Prinzip der Zielorientierung gilt für alle Ebenen des gesellschaftlichen, wirtschaftlichen, sozialen, ethischen, erziehlichen und unterrichtlichen Handelns. Durch Zielorientierung soll das eigene Handeln an übergeordneten Leit- und Richtzielen ausgerichtet und reflektiert, im Bereich der Schulen bei allen unterrichtlichen Maßnahmen beachtet, oberflächlicher Aktualismus oder Überfrachtung durch Unterrichtsstoffe einzelner Fächer abgewehrt, gegenwärtige Bedürfnisse der Schüler einbezogen, aber nicht zum alleinigen Maßstab jedes Handelns gemacht werden.
Jede einzelne Unterrichtsstunde orientiert sich dann an vom Lehrer konkretisierten, auf die Schüler bezogenen, oft mit ihnen gemeinsam festgelegten erziehlichen, fachlich-inhaltlichen, didaktisch-methodischen Zielen. Je klarer ein Ziel formuliert ist, umso eher wird der Lehrer zuwiderlaufende Methoden und Unterrichtsformen vermeiden. „Auf allen Ebenen des Unterrichts ist Zielgemäßheit Regulativ unterrichtlichen Handelns und Kriterium des Unterrichtserfolgs“ (GLÖCKEL 1990, S. 280).[1]

2 Die Bedeutung von Lehrplänen und Curricula und Grundlagen ihrer Entwicklung

Zielorientierung ist ein wichtiges Kriterium bei der Erstellung von Lehrplänen und Curricula. Lehrpläne **sichern** als Instrumente staatlicher Bildungspolitik **das verfassungsmäßig festgeschriebene Recht auf Bildung** aller Heranwachsenden in der staatlichen Gemeinschaft neben der gesetzlich geregelten Organisation des Bildungssystems **inhaltlich ab**. Über die Lehrpläne nimmt die Gesellschaft Einfluss auf die heranwachsende Generation, gibt Traditionen weiter, verzögert gesellschaftliche Veränderungen oder beschleunigt sie durch mutige Vorgriffe. Lehrpläne sind daher immer umstritten und nur gültig auf Zeit. „Lehrpläne stellen ein notwendiges Bindeglied zwischen der schulischen Bildungspraxis und der bildungspolitischen Szenerie dar ... Die für ein sinnvolles und erfolgversprechendes Lehren und Lernen unbedingt erforderliche Ruhe wird durch den Lehrplan erreicht, der die Schule gegen das ... bildungspolitische Kampfgetümmel abschirmt. Im Lehrplan sind nur jene Zielsetzungen und inhaltlichen Ansprüche an den Bildungsauftrag der Schule noch enthalten, die sich in der politischen Auseinandersetzung behaupten und durchsetzen konnten" (PETERSSEN 1982, S. 175).

Aufgrund des föderalistischen Prinzips der Kulturhoheit der Länder (Art.30 und Art.7 GG) gelten Lehrpläne nur für ein Bundesland. Sie verpflichten Schulen und Lehrer zur Verwirklichung der in ihnen festgeschriebenen Bildung. „Lehrpläne sind Handlungsanweisungen und Planungshilfen für den Lehrer, Mittel der Fremd- und der Selbstkontrolle. Sie binden den Lehrer und machen sein Handeln überprüfbar. Sie entlasten ihn aber auch, ersparen ihm fortwährende Entscheidungen und schützen ihn vor unsachlicher Kritik ... Lehrpläne sind Vorgaben für den Schüler, Kriterien für seinen Lernfortschritt und dessen Bewertung, für den Erwerb von Berechtigungen oder deren Versagung. Sie schützen ihn aber auch vor unberechtigten Forderungen und pädagogischen Marotten, vor übereifrigen oder nachlässigen Lehrern und nicht zuletzt vor sich selbst, dem Übergewicht seiner momentanen Bedürfnisse und Launen ... Lehrpläne (sind) ... Kulturdokumente, in Inhalt, Form und Sprache Spiegelbild der geistigen bzw. politischen Kräfte einer Gesellschaft in ihrer Epoche. Sie sind Mittel der Selbstvergewisserung der Gesellschaft über ihre Situation, ihre Werte und ihre Ziele" (GLÖCKEL 1990, S. 270, 269).

***Beispiel:* Lehrplanentwicklung der 60er und 70er Jahre**

Mitte der 60er und zu Beginn der 70er Jahre wurden als Reaktion auf eine in vielfältiger Beziehung gewandelte gesellschaftliche Situation, Berufs- und Arbeitswelt, erweiterte Lern- und Informationsmöglichkeiten durch das Medienangebot und die Zunahme der individuellen Verantwortung die Lehrpläne im Rahmen der Curriculumrevision in enger Verbindung mit der Verhaltenspsychologie durch **Lernzieltaxonomien** radikal verändert. Die Lehrpläne sollten von ungeprüft tradierten Inhalten und Stoffen, von pauschalen Aussagen und Leerformeln befreit und aktualisiert, Ziele durch **Operationalisierung** möglichst genau formuliert und durch regel- und planmäßige **Evaluation** ihrer Ergebnisse mit wissenschaftlichen Methoden auf ihre Tauglichkeit hin überprüft werden.

Ausgangspunkt der Curriculumrevision sollte die Bestimmung der künftigen **Lebenssituationen** durch Fachvertreter verschiedenster wissenschaftlicher und gesellschaftlicher Gruppen sein. Darauf aufbauend wurden kognitive, affektive, psychomotorische **Schlüsselqualifikationen** zur Bewältigung dieser Lebenssituationen und die Lerninhalte und Lernsituationen festgelegt, durch die diese Qualifikationen erworben werden sollten. Diese Curriculumelemente bildeten die Basis für Curricula. Vor allem sollten möglichst viele gesellschaftliche Gruppen bei der Erstellung beteiligt, Verfahrensweisen und Kriterien wissenschaftlich begründet und Entscheidungsprozesse offen gelegt werden. Der Unterricht sollte sich in Inhalt und Methode an den **Wissenschaften** orientieren.

Durch die Curriculumrevision sollten Innovationen im Bildungssystem herbeigeführt, Lehr-Lernprozesse im Unterricht möglichst genau gesteuert, optimiert und damit ihre Effizienz gesteigert werden. Ziele, Inhalte, Methoden zur Erreichung des Ziels und Lernzielkontrollen wurden mittels objektiver Verfahren exakt beschrieben. Zur Hebung des allgemeinen Bildungsniveaus und zur Förderung der Chancengleichheit benachteiligter Gruppen wurden neue Inhalte und Fächer wie Arbeitslehre, Verkehrserziehung, Sexual-, Erziehungskunde und Informatik aufgenommen. Eine Fremdsprache wurde verpflichtend für alle Schularten.[2]

Die zuständigen Kultusministerien, Senatsbehörden für das Schulwesen, Staatsinstitute, Regionalen Pädagogischen Zentren u. Ä. stellen Organisationssysteme für die Lehrplanentwicklung auf, setzen Kommissionen für Teilaufgaben ein, bestimmen deren Mitglieder und Experten, lenken die redaktionelle Entwicklung der Entwürfe, leiten sie an anhörungspflichtige gesellschaftliche Gruppen und Institutionen wie Parteien, Verbände, Elternvertretungen weiter, nehmen die Stellungnahmen entgegen, verabschieden die Lehrpläne, geben sie zur Erprobung frei und verpflichten schließlich alle Lehrer einer Schulart auf sie.
Grundlage der gegenwärtigen Lehrplanentwicklung ist im Gegensatz zu den behavioristisch geprägten Lernkonzepten der 60er und 70er Jahre ein **kognitiv-konstruktivistisches Verständnis von Lernen**, das den individuellen, informationsverarbeitenden Lernprozessen große Bedeutung zumisst und Formen der **Selbstbestimmung** und **Mitentscheidung** favorisiert.[3] Durch Unterricht, Erziehung und offene Curricula sollen kognitive, emotionale, motorische, soziale Lern- und Entwicklungsprozesse initiiert und dadurch die selbstständige Aneignung, Verarbeitung, Speicherung und Anwendung von Wissen und Können, das produktive, flexible, kreative Denken und Gestalten, der Aufbau von Wertorientierungen und sozialer Bindungsfähigkeit entwickelt werden. Parallel zur Rückbesinnung auf die ganzheitliche, personale Erziehung in der Schule, auf die Vermittlung sozialer Ziele und Werte stellt man jetzt die Bedeutung des **selbstständigen, unmittelbaren Handelns** für den Aufbau kognitiver Strukturen, Operationen und Begriffe heraus und bezieht in größerem Umfang eruierte Lernvoraussetzungen und Erfahrungen der Schüler in den Unterricht ein. Den **Freiraum für genuin pädagogische Zielsetzungen** gewinnt man durch Reduzierung der Lernziele und -inhalte, durch genaue Beschreibung der Zielsetzungen in Fachpräambeln, durch Zuordnung exemplarischer Lerninhalte und durch Öffnung der häufig stark vom Lehrer gelenkten Unterrichtsprozesse.

3 Lernziele als wichtigste Bausteine von Lehrplänen und Curricula

3.1 Begriffsklärung, Klassifikation und Operationalisierung von Lernzielen

Begriffsklärung

Die durch Lehrpläne angestrebten Unterrichtsziele werden in Form von **Lernzielen** beschrieben. Der Begriff Lernziel ist eine sehr willkürliche Übersetzung des amerikanischen Begriffs „objectives". Lernziele der Curricula sind eigentlich von Lehrplankommissionen oder vom Lehrer aufgestellte **Lehrziele**, von denen gehofft wird, dass sie auch von den Schülern als ihre Ziele akzeptiert werden.[4]
Lernziele sind vom Schüler aus gedacht. Sie geben an, was ein Schüler am Ende einer

Unterrichtseinheit von bestimmten **Lerninhalten** (Stoffe, Themen) wissen oder welche **Fähigkeiten und Fertigkeiten** er auf **welchem Lernniveau** erworben haben sollte. Die an Inhalten aufgebauten Qualifikationen sollten sich in den 70er Jahren nach dem verhaltenstheoretisch ausgerichteten Lernkonzept an dem möglichst eindeutig und präzise beschriebenen **Verhalten**, an den Handlungen, Aktivitäten, Äußerungen, Stellungnahmen, an den Einstellungen des Schülers ablesen lassen. „Das Lernziel versucht also eine Qualifikation des Schülers zu beschreiben, die dieser nach dem Lernprozess erworben haben soll" (WESTPHALEN 1973, S. 43).

Da die Schüler nach dem kognitiv-konstruktivistischen Lernkonzept als denkende, handelnde, entscheidende und wollende Individuen aber nur selbst lernen können, bestimmen sie auch selbst die von ihnen verfolgten Ziele dieses Lernens. „Lehrende mögen noch so autoritär bestimmen, was unterrichtlich jeweils getan werden soll. Wenn das bei Lernenden nicht zu einer Ein-Willigung, nicht zur (selbsttätigen) Lern-Aktivität führt, bleibt das noch so (un-)erleuchtete oder energische Wollen des Lehrenden ohne Belang" (HEID 1992, S. 531). „Lernziele sind nicht direkt und vermittelt ..., sondern nur in ihren Voraussetzungen, vor allem in ihren argumentationszugänglichen Begründungen beeinflussbar" (HEID 1996, S. 160).

Aus der Sichtweise vom Schüler aus rechtfertigt sich der **Primat der Lernziele**. Lernziele sind möglichen Inhalten vorgeordnet, obwohl beide eng miteinander verzahnt sind. Die Entscheidungen darüber, was Gegenstand des Unterrichts sein soll, welche Medien und Methoden eingesetzt werden usw. sind nur von den Zielstellungen her begründbar, aber nicht deduzierbar. Gegenstände, Stoffe werden erst dadurch zu Unterrichtsinhalten und -themen, dass man sie unter bestimmten Fragestellungen zu den Schülern in Beziehung setzt, die sich damit auseinander setzen sollen. Umgekehrt ist mit der Auswahl der Inhalte oft auch eine Entscheidung über bestimmte Lernziele gegeben. Von den Lerninhalten aus gesehen geben Lernziele das **Niveau der Lernprozesse**, den **„didaktischen Schwerpunkt"** an, unter dem ein Gegenstand, ein Thema im Unterricht zu behandeln ist.[5]

Die Klassifikation von Lernzielen

Ziele können nach ihrem Allgemeinheitsgrad bzw. Abstraktionsniveau in **Leit-, Richt-, Grob- und Feinziele** mit zunehmend konkreter Formulierung unterschieden werden. Lehrpläne werden dadurch übersichtlich strukturiert. Ein solches Lernzielraster kann dazu verhelfen, „sich darüber klar zu werden, ob man als Lehrer auch tatsächlich jenen Grad an eindeutiger Vorstellung über Lernziele hat, der im je vorliegenden Fall notwendig ist" (PETERSSEN 1982, S. 294). Diese brauchbare, praktikable Orientierungshilfe verschafft aber keine Begründung der Ziele. Vor allem lassen sich konkrete Ziele nicht von allgemeinen durch logische Deduktion ableiten, da in jede Konkretisierung wieder zusätzlich zu begründende Merkmale einfließen.[6]

◆ Leitziele und allgemeine Bildungsaufgaben

Leitziele sind schulartübergreifend und so allgemein formuliert, dass ihr Abstraktionsniveau keine Festlegung auf Jahrgangsstufen oder Fächer zulässt, z. B.: Achtung vor der Würde des Menschen, Erziehung zu Freiheit und Toleranz, Verantwortungsbewusstsein gegenüber allem Lebendigen, Verantwortliche Teilnahme am öffentlichen Leben, Allseitige persönliche Entfaltung, Selbstverwirklichung in sozialer Verantwortung. Sie zeichnen sich durch Normativität, Wünschbarkeit, breite Akzeptanz durch verschiedenste gesellschaftliche Gruppen aus und finden ihren Niederschlag in den Verfassungen der Bundesländer, z. B.:

„(1) Die Schulen sollen nicht nur Wissen und Können vermitteln, sondern auch Herz und Charakter bilden.

(2) Oberste Bildungsziele sind Ehrfurcht vor Gott, Achtung vor religiöser Überzeugung und vor der Würde des Menschen, Selbstbeherrschung, Verantwortungsgefühl und Verantwortungsfreudigkeit, Hilfsbereitschaft und Aufgeschlossenheit für alles Wahre, Gute und Schöne und Verantwortungsbewusstsein für Natur und Umwelt.

(3) Die Schüler sind im Geiste der Demokratie, in der Liebe zur bayerischen Heimat und zum deutschen Volk und im Sinne der Völkerverständigung zu erziehen“ (VERFASSUNG DES FREISTAATES BAYERN, Art. 131).

Solche obersten Bildungsziele der Präambeltexte bestehender Lehrpläne bilden die **Grundlage für die Gestaltung von Erziehung und Unterricht** in staatlichen Schulen.[7] Sie orientieren sich meist an den gemeinsamen Grundlagen der christlichen Bekenntnisse. Kernaufgabe der Grundschule in Bayern ist dann beispielsweise die Vermittlung **grundlegender Bildung**, d. h. „allseitige Förderung eines jeden Kindes, Sinn- und Wertorientierung als Grundlage und Ziel von Erziehung und Unterricht, Auswahl der Lerninhalte unter dem Gesichtspunkt ihrer Bildungsbedeutsamkeit, Unterrichtsgestaltung in einer Atmosphäre der Anerkennung, des Vertrauens und der Geborgenheit, Beschränkung des Unterrichtsstoffes auf das Wesentliche, Anerkennung der emotionalen Dimension von Unterricht, Förderung der gestalterischen und schöpferischen Fähigkeiten des Kindes, Betonung des Schullebens“ (HAHN 1982, S. 22f.).[8] Nicht eine vorrangige wissenschaftsorientierte Wissensvermittlung, sondern die **Erziehung** des Kindes mit seinen Lebensproblemen steht im Mittelpunkt.
Es lässt sich aber nicht angeben, wann ein Schüler solch ein Leitziel erreicht hat. Leitziele haben **übergeordnete Bedeutung** im Sinne „handlungsleitender Orientierungen: Sie appellieren an den Lehrer, so zu erziehen und zu unterrichten, dass es dem Kind möglich ist bzw. wird, sich ‚allseitig persönlich zu entfalten' oder ‚in sozialer Verantwortung sein individuelles Selbst zu verwirklichen' und ... (können) als Maßstab der Selbstkontrolle für sein pädagogisches Tun dienen“ (PLÖSSL 1982, S. 32).

◆ Richtziele

Sie sind etwas weniger allgemein, aber immer noch so breit formuliert, dass sie fachlich wie überfachlich verstanden werden können. Richtziele finden sich in den allgemeinen Vorbemerkungen und in den Fachpräambeln.
Überfachliche Richtziele sind beispielsweise: die Fähigkeit zu differenzierter Wahrnehmung und kritischer Verarbeitung, das Kennen und Anwenden verbindlicher Wertungsmaßstäbe, die Fähigkeit, sachbezogen zu denken, die Bereitschaft zu Toleranz und friedlicher Konfliktlösung, die Bereitschaft zu einer gesunden Lebensführung. Auch die bereits angesprochenen **Schlüsselqualifikationen** gehören zu den überfachlichen Richtzielen. Sie umfassen Kenntnisse, Fähigkeiten, Kompetenzen, Orientierungen, deren der einzelne bedarf, um angesichts der gegenwärtigen wie zukünftigen gesellschaftlichen Realität Selbst- und Mitbestimmungs-, Solidaritäts-, Kommunikations- und Kooperationsfähigkeit, soziale Sensibilität, Verantwortungsbewusstsein und -fähigkeit, Problembewusstsein und Problemlösungsfähigkeit,

selbstständiges Handeln, produktives, vorausschauendes, vernetztes Denken, Urteilsfähigkeit, Frustrationstoleranz u. a. zu entwickeln.[9]
Fachliche Richtziele beziehen sich auf einzelne Fächer oder Fachbereiche und stellen dar, wie ein Fach von seiner Grundkonzeption her aufzufassen ist. Im Rahmen des naturwissenschaftlichen Unterrichts sollen die Schüler beispielsweise in Biologie „zu einem einfühlsamen Verstehen der Natur geführt und befähigt werden, wechselseitige Beziehungen zwischen Mensch, Natur und Umwelt zu erkennen. Sie sollen sich der Verantwortung für ihr tägliches Handeln bewusst werden, das seinen tiefen Sinn in der Achtung vor der belebten und unbelebten Natur und letztlich vor der Welt als Schöpfung erhält" (LEHRPLAN FÜR DIE BAYERISCHE HAUPTSCHULE 1997, S. 43).

◆ Grobziele

Grobziele detaillieren die übergeordneten Richtziele. Sie sind fachlicher Natur. Der Lehrer findet sie in den Lehrplänen der einzelnen Fächer. Sie geben auf einer mittleren Abstraktionsebene an, **was** die Schüler **auf welchem Lernniveau** lernen sollen. Grobziele im Lehrplan sind **Rahmenziele**. Sie lassen dem Lehrer Spielräume für die Unterrichtsgestaltung und besonders für die Berücksichtigung individueller Lernvoraussetzungen der Schüler oder situativer wie örtlicher Gegebenheiten, verlangen von ihm aber auch Verantwortung. Mit seiner didaktischen Auslegung erweitert, erhöht oder reduziert er die im Lernziel beschriebenen Anforderungen.

Beispiel: **Grobziele im Lehrplan für die bayerische Hauptschule (1997)**

„Die Schüler sollen... sich einen Überblick über den Umgang mit Tieren und Pflanzen erarbeiten. Sie erwerben exemplarische Kenntnisse darüber, wie ein von ihnen gemeinsam ausgewähltes Haustier (Nutz- oder Heimtier) aus der Klasse der Säugetiere lebt und sich seiner Art gemäß verhält" (Physik/Chemie/**Biologie** 5. Jgst.).
„Am Beispiel Frankreichs lernen die Schüler markante Grundstrukturen des absolutistischen Staates kennen. Sie sollen den Absolutismus als Gegenmodell des modernen Staates und zugleich als eine Voraussetzung begreifen" (**Geschichte**/Sozialkunde/Erdkunde 7. Jgst.).
„Durch die Nutzung der in der Anwendungssoftware vorhandenen Programmierfunktionen gestalten die Schüler Arbeitsabläufe rationell. Bei sich wiederholenden Befehlsabläufen und Einstellungen setzen sie Kurzbefehle und Makros ein. Zur Vereinfachung der Dokumentenerstellung verwenden sie Textbausteine für häufig benutzte Textelemente. Außerdem lernen die Schüler die Möglichkeiten der Serienbrieffunktion kennen" (Kaufmännisch-bürotechnischer Bereich, 9. Jgst.).

◆ Feinziele

Auf der Grundlage der Grobziele werden vom Lehrer Feinziele durch Differenzierung der Grobziele entworfen, wenn „ein hierarchischer Aufbau von Lernleistungen im Unterricht Berücksichtigung finden soll oder wenn ein Grobziel so komplex ist, dass man ohne eine weitere Differenzierung in Feinziele keine Klarheit über die Organisation der Lehr- und Lernschritte erhält. Im besten Fall enthält die Folge von Feinzielen zu einem Grobziele die besten Hinweise auf zielbezogene Lerntätigkeiten der Schüler im Unterricht und auf zuordenbare sinnvolle Lernzielkontrollen" (PLÖSSL 1980, S. 31).

***Beispiel:* Feinzielformulierung**

Das Grobziel „Grundkenntnisse über den Lebensraum Wald" (4. Jahrgangsstufe) könnte auf Feinzielebene beispielsweise folgendermaßen differenzierter beschrieben werden:
Die Schüler sollen
- einige einheimische Nadel- und Laubbäume (Fichte, Tanne, Kiefer, Lärche, Birke, Eiche, Ahorn, Buche) sowie Pilze und Beeren benennen, beschreiben, mit Hilfe einfacher Bestimmungsbücher bestimmen und wieder erkennen;
- einige einheimische Tiere kennen, beschreiben und an einfachen Beispielen aufzeigen, in welcher Weise diese Tiere auf den Lebensraum Wald angewiesen sind und worin Gefährdungen bestehen;
- die Bedeutung des Waldes und Beispiele für verantwortungsbewusstes Verhalten im Wald erläutern.

Die Operationalisierung von Lernzielen

Den Grad der **Eindeutigkeit von Feinzielen** versuchte man in den 70er Jahren vor allem durch das Verfahren der Operationalisierung nach MAGER herzustellen. Es verlangte eine Beschreibung der Lernziele nach drei Kriterien:
- die **Beschreibung des** von den Schülern beim Erreichen des Ziels **erwarteten Endverhaltens** mit eindeutigen, beobachtbaren Begriffen („schreiben, mit eigenen Worten sagen, unterscheiden, wieder erkennen, vergleichen, zeichnen, ankreuzen, rechnen" anstelle von „wissen, verstehen, begreifen, sehen" usw.);
- die Angabe der **Arbeits- und Hilfsmittel**, derer sie sich bedienen dürfen, und der **Bedingungen**, unter denen sie das erwartete Verhalten zeigen sollen, z. B. „auf dem Arbeitsblatt in der angegebenen Tabelle den einzelnen Klimazonen Europas die Klimadiagramme verschiedener Städte zuordnen";
- die Angabe eines **Beurteilungsmaßstabes** zur Überprüfung der Qualität des Verhaltens. Wenigstens die untere Grenze für ein als ausreichend angesehenes Verhalten sollte angegeben werden.[10]

Eine derartige Lernzieloperationalisierung war für kognitive und psychomotorische Lernleistungen leicht durchführbar, aber für affektiv-emotionale Einstellungen, Haltungen, Bereitschaften, Gefühle kaum geeignet. Die „Operationalisierungswelle" der frühen 70er Jahre führte zur Aufstellung ganzer „Feinzielbatterien" für einzelne Unterrichtsstunden durch die Lehrer, zu kleinschrittigstem, sofort kontrollierbarem Vorgehen, ohne zu bedenken, „dass eine Einteilung der Feinziele in kognitive, affektive und psychomotorische nicht immer zweckmäßig ist und dass eine Auflistung zu vieler Ziele der Komplexität des Unterrichts einerseits und der Eigenart des menschlichen Lernens andererseits ... oft nicht gerecht wird" (PLÖSSL 1980, S. 31).
Aus rein pragmatischen Gründen sollte der Lehrer deshalb nur die wichtigsten Feinziele so klar und einfach formulieren, dass sie auch ohne engen Systembezug auf eine Taxonomie verständlich werden. Eine möglichst genaue Beschreibung erleichtert die Überprüfung, ob die Schüler durch den Unterricht ein bestimmtes Ziel erreicht haben. Sie deckt gleichzeitig die Lehr- und Unterrichtsabsichten des Lehrers auf und schließt Offenheit für nicht vorausgeplante Situationen und Ergebnisse nicht aus.[11]

3.2 Lernzieltaxonomien, Lernzielstufen und Zielumschreibungen

Begriffsklärung

Vor allem auf der Grob- und Feinzielebene versuchte man mit Hilfe hierarchisch aufgebauter Taxonomien die unterschiedlichen Qualitäts- und Komplexitätsstufen einzelner Lernziele zu klassifizieren, die unterschiedlich komplexen kognitiven Lern- und Denkprozessen, Koordinations- und Internalisierungsleistungen entsprachen. Taxonomien sind Ordnungsschemata, „begründete Klassifikationen". Ihre Begründungen, beispielsweise die Motive für die Klassenbildung, werden in Form einer Theorie beschrieben. Zusammen mit den Klassifikationen sollen sie Realität erfassen und ausdrücklich oder unausgesprochen theoretisch bedeutsame Gesetzmäßigkeiten, Aufbauprinzipien und Regeln enthalten. Taxonomien liefern Kriterien und Gesichtspunkte für die Auswahl und Systematisierung von Lernzielen und Lernobjekten. Neben dieser Funktion der **Lernzielhierarchisierung** von einfachen bis zu komplexen Zielen sprach man ihnen bei der Planung des Curriculums die Funktionen der Bestimmung der Lernbedingungen, der Verwendung als Referenzsystem für Entscheidungen über Curriculuminhalte, die Wahl von Material, Methoden und Medien und die Planung von Lernsequenzen zu. Im Zusammenhang mit der Kontrolle der Lernergebnisse sollten sie eine Messung zwecks Validierung der Taxonomie, eine auf das Curriculum bezogene Messung und eine des Transfers ermöglichen.[12]
Größte Verbreitung zur Klassifikation von Lernzielen fanden die **Taxonomien** der Arbeitsgruppen um BLOOM, KRATHWOHL und DAVE **für den kognitiven, affektiven und psychomotorischen Funktionsbereich** der Psyche mit unterschiedlichen Niveaustufenbeschreibungen der angenommenen Komplexität bzw. Internalisierung innerhalb der Bereiche.

Beispiel: **Lernzielstufen im kognitiven Bereich mit Beispielen zum Grobziel „Schreiben eines Lebenslaufs"**[13]

Lernzielebenen und Art der Denkleistungen

1 Kenntnisse	Sich an Ereignisse oder Sachverhalte erinnern, diese erkennen z. B. Schüler nennen die Angaben, die ein Lebenslauf enthalten soll;
2 Verstehen	Ereignisse oder Sachverhalte durchschauen, Erklärungen nachvollziehen z. B. Schüler erklären, warum bestimmte Angaben im Lebenslauf enthalten sein müssen;
3 Anwendung	Kenntnisse oder Einsichten auf andere Ereignisse oder Sachverhalte übertragen z. B. Schüler stellen die für ihren eigenen Lebenslauf wesentlichen Angaben zusammen;
4 Analyse	Strukturen durchschauen, die Elemente identifizieren und die Beziehungen zwischen den Elementen erkennen z. B. Schüler suchen aus einem Lebenslauf überflüssige Angaben heraus;
5 Synthese	Ereignisse oder Sachverhalte miteinander verknüpfen z. B. Schüler schreiben einen eigenen Lebenslauf;

6 Bewertung	Das zu bewertende Ereignis oder den Sachverhalt sichten, nach Bewertungskriterien suchen und diese mit dem Ereignis oder Sachverhalt in Beziehung setzen (Evaluation) z. B. Schüler überprüfen, ob ein vorgelegter Lebenslauf inhaltlich und formal korrekt abgefasst ist. (PETERSSEN 1982, S. 287)[14]

Die Lernzielstufen des Strukturplans

Eine praxisnähere, überschaubare Lernzieldifferenzierung in vier aufeinander aufbauenden Lernzielstufen schlug in Anlehnung an die Taxonomien BLOOMS im kognitiven Bereich bereits 1970 der DEUTSCHE BILDUNGSRAT im „Strukturplan für das Bildungswesen" vor. Er unterschied

- die **Reproduktion des Gelernten**: die Wiedergabe aus dem Gedächtnis auf Abruf durch Stichworte. Dieses verfügbare Wissen ist Grundlage für alle höheren Lernformen und kann sich auf Einzelheiten wie auch auf komplizierte Sachverhalte beziehen. Bei der Kontrolle können das nur mechanisch Gelernte wie das Verständnis überprüft werden. Je strukturierter das Wissen ist und je mehr Zusammenhänge erkannt werden, desto länger wird es behalten und desto leichter reproduziert;
- die **Reorganisation des Wissens**: die eigene Verarbeitung, Anwendung und Anordnung des Gelernten unter einer anderen Fragestellung;
- den **Transfer der Grundprinzipien des Gelernten** auf neue, ähnliche Aufgaben: „Wer auf Transfer hin unterrichtet wurde und gelernt hat, das Gelernte auf neue Aufgaben zu übertragen, verfügt in anderer Weise über seine Kenntnisse, Fertigkeiten und Fähigkeiten als derjenige, der nur nachahmend gleiche Aufgaben in gleicher Weise lösen kann" (DEUTSCHER BILDUNGSRAT 1970, S. 80);
- das **problemlösend-entdeckende Denken**: Die Lösungen solcher Aufgaben stellen Neuleistungen dar. „Diese Aufgaben sind eine notwendige, auch in der Schule unerlässliche Herausforderung der Lernenden. In ihnen werden Lernziele angestrebt wie: zu einem abgehandelten Sachverhalt zusätzliche und neue Fragen zu stellen, neue Aspekte zu seiner Beurteilung zu finden, konstruktive Kritik zu üben, begründete Verbesserungsvorschläge zu machen, Alternativen zu entdecken, Hypothesen zu finden und aufzustellen, selbst ein Experiment zu entwerfen und durchzuführen, Texte nach selbst gewählten Gesichtspunkten zu interpretieren ... (Die Lehrer müssen erkennen), dass die höheren Lernleistungen jene sind, die Initiative, Selbstständigkeit, Produktivität und Kritikfähigkeit zeigen. Gleichzeitig muss aber erkannt werden, dass solche Fähigkeiten nicht von selbst entstehen, sondern nur dort, wo sie in einer Stufung der Lernziele als höchste verstanden, angestrebt und entsprechend überprüft und gewürdigt werden" (DEUTSCHER BILDUNGSRAT 1970, S. 80f.).

In jedem Unterricht legen die **unteren Lernstufen die Basis für höhere**. Die Ziele sollen so gewählt werden, dass, wo immer möglich, höhere Lernleistungen erreicht werden. Zur Kontrolle eines höheren Lernziels wie eines Transfers müssen die Lernzielkontrollen Aufgaben enthalten, die Transferleistungen fordern. Höhere Lernziele sind dann aber auch besser als niedrige zu bewerten.

Auf dieser Lernzielstufung basiert die Umschreibung der **Notenstufen**.[15]

Exkurs: Lernzielmatrizen und Zielumschreibungen bayrischer Lehrpläne

Die Entwicklung der Lehrpläne und Curricula in den 70er und 80er Jahren knüpfte an den Taxonomien BLOOMS wie auch an den Lernzielstufen des Strukturplans an.
Aus **vier Zielklassen** (Wissen, Können, Erkennen, Werten) mit je **drei Anforderungsstufen** wurde eine hierarchisch gegliederte **Matrix** aufgebaut:

	Zielklassen				
	Wissen Informationen	**Können** Operationen	**Erkennen** Probleme	**Werten** Einstellungen	
Anforderungen	Einblick Überblick	Fähigkeit …	Bewusstsein	Offenheit Offenheit	Neigung …
	Kenntnis	Fertigkeit	Einsicht Freude …	Achtung …	Bereitschaft
	Vertrautheit	Beherrschung	Verständnis	…	Entschlossenheit

- Die Zielklasse **Wissen** hob als didaktischen Schwerpunkt das langfristige Behalten und das darüber Verfügen von Informationen hervor. Die Anforderungsstufen Einblick, Überblick, genaue Kenntnis und Vertrautheit bezeichneten qualitativ unterschiedliche Grade des Eindringens in ein Wissensgebiet.
- Die Zielklasse **Können** betonte als didaktischen Schwerpunkt das Ausführen von Operationen häufig im kognitiven und motorischen Bereich mit den unterschiedlichsten Graden der Geläufigkeit und Sicherheit vom mechanischen Nachvollzug eingeübter Verfahrensmuster und Fertigkeiten bis zur selbstständigen, kreativen Bearbeitung komplexer Aufgaben (Fähigkeiten).
- Die Zielklasse **Erkennen** betonte als didaktischen Schwerpunkt die Auseinandersetzung mit Problemen in den unterschiedlichsten Ausprägungsgraden, vom Bewusstsein über die Einsicht bis hin zum Verständnis, zu dem die Schüler durch einen problemorientierten Unterricht veranlasst werden. Bei Lernzielkontrollen sollen sie dann nicht nur Problemlösungen wiedergeben, sondern den Prozess der Problembearbeitung aufzeigen und begründen.
- Neben den kognitiven und psychomotorischen Zielen wurde der **Wertorientierung**, der persönlichen Auseinandersetzung der Schüler mit wertthematischen Bezügen des Faches, des fachlichen Verhaltens und des allgemeinen Sozialverhaltens besondere Bedeutung zugemessen.[16]

Im Brennpunkt standen jetzt die eigentlichen **Prozesse des Lernens**, die Wechselwirkungen zwischen den Bedingungen des Lehrens und Lernens als Abkehr von einem verkürzten, behavioristischen, naiven Lernbegriff. Es galt zu bedenken, „welche internen Prozesse (und Ereignisse) des Lernens mit einem Lehr-Lernziel ‚gemeint‘ sind, auf welchen internen Operationen des Lernenden sie (schwerpunktmäßig) beruhen, durch welche äußeren Bedingungen die inneren Vorgänge ausgelöst, gefördert und zu dem beabsichtigten (intentionalen) Ziel hin gelenkt werden können, so dass das angestrebte Ergebnis in möglichst guter Ausprägung zutage treten kann“ (BITTLINGER 1979a, S. 17).

Beispiel

Lernziel	Lerninhalt	Unterrichtsverfahren	Lernzielkontrolle
4. Überblick über Bakterien	Formen von Bakterien, z. B. Spirillen, Stäbchenbakterien, Kokken Vorkommen von - Bakterien: praktisch überall auf der Erde	Sterilisieren von Petrischalen Entwicklung von Bakterienkolonien in Petrischalen Versuch zum Temperatureinfluss auf Bakterienvermehrung Einsatz von Bild und Film Erklären entsprechender hygienischer Maßnahmen	Begründen der Notwendigkeit des Sterilisierens Aufzeichnen einiger Bakterienformen
5. Einsicht in die Bedeutung von Bakterien	Bedeutung von Bakterien für – Medizin (z. B. Antibiotika, Krankheitserreger) – Ökosysteme	Gärungsversuche mit Milch, Butter Fäulnisversuche Bedeutung der Bakterien in der Medizin	Erklären der Versuche Berichten über die Versuche

(LEHRPLÄNE FÜR DIE HAUPTSCHULE, Biologie, 7. Jahrgangsstufe, 1980, S. 300).

Gegen diese Lernzielmatrix des Lehrplans wie gegen die vorangestellten Taxonomien wurde mannigfache Kritik vonseiten der Praktiker wie der Wissenschaftler vorgebracht. Die Praktiker fühlten sich durch die terminologische Vielfalt unterschiedlicher Lernzielstufen der Unterrichtsfächer, durch die verschieden hohe und komplexe Lernprozesse angestrebt werden sollten, überfordert. Sie setzten sich zu wenig mit dem hinter den Lernzielbeschreibungen stehenden lernpsychologischen Ansatz auseinander, bemängelten die Unübersichtlichkeit der Lehrpläne, die Überbetonung kognitiver Lernziele und wiesen darauf hin, dass Lernleistungen von Schülern ganzheitlich erbracht würden und nicht ohne weiteres einzelnen nicht scharf voneinander trennbaren Dimensionen zugeordnet werden könnten. Die Lernvoraussetzungen wurden häufig nur oberflächlich eruiert oder einfach vorausgesetzt. Ohne Berücksichtigung der Lernvoraussetzungen ließen sich Lernziele aber kaum angemessen bestimmen. Die unkritische Verwendung der Lernzielbeschreibungen führte zu einer noch stärkeren Betonung der ohnehin schon überbewerteten kognitiven Ebene.
Wissenschaftler kritisierten, dass sich die ausdifferenzierten Taxonomien und die Matrix „allenfalls für analytische, nicht aber für planend-konstruktive Zwecke (eignen würden). So hat sie denn ein laienhaftes Psychologisieren, ein Basteln an ellenlangen Lernziellisten mit fragwürdigen Formulierungen und nahezu willkürlichen Einordnungen ausgelöst, das oft zum Selbstzweck wurde und dem tatsächlichen Geschehen beim Lernen nicht entsprach. Vor allem verdeckte sie die entscheidende Einsicht, dass unterschiedlichen Zielen auch unterschiedliche Methoden entsprechen müssen, und

dass auf diesen das Hauptaugenmerkmal liegen muss, wenn das Ganze einen Sinn haben soll" (GLÖCKEL 1990, S. 137).[17]
Lernzielstufen, Taxonomien und Matrizen können aber zur Unterscheidung von Lernleistungen zwischen grundlegenden Kenntnissen und höheren kognitiven Leistungen beitragen und werden dadurch handlungsrelevant für den Unterricht. Ein Unterricht vorwiegend auf der ersten kognitiven Ebene des Reproduzierens ist wenig qualifiziert, wird dem Anspruch übergeordneter Ziele nicht gerecht und sollte deshalb über Handlungs- und Problemorientierung auf ein anspruchsvolleres kognitives Niveau geführt werden. Taxonomien und Lernzielmatrizen können ein grobes Beurteilungsraster für grundlegende und anspruchsvollere Leistungen im Unterricht und bei Lernzielkontrollen abgeben.[18]
Bei einer lernzielorientierten Planung sollte der Lehrer die ausgewählten Lernziele nicht rein technologisch operationalisieren, sondern im Hinblick auf die Schüler tatsächlich schülerorientierte Entscheidungen treffen. Dies „wird dadurch sichergestellt, dass auf jeder Stufe der Lernzielbestimmung immer wieder nach den jeweils besonderen Schülern gefragt und die erzieherische Bedeutung der vorgesehenen Maßnahmen reflektiert wird. Aber auch nur, wenn dies immer wieder von neuem getan wird, kann der formale Zwang des technologischen Gewichts dieser Konzeption zugunsten einer tatsächlichen Schülerorientiertheit unterdrückt werden" (PETERSSEN 1982, S. 104).
Die Zeit weit ausdifferenzierter Feinziele ist vorbei. Schon der sehr offene GRUNDSCHULLEHRPLAN 1981 und der HAUPTSCHULLEHRPLAN 1985 legten wieder stärkeres Gewicht auf die Inhalte und die Methoden des Lernens. Nach dem Grundschullehrplan 1981, einem Minimallehrplan, müssen von allen normal begabten Schülern die grundlegenden Kenntnisse, Erkenntnisse, Fähigkeiten und Fertigkeiten erreicht werden. Der Lehrplan fordert deshalb vom Lehrer schon bei der Anlage des Klassenlehrplans eine offene, auf die Lernvoraussetzungen, Erfahrungen und Interessen der Schüler bezogene Jahres- und Unterrichtsplanung bei einem pädagogischen Freiraum von mindestens einem Viertel nicht zu verplanender Jahresstunden. Selbst diese Möglichkeiten der Offenheit wurden und werden nicht von allen Grundschullehrern gesehen und genutzt.
Auch die Lehrpläne für weiterführende Schulen in Bayern betonen wie der Hauptschullehrplan 1997, die Lehrpläne für die Realschule und das Gymnasium 1993 in ihren Lernzielbeschreibungen die unterschiedlich komplexen und qualitativen Stufungen der Lernprozesse und die damit verbundenen Lern- und Unterrichtsmethoden. Die Ziele werden nicht mehr durch eine Lernzielmatrix beschrieben, sondern allgemein verständlich frei formuliert. Diese freien Zielformulierungen verdeutlichen, welche kognitiven, psychomotorischen, emotionalen und sozialen Entwicklungsprozesse durch die unterrichtliche Behandlung der Inhalte in Gang gesetzt werden sollen. Sie berücksichtigen sowohl fachsystematische, methodische, fachübergreifende und erzieherische Aufgaben des Faches im Rahmen des Erziehungs- und Bildungsauftrags der Schule. Wesentliche Arbeitsweisen und -techniken werden als Ziele ausgewiesen und im Inhaltsteil verankert.
Die **didaktischen Schwerpunkte** der Zielsetzungen der neuen Hauptschullehrpläne sind beispielsweise:

- das **Wissen** im Sinne der selbstständigen Aufnahme und Gewinnung von Informationen über Gegenstände, Ereignisse, Fakten, Systeme, Strukturen, Ordnungskategorien, Modelle, Methoden, der geistigen Verarbeitung, Verinnerlichung und Verankerung der Fähigkeiten und Fertigkeiten im Gedächtnis und ihrer reproduktiven wie reorganisierenden Wiedergabe und Anwendung;
- das **Wissen und Können** im Sinne der Aneignung, Automatisierten wie problemlösenden Anwendung und Übertragung von Handlungsmustern, Verfahrensweisen, Regeln, Methoden, Techniken, Gestaltungsmitteln zur Lösung entsprechender Aufgaben (Der Schwerpunkt liegt dabei auf der routinemäßigen Beherrschung und Anwendung instrumenteller Methoden, Techniken und Gestaltungsmittel bei gleichzeitiger Beachtung von Qualitäts- und Ausführungskriterien wie Selbstständigkeit, Genauigkeit, Sorgfalt, Schnelligkeit.);
- das **produktive Denken und Gestalten** im Sinne des Erkennens von Problemsituationen oder komplexen Sachverhalten, des Erfassens ihrer spezifischen Merkmale und Strukturen, des selbstständigen, originellen Suchens, Durchführens und Bewertens von **Problemlösungen** durch **Transfer** und **Anwendung** bekannter bzw. der kreativen, produktiven, experimentellen Entwicklung neuer Lösungsstrategien und -techniken;
- die **Wertorientierung** im Sinne der Auseinandersetzung mit emotionalen, wert- und normabhängigen Motiven, Einstellungen, Interessen, Werthaltungen und Wertordnungen, der Identifikation und Verinnerlichung der in Grundgesetz und Bayerischer Verfassung grundgelegten und anerkannten Werte und der Entwicklung einer persönlichen Werthaltung.[19]

In jeder kognitiven Zielklasse ist im Sinne der Lernzielstufung des Strukturplans eine qualitative Stufung der Lernprozesse möglich. Informationen wie auch Operationen und Handlungsschemata können beispielsweise reproduziert, reorganisiert, transferiert und problemlösend angewendet werden. Die aufgelisteten Inhalte beschreiben die Lerngegenstände wie Fakten, Begriffe, Daten, Vorgänge, Verfahren, Arbeitsweisen und -techniken und sind in den Fachlehrplänen häufig nach fachsystematischen oder sachlogischen Gesichtspunkten ausgewählt. Inhalte und Ziele sind aufeinander bezogen. Querverbindungen zu anderen Fächern bzw. ihre integrative Verknüpfung im Sinne eines mehrere Fächer übergreifenden Faches wie Physik/Chemie/Biologie oder von Projekten werden besonders herausgestellt.

Im LEHRPLAN FÜR DIE BAYERISCHE HAUPTSCHULE 1997 werden beispielsweise sowohl im naturwissenschaftlichen wie im gesellschaftswissenschaftlichen Bereich mehrere Einzelfächer zu neuen Fächern verbunden. Die Fächergruppen Physik/Chemie/Biologie sowie Geschichte/Sozialkunde/Erdkunde bilden neue von einem Lehrer zu unterrichtende Fächer. Im Sinne der Berufsvorbereitung wird Arbeitslehre zum Leitfach. In der 7. Klasse sind die praktischen Fächer Gewerblich-technischer (Werken/Technisches Zeichnen), Kaufmännisch-bürotechnischer (Textverarbeitung/Bürotechnik) und Hauswirtschaftlich-sozialer Bereich (Ernährung/Haushalt/Sozialpflege) verbindlich für alle Schüler. In der 8. Jahrgangsstufe wählen sie daraus zwei Fächer, in der 9. Jahrgangsstufe führen sie ein Fach bis zur Qualifizierenden Abschlussprüfung weiter. Diese Regelung gilt auch für Mittlere-Reife-Züge mit erhöhten Anforderungen ab der 7. Jahrgangsstufe, die zu einem mittleren Bildungsabschluss in der 10. Jahrgangsstufe führen.[20]

Die Gemeinsamkeiten der Fächer Biologie, Chemie, Physik und Mathematik „werden dann deutlich, wenn explizit auf Wissen aus dem anderen Fach zurückgegriffen wird, wenn interdisziplinäre Schnittstellen behandelt und bestimmte Phänomene oder Probleme aus der Sicht verschiedener Fächer betrachtet und damit mehrperspektivisch erschlossen werden. Horizontale Verknüpfungen zwischen Inhalten, Fragestellungen und Verfahren der mathematisch-naturwissenschaftlichen Fächer können genutzt werden, um komplexe Probleme zu bearbeiten und die wechselseitige Bezogenheit der naturwissenschaftlichen Fächer sichtbar zu machen. Sie haben auch die Funktion, Wissen vielfältig zu vernetzen, neue Anwendungskontexte bereitzustellen und Konzepte und Modellvorstellungen flexibel werden zu lassen" (BLK 1997, S. 94).
Allerdings kommt ein sinnvoller fächerübergreifender oder fachübergreifender Unterricht, der aus den Fächern selbst entwickelt wird, an unseren Schulen im Allgemeinen zu kurz. Er ist „möglicherweise didaktisch anspruchsvoller als die Kooperation verschiedener Fächer in der Bearbeitung eines Alltagsproblems, bei der ein Kategorienwechsel zwischen Fächern veranschaulicht wird. Dennoch ist auch diese Mehrperspektivität, für die das Projekt, an dem mehrere Fächer beteiligt sind, exemplarisch steht, eine wichtige Korrektur des Fachunterrichts, da ein vergleichender Blick gleichsam von außen auf das Fach gerichtet wird" (BLK 1997, S. 19).
Die Offenheit der neuen Lehrpläne drückt sich aus in der Möglichkeit zur Auswahl vieler Inhalte, in der Einbeziehung von Interessen, der Empfehlung zur Durchführung von Projekten in einzelnen Fächern, in Anregungen zu vielen Formen des selbstständigen, problemlösend-entdeckenden, produktiven Lernens, in der betonten Förderung erziehlicher, sozialer, wertorientierter Ziele im Bereich des Schullebens durch einen nicht verplanten Freiraum von rund einem Viertel der Jahresstundenzahl der einzelnen Fächer. Diesen Freiraum kann der Lehrer verwenden für erziehliche oder soziale Aufgaben, für Unternehmungen im Rahmen des Schullebens, für weitere gemeinsam mit den Schülern ausgewählte Themen oder Vorhaben, für zusätzliche Fördermaßnahmen usw.
Dem **Lehrer** kommt bei der Umsetzung der Lehrpläne im Unterricht besondere Bedeutung zu. Er hat die Verpflichtung, gemeinsam mit den Schülern unter Berücksichtigung situativer und örtlicher Gegebenheiten und Interessen der Schüler eine Entscheidung über die zur Auswahl angebotenen Inhalte zu treffen. Er gewichtet auch einzelne Ziele, setzt Schwerpunkte im inhaltlichen Umfang, in der Intensität der Behandlung, in der Fülle der Details und in der Zuteilung von Unterrichtszeit.
Die Unterrichtsgestaltung in Grund- und weiterführenden Schulen wird nur dann effizient im Sinne der Initiierung von Lernprozessen, wenn sich Lehrer diesen anspruchsvollen Aufgaben und Anforderungen gewissenhaft stellen.[21] Gerade angesichts einer sehr kritischen, das Wohlergehen ihrer Kinder in der Grundschule wachsam beobachtenden und streitbaren Elternschaft kommt auch den **Schulleitungen** verstärkt die Aufgabe zu, auf vergleichbare Zielsetzungen und Leistungsanforderungen im Unterricht und in Proben von Parallelklassen zu achten und die bestmögliche Förderung der Schüler sicherzustellen.

3.3 Die Bedeutung der Lernzielorientierung von Unterricht

Das Konzept der Lernzielorientierung von Unterricht entstand im Gefolge der Curriculumtheorie. Lernzielorientierung bedeutet die Orientierung der Planung und der didaktisch-methodischen Gestaltung des Unterrichts an den jeweiligen Lernzielen im Hinblick auf einen optimalen Lernerfolg. Der Unterricht ist so zu konzipieren und umzusetzen, dass möglichst viele Schüler die Lerninhalte auf dem von den Lernzielen intendierten Lernniveau erwerben können.

Der Lernzielorientierung von Unterricht werden folgende **Funktionen** zugeschrieben:

- Lernzielorientierung macht Unterricht **zielorientierter** und damit **transparenter** für Lehrer und Schüler. Präzise Lernziele sind die Ausgangs- und Endpunkte der didaktischen Überlegungen und unterrichtlichen Schritte des Lehrers. Lehrer und Schüler wissen, worauf es ankommt. Die Lernzielorientierung soll „möglichste Gleichheit in den Anforderungen garantieren, die bloße Angabe beliebig weit interpretierbarer Stoffe kann es nicht. Im Interesse der Wahrung des Gleichheitsgrundsatzes haben die Schüler ein Recht auf möglichst klare Beschreibung derjenigen Anforderungen, denen sie in Prüfungen (Beispiel: Qualifizierender Abschluss) genügen sollen" (Plössl 1980, S. 28).
- Lernzielorientierung **intensiviert** die angestrebten **Lernprozesse** durch die Festlegung der Anforderungsstufe, des Lernniveaus, des didaktischen Schwerpunkts. Durch die Art der Lernzielbeschreibung wird dem Lehrer mitgeteilt, welches Niveau, welche Qualität die unterrichtlich initiierten Lernprozesse der Schüler erreichen sollen. Unterschiedliche Zielsetzungen bedingen unterschiedliche Lernmethoden und Lernarrangements. Wird im Lernziel auf „Einblicke, Überblicke, einfache Kenntnisse" Wert gelegt, so wird der Lehrer das Wissensgebiet weniger ausladend und gründlich behandeln als bei den durch eigenes Problemlösen zu gewinnenden „Erkenntnissen" und „Einsichten". Nicht jeder Lernstoff ist gleich wichtig und erfordert zur Behandlung die gleiche Zeit. In der Anforderungsstufe liegt die Eingrenzung.
  Lernzielorientierter Unterricht ist auf den Lernprozess hin orientiert. Er knüpft an den **Lernvoraussetzungen** der Schüler an und bezieht affektive, psychomotorische und wertende Komponenten des Lernziels in den ganzheitlichen Lernprozess mit ein. Schlüsselqualifikationen wie Denk- und Problemlösestrategien, die fachgemäßen Arbeitsweisen und -techniken werden zu kontinuierlich anzustrebenden Lernzielen.
- Lernzielorientierung ermöglicht eine **exakte Überprüfung des Unterrichtserfolgs** durch eine **kriteriumsbezogene Leistungsfeststellung und -bewertung**. Nur durch genaue Kenntnis der Anforderungen des Lernziels können lernzieladäquate Aufgaben formuliert und eine Bewertung nach sozialen Bezugsnormen vermieden werden. Den Lernprozess begleitende Kontrollen geben Schülern wie Lehrern laufend Rückmeldungen über den Lernfortschritt, die Qualität des Unterrichts und notwendige unterstützende, differenzierende Maßnahmen.[22]
- Lernzielorientierung trägt zur **Offenheit des Unterrichts** bei. „Unterricht so zu planen und zu organisieren, dass er in einem ganz spezifischen Verständnis offen ‚bleibt' für alles, was aus angebbaren Gründen nicht vorhergesehen und vorhergeplant werden kann, hat (1.) zur Voraussetzung, dass dasjenige bestimmt ist, wovon

das Unvorhergesehene abweicht und es hat (2.) zur Folge, dass darüber zu befinden ist, was zur Bewältigung unvorhergesehener Ereignisse dann aber doch erfolgsorientiert und ‚entschieden' getan werden muss. Je anspruchsvoller und präziser die Zielvorstellung, desto wichtiger ist es, im erfolgsorientierten Handeln wechselnden Besonderheiten der Unterrichtssituation (also den Bedingungen des Handlungserfolgs) gerecht zu werden" (HEID 1992, S. 532f.).

Gegenwärtig verbindliche Lehrpläne sind im Vergleich zu den Anfängen operationalisierter und taxonomisch gestufter, geschlossener Curricula der 70er Jahre **offener**, d.h. sie machen nur verbindliche Vorgaben über Zielsetzungen und exemplarische Inhalte des Unterrichts; sie gewähren dem Lehrer große Freiheiten bei der Auswahl vieler Inhalte und überlassen ihm alle weiteren Entscheidungen über die Sequenzierung, die Einbeziehung von situativ-örtlichen Gegebenheiten oder von Schülerwünschen und -interessen, über das unterrichtliche methodische Vorgehen und über Arbeits- und Lernmittel zur Erreichung der Ziele. Durch die **Reduzierung der Zielsetzungen** der Lehrpläne auf drei Viertel der zur Verfügung stehenden Unterrichtszeit und durch realistische Zeitvorgaben wird die Wahrung eines **pädagogischen Freiraums** zur Wahrnehmung erzieherischer Aufgaben des Lehrers und zur Gestaltung des Schullebens sichergestellt.

Erst bei klarer Vorstellung des Lehrers von seinen Ziele ist es ihm möglich, angemessen Interessen, Anliegen, Fragen, Erfahrungen der Schüler einzubeziehen und sie an unterrichtlichen Entscheidungen zu beteiligen. Wenn der Lehrer vom pädagogischen Nutzen dieser Öffnung überzeugt ist, gibt er sein „Planungsmonopol" auf, stellt seine Ziele, Inhalte, Absichten und Vorhaben vor, begründet sie, lässt sie durch Wünsche und Vorschläge der Schüler modifizieren und führt Absprachen über Ziele und exemplarische Inhalte herbei. Die gemeinsam ausgewählten Ziele und Inhalte werden zu „proaktiven Regulatoren des Lernens" (STEINER 1996, S. 296). Sie aktivieren Vorwissen und Interessen der Schüler und führen zu einer Einschätzung und Bewertung ihrer Erreichbarkeit, der möglichen Anwendbarkeit der Ergebnisse, des methodischen Vorgehens und der benötigten Lernzeit. „Aber Lehrpersonen, die dieses (nicht nur) pädagogische Ideal in höchstmöglichem Maße erfüllen, ‚müssen' ... wissen, wie sie mit diesen Fragen, Bedürfnissen und Interessen umgehen, was sie wollen und was sie tun – so sehr sie ... das jeweilige Wollen Lernender in die inhaltliche Konsolidierung und Konkretisierung ihres eigenen Wollens auch einbeziehen" (HEID 1992, S. 534; vgl. 1996, S. 161ff.).[23]

Je angemessener die Lernzielvorgaben sind, je stärker die Schüleraktivitäten auf die jeweiligen Lernziele, -inhalte und den Lernprozess gerichtet sind (und vom Lehrer vorsichtig gesteuert werden), je aktiver die Lernzeit genützt wird und je deutlicher Leistungsfortschritte rückgemeldet werden, desto effektiver ist dieser Unterricht.[24]

4 Zielorientierung bei der Planung und Gestaltung von Unterricht

Die unterrichtlichen Lehraufgaben des Lehrers ergeben sich aus der Frage, welche Ziele das lernende Kind erreichen und was es lernen soll. Der Primat der Lernziele rechtfertigt sich aus der Sichtweise vom Schüler aus. Der Lehrer muss deshalb die in den Lehrplänen in kurzen Fachpräambeln oder Zielbeschreibungen vorgegebenen

Lernziele intensiv studieren, auf seine Schüler beziehen und immer wieder einer doppelten Fragestellung und Bewertung unterziehen:
- Welche Bedeutung haben die einzelnen Lernziele der Fächer und Lernbereiche für übergeordnete, allgemeine Ziele?
- Wie können die allgemeinen Ziele in den einzelnen Lernbereichen in konkrete Unterrichtsziele übersetzt und übertragen werden?
- Welche Lernziele verwirklichen am besten die übergeordneten Ziele?[25]

Durch eine möglichst genaue Beschreibung der Lernziele auf allen Stufen soll in einem lernzielorientierten Unterricht ganz klar zum Ausdruck kommen, über welche Lern- und Denkleistungen die Schüler am Ende einer Lerneinheit verfügen sollen. Sie ermöglicht es dem Lehrer, die jeweils den Zielen entsprechenden Methoden zu wählen, die jene Lernprozesse initiieren, die zu diesen Zielen führen.[26]

4.1 Zielorientierung bei der Erstellung des Klassenlehrplans

In Bayern ist jeder Grundschullehrer verpflichtet, auf der Basis der amtlichen Lehrpläne einen Klassenlehrplan zu erstellen, der die Lernvoraussetzungen der Schüler und jahreszeitliche, heimatbezogene, örtliche Lernmöglichkeiten berücksichtigt. In der Hauptschule sind die Fachlehrpläne auf das Jahr zu verteilen und situative Formen der Öffnung des Unterrichts wie Betriebserkundungen, Unterrichtsgänge usw. einzuplanen.

Grundlegende Kulturtechniken wie Lesen, Schreiben, Rechnen werden meist durch systematische Lehrgänge vermittelt. Der Lehrer ist größtenteils frei in der Wahl des Lehrgangs. Er entscheidet unter Bezugnahme auf die Lernvoraussetzungen der Schüler und auf vorhandene Unterrichtsmaterialien wie Schülerbücher die Gestaltung der einzelnen Unterrichtseinheiten.

Die Art des Lehrgangs ist aber nicht für alle Schüler gleich. Leistungsschwächere, ängstliche, unsichere, häufig aus soziokulturell niedrigerem Bildungsniveau stammende Kinder lernen am besten durch stark **strukturierte**, vom Lehrer **gelenkte, methodenintegrierende Lehrgänge**, z. B. einen ganzheitlich-analytisch-synthetischen Leselehrgang. Leistungsstärkere Schüler mit Selbstvertrauen und Selbstverantwortung kommen auch mit weniger strukturierten, **offenen Lehrgängen** zurecht, z. B. im Sinne der selbsttätigen Auseinandersetzung mit strukturiertem Material in Montessori-Schulen. Kreativität, Neugier, Selbstständigkeit und positive Einstellung zum Lernen werden vor allem durch einen offeneren Unterricht erreicht.[27]

Wenn dem handlungs- und methodenorientierten, metakognitiven wie sozialen Lernen zunehmende Bedeutung zugesprochen wird, muss sich das in der Anlage des Jahresplans für eine bestimmte Klasse widerspiegeln. Sinnvoll erscheint, darin nicht einfach die aufgelisteten Lernziele des Lehrplans auf die einzelnen Monate zu verteilen, sondern von den zu vermittelnden Fertigkeiten und Methoden der Wissensgewinnung und -verarbeitung auszugehen.

Bei der Erstellung eines **methodenorientierten Jahresplanes** notiert der Lehrer die in den Präambeln und Fachpräambeln genannten grundlegenden, in den einzelnen Fächern einzuübenden fachübergreifenden wie fachgemäßen Arbeitsweisen und -techniken und Lernstrategien. Dann legt er fest, in welchem Fach und an welchen exem-

plarischen Themenbereichen er bestimmte Arbeitsweisen, -techniken und Strategien einführen und in welchen anderen Fächern er sie anwenden, sichern und vertiefen kann. Die aufgelisteten Methoden ordnet er den Lernzielen einzelner Fächer und konkreten Lerninhalten zu; Querverbindungen zu anderen Bereichen plant er bewusst ein und stellt sie besonders heraus. Zuletzt verteilt er diese Lernziele und -inhalte auf die ersten Wochen und Monate des neuen Schuljahres.
Die Erfahrung vieler Jahre zeigt, dass Schüler dadurch sehr schnell notwendige Arbeitsweisen, -techniken und Strategien erwerben, die ihnen ein selbstständiges, effektives Handeln und Lernen erst ermöglichen. Zudem wird durch eine derartige Planung bereits in den ersten beiden Monaten beispielsweise rund ein Drittel der Lernziele des Deutschunterrichts abgedeckt. In der Hauptschule erscheint es sinnvoll, parallel zur Informationsentnahme aus Texten im Deutschunterricht in Mathematik die Behandlung und Wiederholung von Sachaufgaben und die Vermittlung von Lösungshilfen einzuplanen.[28]

Beispiel: **Arbeitshilfen für die Erstellung eines methodenorientierten Klassenlehrplans**

Ziele	Arbeitsweisen/-techniken	Fächer
Sinnentnehmend lesen Informationen entnehmen und verarbeiten	Fragen zum Text beantworten, Fragen an den Text stellen, Textstellen anführen, Inhalt nacherzählen, Kernaussagen mit eigenen Worten wiedergeben, Text in Abschnitte gliedern, informationstragende Wörter oder Sätze unterstreichen, markieren oder herausschreiben, neue Wörter aus dem Textzusammenhang erschließen, unverstandene Wörter in Wörterbuch und Lexikon nachschlagen, Handlungsanleitungen verstehen und befolgen (Bastel- und Spielanweisung), einen Text exzerpieren, zwei Texte vergleichen,	Deutsch – Lesen/ Literatur (Sachtexte) Mathematik (Sachaufgaben) Heimat- und Sachkunde/ Sachfächer
	Fehler finden und verbessern, Informationen aufschreiben, in andere Darstellungsformen (Tabellen, Skizzen, Bilder, ...) transformieren,	Deutsch – Lesen/ Rechtschreiben/ schriftlicher Sprachgebrauch

Ziele	Arbeitsweisen/-techniken	Fächer
	Einträge übersichtlich strukturieren (Rand, Farbe, Schrift)	
Fachgemäße Arbeitsweisen und -techniken anwenden	Fachgemäße Lösungshilfen in Rechtschreiben und bei Sachaufgaben anwenden, Fehler verbessern	Deutsch – Rechtschreiben, Mathematik
Selbstständig Probleme lösen	Problemfragen finden und formulieren, Vermutungen und Hypothesen aufstellen, Lösungen planen, durchführführen, auswerten, interpretieren, Lösungswege, Vorgehen reflektieren Versuche planen, aufbauen durchführen, auswerten, reflektieren	Sachfächer: Biologie, Physik, Chemie, Geschichte Erdkunde Heimat- und Sachkunde
Mit anderen sprechen und zusammenarbeiten	Gesprächsregeln beachten, Meinungen akzeptieren und tolerieren, mit dem Partner und mit Gruppen zusammenarbeiten	Deutsch/mündlicher Sprachgebrauch/ schriftlicher Sprachgebrauch Mathematik Sachfächer
Lernen lernen	Lerntipps exemplarisch mit den Schülern erproben	Deutsch, Sprachen Mathematik Sachfächer

4.2 Zielorientierung bei der Planung von Unterrichtssequenzen und einzelnen Unterrichtsstunden

Methodenorientierte Unterrichtssequenzen

Die Umsetzung des Lehrplans in Form von Jahres- und Fachplänen in den konkreten Unterricht erfordert die Planung größerer, mehrere Stunden umfassender Sequenzen. Steht die **Vermittlung grundlegender Arbeitsweisen und -techniken** im Sinne eines Methodentrainings entsprechend des Jahresplans zu Beginn des Schuljahres im Mittelpunkt der Unterrichtsplanung, so sind zuerst die vorhandenen Lernvoraussetzungen der Schüler zu eruieren und dann innerhalb der Sequenz die notwendigen Fertigkeiten schrittweise zu vermitteln.

Beispiel: **Einführung in grundlegende Techniken der Texterschließung (2./3. Jahrgangsstufe)**

Der Umgang der Schüler mit Gebrauchstexten des Alltags wie Gebrauchsanweisungen, Spielanleitungen, Rezepten, Zaubertricks scheitert oft an der mangelnden Beherrschung notwendiger Lesefertigkeiten und Erschließungstechniken.
Texte müssen systematisch befragt, Informationen ausgegliedert, wichtige von unwichtigen unterschieden, Textaussagen auf Kerninformationen und Schlüsselbegriffe verkürzt, ein enger Text-Bild-Bezug hergestellt und semantische Unklarheiten und Unverständliches aus dem Kontext erschlossen werden.
Die Nützlichkeit solcher Techniken der Informationsentnahme erkennen die Schüler sehr leicht an Sachtexten, die wie Zaubertricks direkt in sinnvolles Handeln umgesetzt und kontrolliert werden können. Das Gelingen oder Misslingen des Handlungsvollzugs stellt eine interne Rückmeldung und Erfolgskontrolle der Sinnentnahme für die Schüler dar. Misslingen motiviert intrinsisch zum nochmaligen genauen Nachlesen.
Nach der Behandlung eines jeden Textes werden in einer Arbeitsrückschau das Vorgehen und wichtige Techniken wiederholt und als Lesehilfen auf Kartei- oder Wortkarten festgehalten. Zur schrittweisen Einführung in diese Arbeitstechniken, zu ihrer bewussten Anwendung, Wiederholung, Sicherung und Vermittlung von Lernerfolgen kombiniert der Lehrer in der Sequenz die Texte zu Serien. In der Leseecke wecken dann zusätzlich bereitgestellte Zauberbücher, -kästen, Spielvorschläge, Bastelanleitungen, Rezeptbücher das Interesse der Kinder und motivieren sie zur kontinuierlichen Anwendung des Gelernten in offenen Unterrichtsphasen.

„Zaubertricks lesen – für uns kein Problem

1. **Der Flaschengeist** (Schwarz auf Weiß 2).
   Schwerpunkt: Fähigkeit, einer Handlungsanweisung notwendiges Material zu entnehmen.
   Techniken: Unterstreichen bzw. Markieren im Text; Erstellen einer Materialliste.
2. **Der verzauberte Luftballon** (Schwarz auf Weiß 2).
   Schwerpunkt: Fähigkeit, eine Handlung in Arbeitsschritte zu gliedern.
   Techniken: Zuordnen; Textabschnitte markieren; Textabschnitt ordnen.
3. **Durch eine Postkarte kriechen – aber wie?** (Oldenbourg Lesebuch 3).
   Schwerpunkt: Fähigkeit, aus einer Handlungsanweisung durch wortgenaues Lesen Schlüsselbegriffe zu eliminieren.
   Techniken: Wichtiges in Text und/oder Bild markieren; Wegstreichprobe.
4. **Ein Geldstück verschwindet spurlos** (Oldenbourg Lesebuch 3).
   Schwerpunkt: Bilder lesen lernen, Gewinnen eines Einblicks in die wechselseitige Ergänzung von Bild- und Textaussagen.
   Techniken: Beziehungen herstellen; Markieren.
5. **Weitere Zaubertricks aus verschiedenen Zauberbüchern** ...nach freier Wahl der Schüler in enger Verbindung mit Phasen der Textproduktion (Wir schreiben Zaubertricks für unsere Zauberkartei)" (SCHUBERT/SCHIPPER 1988, S. 18ff.).

Lernziel- und inhaltsorientierte Unterrichtssequenzen

Grobziele des Lehrplans werden in den Sachfächern in der Regel durch mehrstündige

bis mehrwöchige **Sequenzen** realisiert. Das einzelne Grobziel wird aber nur dann in seiner Intention erfasst, wenn sich der Lehrer immer wieder der übergeordneten Leit- und Richtziele versichert. Im Rahmen der Unterrichtsplanung müssen zur Umsetzung eines **Grobziels** in die **Feinziele** einzelner Unterrichtsstunden unbedingt die **Lernvoraussetzungen** der einzelnen Schüler einbezogen werden. „**Planung** meint die in Gedanken vorweg vollzogene Handlung ... Das ist kein einfacher, linearer Vorgang, sondern ein überaus komplexer, in sich vernetzter und zurückgeschalteter Prozess, ein iterativer Prozess. Dabei wird in der Regel ein entschiedenes Ziel zunächst in Teilziele zerlegt, von denen man annimmt, dass man sie auch erreichen kann. In welche und wie viele Teilzeile das übergeordnete Handlungsziel aufgegliedert wird, hängt also wesentlich von dem ab, der plant. Denn er lässt sich dabei von seinen Möglichkeiten der Zielerreichung leiten, von den Aktionen, die er bereits beherrscht oder die ihm möglich zu sein scheinen ... Planung erweist sich somit in der Tat als ein Prozess, in dem entschieden wird, welche Ziele mit welchen Strategien erreicht werden sollen, als die gedankliche Konstruktion einer künftigen Handlung. Es wird erwartet, dass zusätzlich zu Handlungszielen und Handlungsstrategien in der Planungsphase auch bereits die Kontrollmöglichkeiten vorgesehen werden, mit denen überprüft werden kann, ob die Ziele erreicht wurden und ob die Strategien sich bewährt haben. Das Ergebnis der Planungsphase ist ein Plan, die Dokumentation von etwas für bloß möglich Gehaltenem" (PETERSSEN 1995, S. 247). PETERSSEN führt als Planungsfelder die Bedingungen, Ziele, Inhalte/Themen, Lehr-, Lern-Arrangement/Methoden/Medien/ Sozialformen und Kontrollmaßnahmen an. Jedes wird nach Planungsaufgaben, -aktivitäten und -hilfen untersucht.
PLÖSSL fasst diese fünf Felder in **drei Planungsschritten** für lernzielorientierte Unterrichtssequenzen zusammen.[29]

***Beispiel:* Lernzielorientierte Unterrichtssequenz „Lebensraum Wald" (3. Jahrgangsstufe)**

◆ Überlegungen zur Zielstruktur

Im Lehrplan Heimat- und Sachkunde der 3. Jahrgangsstufe sollen die Schüler Grundkenntnisse über den Wald und erste Einblicke in die vielschichtigen Verflechtungen in diesem Ökosystem gewinnen.

Als verbindliche Inhalte schreibt der Lehrplan vor:
- „Jahreszeitliche Veränderungen beobachten und festhalten
- Einige Tiere durch ihr Erscheinungsbild unterscheiden und benennen
- Nahrungsbeziehungen an einem Beispiel darstellen
- Laub- und Nadelbäume nach Blatt und Frucht unterscheiden und benennen
- Weitere Pflanzen unterscheiden und benennen
- Pilze nach äußeren Merkmalen unterscheiden und nach essbar, ungenießbar, giftig einteilen
- Funktionen und Gefährdungen des Waldes in ihrer Bedeutung für Menschen, Tiere und Pflanzen erfassen
- Achtung und Verantwortung gegenüber Tieren und Pflanzen entwickeln"

(LEHRPLAN FÜR DIE BAYERISCHE GRUNDSCHULE 2000, S. 196).

Grundkenntnisse sind als grundlegend erachtete Wissensbestände, keine erweiterten, ausführlichen und detailliert vertieften. Die „Beschränkung auf Grundlegendes" erfordert elementare, exemplarische Kenntnisse aus dem Lebensraum Wald, grundlegende Fähigkeiten und Fertigkeiten wie Betrachten, Beobachten, Vergleichen, Benennen, Beschreiben, Wiedererkennen und einfache Einsichten in die Bedeutung des Waldes, verbunden mit der Erziehungsabsicht, richtiges Verhalten im Wald anzubahnen. „Was an Sachverhalten (Einzelfakten oder Sachzusammenhängen) ausgewählt wird, sollte der Lebenswelt des Kindes, also seinen möglichen Grunderfahrungen mit Wald entsprechen" (PLÖSSL 1982, S. 30). Dazu gehören Erlebnisse im Wald, Wahrnehmungen und Sinnesempfindungen wie die Stille, Tierstimmen, das Sausen des Windes, der Geruch des Holzes oder Harzes, Oberflächenstrukturen der Rinden, die Gestalt der Bäume, Blätter, Zweige, der Bodenbewuchs, die Beschaffenheit des Bodens, Fraßspuren von Tieren usw.

◆ Überlegungen zur Sachstruktur

Vom Grobziel „Grunderfahrungen" ausgehend wählt der Lehrer **typische, exemplarische Vertreter** heimischer Nadel- und Laubbäume, Beeren, Pilze und Tiere aus dem Lebensraum der Kinder aus. Er informiert sich über grundlegende, typische Erscheinungsformen und Merkmale durch Literaturstudium, besonders aber durch eine Waldbegehung mit Pflanzen- und Tierbestimmungsübungen, ohne nachfolgend im Unterricht umfassende Tier- und Pflanzenmonographien vermitteln zu wollen. Die Bedeutung des Waldes muss fachwissenschaftlich geklärt und sachlogisch begründet werden. Nur Fachbücher helfen sachliche Fehler bei der Vorbereitung zu vermeiden. Keinesfalls sollte der Lehrer aber inhaltliche Abfolgen aus Schulbüchern oder Lehrwerken als verbindlich betrachten.[30]
BÖNSCH schlägt vor, auf der Basis der Sachanalyse die den Schülern zu vermittelnden Inhalte und Begriffe zu einem **„Basaltext"** zusammenzufassen. Ein „Basaltext ist in klassischer Weise ein Informationstext, der in kurzer, bündiger Weise die für wichtig gehaltenen Informationen über das unterrichtliche Thema enthält. Gleichzeitig gibt er die zentralen Begriffe und das, was damit gemeint ist, zur Kenntnis. Die zentralen Inhalte, ein kleines Glossar und weiter weisende Literatur sind die drei maßgeblichen Teile ... Sinn des Basaltextes aber ist, dass zum Schluss all das im Basaltext Stehende zum wünschenswerten Wissensbesitz der Schüler/-innen gehört" (BÖNSCH 1994b, S. 415). Ob Lehrer die Ergebnisse der Auseinandersetzung mit der Sache als Text, als Sammlung wichtiger Begriffe, als Mind-Map, als strukturiertes Tafelbild oder Arbeitsblatt fixieren, ist sekundär. Allerdings steuern sie nicht die Abfolge der Unterrichtsschritte.

◆ Überlegungen zur Lernstruktur der Schüler und zur Festsetzung von Teil- oder Feinzielen

Wichtige Fragen des Lehrers bei der Planung der Lernprozesse und der Formulierung von Teil-/Feinzielen sind dann:

❖ Was sollen die Schüler am Ende der Unterrichtssequenz Wald wissen, erläutern, wieder erkennen, bestimmen, erklären können?

- Welche Pflanzen und Tiere sollen sie kennen und anhand typischer Beschreibungsmerkmale wieder erkennen? Welche Inhalte, Begriffe, Schemata sollen vermittelt werden?
- Welche fachgemäßen Arbeitsweisen und -techniken, Handlungsschemata, methodischen Fertigkeiten sollen die Schüler anwenden (beschreiben, bestimmen, vergleichen, nachschlagen, notieren, Vermutungen und Fragen formulieren)?

❖ Welche Ziele sollen auf welchem Niveau dadurch erreicht werden?

- Welche übergeordneten Ziele werden damit angestrebt (kognitive, psychomotorische, affektive, soziale Fähigkeiten und Fertigkeiten)?
- Welchen Komplexitätsgrad sollen diese Ziele haben (Grundkenntnisse oder höhere kognitive Leistungen)?
- Welche Lernleistungen sollen am Ende der Unterrichtssequenz auf welchem Anforderungsniveau überprüft werden (Reproduktion, Reorganisation, Transfer, problemlösendes Denken)?

❖ Welche Erfahrungen, welches Vorwissen haben die Schüler bereits?

Durch Gespräche mit den Schülern, durch Unterrichtsbeobachtungen oder einen Vortest gewinnt der Lehrer Einblick in ihre Vorkenntnisse und Erfahrungen aus dem heimatlichen Umfeld, die er bei dieser Thematik durch die **eigene Waldbegehung** bestätigen und vertiefen muss. Dabei erhält er Informationen über ortstypische Waldbestände (Laub-, Mischwälder, Nadelmonokulturen), Stockwerkbau, Unterpflanzungen, Pilze, Kleintiere usw.
Erst jetzt legt er nach örtlichen Gegebenheiten und dem Vorwissen der Kinder die genauen **Inhalte** fest und formuliert die **Feinziele/Teilziele** der gesamten Unterrichtssequenz möglichst verständlich und eindeutig. Dabei sollte er aber nicht zu viele Feinziele operationalisieren und ihre Einteilung in kognitive, affektive und psychomotorische Zielbereiche kritisch reflektieren. Wichtiger ist vielmehr, die Anforderungsstufen und Komplexität der Lernprozesse und der ihnen angemessenen Methoden zu überdenken.
Die Schüler sollen

- Fichte, Tanne, Kiefer, Lärche, Birke, Eiche, Ahorn, Buche als typische Vertreter einheimischer Nadel- und Laubbäume nach charakteristischen Merkmalen beschreiben, wieder erkennen und mit Hilfe einfacher Bestimmungsbücher oder -blätter bestimmen.
- einige Beerensträucher, wie beispielsweise Heidelbeeren, Preiselbeeren, Brombeeren, Walderdbeeren, Himbeeren, Holunder, Schlehe, Vogelbeere, Tollkirsche, bestimmen und beschreiben.
- einige typische Speisepilze, z.B. Steinpilz, Maronenpilz, Pfifferling, Rotkappe, Birkenpilz, anhand wichtiger Merkmale beschreiben, bestimmen und wieder erkennen, die wichtigsten Teile eines Röhren- oder Lamellenpilzes nennen, den Unterschied zwischen Knollenblätterpilz und Wiesenchampignon und die Symptome bzw. Folgen einer Pilzvergiftung erläutern.

- einige geschützte Pflanzen im Heimatbereich kennen, wie z. B. Leberblümchen, Schlüsselblume, Akelei, Seidelbast, Maiglöckchen.
- einige einheimische Tiere, wie beispielsweise Reh, Fuchs, Specht, nennen, auf Bildern wieder erkennen und an einfachen Beispielen aufzeigen, in welcher Weise diese Tiere auf den Lebensraum Wald angewiesen sind und worin Gefährdungen bestehen (Nahrung, Jungenaufzucht, Feinde); ausgehend von Fraßspuren an einem einfachend Beispiel (z. B. Blatt → Raupe → Vogel; Fichte → Borkenkäfer → Specht) Nahrungsbeziehungen erläutern.
- Beispiele für verantwortungsbewusstes Verhalten im Wald nennen.
- die Bedeutung des Waldes an einfachen Beispielen (Wald als Wasserspeicher, Luftfilter, Windschutz, Lebensraum für viele Tiere und Pflanzen, Holzlieferant, Arbeitsplatz, Erholungsraum) darstellen.[31]

❖ Wie müssen die Lernprozesse im Unterricht methodisch strukturiert werden, damit die Schüler möglichst handlungsorientiert zu diesen Kenntnissen, Erkenntnissen, Einsichten und Fertigkeiten gelangen können?

Höhere Ziele wie Erkenntnisse und Einsichten erfordern selbstständiges, problemlösend-entdeckendes Handeln, die Verfügbarkeit über einfache Fertigkeiten des Nachschlagens, Vergleichens, Bestimmens.

- Welche Möglichkeiten **konkreten Handelns** wie eine Waldbegehung, Wanderung mit kurzen Arbeitsphasen, das Bestimmen der Pflanzen gibt es am Schulort? Wodurch erfolgt die unmittelbare Begegnung mit der Wirklichkeit?
- Welche Frischpräparate (Äste, Blätter, Früchte), **Medien**, Arbeitsmittel, ersetzen die unmittelbare Begegnung mit der Wirklichkeit und dienen der Informationsgewinnung?
- Welche **Arbeitsweisen und -techniken** (genaues Beschreiben, Vergleichen, Notieren, Skizzieren, Nachschlagen, Umgehen mit Bestimmungsblättern oder -büchern, Bedienen der Geräte) sind erforderlich, welche stehen bereits zur Verfügung, welche müssen erst eingeführt und geübt werden?
- Welche **Sozialformen** (Einzel-, Partner-, Kleingruppenarbeit) unterstützen das selbsttätige Lernen?
- Wie werden die **Ergebnisse** strukturiert und zusammengefasst (Arbeits- oder Tafeltext, Skizzen, Tabellen, Gehölztafeln)?
- Welche **Handlungsprodukte** (Gehölztafeln, Aufbau einer Ausstellung, Leserbrief an die Zeitung, Einladung der Eltern, Ausstellung der Ergebnisse in der Schule usw.) können mit dieser Einheit von den Schülern erstellt werden?
- Durch welche Aufgaben einer **Leistungsfeststellung** (Lernzielkontrolle, Probe) mit unterschiedlichen Anforderungsniveaus können die angestrebten Lernziele und Unterrichtsergebnisse kontrolliert und überprüft werden?[32]

Unter Bezugnahme, dass Wissen handlungsorientiert gewonnen, viele Sinneserfahrungen ermöglicht, Vorstellungen vor Ort geklärt und Zusammenhänge am exemplarischen Beispiel erschlossen werden sollen, überlegt der Lehrer dann detailliert die **methodische Strukturierung** und die **Abfolge der Lernprozesse**:

- Bestimmungsübungen an mitgebrachten Zweigen und Blättern in der Klasse;
- Planen eines Unterrichtsgangs in den Wald, einer Waldbegehung mit dem Förster;

- Bestimmungsübungen im Freiland, Suchen von Tierspuren (z. B. Borkenkäfergänge), einfache Lichtmessungen mit einem Belichtungsmessgerät, Altersbestimmung gefällter Bäume;
- kurze Zwischenbesprechung im Freiland, genaue Auswertung der Arbeitsergebnisse und Erarbeitung der Ziele in den nachfolgenden Unterrichtsstunden.[33]

Der Lehrer legt dann die **zeitliche Abfolge** der einzelnen Teilziele nach Unterrichtsstunden fest, formuliert **Stundenthemen** als Problemfragen oder Handlungsbeschreibungen, notiert die wichtigsten **Unterrichtsschritte**, trägt **Arbeitsmaterialien** zusammen usw. Für die konkrete Umsetzung findet er Hinweise in den Lehrplänen in den Empfehlungen zur Unterrichtsgestaltung.

Sachlogisch notwendige Erweiterungen vorgegebener Lerninhalte des Lehrplans

Manchmal ist es erforderlich, die im Lehrplan vorgegebenen Lerninhalte zu erweitern, um ein angestrebtes Lernziel durch eine sachlogisch und fachwissenschaftlich richtige Sequenzplanung zu erreichen und den Schülern nichts Falsches zu vermitteln.

Beispiel: **Lernzielorientierte Unterrichtssequenz „Grundkenntnisse über die Verbrennung"**

Beim Lernziel „Grundkenntnisse über die Verbrennung" für die 3. Jahrgangsstufe wurden im bisherigen Grundschullehrplan als Inhalte ausgewiesen
- verschiedene Brennstoffe
- Luftzufuhr als Voraussetzung für Verbrennung
- Gefahren bei offenem Feuer (Lehrplan für die Grundschule in Bayern 1981, S. 624).

Diese Inhalte decken aber nicht das Lernziel ab. Sie setzen einerseits voraus, dass unsere Schüler noch Gelegenheit haben, konkret handelnd mit Brennstoffen und Feuer umzugehen und unterfordern sie andererseits. Die Kinder wissen aus früheren Klassen und aus den Medien, dass eine Kerze unter einem übergestülpten Glas erlischt, weil die Flamme „Luft" zum Brennen benötigt.
Erst eine genaue **Sachanalyse** liefert wichtige Einsichten in die Sachstruktur der Einheit:
Unter Verbrennung versteht man im weitesten Sinn eine chemische Reaktion (Oxidation), die unter Wärmeabgabe und Lichterscheinungen (Flamme) abläuft. Im Sachunterricht der Grundschule werden nur Verbrennungsvorgänge angesprochen, die an der Luft, d. h. in Anwesenheit von Sauerstoff, stattfinden. Als Verbrennungsprodukte entstehen Oxide (Brandgase, Asche, Ruß). Bei einem Brand in einem geschlossenen Zimmer sammeln sich die Brandgase an der Decke und entzünden sich bei einer genügend hohen Temperatur zu einem verheerenden Feuersturm. Damit eine Verbrennung einsetzt, muss der Brennstoff auf den Brennpunkt oder die Entzündungstemperatur erhitzt werden, bei der die Menge des freigesetzten Gases und niedermolekularer, flüchtiger Zersetzungsprodukte so groß wird, dass nach ihrer Fremd- oder Eigenentzündung eine fortdauernde Verbrennung selbstständig stattfindet. Voraussetzung dafür ist aber, dass genügend Luftsauerstoff, z. B. durch den hohen Verteilungsgrad des Brennstoffes, an den Brennstoff gelangt.
Die **didaktische Reduktion** dieser Vorgänge auf die Wechselwirkung zwischen Brenndauer ei-

ner Kerze und dem zur Verfügung stehenden Luftvolumen muss unbedingt weitergeführt werden. Eine Kerzenflamme erlischt nämlich, wenn der Anteil des Luftsauerstoffs nur um vier Volumenprozent von 20,9 auf 17,2 Volumenprozent abnimmt.[34] Eine fortwährende Verbrennung des vergasten Wachses ist nur bei ständiger Frischluftzufuhr (Sauerstoffzufuhr) und der Abführung der „Abgase" (der Verbrennungsprodukte) möglich. Es ist deshalb sachlich falsch, wenn in Arbeitsblättern und Schülerbüchern zu lesen ist, dass die Flamme erlischt, weil die Luft oder der Sauerstoff „verbraucht" sind.

Für eine detaillierte **Sequenzplanung** ist es notwendig, die **Vorkenntnisse** der Schüler zu eruieren. Sie haben emotionale Freude am Leuchten der Flamme, empfinden ihre Wärme als angenehm, zeigen aber Angst und Hilflosigkeit bei einem Großfeuer und wissen um das Verbot des Zündelns. Sie haben meist wenig Gelegenheit zum Umgang mit Kerzen, außer im Advent und zum Feuermachen (Wie schüre ich unseren Kachelofen, wie ein Lagerfeuer an?). Sie wissen wenig über bekannte Brennstoffe und ihren sachgemäßen Umgang, haben wie auch viele Lehrer keine Vorstellungen davon, wie schnell sich brennbare Stoffe entzünden lassen oder ein Feuer sich durch die Entzündung der Brandgase ausbreitet, und keine Kenntnisse über die chemischen Grundlagen.

Die Sequenzplanung darf deshalb nicht die einzelnen Inhalte des Lehrplans oder die einzelnen Brennstoffe nach brennbar oder nicht brennbar schlagwortartig abhandeln. Zum Verständnis der einfachen Verbrennung sind im Rahmen der Grundkenntnisse auch die Umstände zu klären, unter denen potenziell brennbare Stoffe tatsächlich Feuer fangen, z. B. ihr Abstand von einer Flamme, die Zeitdauer bis zur Entzündung, die Entzündung ohne Flamme, das Entzünden von Flüssigkeiten unterschiedlicher Temperatur. PFEIFER schlägt deshalb unter Beachtung der Lernvoraussetzungen folgende **Sequenzplanung** zur sachlich richtigen Vermittlung der Grundkenntnisse vor:

- **Unterscheiden brennbarer und nicht brennbarer Stoffe** (Welche Stoffe eignen sich zum Feuermachen?). Untersuchen verschiedener kleiner Brennstoffproben im Verbrennungslöffel auf ihre Brennbarkeit durch Lehrerdemonstration bzw. Schülerversuche nach vorheriger Einführung in den Umgang mit Spiritus- oder Campingbrenner auf Arbeitsunterlagen oder im Physiksaal. Das selbstständige Weiterbrennen oder -glühen nach dem Entzünden wird als Kriterium für die Brennbarkeit festgelegt, die Brennstoffe werden geordnet.
- **Ordnen der Brennstoffe nach ihren Zustandsformen und ihrer Entzündbarkeit** (Wie lange dauert es, bis sich ein Papierstreifen, ein Holzspan, ein Holzscheit, ein Stückchen Kohle oder eine Spiritusprobe im Verbrennungslöffel entzünden lassen?). Messen der benötigten Zeit.
- **Beobachtungen an einer brennenden Kerze** (Was brennt bei der Kerze?). Auspusten einer brennenden Kerze und sofortiges Entzünden durch ein von oben an den Docht geführtes brennendes Streichholz. Die Flamme springt auf den Docht über. Vertiefend wird die Bedeutung des Dochts erarbeitet (Verbrennt Kerzenwachs auch ohne Docht? Lässt sich Kerzenwachs auch ohne Flamme entzünden?).
- **Zum Verbrennen ist die Zufuhr von Luft (Sauerstoff) und die Abfuhr von Abgasen notwendig** (Warum erlischt die Kerze in Ulis Laterne dauernd?). Ermitteln der Brenndauer einer Kerze unter unterschiedlich großen Bechergläsern durch Bestimmen der Brennzeit (Je mehr Luft vorhanden ist, desto länger brennt die Kerze.). Das Glas wird auf Bleistifte gestellt, so dass Luft von unten zugeführt wird, oder ein Glas mit einer Bohrung im Boden darüber gestülpt: Die Kerze erlischt. Auch ein beidseitig offenes Glasrohr, das über die Kerze gestülpt wird, bringt die Kerze zum Erlöschen. Erst wenn ständig Frischluft von unten oder der Sei-

te zugeführt wird und die Abluft entweichen kann, brennt die Kerze weiter. Diese Erkenntnis wird durch einen Räucherkegel demonstriert und auf Kachelöfen, Windlichter und auf die Wirkung von Kaminen übertragen.

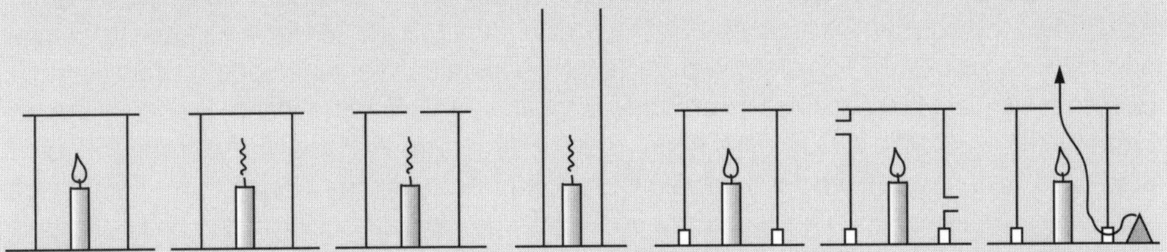

- **Gefahren bei offenem Feuer** (Wie kam es zu dem gefährlichen Unfall beim Grillen?). Erarbeiten der raschen Entzündung feuergefährlicher Stoffe wie Spiritus, Benzin, Nitroverdünnungen, heißes Heizöl (leichte Verdampf- und Brennbarkeit) und notwendiger Verhaltensregeln für den Umgang damit, z. B. an Tankstellen. Richtiges Verhalten bei Bränden, Verständigen der Feuerwehr.
- **Weiterführung der Thematik** durch einen Besuch der Feuerwehr usw.[35]

Zielorientierung bei der Planung einzelner Unterrichtsstunden

Die Orientierung des Unterrichts am übergeordneten Grobziel sollte sich auch bei der Planung der einzelnen Stunden einer Sequenz auf Feinzielniveau erkennen lassen. Die vom Lehrer ausgewählten Unterrichtsmethoden müssen der Anforderungsstufe und der Komplexität einzelner Lernziele entsprechen. Erkenntnisse und Einsichten erfordern problemlösend-entdeckende, exemplarisch-genetische Lehrverfahren. Wesentlich dabei ist:

Nur eine Problemfrage, einen Unterrichtsschwerpunkt, ein klar umrissenes Stundenziel in den Mittelpunkt stellen!

Der Lehrer muss wissen, worauf er den Schwerpunkt des Unterrichts legt, z. B. auf die problemlösend-entdeckende Gewinnung von Erkenntnissen und Einsichten, auf die Lesefertigkeit oder auf die Sinnentnahme, auf die Erfassung der Kerngedanken eines Textes, auf die Sicherung von Rechenfertigkeiten oder die Vermittlung von Lösungshilfen zur selbstständigen Bewältigung von Sachaufgaben. Gelegentlich deckt eine Problemfrage nur einen Aspekt einer Unterrichtsthematik ab und erfordert eine zweite Frage oder einen weiteren Schwerpunkt.[36]

Der Unterricht soll dann Antworten auf die Fragen der Schüler geben und problemhaltige Phänomene klären. Der Lehrer muss deshalb schon bei der Unterrichtsplanung bedenken, welche Antworten eine Problemfrage oder ein Unterrichtsthema verlangen.

***Beispiel:* „Wie kann der Möninger Berg auf der Karte dargestellt werden?" (Einführung in die Höhendarstellung)**

Die Wahl dieser Problemfrage erfordert mehr als nur die Vermittlung der Höhenlinien. Die Antwort darauf enthält die Darstellung eines Berges mittels Höhenschraffen, Farbschattierungen und Höhenlinien. Beim Schraffen weisen dicht gedrängte Linien auf Höhe und Steilheit des Geländes hin, bei Farbschattierungen Verfärbungen von Grün nach Braun. Erst die Herausarbeitung der Nachteile beider Verfahren, z. B. keine exakte Angabe von einzelnen Höhen, Steil- und Flachhängen, verdeutlicht die besonderen Vorteile der Höhenlinien. Sie basieren auf präzisen Messungen, veranschaulichen steiles wie flaches Gelände durch den Abstand zu den benachbarten Höhenlinien und lassen die Höhenlage dazwischenliegender Kartenpunkte durch einfaches Interpolieren ziemlich genau bestimmen. Diese Höhendarstellung findet deshalb bei genauen Landkarten wie Messtischblättern, Katasterplänen, guten Bergwanderkarten usw. Verwendung.[37]

Die Schüler sollten wissen, worum es in der Stunde geht!
Das angestrebte Stundenziel, der Unterrichtsschwerpunkt sollte möglichst klar und deutlich herausgestellt werden. Wird das Ziel als Problemfrage formuliert, so dient seine alltagssprachliche Umschreibung einer Präzisierung und Eingrenzung (Wir sollen herausfinden, wie wir den Möninger Berg so in einer Karte darstellen können, dass wir sofort sehen, wo er steil ansteigt, wo er flach abfällt, wo der höchste Punkt ist). Gerade im Bereich der Vermittlung von Methoden, Arbeitsweisen und -techniken müssen die Schüler das Ziel kennen, um ihre Fertigkeiten und Fähigkeiten beurteilen und sich selbst neue Teilziele setzen zu können. Je häufiger die Schüler an der Auswahl und Bestimmung der Ziele und Inhalte beteiligt sind, desto stärker identifizieren sie sich damit, engagieren sie sich im Unterricht und bauen sie subjektives Interesse auf.[38]

4.3 Beispiele unterschiedlich effektiver lernzielorientierter Sequenzplanungen

Für die Unterrichtsvorbereitung steht Lehrern ein kaum überschaubares Angebot an Unterrichtsentwürfen und Erfahrungsberichten zur Verfügung. Allzu oft werden sie unreflektiert auf die eigene Klasse übertragen. Wie häufig dadurch die Intention des Lernziels übersehen, die Lernvoraussetzungen der Schüler missachtet, nur oberflächliche Kenntnisse vermittelt und grundlegende Erkenntnisse nicht selbst handlungsorientiert gewonnen werden, zeigt folgendes Negativbeispiel aus dem Mathematikunterricht der 5. Jahrgangsstufe zur Bestimmung des Umfangs von Rechteck und Quadrat, dessen typische Verlaufsform immer wieder in der Unterrichtspraxis und in praxisorientierten Unterrichtsentwürfen beobachtet werden kann.[39]

Beispiel 1: Bestimmen des Umfangs eines Rechtecks (5. Jahrgangsstufe)

Lernziele:
Die Schüler sollen
- Lösungsversuche zum Rechenproblem überlegen, mit Partnern besprechen, durch konkretes Abmessen durchführen und das Vorgehen verbalisieren.
- erkennen, dass der Umfang eines Rechtecks durch die Summe der einzelnen Seiten bestimmt wird und diese Erkenntnis in einer Formel zusammenfassen.
- die Erkenntnis an weiteren Aufgaben zur Umfangsberechnung von Rechtecken anwenden und sichern.

Problemgewinnung:
L Frau Meier möchte ihre Tischdecke mit einer Borte einfassen. Der Lehrer zeigt die Tischdecke.
SS sprechen, zeigen, beschreiben.
L Frau Meier möchte zum Einkaufen gehen. Sie stellt sich vorher eine Frage:
SS Wie lang muss die Borte sein? (TA)
SS problematisieren, besprechen mit dem Partner, notieren Stichpunkte.

Problemlösungsversuche:
SS vermuten mit dem Partner, beschreiben, nennen, zeigen, schätzen.
TA messen – addieren – Länge – Breite – zugeben – ...

Problemlösung:
SS erklären, wie sie vorgehen müssten: jede Seite abmessen, addieren. Sie geben den Rechenweg an, notieren ihn in Stichpunkten an der Tafel.
Differenzierung: Gute Schüler rechnen selbst, kontrollieren mit dem Nachbarn und lösen dann weitere Aufgaben auf dem Arbeitsblatt.
Schwächere Schüler arbeiten mit dem Lehrer und bearbeiten dann eine gleiche Aufgabe mit anderem Zahlenmaterial

Problemausweitung:
L Wir könnten unseren Rechenweg auch anders aufschreiben!
SS erklären, dass man anstelle der Zahlen Buchstaben verwenden könnte.
SS versprachlichen die Formel mit Worten und Zeichen und notieren sie an der Tafel und auf dem Arbeitsblatt.

Anwendung/Sicherung:
L Tischdecken haben oft andere Maße

l	1,20 m	1,35 m
b	0,90 m	0,95 m

SS multiplizieren bzw. addieren, ordnen in Tabellen, lösen Aufgaben auf dem Arbeitsblatt oder aus dem Rechenbuch.

Tafelbild

Wie lang muss die Borte sein?

- Länge messen
- Breite messen
- zusammenzählen
- zugeben für Ecken (vernähen)

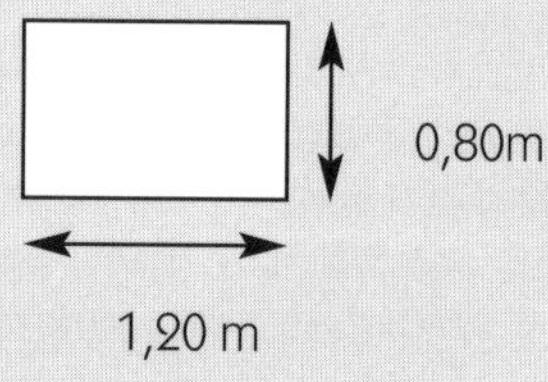

$$\begin{array}{r} 1{,}20\ \text{m} \\ 1{,}20\ \text{m} \\ 0{,}80\ \text{m} \\ \underline{+\,0{,}80\ \text{m}} \\ 4{,}00\ \text{m} \end{array}$$

$$U = 1{,}20\ \text{m} + 1{,}20\ \text{m} + 0{,}80\ \text{m} + 0{,}80\ \text{m}$$
$$U = 2 \cdot 1{,}20\ \text{m} + 2 \cdot 0{,}80\ \text{m}$$
$$U = 2 \cdot l + 2 \cdot b$$
$$U = 2 \cdot (l + b)$$

Umfang =	2 · Länge	+	2 · Breite
Umfang =	2 · (Länge	+	Breite)

Die Borte muss 4 m lang sein.

Kritikpunkte:

- Die Schüler werden in dem stark lehrergesteuerten Unterricht an einem Beispiel in genau festgelegten und kontrollierten Schritten sehr schnell zur „Erkenntnis" geführt. Nach 30 Minuten steht die Formel in Satz- und Symbolform an der Tafel. Dann wird sie auf gleich strukturierte Aufgaben angewendet. Die erzielten „Unterrichtserfolge" sind Scheinerfolge und eng an das erarbeitete Beispiel gebunden. Bei geringster Veränderung der Aufgabenform und -schwierigkeit finden sich die Schüler nicht mehr zurecht.
- Wissen die Schüler wirklich, was man unter dem Umfang ebener, geometrischer Figuren versteht? Der Umfang als Länge ist kaum sichtbar, sondern stets eng an die Rechteckfläche in der Normallage gebunden. Ist das Problem wirklich ein nachdenkenswertes Problem oder doch eher ein Scheinproblem?
- Das selbstständige, aktive, problemlösend-entdeckende Handeln kommt zu kurz. Wohl wird auch gehandelt, doch zu wenig darüber nachgedacht und geredet. Das Messen ist relativ bedeutungslos und randständig. Der Unterricht ist eher einem behavioristischen als einem kognitiv-konstruktivistischen Lernkonzept verpflichtet.
- Die Schüler werden sehr schnell auf eine bestimmte Notations- und Sprechform fixiert.
- Der Lernzuwachs ist fraglich und nicht dauerhaft, da das Vorwissen der Schüler nicht eruiert, der stark gelenkte Lernweg sehr verkürzt, die Erkenntnisse von den Schülern nicht selbstständig problemlösend-entdeckend gewonnen, zu wenig versprachlicht und nicht auf variative, ähnliche und neue Beispiele übertragen werden.

Beispiel 2: Bestimmen des Umfangs geometrischer Figuren und Berechnen des Umfangs von Rechteck und Quadrat[39]

Die Fachpräambel Mathematik stellt die fachlichen Richtziele heraus und gibt Hinweise zur methodischen Gestaltung des Unterrichts:
„Der Mathematikunterricht in der Hauptschule bevorzugt das induktive Vorgehen. Er geht von Aufgabenstellungen aus der Alltagswelt der Schüler oder von mathematischen Problemen aus. Modellgebundenes Handeln, konkreter Umgang mit Lernmaterialien und variative Anschauung müssen sich eng mit sprachlich-symbolischer (verbaler und schriftlicher) Beschreibung und Formulierung verbinden. Aktivitäten des Übergangs zwischen diesen beiden Darstellungsebenen in beiden Richtungen führen zum Aufbau abstrakter Begriffe und allgemeiner Erkenntnisse. Versuche, Rechen- und Lösungswege zu variieren, sollen den Schülern das Durchdringen und selbstständige Bearbeiten von Aufgaben erleichtern. Da das Lernen im Fach Mathematik häufig auf Vorkenntnisse zurückgreifen muss, ist auch regelmäßiges Wiederholen und Üben unverzichtbar... Berechnungsformeln dürfen nicht zu früh eingeführt, sie müssen schrittweise abgeleitet werden. Eine wiederholte Rückbesinnung auf ihre Gewinnung erleichtert den Schülern eine flexible Anwendung."
„Konkrete Handlungen wie Falten, Schneiden, Zeichnen und Herstellen von Modellen sollen den Schülern helfen, geometrische Figuren und Beziehungen zu erfassen und geometrische Begriffe aufzubauen" (Lehrplan für die bayerische Hauptschule, Mathematik, 5. Jahrgangsstufe, 1997, S. 37, 98).

Vorausgehende Unterrichtseinheiten:
Die Unterrichtseinheit zum Messen und Berechnen des Umfangs von Rechteck und Quadrat muss in enger Verflechtung mit dem Messen und Umrechnen von Längen und dem Zeichnen geometrischer Figuren (Strecken, Senkrechte und Parallele, Rechtecke, Quadrate, Achsensymmetrie und Achsenspiegelung, Würfel und Quader – Lernziel 5.3.1 Geometrische Figuren und Beziehungen) gesehen werden. Bei diesem Ziel geht es um die Einführung in den Gebrauch der Zeichengeräte und das Erlernen notwendiger Fertigkeiten.
Vor der Unterrichtseinheit werden Längen, Abstände, Strecken und Streckenzüge geschätzt und gemessen, Längen in andere Einheiten umgerechnet und in verkleinertem Maßstab gezeichnet.

Lernziele:
Die Schüler sollen
- die Umfangslängen unregelmäßiger und regelmäßiger Figuren und Flächen schätzen, durch verschiedene Möglichkeiten des Messens bestimmen und dadurch erkennen, dass der Umfang die Länge des Randes von Flächen und unabhängig vom Inhalt oder vom Aussehen der Fläche ist.
- durch konkretes Schätzen, Messen, Vergleichen der Umfangslängen verschiedener geometrischer Figuren erkennen, dass der Umfang von Rechteck, Quadrat, Dreieck und Stern durch die Summe aller Seitenlängen bestimmt wird; verschiedene Wege des Vorgehens erläutern, den Rechenweg mit der geringsten Anzahl von Messungen herausstellen, intensiv versprachlichen, als Formel verkürzen und in Aufgaben anwenden.
- durch Vergleich der Anzahl der Messungen Verfahren zur Umfangsberechnung unregelmäßiger, vom Rechteck abgeleiteter Vielecke entwickeln und an Beispielen demonstrieren.

1. Unterrichtseinheit

TZ 1: Schätzen und Messen des Umfangs unregelmäßiger und regelmäßiger Figuren und Flächen[40]

Problemstellung:

L Der Lehrer stellt zwei Schüler neben sich und lässt schätzen, wer wohl den längeren Gürtel für seine Hose braucht oder den größeren Bauchumfang hat (alltägliche Wortbedeutung).

SS schätzen ab, machen Vorschläge zur genaueren Bestimmung, messen mit einem Metermaß nach.

L gibt drei andere Figuren vor: Wie misst man hier die Länge des Randes, des Umfangs?

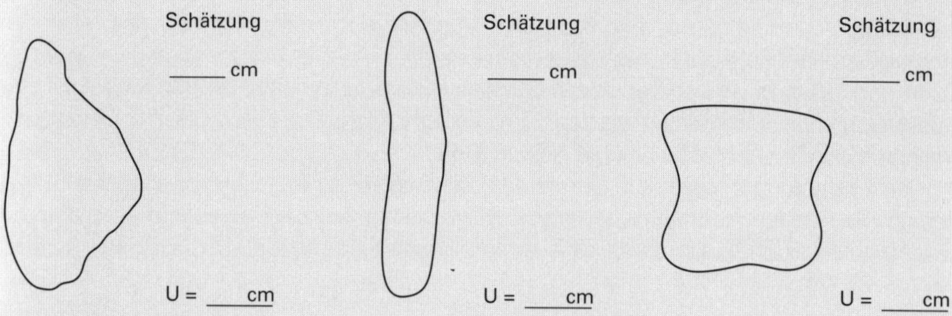

Problemlösungsversuche:

SS machen Vorschläge: Maßband auf Randlinie legen, in gleich lange Abstände (z. B. 1-cm-Längen) einteilen, Schnur auf Randlinie legen und dann nachmessen.

SS führen Problemlösungen (schätzen, nachmessen) mit dem Partner oder in Gruppen durch.

Ergebnis 1: Die Länge des Randes, der Umfang ist überall gleich. Man darf sich bei der Schätzung nicht vom Aussehen, vom Flächeninhalt leiten lassen. Nur das genaue Abmessen gibt Auskunft.

Problemausweitung:

(Anwendung der ersten Erkenntnis auf weitere Beispiele)

L zeigt auf Folie Blumenbeete, die mit Randsteinen eingefasst sind (Schülerbuch).

SS Die Schüler ordnen mit dem Partner die Beete nach der Länge ihres Randes und kontrollieren die Ergebnisse.

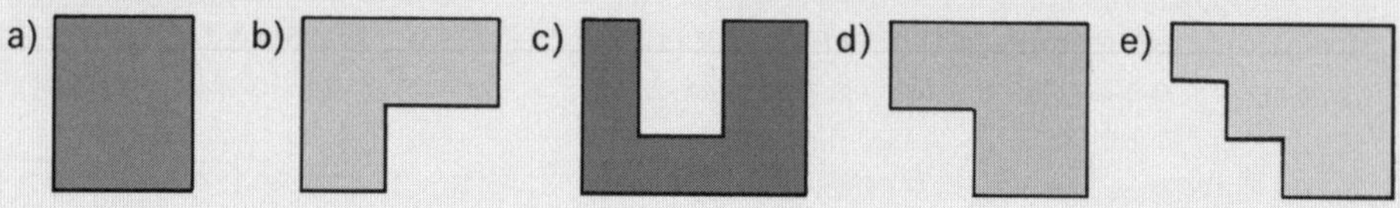

L lässt Schüler die aus Streichhölzern gebildeten Randlängen verschiedener Flächen vergleichen.

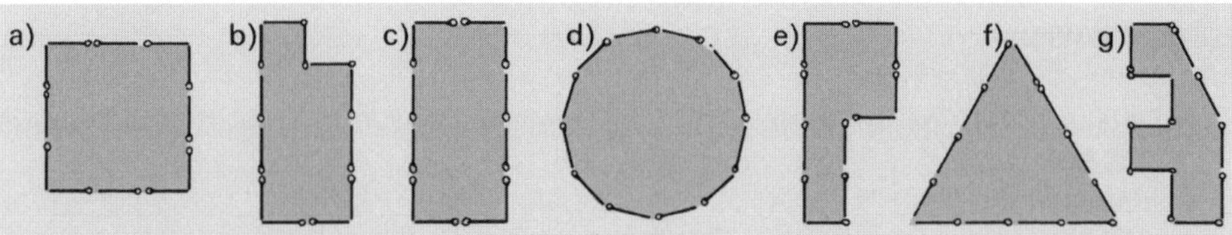

L legt mit Streichhölzern eine Fläche auf den Tageslichtprojektor und lässt von Schülern mit 16 Streichhölzern unterschiedliche Flächen legen.

SS legen verschiedene Flächen und vergleichen jeweils Aussehen und Umfang der Flächen.
Ergebnis 2: Die Länge des Randes von Flächen nennt man Umfang.
Der Umfang ist unabhängig vom Aussehen der Figur und vom Inhalt der Fläche.

Anwendung/Sicherung:

SS schätzen den Umfang von vorgegebenen Flächen und überprüfen durch Nachmessen.

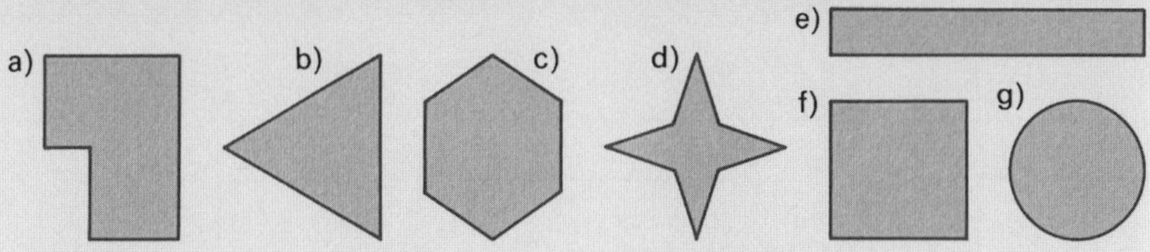

SS zeichnen drei verschiedene Figuren ins Heft, die jeweils den Umfang 10 cm haben (Hausaufgabe).
lösen ähnliche Aufgaben aus dem Buch und vergleichen den Umfang der Figuren mit dem Umfang des dunklen Quadrats.

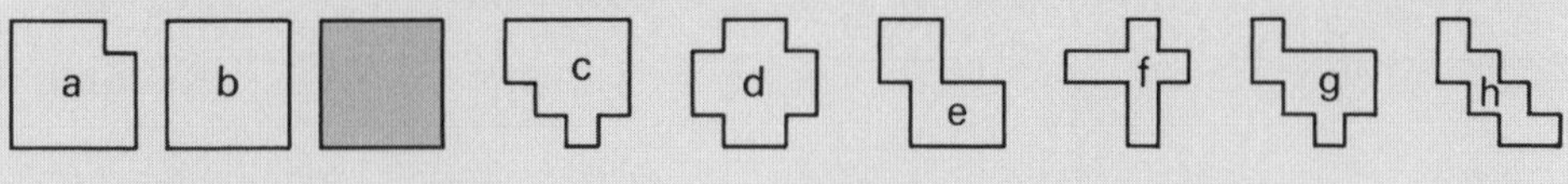

2. Unterrichtseinheit

TZ 2: Bestimmung und Berechnung des Umfangs von Rechtecken und Quadraten

Problemstellung:

L gibt Schülern ein Arbeitsblatt (Folie) mit verschiedenen geometrischen Figuren, lässt jeweils den Umfang schätzen und die Anzahl der notwendigen Messungen zur Bestimmung des Umfangs notieren.

Rechteck	Stern	Dreieck	Quadrat
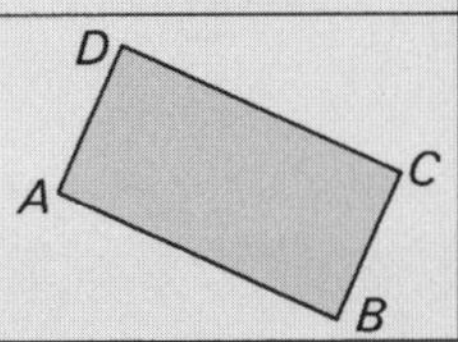	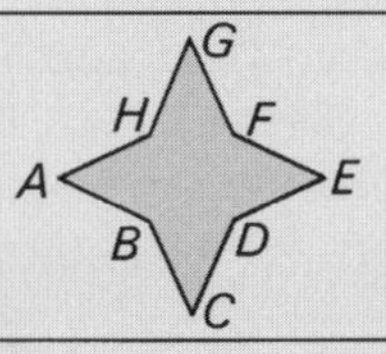	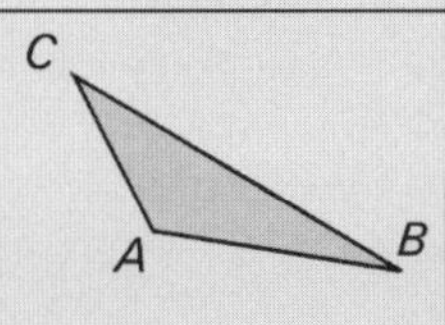	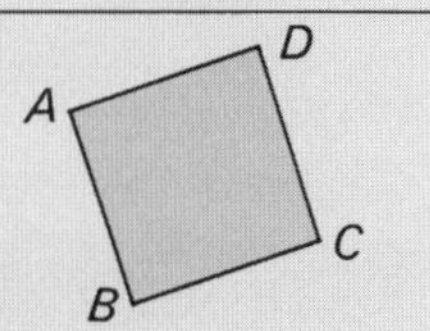

Problemlösung:

(Entwicklung des Verfahrens)

SS schätzen, messen nach, überlegen, vergleichen, tragen ihre Ergebnisse im Unterrichtsgespräch vor.

Ergebnis 3: Der Umfang von Rechteck, Quadrat, Stern, Dreieck wird durch die Summe aller Seitenlängen bestimmt. Beim **Quadrat**, beim gleichseitigen Dreieck, beim Stern ist jeweils nur eine Messung notwendig; es muss also nur eine Seitenlänge a gemessen werden. Beim **Rechteck** sind zwei Messungen erforderlich, die Messung der Länge a und der Breite b. Dabei können die Länge und die Breite mit 2 multipliziert (verdoppelt) und addiert werden oder die Länge und die Breite werden addiert und dann mit 2 multipliziert (verdoppelt).

L lässt diese Erkenntnis intensiv versprachlichen und durch die Verwendung von Buchstaben als Bezeichung für die einzelnen Seiten zur Formel verkürzen. Die gefundene Formel wird immer wieder in Sprache umgesetzt und in ein strukturiertes Tafelbild eingetragen.

Rechteck

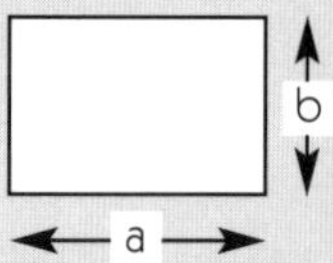

Länge: a = 5 cm
Breite: b = 2 cm

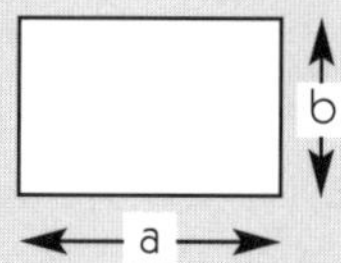

$U_R = 2 \cdot a + 2 \cdot b$

$= 2 \cdot 5\ cm + 2 \cdot 2\ cm$
$= 10\ cm + 4\ cm$
$= 14\ cm$

$U_R = 2 \cdot a + 2 \cdot b$

$= 2 \cdot (5\ cm + 2\ cm)$
$= 2 \cdot 7\ cm$
$= 14\ cm$

Quadrat

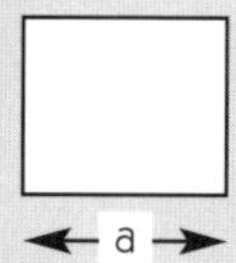

Seite: a = 3 cm

$U_Q = 4 \cdot a$

$= 4 \cdot 3\ cm$
$= 12\ cm$

Anwendung/Sicherung:

SS beurteilen verschiedene Rechenwege von Schülern:
Peter: $U_R = a + b + a + b$ Max: $U_R = a + a + a + a$

SS zeichnen in einer Tabelle angegebene Strecken rot nach und erklären das Vorgehen.

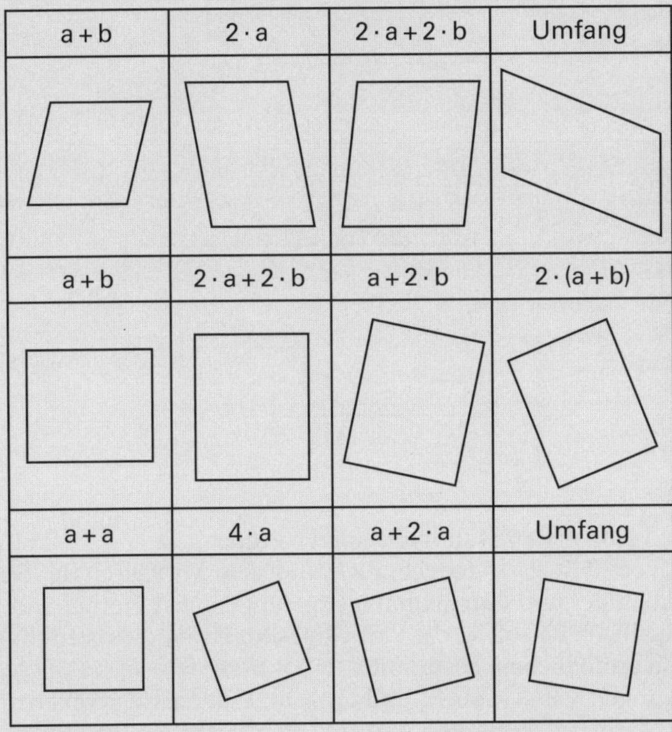

SS zeichnen vier verschiedene Rechtecke, die jeweils den Umfang 12 cm haben.
Sie überlegen, wie viele Rechtecke es gibt, wenn eine Seitenlänge 4 cm beträgt, und begründen.

SS lösen Aufgaben in Tabellenform oder als eingekleidete Sachaufgaben im Rechenbuch.

a	8 m		7 m	50 cm	2,5 dm		950 m	2200 m	
b		5 m			5 m	68 cm			53 m
U_R	20 m	28 m	2,8 dm	35 dm		3,2 m	4 km	5,6 km	1,2 km

TZ 3: Entwicklung von Verfahren zur Berechnung des Umfangs unregelmäßiger vom Rechteck abgeleiteter Vielecke

Problemausweitung:

L lässt den Umfang eines unregelmäßigen Vieleckes bestimmen und die Schüler überlegen, ob man nicht mit viel weniger Messungen auskommen könnte.

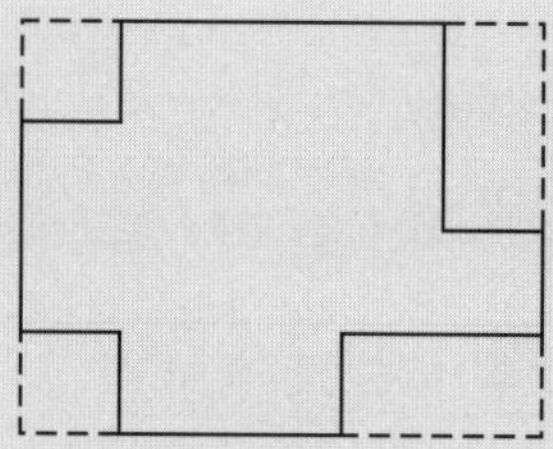

SS probieren aus, zeichnen um, legen die Seitenlängen des Vielecks (Stäbchen) auf dem Tageslichtprojektor um und erkennen, dass wiederum nur Länge und Breite bestimmt werden müssen.

SS lösen weitere Aufgaben.

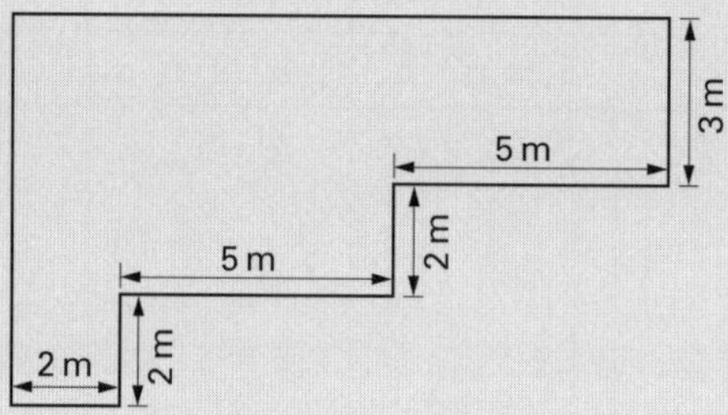

Im Unterschied zum ersten Stundenbeispiel werden
- ausgehend vom Alltagssprachgebrauch und vom Vorwissen der Schüler die Umfänge regelmäßiger und unregelmäßiger geometrischer Figuren induktiv über viele unterschiedliche Beispiele, die vielfältiges konkretes, konstruktives, entdeckendes Handeln ermöglichen, bestimmt.
- Problemlösungen selbst gesucht und erprobt, Ergebnisse verglichen, intensiv versprachlicht, Umwege gegangen und dadurch kognitive Strukturen selbstständig aufgebaut.
- durch produktives, operatives Üben an variativen Anwendungs- und Übungsaufgaben Erkenntnisse und Begriffe gesichert und operativ durchgearbeitet und dadurch flexibel und übertragbar. Formeln werden erst dann eingeführt, wenn sie sich als Kurzform für die neuen Begriffe und Erkenntnisse anbieten.[41]

Beispiel 3: Warum brauchen grüne Pflanzen Licht zum Leben? [42]

Häufig müssen bei der unterrichtlichen Umsetzung bestimmter Lernziele und -inhalte unter Beachtung der Lernvoraussetzungen der Schüler methodische Wege beschritten werden, die ein Thema nicht von zentralen Sacherkenntnissen her angehen. Dies ist ein Hinweis darauf, dass die Orientierung an der Fachwissenschaft noch keine Garantie für die Erreichung des angestrebten Lernzieles und einen effektiven Unterricht bietet.

Der Lehrer kann den Schülern zum Thema „Photosynthese" im naturwissenschaftlichen Unterricht der Hauptschule der 6./8. Jahrgangsstufe und im Biologieunterricht der Realschule 7. Jahrgangsstufe einen Zugang zur Thematik eröffnen, wenn er von ihrem Vorwissen, ihren **Erfahrungen** und **Beobachtungen** an Wasserpflanzen im Teich oder Aquarium ausgeht, dass

z. B. an der Wasserpest besonders im Sommer bei Sonnenschein viele kleine Gasblasen beobachtet werden können.

Lernziele:

Die Schüler sollen

- anhand eines selbst geplanten Versuches zur Gasabsonderung grüner Wasserpestpflanzen erkennen, dass diese bei Licht Sauerstoff abgeben.
- die Bedeutung grüner Pflanzen für die Atmung von Menschen und Tieren erklären.
- einen Versuch zur Stärkebildung in den Blättern beschreiben und die aufgebauten Nährstoffe (Stärke, Zucker, Fett und Eiweiß) nennen.
- den Vorgang der Photosynthese bei den grünen Pflanzen in ihren Grundzügen erläutern.
- begründen, warum alles Leben letztlich von den grünen Pflanzen abhängt.

1. Unterrichtseinheit

Problemstellung:

L zeigt die ersten zwei Bilder und berichtet von einem Versuch Joseph Priestleys:

Eine Maus wurde in ein luftdicht abgeschlossenes Glasgefäß gesetzt und starb nach kurzer Zeit. Stellte man aber der Maus einen Minzezweig in das Gefäß, so war sie auch nach einigen Tagen noch munter. Vertrocknete die Pflanze, so starb auch die Maus (Bild 3).

SS Warum kann die Maus mit Hilfe der Pflanze überleben? (TA)

SS vermuten, dass die Pflanze „Luft" (Sauerstoff) ausscheidet.

Problemlösung:

TZ 1: Pflanzen geben bei Licht Sauerstoff ab

SS planen mit Hilfe des Lehrers mögliche Versuche und besprechen sie in der Klasse.

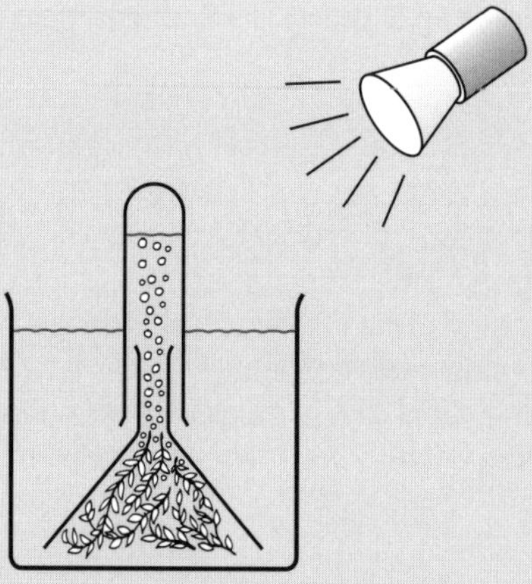

SS führen Gruppenversuche mit Wasserpest bei verschieden starker Belichtung (25 W, 100 W) in destilliertem Wasser und bei Zugabe von sprudelndem Mineralwasser durch. Sie zählen die Gasbläschen pro Minute und erkennen, dass die Wasserpestzweige bei hellerem Licht und bei Zugabe von Mineralwasser (Kohlenstoffdioxid) mehr Gasbläschen abgeben.

L demonstriert Glimmspanprobe zuerst an Sauerstoff aus der Sauerstoffflasche und dann an dem von der Wasserpest abgegebenen und in einem Reagenzglas aufgefangenen Sauerstoff .

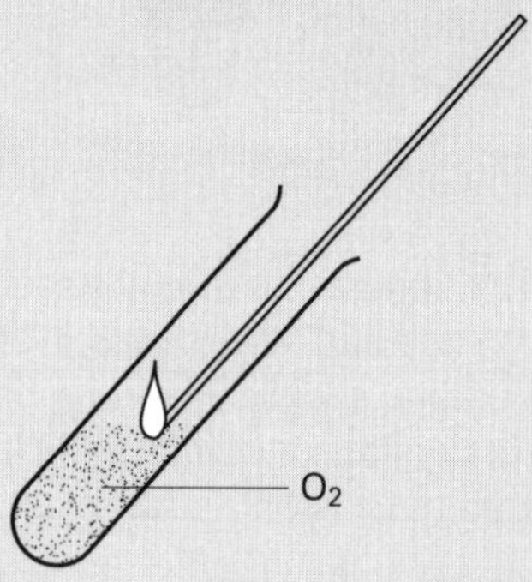

Erkenntnis: Grüne Pflanzen erzeugen bei Licht Sauerstoff.

SS greifen Problemfrage auf und begründen: Die Maus erhielt von der grünen Pflanze Sauerstoff.

L weist auf Bedeutung der Wälder, der Pflanzen auf dem Land und im Wasser hin: Grüne Pflanzen liefern Menschen und Tieren Sauerstoff.

SS lesen im Buch nach, füllen Arbeitsblatt aus oder gestalten einen Hefteintrag.

TZ 2: Pflanzen erzeugen bei Licht Nährstoffe

L weist darauf hin, dass Menschen und Tiere von Sauerstoff allein nicht leben könnten.

SS überlegen, dass alle Lebewesen Nahrung brauchen und Pflanzen Nahrung für Tiere und Menschen sind.

TA Warum können sich Menschen und Tiere von Pflanzen ernähren?
SS vermuten, dass Pflanzen Nährstoffe enthalten, bringen ihr Vorwissen ein.
L bereitet Versuch zur Stärkebildung in Geranienblättern in der Klasse vor und setzt sie einige Stunden dem Sonnenlicht oder künstlichem Licht aus (Stundenende).

2. Unterrichtseinheit

L greift in einer weiteren Stunde oder am nächsten Tag den Versuchsaufbau der 1. Unterrichtseinheit auf. Er entfärbt die abgedeckten und nicht abgedeckten Blätter in siedendem Spiritus und spült sie mit Wasser ab. Dann träufelt er Jod-Jodkalium-Lösung auf Mehl, Stärke, Brot oder auf eine aufgeschnittene Kartoffel und führt sie als Nachweismittel für Stärke ein. Anschließend übergießt er die entfärbten Blätter mit Jod-Jodkalium-Lösung. Die Schüler beobachten eine Schwarz- bzw. Blaufärbung der belichteten Blattteile.
SS Die Aussprache über die Versuche führt zu dem ersten Ergebnis: Die Pflanzen bilden bei Licht in ihren Blättern Stärke.
SS lesen dazu im Buch nach und präzisieren die **Erkenntnis**:
Grüne Pflanzen bilden mit Hilfe des Lichtes in den Blattgrünkörnern Zucker und wandeln sie in Stärke um.
L greift Problemfrage auf und lässt sie von Schülern beantworten.

TZ 3: Bedingungen der Photosynthese der Pflanzen

L lässt Schüler überlegen, was Pflanzen zum Leben brauchen (Licht, Wasser, Nährsalze, Kohlenstoffdioxid), erinnert sie z. B. an entsprechende Keimversuche und an die Zugabe von kohlensäurehaltigem Mineralwasser beim ersten Versuch. Dann leitet er zu der Frage über, was eigentlich in der Pflanze geschieht.
SS entnehmen Informationen über den Vorgang der Photosynthese dem Buch oder einem Kurzfilm und fassen das **Ergebnis** zusammen:
Grüne Pflanzen können mit Hilfe des Sonnenlichtes in den Blattgrünkörnern (Chloroplasten) aus Wasser und Kohlenstoffdioxid Traubenzucker (Glucose) herstellen. Dabei wird Sauerstoff abgegeben.
SS erläutern Wortgleichungen im Buch:

Wasser + Kohlenstoffdioxid —(Sonnenlicht / Blattgrün)→ Traubenzucker + Sauerstoff

oder erklären folgende strukturierte Übersicht:

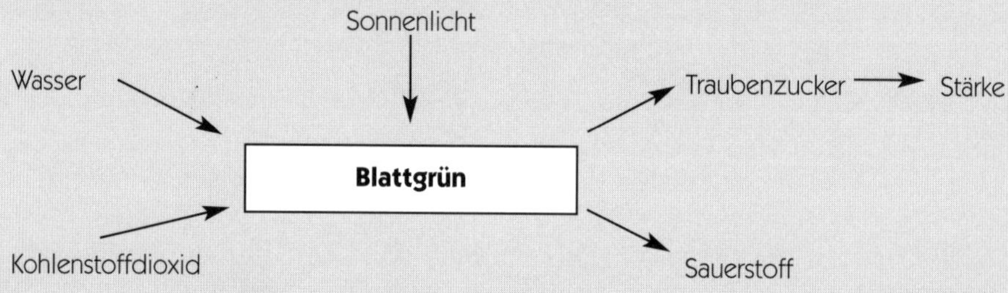

Sicherung und Weiterführung:

SS begründen, warum alles Leben letztlich von den Pflanzen abhängt. Sie erklären, warum man in ein Aquarium Pflanzen setzt, warum man Topfpflanzen an das Fester stellt, warum in Gewächshäusern Begasungen mit Kohlenstoffdioxid durchgeführt werden. (Hartl 1981, S. 81ff.)

1 Vgl. Rabenstein 1990, S. 8ff.
2 Vgl. Glötzl 1979a, S. 22ff.; Petersen1982, S. 87ff., 171ff., 283ff.; Wiater 1993, S. 47ff.; Koeck 1991, S. 73ff.
3 Vgl. B I/3.1; III/3; VI/3.3
4 Vgl. Glöckel 1990, S. 136; Clement/Martens 2000, S. 106ff.
5 Vgl. Klafki 1985, S. 67
6 Vgl. Glöckel 1990, S. 136
7 Vgl. Maunz 1978
8 Vgl. Lehrplan für die Grundschule in Bayern, 1981, S. 550ff.; Paulig 1978; Schorch 1988; Lehrplan für die Bayerische Grundschule 2000, S. 7 ff.; A I/2
9 Vgl. Klafki 1985, S. 69ff.; 1994, S. 140ff., 156f.; A I/2
10 Vgl. Mager 1971, S. 11, 43, 51; Gagne 1970, S. 197f.; B VIII/4.1
11 Vgl. Heid 1992, S. 533; 1996, S. 167ff.
12 Vgl. Frey 1972, S. 194ff., 225ff., 238
13 Vgl. Becker 1989, S. 66
14 Vgl. Mietzel 1993, S. 204ff.
15 Vgl. B VIII/4.1; 5.2
16 Vgl. Westphalen 1973, S. 44ff.; Bittlinger 1979a, S. 23ff.
17 Vgl. Becker 1989, S. 64ff.; Glötzl 1979a, S. 23ff.; Wiater 1993, S. 54; Köck 1991, S. 81ff.
18 Vgl. Becker 1989, S. 65, 67ff.
19 Vgl. Staatsinstitut für Schulpädagogik und Bildungsforschung 1996a, S. 48ff.; Füssl 1996; Igl 1996; Lehrplan für die Bayerische Hauptschule 1997
20 Vgl. Lehrplan für die Bayerische Hauptschule 1997, S. 184
21 Vgl. Klafki 1985, S. 67
22 Vgl. B VIII/3.2; 4
23 Vgl. Plössl 1980, S. 26ff.; Peterssen 1982, S. 87ff., 143ff.; Schröder 1991, S. 94ff.; Köck 1991, S. 73ff.; B IV/4.2; VI/3.3
24 Vgl. Weinert 1996b, S. 30ff.; Steiner 1996, S. 295ff.
25 Vgl. Deutscher Bildungsrat 1970, S. 84
26 Vgl. Glöckel 1990, S. 139

27 Vgl. EINSIEDLER 1981; JÜRGENS 1995c, S. 77ff.; WEINERT 1996b, S. 30ff.; B VI/3.2; 3.3

28 Vgl. KLIPPERT 1994, S. 252ff.; B V/4; VII/3

29 Vgl. PLÖSSL 1982, S. 30ff.; RABENSTEIN 1990, S. 8ff.

30 Vgl. PETERSSEN 1982, S. 96ff.; 1995, S. 334ff.; B VI/2

31 Vgl. PLÖSSL 1980, S. 31; HARTL 1990, S. 37

32 Vgl. PETERSSEN 1995, S. 333ff.; B V/3.2; A II/2.3; B VIII/4

33 Vgl. B V/3.2

34 Vgl. PFEIFER 1990, S. 12

35 Vgl. PFEIFER 1986, S. 56ff.; 1990; Vgl. RÖSLER/PFEIER 1990; WAGENSCHEIN 1988, S. 115ff. Nach den neuen Lehrplänen wird diese Thematik den Schülern in ähnlicher Weise auf unterschiedlichem Niveau vermittelt (LEHRPLAN FÜR DIE BAYERISCHE HAUPTSCHULE, 1997, S. 151; LEHRPLAN FÜR DIE BAYERISCHE GRUNDSCHULE 2000, S. 197).

36 Vgl. B II/4.3; Beispiel 3

37 Vgl. FRUTH/HEINEMANN 1988, S. 6f.; B VIII/4.3

38 Vgl. B IV/4.2

39 Vgl. LEHRPLAN FÜR DIE BAYERISCHE HAUPTSCHULE 1997, LZ 5.3.2: Längen; Umfang und Flächeninhalt von Rechteck und Quadrat

40 Vgl. VOGEL 1992a, S. 85ff., 95; 1994; 1997a, S. 104ff.

41 Vgl. B I/3.1,3.2; B III/3.2; B VII/2.3, 4

42 Vgl. HARTL 1981, 81ff.

III Das Prinzip der Strukturierung

1 Begriffsklärung

Unter Strukturen versteht man allgemein „mehr oder weniger komplexe Gefüge, die aus Einzelheiten oder Teilen bestehen, die miteinander verknüpft und in wechselseitiger Abhängigkeit voneinander stehen, so dass sie ein ‚Ganzes' (‚whole') bilden"(DREVER/FRÖHLICH 1970, S. 252). Das Wort Struktur „bezeichnet ursprünglich eine Eigenschaft eines Ganzen, und zwar seinen Aufbau, die Anordnung seiner Teile oder Glieder einschließlich der geordneten Gesamtheit der Zusammenhangsverhältnisse zwischen ihnen" (ARNOLD/EYSENCK/MEILI 1987, S. 664).[1] Um das ungeheuere Wissen unserer Welt, diese unübersehbare Fülle von Fakten, Einzelerkenntnissen, Zusammenhängen einigermaßen in Grundzügen „in den Griff" zu bekommen oder überschauen zu können, versuchen Wissenschaftler in ihren Fachbereichen eine Ordnung, eine innere Struktur herauszuarbeiten. Diese Ordnungsstrukturen existieren ihrerseits schon in einzelnen Fachwissenschaften, z. B. in der Biologie, teils wurden sie künstlich geschaffen wie Maß- und Zeiteinheiten.
Unterricht soll dem Schüler ermöglichen, durch Lernprozesse wissenschaftlich geklärtes und gedeutetes Wissen und wenigstens in Ansätzen die dazu notwendigen Erkenntniswege und Lernstrategien aufzubauen. Strukturierung wird dabei zu einem konstituierenden Merkmal in einem zweifachen Sinn:

1.1 Strukturierung im didaktisch-methodischen Sinn – die Vermittlung strukturierter Unterrichtsinhalte

Strukturierung als didaktisch-methodisches Prinzip bedeutet die auf Wesentliches reduzierten **Wissensinhalte** und Begriffe im Sinne einer fachimmanenten Logik so **sinnvoll zu gliedern, anzuordnen und miteinander zu verknüpfen**, dass eine logische, fachwissenschaftlich zutreffende Präsentation des Wissens entsteht, die kausale und finale Abhängigkeiten einzelner Fakten und Bereiche, Funktionszusammenhänge und Abstraktionen aufdeckt und übersichtlich strukturiert darstellt. Sie soll dem „sachstrukturellen Entwicklungsstand" (HECKHAUSEN 1970, S. 199ff.), den Lernvoraussetzungen und dem Verständnis der Schüler angepasst sein, um von ihnen adäquat erkannt, verstanden, elaboriert und behalten werden zu können.
„Die Strukturierung ist eine methodische Maßnahme, mit deren Hilfe der Lehrende den zu vermittelnden Lerninhalt so aufbereitet, dass aus dem dargebotenen Ganzen inhaltliche Gliederungsformen, Teilschritte, Abhängigkeiten und Abstraktionen ersichtlich werden, die dem Schüler das Lernen erleichtern. Das Bemühen um Strukturierung dient auch der Rhythmisierung und Dynamisierung des Lernprozesses und

zugleich der Abstraktion und gegliederten Integration von Lehrinhalten mit dem Ziel der Erarbeitung und Anwendung von Strategien eigenen Lernens. Sinnvoll sind Strukturierungen nach inhaltlichen und methodischen Kriterien" (SEIBERT 1992, S. 202).

Strukturierung nach inhaltlichen Kriterien

Sie ist die strukturierte Anordnung und Gliederung eingegrenzter Wissensgebiete nach inhaltlich-fachlichen Kriterien. Viele Wissensgebiete haben eine **Sachstruktur**, die sich in einer Art Hierarchie von Ober- und Unterbegriffen oder von Kausalbeziehungen ausdrücken lässt. Ihre Beziehungen zueinander werden dadurch klarer erkannt. Diese grundlegenden Begriffe und Inhalte und ihre Hierarchie sind für die mathematisch-naturwissenschaftlichen Fachbereiche noch leichter zu bestimmen als für die mehr geisteswissenschaftlichen. In unserem Schulsystem haben die Schulfächer eine zentrale Bedeutung.

◆ Strukturierung durch Eingrenzung des Wissensgebietes mittels Reduktion und Konzentration auf das Wesentliche[2]

Die Inhalte werden so in aufeinander bezogene Teilbereiche und -inhalte strukturiert und in Sequenzen angeordnet, dass sie den größeren Gesamtzusammenhang noch erkennen lassen. Diese Strukturierung ermöglicht durch die Behandlung eines Ausschnitts oder das Herauslösen eines Elements aus einem größeren Gesamtkontext vertieftes Wissen, das Erkennen seiner Abhängigkeiten und Beziehungen zu übrigen Elementen und Faktoren und erzielt umgekehrt durch die Integration in das Ganze ein Gesamtverständnis. Einzelne Ordnungskategorien können dabei den Fachsystematiken der einzelnen Fachwissenschaften oder dem Unterrichtsgegenstand selbst entnommen werden. Fachbezogene **Lehrgänge** wie **Unterrichtssequenzen** werden unter diesem Blickwinkel dann in eine Abfolge von einzelnen Unterrichtseinheiten, Unterrichtsstunden, Teilschritten mit Teilzielen und einzelnen Unterrichtsphasen gegliedert, die den inneren Aufbau einer Lehreinheit, ihre inhaltlich-fachlichen Kriterien oder die logische Abfolge einzelner Teilziele beachten müssen.[3] Die Sequenzierung der Unterrichtsinhalte unserer Schulfächer ist jedoch nicht einfach die Elementarisierung der jeweiligen Bezugsdisziplin. „Das Schulfach definiert eine sachliche und zeitliche Systematik, die nicht primär an einem Strukturentwurf der akademischen Bezugsdisziplin, sondern an Bildungsprozessen und den sie tragenden Leitbildern orientiert ist" (BLK 1997, S. 18).

Beispiel: **Lehrgang schriftliche Addition (3. Jahrgangsstufe)**

1.1 Schriftliche Addition ohne Überschreitung
1.2 Schriftliche Addition mit Überschreitung
  Überschreitung der Einer
  Überschreitung der Zehner
  Zwei Überschreitungen
1.3 Überprüfen durch Tauschen

1.4 Schriftliche Addition mit drei und mehr Zahlen
1.5 Anwenden des neuen Verfahrens in Sachaufgaben

„Das Verständnis für die schriftliche Addition setzt voraus:
- sicheres Beherrschen der additiven Aufgaben im Zahlenraum bis 20
- Sicherheit im Umwechseln von Geldbeträgen
- Sicherheit im Bündeln; Beherrschen des dezimalen Stellenwertsystems
- Beherrschen der halbschriftlichen Addition“ (ALTMANN/GIERLINGER 1983, S. 62).

Die inhaltliche Strukturierung der Fächer und die Sequenzierung des Lernstoffs soll den Schülern **kumulatives Lernen** ermöglichen und ihnen durch die langjährige Auseinandersetzung mit den Unterrichtsinhalten **Kompetenzzuwachs** erfahrbar machen. Sie sollen erkennen, dass sie ihr fachbezogenes Wissen und Können schrittweise erweitern, vertiefen und eine differenzierte Vorstellung darüber entwickeln, wie die Lerninhalte aufeinander aufbauen und durch ihre Verknüpfung eine Grundlage für das Verständnis komplexer Sachverhalte schaffen. Dies geschieht beispielsweise in Mathematik durch vertikale Verknüpfungen zwischen früheren, aktuellen und auch zukünftigen Lerninhalten. Aufgaben sollten deshalb immer wieder früher erworbenes Wissen zur Lösung benötigen und/oder eine Anwendung und Übertragung des aufgebauten Wissens auf neue Situationen ermöglichen.[4]
Der Erwerb komplexer Kenntnisse und das Verstehen inhaltlich schwieriger Zusammenhänge ist von der **Verfügbarkeit relevanten Vorwissens** abhängig. „Der kumulative Verlauf des Lernens innerhalb eines Wissensgebietes wird unmittelbar durch die Qualität des Vorwissens bestimmt. Umfang, Organisation, mentale Repräsentation und Abrufbarkeit machen die Qualität des Wissensbestandes aus. Bei steigender Schwierigkeit und Komplexität der kognitiven Anforderungen von Aufgaben und Problemstellungen nimmt die Bedeutung des spezifischen Vorwissens für deren erfolgreiche Bearbeitung zu... Fehlendes Wissen, insbesondere Lücken im Bereich des Basiswissens, erschweren jedes weitere Lernen. Derartige Defizite sind insbesondere bei lernschwächeren Personen die größten Hindernisse für befriedigende Lernfortschritte“ (BLK 1997, S. 17).
Für jede Lernaufgabe sollte deshalb bestimmt werden, welche unmittelbaren Vorkenntnisse vorhanden sein müssen, um sie zu verstehen, neue Informationen sinnvoll zu verarbeiten oder ein Problem erfolgreich zu lösen. Auch diese sachstrukturellen Voraussetzungen spielen bei der Aufteilung eines komplexen Inhalts in eine Sequenz einzelner Unterrichtseinheiten, bei der Festlegung einzelner Lernziele, ihres Anforderungsniveaus und bei der Planung des unterrichtlichen Vorgehens eine wesentliche Rolle.
Auch die **Art der unterrichtlichen Erarbeitung** kann den Aufbau inhaltlich strukturierten Wissens und Könnens unterstützen. Bei Schülern mit geringen Vorkenntnissen führt eine **ganzheitliche Behandlung** eines Lerngegenstandes unter verschiedenen Aspekten, z. B. Aussehen, Ernährung, Fortbewegung, Feinde eines Tieres, die übersichtliche Gestaltung der Ergebnisse und die Bearbeitung des darauf folgenden Themas unter ähnlichen Gesichtspunkten zu höheren Lernleistungen. Eine **funktionalistische Behandlung** verschiedener Tiere unter einzelnen Funktionsaspekten wie die

Ernährung von Fleisch-, Pflanzen-, Allesfressern überfordert Schüler mit weniger günstigen Lernvoraussetzungen.[5]

◆ **Weitere Möglichkeiten der Strukturierung nach inhaltlichen Kriterien durch**

- **Vorstrukturierung** des Wissens, z.B. durch Vorstellen des Stundenthemas, des Stoffgebietes, der Lernsequenz oder Anknüpfen an das Vorwissen der Kinder. Vorstrukturierung erleichtert die Wissensaufnahme und -verarbeitung.
- Vereinfachung einer Handlung, d.h. Reduktion der Komplexität einer Aufgabe durch **Elementarisierung**, durch Identifizierung wesentlicher Elemente und Begriffe.
- **Veranschaulichung** inhaltlicher Teilschritte durch mediale Repräsentation und Konzentration auf das Wesentliche durch zunehmende Abstraktion.
- Aufdecken **fachlicher Strukturen** bei der Begriffsbildung, der Durcharbeitung von Begriffen und der Formulierung von Regeln.
- Aufdecken der **Beziehungen** der verschiedensten Elemente und Teilinhalte durch logisches Schließen, operatives Durcharbeiten und ihre übersichtliche grafische Darstellung.

Strukturierung nach methodischen Kriterien und die Rhythmisierung des Unterrichts

Um das Lernen der Schüler zu erleichtern, wird der neue Lernstoff nicht nur nach inhaltlichen, fachlichen Kriterien in Unterrichtseinheiten und Lehrgänge, sondern auch jede Unterrichtsstunde nach methodischen Kriterien den Lernvoraussetzungen der Schüler entsprechend in **überschaubare Unterrichtsphasen** gegliedert. Die Strukturierung von Unterrichtsphasen durch einen sinnvollen Wechsel von Anspannung und Entspannung, verschiedener Arbeits- und Sozialformen, von selbsttätig aktivhandelnden und rezeptiv-aufnehmenden Lernphasen, von Bewegungspausen, Stille-, Ruhe- und Entspannungsübungen führt zur **Rhythmisierung des Unterrichts**. Sie beugt Ermüdung, Aufmerksamkeits- und Konzentrationsabfall bei den Schülern vor und unterstützt ihre Lernbereitschaft und den Aufbau kognitiver Strukturen. Sieben- bis zehnjährige Kinder der Grundschule arbeiten nur etwa 20 Minuten, 10- bis 12-jährige ca. 25 Minuten, 13-jährige ca. 30 Minuten lang hoch konzentriert mit.[6] Darauf sollte man in der Grundschule nicht nur bei der Gestaltung des grundlegenden, sondern des gesamten Unterrichts Rücksicht nehmen. Tägliche gezielt geplante kurze Trainings- und Übungsphasen in den Kernfächern sind effizienter und lernwirksamer als beispielsweise drei Stunden Rechtschreibunterricht pro Woche.[7]
Der Lehrer sollte auch den **biophysischen Tagesrhythmus** der Schüler beachten. Ihre höchste Leistungsfähigkeit liegt etwa zwischen 8 und 11 Uhr und zwischen 16 und 19 Uhr am Nachmittag. In den letzten beiden Stunden des Vormittags ist deshalb mit Ermüdungserscheinungen und Konzentrationsmängeln zu rechnen. Eine überlegte Stundenplangestaltung durch Verlegung sportlicher und musischer Fächer in die Mittagsstunden und die Rhythmisierung dieser Stunden sind einfache Formen einer sinnvollen Passung der Lernumwelten an die Lernvoraussetzungen unserer Kinder.[8]
Strukturierung nach methodischen Kriterien bedeutet auch, Lerninhalte durch sinn-

vollen Medieneinsatz zu **veranschaulichen** und in Form übersichtlich gegliederter Tafelbilder, Arbeitsblätter und Texte darzustellen. Eine **hierarchische Strukturierung** zusammengehörender Wörter erleichtert beispielsweise das kumulative Wiederholen und das Behalten von Lernstoffen.

***Beispiel:* Methodische Strukturierung**

Versuchspersonen sollten die ungeordneten Begriffe „Platin, Aluminium, Bronze, Saphir, Kalkstein, Silber, Kupfer, Diamant, Smaragd, Granit, Gold, Blei, Messing, Marmor, Eisen, Rubin, Schiefer“, andere die gleichen, aber hierarchisch strukturierten Begriffe lernen. Bei hierarchischer Anordnung konnten dreimal so viele Wörter wiedergegeben werden.[9]

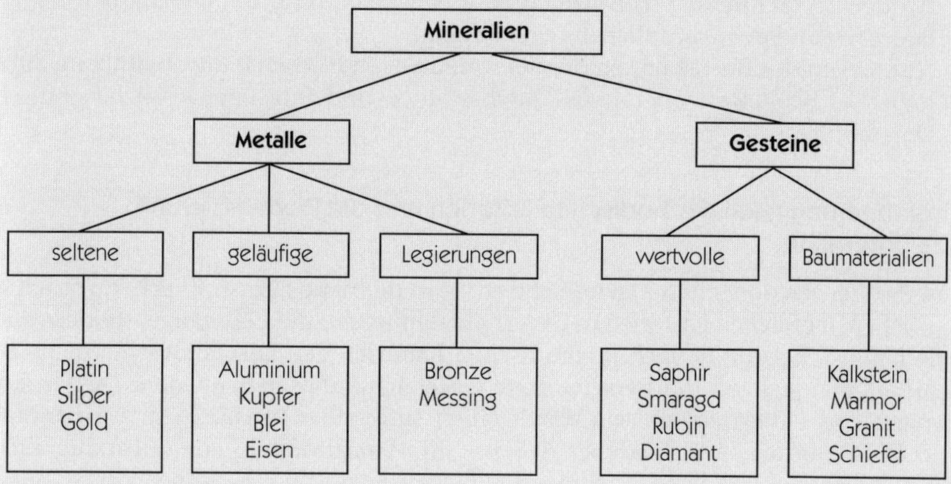

Diese Einteilung in Metalle und Nichtmetalle dürfte unter dem Gesichtspunkt „Welche verschiedenen Mineralien gibt es?“ den Lernvoraussetzungen eines fachlich nicht vorinformierten Schülers entsprechen. Im Physik-/Chemieunterricht wäre dann beispielsweise eine Kategorisierung der Metalle nach Leicht- und Schwermetallen oder nach ihrer Affinität zu Sauerstoff adäquater.

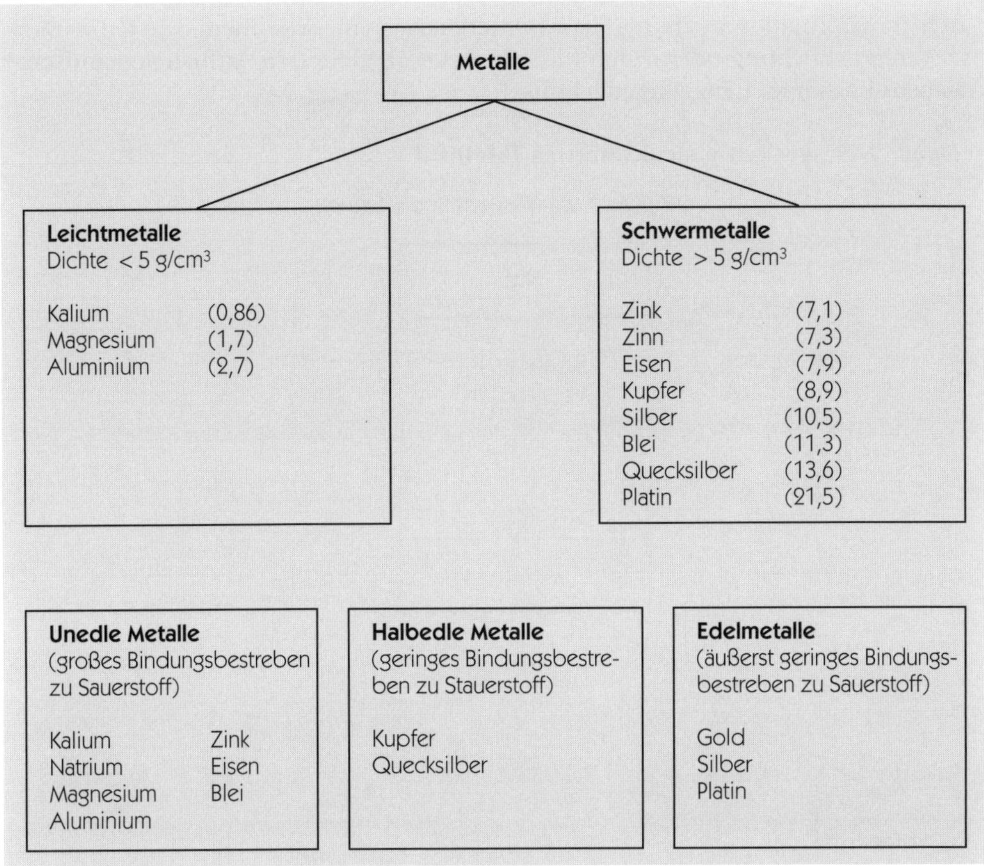

Methodisches Strukturieren bei der übersichtlichen Darstellung der Lerninhalte stellt für viele Anwendungsgebiete eine empfehlenswerte Lern- und Gedächtnisstrategie dar. Es unterstützt als **Organisationsstrategie** das Aufnehmen und Verarbeiten neuer Informationen. Durch Reduktion von Informationen wird nur Wesentliches in die Wissensstruktur überführt und die Verarbeitungskapazität des Kurzzeitgedächtnisses besser ausgenützt. Gleichzeitig erleichtern solche Darstellungsformen als Anker das schnellere Abrufen, Reproduzieren und Übertragen einsichtigen Wissens.

Ursache-Wirkungs-, Zweck-Mittel-, Motiv-Handlungs-Zusammenhänge, zeitliche Abläufe und Schlussfolgerungen lassen sich besonders durch **Netzwerke** im Sinne von Baumdiagrammen, Pfeilbildern oder durch **Mapping**, d. h. den Aufbau kognitiver Landkarten, repräsentieren. Bei ihnen wird der Zusammenhang zwischen den Argumenten oder Knoten, d. h. den Begriffen oder Symbolen der im Gedächtnis repräsentierten Objekte und Subjekte, und den Prädikaten, d. h. den Aussagekernen in Form von Verben, durch die räumliche Lokalisierung oder durch Verbindungslinien und Pfeile visualisiert. Diese Anordnung und die Veranschaulichung durch zusätzliche **Bilder** bewirken vielfältige Kodierungen im ikonischen Wissenssystem und durch Transformation in andere Repräsentationssysteme, vor allem durch die intensive Versprachlichung oder durch das konkrete Handeln den Aufbau semantischer Tiefenstrukturen im Langzeitgedächtnis.[10]

Beispiel: **Netzwerkartig strukturiertes Tafelbild**

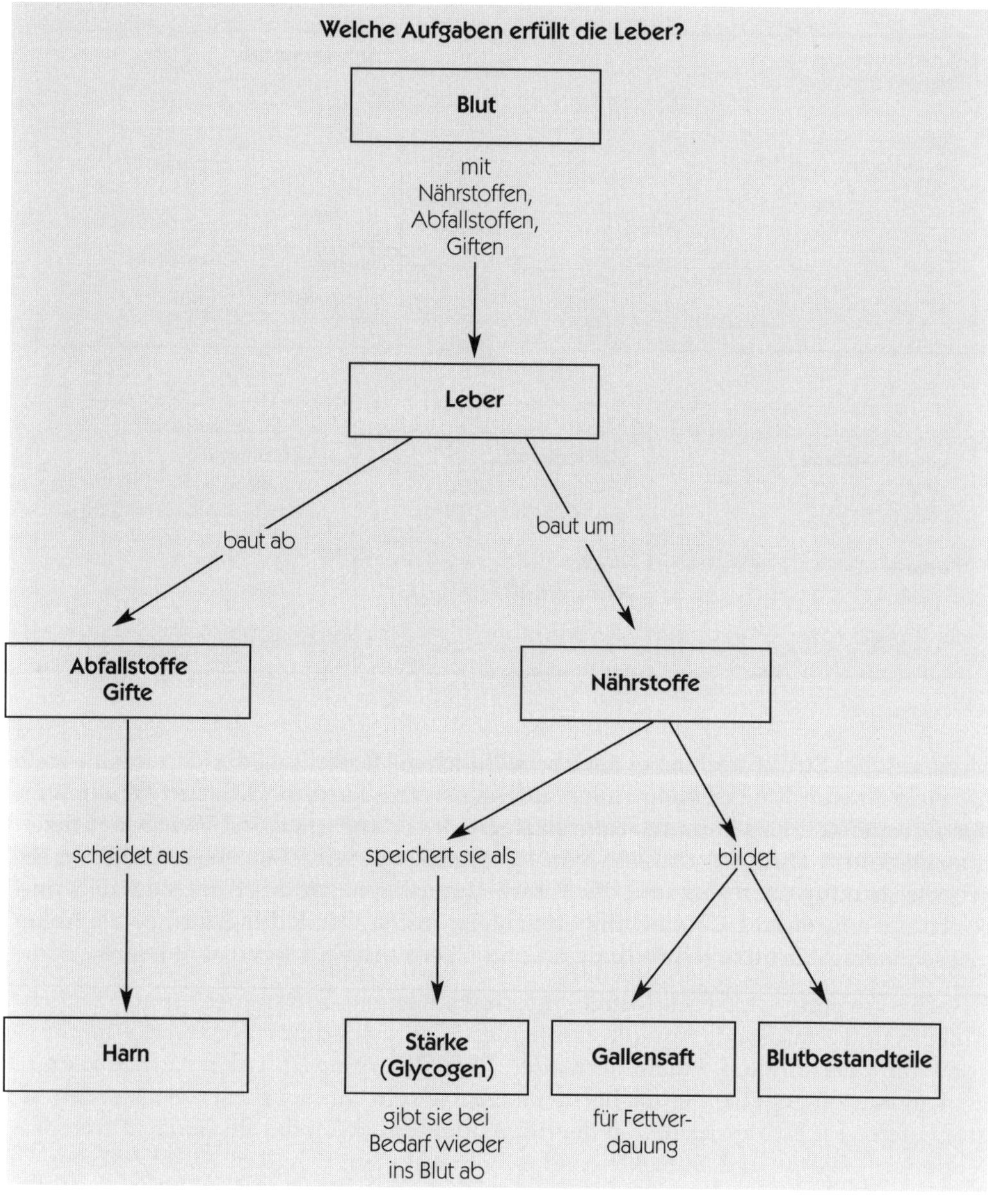

Exkurs: Bedeutung und Gestaltung eines strukturierten, lernwirksamen Tafelbildes

Inhalte und Ergebnisse des Unterrichts werden dann leichter gelernt und behalten, wenn sie auf wesentliche Begriffe reduziert und strukturiert dargeboten werden. Am Beispiel der Gestaltung eines lernwirksamen, strukturierten Tafelbildes sollen grundlegende Strukturierungsmöglichkeiten von Lerninhalten dargestellt werden. Sie treffen auch für die Konzipierung von Arbeitsblättern, Informations- und Merktexten zu.

◆ Begriffsklärung

„Das Tafelbild ist ein Lehrmittel, das den Lehrstoff und teilweise den Unterrichtsverlauf durch das gestaltete und geordnete Zueinander von Text und Bild oder Text und Text an der Wandtafel sichtbar macht und der Veranschaulichung, der Abstraktion, der Strukturierung und in jedem Fall der Fixierung des Lehrstoffes dient, ferner die Artikulation des Unterrichts und die Aktivierung des Schülers in allen Lernphasen ermöglicht“ (MARAS 1979, S. 101).
Das Tafelbild ist ein wesentliches **Medium** und **Hilfsmittel** im Unterricht. Es ist stets verfügbar, bei normalen Lichtverhältnissen einsetzbar und technisch und organisatorisch einfach zu gestalten. Das beschränkte Platzangebot zwingt zur Reduzierung auf wesentliche Inhalte und Schlüsselbegriffe. Das Tafelbild kann dynamisch vom Lehrer, mit und von den Schülern entwickelt, gestaltet, verändert werden. Es ist erziehlich wirksam und übt durch eine gut lesbare Lehrerschrift, durch Sauberkeit, Übersichtlichkeit, Zielklarheit der Darbietung Vorbildfunktion für die Schüler aus.

◆ Merkmale eines strukturierten, lernwirksamen Tafelbildes[11]

Ein strukturiert gestaltetes Tafelbild
- enthält als Überschrift das **Stundenthema** oder die **Problemfrage**, die den Lernprozess steuert. Eine Problemfrage muss durch den Unterrichtsverlauf sachlich richtig beantwortet, die Antwort an der Tafel hervorgehoben werden.
- enthält die intendierten **Lernziele/Teilziele** und **Teilschritte** des Unterrichts und gliedert sie.
  Entsprechend der Verlaufsstruktur des Erkenntnisprozesses werden bei der sukzessiven Entwicklung eines Tafelbildes mit den Schülern die angestrebten Lernziele und -inhalte stichpunktartig notiert (Vermutungen, Lösungsplanung, Ergebnisse). In der Arbeitsrückschau werden anhand der Stichpunkte die Strategien und einzelnen Schritte der Problemlösung rekapituliert und dadurch konsolidiert.
- **reduziert** und **konzentriert** die Unterrichtsinhalte auf wesentliche, prägnant formulierte Kerngedanken.
- **strukturiert** Kernaussagen und Schlüsselbegriffe optisch durch Teilüberschriften, Absätze oder Durchnummerierung und akzentuiert sie durch Einrahmungen, Unterstreichungen, Wechsel von Farbe, Schriftform und Schriftgröße. Pfeile (→) verweisen auf Beziehungen zwischen Einzelaspekten, Absichten, Ursachen, Wirkungen und zeitliche Abfolgen. Doppelpfeile (↔) zeigen Gegensätze, Widersprüche, entgegengesetzte Pfeile (⇄) Wechselwirkungen und gegenseitige Beziehungen an.
- **veranschaulicht** Unterrichtsinhalte durch verständliche Abbildungen, Skizzen,

adressatengemäße Zeichen und Symbole und **akzentuiert** Bedeutsames durch Farbe, Umrahmungen und Schriftgröße.
Auch **Texte** und Kernaussagen an der Tafel, in Arbeitsblättern oder Heften müssen strukturiert und verständlich sein. Ein verständlicher Text ist einfach und bringt Wesentliches durch kurze Sätze mit konkreten, anschaulichen Formulierungen und wenig Fremdwörtern. Unterstreichungen und Absätze gliedern ihn übersichtlich in Sinneinheiten, so dass der rote Faden bei der Gedankenführung leicht zu erkennen ist. Beispiele und interessante, motivierende Formulierungen wirken anregend.[12]
- **motiviert, provoziert** und **aktiviert** die Schüler. Eine hervorgehobene provozierende Frage regt zum Widerspruch, zum Vermuten und Verbalisieren an. Das Versprachlichen des Tafelbildes fördert Verständnis und einsichtiges Lernen. Gleichzeitig dient es dem Lehrer als erste Rückmeldung über den Erkenntnisprozess und Lernerfolg der Schüler. Sie beteiligen sich an der Entwicklung eines Tafelbildes, formulieren, diktieren und schreiben Merksätze oder Texte an, unterstreichen Begriffe, interpretieren Tabellen, deuten ein Bild oder zeichnen.
- **sichert** die Unterrichtsinhalte und **erhöht die Behaltensleistung**.
  Die Reduktion auf wichtige, verständlich formulierte, optisch gegliederte und hervorgehobene Schlüsselbegriffe und Kernaussagen unterstützt das Chunking, die elaborative Verknüpfung mit bereits abgespeicherten Informationen, und erweitert die Kapazität des Arbeitsspeichers. Gleichzeitig fördern eine **netzwerkartige Darstellung** der Kernbegriffe und ihrer Beziehungen, die Veranschaulichung durch Bilder und Skizzen und die intensive **Versprachlichung** das einsichtige Lernen und die Tiefe der Informationsverarbeitung. Die stärkere Aktivierung beider Gehirnhälften vergrößert die Gedächtnisleistungen.

Besonders durch intensives **gedankliches Durcharbeiten** des Tafelbildes nach verschiedenen Richtungen, durch Ergänzen unvollständiger oder lückenhafter Tafelbilder, durch Aufbauen eines Begriffsnetzes, durch Umformen oder Umgestalten, durch Herausstellen von Gegensätzen, Gemeinsamkeiten oder Abfolgen, durch gedankliches Umkehren von Wirkungspfeilen und Kausalketten setzen sich die Schüler effektiv mit den Lerninhalten auseinander und erhöhen dadurch die Beweglichkeit, Abrufbarkeit, Anwendung und Übertragung auf ähnliche oder neue Fälle.
Da die Verbalisierung von Stichpunkten aber mehr erfordert als einfaches rezeptives Wiederholen, sollte sie im Unterricht besonders eingeübt und kontinuierlich angewendet werden. Die Schüler fassen beispielsweise nach der Erarbeitung eines Teilschrittes wesentliche Ergebnisse nochmals mündlich zusammen, erklären zentrale Begriffe mit eigenen Worten, suchen weitere zutreffende Beispiele, fertigen oder verändern eine Skizze, ordnen einer Abbildung wichtige Begriffe zu und schildern das Vorgehen, das zu diesem Begriff führte. Je nach Inhalt und Leistungsfähigkeit der Kinder entscheidet der Lehrer, ob nur anschauliche Substantive allein oder zusätzlich funktionsbeschreibende Verben verwendet werden.

Beispiel 1

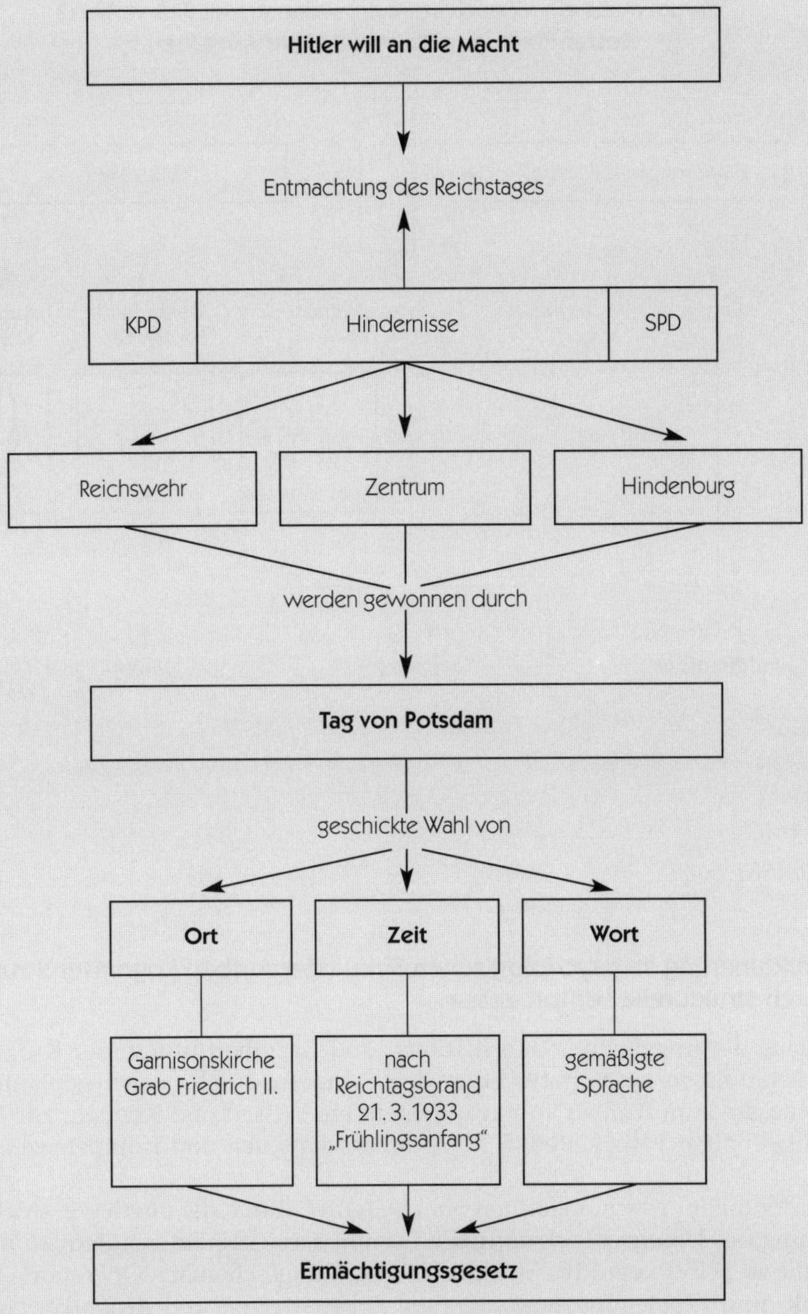

(STRIETZEL 1989, S. 96)

Beispiel 2

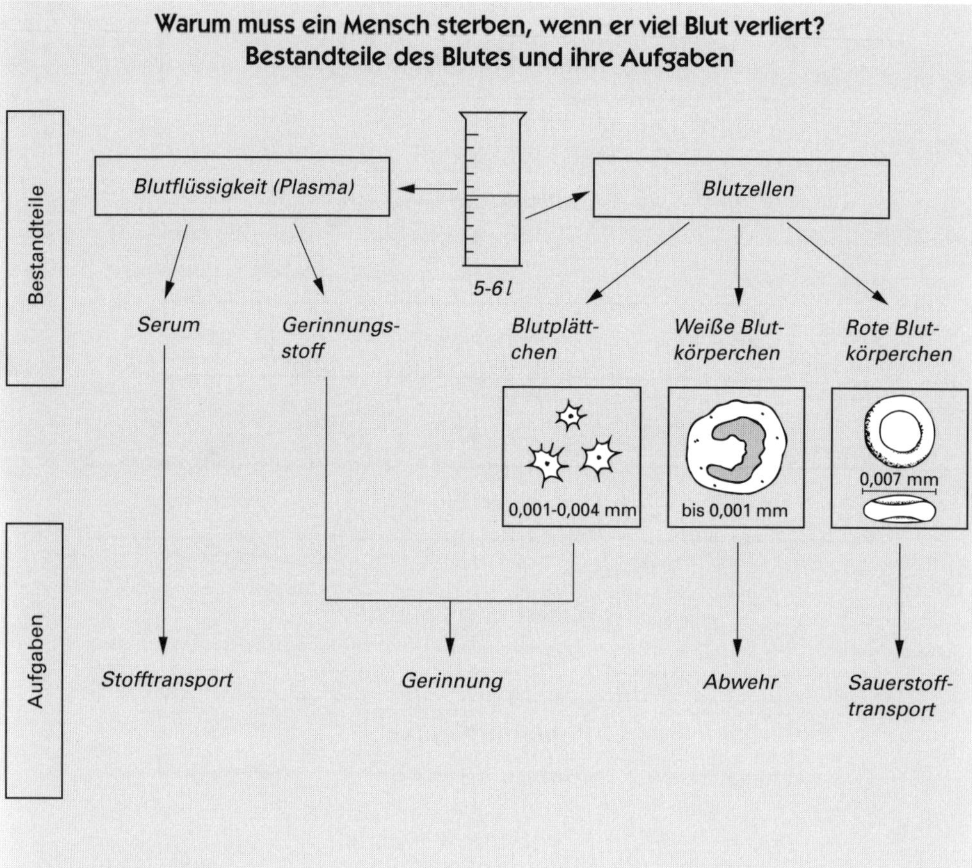

(HARTL 1981, S. 45)

1.2 Strukturierung im psychologischen Sinn – der Aufbau kognitiver Strukturen durch strukturelle Lernprozesse

Angesichts der ungeheuren Informations- und Reizüberflutung, der Kurzlebigkeit von Erkenntnissen ist es notwendig, den Schülern durch gezielt geplante Unterrichtsprozesse zum Aufbau von grundlegendem Wissen und Können, zur Entwicklung notwendiger Fähigkeiten, Schlüsselqualifikationen und Kompetenzen zu verhelfen.

Strukturierung im psychologischen Sinn bedeutet, durch die überlegte, strukturierte Gestaltung des Unterrichts strukturelle Lernprozesse bei den Schülern zu initiieren, durch die sie selbst kognitive Strukturen, Handlungsschemata, Operationen, Begriffe, Denk- und Problemlösungsstrategien, Arbeitsweisen und -techniken aufbauen. Die Lehrkräfte setzen durch ihr didaktisch-methodisches Vorgehen und die Gestaltung der Lernumgebung den Aufbau von Wissen und Können in Gang, unterstützen

und fördern ihre Differenzierung, Abstrahierung, Generalisierung, Konsolidierung und Speicherung.
Das relevante **Vorwissen** der Schüler ist dabei die wichtigste Voraussetzung für ihr erfolgreiches kumulatives, aufbauendes Lernen. Es lenkt die Aufmerksamkeit auf bestimmte Informationen, erleichtert die Konstruktion und Einschätzung von Bedeutung, die Elaboration neuer Informationen und ihre Integration in bestehende kognitive Strukturen. Vorwissen enthält deshalb nicht nur eine bestimmte Menge von Kenntnissen in einem bestimmten Wissensgebiet, sondern vor allem die Qualität der gespeicherten Informationen, das Organisationsniveau und die Strukturierung dieses Wissens, die kognitive Repräsentation und die schnelle Verfügbarkeit und Abrufbarkeit.[13]
Als wichtigste Aspekte eines effektiven, qualitätsvollen Unterrichts erweisen sich nach Ergebnissen der Unterrichtsforschung ein strukturierter Unterrichtsablauf, eine angemessene inhaltliche wie methodische Strukturierung wesentlicher Unterrichtsinhalte, Zusammenhänge, Gesetzmäßigkeiten und Begriffe, strukturierende, sachbezogene Hinweise, Fragen und Impulse des Lehrers und ein auf Verständnis zielender problemlösend-entdeckender Unterricht.[14] Je offener Lernumgebungen gestaltet sind, desto stärker müssen sie vorstrukturiert sein. „Die Organisation komplexer Lernsituationen macht deshalb nur dann Sinn, wenn sie so vorbereitet und in den Unterrichtsablauf eingebettet sind, dass die nötige Regulationshilfe für Schüler immer erreichbar ist“ (BLK 1997, S. 23).
Je genauer Lehrer deshalb die **Lernvoraussetzungen** ihrer Schüler eruieren, umso angemessener können sie ihr Lernen durch strukturierte Unterrichtsprozesse, Elementarisierung, motivierende Probleme und differenzierte Hilfen unterstützen. Strukturierung und Passung sind nicht voneinander zu trennen.[15]
Strukturierung umfasst also immer
- die Initiierung struktureller Lernprozesse der Schüler zum Aufbau kognitiver Strukturen durch einen didaktisch und methodisch strukturierten, den Lernvoraussetzungen der Schüler angepassten Unterricht,
- die gezielte inhaltliche und methodische Strukturierung des zu vermittelnden Wissens.

In diesem Sinn ist Strukturierung, wie SEITZ hervorhebt und die Unterrichtsforschung empirisch nachweist, das oberste Prinzip eines guten, effektiven Unterrichts.[16]

2 Strukturen der Fachwissenschaften und das Prinzip der Wissenschaftsorientierung des Unterrichts

Jedes Individuum braucht elementare fachliche Kenntnisse, Begriffe, Fertigkeiten und Fähigkeiten, um die Umwelt, sein von Wissenschaften geprägtes individuelles und gesellschaftliches Leben verstehen, sein Verhalten kontrollieren und Probleme lösen zu können. Die Schule soll die Schüler dazu befähigen und ihnen notwendiges Wissen und Können vermitteln.
Jeder Unterricht ist in seinen fachlichen Grobzielen an bestimmte Inhalte gebunden. Sie sind das Ergebnis eines Konsenses der mit der Aufstellung von Lehrplänen befass-

ten staatlichen Institutionen und verschiedenster gesellschaftlicher Gruppen. Durch sie sollen bildungsbedeutsame, grundlegende Fakten, Begriffe, Einsichten, Erkenntnisse, Konzepte einzelner Unterrichtsfächer vermittelt werden. Am Gymnasium und an den Hochschulen wurden Inhalte besonders in den naturwissenschaftlichen Fächern durch die Übernahme inhaltlicher Kernaussagen und Systematiken zugrunde liegender Fachwissenschaften gewonnen. Die **Orientierung an Fachwissenschaften** galt als selbstverständliches Kriterium eines guten Unterrichts. Gerade Naturwissenschaften und Technik sehen auch heute viele Menschen als den Schlüssel zum Begreifen und Beherrschen der Wirklichkeit und zur Lösung wesentlicher Gegenwartsprobleme. Sie prägen unser Leben und unsere Umwelt in wichtigen Bereichen, z. B. in der Medizin, in der Tier- und Pflanzenzüchtung, in der Nachrichten-, Umwelt- und Rüstungstechnik und im Verkehrswesen.
Wissenschaftsorientierung würde falsch verstanden, wenn „,Wissenschaftlichkeit' darin bestünde, dass fertige Denkergebnisse anderer in möglichst differenzierter Form und abstrakter Terminologie um ihrer selbst willen darzubieten und vom Schüler zu übernehmen seien" (GLÖCKEL 1990b, S. 38; 1990a, S. 163). Bei der Wissenschaftsorientierung geht es auch nicht „um die verkleinerte Abbildung des Erkenntnisstandes, der in bestimmten Wissenschaften erreicht ist, und schon gar nicht um stofflich möglichst vollständige Überblicke" (KLAFKI 1985, S. 113; 1996, S. 99). Die Fachwissenschaften sind für die **Überprüfung der sachlichen Richtigkeit der Lerninhalte** einzelner Unterrichtsfächer zuständig, sie können aber nicht mit absolutem Anspruch deren Auswahl und Anordnung bestimmen. Zudem stellt Wissenschaft keinen einheitlichen Sachverhalt, sondern ein „heterogenes Gemisch von Ansätzen, Fragestellungen, Methoden (dar), die einander ergänzen, miteinander konkurrieren, ja streiten ... Wissenschaft (darf) auch in ihrer Bedeutung für die Lebensorientierung und die Bildung des Menschen nicht überschätzt werden; sie ist jedenfalls nicht die einzige Instanz von dieser Bedeutung ... Wenn aber Wissenschaft die Erkenntnisfunktion des menschlichen Geistes auf ihrem jeweils höchsten Niveau darstellt, das immerfort reflektierte, über die eigenen Voraussetzungen, Wege und Grenzen nachsinnende, die eigene Verantwortung bedenkende, sich selbst in Frage stellende, unablässige Ringen um Wahrheit, wenn sie Hingabe an die Sache, Absehen von eigenen Zwecken und Bedürfnissen bedeutet, dann darf der Geist des Unterrichts, jedenfalls soweit er auf Erkenntnis zielt, kein anderer als ein wissenschaftlicher sein" (GLÖCKEL 1990b, S. 37f).[17]
Aufgaben eines recht verstandenen **wissenschaftsorientierten Unterrichts** sind dann nach KLAFKI:
„Anhand ausgewählter Probleme, die entweder aus dem Erfahrungs- und Interessenkreis der Schüler stammen oder deren Bedeutsamkeit ihnen verständlich gemacht, für die ihr Interesse also geweckt werden kann, sollten junge Menschen von den ersten Schuljahren an in gründlichen, nicht durch Stofffülle belasteten Lernprozessen elementare Grundformen der Auseinandersetzung mit Fragen und Problemen ... in gestuften Schwierigkeitsgraden lernen,
- Fragen zu stellen, ihre jeweiligen, oft noch vagen Ausgangsfragen schrittweise zu differenzieren und zu präzisieren, so dass sie sich schließlich methodisch untersuchen bzw. diskutieren lassen;

- sich ‚Wege', Verfahren auszudenken und sie auszuprobieren, um die eigenen Fragen zu beantworten: Beobachtungen nach bestimmten Gesichtspunkten, gezielt erkunden, kleine Versuchsreihen anlegen, Experimente machen, Texte unter bestimmten Aspekten vergleichen, Mitschüler, Lehrer, Eltern, Leute auf der Straße, Experten gezielt befragen, verschiedene Rollen durchspielen, eine Sache aus verschiedenen Perspektiven darstellen, fotografieren, zeichnen;
- etwas, was man herausgefunden hat, sprachlich, szenisch als Skizze, Modell usf. so darzustellen, dass andere es verstehen können;
- nach einem Lösungsprozess zu überlegen, über welche Stationen man zur Lösung gekommen ist;
- zu fragen und auszuprobieren, was man mit dem Erkannten bzw. Erlernten anfangen kann;
- zu fragen, was man nun weiß oder kann und was man noch nicht weiß und kann usw.

Auf der Sekundarstufe II müsste der Gang eines so verstandenen wissenschaftsorientierten Unterrichts dann dazu führen, an ausgewählten Teilbereichen des jeweiligen Faches und schrittweise in fachübergreifender Weise grundlegende Einsichten in Charakteristika, Voraussetzungen, Grenzen wissenschaftlichen Forschens, wissenschaftlicher Aussagen und der Anwendung wissenschaftlicher Erkenntnisse und Verfahren außerhalb des Wissenschaftsbereichs zu erarbeiten: Wie entsteht eine wissenschaftliche Fragestellung?... Welche besonderen Perspektiven liegen den einzelnen Wissenschaftsgruppen bzw. Einzelwissenschaften oder ihren Teildisziplinen zugrunde?"

Darüber hinaus sollte wissenschaftsorientierter Unterricht auch an wenigen, prägnanten Beispielen verdeutlichen, dass vielen Wissenschaften, insbesondere den Geistes- und Sozialwissenschaften aufgrund ihrer oft miteinander konkurrierenden wissenschaftstheoretischen Positionen auch unterschiedliche Sichtweisen, Aussagen und Ansprüche auf Beiträge zur Lösung von aktuellen Lebensproblemen zukommen.

Des Weiteren müsste den Schülern an exemplarisch durchgearbeiteten Beispielen gezeigt werden, dass finanziell, apparativ und personell aufwendige wissenschaftliche Forschung und Anwendung der Ergebnisse häufig vom Interesse der Geldgeber bestimmt sind. „Wenn diese Zusammenhänge im wissenschaftsorientierten Unterricht nicht exemplarisch aufgehellt werden, erzeugt man bei Schülern eine naive Wissenschafts- und Fortschrittsgläubigkeit und ein unkritisches Vertrauen in ‚Expertenaussagen', deren mögliche Interessenbindungen dann verkannt werden."

Ein solch „gründlicher, ‚aufschließender' Erkenntnisgewinn ist nur dann zu erwarten, wenn auch hier entschieden mit der Konzentration auf exemplarisches Lehren und Lernen Ernst gemacht wird" (KLAFKI 1985, S. 115-118; 1995, S. 99ff.).[18]

Diese Sicht von Wissenschaftsorientierung unterstützt die allgemeine Zielsetzung von Schule und Unterricht und betont besonders die Bedeutung **fachgemäßer Strategien, Arbeitsweisen und -techniken** zur selbstständigen Lösung von Problemen.[19]

Die Orientierung des Lehrers an den fachwissenschaftlichen Erkenntnissen bei der Unterrichtsvorbereitung legt den Grund für einen fachlich und sachlich richtigen Unterricht. Bei der Planung eines strukturierten Unterrichts, der strukturelle Lernprozesse bei den Schülern auslöst, sind wissenschaftliche Erkenntnisse durch **didak-**

tische Reduktion (Elementarisierung) und **Transformation** in veranschaulichende Repräsentationsformen auf die eruierten Lernvoraussetzungen der Schüler abzustimmen.

Beispiel: **Wissenschaftsorientierung im Physikunterricht**

Am Beispiel des Unterrichtsfaches Physik soll erläutert werden, welche fundamentalen Erkenntnisse, Begriffe, Konzepte, Systematiken, Denkmethoden und Weltsichten der Physik beim Aufbau kognitiver, sozial-emotionaler, psychomotorischer Strukturen und Schlüsselqualifikationen der Schüler eine Rolle spielen können.

Physik beeinflusst als Grundlage und Voraussetzung der Technik unser tägliches Leben, prägt entscheidend das Weltbild der Gegenwart, unser Verständnis technischer Objekte im Alltag sowie durch grundlegende erkenntnistheoretische Vorstellungen wie der Relativitätstheorie, des Determinismus, der Chaostheorie unser Denken.

- Herausragendes Merkmal der Physik ist die **naturwissenschaftliche Methode der Erkenntnisgewinnung** durch das Experiment, die objektive und reproduzierbare, d. h. von den untersuchenden Personen unabhängige und beliebig wiederholbare Aussagen und Ergebnisse liefert. Auch andere naturwissenschaftliche Arbeitsweisen wie das exakte Beobachten, Beschreiben, Klassifizieren, Systematisieren und Denken in Modellen dienen der Erkenntnisgewinnung. Wer naturwissenschaftlich zu denken gelernt hat, kennt nicht nur die Fakten, sondern auch den Weg dahin. Besonders im Physikunterricht können die Schüler an exemplarischen Beispielen das problemlösende Verfahren mit seinen Stufen der Problemanalyse, der Hypothesenbildung, des Planens und Experimentierens, des Schließens, Abstrahierens, Reflektierens und Transferierens lernen.
- Durch die Möglichkeit, aufgestellte Behauptungen durch das selbstständige, aktive Experimentieren auf ihre Stichhaltigkeit hin überprüfen zu können, werden die Schüler zu **Arbeitstugenden und persönlichen Einstellungen** wie Objektivität, Genauigkeit und Exaktheit des Denkens, zu gewissenhafter Beobachtung und Prüfung, zum vorsichtigen Urteilen und Schlussfolgern geführt.
- Vor allem aber müssen sie die **Grenzen und die Begrenztheit der physikalischen Methode** kennen lernen, die nur einen ganz bestimmten Ausschnitt der Wirklichkeit beschreibt. Neben die naturwissenschaftliche muss in den höheren Jahrgangsstufen an ausgewählten Beispielen auch eine erkenntnistheoretische, philosophische Reflexion der Ergebnisse, Modelle, Theorien, Wahrnehmungen treten.
- Ein wesentliches Merkmal der physikalischen Erklärung natürlicher und technischer Zusammenhänge ist ihre **Mathematisierbarkeit**. Da eine schnelle Formalisierung Schülern der Sekundarstufe I das Verständnis physikalischer Zusammenhänge erschwert, sollten möglichst lange nichtmathematische Erklärungen wie sprachliche Beschreibungen, Analogien, Computersimulationen vorherrschen.[20]
- Physik ist eine **systematische Wissenschaft**. Zum Verständnis wichtiger Aussagen der Quantenmechanik sind beispielsweise gründliche Kenntnisse der Mechanik und Elektrodynamik Voraussetzung. Deshalb vollzieht sich an den Universitäten, Hochschulen und weiterführenden Schulen Physiklernen meist in fachsystematischer Weise.

  In der Grund-, Haupt- und Realschule sollte Physik aber trotz ihrer Systematik nicht in rein fachsystematischer Weise betrieben werden. „Die Erfahrung lehrt: Je jünger Schüler sind,

desto schädlicher wirkt sich das fachsystematische Vorgehen für das Verständnis und damit auch auf die Lust, Physik zu betreiben, aus. Es ist auch gar nicht nötig, im Unterricht in übertriebener Weise fachsystematisch vorzugehen. Denn durch adäquate Elementarisierung der fachwissenschaftlichen Inhalte ergeben sich vielfältige Möglichkeiten zum Einstieg in das Gebäude der Physik und es ist nicht nötig, – um mit Wagenschein zu sprechen – in fachsystematischer Weise im Kellergewölbe zu beginnen, um sich mühsam über die Gebiete der Mechanik, Akustik, Wärmelehre, Elektrodynamik und Optik bis hin zur Quantenmechanik, zur Kernphysik usw. hochzuarbeiten...
Man kann im Unterricht beispielsweise mit der Optik beginnen, wenn man sich ... auf die geometrische Optik beschränkt, also von der Wellennatur des Lichtes absieht. Man kann ebenso mit der Wärmelehre beginnen, wenn man phänomenologische Wärmelehre betreibt, also die Aspekte der statischen Mechanik außer Acht lässt. Man kann auf dem Gebiet der Elektrodynamik etwa Teilgebiete wie Elektrostatik, Magnetostatik oder den elektrischen Stromkreis behandeln, wenn entsprechende Elementarisierungen vorgenommen werden. Wichtig ist dabei in jedem Fall, dass die Phänomene in den Vordergrund gestellt werden.
Ohne Zweifel muss es ein Ziel des Physikunterrichts sein, auch dem Schüler eine Vorstellung vom systematischen Aufbau dieses Faches zu vermitteln. Aber die Einsicht, dass Physik eine systematische Wissenschaft ist, sollte dem Schüler nicht durch einen fachsystematischen Lehrgang gewaltsam aufgedrängt werden. Das Wissen um das System muss sich langsam anbahnen. Es muss als ein Fernziel des Physikunterrichts betrachtet werden.
Trotz einer relativen Unabhängigkeit des Lehrers vom fachsystematischen Aufbau der Physik ist im Physikunterricht dennoch von Beginn an eine gewisse Systematik erforderlich. Es müssen – und dies ist bei der Aufstellung von Lehrplänen und der Konzipierung von Unterrichtseinheiten unbedingt zu beachten – Lerninhalte stets so ausgewählt und angeordnet werden, dass sie vom Schüler mit den ihm zur Verfügung stehenden Voraussetzungen erarbeitet und gelernt werden können" (Klinger 1990, S. 191f., 185ff.).[21]

3 Die Initiierung und Förderung struktureller Lernprozesse

Wenn es Aufgabe der Schule ist, den Schülern Wissen und Können zu vermitteln, dann geht es für den Lehrer in erster Linie darum, ihnen Erfahrungen und Lernen zu ermöglichen und ihnen neue Weisen des Denkens, Handelns, Fühlens und Wertens zu eröffnen. Häufig wird im Unterricht aber nur vorgedacht, vorgehandelt, vorgerechnet, vorgedeutet, belehrt und dargeboten. Durch Erzählen, Referieren, Erklären versucht der Lehrer, die zuhörenden Schüler über das Mitdenken und Nachvollziehen eines kognitiven Prozesses zum Aufbau eines Handlungsschemas, einer Operation, eines Begriffes usw. anzuleiten. Im besten Fall macht solch ein traditioneller Unterricht Begriffe und Wissen verständlich und unterstützt den kumulativen Aufbau adäquater Vorstellungen und Bilder der Wirklichkeit. Oft jedoch lernen die Schüler dabei nur mechanisch und additiv aneinanderreihend die isolierten Lernstoffe und nicht das selbstständige, aktive Denken und Lernen.
Sollen die Schüler aber zum produktiven Denken, zum einsichtigen Verstehen und Lernen geführt werden, sind in einem handlungsorientierten Unterricht alle Mög-

lichkeiten zur aktiven, selbstständig-handelnden Auseinandersetzung mit den Unterrichtsgegenständen und zum entdeckenden Problemlösen zu nützen.
Der Lehrer plant deshalb seinen Unterricht so, dass die Schüler

- an möglichst motivierenden, fachlich authentischen Problemen, aktuellen oder persönlichen Erfahrungen und Lernarrangements durch **eigenes Handeln** und **selbsttätiges Lernen**, durch Beobachten, Suchen, Forschen, Nachdenken, Ausprobieren zum Verstehen und „Begreifen" von Erkenntnissen und Zusammenhängen, zum Aufbau von Sachwissen, Fachbegriffen und Operationen gelangen können. Damit verknüpfen sie bereits verfügbare Wissenselemente aus ihrem vorhandenen Handlungs- und Begriffsrepertoire und integrieren sie zu einer neuen Wissensstruktur. Die Authentizität der Lernsituation oder Problemstellung sichert einen hohen Anwendungsbezug. Dazu notwendige Denk- und Problemlösestrategien, fachgemäße Arbeitsweisen und -techniken werden an diesen exemplarischen Beispielen als unabdingbar erkannt und durch Arbeitsrückschau und Deutung des demonstrierten Lehrerhandelns bewusst gemacht.
- in **vielfältigen situativen Kontexten** und unter **multiplen Perspektiven** lernen. Damit die neu erworbenen Kenntnisse nicht auf eine bestimmte Lernsituation fixiert bleiben und dadurch zu einem „trägen Wissen" werden, müssen sie **gesichert**, d.h. durch viele variative Übungs- und Anwendungsmöglichkeiten vielfach operativ durchgearbeitet und konsolidiert werden. Erst dann können sie von den Schülern selbstständig auf neue Situationen angewendet und übertragen werden.
- in einem **sozialen Kontext** zusammen mit anderen lernen. Kooperatives Lernen und Problemlösen in Gruppen ist Bestandteil vieler Lernphasen und oft sehr effektiv.[22]

Nachfolgend wird die Bedeutung des selbsttätigen Lernens nur für die Förderung des Denkens und Lernens detaillierter dargestellt. Die Bedeutung der Selbsttätigkeit für die Lernmotivation und die Persönlichkeitsentwicklung und ihre unterrichtliche Realisierung werden in den Kapiteln IV (Motivierung) und V (Aktivierung) erörtert.

3.1 Handlungsschemata, Operationen und Begriffe als grundlegende kognitive Strukturen

Handlungsschemata und Bereiche des Handlungswissens

Nach PIAGET und AEBLI ist **Handeln Grundlage der geistigen Entwicklung**, des Wissensaufbaus und des Denkens. Kognitive Prozesse stehen immer in einer engen Beziehung zu einem situationalen Kontext. Entscheidend ist die konkret oder geistig handelnde Auseinandersetzung eines Individuums mit Situationen, Objekten, Personen, dem soziokulturellen Umfeld und dem darin geteilten Wissen zur Bewältigung der von ihnen gestellten Anforderungen. **Handlungskompetenz** bedeutet dann die Verfügbarkeit über ein aufgebautes Handlungswissen, d.h. über bestimmte Handlungsroutinen, die spezifischen Handlungsschemata, über allgemeine wie fachgemäße Handlungskonzepte und Strategien, die ein Probehandeln und Problemlösen in der Vorstellung ermöglichen und über zugrunde liegendes Sachwissen.[23] Dem Schüler Handeln zu ermöglichen bedeutet, ihm Anleitung zur aktiven Gestaltung seines Lebens und seiner Welt und zum Aufbau seines Weltbildes zu geben.

Handlungen entwickeln sich meist aus einer **Problemstellung** heraus. Die **Ziele** einer Handlung können sich auf einzelne kurz- oder langfristig lösbare Aufgaben oder Probleme beziehen, z.B. einen Fahrradschlauch flicken, einen Kuchen backen, eine Sachaufgabe lösen, einen Text exzerpieren, ein Referat erstellen, einen physikalischen Versuch aufbauen. „Die Handlung planen heißt, die Frage zu beantworten, wie man zum Handlungsziel gelangt. Sie durchführen heißt, den Weg zum Ziel effektiv finden und beschreiten" (AEBLI 1983, S. 278). Die Handlungsziele bestimmen die gesamte Handlung mit allen Teilhandlungen und die Auswahl der geeigneten Gegenstände, Objekte und Zutaten. „Handlungen sind (deshalb) ... mehr als Fertigkeiten: Es sind zielgerichtete, in ihrem inneren Aufbau verstandene Vollzüge, die ein fassbares Ergebnis erzeugen"(AEBLI 1983, S. 182; vgl. 1980, S. 83ff.).
Gezielte Handlungen werden durch Handlungsschemata gesteuert. Ein **Handlungsschema** ist ein im Handlungswissen abgespeicherter **kognitiver Handlungsplan**. Er dient als Leitfaden für das konkrete Handeln in bestimmten Situationen und ist mit einem Computerprogramm vergleichbar, das die komplexen Operationen eines Computers steuert. Der kognitive Plan repräsentiert unser relevantes Fachwissen über die einzelnen Handlungselemente, Handlungsschritte und über die Situation, in der eine bestimmte Handlung ausgeführt wird.[24] Seine Struktur bleibt beim wiederholten Vollzug gleich. Wenn ein Schüler beispielsweise lernt, einen Fahrradschlauch zu flicken, dann wird jede Teilhandlung aus dem Handlungswissen abgerufen, auf die Handlungsobjekte und -teilnehmer angewendet und mit der nächsten Teilhandlung verknüpft. Mit Hilfe des Handlungsschemas werden einzelne Materialien (Gummiflicken, Gummilösung, Werkzeuge) auf ihre Eignung zur Erreichung des Zieles hin überprüft (assimiliert) oder das Handlungsschema abgeändert (akkomodiert). Einzelne Handlungsschritte werden dabei oft erst aus rückschauender Reflexion erkennbar. Eine neue Handlung wird aus dem Repertoire der im Langzeitgedächtnis abgespeicherten Handlungsschemata und Wissenselemente aktiv aufgebaut. Fehlt eine Teilhandlung im Repertoire des Langzeitgedächtnisses, so muss sie aus noch elementareren Handlungsschemata konstruiert werden. Fehlt ein Handlungsobjekt (Gegenstand, Handlungsteilnehmer), sollte es gesucht werden.[25]

Das abgespeicherte Handlungswissen enthält

- **spezifische Handlungsschemata** mit einem bestimmten begrifflichen wie prozeduralen Wissen und alle notwendigen psychomotorischen Fertigkeiten, um ein ganz bestimmtes Handlungsergebnis zu erreichen, z.B. einen Geschäftsbrief mit der Schreibmaschine zu schreiben, Texte mit einem bestimmten Textverarbeitungsprogramm am Computer zu erstellen und die Autorenkorrektur durchzuführen, eine bemaßte Konstruktionszeichnung mit Hilfe eines CAD-Programms anzufertigen, ein bestimmtes Gericht zu kochen, den ph-Wert oder Sauerstoffgehalt eines Gewässers zu bestimmen, ein Rad zu montieren, einen Automotor nach Fehlern zu durchsuchen. Bei einfachen Handlungsroutinen kennt der Handelnde die Abfolge der Handlungsschritte, um ein bestimmtes Ergebnis zu erzielen, kann aber oft nicht erklären, warum die gewünschte Wirkung nur so erreicht werden kann. Solche spezifischen Handlungsschemata werden alltagssprachlich als „Können", „enaktives Wissen"[26], „naives Handlungswissen"[27] bezeichnet und in Form von Arbeitsanweisungen, Versuchsbeschreibungen, Rezepten fixiert. Sie können in der exakten Weise beliebig oft wiederholt werden.

- **allgemeine Handlungsschemata, Deutungsschemata** und **Begriffe**, die auf verschiedenste Objekte, Personen und Situationen übertragen werden können. Solche allgemeinen schematischen Beschreibungen häufig wiederkehrender Routineereignisse und -abläufe, die aufgrund einschlägiger Alltagserfahrungen gewonnen wurden, werden auch als **Skripts** bezeichnet. Sie sind als besondere Form des episodischen Wissens, als schematisierte, hierarchisch in typische Situationen und Ereignisabfolgen gegliederte „Drehbücher" für Handlungsabläufe mit Leerstellen für die Handlungsteilnehmer und die Objekte zu verstehen wie Unterrichtsentwürfe, Vorstellungs- und Prüfungsgespräche, Restaurant- und Arztbesuche, Geburtstagsfeiern.[28] Wer weiß, wie ein Vorstellungsgespräch abläuft, welche Fragen gestellt, welche Erwartungen gehegt werden, kann sich besser darauf vorbereiten und einstellen. Wer die Grobstruktur einer zielorientierten Unterrichtsstunde im Kopf hat, kann sich leichter auf qualifizierte Beiträge, Fragen und Probleme der Schüler einstellen. Wer gelernt hat, aus welchen Teilen ein einfaches Lichtmikroskop besteht und wie es bedient wird, kann dieses Vorstellungsschema auch auf größere Lichtmikroskope übertragen. Allgemeine Handlungsschemata umfassen das deklarative Wissen über Sachverhalte, über geeignete Objekte und ihre Behandlung, über das Vorgehen und die ablaufenden Prozesse, um zu einem angestrebten Ergebnis zu kommen. Da der Handelnde auch über die Wirk- und Sinnzusammenhänge der Handlungsabläufe Bescheid weiß, spricht man auch von „begrifflichem" und „naivem operativem Handlungswissen" [29].
- **Vorstellungsbilder** bestimmter Handlungen, die mit dem Handeln aufgenommen oder beim mentalen Problemlösen in Form von Skizzen, Ablaufplänen usw. visualisiert werden („ikonisches, perceptionelles Wissen").
- **Denk- und Lernstrategien, fachgemäße Arbeitsweisen und Arbeitstechniken**, um ein Problem zu lösen, Informationen zu gewinnen, zu verarbeiten, zu speichern, zu transferieren und neues Wissen zu generieren. „Theoriegeleitetes, operatives Handlungswissen"[30] umfasst deklaratives wie prozedurales Wissen. Zu den Strategien und Arbeitsweisen zählen

  Strategien/Heuristiken des Problemlösens, des Aufstellens von Hypothesen, der Lösungsplanung, der Durchführung der Lösung, der Reflexion und Bewertung der Ergebnisse,

  Lern- und Gedächtnisstrategien, Strategien des sinnvollen Einprägens, Wiederholens und Übens,

  Lösungshilfen, Algorithmen und Operationen zur Lösung mathematischer Aufgaben, zur selbstständigen Verbesserung von Rechtschreibfehlern, zum Einprägen von Lernwörtern, zur Erstellung von Texten usw.

Diese Methoden der Erkenntnisgewinnung erfordern konkrete **Arbeitstechniken** und **Fertigkeiten** wie das Markieren, Notieren von Stichpunkten, Betrachten und Beobachten, Vergleichen und Ordnen nach bestimmten Kriterien, Nachschlagen, die Darstellung in Form von Texten, Bildern, Grafiken, das Untersuchen und Experimentieren, das Bedienen von Geräten wie z. B. Mikroskop, Videorekorder und -kamera. Diese spezifischen Fertigkeiten und Kompetenzen sind teilweise wiederum als spezifische Handlungsschemata vorstellbar.

Operationen

Für Piaget entwickelt sich das kindliche Denken, vor allem das mathematische Denken, aus dem Handeln. Spontan auftretende Operationen sind für ihn verinnerlichte Handlungen, die sich zunehmend von der Wahrnehmung lösen, beweglich und reversibel werden, Systeme bilden und durch das konkrete Handeln, durch Sprache oder grafische Zeichen ausgedrückt werden können. Sie sind für Grundschulkinder zwischen sechs und zehn Jahren noch konkret, d. h. an Objekte und konkretes Tun gebunden, aber viel weniger von irreführenden Wahrnehmungseindrücken abhängig als das vorausgehende anschauliche Denken. Piaget sieht die operativen Strukturen, die er hinter kindlichen Äußerungen und Verhaltensweisen vermutet, als naturgegeben an und beschreibt sie mit logischen, mathematischen Begriffen, klärt allerdings nicht den Vorgang ihrer Verinnerlichung.
Im Gegensatz zu Piaget interpretiert Aebli Operationen psychologisch als Kulturprodukte, die gelernt werden müssen.[31] Jeder Mensch kann Operationen in bestimmten Situationen durch den alltäglichen Umgang mit anderen Menschen oder verschiedenen Objekten aufbauen. Durch Transformation in die verschiedensten Repräsentationsformen werden die durchgeführten Handlungen bildlich oder sprachlich dargestellt oder nur geistig vorgestellt und verinnerlicht. Solche verinnerlichten Handlungen sind aber noch keine Operationen. Aebli demonstriert dies beispielhaft am Bau eines Bücherregals aus zwei Ziegelsteintürmen von je fünf Steinen und einem Brett. Wesentlich für seine Funktion ist dabei nur, dass beide Türme gleich hoch sind. „Eine Operation unterscheidet sich von einer Handlung vor allem in der Art ihrer Steuerung, einfacher ausgedrückt: in dem, worauf der Handelnde bei ihrer Ausführung achtet“ (Aebli 1980, S. 214). An der Handlung vollzieht sich eine **stufenweise Abstraktion**. Sie wird zunehmend abstrakt gesteuert und betrachtet und damit zunehmend „operativ“.
„Eine Operation ist eine effektive, vorgestellte (innere) oder in ein Zeichensystem übersetzte Handlung, bei deren Ausführung der Handelnde seine Aufmerksamkeit ausschließlich auf die entstehenden Strukturen richtet. Abgekürzt sagen wir: Eine Operation ist eine abstrakte Handlung“(Aebli 1983, S. 204). Das Ergebnis dieses abstrakten, innerlichen Probehandelns ist immer eine Struktur, die einzelne Handlungselemente in eine bestimmten Beziehung zueinander setzt, und die der Intention der Handlung bzw. der Operation entspricht. Wird eine solche Struktur auf verschiedenen Wegen oder von unterschiedlichen Ausgangspunkten aus durchlaufen, dann operieren wir. Jede Operation bildet mit anderen, innerhalb einer Struktur möglichen ein System an Operationen.[32]
Von psychologischen Operationen unterscheiden sich die **mathematischen, algebraischen Operationen**. Sie operieren mit genau definierten Mengen von Elementen, beziehen sich auf einsichtige Verknüpfungen wie Addition, Multiplikation usw. und haben ein Ergebnis, das den verknüpften Ausgangselementen zugeordnet und diesen in der Regel gleichgesetzt wird.[33] Ihr Aufbau, ihre Verinnerlichung und Konsolidierung ist wesentlicher Inhalt des Mathematikunterrichts. Dabei geht es nicht primär um eine produktorientierte Ergebnisfindung, um eine Bewältigung des Stoffes oder um eine Ansammlung von Strukturen, Prozeduren und Konzepten, sondern um das Verste-

hen und Begreifen mathematischer Operationen durch selbstständiges Handeln und Entdecken, Aufstellen und Überprüfen von Hypothesen, durch eigene Problemlöseversuche, Reflektieren und Integrieren verschiedenster Lösungsansätze.[34]

Begriffe

Begriffe sind als elementare Wisseneinheiten **Werkzeuge der Erkenntnis**. Mit ihrer Hilfe assimilieren wir Wirklichkeit, orientieren uns, erfassen Erscheinungen, Eindrücke und Erfahrungen, erkennen bestimmte wieder, vergleichen, identifizieren und ordnen sie, mit ihnen denken wir, indem wir sie kombinieren und transformieren. Mit Begriffen machen wir uns die geordnete Welt verfügbar und bewältigen Probleme auch auf abstrakter Ebene, z. B. in der Mathematik. Die **Begriffsbildung** hat dabei die Aufgabe, „ein Gefüge von Beziehungen innerhalb von Handlungen, von sachlichen Gegebenheiten oder irgendwelcher anderer Aspekte der Wirklichkeit zu objektivieren, d. h. in eine quasi-gegenständliche Form überzuführen. Damit wird ein Stück subjektive und objektive Wirklichkeit fassbar. Im Begriff haben wir sie ‚im Griff'. Das bedeutet, dass wir die Struktur aus ihrem Kontext herauslösen, auf neue Gegebenheiten übertragen und mit neuen Gegebenheiten verknüpfen können. Die Begriffsbildung ist also Voraussetzung für die weitere Verknüpfung und damit die weitere Strukturbildung" (AEBLI 1981, S. 118f.). Eine Handlung objektiviert sich im konkreten Handlungsergebnis, ein Begriff im sprachlichen Zeichen. Mit den Begriffen denken wir dann begrifflich im Gegensatz zum anschaulichen, bildlich vorgestellten Denken. „Begriffe leisten nur deshalb so viel, weil Begriffsbildung ein aktiver Erkenntnisvorgang ist. Die Begriffe sind nicht einfach vorhanden, sondern werden gebildet, überprüft und permanent revidiert" (OERTER/DREHER M. 1995, S. 605).[35]

Begriffsbildung ist ein kontinuierlicher Konstruktionsprozess deklarativen Wissens. Mit der Sprachentwicklung lernen die Kinder an typischen Beispielen, den Prototypen, grundlegende **Basisbegriffe**, beispielsweise an einem Schäferhund den Objektbegriff ‚Hund'. Aufgrund der Tendenz ihres Organismus, Wahrnehmungsgegenstände zu typischen Gestalten mit charakteristischen Merkmalen zu organisieren, bilden sie dann selbst neue Begriffe, wenn sie durch konkrete Auseinandersetzung mit neuen Objekten, Phänomenen, Problemen oder Handlungen aufgrund ihres Vorwissens, ihrer Assimilationsschemata, durch Beobachten und Vergleichen bekannte Merkmale, Gemeinsamkeiten oder Unterschiede wieder erkennen oder neu entdecken, klassifizieren und umgangssprachlich verbalisierten. „Klassifizieren bedeutet in diesem Zusammenhang mehr als nur Ordnen und Gruppieren, es beinhaltet auch die Erklärung von Zusammenhängen mit anderen Begriffen und der Wirkungsweise des Begriffs" (OERTER/DREHER M. 1995, S. 605). Zunehmend verknüpfen die Kinder dann Wahrnehmungsmerkmale von Gegenständen wie Farbe, Form, Aussehen mit Tiefenmerkmalen wie ihre Gebrauchsfunktion oder bei Lebewesen ihre biologische Funktion. Sechsjährige begnügen sich bei beschränkter Kapazität ihres Arbeitsspeichers aufgrund des großen kognitiven Aufwands häufig mit der Repräsentation von Merkmalspaaren. Mit zunehmendem Alter schreitet die Begriffsentwicklung dann parallel zur Sprach- und kognitiven Entwicklung voran, gefördert durch bewusst initiierte unterrichtliche Lernprozesse von der Beschreibung von Gegenständen durch Sätze (syntaktisch orientierte Gruppierungen) zur semantischen, thematischen Gruppierung nach Oberbegriffen. Der Verlauf der Begriffsentwicklung ist dabei eine „stetige Annäherung an das konventionelle Begriffsverständnis der umgebenden sozialen Welt und an die sprachlich kodierten und sanktionierten Bedeutungen der Kultur und Wissenschaft" (SEILER/WANNENMACHER 1987, S. 474). Aus den aktualisierten Bedeutungen und Vorstellungen bauen Schüler in Analogie zu bekannten ähnlichen Sachverhalten oder Zusammenhängen ein **Bedeutungs- und Beziehungsnetz** des neuen Begriffes auf. Es repräsentiert den Inhalt eines Begriffes und den Umfang durch die Zahl der Fälle, Objekte, Situationen, welche mit Hilfe des verfügbaren Begriffsinhalts bewältigt und strukturiert werden können. Je umfangreicher ein solches Netz ist, desto breiter ist dann sein Anwendungsfeld.[36]

3.2 Aufbau, Verinnerlichung und Durcharbeitung von Handlungsschemata, Operationen und Begriffen im handlungsorientierten Unterricht

Lesen Sie bitte nochmals das 2. Unterrichtsbeispiel des Kapitels Zielorientierung (BII/4.3) durch!

Das aktive, konkrete Handeln als Grundlage der Entwicklung kognitiver Schemata und Begriffe

Die aktive Auseinandersetzung mit konkreten Objekten, Personen, Problemen, Situationen auf der Basis vorhandenen Wissens ist Grundlage des Aufbaus neuer kognitiver Schemata. „In aktiver Auseinandersetzung mit Gegebenheiten, mit selbst geschaffenen oder vorgegebenen Fragen und Problemen schafft sich der Mensch seine Strukturen des Handelns und Erkennens" (MONTADA 1995, S. 556). Besonders jüngere Kinder und Grundschüler sind darauf angewiesen, neue Handlungen, Operationen und Begriffe über **konkretes, effektives Handeln** zu erarbeiten. Aber auch für ältere Schüler und für Erwachsene gilt, dass Schemata durch reales Handeln leichter erlernt und besser verstanden werden.

Spezielle wie allgemeine Handlungsschemata und Operationen werden im Unterricht an konkreten, **exemplarischen Beispielen**, produktiven, das selbst entdeckende Lernen fordernden Aufgaben oder in **systematischen Lehrgängen** wie beispielsweise beim Erlernen des Maschinenschreibens oder eines mathematischen Algorithmus vermittelt, reflektiert und durch häufige Anwendungen intensiv gesichert und automatisiert.[37]

- Ausgangssituationen für die Initiierung von Lernprozessen sind lebendige, motivierende, möglichst authentische Problemstellungen aus der Erfahrungswelt der Kinder, ein fachliches Problem oder eine zielgerichtete Aufgabenstellung, z. B. die Zusammenstellung eines Fitnessbuffets für ein Schulfest, die Erkundung eines Teiches, die Bestimmung des Sauerstoffgehalts eines Gewässers, das Basteln von Nistkästen für ein Waldprojekt, die Beleuchtung einer Weihnachtskrippe, das Schreiben eines Lebenslaufes, die Bestimmung des Umfangs einer Fläche, die Berechnung ei-

nes Rabatts, die Konstruktion einer Pyramide. Durch diese Ausgangssituationen wenden die Schüler ihre Aufmerksamkeit den neuen Problemen und Informationen zu, transferieren sie aus dem sensorischen Speicher in ihr Arbeitsgedächtnis und aktivieren ihr relevantes Vorwissen. Die Aufmerksamkeit entscheidet, welche und wie viel Informationen mit dem Vorwissen verknüpft und weiterverarbeitet werden.[38]
- Schrittweise wird das Vorgehen geplant, durchdacht, skizziert und intensiv versprachlicht. Alle notwendigen Materialien und Hilfsmittel werden bei der gedanklichen Durchführung zusammengestellt. Lern- und Gedächtnisstrategien begünstigen den Aufbau kognitiver Schemata.
- Schließlich führt man die Handlung mit Hilfe der Materialien konkret durch.

Beim Handeln werden **Beziehungen in der Sache** hergestellt wie zwischen Objekten und Personen. Um diese Beziehungen deutlicher hervortreten zu lassen und wichtige Größen zu erkennen, versucht man eine konkrete Handlung durch ein Medium in eine andere Repräsentationsform zu transformieren, d.h. sie in Sprache zu fassen, durch Bilder zu veranschaulichen, durch Kunstsprachen wie die Mathematik durch Schriftzeichen oder Symbole zu notieren, und dann erst wieder zu den Sachen zurückzukehren und weiterzuhandeln. Es ist auch möglich, sich einen ganzen Handlungsverlauf nur gedanklich vorzustellen und gleichsam probezuhandeln. Bei diesen kognitiven Reflexionen bleibt aber immer die Struktur der Handlung erhalten.[39]

Piaget und Aebli betonen aufgrund ihrer Untersuchungen immer wieder, dass sich das Denken aus dem Handeln heraus entwickelt. „Denken geht aus dem Handeln hervor und es trägt – als echtes, noch nicht dualistisch pervertiertes Denken – noch grundlegende Züge des Handelns, insbesondere seine Zielgerichtetheit und seine Konstruktivität." Denken ist „eine Metatätigkeit über dem konkreten Handeln... In der Vorstellung, mit symbolischen Daten operierend, mit Worten statt mit wirklichen Taten und Gegenständen handelnd ist es beweglicher. Im innerlichen und abstrakten Probehandeln – im ‚Operieren' – werden die wesentlichen Beziehungen rascher und sicherer geknüpft. Die Struktursicherung und -verbesserung gelingt eher als in der schwerfälligen, praktischen Handlung". Denken wird zum „Ordnen des Tuns"(Aebli 1980, S. 26, 22f.; 1981). Beim **Problemlösen** wird beispielsweise ein Handlungsplan in Gedanken aufgebaut und dann in der Praxis umgesetzt. Bei anderen Gelegenheiten lösen sich Schritte des Nachdenkens mit denen des Handelns ab. Um eine neue Situation bewältigen zu können, z.B. eine Aufgabe zu lösen, müssen die Situation gedeutet und begriffen, Informationen aufgenommen und verarbeitet, Gegenstände der Umwelt miteinander in Beziehung gesetzt, die Strukturen des Handelns der neuen Situation angepasst, weiterentwickelt und gesichert werden.[40]
Im Zuge des Handelns und Denkens reflektieren wir laufend unser eigenes Tun im Hinblick auf die bereits realisierten Schritte und das noch vor uns liegende Ziel. Durch diese **Reflexion** steuern wir unsere Handlung, unseren Denkvorgang und die Abspeicherung der verarbeiteten Informationen als kognitive Strukturen im Langzeitgedächtnis. „So bleibt das Handeln der bedeutungsreiche Grund, aus dem das Denken immer wieder herauswächst, von dem es sich aber auch immer wieder distanzieren muss, um seine Funktion der Struktursicherung, der Strukturbildung und

der Umstrukturierung zu erfüllen"(AEBLI 1981, S. 312, 310ff.). Die Bedeutung des konkreten Tuns zeigt sich auch beim Verstehen, Lernen und Einprägen. Es ist effizienter als die Beobachtung einer Handlung oder das fiktive Handeln. Es unterstützt auch in Form von Gesten ebenso wie Bilder das Behalten von Wörtern und Sätzen. Je jünger dabei die Kinder sind, um so mehr sind sie auf diese **Realerfahrungen mit allen Sinnen** angewiesen. Jedes selbsttätige Lernen ist am konkreten, vorstellenden oder geistigen Handeln orientiert.
Auch jeder Unterricht sollte unter dem Gesichtspunkt effektiver Förderung der Schüler unter Beachtung der kognitiven Entwicklungsvoraussetzungen im weitesten Sinne handlungsorientiert angelegt sein. **Handlungsorientierung des Unterrichts** bedeutet, den Schülern durch die Unterrichtsplanung und -gestaltung eine Vielzahl von Möglichkeiten zu eröffnen, sich selbstständig handelnd mit dem Unterrichtsgegenstand, -thema, -problem , aber auch mit anderen Personen und der Lehrkraft auseinander zu setzen, und dadurch kognitive, psychomotorische, emotional-affektive und soziale Lernprozesse zu initiieren, zu fördern, zu lenken und zu sichern. Aus dieser Sichtweise entspricht Handlungsorientierung des Unterrichts dem **Prinzip der Aktivierung** der Schüler, d. h. der Anregung zu selbsttätigem, aktivem Lernen.

Beispiele eines handlungsorientierten Unterrichts finden sich in diesem Kapitel (B III/3.3), in Kapitel B II/4.3 (Lernzielorientierung) und besonders in den Kapiteln V (Aktivierung) und VII (Sicherung).

Die Verinnerlichung kognitiver Schemata durch die Transformation in verschiedene mediale Repräsentationsformen

◆ Begriffsklärung

Beim Aufbau von Wissen und Können, beim Denken und Problemlösen werden Informationen in unserem Gehirn in unterschiedlichen medialen Repräsentationsformen kodiert und verarbeitet. Nach BRUNER stehen uns dafür drei eigenständige, parallele mediale Systeme zur Verfügung, die wechselseitig benutzt werden können:[41]

- **Die enaktive Repräsentation von Wissen durch das konkrete, aktive Handeln:** Das enaktive Wissen, das Wissen, das sich im praktischen Tun, im Ausführen-Können einer Handlung realisiert, entspricht dem aktiven Handlungswissen mit spezifischen wie allgemeinen und methodisch-strategischen Handlungsschemata, Begriffen und Operationen. Praktisches Tun ist immer mit Wahrnehmungsprozessen verbunden und erfordert die Koordination sensorischer und motorischer Aktivitäten. MESSNER schlägt deshalb vor, anstelle der enaktiven, handlungsmäßigen Darstellung von der „sensomotorischen Repräsentation" einer Wissensstruktur zu sprechen (MESSNER 1978, S. 35f.).
- **Die bildhafte, ikonische Repräsentation des Wissens:** Vorstellungen effektiver Handlungen und andere sinnliche Wahrnehmungen werden im ikonischen Wissen in zusammenfassenden Vorstellungen und inneren Bildern organisiert. Mit Hilfe unseres visuellen Wahrnehmungssystems können wir rasch Wahrnehmungen mit einer großen Anzahl abgespeicherter Vorstellungen vergleichen. Bildhafte Darstellungen der Wirklichkeit, Skizzen, Funktionszeich-

nungen ermöglichen einen schnellen Zugriff zu jedem einzelnen Teil. Sie sind der rein sprachlichen Darstellung überlegen, wenn es um sichtbare Merkmale, räumliche Anordnungen, Abläufe und Wirkungszusammenhänge geht. Verinnerlichte Handlungsschemata, innere Vorstellungsbilder, Modellvorstellungen leiten die Auseinandersetzung mit einem Gegenstand, steuern Wahrnehmungen und Handlungen und werden durch die Verarbeitung von Erfahrungen selbst verändert. Dieses ikonische Wissen erlaubt ein kognitives Probehandeln, Operieren und Simulieren verschiedener Veränderungen vor unserem „inneren Auge" und beeinflusst weitere Denkvorgänge, Erwartungen und Haltungen im sozialen und psychischen Bereich.

- **Die symbolische Repräsentation des Wissens:**
  Alltagssprache, abstrakte Kunstsprachen, Zeichen, Formeln oder Symbole repräsentieren die systematischen Wahrnehmungen, Vorstellungen und Handlungen unseres symbolischen Wissens. Die mediale Repräsentation ermöglicht einen hohen Grad an Flexibilität und Ökonomie durch die Substituierbarkeit längerer sprachlicher Umschreibungen durch einen einzelnen Ausdruck oder ein Symbol. Bei der Versprachlichung wird Wissen aus den Vorstellungsbildern im Gehirn aktiv konstruiert bzw. rekonstruiert.

Diese Wissensformen werden unterstützt und beeinflusst durch sensorische Empfindungen und Eindrücke, durch emotional-affektive und motivationale Komponenten und Begleitprozesse. So fördern intensives Interesse am Gegenstand und positive emotionale Zuwendung, mediale und sensorische Repräsentation das Verstehen und die geistige Verarbeitung von Informationen. Handlungen und Empfindungen bilden gleichsam die „Anker" und damit Abrufmöglichkeiten der abstrakt-symbolisch im Langzeitgedächtnis enkodierten kognitiven Strukturen im sensorischen Bereich. Jugendliche und Erwachsene benutzen je nach Anforderung, Aufgabe und Situation unterschiedliche Repräsentationsformen. Sportler werden vorwiegend enaktiv tätig, bildende Künstler repräsentieren ihr Wissen beispielsweise ikonisch, Mathematiker und Physiker vorwiegend symbolisch.[42]

Nach Piaget, Aebli, Bruner u. a. verläuft der kognitive Erkenntnis-, Verstehens- und Abstraktionsprozess von der anschaulichen Wahrnehmung des konkreten, realen Gegenstandes und der handelnden Auseinandersetzung mit ihm zum vorstellenden Handeln, vom realen Bild über die Skizze, das vereinfachende Schema und Modell zum inneren Bild, von der konkreten zur begrifflich abstrakten, symbolischen Darstellung auch mit Zeichen und Formeln. Diese „schrittweise Verinnerlichung, Systematisierung und die sprachliche Kodierung dessen..., was zuerst handelnd erarbeitet worden ist" kann im Unterricht gezielt gefördert werden. „Der Vorgang der Verinnerlichung betrifft also vor allem die Art und Weise, wie sich der Schüler die Gegebenheiten von Handlungen und Operationen vergegenwärtigt: durch Anschauen (Wahrnehmung), durch Vorstellen oder mit Hilfe von stellvertretenden Zeichen, die ausgesprochen und gehört oder geschrieben und gelesen werden. Diese zu verändern und Beziehungen unter ihnen aufzulösen und aufzubauen, ist in jedem Fall ein unanschaulicher, innerlicher Prozess" (Aebli 1983, S. 386).[43]

◆ Stufen der Verinnerlichung (Interiorisation) beim Aufbau eines Handlungsschemas

- Eine selbstständig geplante **Handlung** wird schrittweise mit Hilfe der benötigten Materialien **konkret durchgeführt**, z. B. eine elektrische Schaltung aufgebaut.
- Der Handlungsablauf wird in seiner Abfolge in verschiedensten Repräsentationsformen wie Skizzen, Bildern oder Stichworten an der Wandtafel **visualisiert**.
- Der Handlungsablauf wird nur **aus der Vorstellung** heraus **verbalisiert**.
- Das **Vorgehen** zum Erreichen des Ziels wird **durch nachfolgende Rückschau und Reflexion bewusst gemacht,** dargestellt und intensiv verbalisiert. Das Handlungsergebnis oder der konkrete Versuch dienen als Kontrolle.

Ein Handlungschema kann man also durch konkretes Handeln, durch Skizzieren der Handlungsschritte oder durch Handeln in der Vorstellung gewinnen. Wird effektiv gehandelt, z. B. ein Versuch aufgebaut, ist ein Rückgriff auf die Handlungsergebnisse immer wieder möglich. Hat man die einzelnen Geräte für den Versuch vor sich liegen, so muss man sich die Handlung selbst und das Handlungsergebnis vorstellen oder versprachlichen. Bei der rein vorgestellten, innerlichen Handlung fehlen das wahrnehmbare Handlungsobjekt und das wahrnehmbare Ergebnis. Die Vorstellung kann als Vorstellungsbild, durch eine Skizze oder durch Sprache erfolgen. Die rein bildhafte Vorstellung ist vergänglich, kann von anderen nicht wahrgenommen werden, während die ikonisierten wie die versprachlichten Handlungen für Sprecher und Hörer wahrnehmbar sind, in seinem sensorischen Ultrakurzzeitgedächtnis nachklingen und im Kurzzeitgedächtnis weiter verarbeitet werden können.

◆ Stufen der Verinnerlichung beim Aufbau einer mathematischen Operation

- Das **konkrete Handeln** mit konkreten Objekten wie Alltagsgegenständen (beispielsweise Spielzeugautos, Steine) oder mit Veranschaulichungshilfen (Spielgeld, Mengenplättchen, Perlen o. Ä.).
- Das **Darstellen** der Handlung durch **Bilder der Objekte** und Veranschaulichungshilfen.
- Das **Vorstellen** der Operation aufgrund der Bilder.
- Das **Darstellen** der Operation mit **abstrakten Symbolen** wie Ziffern, Operationszeichen und Sprache.
- Das vorstellende, innerliche, **geistige Operieren** mit Symbolen.

In vielen Rechenbüchern finden Lehrkräfte eine Fülle bunter Darstellungen und Veranschaulichungen von operativen Vorgängen. Erkenntnisse und Wissen von Grundschülern beruhen aber „stets auf operativen Vorgängen bzw. aktiven Prozessen, in denen das Kind sein vorhandenes Wissen nutzt, um Einsichten zu konstruieren. Diese Aktivitäten sind im Grundschulalter vorwiegend Handlungserfahrungen mit Materialien oder in Realsituationen. Schüler können aber auch ‚aktiv' sein bei gedanklichen Überlegungen, Entdeckungen bzw. Problemlösungen. Anschauungsbilder können daher nur durch Handlungen und konkrete Erfahrungen entstehen, nicht aber durch das Betrachten oder Analysieren von Bildern bzw. graphischen Darstellungen" (RADATZ 1993, S. 6).[44]

Beispiel: **Der Aufbau eines mathematischen Algorithmus (3. Jahrgangsstufe)**

Einführung in das Normalverfahren der schriftlichen Addition ohne Zehnerübergang

Mögliche Problemstellungen:

1. Der Lehrer lässt Kinder berichten und greift ihre Erfahrungen auf, dass Erwachsene wie Eltern, Bedienungen in Gaststätten, Verkäuferinnen oder ältere Geschwister dreistellige Zahlen oder Geldbeträge sehr schnell schriftlich addieren können. Quittungen dienen der Veranschaulichung.
2. Der Lehrer erzählt von einer Einkaufssituation (Kinderräder zu 526 DM und zu 232 DM) und lässt die Schüler ausrechnen, was eingekaufte Waren kosten werden. Die halbschriftliche Addition nimmt längere Zeit in Anspruch. Er addiert mit Hilfe des Normalverfahrens.

Problemlösung:

Freies Problemlösen:

Die Schüler versuchen, allein oder mit einem Partner das Problem selbstständig zu lösen. Sie greifen bei der **Problemstellung 1** meist sofort auf die Beobachtung des Untereinander-Schreibens der Zahlen zurück und addieren sie oft von oben nach unten. Der Lehrer lässt diese Vorschläge von den Schülern „erklären", ohne dieses „laute Denken" durch Kommentare oder seinen angestrebten Algorithmus vorschnell zu unterbrechen.

Im nachfolgenden Unterricht muss geklärt werden, warum diese Addition so schnell durchgeführt werden kann. Ohne Einsicht in die operative Struktur des Algorithmus, d. h. die Addition von Stellenwerten von Einern (E), Zehnern (Z), Hundertern (H) usw. und das Umwandeln eines Stellenwertes bei Überschreitung in den nächst höheren, wenden ihn die Schüler rein mechanisch an, können die einzelnen Schritte des Vorgehens nicht begründen und scheitern bei Problemen. Es ist deshalb notwendig, durch **handelnden, aktiven Umgang** mit Geldbeträgen oder mit veranschaulichenden Medien und durch **gelenktes Problemlösen** die operative Struktur des Algorithmus aufzubauen und die einzelnen Schritte durch ein am Anfang formalisiertes, **begleitendes Sprechen** zu unterstützen und zu kontrollieren.

Gelenktes Problemlösen:

Die Schüler spielen **konkret handelnd** die Operation mit Spielgeld durch. Die Geldbeträge werden in der Stellenwerttafel aufgelegt. Eine analoge Veranschaulichung wären die getrennten Fächer für verschiedene Geldwerte in einer Geldkasse. Dabei wird besonders auf die stellenweise Addition geachtet. Der Lehrer bietet konkrete **Sprechformen** an (2 Einmarkstücke + 6 Einmarkstücke sind 8 Einmarkstücke). Diese Operation wird dann auch an der Flanelltafel mit Spielgeld nachgelegt, aufgeschrieben und intensiv verbalisiert.

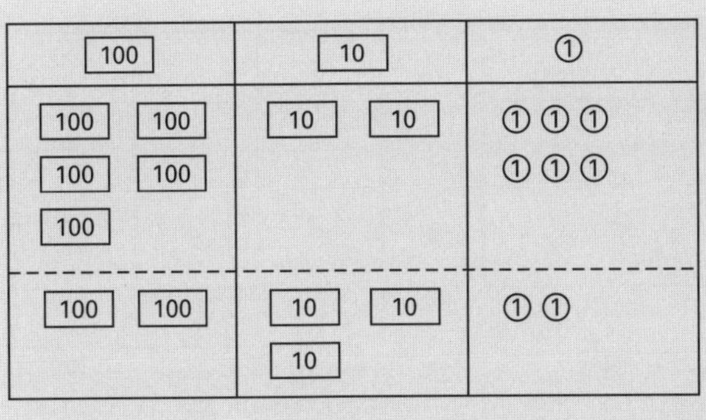

+

100-DM Scheine	10-DM Scheine	1-DM Stücke
5	2	6
2 ↑	3 ↑	2 ↑
7	5	8

Sprechweise:

2 DM	+ 6 DM	= 8 DM
3 Zehn-DM-Scheine	+ 2 Zehn-DM-Scheine	= 5 Zehn-DM-Scheine
2 Hundert-DM-Scheine	+ 5 Hundert-DM-Scheine	= 7 Hundert-DM-Scheine

Problemausweitung:
Neue Beträge, z. B. 413 DM + 282 DM, werden addiert. Die Operation wird jetzt auf ikonischer Ebene durch Abbildungen für Hunderter (H), Zehner (Z) und Einer (E) gelöst, z. B. durch zeichnerische Darstellung (□l.) oder Plättchen in der Stellenwerttafel. Pfeile verdeutlichen das Vorgehen, das intensiv versprachlicht wird. Die Beträge werden durch Ziffern **symbolisch** in der Stellenwerttafel dargestellt, mit der vom Lehrer vorgestellten Sprechweise verbalisiert (2 Einer plus 6 Einer sind 8 Einer, 8 Einer an) und an weiteren Beispielen intensiv geübt.

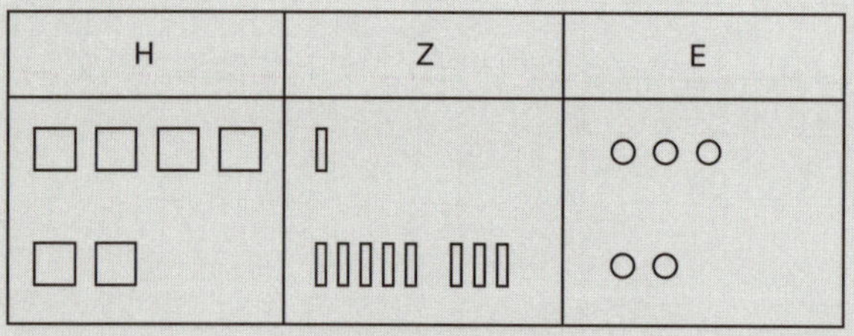

	H	Z	E
	4	1	3
+	2	8	2
	6	9	5

Sprechweise:
2 E + 3 E = 5 E, 5 E an
8 Z + 1 Z = 9 Z, 9 Z an
2 H + 4 H = 6 H, 6 H an

Sprechweise Endform:
2 + 3 = 5
8 + 1 = 9
2 + 4 = 6

Notation Endform:
413
+ 282
695

Schwächere Schüler gehen bei auftretenden Schwierigkeiten immer wieder bis zum konkreten Handeln zurück bzw. kontrollieren dadurch ihre Rechnung. Jede Operation wird zur Aktivierung möglichst vieler Lernkanäle zuerst laut, halblaut, dann stumm mitgesprochen und begründet.

Schriftliche Addition mit Überschreitung des Zehners und Hunderters
Problemstellung:
Einfache Additionen ohne Zehnerübergang werden in der Warming-up-Phase durchgeführt. Eine Aufgabe ist dabei, die eine Zehnerüberschreitung erfordert.
Problemlösung:
Beim konkreten Operieren zeigt sich, dass mehr als 10 Einer in der Einerspalte liegen. Die Problemlösung erfolgt durch Umwechseln von zehn 1-DM-Stücken in einen 10-DM-Schein.
458 DM + 237 DM

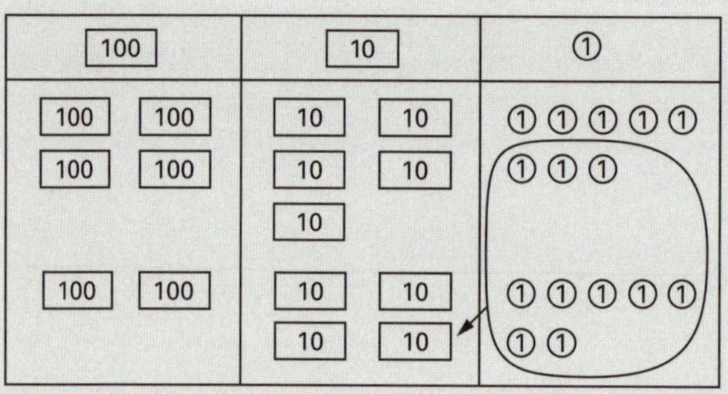

	H	Z	E
	4	5	8
+	2	3	7
	6	8	15
	6	9	5

Sprechweise:
7 E + 8 E = 15 E, aus 15 E mache ich 1 Z und 5 E

Weiterführung:
7 E + 8 E = 15 E, 5 E an, 1 Z gemerkt
1 Z + 3 Z + 5 Z = 9 Z an
2 H + 4 H = 6 H an

Problemausweitung: Überschreitung der Zehner und Hunderter

368 DM + 257 DM

H	Z	E
3	6	8
2_1	5_1	7
6	2	5

Sprechweise:
7 E + 8 E = 15 E, 5 E an, 1 Z gemerkt
1 Z + 5 Z + 6 Z = 12 Z, 2 Z an, 1 H gemerkt
1 H + 2 H + 3 H = 6 H an

Notation Endform:

```
  368
+ 257
  625
```

Merke:
1. Addiere die E! 7 + 8 = 15, 5 an, 1 gemerkt
2. Addiere die Z! 1 + 5 + 6 = 12, 2 an, 1 gemerkt
3. Addiere die H! 1 + 2 + 3 = 6, 6 an

(Vgl. ALTMANN/GIERLINGER 1983, S. 62ff.; RADATZ/SCHIPPER 1983, S. 105ff.).

Entscheidenden Anteil an diesen kognitiven Prozessen hat die **Sprache**. Durch Sprechen stellen wir die wahrgenommene Wirklichkeit und das eigene Erleben dar, typisieren und deuten Dinge oder Sachverhalte, trennen Wesentliches von Unwesentlichem, formulieren Ergebnisse und abstrahieren Erkenntnisse. Durch Sprache leiten wir andere zum Lernen an und steuern ihre Aktivitäten. Die Versprachlichung kindlicher Vorstellungen, Vermutungen, Planungsentwürfe, Situations- und Konstruktionsskizzen und von Gelesenem macht Denkprozesse, aber auch fehlende Lernvoraussetzungen und falsche Ansätze sichtbar. Das **„laute Denken"**, die Erläuterung von Problem- und Aufgabenlösungen, die Analyse der Fehler und der hinter ihnen stehenden „falschen" Strategien und Vorstellungen geben Hinweise auf Denk- und Wissensstrukturen der Schüler, auf den Grad ihrer Verinnerlichung, auf Schwierigkeiten, Unverstandenes und ungelöste Probleme und ermöglichen erst ein sinnvolles **Lernen aus Fehlern**. Durch geduldiges Hinhören und Nachfragen initiiert der Lehrer oft neue Lösungsmöglichkeiten, Korrekturen oder Ergänzungen bei den Schülern. Dabei sollte er Schüleraussagen aber nicht so aus seiner Sicht ergänzen und interpretieren, dass sie zu seinen Vorstellungen passen. Die Versprachlichung des eigenen Handelns und Denkens muss im Unterricht geübt werden. „Ohne besondere Übung in der symbolischen Darstellung der Erfahrung wächst das Kind in das Erwachsenenalter hinein und bleibt dabei immer noch in hohem Maße von den handlungsmäßigen und bildlichen Formen der Darstellung und der Organisation der Welt abhängig, welche Sprache immer es spricht" (BRUNER u. a. 1971, S. 74).[45]

Die Transformation von Aktivitäten und Lerninhalten in verschiedene Repräsentationsformen und ihre Kombination unterstützt als wichtige **Lernstrategie (Transformationsstrategie)** besonders effizient das Verstehen und den Aufbau kognitiver Strukturen im Langzeitgedächtnis. Das Verstehen ist als grundlegende Komponente des Lernens, als „Prozess des stimmigen Integrierens von zu verarbeitender Information in die schon bestehenden Wissensstrukturen" und als Reorganisation elaborierter Wissensstrukturen „ohne Widersprüche und offensichtliche Lücken" (STEINER 1996, S. 280f.) eine notwendige Voraussetzung für den Wissenserwerb. Das Versprachlichen des eigenen Vorwissens, beispielsweise beim Formulieren von Fragen oder Hypothesen, beim Zusammenfassen oder Paraphrasieren von Gehörtem oder Gelesenem, das Ikonisieren von Informationen in Form von Mapping oder einer übersichtlich strukturierten Abbildung bewirken eine Reduktion der Informationsfülle, eine vielfältige elaborative Verknüpfung, Verarbeitung, Verinnerlichung und eine zunehmende Abstrahierung und Generalisierung des neu aufgebauten Wissens durch die zunehmende Abstraktion von bestimmten Darstellungsarten. Gleichzeitig deckt die **Reflexion** methodischen Vorgehens (Metakommunikation und -kognition des Unterrichts) fachgemäße Verfahren, Arbeitsweisen und Strategien des selbst gesteuerten Lernens auf.[46]
Je mehr die Schüler dabei selbst bestimmt mitwirken und mitentscheiden können, desto mehr gewinnen diese Tätigkeiten an Bedeutung, desto größer sind intrinsische Motivation und Interesse und desto wirkungsvoller erfolgt der Aufbau der Schemata. Die Verfügbarkeit über diese Handlungsschemata führt zu **Fach- und Handlungskompetenz**. Die gemeinsame Planung in Kleingruppen, die intensive Kommunikation und Interaktion fördern die **Sozialkompetenz**, langfristig Selbstständigkeit, Selbstbestimmung und Selbstverantwortung.[47]

Die Beweglichkeit kognitiver Strukturen durch die einsichtige, operative Durcharbeitung und die Anwendung in variativen Kontexten

◆ Begriffsklärung

In dem Maße, wie sich im Ansatz von PIAGET die kognitiven Schemata differenzieren, vermindern sich die durch das Problem auferlegten Veränderungen und steigert sich das Gleichgewicht. Gleichzeitig vergrößert sich die Mobilität der kognitiven Strukturen und damit auch ihr Handlungsfeld. Hohe Beweglichkeit von Denkoperationen ist immer dann gegeben, wenn verschiedene Elemente oder Eigenschaften einer Handlung, eines Problems beachtet und verarbeitet werden müssen, d.h. logische Beziehungen und Verknüpfungen in diesem Elaborationsprozess erfolgen. Die Steigerung der Mobilität bewirkt deshalb auch die **Auslösung eines Entwicklungsprozesses**.[48]
Geistige Entwicklung bedeutet zunehmende **Beweglichkeit und Systematisierung des Denkens**. PIAGET stellt sie in der Sprache der Logik als Reversibilität und Assoziativität logischer Operationen dar:
- **Assoziativität** bedeutet, dass man Verhaltenselemente in beliebiger Reihenfolge verknüpfen, von verschiedenen Wegen zum gleichen Ergebnis gelangen, Umwege beschreiten und so die Bedeutung verschiedener Lösungswege erkennen kann.

- **Reversibilität** ermöglicht es, zum Ausgangspunkt zurückkehren, ein Problem in bestimmten Richtungen zu durchdenken und einzelne Etappen des Lösungsprozesses vom Ergebnis her zu rekonstruieren. Dies fördert die Einsicht in den Lösungsweg.

PIAGET sieht in der logischen Reversibilität das konstitutive Element der logischen Operationen und Operationssysteme. Seiner Meinung nach sind ohne Reversibilität keine rationalen Schlüsse und Begriffe, keine komplexen Koordinationen, keine Einsicht und Deduktion möglich. AEBLI dagegen betrachtet Reversibilität und Assoziativität eher als **Sonderformen beweglichen Denkens**. Wenn unter didaktischer Anleitung Kinder konkrete Handlungen und ihre Ergebnisse, z. B. in Mathematik, zunehmend abstrakter zu sehen lernen, irrelevante Handlungen und Eigenschaften der Handlungsteilnehmer ausschließen und diese Operationen zu komplexeren Systemen verknüpfen, dann sind Reversibilität und Assoziativität dieser mathematischen Operationen eine spezielle Form der Beweglichkeit des Denkens. Sie wird durch das operative Durcharbeiten von Handlungen, Operationen und Begriffen erreicht. Das **Durcharbeiten der Operation** bezeichnet „eine Form des konkreten, sinnbezogenen Übens, das der Vertiefung des Verständnisses dient ... Das Ziel ist nicht der Automatismus, sondern die klar aufgefasste, beweglichere Operation". Es handelt sich nicht mehr um das entdeckende, forschende Erarbeiten, sondern um das **Durchlaufen** und **Durchdenken** der neuen Operation mit allen Möglichkeiten und **unter wechselnden Bedingungen**, damit „sie sich von den Schlacken ihrer zufälligen Verhaftungen löst" (AEBLI 1983, S. 235ff.). Dazu werden Aufgaben gestellt, die das wiederholte Durchdenken der Beziehungen unausweichlich verlangen und mit Hilfe der Arbeitsformen und Materialien hinsichtlich des Weges, der Reihenfolge der einzelnen Elemente und der Darstellung in veranschaulichenden Modellen variieren. Dieses **einsichtige Üben** fördert die mathematischen Kompetenzen der Schüler und erhöht ihre Behaltensleistung und Transfermöglichkeiten durch vielfältige Verknüpfungen.[49]

Beispiel: Operatives Durcharbeiten von Zahlenmauern im Mathematikunterricht einer 2. Jahrgangsstufe

- Die Schüler bearbeiten Additions- und Subtraktionsaufgaben mit Hilfe von Zahlenmauern.[50]
- Die Schüler ergänzen Zahlenmauern mit verstreuten Startzahlen (Abb. 3). Um lösbare Zahlenmauern zu konstruieren, sollte die Lehrkraft die ganze Aufgabe von den Zahlen der unteren Zeile aus berechnen und dann erst Zahlen auf passenden Steinen löschen (Abb. 1, 2).

Abb. 1

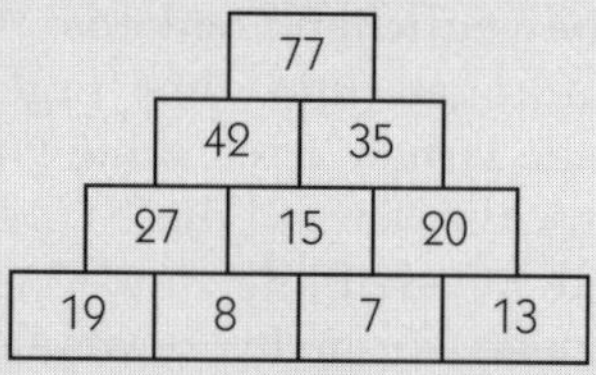

Abb. 2

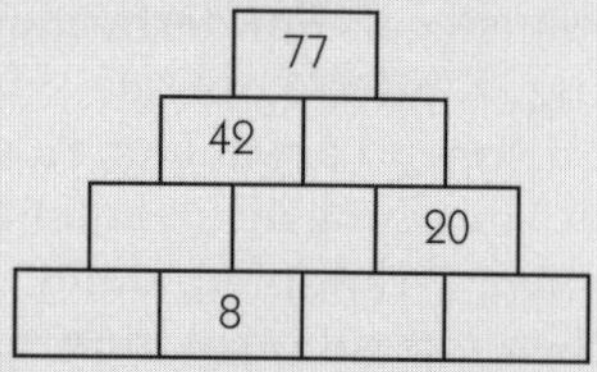

Abb. 3

- Erste Reflexion und operative Veränderungen: Die Schüler erkennen, dass die Zahlen vor allem in den Diagonalen von links unten nach rechts oben und von rechts unten nach links oben anwachsen.
- Die Schüler lösen eine neue Aufgabe (Abb. 4). Wie verändert sich der Deckstein 91, wenn der linke untere Stein um 3 erniedrigt wird? (Abb. 5). Die Schüler berechnen die neuen Steine.
- Wie muss ich den linken unteren Stein verändern, dass sich als Deckstein 100 ergibt? Die Schüler finden durch Probieren heraus, dass sich mit einer Erhöhung des linken unteren Steines um 1 sich auch der Deckstein um 1 erhöht. Schließlich gelangen sie zur Abb. 6.

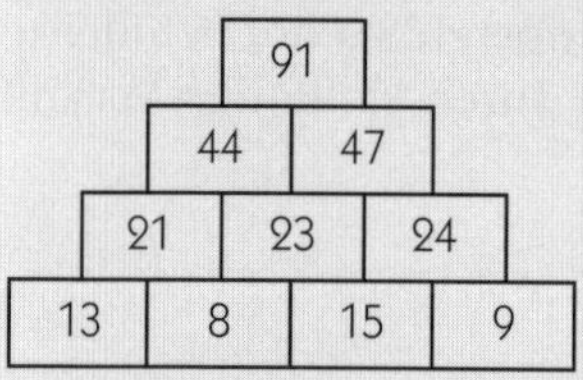

Abb. 4

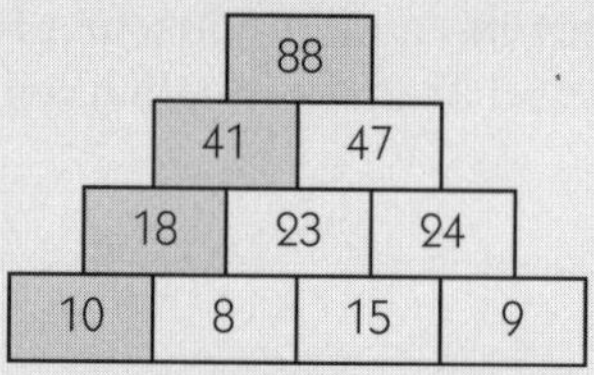

Abb. 5

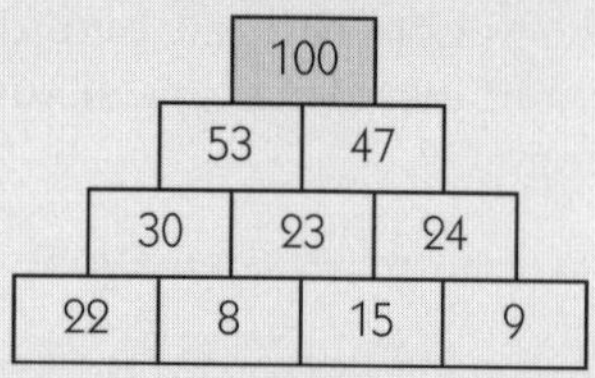

Abb. 6

- In der gleichen Zahlenmauer (Abb. 7) sollen die Schüler den zweiten Stein in der unteren Reihe (8) so abändern, dass als Deckstein 100 herauskommt. Über entdeckendes Probieren gelangen sie zu Abb. 8.

Abb. 7

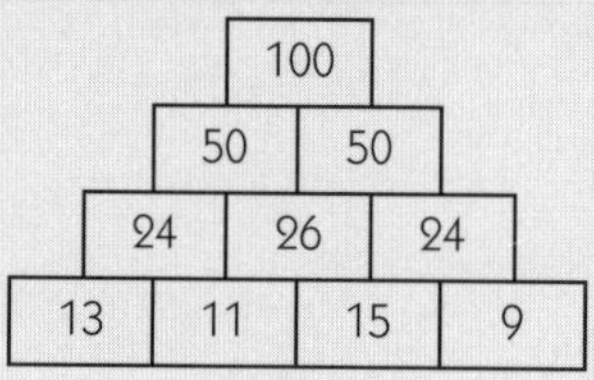

Abb. 8

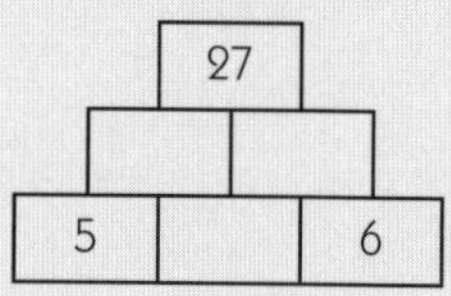

Abb. 9

- Besonderen Reiz besitzen Aufgaben, zu deren Lösung operative Veränderungen notwendig sind (Abb. 9). Durch systematische Variation wird die Lösung erarbeitet (Abb. 10).

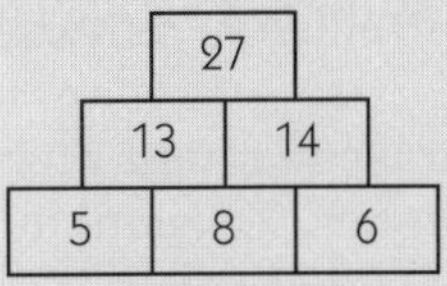

Abb. 10

Abb. 11

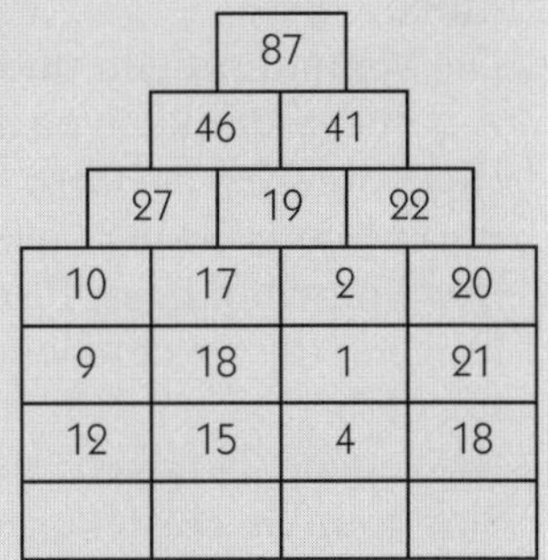

Abb. 12

- Die Berechnung der Grundsteine bei Aufgabe 11 erfordert freies Experimentieren. Die Schüler erkennen, dass sich die Zahlen in benachbarten Spalten gegenläufig verändern (WITTMANN/MÜLLER 1994a, S. 107-109).

Der Hauptteil der geistigen Entwicklung des Menschen besteht aber im Aufbau von Strukturen des Handelns und Denkens, die nichts mit strengen algebraischen Verknüpfungen zu tun haben. Beweglichkeit des Denkens drückt sich allgemein eher im Wechsel der Standorte, in der Variation der Handlungen und Operationen, im Erkennen von Zusammenhängen und Beziehungen, im raschen Zugriff auf verschiedene Elemente des geistigen Repertoires wie Handlungsschemata, Sachvorstellungen und Begriffe aus.[51]
Besonders das **Denken in Zusammenhängen** ist ein wichtiges Ziel einer umfassenden Allgemeinbildung. Zusammenhänge treten in unterschiedlichster Art als kausale und finale, logische und psychologische, individuell wie gesellschaftlich bedeutungsvolle Handlungs- und Erkenntnis-, Zweck- und Sinn-, Gestaltungs- und Bedeutungszusammenhänge auf. „Zusammenhänge kann man nicht mit den Sinnen erfassen, man kann sie nur **denken** ... Zusammenhänge sind ideeller Art, aber sie haben ihre **realen Grundlagen** in Anschauungen, Vorstellungen, Erfahrungen, Begriffen, die oft in sich selbst Beziehungsnetze sind und im größeren Zusammenhang wieder als Elemente fungieren. Diese Grundlagen müssen geschaffen sein, wenn Beziehungsdenken gelingen soll" (GLÖCKEL 1996, S. 82ff.). Sinnvolle Querverbindungen zwischen den Fächern und Probleme aus dem unmittelbaren Lebenszusammenhang der Schüler, exemplarisch-genetische Lehrgänge und projektorientierte Verfahren unterstützen diese neue Kategorien des Verstehens, wecken situatives Interesse und fördern Urteilsfähigkeit und Verantwortlichkeit als Voraussetzungen für personale Mündigkeit.

◆ Formen des operativen Durcharbeitens

- Ein Problem aus verschiedenen Perspektiven durchdenken
- Verschiedene Lösungswege suchen, dabei Umwege in Kauf nehmen
- Die Aufgabenstellung mit den Vorgaben, die Phasen des Vorgehens oder eines Lösungsprozesses variieren

- Das Ergebnis einer Aufgabe oder einer Handlung durch Umkehrung, d. h. reversibles Zurückkehren zum Ausgangspunkt, kontrollieren, beispielsweise durch eine Probe
- Die Veränderungen und Konsequenzen von Handlungen und Eingriffen abschätzen und gedanklich nachvollziehen
- Das Vorgehen bei einer Handlung oder Problemlösung kontrollieren, reflektieren und weitere Wege planen
- Das Vorgehen beim Problemlösen bei unterschiedlichen Problemen und Zielstellungen aus verschiedenen Perspektiven (Adressaten, Situationen, Zeitpunkte) betrachten
- Die eigene Tätigkeit und den eigenen Standpunkt relativieren, sich auf andere Standpunkte einstellen
- Erkenntnisse und Problemlösungen auf neue Lernsituationen übertragen

Weitere detaillierte Beispiele finden sich im Kapitel V/4.4 bei den Lösungshilfen zur Bearbeitung von Sachaufgaben und im Kapitel VII/2.

Mobilität des Denkens zeigt sich also in der **Steuerbarkeit** der eigenen geistigen Tätigkeiten beim zielgerichteten Problemlösen und in seiner **flexiblen, multiperspektivischen Anwendung**. Spezifische Handlungsschemata, situationsgebundene und automatische Denkvorgänge erlauben einen raschen Zugriff, Sicherheit und Effizienz, sind aber wegen ihrer geringen Beweglichkeit und Steuerbarkeit nur begrenzt einsetzbar. Flexiblere Denkstrukturen und unspezifische Denkmethoden sind dagegen allgemeiner, weniger festgelegt und situationsgebunden, leichter einsetz- und veränderbar. Sie gewährleisten Verhaltenssicherheit und Orientierung in neuen, ungewöhnlichen, oft schwierigen Situationen, stellen aber höhere Anforderungen an die Kontrolle und Steuerung der Informationverarbeitung im Kurzzeitgedächtnis. Problemlöse-, Denk-, Lernstrategien, fachgemäße Arbeitsweisen und -techniken und strukturiertes deklaratives Wissen entlasten den Arbeitsspeicher und erhöhen die Elaboration und die Problemlösefähigkeit. Die wichtigsten Arbeits-, Gesprächs-, Lern- und Kooperationstechniken werden in einem **Strategie-/Methodentraining** in lehrplanadäquaten Unterrichtssequenzen eingeübt, systematisch ausgeweitet und immer wieder reflektiert, problematisiert und auf kurze Merkregeln hin verdichtet.

Verinnerlichung und Durcharbeitung von Begriffen

◆ Begriffsklärung

Bei der Entwicklung und Verinnerlichung von Begriffen spielt wie beim Denken die **Wissensrepräsentation** eine große Rolle.[52] Die vielfältige und variative Vergegenwärtigung bildet die gemeinsame Grundlage für den Aufbau kognitiver Strukturen und Begriffe. Sie kann geschehen durch konkretes Tun und Handeln, durch ikonische Repräsentation in Form bildlicher Darstellungen, räumlicher Schemata und Vorstellungen von Objekten und Bewegungsabläufen und durch symbolische Repräsentation mit Hilfe von Sprache, Zahl- und Formsymbolen. Mit Hilfe von Bildern und Vorstellungen denken wir anschaulich, mit Hilfe von Begriffen und Wortzeichen begrifflich.

Mit zunehmender Entwicklung der Kinder ändert sich die Komplexität repräsentierter Schemata. Die begrifflich-symbolische Repräsentation reduziert einen Begriffsgegenstand auf wesentliche Merkmale. Im Begriffsnamen wird der Inhalt „objektiviert“. Dieser benötigt im Arbeitsgedächtnis weniger Speicherplatz und ist rasch verfügbar. Bei visuellen Materialien werden für die Begriffsbildung Vorstellungsbilder und Wahrnehmungskriterien, bei sprachlichem Material Namen und Oberbegriffe bevorzugt.

Besondere Bedeutung für die Begriffsbildung und das Problemlösen hat das **schlussfolgernde Denken**. Durch Beobachten, In-Beziehung-Setzen von Sachverhalten, Verknüpfen von Erfahrungen und Ziehen von Rückschlüssen gewinnen wir Erkenntnisse und Einsichten. „Schlussfolgerndes Denken, bei dem die logische Gültigkeit im Vordergrund steht, wird als **deduktives Schließen** oder ‚logisches Schließen'... bezeichnet. Logische Gültigkeit bedeutet, dass sich aus etwas Vorgegebenem (Prämissen) eine Schlussfolgerung (Konklusion) zwingend (notwendig) ergibt. Beim deduktiven Denken wird in der Regel zugrunde gelegt, dass vom Allgemeinen (vom allgemein Gültigen) auf das Besondere (den Einzelfall) geschlossen wird. Von daher gilt: Deduktive Schlussfolgerungen sind zwar sicher, bringen aber eigentlich keine neue Erkenntnis (bzw. nur insoweit als sie die Prämissen explizieren).“ Logisches Schließen bereitet in der Regel Schwierigkeiten, „weil es die Fähigkeit erfordert, sich auf formale Aspekte zu konzentrieren und die Relation der Aussagen unabhängig vom Inhalt (analytisch) zu beurteilen. Dies bedeutet auf der anderen Seite, dass die inhaltliche Ausgestaltung eines logischen Problems für die erfolgreiche Lösung einen entscheidenden Faktor darstellt; sie erleichtert es zur ‚richtigen' Schlussfolgerung zu kommen vor allem dann, wenn sie einen deutlichen Bezug zu jeweils konkret erfahrenen Handlungszusammenhängen aufweist“ (OERTER/DREHER M. 1995, S. 591, 598). Obwohl einfache Formen schlussfolgernden Denkens früher auftreten können als PIAGET annahm, bilden sich komplexe und differenzierte Strategien, welche die Fähigkeit zur Reflexion des eigenen Denkens erfordern, erst im Stadium des formal-operativen Denkens Jugendlicher und Erwachsener unter Anleitung heraus.

Wichtiger als das deduktive Schließen ist für die Erweiterung des Wissens und die Erkenntnisgewinnung das **induktive Schließen**. Ausgangspunkt sind Einzelbeobachtungen oder einige Fälle, von denen auf andere Fälle oder allgemeine Gesetzmäßigkeiten geschlossen wird. Induktive Schlussfolgerungen gehen über das Vorgefundene hinaus. Sie sind mit Unsicherheiten belastet, unter dem Aspekt der logischen Gültigkeit problematisch und verlieren bei einem Gegenbeispiel ihren Anspruch auf Allgemeingültigkeit. Da unser Wissen aber letztlich über Induktionsschlüsse gewonnen wird, kommt ihnen besondere Bedeutung bei der Begriffsbildung, bei der Generalisierung bzw. Spezifizierung von Konzepten und beim Problemlösen zu. Konstituierend für das induktive Schließen und das Entdecken von Gesetzmäßigkeiten ist der Prozess des Vergleichens, des Feststellens der Gleichheit bzw. der Verschiedenheit einzelner Merkmale oder Beziehungen.

Für das Lernen an Beispielen, d. h. für die Nutzung vorhandenen Wissens für die Erschließung und Bewältigung teilweise bekannter oder neuer Bereiche der Wirklichkeit, für das kreative Denken und das effektive Problemlösen kommt dem **analogen Schließen** große Bedeutung zu. Problemlösen kann erleichtert werden, wenn man

auf die Lösung eines anderen Problems mit einem analogen Prinzip Bezug nimmt. Relationale Ähnlichkeiten werden im Stadium des konkret-operativen Denkens durch Ausprobieren, durch Versuch und Irrtum, im formal-operativen durch analoges Schließen gebildet. Beim analogen Schließen muss auf ein breites Vorwissen zurückgegriffen werden, um analoge Repräsentationen im Gedächtnis zu finden. Je mehr lösungsrelevante, analoge Merkmale identifiziert werden, desto schneller und sicherer läuft der analoge Schlussprozess ab. Dabei fördert eine möglichst angemessene, einfache Problemrepräsentation effektive Analogieschlüsse und das Erkennen von Zusammenhängen. Flexible Wissensstrukturen erfordern eine Transformation der Repräsentationsformen.[53]
Ein neuer Begriff kann je nach Vorgehensweise mehr induktiv oder mehr deduktiv erworben werden. Beide Verfahrensweisen sind oft miteinander verschränkt. Ihre Wahl hängt vom Lerninhalt, den angestrebten Lernzielen und den Lernvoraussetzungen der Schüler ab.

◆ Die induktive Begriffserarbeitung

Beim induktiven Vorgehen wird ein grundlegender Begriff anhand von Einzelbeobachtungen, unterschiedlichen Erfahrungen und konkreten Handlungen gewonnen, die aber alle gleiche Eigenschaften eines Objekts als Handlungsergebnis oder als Weg dahin aufweisen. „Man kann sich Vorstellungen und Begriffe nicht in fertiger Form einverleiben. Man muss sie nachschaffen, nachkonstruieren. Nur dann sind sie etwas wert. Dem Begriff geht das Begreifen voraus, der Einsicht das Einsehen" (AEBLI 1983, S. 182f.). Vielfach durchgearbeitet kann der Begriff dann beweglich auf weitere Beispiele übertragen und generalisiert werden.

***Beispiel:* Erarbeitung des Begriffs „Schutzfarbe"**

„Lehrer:	‚Wir möchten also wissen, warum das Weibchen der Stockente ein so unscheinbares, braun-gesprenkeltes Gefieder hat, während das Männchen so schön bunt gefärbt ist. Habt ihr eine Idee?' Wir nehmen an, dass allerlei Antworten kommen, die aber noch an der Sache vorbeigehen.
Lehrer:	‚Dann überlegen wir uns als erstes, wo dieses Tier nistet und wie es seine Eier ausbrütet. Hat das jemand von Euch beobachtet?'
Schüler:	‚Stockenten bauen ihre Nester zum Teil ziemlich weit vom Wasser entfernt auf dem Land, zu ebener Erde. Die Eier werden vom Weibchen ausgebrütet. Es sitzt mehrere Tage auf den Eiern und verlässt diese jeweils nur für kurze Zeit.'
Lehrer:	‚Nun können wir uns auch vorstellen, welche Gefahren dem brütenden Weibchen drohen.'
Schüler:	‚Es kann von Feinden angegriffen werden. Der Fuchs ist ein solcher Feind.'
Lehrer:	‚Nun denken wir aber noch einmal an die Farbe des Entenweibchens und wir stellen uns vor, wie die Umgebung des Nestes geartet ist. Denkt vor allem an die Farben!'
Schüler:	‚Das Entenweibchen ist braun, auch trockenes Schilf und Gras sind

	braun. Der Fuchs wird das Entenweibchen schlecht sehen. Wenn er es nicht entdeckt, wird er es auch nicht angreifen. Er lässt es in Ruhe. Das braune Gefieder ist wie ein Tarnanzug.'
Lehrer:	‚Ja, die braune Farbe schützt das Tier. Darum nennt man seine Farbe eine ‚Schutzfarbe'" (Aebli 1983, S. 259).

Je konkreter beim induktiven Verfahren ein Begriff **handelnd** an vielen realen Objekten und Materialien erarbeitet, je **bildhafter** und **anschaulicher** die verwendete Sprache ist, desto leichter verstehen ihn gerade schwächere Schüler mit geringem Wortschatz. Dabei werden auch beim induktiven Vorgehen immer wieder deduktiv Begriffe in den Vermittlungsprozess mit eingebracht oder aus dem Gedächtnis abgerufen.[54]

***Beispiel:* Anschaulichkeit und Bildhaftigkeit der Sprache**

Die Beobachtung, dass sich ein Magnet in Nord-Süd-Richtung einstellt, wenn man ihn in einem Gefäß auf dem Wasser schwimmen lässt, beschrieb 1269 der Kreuzritter Pierre de Maricourt sehr plastisch:
„Nimm ein rundes Holzgefäß..., lege dahinein den Magnetstein... und dieses nun, mit dem Stein darin, setze in ein anderes großes Gefäß voll Wasser, so dass der Stein im ersten Gefäß sitzt wie der Schiffer im Schiff; das erste Gefäß aber sitze im zweiten, geräumigen, wie das Schiff auf den Fluten treibt... Der so gelagerte Stein wendet nun sein kleines Gefäß, bis der Nordpol des Steins gerade auf den Nordpol des Himmels zusteht und der Südpol gerade auf den Südpol des Himmels. Und, selbstverständlich, wird er, wenn er tausendmal weggedreht wird, tausendmal in seine Lage zurückgewendet nach Gottes Ratschluss"
(Pierre de Maricourt in: Wagenschein 1965, S. 377).

◆ Die deduktive Begriffserarbeitung

Bei der deduktiven Begriffserarbeitung geht man von einer klaren, z.B. durch Nachschlagen in einem Lexikon gewonnenen, allgemeinen Definition aus und sucht Beispiele, auf die diese Definition zutrifft, oder klärt den Begriff an einem zutreffenden Beispiel und überträgt ihn auf weitere. Dabei greift der Lehrer schrittweise auf Tatsachen und Begriffe aus dem Wissensrepertoire der Schüler zurück. Deduktive Begriffsvermittlung ist vor allem leistungsstarken Klassen mit einem **breiten Sprachwissen** in gelenkten Instruktionsphasen vorbehalten.

***Beispiel:* Förderliche Bedingungen des deduktiven Begriffslernens in Instruktionsphasen**

- Der Lehrer teilt den Schülern eine **Begriffsdefinition** mit, die sämtliche relevanten Merkmale umfasst, z.B.: Ein gleichseitiges Dreieck ist eine einfache Figur mit drei Ecken, drei gleich langen, geraden Seiten (Strecken) und drei gleich großen Winkeln. Die Schüler müssen als Voraussetzung die verwendeten Begriffe (Seiten, Strecken, Winkel, Dreieck) kennen, um assoziative Verknüpfungen herstellen zu können.
- An leicht überschaubaren **Beispielen** hebt er **relevante Merkmale** der Begriffsdefinition

hervor und kennzeichnet sie farblich. Komplexe, unüberschaubare, verwirrende Objekte und reale Situationen werden durch vereinfachende Zeichnungen und Modelle auf das Wesentliche reduziert.

- Der Lehrer bietet zutreffende, **positive** und nicht zutreffende, **negative Begriffsbeispiele** an und lässt die Schüler diskriminieren. Positive und negative Beispiele sollten aber nicht nacheinander behandelt, sondern simultan verglichen werden, z. B. Welche Figuren sind gleichseitige Dreiecke? Begründe!

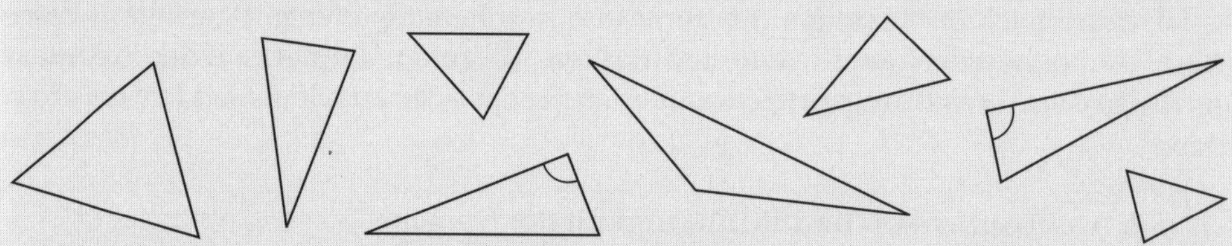

- Der Lehrer lässt nochmals relevante Merkmale und Begriffe verbalisieren und anhand von Beispielen erklären.
- Er kontrolliert rechtzeitig und gibt **Rückmeldung** über den Lernerfolg.[55]

◆ Die operative Durcharbeitung von Begriffen

Konkrete, einfache Begriffe sind die Grundlage für komplexe, abstrakte, verallgemeinernde. Sie werden auch im naturwissenschaftlichen Fachunterricht an konkreten Objekten, Phänomenen und situativen Kontexten durch typische Beispiele, durch Zuordnung, Vergleich, Unterscheidung gemeinter Inhalte, durch Gruppierung, durch Analogiebildung in alltagssprachlicher Form aufgebaut.

Begriffe gewinnen erst durch die operative Durcharbeitung an Transparenz und Flexibilität. „Wohl jeder hat schon erlebt, dass bestimmte Begriffe erst klar wurden, als er sie anzuwenden versuchte, und neue Anwendungsfälle können immer wieder neue Zusammenhänge innerhalb eines Begriffs ... sichtbar werden lassen" (AEBLI 1981, S. 118f., 130). Der Lehrer lässt sie deshalb immer wieder von den Schülern mit eigenen Worten erklären, gegen andere Begriffe abgrenzen, aus verschiedenen Perspektiven betrachten und flexibel auf verschiedene Situationen übertragen. Es entsteht gleichsam eine **kognitive Landkarte eines Begriffs**, mit der die Schüler frei umgehen können. Durch Differenzierung und Präzisierung werden Begriffe schließlich generalisiert und abstrahiert.[56]

Voraussetzung für eine überlegte Durcharbeitung ist die intensive Auseinandersetzung des Lehrers mit der Sache und den neuen Begriffen im Rahmen seiner Unterrichtsvorbereitung. Er klärt neue Begriffe, ihre sachliche Einbettung und Verankerung und ihre Beziehungen zu den von den Schülern verwendeten. Als Zusammenfassung der Sachanalyse können die wichtigsten Begriffe und Inhalte auch in Form eines **Basaltextes**, eines Informationstextes für Arbeitsblätter oder Hefteinträge, notiert werden.[57] Die rein deduktive Begriffserhellung muss durch die Kenntnis der Lernvoraussetzungen der Schüler erweitert werden. Eine intensive Begriffsklärung ist auch

in allen Bereichen des Deutschunterrichts, besonders bei Lesetexten und konkreter Poesie vorzunehmen.
Feste Sprechweisen können den angemessenen Gebrauch von Begriffen unterstützen. So schlägt KLINGER vor, die Begriffe „Spannung" und „Strom" immer zusammen mit bildhaften Verben als „Spannung herrscht" und „Strom fließt" zu verwenden. Das Verb „herrschen" betont den statischen Charakter der Spannung, „fließen" den dynamischen des elektrischen Stromes. Beide unterstützen modellhafte Vorstellungsbilder. Konsequenterweise wird dann eine Batterie als „Spannungsquelle" bezeichnet und Energie nicht „verbraucht", sondern nur „umgewandelt".[58]
Besonders wichtig ist dies für naturwissenschaftliche Begriffe, die möglichst exakt und eindeutig definiert und so differenziert sein sollen, dass sie sich von anderen klar unterscheiden. „Die Bildung physikalischer Begriffe, die höhere Stufe der Wirklichkeit, in der sie Bestand haben, kann erst bemerkt werden, wenn viel mit ihnen operiert wird, wenn sie nach allen Seiten gewendet werden, wenn allzu handgreiflicher Umgang mit ihnen sich gerächt hat, und all dies, bevor die leere Zahl es verdeckt. Dann ist es ohne große Schwierigkeiten möglich, in die Art der Begriffsbildung einzuführen und damit auch die Grenzen des naturwissenschaftlichen Denkens spürbar zu machen ... Besonders sorgfältig muss der Formel vorgearbeitet werden, die einer Definition schwieriger Begriffe gleichkommt ... Die Formel als Ausdruck der quantitativen Beherrschung sollte das letzte Stadium einer physikalischen Urteilsbildung sein. Das eigentlich Physikalische der Überlegung, die qualitative Abtastung der Zusammenhänge, liegt vor ihr. Sie darf erst dann in Erscheinung treten, wenn sie sich selbstverständlich einstellt, wenn ohne sie nichts mehr geklärt werden kann. Kommt sie zu früh, so verbirgt sie das Physikalische, statt ihm letzten Ausdruck zu geben" (WAGENSCHEIN 1965, S. 20, Anmerkung 4).[59]
Die Warnung WAGENSCHEINS gilt besonders für weiterführende Schulen. Die mathematische Behandlung eines Problems im Physikunterricht ist immer erst dann möglich, wenn man sich Vorstellungen über die Struktur und die begrifflichen Zusammenhänge eines Sachverhalts gemacht hat und sich über die wechselseitigen Beziehungen der Größen im Klaren ist. Dann erreichen physikalische Begriffe durch Formeln, Messvorschriften oder mathematische Definitionen Eindeutigkeit, höchsten Abstraktionsgrad und größtmögliche Verallgemeinerung.[60]

Beispiel: **Vorwiegend induktive Erarbeitung und Durcharbeitung von Begriffen in der handlungsorientierten, problemlösend-entdeckenden Unterrichtseinheit „Einfacher Stromkreis" einer 3. Jahrgangsstufe**[61]

Problemlösend-entdeckende Unterrichtsverfahren vereinen induktive und deduktive Vorgehensweisen und besitzen besonders hohe Effektivität hinsichtlich Anwendbarkeit, Behaltensleistung, Generalisierbarkeit und Übertragbarkeit.
Handelnde Begriffserarbeitung ist überall dort möglich, wo der Begriffsinhalt konkrete oder räumlich darstellbare Gegenstände betrifft. Der Lehrer löst den Begriffsaufbau also in eine Reihe von Teilschritten auf, welche die Schüler gemeinsam erarbeiten. Schrittweise werden dazu Begriffe und Wissensbestände aus dem Wissensrepertoire der Schüler aktiviert, miteinander verknüpft, von verschiedenen Seiten beleuchtet, an der Wandtafel fixiert, immer wie-

der verbalisiert, um schließlich diese Zusammenhänge durch einen neuen Begriff zu kennzeichnen. Mit dem neuen Begriff wird also ein ganzer Wissenskomplex, der Begriffsinhalt aufgebaut. Als Verständniskontrolle lässt der Lehrer aus der Einsicht Schlussfolgerungen ziehen und das an der Wandtafel entstandene Netz von Stichworten nochmals erläutern...

Problemstellung:
Ausgangspunkt für die Erarbeitung der Begriffe zum Themenbereich „Elektrischer Stromkreis – Wann kann ein Glühlämpchen leuchten?" ist eine interessante Problemstellung, z. B. Wie kann unsere Krippe, unser Puppenhaus beleuchtet werden?

Problemlösung:
Bei der handelnden Problemlösung werden wichtige Teilhandlungen durchgeführt und versprachlicht. So versuchen die Schüler, ein Glühlämpchen ohne Fassung mit Hilfe einer Flachbatterie zum Leuchten zu bringen. Die Problemlösung durch freies Experimentieren wird durch die sprachliche Fassung zum Begriffsbildungsprozess. Über genaues Betrachten der Batterie erarbeiten die Schüler die Begriffe „Polbleche, Plus- und Minuspol", durch Untersuchen des Glühlämpchens die Begriffe „Glühdraht, Gewindekontakt, Fußkontakt".
Wiederholtes Experimentieren führt immer zum gleichen Ergebnis: Das Glühlämpchen kann nur dann leuchten, wenn ein Polblech der Batterie an den Fußkontakt und das andere Polblech an den Gewindekontakt gehalten wird. Notwendig ist der Hinweis des Lehrers, dass der Strom immer vom Minus- zum Pluspol der Batterie fließt, wenn beide Pole beispielsweise durch einen Drahtleiter verbunden werden. Die Schüler entwickeln das Tafelbild und erklären, dass das Glühlämpchen nur dann leuchtet, wenn der Strom vom Minuspol der Batterie beispielsweise über den Fußkontakt durch den Glühdraht zum Gewindekontakt und von dort zum Pluspol der Batterie fließen kann. Sie schließen, dass dann der Strom „im Kreis" fließen muss, finden den Begriff „Stromkreis" und formulieren, dass der „Stromkreis über das Glühlämpchen geschlossen ist", wenn es leuchtet.

Tafelzeichnung

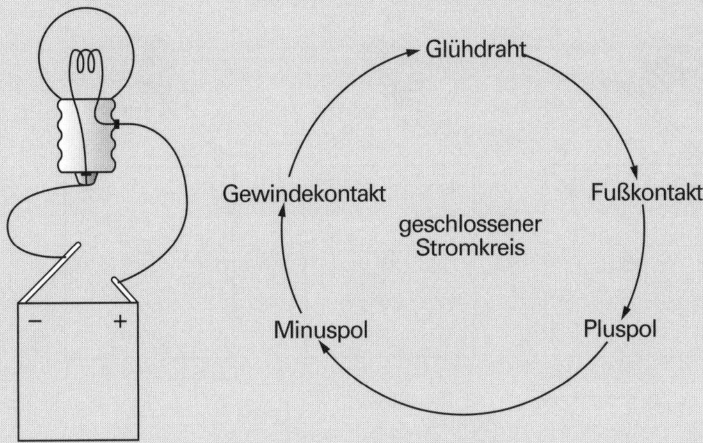

Problemausweitung:

Unter Hinweis auf die Ausgangsfrage (Wie kann unsere Krippe, unser Puppenhaus beleuchtet werden?) wird die Notwendigkeit von zwei Drähten als Stromleiter erkannt, der Stromkreis durch die Leiter erweitert. Auch der Einbau eines Schalters wird von den Schülern empfohlen.

Besonders wichtig ist, dass der Lehrer bei der Versprachlichung auf diesen „Weg" des Stromes Wert legt. Zum Leuchten des Glühlämpchens muss der Strom durch den Glühdraht fließen können. Wird der Stromkreis über die Lampenfassung oder den Fußkontakt kurzgeschlossen (B, E), dann fließt Strom, aber das Glühlämpchen leuchtet nicht. Das Mitzeigen des Stromverlaufs beim Sprechen unterstützt die Versprachlichung und das Verständnis.

Diese Erkenntnis wird dann in einem Arbeitsblatt ikonisch präsentiert.

① Welches Lämpchen leuchtet? Male es gelb aus!

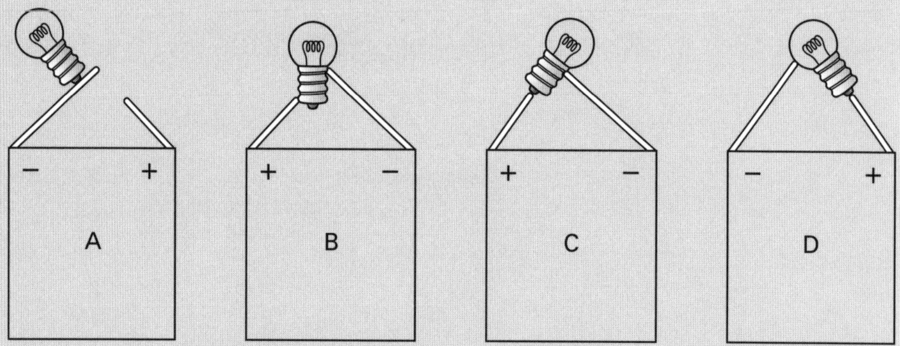

②

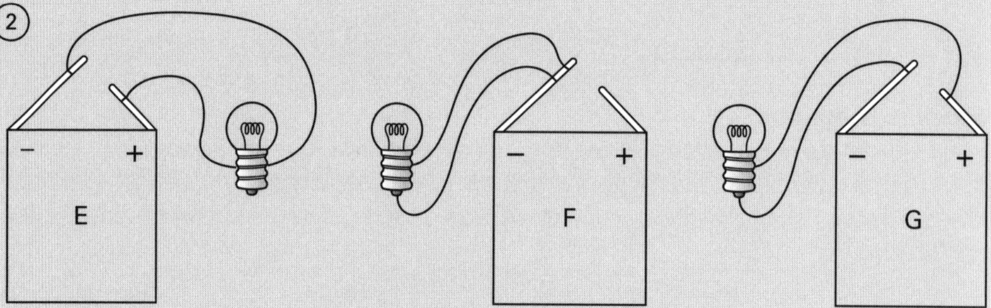

③ Zeichne mit rotem Farbstift den Weg des Stromes ein!

Operative Durcharbeitung:
Bei der Durcharbeitung betrachten die Schüler die Begriffe von verschiedenen Seiten und erkennen klarer die inhaltlichen Zusammenhänge. Dazu werden Sachverhalte strukturiert dargestellt:

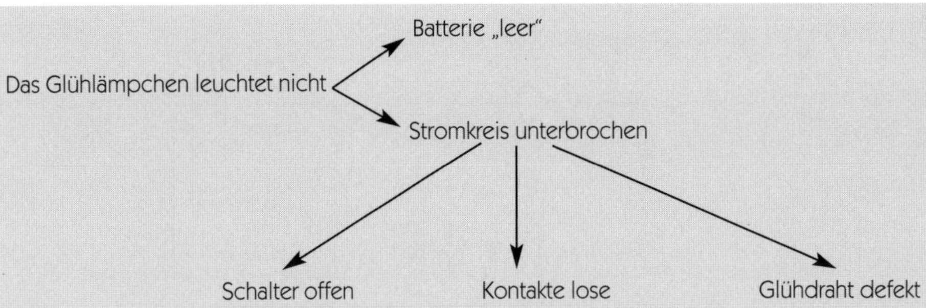

Im einem **Begriffsnetzwerk** werden die Argumente (Substantive) und die Prädikate (Verben) übersichtlich durch Linien verbunden:

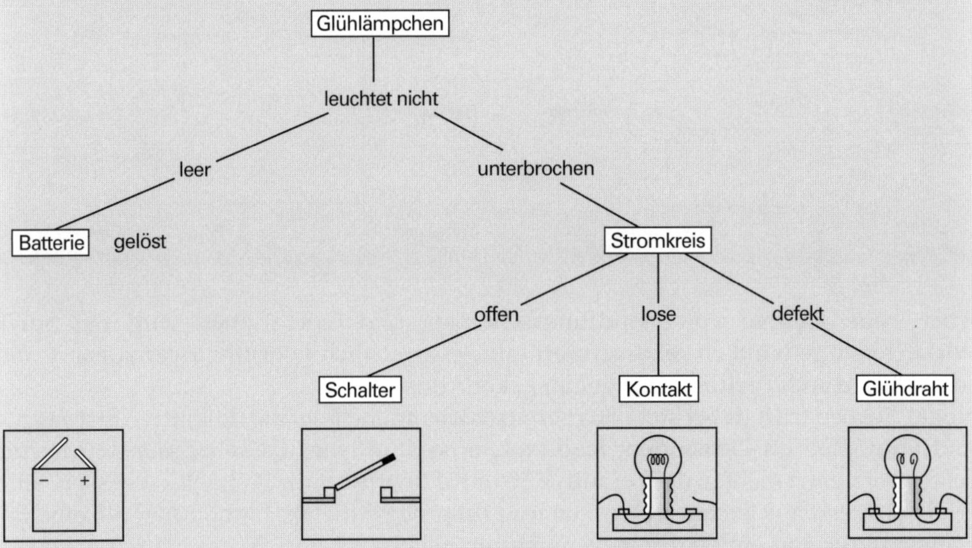

In den höheren Jahrgangsstufen wird dann das in der Grundschule grundgelegte begriffliche Wissen vertieft, erweitert und auch in der bildlichen Darstellung abstrahiert.

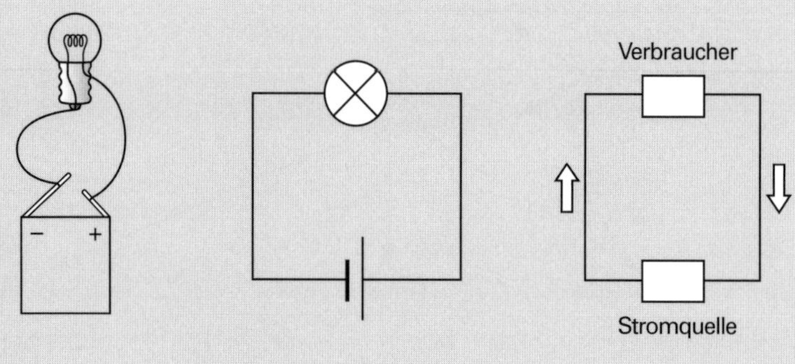

Die **Analogie** des Stromkreises zum Wasserkreislauf dient als Modellvorstellung für die Erklärung der Stromstärke.

Vergleich: Wasserkreislauf – Elektrischer Stromkreis

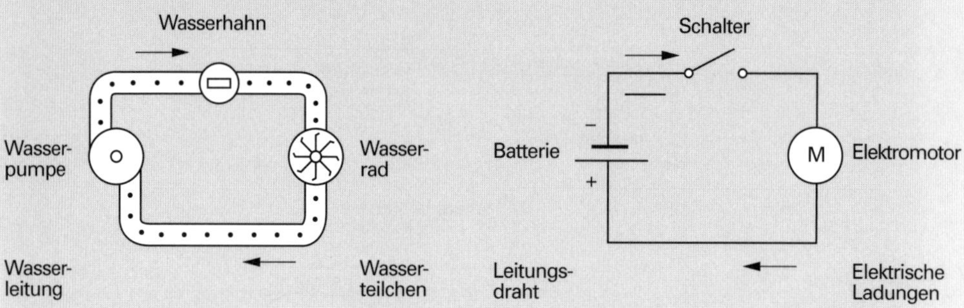

Auch beim Aufbau von Handlungsschemata und Operationen wird ein Stück Wirklichkeit gedanklich rekonstruiert, alltagssprachlich begrifflich verbalisiert und schließlich durch **Fachbegriffe** genau gekennzeichnet.
Neues Wissen trifft dabei stets auf bereits vorhandene Begriffe, kognitive Strukturen und Strategien im Lernenden. Isoliertes, unverbundenes Faktenwissen wird ohne echtes Verstehen nicht in die kognitive Struktur überführt und schnell vergessen. Sinn ergibt sich erst aus Sachbeziehungen und ihrer begrifflichen Einbettung, die eine Begriffsstruktur und ein Begriffsnetz aufbauen helfen.
Es muss aber auch bedacht werden, dass Begriffe **doppel- oder mehrdeutig** sein können. Anhand vieler Beispiele werden beispielsweise in der Sprachbetrachtung im Rahmen der Wort- und Satzsemantik die verschiedenen semantischen Bedeutungen einzelner Begriffe (Bank – Sitzmöbel oder Geldinstitut) oder Verben eines Wortfeldes im jeweiligen Kontext des Satzes geklärt und durch Übungen des Aussegmentierens und Begründens gesichert. Vielfache Übungen unterstützen den bewussteren, reflektierten Sprachgebrauch, das Sprachverständnis und das Sprachgefühl.
Auch beim Rechtschreiben geht es nicht nur darum, wichtige Wörter des Grundwortschatzes rechtschriftlich einzuschleifen, sondern immer auch um das denkende Durchdringen, das Erfassung ihrer verschiedenen Dimensionen, Bedeutungsgehalte

und Beziehungen zu anderen Wörtern durch Ableitung, Wortverlängerung, Analogiebildung, z. B. bei Wortfamilien und Wortfeldern.[62]
Ein Unterricht, „der über die Vermittlung speziellen Wissens und über die Schulung von praktischen Fertigkeiten hinaus Schülern klare Begriffe vermittelt, diese bewusst in zusammenhängenden Systemen verknüpft und ihnen die Gelegenheit verschafft, mit diesen Begriffen zu arbeiten,... (ist) fruchtbarer und wird von den Schülern als interessanter und anregender empfunden als ein Unterricht, der dies vernachlässigt" (AEBLI 1983, S. 262).[63]

3.3 Die Förderung problemlösenden Denkens durch einen problemlösend-entdeckenden Unterricht

Begriffsklärung und Bedeutung des Problemlösens

Problemlösen bedeutet, zielorientiert in Situationen zu denken und zu handeln, für deren Bewältigung keine Handlungsschemata und Routinen zur Verfügung stehen. Die **Fähigkeit zum Problemlösen** gilt als Ausdruck flexiblen Denkens, als eine adäquate Vorbereitung auf eine sich rasch verändernde, immer komplexer werdende Welt, als eine Voraussetzung für Mündigkeit, Emanzipation und selbstständige, sachliche Konfliktlösung. Problemlösen ist damit ein kognitives Verfahren, eine Strategie zur Lebensbewältigung in Alltag und Schule und nicht nur eine didaktisch-methodische Möglichkeit zur Interessenweckung.[64] Durch Problemlösen erfährt der Schüler, was Fragen, Suchen, Forschen, Erkennen bedeutet und entwickelt Selbstvertrauen in neuen Situationen.
„Ein Problem liegt vor, wenn ein Individuum sich in einer Situation befindet, in der es ein Ziel zu erreichen trachtet, dessen Zugang ihm aber verschlossen ist" (MIETZEL 1993, S. 140).[65] Der Problemlöser hat also ein mehr oder minder gut definiertes Ziel, weiß aber nicht sofort, wie er es erreichen kann. Die Barrieren auf dem Weg zum Ziel können kognitiver, emotionaler oder sozialer Art, real oder in der Vorstellung vorhanden sein. „Ein Problem ist ein Handlungs- oder Operationsplan oder eine vorläufige Wahrnehmung oder Deutung einer Gegebenheit, die bezüglich der Handlungs-, Operations- oder Verstehensabsicht des Problemlösers eine unbefriedigende Struktur hat, wobei dieser auf der einen Seite seinen Plan bzw. seine vorläufige Deutung und auf der anderen Seite das Ziel bewusst realisiert. Das Ungenügen der Struktur kann in ihrer Lückenhaftigkeit, ihrer Widersprüchlichkeit oder in ihrer Kompliziertheit begründet sein" (AEBLI 1981, S. 17).
Problemlösen bedeutet, auf kognitive Strukturen, auf verfügbares deklaratives Sachwissen, auf Operationen, Begriffe und auf sachadäquates prozedurales Wissen wie Strategien zurückzugreifen und sie mit der Problemsituation in Beziehung zu setzen, um Lösungswege zum angestrebten Ziel zu finden.[66] Auf der Grundlage dieses relevanten Vorwissens werden vor allem Strategien schlussfolgernden Denkens eingesetzt. Problemlösen heißt auch, eine Wahl zwischen verschiedenen möglichen Handlungen unter Abwägung von Alternativen zu treffen. Probleme können vor dem Handeln auftreten, wenn beispielsweise verschiedene Handlungswege möglich sind. Eine Handlung kann zum Problem werden, wenn der Handelnde auf unvorhergese-

hene Schwierigkeiten stößt oder sich eine Panne im Handlungsablauf ereignet. Beim echten Problemlösen ist die **Entdeckung bzw. Entwicklung eines Lösungsweges** das Ziel und ist damit abzuheben von Anwendungsaufgaben, zu deren Bewältigung die Methoden bekannt sind, die dann lediglich schneller und effizienter eingesetzt werden sollen.

Die Bedeutung des Problemlösens in der Schule wird nicht erst seit der TIMS-Studie betont. Vor allem in den naturwissenschaftlichen Fächern Biologie, Chemie, Physik und Mathematik werden problemlösende Verfahren als Erkenntnismethoden und Basiskonzepte der Welterschließung eingesetzt. Mit Hilfe ihrer fachgemäßen Arbeitsweisen wie dem distanzierten Beobachten, exakten Beschreiben, Klassifizieren und Analysieren, dem Experimentieren, dem Denken in Modellen, dem Vergleichen und Systematisieren interpretieren sie die von der Natur, den Menschen, den Naturwissenschaften und der Technik gestaltete Welt und lösen planvoll theoriegeleitete Probleme. „Die große Chance der naturwissenschaftlichen Fächer in der Schule besteht darin, dass naturwissenschaftliche Arbeitsweisen in Ansätzen und in einfacher Form in den Unterricht integriert werden können. Vertrautheit mit naturwissenschaftlichen Arbeitsweisen und Argumentationsformen ist deshalb nicht nur ein Ziel des naturwissenschaftlichen Unterrichts, sondern das naturwissenschaftliche Arbeiten kann phasenweise geradezu zum Organisationsprinzip der Unterrichtsführung werden. Dies leuchtet sofort ein, wenn man an das Beobachten und Experimentieren denkt. Diese werden aber erst dann zum naturwissenschaftlichen Arbeiten, wenn sie Teil des spezifisch naturwissenschaftlichen Argumentierens sind. In dieser Funktion ist das empirische Arbeiten allerdings weniger beliebt als der bloß handelnde Umgang mit Gegenständen des Fachs. Ohne diese Einbindung schult das Experimentieren jedoch höchstens manuelle Geschicklichkeit im Umgang mit diversen, sehr speziellen Apparaten und die Fähigkeit, Arbeitsanweisungen sequenziell abzuarbeiten“ (BLK 1997, S. 76). [67]

Problemlösende Verfahren werden von den Schülern aber nur dann als sinnvoll übernommen und selbstständig angewendet, wenn sie in einen Unterricht eingebettet sind, der ihre authentischen Erfahrungen aufgreift, auf verständnisvolles Lernen abzielt und ihre aktive, selbstständige Problemlösung besonders betont, ohne die fachlichen Ziele aus dem Auge zu verlieren. „Wird den Schülern der Lehrstoff nur vorgekaut und in kleinen Häppchen verabreicht, dann kommt es nie zur Neugier. Nie erlebt der Schüler die intensive Lust, eigenständig und mühevoll Probleme zu lösen“ (CUBE, V./ALSHUTH 1989, S. 17). Im Gegensatz zu einem kleinschrittigen, fragend-entwickelnden Unterricht, der „entlang einer vorgegebenen Stoffsystematik eine Engführung der Lernenden betreibt“ (BLK 1997, S. 39), erscheinen dafür Konzepte eines forschend-entdeckenden, problemlösenden Unterrichts gut geeignet.

So könnten in den naturwissenschaftlichen Fächern der Sekundarstufen heuristische Lösungsstrategien des Experimentierens mit Hypothesenbildung und intensiver Versprachlichung und Argumentation zum Einsatz kommen. Im Unterricht der Grundschule, vor allem im Heimat- und Sachkunde- und im Mathematikunterricht, kann dies nur in Ansätzen geschehen. Dort finden die Schüler Lösungen oft durch ein mehr oder weniger systematisches Probieren und Entdecken. Man spricht deshalb häufig auch von einem „problemlösend-entdeckenden Unterricht“. Der Terminus „entdeckender“ oder besser „entdecken-lassender Unterricht“ verweist darauf, dass ihn der

Lehrer so stufenweise, klar, übersichtlich, lernziel- und schülerorientiert plant und vorbereitet, dass die Schüler in einzelnen Unterrichtsphasen oder ganzen Sequenzen in der Lage sind, mit Hilfe fachgemäßer Arbeitsweisen und –techniken das Unterrichtsziel selbstständig zu erarbeiten.
Die Idealformen eines problemlösend-entdeckenden Unterrichts, in der die Lernenden selbst ihren Lernprozess organisieren, sind in der Schule kaum durchführbar. Deshalb sollte die abgeschwächte Form des **geleiteten Problemlösens, des gelenkten entdeckenden Lernens**, des „guided-discovering learning" angestrebt werden. Ohne gezielte Einführung in das Problemlösen gehen die Schüler spontan, ziellos, unsystematisch und oberflächlich an komplexe Probleme heran. Die gut gemeinte Absicht, ihre Eigeninitiative und Konstruktivität nicht einzuengen, führt zur Überforderung. Erst die **schrittweise Hinführung** an exemplarisch ausgewählten, analysierten, veranschaulichten und strukturiert dargestellten Problemen und die **Lenkung des Problemlösens**, das Insistieren auf intensive Versprachlichung und Begründung der Hypothesen und Ergebnisse, das Bewusstmachen und Sprechen über das eigene Vorgehen und die eingesetzten Strategien führen zu Problemlösekompetenz und zu ihrer Anwendung und Übertragung auf neue Probleme. Den Schülern werden dann in einzelnen Phasen bzw. Sequenzen des Unterrichts Lern- und Arbeitsstrategien zur selbstständigen Gewinnung von Erkenntnissen und Wissen vermittelt und damit eine Möglichkeit zum selbstständigen Problemlösen, Denken und Verarbeiten von Informationen angesichts einer explodierenden Informations- und Wissensfülle angeboten.[68] Das unterrichtliche Vorgehen entspricht in vielen Aspekten dem induktiven Verfahren, mit dem am Einzelfall Erkenntnisse gewonnen, die auf andere Fälle übertragen bzw. an anderen Fällen bestätigt werden. Es wird durch das deduktive ergänzt, wenn der Beweis für die Richtigkeit der gefundenen Gesetzmäßigkeit an einzelnen Beispielen angetreten wird.
Ein vom Lehrer gelenkter und durch gezielte Anweisungen und Arbeitsmaterialien strukturierter **problemlösend-entdeckender Unterricht**

- **motiviert** die Schüler besonders stark zu aktiver Auseinandersetzung mit den Fragestellungen und weckt situatives Interesse. Dies ist besonders der Fall bei authentischen Problemen oder solchen, die zu authentischen Ereignissen oder Erfahrungen einen Bezug haben, z.B. zu sozialen Konflikten in der Klasse. Neben der lebenspraktischen Bedeutsamkeit sind besonders in naturwissenschaftlichen Fächern Aktualität oder Widersprüchlichkeit von Phänomenen bedeutsam. Sie fungieren als „Anker" zur Identifizierung von Problemen und für selbstständige Problemlösungen.
- erbringt durch das aktive, vielkanalige, selbstständige Lernen und die Berücksichtigung unterschiedlicher Perspektiven **höhere Behaltens-, Denk- und Transferleistungen**.
- unterstützt die **Strategien des Problemlösens** und führt zum **Verstehen**.
- fördert **Selbstständigkeit, Autonomie, Selbstwertgefühl** und durch das gemeinsame Lernen mit anderen **fachliche und soziale Kompetenz**.[69]

Ein problemorientierter, effektiver Unterricht trägt als „Gestaltungsprinzip ... einer gemäßigt konstruktivistischen Auffassung von Lernen in höchstem Maße Rechnung" (REINMANN-ROTHMEIER/MANDL 1995, S. 57).

Voraussetzungen für einen problemlösend-entdeckenden Unterricht[70]

◆ Voraussetzungen beim Lehrer

- Der Lehrer muss selbst **Problembewusstsein** aufbauen, am Unterrichtsgegenstand interessiert, von ihm begeistert und davon überzeugt sein, dass durch Problemlösen eine Erweiterung des Bewusstseins erfolgt. Er sucht **problemhaltige Unterrichtssituationen**, die die Schüler zum selbstständigen Weiterfragen und Problemlösen motivieren. Dies gelingt umso eher, je mehr Informationen er über die Erfahrungen und die Lebenswelt der Schüler erhält und je fundierter sein Sachwissen über die Unterrichtsinhalte, die grundlegenden fachspezifischen Arbeitsweisen und -techniken und seine didaktisch-methodische Kompetenz zur Planung und Gestaltung eines klaren, übersichtlich strukturierten, lernziel- und schülerorientierten Unterrichts ist. Einschränkend ist aber zu beachten, dass die Schüler nicht alles selbstständig entdecken können. Grundlegende, transferierbare Einsichten und Erkenntnisse werden nur an ausgewählten, besonders typischen Beispielen gewonnen. Viele Inhalte, Begriffe, Prinzipien und Gesetze werden wegen des zu großen didaktischen Aufwands oder fehlender Lernmaterialien schneller durch instruierende Unterrichtsverfahren wie das fragend-entwickelnde vermittelt.
- Er stellt notwendige, gezielt ausgewählte und auf das Verständnis der Schüler abgestimmte **Lern- und Arbeitsmaterialien** zur Verfügung.
- Er plant viel mehr Zeit für das entdeckende Lernen als für die Wissensvermittlung ein. Dies gewährleistet ein **Epochalunterricht** mit fachimmanenter Lernzielbündelung oder ein **fächerübergreifender Unterricht** mit fachlicher Kooperation, beispielweise bei themenorientiertem Arbeiten oder projektorientierten Verfahren.[71]
- Daneben sind größeres Engagement, Frustrationstoleranz, Geduld, die Bereitschaft, sich nicht vom Lehrplan, vom Zeitdruck, von Vorgesetzten oder Kollegen hetzen zu lassen und Kooperation mit Kollegen erforderlich.

◆ Voraussetzungen bei den Schülern

- Die Schüler müssen aufgeschlossen, bereit und fähig sein, möglichst selbstständig Probleme zu entdecken, zu formulieren und zu lösen. Dies erfordert immer ein gewisses **Sachwissen**. „Ein guter Problemlöser verfügt in seiner Domäne über eine breite, gut organisierte, multipel repräsentierte und leicht aktivierbare Wissensbasis" (BLK 1997, S. 17). Sachstrukturen dürfen nicht zugunsten der Problematisierung zurücktreten. Es soll nicht alles fragwürdig sein und der Kritik ausgesetzt werden, wenn eine ausreichende Orientierung noch nicht gegeben ist. Je jünger die Schüler sind, umso mehr müssen ihnen Erfahrungen, Personen, Vorgänge geboten werden, durch die sie positive Identität gewinnen können.
- Voraussetzung für die Anwendbarkeit und Übertragbarkeit des Problemlösens ist die Verfügbarkeit über grundlegende **Problemlösestrategien, Arbeitsweisen und -techniken** der Informationsgewinnung, -verarbeitung und -darstellung und das induktive und analoge Schließen.
- Problemlösend-entdeckendes Lernen setzt die Bereitschaft und Fähigkeit zur **Zusammenarbeit mit anderen** in der Partner- und Arbeitsgruppe und damit einen

Grundbestand prosozialer und kooperativer Verhaltensweisen voraus. Diese sozialen Verhaltensweisen sind im gesamten Unterricht einzuüben und vor allem vom Lehrer vorzuleben.[72]

Bitte lesen Sie nochmals das 3. Unterrichtsbeispiel im Kapitel B II/4.3 durch!

Strategien (Heuristiken) des Problemlösens

„Unter einer Strategie beim Problemlösen versteht man vorsätzliche und überlegte (bedachte) Mittel zur Zielerreichung... Strategien variieren hinsichtlich ihrer Bewusstheit und des Aufwandes an geistiger Anstrengung. Werden sie zum ersten Mal eingesetzt, so sind sie gewöhnlich bewusst und erfordern ein hohes Maß an Anstrengung. Später können Strategien automatisiert werden mit dem Effekt, dass sie nicht bewusst und nahezu ohne mentalen Aufwand eingesetzt werden können" (OERTER/DREHER M. 1995, S. 566). Problemlösestrategien sind also **absichtsvoll geplante Schritte der Problemlösung**. Heuristiken effektivieren als Faustregeln die Lösungstätigkeit, garantieren aber noch nicht den Lösungserfolg. Im Gegensatz zur festgelegten Abfolge von Lösungsschritten beim Algorithmus, z.B. beim schriftlichen Multiplizieren, können allgemeine Problemlösestrategien **flexibel** angewendet werden, um ein Problem von verschiedenen Seiten zu betrachten und alternative Lösungswege zu finden. Der effiziente Problemlöser zeichnet sich durch die beim Problemlösen eingesetzten Verfahren aus.[73]
Strategien des Problemlösens werden direkt bei der modellhaften Lösung exemplarischer Probleme gelernt. Besondere Bedeutung dafür gewinnt das Vorbild des Lehrers als Experte. Er verbalisiert sein modellhaftes Vorgehen und seine Überlegungen beim Problemlösen. Nach dieser **kognitiven Modellierung** versuchen die Schüler in ähnlicher Weise an weiteren Beispielen die Problemlösung. Der Lehrer ermutigt, hilft und verstärkt und nimmt allmählich seine Unterstützung zurück. Die Schüler werden immer wieder aufgefordert, Problemlösestrategien und Denkprozesse zu artikulieren, gegenstands- und problemspezifisch zu begründen, mit anderen zu diskutieren und zu reflektieren. Erst durch das häufige **Bewusstmachen der Lösungsschritte** in der Arbeitsrückschau gelingt eine flexible, kontrollierte, effektive Anwendung und Übertragung auf neue Problemsituationen.[74]
Neben dem demonstrierten Problemlösen durch den Lehrer, dem geleiteten und selbstständigen der Schüler könnte in der Sekundarstufe auch ein historischer Forschungsprozess als **Fallstudie** analysiert und wenigstens ansatzweise experimentell nachgeprüft werden.[75] Über diese Vorgehensweisen üben die Schüler aber nicht nur allgemeine Problemlösestrategien ein, sondern gezielte fachgemäße Arbeitsweisen und -techniken. Auch ihre Anwendung erfordert Überlegungen wie das Zerlegen eines Problems in Teilprobleme, die Auswahl adäquater Experimente, die Kontrolle und Variation von Parametern, die Reflexion der erhobenen Daten und ihrer Interpretation oder der Angemessenheit des Versuchsdesigns. Erst durch das eigene Problemlösen wird ihnen beispielsweise die Erkenntnismethode der Physik als ein dauerndes Wechselspiel zwischen Theorie (Modellvorstellung) und Experiment verständlich.[76]

Die nachfolgenden Strategien des Problemlösens sollten schon ab der 3./4. Jahrgangsstufe an exemplarischen Inhalten altersangemessen demonstriert und eingeübt werden.

◆ Das Problem entdecken, analysieren und formulieren

Je klarer ein Problem gesehen wird, umso schneller findet man eine Lösung. „Die Formulierung eines Problems ist häufig wichtiger als seine Lösung... Neue Fragen, neue Möglichkeiten zu finden, alte Probleme von einem neuen Gesichtspunkt aus zu betrachten, fordert Fantasie und beschreibt einen wirklichen Fortschritt in der Wissenschaft" (EINSTEIN/INFELD 1938 in MIETZEL 1993, S. 140).
Durch eine genaue **Analyse des Problems** sollen
- die **Art des Problems** (Was ist überhaupt das Problem? Wo liegen die Lücken, die Widersprüche, die Schwierigkeiten? Was gehört nicht zum Problem?),
- die vorhandenen **Voraussetzungen** (Was ist gegeben? Was weiß ich schon über dieses Problem?),
- das **angestrebte Ziel** genauer geklärt werden (Was wird eigentlich gesucht?). Diese Zielanalyse verdeutlicht die Strukturmerkmale der Zielvorstellung.

Die Schüler sollen deshalb das Problem möglichst genau erfassen, alltagssprachlich „erklären", durch **Problemfragen** beschreiben (Wie, Warum, Weshalb,...) und die treffendste auswählen.
Voraussetzung dafür ist der Aufbau von **Problembewusstsein** und das Trainieren einer **problemorientierten Fragehaltung** durch das Finden von Problemfragen. Es kommt darauf an, den Schülern bewusst zu machen, dass nichts selbstverständlich ist. Bei den Vorübungen ist deshalb genügend Zeit zur Entwicklung von Fragen einzuplanen, die nicht sofort wieder qualitativ bewertet werden. Ausgangspunkt in der Grundschule könnte beispielsweise in Deutsch, Kunsterziehung, Heimat- und Sachkunde ein anschauliches, erzählendes, informatives Bild sein, das dann möglichst genau beschrieben wird, zu dem W-Fragen (Was ist zu sehen, was geschieht auf dem Bild, weshalb hat.., wie.., warum.., wann.., wer.., wo..?) formuliert und davon die wichtigsten ausgewählt werden. Durch eine solche Sensibilisierung werden die Schüler Bildinhalte und Situationen schneller überblicken, Probleme oder Widersprüche entdecken und hinterfragen. Dieses Vorgehen wird besonders in anderen Sachfächern bzw. bei anderen Themenstellungen immer wieder angewendet und damit eingeübt.
Besonders die **unmittelbare Begegnung mit der Wirklichkeit** in Form von konkreten Objekten und Lebewesen weckt das Interesse der Schüler, gibt Denkanstöße und führt zum Nach- und Hinterfragen. Der Lehrer sollte deshalb der unmittelbaren Begegnung mit der Wirklichkeit den Vorzug geben. Im Klassenzimmer ausgestellte Unterrichtsmaterialien stimulieren schon vor der eigentlichen Unterrichtseinheit Interesse und Fragen.
Daneben kommen die Schüler besonders leicht zu Problemfragen durch die methodischen Möglichkeiten des **Kontrastes**, der **Überraschung** und Verblüffung, durch **mediale Präsentationshilfen** (Dia, Bild, Filmausschnitte, Zeitungsausschnitte), durch eine **Lehrererzählung** und vor allem durch die Sammlung der sie interessierenden **Fragen**.[77]
Die Schüler sollten außerdem das **Problem in eine andere Repräsentationsform**

übertragen, um alle erkennbaren oder impliziten Gegebenheiten und weitere Problemvariablen herauszustellen und durch diese Veranschaulichung relevante Elemente und wesentliche Sachzusammenhänge und Beziehungen beim Problemlösen zu identifizieren. Besonders die Transformation eines Problems in ein anderes Medium unterstützt die Problemlösung.

◆ Hypothesen aufstellen, bewerten und Lösungen planen

Die zentrale Phase bei der Lösung eines Problems ist das Finden eines **Lösungsweges**. Die Ideen dazu müssen aus dem Erfahrungs- und Wissensrepertoire der Schüler abgerufen werden. Darstellendes wie handelndes Problemlösen ist darauf angewiesen, geeignete Handlungsschemata, Objektvorstellungen, Begriffe, Operationen aus dem Langzeitgedächtnis abzurufen, bei praktischen Problemlösungen direkt anzuwenden oder neu zu kombinieren.

❖ Die Produktion von Hypothesen

Der erste Schritt bei der Problemlösung ist das Aufstellen von Hypothesen, von Vermutungen zu den Problemfragen. Ihre Überprüfung vertieft das Verständnis für die Problemsituation. Im Unterrichtsgespräch oder in Partnerarbeit stellen die Schüler Vermutungen über Ursachen, Zusammenhänge und Einflussgrößen des herausgearbeiteten Problems an und versuchen sie zu begründen. **Satzanfänge** helfen leistungsschwächeren Schülern bei diesem „lauten Denken" („Ich vermute, ich glaube, ich meine, dass ... Ich bin der Meinung, dass ...").
Von den stichpunktartig notierten Hypothesen werden diejenigen ausgewählt, die am plausibelsten erscheinen oder für die sich überzeugende Belege anführen lassen.

❖ Das Planen von Lösungswegen

Die Richtigkeit einer Hypothese bestimmt sich danach, ob sie sich durch Informationsbelege oder Versuche bestätigen lässt. Während im Alltag Vermutungen häufig durch Ausprobieren oder Beobachten überprüft werden, sollen im Unterricht zur Verifikation oder Falsifikation von Hypothesen Informationen und Erkenntnisse gewonnen werden, z. B. durch Betrachten von Objekten, Beobachten von Bewegungsabläufen, Auswerten von Texten, Bildern, Tabellen, Filmausschnitten oder durch einfache Versuche mittels freien oder angeleiteten Experimentierens.

- Durch Brainstorming werden im Klassen-, Partner- oder Gruppenunterricht möglichst viele **Lösungsvorschläge** gesammelt und ihre Realisierbarkeit kritisch reflektiert. Der Lehrer gibt behutsam Anregungen (Welche Materialien benötigen wir dazu? Wo können wir uns Informationen besorgen?), bringt Ordnung in die Vorschläge und drängt auf die Beachtung wichtiger, noch nicht erkannter Elemente.
- Die **Lösungspläne** werden übersichtlich strukturiert an der Tafel oder auf einer Folie notiert. Teilziele können sich mehr auf den Inhalt beziehen (z. B. Körperform, Füße, Federkleid) oder auf die Strategie (z. B. Problem, Vermutung, Versuchsplanung, Experiment, Beobachtung, Erklärung, Reflexion).

◆ Problemlösungen durchführen, Ergebnisse interpretieren und reflektieren

❖ Das Durchführen der Problemlösungen

Die Schüler besprechen nochmals in der Gruppe ihr Vorgehen oder lesen die vom Lehrer ausgeteilten schriftlichen Arbeitsaufträge vor. Gemeinsam führen sie die geplanten Versuche durch, entnehmen aus verschiedensten Medien Informationen, notieren sie, besprechen und überprüfen die Ergebnisse im Gruppengespräch.

❖ Die Interpretation und Reflexion der Ergebnisse

- Die Phase des Zusammentragens der Ergebnisse übernimmt anfangs am besten der Lehrer. Er lenkt zuerst das Interesse der Schüler nochmals auf die Problemfrage (Was wollten wir überhaupt herausfinden?) und ruft die Ergebnisse der einzelnen Gruppen ab. Die Schüler stellen ihr Vorgehen und ihr Ergebnis vor und werten es im Hinblick auf das Erreichen des Ziels.
- Erfolgt die Problemlösung durch unterschiedliche in arbeitsteiliger Gruppenarbeit durchgeführte Lösungsansätze, so müssen dennoch alle Schüler alle wichtigen Ergebnisse und nicht nur das ihrer Gruppe kennen. Die Gruppen klären deshalb nach der Vorstellung ihrer Ergebnisse Fragen der Mitschüler oder fragen sie selbst über ihr Vorgehen und ihre Ergebnisse aus.
- Die Ergebnisse werden von den Schülern formuliert und übersichtlich strukturiert an der Tafel dargestellt. Sie sind immer wieder kritisch zu hinterfragen und auf das Problem und die Wirklichkeit zu beziehen.
- Die Hypothesen werden kritisch reflektiert und verifiziert oder falsifiziert

◆ Problemlösungsstrategien bewusst machen, Verfahren und Ergebnisse übertragen

Die **Arbeitsrückschau** (Wie sind wir vorgegangen, um unser Problem zu lösen? Wo hatten wir Schwierigkeiten? Was bedeuten die Ergebnisse?) über die wichtigsten Phasen des Problemlösungsprozesses stellt die wichtigste Voraussetzung dafür dar, dass die eingesetzten Verfahren auch auf andere Probleme übertragen werden können. Durch diese Reflexion wird **metakognitives Wissen** aufgebaut, das den effizienten Einsatz von Problemlösestrategien steuert. Der Lehrer sucht deshalb in allen Fächern nach Möglichkeiten, eingeführte Problemlösestrategien in multiplen Kontexten vielfältig anzuwenden.[78]

Problemlösend-entdeckendes Lernen im Mathematikunterricht

In Mathematik lernen die Schüler nur dann mathematisches Denken, wenn der Unterricht nicht nur in der Vermittlung prozeduralen Wissens, im Nachvollziehen von Verfahren besteht, sondern
- von offenen, aspektreichen Situationen ausgeht, die Kinder zum Beobachten, Fragen, Vermuten herausfordern,
- authentische, verstehbare, komplexe Problem in den Mittelpunkt stellt,
- die Schüler zum selbstständigen Entdecken von Zusammenhängen durch aktives Handeln, zum Problemlösen mit individuellen Problemlösungsstrategien motiviert und Hilfen zum Selbstfinden anbietet,

- die gewonnenen Erkenntnisse, neuen Begriffe und Verfahren durch produktive, operativ variierte Serien von Übungen, durch Aufgaben mit unterschiedlichen Lösungswegen und verschiedenen Begründungsmöglichkeiten operativ durcharbeitet, mit dem bisherigen Wissen verknüpft und sichert.[79]

Anknüpfend an PIAGET und AEBLI wird mathematisches Verstehen als verinnerlichtes Operieren bzw. abstraktes Handeln verstanden.[80] Aktives Entdecken und Problemlösen in Mathematik bedeutet selbstständige, aktive Erarbeitung und Aneignung von Wissen – allein oder zusammen mit anderen Lernpartnern. Fachtypisch ist besonders das Experimentieren mit Ziffern, Zahlzeichen und anderen mathematischen Symbolen. Anstelle realer Situationen und Prozesse stellen konkrete Modellobjekte und -handlungen die Basis entdeckenden Experimentierens dar. Dabei erweist sich gerade die Umsetzung in die zeichnerische Darstellung oft als leicht realisierbar und ökonomisch. Beim systematischen, mehr experimentellen Problemlösen werden die Handlungen überlegt geplant, systematisch durchgeführt, planvoll wiederholt und variiert.

Beim probierenden wie experimentellen Entdecken, beim Lernen und Üben in Sinnzusammenhängen erbringen die Schüler eigene Denkleistungen und entwickeln ein Gefühl für Mathematik, einen „Sinn" für Zahlen. Nicht das Lösen mathematischer Aufgaben, beispielsweise magischer Quadrate, mit einem bekannten Verfahren, sondern die Lösung durch systematisches Probieren und Entdecken ist motivierend, kreativitätsfördernd und einsichtsbildend. Aufgaben mit unterschiedlichen Schwierigkeitsgraden ermöglichen allen Schülern die Auseinandersetzung auf verschiedenen Leistungsniveaus und geben ihnen die Verantwortung für ihr eigenes Lernen schrittweise in die Hand (Worum geht es? Was ist wichtig? Was können wir schon? Was fällt mir schwer? Welcher Weg ist vorteilhaft?). Die erzielten Erfolge stärken ihr Selbstvertrauen. Das aktive Handeln und das Herstellen größerer Zusammenhänge durch ganzheitliche, themenorientierte Übersichten im Sinne des Vorstrukturierens sind gerade für lernschwächere Schüler besonders wichtig, da sie sich im Gegensatz zu leistungsstärkeren diese Orientierung nicht selbst verschaffen können. Bei ihren Aufgabenlösungen dürfen sie jederzeit auf vorhandene konkrete oder ikonische Arbeitsmittel und Materialien zurückgreifen.

Die Lernaufgaben an sich interessieren die Schüler und geben ihnen neben dem des Lehrers und der Mitschüler ein informatives Feedback zur Lösung. Ihre Motivation zum Üben wächst an der Sache. An nicht erfolgreichen Problemlösungen und Fehlern lernen sie, wo Denkprozesse falsch gelaufen sind und wie sie verbessert werden können. Der Lehrer bietet ihnen deshalb im Unterricht Entdeckungsfelder an, drängt auf die intensive Verbalisierung des Vorgehens, auf das Suchen eigener Fehler und macht Strategien durch Reflexion bewusst.

Auch die Vermittlung von Rechenverfahren zielt auf ein Verständnis dieser Verfahren ab. „Wenn das Wissen über die Ausführung bestimmter Prozeduren nicht gleichzeitig von einem konzeptuellen Verständnis darüber begleitet ist, warum diese Verfahren tatsächlich zu einer Lösung führen und, mehr noch, für welchen Sachbereich, welche Probleme und Anwendungssituationen sie Geltung haben, dann ist der Schüler nicht in der Lage, diese Operationen auf neue Gegebenheiten zu übertragen. Er versteht Mathematik nicht" (LORENZ 1999, S. 28).[81]

***Beispiel:* Halbschriftliches Addieren und Subtrahieren in der 2. Jahrgangsstufe**

Beim halbschriftlichen Addieren und Subtrahieren könnten die Schüler anstelle eines vom Lehrer eingeführten Verfahrens in eine Vielfalt eingeführt werden und selbstständig verschiedene Lösungswege suchen, finden und verstehen[82], die sich auf die Methoden „Zehner extra – Einer extra“, „Schrittweises Addieren oder Subtrahieren“, „Vereinfachen der Aufgabe“ und beim Subtrahieren zusätzlich auf das „Ergänzen“ zurückführen lassen. Der Zauberstab des Lehrers ist nach KÜHNEL dabei die Frage „Wer kann es anders?“ (KÜHNEL 1949 in: WITTMANN 1994a, S. 86).

Die Rechnung 38 + 45 = wird vorgegeben. Wer kann sie berechnen? Die Schüler versuchen selbstständig Lösungswege zu finden.
Der Lehrer stellt der Klasse weitere Lösungen von Kindern vor:

a)	b)	c)	d)	e)
Fritz rechnet so:	Paul rechnet so:	Ernst rechnet so:	Max so:	Martha so:
30 + 40 =	38 + 40 =	38 + 5 =	38 + 2 =	45 + 5 =
8 + 5 =	+ 5 =	+ 40 =	+ 43 =	+ 33 =
70 + 13 =				

f)	g)	h)	i)
Erfriede rechnet:	Kurt rechnet:	Willi:	Walter:
40 + 45 =	38 + 50 =	2 · 45 =	40 + 40 =
− 2 =	− 5 =	− 7 =	+ 3 =

Ein weiteres Beispiel wird berechnet: 47 + 58 =

a)	b)	c)	d)	e)
Fritz rechnet so:	Paul rechnet so:	Ernst rechnet so:	Max so:	Martha so:
40 + 50 =	47 + 50 =	47 + 8 =	47 + 3 =	58 + 2 =
7 + 8 =	+ =	+ =	+ =	+ =

Wie geht es weiter?

Ein weiteres Beispiel wird vorgegeben: 39 + 54 =

a) Rechne wie Fritz!	b) wie Paul!	c) wie Ernst!	d) Rechne wie Max!	e) wie Martha!
f) wie Elfriede!	g) Wie würde Kurt rechnen?	h) wie Willi?	i) wie Walter?	

In ähnlicher Weise wird das halbschriftliche Subtrahieren eingeführt: 96 – 57 =
(Vgl. KÜHNEL 1949 in: WITTMANN/MÜLLER 1994a, S. 86 f.)

Die selbstständige Erarbeitung von Kenntnissen, Begriffen, Verfahren, Fertigkeiten und Denkstrategien führt zu besseren Langzeiterfolgen, als sie mit traditionellen-Unterrichtskonzepten zu erreichen sind. Schüler profitieren von Lehrern, die eine konstruktivistische Auffassung von Kompetenzerwerb durch eigenes Problemlösen vertreten.[83]

Weitere Beispiele

Die Schüler konstruieren und untersuchen geometrische Figuren

- Sie setzen durch freies Experimentieren geometrische Figuren und Muster zusammen und finden beispielsweise heraus, wie viele verschiedene Figuren sie aus fünf kongruenten Quadraten (Pentominos) konstruieren können, wenn je zwei Quadrate mindestens eine Seite gemeinsam haben.

- Sie spannen auf Geobrettern mit Gummiringen so viele verschiedene Viereckstypen wie möglich oder erzeugen Parallelogramme durch Übereinanderlegen transparenter Folienstreifen.

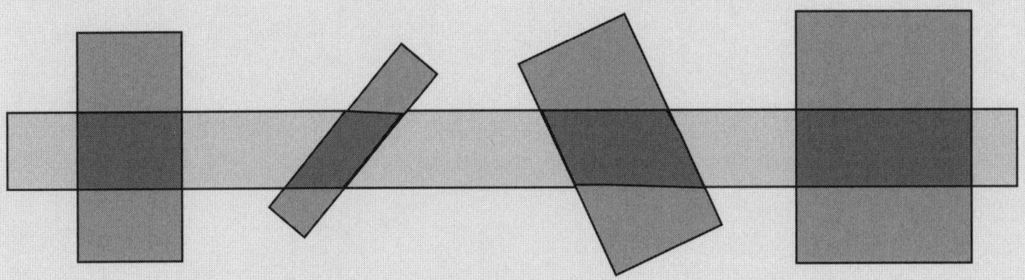

Die Schüler konstruieren Zahlen und untersuchen Zahlenfolgen

- Sie bilden beispielsweise aus den Ziffern 1,2,3,4 alle zweistelligen Zahlen, zerlegen sie und wechseln flexibel zwischen den verschiedenen Repräsentationsformen.
- Sie untersuchen, welche zwei- bzw. dreistelligen Zahlen sich mit den Ziffern 1 bis 5 bilden lassen.
- Sie bilden möglichst viele Zahlen mit den Ziffern 1,2 und 3 und den vier Rechenarten:
  $1 = (3 - 1) : 2$ $\quad\quad$ $2 = (3 + 1) : 2$
- Sie bilden mit den vorgegebenen Ziffern 2, 4, 7, 9 und frei gewählten Operationszeichen einen Term, der den Wert 100 hat.
- Sie untersuchen Dreieckszahlen. Dreieckszahlen entstehen, wenn man von einem Punkt aus durch Hinzufügen immer längerer Punktreihen immer größere Dreiecke erzeugt. Wie heißt die 5. Dreieckszahl?

1 3 = 1 + 2 6 = 1 + 2 + 3 10 = 1 + 2 + 3 + 4

– Sie lösen variativ Additions- und Subtraktionsaufgaben mit Hilfe von Zahlenmauern:

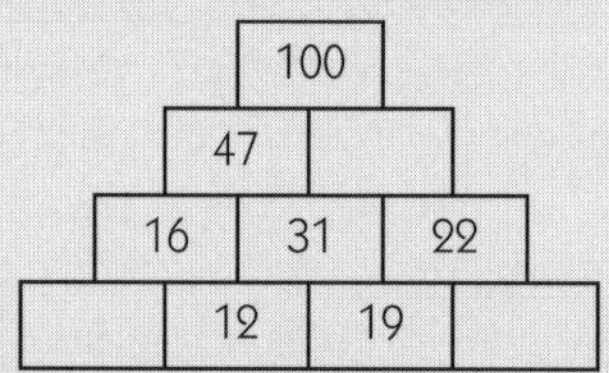

– Sie lösen magische Quadrate mit Hilfe des „Zahlenzaubers“:

„Schreib' 1 bis 9 in Dreierreih'n.
Addiere längs, addiere quer
und schräg dazu. Was findest du?

Tausch' 7 und 3, was ist dabei?
Addiere längs, addiere quer
und schräg dazu. Was findest du?

Die 5 lass steh'n, die andern dreh'n.
Addiere längs, addiere quer
und schräg dazu. Was findest du?

Vertausche zwei, sei schlau dabei,
vertausche sie, probiere gut.
Dann wirst du reich, hast alles gleich.“

(WITTMAN/MÜLLER u. a. 1994, S. 60)

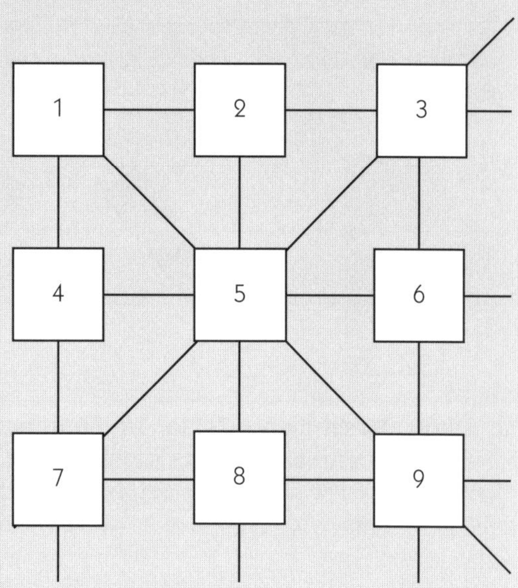

Schüler entdecken Zählverfahren, Formeln, Rechengesetze und Rechenregeln

Schon beim konkreten materialgebundenen, zeichnerischen wie symbolgestützten Handeln im Rahmen des entdeckenden, problemlösenden Lernens entwickeln die Schüler allgemein anwendbare Strategien und Verfahren.

- Beim experimentellen Konstruieren zwei- bzw. dreistelliger Zahlen oder beim Umgang mit Dreieckzahlen versuchen die Schüler ab einer bestimmten Zahlgröße weitere Zahlen nur durch Nachdenken zu finden.
- Die anschauliche Darstellung des Vertauschungsgesetzes der Addition durch verschieden farbige Zahlenstreifen ist ein Entdecken von Rechengesetzen.

- Strategien zur Äquivalenzumformung bei Gleichungen lassen sich schon in der 3. Jahrgangsstufe erarbeiten, wenn eine Lösung gefunden werden soll, ohne auf der rechten Seite die Summe 94 zu bilden.[84]

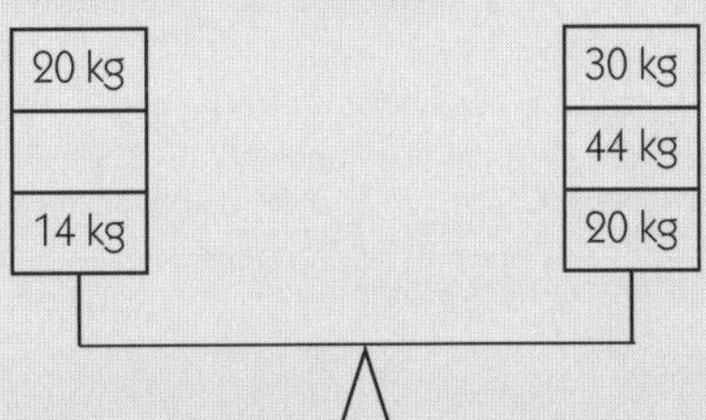

Die Schüler überprüfen experimentell algebraische Gesetze und Formeln, geometrische Sätze oder lösen experimentell Aufgaben

- Sie überprüfen anhand verschiedener Zahlenbeispiele, ob beispielsweise die Regel für die Multiplikation von Brüchen auch für die Addition von Brüchen zutrifft.
- Die Schüler lösen Aufgaben durch experimentelles Erproben: „Setze die Ziffern 1 bis 9 so in die Kästchen, dass alle neun Ziffern verwendet werden und die Rechnungen stimmen."[85]

□ · □ = □ + □ = □ − □ = □□ : □

- Die Schüler lösen Aufgaben durch Nachdenken und gedankliches Problemlösen: „Im Zug fragte der Schaffner einen Vater: ‚Wie alt ist dieser Junge?' Dieser antwortete: ‚Mein Sohn ist fünfmal so alt wie meine Tochter und meine Frau fünfmal so alt wie der Sohn. Ich bin doppelt so alt wie meine Frau. Und Großmutter, die so alt ist wie wir alle zusammen, feiert heute ihren 81. Geburtstag'"(MAIER 1999, S. 189).[86]

Weitere Beispiele eines problemlösend-entdeckenden Unterrichts finden sich in den Kapiteln B II/4.3 (Zielorientierung), B III/3.2 (Strukturierung), B V/3 (Aktivierung) und B VI/2.3; 3 (Passung).

1 Vgl. DORSCH, F./HÄCKER, H./STAPF, K.. 1994, S. 771f.
2 Vgl. SEIBERT 1992, S. 202f.; SCHRÖDER 1991, S. 48
3 Vgl. GAGNÉ 1970,S. 127; BRUNNHUBER 1991, S. 30ff.
4 Vgl. BLK 1997, S. 93; B II/3.3, 4; B VII/4
5 Vgl. OERTER/SCHUSTER-OELTZSCHNER 1987, S. 869ff.; SCHNEIDER/BÜTTNER 1995, S. 679ff.
6 Vgl. ORTNER 1977, S. 106; ENGELBRECHT/WEIGERT 1991, S. 175
7 Vgl. INGENDAHL 1998, S. 11
8 Vgl. LUKESCH 1995, S. 103ff.; HAHN 1993, S. 6ff.; B VI/2
9 Vgl. BOWER in GAGE/BERLINER 1986, S. 331; MIETZEL 1993, S. 185; EINSIEDLER 1996, S. 181ff.; B VII/2.1; 3
10 Vgl. MANDL/FRIEDRICH/HRON 1986, S. 162ff., 168ff.; 1988, S. 124ff.; WENDER 1988, S. 60ff.; AEBLI 1968, S. 47ff.; 1981, S. 130ff.; FORTMÜLLER 1991, S. 174ff.; SEIBERT 1992, S. 202ff.; SEITZ 1992, S. 76ff.; BAUMERT 1993, S. 328ff.; EINSIEDLER 1996, S. 169ff., 181ff.; STEINER 1996b, S. 285ff.; B I/3.3; B III/3; B VII/3
11 Vgl. MARAS 1979, S. 71ff.,100; 1991, S. 6ff.; RÖHLING 1978; ANGERMEIER 1984, S. 164ff.; STRIETZEL 1989; SEIBERT 1991; B I/3.3; B III/3.3; VIII/2.3;3
12 Vgl. ANGERMEIER 1984, S. 162f; SCHULZ VON THUN u. a. 1975
13 Vgl. WEINERT 1996b, S. 14ff.; FRIEDRICH/MANDL 1997, S. 247; KRAFT 1999, S. 842ff.; B VI/3
14 Vgl. EINSIEDLER 1997a, S. 217ff., 235ff.; 1997b, S. 12ff.,18ff.,27ff.
15 Vgl. AEBLI 1980, 1981; BÖNSCH 1980, S. 62ff.; 1995c, S. 5ff.; KÖHNLEIN 1991; SEIBERT 1992, S. 199f.; FORTMÜLLER 1991, S. 195; BLK 1997, S. 24ff.; WEINERT 1998, S. 101ff., 115ff.; Vgl. B V–VII
16 Vgl. SEITZ 1992, S. 77; AURIN 1991, S. 68ff., 77ff.; PURKEY/SMITH 1991, S. 37ff.; JÜRGENS 1995c, S. 78ff.; PRENZEL 1995, S. 64ff.; EINSIEDLER 1997a, S. 217ff., 235ff.; 1997b, S. 12ff.,18ff.,27ff.
17 Vgl. GLÖCKEL 1990a, S. 163; BÄUML-ROSSNAGL 1992, S. 56ff.; BLK 1997, S. 18ff., 37-61; B VI/2.1
18 Vgl. HURRELMANN 1988, S. 772; WAGENSCHEIN 1965, 1989; BLK 1997, S. 18ff., 37-61;B VI/2.3
19 Vgl. BLK 1997, S. 76ff.; B III/3.3; B V/4; BVI/2.3; B VII/3
20 Vgl. BLK 1997, 57ff.; B III/3.2
21 Vgl. BLK 1997, S. 56-61
22 Vgl. AEBLI 1983, S. 182ff.; 1988, S. 228ff.; BÖNSCH 1980, S. 65ff.; REINMANN-ROTHMEIER/MANDL 1995, S. 58ff.; 1997a, S. 16ff.; STARK/RENKL/GRUBER/MANDL 1995, S. 190ff.; STEINER 1996, S. 297ff.; WEINERT/SCHRADER 1997, S. 312ff., 324ff.; BLK 1997, S. 16ff., 20ff.; 23ff.; WEINERT 1998, S. 115ff.; KRAUTHAUSEN 1998, S. 21ff., 28ff., 35ff; .B III/3; B V/4; B VI/2.3; B VII/4
23 Vgl. STARK/RENKL/GRUBER/MANDL 1995, S,.292ff.; REINMANN-ROTHMEIER/MANDL 1995, S. 18ff.
24 Vgl. MESSNER 1978, S. 28f.
25 Vgl. AEBLI 1981, S. 87ff.,131; VAN DER MEER 1996, S. 218ff.; B I/3.2
26 Vgl. BRUNER u. a.1971, S. 33ff.
27 Vgl. DIESENBERG1989, S. 78
28 Vgl. WENDER 1988, S. 69ff.; WEINERT/WALDMANN 1988, S. 176ff.; SCHNEIDER/BÜTTNER 1995, S. 683
29 Vgl. DIESENBERG1989, S. 78
30 Vgl. DIESENBERG1989, S. 79; vgl. B III/3.3; B V/4; B VII/3
31 Vgl. AEBLI 1980, S. 210; Vgl. B I/3
32 Vgl. MESSNER 1978, S. 30f.
33 Vgl. AEBLI 1980, S. 219ff.
34 Vgl. KRAUTHAUSEN 1998, S. 15ff., 27ff.; B III//3.3
35 Vgl. STERN 1995; BAÜR 1989, S. 8ff.; VAN DER MEER 1996, S. 214ff.
36 Vgl. MESSNER 1978, S. 33ff.
37 Vgl. MESSNER 1978, S. 160; B VII/2; 4
38 Vgl. WEINERT 1996b, S. 15ff.;20ff.; STEINER 1996, S. 281ff.; WEINERT/SCHRADER 1997, S. 307ff.; B I/3.3; VI/3; VII/3
39 Vgl. WENDER 1988, S. 69ff.; WEINERT/WALDMANN 1988, S. 176ff.; SCHNEIDER/BÜTTNER 1995, S. 683
40 Vgl. die Beispiele zum problemlösend-entdeckenden Lernen im Mathematikunterricht im Abschnitt B III/3.3
41 Vgl. BRUNER 1970, S. 35ff.
42 Vgl. AEBLI 1980, S. 210; 1981, S. 83ff.; 118ff., 124ff.; 1988, S. 234ff.; OERTER/DREHER M. 1995, S. 605-621; STEINER 1996, S. 279ff.
43 Vgl. AEBLI 1980, S. 219ff.
44 Vgl. LORENZ/ RADATZ 1993, S. 56f.; LORENZ 1993, S. 200ff.
45 Vgl. STEINER 1996, S. 302ff.
46 Vgl. AEBLI 1983, S. 236ff., 242ff., 310ff.; FRIEDRICH/MANDL 1997, S. 249ff.
47 Vgl. KLIPPERT 1991, S. 54ff.; KÖHNLEIN 1992, S. 22ff.
48 Vgl. OERTER/DREHER M. 1995, S. 590-604
49 Vgl. AEBLI 1983, S. 236ff., 242ff., 310ff.; FILLER 1982, S. 12ff.; STERN 1995; BAÜR 1989, S. 8ff.; B V/4.4; B VII/2.3; 3; 4
50 Vgl. die Ausführungen in den Beispielen zum problemlösend-entdeckenden Lernen im Mathematikunterricht B III/3.3

51 Vgl. AEBLI 1983, S. 367ff.; 380ff.; MIETZEL 1993, S. 130-139; B VII/2.3
52 Vgl. VAN DER MEER 1996, S. 227ff., 236ff.
53 Vgl. OERTER/DREHER M. 1995, S. 590-604; VAN DER MEER 1996, S. 237ff.
54 Vgl. FILLER 1982, S. 12ff.
55 Vgl. MIETZEL 1993, S. 130-139
56 Vgl. MESSNER 1978, S. 71ff.; AEBLI 1983, S. 269f.
57 Vgl. BÖNSCH 1994b, S. 415; B II/4.2
58 Vgl. KLINGER 1988, S. 7ff.
59 Vgl. WAGENSCHEIN 1965, S. 376ff., 463ff.; 1989, S. 98ff., 122
60 Vgl. KLINGER 1988, S. 4ff.; BLK 1997, S. 57f.
61 Vgl. LEHRPLAN FÜR DIE GRUNDSCHULE IN BAYERN 1981, S. 624; LEHRPLAN FÜR DIE BAYERISCHE GRUNDSCHULE 2000, S. 197
62 Vgl. GREIL 1981; STADLER 1978; B V/4.3
63 Vgl. AEBLI 1983, 246-273; 1981, S. 84-135; BRUNNHUBER 1971, S. 30ff.
64 Vgl. B IV/4.2
65 Vgl. OERTER/DREHER M. 1995, S. 565ff.;EWERT/THOMAS 1996, S. 108ff.; BAUMERT u. a. 1999. Siehe dabei vor allem das Thesenpapier: Erfassung fächerübergreifender Problemlösekompetenzen in PISA, S. 3ff.; B VII/4.2
66 „In Problemlösungen handelt es sich immer wieder darum, ein Objekt oder eine Situation, aber möglicherweise auch die eigene Zielvorstellung, in einer ganz bestimmten, neuen Weise zu sehen... Es geschieht in der Regel durch das Ziehen eines im Repertoire vorhandenen Schemas, das in neuartiger Weise auf die vorliegende Gegebenheit bezogen wird" (AEBLI 1981, S. 56f.; vgl. 1983, S. 288ff.).
67 Vgl. BLK 1997, S. 44ff., 49ff., 54ff.
68 Vgl. STARK/GRAF/RENKL/GRUBER/MANDL 1995, S. 304ff.; CUBE, v./ ALSHUTH 1989, S. 203ff.
69 Vgl. REINMANN-ROTHMEIER/MANDL 1995, S. 36ff; 1997a, S. 10ff; 1997b, S:146; BAUMERT/LEHMANN 1997, S. 215f., 225ff.; B I/3.; B IV/3; B VII/3
70 Vgl. DIETRICH 1972, S. 160ff.; NEBER 1973, S. 16ff., 33ff., 102ff., 247ff., 285ff.;CZINCZOLL 1974; GLÖTZL/HARTL 1977; 1985; GLÖTZL/LENGDOBLER 1985; FÜNFER 1985; KOPP 1981; LANGENBUCH 1985; REINMANN-ROTHMEIER/MANDL 1995, S. 56ff.; 1997a, S. 10ff.; BLK 1997, S. 76ff., 90ff.
71 Vgl. LEHRPLAN FÜR DIE BAYERISCHE HAUPTSCHULE 1997, S. 9ff.; B VI/3.3
72 Vgl. BLK 1997, S. 24ff., 77f., 95f.; A II/2
73 Vgl. MANDL/FRIEDRICH/HRON 1986, S. 197ff.; BLK 1997, S. 17
74 Vgl. FRIEDRICH/MANDL 1992, S. 29ff.; OERTER/DREHER M. 1995, S. 572ff.; REINMANN-ROTHMEIER/MANDL 1997a, S. 37ff.;EWERT/THOMAS 1996, S. 110ff.
75 Vgl. die Versuche von Guglielmo Marconi zur drahtlosen Telegraphie, B IV/4.2. Beispiele dazu finden sich in der didaktischen Fachliteratur der einzelnen Fächer.
76 Vgl. BLK 1997, S. 57.
77 Vgl. KARBAUMER 1989, S. 489ff.; Vgl. B IV/4.2
78 Vgl. BLK 1997, S. 90f.
79 Vgl. BLK 1997, S. 38ff.; MÜLLER/STEINBRING/WITTMANN 1997, S. 19f., 23ff., 29ff., 37ff.
80 Vgl. REUSSER 1997, S. 150f.; B III/3.1
81 Vgl. BLK 1997, S. 38ff.
82 „Wir wollen (beim halbschriftlichen Rechnen) kein Normalverfahren den Kinder aufnötigen. Nicht darauf kommt es an, dass das Kind einen bestimmten Weg mit Sicherheit gehen lernt..., sondern dass es seinen Weg allein zu suchen und zu finden weiß. Bei der Menge des Stoffes und der ‚richtigen Wege', will sagen der allein gültigen Normalverfahren für die vielen Einzelgebiete, bei der zur Verfügung stehenden Zeit und bei den Kräften der Kinder kann jeder einzelne Weg gar nicht zu der Mechanisierung gelangen, die ihn vor dem Vergessen oder Verwechseln vollkommen schützte. Darum ist es besser, wir rüsten das Kind mit den mathematischen Kräften (Größen- und Operationsgefühlen usw.) aus, die es zu jenem Wegsuchen befähigen... Es dürfte ersichtlich sein, dass es dem Geiste des kindesgemäßen Rechenunterrichts völlig widerspricht, Regeln einlernen zu lassen, etwa: Erst nehmen wir die Zehner von den Zehnern weg, dann die Einer von den Einern; oder: Erst zählen wir die Einer zu den Einern, dann die Zehner zu den Zehnern .... Aus der Sache und dem Einzelfall heraus muss das Verfahren wachsen, das am raschesten und dabei sicher zum Ziel führt. Das Kind aber, das darüber noch nicht verfügt,... das mag zunächst den Weg gehen, den es überblicken kann nach der bisherigen Entwicklung seiner Kräfte. Gerade im Gelingen des Versuchs werden diese wachsen; und der Blick auf den Nachbar, der ‚es anders kann', wird auch Schwächere dazu aneifern, solche Versuche zu wagen. Einer Aufgabe aber von zwei Seiten beikommen zu können, heißt nichts anderes, als die Herrschaft über sie in ganz erheblichem Maße vergrößern" (KÜHNEL 1954 [erstmals 1916], S. 119f.).
83 Vgl. STERN 1997, S. 163ff. – Das selbstständige problemlösend-entdeckende Lernen im Mathematikunterricht der Grundschule wird beispielsweise sehr konsequent im Projekt „mathe 2000" von WITTMANN/ MÜLLER und in dem unter Mitarbeit vieler Praktiker entwickelten Lehrwerk „Das Zahlenbuch" umgesetzt (Vgl. WITTMANN/ MÜLLER 1992;1994a,b; MÜLLER/ STEINBRING/ WITTMANN 1997; WITTMANN/ MÜLLER u. a. 1994, 1995, 1996, 1997). Die Bedeutung

des selbstständigen Lösens von Sachaufgaben im Mathematikunterricht für den Erwerb mathematischer Kompetenzen wird in B V/4.4 detailliert dargestellt.

84 Vgl. Hofsäss 1999, S. 16f.

85 Vgl. Maier 1999, S. 189

86 Vgl. Wittmann/Müller 1994a,b; Maier 1999; Hofsäss 1999

IV Das Prinzip der Motivierung und Interessenweckung

1 Begriffsklärung und Konzepte

1.1 Motive – motivationale Orientierung – Motivation – Leistungsmotivation

Das Prinzip der Motivierung und Interessenweckung untersucht die motivationalen Bedingungen des Lernens im Unterricht und stellt **Wege zur Motivierung** der Schüler dar. Die Frage nach den motivationalen Bedingungen und Ursachen des Lernens, Handelns, Erlebens und Verhaltens versuchen Pädagogische Psychologie und Motivationspsychologie zu beantworten. Seit den 70er Jahren setzen sich immer mehr kognitive Konzepte zur Erklärung der dynamischen Prozesse des Lernens und der motivationalen Orientierungen durch. Sie führen die Ursachen des Handelns nicht mehr vorrangig auf innere Antriebe zurück, sondern auf intentionale Entscheidungsprozesse, auf Prozesse der Einschätzung und Beurteilung von Lern- und Handlungssituationen, der vorweggenommenen Erwartungen künftiger Ereignisse und der Bewertungen ihrer Konsequenzen. Die **Erwartungen und Beurteilungsprozesse** der Individuen sind ihren Verhaltensweisen und Handlungen vorgelagert. Selbst ein hoch attraktives Ziel aktiviert kein Verhalten, wenn die Erwartung gering ist, es erreichen zu können. Die Auseinandersetzung mit Gütemaßstäben von Lehrern, Eltern und Mitschülern, die Beeinflussungsmöglichkeiten und das Sich-verantwortlich-Fühlen für ein Handlungsergebnis bestimmen ihre Bewertung und wirken neben der bisherigen Lerngeschichte und den Vorstellungen und Einschätzungen der eigenen Fähigkeiten als motivationale Determinanten aktuellen wie künftigen Lern- und Leistungsverhaltens.[1]
Menschen gelten dann als motiviert, wenn sie mit ihrem Verhalten und Handeln ein bestimmtes **Ziel** oder einen gewünschten und befriedigenden Zustand erreichen wollen, z. B. das Bestehen einer Prüfung, und dazu besondere **Mittel** einsetzen wie Bücher lesen oder Lern- und Problemlösestrategien anwenden.[2]

Motive

Die Beweggründe von Individuen, bestimmte positiv bewertete Handlungen und Verhaltensweisen zu realisieren, nennt man Motive. „Ein Motiv ist eine personspezifische Disposition, d. h. eine zeitlich relativ konstante und situationsunabhängige Verhaltenstendenz" (KELLER 1981, S. 24), ein „Oberbegriff für alle Bedingungen, um derentwillen eine Person handelt" (LUKESCH 1995, S. 142). Nach HECKHAUSEN macht der Motivbegriff Aussagen darüber, „dass Personen sich in den allgemeinen Erwartungen über Erfolg und Misserfolg ihrer Handlungen unterscheiden; desgleichen in den für sie verbindlichen Normwerten, die sie zu erreichen oder aufrechtzuerhalten suchen; desgleichen in den bevorzugten Ursachenfaktoren, mit denen sie ihre Handlungsergebnisse zu erklären geneigt sind."

Es wäre unsinnig, für jede konkrete Situation ein eigenes Motiv anzunehmen. „Motive sind vielmehr hochgeneralisierte Wertungsdispositionen für einzelne „Grundsituationen", die letztlich in der menschlichen Existenzweise, in den Notwendigkeiten der Daseinsfristung und Daseinvorsorge unter den gegebenen Lebensbedingungen, begründet sind. In diesen Grundsituationen findet sich jeder Mensch im Laufe seines Lebens immer wieder vor. Man kann deshalb Motive auch als wiederkehrende Anliegen bezeichnen." Motive als „erlernte Dispositionen" führen „nie unmittelbar zu Handlungen. Sie müssen erst durch ihnen entsprechende Situationsbedingungen wachgerufen und angeregt werden. Sie beeinflussen damit die momentane Motivierung. Die Motivierung wiederum steuert das Verhalten" (HECKHAUSEN 1974a, S. 142f., 147).[3]

Motive bilden sich im Laufe der kindlichen Entwicklung in diesen **Grundsituationen** auf der Basis physiologischer (Triebe) und psychologischer Bedürfnisse und Emotionen durch die unterschiedlichsten Lern- und Interaktionserfahrungen mit der Lernumwelt und wichtigen Bezugspersonen aus. Dabei spielen die Bekräftigung erwünschten Verhaltens durch Erzieher, das Nachahmen von Vorbildern und der Anreiz interessanter Objekte eine Rolle. Mit den Motiven werden auch **gesellschaftliche Normen und Wertorientierungen** übernommen. Gleichzeitig kommt es durch strukturelles Lernen zum Aufbau von Wissen, Können, Begriffen und Konzepten. **Motive** bilden als **Persönlichkeitskonstrukte** dann relativ überdauernde Systeme, die lebenslang wirken und das Verhalten beeinflussen und steuern.

Allerdings gibt es neben den Motiven eine Unzahl weiterer **Verhaltensdeterminanten**, Faktoren wie andere Persönlichkeitsvariablen, Absichten (Volitionen), Klima, Krankheit, Drogen. Zudem ist nicht jedes Verhalten motiviert. Auch den im Laufe des Lebens herausgebildeten Gewohnheiten und Automatismen liegen keine aktualisierten Bedeutungszusammenhänge zugrunde.[4]

Die Befriedigung sozialer und emotionaler Grundbedürfnisse durch Erfahrungen des Angenommenseins, der Anerkennung oder der Bewährung bildet die Grundlage **sozialer Motive** wie das Streben nach Geborgenheit, Anerkennung und Akzeptanz der Persönlichkeit und Leistungen durch andere, nach Zugehörigkeit und Eingebundensein in eine Gemeinschaft. Daneben erfordert das Zusammenleben vom Menschen auch **prosoziale Motive** des Helfens, Unterstützens, Tröstens, des gerechten Interessenausgleichs. Je selbstständiger und handlungsfähiger ein Kind wird, um so mehr wird es fähig, Beziehungen aufzubauen und aufrechtzuerhalten. Soziale und prosoziale Motive bilden auch die Basis für die Ausprägung **kognitiver Motive** durch die aktive Auseinandersetzung mit der sie umgebenen Umwelt.

Ein kognitives Motiv und besonders persönlichkeitsspezifisches Merkmal von Kindern ist ihr **spezifisches Neugierverhalten** und ihr grundlegendes **Interesse** an der sie umgebenden Umwelt. Sie erkunden sie in den ersten Lebensjahren aktiv durch Beobachten, unermüdliches, wiederholtes Ausprobieren, Nachdenken und Nachfragen zur Klärung von Unverstandenem. Sie assimilieren aktiv ihre Umwelt und akkomodieren durch diese neuen Informationen fortwährend ihre kognitiven Strukturen.

Gleichzeitig bauen sie durch Handeln aus Interesse gegenstandsspezifisches Wissen und Handlungskompetenz auf. Ihr **diversives Neugierverhalten** richtet sich darauf, in reizarmen, monotonen Situationen, in denen der Erregungsgrad absinkt, neue Sinnesreizungen zu erfahren. Schüler beschäftigen sich dann in einer langweiligen Unterrichtsstunde mit Gegenständen, spielen, träumen oder unterhalten sich mit Nachbarn.[5]
Auch **Leistungs- und Vermeidungsmotive** einzelner Individuen zählen zu den kognitiven Motiven. Sie werden nachfolgend genauer behandelt.

Motivationale Orientierung – Motivation

Will man im Gegensatz zu den Motiven eher „relativ allgemeine Verhaltensdispositionen (bestimmen)..., die Ziele und Dynamik des Handelns ganz generell steuern", dann spricht man von motivationalen Orientierungen. Eine motivationale Orientierung ist „eine in der Persönlichkeitsstruktur verankerte Verhaltenstendenz, die in konkreten Lernsituationen eine bestimmte Qualität von Lernmotivation handlungswirksam werden lässt" (WILD/KRAPP 1995, S. 591, 580).[6] Motivationale Orientierungen und spezifische Motive sind Voraussetzungen für die Aktualisierung bestimmter Motivationen.
Unter **Motivation** versteht man im Sinne HECKHAUSENs die Aktivierung von Motiven bzw. die Aktualisierung motivationaler Orientierungen. „Motivation (ist) situationsabhängig und ein kurzfristiges Geschehen. Man bezeichnet damit alle aktuellen Faktoren und Prozesse, die unter gegebenen situativen Anregungsbedingungen zu Handlungen führen und diese bis zu ihrem Abschluss in Gang halten. In der Motivation treten Situations- und Motivfaktoren miteinander in Wechselwirkung" (HECKHAUSEN 1974b, S. 143).[7]
Bei jedem Menschen sind unterschiedliche Motive und motivationale Orientierungen vorhanden, aber nur eine davon wird dann als „eine momentane Gerichtetheit auf ein Handlungsziel" im Interaktionsprozess zwischen Person und Situation aktualisiert und z. B. als **aktualisierte Lernmotivation** in einer bestimmten Lernsituation in Kraft gesetzt (HECKHAUSEN 1989, S. 3, 9ff.). „Lernmotivation ist keine feste Eigenschaft eines Schülers (einer Schülerin), sondern entsteht immer wieder neu als Wechselprodukt zwischen SchülerInnenmotiven und situativen Anregungsvariablen der Unterrichtsführung" (LUKESCH 1995, S. 166). „Lernmotivation kann also nicht „mitgebracht" werden, weil sie erst in der aktuellen Situation entsteht. Aber die Lernenden bringen Erfahrungen oder Voraussetzungen mit, die das Entstehen von Lernmotivation im jeweiligen Unterricht begünstigen oder erschweren" (PRENZEL 1995, S. 60). „Ob jemand zum Lernen motiviert ist, hängt von Merkmalen der jeweiligen Situation, den Inhalten und Anforderungen, aber auch von individuellen Besonderheiten, Vorlieben und Selbsteinschätzungen ab. Damit erweist sich die Vorstellung, Lehrkräfte könnten die Schülerinnen und Schüler auf einfache und direkte Weise zum Lernen motivieren, als unrealistisch. Sie können nur Unterrichtssituationen herstellen und gestalten, die Motivierungsprozesse anregen und unterstützen, und zwar solche, die dazu führen, dass die Schülerinnen und Schüler sich auf die Sache und die Anforderungen einlassen, zuhören, mitdenken, nachfragen – also lernen" (BLK 1997, S. 29). Erst die durch

Lernmotivation in Gang gesetzten Lernaktivitäten bewirken dann einen Lernerfolg. Für Lehrkräfte ist Motivation sowohl Ziel wie auch Mittel. Die **Motivierung der Schüler**, d.h. die Aktivierung, Aktualisierung und Förderung von Lern-, Leistungsmotivation, Interesse, Lernfreude der Schüler, ist **Ziel** und grundlegende Aufgabe des Unterrichts. Aktualisierte Motivation als **Mittel** bestimmt neben anderen Faktoren wie beispielsweise kognitive Fähigkeiten, Vorwissen oder Interesse, ob die Schüler die angestrebten Kenntnisse, Fähigkeiten und Fertigkeiten erwerben können und welches Fähigkeits- und Fertigkeitsniveau sie erreichen.[8]

Die Bedeutung von Leistungsmotiven und aktualisierter Leistungsmotivation für das Lernen

HECKHAUSEN definiert **Leistungsmotiv** als das Bestreben, „die persönliche Tüchtigkeit in allen jenen Tätigkeiten zu steigern oder möglichst hoch zu halten, in denen man einen Gütemaßstab für verbindlich hält und deren Ausführung deshalb gelingen oder misslingen kann" (HECKHAUSEN 1974a, S. 162). **Gütemaßstäbe** sind bereichsspezifische, individuell unterschiedlich gesetzte Bezugssysteme, durch die ein Sachverhalt an Bedeutung gewinnt. Sie drücken sich unter Einschätzung der eigenen Tüchtigkeit und der Aufgabenschwierigkeit beispielsweise als Anspruchsniveau der Anforderungen aus, das jemand an seine eigene Leistung anlegt, diese dann als befriedigend, gut oder schlecht bewertet und mit spezifischen Gefühlszuständen wie Freude, Zufriedenheit, Stolz, Ärger, Beschämung verbindet.

Leistungsmotive entwickeln sich schon ab dem 3. Lebensjahr. Sie sind abhängig von der Förderung der kindlichen Selbstständigkeit, der Leistungserwartung und dem Bekräftigungsverhalten der Eltern bei Erfolg und Misserfolg, der Beobachtung und Nachahmung der Eltern, dem Anregungs- und Aufforderungsgehalt der Lernumwelt und der Wahrnehmung unterschiedlicher Aufgabenschwierigkeiten. Sie setzen die Fähigkeit der Kinder voraus, Erfolg und Misserfolg einer Tätigkeit an einem Gütemaßstab zu messen, Konsequenzen einer Handlung zu bewerten und Ursachenerklärungen dafür zu suchen (Kausalattribuierung). Leistungsmotive bilden damit **„Selbstbekräftigungssysteme"**, bei denen kognitive wie motivationale Bedingungen und Entwicklungen eng miteinander verknüpft sind und aktualisieren sich schon in der Vor- und Grundschulzeit als spezifische Leistungsmotivation.[9]

In vielen Schulklassen fallen einige Kinder durch ihre Leistungsmotivation mit ausgeprägten Leistungsmotiven auf, durch eine hohe Einschätzung ihrer schulischen Fähigkeit und ein hohes Selbstkonzept, andere durch große Ängstlichkeit gegenüber schulischen Leistungsanforderungen und ein geringes Selbstkonzept.

Leistungsmotivierte, erfolgszuversichtliche Schüler führen Erfolge auf eigene Fähigkeiten und Anstrengung zurück und erklären Misserfolge durch nicht kontrollierbare Umstände wie Krankheit, Pech, unfaire Prüfungsbedingungen oder durch mangelnden eigenen Einsatz. Erfolge erhöhen ihre künftigen Leistungserwartungen. Sie setzen sich realistische Ziele, wählen Aufgaben mittleren Schwierigkeitsgrades und meiden extrem schwere, bei denen nicht mit Erfolg zu rechnen ist, und sehr leichte, deren Bewältigung nicht als Beleg für Fähigkeiten und Begabung zählt. Die realistischen Zielsetzungen und positiven Ursachenerklärungen eröffnen die Aussicht auf

eine positive Selbstbewertung, die es ihrerseits attraktiv macht, sich realistischen Anforderungen zu stellen.
Misserfolgsorientierte Schüler führen schwache Schulleistungen auf mangelnde Begabung und Fähigkeiten zurück oder suchen Entschuldigungen für ihr Versagen. Bei jeder Leistungskontrolle erwarten sie weitere Misserfolge mit allen unangenehmen Konsequenzen und erklären schulische Erfolge mit nicht kontrollierbaren Einflüssen wie Glück, einem geringen Schwierigkeitsgrad der Aufgaben, dem Wohlwollen des Lehrers. Ängstliche Schüler erleben besonders den Vergleich mit anderen Schülern als ständige Bedrohung ihres Selbstkonzepts. Sie setzen sich unrealistische Ziele, bevorzugen entweder sehr leichte Aufgaben, die ihnen Misserfolge ersparen, oder sehr schwere, bei denen das Scheitern vorhersehbar ist und ihre Alltagstheorien geringer Begabung bestätigen. Die motivational ungünstigen Ursachenerklärungen führen zu negativen Selbstbewertungen und nehmen die Hoffnung, durch vermehrte Anstrengungen zu Erfolgen zu gelangen. Einem drohenden Imageverlust durch ständige Misserfolge versuchen sie deshalb durch Defensivstrategien entgegenzuwirken wie Aufmerksamkeit vortäuschen, sich eifrig Notizen machen, beantwortbare Fragen stellen.
Gelingt es solchen Schülern trotz strategischer Manöver nicht, die Furcht vor einem Selbstwertverlust zu mindern, geraten die weiteren Lern-, Leistungsprozesse und -ergebnisse zunehmend außer Kontrolle bis hin zur **erlernten Hilflosigkeit** mit Erscheinungsformen der Apathie oder des Desinteresses. Wiederum stabilisieren sich unrealistische Zielsetzungen, ungünstige Ursachenerklärungen (Kausalattribuierung) und negative Selbstbewertung.
Diese negativen Leistungsmotive, Ursachenerklärungen und Vermeidungsstrategien treten vor allem bei Orientierung des Lehrers an einer **sozialen Bezugsnorm** auf. Die Verwendung einer **individuellen Bezugsnorm**, die Vermeidung von Zeitdruck und das Zugestehen von mehr Lernzeit, der Aufbau einer entspannten Lernsituation, der Einsatz kooperativer Arbeitsformen führen auch bei misserfolgsängstlichen Kindern zu Erfolgen, zu einer als befriedigend erlebten Steigerung der eigenen Kompetenz und langfristig zum Aufbau positiver Leistungsmotive. Eine Vielzahl von Felduntersuchungen im Grund- und Sekundarschulbereich zeigt, „dass Lehrer, die auch individuelle Bezugsnormen verwenden, günstige Motivationseffekte bewirken; Misserfolgsfurcht und Prüfungsangst sanken, die 'naiven' Ursachenerklärungen wurden günstiger, die Schüler sahen vermehrt das Wachstum der eigenen Tüchtigkeit und entwickelten stärkere Kontrollüberzeugungen und Verbesserungsmotivationen... Die hier untersuchten Lehrer verwandten keineswegs **ausschließlich** individuelle Bezugsnormen... Ein situationsangemessener Wechsel und/oder die Kombination verschiedener Bezugsnormen... (hatten) die günstigsten Auswirkungen... (Es kommt darauf an), dass es Kinder im Sekundarschulalter lernen, in der Selbst- und Fremdbewertung **mehrere Bezugsnormen** anzulegen" (RHEINBERG 1995, S. 61f.; 1981, S. 227ff.).
Lehrer unterstützen dies beispielsweise durch **Kommentare** zu benoteten Leistungen, die unter individuellen Bezugsnormen die persönliche Leistungsentwicklung thematisieren, und durch Reflexion dieser verschiedenen Vergleichsperspektiven im Gespräch mit den Schülern.[10]

1.2 Überblick über Bedingungsfaktoren und Konsequenzen der Lernmotivation

Wie jede Art von Motivation wird auch die Lernmotivation durch verschiedenste **Bedingungsfaktoren** beeinflusst, die einzeln untersucht werden können, in der Realität aber durch vielfältige wechselseitige Interaktions- und Rückkopplungsprozesse miteinander verbunden sind. Sie betreffen Persönlichkeitsmerkmale des Lerners, Bedingungen des sozialen Umfeldes, die Gestaltung der Lernumwelt und die Steuerung der Lernsituation. Sie sollen durch ein einfaches **Rahmenmodell**[11] illustriert werden (siehe folgende Seite).

- **Aktuelle Bedingungsfaktoren der Lernmotivation**
  Bedingungen in der Person des Lerners
  Dispositionelle und habituelle Faktoren seiner Persönlichkeitsstruktur wie individuelle Motive, Interessen, Absichten, Wertorientierungen, Werthaltungen und Einstellungen, Zielerwartungen, emotional-affektive Erlebensprozesse, kognitive Lernvoraussetzungen und die Erfahrungen von Erfolg und Misserfolg bestimmen die Lernmotivation, die Bewertung eigener Leistungen und die Zuschreibung von Ursachen. Sie werden vor allem von der pädagogisch-psychologischen Motivationsforschung untersucht.
  Bedingungen im sozialen Umfeld des Lerners
  Anforderungen, Erwartungen und Einstellungen der Eltern, des Lehrers und der Mitschüler, ein anregungsreiches bzw. -armes Erziehungsmilieu, ein ermutigendes, autonomieunterstützendes versus kontrollierendes, verbietendes oder forderndes Erzieherverhalten mit angemessenem oder fehlendem informativen Feedback oder gruppendynamische Prozesse in der Schulklasse beeinflussen ebenfalls die Lernmotivation.
  Bedingungen der Lernsituation und des Lerngegenstandes
  Die Interessantheit, der Anregungs- bzw. Neuigkeitsgehalt, der Schwierigkeitsgrad des Lernstoffes und seine Erreichbarkeit, seine didaktisch-methodische Präsentation, die Steuerung des Lernprozesses durch ein problem- und handlungsorientiertes, selbst bestimmtes Lernen förderndes Vorgehen usw. wirken sich auf die Lernmotivation aus.
- **Frühere Entwicklungsbedingungen der Lernmotivation**
  Die angeführten Bedingungsfaktoren der Lernmotivation werden ihrerseits beeinflusst von früheren Entwicklungsbedingungen. Sie können der Person des Schülers, dem sozialen Umfeld wie der Lernsituation zugeordnet werden. Auf Seiten des Schülers betrifft dies vor allem Entwicklungsfaktoren, die in vorausgegangenen Sozialisationsphasen dauerhafte Spuren in der Persönlichkeit hinterlassen haben.
- **Aktualisierte motivationale Orientierungen und Lernmotivation**
  In einer spezifischen Lernsituation werden durch den Anregungs- und Neuigkeitsgehalt, die Präsentation und Problemstellung des Lerngegenstandes oder durch den Handlungsablauf selbst bestimmte intrinsische oder extrinsische Lernmotivationen, Interessen und emotionale Erlebensprozesse geweckt und aktualisiert. Sie beeinflussen dann die weiteren unterschiedlichsten Prozesse der Lernhandlung.

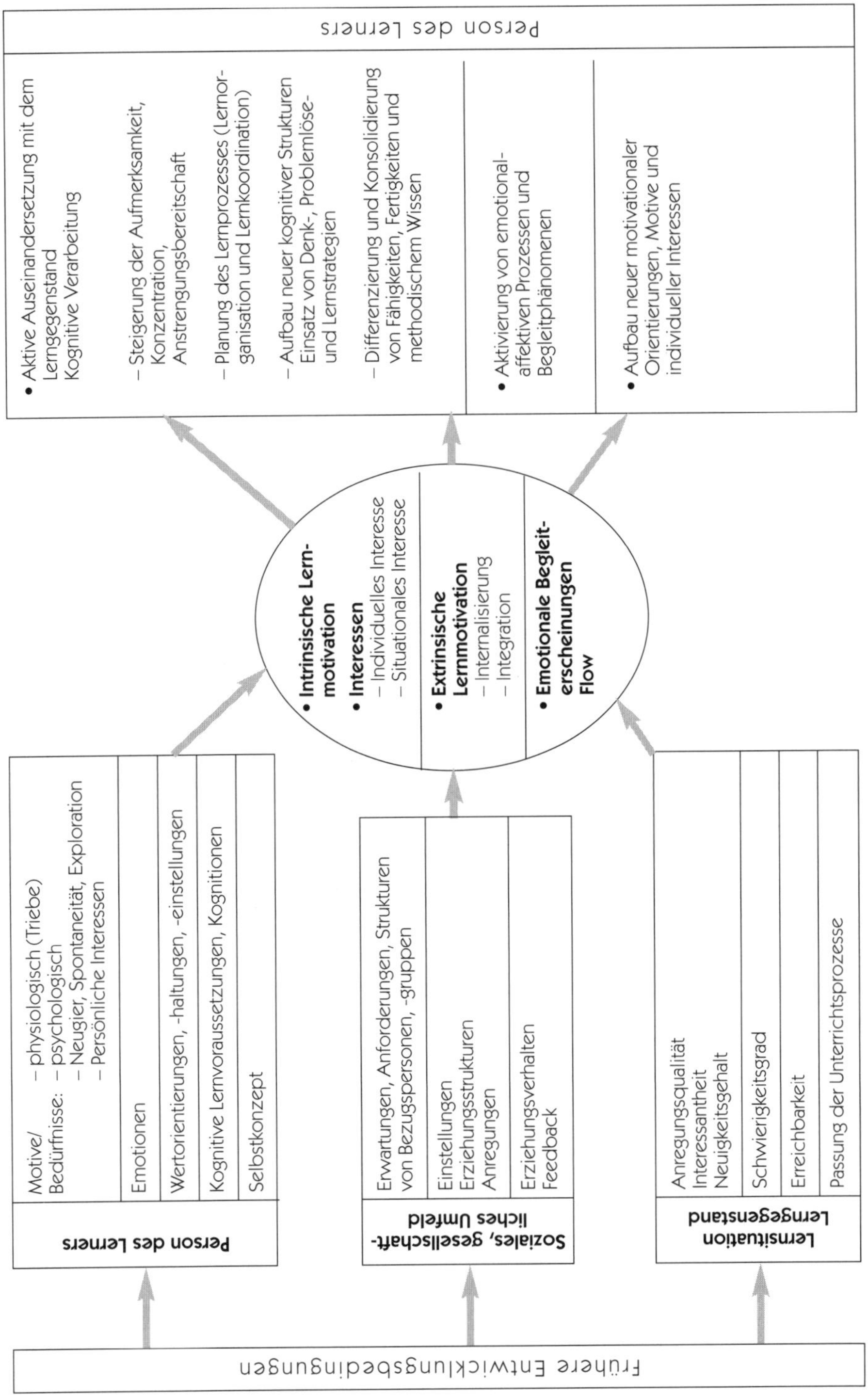

(Übersicht in Anlehnung an KRAPP 1993, S. 190)

- **Kognitive, psychomotorische und emotional-affektive Prozesse während der Lernhandlung**
  Je nach Stärke und qualitativer Ausrichtung der aktualisierten Lernmotivation setzen sich Schüler unterschiedlich mit dem Lernstoff auseinander. Hohe intrinsische Lernmotivation fördert Konzentration, Aufmerksamkeit und Anstrengungsbereitschaft, beeinflusst Lernorganisation und -koordination wie die Planung der Lernzeiten, den Einsatz von Problemlöse-, Denk- und Lernstrategien und hat Auswirkungen auf die Qualität des neu aufgebauten Wissens, auf das Verstehen, die Verarbeitungstiefe, Verfügbarkeit und Transferierbarkeit der kognitiven Strukturen wie auch auf die Verbesserung und Konsolidierung vorhandener Fertigkeiten und Fähigkeiten. Auch emotional-affektive Begleitphänomene beeinflussen diese informationsverarbeitenden Prozesse positiv wie negativ.
  Im folgenden werden wichtige persönlichkeitsspezifische und situative Bedingungsfaktoren der Lernmotivation detaillierter dargestellt und Konsequenzen für die Motivierung im Unterricht gezogen.

2 Persönlichkeits-, erziehungs-, sozialisationsspezifische und situative Faktoren der Lernmotivation

Lehrer beobachten oftmals im Unterricht, dass manche Schüler mit Interesse und Spaß mitarbeiten, Neugier an fachlichen Details des Lerngegenstands zeigen und tiefgründige Fragen stellen, während sich andere lustlos, desinteressiert, gleichsam gezwungen damit auseinandersetzen. Global können **zwei Formen** der Lernmotivation dargestellt werden, die Schüler im Laufe ihrer schulischen Sozialisation als Zielvorstellungen für ihr Lern- und Leistungsverhalten entwickeln und die sich durch den Grad ihrer Kontrollierbarkeit unterscheiden. Beide Formen steuern eher im Sinne relativ allgemeiner **motivationaler Orientierungen** generell Ziele und Dynamik des Handelns. In der Literatur werden sie global als intrinsische und extrinsische Motivation bezeichnet.

2.1 Intrinsische und extrinsische Motivation

Begriffsklärung und Entwicklung

„Intrinsische Motivation liegt vor, wenn eine Person eine Handlung um ihrer selbst willen, wegen der ihr innewohnenden Anreize, ausführt" (Csikszentmihalyi/Schiefele 1993, S. 207).[12] Menschen beschäftigen sich mit einer Sache, weil sie ihnen aufgrund ihrer gegenstandspezifischen Eigenschaften (gegenstandszentrierte intrinsische Motivation) als interessant, spannend, anregend erscheint oder führen mit Interesse freiwillig Handlungen aus, weil die damit verbundenen Aktivitäten (tätigkeitszentrierte Motivation) herausfordernd und motivierend sind.
Zur **intrinsischen Motivation** im Sinne einer überdauernden Absicht, aus gegenstands- bzw. tätigkeitsimmanenten Gründen primär um ihrer selbst willen zu lernen, einen Lerngegenstand wirklich zu begreifen (intrinsische motivationale Orientie-

rung), gehören deshalb auch **Persönlichkeitskomponenten** wie Neugier, Interesse, Spontaneität und Explorationsverhalten. Jede primäre aktive Auseinandersetzung mit einem Gegenstand im frühesten Kindesalter ist intrinsisch motiviert. Intrinsische Motivation zeigt sich auch in dem Bestreben, eine Sache ganz zu beherrschen, etwas alleine tun zu wollen. „Intrinsisch motivierte Handlungen repräsentieren den Prototyp selbstbestimmten Verhaltens. Das Individuum fühlt sich frei in der Auswahl und Durchführung seines Tuns. Das Handeln stimmt mit der eigenen Auffassung von sich selbst überein. Die intrinsische Motivation erklärt, warum Personen frei von äußerem Druck und inneren Zwängen nach einer Tätigkeit streben, in der sie engagiert tun können, was sie interessiert" (DECI/RYAN 1993, S. 226). Intrinsisch motiviertes, selbstbestimmtes, autonomes Lernen ist mit nachfolgend dargestellten, pädagogisch erwünschten Effekten verbunden.
Oftmals lässt sich bei intrinsisch motivierten Personen beobachten, dass sie bei der intensiven Beschäftigung mit einem Lerngegenstand, einer Situation jegliches Zeitgefühl verlieren, gleichsam im Handlungsvollzug „aufgehen" und dies als beglückend, freudvoll erleben. Intrinsische Motivation wird durch solche **emotional-affektiven Begleitphänomene**, vor allem durch das Flow-Erleben, nachhaltig unterstützt.

Extrinsisch motivierte Schüler beschäftigen sich im Gegensatz zu intrinsisch motivierten nicht aus Neugier oder Interesse mit einer Sache, sondern um dadurch bestimmte positive **Konsequenzen** herbeizuführen und beispielsweise eigenen oder fremden Leistungsansprüchen zu genügen, belohnt zu werden, einen bestimmten Status in der Schülergruppe zu gewinnen, oder negative Konsequenzen wie herabwürdigende Äußerungen von Eltern, Lehrern oder Mitschülern zu vermeiden. „Von extrinsischer Motivation sprechen wir, wenn eine Handlung hauptsächlich wegen bestimmter mit ihr verbundener Konsequenzen, die zu der Handlung selbst in keinem direkten Verhältnis stehen, erfolgt" (CSIKSZENTMIHALYI/SCHIEFELE 1993, S. 207). Extrinsisch motivierte Handlungen treten deshalb normalerweise **nicht spontan** auf, sondern werden durch Aufforderungen, Leistungserwartungen, Ansprüchen von Eltern, Lehrern, Mitschülern, der Gesellschaft usw. ausgelöst und **mit instrumenteller Absicht** durchgeführt. „Wichtig ist dabei, dass diese Folgen per se nichts mit der Lernhandlung und ihrem Gegenstand zu tun haben" (SCHIEFELE/SCHREYER 1994, S. 2).
Die Neigung, eine Tätigkeit um ihrer selbst willen auszuführen, kann aber abnehmen, wenn für diese Aktivitäten extrinsische **Belohnungen** wie Geld, andere materielle und symbolische Verstärker wie besondere Auszeichnungen angeboten oder psychischer **Druck** durch Drohungen, Vorschriften, Verbote, aufgezwungene Ziele ausgeübt werden. Diese externalen Einflüsse werden als Kontrolle erlebt, fördern Kontrollwahrnehmungen und zerstören die intrinsische Motivation. Auch ein kontrollierender Erziehungsstil von Eltern und Lehrern schwächt die intrinsische Motivation, während sie ein unterstützender Erziehungsstil positiv beeinflusst, der Wahlentscheidungen anbietet und die Perspektive der Schüler bei Entscheidungen berücksichtigt.[13]
Die **Grobklassifikation** der Lernmotivation in eine **intrinsische und extrinsische Komponente** unterliegt der Gefahr, einen Antagonismus zwischen beiden aufzubauen und extrinsisch motivierte Handlungen als negativ, intrinsisch motivierte, selbst

bestimmte als positiv einzustufen. Beide motivationale Orientierungen schließen sich nicht gegenseitig dichotom aus, sondern stellen die Eckpunkte einer Stufenfolge verschiedenster Motivationsformen dar. Externale Forderungen sind nicht zu vermeiden, z. B. geforderte Schulaufgaben zum Nachweis erbrachter Leistungen, und sind beispielsweise notwendig, wenn ein motivierendes Problem gelöst wurde und die stimulierende Inkongruenz damit wegfällt. Das Lernen muss auch durch andere Motive angeregt werden, wenn die für eine intrinsisch motivierende, selbstständige Auseinandersetzung mit einer Aufgabe notwendigen Arbeitsweisen und -techniken noch nicht aufgebaut sind. Generell sollte aber jedes Individuum die Möglichkeit haben, sich mit extrinsischen Forderungen und ihrer äußeren Kontrolle auseinander zu setzen und sie über Prozesse der Internalisation und Integration in das Selbstbild zu integrieren. Dabei bezeichnet **Internalisation** den Prozess, durch den externale Werte in die eigenen Wertvorstellungen und Regulationsprozesse übernommen werden, um beispielsweise Akzeptanz anderer Personen zu erfahren, während **Integration** den Einbau dieser internalisierten Werte und Regulationsprinzipien in das eigene Selbstkonzept beschreibt.[14]
Externe, extrinsische Verhaltensmotive können dabei in **unterschiedlicher Ausprägung** vom Individuum übernommen werden. Lernt ein Schüler beispielsweise im Hinblick auf einen Schulabschluss nur, weil seine Eltern dies von ihm erwarten und entsprechenden Druck ausüben, oder ein Student, um einen Schein zur Fortsetzung des Studiums zu erwerben, ist diese Verhaltensregulation external. Lernt er, weil er sich seinen Freunden gegenüber ohne Abschluss minderwertig vorkäme, ist diese Verhaltenssteuerung introjiziert, da sie ohne äußere Anstöße zur Aufrechterhaltung seiner Selbstachtung durchgeführt wird. Bereitet er sich aber auf den Abschluss vor, um dadurch einen bestimmten Beruf oder ein Studium zu erreichen, ist diese Verhaltensregulation integriert. Er bewertet das Ergebnis der Lernhandlungen subjektiv sehr hoch, identifiziert sich deshalb mit den zugrundeliegenden Werten und Zielvorstellungen der Eltern, der Freunde oder Lehrer, internalisiert sie und integriert sie ohne Widersprüche in sein Selbstkonzept.[15]

Intrinsische Motivation und integrierte extrinsische Motivation bilden die gemeinsame Basis für selbstbestimmtes Handeln. Durch die Internalisierung oder Integration extrinsischer Motive werden gleichzeitig neue motivationale Orientierungen entwickelt, durch die Auseinandersetzung und didaktisch-methodische Präsentation des Lerngegenstandes individuelle und situationale Interessen geweckt und neue Denk-, Lern-, Problemlösestrategien durch die konkrete Lernerfahrung aufgebaut.[16]
Das **individuelle Selbstkonzept** entwickelt sich im Laufe der Ontogenese. Es ist durch eine charakteristische Struktur an selbstbezogenen Wissensbeständen, an Fähigkeiten, Kenntnissen, Überzeugungen, Einstellungen und Zielsetzungen gekennzeichnet und äußert sich in der Wahrnehmung, Einschätzung und Bewertung des eigenen Verhaltens, der eigenen Leistungsmöglichkeiten, Fähigkeiten, Einstellungen zur Bewältigung geforderter Aufgaben und der Reaktionen der Mitmenschen. Die Struktur des eigenen Selbst bestimmen neben kognitiven Wissensbeständen auch emotional-motivationale Komponenten. Es ist einer ständigen Veränderung unterworfen, da die Befriedigung individueller Grundbedürfnisse und die Auseinander-

setzung mit variierenden Anforderungen der gesellschaftlichen, gegenständlichen und sozialen Umwelt immer wieder neue Anpassungen erfordern.[17]

Persönlichkeitsspezifische Bedingungen intrinsischer und integrierter extrinsischer Motivation

Jede Art von Motivation kann auf zwei Ebenen untersucht werden. Auf der Ebene dispositionaler Merkmale will man herauszufinden, welche vorhandenen persönlichkeitsspezifischen Motivationsfaktoren in konkreten Lernsituationen das Auftreten intrinsischer Motivation wahrscheinlich machen. Auf der Ebene der aktuellen Prozesse des Lerngeschehens interessiert, wie Erziehungs- und Sozialisationsinstanzen durch eine entsprechende Gestaltung der Lernumwelt intrinsische Motiviertheit, eine allgemeine intrinsische motivationale Orientierung und gegenstandspezifisches Interesse wecken und fördern können.

Verhalten, Erleben und Motivationen von Menschen werden außer von bewusstrationalen, kognitiven Faktoren unmittelbar auch von grundlegenden Bedürfnissen beeinflusst, die zur anthropologischen Grundausstattung von Individuen gehören. Neben den primär **biologisch-physiologischen Bedürfnissen** wie den Trieben zählen dazu die **Emotionen** und die **psychologischen Bedürfnisse** wie Erwartungen, Wünsche, Interessen, Neugier und Wertorientierungen, Einstellungen und Einschätzungen der Konsequenzen einer Handlung. Sie prägen bestimmte soziale und kognitive Motive aus und sind Voraussetzungen für die Aktualisierung von Motivationen. Vor allem die psychologischen Bedürfnisse liefern die notwendigen Antriebsenergien für viele Handlungen und beeinflussen die autonome Steuerung der Triebe und Emotionen. Personen verfolgen wahrscheinlich deshalb bestimmte Ziele, weil sie dadurch ihre angeborenen Bedürfnisse befriedigen können.

Für die intrinsische wie die integrierte extrinsische Motivation sind besonders drei angeborene psychologische Bedürfnisse relevant:[18]

- **Das Bedürfnis nach sozialer Anerkennung und sozialem Eingebundensein**
  Jedes Individuum weist ein angeborenes Bedürfnis nach sozialer Anerkennung seiner Person und seiner Leistungen durch andere, nach befriedigenden Sozialkontakten und nach Geborgenheit und Zugehörigkeit zu einer sozialen Gruppe auf. Gerade in frühen Jahren der kindlichen Entwicklung ist das Streben nach Anerkennung durch bedeutsame Bezugspersonen wie Eltern, Erzieher, Lehrer ein mächtiges soziales Motiv zur Erweiterung individueller Fähigkeiten und Einstellungen.
- **Das Bedürfnis nach Kompetenz oder Wirksamkeit**
  Jedes Individuum zeigt das Bestreben, sich selbst als handlungsfähig und kompetent zu erleben, gestellten Anforderungen gewachsen zu sein und Probleme aus eigener Kraft zu bewältigen. Das Bedürfnis nach Kompetenzerfahrung impliziert beispielsweise das Vertrauen in die eigene Entwicklungs- und Lernfähigkeit, eine positive Leistungsmotivation und das Zutrauen von Aufgabenlösungen.[19]
- **Das Bedürfnis nach Selbstbestimmung und Autonomie**[20]
  Das Bedürfnis nach Autonomie drückt das Bestreben aus, Ziele und Vorgehensweisen des eigenen Tuns und Handelns selbst zu bestimmen und sich als „eigen-

ständiges Handlungszentrum", als Initiator und Gestalter des Geschehens zu erleben.[21] „Der Mensch möchte nicht wie der Bauer auf dem Schachbrett geschoben und benützt werden, in bloß passiver, dienender Rolle. Er möchte die Vorgänge, die ihm wichtig sind, selber auslösen und sie selber steuern" (AEBLI 1987, S. 145f.). Schon Säuglinge haben nach Untersuchungen von PIAGET u.a. den angeborenen Wunsch, ihre Umwelt selbst aktiv zu erforschen, sie zu verstehen, sie in sich aufzunehmen, d.h. sie zu assimilieren. Auch Vorschul- und Grundschulkinder drängen ungeduldig, etwas selbst tun und durchführen zu dürfen. Diese intrinsische Motivation zur aktiven Auseinandersetzung mit der Umwelt in den frühesten Stadien der menschlichen Entwicklung ist dann die Basis für den Aufbau kognitiver Strukturen, den Erwerb von Fähigkeiten und Fertigkeiten und für die Entwicklung des individuellen Selbstkonzepts.

Die Aktivitäten und Handlungsweisen lassen sich nach dem **Grad der Selbstbestimmung** differenzieren. „Manche Handlungen erlebt man als frei gewählt; sie entsprechen den Zielen und Wünschen des individuellen Selbst. Andere werden dagegen als aufgezwungen erlebt, sei es durch andere Personen oder intrapsychische Zwänge. In dem Ausmaß, in dem eine motivierte Handlung als frei gewählt erlebt wird, gilt sie als selbstbestimmt oder autonom. In dem Ausmaß, in dem sie als aufgezwungen erlebt wird, gilt sie als kontrolliert"(DECI/RYAN 1993, S. 225).

„Der entscheidende Motivationsfaktor ist das Ausmaß der subjektiv erlebten Autonomie. Im Zustand selbstbestimmten Handelns tut das Individuum, was es aus eigenen Antrieben tun möchte. Es fühlt sich frei von äußeren und inneren(!) Zwängen. Selbstbestimmtes Handeln kann durch den Hinweis auf innere Faktoren der Handlungsveranlassung nicht hinreichend bestimmt werden, da jedwedes Handeln, auch Handeln unter Zwang, letztlich innerpsychisch reguliert wird. Entscheidend ist vielmehr der subjektiv wahrgenommene Ort der Handlungsursache" (KRAPP 1993, S. 200). Intrinsisch motivierte Verhaltensweisen und Handlungen treten vor allem dann auf, wenn sich ein Individuum in seinem Handeln als kompetent und autonom erfährt. „Die Erfahrung, eigene Handlungen frei wählen zu können, ist der Eckpfeiler dieser Entwicklung. Entscheidend ist auch die eigene Wertsetzung der Handlungsziele auf der Basis intrinsischer oder integrierter extrinsischer Motivation. Im Gegenzug bewirkt die engagierte Aktivität des Selbst eine höhere Lernqualität und fördert zugleich die Entwicklung des individuellen Selbst". Gleichzeitig erlebt es solche Handlungen subjektiv als angenehm und befriedigend (DECI/RYAN 1993, S. 236).
Eine soziale Umwelt, in der wichtige Bezugspersonen als „erfahrbare Gegenüber" die psychologischen Grundbedürfnisse der Schüler wie das Streben nach Autonomie, Kompetenz und sozialem Eingebundensein befriedigt, fördert die Entwicklung einer auf Selbstbestimmung beruhenden intrinsischen Motivation und die Herausbildung eines individuellen Selbstkonzepts.[22]

Erziehungs- und sozialisationsspezifische Bedingungen intrinsischer und integrierter extrinsischer Motivation

Nach einer Vielzahl von Untersuchungen haben **Faktoren des Erziehungsmilieus** wie der Bildungs- und Sozialstatus der Eltern und ihr spezifisches Erzieherverhalten Auswirkungen auf Schulerfolg, Lern- und Leistungsmotivation. Positive Leistungsmotive, eine aufgaben- und problemorientierte Leistungsmotivation, Freude an der eigenen Leistung, Hoffnung auf Erfolg entwickeln sich schon ab der Vorschulzeit, wenn die Kinder in einer behüteten Atmosphäre ein Grundvertrauen zu sich, den umgebenden Menschen und ihre Erfahrungswelt aufbauen können.

- Je vielfältiger die Anregungen und Möglichkeiten zu selbstständigen, differenzierten Erfahrungen im Umgang mit Gegenständen und Menschen vor allem im Elternhaus sind,
- je mehr den Kindern die Steigerung ihres eigenen Könnens durch Aufgaben mit einem mittleren Schwierigkeitsgrad, die sie mit einiger Anstrengung bewältigen können, verdeutlicht wird und sie dafür Anerkennung, beim Scheitern Hinweise auf Ursachen und Hilfen bekommen,
- je leistungsmotivierter, aktiv-zukunftsorientierter die Eltern selbst sind und den Kindern ihr Vertrauen in eine aktive Einflussnahme auf ihr Lebensschicksal und ihre Bereitschaft, unmittelbare Bedürfnisbefriedigung zugunsten höherer Ziele zurückzustellen, miterleben lassen, desto stärker prägen sich Leistungs- und Lernmotivation und Erfolgsorientierung bei den Kindern aus.

Diese **Erziehungspraktiken** und **Wertorientierungen** sind in der soziokulturellen Mittel- und Oberschicht erheblich häufiger anzutreffen als in der Unterschicht und haben ihre Ursachen in ökonomischen, beruflichen und gesellschaftlichen Bedingungen. In der Unterschicht herrschen dagegen weniger Selbstständigkeit, Eigeninitiative, Zukunftsorientierung, Planungsverhalten vor. Durch die veränderten Anforderungen der Industrie im Hinblick auf Schlüsselqualifikationen wie Teamarbeit, zunehmend autonomes Planen der eigenen Arbeit in der Gruppe usw. dürften sich auch hier langfristig Änderungen abzeichnen.[23]

In der **Grundschule** werden die Kinder erstmals mit relativ starren Anforderungen und einem System externer Steuerungsfaktoren konfrontiert, die selbstbestimmte Formen der Handlungsregulation, beispielsweise in Freiarbeitsphasen, nicht immer ermöglichen. Die Schüler stehen am Anfang einer Entwicklung selbstbestimmter intrinsischer Lernmotivation und fachspezifischen Interesses, die auch allgemeinen Entwicklungsgesetzlichkeiten unterliegen. Dies gilt vor allem für die Ausbildung von Interessen, die differenzierte Erfahrungen mit einem positiv bewerteten Lerngegenstand und die Einschätzung der eigenen Kompetenzen und Fähigkeiten voraussetzen. „Im Vorteil sind Kinder aus gehobener Bildungsschicht, deren Eltern dafür Sorge tragen, dass sie Lern- und Schulaufgaben möglichst früh selbstständig erledigen und ihnen dabei nicht nur den erforderlichen Freiraum gewähren, sondern sie aktiv unterstützen ... Kinder, die eine hohe Autonomieunterstützung bei ihren Eltern wahrnehmen, (überwinden) die Stufe der extrinsischen Verhaltensregulation schneller ... Eltern mit einem autonomieförderlichen Erziehungsverhalten schützen so ihre Kinder davor, ihr schulisches Lernen auf dem Hintergrund extern aufgezwungener An-

forderungen zu sehen und eröffnen ihnen langfristig die Chance zur Entwicklung einer auf Selbstbestimmung und fachlichem Interessen beruhenden Lernmotivation" (WILD/KRAPP 1995, S. 593ff.).
Bei der Ausbildung von Lern- und Leistungsmotiven und aktualisierten Motivationen kommt der **Autonomieunterstützung** durch „signifikante Erwachsene" wie Eltern, Lehrer, ältere Gruppenmitglieder große Bedeutung zu. Zeigen sie Anteilnahme am Leben der Kinder, ermutigen sie die Kinder, sich selbst Ziele zu setzen oder selbstständig zu entscheiden, geben sie Hinweise, wie der Wissenserwerb zu steuern ist, und praktizieren sie ein geringes Maß an Kontrolle, so ermöglichen sie ihnen dadurch ein hohes Maß an subjektiv empfundener Autonomie, das Gefühl einer höheren Kontrollierbarkeit ihrer Umwelt und legen die Basis für die Entwicklung individueller Interessen. Die Schüler zeigen eine stärker von Selbstbestimmung geprägte Motivation und bessere Schulleistungen.[24]
Will die Schule als mittelschichtspezifische Bildungsinstanz geringer leistungsmotivierte Kinder der Unterschicht nicht benachteiligen, muss sie ihnen ab der 1. Jahrgangsstufe durch **Passung der Inhalte und Methoden** an die Lernvoraussetzungen, durch Differenzierungsmaßnahmen, Vermittlung grundlegender Fertigkeiten für handlungsorientiertes, selbstständiges Lernen und Öffnung des Unterrichts die Ermutigung, Anteilnahme und Autonomieunterstützung gewähren, die Kinder der Mittel- und Oberschicht schon im Elternhaus erfahren konnten.[25]

2.2 Das gegenstandsbezogene Interesse als Motivationsfaktor

Intrinsische motivationale Orientierung und Interesse sind eng zusammenhängende, aber nicht gegenseitig austauschbare theoretische Konzepte. Erstere werden als relativ allgemeine, Ziele und Dynamik des Handelns generell steuernde Verhaltensdispositionen aufgefasst. Handelt eine Person in bestimmten Situationen intrinsisch motiviert, ist das als Aktualisierung intrinsischer motivationaler Orientierung zu verstehen. **Interesse** wird von der pädagogisch-psychologischen Forschung seit den 80er Jahren zunehmend „als eine auf Selbstbestimmung beruhende motivationale Komponente des intentionalen Lernens ... interpretiert, das die besondere Beziehung einer Person zu einem Erfahrungs- oder Wissensbereich (Lerngegenstand) zum Ausdruck bringt. Interesse bezeichnet solche Person-Gegenstands-Relationen, die für das Individuum von herausgehobener Bedeutung sind und mit (positiven) emotionalen und wertbezogenen Valenzen verbunden sind" (KRAPP 1993, S. 202). Interessen sind also **subjektiv hoch bewertete Vorlieben** für bestimmte Lerngegenstände, -inhalte, -gebiete und/oder die damit verbundenen Tätigkeiten und Handlungen.
Interesse spielt als ein zentraler persönlichkeitsspezifischer Bedingungsfaktor intrinsischer Motivation und selbstbestimmten, autonomen Handelns eine besondere Rolle. Interesse an einem Gegenstandsbereich entwickelt sich über Lernprozesse der handelnden Auseinandersetzung mit ihm. PRENZEL/LANKES bezeichnen deshalb „Interesse als gegenstandsbezogene Lernmotivation" (PRENZEL/LANKES 1995, S. 12).[26]
Interesse aktualisiert sich in Interessenhandlungen, die durch eine Reihe von Merkmalen charakterisiert sind.

Merkmale von Interessenhandlungen

- Interessen beziehen sich immer auf Inhalte und/oder Gegenstände, z. B. Musik einer bestimmten Stilrichtung, Natur, Technik, und verwirklichen sich im **freiwilligen, wiederholten, freudvollem handelnden Umgang** mit diesen Gegenständen wie dem Spielen eines Instruments, dem Hören bestimmter Musikstücke, dem Sammeln von Mineralien, dem Lesen ausgewählter Literatur, der Hege und Pflege von Tieren, dem Schreiben von Computerprogrammen. „Interesse ist also keine Haltung oder Einstellung, z. B. im Sinne eines ‚das könnte mich schon interessieren', sondern aktive Beschäftigung oder Auseinandersetzung mit dem Gegenstand", die handelnde Erschließung eines Gegenstandsbereichs (PRENZEL/LANKES 1988, S. 68; 1995, S. 12f.). Durch das aktuelle Handeln mit dem Interessengegenstand und den über längere Zeit bestehenden Bezug zu ihm erwirbt die handelnde Person im kognitiven Bereich ein zunehmend tieferes Verstehen und komplexes, differenziertes Wissen über ihn verbunden mit einem fortlaufend verfeinerten, trainierten und optimierten Repertoire sachgerechter und problemangemessener Handlungsmöglichkeiten und -kompetenzen.
- Interessenhandlungen werden im emotionalen Bereich von **positiven Gefühlen begleitet** wie Freude und Spaß, angenehmer Spannung und Erregung, vom Aufgehen in der Tätigkeit (Flow-Erlebnissen), von Kompetenz- und Selbstbestimmungserleben. Nicht nur das Handeln, sondern auch der Gegenstand wird emotional positiv besetzt. Das Denken und Reden über ihn wird emotional als angenehm erlebt, ihm entsprechende Gefühle werden aktiviert, z. B. Stimmungen und Gefühlserlebnisse von Romanfiguren oder Filmhelden.
- Interessenhandlungen sind **selbst bestimmt, selbstintentional**. Auch ohne äußere, externe Veranlassungen sind der Gegenstand und die Auseinandersetzung mit ihm im Wertebereich besonders hoch geschätzt oder erstrebenswert.[27]

Individuelle und situationale Bedingungen von Interessenhandlungen

◆ Individuelles, persönliches Interesse

Das individuelle oder persönliche Interesse bezeichnet die **subjektive Wertschätzung** von Lerninhalten und Gegenständen, die persönlichkeitsspezifischen Vorlieben für ein bestimmtes Wissens- oder Handlungsgebiet. Es wird auch als „aktualisiertes Interesse" bezeichnet, da solche Interessenhandlungen primär aus einem bereits in der Person vorhandenen persönlichen Interesse resultieren.[28] „Individuelle Interessen repräsentieren ... persönlichkeitsspezifische Wertvorstellungen und Handlungsbereitschaften ... Interessen haben eine herausgehobene subjektive Bedeutung. Sie sind im individuellen Wertesystem verankert und bilden einen wesentlichen Teil des Selbstkonzepts" (KRAPP 1992b, S. 749; 1993, S. 202).
Persönliche Interessen von acht- bis zehnjährigen Grundschülern sind überwiegend durch Tätigkeiten und weniger durch Themen bestimmt. An der Spitze der **Beliebtheitsskala** stehen bei rund drei Viertel aller Kinder bewegungsorientierte und sportliche Betätigungen wie Radfahren, Schwimmen, Turnen, dann folgen mit großem

Abstand bei etwa einem Viertel aller befragten Kinder Spiele im und außer Haus, dann Lesen, Basteln, Malen, mit dem Computer umgehen, ein Instrument spielen und Fernsehen.
Bei den zehn- bis dreizehnjährigen Kindern gewinnen aufgrund der sportlichen Anregungen im familiären oder sozialen Umfeld die sportlichen Betätigungen eine große Rolle, bei den Mädchen das Reiten, Turnen und die Gymnastik, bei Jungen Fußball, Basketball, Kampfsportarten und Radfahren. Jungen sind zudem mehr an technischen Finessen ihrer Fahrräder, an technischen Themen und der Beschäftigung mit dem Computer interessiert. Mädchen geben doppelt so häufig als Jungen die Beschäftigung mit Tieren, speziell Haustieren, und Tierthemen an. Sie zeigen auch größere Vorlieben für das Lesen.[29]
Persönliche Interessen bilden sich je nach soziokulturellen Lebensumständen im Laufe der Entwicklung auf der Grundlage differenzierter Erfahrungen mit einem Lerngegenstand mit unterschiedlichen Zielsetzungen und Differenzierungen heraus. In der Grundschule werden sie vor allem durch Familienmitglieder und dann durch Freunde ausgelöst, die sie für ihre eigenen Interessen begeistern. **Interessenorientiertes Lernen** geht dann häufig über die Anreize durch eine tätigkeitsspezifische Aktivität hinaus, führt zum Erwerb von differenziertem Wissen über diesen Gegenstand aus Büchern (deklaratives Wissen) und den mit ihm realisierbaren Handlungsmöglichkeiten (prozedurales Wissen) und zu einem tiefen Verständnis. Es bewirkt außerdem Handlungskompetenz, sportliches oder musikalisches Können vor allem durch das Training in Vereinen oder durch Privatunterricht und den Gewinn persönlicher Identität und Lebenssinn. Interessen bleiben umso länger stabil, je höher die erworbenen Kompetenzen und Fähigkeiten sind.[30]

◆ Situationales Interesse

Situationales Interesse wird durch die **Interessantheit eines Lerngegenstandes** bzw. der **Lernsituation**, d.h. besondere äußere, gegenstands- oder situationsspezifische Anreize, ausgelöst, die beide als interessant erscheinen lassen. Die Attraktivität und Interessantheit des Unterrichtsstoffes wird durch eine motivierende Unterrichtsgestaltung, durch Erkundungen, Untersuchungen, Experimente, Überraschungseffekte, altersgemäße Problematisierungen, offene, fachliche Problemstellungen und durch den Einsatz von Bild- und Tonmedien hergestellt, aufrechterhalten oder gesteigert. Diese Anreizbedingungen erzeugen eine günstige Lernmotivation, die zu einer „interessierten Zuwendung", „zu einer aktuellen Steigerung der Aufmerksamkeit und somit zu einer Verbesserung der kognitiven Verarbeitungsprozesse führt" (KRAPP 1992b, S. 749). Dieser durch äußere Faktoren hervorgerufene Zustand der interessierten Aufmerksamkeit hat gewisse Ähnlichkeiten mit der spezifischen Neugier, kann aber nicht damit gleichgesetzt werden.[31]
So zeigt sich im **Lese-/Literaturunterricht**, dass die Interessantheit der Texte und das Interesse der Schüler am Inhalt/Thema besonders bei schwachen Lesern ausschlaggebend für ihre Bereitschaft sind, die Lektüre von Texten fortzusetzen. Gleichzeitig beeinflussen sie das Textverständnis und den Umfang der behaltenen Informationen (Inhalte, Kernaussagen, Vollständigkeit, Querbezüge zu anderen Themengebieten usw.) positiv.[32]

Setzt sich eine Person in einer konkreten Situation intensiv mit einem Gegenstand auseinander, so kommt dieser beobachtbare und aktuell erlebte Zustand durch eine Interaktion individueller und situationaler Bedingungsfaktoren zustande.

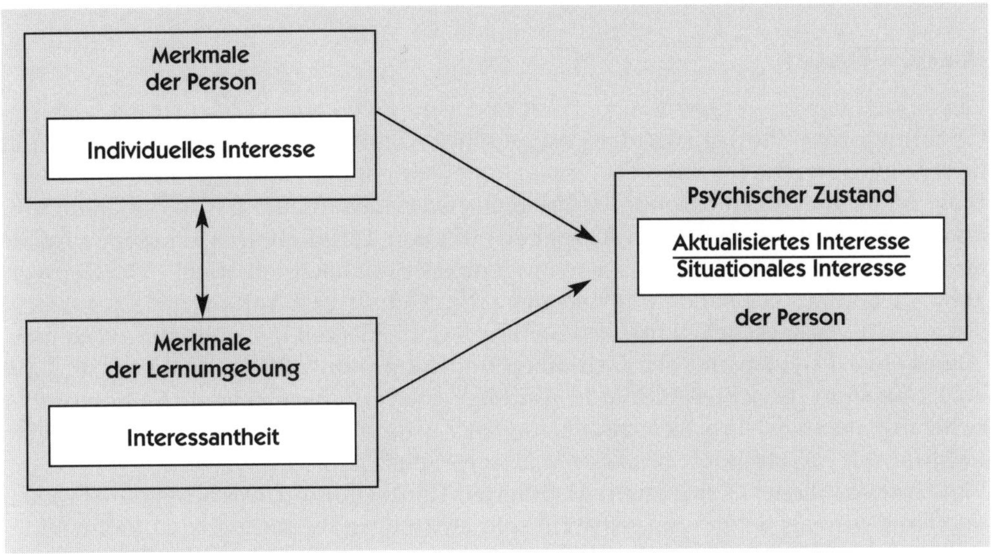

Die Bedeutung der Anreizqualitäten hängt u. a. vom Entwicklungsgrad des Interesses ab. Die **situationalen Bedingungen** spielen vor allem in der Anfangsphase der Interessenweckung oder bei schwach ausgeprägtem Interesse eine wichtige Rolle. Sie veranlassen die Schüler, sich dem Lerngegenstand zuzuwenden, sich längere Zeit mit ihm zu beschäftigen, neue Aspekte zu entdecken und dadurch individuelle Interessen auszubilden. Bei hoch motivierten und interessierten Schülern sind diese situationalen Bedingungen von untergeordneter Bedeutung.[33]

2.3 Das emotionale Erleben des selbst bestimmten Handelns als Motivationsfaktor

Emotionale Begleitprozesse

Die intensive Beschäftigung mit einem Lerngegenstand wird häufig von positiven oder negativen Gefühlen und Stimmungen begleitet. Meist werden sie positiv als Freude, Spaß, Genuss, Vergnügen usw. erlebt und als angenehm eingestuft. Emotionale Begleitphänomene verleihen den Wahrnehmungen und Handlungen bestimmte emotionsspezifische Färbungen und beeinflussen ihre subjektive Erlebensqualität . **Erleben** als weitgefasster Begriff kann emotional-affektive Komponenten wie die Stimmungen und kognitive wie die Aufmerksamkeit umfassen. Positiv erlebte emotionale Zustände aktivieren Aufmerksamkeit, Abruf, Elaboration und Speicherung von Informationen. Sie sind Voraussetzung für kreative Leistungen und eine längerfristige Auseinandersetzung mit komplexen Lernaufgaben. Im Zustand positiv-emotionaler Gestimmtheit bezieht man auch ungewöhnliche Aspekte in die eigenen Überlegungen ein und erreicht dadurch oft originelle Problemlösungen. Erfolgszuversicht und Interesse an der Aufgabe wachsen, während in negativer Stimmung Selbstorientierung und das Ausweichen auf stimmungsverbessernde Aufgaben vorherrschen.[34]

Das Flow-Erleben

Geben sich Personen ganz konzentriert und versunken einer Tätigkeit hin, z. B. der Gestaltung eines Werkstücks, der Lösung einer Aufgabe, einem Computerspiel, und lassen sich durch nichts davon ablenken, dann spricht man von einem Flow-Erleben. Flow bezeichnet einen besonderen Erlebniszustand, ein mehrere Komponenten umfassendes **Gefühl des völligen Aufgehens in einer Tätigkeit**. Das Handeln wird als ein einheitliches „Fließen von einem Augenblick zum nächsten erlebt". Die Zeit vergeht wie im Flug, die handelnde Person hat das Gefühl, den Anforderungen gewachsen zu sein, das Geschehen im Griff zu haben und jederzeit kontrollieren zu können. „Beim Flow-Erleben sind alle Gedanken und Empfindungen im Einklang und auf eine Handlung gerichtet. Störende Einflüsse bleiben ausgeblendet. Es liegt daher nahe anzunehmen, dass sich die Person im Zustand des Flow auf ihrem höchsten Leistungsniveau befindet" (Csikszentmihalyi/Schiefele 1993, S. 209f.).
Flow tritt vor allem bei intrinsisch motivierten Tätigkeiten auf. Das besondere Erleben von Flow wird als Belohnung selbst für sehr anstrengende, zeitintensive, kaum materiell oder sozial anerkannte Freizeitaktivitäten wie das Komponieren, Tanzen, Basketballspielen oder Felsklettern empfunden und als Begründung genannt.
Flow tritt vornehmlich dann auf,

- wenn die **Handlungsziele** selbstständig bestimmt werden können, die Tätigkeit Kompetenzgefühle vermittelt oder persönliche Interessen anspricht, also intrinsisch motiviert. Auch Motive, Einstellungen, Fähigkeiten und andere Persönlichkeitsmerkmale bestimmen mit, ob jemand bei einer bestimmten Handlung Flow erlebt.
- wenn die **Leistungsfähigkeit** des Handelnden, sein Vorwissen und Können den Anforderungen der Tätigkeit angepasst sind und vom Handelnden subjektiv als einigermaßen im Gleichgewicht gesehen werden. Fühlt er sich unterfordert, entsteht Langeweile. Extreme Überforderung führt zu Angsterlebnissen.
- wenn die Handlung eine **eindeutige Struktur** mit festgelegten Handlungsanforderungen und -möglichkeiten aufweist, so dass handelnde Personen ein klares Ziel vor Augen haben. Spiele mit festen Spielregeln sind deshalb besonders gut zum Erleben von Flow geeignet.

Flow ist eine wichtige Voraussetzung für das Auftreten **intrinsischer Motivation**. Vermittelt ein Unterrichtsfach wie beispielsweise Informatik oder Sport Schülern wiederholt Flow, dann beschäftigen sie sich des positiven Erlebens und der Sache willen intensiver damit und dies oft über Jahre hinweg. Besonders Lieblings- und „Begabungsfächer" verschaffen ihnen intrinsische Motivation und Flow, ein höheres Maß an Freude, Spaß, Zufriedenheit, die Befriedigung persönlicher Interessen und zusätzliche extrinsische Motivation über gute Noten.[35]
Die Qualität des emotionalen Flow-Erlebens kann aber auch einen **direkten Einfluss auf das Lernen** ausüben. Das positive Erleben während des Lernens beeinflusst über

verstärkte Konzentration und Aufmerksamkeit direkt die Enkodierung von Informationen und das Verstehen.[36]

3 Effekte selbst bestimmten intrinsischen wie interessenorientierten Lernens

Je nach Intensität und Ausmaß der aktualisierten Lernmotivation kommt es zu unterschiedlichen **Lerneffekten**, d.h. Auswirkungen auf das Lernen. Besonders die Berücksichtigung psychologischer Bedürfnisse, individueller und situationaler Interessen und Flow-Erlebnisse bewirken eine höhere intrinsische Lernmotivation und Lernleistung. Nach SCHIEFELE/SCHREYER besteht zwischen intrinsischer Motivation und Noten als bevorzugter Bewertungsmethode erreichter Schulleistungen ein positiver, aber gering ausgeprägter Zusammenhang. Intrinsische Motivation führt bei reinen Behaltensleistungen nicht zu gravierend besseren Ergebnissen, insgesamt jedoch zu einer anderen **Art und Qualität des Lernens** und zu **tieferem Verständnis**.[37]

Diese Lerneffekte können sowohl auf der Ebene motivationaler Orientierung als auch auf der psychischer Prozesse erklärt werden:

- Intrinsisch motivierte, interessierte Schüler beschäftigen sich **intensiver, länger** und **anstrengungsbereiter** mit dem Lernstoff und setzen häufiger elaborative und transformierende **Lern- und Gedächtnisstrategien** ein. Dadurch werden die Verarbeitungstiefe, die Verankerung und die Transferierbarkeit des Wissens erhöht, vorhandene Fertigkeiten und Fähigkeiten konsolidiert und verbessert. Die intensive operative Verarbeitung führt zu umfangreichen, differenzierten, dauerhaft gespeicherten Wissensstrukturen.[38] Besonders die bei Flow-Zuständen festgestellte erhöhte Konzentration und Aufmerksamkeit beeinflussen die Elaborations- und Verstehensprozesse. Extrinsisch motivierte Schüler bevorzugen Oberflächenstrategien wie das mechanische Wiederholen. Extrinsische Motivation wird aber besonders wichtig, wenn keine intrinsische vorhanden ist. Gering intrinsisch, aber hoch extrinsisch motivierte Schüler wählen dann zunehmend auch tiefergehende Lernstrategien. „Lernstrategien können daher als zentrale Mediatoren des Einflusses von motivationalen Faktoren auf die Lernleistung verstanden werden" (SCHIEFELE/SCHREYER 1994, S. 9).[39]
- Intrinsisch motivierte Schüler wenden in der Lernsituation ihre **Aufmerksamkeit** bevorzugt jenen Handlungsmöglichkeiten und Lerninhalten zu, die ihren persönlichen Interessen und Motiven entsprechen. Diese unwillkürliche, spontane Aufmerksamkeit erfordert „eine geringere kognitive Kapazität und ein geringeres Maß an bewusster Kontrolle ... Deshalb ist zu erwarten, dass interessengesteuerte Formen des Lernens anstrengungsloser, rascher und effektiver ablaufen" (KRAPP 1992a, S. 35; 1992b, S. 762). „Trotz objektiv hoher Anstrengung erlebt der Lerner die Auseinandersetzung mit dem Gegenstand seines aktuellen Interesses als angenehm. Es fällt ihm leicht, seine Aufmerksamkeit auf den Lernstoff zu konzentrieren und er tendiert stärker als sonst dazu, ganz in der Beschäftigung mit einer Sache aufzugehen und Flow-ähnliche Zustände zu erleben" (KRAPP 1992b, S. 765).
- Auch **emotional-affektive Zustände** beeinflussen über die Aufmerksamkeit direkt

positiv und negativ das Verarbeiten, Einprägen und Reproduzieren des Lernstoffs. Ist die Stimmungslage beim Einprägen positiv und gelöst, werden bessere Reproduktions- und Einprägeleistungen erzielt.[40] Sorgen um einen möglichen Erfolg oder Misserfolg beim Problemlösen, um die eigene Kompetenz oder andere aufgabenirrelevanten Inhalte können sich negativ auf Denkleistungen auswirken und die intrinsische Motivation reduzieren.

- **Interessen** haben nicht nur einen großen Einfluss auf die Verwendung bestimmter Lernstrategien wie Elaborations- und Organisationsstrategien und das Ausmaß des selbstgesteuerten Lernens, sondern beeinflussen auch die Bereitschaft zum Weiterlernen, zur Weiterentwicklung der eigenen Kompetenz, zur Anwendung des Gelernten auch außerhalb der Schule. Lernen mit Interesse schafft die „Basis für eine interessenorientierte Berufswahl und Freizeitgestaltung" (PRENZEL/LANKES 1995, S. 13). Interesse ist damit eine der wichtigsten Voraussetzungen für die Entwicklung intrinsischer Motivation und Zielorientierungen.[42]

4 Didaktisch-methodische und pädagogische Möglichkeiten der Förderung intrinsischer Motivation und der Weckung von Interessen

Dem Lehrer stehen eine Vielzahl unterrichtlicher und erzieherischer Möglichkeiten zur Verfügung, intrinsische Motivation der Schüler durch die Befriedigung ihrer psychologischen Bedürfnisse zu fördern und Schülerinteressen zu wecken.

4.1 Die Förderung intrinsischer Motivation durch den Lehrer

Die Kompetenz der Schüler fördern

- Schüler erleben Kompetenz, wenn sie im Unterricht erfahren, Probleme selbstständig lösen und ihren Lernerfolg selbst steuern zu können. Dies gelingt am besten bei optimaler Diskrepanz zwischen ihren zielbezogenen Aktivitäten und ihren Lern- und Leistungsvoraussetzungen. Besitzen die Anforderungen und Aktivitäten ein **„optimales Anforderungsniveau"** und werden von den Schülern als nicht zu leicht und nicht zu schwer empfunden, fördern sie intrinsische Motivation. Der Lehrer passt deshalb unterrichtliche Anforderungen den Lernvoraussetzungen der Schüler an und bezieht Schülerinteressen in den Unterricht mit ein.
  Auf der Grundlage genau eruierter Lernvoraussetzungen strukturiert er Unterricht und Lernstoffe, erklärt verständlich, veranschaulicht durch Medien und Hilfsmittel. Überlegt plant der Lehrer Möglichkeiten problemlösend-entdeckenden, handelnden Lernens ein, reflektiert geeignete Elementarisierungen, differenziert Anforderungen und Aufgaben so für leistungsmotivierte wie für misserfolgsmeidende Schüler, dass sie mit Anstrengung und Übung in angemessener Zeit bewältigt werden können, und bietet individuelle Hilfen an.
  Sollen sich misserfolgsmeidende Schüler realistische Ziele setzen und Misserfolgsfurcht und Prüfungsangst abbauen, muss der Zusammenhang zwischen Zielsetzung, Anstrengung, Ursachenerklärung und Erfolgserleben überschaubar bleiben

und verbalisiert werden. Dies gelingt umso eher, je fachkompetenter der Lehrer und je größer sein persönliches Interesse am Fach, am Unterrichtsgegenstand und an den Schülern ist.[43]

- Auch **positive informative Rückmeldungen** von Lehrern oder Mitschülern steigern die wahrgenommene Kompetenz und die intrinsische Motivation, wenn sie sich auf die Sachverhalte beziehen, die aus einer selbstbestimmten Handlung resultieren und als nicht kontrollierend empfunden werden. Der Lehrer vermittelt den Schülern verbal und nonverbal, z. B. durch Zunicken, Lächeln, die Hand auf die Schulter legen, seine persönliche Anteilnahme und sein Interesse an ihrem Lernen, seine positive Erwartungshaltung und seine Wertschätzung. Er stellt in verständnisvoller Sprache ihre Leistungen, Wahlmöglichkeiten und Selbstbestimmung heraus und würdigt kleine Ansätze selbstbestimmten Lernens wie die freiwillige Übernahme eines Kurzreferats über ein selbstgewähltes Tier für den Biologie- oder Heimat- und Sachkundeunterricht. Er begründet, warum bestimmte Abschlüsse, Anstrengungen, Ziele sinnvoll sind. „Wann immer es möglich ist, sollten Rückmeldungen sich an einen individuellen (Vergleich mit dem früheren Können) oder an einem sachlichen (Vergleich mit den angestrebten Kompetenzen) Bezugsmaßstab orientieren. Auch da, wo eine sozial vergleichende Leistungsbeurteilung vorgeschrieben ist (z. B. bei der Notengebung), sollten zusätzliche Informationen über die individuellen Lernfortschritte gegeben werden" (PRENZEL/LANKES 1989, S. 74).[44]
  Negative, kritisch abwertende oder herabwürdigende, pauschale, **kontrollierende Rückmeldungen** schwächen die intrinsische Motivation. Sie reduzieren das Erleben von Kompetenz, da sie Schülern den Eindruck vermitteln, ihre Anstrengungen seien vergebens und ihr Tun ohne Wirkung. Allerdings kann ein kontrollierendes Feedback als Herausforderung und Hilfe erlebt werden, wenn es in einer einfühlenden, die Selbstbestimmung unterstützenden Weise gegeben wird und dem Schüler zeigt, wie er künftig Aufgaben besser bewältigen kann. Kontrollierende Äußerungen des Lehrers schon zu Beginn von Lernprozessen, z. B. dass die Lernergebnisse überprüft und benotet würden, dass jeder unbedingt allein arbeiten müsse, rufen negative affektiv-emotionale Reaktionen hervor und bewirken ein qualitativ schlechteres Lernverhalten. Die Schüler verlieren den Spaß an der Auseinandersetzung mit dem Lernstoff und arbeiten nur mehr bei Belohnungen oder Druck.[45]
- Kompetenz und intrinsische Motivation können bei gleichzeitigem Erleben von Autonomie gesteigert werden, wenn die Schüler ein Handlungsergebnis s**elbst kontrollieren** und damit bestimmte positive „Self-fulfilling prophecies" hinsichtlich künftiger Leistungen und Kompetenz aufbauen können. Geeignet dafür sind beispielsweise **Unterrichtsmaterialien mit Selbstkontrollmöglichkeiten**. Die sofortige Erfolgsbestätigung durch das Material fördert besonders die Bereitschaft, sich weiter mit der Thematik zu beschäftigen, da auch bei mehrmaligem Misserfolg keine sozialen Nachteile durch negative Äußerungen oder Nichtbeachtung durch Lehrer und Mitschüler zu befürchten sind.[46]
- Kompetenz wird auch vermittelt durch die **Tätigkeit eines Schülers als Tutor** oder Lernpartner für Mitschüler. Sollen beispielsweise Studenten ihren Mitstudenten ei-

nen Text verständlich und einleuchtend erklären, dann beschäftigen sie sich nach BENWARE/DECI wesentlich aktiver, länger, intensiver, interessierter und motivierter als andere, die ihn nur lernen, um darüber eine Prüfung zu schreiben. Sie setzen beim selbstbestimmten Lernen individuelle Lernstrategien ein, die ein größeres konzeptuelles Verständnis und tieferes Verarbeiten des Gelernten bewirken. Tutorenfunktion verstärkt den Lernprozess, die Motivation und die Kompetenz des Tutors und wirkt sich positiv auf sein Selbstwertgefühl aus.[47]

Selbstbestimmung und Autonomie der Schüler ermöglichen

„Kein Kind kann lernen, eigene Motive zu entwickeln, wenn es stets vorgeschrieben bekommt, was zu geschehen hat. Wie soll sich ein Mensch für eine Aufgabe entscheiden, der keine Wahl hat? Man kann aber nicht leugnen, dass im üblichen Schulunterricht die Beweggründe der Schüler den Lauf des Geschehens nur selten beeinflussen. Für sie gibt es wenig zu wählen und mitzuentscheiden" (SCHIEFELE 1993, S. 185). Ein traditioneller Unterricht mit häufig bis ins Kleinste vorgeschriebenen und kontrollierten Schüleraktivitäten, mit geringen Möglichkeiten eigenen Ausprobierens reduziert das Gefühl selbstbestimmten Handelns.

Die Autonomie der Schüler wird unterstützt, wenn ihnen **Wahlmöglichkeiten** und **Entscheidungsspielräume** zugestanden und ihre **Wünsche** und **Interessen** miteinbezogen werden. Können sie im Unterricht bei der Zielstellung, Auswahl und Planung von Unterrichtsinhalten mitwirken, gemeinsam festgelegte, problemorientierte Themen selbstständig problemlösend-entdeckend erarbeiten, in offenen Unterrichtssituationen Aufgaben, Lernmethoden und -wege, Schüleraktivitäten, Arbeitspartner, -gruppen und Arbeitszeit mitbestimmen, dann erleben sie sich als ernstgenommene Akteure, erfahren die Befriedigung psychologischer Bedürfnisse, sind intrinsisch motiviert, setzen sich intensiver mit dem Unterrrichtsgegenstand auseinander, verarbeiten ihn tiefer und erreichen einen höheren Kompetenzgrad.[48]

Voraussetzung für das Erleben von Kompetenz und Selbstbestimmung ist die Verfügbarkeit über fachgemäße **Arbeitsweisen und -techniken, Denk- und Lernstrategien** zum selbstständigen Lösen von Problemen und Aufgaben.[49]

Soziale Anerkennung und soziales Eingebundensein fördern

Inwieweit sich eine Person als selbst bestimmt und kompetent erlebt, hängt auch von der Befriedigung seiner sozialen Bedürfnisse ab. Die **Qualität der Beziehungen** eines Schülers zu seinen Eltern und Lehrern erwies sich in Studien als „signifikanter Prädiktor für verschiedene Kriterien der schulischen Leistungsfähigkeit. Darüber hinaus stand die wahrgenommene Beziehungsqualität in einer engen Wechselwirkung zur Einschätzung der Autonomieunterstützung durch Eltern und Lehrer und ihrer erlebten (persönlichen) Anteilnahme... Dies deutet darauf hin, dass anteilnehmende und autonomieunterstützende Eltern es ihren Kindern erleichtern, zu ihnen wie zu den Lehrern positive Beziehungen zu entwickeln, und dass die Qualität dieser sozialen Beziehungen auf allen Ebenen des Lerngeschehens eine wichtige Rolle spielt" (DECI/RYAN 1993, S. 235).[50]

Wie im Teil A genauer ausgeführt, haben Lehrer vielfältige Möglichkeiten, eine vertrauensvolle Beziehung zu ihren Schülern aufzubauen, ihnen in einer entspannten, Konkurrenzdenken abbauenden Lernatmosphäre Wertschätzung, soziale Anerkennung und Unterstützung ihrer Autonomie zukommen zu lassen und ihre sozialen Beziehungen durch soziale Arbeitsformen zu unterstützen. Dies fördert dann nicht nur ihre Lernmotivation, Kompetenz und ihr Selbstwertgefühl, sondern auch die Internalisierung und Integration von Werten, Normen, Zielen wichtiger sozialer Bezugsgruppen in ihr eigenes Selbst.[51]

4.2 Die Weckung und Förderung von Schülerinteressen im Unterricht

„Man erwecke und unterhalte das Interesse, indem man den Unterricht interessant macht... Es kann aber das Interesse am Unterricht, und die dadurch bewürkte Aufmerksamkeit, auf verschiedene Art erweckt und erhalten werden. Zwang, geäußerter Unwille, Ungeduld des Lehrers, würde ein eben so untaugliches Mittel, als verheissner Lohn für kurze Aufmerksamkeit seyn, weil ja in beyden Fällen das Interesse nicht von dem Unterricht selbst, sondern bloss von Furcht oder Hoffnung ausgeht. Aber bey Vergegenwärtigung des Nutzens, Äusserung seines eignen Interesses, Beschäftigung der äusseren und inneren Sinne, Belebung der Selbstthätigkeit, Lebhaftigkeit des Vortrags, Erweckung der Nacheiferung, wird man eines guten Erfolgs sicher seyn können“ (NIEMEYER 1796 bzw. 1970, S. 218f.). Obwohl vor über 200 Jahren geschrieben, ist diese „dritte Regel der guten Lehrart“ des evangelischen Theologen AUGUST NIEMEYER heute so aktuell wie damals.
Untersuchungen weisen darauf hin, dass das **Interesse an Schulfächern** im Laufe der Schulzeit systematisch abnimmt. „Die Gründe für den Rückgang des durchschnittlichen Interesses an Stoffen schulischer Unterrichtsfächer sind noch nicht hinreichend geklärt. Vermutlich tragen sowohl die Verbreiterung des Interessenspektrums von Jugendlichen – die Schule erhält außerschulische Konkurrenten – als auch die Fokussierung individueller Interessen auf spezifische Schulfächer zu diesem Erscheinungsbild bei ... Unter dem Gesichtspunkt gelingender Identitätsentwicklung ist diese Interessendifferenzierung allerdings sinnvoll. Denn zur Identitätsfindung gehören auch die realitätsgerechte Einschätzung der eigenen Leistungsstärken und das Auffinden von Gegenstandsbereichen, die wertgeschätzt werden und erfüllende Tätigkeiten eröffnen. Problematisch wird dieser Prozess dann, wenn spezifische Interessenprofile das Berufswahlspektrum in kritischer Weise einengen. So gibt das niedrige Interesse insbesondere von Mädchen an Physik (und Technik) Anlass zur Besorgnis“ (BAUMERT/LEHMANN 1997, S. 164f.). Im Unterricht kommt deshalb den didaktisch-methodischen Maßnahmen besondere Bedeutung zu, die dazu beitragen, persönliche **Interessen und Lebensbezüge** zu erkennen, sie einzubeziehen und durch die interessante Gestaltung **situationale Interessen zu wecken**.
Eine interessante Unterrichtsgestaltung muss aber noch zu keiner Erhöhung des Lernerfolgs führen, „wenn sie nicht auf bereits vorhandene individuelle Interessen trifft, oder wenn es nicht gelingt, durch den Unterricht entsprechende individuelle Interessen zu wecken“ (KRAPP 1992a, S. 34f.; 1992b, S. 756f.). Fehlende schülerrelevante Bezüge können durch Selbsttätigkeit und methodisch-didaktische Anreize nicht kurz-

fristig ausgeglichen werden. Um die Interessen der Schüler wirkungsvoll einbeziehen zu können, müssen die **Unterrichtsplanungen** des Lehrers langfristig angelegt sein und auf die Besonderheiten der Fächer bzw. Lerninhalte Rücksicht nehmen. Auch das Herausstellen der praktischen Relevanz des Lernstoffes, der vermittelte Überblick und seine strukturierte Aufbereitung stehen in Beziehung zur Lernmotivation.

Die Berücksichtigung individueller Schülerinteressen im Unterricht

Interessen der Schüler können in den Unterricht eingebracht werden

- bei der Wahl von **Wahlpflichtfächern** (Informatik, Werken/Technisches Zeichnen, Hauswirtschaft, Textiles Gestalten usw.), musischen und sportlichen **Wahlfächern** und **Zusatzangeboten** (Chor, Orchester, Erlernen eines Instruments, differenzierte Sportarten wie Mannschaftssportarten, Schwimmen, Geräteturnen) oder von **Arbeitsgemeinschaften** wie Schulspiel, Schulgarten, Fotografie. Je freier dabei die Schüler mitentscheiden können, um so eher werden selbst extrinsische Anforderungen und Präferenzen der Eltern (Bevorzugung eines Faches hinsichtlich künftiger Berufschancen) internalisiert und in das eigene Selbstkonzept integriert.
  Besonders großes Interesse zeigen Jugendliche vor allem im **Umgang mit dem Computer** in Informatik, in Textverarbeitung, im Technischen Zeichnen. Viele Schüler benutzen eigene Computer nur zum Spielen. Die intrinsische Motivation könnte genützt werden beim Einsatz von **Lernprogrammen**, die durch die Wahl des Schwierigkeitsgrades der Aufgaben individuell an das Leistungsniveau angepasst werden können. Bei Lern- und Textverarbeitungsprogrammen ist auf eine gezielte Rückmeldung und schrittweise Dokumentation des Lernfortschrittes zu achten, damit positive Lernschritte sofort verstärkt werden und auch bei steigenden Anforderungen ein Lernerfolg erzielt wird.
- bei der Entscheidung über die **Durchführung** und **Gestaltung von Veranstaltungen im Rahmen des Schullebens** wie Wanderungen, Fahrten, Schullandheimaufenthalten, Festen, Feiern, Elternabenden und die Verteilung von Klassenämtern. Mehrheitsentscheidungen werden dann voll mitgetragen.
- bei der **Auswahl der Unterrichtsinhalte** einzelner Lernziele. Die Lehrpläne bieten vor allem in den Sachfächern wie Geschichte, Biologie, Heimat- und Sachkunde zu vielen Lernzielen alternative Inhalte an oder fordern in den Vorbemerkungen die Festlegung eigener Unterrichtsthemen unter Berücksichtigung der örtlichen Gegebenheiten, Lebensbezüge und Interessen der Schüler. Sinnvoll ist deshalb, zu Schuljahresbeginn ab der 3. Jahrgangsstufe den Schülern den Jahresstoff und die möglichen Wahlinhalte vorzustellen und bei der Gestaltung des auf die Klasse zugeschnittenen detaillierten **Klassenlehrplans** ihre Interessen mit einzubeziehen. Auch ein regelmäßig ausgehängter **Wochenplan** verschafft Transparenz. Um individuelle Schülerinteressen kennenzulernen, im Unterricht aufgreifen oder den Lernstoff darauf abstimmen zu können, gibt der Lehrer den Schülern immer wieder im Gesprächskreis Gelegenheit, ihre Interessengebiete, Lieblingsbeschäftigungen, Hobbys und Erfahrungen im Unterricht vorzustellen.
- bei der Entscheidung über **Aufgaben, Übungen, Erkundungen, Projekte im Rahmen offenen Unterrichts**. Der zugestandene Freiraum bietet vermehrt Gelegenheit

zu Interessen fördernden Kompetenzerfahrungen, angenehmen emotionalen Begleitphänomenen und Flow-Gefühlen. Eine intrinsische Motivation für die Beschäftigung mit dem Gegenstand wird aufgebaut, der Lehrer tritt auch bei der Kontrolle der Arbeitsergebnisse zugunsten der Selbstkontrolle zurück.[54]

Beispiele

- **Aufgreifen von Schülerfragen:** Der Lehrer stellt eine neue Thematik vor ihrer Behandlung kurz vor, lässt Fragen auf Klebezettel notieren oder schreibt sie an die Seitentafel, ordnet sie und klärt sie im Laufe des nachfolgenden Unterrichts. So wollten Schüler zum „Körperbau des Menschen" u.a. wissen: „Wie viele Knochen hat der Mensch? Woraus bestehen sie? Wie halten sie zusammen? Welcher ist der stärkste Knochen? Wie merkt man, ob das Skelett von einem Mann oder einer Frau ist?" Die Fragen der Schüler sind oft wesentlich aspektreicher als die von der Lehrkraft initiierten, eröffnen einen vielseitigeren Sachzugang, geben Aufschluss über Vorwissen und Erfahrungsstand der Schüler, erfordern aber vom Lehrer Flexibilität bei der Planung und Bereitschaft, von tradierten Artikulationsmustern abzurücken.[55]
- **Leben früher und heute:** Die Schüler entscheiden mit, ob ein Schultag, Waschtag oder Spielmöglichkeiten früherer Generationen genauer behandelt werden. Sie interviewen ihre Großeltern oder befragen vom Lehrer in den Unterricht eingeladene Zeitzeugen.
- **Erkundung eines Waldes oder eines Gewässers:** Die Schüler sammeln in der Vorbereitung wichtige Fragen, diskutieren Vor- und Nachteile unterschiedlicher Bestimmungsbücher, legen selbst fest, bei welcher Arbeitsgruppe sie mitarbeiten, welche Pflanzen oder Tiere sie bestimmen wollen. Nach dem Unterrichtsgang entscheiden sie selbst, mit welchen Tieren sie sich mit Hilfe von Lexika, Tierbüchern weiter beschäftigen und dann ihr Wissen in Form kleiner Kurzreferate oder Steckbriefe in den Unterricht einbringen wollen.[56]

Die Weckung situationalen Interesses durch einen didaktisch und methodisch interessant gestalteten Unterricht

◆ Interessenweckung durch eine selbstständig handelnde, multisensorische Auseinandersetzung mit der Sache

Vom Gegenstand, vom konkreten Umgang mit der Sache, vom Experimentieren, Aufbauen und Durchführen eines Versuches, Bestimmen von Pflanzen und Tieren gehen Anreize zur weiteren, genaueren, intensiveren Beschäftigung aus. Die Faszination technischer Geräte ist beispielsweise in den Computerabteilungen der Kaufhäuser zu beobachten. Immer wieder spielen Kinder an den Geräten und versuchen Programme zu starten. „Denn Kinder denken, sich selbst überlassen, immer von der Sache aus, ihrer Sache, der Sache, die sie antreibt. Und nicht von jener anderen, sekundären Sache, die Generationen von Fachleuten daraus gemacht haben." Deshalb fordert WAGENSCHEIN für den Physikunterricht: „Mit dem Kinde von der Sache aus, die für das Kind die Sache ist ... Kinder, die man in Ruhe lässt oder vielmehr in ihrer Bewegung lässt, in ihrer Denkbewegung, (sind) von einem „Motivations-Potential" angetrieben ..., neben dem unsere Einfädelungsbemühungen (in die fertige Physik) ver-

blassen. Ihr Denken will ernsthaft (durch eine absonderliche Sache) motiviert sein ... Unterricht hat es hier nicht nötig, etwas zu verhindern, wenn er der Leidenschaft des Denkens Freiheit gibt" (WAGENSCHEIN 1988 S. 47ff.). Zu den von Jugendlichen als am interessantesten in Physik und Technik beurteilten Themen gehören Astrophysik, Fliegen, Computer, Elektronik (vor allem bei den Jungen), Naturphänomene wie Sonnen- oder Mondfinsternis und Atomlehre bei den Mädchen. Im 10. Schuljahr kommen noch Nachrichtentechnik bzw. Radioaktivität/Kernenergie dazu. Jungen wie Mädchen zeigen aber ein besonders hohes Interesse an **praktisch-konstruktiven Tätigkeiten** wie einen Versuch aufbauen, selbst durchführen und Messungen vornehmen, ein Gerät konstruieren, auseinander nehmen oder zusammensetzen.[57]
Die Lehrkraft konfrontiert deshalb die Schüler entweder direkt mit den Objekten wie Materialien oder Geräten, einem fachlichen Problem oder stellt das Unterrichtsthema kurz vor und sammelt Schülerfragen, die dann durch selbsttätig problemlösend-entdeckenden Unterricht zu beantworten versucht werden.
Wann immer möglich, versucht der Lehrer **exemplarische Problemsituationen** oder **Phänomene** aus dem Erfahrungs-, Erlebens- und Interessensbereich der Schüler in den Mittelpunkt zu stellen, ihre Bedeutsamkeit und Anwendbarkeit zu verdeutlichen und sie von den Schülern durch selbsttätiges, aktives Handeln und Lernen lösen zu lassen. Die Reflexion des Problemlöseprozesses liefert dann wichtige Informationen für den weiteren Lernprozess.[58]

Beispiele

- Wie bringe ich ein Glühlämpchen zum Leuchten? Spielerisch experimenteller Umgang mit einer Batterie und einem Glühlämpchen ohne Fassung (Heimat- und Sachkunde, 3. Jgst.).
- Wie kann ich eine Blinkschaltung, einen Feuermelder, eine Lichtschranke bauen? (Physik 7./8.Jgst.)
- Wie wird bei einem Bügeleisen die Temperatur geregelt? (Physik 5./6. Jgst.)
- Wie können Salz oder Abwässer gereinigt werden? (Physik 6.Jgst.)
- Wie kann man ein Wechselgetriebe so bauen, dass eine Antriebswelle einmal schnell, einmal langsam von einem Elektromotor angetrieben wird? (Technisch Werken 8.Jgst.)
- Welche Möglichkeiten des Farbauftrags gibt es ? Wie fertigt man eine Collage, eine Decalcomanie, eine Monotypie, eine Radierung an? (Kunsterziehung)
- Wie kann man eine gesunde Fitnessmahlzeit zusammenstellen? (Haushalts- und Wirtschaftskunde)

„Sobald man den Schülern die Freiheit und Zeit einräumt, ihren Fragen nachzugehen, erzielen sie bei der eigenständigen Suche nach Lösungen Ergebnisse, die über eine bloße Antwort auf ihre Fragen hinausgehen. Sie gelangen zu vertieften, auch die Lehrplananforderungen übersteigenden Sacheinsichten, da sie bei ihrer Arbeit am Lerngegenstand immer wieder auf für sie interessante Phänomene stoßen, die sie ... aufzuklären versuchen. So gesehen besitzt man in den Fragen eine Triebfeder für einen selbstgesteuerten Lernprozess" (GÖTZ 1987, S. 539). Vor allem frei gewählte Tätigkeiten oder Schwerpunkte in **Phasen offenen Unterrichts** nach eigenem Zeitplan, allein oder in der Gruppe fördern Interessen und intrinsische Motivation durch die Erfahrung selbstbestimmten, kompetenten Lernens.

◆ Interessenweckung durch originale Begegnung

❖ Originale Begegnung als unmittelbare Begegnung mit der Wirklichkeit

Bei dem methodischen Prinzip der originalen Begegnung geht es darum, „dass der Lehrer durch seine Vermittlung das Kind mit dem Gegenstand ins Gespräch bringt. Dieses Gespräch wird einen Ausgangspunkt und ein Ziel haben. Alles wird darauf ankommen, dass die Folgerichtigkeit dieses Gespräches nie abreißt, also die Kontinuität des Erkenntnisprozesses gewahrt wird ... Nichtsdestoweniger verlangt die originale Begegnung immer die wirkliche Begegnung mit dem Gegenstand ...: die Kontaktaufnahme mit dem Gegenstand muss selbst vollzogen werden. Es darf nicht nur über den Gegenstand geredet werden, sondern der Gegenstand muss selbst da sein. Nicht nur da sein, sondern Ereignis werden, hereinleuchten, ergriffen werden" (ROTH 1973, S. 112, 114).

Beispiele

- Bei einer **Wanderung** auf dem Oberpfälzer Jura entdecken die Schüler, dass ein Bach plötzlich in einer flachen Senke (Doline) verschwindet, die von der einheimischen Bevölkerung als „fressende Grube" bezeichnet wird **(Warum verschwindet der Bach in der „fressenden Grube"?)**.[59] Die Schüler sind am nächsten Tag ungeheuer interessiert, an Modellen im Sandkasten, an Abbildungen dieses Rätsel (Dolinenbildung im Jura) zu lösen.
- An einem **Teich** beobachten Schüler Enten bei der etwas mühsamen Fortbewegung an Land und bei der geschickten im Wasser **(Warum können sich Enten so gut im Wasser vorwärts bewegen?)**. Sie lösen diese Problemfrage durch selbst geplante Schülerversuche.
- Bei einem **Unterrichtsgang** in den Wald, zur Wiese, zum Acker oder bei einer Wanderung versuchen Schüler wichtige Laub- und Nadelbäume, Blütenpflanzen oder Getreidearten zu bestimmen. Sie betrachten Blätter, Blüten, Ähren, entdecken Gemeinsamkeiten und Unterschiede, versprachlichen sie, vergleichen das Aussehen mit Abbildungen in Bestimmungsbüchern oder auf Arbeitsblättern und versuchen die Beschreibungen am Objekt nachzuvollziehen.
- Beim **Besuch eines Freilandmuseums** fallen Schülern in jedem Haus die Butterfässer auf. Unter Anleitung einer Museumspädagogin versuchen sie, Rahm in alten Butterfässern auszubuttern oder Flachs zu spinnen. Sie erleben hautnah und konkret die Arbeitsvorgänge und beginnen sich in die Lebensbedingungen auf Bauernhöfen vor zwei Generationen einzufühlen.
- Gerade bei geschichtlichen wie erdkundlichen Themen bietet sich das **Einbeziehen von „Experten"** wie Eltern, Großeltern, Vertretern einzelner Berufe, z. B. der Polizei, Feuerwehr, Post, Landwirtschaft, des Handwerks, in den Unterricht an. Bei Unterrichtsgängen zu einzelnen Betrieben lernen die Schüler Aufgabenbereiche und Alltag einzelner Berufe, Arbeitsabläufe und ihre Voraussetzungen kennen, erleben die Produktion von Gütern mit und vollziehen sie an ausgewählten Beispielen im Unterricht nach, z. B. das Backen von Brot. **Interviews mit Zeitzeugen**, z. B. mit einer Großmutter zum Schulbesuch, zum Waschtag vor 60 Jahren, zu Fragen des Krieges, der Vertreibung, des Holocaust, wecken das Interesse für eine intensive Auseinandersetzung mit geschichtlichen Bedingungen und weiteren Quellen wie Texten, Bildern, Baudenkmälern usw. und schaffen Identifikationsmöglichkeiten. Gleichzeitig unterstützt ein derartiges methodisches Vorgehen die Öffnung des Unterrichts.

❖ Originale Begegnung als Zurückverwandeln toter Sachverhalte in lebendige Handlungen

Das „Geheimnis und Prinzip alles Methodischen" liegt für HEINRICH ROTH in der originalen Begegnung mit dem Gegenstand. „Indem ich nämlich – und darauf kommt es allein an – den Gegenstand wieder in seinen Werdensprozess auflöse, schaffe ich ihm gegenüber wieder die ursprüngliche menschliche Situation und damit die vitale Interessiertheit, aus der er einst hervorgegangen ist...

Alle methodische Kunst liegt darin beschlossen, tote Sachverhalte in lebendige Handlungen zurückzuverwandeln, aus denen sie entsprungen sind: Gegenstände in Erfindungen und Entdeckungen, Werke in Schöpfungen, Pläne in Sorgen, Verträge in Beschlüsse, Lösungen in Aufgaben, Phänomene in Urphänomene...

Die rückwärts führende Auflösung des Gegenstandes in seinen geistigen Werdensprozess – je nachdem zeitlich oder logisch oder psychologisch – ermöglicht dem Lehrer, die Begegnung zwischen Kind und Gegenstand auf der Verstehensebene herbeizuführen, die der Entwicklungsphase des Kindes dem Gegenstand gegenüber entspricht...

Das schulmäßige Lernen besteht in der Aufgabe, Erkanntes, Erforschtes, Geschaffenes wieder nacherkennen, nacherforschen, nachschaffen zu lassen, und zwar durch den methodischen Kunstgriff, Erkanntes wieder in Erkennen, Erfahrungen wieder in Erfahrnis, Erforschtes wieder in Forschung, Geschaffenes wieder in Schaffen aufzulösen, nicht wie der Forscher und Schöpfer selbst, sondern wie ein wahrhaft Verstehenwollender, Nachdenkender und Nachschaffender es tut" (ROTH 1973, S. 116f.).

Auch WAGENSCHEIN möchte „den Schüler in eine Lage versetzen, in der das noch unverstandene Problem so vor ihm steht, wie es vor der Menschheit stand, als es noch nicht gelöst war" (HENTIG in WAGENSCHEIN 1989, S. 14). „Eine Entdeckung wird am wirksamsten durch ihren nicht-rezeptiven Nachvollzug verstanden und behalten; durch eine, sei es auch nur bescheidene ‚Wiederentdeckung'" (WAGENSCHEIN 1989, S. 126). Ziel dieses „genetischen" Vorgehens ist, die Schüler über „Initialprobleme", die zum Staunen, Nachdenken, Eingreifen motivieren, durch einen **Epochalunterricht** ohne Zeitdruck zur vorsichtig gelenkten, vom Lehrer begleiteten produktiven Problemlösung zu führen, zum kritischen Prüfen der Ergebnisse und zur sichernden Einordnung in die Gesamtheit vorhandener Erfahrungen.[60]

Dieser von WAGENSCHEIN u.a. demonstrierte **genetische Weg** stellt eine Möglichkeit dar, Schülern das **Staunen** und jene **Neugier** empfinden zu lassen, die viele Forscher zu Beginn der historischen Entwicklung unserer naturwissenschaftlichen Fächer erlebten, als sie versuchten, Alltagsprobleme naturwissenschaftlich zu begründen. Ausgehend von **Phänomenen** und **exemplarischen Problemsituationen** sollte man erst „etwas Erstaunliches, also schon (doch nicht allzusehr) Kompliziertes, Problematisches vor den Schülern ausbreiten, dann: in diesem Problematischen in produktivem Denken ein Verständlicheres, Gewohntes erkennen lassen, auf dem es beruht (im Fremden einen alten Bekannten wiedererkennen)" (WAGENSCHEIN 1989, S. 121). Dadurch ließe sich auch die zunehmende Entfremdung naturwissenschaftlicher Fächer vom Alltagswissen und den Alltagsinteressen der Schüler überbrücken.

Als **Unterrichtsinhalte** bieten sich scheinbare **„Rätsel der Vergangenheit"** oder **Widersprüche** in vertrauten Phänomenen, die durch ihre Diskrepanz zu den Vorstellungen und Erfahrungen der Schüler Erstaunen und Verwunderung hervorrufen, und solche Probleme und Fragestellungen an, die in konkreten Problemen wurzelten und großen Einfluss auf das Alltagsleben hatten, z. B. das Vermessen von Landflächen und das Bestimmen der Höhe von Bauwerken (Wie vermaßen die Ägypter nach jeder Nilüberschwemmung die Landflächen?), die Arbeitserleichterung durch einfache Maschinen wie Hebel, Flaschenzüge, schiefe Ebene (Wie errichteten die Ägypter 2000 Jahre v. Chr. so riesige Pyramiden? Wie transportierten und hoben sie die tonnenschweren Quader?). Die intensive Auseinandersetzung mit konkreten Problemen motiviert die Schüler, weckt Interesse am „Nacherfinden" der Lösungen und vermittelt Freude und Befriedigung.[61]

Beispiele

- Die Schüler vergleichen in Geschichte (5.Jgst.) **Abbildungen** oder **Originale von Steinäxten** ohne und mit Bohrung, überlegen verschiedene Befestigungsmöglichkeiten des Stiels und versuchen das Problem des Bohrens **(Wie konnten Steinzeitmenschen ein Loch in eine Steinaxt bohren?)** durch die Planung eines Bohrgeräts für Steine zu lösen. Ideal wäre der Bau und die Erprobung eines einfachen Bohrers und nicht nur die Betrachtung und Besprechung einer Abbildung im Buch.[62]
- Bei einem **Unterrichtsgang zur Römermauer** des alten Castra Regina in Regensburg überlegen die Schüler, wie die Römer vor mehr als 1800 Jahren so hohe und dicke Mauern ohne Mörtel bauen konnten. An einem Modell im Stadtmuseum entdecken sie dann die unterschiedlichsten Arbeitsvorgänge, die notwendigen Arbeitsgeräte, vergleichen sie mit heute noch bekannten wie Wasserwaage und Lot, beschreiben und erproben die Handhabung. Das Behauen der Steine beobachten sie dann bei einem weiteren Unterrichtsgang zur Dombauhütte im Rahmen einer Unterrichtssequenz über den Bau des Regensburger Domes (Heimat- und Sachkunde, 4. Jgst.).
- Bei einem **Unterrichtsgang zu einer Burg bzw. Burgruine** „empfinden die Schüler die Mühe des Aufstiegs, sie werden unmittelbar mit den Verteidigungsvorteilen der Lage konfrontiert, sie durchmessen mit eigenen Schritten die räumlichen Gegebenheiten, sie empfinden die Enge des Burghofes, aber auch etwas vom Herrschaftsgefühl, wenn sie auf der Plattform des Bergfriedes stehen, sie lokalisieren nach Rekonstruktions- bzw. Grundrisszeichnungen den jeweiligen Standort." Die Schüler versetzen sich in die Zeit der Ritter zurück, sie überlegen, wie die Burg gebaut sein musste, um vor Feinden Schutz zu bieten, was alles zum Leben auf der Burg benötigt wurde usw. „Der „genius loci" bewirkt jene schwer beschreibbare „Anmutung", die aus rationaler Registrierung, intuitiv-phantastischer Zurückversetzung und partieller Identifikationsbereitschaft gemischt ist. In ihr liegt ein beträchtliches Motivationspotential für die folgenden Stunden zum Thema Rittertum" (BEILNER 1985, S. 5).
- Eingestimmt durch eine **Lehrererzählung** über die Versuche des Italieners Guglielmo Marconi (1874-1937), drahtlose Funksignale vom Dachboden des Elternhauses in das zwei Stockwerke tiefer gelegene Wohnzimmer zu senden, setzen sich die Schüler im Physikunterricht mit Abbildungen der Geräte Marconis auseinander und bauen aus einer elektrischen Klingel und einem Drahtdipol, der als Antenne beim Unterbrecher befestigt wird, selbst einen einfachen Sender. Die Funksignale empfangen sie mit einem einfachen Emp-

fänger, bei dem der elektrische Stromkreis durch das „Zusammenbacken" des Eisenpulvers beim Empfang elektromagnetischer Wellen geschlossen wird, oder mit einem Radiogerät.[63]

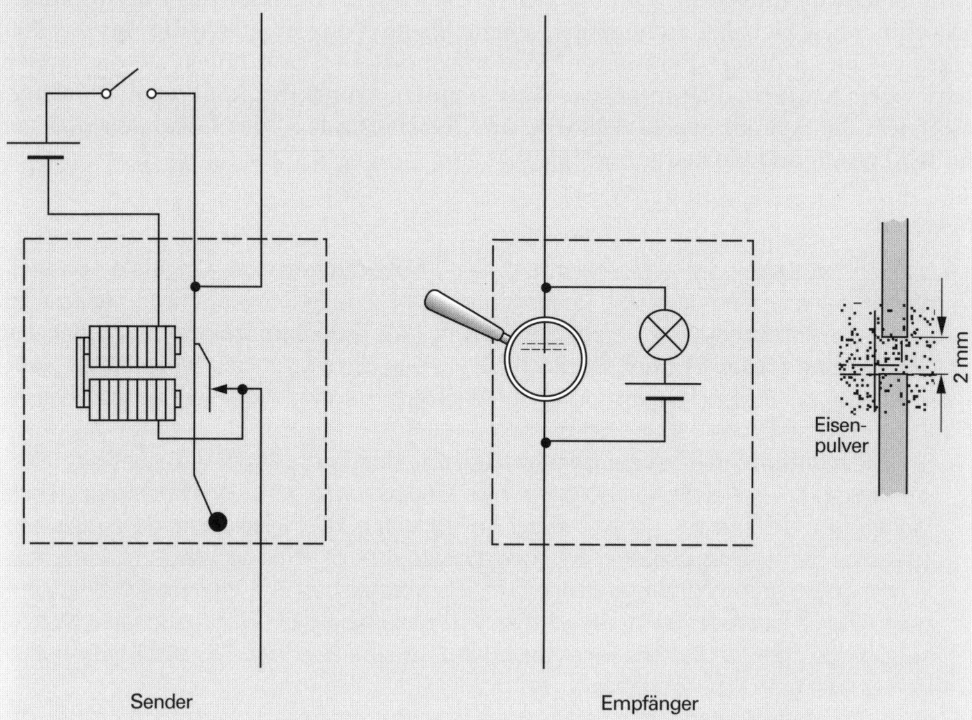

◆ **Interessenweckung durch eine problemorientierte Unterrichtsgestaltung**

„Das unverbildete Kind fragt in seinem natürlichen Lebensbereich spontan und unermüdlich. In der Schule verstummen die Fragen von Jahr zu Jahr mehr, der Lehrer fragt oder regt Fragen an, die das Kind nicht fragen will. Im Spiel übt das Kind seine Fähigkeiten aus freiem Antrieb bis zu einem nicht mehr steigerungsfähigen Vollkommenheitsgrade, in der Schule wird das Kind mühsam von Aufgabe zu Aufgabe gegängelt. Im Leben ist das Kind mit einer inneren Anteilnahme interessiert, die jeden Lehrer neidisch machen muss, der sich bemüht, für Schulgegenstände Interessen zu erwecken...

Wie bringe ich den Gegenstand in den Fragehorizont des Kindes? Wie mache ich ihn für das Kind fragenswert? Wie mache ich den Gegenstand, der als Antwort auf eine Frage zustandekam, wieder zur Frage?

Und umgekehrt: Wie erhalte ich das ursprüngliche Fragen des Kindes? Wie beziehe ich dieses Fragen auf meinen Gegenstand? Wie entwickele ich daraus ein Interesse?

Wie erwecke ich aus diesem Interesse einen Schaffensdrang? Wie bringe ich das Kind, das Fragen stellt, die einer Beantwortung bedürfen, zum gegenstandsgemäßen Antworten" (ROTH 1973, S. 114f.).
Diese Fragen HEINRICH ROTHS haben auch heute noch nichts von ihrer Aktualität verloren. Als **methodisches Prinzip** schlägt er die bereits angeführte **originale Begegnung** vor. Sie schließt das selbsttätig handelnde, problemlösend-entdeckende Lernen mit ein.
Eine Möglichkeit, die Schüler zum Fragen anzuregen, ihr Interesse für den Unterrichtsgegenstand zu wecken, ist eine interessante, ansprechende Ausgangssituation, ein **motivierendes Problem**. Es wird durch selbstständiges entdeckendes Handeln und Explorieren zu lösen versucht.

❖ Interessenweckung durch ein überraschendes, verblüffendes Problem

Die Schüler werden durch unerwartete, verblüffende Ergebnisse, Ereignisse, durch Widersprüche zu eigenen Erfahrungen zur Lösung des Problems motiviert.

Beispiele

- **Grundkenntnisse über Verbrennung (Heimat- und Sachkunde 3. Jgst.)**
  Ausgangspunkt ist eine kurze Lehrererzählung von Uli, der sehr traurig war, dass seine Laterne beim Martinszug dauernd ausging. Die Schüler stellen verschiedene Vermutungen an, z. B. dass die Kerze vielleicht zu wenig Luft bekam. Sie planen einfache Versuche mit verschieden großen Gläsern, die sie über eine brennende Kerze stülpen und messen die Brenndauer mit einer Uhr. Je nach Volumen der Gläser erlöschen die Kerzen nach wenigen Minuten. Die Schüler finden aufgrund der Versuche heraus, dass die Kerzen zum Brennen Luft benötigen und erlöschen, wenn die Luft „verbraucht" ist. (Allerdings erlischt die Kerze nicht, weil der Sauerstoff verbraucht ist, sondern weil der Sauerstoffgehalt der Luft im Glas um wenige Volumenprozente von ca. 21% auf ca.17% abgesunken ist.) Als Problemlösung schlagen sie die Zufuhr von Luft vor, z. B. durch Löcher im Boden der Gläser.
  Die Schüler stülpen jetzt Gläser mit einer Bohrung von ca. 1 cm Durchmesser im Boden oder ein beidseitig offenes Glasrohr über die brennende Kerze. Trotz Luftzufuhr erlischt sie. **(Warum geht die Kerze trotz Luftzufuhr aus?)**

  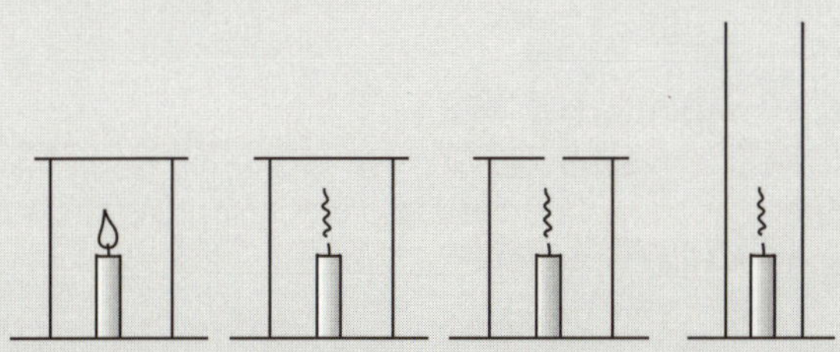

  In den nachfolgenden Versuchen lösen die Schüler das Problem des Abzugs der Abluft mit weniger Sauerstoff und Verbrennungsgasen durch die Bohrung und der Frischluftzufuhr mit ausreichend Sauerstoff von unten, indem sie die Gläser beispielsweise auf Streichhölzer oder Radiergummi stellen. Diese Erkenntnis übertragen sie dann auf Öfen, Kamine, Windlichter.[64]

- **Wirkung des Luftdrucks (Physik 7./8. Jgst.)**
  Ein 1 m langer Bindfaden wird mittels zweier Bohrungen in der Mitte eines Brettchens (20 cm x 20 cm) befestigt. Der Bindfaden sollte so stark genug sein, dass man ihn nicht mit beiden Händen abreißen kann. Am anderen Ende des Fadens befestigen wir einen 10 cm langen Holzstab als Griff.
  Vorversuch: Wir legen das Brettchen auf den Boden und ziehen es am Griff hoch. Auch das ruckartige Hochreißen bereitet keine Schwierigkeiten.
  Versuch: In der Mitte eines ausgebreiteten Zeitungsblattes wird so ein Loch geschnitten, dass die Schnur mit dem Holzgriff durchgeführt werden kann. Das ausgebreitete Zeitungsblatt bedeckt das Brettchen.Wird das Brettchen langsam an der Schnur hochgezogen, zeigt sich kein Unterschied zum Vorversuch. Beim ruckartigen Hochziehen, reißt die Schnur ab, Zeitung und Brettchen bleiben auf dem Boden (**Warum reißt die Schnur, wenn wir das Brettchen ruckartig anziehen?**).[65]

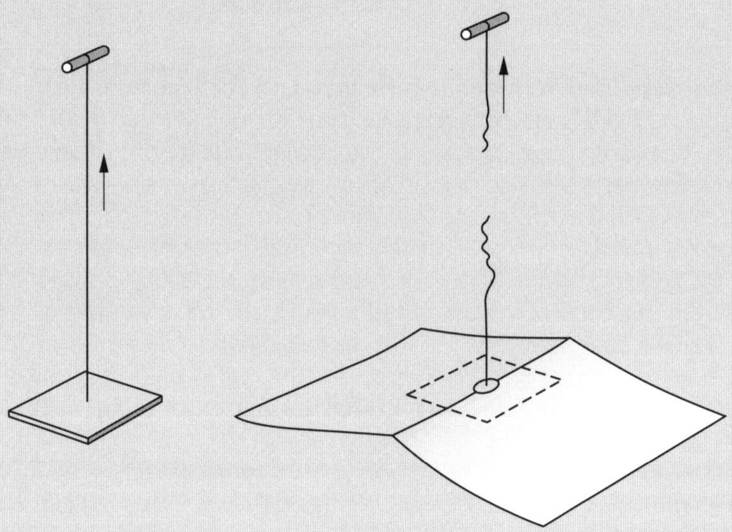

(WITTMANN, J. 1986, S. 50)

- **Konjugation der Verben (Deutsch 5. Jgst.)**
  Falsche Beugungsformen der Verben im Gedicht von Bruno Horst Bull stehen im Widerspruch zu eigenen Erfahrungen, verunsichern und wecken Interesse und sachgemäße Lernmotivation zur Klärung mit Hilfe von Wörterbüchern.

Ein schlechter Schüler

Als ich noch zur Schule gehte,
zählte ich bald zu den Schlauen,
doch ein Zeitwort recht zu biegen,
bringte immer Furcht und Grauen.

Wenn der Lehrer mich ansehte,
sprechte ich gleich falsche Sachen,
für die andern Kinder alle
gebte das meist was zum Lachen.

Ob die Sonne fröhlich scheinte
oder ob der Regen rinnte:
wenn der Unterricht beginnte,
sitzt' ich immer in der Tinte.

Als nun ganz und gar nichts helfte,
prophezieh mir unser Lehrer:
wenn die Schule ich verlasste,
wörde ich ein Straßenkehrer.

Da ich das nicht werden willte,
kommte ich bald auf den Trichter,
stak die Nase in die Bücher,
und so werdete ich Dichter.

Bruno Horst Bull

❖ Interessenweckung durch Probleme mit Widersprüchen

Probleme mit Widersprüchen zu eigenen Erfahrungen wecken durch den Kontrast und die kognitive Diskrepanz Interesse.

Beispiele

- **Bau eines Vogelkörpers, Anpassung der Vögel an ihren Lebensraum (Biologie 5./6. Jgst.)**
  Der Lehrer zeigt den Schülern ein Folienbild eines fliegenden Vogels, dann einen Ausschnitt aus dem Stich von Goya „Eine Art zu fliegen" (**Warum kann der Mensch nicht wie ein Vogel fliegen? Warum können Vögel fliegen, Menschen aber nicht?**).

- **Luthers Ermahnungen an die Bauern und Fürsten (Geschichte 7. Jgst.)**

  Martin Luther, Ermahnung zum Frieden auf die 12 Artikel der Bauernschaft in Schwaben, 19./20. April 1525

  „... An die Fürsten und Herren.

  Wir verdanken solchen Unrat und Aufruhr niemand anderem auf Erden als euch Fürsten und Herren, vor allem euch blinden Bischöfen, tollen Pfaffen und Mönchen, die ihr immer noch nicht aufhört, gegen das heilige Evangelium zu toben und zu wüten, obwohl ihr wisst, dass es recht ist und es auch nicht widerlegen könnt; dazu im weltlichen Regiment nicht mehr tut, als dass ihr schindet und schatzt, eure Pracht und Hochmut zu führen, bis der arme gemeine Mann es nicht länger ertragen kann und mag. Das Schwert ist euch auf dem Hals; noch meint ihr, ihr sitzt so fest im Sattel, dass man euch nicht herunterwerfen kann. Solche Sicherheit und versteckte Vermessenheit wird euch den Hals brechen; das werdet ihr sehen..."

  Martin Luther, Wider die räuberischen und mörderischen Rotten der Bauern, Anfang Mai 1525

  „... Weil die Bauern beide auf sich laden, Gott und Menschen, und so mannigfach schon des Todes an Leib und Seele schuldig sind und keinem Recht sich stellen, sondern immerfort toben, muss ich hier die weltliche Obrigkeit unterrichten, wie sie sich mit gutem Gewissen in dieser Sache verhalten soll... So soll nun die Obrigkeit hier getrost vordringen und mit gutem Gewissen dreinschlagen, so lange sie eine Ader regen kann. Denn das ist hier der Vorteil, dass die Bauern ein böses Gewissen und eine unrechte Sache haben; wel-

cher Bauer darüber erschlagen wird, der ist mit Leib und Seele verloren und ewig des Teufels. Aber die Obrigkeit hat ein gutes Gewissen und eine gerechte Sache... Also kann's denn geschehen, dass derjenige, der auf der Seite der Obrigkeit erschlagen wird, ein rechter Märtyrer vor Gott ist ... Darum liebe Herren, löset hier, rettet hier, helfet hier, erbarmet euch der arme Leute, steche, schlage, würge hier, wer da kann ..."
(BUSZELLO 1979, S. 39ff.).
(Warum ändert Luther so schnell seine Meinung? Was war passiert?)

❖ **Interessenweckung durch Provokation**

Beispiele

- **Landgewinnung im Wattenmeer (Erdkunde 6.Jgst.)**
  Tafelanschrift: „Die Niederlande eroberten seit Kriegsende 1945 mehr als 1000 km² Land, ohne Krieg zu führen." Der Größenvergleich (Wie groß ist ein km²?) weckt Neugier und Erstaunen (**Auf welche Weise gewannen die Niederländer so viel Land?**).

- **Judenvernichtung in Ausschwitz (Geschichte 8./9.Jgst.)**
  Der Lehrer liest den Schülern einen Ausschnitt aus der Selbstbiographie von Rudolf Höß vor. Sie hören, dass der junge Mann Tiere liebt, tief religiös ist, Missionar werden möchte und sich freiwillig als Samariter betätigt. Entsprechend der Vorinformationen stellen sie Vermutungen an, was wohl aus ihm geworden ist. Als Provokation und Kontrast erfahren sie, dass diese Erinnerungen Rudolf Höß, der Kommandant von Ausschwitz geschrieben hat. **Wie konnte ein Mann mit diesen Jugenderfahrungen Millionen unschuldiger Menschen in den Tod schicken?** Diese Frage berührt ein Trauma der deutschen Geschichte. [67]

❖ **Interessenweckung durch medial repräsentierte Probleme**

Schon bei den bisherigen Beispielen wurden Widersprüche mit den eigenen Vorstellungen, Erfahrungen, Vermutungen durch Kontraste, Provokationen über Lehrererzählung, Bilder usw. vermittelt. Medialen Repräsentationshilfen kommt hierbei nicht nur als Veranschaulichungsmittel besondere Bedeutung zu.

- **Lehrererzählungen/Lehrerbericht**

  Beispiele

  - Eine Großmutter berichtet in einer Kassettenaufnahme vom Leben vor 60 Jahren. „Am meisten hat mir vorm Waschtag gegraust!" (**Warum hat Großmutter den Waschtag gefürchtet?**)
  - Der Lehrer erzählt von einem Vorfall in der Sportstunde. Ein Schüler schießt einem anderen mit dem Fußball auf das linke Auge. Dennoch ist das Auge unverletzt (**Warum ist dem Auge nichts passiert? 3. Jgst.**).

– **Diagramme, Tabellen, Zeitungsausschnitte**

Beispiele

- **Fortbewegung eines Fisches im Wasser (Biologie 5./6. Jgst.)**
  Folie: **Fortbewegung im Wasser** (auf kurze Strecken)

Mensch (Kraul-Weltrekord)	2 m/s
Karpfen	3 m/s
Forelle	10 m/s

  (Warum kann die Forelle so schnell schwimmen?)
  (HARTL 1980, S. 102)

- **Die Pest in Regensburg 1713/14 (Heimat- und Sachkunde/ Heimatgeschichte 4. Jgst.)**
  Sterbefälle in der Evangelischen Gemeinde der Freien Reichsstadt Regensburg 1713

Juni	19 Personen
Juli	38
August	115
September	443
Oktober	925
November	476
Dezember	100

  (Warum starben innerhalb eines halben Jahres so viele Regensburger?)
  (HORN/FRIEDL 1985)

- **Bedrohung des Waldes durch den Borkenkäfer (Biologie 7./8. Jgst.)**
  Schlagzeile einer Zeitung: „Forstamt befürchtet Katastrophe im Zinzendorfer Wald" (MZ vom 7.1.1983).

- **Evolution des Menschen (Biologie 8. Jgst.)**
  „Die Geschichte steht kopf. Funde in Australien: Mensch viel älter als angenommen" (MZ vom 23.09.1996).

- **Auswirkungen radioaktiver Bestrahlung (9./10. Jgst.)**
  „Da kamen Monsterbabys zur Welt" (MZ vom 16.11.1995).

- **Unvorsichtiges Verhalten beim Grillen (6. Jgst.)**
  „In Sekunden war ich eine lebende Fackel" (MZ vom 11.06.1995).

– **Bilder, Filmausschnitte**

- **Photosynthese (Biologie 6./7. Jgst.)**
  Der Lehrer erzählt vom Versuch Priestleys von 1774 und zeigt die einzelnen Abschnitte durch Folienbilder.
  (Warum kann die Maus mit Hilfe der Pflanze überleben?)[68]

- **Verwaltung des europäischen Großreiches Karls des Großen (Geschichte 6. Jgst.)**
  Der Lehrer präsentiert eine Karte von Europa mit allen Reisen, die Karl der Große und sein Hofstaat während seiner 30jährigen Regierungszeit unternahmen. Er erzählt, dass das Reisen mit Pferden und Pferdewägen auf kaum befestigten Straßen sehr beschwerlich war und recht lange dauerte. Die Schüler beschäftigen sich intensiv mit der Karte und finden heraus, dass Kaiser Karl jedes Jahr auf Reisen gewesen sein musste.

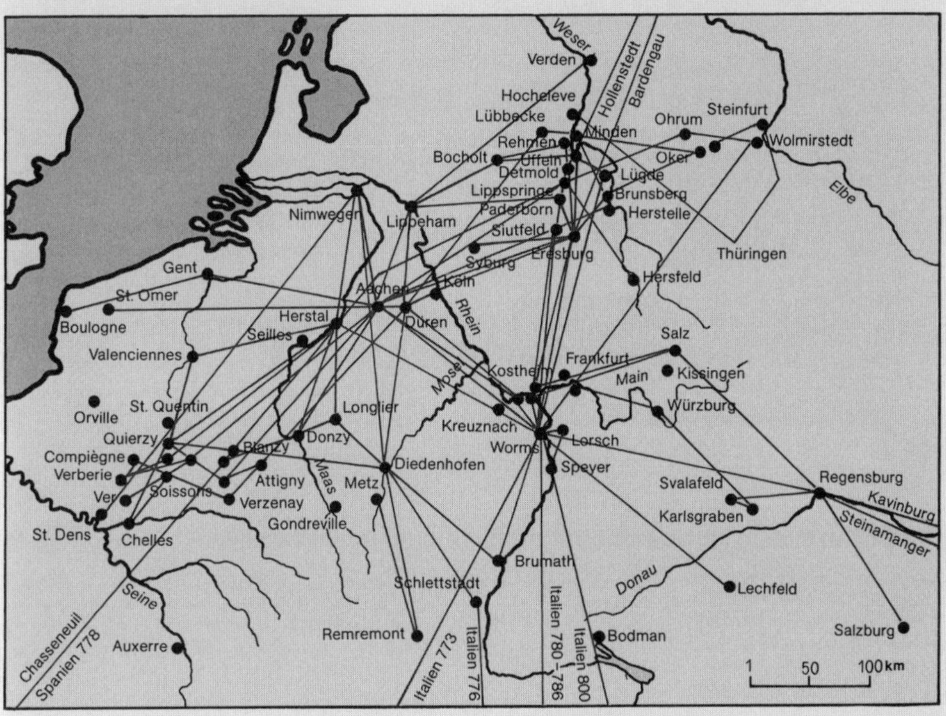

Karls Reisen und Feldzüge (HEUMANN 1987, S. 12).

(Warum reiste Karl der Große dauernd in seinem Reich umher? Welche Überlegungen mussten angestellt werden, wenn der ganze Hofstaat auf Reisen ging?)

- **Inflation in der Weimarer Republik (Geschichte 8./9. Jgst.)**
  Die drei oberen Zeilen der Platzpreise („Um mit der Teuerung Schritt zu halten, ohne das Publikum zu übervorteilen") werden mit einem Papierstreifen überdeckt, denn hier steckt für gute Beobachter die Problemlösung.

(Fünfer 1985, S. 3)

(Warum musste man den Eintritt mit Eiern oder Butter bezahlen?)

1 Vgl. Steiner 1996, S. 288ff.
2 Vgl. Deci/Ryan 1993, S. 224
3 Vgl. Heckhausen 1974b, S. 175ff.; 1989, S. 9
4 Vgl. Lukesch 1995, S. 142
5 Vgl. Oerter 1995c, S. 768ff.
6 Vgl. Oerter 1987, S. 644; 1995c, S. 759ff.
7 Vgl. Pekrun/Schiefele 1996, S. 155ff.
8 Vgl. Gage/Berliner 1986, S. 387; Lukesch 1995, S. 143
9 Vgl. Heckhausen 1974a, S. 151ff.; 1974b; Gage/Berliner 1986, S. 406ff.; Oerter 1987, S. 652ff.; 1995c, S. 786-805; Mietzel 1993, S. 257ff.; Lukesch 1995, S. 148ff.
10 Vgl. Heckhausen 1974b; Schiefele 1981, S. 260ff.; Weidenmann/Krapp 1986, S. 229ff.; Oerter 1987, S. 643ff.; 1995c, S. 796ff.; Krapp 1992b, 1992c; 1993, 192ff.; Mietzel 1993, S. 257ff.; Prenzel 1994, S. 1316ff.; Lukesch 1995, S. 148ff.; B VIII/3.2
11 Nach Krapp 1993, S. 189ff.; Pekrun/Schiefele 1996, S. 154ff.
12 Vgl. Pekrun 1988; Heckhausen 1989, S. 455ff.; Schiefele/Schreyer 1994, S. 1ff.; Schiefele/Pekrun 1996, S. 266ff.; Pekrun/Schiefele 1996, S. 169ff.; BLK 1997, S. 29ff.
13 Vgl. Deci/Ryan 1993, S. 227f., 232; Gage/Berliner 1986, S. 423; Tausch/Tausch 1991; Lukesch 1995, S. 166ff.; Steiner 1996, S. 293ff.; A II/1
14 Vgl. Deci/Ryan 1993, S. 226ff.; Wild/Krapp 1995, S. 581
15 Selbstbestimmungstheorie nach Deci/Ryan 1993, S. 183ff.; vgl. Schiefele 1993, S. 183ff.; Krapp 1993; Prenzel 1995, S. 60ff.
16 Vgl. Krapp 1993, S. 189ff.
17 Vgl. Krapp 1992c, S. 300f.; Pekrun/ Schiefele 1996, S. 159ff.
18 Vgl. Deci/Ryan 1993, S. 229ff.; Friedrich/Mandl 1997, S. 243ff.
19 Vgl. Krapp 1992c, S. 303; Aebli 1987, S. 146; BLK 1997, S. 73ff.
20 Krapp 1992c, S. 303

21 KRAPP 1992c, S. 303
22 Vgl. KRAPP 1992c, S. 305; PRENZEL 1995, S. 64ff.
23 Vgl. HECKHAUSEN 1974b; GLOETZL 1979, S. 66ff.; KLAFKI 1985, S. 186ff.; WEIDENMANN/KRAPP 1986, S. 229ff.; OERTER 1987, S. 643ff.; 1995c, S. 796ff.; MIETZEL 1993, S. 257ff.; LUKESCH 1995, S. 148ff.; A I/2.1
24 Vgl. DECI/RYAN 1993, S. 232; WILD/KRAPP 1995, S. 581ff.; EINSIEDLER 1992, S. 6ff.; STEINER 1996, S. 293ff.
25 Vgl. B IV/4; V/4; VI/3
26 Vgl. SCHIEFELE 1986, S. 156f.; PRENZEL/KRAPP/SCHIEFELE 1986, S. 166ff.; KRAPP 1992a, 11ff.; 1992b, S. 748ff.; 1992c, S. 304ff.; SCHIEFELE/SCHREYER 1994, S. 4ff., 11ff.; PRENZEL 1994, S. 3; WILD/KRAPP 1995, S. 580; PEKRUN/SCHIEFELE 1996, S. 162ff.; SCHIEFELE/PEKRUN 1996, S. 266ff.
27 Vgl. SCHIEFELE 1986, S. 156f.; PRENZEL/KRAPP/SCHIEFELE 1986, S. 166ff.; PRENZEL/LANKES 1989, S. 68ff.; 1995, S. 12f.; PRENZEL 1994, S. 1318ff.; KRAPP 1992a, S. 12ff.; 1992b, S. 765
28 Vgl. KRAPP 1992b, S. 751; 1992c, S. 309
29 Vgl. FOELLING-ALBERS 1995, S. 24ff.; BAUMERT/LEHMANN 1997, S. 161ff.; A I/1.1
30 Vgl. PRENZEL 1994, S. 1320ff.; KRAPP 1992a, S. 12ff.; 1992b, S. 749; LANKES 1995, S. 18f.
31 Vgl. BLK 1997, S. 32ff.
32 Vgl. KRAPP 1992b, 754ff.
33 Vgl. KRAPP 1992a, S. 14; 1992b, S. 750; PRENZEL 1994, S. 1320ff.; 1995, S. 61ff.; PRENZEL/LANKES 1995, S. 12f.
34 Vgl. PEKRUN 1988, S. 126ff.; KRAPP 1992a, S. 39f.; CSIKSZENTMIHALYI/SCHIEFELE 1993, S. 208f.; STEINER 1996, S. 291ff., 297ff.; PEKRUN/SCHIEFELE 1996, S. 155ff., 163ff.
35 Vgl. CSIKSZENTMIHALYI/SCHIEFELE 1993, S. 213ff.
36 CSIKSZENTMIHALYI/SCHIEFELE 1993, S. 211f.; vgl. KRAPP 1992a, S. 38ff.; 1992b, S. 763ff.; PEKRUN/SCHIEFELE 1996, S. 160ff.
37 SCHIEFELE/SCHREYER 1994, S. 6ff.; vgl. CSIKSZENTMIHALYI/SCHIEFELE 1993, S. 213ff.; BENWARE/DECI 1984, S. 761ff.; PRENZEL u.a. 1993, S. 136
38 Vgl. KRAPP 1992a S. 34f.; 1992b, S. 755ff.; DECI/RYAN 1993, S. 233ff.; LUKESCH 1995, S. 175ff.; BLK 1997, S. 32ff.; B I/3; B III/3.2; B V/4; B VII/2.3
39 Vgl. PRENZEL 1993, S. 132ff.; BAUMERT 1993, S. 330ff., 336ff., 348ff.; PEKRUN/SCHIEFELE 1996, S. 170ff.; B I/3.3; VII/3
40 Vgl. PEKRUN 1988, S. 126ff.; KRAPP 1992a, S. 35ff.; 1992b, S. 761ff.; VESTER 1995, S. 124ff., 68f.,74ff.,112ff.,124ff.; PEKRUN/SCHIEFELE 1996, S. 157ff.
41 Vgl. PRENZEL 1995, S. 61ff,64ff.; SCHIEFELE/PEKRUN 1996, S. 267
42 Vgl. PRENZEL 1995, S. 61ff,64ff.; SCHIEFELE/PEKRUN 1996, S. 267ff.
43 Vgl. RHEINBERG 1995, S. 60ff.; B VI/3
44 Vgl. PRENZEL 1993, S. 127; 1994, S. 1328ff.; BLK 1997, S. 34ff.; kritisch dazu B VIII/3.2
45 Vgl. DECI/RYAN 1993, S. 231; TAUSCH/TAUSCH 1991, S. 166ff., 337ff.; FRIEDRICH/MANDL 1997, S. 245ff.; A II/1
46 Vgl. B VI/3.2; 3.3
47 Vgl. BENWARE/DECI 1984, S. 761ff.; BECK/GULDIMANN/ZUTAVERN 1991, S. 738ff., 763ff.; B VII/3.2
48 Vgl. PRENZEL 1993, S. 245; 1994, S. 1329ff.; 1995, S. 64ff.; PRENZEL/LANKES 1995, S. 13; OSSWALD 1995, S. 22f.; HARTINGER 1995, S. 27ff.; BLK 1997, S. 35f.; B VI/3.2
49 Vgl. B III/3.3; B V/4; B VII/3
50. Vgl. TAUSCH/TAUSCH 1991,S. 288ff.
51 Vgl. A II/1;2; B VI/3
52 Vgl. HOFFMANN/LEHRKE 1986, S. 187ff.
53 Vgl. PRENZEL/LANKES 1989, S. 70ff.; PRENZEL 1993, S. 128ff.; DECI/RYAN 1993, S. 232ff.; B III/3; B VI/2.3; 3.3
54 Vgl. PRENZEL/LANKES 1989, S. 74ff.; PRENZEL 1994, S. 7ff.; B VI/3.3
55 Vgl. GLOETZL/HARTL 1985, S. 170; GÖTZ 1987, S. 538ff.
56 Vgl. GLOETZL 1985, S. 170ff.; GLOETZL CH. 1995, S. 56ff., 62ff.; HARTINGER 1995, S. 28f.; B V/3.2; VI/3.3
57 Vgl. HOFFMANN/LEHRKE 1986, S. 197ff.; Vgl. zum problemlösend-entdeckenden Lernen im Mathematikunterricht B III/3.3
58 Vgl. KRAPP 1992, S. 756; PRENZEL 1994, S. 8ff.; PRENZEL/LANKES 1995, S. 13; BLUMENSTOCK 1995, S. 10f.; DUNCKER 1994, S. 297ff.
59 Die Problemfragen für den Unterricht werden in nachfolgenden Beispielen durch Kursivdruck hervorgehoben.
60 Vgl. WAGENSCHEIN 1989, S. 77ff.,99ff.,105ff.; B VI/2.3; B III/3.3
61 Vgl. WAGENSCHEIN 1989, S. 77ff.; CSIKSZENTMIHALYI/SCHIEFELE 1993, S. 217; WIATER 1996, S. 123ff.
62 Vgl. SCHNEIDER/SEUFERT/WEIGAND 1996
63 Vgl. WITTMANN 1986, S. 176f.
64 Vgl. PFEIFER1986, S. 56ff.; 1990, S. 12; B II/4.2
65 Vgl. WITTMANN, J. 1986, S. 50f.
66 Vgl. STADLER 1980, S. 257
67 Vgl. BEILNER 1985, S. 6
68 Vgl. B II/4.3, Beispiel 3

Herbert Glötzl

Prinzipien effektiven Unterrichts

Handbuch für die Erziehungs- und Unterrichtspraxis

Ernst Klett Verlag
Stuttgart Düsseldorf Leipzig

Dr. Herbert Glötzl
Grund- und Hauptschullehrer; Praktikumslehrer; Promotion in Pädagogik und Psychologie; Seminarrektor; Schulrat; Referent in der Lehreraus- und Fortbildung

Gedruckt auf Papier aus
chlorfrei gebleichtem Zellstoff, säurefrei.

Die Deutsche Bibliothek – CIP-Einheitsaufnahme

Ein Titeldatensatz für diese Publikation ist bei
der Deutschen Bibliothek erhältlich.

1. Auflage 2000 A

Internetadresse: http://www.klett-verlag.de
E-Mail: klett-kundenservice@klett-mail.de
Redaktion: Christine Thirase-Nitzschke, Herrenberg
Umschlaggestaltung: Axel Reis, Stuttgart
Grafik: Rudolf Hungreder, Leinfelden-Echterdingen
Satz: Hahn Medien GmbH, Kornwestheim
Druck: Auer, Donauwörth
Printed in Germany
ISBN 3-12-924402-6

Inhalt

Band 1

Band 2

V Das Prinzip der Aktivierung oder Selbsttätigkeit

1 Begriffsklärung

Aktivierung oder Selbsttätigkeit bedeutet allgemein, sich oder andere in eine Tätigkeit, in eine Auseinandersetzung mit einer Sache, einem Gegenstand, der Umwelt, mit anderen Personen oder mit sich selbst zu versetzen. Dabei kann diese Aktivität von der Person selbst, von anderen, von der Sache oder dem Lernmaterial angeregt, auf ein bestimmtes Ziel hin oder ziellos, bewusst reflektiert oder unreflektiert ablaufen. **Aktivierung** im Unterricht wird vorwiegend aus der Sicht des Lehrers, **Selbsttätigkeit** aus Schülersicht interpretiert.
Aktivierung bedeutet,

- die Schüler zur selbsttätig handelnden, sachgerechten **Auseinandersetzung mit dem Unterrichtsgegenstand** zu motivieren.
  Das Prinzip der Aktivierung der Schüler durch Unterricht entspricht dann dem Prinzip der **Handlungsorientierung** von Unterricht. Das selbsttätige Handeln und Lernen erfüllt wichtige Funktionen:
  Durch selbsttätiges Handeln und selbstgesteuertes Lernen bauen die Schüler deklaratives (inhaltlich-fachliche Kenntnisse, Erkenntnisse, Begriffe, Zusammenhänge), prozedurales (Fähigkeiten, Fertigkeiten, Handlungsschemata, Operationen), methodisch-strategisches (Denk-, Lern-, Problemlösestrategien, fachgemäße Arbeitsweisen, -techniken) und sozial-kommunikatives (Kommunikations-, Kooperationsfähigkeit, Gesprächs-, Konfliktlösestrategien, Empathie u. a.) **Wissen und Können** auf.
  Das selbsttätige, aktive Handeln und Lernen unterstützt durch die Aktivierung möglichst vieler **Sinneskanäle** und durch den Einsatz fachgemäßer **Arbeitsweisen** und -techniken, Problemlöse-, Lern- und Gedächtnisstrategien das geistige Verarbeiten, Abspeichern, Anwenden und Transferieren der Lerninhalte. Angesichts einer anhaltenden Wissensexplosion und der Notwendigkeit kontinuierlicher Weiterbildung ist der Aufbau von Fähigkeiten, Fertigkeiten und von Problemlöse-, Lern- und Gedächtnisstrategien zur Bewältigung der Informationsflut, zur selbstständigen Aneignung, Verarbeitung und Speicherung neuen Wissens und zum Erkennen von Zusammenhängen weit wichtiger als die Anhäufung eines möglichst großen Quantums an Faktenwissen und Einzelkenntnissen.[1]
  Das selbsttätige Handeln und Lernen aktiviert **Lernmotivationen** und weckt situationales **Interesse** der Schüler zur Auseinandersetzung mit einer Sache oder einem Problem. Je selbstständiger sie dabei Probleme lösen, Aufgaben und Arbeitspartner mitbestimmen und Tätigkeiten kontrollieren können, desto intensiver und konzentrierter setzen sie sich damit auseinander, erleben Kompetenz und bauen in-

trinsische Motivation, individuelle Interessen, Selbstvertrauen und Selbstkompetenz auf.
- die Schüler zur aktiven Gestaltung ihres Lebens, zum selbstverantworteten, überlegten, umweltbewussten Handeln anzuleiten.

Selbsttätiges Handeln und Lernen fördert die **Entwicklung einer mündigen Persönlichkeit** und die dazu notwendigen Kompetenzen und Eigenschaften wie Selbstständigkeit, Selbst- und Mitbestimmung, Selbstverantwortung, Sach-, Handlungs- und Sozialkompetenz, Kritik- und Urteilsfähigkeit.[2] Aktivierung umfasst alle Bereiche der Persönlichkeit, also kognitive, emotional-affektive, sensomotorische und soziale. Jedes Individuum kann produktiv denkend, problemlösend entdeckend, kreativ schöpferisch, aktiv handelnd, rezeptiv nachvollziehend, meditativ besinnlich und im sozialen Verband mit anderen tätig werden. „Lernende sind selbst wahrnehmende, denkende, erkennende, wollende, entscheidende und handelnde Wesen; sie sind selbsttätig, und davon hat erfolgsorientiertes Lehren auszugehen, nur darauf kann es sich beziehen" (HEID 1996, S. 164).

Selbsttätiges Handeln unterstützt die **Spontaneität** des Individuums. Sie ist für SCHRÖDER von entscheidender Bedeutung für die Persönlichkeitsentfaltung. „Durch diese Spontaneität ist der Mensch ein aktives Wesen, das sich nicht nur reaktiv verhält, sondern in die Erscheinungen der Welt eingreift. Hierdurch hat der Mensch nicht nur Umwelt, die auf ihn einwirkt, sondern eine durch spontane Aktionen von ihm mitgepägte Welt ... Die Kenntnisnahme des eigenen Arbeitsergebnisses ermöglicht eine kritische Einstellung des Schülers zu seiner Arbeit und damit zu sich selbst ... Das aktive Sich-Ausrichten an den Gegebenheiten der Welt und den Ergebnissen seines eigenen Tuns führt zur kritischen Auseinandersetzung und damit zur Suche nach objektiven Werten, welche die Persönlichkeitsentfaltung fördert. Damit erfolgt durch die Aktivierung nicht nur eine Erziehung **zum Tätigsein**, sondern eine Erziehung durch Tätigsein" (SCHRÖDER 1991, S. 134). Die Setzung eines individuellen Anspruchsniveaus und der Aufbau von Selbstvertrauen und Selbstkompetenz trägt zur Persönlichkeitsentfaltung bei.

Jeder schülerorientierte, problemlösend-entdeckende, differenzierte, offene Unterricht ist auf Selbsttätigkeit hin angelegt und damit handlungsorientiert. Er fördert über die aktiv handelnde Auseinandersetzung mit den Unterrichtsinhalten, mit Lehrern und Mitschülern die **Persönlichkeitsentfaltung** der Schüler und die Entwicklung ihrer **Handlungs**- und **Sozialkompetenz**. Dies ist umso notwendiger, als viele wohlmeinende Eltern durch Überbehütung ihren Kindern oft jede Verantwortung abnehmen, für alles Verständnis aufbringen und ihre Unselbstständigkeit und Unsicherheit fördern, statt ihnen innerhalb gesetzter Grenzen vielfältige Möglichkeiten zu eröffnen, selbstständig eigene Wege zu suchen, auszuprobieren und Probleme zu lösen.[3] Die Persönlichkeitsentwicklung unterstützen auch werterziehliche Unterrichtseinheiten und -projekte zu Schlüsselproblemen unserer Gesellschaft. Sie zwingen zur wertenden Stellungnahme, zur Suche nach realisierbaren Lösungsmöglichkeiten und zur Änderung des eigenen Verhaltens und beeinflussen nachhaltig die Ausprägung des eigenen **Wertesystems** und die **Einstellung zum Mitmenschen**.[4]

2 Unterrichtliche Bereiche und Bedingungen der Aktivierung der Schüler

Jeder Unterricht kann vielfältige Möglichkeiten zur Selbsttätigkeit eröffnen. „Selbsttätigkeit des Schülers ereignet sich sinnvoll erst da, wo der Lehrer durch entsprechende didaktisch-methodische Arrangements Situationen schafft – vorbereitete Umgebung im Sinne Montessoris –, in denen sich Schüler selbsttätig mit einer Sache auseinander setzen können“ (PREUSS 1987, S. 6).

Selbsttätigkeit der Schüler ist möglich

- bei **Hausaufgaben**, z. B. bei vorbereitenden, nachbereitenden, nachgestaltenden Übungs-, Anwendungs- oder Transferaufgaben;
- in einzelnen **Unterrichtsfächern** wie gestaltendes, produzierendes, musisches Arbeiten beispielsweise in Kunsterziehung, Musik, Textilarbeit/Werken, Haushalts- und Wirtschaftslehre, Technisch Werken/Technisch Zeichnen, Maschinenschreiben/Textverarbeitung, Kurzschrift;
- in einzelnen **Unterrichtsphasen**, z. B. in Übungsphasen in Deutsch und Mathematik, in Problemlösungsphasen einzelner Sachfächer, vor allem in Biologie, Physik, Chemie, beim Durchlaufen differenzierter Lehrgänge, bei der Erledigung unterschiedlicher Arbeitsaufträge;
- bei problemlösend-entdeckenden, handlungsorientierten **Unterrichtsverfahren**, in denen Problemfragen gesucht, Hypothesen gebildet, Problemlösungen selbstständig geplant und durchgeführt, Ergebnisse reflektiert werden;
- bei allen **offenen Unterrichtsformen** wie beispielsweise verschiedenen Formen der Freiarbeit mit materialgeleiteten, möglichst selbst gewählten Lernaufgaben oder Projektunterricht;
- in allen Bereichen des **Schullebens**, z. B. bei der Mitwirkung und Gestaltung von Festen, Feiern und verschiedenen Formen des Unterrichtsbeginns, bei Besinnungsphasen, der Planung und Durchführung von Wanderungen, Fahrten, Schullandheimaufenthalten.

Schüleraktivität und selbst gesteuertes Lernen wird **lerneffektiv** und überwindet leere, unproduktive Geschäftigkeit, wenn folgende **Voraussetzungen** beachtet werden:

- Selbsttätigkeit muss auf die **Lern- und Entwicklungsvoraussetzungen** der Schüler abgestimmt werden. Unterrichtsziele und -inhalte sind so auszuwählen, dass die Schüler tatsächlich selbsttätig Probleme lösen können.
- Selbsttätigkeit sollte **sachgerecht** sein. Nicht alle Lerninhalte und Lerngegenstände eignen sich für Schüleraktivitäten. Erarbeiten lassen sich rationale, sachliche Einsichten, grundlegende, transferierbare Erkenntnisse. Emotionale, wertbezogene Inhalte und Erlebnisse bleiben vor allem der gemeinsamen Diskussion oder dem besinnlichen Zuhören, Sehen, Durchdenken vorbehalten.
- Jede Aktivität erfordert ein motivierendes, klar formuliertes, von den Schülern erreichbares und akzeptiertes **Ziel**, das von ihnen selbst als Problemfrage oder Stundenthema formuliert und fixiert wird.
- Bis die Schüler ihr Lernen selbst steuern können, sind alle von ihnen durchzuführenden Teilaktivitäten als klare **Arbeitsaufträge** und eindeutige Arbeitsanweisungen zu formulieren. Sie sollten im Hinblick auf das angestrebte Ziel und die vor-

handenen Lernvoraussetzungen differenziert gestellt werden oder in offenen Unterrichtsphasen Wahlmöglichkeiten mit einem verbindlichen Arbeitspensum, mit Wahl- und Angebotsaufgaben bei der Tages- und Wochenplanarbeit enthalten. Arbeitsaufträge sollen ohne störende Unterbrechung durch nachgeschobene Anordnungen und Erläuterungen des Lehrers erledigt werden können. Er unterstützt die Aktivitäten der Schüler durch individuelle, unaufdringliche, leise Hilfestellung.

- Alle notwendigen **Arbeitsmittel**, z. B. Informationsquellen wie Texte, Bilder, Tabellen, Filme und Arbeitsmaterialien wie Lupen oder Experimentiergeräte, sind in ausreichender Zahl und Qualität zur Verfügung zu stellen. Bei der schrittweisen Einführung der Arbeitstechniken werden die Schüler auch mit den Arbeitsmitteln vertraut. Eine interessante, ansprechende und strukturierte Gestaltung des Lernmaterials mit Möglichkeiten zur Bearbeitung mit Partnern und zur Selbstkontrolle motiviert die Schüler zur aktiven Auseinandersetzung.
- Die verlangte Aktivität erfordert die Beherrschung notwendiger methodischer **Problemlöse- und Lernstrategien, Arbeitsweisen** und **Arbeitstechniken**. Sie müssen im Unterricht an ausgewählten Beispielen sukzessiv entwickelt, eingeübt und immer wieder angewendet werden. Unterstützt durch das Lehrervorbild bauen die Schüler mit der Selbsttätigkeit gleichzeitig eine **Arbeitshaltung** auf, die sich durch Zielstrebigkeit, Fleiß, Durchhaltevermögen, Genauigkeit und Sorgfalt auszeichnet. Auch äußere Organisationstechniken wie das schnelle Umstellen der Tische zu Gruppen oder einem Sitzkreis, das Her- und Wegräumen von Materialien, das leise Gehen und Sprechen werden schrittweise trainiert.
- Arbeitsergebnisse werden mit dem Lernpartner oder in der Gruppe besprochen, durch **Selbst-** oder **Fremdkontrolle** überprüft und im Hinblick auf die Erreichung des angestrebten Ziels kritisch bewertet. Strukturierte Darstellung, intensive Versprachlichung und Reflexion dienen der Sicherung der Arbeitsergebnisse. Wichtig ist, den Lernzuwachs der Schüler herauszustellen und ihn als Erfolg erleben zu lassen.
- Ein sinnvoller Wechsel der Schüleraktivitäten und Sozialformen beugt Ermüdungserscheinungen, Konzentrationsschwächen, erhöhter Reiz- und Störbarkeit vor. Die zeitlich und methodisch überlegte **Rhythmisierung** des Lernstoffs und des Lernwegs durch Wechsel der Arbeitsformen, des Arbeitsmaterials, der Sozialformen, die rechtzeitige Entspannung durch Bewegungspausen oder Ruhe- und Entspannungsphasen dienen der Psychohygiene der Schüler. In offenen Unterrichtsphasen wechseln die Schüler selbstständig ihre Aktivitäten.
- Notwendige **soziale Aktivitätsformen** wie Einzel-, Partner-, Gruppenarbeit sind vor allem unter sozialerzieherischen Gesichtspunkten einzuplanen bzw. frei wählen zu lassen, grundlegende Gesprächs- und Verhaltensregeln dafür einzuüben.
- Die Erarbeitung von Unterrichtsinhalten durch selbstgesteuertes, aktives Handeln der Schüler erfordert viel **mehr Zeit** als die Vermittlung durch Frontalunterricht. Einstündige Fächer und ein ausgeprägtes Fachlehrersystem mit häufig wechselnden Lehrern setzen Grenzen. Wenn möglich, sollte deshalb epochal und fächerübergreifend bzw. -integrierend unterrichtet werden.
- **Grenzen** liegen besonders in Klassen mit einem hohen Anteil an Ausländern, Asylanten, Aussiedlern, die der deutschen Sprache nicht ausreichend mächtig sind, not-

wendige Arbeitsweisen nicht beherrschen oder sich aus ethnischen oder anderen Gründen weigern, mit Klassenkameraden in einer Arbeitsgruppe zu kooperieren.

3 Beispiele für Schüleraktivitäten und handelndes Lernen

3.1 Schüleraktivitäten im Geschichtsunterricht

Bei den Schüleraktivitäten im Geschichtsunterricht geht es um Handlungen, die Denkoperationen, Erkennen, Beurteilen, Übertragen vorbereiten, begleiten, unterstützen. „Gemeint sind jene Handlungen und Handlungszusammenhänge, die möglichst viele Sinne des Lernenden einspannen und damit auch viele Informationskanäle, Verarbeitungsinstanzen, Speicher- und Umsetzungskapazitäten öffnen. Dies sind vor allem körperlich-sinnliche Erfahrungen mit geschichtlichen Räumen, Orten, Gebäuden oder Gegenständen, Nachgestaltungen von historischen Werkzeugen, Geräten, Gebäuden und Gegenständen aller Art, Darstellen von Ereignissen und Situationen mit bildlich-grafischen und szenisch-verbalen Mitteln. Es geht also um all jene Handlungsebenen, die vor und neben der bloß geistigen Auseinandersetzung mit der vergangenen Realität bewusst weitere Tätigkeiten und damit zusammenhängende Fertigkeiten auslösen und so das „Verstehen" der Geschichte in einem umfassenderen Sinne ermöglichen" (BEILNER 1991, S. 13). Beispiele dafür sind nach BEILNER:

- **Originale Begegnung** mit geschichtlichen Relikten und Räumen
  Besichtigung einer Burgruine nach spürbarem, beschwerlichem Aufstieg, Lokalisieren bestimmter Burgteile, Klären der topografischen Gegebenheiten, Sich-Einfühlen in Schutz-, Bedrohungs-, Dienst-, Rechts-, Herrschaftsaspekte,
  Besichtigung mittelalterlicher Folterkammern und Verliese,
  Begehen aufgelassener Bahnstrecken, Einfühlen in die Mühe beim Bau der Dämme, Brücken, Einschnitte,
  Hantieren mit einem Dreschflegel,
  Bügeln mit einem Holzkohlebügeleisen,
  Waschen auf dem Rubbelbrett mit Kernseife,
- **Werkendes Nachgestalten** – Aufbauen und Nachbauen
  Beschlagen oder Schleifen eines Steines auf die Form eines Beils, befestigen mit Bast in einer Astgabel,
  Bau eines Lochbohrers für Steinäxte und Bohren der Löcher mit Holunderbohrer und Quarzsand,
  Aufbauen von Gefäßen aus Tonwürsten (Aufbaukeramik – Kunsterziehung),
  Bauen einfacher Musikinstrumente (Musik),
- **Nachvollziehen** – Kochen, Schreiben, Singen, Tanzen
  Kochen nach alten Rezepten,
  Schreiben mit Gänsefeder und Tinte auf rauhem, holzhaltigem Papier.
  Singen historischer Lieder, Aufführen historischer Tanzformen (Musik, Gymnastik und Tanz),
  Nachstellen der Enge einer Arbeiterwohnung des 19. Jahrhunderts im Klassenzimmer,

- **Nachgestalten** – szenisches Spiel und Rollenspiel
  Für szenische Spiele aus der Sozial-, Kultur-, Alltagsgeschichte geben Texte, Quellen, Bilder, Filme, Jugendromane notwendige Vorinformationen und schaffen ein Wissen über den historischen Kontext, z. B.
  ein Gespräch zwischen einer Arbeiterfrau, deren Mann durch einen Unfall arbeitsunfähig geworden ist, und ihrem Sohn. Er muss sofort die Stelle des Vaters einnehmen, um die Familie zu ernähren.
  die Verteidigung eines unbescholtenen Pariser Bürgers vor dem Revolutionsausschuss.

Es besteht kein Zweifel, „dass vielfältige Annäherungsweisen an die Vergangenheit durch Sehen, Betasten, Hören, Riechen, durch Sich-Bewegen, Sich-Anstrengen, Sich-Einfühlen und Nachempfinden eine dichtere Basis für die aufzubauenden Vorstellungen über die Geschichte schaffen. Nachgestaltende und nachempfindende Handlungen ... fundieren den geistigen Vorgang der Verinnerlichung, der Symbolisierung bzw. der Verbegrifflichung. Sie begründen, erweitern, steuern und stützen damit die erwünschte Ausdifferenzierung eines Arsenals an formalen Operationsmöglichkeiten, das letztlich für ein gereiftes Geschichtsverhältnis und Geschichtsbewusstsein unerlässlich ist" (BEILNER 1985, S. 16 f.).[5]

3.2 Schüleraktivitäten im Biologieunterricht

Beispiel: **Unterrichtsgang in den Wald[6]**

Der Lebensraum Wald wird in der Grund-, Haupt-, Realschule und im Gymnasium behandelt. Die Lehrpläne für die Grund- und Hauptschule schlagen die Durchführung eines Unterrichtsgangs im Herbst vor dem Laubfall und im Frühjahr oder Frühsommer vor. Ein Unterrichtsgang motiviert die Schüler, führt zur unmittelbaren Begegnung mit der Wirklichkeit, bietet viele Möglichkeiten **handlungsorientierten Lernens.** Er muss aber gut vorbereitet werden, wenn er nicht zu einem Spaziergang degradiert und zur Frustrationsquelle für Lehrer und Schüler werden soll.

Der Lehrer muss sich im Klaren darüber sein, welche Lernziele er erreichen, welche **Schwerpunkte** er setzen will, z. B. die Schulung der Artenkenntnis oder die genaue Untersuchung ökologischer Beziehungen wie die Abhängigkeit eines Waldbestandes von Standortfaktoren oder des Stockwerkbaus vom Licht, und welche fachgemäßen Arbeitstechniken schon bekannt sind. Die Ziele des Unterrichtsgangs müssen allen Schülern in der vorbereitenden Phase klar werden.

In der **Vorbereitungsphase** sammeln die Schüler in Gruppen Arbeitsaufträge oder suchen sie aus dem Schülerbuch heraus und besprechen sie mit dem Lehrer. Noch nicht eingeschulte Fertigkeiten wie das Bestimmen von Pflanzen und Tieren mit Bestimmungsbüchern oder -blättern, die Handhabung von Belichtungsmesser, Thermometer und Hygrometer werden im Unterricht eingeübt.

Alle **organisatorischen Fragen** wie Treffpunkt, Möglichkeiten der Beförderung, Abfahrtszeit, Rückkehr, notwendige Arbeitsmittel und -geräte, Information der Eltern sind vor dem Unter-

richtsgang zu klären. Es bietet sich nicht nur in städtischen Schulen an, den Unterrichtsgang als 20- bis 30-minütige **Arbeitsphasen im Rahmen einer Wanderung** durchzuführen. Besonders kontrastreiche Ergebnisse erhält man, wenn die gleichen Arbeitsaufträge nacheinander in einem reinen Nadelwald, Laubwald und dann in einem Mischwald durchgeführt werden.
Der Lehrer sollte den ausgewählten Weg abgehen und geeignete Waldbestände aufsuchen. Nach Absprache mit Forstbeamten oder Waldbesitzern markiert er Flächen von ca. 20 m mal 20 m mit Wollfäden oder Bändern und bestimmt die wichtigsten dort vorkommenden Pflanzen. Ein Unterrichtsgang ist nur sinnvoll, wenn anschließend durch **Epochalunterricht** mehrere Biologiestunden zusammengefasst werden können und notwendige fachgemäße Arbeitsweisen und -techniken zur Verfügung stehen.

Vorschläge für Arbeitsaufträge für die Gruppenarbeit beim Unterrichtsgang in den Wald

Beim Unterrichtsgang setzen sich die Schüler an den Standorten in Gruppen von drei bis fünf Schülern mit den Arbeitsaufträgen auseinander, notieren ihre Beobachtungen, sammeln Materialien, diskutieren ihre Erkenntnisse und bringen sie in den nachfolgenden Unterrichtsstunden ein.

- **Untersuchen und Bestimmen von Pflanzen**
  Welche Bäume, Sträucher, Kräuter und Moose findet ihr in dem Waldstück? Bestimmt sie! Sammelt in getrennten Plastikbeuteln einige Blätter, Zweige, Rindenstückchen, Früchte und beschriftet die Beutel mit Folienstiften!
  Breiten sich die Kronen aller Bäume annähernd in gleicher Höhe aus? Schätzt die Höhe der Bäume! Welche sind auffallend klein? Bestimmt die Länge eines geschlagenen oder umgestürzten Baumes durch Abschreiten (1 m ≅ 1 großer Schritt)!
  Bestimmt das Alter eines gefällten Baumes durch Auszählen der Jahresringe! Sucht Gründe für die unterschiedlichen Abstände der Jahresringe!
  Betrachtet, befühlt, beriecht die Rinde verschiedener Bäume! Versucht die Wetterseite herauszufinden! Überprüft mit dem Kompass!
  Vergleicht den Bewuchs am Waldrand (Waldtrauf) und im Waldinnern! Bestimmt die Bäume und Sträucher! Führt jedesmal Lichtmessungen durch!
- **Untersuchen und Bestimmen von Tieren**
  Versucht an Baumstämmen Tiere oder Fraßspuren zu entdecken! Löst bei einem gefällten Baum ein Rindenstück und untersucht es auf der Innenseite!
  Welche Tiere beobachtet ihr auf dem Waldboden? Sucht auch unter Steinen, Rindenstückchen usw.!
  Versucht, auf dem Waldboden Tierspuren zu entdecken wie Fährten, Federn, Kot, Haare, benagte Zapfen!
- **Untersuchen des Bodens**
  Stecht mit einem kleinen Spaten eine 10 cm breite und 20 cm tiefe Scholle aus dem Boden und nehmt sie in der Plastikdose mit!
  Sammelt Blätter und Blattreste aus verschiedenen Schichten der Laubstreu! Nehmt einige Plastikbeutel voll Laubstreu mit und beschriftet sie!
  Ist der Boden sandig oder lehmig, trocken oder feucht?

- **Untersuchen von Licht, Lufttemperatur und Luftfeuchtigkeit**
  Lichtmessung: Stellt den Belichtungsmesser auf 18 DIN ein, zieht das Rollo vor die Messzelle und messt in Brusthöhe senkrecht nach oben! Bestimmt zuerst den Ausgangswert im Freiland vor dem Wald, auf einer Lichtung oder einer Wiese. Dann messt in den gekennzeichneten Waldgebieten. (Bei Messungen mit einem Fotoapparat ist der Lichteinfall nur quantitativ zu bestimmen in Relation zur Größe der Blende. Blende 22 bedeutet dann starken, Blende 5,6 geringen Lichteinfall).
  Lufttemperatur: Bestimmt die Lufttemperatur mit dem Digital- oder dem Schleuderthermometer in ca. 70 cm Höhe über dem Boden zuerst im Freiland und dann in den Waldgebieten! Schützt das Thermometer vor direkter Sonneneinstrahlung!
  Luftfeuchtigkeit: Lest den Luftfeuchtigkeitsmesser im Freiland und im Waldgebiet ab! Wartet vor dem Ablesen einige Minuten!

In der **Nachbereitung** des Unterrichtsgangs pressen einzelne Schüler oder Schülergruppen vorsichtig gepflückte Blätter und Blütenpflanzen eine Woche lang zwischen saugfähigem Papier und schweren Büchern. Sie kleben die Pflanzen, Blätter, Rindenstückchen, Zweige, Früchte auf Plakatkarton zu **Gehölztafeln** auf und beschriften sie. Andere Schüler bauen einen **Pflanzentisch** mit nicht geschützten Waldpflanzen im Klassenzimmer auf und notieren die Pflanzennamen auf kleine Kärtchen. Weitere bereiten **Kurzreferate** zu selbst gewählten Waldtieren vor.

Lesen Sie bitte im Kapitel VI/3.3 als weiteres Beispiel die „Erkundung eines Teiches" durch!

4 Der Aufbau grundlegender fachgemäßer Arbeitsweisen und -techniken, Lern- und Gedächtnisstrategien

4.1 Begriffsklärung

Voraussetzung für einen handlungsorientierten, problemlösend-entdeckenden Unterricht ist die Vermittlung, Generierung, Übung, Anwendung und Beherrschung grundlegender Problemlöse-, Lern- und Gedächtnisstrategien, Arbeitsweisen und -techniken der Informationsgewinnung, -verarbeitung, -speicherung und -darstellung. In den einzelnen Fachdidaktiken bezeichnet man sie als **fachspezifische oder fachgemäße Arbeitsweisen und -techniken**.[7]
Die Abgrenzung der Begriffe Arbeitsweisen und Arbeitstechniken ist nicht eindeutig. In der **Biologie** sind beispielsweise folgende fachgemäße Arbeitsweisen von Bedeutung:
- das **Betrachten** ruhender Objekte und das nachfolgende Benennen und Beschreiben wesentlicher Gestaltmerkmale,
- das **Beobachten** von Vorgängen und Abläufen wie Nahrungsaufnahme, Fortbewegung, Entwicklung, von Verhaltensweisen oder von Handlungs- und Versuchsabläufen,
- das **Untersuchen** einzelner Objekte durch Betasten, Zerschneiden, Zerlegen, Zersetzen mit Chemikalien unter Verwendung von Hilfsmitteln wie Schere, Messer, Pinzette, Lupe, Mikroskop,

- das **Experimentieren** zur Untersuchung bestimmter Erscheinungsformen, Wechselwirkungen oder Voraussetzungen durch gezieltes Isolieren oder Variieren einzelner Faktoren,
- das **Hegen und Pflegen** von Pflanzen und Tieren.

Diese Arbeitsweisen bezeichnen Methoden und Strategien, um zu biologischen Kenntnissen und Erkenntnissen zu gelangen und biologische Probleme zu lösen. Gleichzeitig kennzeichnen sie bestimmte Kompetenzen, Fertigkeiten und Techniken wie das einübbare, genaue und bewusste Wahrnehmen von Erscheinungen, das erst weiterführende Denkprozesse initiiert.

Unter **Arbeitsweisen** sollen Methoden und Strategien zur **Erkenntnisgewinnung und Problemlösung** verstanden werden. **Methoden** stellen spezifische Formen von Handlungsschemata dar, die aus verschiedensten Handlungselementen und -schritten bestehen, durch konkrete Handlungsversuche und -vollzüge gelernt, reflektiert, strukturiert und automatisiert werden und an relevantes Fachwissen angelagert sind.[8] Methodisches Vorgehen zeigt sich bei der Anwendung mathematischer Algorithmen, beim selbstständigen Lösen von Sachaufgaben mittels Lösungshilfen, bei der Vorbereitung von Diktaten, Aufsätzen und Referaten. **Strategien** wie die Problemlöse-, Lern- und Gedächtnisstrategien sind komplexe geistige Fähigkeiten, mentale Handlungspläne, absichtsvoll geplante Vorgehensschritte bei der Problemlösung, Informationsbeschaffung, -verarbeitung und -speicherung, die im Sinne von Operationen flexibler und nicht nur in einer bestimmten festgelegten Abfolge von Lösungsschritten wie beim Algorithmus eingesetzt werden können.[9] Sie umfassen auch allgemeine Arbeitsweisen wie das Unterscheiden, Klassifizieren, Ordnen, Systematisieren, Kombinieren, Interpretieren, Beobachten, Verbalisieren, das gezielte Fragen, das problemlösende Formulieren und Überprüfen von Hypothesen und das Experimentieren.

Um diese Arbeitsweisen effektiv durchführen und anwenden zu können, sind bestimmte Fertigkeiten, die **Arbeitstechniken**, notwendig. Dazu zählen das genaue Benennen, Erklären, Messen, Sammeln, Ordnen, Vergleichen, Zeichnen, das Tabellieren, Skizzieren, Markieren, das Entnehmen von Informationen aus Texten, Abbildungen, Filmen, Tabellen, Zeichnungen, Modellen mit Hilfe von Lesetechniken. Arbeitstechniken sind auch das mündlichen Berichten, das Referieren, das Zuhören und gezielte Nachfragen, das Beachten von Gesprächsregeln, das Leiten eines Gesprächs, das Führen und Auswerten eines Interviews, das strukturierte Niederschreiben und Protokollieren und das Bedienen von Geräten (Kassettenrekorder, Videorekorder und Videokamera, CD-Player, Computer, Mikroskop, Laborgeräte).

Das Vertrautsein mit zentralen Lern-, Gedächtnis- und Problemlösungsstrategien und fachgemäßen Arbeitsweisen, den „Makromethoden", und die Beherrschung elementarer Arbeitstechniken, der „Mikromethoden", macht die **Methodenkompetenz** eines Schülers aus.[10]

Die Vermittlung der wichtigsten Arbeitsweisen und -techniken ist Ziel und Voraussetzung für einen handlungsorientierten, problemlösend-entdeckenden Unterricht.

Die nachfolgend aufgelisteten fachgemäßen Arbeitsweisen, -techniken und Strategien können durch ein direktes **Methoden- oder Strategietraining** ab der 2. Jahrgangsstufe schrittweise eingeschult werden. In den ersten Schulwochen sind sie die wichtigsten Unterrichtsziele und Inhalte.[11] Schrittweise plant der Lehrer schon bei der Erstellung des Klassenlehrplans beispielsweise im Leseunterricht an exemplarischen Inhalten das Beantworten von Fragen zu einem Lesetext, später dann das überfliegende Lesen und das Unterstreichen zutreffender Schlüsselwörter oder Sätze und wendet Techniken der Informationsentnahme sofort in anderen Fächern an wie bei Sachaufgaben in Mathematik oder in Sachfächern. Diese Arbeitstechniken sind somit Voraussetzung für die Strategie der selbstständigen Problemlösung. Auch **Problemlösestrategien** werden zu Beginn eines Schuljahres in einzelnen Unterrichtsfächern an gezielt ausgewählten, relevanten Themen und konkreten Objekten, die eine exemplarische Lösung der Problemfragen ermöglichen, entwickelt und eingeschult. Erst durch die häufige Anwendung und Wiederholung bei weiteren Themen werden sie als Strategien und Methoden erkannt, um Wissen, neue Erfahrungen und Einsichten zu gewinnen und so gesichert, dass die Schüler beim selbstgesteuerten Lernen und Problemlösen darauf zurückgreifen können. Dazu sind auch Zielstrebigkeit, Genauigkeit, Fleiß und Durchhaltevermögen nötig, die sich als **Arbeitshaltung** ausprägen. Der selbsttätigen, **aktiv handelnden Auseinandersetzung** mit der unmittelbaren Wirklichkeit durch den Umgang mit konkreten Objekten und Zeugnissen der Vergangenheit, mit Landschaftsstrukturen, mit Augenzeugenberichten oder der mittelbaren Wirklichkeit durch die Medien kommt besondere Bedeutung zu. Sie weckt das Interesse der Schüler. Über das Betrachten, Beobachten, Beschreiben, Untersuchen von Lebewesen und Lebensvorgängen kommen sie beispielsweise zu wirklichkeitsrelevanten Vorstellungen, zu Anschauungen und Einsichten und beginnen, angeleitet durch den Lehrer, nach Zweck, Ursachen und Beziehungen zwischen den Lebewesen zu fragen.[12]

4.2 Methoden der selbstständigen Informationsentnahme und -beschaffung aus Medien

Elementare Fertigkeiten und Fähigkeiten der selbstständigen, zielstrebigen, effektiven Informationsentnahme und -beschaffung sind **Grundvoraussetzung** für erfolgreiches, selbstgesteuertes Lernen. Dazu müssen ab der 2. Jahrgangsstufe die Lesefertigkeit erhöht, die Lesefähigkeit, d. h. Sinnentnahme, gesteigert, das Nachschlagen in Lexika, Buchkatalogen, Stichwortverzeichnissen angebahnt und das Entnehmen von Informationen aus audiovisuellen und digitalisierten Medien trainiert werden.[13]

Die Förderung der Lesefertigkeit

Lesen ist Sinnentnahme aus Geschriebenem. Voraussetzung dafür ist die Beherrschung der Lesefertigkeit, d. h. der Lesetechnik. Es erscheint deshalb sinnvoll, in den ersten Grundschulklassen auch nach Abschluss des Leselehrgangs die Lesefertigkeit gezielt zu fördern. Bei allen Übungen, die kurz sein, häufig angeboten und zwischen andere Leseübungen eingestreut werden sollten, wird immer auch die Sinnentnahme unterstützt.

- **Richtig fehlerfrei lesen:** Dazu gehören auch Wörter mit schwierigen Konsonantenhäufungen, Konsonanten- und Lautverbindungen. Zungenbrecher, lautmalende Gedichten und Texte bieten Übungsmöglichkeiten.

- **Zusammenhängend lesen:** Unter Berücksichtigung von Sinnschritten, Satzmelodie und Betonung wird eine Lesezeile in Wortblöcke bzw. Sinnschritte eingeteilt, farbig unterlegt und ohne größere Atempause zusammengelesen, z. B.
  Wortblöcke: Er wünscht sich / eine Puppe / zum Spielen.
  Sinneinheit: Er wünscht sich eine Puppe zum Spielen.
  Satzzeichen sind Hilfen für das zeilenübergreifende Lesen und das Setzen von Atempausen.
- **Klanggestaltend lesen** und dabei durch Intonation (Tonhöhe, Tonstärke), Sprechtempo, Melodieführung, Pausengliederung die **Bedeutung** des Gesagten oder eine bestimmte **Intention** hervorheben: Dazu wird ein Text in Sinnschritte gegliedert, das jeweils wichtigste Wort, das Sinnwort, bestimmt und durch Veränderungen des Sprechtempos, der Lautstärke und der Melodieführung verdeutlicht.
- **Das Lesetempo steigern** als eine Voraussetzung für das überfliegende, selektive Lesen: Hier geht es darum, möglichst schnell Informationen zu finden, die dann gezielt nachgelesen werden. Schnelles Lesen ist besonders für informatorische Texte geeignet. Ein Erwachsener kann sich heute nur dann durch die Flut an Informationen durcharbeiten, wenn er gelernt hat, Texte überfliegend zu lesen.
  Durch **Blickspannübungen** wird das Sehfeld, d. h. der pro Leseschritt wahrgenommene Bereich, erweitert. Ein Blatt mit Sichtfenster wird dabei mit einer bestimmten Geschwindigkeit nach unten gezogen, so dass die Textzeilen (auf Folie) nur für einen kurzen Augenblick gelesen und dann aufgeschrieben werden können. Dies ist auch in Partnerarbeit möglich.

Test	Zwei Trichter wandeln durch die Nacht.
Erfolg	Durch ihres Rumpfs verengten Schacht
Leselust	fließt weißes Mondlicht
Textmarker	still und heiter
Schreibtisch	auf ihrem
Unterstreichen	Waldweg
Guter Unterricht	u.s.
Mit Köpfchen lesen	w.
	Chr. Morgenstern

Um **zurückschauendes Lesen** beim stillen Lesen zu vermeiden, wird die gelesene Zeile mit einem Blatt abgedeckt. Die Schüler erfassen jede Zeile nur mit einem Blick etwa in der Zeilenmitte.
Beim **stillen Lesen** sollten auch das leise oder unhörbare **Mitlesen** und die lesebegleitenden Kopf-, Finger- und Mundbewegungen ausgeschaltet werden, da sie den Leseprozess ungemein verlangsamen. Mundbewegungen werden verhindert, wenn man während des Lesens beispielsweise einen querstehenden Bleistift mit den Lippen oder Zähnen festhält, einen Kaugummi kaut oder stumm mit Mundbewegungen eine Zahlenreihe aufsagt. Die Sinnentnahme wird durch Fragen kontrolliert.

Um das Lesetempo zu steigern, sollten **Wortbilder als Ganzes** erfasst werden. Die Schüler suchen beispielsweise möglichst schnell, wie oft ein bestimmtes Wort im Text vorkommt.

- **Verschiedene Leseformen** einsetzen: **Chorlesen** ermutigt schwächere Schüler zum lauten Lesen ohne Gefahr, sich bloßzustellen. Möglichkeiten bieten sich besonders beim Lesen mit verteilten Rollen, mit Einzelsprechern und Lesechor an.
  Wiederholendes Lesen trainiert das zusammenhängende Lesen und die Sinnentnahme. Beim wiederholendem Lesen werden Sachinformationen aus einem Lesestück entnommen, Fragen zum Text gestellt und durch häufiges Nachlesen unter Nennung der Textzeile **(Beleglesen)** beantwortet. Es führt dann zu einer intensiven Durchstrukturierung der Wort- und Satzstrukturen wie auch der Sinnzusammenhänge. Auch das Ergänzen eines Textgerüsts (Lückentext) bewirkt durch das Nachlesen eine vertiefte Auseinandersetzung mit der Text- und Inhaltsstruktur.
- **Mit Nachschlagewerken umgehen:** Die Lösung von Aufgaben und Problemen durch gezieltes Nachschlagen in Wörterbüchern, Lexika, Inhaltsverzeichnissen der Schulbücher, Atlanten, in Telefonbüchern, Gesetzestexten, Buchkatalogen, anderen Nachschlagewerken oder computerunterstützten Medien erfordert die Einschulung nötiger instrumenteller Fertigkeiten und Fähigkeiten wie die Beherrschung des Alphabets, das rasche Durchblättern und Sondieren der Nachschlagewerke und das überfliegende, selektive Lesen. In das Alphabet, das alphabetische Ordnen von Wörtern nach Erst-, Zweit-, Drittbuchstaben und den Umgang mit dem Wörterbuch wird ab der 2. Jahrgangsstufe eingeführt. Das Nachschlagen wird in allen Bereichen des Deutsch- und Sachunterrichts immer wieder trainiert:
  mit Hilfe eines Wörterbuches die Rechtschreibung von Wörtern, vor allem von Fremdwörtern überprüfen und korrigieren,
  die Wortbedeutung von Fremdwörtern klären,
  gesuchte Länder, Städte, Flüsse im Atlas nachschlagen und in eine Tabelle, eine Länderkarte, ein Rätselschema eintragen,
  Informationen aus Klimadiagrammen, Tabellen, Statistiken herauslesen und dabei ein Lineal als Hilfsmittel benutzen,
  Suchaufträge in ausgewählten Büchern der örtlichen Bibliothek mit Hilfe der Verfasser- oder Schlagwortkataloge lösen,
  erklären können, wozu man einen Verfasser- oder einen Schlagwortkatalog benützt.

Die Förderung der Sinnentnahme durch Lesestrategien

Lesen ist Sinnentnahme aus Geschriebenem. Eine ausreichende Lesefähigkeit ist notwendig, um die Relevanz von Texten für Fragen und Problemlösungen zu beurteilen, sie in ihren Kerngedanken zu erfassen und sie in einem neuen Kontext anwenden zu können. Voraussetzung dafür sind Planungs-, Verarbeitungs- und Kontrollstrategien:[14]

- **Planungsstrategien** unterstützen die Orientierung und Selektion relevanter und problembezogener Informationen **vor dem Lesen**:

Texte überfliegen, Inhaltsverzeichnisse, Überschriften, Zusammenfassungen lesen, Fragen zu einem Text formulieren.
Fragen steuern das selektive Suchen nach Antworten auch beim Lesen, Anschauen, Betrachten, Beobachten und Hören. Besonders das Selbstformulieren von Fragen fördert die elaborative Textverarbeitung und damit das Verstehen und Behalten durch das Aufdecken von Lücken und Widersprüchen im Vorwissen, die durch die gezielte Suche nach Informationen im Text geschlossen werden sollen. „Fragen sind gleichsam Klebepunkte im Gedächtnis, an die die erfragten Informationen angelagert werden“ (KLIPPERT 1994, S. 128). Voraussetzung dafür ist die Bereitschaft und Fähigkeit, ohne Angst vor Lehrern oder Mitschülern couragiert zu fragen, Fragen rasch zu erfassen und konsequent zu beantworten.
Das **Formulieren von Fragen** sollte durch nachfolgende Möglichkeiten im Rahmen des Methoden- und Strategietrainings geübt werden:
- mit Hilfe von Fragewörtern zehn Fragen zu einem bestimmten Thema oder Text stellen, z. B. zu einem Bericht über die Gemeinde,
- zu Aussagen passende Fragen entwickeln,
- aus Kurztexten Fragen ableiten, auf die in den Texten geantwortet wird,
- Fragen passende Antworten zuordnen (Frage-Antwort-Puzzle),
- unpassende Antworten auf Fragen herausfinden,
- Fragen nach Wissens-, Verständnis- (Ursachen/Hintergründe, Auswirkungen, Gegenmaßnahmen) und Wertfragen klassifizieren und in eine Tabelle einordnen,
- Fragen zu Filmausschnitten, Bildern, Fernseh- und Rundfunksendungen, zu Diagrammen, Statistiken, Tabellen stellen und beantworten lassen.[15]

- **Verarbeitungsstrategien** unterstützen das Verstehen während des Lesens, die Konstruktion bedeutungshaltigen Wissens aus einzelnen relevanten Informationen und ihre Verarbeitung und Verknüpfung im Gedächtnis:
  - vorher gestellte Fragen durch schnelles Überlesen, Suchen und Markieren von Schlüsselbegriffen beantworten,
  - Begriffe und Fremdwörter aus dem Kontext klären oder nachschlagen,
  - Überschriften zu Texten oder Textabschnitten finden,
  - den Inhalt eines Textes anhand von Leitfragen mit eigenen Worten wiedergeben,
  - Kerngedanken eines Textes mit eigenen Worten zusammenfassen,
  - Kerngedanken eines Textes übersichtlich strukturieren und durch Mapping-Verfahren grafisch darstellen,
  - Informationen durch Skizzen, Abbildungen, schematische Zeichnungen, Modelle verdeutlichen,
  - neue Informationen auf bereits vorhandenes Wissen beziehen, treffende Beispiele suchen.

  Aufmerksamkeit und Konzentration während des Lesens werden durch eingelegte Lesepausen, durch Nachdenken über den Sinn des Gelesenen, durch geistiges „Abhaken“ der Fragen und durch Umsetzen in andere Repräsentationsformen aufrechterhalten.

- **Kontrollstrategien nach dem Lesen** verdeutlichen den Erfolg des Vorgehens, konsolidieren und verstärken die Anwendung und Einsatzmöglichkeiten der Strategien:

- beantwortete Fragen nochmals überprüfen, Antworten und Vorgehen reflektieren,
- Ergebnisse in der Gruppe oder Klasse diskutieren und schriftlich, mündlich oder grafisch präsentieren,
- offene Fragen zusammenstellen,
- neue Lese- oder Lernaktivitäten planen.

In Lesemethoden werden wichtige Lesestrategien stichpunktartig zusammengefasst. Mit Hilfe der **5-Schritt-Lesemethode** lässt sich ein Text systematisch erlesen:
- überfliegen (auf Überschriften, Abbildungen, Anfänge einzelner Abschnitte, auf das Inhaltsverzeichnis achten),
- Fragen an den Text stellen,
- gründlich lesen (an Fragen denken, kleine Sekundenpausen zum Setzen des Gelesenen einplanen),
- abschnittweise zusammenfassen (nach jedem Sinnabschnitt das Gelesene kurz auf Verständnis überprüfen und gedanklich oder mündlich zusammenfassen),
- die wichtigsten Aussagen und Informationen des Gesamttextes wiederholen bzw. im Überblick rekapitulieren, anfangs formulierte Fragen und mögliche Unterstreichungen einbeziehen.

Grund- und Hauptschülern fällt meist die **3-Schritt-Lesemethode** leichter: Text überfliegen und Fragen an den Text stellen – gründlich lesen – Fragen beantworten und Hauptgedanken des Inhalts zusammenfassen.

4.3 Rechtschreibstrategien, Lösungshilfen und Arbeitstechniken für das selbstständige individualisierende Arbeiten im Rechtschreibunterricht

Kritik am herkömmlichen Rechtschreibunterricht

In Bayern soll wie in vielen anderen Bundesländern in der Grundschule ein verbindlich vorgeschriebener **Grundwortschatz** der häufigsten 1000 Wörter unserer Sprache mit ihren etwa 3000 verschiedenen Wortformen orthografisch gesichert werden. Ziel ist eine relative Rechtschreibsicherheit von ca. 80 % aller geübten Wörter. Dominierendes Prinzip für die Auswahl der Grundwörter ist ihre **Häufigkeit** im Sprachgebrauch. Ein weiterer Grund liegt in der **beschränkten Speicherkapazität** unseres Gedächtnisses. Vor allem aber liegt „die besondere Bedeutung der Grundwortschatzarbeit ... nicht so sehr in einem listenmäßigen Einüben von Wortgrundformen, sondern in der sich auf eine begrenzte Anzahl von Einzelwörtern konzentrierenden rechtschriftlichen Transferarbeit, bei der von bekannten Wortelementen auf die Schreibweise vieler weiterer Wörter geschlossen werden kann" (Greil 1981, S. 50).[16]
- Setzt man aber den in Bayern für die rechtschriftliche Sicherung von Grundwörtern erbrachten **Übungsaufwand** ins Verhältnis zu den erzielten Rechtschreibleistungen vieler Schüler, so erscheint die bisher häufig anzutreffende Form des Einübens von Einzelwörtern in immer neuen Nachschriften als sehr fragwürdig. Viele Erfolge sind Scheinerfolge. Während in den nur unwesentlich veränderten Nachschriften kaum Fehler gemacht werden, häufen sie sich in allen anderen schriftlichen

Sprachproduktionen und Niederschriften. Nur sinnvoll geplantes, permanentes Lernen, Üben und Wiederholen ausgewählter, durchstrukturierter Wörter mit Hilfe schrittweise eingeführter Rechtschreibstrategien verhindert vorschnelles Vergessen und ermöglicht Transfer.

- Die **Unterrichtsergebnisse** sind enttäuschend, da Grundwörter häufig ohne Bezug zu den übrigen Bereichen des Deutschunterrichts behandelt, zu isoliert betrachtet und oft nur in der Grundform geübt werden. Die Rechtschreibarbeit berücksichtigt meist zu wenig schriftliche Textproduktionen des gesamten Unterrichts, die zwangsläufig eine Erweiterung des Wortschatzes durch Beugung, Ableitung usw. erfordern. Der Grundwortschatz liefert nur das Hauptgerüst für die rechtschriftliche Arbeit und ist altersgemäß unter Beachtung der Schreibentwicklung der Kinder und ihres aktiven und passiven Wortschatzes zu erweitern.
- Der Rechtschreibunterricht verliert an Motivationskraft und Sinn, wenn Grundwörter in der stets gleichen formalen Lernfolge ohne Berücksichtigung gezielter wort- und fehlerspezifischer Übungen abgehandelt werden. Beim Üben von Grundwörtern mit Hilfe von Arbeitsheften oder -blättern können rechtschriftliche Lösungshilfen nur ansatzweise auf bevorzugte Lernwege und Zugriffsweisen der Schüler abgestimmt werden. Das optische und schreibmotorische Einprägen dominiert trotz geringer Übertragbarkeit, der bewusste Einsatz von **Rechtschreibstrategien** kommt zu kurz. Besonders fatal ist der Versuch, die Schüler durch vermitteltes und auswendig gelerntes Regelwissen zum Rechtschreiben zu bringen, aber nicht durch Strategien der impliziten und expliziten Regelanwendung die Rechtschreibkompetenz zu fördern.[17]

  Nicht ein Grundwortschatz ist an sich strittig, sondern die Auswahl der Wörter. Erfolgt sie nicht nur nach dem Häufigkeitsprinzip, sondern nach tatsächlichen Fehlerhäufigkeiten, grundlegenden Rechtschreibphänomenen und wichtigen Wortbausteinen wie Morphemen, Vor-, Nachsilben oder Endungen im Sinne eines **Modellwortschatzes** mit dem Ziel, den Schülern an geeigneten Grundwörtern die grundlegenden Rechtschreibstrategien und Regeln zu vermitteln, derer sich kompetente Rechtschreiber bedienen, dann dürfte die Übertragbarkeit der rechtschriftlichen Kenntnisse erheblich vergrößert werden. Der Wortschatz muss darüber hinaus subjektiv bedeutsam für die Schüler sein und als Klassenwortschatz inhaltlich den Spracherfahrungen und Interessen der Schüler Rechnung tragen. Dieser Ansatz wird auch im neuen bayerischen Grundschullehrplan aufgegriffen und im Folgenden explizit dargestellt.
- Vor allem die wöchentliche Nachschrift als vorherrschende Kontrollmöglichkeit unterfordert sichere Rechtschreiber bei geringer Beachtung von Wortschatzerweiterungsübungen und Lösungsstrategien und überfordert schwächere Schüler, die alle Textwörter richtig schreiben müssen. Nachschriften und Diktate werden häufig als bewertbare Leistungsprodukte und nicht als **Diagnoseformen** für den weiteren Rechtschreiblernprozess verstanden.[18]

Strukturen der deutschen Rechtschreibung und Grundlagen des Rechtschreiberwerbs

Ein gesprochenes Wort besteht aus Lauten[19], ein geschriebenes aus Buchstaben. Beim gesprochenen Wort verbindet sich eine bestimmte Abfolge von bedeutungsunterscheidenden Lauten, ein **Lautschema**, mit einer Bedeutung und bezeichnet damit einen Gegenstand oder Sachverhalt, z. B. /hauz/. Jeder kompetente Sprecher und Hörer hat solche Lautschemata gespeichert. Beim Schreiben dieses Wortes wird das Lautschema durch die Zuordnung bedeutungsunterscheidender Buchstaben als geordnete Buchstabenfolge, als **Schreibschema**, grafisch fixiert, z. B. „Haus". Dieses geschriebene Wort kann ohne große Mühe wieder laut gelesen, d. h. in das Lautschema umgesetzt werden. Die deutsche Rechtschreibung erfüllt damit eine Aufzeichnungsfunktion.

Die Zuordnungsvorschrift von bestimmten Buchstaben zu abstrakten Lauten, die so genannte **Phonem-Graphem-Korrespondenz**, orientiert sich an der **Standardlautung**, der Hochlautung.[20] In der überwiegenden Mehrzahl der Fälle entspricht dabei jedem Laut ein Buchstabe oder eine Buchstabenkombinationen wie das sch oder ch. Gelegentlich kann ein Laut durch verschiedene Buchstaben wiedergegeben werden wie beispielsweise das lang gesprochene /a:/ durch die Buchstaben a, aa oder ah oder ein Laut wie das /ai/ gleich ausgesprochen, aber unterschiedlich geschrieben werden, z. B. Seite – Saite. Buchstabenkombinationen werden notwendig, weil zur Abbildung von 40 Lauten nur 30 Buchstaben zur Verfügung stehen. Die Rechtschreibung basiert auf einer **Alphabetschrift**, deren Fundament das **Lautprinzip** ist.

Ein geschriebenes Wort visualisiert gleichzeitig seinen Aufbau und seine grammatische Funktion im Satz. Die Buchstabenfolge kann ganzheitlich als Schreibschema erfasst werden. Aufgrund der gewussten Buchstabenfolge der kleinsten bedeutungstragenden Worteinheiten /Wortteile unserer Sprache, der **Morpheme**, wie des Wortstamms, der Vor- und Nachsilben erkennt ein kompetenter Leser auch ohne lautes Lesen oder bei gleicher Aussprache, z. B. Leib – Laib, sofort einzelne Wörter und kann ihnen Bedeutung und Sinn zuordnen. Die deutsche Rechtschreibung erfüllt damit eine Erfassungsfunktion. „Rechtschreibung heißt: Der Schreiber macht den Wortaufbau und den Satzaufbau – und damit die Bedeutung und Funktionsweise des Wortes – für den Leser sichtbar auf der Basis von Laut-Buchstaben-Zuordnungen oder gespeicherter Schreibschemata" (AUGST/DEHN 1998, S. 13).

Das Lautprinzip wird dazu häufig vom **Stammprinzip** überlagert, auch morphematisches, etymologisch-morphematisches, morphemisches, morphologisches Prinzip genannt, nach dem die Wortverwandtschaft die Schreibung entscheidet. Trotz regional unterschiedlicher Aussprache wird der Wortstamm stammverwandter Wörter und Wortfamilien gleich geschrieben. Dies wird besonders bei den Wörtern von Minimalpaaren erkenntlich, die sich nur durch einen Laut in Aussprache und Bedeutung voneinander unterscheiden, z. B. Hose – Rose, lesen – lösen.

Neben dem wichtigen Lautprinzip und dem Stammprinzip beeinflussen auch noch das grammatische und das historische Prinzip die Schreibweise der Wörter. Das **grammatische Prinzip** fasst alle Rechtschreibbesonderheiten zusammen, die sich aus der Syntax ergeben und auf der Lautebene keine Entsprechungen haben wie beispielsweise die Großschreibung am Satzanfang, die Großschreibung aller Nomen oder nominalisierter Wortformen, teilweise die Zusammen- und Getrenntschreibung und die Zeichensetzung. Nach dem **historischen Prinzip** soll eine einmal gebräuchliche Schreibung ohne Rücksicht auf lautliche Veränderungen erhalten bleiben, beispielsweise das Dehnungs-h in bestimmten Wörtern wie „mahlen", das im Mittelhochdeutschen als gutturaler Reibelaut (gemahel) ausgesprochen wurde. In einer Reihe von Wörtern verstummte es, wurde aber in der Schrift beibehalten.[21]

Grundlage der richtigen Schreibung eines Wortes durch einen kompetenten Rechtschreiber sind in einem kognitiv-konstruktivistischen Verständnis **kognitive Strukturen** dieses Wortes, **Schemata**, die als deklaratives und prozedurales Wissen in einer Art „innerem orthografischem Lexikon"[22] im Langzeitgedächtnis abgespeichert sind und bei Bedarf ohne lange Überlegung spontan und beliebig oft abgerufen werden können. Diese Wortschemata bestehen aus einer Vielzahl miteinander verknüpfter **Informationen über das Wort**, die zur Konstruktion der richtigen Schreibung aktiviert werden. Sie umfassen

- das **Lautschema**, die **Lautfolge**, den akustisch-artikulatorischen Code des gesprochenen Wortes. Diese an der normierten Standardlautung orientierte, mit einer bestimmten Bedeutung verknüpfte, von grammatischen Informationen wie Zusammensetzung, Pluralbildung beeinflusste, von individuellen wie regionalen Aussprachen abstrahierte Lautvorstellung (Schriftlautung) müssen die Schüler mit dem Rechtschreiben lernen.
- das **Schreibschema**, die geordnete, lineare **Buchstabenfolge** entsprechend der Laut-Buchstaben-Zuordnung. Visuell prägnante Zeichen und Signalgruppen wie herausragende Ober- und Unterlängen, ungefähre Wortlängen, Buchstabenverdopplungen und schreibmotorische Eigenschaften des Bewegungsablaufs können das Einprägen, die Kontrolle des Geschriebenen, das Wiedererkennen bzw. Reproduzieren unterstützen.
  Ganzheitlich als Schreibschemata werden wahrscheinlich abgespeichert
  - viele Funktionswörter (grammatische Wörter) wie ihm, ihr, wir dir, usw., normale Substantivierungen mit großen Anfangsbuchstaben,
  - viele für die Kinder emotional bedeutsame und interessante Wörter (Jungen-, Mädchenwörter),[23]
  - Buchstabenkombinationen in Wörtern wie gemeinsame Wortbestandteile, z. B. H**itze**, S**itze**, Sp**itze**, Bl**itze**, die durch Analogiebildung die Richtigschreibung erleichtern,
  - intensiv durchstrukturierte und geübte Wörter, z. B. Merkwörter,
  - die **Bedeutung eines Wortes** und die Schreibung seiner bedeutungstragenden Teile (Morpheme) wie des Wortstamms oder der Vor- und Nachsilben.[24]

Es hängt von den orthografischen Schwierigkeiten eines Wortes, von den Vorkenntnissen und individuellen Rechtschreibstrategien des Schreibers ab, welche Merkmale im Einzelfall besonders betont werden. Ein kompetenter Rechtschreiber verfügt über mehr Informationen über ein Wort, als er benötigt. Sie können als Faustregeln oder Merksätze vor allem für kritische, nicht lautgetreu geschriebene Stellen im Wort abgespeichert werden, z. B.

Stamm	Bedeutung: Baumstamm, Indianerstamm Großschreibung, da Namenwort wir sprechen /Scht/, schreiben aber St mm (Mitlautverdopplung) analoge Formen: Kamm, Damm[25]

Wege und Modellvorstellungen des Rechtschreiberwerbs

Möchte ein Schreiber ein bestimmtes Wort schreiben, so sucht er wahrscheinlich zunächst in seinem Langzeitgedächtnis nach **abgespeicherten Schreibschemata**. Ist ein Schreibschema vorhanden, wird es ganzheitlich abgerufen und unter Beachtung der Rechschreibregeln, z. B. Großschreibung am Satzanfang, ohne weiteres Nachdenken oder Bezugnahme auf die Lautung niedergeschrieben. Gespeicherte Schreibschemata werden schneller erkannt als andere Wörter. Der Leser kann direkt aus dem Schreibschema die Bedeutung entnehmen, ohne es vorher durch lautes Lesen in das Lautschema umzusetzen. Fehlt ein Schreibschema, muss es der Schreiber aktiv **aus dem Lautschema** konstruieren. Dazu zerlegt er es produktiv in die bedeutungsunterscheidenden Laute und verschriftet es gemäß der Laut-Buchstaben-Zuordnungen und der Rechtschreibregeln, d. h. er interpretiert die Lautfolge rechtschriftlich und wendet Schreibregeln an. Beide Wege stützen sich gegenseitig. So kann der Schreiber ein niedergeschriebenes Schreibschema aufgrund der Laut-Buchstaben-Zuordnung auf seine Stimmigkeit hin überprüfen oder bei Zweifeln über die Richtigkeit der Schreibweise eines Wortes zwei Varianten niederschreiben und durch das Schreibschema geleitet intuitiv die richtige Variante heraussuchen. Welche Wörter ein Schreiber aktiv aus dem Lautschema konstruiert und welche er als Schreibschema reproduzierend und memorierend aus dem Kopf schreibt, wissen wir letztlich nicht.[26]

Nach einem **Stufenmodell des Rechtschreiberwerbs**[27] vollzieht sich das Rechtschreiblernen in Korrespondenz zum Lesenlernen in erkennbaren Gesetzmäßigkeiten. In einer frühen Phase nimmt ein Vorschulkind Geschriebenes ganzheitlich visuell wahr, z. B. ein Tankstellen- oder Türschild, und erkennt es wieder. Hat es dabei eine gewisse Sicherheit erreicht, beginnt es den Schriftzug als Ganzes nachahmend aufzuschreiben. Mit dieser ganzheitlichen Erfassung von Wortbildern bereitet es Schreibschemata vor. Ältere Kindergartenkinder und Schulanfänger schreiben ihre Namen, z. B. „Christoph", der lautgetreu „Kristof" geschrieben werden müsste. Erreicht das Kind mit dieser **Abschreibstrategie** (logographemische Strategie) beim Schreiben ein gewisses Niveau, wird es auf die Zuordnung von Laut und Buchstaben aufmerksam. Es beginnt lautgetreu zu schreiben, z. B. „Kinda". Im traditionellen Leseunterricht erkennt man dies, wenn das Kind anfängt, bisher auswendig gewusste Ganzwörter plötzlich mühsam buchstabenweise lautierend zu erlesen und zusammenzuschleifen. Erst bei einer gewissen Sicherheit und Fertigkeit dieser **alphabetischen Strategie** beim Lesen und Schreiben (phonetische Verschriftung) werden allmählich orthografische Elemente und Regelhaftigkeiten erkannt (phonologische Verschriftung) und schließlich Wortbestandteile wie Signalgruppen, Wortumfang, Silben automatisch ohne den Umweg über die Laut-Buchstaben-Zuordnung genutzt. Diese **orthografische Strategie** wird dann auch beim Schreiben angewandt.

Dieses Stufenmodell liegt auch dem Konzept des Schriftspracherwerbs durch **„Phonetisches Schreiben"** zugrunde, das den Umgang mit gesprochener Sprache als Voraussetzung für das Lesenlernen betont. Im Mittelpunkt steht nicht das Lesen, sondern wie die gesprochene Sprache aufgeschrieben wird. Die Aneignung der Laut-Buchstaben-Beziehungen der Schrftsprache erfolgt in einem Prozess, der ähnlich dem Erlernen der Sprache aktiv und selbstgesteuert abläuft. Das Lesen stellt sich automatisch ein, wenn sich die Kinder die Laut-Buchstaben-Beziehungen durch Schreiben angeeignet haben. Mit Hilfe von Lauttabellen werden beim „Phonetischen Schreiben" lautgetreue Wörter in phonetischer Schreibweise niedergeschrieben. Durch vielfältige Übungen lernen die Schüler auf der Stufe der „phonetischen Verschriftung" zunächst an ausschließlich lautgetreuem Wort- und Bildmaterial lautgetreue Wörter sprachlich zu durchgliedern und in Lautketten zu zerlegen, Laute zu erkennen, zu unterscheiden und ihnen die jeweiligen Buchstaben zuzuordnen. Sie bauen dadurch basale Fähigkeiten der Lautanalyse, die sogenannte phonologische Bewusstheit auf, die als Voraussetzung für eine spätere Rechtschreibsicherheit angesehen wird. In einem zweiten Schritt der „phonologischen Verschriftung" erfahren die Schüler mit Hilfe einer erweiterten Lauttabelle, dass es phonologische Regelhaftigkeiten und ableitbare Schreibungen gibt, die in der Schriftsprache, der Buchschrift, verwendet werden wie beispielsweise die Abbildung eines Lautes durch verschiedene Schriftzeichen, oder bei der „orthografischen Verschriftung" Vorschriften, denen keine auditiven Regelhaftigkeiten mehr zugrunde liegen. Diese phonologischen und orthografischen Regelhaftigkeiten werden lehrgangsmäßig vermittelt, eingeübt und gesichert.[28]
Schüler können also über zwei Wege, über das **Lautschema und die Laut-Buchstaben-Zuordnung** oder über das **Schreibschema** zur richtigen Schreibung kommen. Aus diesem Grund sollten im Unterricht von der Lehrkraft bewusst die verschiedensten Strategien eingeplant werden. So folgt im Erstunterricht entweder dem logographemischen Einprägen und Erinnern von Ganzwörtern sofort die Analyse einzelner Laute, die Zuordnung von Buchstaben (alphabetische Strategie) und das lautierende Zusammenschleifen zu neuen Wörtern oder das phonetische Verschriften von Mitteilungen mit Hilfe von Buchstabentabellen (Anlauttabellen) wird vorbereitet und ergänzt durch Wiedererinnern und Aufschreiben bekannter Schriftbilder. Durch vielfältigste Formen des Lesens und Schreibens sollen im Rechtschreibunterricht orthografische Wortschemata aufgebaut werden. Gleichzeitig lernen die Schüler das phonetische Grundprinzip unserer Schriftsprache als Voraussetzung für sinnverstehendes Lesen kennen. Es ist deshalb sinnvoll, Anspruch und Möglichkeiten des Rechtschreibens aufzuzeigen, die verschiedenen Wege zum selbstständigen Erkunden und Aneignen des Richtigschreibens aber den Schülern selbst zu überlassen.[29]

Da das Einprägen von Wörtern ein Zusammenspiel von Auge, Artikulation, innerem Gehör, Schreibbewegungen und Nachdenken ist, reichen für ihre korrekte Schreibung visuelle Informationen über das Anschauen und Lesen nicht aus. Erst nach dem Erkennen der Wortbedeutung kann eine erfolgversprechende Laut-Buchstaben-Zuordnung gelingen. Wenn man nicht weiß, wie ein Wort geschrieben wird, ist zuerst nach seiner Bedeutung zu fragen.[30] Zur effektiven Speicherung der Wortstrukturen im

Langzeitgedächtnis führt erst eine **bewusste, aktive Erarbeitung** der Wörter über ein gezieltes **durchstrukturierendes, denkendes Worttraining** verbunden mit Sammel-, Ordnungs- und Forschungsaufgaben, durch die Regelhaftigkeiten entdeckt, gemeinsam als Faustregeln formuliert und überprüft werden, und dem bewussten Merken der richtigen Schreibweise von Wörtern. „Indem geschriebene Wörter betrachtet, verglichen, geschrieben werden, indem man dazu spricht, bilden sich zu Wörtern Strukturen ... Rechtschreiben lernen Kinder und Jugendliche durch bewusste und unbewusste Einsichten in den Aufbau der Wörter und Sätze; u. a. anhand eines entsprechend ausgewählten Grundwortschatzes" (AUGST/DEHN 1998, S. 80, 86). Die Bildung impliziter Wortschemata steht dabei im Mittelpunkt und wird begleitet von dem gezielten Einüben eines bestimmten Wortschatzes, dem Explizitmachen regelhafter Zusammenhänge und dem bewussten Umgang mit Arbeitstechniken und Lösungshilfen.[31]

Ein **kompetenter Rechtschreiber** schreibt die meisten Wörter unbewusst richtig, ohne dies begründen zu können. Die Gesetzmäßigkeiten des Rechtschreibens sind als Ausdruck von Strategien und Regeln zu verstehen, die er selbst gebildet hat, aber auch als Anwendung von Fremdregeln, z. B. über die Groß- und Kleinschreibung. Er verfügt damit über unbewusstes implizites Können und kognitive Schreibschemata, die er wahrscheinlich durch das Schreiben in Form von **Eigenregeln**, d. h. impliziten Rechtschreibstrategien und Lösungshilfen, erworben hat. Schreiben und Überarbeiten von Texten sind nur teilweise bewusste Vorgänge, die neben dem impliziten Können auch explizites Wissen in Form von Fremdregeln, Merksätzen und Strategien erfordern. Dieses explizite Wissen lernt ein Rechtschreiber gezielt im Unterricht und setzt es bei der Korrektur während des Schreibens und vor allen bei der Überarbeitung nach dem Niederschreiben strategisch ein. Die **Aufgabe des Rechtschreibunterrichts** besteht in erster Linie darin, die Schüler unter Beachtung ihres Vorwissens und Könnens durch gezielte Anforderungen, Aufgabenstellungen oder Lernarrangements zur Bildung von Rechtschreibstrategien und Eigenregeln anzuregen, die zur richtigen Schreibung führen und „sie herauszufordern zu implizitem Können, z. B. durch besondere Wortauswahl, dadurch dass Zeit zum Schreiben zu Verfügung steht und die Schriftstücke Wertschätzung erfahren" (AUGST/DEHN 1998, S. 80).[32] Erst in zweiter Linie werden Regeln oder Strukturen explizit gelehrt und durch Übung automatisiert. Ihnen gehen Aufgaben zum Nachdenken über die Wörter, Erkundungen und Entdeckungen voraus, die diese kognitiven Schemata vielfältig durch Eigenregeln vorstrukturieren.

Bedeutung und Einführung von Rechtschreibstrategien zum selbstständigen Rechtschreiberwerb, zur Kontrolle von Geschriebenem und zur gezielten Verbesserung von Fehlern

Strategien des Rechtschreibens und **rechtschriftliche Lösungshilfen**[33], die kompetente Rechtschreiber anwenden, ohne sie zu reflektieren, rücken seit einigen Jahren durch die intensive Auseinandersetzung mit den kognitiven Vorgängen beim Lesen und Schreiben und beim Erlernen der Schriftsprache verstärkt in den Vordergrund. Sie sind geistig repräsentierte Handlungspläne und Vorgehensweisen, Gedanken-

schritte zur Konstruktion der richtigen Schreibung eines Wortes oder zu ihrer nachträglichen Kontrolle. Sie sprechen schwerpunktmäßig die verschiedensten **Komponenten des Rechtschreiblernprozesses** wie akustisch-sprechmotorische, visuelle, schreibmotorische und logische an.
Da bei den meisten Kindern am Anfang das alphabetische Schreiben vorherrscht, vermittelt der Rechtschreibunterricht in der ersten Grundschulklasse schrittweise mit dem Schriftspracherwerb anhand gezielt ausgewählter lautgetreuer Wörter des Grundwortschatzes, der Fibel oder eigener Texte die **Grundstrategie** und frühestens ab der 2. Hälfte des ersten Grundschuljahres einige ausgewählte **Nachdenkstrategien** (einfache Ableitungen von der Grundform, der Ein- und Mehrzahl), mit deren Hilfe sie die meisten Schreibungen aus der mündlichen Sprache ableiten können. Im Rahmen dieser elementaren Strategien und Regeln werden in den nachfolgenden Klassen an geeigneten Beispielen des Grundwortschatzes weitere übergeordnete Strategien (Silbentrennung, Wortbausteine, Wortfamilien, Großschreibung) als **Prüfmethoden** und **rechtschriftliche Lösungshilfen** eingeführt, um beispielsweise bei der Kontrolle eines Textes oder bei Fehlern strategisch die Schreibweise der Wörter abzuklären. Die elementaren Rechtschreibstrategien und -regeln der Grundschule werden dann in den Klassen der Sekundarstufe zu Grundregeln und Ausnahmen der Rechtschreibung, z. B. zur Getrennt- und Zusammenschreibung, zur Substantivierung von Wörtern, zur Zeichensetzung, erweitert.[34]

◆ Die Grundstrategie der lautgetreuen Schreibung der Mitsprechwörter

Beim Lesen eines Wortes werden den Buchstaben meist eindeutig Laute zugeordnet. Beim Schreiben ist dies nicht immer so. Einzelne Laute wie beispielsweise das lang gesprochene /e:/ können durch die Buchstaben e (edel. Weg, Planet), ee (Beet, Beere, Fee, Schnee, Klee, Tee, See) oder eh (Befehl, benehmen, ablehnen, begehren) abgebildet werden. Allerdings gibt es nach den Untersuchungen von NAUMANN eine Schreibweise, die am häufigsten gebraucht wird. Aus der Häufigkeit einzelner Laute lässt sich ihre Bedeutung für die Rechtschreibung abschätzen. Im Normalfall wird **ein Laut** durch **einen Buchstaben** gekennzeichnet. Auch Dehnungen werden normalerweise durch einen Buchstaben dargestellt. Der Regelfall ist, dass das lang gesprochene /u:/ (nun, zu, Bude) in 97% der Laut-Buchstaben-Verschriftungen, das /a:/ (Adler, Art, Bart) in 88%, das /o:/ (Mond, Ostern, Kloster) in 88% und das /e:/ (lesen, Erde, er, schwer) in 86% aller Fälle nur durch die unbezeichneten Vokale dargestellt wird. Die Längenmarkierung mit h oder durch einen Doppellaut sind die Ausnahmen mit einem Anteil von 12% bis 1% der Verschriftungen, die man sich extra merken muss wie beispielsweise das uh (Schuh, Stuhl, Fuhre – 3%), ah (fahren, Gefahr – 10%), aa (Haar, Paar – 1%), oh (Lohn, Sohn – 11%), oo (Boot, Moor – 1%), eh (Reh, fehlen, sehr – 12%), ee (Heer, leer – 1%). Das lange /i:/ wird in 86% aller Schreibungen durch das ie abgebildet (viel, Tier; Liebe). Die Schreibweise mit ih (ihm, ihn, ihr) ist mit 12%, die mit *i* (wir, dir, Tiger, Benzin, Rosine) mit 9% und die mit ieh (Vieh, zieh-, flieh-) mit 1% die Ausnahme. Auch die Konsonanten sind durchschnittlich bis zu 91% aller Laut-Buchstaben-Verschriftungen lautgetreu. Der Laut /w/ wird in 98% aller Schreibungen als w und nicht als v geschrieben. „Die Lauttreue der deutschen Orthografie ... beträgt je nach Lauttreue-Definition zwischen 73 und 90 Prozent“ (NAUMANN 1989, S. 99). Die

Kleinschreibung ist das Übliche, die Großschreibung bedarf einer Begründung durch eine Regel.[35]
Als **lautgetreue Schreibungen** oder **Mitsprechwörter** werden „die Wörter definiert, bei denen jeder isolierbare Sprechlaut durch die häufigste graphemische Alternative wiedergegeben wird" (MANN 1997, S. 12). Die häufigste Schreibweise kann ein eindeutig zugeordneter Buchstabe oder eine Buchstabenverbindung wie beispielsweise beim sch, ch, pf sein. Berücksichtigt man zudem den Kontext und das Stammprinzip mit Ableitungen und Wortverwandtschaften, so erscheint unsere Schriftsprache als sehr regelmäßig.[36]
Da durchschnittlich mehr als 75% eines Wortes lautgetreu abgebildet werden, kann man die Lautsprache als Steuerung für die meisten Stellen eines Wortes benutzen. Der Wortklang wirkt ständig in den Schreibvorgang hinein, steuert und kontrolliert ihn. „Die lautgetreue Schreibung fungiert sozusagen als selbstverständliche Grundlage der Rechtschreibung" (MANN 1997, S. 13). Bei über der Hälfte des deutschen Wortschatzes sind solche eindeutigen Laut-Buchstaben-Zuordnungen vorhanden, so dass die Schüler bei diesen **„Mitsprechwörtern"** über die alphabetische Grundstrategie des **Abhörens** der artikuliert, hochlautend gesprochenen Lautfolge und Übersetzens in eine Buchstabenfolge, des **artikulierten Mitsprechens und Silbierens** zur richtigen Schreibung gelangen.[37]
Das Wissen über die Lautstruktur unserer gesprochenen Sprache, die Fähigkeit und Fertigkeit, Laute einzeln wahrzunehmen, zu erkennen, zu unterscheiden und ihnen spezifische Buchstaben zuzuordnen, wird als bedeutsamer Faktor für die Lese- und Rechtschreibfähigkeit von Kindern und Erwachsenen herausgestellt.[38]

→ Grundstrategie: Sprich das Wort artikuliert und deutlich in Silben gegliedert in der Schriftsprache (so wie du es schreibst), höre in das Wort hinein und schreibe es auf!

❖ Aus Wörtern Laute abhören, sie unterscheiden und ihnen zugehörige Buchstaben zuordnen

Die alphabetische Grundstrategie entspricht der **akustisch-sprechmotorischen Lösungshilfe des Mitsprechens**. Diese Fähigkeit muss bereits in den ersten Wochen des Erstunterrichts angebahnt werden. Für die Erstklässler sind Wörter das Bekannte, Laute das Neue.[39] **Abhörübungen** und das **Lokalisieren hochlautend gesprochener Laute** (An-, In-, Auslaut) bereiten das Rechtschreiben vor und unterstützen es. Durch ein gezieltes präventives, sprachspielerisches **Training** auch mit Hilfe von Tonkassetten lässt sich schon im Kindergarten oder in der ersten Klasse diese als phonologische Bewusstheit bezeichnete Fähigkeit, Einzellaute zu identifizieren, zu unterscheiden, ihre Stellung im Wort zu lokalisieren, einzelne Wörter lautlich genau zu durchgliedern und Reime zu bilden, erheblich verbessern und damit Kindern mit Problemen in diesen Bereichen das Lesen und Rechtschreibenlernen erleichtern und vor allem Lese-Rechtschreib-Schwäche präventiv vorbeugen. Die Wirksamkeit eines solchen Trainings steht außer Frage und zeigt Vorteile für alle trainierten Kinder.[40]

Sobald die Kinder ohne große Mühe Wörter abhören, Einzellaute identifizieren und in einer Buchstabenfolge darstellen können, aus der sich das Wort lautlich rekonstruieren lässt, müssen sie lernen, die Wörter so in einer **hochlautenden Standardsprache** auszusprechen, wie sie geschrieben werden. „Die Lautunterscheidungen der Hochsprache sind die RS-relevanten Lautunterscheidungen" (Naumann 1989, S. 260). „Man schreibt nicht, wie man normalerweise spricht, sondern nach der Lautform, wie man sie im Kopf hat, nach der ... Schriftlautung auf der Basis des normierten Standards ... Schreibende Erwachsene hören meist genau jene Laute, die sie schreiben ..., d. h. ihre Lautvorstellung eines Wortes ist von der Rechtschreibung geprägt. Das Kind muss mit dem Erwerb der Rechtschreibung diese schriftbasierte Lautvorstellung auch wiederum erwerben"(Augst/Dehn 1998, S. 98f.). Es wird also „nicht die normale Sprache verschriftlicht, sondern eine besondere, am geschriebenen Wort gelernte Aussprache der Wörter. In dieser ... ‚Rechtschreibsprache'... wird das im geglückten Leseprozess erworbene Wissen um die Schreibweise eines Wortes ganzheitlich gespeichert und dann für die Steuerung des Schreibprozesses abgerufen und zur Steuerung verwendet" (Mann 1996, S. 64).[41] In Bezugnahme auf Breuninger/Betz könnte man die Schriftlautung, diese artikulierte, hochlautende, oft silbierende Schreibaussprache, die das Kind anhand des Geschriebenen lernt, als „Pilotsprache" bezeichnen, da sie den Schreibprozess steuert wie ein Pilot das Flugzeug.[42] Für den Rechtschreibunterricht der Grundschule erscheinen die Begriffe „Rechtschreibsprache", „Schriftsprache" oder „Diktiersprache" geeigneter. Auch die von Augst/Dehn formulierte Grundstrategie „Schreibe, wie du sprichst, wie du schreibst" (Augst/Dehn 1998, S. 97 f., 120 f., 269, 281) sollte im Unterricht vereinfacht werden.

Das **artikulierte Sprechen** wird im Unterricht durch das langsame, gedehnte Sprechen der Wörter, durch Reime, Abzählverse, Zungenbrecher oder Rollenspiele, z. B. „Sprich wie eine Nachrichtensprecherin", unterstützt. Dabei sind die Ausgangsvoraussetzungen der Schüler zu beachten, regionale Unterschiede ihrer Aussprache an den Grundwörtern (st im Anlaut wird wie /scht/, sp wie /schp/ gesprochen) und Abweichungen der genauen Aussprache von der dialektbetonten Umgangssprache bewusst zu machen („Wie muss man das Wort /ha:bm/ sprechen, um es richtig zu schreiben?" – „/ha: – ben/"[43]).

Kindern mit Schwierigkeiten bei der Laut-Buchstaben-Zuordnung hilft beim lautierenden Erlesen beispielsweise auch das gleichzeitige Mitzeigen der Buchstaben, das lautierende Auf- und Abbauen eines Wortes mit Mitzeigen, der genaue Vergleich der Buchstabenabfolge mit der eigenen Artikulation und der Vergleich von Schriftbildern, um Nuancen unterschiedlicher Aussprache wahrnehmen zu können, z. B. Schwein – Schein.

Lautierendes Auf- und Abbauen:	sch	schreiben
	schr	schreibe
	schrei	schreib
	schreib	schrei
	schreibe	schr
	schreiben	sch

❖ Wörter rhythmisch in Silben gliedern

Die lautgetreue Schreibung kann durch **das rhythmische Gliedern in Sprechsilben** erheblich unterstützt werden. Soll ein sicherer Rechtschreiber ein langes, komplexes Wort wie beispielsweise „Kirschmarmeladenglas“ nach Diktat schreiben, so wird er es beim Schreiben deutlich in Silben gliedern und diese **Silbengliederung** halblaut, leise oder stumm, oft mit sichtbarer Lippenbewegung **mitsprechen**. Die „in Silben gegliederte Aussprache eines Wortes übernimmt die Steuerung im Schreibprozess ... Je weniger kompetent die Schreiber sind, bei desto mehr Wörtern brauchen sie dieses innere Mitsprechen als Strukturierungshilfe“ (MANN 1996, S. 63). In vielen Fällen zeigt die zweisilbige Schreibaussprache die zu wählende Schreibung, z. B. gie-ßen, des Weiteren bei Dehnung in offener Silbe (ge-hen), bei Auslautverhärtungen (Ber-ge) oder bei manchen Vorsilben (vor-laut, ver-lie-ren).[44] Die silbenweise Aussprache unterstützt damit gleichzeitig die Worttrennung.

➔ **Sprich das Wort deutlich in Silben gegliedert in der „Schriftsprache“ und höre in das Wort hinein!**

Ba – na – ne   To–ma–te   Hub – schrau – ber   pflan – zen

Im Anfangsunterricht erleichtert die Silbenstruktur der Wörter das Identifizieren der einzelnen Laute. Dabei ist es hilfreich, zunächst lautgetreue Wörter mit offenen Silben (Vokal am Silbenende wie bei Ba-na-ne), dann Wörter mit geschlossenen Silben oder mit Mitlauthäufungen (Hub-schrau-ber) rhythmisch zu durchgliedern.

Mut – ter   Ril – le   Bläs – se   Kat – ze   kom – men   Fo – rel – le

Wörter mit Mitlautverdopplungen sollten erst ab der 2. Klasse intensiver behandelt werden, da sich bei ihnen die Silbengliederung nicht aus der Sprechlautung (Sprechsilben Mu-tter, Ka-tze), sondern aus der rechtschriftlich durch Trennregeln in Schreibsilben gegliederten Schriftlautung ableitet.[45]
Die Strategie des rhythmischen Silbengliederns kann den Schülern sehr schnell auch bei der Korrektur erratener, falsch gelesener oder geschriebener Wörter vermittelt werden. Die Lehrkraft begründet beispielsweise die richtige Schreibweise mit der Wortlänge und der rhythmischen Silbengliederung des Wortes.[46]

➔ **Schwinge zu den Sprechsilben mit der Hand mit oder klatsche oder trommle leise auf der Bank mit!**

➔ **Schreibe das Wort nach Sprechsilben getrennt und zeichne Silbenbögen!**

schrei – ben   Tem – pe – ra – tu – ren

Das Mitschwingen mit kräftiger Armbewegung unterstützt besonders bei schwachen Rechtschreibern auch über die Aktivierung des Atemzentrums die Gliederung in Silben und das Erlernen der Wörter mit Doppelkonsonanten an der Silbengrenze.[46]

Auch das **silbenweise Auf- und Abbauen eines Wortes** unterstützt bei gleichzeitigem Mitschwingen das silbenweise Durchstrukturieren:

schrei

schrei – ben

❖ **Beim Schreiben eines Wortes artikuliert und silbierend mitsprechen und sich die Schreibung einprägen**

Haben die Kinder die lautgetreue Schreibung ausreichend trainiert und automatisiert, dann sind sie zum **rhythmisch-dynamischen Sprechschreiben** fähig, bei dem sie die zu schreibenden Wörter langsam, artikuliert und klar in Silben gegliedert aussprechen und gleichzeitig mitschreiben. Über das **artikulierte silbierende Mitsprechen** gelangen die Schüler zur richtigen Schreibung.[47] Der Wortklang wirkt dabei ständig in den Schreibvorgang hinein, steuert und kontrolliert ihn.
Prägnante Wortschemata der Mitsprechwörter werden demnach nicht als Ganzwortbilder, sondern über **akustisches**, aber auch optisches **Durchgliedern** gewonnen. Insbesondere das exakte Hinhören, artikulierte Vorsprechen, leise Mitsprechen, die bewusste Unterscheidung ähnlicher Laute und die Bestimmung der Reihenfolge der Einzellaute sind in allen Phasen des Lernprozesses unentbehrlich. Sie ermöglichen eine weitgehende Strukturierung des Schriftbildes und unterstützen die Einprägearbeit. „Fehler wie Hinzufügungen (‚stolplern‘), Auslassungen (‚stopern‘) oder auch Vertauschungen (‚stoplern‘) haben in der Regel ihre Ursachen in einem ungenügenden lautlichen Differenzierungsvermögen der Schüler" (Greil 1981, S. 33).

In der Grundschule können deshalb die Wörter des Grundwortschatzes der ersten Schülerjahrgänge beispielsweise durch folgendes Vorgehen[48] eingeprägt werden.
Wortklärung:
- Das Wort wird durch genaues Anschauen **ganzheitlich erfasst, artikuliert gelesen** und **inhaltlich geklärt**. Die Schüler formulieren mit diesem Wort einen sinnvollen Satz, be- und umschreiben das Wort, klären es aus dem Kontext, suchen ähnliche oder entgegengesetzte Bedeutungen, stellen es szenisch oder als Worträtsel dar und aktivieren ihr Vorwissen (Wortart, Wortteile, verwandte Wörter).

Durchstrukturierung – Worttraining (Erkunden des Wortes):
- Das Wort wird akustisch **durchstrukturiert** und **in Sprechsilben gegliedert**. Jede gesprochene Silbe wird mitgeschwungen. Das Wort wird aufgeschrieben und die Silben werden durch Einzeichnen von Silbenbögen optisch gekennzeichnet.
- Die **Lautfolge** des Wortes wird abgehört, dazugehörige Schriftzeichen werden zugeordnet. Die Schüler sprechen das Wort hochlautend in der Schriftsprache (Rechtschreibsprache, Schreibaussprache), zeigen zu jedem Sprechlaut den dazugehörigen **Buchstaben** bzw. die **Buchstabengruppe** mit und unterstützen dadurch die Strukturierung des Laut- wie des Schreibschemas.
  Die Aussprache wird bei diesem „Beweislesen" durch die deutliche hochlautende Artikulation der Schreibweise angepasst. Auch Doppelkonsonanten sollten immer hörbar gemacht werden.

- Die **nicht lautgetreu** geschriebenen Stellen werden benannt (Was fällt dir an der Schreibung auf?) und farbig **markiert**. Diese Rechtschreibbesonderheiten werden durch gemeinsames Nachdenken, Ableiten usw. geklärt, als **Merksatz** zunächst nur von der Lehrkraft formuliert und nach Einführung übergeordneter Strategien gemeinsam mit den Schülern entwickelt.
- Das Laut- und Schreibschema des Wortes wird durch **variative Übungen** auditiv, visuell, sprech- und schreibmotorisch eingeprägt, z. B. durch lautierendes und silbierendes Auf- und Abbauen, Ergänzen von Lückenwörtern, Zusammensetzen von Wörtern aus Silben, Wort-in-Wort-Übungen, Wörterschlangen, durch Bilden von Gruppen ähnlicher Schreibungen (Wortlisten) oder von Wörtern zu einem Interessengebiet.
- Bei unsicheren oder unbekannten Wörtern wird im **Wörterbuch** nachgeschlagen. Die Technik des Nachschlagens wird mit dem Alphabet eingeführt und häufig geübt.

Zunächst werden nur lautgetreue Mitsprechwörter ohne Rechtschreibbesonderheiten auch in Diktattexten verwendet. Falsche Groß- und Kleinschreibungen werden ohne Wertung korrigiert. Seltenere Schreibweisen, z. B. ein d anstellte eines t am Wortende, ein h als Längenzeichen, werden nur benutzt, wenn man das begründen kann oder extra gelernt hat.[49]

❖ Elementare Rechtschreibregeln lernen und anwenden

Um eine klare Orientierung bei mehrdeutigen Laut-Buchstaben-Zuordnungen zu bekommen, z. B. schwer – sehr – Teer, müssen Lehrkräfte dafür sorgen, dass die Kinder beim Verschriften ihrer Wörter die am häufigsten gebrauchte Schreibweise wählen. Beim Erlernen der Schreibung gilt deshalb jeder Buchstabe, der der lautgetreuen Schreibung entspricht, als selbstverständlich und bedarf keiner besonderen Erwähnung mehr. Zu jedem gesprochenen Laut wird der entsprechende Buchstabe oder die Buchstabengruppe mitgezeigt. Bei selteneren Schreibweisen und anderen rechtschriftlichen Besonderheiten wie bei „sehr" oder „Teer" werden die Kinder darauf hingewiesen, dass sie als Besonderheit das lange /e:/ haben, das man nicht hören kann und hier als eh oder ee geschrieben wird. Dies müssen sich die Kinder ebenso wie die Großschreibung extra merken.

Beispiele: **Elementare Regeln**

Wörter mit langem Vokal: Ra-be, Mo-nat, tra-gen, le-ben	**Ausnahmen:** **(Merkwörter)**	Saat, Staat, Haar Beere, Tee Boot, Zoo
Bie-ne, lie-gen (Schreibe das lange i als ie!)	**Ausnahmen:**	dir, mir, wir, Bibel, Tiger, Musik
Worttrennung – Trenne nach Sprechsilben! Mar-me-la-de, ver-lie-ren, Scho-ko-la-de	**Ausnahmen:**	ma-chen wa-schen ba-cken

Obwohl das ck aus dem Doppel-k entstanden ist und durch doppeltes Sprechen des k deutlich gemacht werden kann, wenn es zwischen zwei Vokalen steht, widerspricht die neue Trennregel der Rechtschreibreform (ck wird nicht mehr in k-k, sondern vor dem ck getrennt) dem rhythmischen Gefühl wie früher die st-Trennregel. Es ist deshalb in der Grundschule weiterhin sinnvoll, die Schüler in der Rechtschreibsprache die Wörter mit ck als Doppel-k sprechen zu lassen, die Faustregel (Anstelle von kk schreibt man ck!) einzuprägen und die Sprechsilben durch Silbenbögen zwischen c-k zu kennzeichnen (Ausnahmen: Akkord, Akkordeon, Makkaroni, Sakko, Akkusativ). Die Trennung vor dem ck ist als Besonderheit für die schriftliche Silbentrennung am Zeilenende einzuführen.[50]
Erst wenn die **Grundstrategie** von den Schülern so weit automatisiert wurde, dass sie mit einer gewissen Leichtigkeit abläuft, wird Aufmerksamkeitskapazität zur Anwendung einiger ausgewählter **übergeordneter Rechtschreibstrategien** frei. Auch in der 3./4. Jahrgangsstufe ist es sinnvoller, an lautgetreuen Texten das rhythmisch-dynamische Sprechschreiben weiterhin zu üben, als die Schüler zu früh mit zu vielen übergeordneten Rechtschreibstrategien zu traktieren oder ihnen durch die Vermittlung von auswendig gelerntem Regelwissen eine bessere Rechtschreibung beibringen zu wollen.
„Wenn die Kinder die lautgetreue Schreibung beherrschen, können sie etwa die Hälfte aller Wörter ohne größeren Gedächtnisaufwand niederschreiben. Das heißt, bei etwa 150000 Wörtern und Wortformen brauchen sie nichts weiter zu tun, als das Wort deutlich auszusprechen und in die lautgetreue Buchstabenfolge zu übersetzen" (MANN 1997, S. 18). Selbst wenn man dieser sehr optimistischen Einschätzung nicht ganz zustimmt, können die Schüler mit Hilfe der alphabetischen Grundstrategie, der wichtigsten morphematischen Nachdenkstrategien und einiger elementarer Regeln zur Groß-, Kleinschreibung und Zeichensetzung (orthografischen Strategien) am Ende der 4. Jahrgangsstufe rund 90% ihrer schulischen Texte richtig schreiben.[51]

◆ Die übergeordneten Nachdenkstrategien zur Schreibung nicht lautgetreuer, aber ableitbarer Nachdenkwörter

Ableitbare Schreibungen sind nicht mehr lautgetreu. Bei diesen **Nachdenkwörtern** werden ein oder mehrere Sprechlaute durch seltenere Buchstabenalternativen dargestellt, z.B. der Laut /f/ durch ff, v oder ph, das lange /o:/ durch oh oder oo. Diese Schreibweise ist aber durch die Ableitung des Wortes von einem lautgetreuen Wort, von einer klaren Regel oder einem nicht erklärbaren Merkwort zu begründen. Solche **Nachdenkwörter** mit Rechtschreibbesonderheiten, denen regelhafte Prinzipien zugrunde liegen, machen ungefähr 40% des deutschen Wortschatzes aus.[52] Das Lautprinzip wird hier vom Stammprinzip oder übergeordneten Regeln überlagert, was in der Schreibweise zu berücksichtigen ist.
Entscheidende Bedeutung für ihre Schreibweise hat das **Stammprinzip**, das die gleiche Schreibung wortverwandter Wörter zeigt. Dieses von der Rechtschreibreform besonders betonte Prinzip besagt, dass bei allen Wörtern einer Wortfamilie trotz Lautveränderungen der **Wortstamm gleich geschrieben** wird. Entscheidend ist, ob ein Wort heute einer Wortfamilie zugeordnet wird oder nicht.[53] Die Erhellung dieses Zusammenhangs zwischen Wörtern und Wortformen erfordert eine hohe Abstraktions-

leistung, die Fähigkeit, den Wortaufbau zu durchschauen. Die Anbahnung dieser Fähigkeit erfolgt durch eine **bewusste, aktive Erarbeitung** und ein **gezieltes denkendes Durchdringen**.[54]

An geeigneten Beispielen wie die Umlautung oder Auslautverhärtung wird die Bezugnahme auf den Wortstamm, eine Regel oder auf ein Merkwort besonders herausgestellt, von den Schülern als **Merksatz** oder **Faustregel** (Eigenregel) formuliert, der die Begründung als Regelteil und die Rechtschreibbesonderheit als Schlussfolgerung enthält, und zusammen mit den Wörtern gelernt:

„Sie rollt“ kommt von „rol – len“ (Regelteil), also mit Doppel-l (Rechtschreibbesonderheit).
„Wälder“ kommt von „Wald“, also mit ä.
„Gefährt“ kommt von „„fahren“, also mit ä und h.

Der Regelteil ordnet die Schreibweise eines Wortes in einen größeren Zusammenhang ein, der als effektive Gedächtnisstütze dient und den **Transfer**, die Regelanwendung bei ungeübten Wörtern vorbereitet. Die aus der Regel zu ziehende rechtschriftliche Konsequenz ist wichtig für die richtige Schreibung des Wortes. Diese einsichtig gewonnenen, als Merksätze formulierten Faustregeln führen mit großer Wahrscheinlichkeit zur Richtigschreibung, „was nicht zu verwechseln ist mit der Anwendung von Regeln, die in der Form von Merksätzen an die Schüler herangetragen werden und Antworten auf Fragen geben, die manche Schüler noch gar nicht haben“ (MARENBACH 1989, S. 111).

→ Die übergeordneten Nachdenkstrategien:
Denke über die Wörter nach!
Leite sie ab, verlängere sie oder wende Rechtschreibregeln an!

Mit dem Grundwortschatz kann nur ein kleiner Bruchteil der Wörter und Wortformen geübt werden, die ein Erwachsener später schreiben muss. Ziel der morphematischen Nachdenkstrategien ist es, die Schüler zu befähigen, auch ungeübte Wörter und Wortformen durch Nachdenken, Ableiten, Analogienbildung, Wortverlängerung richtig zu schreiben oder durch nachträgliche Prüfstrategien beim Auftreten bestimmter Signale die Schreibung zu kontrollieren. Rechtschreibkompetenz besteht letztlich dann darin, den morphematischen Aufbau eines Wortes zu durchschauen und ihn strategisch zum Verständnis als auch zum Erschließen und Einprägen der richtigen Schreibweise zu nutzen. Bei der Überarbeitung von Texten bleibt bei unbekannten Stämmen keine andere Wahl als der Rückgriff auf die Grundstrategie. Zur **Rechtschreibkompetenz** gehört auch, intensiv durchstrukturierte Wörter und Stämme als abstrahierte Schreibschemata zu speichern und dadurch Schreibprozesse zu beschleunigen und zu automatisieren.

Die Anwendung übergeordneter Rechtschreibstrategien auf nicht geübte Schreibungen müssen die Schüler in einem **systematischen Training** lernen. Schon ab dem 2. Schuljahr sind immer wieder an ausgewählten Beispielen die implizit geübten Gedankenschritte und Schlussfolgerungen bewusst zu machen und die Schüler zur bewussten Kontrolle der Schreibweise anzuhalten. Dazu gehören Übungen zu Wortfamilien, die Rechtschreibschwierigkeiten wie Umlaute, Auslaute, Zusammensetzungsfuge berücksichtigen oder die Flexion von Wörtern. Vor allem in der Sekundarstufe sollen die Schüler lernen, die **Signale** zu beachten, die solche Nachdenkstrategien auslösen, und dadurch die richtige Überprüfungsmethode für die jeweilige Schreibweise herauszufinden.[55] Die Lehrpläne für den Rechtschreibunterricht in der Grundschule und in den Sekundarstufen geben Hinweise auf solche in einzelnen Jahrgangsstufen zu vermittelnden übergeordneten Strategien. Die Nachdenkstrategien entsprechen der logischen Lösungshilfe des Nachdenkens und Ableitens und der Kenntnis grundlegender Rechtschreibbesonderheiten.

❖ Nachdenk- und Ableitstrategien zur Erschließung des morphematischen Aufbaus eines Wortes

→ Denke über die Wortbedeutung nach und erkläre sie!
Bilde mit dem Wort einen sinnvollen Satz!

die L**e**rche	≠	die L**ä**rche
Heute regnet es.	≠	Die Indianer gerben **Häute**.
m**a**len	≠	m**ah**len
l**ee**ren	≠	l**eh**ren

Die unterschiedliche Bedeutung phonetisch gleich gesprochener Morpheme erkennt man nur an der Schreibung und vor allem an ihrer Bedeutung im Kontext. Die Schüler müssen wissen, dass die Lerche ein Vogel, die Lärche ein Nadelbaum ist. Die Bedeutung muss deshalb sofort mit dem Schreibschema eingeprägt werden. Zum Vergleich bedeutungsverschiedener Morpheme, die sich nur in einem Laut oder in der oft kaum erfassbaren Vokallänge oder -kürze unterscheiden, bietet sich eine **Gegenüberstellung ausgewählter Wortpaare** an, die besonders artikuliert gesprochen, bewusst abgehört und auf ihre Schreibung und Bedeutung hin untersucht werden.

bieten	–	bitten
lasen	–	lassen
kam	–	Kamm

Diese kontrastive **Minimalpaar-Technik** unterstützt bei den s-Lauten die Bestimmung der Vokallänge und der Bedeutung der einzelnen Morpheme im Kontext.[56] Sie sollte aber wegen der retro- oder proaktiven **Ähnlichkeitshemmung** (Ranschburgsche Hemmung) in Grundschulklassen nicht oder nur nach zeitlich isoliertem Üben der einzelnen Rechtschreibschwierigkeiten, z. B. zuerst Wörter mit äu, dann erst Wörter mit eu, erfolgen.[57]

→ Leite das Wort ab! Bilde die Grundform, die Einzahl oder die Mehrzahl und überprüfe ihre Schreibweise!

Fläche mit ä oder e?

Fläche	← ä →	von flach	**Schreibe ä, wenn es eine Grundform mit a gibt!**		
Wälder	–	von Wald	Bändel	–	von Band
behände	–	von Hand	überschwänglich	–	von Überschwang
Stängel	–	von Stange			
Gämse	–	von Gams	**Ausnahmen:** Lärm, März, spät, Mädchen (Merkwörter)		

Häute mit äu oder eu?

Häute	← äu →	Haut	**Schreibe äu, wenn es eine Grundform mit au gibt.**		
			verbläuen	–	von blau
			Ausnahmen: Säule, sich täuschen (Merkwörter)		

→ Zerlege das Wort in Wortbausteine (Wortstamm, Vorsilben, Nachsilben, Endungen)! Wenn du die Bausteine nicht schreiben kannst, leite sie ab![58]

Bau – stein	spaß – en	ver – geb – lich
(Stämme)	(Stamm + Endung)	(Vorsilbe + Stamm + Nachsilbe)

Durch die **Wortbausteinkontrolle**, veranschaulicht beispielsweise durch konkretes Zerschneiden von Wortstreifen, werden die Wörter in ihre bedeutungstragenden sprachlichen Grundeinheiten, die Morpheme, zerlegt und die Schreibweise kontrolliert. Es wäre unökonomisch, sich jede Ableitung und Wortzusammensetzung als Einzelwort einzuprägen. Statt dessen sollte man die Schreibung der wenigen Stammformen, der Vorsilben , Nachsilben und Endungen (Flexionsmorpheme) eingehend üben und damit Wörter und Wortfamilien aufbauen.

„Die systematische Arbeit an Wortfamilien, das Ordnen und Zusammenstellen von Flexionsformen, Ableitungsversuche, das Zusammensetzen und Zerlegen von Komposita vermitteln dem Schüler das für ein denkendes Rechtschreiben erforderliche Sprachwissen. Die Anwendung morphologischer Kenntnisse beruht letztlich auf dem Prinzip der Analogiebildung. Mit Hilfe eines bereits vorhandenen Sprachwissens schließen die Schüler auf die Schreibung einer Fülle von neuen Wörtern und Wortformen. Analogiebildungen lassen sich auch durch Ersetzen von Einzelbuchstaben oder Buchstabenfolgen (Substitution) bilden" (GREIL 1981, S. 40).

Wortfamilien werden aus verwandten Wörtern gebildet, die auf den gleichen Wortstamm zurückgeführt werden können, z. B. fahr: fahren (er-, ab-, auf-, an-), der Fahrer, der Beifahrer, die Fahrt, die Autofahrt, der Fahrplan, das Fahrzeug, die Fährte, der Gefährte ...

Analogiebildungen unterstützen das Einprägen der Schreibschemata und fördern durch Zusammenstellung analog geschriebener Wörter, z. B. in **Wortlisten**, die Regel-

bildung. Die Schüler suchen aus ihren Texten, dem Wörterbuch, der Rechtschreibkartei die Wörter heraus, die analog geschrieben werden, z. B. Wörter mit ß nach langem Vokal (fließen, gießen, genießen, beißen, heißen, fleißig). Bei **Reimwörtern** (Traum, Baum, Raum; grau, rau, blau, schlau) soll nicht nur das analoge Lautschema, sondern das analoge Muster des Schreibschemas herausgestellt und markiert werden.
Zusammensetzungen: Zusammengesetzte Namenwörter (Sport + Kleidung = Sportkleidung; Sporthemd, -schuh, -lehrer, -gerät, -feld, -uhr, -schütze).
Die Stammschreibung bleibt auch in **Wortzusammensetzungen** erhalten, die konkret mit Wortstreifen veranschaulicht werden können. Treffen dort drei gleiche Konsonanten zusammen, werden stets alle geschrieben (Ballett+Tänzer = Balletttänzer). Die Schreibung mit Bindestrich ist immer möglich. Auch bei der Endung -heit bleibt ein vorausgehendes h erhalten.

Stoff + Fetzen	Stofffetzen	Flusssand	Rohheit
Schiff + Fahrt	Schifffahrt	Nassschnee	Zähheit
Flanell + Lappen	Flanelllappen	selbstständig	

❖ Die Strategie des Ableitens von Verben mit t-Signal

Verben sind in der Grundform häufig lautgetreu, z. B. gehen, rennen. Durch die an den Wortstamm angehängte Grundformendung -en fungiert der letzte Konsonant des Wortstamms als Silbenanfang und wird daher deutlich gesprochen. Häufige Fehlerquelle bei Verben sind flektierte Personalformen, da bei allen mit Konsonanten beginnenden Flexionsmorphemen (-st, -t, -te, -test, -tet, -ten) der letzte Buchstabe des Wortstammes nicht mehr deutlich zu sprechen und auditiv-artikulatorisch zu unterscheiden ist, z. B. klebt – klappt. Da alle Flexionsendungen ein -t enthalten, kann es als konkretes, sichtbares **Signal** dienen, um die Schreibweise zu überprüfen. In Abgrenzung gegen andere Wörter mit t im Wortstamm kann das t in grammatikalischen Flexionsendungen auch als grammatisches t bezeichnet werden.[59]

→ Suche Verben mit t-Signal und führe sie auf die Grundform oder die Wir-Form zurück!

gehört zu
sie klebt ⇄ kle – ben
deshalb schreibt man „klebt" mit b

vereinfacht:

wegen
sie klebt ⇄ kle – ben
deshalb

Diese **Prüfstrategie** des t-Signals bei Verben wie die nachfolgende des p-t-k-Signals wird ab der 2. Jahrgangsstufe der Grundschule an ausgewählten Wörtern zunächst als **nachträgliche Prüfmethode** eingeführt. Nach dem Schreiben eines Textes suchen die Kinder das t in der Endung der Verben, markieren es, bilden die Grundform oder die „Wir"-Form und kontrollieren die Schreibung. Häufig entdeckte und verbesserte Fehler verstärken die Anwendung und Automatisierung der Strategie. Schwache Rechtschreiber müssen aber das Finden der Grundform sorgfältig üben.

sie klappt zusammen	← pp →	(wir)	klap	–	pen
er stellt	← ll →		stel	–	len
sie fasst	← ss →		fas	–	sen
er geht	← h →		geh	–	hen
sie platzt	← tz →		plat	–	zen
er gräbt	← ä →		gra	–	ben
sie läuft	← äu →		lau	–	fen

❖ Die Strategie des Ableitens durch Wortverlängerung bei Wörtern mit p-t-k-Signal[60]

Die Lautpaare /b/ – /p/, /d/ – /t/, /g/ – /k/ können am Wort- oder Silbenende nur schwer voneinander unterschieden werden („Bei vielen Wörtern spricht man p, t, k, schreibt aber b, d, g"). Die Buchstaben b – p, d – t, g – k am Wort- oder Silbenende werden deshalb zum Signal, um die richtige Schreibweise zu kontrollieren. Das Zeichnen von Silbenbögen unterstützt das p-t-k-Signal. Sobald einer dieser Buchstaben am Ende eines Silbenbogens auftaucht, wird er markiert und die Schreibweise überprüft.

→ Verlängere ein Wort mit p-t-k-Signal!

- **Substantive** werden durch Mehrzahlbildung oder Rückführen auf die Grundform verlängert, so dass der letzte Buchstabe des Wortstamms den Anfang einer neuen Silbe bildet.

der Dieb	← b →	die Die	–	be
das Kind	← d →	die Kin	–	der
die Art	← t →	die Ar	–	ten
der Tag	← g →	die Ta	–	ge
der Spuk	← k →	spu	–	ken

- **Adjektive** werden am besten durch Davorsetzen von „noch" und die Bildung der ersten Steigerungsform verlängert.

Er ist hungrig.	← g →	Er ist noch hungri – ger.
Die Wand ist weiß.	← ß →	Die Wand ist noch wei – ßer.

– **Verben**, die mit dem Wortstamm enden, werden durch Bildung der „wir"-Form verlängert.

er schob	← b →	wir	scho –	ben
sie saß	← ß →	wir	sa –	ßen
er blies	← s →	wir	blie –	sen

Das Verfahren der **Wortverlängerung** wird auch angewandt bei Wörtern

mit Doppelkonsonanten	(klappt	← pp →	klap –	pen)
mit einem Dehnungs-h vor dem t	(geht	← h →	ge –	hen)
mit der Dehnung mit ie	(lieb	← ie →	lie –	ber)

❖ Die Strategie der Anwendung weiterer grundlegender Rechtschreibregeln

→ Denke an Rechtschreibregeln und Rechtschreibbesonderheiten und wende sie an![61]

Auch die Anwendung einiger grundlegender und leicht durchschaubarer Rechtschreibregeln und -besonderheiten (Rechtschreibfälle), die auf der phonologischen, syntaktisch-morphologischen und semantischen Ebene auftreten, gehört zu den Nachdenkstrategien. Dieses **Sprachdenken** und **Sprachwissen** wird vor allem in der Grundschule durch Vergleichen und Gruppieren zutreffender Beispiele beispielsweise in Wortlisten induktiv gewonnen, in verständlichen, einfachen Faustregeln oder Merksätzen formuliert und vielseitig angewendet. In den weiterführenden Schulen könnten Rechtschreibregeln durch problemlösend-entdeckende „Forscherrunden" gemeinsam mit anderen erarbeitet werden. So ließe sich beispielsweise überprüfen, ob alle Verben in der 2. Person (Du-Form) mit -st enden. Dazu suchen die Schüler Verben im Wörterbuch, ordnen sie nach den Endungen in der 1. und 2. Person, verändern die Zeit, legen Tabellen an, formulieren Faustregeln usw.[62]
Den Schülern ist zu verdeutlichen, dass die Kleinschreibung, die Getrenntschreibung, die Worttrennung nach Silben, der Punkt am Satzende der **Normalfall** sind. Selbstverständlich werden Nachdenkstrategien wie die Strategien zur Großschreibung niemals gleichzeitig eingeführt. Erst wenn eine Strategie gesichert ist, kann die nächste Strategie erlernt werden:[63]

– **Regeln zur Worttrennung**

→ Wörter trennt man nach Sprechsilben!

Mut – ter   la – chen   A – bend   het – zen   Mus – ter

– **Strategien zum Erlernen der Großschreibung von Wörtern[64]**
Die Großschreibung dient zur Hervorhebung des Anfangs von Sätzen und Überschriften, zur Markierung von Eigennamen, Substantiven oder Wörtern anderer

Wortarten, die als Substantive gebraucht werden (Substantivierungen). Verstöße gegen die Großschreibung machen mehr als ein Viertel aller Rechtschreibfehler aus. Die Schüler sollten deshalb im Unterricht durch die schrittweise Übung und Zusammenstellung einzelner Nomen, z.B. in Wortlisten (Eigennamen, Namen für Tiere, Pflanzen, Gegenstände immer in Verbindung mit dem Artikel), ein Gespür für die Großschreibung entwickeln. Erst wenn sie Sicherheit mit der Großschreibung von Konkreta gewonnen haben, sollten Abstrakta eingeführt werden.

→ Schreibe den Satzanfang groß!

Auslösendes Signal ist das Satzschlusszeichen des vorhergehenden Satzes, das mit dem nachfolgenden großen Anfangsbuchstaben farbig markiert und überprüft wird.

→ Schreibe alle Substantive groß!

Substantive (Nomen, Namenwörter) dienen zur Bezeichnung von Gegenständen, Lebewesen oder Vorgestelltem und Gedachtem wie Gefühlen, Gedanken usw. Die Kontrolle dieser semantisch motivierten Großschreibung von Wörtern durch die nachträgliche **Prüfmethode** (Anfass- oder Haben-Probe: Kann ich es anfassen oder haben?) kann im Einzelfall zu Problemen führen (Schülerfrage:„Wird das Wort ‚Ofen' im Sommer groß, im Winter klein geschrieben?"). Die Schüler sollten deshalb immer die Großschreibung begründen.

der Vater, das Wasser, der Vogel, der Baum, die Kiste, der Mut, das Glück, die Beschuldigung, seine Ehre

→ Substantive erkennt man am zugehörigen Artikel (Begleiter – der, die, das, ein, eine, ein), der davor steht oder davor gesetzt werden könnte!

Auch Wörter anderer Wortarten können die Eigenschaften von Substantiven annehmen und als Substantive gebraucht werden (Substantivierung). Auf diese eher syntaktisch motivierte Großschreibung weisen bei Substantiven und Substantivierungen bestimmte und unbestimmte Artikel (der, die das, ein, eine, eines), Pronomen (dieser, jener, welcher, mein, dein, unser, eurer, ihr, mancher, alle ...) oder unbestimmte Zahlwörter (kein, etwas, nichts, genug, wenig, einige, mehrere, vielerlei ...) hin. Diese **Begleiter** können als **Signal** für die Großschreibung der nachfolgenden Nomen genommen, optisch durch Pfeile veranschaulicht und als nachträgliche **Prüfmethode** (Begleiter- oder Artikel-Probe – den „Chef des Artikels" suchen) eingesetzt werden:

Kühe fressen Gras.
Die Kühe fressen das Gras.

Probieren ist besser als Studieren
Das Probieren ist besser als das Studieren.

Die große Hitze des Feuers.

Sie trägt eine rote Hose.

→ Oft zeigt ein Endbaustein ein Substantiv an!

-ung	-heit	-keit	-nis	-schaft	-tum
Beachtung	Wahrheit	Sparsamkeit	Hindernis	Bereitschaft	Altertum

Diese Endbausteine sind **Signale** für Namenwörter. Bei dieser morphematisch motivierten Großschreibung bezeichnen Wörter mit Endmorphemen häufig Abstrakta, die dadurch als Nomen erkannt werden.

→ Schreibe in Briefen das höfliche Anredewort Sie und das dazugehörige Ihr, Ihre, Ihnen groß!
→ Die vertraulichen Anredewörter du, dir, dein, ihr, euer, euch werden kleingeschrieben!

Werden Sie uns morgen besuchen, Herr Meier?
Wir gratulieren Ihnen und Ihren Angehörigen.
Kannst du nicht früher kommen?
Für deinen Brief danke ich dir recht herzlich.
Warum habt ihr so lange nichts von euch hören lassen?

– **Weitere anzuwendende Rechtschreibregeln**

→ Wörter schreibt man im Normalfall von anderen getrennt! Zusammenschreibungen sind die Ausnahme!

sitzen bleiben, baden gehen, Rad fahren, Schlitten fahren, Teppich klopfen – bereitstellen, fernsehen, totschlagen, sonnenbaden, bloßstellen

→ Die verschiedene s-Laute werden mit s, ß oder ss geschrieben!
→ Forme die Wörter durch Ableitung um, so dass die s-Laute am Silbenanfang stehen und höre auf die Unterschiede!

sie liest	← s →	le	–	sen	Gruß	← ß →	Grü	–	ße
er reist	← s →	rei	–	sen	es fließt	← ß →	flie	–	ßen

Um die s-Laute zu unterscheiden, werden die Wörter auf die Grundform oder die Mehrzahl zurückgeführt. Ein stimmhafter, weicher s-Laut am Silbenanfang wird als s geschrieben, ein stimmloser, scharfer, zischender s-Laut nach langem Vokal als ß.

Nur etwa 50 Wortfamilien werden zu Silbenanfang immer stimmlos gesprochen und mit ß geschrieben, die man sich am besten als **Merksatz** einprägt, z. B. „Straße mit ß“: reißen, beißen, schmeißen, schweißen, heißen, Meißel, fleißig, dreißig, gießen, fließen, schießen, schließen, verdrießen, genießen, Spieß, spaßen, Maß, stoßen, Soße, groß, Floß, Kloß, Schoß, Fuß, Gruß, büßen, süß, außen, draußen.[65]

→ **Nach kurzem Selbstlaut steht immer ss, nach einem nach langem oder einem Doppellaut ß!**

Hass	← ss →	has – sen	Maß
Kuss, sie küssten sich	← ss →	küs – sen	Muße
er lässt	← ss →	las – sen	Straße
er muss	← ss →	müs – sen	draußen
wässrig	← ss →	Was – ser	beißen
dass			schließen – Schluss

◆ **Das Einprägen von Schreibschemata nicht ableitbarer und nicht lautgetreuer Merkwörter mit Hilfe von Lernstrategien**

Merkwörter, auch „Lernwörter oder nicht ableitbare Schreibungen (genannt,) sind die Wörter mit Abweichungen von der lautgetreuen Schreibung, die man nicht für Kinder einsichtig durch eine Regel oder eine Ableitung von anderen Wörtern begründen kann“ (Mann 1997, S. 13). Sie machen ca. 10% des Wortschatzes aus. Dazu zählen beispielsweise das v in „Volk“, in der Vorsilbe „ver“ oder in „viele“, daneben Wörter mit Dehnungs-h oder Doppelvokal, mit ai oder chs und Fremdwörter, bei denen die ursprüngliche Schreibweise beibehalten wurde wie bei Chor, Diskothek, Katastrophe, Baby, Camping.
Da ihre Schreibweise nicht durch Mitsprechen und Abhören erkannt werden kann, werden die **strukturellen Rechtschreibbesonderheiten** besonders herausgestellt, als **Merksatz** oder **Faustregel** formuliert, mit dem Lautschema und dem Wortinhalt abgespeichert und mit Hilfe von Lerntechniken durch häufiges Anwenden des Merksatzes in **variativen Übungen** visuell, schreibmotorisch und auditiv-kognitiv eingeprägt. Im Moment des Wortschreibens und Mitsprechens wird der Merksatz mit abgerufen und wirkt auf die Schreibung ein, z. B. „fahren mit ah“.
Es wäre jedoch ein Irrtum zu glauben, nur die Lernwörter müssten eingeprägt werden. Auch die bewusst erarbeiteten, denkend durchdrungenen Wörter müssen durch variative Übungen eingeprägt werden.

→ **Präge dir die Merkwörter ein!**

Diese Einprägestrategie entspricht der visuell-, sprech- und schreibmotorischen **Lösungshilfe.**[66] Im einzelnen sind beispielsweise folgende unterstützende Maßnahmen möglich:
- großflächiges Anschreiben der Wörter an die Tafel, auf ein großes Blatt oder Verwendung großer Wortkarten,

- Hervorheben rechtschriftlich bedeutsamer Stellen im Wort durch Unterstreichen, farbiges Unterlegen oder Umrahmen (Was findest du an dem Wort schwer?)

  Mu [tt] er   fa [h] ren   v [ie] l

- Zusammenstellen und Ordnen der Wörter nach **Wortgruppen**. Formulieren eines Merksatzes: „fahren mit ah", „viel mit v und ie",
- verschiedenste Formen des Abschreibens (nach Anzahl der Silben, Buchstaben, Wortarten gruppiert),
- Selbstdiktate mit Wortkarten, Lauf- oder Büchsendiktate, Partnerdiktate,
- Lückentexte, Satzmemory, Silbenrätsel, Scherztexte usw.
- Da die Schreibung der Wörter in allen Schreibsituationen und Kontexten beherrscht werden soll, müssen sie im Anschluss an das Worttraining in immer neuen Sinn- und Textzusammenhängen geübt werden.

→ Schlage nach und schreibe richtig!

Der sichere **Umgang mit dem Wörterbuch** oder mit Nachschlagewerken setzt einen langwierigen Gewöhnungsprozess voraus. Zum Nachschlagen gehört, dass man die Grundform von Wörtern bilden kann. Das Gliedern in Sprechsilben, das Nachdenken über Wörter, das Gruppieren nach Wortstämmen unterstützt das alphabetische Nachschlagen. Für die Arbeit mit dem Wörterbuch werden deshalb alle im Unterricht sich bietenden Gelegenheiten genützt wie die Überarbeitung von Aufsatzentwürfen oder Sacheinträgen. Es sollte deshalb auf jeder Schülerbank liegen. Hinweise zur Einführung finden sich im vorherigen Kapitel.

Gestaltungsgrundsätze für die Arbeit mit dem Grundwortschatz

Rechtschreibunterricht sollte vor allem in der Grundschule in möglichst täglichen, kurzzeitigen, konzentrierten **Rechtschreibphasen** durchgeführt werden. Dabei wechseln Übungen zur ganzheitlichen Erfassung und Durchgliederung der Wortgestalten, z.B. durch genaues Anschauen eines an die Tafel geschriebenen Wortes, artikuliertes Lesen, Zeichnen eines Wortrahmens, Sprechen und Trennen nach Wortsilben (Silbieren), Erklären der Wortbedeutung, Bilden sinnvoller Sätze mit diesem Wort, Entdecken und Markieren rechtschriftlicher Schwierigkeiten, ab mit einem **gezielten, denkenden Worttraining** zur akustischen, visuellen, sprech-und schreibmotorischen und morphematischen Strukturierung und Sicherung der Wörter. Durch vielfältige Übungen wie das Bilden von Flexionen, Wortzusammensetzungen, Wortfamilien und Reimen wird der **Wortschatz erweitert**.[67]
Im Hinblick auf die Aktivierung der Schüler ergeben sich folgende Grundsätze für den Rechtschreibunterricht:

◆ Rechtschreiben ist elementares Unterrichtsprinzip und integrierter Sprachunterricht

„Rechtschreiben lernen Kinder und Jugendliche, indem sie viel schreiben! Dazu gehört auch das Überarbeiten von Texten. Rechtschreiben ist ein Teil des Schreibens und

Überarbeitens" (AUGST/DEHN 1998, S. 86). Rechtschreibunterricht ist an **echtes Sprachhandeln**, an das kommunikative, unterrichtliche Handeln der Schüler gebunden. Die Schüler müssen Schreiben und Rechtschreiben im kommunikativen Zusammenhang erfahren, erproben und üben, beispielsweise beim Entwurf eines Einladungsschreibens an die Eltern oder eines Berichtes über eine Theateraufführung an die Zeitung. Rechtschreiben hat dienende Funktion für eine umfassende Schreiberziehung und trägt dazu bei, Strategien für das richtige Verfassen von Texten auszuprägen.[68] Spontanschreibungen sollten initiiert werden. Im Unterricht können viele **Schreibanlässe** genützt werden, z. B. Briefe an kranke Mitschüler, Wunschzettel, Erlebnisberichte, Geschichten, Bastelanleitungen, Kochrezepte, das gemeinsame Lesen von Kinderliteratur, das Weitererzählen oder Fabulieren zu ausgewählten Bildern. Der Wunsch, Leser für die eigenen Texte zu haben, fördert das Bemühen, rechtschriftlich verständlich zu schreiben. „Je mehr ein Kind schreibt, um so häufiger denkt es über Schreibweisen von Wörtern nach – und um so stärker entwickelt sich seine Schreib- und seine Rechtschreibfähigkeit" (BRÜGELMANN 1994, S. 208). „Wer viel schreibt, schreibt vieles richtig" (AUGST/DEHN 1998, S. 208). Rechtschreibübungen sind deshalb in den gesamten Sprach-/Deutschunterricht zu integrieren. „Rechtschreibunterricht muss auch als Grundwortschatzarbeit integrativer Sprachunterricht bleiben" (LORENZ 1989, S.472). Grundwörter sind in sachbedeutsamen Sinnzusammenhängen zu erarbeiten.

Beispiel

LORENZ lässt die Beschreibung des Räubers in einem Textausschnitt des Kinderbuches „Räuber Hotzenplotz" von Otfried Preußler erlesen, in einem Bild wiedererkennen, die beschriebenen Merkmale im Text unterstreichen, die Lautung der Lernwörter sprechartikulatorisch erfassen und einen Steckbrief mündlich und schriftlich verfassen. Dazu ist es notwendig, die Lernwörter durch verschiedenste Übungen zu trainieren.[69]

Da Sprache immer an Inhalte gebunden ist, erscheint es auch sinnvoll, die Texte für den Rechtschreibunterricht aus den jeweils behandelten Stoffbereichen des Sachunterrichts zu nehmen. Die Schüler kennen den inhaltlichen Bezug, wiederholen den Sachstoff mit Hilfe des Rechtschreibtextes und gewinnen neue Informationen.

Vorgegebene **Grundwortschatzlisten** dienen dabei den Lehrern als Orientierungs- und Planungshilfe und sind alters- und klassenbezogen zu erweitern. Grundwortschatzlisten sollten die häufigsten Funktionswörter, Fehlerwörter und Fehlerschwerpunkte, Wortfamilien im Sinne der Modellhaftigkeit der Schreibung und für die Schüler inhaltlich bedeutsame Wörter enthalten. Dabei sind Inhaltswörter in hohem Maße von den Schreibinhalten abhängig. So kommen bei ca. 140000 untersuchten Wortformen in Schulheften der 4. Jahrgangsstufe mehr als 200mal folgende Verben vor: „sagen, kommen, gehen, machen, geben, fahren, sehen, stehen, spielen" und folgende Substantive/Nomen: „Antwort, Rechnung, Kind, Tag, Mutter, Haus, Frage". In der 4. Klasse lassen sich im Schriftwortschatz mehr als 10mal Wörter der Wortfamilien „fahren, Wort, gehen, kommen, geben, Haus, sehen, Tag, sagen, sitzen, liegen, stehen, schreiben", in der 10. Klasse Wörter der Wortfamilien „geben, sitzen,

stehen, stellen, groß, halten, sehen, arbeiten, Zeit, Teil, gehen, fahren, kommen, Wasser, gleich, Haus, ziehen, Kraft, bauen" analysieren.[70]
Kinder, die im Unterricht deutliche **Schriftvorgaben**, z. B. mit einem Fibelwortschatz erhalten, adaptieren diese nicht einfach, sondern gehen eigenständig produktiv damit um. Sie schreiben in freien Texten mehr und mehr richtige Wörter und orientieren sich mehr an rechtschriftlichen Elementen. Schriftliche Vorgaben fördern im Sinne strukturierter Orientierungsrahmen den Aufbau kognitiver Wortschemata (Laut- und Schreibschemata) und das eigene Erkunden und Erproben der richtigen Schreibung. Dies verändert fortlaufend die kognitiven Schemata.[71]
Viele Strategien und Lösungshilfen wie das von der Rechtschreibreform besonders betonte Zurückführen auf den Wortstamm oder auch die durch entdeckendes Erkunden und Spielen mit Sprache, durch Zerlegen und Ordnen sprachlicher Elemente einsichtig gewonnenen Faustregeln und Merksätze sind Anleihen aus der **Sprachlehre** und vermitteln Einsichten in den Wort- und Satzbau; akustisch-sprech- und schreibmotorische Übungen stammen aus dem **Erstlesen** und dem **Mündlichen Sprachgebrauch.**

◆ An Grundwörtern und eigenen Fehlern die Methoden des Rechtschreibens lernen und den eigenen Lernweg entdecken

Richtig-Schreiben lernt man nur durch bewusstes, eigenständiges, richtiges Schreiben. Die Schüler lernen dabei die **Strategien und Methoden des Rechtschreibens** und werden dazu befähigt, „eigenverantwortlich und selbstständig die Schreibung aus dem gesprochenen Wort (abzuhören)..., Wortganze akustisch und optisch zu gliedern, prägnante Wortgestalten durch Strukturierung zu gewinnen, Merkmalsnetze um Einzelwörter aufzubauen, Wörter zu Gruppen zu verbinden, vielfältige Wissens- und Denkprozesse rechtschriftlich steuernd werden zu lassen" (MIEDERER/SCHUBERT 1994, S.26).[72] Zu beachten ist aber, dass die Richtigschreibung „Anspruch an die Überarbeitung, nicht an den Entwurf" ist (BRÜGELMANN 1994, S. 209). Die Schüler sollten deshalb lernen, jeden Textentwurf rechtschriftlich zu korrigieren und zu überarbeiten.
Die **unterschiedlichen Lernweisen** und **Lernzugänge** der Schüler mit ihrer selektiven Wahrnehmung, ihrer situativen Bevorzugung individueller Lernkanäle, ihrer Verknüpfung, Clusterbildung und Vernetzung bei der elaborativen Verarbeitung erfordern einen Rechtschreibunterricht, der ihre Aufmerksamkeit auf rechtschriftliche Phänomene lenkt, Erkundungen anstößt, den Aufbau und die Anwendung verschiedenster Strategien, Lösungshilfen und Faustregeln fördert und ihnen genügend Freiraum gibt, auf die ihnen gemäße Art zu arbeiten. „Alle in der bisherigen unterrichtlichen Praxis bekannten Lösungshilfen sind anzubieten. Die Wahl des Weges ist den Schülern selber überlassen ... Lehrer, die nicht typenentsprechende Hilfen bereitstellen, produzieren rechtschreibschwache Schüler" (GREIL 1981, S. 43f.). „Glücklicherweise entwickeln viele Kinder trotz des Rechtscheibunterrichts die richtigen Strategien. Aber einige Kinder werden dadurch total verwirrt und verunsichert. Gemischt mit dem Instrument der scharfen Diktatbenotung ist das ein Mittel, um einige Kinder so stark zu schädigen, dass sie Legasthenietherapie brauchen, um wieder klarzukommen. Die Alternative ist, den Kinder explizit die Strategien beizubringen, deren

sich kompetente Rechtschreiber bedienen" (MANN 1996, S. 67). Sie und notwendige Arbeitstechniken wie der Umgang mit dem Wörterbuch, dem Übungsplan oder mit Rechtschreibkarten sind schrittweise in den Rechtschreibphasen einzuüben.

◆ Aus Fehlern lernen – Kontinuierlich Fehler erfassen, analysieren, sinnvoll verbessern und für Fehler sensibilisieren

Ein lernwirksamer Rechtschreibunterricht braucht einen verständnisvollen Umgang mit Fehlern. Sie geben Hinweise auf den Lernprozess, die Denkvorgänge und individuellen Rechtschreibstrategien der Schüler. Schüler wie Lehrer müssen lernen, Fehler als unvermeidbare Stationen auf dem Weg zum sicheren Rechtschreiber zu akzeptieren.

Eine präzise Feststellung der individuellen Rechtschreibleistung durch informelle Vortests, standardisierte Rechtschreibtests oder **kontinuierliche Erfassung, Analyse und sinnvolle Verbesserung der Rechtschreibfehler** in allen schriftlichen Sprachproduktionen schaffen die Voraussetzung für eine lerneffektive, differenzierte Rechtschreibarbeit.[73] Durch **Schülerfragen an das Wort oder den Fehler** lässt sich strategisch die Schreibweise klären.

Kann ich etwas über die Schreibweise des Wortes erfahren oder einen Fehler vermeiden durch

1. das **artikulierte Sprechen** und das **Hineinhören** in das Wort?
2. das **silbenweise Sprechen?**
3. das **Ableiten** und **Zurückführen auf die Stammform** (die Einzahl, das Grundwort)? Wälder – von Wald; er fällt – von fallen; Durchfall, Zufall, die Fälle...
4. die **Verlängerung** eines Wortes (der Dieb, die Diebe, diebisch)?
5. das **Nachdenken** über die **Wortbedeutung**, z. B. klauben = etwas aufheben, glauben = etwas für richtig halten, über die **Wortart** (glauben = Zeitwort) und einige **Rechtschreibregeln** (Zeitwörter werden im Satz kleingeschrieben)?
6. das Suchen **rechtschriftlicher Gemeinsamkeiten** (Analogien, Muster), z. B. in Reimwörtern oder Wörterlisten? sitzen – flitzen – schwitzen – Hitze
7. das Notieren **verschiedener Schreibweisen** und das Darüber-Nachdenken? ~~spahren~~ – ~~spaaren~~ – sparen
8. das **Nachschlagen** im Wörterbuch?[74]

Zur **Verbesserung** ordnet der Lehrer beispielsweise den Fehlern in einem Text am Textrand entsprechende Übungsformen eines Übungsblattes oder der Rechtschreibkarte zu oder verweist auf zutreffende Rechtschreibstrategien.

Beispiel: **Fehlerverbesserung „die Welder"**

Leite von der Grundform (Grundwort, Einzahl) ab und suche drei ähnliche Beispiele!

die Wälder	← ä →	der Wald
die Fälle		der Fall
die Bäche		der Bach
die Fläche		flach

Viele Schüler sind fehlerblind. Die Falschschreibung von Wörtern ist ihnen oft nicht bewusst, da strukturierte Wortschemata noch nicht effektiv abgespeichert sind oder das Rechtschreibwissen zu wenig ausgeprägt ist. Sie sollen deshalb zunehmend lernen, Fehler durch **Selbstkontrolle** zu entdecken **(Fehlersensibilisierung)**. Durch die Korrektur eigener oder fremder Texte allein oder mit Partnern zusammen, durch die Überprüfung von Diktaten, die Arbeit mit Lücken- oder Fehlertexten und das gemeinsame Besprechen rechtschriftlicher Zweifel lernen sie allmählich, zwischen rechtschriftlich sicher beherrschten Wörtern und jenen zu unterscheiden, über deren Schreibweise sie sich in einem Wörterbuch informieren müssen. Das **Korrekturlesen**, das Durchsehen maschinengeschriebener Texte auf Fehler, wird angesichts zunehmenden Textverarbeitung mit dem Computer künftig wichtiger als das handschriftliche Niederschreiben eines Textes nach Diktat.
Viele Lehrer lehnen das Suchen von Fehlern in Texten immer noch aus der Angst ab, falsche Schreibungen in Fehlertexten würden sich einprägen. Diese Ansicht ist widerlegt. „Sie ist unreflektiert übernommene Konsequenz der alten Wortbildtheorie, die davon ausging, Wörter würden sich ganzheitlich als ‚Wortbilder' einprägen, die allerdings nicht erklären kann, warum Kinder manche Wörter im gleichen Text in verschiedenen Schreibungen anbieten oder warum sich nicht längst die viel häufiger auftretenden Richtigschreibungen der Wörter eingeprägt haben" (MARENBACH 1989, S. 111). „Tatsächlich gibt es weder aus Fehleranalysen noch aus Experimenten Hinweise darauf, dass visuellen Vorstellungen im Sinne von inneren Wortbildern eine größere Bedeutung zukäme. Wir können uns zwar Wörter visuell vorstellen ..., aber diese Vorstellungen dienen beim Rechtschreiben nicht als ‚innere Vorlage'. Es scheint eher so zu sein, dass wir uns ein Wort dann vorstellen können, wenn wir bereits wissen, wie es geschrieben wird" (SCHERER-NEUMANN 1986, S. 177).[75]
Bei Texten mit vielen Rechtschreibfehlern und/oder schwer zu lesenden Schriften könnte eine **Abschrift** das Finden der Fehler oder richtig geschriebener Wörter erleichtern, die der Schreiber markiert. Gerade schwächere Schüler mit labilem Selbstbild sollten die Möglichkeit erhalten, zuerst nochmals ihre Texte zu überarbeiten, bevor sie andere kontrollieren. Für eine gezielte **Diagnose** der vorhandenen Rechtschreibkompetenzen wäre es sinnvoll, die richtig geschriebenen Grapheme (Graphemtreffer) eines Wortes herauszustellen oder die wichtigen Stellen eines Wortes zu markieren, die Hinweise auf die von den Schülern eingesetzten Rechtschreibstrategien geben (Lupenstellen). Diese können beispielsweise mit der „Hamburger Schreibprobe" relativ schnell erfasst und in der Hauptschule auch gemeinsam mit den Schülern diagnostisch ausgewertet werden. Sie überlegen mit der Lehrkraft, an welchen rechtschriftlichen Bereichen sie weiterarbeiten sollen und suchen beispielsweise zu ihren noch nicht sicher angewandten Strategien selbst passende Übungsaufgaben.[76]

◆ Individualisierend und differenzierend arbeiten

Die Beachtung der Lernvoraussetzungen der Schüler ist eine unabdingbare Voraussetzung, um die Ausprägung differenzierter kognitiver Schemata durch strukturierte Lernarrangements, Vorgaben und Verfahren anzustoßen. Einfache Fragen könnten dazu sein: „Was kann der Schüler/die Schülerin schon? Was muss er noch lernen?

Was kann er als nächstes lernen" (AUGST/DEHN 1998, S. 267). Notwendig für eine **differenzierende Rechtschreibarbeit** sind neben einer gezielten Auswahl von Modell- oder Fehlerwörtern des Grundwortschatzes, ausreichend Zeit zum Erkunden und Üben vor allem die Vermittlung von Strategien und Lösungshilfen, die den Schülern in Form von Fragen und „Prüfmethoden" an das Wort, eines Übungsplanes mit sinnvollen Übungen oder einer Rechtschreibkartei an die Hand gegeben werden. Die Kinder müssen lernen, sich zunehmend von der unmittelbaren Lehrersteuerung abzukoppeln.
Innerhalb der groben Gruppenteinteilung durch den Lehrer aufgrund der Fehleranalysen entscheiden die Schüler dann über die Erledigung der durch die Fehlerkarte angeregten Übungsarbeit. Während sich der Lehrer zeitweise mit schwächeren Schülern beschäftigt, arbeiten die Kinder mit geringer Fehlerzahl mit einem Übungsangebot aus der Rechtschreibkartei oder an Aufgaben zu ihren spezifischen Fehlern. Die sehr guten Rechtschreiber wählen währenddessen selbst Übungen aus dem Bereich der Wortschatzerweiterung oder der Erweiterung des Regelwissens aus, wenden ihre Erkenntnisse bei der Zusammenstellung oder Erarbeitung eines Tonband- oder Laufdiktates an oder helfen anderen Schülern, die Hilfe anfordern.[77] Eine gänzlich individualisierte Übungsarbeit ist erst nach langer Einübung möglich. Unabdingbare Voraussetzungen dafür sind eine konsequente Selbstkontrolle und eine rechtschreibbewusste Arbeitshaltung.

◆ **Schüler mit größeren Rechtschreibproblemen, besonders mit Lese-Rechtschreib-Schwäche (LRS), möglichst frühzeitig erkennen und zusätzlich fördern**

Eine gezielte Förderung einzelner Kinder mit Rechtschreibproblemen setzt einen Überblick über ihr orthografisches Strukturwissen und ihre eingesetzten Rechtschreibstrategien voraus. Informationen über die vorhandenen Rechtschreibkompetenzen liefern beispielsweise ein Diktat zu Schuljahresbeginn mit dem Grundwortschatz der Vorklasse und eine genaue Fehleranalyse im Hinblick auf die eingesetzten Rechtschreibstrategien, die kontinuierliche Erfassung und Analyse der Rechtschreibfehler in allen schriftlichen Texten oder der Einsatz eines diagnostischen Rechtschreibtests wie die „Hamburger Schreibprobe" (MAY 1998).
Die **„Hamburger Schreibprobe"** (HSP) ist ein „diagnostisches Gesamtkonzept für die Erfassung des rechtschriftlichen Könnens in der Schule (Klasse 1 bis 9)". Ihre nicht eigens geübten Schreibaufgaben sollen „lehrgangsübergreifend jenes Strukturwissen erfassen, das den Kern orthografischen Wissens und Könnens (Kompetenz) ausmacht. Die Wörter und Sätze enthalten solche Phänomene in genügender Anzahl, die die wichtigsten alphabetischen, orthografischen und morphematischen Zugriffe abfordern, und das Wortmaterial bietet ein breites Spektrum unterschiedlicher Schwierigkeiten, so dass die Schreibprobe genügend hohe Anforderungen an die besten und auch angemessene Anforderungen an die schwachen und schwächsten Schreiber stellt. Durch die bundesweiten Vergleichswerte erhalten die Lehrer zudem Vergleichsmaßstäbe, um die Leistungen der einzelnen Schüler und der gesamten Klasse einordnen zu können" (MAY 1999, S. 40).
Die Auswertung des als Einzel- oder Gruppentest mit der ganzen Klasse durchgeführten Verfahrens erfolgt auf der Graphemebene und erfasst

- die Zahl richtig geschriebener Grapheme (Graphemtreffer) zur Einschätzung des erreichten Niveaus des Rechtschreibkönnens.
- die grundlegenden Rechtschreibstrategien wie die alphabetische Strategie (Grundstrategie des Abhörens und Mitsprechens), die morphematische Strategie (Strategie des Nachdenkens über die Wortbildung und des Ableitens) und die orthgrafische Strategie (Strategie des Merkens und Anwendens elementarer Rechtschreibregeln).
- überflüssige orthografische Elemente und Oberzeichenfehler, die auf Übergeneralisierungen und auf den Grad der Sorgfalt und Kontrolle beim Schreiben hinweisen.

Die qualitative Auswertung der HSP ergibt ein Strategieprofil des Schreibers.

Beispiel: **Rechtschreibprofil einer Schülerin am Ende der 4. Jahrgangsstufe erhoben mit der HSP 4**

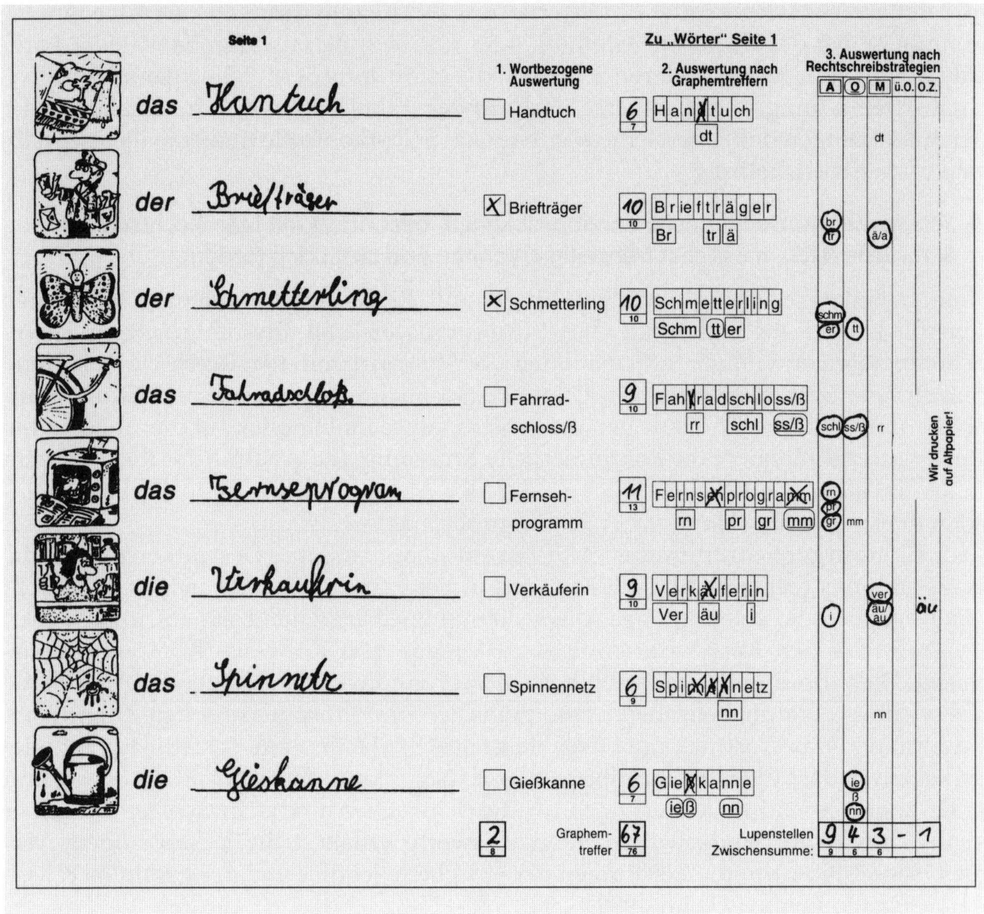
Seite 1

Zu „Wörter" Seite 1

	1. Wortbezogene Auswertung	2. Auswertung nach Graphemtreffern	3. Auswertung nach Rechtschreibstrategien (A, O, M, ü.o., o.z.)
das Hantuch	☐ Handtuch	6 / 7 — H a n d t u ch; dt	dt
der Brieftrager	☒ Briefträger	10 / 10 — B r ie f t r ä g e r; Br tr ä	br, tr; ä/a
der Schmetterling	☒ Schmetterling	10 / 10 — Sch m e tt e r l i n g; Schm tt er	schm, er; tt
das Fahradschloß	☐ Fahrrad-schloss/ß	9 / 10 — F ah r r a d sch l o ss/ß; rr schl ss/ß	schl, ss/ß; rr
das Fernsepprogram	☐ Fernseh-programm	11 / 13 — F e r n s e h p r o g r a mm; rn pr gr mm	rn, pr, gr; mm
die Verkaufrin	☐ Verkäuferin	9 / 10 — V e r k äu f e r i n; Ver äu i	i; ver, äu/au; äu
das Spinnetz	☐ Spinnennetz	6 / 9 — S p i nn e nn e tz; nn	nn
die Gieskanne	☐ Gießkanne	6 / 7 — G ie ß k a nn e; ieß nn	ie, ß, nn
	2 / 8	Graphemtreffer 67 / 76	Lupenstellen 9 4 3 - 1; Zwischensumme: 9 6 6

Wir drucken auf Altpapier!

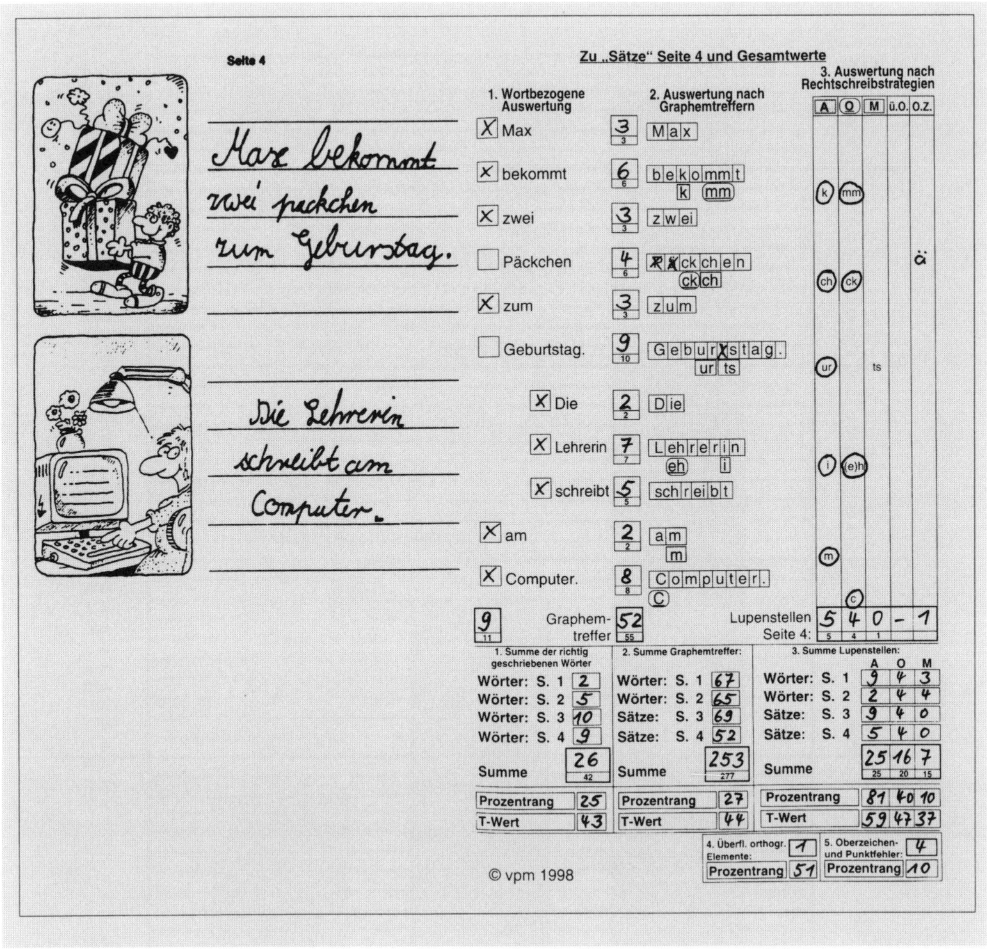

Seite 4

Max bekommt zwei packchen zum Gebrurstag.

Die Lehrerin schreibt am Computer.

Zu „Sätze" Seite 4 und Gesamtwerte

1. Wortbezogene Auswertung		2. Auswertung nach Graphemtreffern	3. Auswertung nach Rechtschreibstrategien (A / O / M / ü.o. / o.z.)
[X] Max	3 / 3	M a x	
[X] bekommt	6 / 6	b e k o mm t; k mm	(k) (mm)
[ ] Päckchen	4 / 6	ck ch e n; ck ch	(ch) (ck) ä
[X] zwei	3 / 3	z w ei	
[X] zum	3 / 3	z u m	
[ ] Geburtstag.	9 / 10	G e b u r t s t a g .; ur ts	(ur) ts
[X] Die	2 / 2	D ie	
[X] Lehrerin	7 / 7	L eh r e r i n; eh i	(i) (eh)
[X] schreibt	5 / 5	sch r ei b t	
[X] am	2 / 2	a m; m	(m)
[X] Computer.	8 / 8	C o m p u t e r .; C	(c)

Wörter	Graphemtreffer	Lupenstellen Seite 4
9 / 11	52 / 55	5 / 5, 4 / 4, 0 / 1, –, 1

1. Summe der richtig geschriebenen Wörter		2. Summe Graphemtreffer:		3. Summe Lupenstellen:	A	O	M
Wörter: S. 1	2	Wörter: S. 1	67	Wörter: S. 1	9	4	3
Wörter: S. 2	5	Wörter: S. 2	65	Wörter: S. 2	2	4	4
Wörter: S. 3	10	Sätze: S. 3	69	Sätze: S. 3	9	4	0
Wörter: S. 4	9	Sätze: S. 4	52	Sätze: S. 4	5	4	0
Summe	26 / 42	Summe	253 / 277	Summe	25 / 25	16 / 20	7 / 15
Prozentrang	25	Prozentrang	27	Prozentrang	81	40	10
T-Wert	43	T-Wert	44	T-Wert	59	47	37

4. Überfl. orthogr. Elemente:	1	5. Oberzeichen- und Punktfehler:	4
Prozentrang	51	Prozentrang	10

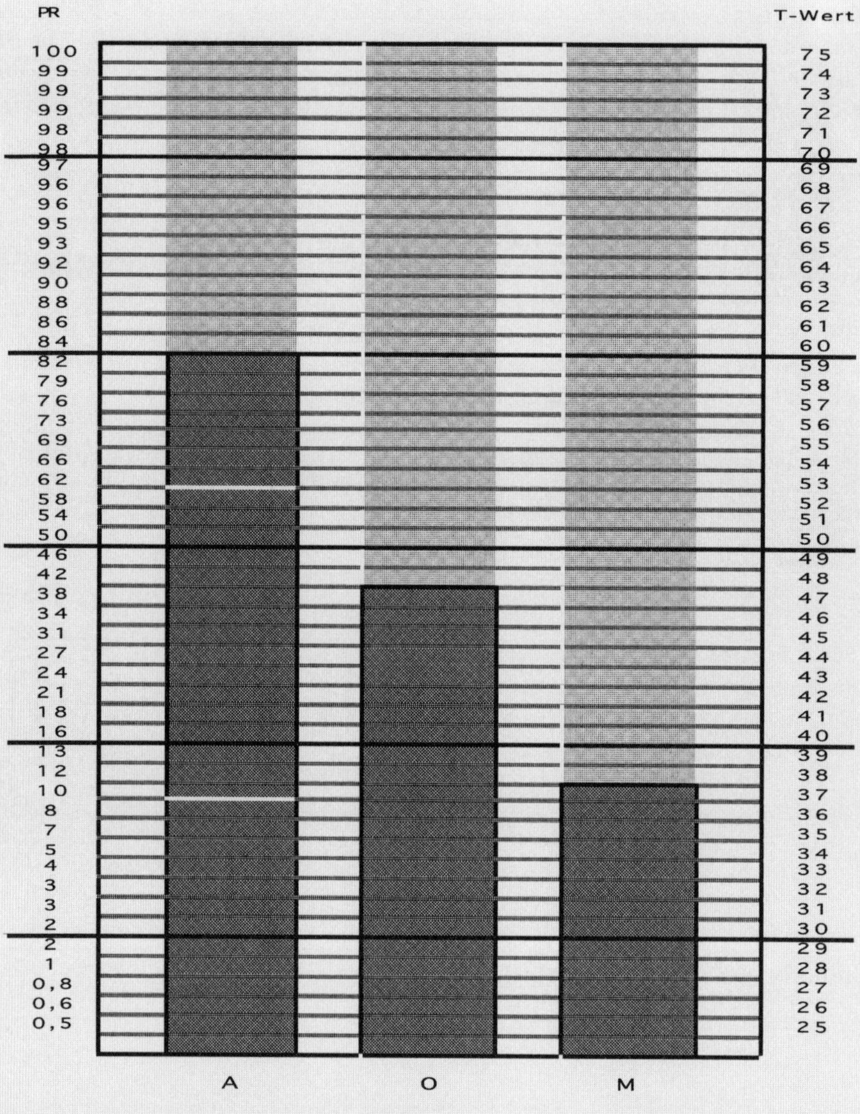

(MAY/MALITZKY/VIELUF 1999, S. 42f.)

Die Differenzen zwischen den T-Werten der alphabetischen, morphematischen und orthografischen Strategie weisen auf ein unausgeglichenes Strategieprofil mit einer deutlichen Dominanz des alphabetischen Schreibens und Defiziten in den anderen Strategien hin. Möglicherweise wurden im Rechtschreibunterricht die morphematische Strategie und grundlegende Rechtschreibregeln zu wenig beachtet. Die Schülerin sollte eine intensive Förderung zu den morphematischen Strategien erhalten, die den Zusammenhang zwischen Wortbedeutung, Wortstamm und orthografischen Regeln transparent macht.[78]

Kinder mit gravierenden Schwächen und Fehlern beim Lesen und Rechtschreiben sind bei gleichen intellektuellen Fähigkeiten meist nicht in der Lage, die vielfältigen kognitiven Anforderungen zu bewältigen, die ein früher Schriftspracherwerb an sie stellt. Ohne die langjährige Diskussion über die **Lese-Rechtschreib-Schwäche** (LRS) nachzuzeichnen, müssen im Gegensatz zu theoretischen Ansätzen, die Lese-Rechtschreib-Schwäche als Teilleistungsstörung der auditiven wie visuellen Wahrnehmung, der Sprech- und Schreibmotorik erklären, sich nach einem entwicklungsorientierten Ansatz diese Schüler erst die für das Lesen und Schreiben notwendigen Fertigkeiten aneignen. Sie verfügen über kein ausreichendes Buchstabenwissen, folglich auch nicht über Phonem-Graphem- bzw. Graphem-Phonem-Korrespondenzen, können Wörter nicht in ihre Laute zerlegen oder Einzellaute heraushören, kaum Buchstaben schreiben und nur wenige Elemente im Arbeitsgedächtnis behalten. Ihre Entwicklungsmöglichkeiten sind von den Anforderungen der 1. Jahrgangsstufe weit entfernt. Mangelnde Voraussetzungen in einigen wenigen Fertigkeiten können sie durch Unterricht ausgleichen. Fehlen mehrere Voraussetzungen, werden sie wahrscheinlich nicht vom frühen Schriftsprachunterricht profitieren und geraten in Gefahr, eine Lese-Rechtschreib-Schwäche auszubilden. Ihre in der 2. und 3. Jahrgangsstufe erworbenen Lese- und Schreibfähigkeiten sind dann oft so gering, dass sie die Schrift noch nicht funktional nutzen können. Gefährdete Kinder müssen deshalb rechtzeitig erkannt und gezielt gefördert werden.[79]
Ein **erfolgreicher Schriftspracherwerb** in einer alphabetischen Schrift erfordert nach Ergebnissen des Forschungsprojekts der Universität Bielefeld „Früherkennung und Prävention von Risiken der Lese-Rechtschreib-Schwäche“ vom Schulanfänger

- **phonologische Bewusstheit**, d.h. die basale Fähigkeit, Wörter rhythmisch in Silben zu gliedern, Reime wie auch isolierte Anlaute bzw. Endlaute zu erkennen und in zwei lautliche Teile getrennte Wörter zu verbinden (M-aus). Anlaute werden von Schulanfängern oft nur dann erkannt, wenn sie die erste Silbe alleine bilden (A-meise), nicht aber, wenn die Silbe aus einem Vokal und einem Konsonanten besteht (An-ton). Diese häufig beeinträchtigte Fähigkeit zur Phonemanalyse besitzt einen hohen prognostischen Wert für die spätere Lese- und Rechtschreibleistung.
- **phonologische Gedächtnisfertigkeit**: Schulanfänger sollen mit ihrem Kurzzeitgedächtnis eine Folge von vier vorgesprochenen Wörtern oder Zahlen sicher aufnehmen und wiedergeben können und Gedächtnisinhalte des Langzeitgedächtnisses wie Farben, Objektbezeichnungen mit einer gewissen Geschwindigkeit abrufen können, um die Kapazität des Kurzzeitgedächtnisses nicht zu sehr zu belasten.
- **visuelle Diskriminationsfähigkeit**: Die Kinder sollen Buchstaben unterscheiden, Gleichheiten und Unterschiede bestimmen können.

Mit Hilfe des **„Bielefelder-Screening“** (BISC) konnten Jansen u.a. schon vor der Einschulung zwei Drittel der Kinder identifizieren, die ohne zusätzliche Förderung dem Risiko ausgesetzt waren, aufgrund fehlender Voraussetzungen für den Schriftspracherwerb bis zum Ende der 2. Jahrgangsstufe eine Lese-Rechtschreib-Schwäche auszubilden. Mit Hilfe des **Trainingsprogramms** „Hören, lauschen, lernen“ (Küspert/Schneider 1998) wurden fehlende Fertigkeiten nachtrainiert wie das Erkennen und Unterscheiden von Geräuschen, das Erkennen und Bilden von Reimen, die Zerlegung

von Sätzen in Wörtern und die Gliederung von Wörtern in Silben, das Unterscheiden von Lauten als den für den Schriftspracherwerb wesentlichen Zugang und das Lernen von Buchstaben. Die trainierten Risikokinder konnten den Anschluss an die untrainierten Kinder der Kontrollgruppe finden und waren ihnen sowohl in der Lese- wie Rechtschreibkompetenz am Ende der 2. Jahrgangsstufe nicht nur gleichwertig, sondern tendenziell leicht überlegen.[80]
Kinder mit gravierenden Lese- und Rechtschreibproblemen sollten deshalb in der 1. Jahrgangsstufe auf der Basis des BISC, der HSP 1 und eigener Beobachtungen der Lehrkräfte bei Übungen und Spielen, in denen die beschriebenen Voraussetzungen gefordert werden, möglichst früh erkannt und dann einer täglichen kurzzeitigen Förderung in Kleingruppen zugewiesen werden. Das BISC eignet sich dazu, sehr früh Kinder mit einem hohen Risiko für Lese-Rechtschreib-Schwäche zu identifizieren, nicht aber für einen zuverlässigen Ausschluss von Kindern, die keiner Prävention bedürfen. Die Förderung von Kindern mit nicht extrem ausgeprägter Lese-Rechtschreib-Schwäche scheint aber selbst dann Erfolg versprechend, wenn sich die Probleme bereits manifestiert haben.[81]
Für Schüler, die im Unterricht durch Schwierigkeiten beim Lesen und Schreiben auffallen, liegt beispielsweise mit dem **„Salzburger Lese- und Rechtschreibtest"** (SLRT) ein umfassend normiertes Verfahren vor, das vom Schulpsychologen vor allem ab der 2. Jahrgangsstufe zur psychologisch-pädagogisch-diagnostischen Prüfung von Lese- und Rechtschreibschwierigkeiten eingesetzt werden kann. Wird es als Klassentest durchgeführt, ist damit eine schnelle und zuverlässige Identifikation rechtschreibschwacher Schüler zur Einleitung und Durchführung spezifischer Fördermaßnahmen möglich. Weitere Testverfahren und informelle Diagnosemöglichkeiten finden sich in der angegebenen Literatur.[82]

4.4 Lösungshilfen zur Bearbeitung von Sachaufgaben im Mathematikunterricht

Begriffsklärung und Schwierigkeiten beim Lösen von Sachaufgaben

Sachaufgaben umfassen elementare Gegenstände der angewandten Mathematik. Das Lösen von Sachaufgaben „erlaubt die Einbettung der Mathematik in die Gesamtsituation des Schülers und die Verzahnung der Mathematik mit den anderen Lernbereichen der Schule. Als Ziele des Sachrechnens lassen sich schlagwortartig nennen:
- Aufzeigen der Beziehungshaltigkeit der Mathematik,
- Mathematisieren realer Situationen,
- Möglichkeiten der Schulung des komplexen und des kreativen Denkens,
- Sicherung des mathematischen Können durch Anwendung,
- Aufbau von Größenvorstellungen u. a.

Im Mittelpunkt des Sachrechnens steht das Mathematisieren von umweltlichen Situationen" (Radatz/Schipper 1983, S. 131). Unter **Mathematisieren** soll beim Lösen einer Sachaufgabe die Übersetzung einer realen Situation in die Sprache der Mathematik verstanden werden, das Sich-ein-mathematisches-Bild-von-der Sache-machen, und die Lösung dieser mathematisch modellhaften Beschreibung mit Hilfe mathematischer Operationen und Verfahren. Das mathematische Ergebnis wird dann im

Hinblick auf die reale Situation interpretiert.[83] Das Mathematisieren von Sachproblemen, die Erschließung der Umwelt der Schüler mit mathematischen Mitteln, leistet damit einen Beitrag zur **Lebensbewältigung**.[84]
Vor diesem Hintergrund gilt die früher getroffene Klassifikation in „eingekleidete Sachaufgaben", „Textaufgaben" und die eigentlichen „Sachaufgaben" als überholt:
- Bei den **„eingekleideten Sachaufgaben"** wurden Rechenverfahren, -fertigkeiten und mathematische Begriffe angewendet und geübt.

> 510 l werden gleichmäßig auf 3 Behälter verteilt.

- Bei den **„Textaufgaben"** sollten an konstruierten und elementarisierten Sachfällen Zahl-Sache-Zusammenhänge verstanden und mathematische Fähigkeiten gefördert werden wie das Aufgreifen von Sachproblemen, das Entdecken von Fragestellungen und das In-Beziehung-Setzen der als Zahlen gegebenen Fakten, wobei die Sache weitgehend austauschbar und bedeutungslos war.

> Herr H. fährt auf der Autobahn von Regensburg nach München (120 km) mit einer durchschnittlichen Geschwindigkeit von 90 km/h. Er fährt um 9.15 Uhr in Regensburg ab und steht vor München 25 Minuten im Stau. Wann kommt er in München an?.

- Bei den **„eigentlichen Sachaufgaben"** wurden Sachprobleme mit Hilfe mathematischen Wissens gelöst, zu denen oft erst noch die Daten gesammelt werden mussten.

> Unseren Klassenausflug von Regensburg nach München können wir mit einem Bus oder mit der Bundesbahn durchführen.
> Was ist preiswerter, praktischer?
> Welche Kosten kommen noch hinzu?
> Wie teuer kommt der Ausflug für jeden Schüler?

Schüler können nur dann Sachaufgaben lösen, wenn sie über eine Reihe komplexer Fähigkeiten und Wissensbestände verfügen. Sie müssen
- den Aufgabentext sinnerfassend erlesen und verstehen,
- mit Hilfe ihres vorhandenen Wissens die Sachsituation durchschauen, das Problem verstehen,
- mittels eines breiten Erfahrungsschatzes von Vorstellungen über Zahlen, Größen (Längen, Gewichte, Zeit, Geschwindigkeit, Geld), ihre Beziehungen und über Rechenoperationen in verschiedensten Darstellungsformen die Sachstrukturen in die mathematischen Fachstrukturen übersetzen, die relevanten Operationen erkennen, einen Lösungsweg überlegen, verbalisieren und strukturiert darstellen,
- entsprechend der Lösungsstruktur die Sachaufgabe mittels Normalverfahren, Dreisatz, Bestimmungsgleichungen usw. berechnen, Umrechungen durchführen und die Aufgabenlösung übersichtlich darstellen,
- die Ergebnisse kontrollieren, auf die Ausgangsfrage oder -fragen beziehen, diese beantworten und das Vorgehen reflektieren.[85]

Das Lösen von Sachaufgaben fördert letztlich auch die **Rechenfähigkeit**. Sie umfasst das logische, planende, analogiebildende, schlussfolgernde Denken beim Schließen von einer Einheit auf die Vielheit, das flexible, Beziehungen und Zusammenhänge, verschiedene Lösungswege und Umkehrungen aufzeigende operative und das problemlösende Denken, mit dem verschiedenste spontane Lösungsansätze und -hilfen selbst entwickelt werden.

Schwierigkeiten bei der Lösung von Sachaufgaben können liegen in
- der **Sachstruktur**. Ist sie zu komplex, nicht dem Erfahrungsraum der Schüler entnommen, mit schwer erkennbaren Zusammenhängen zwischen Größenbereichen, ohne Aufforderungscharakter, so beeinträchtigt dies oft das Erfassen und Verstehen.
- der **sprachlich-syntaktischen Struktur**. Fremdwörter und Fachtermini (reine Fahrzeit, pro Stunde), zu schwierige oder lange Sätze, Satzschachtelungen usw. verkomplizieren die sprachlich-begriffliche Bewältigung.
  Der Text einer Sachaufgabe sollte deshalb möglichst vollständig, eindeutig, nicht zu komplex, sprachlich verständlich, motivierend sein und durch Zeichnungen oder Skizzen veranschaulicht werden können.
- der **mathematischen Struktur**. Zu viele Teilschritte und Nebenrechnungen lassen den Gesamtzusammenhang nicht mehr klar erkennen, Schwierigkeiten beim Erfassen der Zahlen und Größen behindern das Finden einer Lösungsstruktur.[86]
- der **Prozessstruktur (arithmetischen Struktur)**. Probleme treten auf, wenn Sachverhalte unreflektiert auf Rechenschemata zurückgeführt, Teilinformationen und Teillösungen nicht berücksichtigt, Rechenverfahren fehlerhaft angewandt und notiert werden.

Das **Mathematisieren der Sachsituation**, das Übersetzen der Sachstruktur in die Fachstruktur und zurück, stellt die Hauptschwierigkeit beim Sachrechnen dar. Es ist ein komplexer Prozess, für den es kein „Patentrezept" gibt. Die unreflektierte Anwendung **starrer Formalschemata** der traditionellen Mathematikdidaktik zur Bearbeitung von Sachaufgaben wie

– Wir fragen	(Was wollen wir wissen?)	– Frage
– Wir wissen	(Was wissen wir?)	– Wissen
– Wir rechnen	(Wie rechnen wir?)	– Rechnung
– Wir antworten	(Wie antworten wir?)	– Antwort

oder von Vorschriften zum Aufschreiben der Lösung, einer allein gültigen Musterlösung oder der Klassifikationen von Aufgabentypen wird der Komplexität des Mathematisierens nicht gerecht. Sie behindert eher die Schüler. „Es besteht die Gefahr der gedankenlosen Anwendung und die Gefahr, dass die Befolgung der Schemata zusätzliche Anforderungen stellt. Zahlreiche Beispiele zeigen, das für Kinder die eigentliche Schwierigkeit bei der Lösung einer Sachaufgabe vielfach nicht in der Aufgabe selbst, sondern im Lösen nach Vorschrift und im Hinschreiben nach einem verlangten Schema besteht" (WITTMANN/MÜLLER u. a. 1996, S. 21).

So stellten Anfang der 80er Jahre französische Mathematikdidaktiker 97 Drittklässlern die Aufgabe „Auf einem Schiff befinden sich 26 Schafe und 10 Ziegen. Wie alt ist der Kapitän?". Rund drei Viertel der Schüler versuchten, in solchen unlösbaren

„Kapitänaufgaben" noch einen rationalen Kern zu finden, sie durch Verknüpfung der Zahlenangaben durch Addition, Subtraktion, Multiplikation oder Division zu lösen und die irrelevanten Lösungen rational zu begründen, auch wenn ihnen klar war, dass die Zahlenangaben nicht mit einander verknüpft werden konnten. In deutschen Schulen zeigten solche Vorgehensweisen vor allem jene Schüler, die es im Mathematikunterricht nicht gelernt hatten, sich intensiv mit einer Sachaufgabe, ihrem Kontext und Sinn auseinander zu setzen und nicht beachteten, dass nicht jede Aufgabe eine eindeutig bestimmbare Lösung haben muss und fehlende Aufgabenlösungen nicht auf ihre mangelnden Kompetenzen, sondern meist auf irrelevante Formulierungen zurückgeführt werden können.[87]

***Beispiel:* Lösbare und nicht lösbare Sachaufgaben**

(1) Michael ist 8 Jahre alt. Seine Mutter ist 26 Jahre älter als Michael. Wie alt ist sie?
(2) Anke ist 12 Jahre alt. Ankes Mutter ist dreimal so alt. Wie alt ist die Mutter?
(3) Ein Hirte hat 19 Schafe und 13 Ziegen. Wie alt ist der Hirte?
(4) Ein 27 Jahre alter Hirte hat 25 Schafe und 10 Ziegen. Wie alt ist der Hirte?
(5) In einer Klasse sind 13 Jungen und 15 Mädchen. Wie alt ist die Lehrerin?
(6) Ein Bienenzüchter hat 5 Bienenstöcke mit jeweils 80 Bienen. Wie alt ist der Bienenzüchter?

(SELTER/SPIEGEL 1997, S. 66; KRAUTHAUSEN 1998, S.149ff.)

Frau Meier hat einen großen Bauernhof mit 25 Kühen, 30 Schafen und 5 Pferden. Heute fährt sie mit ihrem Trecker zum Einkaufen in die Stadt. Wie viel kg Futter muss sie kaufen?

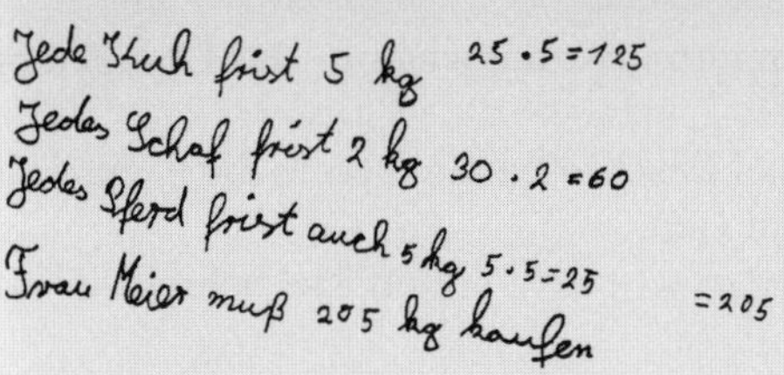

Auf dem Flughafen Fuhlsbüttel werden in ein Flugzeug 4 Säcke Post eingeladen. In jedem Sack sind 200 Briefe. Wie hoch fliegt das Flugzeug?

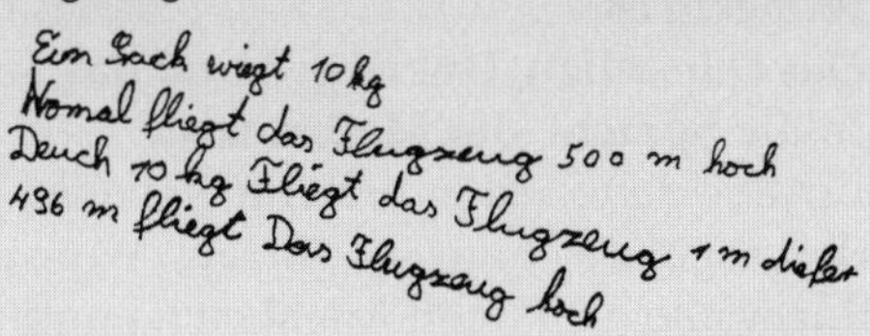

(KRAUTHAUSEN 1998, S.150)

Wenn Schüler in einem effektiven Mathematikunterricht nicht nur lehrergelenkt eine Aufgabenlösung kennenlernen, sondern selbstständig handelnd, aktiv problemlösend-entdeckend verschiedene Lösungsansätze entwickeln sollen, dann gewinnen langfristige Problemlösungsprozesse an Bedeutung. „Ausgehend von den Vorkenntnissen und den spontanen Lösungsansätzen der Kinder müssen ihre Vorstellungen von Zahlen, Größen und Rechenoperationen in einem langfristigen Prozess entwickelt werden. Die Kinder müssen Möglichkeiten kennenlernen, wie man Sachsituationen in die Sprache der Mathematik übersetzen, Lösungen finden und darstellen kann, und sie müssen darin bestärkt werden, diese Kenntnisse nach eigenem Ermessen umzusetzen ... Es kommt entscheidend auf die Diskussion verschiedener Lösungen in der Klasse an. Auch beim Sachrechnen sind vorzeigbare Erfolge ... in kurzen Zeiträumen nicht zu erwarten. Sichtbare Fortschritte ergeben sich nur langfristig, wenn mit Geduld und Beharrlichkeit fortgesetzt an diesem komplexesten Gebiet des gesamten Unterrichts gearbeitet wird" (WITTMANN/MÜLLER u. a. 1996, S. 21).[88]

Das Mathematisieren und Lösen einer Sachaufgabe kann durch individuell anwendbare **Lösungshilfen**, d. h. Lösungs- und Vorgehensstrategien, fachgemäße Arbeitsweisen und -techniken unterstützt werden. Mit ihrer Hilfe erfassen und klären die Schüler leichter den Sachverhalt einer Aufgabe, vereinfachen ihre sprachliche Darstellung, erkennen schneller mathematische Operationen und Strukturen und stellen sie heraus, ordnen Zahlen und Größen zu, planen Lösungswege, rechnen die Aufgabe aus und überprüfen sie. Die Lösungshilfen sind mit den Schülern in den jeweiligen Jahrgangsstufen in einem expliziten Sachrechenkurs an konkreten Beispielen schrittweise zu erarbeiten. Dem konkreten Handeln, dem Transformieren in verschiedene Repräsentationsformen, dem intensiven Verbalisieren des Sachverhalts und der Lösungswege und dem Formulieren eigener Aufgaben kommen besondere Bedeutung zu.

Darstellung verschiedener Lösungshilfen

◆ Formale Lösungshilfen – Die Phasen beim Lösen von Sachaufgaben

Die vier Phasen werden den Schülern bei der Bearbeitung von Sachaufgaben vor allem dann bewusst, wenn sie ihnen durch die Reflexion des Vorgehens immer wieder verdeutlicht werden.

- **Das Verstehen der Aufgabe:**
  Lies die Aufgabe mehrmals aufmerksam durch! Was ist der Sinn der Aufgabe? (Worum geht es?)
- **Das Darstellen, Überlegen und das Suchen von Lösungswegen – das Übersetzen in die Sprache der Mathematik:**
  Erzähle den Sachverhalt mit eigenen Worten! Beschreibe ihn! Spiele die Sachsituation nach! Zeichne eine Skizze! (Worum geht es?)
  Suche alle wichtigen Angaben heraus, unterstreiche und notiere sie! Schreibe sie in die Skizze! (Was weiß ich?)
  Schreibe die Rechenfrage(n) auf! (Was will ich wissen?)
  Welche Angaben sind für die Beantwortung der Frage(n) wichtig?
  Überlege einen Lösungsweg! Mit welchen Rechenoperationen (addieren, subtrahieren, multiplizieren, dividieren) können wir die Frage(n) beantworten? (Wie kann ich rechnen? Was muss ich der Reihe nach berechnen?)
- **Das Aufschreiben und Berechnen eines Lösungsweges:**
  Ermittle durch Überschlagsrechnung (Schätzen) das ungefähre Ergebnis! Rechne schrittweise mit Teilüberschriften!
- **Die Kontrolle der Ergebnisse, die Beantwortung der Rechenfrage(n) und die Reflexion des Vorgehens:**
  Vergleiche den Überschlag mit der Lösung! (Habe ich richtig gerechnet? Kann das Ergebnis stimmen? Beantwortet das Ergebnis die Fragestellung?) Formuliere und notiere einen Antwortsatz!

Erzähle, wie du bei der Lösung vorgegangen bist! Hätte es einen anderen Lösungsweg gegeben? Was hätte sich verändert, wenn die Zahlen größer/kleiner gewesen wären? (Was wäre, wenn – Aufgaben)

Als Kurzform bietet sich dann ein übersichtliches Flussdiagramm an:

Verstehen der Aufgabe	Den Aufgabentext lesen, verstehen, den Sinn der Aufgabe überlegen.
Darstellen und Überlegen Suchen von Lösungswegen	Den Sachverhalt mit eigenen Worten erzählen, die Sachsituation beschreiben, nachspielen oder eine Skizze anfertigen, wichtige Angaben notieren, Frage(n) stellen, einen Lösungsweg suchen und formulieren.
Aufschreiben und Berechnen eines Lösungsweges	Den Lösungsweg aufschreiben, das Ergebnis schätzen oder eine Überschlagrechnung durchführen, die Aufgabe in Teilschritten berechnen oder als Gleichung lösen.
Kontrollieren, Antworten, Reflektieren	Die Ergebnisse kontrollieren, Antwort(en) formulieren, die Lösungswege nochmals überdenken, die Ergebnisse reflektieren.

Solche Formalstufen können nur eine erste Hilfe für die Lösung von Sachaufgaben sein. Aversionen der Schüler gegen Sachaufgaben und Schwierigkeiten bei der Lösung hängen mit Schwierigkeiten beim Mathematisieren der Sachsituation und dem Eingepresstwerden in das bereits erwähnte formale Lösungsschema (F – W – R – A), vereinzelt auch mit fehlender Lesefähigkeit und -fertigkeit zusammen. Nachfolgende Lösungshilfen dienen dem Verstehen und Mathematisieren des Sachverhalts, der Strukturierung der Lösungen und der flexiblen, denkenden Auseinandersetzung mit variativen Aufgabenlösungen.

◆ Lösungshilfen zum Erschließen und Klären des Sachverhalts, zum Erfassen wichtiger Angaben, Zahlen und Größen

❖ Das Erschließen des Textes

- **Entnehmen wichtiger Informationen aus dem Text**
- Stilles und lautes Lesen des Textes.
- Klärung des Sachverhalts und unverstandener Begriffe. In den ersten Grundschulklassen sollten nur einfache, leicht verständliche Begriffe gewählt werden („er hat, bekommt, gibt aus“ anstelle „Einnahmen, Ausgaben“).

- Wiedergabe des Textes mit eigenen Worten ohne und mit Zahlen oder mit „runden" Zahlen.
- Farbiges Markieren, Unterstreichen oder Einkreisen der wichtigsten Angaben.
- Herausschreiben aller wichtigen Angaben, Einordnen in eine Skizze, ein Streifenmodell, ein Einnahmen-Ausgaben-Schema usw.
- Herausstellen mathematischer Fragestellungen, Unterscheiden von nicht mathematischen.
- Überprüfen der Sachsituationen auf sachliche und mathematische Plausibilität und Lösbarkeit.

- **Operative Übungen mit dem Text**
- Durch operative Übungen am Text wird der Sachverhalt geklärt, werden Begriffe, Signalwörter, Benennungen in ihrem Bezug zur Aufgabe erfasst und sprachlich-begriffliche Schwierigkeiten reduziert.
- Verkürzen des Textes auf knappe Stichworte, wichtige Zahlen und Größen mit Benennungen durch Wegstreichen aller überflüssigen Angaben.
- Erweitern des Textes durch ausschmückende Formulierungen und nachfolgendes Reduzieren auf wesentliche Aussagen.
- Bestimmen fehlender Angaben.
- Suchen und Formulieren aller möglichen mathematischen Fragen, Umkehren der Fragestellungen. Formulieren von Fragestellungen, die mit Hilfe der Zahlenangaben nicht beantwortet werden können.
- Verändern von Sachaufgaben durch Variieren von Maßzahlen oder Zahlen bei gleichem Text und gleichen Maßeinheiten (verdoppeln, halbieren, vergrößern oder verkleinern), Ersetzen komplizierter Zahlen durch einfache, gerundete und Diskutieren der möglichen Auswirkungen (Was wäre, wenn – Fragen).
- Beibehalten von Größen und Zahlen bei Umformung des Textes ohne oder mit Veränderung des Sachverhalts.
- Verändern von Text, Zahlen und Größen bei gleicher Operationsstruktur.
- Formulieren von Sachaufgaben zu gegebenen Zahlenangaben oder Größen.
- Aufstellen von Beziehungsfeldern, Formulieren von Fragen und Aufgaben.

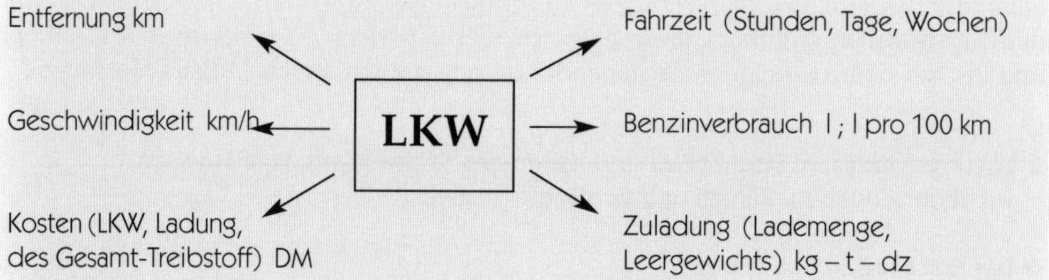

(Strietzel 1985, S. 7)

❖ Erschließen und Auswerten von Tabellen

Die Erschließung und Auswertung von Tabellen zu bekannten Sachsituationen, z. B. zu Schülerzahlen aller Klassen einer Schule, zu Temperaturen im Jahreslauf, zu Spielergebnissen der Bundesliga, motiviert die Schüler zum Formulieren von Fragen, weiteren Aufgaben und erleichtert deren Berechnung.[89]

In den ersten 20 Jahren wächst eine Tanne 13 cm pro Jahr, eine Fichte 31 cm. In den nächsten 20 Jahren wächst eine Tanne 54 cm pro Jahr, eine Fichte 48cm.

Größe nach	Tanne	Fichte
1 Jahr	13 cm	31 cm
2 Jahren	26 cm	62 cm
...	...	...
20 Jahren	260 cm	620 cm
21 Jahren	314 cm	668 cm

Erstelle eine Tabelle für die Preise von Weihnachtsbäumen unterschiedlicher Größe (0,5 m, 1 m, 1,5 m, 2 m, 2,5 m), wenn eine Tanne 29 DM pro Meter, eine Fichte 18 DM pro Meter kostet!

Ermittle die Preise für Tannen und Fichten in deinem Heimatort!

(WITTMANN/MÜLLER u. a. 1997, S. 120ff.)

❖ Das Erschließen von Text-Bild-Kombinationen

Das Mathematisieren von Sachsituationen der alltäglichen Umwelt gelingt besonders leicht bei Text-Bild-Kombinationen. Die Schüler erschließen Sachsituationen aus Prospekten, Bildgeschichten, Graphiken, Tabellen, Spielszenen und entwickeln Rechenfragen.

Welche der folgenden Rechenfragen kannst du beantworten?
a) Wie viel DM kostet das Mittagessen für die ganze Familie?
b) Wie viel Liter Flüssigkeit werden alle drei zusammen trinken?
c) Wie viel DM kostet der Rehbraten?
d) Wie hoch ist der Gewinn für den Wirt?
e) Wie viel kosten die bestellten Getränke?
f) Wie viel DM gibt Herr Klein Trinkgeld?
g) Wie viel Geld hat Herr Klein nach dem Bezahlen noch in der Geldbörse?
h) Wie viel DM kosten nur die bestellten Speisen?
i) Wie viel DM bekommt Herr Klein zurück?

(VOGEL/VOLLATH 1997a, S.144)

❖ **Das Erschließen des Sachverhalts durch Transformation des Textes in verschiedene Repräsentationsformen**

- **Umsetzen des Sachverhalts in konkretes Handeln** mit Dingen, Dingsymbolen oder in eine szenische Darstellung. Dies schafft Klarheit besonders bei Sachverhalten, in denen ein Verbaloperator nicht die erwartete Operation verlangt.

Mutter geht einkaufen. Beim Bäcker gibt sie 12,50 DM aus, beim Metzger 19,20 DM.

Die durch den Kontext und Verbaloperatoren festgelegten Handlungen sollten deshalb konkret durch Nachspielen, durch Umgang mit konkreten Materialien, durch Gesten für „nehmen, bekommen, ausgeben", durch Zeichnungen und Skizzen nachvollzogen oder mündlich beschrieben und durch passende Rechenoperationen ersetzt werden.[90]

- **Umsetzen des Sachverhalts in eine Situationsskizze** (Visualisierung), um Schwierigkeiten beim Erfassen der Textstruktur, z. B. durch mangelnde Lesefertigkeit, auszuschalten.

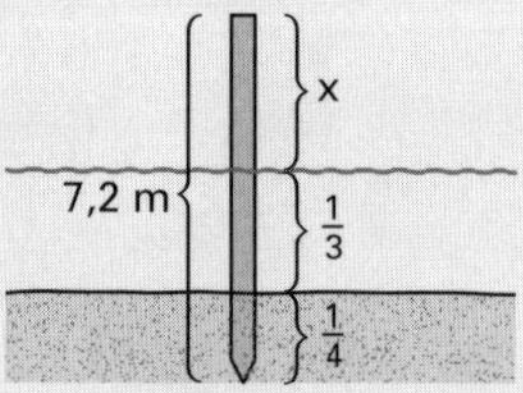

Ein 7,2 m langer Pfahl steckt zu $^1/_4$ im Boden und zu $^1/_3$ im Wasser.
Wie viele Meter schauen aus dem Wasser heraus?"

(VOGEL/VOLLATH 1997b, S.145)

Die Schüler sollten **Situationsskizzen** bei den Sachaufgaben anfertigen, deren Text sich einfach ikonisieren lässt, und darin alle gegebenen Zahlen und Größen eintragen. In der Grundschule werden mathematische Verknüpfungen leichter durchschaut, wenn Bildern Preise, Zahlen usw. zugeordnet werden können.

◆ Lösungshilfen zur Klärung mathematischer Strukturen und Operationen und zum Formulieren von Lösungsplänen

❖ Das Erschließen mathematischer Strukturen durch die Arbeit am Text

Schon bei der Arbeit am Text, bei der Umsetzung in verschiedene Repräsentationsebenen, werden mathematische Strukturen und Operationen sichtbar. Einfache unterstützende Hilfen zu ihrer Erschließung sind:

– Einzelnen Textaussagen oder Verbaloperatoren mathematische Operationen zuordnen.
  Verbaloperatoren sind **Schlüssel- oder Signalwörter**, die Rechenoperationen festlegen (verdoppeln, ...) oder Handlungen initiieren, die in Rechenoperationen umgesetzt werden können. Verbaloperatoren können Hinweise auf die mathematische Struktur geben und eine Übersetzung der umgangssprachlichen Informationen in mathematische Operationen erleichtern.

addieren (+):	zusammen, mehr, gewinnen, dazulegen, einnehmen, verlängern, zunehmen, einfüllen, einzahlen, vermehren, finden, erhalten, insgesamt usw.
subtrahieren (–):	weniger, vermindern, wegnehmen, ausgeben, auszahlen, verlieren, herabsetzen, abfüllen, abschneiden, zurückgeben, zurückerhalten, verbrauchen, aussteigen, umsteigen, verzehren usw.
multiplizieren (·):	je, mal soviel, vervielfachen, Stück zu je, das Stück, pro Stück, das Doppelte, Vierfache, Sechsfache usw.
dividieren (:):	n-ter Teil, die Hälfte, verteilen an, einteilen in, enthalten, abfüllen, aufteilen, wie oft mal, pro usw.

Da aber nicht alle Signalwörter eindeutige Hinweise auf die mathematischen Operationen geben, z. B. umgangssprachlich mehrdeutige wie ‚abheben', können eintrainierte Signalwörter zu Fehlschlüssen führen, wenn die Sinnerschließung aus dem Kontext der Sachaufgaben vernachlässigt wird.

Walter **hat** auf seinem Sparbuch noch **240 DM**. Zum Geburtstag **bekommt** er
⊕ 50
von seinem Onkel **50 DM** geschenkt. Von seinem Geld will er sich **2** Funkgeräte
⊖ 2 ⊙ 60
zu je **60 DM kaufen**.

Die Schüler vermeiden Fehlschlüsse, wenn sie zu bestimmten mathematischen Operationen selbst Sachaufgaben formulieren und dabei flexibel mit Signalwörtern umgehen.

– Operationen mit eigenen Worten erläutern, z. B. „Ich muss die beiden Geldbeträge zusammenzählen, und davon den Preis für zwei Funkgeräte abziehen", und ihre Reihenfolge beim Lösen der Sachaufgabe nennen (eine Addition, eine Multiplikation, eine Subtraktion).

– Aus dem Text herausgelöste und erarbeitete Operationen wieder in den Text zurückführen, z. B. Zeige mir im Text diese Operation.

❖ Das Erschließen mathematischer und operativer Strukturen durch Umsetzung des Sachverhalts in verschiedene Darstellungsformen

Bei der Umsetzung eines Sachverhalts in einfache **grafische Schemata** wie Zeichnungen oder Streifenmodelle werden durch die Zuordnung von Operationszeichen mathematische Beziehungen, operative Strukturen und das Vorgehen bei der Lösung verdeutlicht. Zusammen mit den Schülern erstellt der Lehrer **Lösungspläne,** die dann nachfolgend durch Normalverfahren, Bestimmungsgleichungen mit Platzhaltern, Bruchgleichungen, den Dreisatz usw. berechnet werden. Lösungsschemata müssen die einfachste und unmittelbarste Umsetzung des Textes sein, wenn sie zur Lösung befähigen sollen.

– Horizontale Lösungsschemata entsprechen eher der textlichen Anordnung und Leserichtung, ermöglichen einen Gesamtüberblick und führen dann zu Bestimmungs- oder Platzhaltergleichungen .
– Die Verwendung vereinfachter, gerundeter Zahlen (reine Zehner, Hunderter, Tausender) verstellt nicht den Blick auf die mathematischen Operationen.
– Die Arbeit mit Leerstellen und Platzhaltern (Quadrate, Rechtecke, Kreise, Dreiecke) ermöglicht ein Überschauen der gesamten Aufgabe, ohne die Schüler durch rechentechnische Schwierigkeiten zu stören. Die im Unterricht entwickelten Lösungsschemata dürfen aber nicht komplizierter als der Text sein.
– Das Hauptziel ist, die Schüler zu motivieren, selbst eigene Lösungsschemata zu entwerfen.

Folgende **grafische Lösungsschemata** haben sich in der Praxis bewährt:

– **Streifenmodelle (Streifen- oder Blockdiagramme)**

„Ein Möbelhaus kauft vom Polstermöbelfabrikanten eine Sitzgarnitur zu 4420 DM. Er schlägt 45,5% für Gewinn und allgemeine Geschäftskosten auf. Wie hoch ist der Verkaufspreis, wenn noch 15% Mehrwertsteuer hinzukommen?"

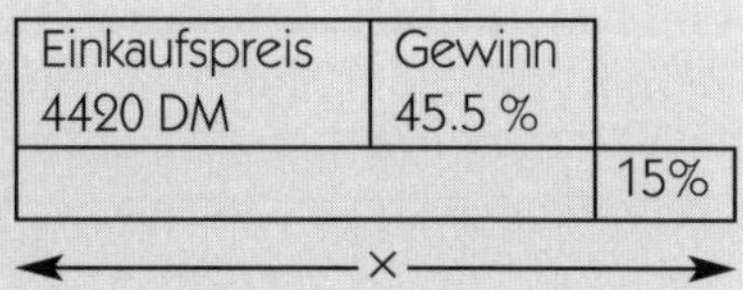

(Vogel/Vollath 1997b, S.145)

– Zahlenstrahl und Operatordarstellungen

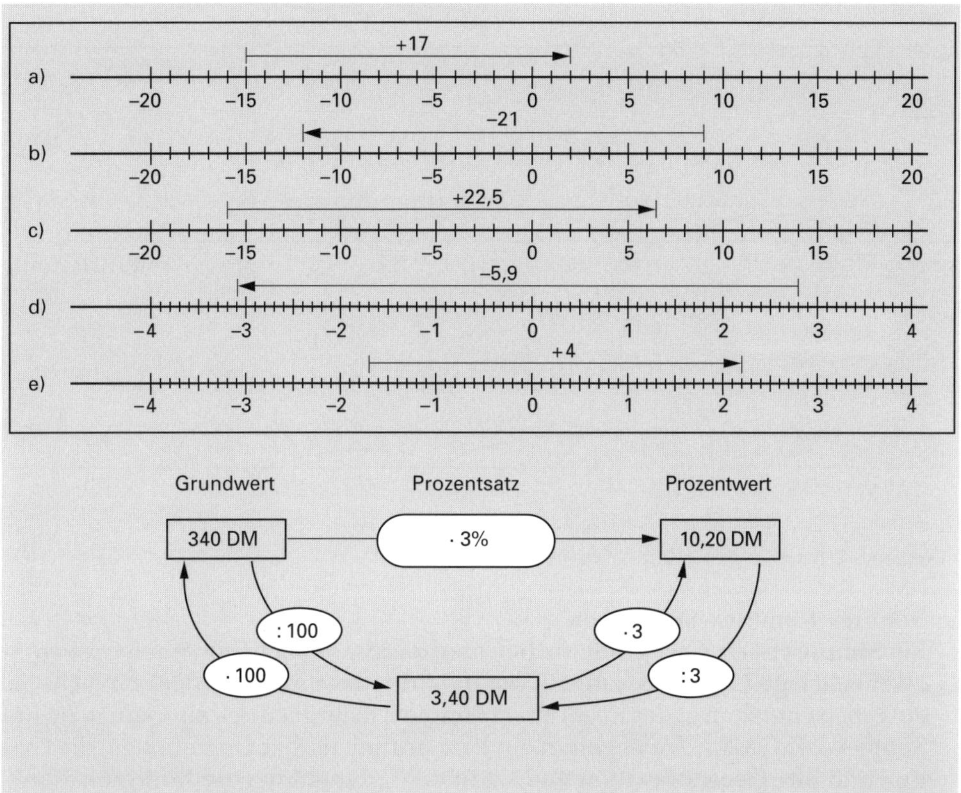

(VOGEL/VOLLATH 1998, S. 30, 134)

Eine vereinfachte Zahlenstrahldarstellung in der Grundschule ist der selbstgefertigte **Rechenstrich**, der in Kurzform die schrittweise Rechnung wiedergibt und den Schülern hilft, Zahlen und Operationen selbst darzustellen und ihre inneren Vorstellungen zum Zahlenstrahl zu entwickeln und zu festigen. Auf dem Rechenstrich werden nur die für eine Rechnung benötigten Zahlen eingetragen. Geht man nach rechts, wird addiert, geht man nach links, wird subtrahiert. Gesucht werden die fehlenden Zahlen. Die Schüler rechnen schrittweise und tragen nur die Ergebnisse auf dem Rechenstrich ein.

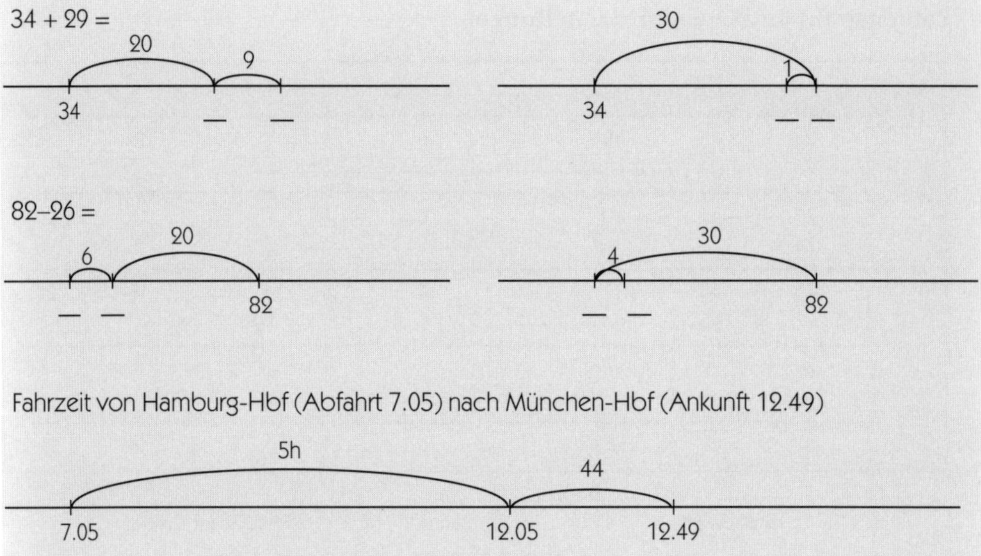

(WITTMANN/MÜLLER u. a. 1996, S. 60f., 124ff., 132ff.)

- **Simplex-Komplex-Strukturen**
  Ein **Simplex** ist ein **Sachgrößentripel** aus drei zusammengehörenden Größen. Sind zwei beliebige Größen bekannt, kann die dritte bestimmt werden. Einfache Sachaufgaben enthalten in der Regel einen Simplex, mehrgliedrige ein Gefüge mehrerer Simplexe. Zu jedem Tripel gehört ein Paar arithmetischer Operationen, die Operation und ihre Gegenoperation wie Addition/Subtraktion oder Multiplikation/Division.

Ein Kilogramm Birnen kostet 2,15 DM. Frau Müller kauft 6 kg.

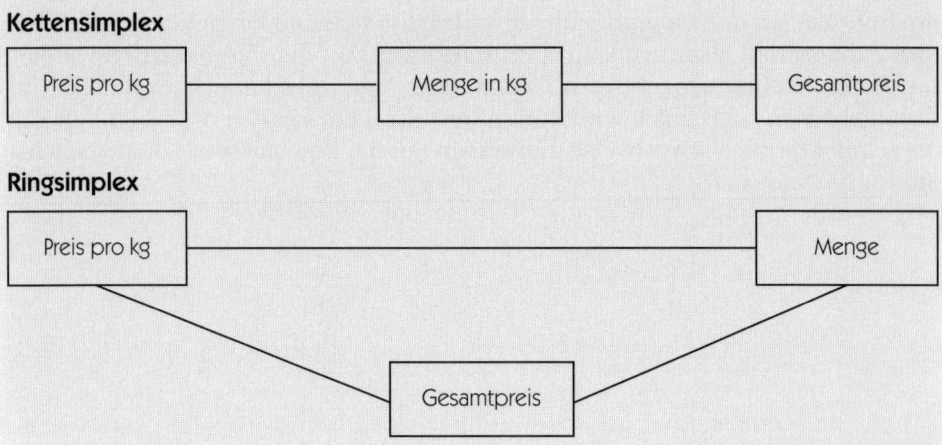

Die Verkettung von Ringsimplexen mit Leerstellen für Operationszeichen führt zum Rechenbaum, der den Ablauf der Rechenoperationen in Form eines Rechenprogramms verdeutlicht. Es gilt die Vereinbarung, von oben nach unten zu rechen.

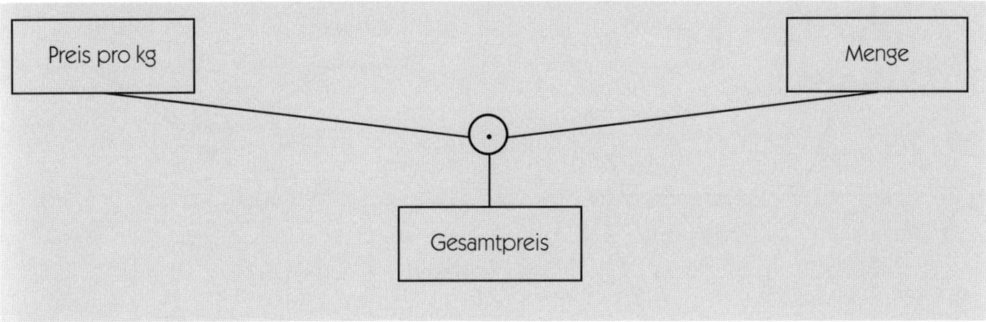

Komplexe bestehen aus einem Gefüge mehrerer Simplexe. Aufgaben in Komplexform enthalten mehrere Glieder, zu deren Lösung verschiedene Operationen nötig sind.

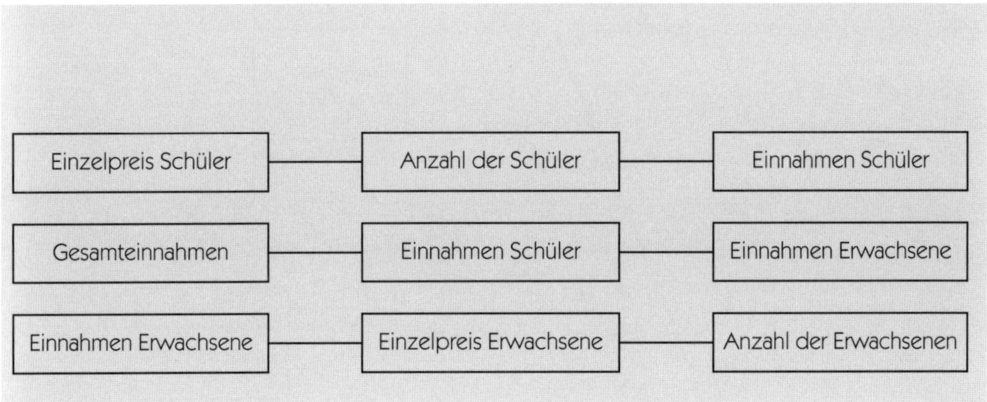

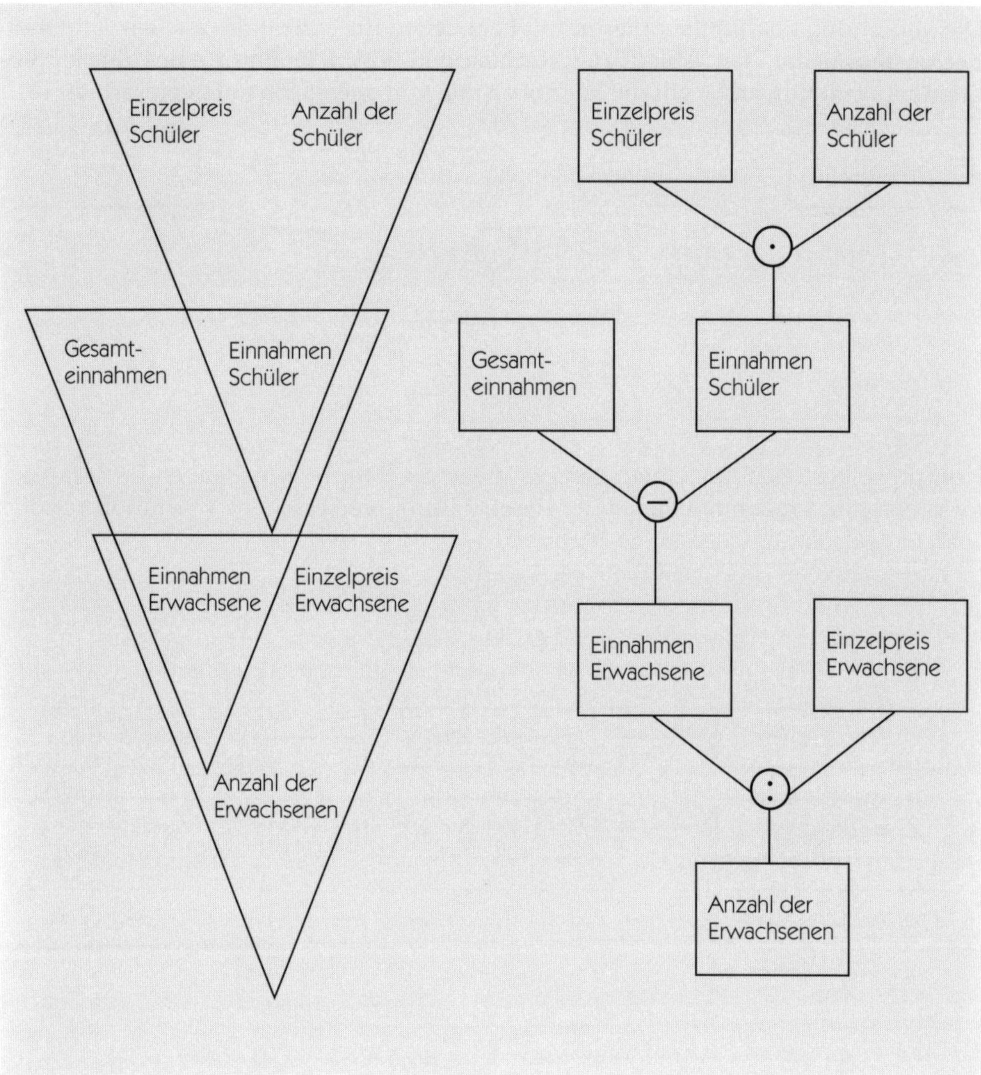

Bedeutung und didaktischer Ort grafischer Darstellungsformen: „Rechenbäume können bei schwachen Schülern als vorgegebene Strukturierungshilfe (in verschieden ausführlicher Vorgabe) den Lösungsgang transparenter machen, ... als Nachvollzug das Verständnis der Schüler für den Lösungsgang fördern ... (Sie) fördern ... im vielfältigen Einsatz als operatorische Übung die Rechenfähigkeit der Schüler" (STRIETZEL 1985, S. 13, 9ff.).[89]

„Allerdings muss man (auch) die Grenzen derartiger struktureller Analysen nüchtern sehen. Strukturanalysen setzen das Durchschauen der Sachaufgabenstruktur voraus, insofern sind sie keine Analyse- oder eigentliche Lösungshilfe" (RADATZ/SCHIPPER 1983, S. 136).

Simplex- und Komplexdarstellungen werden deshalb nach der intensiven Auseinandersetzung mit der Aufgabe und der Verbalisierung der Lösungswege, Rechenbäume vor allem in der **Reflexionsphase** zur Veranschaulichung der mathematischen Strukturen und Lösungsschritte, zur Verdeutlichung von Fehlerquellen, Rechenvorteilen, Maßeinheiten und alternativen Lösungswegen eingesetzt.

❖ **Das operative Durcharbeiten der mathematischen Struktur von Sachaufgaben in der Kontroll- und Reflexionsphase**

- **Die operative Arbeit mit Simplexen und Komplexen:**
  - Sachgrößen aus Texten heraussuchen;
  - passende Sachgrößen zusammenstellen, Zusammenhänge zwischen Sachgrößen herausstellen;
  - zu zwei Sachgrößen verschiedene dritte finden, Simplexe aufstellen;
  - Zeichnungen, Skizzen, Streifenmodelle in Simplexe umsetzen;
  - Simplexe in einfache Rechenbäume, Terme, Gleichungen usw. transformieren;
  - inverse Aufgaben bilden;
  - Simplexe zu Komplexen ordnen und zusammenfügen;
  - Simplexfolgen in mathematische Operationen umsetzen.
- **Die operative Arbeit mit Rechenbäumen:**
  - den gesamten Rechenbaum mit Sachgrößen und Zahlenwerten vorgeben, eine Sachaufgabe formulieren und berechnen;
  - Zahlenwerte im Rechenbaum vorgeben, geeignete Sachgrößen dazu finden, dann die Aufgabe formulieren und berechnen;
  - einen teilweise ausgefüllten Rechenbaum vorgeben, Sachgrößen finden, die Aufgabe verbalisieren und berechnen;
  - bei vorgegebenen Rechenbäumen Sachgrößen variieren und „Was wäre, wenn – Beziehungen" aufstellen;
  - Sachgrößen, Skizzen und leeren Rechenbaum vorgeben, Beziehungen herstellen, eine Aufgabe formulieren und berechnen;
  - Rechenbäume in Gesamtterme und Gleichungen umsetzen und berechnen;
  - Skizzen, Gesamtterme und Gleichungen vorgeben, in Rechenbäume umsetzen, als Aufgabe versprachlichen und berechnen.

In Mathematikstunden mit **sukzessiver Differenzierung** stellen leistungsfähige Schüler komplexere Rechenbäume auf, entdecken andere Lösungswege und setzen sie in Rechenbäume um, suchen nach Sachaufgaben im Buch, die sich mit dem aufgestellten Lösungsplan berechnen lassen oder formulieren durch Variation der gesuchten Größen selbst Zusatzaufgaben.

> Vater gewinnt im Lotto 8432 DM. Er kauft sich für 1178 DM ein neues Fahrrad, Mutter ein Rad für 948 DM. Jedes seiner drei Kinder bekommt 650 DM auf das Sparbuch. Den Rest bringt er zur Sparkasse.

Durch angenommene oder vorgegebene Veränderungen werden die Grundaufgaben variiert und Konsequenzen verfolgt, z. B. die Variation eines Lottogewinns oder die Wahl anderer Ausgaben.

Vater gewinnt im Lotto 8432 DM. Jedem seiner drei Kinder schenkt er 650 DM. Er kauft für sich und für seine Frau je ein Fahrrad. Vaters Fahrrad kostet 1178 DM. 4356 DM bringt er zur Sparkasse. Wie viel kostet Mutters Fahrrad?

Vater kauft sich von einem Lottogewinn ein Fahrrad für 1178 DM, für Mutter ein Rad für 948 DM. Jedem seiner drei Kinder schenkt er 650 DM. 4356 DM bringt er zur Sparkasse. Wie hoch war der Lottogewinn?

Vater gewinnt im Lotto 8432 DM. Für 1178 DM kauft er sich ein neues Fahrrad, für seine Frau ein Rad für 948 DM. 4356 DM bringt er zur Sparkasse. Den Rest verteilt er auf seine drei Kinder. Wie viel bekommt jedes Kind?

Das Durcharbeiten solcher „Was wäre, wenn"- Aufgaben in der Reflexionsphase hat besondere Bedeutung für die Ausbildung eines flexiblen operativen Denkens.

❖ Das Suchen und systematische Erproben verschiedener Lösungswege und die Analyse fehlerhafter Lösungswege

Das Finden der Lösung durch systematisches Erproben und Annähern an die Lösung durch Ausführen von Rechnungen ist eine wichtige Lösungsstrategie. Vom ersten Schuljahr an sollten im Mathematikunterricht immer wieder **Denkaufgaben**, sogenannte Knobel-Aufgaben behandelt werden, bei denen die anzuwendenden Rechenoperationen nicht sofort nach dem Lesen ohne intensivere Auseinandersetzung mit dem Text bekannt sind. Die Sachaufgabe des nachfolgenden Beispiels versuchen die Schüler zuerst in Einzel- oder Partnerarbeit zu lösen und stellen dann ihre Lösungswege vor, auch solche, die nicht zur Lösung geführt haben. Sie werden gemeinsam besprochen und möglicherweise zur richtigen Lösung weiterentwickelt. Nicht alle Schüler finden bei diesen Denkaufgaben die richtige Lösung. Vorgestellte Schülerlösungen im Rechenbuch können Hilfen für weitere Lösungsversuche sein.

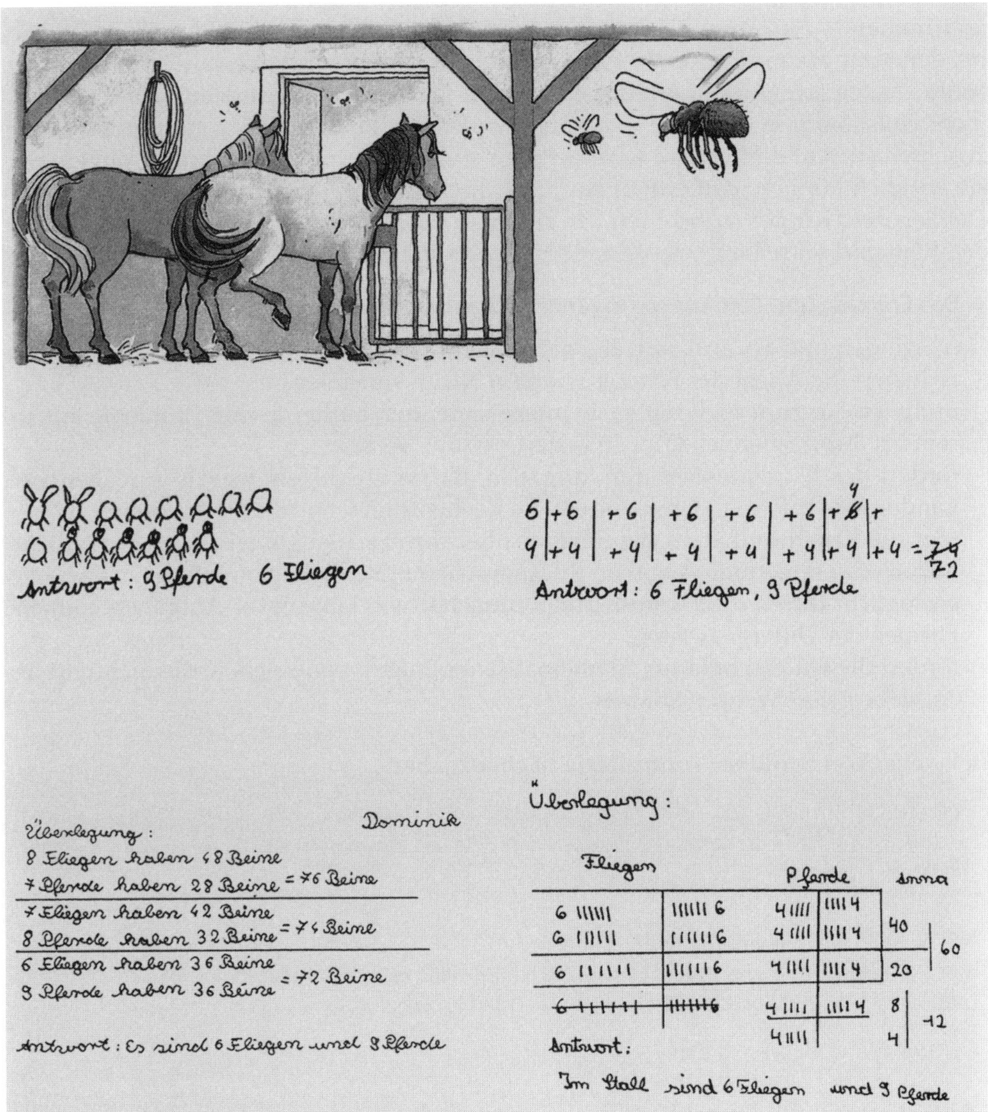

(WITTMANN/MÜLLER u.a. 1997, S.137f.)[92]

„Das Gehen eigener Wege – auch wenn es von außen betrachtet manchmal als umständlich erscheint – ist nicht nur im Sinne der inhaltlichen, sondern auch der allgemeinen Lernziele des Mathematikunterrichts fruchtbarer als das Nachlaufen ausgetretener Pfade oder das Befahren betonierter Autobahnen, auf denen alle Hindernisse aus dem Weg geräumt sind. Nur so können die Kinder ihr eigenes Denken entwickeln und ihr Selbstvertrauen stärken ... (Es) lohnt sich in jedem Fall, Kindern mehr zuzutrauen und ... (einerseits) nach interessanten Nichtroutineaufgaben zu suchen, andererseits ... spontan passende Situationen zu nutzen und die Kinder mit Problemen zu konfrontieren, für deren Lösung ihnen gewisse Grundlagen zur Verfügung stehen, bei denen sie aber selbst noch etwas einbringen können und müssen ... Den Kindern sollte ... auch schon dann erlaubt werden an Problemen zu arbeiten, wenn sie noch nicht vollständig in der Lage (oder auch willens) sind, die Lösung normgerecht aufzuschreiben. Auf diese Weise wird es ihnen ermöglicht, mehr von dem zu zeigen, was sie wirklich können. Außerdem hat die Lehrerin mehr Gelegenheit, etwas über das Denken ihrer Kinder zu erfahren." In analoger Weise zum Sprachunterricht sollten sie erzählen und schreiben, wie sie vorgegangen sind (SELTER/SPIEGEL 1997, S. 42f.).

❖ Das Erfinden und Formulieren eigener Sachaufgaben

Das Erfinden und Formulieren eigener Sachaufgaben
- reduziert die Angst der Schüler vor dem Nicht-Verstehen,
- motiviert sie zum Aufgreifen sie interessierender, authentischer Probleme aus ihrem Erfahrungsbereich (Tiere, Freizeit, Schule, Verkehr ...),
- fördert das Durchdenken der Aufgaben, da sie überlegen, welche Angaben vorhanden sein müssen, damit andere die Rechenfragen beantworten können,
- regt die Kommunikation der Schüler über ihre Sachaufgaben an, da bei Unklarheiten oder fehlenden Angaben Rücksprachemöglichkeiten bestehen,
- ermöglicht durch die Formulierung einfacher wie komplexer Aufgaben einfache Formen der Differenzierung,
- fördert die Unterscheidung mathematischer Fragen von solchen, die nicht mit der Aufgabe gelöst werden können.

***Beispiele:* Von Schülern formulierte Sachaufgaben**

Eine Lehrerin muss für ihre Klasse Sprachbücher kaufen. Ein Buch kostet 21 DM. In der Klasse sind 14 Jungen und 16 Mädchen. Wie viel DM kosten die Bücher? Wann werden die Bücher geliefert?

Meine Tante fuhr mit ihrem Hund in Urlaub. Er durfte mit auf dem Zimmer schlafen, das kostete pro Nacht 5 DM. Meine Tante blieb 21 Tage. Wie viel musste sie im Hotel für den Hund bezahlen? Wie viel kostete die Flugreise für den Hund?

(WITTMANN/MÜLLER 1997, S. 62f.)

Die Bedeutung des **Formulierens eigener** und des **operativen Durcharbeitens vorgegebener Sachaufgaben** kann nicht hoch genug eingeschätzt werden. Dieses Vorgehen im Mathematikunterricht erklärt nach einer Untersuchung von STERN „zu einem bedeutsamen Teil" die Leistungsunterschiede zwischen den Schülern einer Klasse. Die Lehrkräfte unterschieden sich darin, „ob sie vorwiegend Aufgaben vorgaben, die das Beherrschen von Rechenprozeduren förderten, oder aber ob sie Fragen stellten und Probleme präsentierten, die auf das Verständnis mathematischer Prinzipien (z. B. des Zehneraufbaus) abzielten. Es zeigte sich, dass in den Schulklassen, in denen vorwiegend verständnisorientierte Probleme präsentiert wurden, deutlich bessere Mathematikleistungen gezeigt wurden ..., dass Lehrerinnen tatsächlich durch die Auswahl ihrer Fragen und Aufgaben einen Einfluss auf die mathematischen Kompetenzen ihrer Schüler haben ... Auch schwächere Kinder profitieren von einem auf das Verständnis von Prinzipien abzielenden Unterricht. Natürlich ist nichts dagegen einzuwenden, Schülerinnen und Schüler, bei denen offensichtliche Defizite zu erkennen sind, durch die Vorgabe gezielter Übungsaufgaben zu unterstützen. Auch kann es sinnvoll sein, Kindern, die im unteren Leistungsbereich angesiedelt sind, ... hin und wieder auf ihre Probleme zugeschnittene Aufgaben vorzugeben ... Statt mehrere Unterrichtseinheiten und Übungsaufgaben unterschiedlichen Schwierigkeitsgrade parallel vorzubereiten, sollte (aber) die Zeit in die Entwicklung von Unterrichtseinheiten investiert werden, die das Verständnis mathematischer Prinzipien fördern" (STERN 1995, S. 39f.).[93]

◆ **Lösungshilfen zum Ausrechnen**

Der Lehrer unterstützt das Ausrechnen der einzelnen Teilschritte des Lösungsplanes mit Hilfe von Normalverfahren, Dreisatz, Bruchrechungen, Gleichungen durch **Strukturierung des Vorgehens**. Er lässt
- die Teilaufgaben und ihre Reihenfolge nennen,
- zu den Teilaufgaben stichpunktartige Überschriften, zentrale Begriffe des Lösungsschemas wie beispielsweise Einnahmen und Ausgaben notieren und durchnumerieren,
- Haupt- und Nebenrechnungen trennen,
- Ergebnisse oder Teilergebnisse komplexer Aufgaben schätzen, überschlagen und notieren,
- Zwischen- und Endergebnisse durch Kontrollzahlen, Auswahlergebnisse, Quersummen selbst kontrollieren.

Generell gilt, **nicht alle Lösungshilfen** einzusetzen, sondern nach der Ermittlung der Lernvoraussetzungen die geeignetsten auszuwählen und einzuführen. Gerade in der Grundschule verwirren zu viele unterschiedliche Lösungshilfen und Darstellungsformen des gleichen Sachverhalts besonders schwächere Schüler. Es ist deshalb sinnvoll, sich auf einige wenige zu beschränken.[94]

1 Vgl. dazu die Ausführung in den Kapiteln B I/3; III/3; VII/3
2 Vgl. KLIPPERT 1991, S. 58; SCHORCH 1987, S. 35ff.; A I/2; B I/3
3 Vgl. CUBE/ALSHUTH 1989, S. 151ff.,192ff; A I/2
4 Vgl. SCHRÖDER 1991, S. 129; A II/3
5 Vgl. SCHNEIDER/SEUFERT/WEIGAND 1996
6 Vgl. GLÖTZL/HARTL 1985, S. 172; HARTL 1981b, S. 58ff.; GLÖTZL/LENGDOBLER 1985
7 Vgl. BLK 1997, S. 44f., 50, 54ff., 76ff., 90ff.
8 Vgl. AEBLI 1983, S. 182ff; vgl. B III/3.1; 3.2
9 Vgl. MANDL/FRIEDRICH/HORN 1986, S. 197ff.; MANDL/FRIEDRICH 1992, S. 6ff.; KRAPP 1993, S. 292ff.; BAUMERT 1993, S. 328ff.; B I/3.3
10 KLIPPERT 1994, S. 28ff., 54; SCHORCH 1987, S. 39ff.
11 Vgl. KLIPPERT 1994, S. 118–139
12 Vgl. GLÖTZL/HARTL 1977; 1985; GLÖTZL/LENGDOBLER 1985; KILLERMANN 1974, S. 159ff.; SCHURIUS 1985; BEILNER 1991; B I/3.1; B III/3.1; 3.3; B VI/2.3; B VII/3.
13 Vgl. BAUER 1983a, S. 13–16,156–166; 1983b, S. 162–176; 1984, S. 156–165; GEPPERT/PREUSS 1980, S. 132ff.; KLIPPERT 1994, S. 85–108; B VII/3.3
14 Vgl. VAN DER MEER 1996, S. 227f., 235ff.; B VII/ 3.2;3.4

15 Vgl. Klippert 1994, S. 118–139
16 Vgl. Brügelmann 1994, S. 210
17 Vgl. Mann 1996, S. 67; 1997, S. 16
18 Vgl. Lorenz 1989, S. 472ff.; Stolla 1989, S. 14ff.; Miederer/Schubert 1994, S. 23f.; Menzel 1997, S. 15ff.; Lehrplan für die Bayerische Grundschule 2000, S. 83 ff., 174 ff.
19 Beim Rechtschreiben geht es vor allem um die Unterscheidung von Phonemen, d. h. bedeutungsunterscheidende Klassen von Lauten, die jeweils durch einen bestimmten Buchstaben oder eine Buchstabengruppe dargestellt werden, z. B /haut/ – /laut/. Der Einfachheit halber wird im folgenden in Anlehnung an Naumann nur von Lauten und nicht von Phonemen gesprochen (Naumann 1989, S. 20f., 29f., 238f.); vgl. Augst/Dehn 1998, S. 28ff.
20 Vgl. Naumann 1989, S. 29ff., 238ff.; Regelwerk 1996, S. 7ff., 15–31; Wahrig 1997, S. 31ff., 103ff., 113ff.,118ff.; Augst/Dehn 1998, S. 12ff, 28–37, 94ff.
21 Vgl. Greil 1981, S. 22ff.; Regelwerk 1996, S. 8ff.; Augst/Dehn 1998, S. 46f.
22 Vgl. Scheerer-Neumann 1986, S. 176
23 Vgl. Richter 1998, S. 8ff.,21ff.
24 Vgl. Scheerer-Neumann 1986, S. 178ff.; Brügelmann 1994, S. 208ff.; Mann 1996, S. 64ff.; Schulte-Körne/Deimel/Remschmidt 1997, S. 211ff.; Augst/Dehn 1998, S. 37ff., 42, 58ff., 94ff., 99ff.,123ff.
25 Vgl. Scheerer-Neumann 1986, S. 185; Brügelmann1994, S. 210; Mann 1996, S. 72;
26 Vgl. Augst/Dehn 1998, S. 45ff.; Richter 1998, S. 26–34.
27 Vgl. Augst/Dehn 1998, S. 65–69, 272ff.; Richter 1998, S. 22–30; Richter/Brügelmann 1994, S. 93f.
28 Vgl. Staatsinstitut für Schulpädagogik und Bildungsforschung (ISB) 1997; Bayerisches Staatsministerium für Unterricht, Kultus, Wissenschaft und Kunst 1998, S. 68ff.; Schweisthal 1997; Ulrich 1998; Richter 2000, S. 47ff., 55ff.; Valtin 2000, S. 30ff.; Lehrplan für die Bayerische Grundschule 2000, S. 83 ff., 174 ff.
29 Vgl. Augst/Dehn 1998, S. 65 ff.; Richter 1998, S. 26ff.
30 Vgl. Augst/Dehn 1998, S. 78
31 Vgl. Brinkmann/Brügelmann1998, S. 179f.
32 Vgl. Augst/Dehn 1998, S. 202ff.
33 Zusammenfassende Darstellung der wichtigsten Lösungshilfen aus Greil 1981; 1982; 1983; 1996; Smola 1981; Fackelmann/Müller 1986; Menzel 1978; 1986; Scheerer-Neumann1986; Lorenz 1989; Brügelmann1994; Miederer/Schubert 1994; Hauptmann/Schubert 1995; Lang 1995; Eberhardt 1996; Endell u. a.1996; 1997; Mann 1996, 1997; vgl. B III/3.1,3.2; B VII/3.2.
34 Vgl. Augst/Dehn 1998, S. 268–294.
35 Naumann 1989, S. 90–101; 260; Naumann 1987 in Mann 1996, S. 63f.; 1997, S. 12ff; 77ff.; Brügelmann1994, S. 211; Regelwerk 1996, S. 16–31.
36 Naumann 1989, S. 33ff., 45ff., 84ff., 90–101, 223f., 259f.; Scheerer-Neumann 1986, S. 175; Richter 1998, S. 35
37 Eberhardt 1996, S. 13–15; Mann1996, S. 96.; 1997, S. 11ff., 18ff., 37ff.; Endell u. a. 1996a, S. 104; 1996b, S. 114. Dass die Vermittlung von Rechtschreibstrategien an unseren Schulen zunehmend an Bedeutung gewinnt, wird beispielsweise auch an der konsequenten Umsetzung des Ansatzes im Sprachbuch von Endell u. a.1996, 1997 und am neuen Lehrplan für die Bayerische Grundschule 2000 ersichtlich.
38 Vgl. Schulte-Körne/Deimel/Remschmidt 1997, S. 210ff., 215f.; Mayringer/Wimmer/Landerl 1998, S. 57ff., 66ff.
39 Vgl. Naumann 1989, S. 164f.
40 Vgl. Schneider/Roth/Küspert/Ennemoser 1998, S. 26ff., 37ff. Schweisthal 1977; Ulrich 1998, S. 33 ff., 37 ff. Siehe auch die Ausführungen zur angemessenen Förderung von Schülern mit Rechtschreibproblemen.
41 Vgl. Augst/Dehn 1998, S. 45f., 94ff.
42 Vgl. Breuninger/Betz 1993, S. 53f.; Naumann 1989, S. 258ff.; Augst/Dehn 1998, S. 99,120; Richter 2000, S. 53 f.
43 Mann 1997, S. 17; vgl. Watzke 1977, S. 40
44 Vgl. Augst/Dehn 1998, S. 44,60
45 Vgl. Augst/Dehn 1998, S. 255
46 Vgl. Naumann 1989, S. 186
47 Vgl. Eberhardt 1996, S. 13–15; Endell u. a. 1996a, S. 104; 1996b, S. 114. Mann 1996, S. 96; Augst/Dehn 1998, S. 257.
48 Vgl. Greil 1981, S. 75f., 96–120; Anmerkung 26
49 Vgl. Naumann 1989, S. 226ff., Mann 1996, S. 67ff.; Endell u. a. 1996a, S. 102ff; 1996b, S. 114ff.; 1997, S. 126ff.; Augst/Dehn 1998, S. 272ff.
50 Vgl. Naumann 1989, S. 97f.; Mann 1997, S. 13f., 62f.; Regelwerk 1996, S. 94f. ; Augst/Dehn 1998, S. 94–122, 277ff.
51 Vgl. Augst/Dehn 1998, S. 282
52 Vgl. Eberhardt 1996, S. 14.
53 Vgl. Regelwerk 1996, S. 8ff.; Heller 1996a,b; Staatsinstitut für Schulpädagogik 1996b.
54 Vgl. Heller 1996a, S. 23–30; 1996b; Staatsinstitut für Schulpädagogik und Bildungsforschung 1996, S. 13ff.; Mann 1996, S. 70ff.; 1997, S. 14ff.,21ff., 34ff., 41ff.;Endell u. a. 1996a, S. 113ff.; 1996b, S. 115ff.;1997, S. 128ff.; Augst/Dehn 1998, S. 135ff., 212ff., 282ff.

55 Vgl. MANN 1997, S. 41.
56 Vgl. NAUMANN 1989, S. 40f., 228, 231ff.; AUGST/DEHN 1998, S. 136, 214ff.
57 Vgl. AUGST/DEHN 1998, S. 214ff.; RICHTER 1998, S. 59ff.
58 Vgl. GREIL 1981, S. 121–127; AUGST/DEHN 1998, S. 282ff.; RICHTER 1998, S. 62ff., 84ff.
59 Vgl. MANN 1997, S. 42ff, 51ff.
60 Vgl. MANN 1996, S. 71
61 Vgl. GREIL 1981, S. 29ff., 33ff., 54ff, 108ff.; 1982, S. 186ff.; 1983; MENZEL 1986, S. 42; 1978; LORENZ 1989, S. 473; HELLER 1996a,b; STAATSINSTITUT FÜR SCHULPÄDAGOGIK UND BILDUNGSFORSCHUNG 1996, S. 12–37; EBERHARDT 1996; BRÜGELMANN1994, S. 210ff.; MANN1996, S. 68ff.; 1997, S. 22ff,41ff.,50ff.
62 Vgl. ERICHSON 1999, S. 45
63 REGELWERK 1996, S. 9ff;23f.;49ff., 65ff.
64 Vgl. REGELWERK 1996, S. 52–66; GREIL 1996, S. 440ff., 466ff.; NAUMANN 1989, S. 35ff.; 1999, S. 64ff.; MANN 1996, S. 69ff.; AUGST/DEHN 1998, S. 158–173, 212, 280; RICHTER 1998, S. 84ff.
65 Vgl. GREIL 1996, S. 451ff.
66 Vgl. GREIL 1981, S. 102–120; EBERHARDT 1996, S. 15; MANN 1996, S. 72; 1997, S. 13ff.
67 Vgl. GREIL 1981, S. 108ff.
68 Vgl. NAUMANN 1989, S. 24
69 Vgl. LORENZ 1989, S. 474ff.; SCHNEIDER 1993; BRÜGELMANN 1994, S. 208
70 Vgl. AUGST/DEHN 1998, S. 221–230; RICHTER 1998, S. 38ff.
71 Vgl. AUGST/DEHN 1998, S. 208ff.
72 Vgl. LICHTENSTEIN-ROTHER 1987, S. 54ff.; 1989, S. 9ff.
73 Vgl. NAUMANN 1989, S. 161f.; AUGST/DEHN 1998, S. 63,68,254ff.; BLK 1997, S. 91ff.
74 Vgl. OLBRICH in GIEHRL/SAUTER 1986, S. 63
75 Vgl. GREIL 1981, S. 53ff.; MENZEL 1978, S. 20ff.; 1986, S. 148ff.; SCHERER-NEUMANN 198a, S. 171ff., 177ff.; ERICHSON 1999, S. 45.
76 Vgl. MAY 1999, 40ff.; BÜCHNER 1999, S. 49ff.
77 MENZEL 1978; DRUNKEMÜHLE/POLLERT 1980, S. 79ff.; GREIL 1981; GREIL/KREUZ 1984; SMOLA 1981; SCHNEIDER 1993; MIEDERER/SCHUBERT 1994, S. 27f.; HAUPTMANN/SCHUBERT 1995, S. 20ff.
78 Vgl. MAY/MALITZKY/VIELUF 1999, S. 42ff.
79 Vgl. MANNHAUPT 1999, S. 74f.; BRINKMANN1999, S. 4ff.; VALTIN 2000, S. 16 ff., 21 ff., 26 ff.
80 Vgl. MANNHAUPT 1999, S. 74ff.; SCHNEIDER/ROTH/KÜSPERT/ENNEMOSER 1998, S. 28ff., 34ff.; JANSEN/MANNHAUPT/MARX/SKOWRONEK 1999; KÜSPERT/SCHNEIDER 1998; SCHNEIDER 2000
81 Vgl. MANNHAUPT 1999, S. 76
82 Vgl. LANDERL/WIMMER/MOSER 1997, S. 6ff.; DOLENC/SCHWÄGERL 2000; LASCHKOWSKI 2000
83 Vgl. WITTMANN/MÜLLER u. a. 1996, S. 20f., 1997, S. 18f.
84 Vgl. HIRSCHBERGER 1977, S. 60ff.; KRIEGELSTEIN 1977, S. 115ff.; RADATZ/SCHIPPER 1983, S. 130ff.; BECKSTEIN 1995, S. 5ff.
85 Vgl. LORENZ/RADATZ 1993, S. 143; REUSSER 1997, S. 141ff., 149ff.;152ff.
86 Vgl. RADATZ/SCHIPPER 1983, S. 131ff.; 137ff.; STRIETZEL 1985, S. 4; WITTMANN/MÜLLER u. a. 1996, S. 20ff., 1997, S. 18ff.; REUSSER 1997; S. 142ff.,146ff.; 150ff.
87 Vgl. SELTER/SPIEGEL 1997, S. 30–43; KRAUTHAUSEN 1998, S. 149ff:
88 Vgl. BLK 1997, S. 39ff.; B I/1
89 Vgl. WITTMANN/MÜLLER 1994a, S. 147–154
90 Vgl. STRIETZEL 1977, S. 1ff.; 1980, S. 1ff.; 1985, S. 7ff.; REUSSER 1997, S. 152ff.
91 Vgl. FLEISCHMANN 1983, S. 108ff.; RADATZ/SCHIPPER 1983, S. 135ff.
92 Vgl. SELTER/SPIEGEL 1997, S. 71
93 Vgl. STERN 1997, S. 162ff.
94 Vgl. LORENZ/RADATZ 1993, S. 125f.

VI Das Prinzip der Angemessenheit und optimalen Passung

1 Begriffsklärung

Ziel des Unterrichts ist die Initiierung und Förderung struktureller Lern- und Entwicklungsprozesse der Schüler, durch die sie kognitive, soziale, emotional-affektive und motorische Strukturen, Kenntnisse, Fähigkeiten, Fertigkeiten, Bereitschaften, Werthaltungen, Einstellungen, Motivationen und Interessen aufbauen, deren aktuelle Ausprägung umgekehrt Voraussetzung des Unterrichts ist.[1]

Die **optimale Passung der Unterrichtsprozesse** an die Lernvoraussetzungen der Schüler ist das **Kernproblem** eines planvollen, effektiven Unterrichts. Im einzelnen soll der Unterricht den „sachstrukturellen Entwicklungsstand" der Schüler angemessen beachten. Darunter sind „die Kenntnisse und Fertigkeiten eines Schülers zu verstehen, die er zu einem gegebenen Zeitpunkt seiner Entwicklung im Hinblick auf den relevanten Sachbereich der gegebenen Unterrichtssituation besitzt. Dazu gehören insbesondere Wissenselemente, Sprachumfang, Verknüpfungsregeln, sensu-motorische Fertigkeiten" (HECKHAUSEN 1970, S. 193; 199 ff.). Unterricht ist nur dann lern- und entwicklungsfördernd, wenn er die Schüler sukzessiv durch Aufgaben der nächst höheren kognitiven Stufe zur Assimilation und Akkomodation von kognitiven Strukturen, Handlungsschemata, Operationen, Begriffen und zur Transformation in andere Repräsentationsformen anregt.[2]

Den eruierten unterschiedlichen kognitiven Lernstilen, den besonderen Weisen der Informationsaufnahme, Informationsverarbeitung und Kontrolle von Entscheidungsprozessen, dem Lern- und Arbeitstempo versuchen Lehrer dann durch **individualisierendes und differenzierendes methodisches Vorgehen** und durch eine dosierte **Auswahl von Aufgaben** gerecht zu werden. Sie sollen den sachstrukturellen Entwicklungsstand der Schüler um ein Geringes übersteigen, aber erreichbar sein, um eine Anreizfunktion im Sinne einer Leistungsmotivation zu besitzen.[3]

Den unterschiedlichen biorhythmisch schwankenden Phasen der Aufmerksamkeit, Konzentration und Ermüdung begegnen Lehrer durch eine sinnvolle **Rhythmisierung** des Unterrichts. Sie beachten auch das unterschiedliche **Sprachverhalten** der Schüler. Je nach soziokultureller Herkunft und Sozialisation unterscheiden sie sich in ihrer Artikulationsbereitschaft und -fähigkeit, ihrer Dialektgebundenheit, ihrem Begriffsrepertoire. Besonders sprachlich gehemmte wie benachteiligte Schüler versuchen Lehrer durch vielfältige Möglichkeiten des mündlichen Sprachgebrauchs, Kinder nichtdeutschsprachiger Familien durch Intensiv- und Förderunterricht in Deutsch als Zweitsprache zu fördern. Das Lernen erleichtert auch eine klare, die Vorstellungsfähigkeit fördernde, anschauliche, verständliche Lehrersprache.[4]

Von kognitiven können **sozial-emotional-affektive Aspekte** des Denkens und Han-

delns nicht getrennt werden. Soziale Bedürfnisse nach Geborgenheit, Gefühle des Sich-angenommen-Fühlens, der Freude, Angst und Trauer, bisherige Erfahrungen mit Bezugspersonen, Interessen, Motivationen, Einstellungen und Haltungen beeinflussen die Wahrnehmung, die geistige Verarbeitung und die Speicherung der selektiv aufgenommenen Informationen, die Leistungsfähigkeit und den Aufbau von **Selbstbewusstsein** und **Identität**.
Die Schüler treten einer Lehrkraft im Unterricht aber nicht nur als Einzelindividuen, sondern in Form des größeren Sozialgebildes einer **Klasse** entgegen. Ihre Zusammensetzung ist sowohl von rechtlichen Vorgaben der Sprengelbildung, d. h. dem gemeinsamen Wohn- oder Einzugsgebiet der Schule, von speziellen pädagogischen Vorstellungen der Schulleitung als auch von Sozialisationsvoraussetzungen bedingt. Dementsprechend zeigen unterschiedliche Klassen auch unterschiedliches Leistungsniveau, Sozial- und Arbeitsverhalten. Bestimmte Einstellungen und Verhaltensweisen der Schüler können auch vom Verhalten und den Alltagstheorien früherer Lehrkräfte beeinflusst worden sein.
Je mehr die Lehrer bei der Auswahl der Ziele, der Lerninhalte und der Methoden die Individualität und Persönlichkeit der Schüler im Auge behalten, um so eher werden sie ihren Unterricht **schülerorientiert** gestalten. Durch ihr sozialintegratives, wertschätzendes Verhalten erkennen sie die Würde und Persönlichkeit der Schüler an, durch die optimale Passung der strukturierten Unterrichtsprozesse an ihre Lernvoraussetzungen ihre Individualität. Jeder Schüler wird dadurch nicht Objekt unterrichtlicher Bemühungen, sondern „als Subjekt in seinen individuellen Gegebenheiten und in seiner personalen Selbstbestimmung ernst genommen. Durch die Einmaligkeit als Individuum und durch die Nicht-Verfügbarkeit als Person wird er zum Bestimmungsfaktor des Unterrichts" (SCHRÖDER 1991, S. 164).
Schülerorientierung spricht den jungen Menschen deshalb in seiner **personalen Ganzheit** an, in allen geschichtlich und soziokulturell bedingten Persönlichkeits- und Lebensdimensionen. „Kind- oder Schülergemäßheit heißt dann, die Lebenssituation der Kinder ernst zu nehmen, ihre subjektive Perspektive (Lebenswelt) in den Unterricht einzubringen und Hilfe zum Aufbau der auf ihre Lebenssituation bezogenen Handlungsfähigkeiten anzubieten" (EINSIEDLER 1985, S. 532). Gesellschaftlich mitbedingte Veränderungen im Zugang zur Welt, im Auffassungsvermögen, in der Konzentration und Aufmerksamkeit, z. B. durch Reizüberflutung infolge übermäßigen Fernseh- und Videokonsums, erfordern dann von einem schülergemäßen Unterricht Alternativen zu rein medialen Formen der Auseinandersetzung mit Sachproblemen. Multisensorisches, problemlösend-entdeckendes wie handelndes Lernen zielen auf die Förderung von „Kopf, Herz und Hand". Möglichkeiten des handelnden Lernens sind originale Begegnung im Sinne einer unmittelbaren Begegnung mit der Wirklichkeit wie das Nachschaffen und Nachempfinden einer Entwicklung, problemlösend-entdeckender Unterricht, Erkundungen, Projekte usw.
Die Berücksichtigung der Lernerfahrungen und Lebensbereiche der Schüler, die Lebensnähe der Stoffe und die Wahl- und Entscheidungsmöglichkeiten wecken **Interesse** an der Sache, bauen **Motivationen** auf und regen die Schüler an, eigene Erfahrungen in den Unterricht einzubringen, Unterrichtsergebnisse als für sie bedeutsam anzusehen und sich mit ihnen zu identifizieren.

Dem **erzieherischen Verhalten des Lehrers**, seinem wertschätzenden, warmherzigen, tolerierenden Vorbild kommt bei der optimalen Passung des erzieherischen und unterrichtlichen Handelns besondere Bedeutung zu. Aus pädagogischer Einsicht setzt er den Schülern bestimmte Grenzen, innerhalb derer sie sich frei entfalten und entwickeln können und überträgt ihnen zunehmend dafür selbst die Verantwortung. Sein **pädagogischer Optimismus**, sein Glaube an eine schrittweise Verbesserung von Lernschwierigkeiten und Verhaltensauffälligkeiten ist Grundlage jeder Schülerorientierung.[5]
Ein schülerorientierter Unterricht zeichnet sich also durch Angemessenheit und optimale **Passung der Lernorganisation, des Lernangebots** und **des Lehrerverhaltens** aus. Der Lehrer versucht konsequent, die Erziehungsziele Selbstständigkeit und Mündigkeit im Unterricht zu realisieren und besonders durch exemplarisch-genetische, problemlösend-entdeckende Lehrverfahren und die Öffnung des Unterrichts das selbstverantwortete und -gesteuerte, handelnde, produktive Denken und Lernen zu fördern.[6]

2 Passung durch Angemessenheit der Lern- und Unterrichtsstoffe

2.1 Der Grundsatz der Sachgemäßheit und Sachorientierung

Jeder Unterricht steht im Spannungsfeld zwischen Ansprüchen der Sache, pädagogischen Zielstellungen und den Lernvoraussetzungen der Schüler. Der ausgewählte Lehrgegenstand der Schule besitzt Bildungswert und muss sachgemäß vermittelt werden und für die Schüler fassbar sein. Bei jeder Unterrichtsplanung und -realisierung müssen Lehrer diesen Ausgleich zwischen dem Anspruch der Sache (Sachgemäßheit und -orientierung) und dem der Schüler (Schülergemäßheit und -orientierung) praktisch realisieren.
„Mit der Rede vom ‚Sachanspruch', auch als ‚Prinzip der Sachgemäßheit' oder ‚Sachgerechtigkeit' bezeichnet, wird ausgedrückt, dass dieses Etwas nicht nur ‚Stoff' zur beliebigen Verfügung, eher schon zu tradierendes ‚Bildungsgut' von eigenem Wert, noch treffender ‚Gegenstand' ist, der dem Lernenden entgegensteht, mit dem er nicht willkürlich verfahren kann, dessen Eigengesetzlichkeit er achten muss, wenn er ihn richtig lernen will" (GLÖCKEL 1985, S. 338). „Dieser Anspruch gilt nicht nur für die Richtigkeit der übermittelten Ergebnisse, die keine nachweislich falschen Informationen enthalten dürfen; das wäre trivial (obschon auch hier viele Fehler vorkommen). Er verlangt auch, dass der Weg zu den Ergebnissen richtig gegangen werde, dass Fragestellung und Methode sachgemäß seien. Denn Lernen ist nicht bloße Übernahme richtiger Denkergebnisse anderer, es ist der Prozess der Genese des Wissens und Könnens in der Einzelperson – vorausgesetzt, es soll ein verstandenes und beherrschtes Wissen und Können sein" (GLÖCKEL 1990a, S. 166 f.; 1990b, S. 36 f.). Die Unterrichtsinhalte müssen so sachlich richtig, didaktisch und methodisch aufbereitet werden, dass die Schüler durch die initiierten Lernprozesse zu den angestrebten Lernergebnissen kommen können.

Interesse des Schülers an der Sache ist ein wünschenswertes Ziel des sachgemäßen Unterrichts[7]. Die geistige Haltung der Sachlichkeit als das „selbstlose Streben nach der Wahrheit"(GLÖCKEL 1990a, S. 277) ist das eigentliche Ziel der Sachgemäßheit. Damit ein Lehrer die Erkenntnismöglichkeiten und sachgemäßen Methoden und Verfahren richtig einschätzen kann, bedarf es einer fachwissenschaftlichen, wissenschaftstheoretischen und pädagogischen, didaktisch-methodischen Auseinandersetzung mit dem Lehrstoff.

Die fachwissenschaftliche Auseinandersetzung und Analyse des Unterrichtsgegenstandes
Durch eine gründliche, breite Analyse der Sachstruktur des Lehrgegenstands (Sachanalyse) auf der Basis eines fachwissenschaftlichen Studiums kann ein Lehrer die notwendige gründliche Sachkenntnis und die Haltung der Sachlichkeit gewinnen. Er entdeckt dadurch die Besonderheiten, Elemente und deren Beziehungen, die Schlüsselbegriffe, die Komplexität, Eigengesetzlichkeit und den Eigenwert des Lehrstoffes und entscheidet dann, natürlich immer schon im Hinblick auf die Schüler und die Zielsetzungen des Lehrplans, welche Denkschritte der Lehrstoff zu seiner Bewältigung verlangt, welche ihm gemäßen spezifischen Fragestellungen und Begründungsweisen, welcher Weg, welches Verfahren, welche Darstellungsmöglichkeiten, fachgemäße Arbeitsweisen und -techniken angemessen sind.[8]

Die wissenschaftstheoretische Analyse und Begründung des Unterrichtsgegenstandes
Die Sachstruktur eines Gegenstandes erscheint dem Lehrer nur vermeintlich als objektiv, ihre Deutung ist bestimmt durch die herrschende wissenschaftliche oder politische Auffassung, das „erkenntnisleitende Interesse". Dies trifft besonders für wissenschaftlich und gesellschaftspolitisch umstrittene Fragestellungen zu, über die kein eindeutiger Konsens besteht, z. B. Fragen der Energieversorgung, der Entsorgung radioaktiven Materials, der Grenzwerte von Schadstoffimmissionen und notwendiger Abhilfemaßnahmen. Der Lehrer wird die ihm bekannten sachlichen, scheinbar wissenschaftlich abgesicherten Erkenntnisse kritisch reflektieren und auch die Voraussetzungen, Wege und Grenzen der Erkenntnisbildung wie auch seiner eigenen Erkenntnisfähigkeit einbeziehen.[9]

Die pädagogische, didaktisch-methodische Analyse des Unterrichtsgegenstandes
Erst durch eine pädagogische Zielsetzung wird eine Sache zum Unterrichtsgegenstand, Unterrichtsinhalt und -thema. Der Lehrer analysiert jetzt auf der Basis der eruierten Lern- und Leistungsvoraussetzungen, der Erfahrungen der Schüler und der Anforderungen des Lehrplans, „als was" der Unterrichtsgegenstand von den Schülern betrachtet werden soll, welche Zugänge, welche Schwierigkeiten er ihnen bietet und was sie zu ihrer Bewältigung tun müssen. Er legt fest, welche elementaren Grundkenntnisse und -einsichten die Schüler gewinnen, welche elementaren Begriffe unbedingt erarbeitet werden sollen und welche fachgemäßen Arbeitsweisen und -techniken zur Erarbeitung eingesetzt werden können.[10]

Beispiel

Elementare Kenntnisse und Begriffe der Einheit: Bestäubung und Befruchtung der Kirschblüte
(vgl. Exkurs S. 354)

Kenntnisse – Begriffe	Methodisches Vorgehen
Bestäubung: Übertragung des Pollens einer Kirschblüte auf die Narbe einer anderen	Beobachtung der Bienen an Kirschblüten, Betrachten und Auswerten von Filmausschnitten, Skizzen oder Texten.
Befruchtung: Verschmelzung (Vereinigung) der männlichen Geschlechtszelle des Pollenschlauches mit der weiblichen Eizelle in der Samenanlage des Fruchtknotens.	Interpretieren von Filmausschnitten (Trickfilm), schematisierten Darstellungen, Skizzen, Texten.
Same: Aus der befruchteten Eizelle entwickelte kleine Pflanze im Ruhezustand mit Nährgewebe und schützender Hülle.	Untersuchen eines aufgequollenen Samens (Bohne, Weizen), Auswerten von Abbildungen oder Texten.

2.2 Passung des Unterrichtsgegenstandes durch Elementarisierung (didaktische Reduktion)

Die Passung des Unterrichtsgegenstandes an die Lernvoraussetzungen der Schüler kann durch Elementarisierung erfolgen.

Begriffsklärung

Elementarisierung, synonym **didaktische Reduktion**, bedeutet die Vereinfachung, Reduzierung, Transformation des Lehrstoffes, um ihn für Schüler einer bestimmten Jahrgangsstufe leichter fassbar und zugänglich zu machen.
„Elementarisierung ist überall dort notwendig, wo Laien über fachliche Anliegen informiert, Anfänger in ein Fachgebiet eingeführt werden sollen." Elementarisierung ist besonders dann erforderlich, wenn der Lehrstoff sehr komplex, abstrakt und von den konkreten Erfahrungen der Schüler abgerückt ist. „Sie ist letztlich nur ein Sonderfall der allgemeinen Fähigkeit und Notwendigkeit zur Reduktion von Komplexität in allem Lebendigen, speziell beim Menschen, und sie ist zentrales Moment in menschlicher Kommunikation überhaupt" (GLÖCKEL 1990b, S. 43). Die Wahrnehmungs- und Eingangsfilter unseres Gedächtnisses reduzieren fortwährend die unübersehbare Vielfalt von Sinneseindrücken und Einzelinformationen und greifen nur diejenigen heraus, die für das Individuum von Bedeutung sind, für deren Wahrnehmung es bereits durch vorausgegangene Erfahrungen und Lernen sensibilisiert ist, d. h. für die es Assimilationsschemata besitzt, und die es sofort mit abgespeichertem Wissen verknüpfen kann. Im zwischenmenschlichen Bereich geschieht die Reduzierung von

Komplexität durch die Ausbildung typisierter Erwartungsmuster und Vorstellungen. Auch in der täglichen Forschungsarbeit von Naturwissenschaftlern wird elementarisiert. Forscher versuchen beispielsweise durch Vernachlässigung nicht als so wichtig erscheinender Einflüsse komplexe Phänomene zu vereinfachen, durch einfache Modellvorstellungen Vorgänge zu veranschaulichen, in Analogien zu denken, mit Skizzen, Symbolen, grafischen Darstellungen Zusammenhänge zu strukturieren, vorschnelle Mathematisierung zu vermeiden und Sachverhalte in Gesprächen möglichst klar und verständlich zu formulieren.[11]

Ebenen der Elementarisierung

- Auf der Ebene allgemeiner und differenzierter **Zielsetzungen** geht es um die Frage, **welche Ziele für welche Schüler** in die Lehrpläne aufgenommen, an welchen verbindlichen und an welchen alternativen, frei wählbaren Inhalten Fähigkeiten und Fertigkeiten einer grundlegenden Bildung vermittelt werden sollen, auf der später jede Spezialbildung aufbauen kann. Durch die Festlegung der **Richtziele, Grobziele** und wichtigen **Inhalte** einzelner Fächer durch die Bildungs- und Arbeitskommissionen der Staatsinstitute sind Lehrer nicht mehr primär von diesen Entscheidungen tangiert.
- Mit den Zielsetzungen werden ihnen die Intentionen und Intensitätsstufen der Lernprozesse mitgeteilt, die bei den Schülern durch die **Unterrichtssequenzen und Lehrgänge** initiiert und gefördert werden sollen. Lehrer müssen dann Entscheidungen über elementarisierbare Inhalte treffen, wenn sie andere als im Lehrplan vorgeschlagene Unterrichtsstoffe auswählen oder sich mit ihren Schülern darüber einigen.
- Auf der Ebene der **Unterrichtseinheiten** findet dann die eigentliche Elementarisierungsarbeit statt, wenn die Lehrer den einzelnen Sachverhalt auf der Basis einer genauen Sach-, Ziel- und Lernvoraussetzungsanalyse didaktisch und methodisch aufbereiten.

Anforderungen an die Elementarisierung

- Elementarisierung darf den **fachwissenschaftlichen Sachverhalt** durch fachwissenschaftlich unhaltbare oder falsche Aussagen oder Vorstellungen **nicht verfälschen**. Elementarisierte Aussagen müssen immer fachlich richtig bleiben (fachwissenschaftliche Relevanz).
  Vermeintlich kindgemäße Einkleidungen, „pseudomethodische Mätzchen, mit denen Kinder „motiviert" werden sollen, können den Zugang zur Sache eher versperren denn öffnen und ihn jedenfalls belasten, wenn sie als nicht relevante Informationen später wieder vergessen werden sollen. Der Versuch, schwierigste gesellschaftliche Konflikte oder historische Entscheidungssituationen im – etwa gar „spontanen", d. h. unvorbereiteten und inkompetenten – Rollenspiel zu verdeutlichen, kann zu fachlich nicht zu verantwortetem Unsinn führen" (GLÖCKEL 1990b, S. 47).
- Elementarisierung verlangt, Wesentliches von Unwesentlichem im Hinblick auf ein bestimmtes Ziel zu trennen und Informationen auf das **unabdingbar Notwen-**

dige zurückzuführen. Elementarisierung hebt bestimmte Aspekte einer Sache hervor und vernachlässigt andere. So klärt beispielsweise die Darstellung geschichtlicher Ereignisse am Schicksal einzelner Personen nicht alle wirkenden Faktoren des Geschehens und den Gesamtrahmen. Dies erfordert Abstraktions- und Generalisierungfähigkeit und eine fundierte Sachkenntnis der Lehrer. Erst nach intensiver Auseinandersetzung mit der Sache ist oft das Elementare zu erkennen.
- Elementarisierung soll einen Sachverhalt so überlegt vereinfachen, dass er später differenziert und erweitert werden kann. Die an einem einfachen, konkreten Beispiel gewonnenen „elementaren Einsichten" müssen im weiteren Unterricht, in anderen Jahrgangsstufen auf andere, auch schwierigere Fälle übertragen und ausgeweitet, verallgemeinert, durch weitere Details ergänzt, in Fachsprache umgesetzt werden und durch diese **„didaktische Restitution"** zusätzliche Aspekte des Gegenstandes sichtbar machen (vgl. GLÖCKEL 1990a, S. 295).[12]
- Elementarisierung muss die **Lernvoraussetzungen** der Schüler, ihren sachstrukturellen Entwicklungsstand berücksichtigen. Erst wenn die Elementarisierung im Spannungsfeld zwischen Wissenschafts- und Sinnorientierung, Lebens- und Wirklichkeitsnähe an den Lernvoraussetzungen der Schüler ansetzt, kann sich das angeeignete Wissen als lebendiges Wissen im Leben bewähren. Das Abstrakte, Elementare eines Sachverhalts „darf jedoch ... dem Schüler nicht in allgemeiner Form, sie muss es ihm am Konkreten bieten, aber doch so, dass das Allgemeine daran deutlich wird. Sie muss „wie der Schüler" auf den Gegenstand blicken und setzt daher ebenso gute Kenntnis dieses Schülers voraus. Sie stellt, wenn sie gelingt, eine hohe, die eigentliche Leistung des guten Lehrers dar; sie ist die Mitte seiner unterrichtlichen Tätigkeit" (GLÖCKEL 1990b, S. 43).[13]

  So darf die für naturwissenschaftliche Fächer charakteristische Fähigkeit der Schüler zu formalem, abstraktem Denken vom Lehrer nicht als gegeben vorausgesetzt werden. Sie wird von vielen Schülern, wenn überhaupt, erst sehr spät erreicht und muss durch den Unterricht angebahnt und gefördert werden. Für die Mehrheit der an konkret-operationales Denken gebundenden Schüler sind auch in diesen Fächern das konkrete Handeln in Form von problemlösenden Verfahren, überzeugenden Versuchen und Experimenten, ihre Transformation in andere Repräsentationsformen und ihre intensive Verbalisierung von besonderer Bedeutung.[14]

  Gerade in den weiterführenden Schulen sollte der Ratschlag STORKS beherzigt werden: „Zelebriere nicht Deine Wissenschaft, sondern kümmere Dich mehr darum, was Deine Schüler von ihr aufnehmen" oder – anders ausgedrückt – „Gewinne einen größeren Abstand zu dem, was Du kannst und weißt, und eine größere Nähe zu dem, was Deine Schüler können und wissen" (STORK 1990, S. 219).

Möglichkeiten der Elementarisierung

◆ Vereinfachung durch die exemplarische Auswahl des Unterrichtsgegenstandes

An einfachen, geeigneten **Exempeln**, markanten Beispielen, die gleichsam einen **Prototyp** des zu vermittelnden Stoffes darstellen, werden grundlegende, für andere Beispiele in gleicher Weise zutreffende und übertragbare Erkenntnisse gewonnen (**vertikale Reduktion**).

Beispiele

- Am Beispiel einer großen, leicht zugänglichen, einfach gebauten und überschaubaren Tulpe werden Bau und Bestandteile einer Blüte aufgezeigt.
- Am Beispiel der Entwicklung einer Kirschblüte gewinnt der Schüler erste Einblicke in fundamentale Vorgänge der Bestäubung und Befruchtung.
- Der Maulwurf steht prototypisch für ein Tier, das dem Leben in der Erde angepasst ist, der Karpfen oder die Forelle für einen Fisch, der Hund für einen Fleischfresser, das Wildschwein für einen Allesfresser usw.
- An einem konkreten Fall, z. B. dem Schicksal einer Familie, wird die zerstörende Kraft des Krieges, die Tragik des Holocaust nacherlebbar und vorstellbar. Die Arbeits- und Wirtschaftsbedingungen der Landwirtschaft werden bei der Erkundung eines Bauernhofes untersucht, wechselseitige Abhängigkeiten von Lebewesen an einem überschaubaren Biotop aufgezeigt.
- Durch originale Begegnung im Sinne des sich Hineinversetzens in die Ursprungssituation werden bei der Besteigung einer Burgruine wichtige Kriterien für den Bau einer Burg, wichtige Aufgaben der Burg gefunden, durch „Nacherfinden“ einfacher Geräte und Maschinen ihre Wirkungsweise entdeckt.
- Zur ersten Orientierung im Raum wählt man inhaltsarme, durch Reduzierung auf wenige Symbole beschränkte Karten ohne Höhenlinien, die induktiv aus selbst gezeichneten Karten entwickelt oder deduktiv eingeführt werden.[15]

Ausgangspunkte exemplarischer Lerninhalte sind problemhaltige Erscheinungen, Phänomene der Natur, die den Schülern vertraut oder zugänglich sind und zur intensiven Auseinandersetzung motivieren. **Elementare Erkenntnisse** sind Ziel, nicht Ausgangspunkt der Lernprozesse.[16] Die Elementarisierung von Sachvorhalten im Physikunterricht durch Beschränkung auf die Ebene der phänomenologischen, qualitativen Klärung eines Sachverhalts ist ein ganz wesentlicher fachdidaktischer und -methodischer Aspekt der Physik. Erst viel später kommt sie dann zur Mathematisierung. „Zu glauben, dass Mathematik zur Physik absolut notwendig ist, ist Torheit; denn wo diese (die Mathematik) wirklich stattfindet, hat der Mensch schon das Beste gefunden. Es dahin zu bringen, dass er (der Physiker) es dem Mathematiker übergeben kann, das ist die Sache“ (LICHTENBERG in KLINGER 1990, S. 199).

◆ Vereinfachung durch Transformation in andere Repräsentationsformen

Elementarisierung **veranschaulicht** die an einem einfachen, konkreten Beispiel herausgearbeiteten Erkenntnisse, **transformiert** sie in möglichst vielfältige Repräsentationsformen und versprachlicht sie vor allem intensiv, um das Verständnis und die kognitive Verarbeitung zu erleichtern, den Transfer auf andere Beispiele und eine Generalisierung zu ermöglichen (**horizontale Reduktion**). Durch die Transformation in verschiedene Repräsentationsformen wird der Aufbau kognitiver Strukturen, Schemata, Operationen und Begriffe unterstützt.

Beispiele

- Durch konkreten, handelnden Nachvollzug werden operative Zusammenhänge erkannt, z. B. in Mathematik eine Verkaufs- oder Einkaufssituation durchgespielt, Zahlbegriffe und Operationen auf dem geduldigen Weg über konkretes Handeln, Ikonisierung, Versprachlichung, Verinnerlichung und Abstraktion in mehreren Durchgängen gewonnen.
- Optische Strukturierungen mit Hilfe von Farbkreide, Wortkarten, Pfeilen, Kästchen heben wichtige Bestandteile hervor, stellen Zusammenhänge übersichtlich und gegliedert heraus und veranschaulichen sie durch schematisierte Skizzen, vereinfachte Abbildungen und Modelle, z. B. die Teile einer Blütenpflanze, die inneren Organe des Körpers am Torso-Modell, den schematisierten Aufbau des großen und kleinen Blutkreislaufs, den Weg eines Gesetzes durch die verschiedenen Instanzen.
- Einfache Funktionsmodelle veranschaulichen hochkomplexe Vorgänge und Funktionen und machen sie nachvollziehbar, z. B. die Funktion eines Viertaktmotors, die Windkesselfunktion der Aorta.
- Hochkomplexe Vorgänge werden durch eine „Black-Box-Betrachtung" auf wichtigste Ergebnisse reduziert, z. B. Funktionen der Leber wie Speicherung und Umbau von Nährstoffen, Bildung von Gallensaft und Blutgerinnungsstoffen, Regulierung des Blutzuckers und Entgiftung des Blutes.
- Gezielt ausgewählte Medien wie Wandbilder, Dias, Filmausschnitte mit Zeitlupe oder Zeitraffer und Wiederholungen machen Bewegungsabläufe und Entwicklungen sichtbar, z. B. Verhaltensweisen von Tieren, die Keimung eines Bohnensamens.
- Wichtige Überlegungen und Entscheidungen im Stadtrat zu einem zentralen kommunalen Problem werden durch modellhaftes Handeln in einem Planspiel simuliert.[17]

◆ Vereinfachung durch die Verwendung einer klaren, anschaulichen Unterrichtssprache und die Reduzierung von Fachbegriffen

Die Reduzierung der Komplexität geschieht auch auf der sprachlichen Ebene. Gerade in den naturwissenschaftlichen Fächern müssen die Schüler langsam an die Fachsprache herangeführt werden. Phänomene, Erkenntnisse, Zusammenhänge, Einsichten werden in **einfacher, anschaulicher, alters- und erfahrungsgemäßer Sprache** ausgedrückt. Problemfragen geben Anlass zu Vermutungen, Hypothesen, Lösungsplanungen, die dann durchgeführt, ausgewertet, reflektiert werden. Über vielfältige handelnde Erfahrungen werden induktiv umgangssprachliche Begriffe aufgebaut, nach und nach präzisiert, ausdifferenziert, erweitert, durch **Fachtermini** ersetzt, durch Ober- und Unterbegriffe in ein **Begriffsnetz** eingebunden und hierarchisiert. Häufige Wiederholungen und die Strukturierung fördern das Elaborieren und das Behalten.

Beispiel

Die sehr stark elementarisierte Aussage in einem Grundschularbeitsblatt „Ein Körper schwimmt, wenn er leichter ist als Wasser" müsste mindestens durch den unspezifischen, umgangssprachlich verwendeten Begriff „Menge" erweitert werden: „Ein Körper schwimmt, wenn er leichter ist als die gleiche Menge Wasser". In der Hauptschule sollte die durch Schülerexperimente gewonnene Erkenntnis am Ende des Lernprozesses nach alltagssprachlichen Formulierungsversuchen fachwissenschaftlich exakter ausgedrückt werden: „Ein Körper schwimmt, wenn er leichter ist als das Gewicht des von ihm verdrängten Wasservolumens" (KLINGER 1990, S. 196).

Der Lehrer kann durch feste, fast formelhafte **Redewendungen** zur Unterscheidung wichtiger Begriffe und zur Vermeidung falscher Assoziationen beitragen:
Im Physikunterricht verwechseln Schüler trotz sorgfältiger Einführung oft die Begriffe „Strom" und „Spannung". „In der Praxis hat es sich bewährt, diese beiden Begriffe zusammen mit der festen Sprechweise ‚Spannung herrscht' und ‚Strom fließt' einzuführen. Das Verb ‚herrschen' betont dabei den statischen Charakter der Spannung, das Wort ‚fließen' den dynamischen des elektrischen Stroms ... Voraussetzung ist allerdings, dass sich der Lehrer zu Beginn der Elektrizitätslehre auf eine der Begriffsbezeichnungen ‚Spannungsquelle' oder ‚Stromquelle' festlegt und diese Begriffe nicht synonym gebraucht (obwohl dies vom fachwissenschaftlichen Standpunkt aus nicht falsch wäre)" (KLINGER 1990, S. 193).
Wie sehr bestimmte Begriffe falsche Assoziationen wecken können, wird am Beispiel der Befruchtung der Kirschblüte deutlich. Der Begriff „Pollenschlauch" begünstigt die sachlich falsche Vorstellung, dass durch diesen Pollenschlauch die männliche Keimzelle zur Eizelle „rutschen" könnte.
Die in der Grund- und Hauptschule oft anzutreffenden **animistischen Formulierungen** sollten zugelassen werden, da sich auch Physiker animistischer Sprechweisen zur Beschreibung und Deutung von Phänomenen bedienen, z.B. „Ein Körper leistet Widerstand gegen die beschleunigende Kraft", „Atome sind bestrebt, Edelgaskonfigurationen anzunehmen"[18]. „Die animistische Sprechweise ist nicht nur unschädlich, sie ist für den Prozess des Verstehens höchst fruchtbar; denn sie bewirkt die Fühlung mit der Sache, bewirkt das ‚Sich-hinein-Versetzen', das ‚Verstehen', während das Durchhalten der sterilen Sprechweise ablenkt, verfremdet, das Denken umbringt. Solange das Verstehen noch zu leisten ist, sollten wir weiter animistisch sprechen lassen" (WAGENSCHEIN 1970, S. 165).
Je jünger die Schüler sind, um so mehr spielen affektive Komponenten bei Lernprozessen eine bedeutsame Rolle. **Anthropomorphisierungen**, d.h. vermenschlichende Aspekte des Sachverhalts, sind auch in Physik in bescheidenen Grenzen erlaubt, wenn anschließend abstrahiert und die sachliche Formulierung erarbeitet wird.

Beispiel

Bei Schulanfängern kann beim Lösen von Zucker in Wasser die Ausdrucksweise „Der Zucker hat sich im Wasser versteckt" akzeptiert werden, wenn der Lehrer darauf hinweist: „Wir sagen: Der Zucker hat sich aufgelöst" (KLINGER 1990, S. 195).

Exkurs: Beispiel einer Elementarisierung im Biologieunterricht – Bestäubung und Befruchtung einer Kirschblüte

Zu den schwierigsten Unterrichtsinhalten der Biologie zählen die Bestäubung und Befruchtung bedecktsamiger Blütenpflanzen, vor allem auch deshalb, da die wesentlichsten Vorgänge der direkten Beobachtung entzogen und zum Verständnis grundlegende Kenntnisse der Biologie der Zelle notwendig sind. An diesem Beispiel soll die Elementarisierung schon fachdidaktisch reduzierten fachwissenschaftlichen Grundlagenwissens auf **Abiturniveau**, über das der Lehrer bei der Unterrichtsvorbereitung verfügen sollte, für eine 5. und 3. Jahrgangsstufe dargestellt werden.

◆ **Fachwissenschaftliche Grundlegung** (SCHARF/WEBER 1992)

„Fortpflanzung ist eines der Kennzeichen des Lebens. Sie dient der Erhaltung des genetischen Materials und damit dem Überleben der jeweiligen Art. Die **geschlechtliche Fortpflanzung** ist gekennzeichnet durch die Bildung von Geschlechtszellen, wobei das genetische Material neu kombiniert wird.

Bau und Bildung der Keimzellen:
Bei der geschlechtlichen Fortpflanzung vereinigen sich immer zwei **Keimzellen** (Geschlechtszellen, Gameten). Das Produkt dieser Verschmelzung ist die **Zygote**. Aus ihr entwickelt sich durch Zellteilungen und Differenzierungsvorgänge ein neuer Organismus.
Damit eine Vervielfachung der im Zellkern liegenden Erbsubstanz durch aufeinanderfolgende Befruchtungen vermieden wird und dadurch die Konstanz der Chromosomenzahl einer Art gewährleistet ist, muss in der **Meiose** eine Reduktion der genetischen Information vom doppelten, dem diploiden Chromosomensatz der Körperzelle auf den einfachen, dem haploiden Chromosomensatz der Keimzelle erfolgen (S. 12).
Weibliche Keimzellen. Die Eizellbildung bei **Pflanzen** ... erfolgt in der Samenanlage, die im Fruchtknoten liegt. Durch Meiosevorgänge wird eine diploide Zelle, die Embryosackmutterzelle, zu vier haploiden Zellen. Drei der vier Zellen degenerieren. Die übriggebliebene haploide Zelle, die Embryosackzelle, vergrößert sich, und ihr Kern, der primäre Embryosackkern, teilt sich ... dreimal hintereinander. Dadurch entstehen 8 Kerne, die sich ... in zwei Vierergruppen an den beiden Polen anordnen. Je ein Kern wandert zur Mitte, wo sie zum diploiden sekundären Embryosackkern verschmelzen. Die übrigen sechs Kerne umgeben sich mit Plasma und einer Membran. Am Zugang der Samenanlage, der Mikropyle, liegt die Eizelle, flankiert von zwei Zellen, den Synergiden. Sie dienen vermutlich der Erleichterung des Befruchtungsvorgangs und der Ernährung des Embryos.
Die am anderen Pol des Embryosacks liegenden drei Zellen heißen Antipoden. Sie haben in manchen Fällen ebenfalls Bedeutung für die Ernährung des Embryos. Das Gebilde aus sechs haploiden Zellen und einem diploiden Kern mit Plasma heißt **Embryosack**.

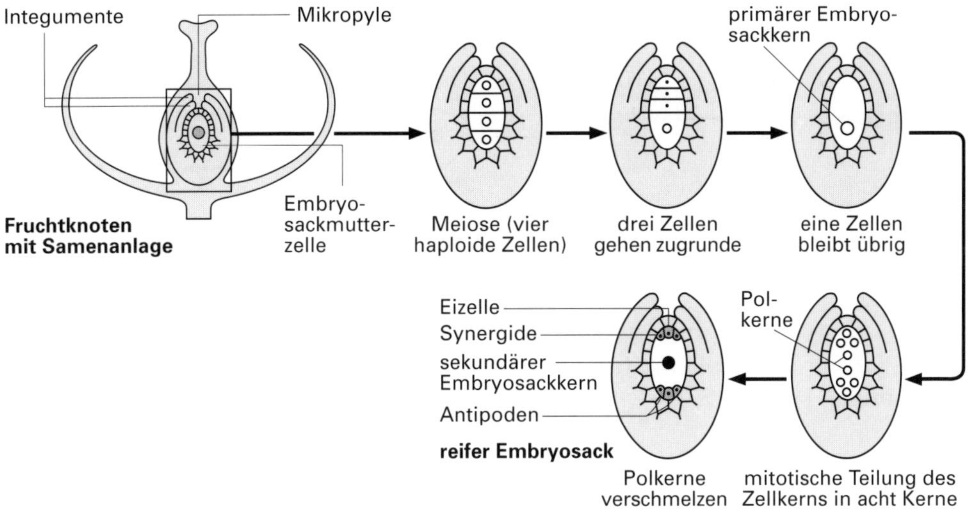

(Eizellbildung im Embryosack, S. 15)

Männliche Keimzellen. Die männlichen Keimzellen (Spermien) haben die Aufgabe, die meist plasmareiche und unbewegliche weibliche Keimzelle aufzusuchen und mit ihr zu verschmelzen. (Sie) gehen ... alle auf den gleichen Grundbauplan zurück (S. 15). Im Pflanzenreich werden bei den bedecktsamigen Pflanzen ... keine beweglichen Gameten gebildet. Um die männlichen Gameten bei Pflanzen zu finden, muss man das Innere eines Pollenkorns genauer untersuchen. Die naheliegende Vermutung, diese Pollenkörner seien mit den Gameten gleichzusetzen, trifft nämlich nicht zu. In den Pollensäcken der Staubbeutel entstehen aus diploiden Pollenmutterzellen durch Meiose und weitere Differenzierungen je vier haploide Pollenkörner. Sie reifen heran, indem sich im haploiden Pollen noch ein oder zwei mitotische Teilungen vollziehen. Das reife Pollenkorn ist schließlich zwei- oder dreizellig. Eine bzw. zwei Zellen davon dienen als Geschlechtszellen und vollziehen später die Befruchtung.
Diese Geschlechtszellen sind die Gameten. Sie wandern im Pollenschlauch zur Samenanlage (mit)" (S. 17).

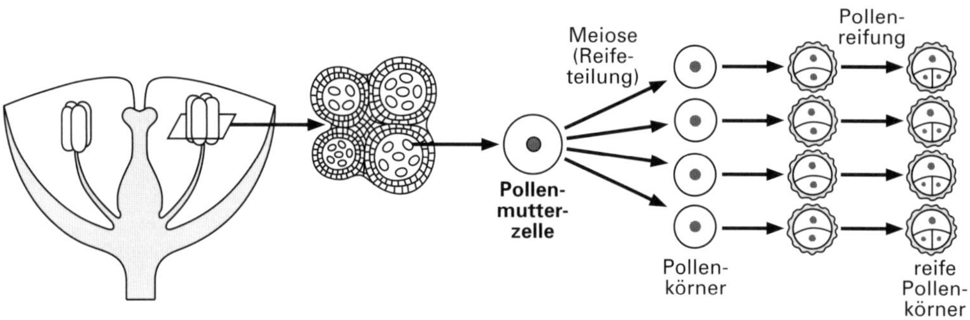

(Pollenbildung und Pollenreifung in den Pollensäcken der Staubblätter einer bedecktsamigen Pflanze, S. 17)

Besamung und Befruchtung:

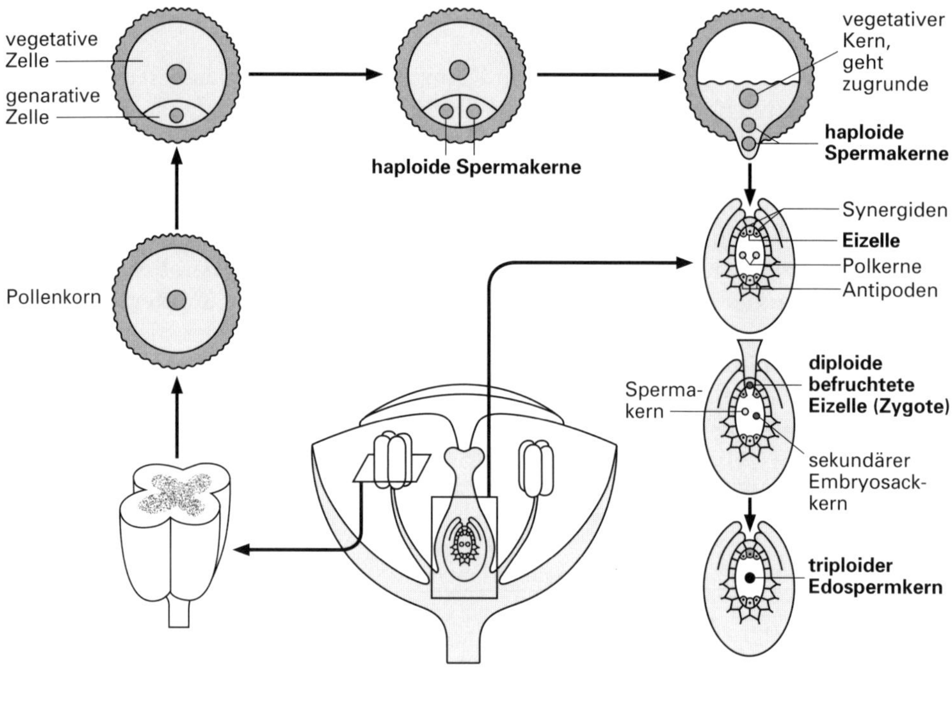

(Die doppelte Befruchtung bei bedecktsamigen Pflanzen, S. 21)

„**Die doppelte Befruchtung bei bedecktsamigen Pflanzen**. Wenn durch die Bestäubung ein Pollenkorn auf die Narbe gelangt ist, wird durch das Narbengewebe ‚geprüft', ob es sich um Pollen der eigenen oder einer fremden Art handelt. Nur der Pol-

len der eigenen Art soll auskeimen. Zwischen Pollenkorn und Narbe setzt deshalb ein Prozess der Zell-Zell-Erkennung ein. Er wird vermittelt durch spezielle Glykoproteine an der Pollenoberfläche, die **Lectine**. Sie sind charakterisiert durch zwei oder mehr Bindungsstellen am Molekül, die bestimmte Zuckermoleküle in den Glycoproteinen der Narbenoberfläche erkennen. Durch diesen Schlüssel-Schloss-Mechanismus wird z. B. die Fremdbestäubung gesichert. Erst die Lectine veranlassen nämlich die Narbe zur Flüssigkeitsabgabe, wodurch die Pollenkeimung ausgelöst wird.
Der Pollenschlauch muss zuerst den oft zentimeterlangen Griffel durchwachsen. Mit den polleneigenen Enzymen wird Griffelgewebe aufgelöst. Bei vielen Pflanzenarten hat man eine chemische Orientierung des Pollenschlauchwachstums zur Samenanlage hin nachgewiesen ...
Im wachsenden Pollenschlauch wandern auch die beiden haploiden Spermakerne und der vegetative Kern mit. Der Pollenschlauch dringt durch die Mikropyle in eine der Synergiden ein. In diese hinein werden die beiden Spermakerne und der vegetative Kern entlassen. Synergide und auch vegetativer Kern gehen bald zugrunde. Einer der beiden Spermakerne wandert in die Eizelle und verschmilzt mit dem Kern zum **diploiden Zygotenkern**. Der andere Spermakern bewegt sich zum Zentrum des Embryosacks, wo er mit dem schon diploiden sekundären Embryosackkern (aus der Verschmelzung der beiden Polkerne hervorgegangen) verschmilzt. Der entstandene **triploide Endospermkern** teilt sich vielfach. Die Zellen, die durch diese Vielfachteilung entstehen, bilden das Nährgewebe. Die Befruchtung bei den Bedecktsamern besteht also aus zwei Kernverschmelzungsvorgängen. Man bezeichnet diesen grundlegenden sexuellen Vorgang der bedecktsamigen Pflanzen deshalb als **doppelte Befruchtung**. Der Sinn dieser doppelten Befruchtung liegt vermutlich darin, dass die Nährgewebeherstellung für den Embryo erst dann beginnt, wenn die Befruchtung erfolgt ist. Die energieverbrauchende Anlage von nicht benötigten Reservestoffen kann so vermieden werden" (S. 21).

Embryoentwicklung und Samenbildung:
„In der Samenanlage einer bedecktsamigen Pflanze entwickelt sich aus der befruchteten Eizelle, der Zygote, zunächst ein mehrzelliger fädiger Vorkeim, der Proembryo. Der **Embryo** selbst geht in vielen Fällen allein aus der vordersten Zelle dieser Zellreihe hervor. Auf eine erste Längsteilung folgen weitere Quer- und Längsteilungen. Diese führen zur Ausbildung einer kugelförmigen Zellgruppe. Die hinteren Zellen des Proembryos bilden den Embryoträger. Durch dessen Verlängerung wird der Embryo in das gleichzeitig sich bildende Nährgewebe hineingeschoben. Der Embryoträger wird später zurückgebildet.
Aus dem zunächst kugeligen Embryo bilden sich nun die Keimlingsorgane, die Keimwurzel, die Keimachse (das Hypokotyl), die Keimblätter und der Sprossvegetationspunkt, von dem die Entwicklung der Sproßachse ausgeht. Während der Embryoentwicklung verändern sich auch die übrigen Teile der Samenanlage. Durch zahlreiche Teilungen des triploiden Endospermkerns und entsprechend viele anschließende Zellbildungen wird der übrige Raum des Embryosacks mit dem **Nährgewebe** (dem Endosperm) ausgefüllt. In ihm werden die für die weitere Entwicklung des Embryos notwendigen Nährstoffe bereitgestellt (z. B. bei Getreide, Rhizinus, Küchenzwiebel).

Bei zahlreichen Pflanzen enthalten die Samen kein Endosperm, bei ihnen werden die Nährstoffe im Embryo selbst gespeichert, und zwar meist in dessen Keimblättern (z. B. bei Bohne, Mandel und Walnuss). Die Hüllen (Integumente) der Samenanlage bilden sich zur **Samenschale** um.
Mit der Reife des Samens findet die Entwicklung des Embryos einen vorläufigen Abschluss. Der reife Samen geht also aus der Samenanlage nach der Befruchtung hervor und besteht aus drei Teilen: einer kleinen Keimpflanze im vorübergehenden Ruhezustand, einem Nährgewebe und einer schützenden Hülle. Er stellt damit eine zweckmäßige Fortpflanzungs- und Verbreitungseinheit dar" (S. 65).

Elementare Kenntnisse: Bestäubung – Befruchtung – Samen
„Als Bestäubung bezeichnet man die Übertragung des Pollens einer Samenpflanzenblüte auf die Narbe (Bedecktsamer) bzw. direkt auf die Samenanlage (Nacktsamer). Befruchtung bedeutet auch im Pflanzenreich die Verschmelzung haploider Zellen zur diploiden Zygote. Bei Bedecktsamern tritt eine doppelte Befruchtung auf, bei Nacktsamern liegt eine einfache Befruchtung vor"(S. 20).
„Der reife Samen geht also aus der Samenanlage nach der Befruchtung hervor und besteht aus drei Teilen: einer kleinen Keimpflanze im vorübergehenden Ruhezustand, einem Nährgewebe und einer schützenden Hülle" (S. 65). Die Keimpflanze ist der vorübergehend ruhende Embryo , an dem „bereits die drei Grundorgane der späteren Pflanze zu erkennen (sind): die Blätter in Gestalt der beiden Keimblätter (bzw. der zahlreichen Keimblätter bei den Nadelhölzern), die Sproßachse in Gestalt der Keimachse, die Wurzel in Gestalt der Keimwurzel"(S. 67) (Scharf/Weber 1992, S. 8, 12, 15, 17, 20 f., 65, 67).

◆ Beispiele didaktisch reduzierter, elementarisierter Texte in Schülerbüchern

Während der Besuch der Kirschblüten durch die Bienen der eigenen Erfahrung und Beobachtung zugänglich ist und auch Bestäubung noch leicht erklärt werden kann, zeigt sich die Kunst der Elementarisierung bei der Beschreibung der Befruchtung und der Ausbildung der Frucht. Nachfolgende Texte stellen Beispiele unterschiedlich gelungener Elementarisierungen dieses Themenkomplexes dar (Biologie 5. Jgst.; Heimat- und Sachkunde 3. Jgst.).

Text 1 (5. Jgst.):

„Bestäubung: Pollenkörner ‚reisen'

An blühenden Kirschbäumen wimmelt es von Bienen. Sie suchen in den Blüten Nektar und Pollen als Nahrung. Aus Nektar machen die Bienen den Honig.
Kirschblüten enthalten reife Staubbeutel, die **Blütenstaub (Pollen)** abgeben. Um an den Nektar am Blütenboden zu gelangen, drückt die Biene die Staubbeutel beiseite. Viele klebrige Pollenkörner bleiben am Haarpelz des Insekts hängen. Die Biene fliegt mit diesen Pollen zur nächsten Blüte.
Bei der Suche nach Nektar streift die Biene einige Pollenkörner an der **Narbe des Stempels** ab. Die Blüte ist nun **bestäubt ...**

Merke:
- Die Übertragung von Pollenkörnern einer Blüte auf die Narbe einer anderen Blüte nennt man Bestäubung.
- Erfolgt die Bestäubung einer Blüte durch ein Insekt, spricht man von Insektenbestäubung.
- Bei der Windbestäubung werden Blüten mit Hilfe des Windes bestäubt.

Befruchtung: Zellen verschmelzen

Ein interessanter Versuch: Bei Kirschblüten schnitt man gleich nach dem Öffnen der Blüten die Narben ab und umhüllte sie mit Papier. Pollenkörner können dann nicht mehr auf den Narben kleben bleiben. Später stellte sich heraus, dass sich aus diesen Blüten keine Früchte entwickelten.
Normalerweise werden Blüten durch den Wind oder durch Insekten bestäubt. Das heißt Pollenkörner bleiben auf der zuckerhaltigen, klebrigen Narbe einer Blüte haften. Bei der Kirschblüte findet man hier durchschnittlich 50 Pollenkörner. Sie beginnen zu **keimen**: Aus jedem Pollenkorn wächst ein schlauchartiges Gebilde. Man nennt es **Pollenschlauch**. Dieser ist so klein, dass man ihn nur stark vergrößert erkennen kann. Ein „Wettwachsen" beginnt! Das Ziel ist die Eizelle in der Samenanlage. Der Pollenschlauch, der am schnellsten wächst, dringt in die Samenanlage ein.
Inzwischen hat sich im Pollenschlauch auch die männliche Geschlechtszelle gebildet. Sie befindet sich im unteren Teil des Pollenschlauches. Hat der Pollenschlauch die Eizelle erreicht, erfolgt die **Befruchtung**: Die männliche Geschlechtszelle verschmilzt mit der Eizelle. Beide Zellkerne vereinigen sich zu einem Zellkern. Dies ist der Zellkern der befruchteten Eizelle.
Die Befruchtung ist abgeschlossen. Die Samenanlage verschließt sich. Keine weitere männliche Geschlechtszelle kann in die Eizelle eindringen. Jetzt beginnt die Entwicklung der Kirschfrucht.

Merke:
- Nach der Bestäubung keimen die Pollenkörner zu Pollenschläuchen.
- Im Pollenschlauch bildet sich die männliche Geschlechtszelle.
- Bei der Befruchtung verschmelzen die männliche Geschlechtszelle und die Eizelle.

Nach der Befruchtung entwickeln sich Früchte mit Samen

Nach der Befruchtung verändert sich die Blüte der Kirsche. Der Fruchtknoten schwillt an. Bald wird der krugförmige Teil des Blütenbodens zu eng. Er wird gesprengt. An der wachsenden **Frucht** bleiben vertrocknete Kelchblätter und Staubblätter mit dem Rest des Blütenbodens haften. Später fallen diese Blütenteile ab.
Allmählich wächst die Frucht zur reifen Kirsche heran. Aus der Wand des Fruchtknotens entwickelt sich die Fruchtwand. Sie besteht aus drei Schichten: Das rote, saftige Fruchtfleisch der reifen Kirschfrucht wird außen von einer glatten Haut und innen von einer harten Schale begrenzt. Diese Schale ist steinhart. Daher bezeichnet man solche Fruchtformen als Steinfrüchte. Im Inneren des Kirschsteins liegt geschützt der **Samen**. Er hat sich aus der Samenanlage mit der befruchteten Eizelle gebildet.

Merke:
- Eine Frucht entsteht aus dem Fruchtknoten.
- In der Frucht liegen ein oder mehrere Samen."

(SCHARF 1997; S. 118–120).

Text 1 ist ein an der Fachwissenschaft orientierter, gut lesbarer, informativer und verständlicher Text.

Text 2 (3. Jgst.):

„Von der Kirschblüte zur Frucht!

1	Im Frühjahr blüht der Kirschbaum. Die Blütenblätter locken Insekten an, besonders die Bienen. Hier holen sie ihre Nahrung, den Blütenstaub und den Blütensaft.	Blüte
2	Die Biene will den süßen Blütensaft (Nektar) vom Blütenboden aufsaugen. Sie kriecht in die Blüte. Dabei bleibt etwas Blütenstaub (Pollen) an ihrem Haarpelz hängen. Sie streift ihn zu den Beinchen ab. Hier bilden sich Blütenstaubklumpen (Höschen). Sie fliegt zur nächsten Blüte. Hier bleibt etwas Blütenstaub an der klebrigen Narbe hängen. Die Blüte wird **bestäubt**. Den Dienst der Bestäubung vollbringt die Biene unbeabsichtigt.	Bestäubung
3	Aus dem Pollenkorn wächst ein winziger, dünner **Schlauch** durch den **Griffel** bis in den **Fruchtknoten**. Hier ist die **Samenanlage** mit der Eizelle. Wenn der Pollenschlauch die Samenanlage erreicht, wird die Blüte **befruchtet**. Der **Befruchtung** muss also immer eine Bestäubung vorausgehen.	Befruchtung
4	Nur aus befruchteten Blüten entwickeln sich Kirschen. Aus dem Fruchtknoten entstehen Kirschstein und Fruchtfleisch.	Fruchtbildung
5	Die Kirschsteine sind die Samen. Aus ihnen können neue Kirschbäumchen wachsen. Der Gärtner muss sie veredeln. Dann trägt der Baum später wieder süße, saftige Kirschen"	Vermehrung

(GRÖSCHEL 1983, S. 43).

Text 2 ist ein gut elementarisierter, übersichtlich strukturierter Text mit kurzen Sätzen, anschaulicher Wortwahl und herausgehobenen Fachbegriffen. Der Lehrer muss wahrscheinlich nur den Begriff „veredeln" erklären.

Text 3 (3. Jgst.):

„Was geschieht an der Blüte?

Emsig fliegen die Bienen von Blüte zu Blüte. Während sie Nektar saugen, berühren Härchen ihres Körpers den **Stempel** und seine **Narbe**. Winzige **Pollenkörner** aus ihrem Haarkleid bleiben daran kleben. So **bestäuben** sie die Blüte.
Bald darauf dringt ein feiner Faden durch den Stempel zum Fruchtknoten vor.
Diesen Vorgang nennen wir **befruchten**.
Es wächst eine neue Frucht, ein Apfel mit Kernen" (GSCHWENDNER/SCHWEIGER 1996, S. 45).

Text 3 enthält begriffliche Unschärfen. Er erklärt nicht, wo die Samenanlage mit der Eizelle liegt. Das Wachsen des Pollenschlauches wird mit der Befruchtung gleichgesetzt. Der letzte Satz verweist wieder auf die Beobachtung, ohne sie sachlich zu erläutern. Die Elementarisierung gelingt nur ansatzweise.

2.3 Passung durch einen exemplarisch-genetischen wie orientierenden Unterricht

Für Schüler wird eine Sache zu ihrer Sache, wenn sie sich möglichst selbsttätig handelnd damit auseinandersetzen können. Eine bedeutsame Möglichkeit, die optimale Passung zwischen Stoff und Schüler zu erreichen, ist das **exemplarisch-genetische Verfahren**, synonym exemplarisches Lehren, Vorgehen, Prinzip. Wenn Lernen in schulischen und außerschulischen Einrichtungen zu Selbstständigkeit, kritischer Erkenntnis-, Handlungs- und Urteilsfähigkeit verhelfen soll, dann wird dies „nicht durch reproduktive Übernahme möglichst vieler Einzelkenntnisse, -fähigkeiten und -fertigkeiten gewonnen, sondern dadurch, dass sich der Lernende an einer begrenzten Zahl von ausgewählten Beispielen (Exempeln) aktiv allgemeine, genauer: mehr oder minder weitreichend verallgemeinerbare Kenntnisse, Fähigkeiten, Einstellungen erarbeitet, m. a. W.: Wesentliches, Strukturelles, Prinzipielles, Typisches, Gesetzmäßigkeiten, übergreifende Zusammenhänge. Mit Hilfe solcher allgemeinen Einsichten, Fähigkeiten, Einstellungen können jeweils mehr oder minder große Gruppen strukturgleicher oder ähnlich strukturierter Einzelphänomene und -probleme zugänglich bzw. lösbar werden" (KLAFKI 1985, S. 89 f.). Der Unterricht des Lehrers ist dann nicht Vermittlung vorgegebenen Wissens und fixierter Fertigkeiten, sondern als „sokratisches Lehren" pädagogische Hilfestellung zum selbstständigen, aktiven Lernen des Schülers.[19]

Diese Ziele können nur erreicht werden, wenn die **Stofffülle** der Fächer reduziert wird. Besonders in streng logisch aufgebauten naturwissenschaftlichen Fächern wie Physik und Mathematik unterliegen die fachwissenschaftlich ausgebildeten Lehrer besonders der weiterführenden Schulen nämlich der Versuchung, in einem systematischen Lehrgang möglichst vollständig das Fach durchzuarbeiten und vom Einfachen zum Schwierigen und Komplexen, von der Trägheit, über das Gewicht, die Geschwindigkeit usw. fortzuschreiten. Je systematischer und umfassender ein Lehrgang aufgebaut ist, desto eher verführt dies zu hastendem, ungründlichem Durcheilen. Das exemplarisch-genetische Verfahren ist eine Möglichkeit, die Stofffülle in natur-

wissenschaftlichen wie gesellschaftswissenschaftlichen Fächern zu begrenzen. Dies geschieht einmal durch die **exemplarische Auswahl** der Inhalte.
Die Ziele exemplarisch-genetischen Lehrens und Lernens werden aber erst durch die entwicklungsgemäße, genetische **Vermittlung der Methoden** und der Einschätzung der Grenzen des Faches durch Prozesse des **facheigenen Problemlösens** erreicht.
Das exemplarisch-genetische Verfahren ist eng mit MARTIN WAGENSCHEIN verknüpft, der dieses Prinzip im Physik- und Mathematikunterricht des Gymnasiums und an der Odenwaldschule im Unterricht erprobt und weiterentwickelt, am ausführlichsten begründet und in seinen Schriften durch eine Vielzahl von Beispielen überzeugend demonstriert hat. Obwohl seit den 50er Jahren unermüdlich durch Vorträge und Publikationen bekanntgemacht, fand es aber in weiterführenden Schulen noch wenig Eingang in den naturwissenschaftlichen Unterricht.

Die Gewinnung elementarer Einsichten an exemplarisch ausgewählten Unterrichtsinhalten

Grundlegende Begriffe, kategoriale Erkenntnisse, Gesetzmäßigkeiten, Einsichten, Methoden und Fertigkeiten werden an **repräsentativen, prägnanten, prototypischen, paradigmatischen, stellvertretenden Beispielen** für eine Vielzahl ähnlicher Erscheinungen erarbeitet. WAGENSCHEIN nimmt dabei Bezug auf die Tübinger Resolution: „Ursprüngliche Phänomene der geistigen Welt können am Beispiel eines einzelnen, vom Schüler wirklich erfassten Gegenstandes sichtbar werden“ (TÜBINGER RESOLUTION in WAGENSCHEIN 1989, S. 32). Das Beispiel repräsentiert einen Zusammenhang, der auch anderen Erscheinungen oder Objekten zugrunde liegt.

Beispiele

- Die Sahara dient als Prototyp einer Wüste, die Tulpe als Beispiel einer einfachen Blütenpflanze.
- Die Gewinn- und Verlustrechung steht stellvertretend für die Berechung prozentualer Zuschläge oder Preisermäßigungen.
- Das Werk Monets wird prototypisch für die Epoche des Impressionismus behandelt.
- In einem exemplarischen Biologieunterricht werden beispielsweise typische Kennzeichen des Lebens (Fortbewegung, Stoffwechsel, Wachstum, Fortpflanzung, Verhalten) an einigen wenigen, den Schülern vertrauten Tieren wie Hund, Katze, Hamster, Meerschweinchen gründlich und ohne Hast erarbeitet, an weiteren Tieren durch Vergleich wiedererkannt, bei denen jedoch einzelne Aspekte im Mittelpunkt der Behandlung stehen können wie Verhalten, Körperbau oder Stoffwechselvorgänge. Durch Betrachtung, Beobachtung, Vergleich von Tieren und Pflanzen entdecken die Schüler auch Verwandtschaftsbeziehungen und erste Einsichten in eine Systematik.[20]

Die **exemplarische Auswahl**, die Ebene des „Sach-Exemplarischen“[21], betont den inhaltlichen Aspekt auch für sozialwissenschaftliche Fächer wie Geschichte, in denen an ausgewählten Inhalten wesentliche Einsichten einer geschichtlichen Entwicklung dargestellt, viele Informationen aber über darbietendes Erzählen und Entwickeln vermittelt und nur in Ansätzen über fachgemäße Arbeitsweisen wie die Auseinandersetzung mit originalen Funden, das Entschlüsseln einer Urkunde, Erzählungen von Zeitzeugen gewonnen werden.

Beispiel

Am Beispiel Ägyptens wird die Bedeutung eines Flusses für die Wirtschaft und die soziokulturelle Entwicklung einer Region erarbeitet. Die dabei gewonnenen Einsichten lassen sich dann auf ähnliche Stromgebiete, z. B. den Mississippi, Indus oder Yangtze Kiang, übertragen.

Elementare, fundamentale Einsichten und Erkenntnisse lassen sich durch **selbsttätig-handelndes, problemlösend-entdeckendes Lernen** in Muße an ausgewählten, motivierenden Problemstellungen erarbeiten. Die spezifische Veranschaulichung und Konkretisierung des Exempels, denen häufig vertraute Erfahrungen oder Vorstellungsbilder seitens der Schüler entsprechen, und die Transformation in andere Repräsentationsformen beim Durcharbeiten erleichtern den Transfer auf andere Fälle.[22]
Orientierende Überblicke vertiefen und erweitern fundamentale Einsichten und Erkenntnisse. Dies ist das Gegenteil eines übertrieben linearen, der exakten Naturwissenschaft verpflichteten, vom Einfachen zum Komplizierten fortschreitenden, den Lehrstoff in kleine Portionen unterteilenden Verfahrens, bei dem Verstehen als der Nachvollzug des vorgestellten Stoffes angesehen wird.

Die exemplarische Vermittlung der Methoden eines Faches und der Grenzen der Erkenntnisgewinnung

Die exemplarische Auswahl der Inhalte betrifft nur einen Aspekt des Exemplarischen. Die „‚Kenntnis' des ‚Stoffes' ist nicht das primäre Ziel des Exemplarischen Lehrens", sondern ein „notwendiges und sicheres Nebenergebnis". „Das Exemplarische Prinzip ... ist ein anderer Lehrstil ... Es will zwar Schwierigkeiten wegräumen, die den Schüler am Lernen hindern, soweit sie von der Schule ausgehen. Aber es will die Schwierigkeiten fruchtbar machen, die zum Lernen gehören ... Es will die Methoden und Kategorien eines Faches genau, das heißt durch ‚Selbsttätigkeit', kennen lehren ... Es kommt also auf die Inhalte des Faches und die Kategorien an, die ihm angemessen sind" (WAGENSCHEIN 1965, S. 454, 472, 474).[23]
Die Schüler gewinnen am ausgewählten Beispiel nicht nur fundamentale Erkenntnisse und Einsichten, sondern auch ihnen bisher nicht verfügbare Zugangs- und Handlungsweisen, **Problemlösungsstrategien, fachgemäße Arbeitsweisen und -techniken** und Strukturierungsmöglichkeiten.[24] In den Naturwissenschaften kann deshalb nach WAGENSCHEIN „exemplarisch nicht in erster Linie ein bestimmter Stoff sein ..., sondern nur ein Verfahren an ihm, eine Begegnungsweise ... Exemplarische Stoffe ... sind solche, die ein paradigmatisches Verfahren ganz besonders begünstigen" (WAGENSCHEIN 1965, S. 271f.).
Paradigmatisch sind dann für die Physik die Mathematisierbarkeit gewisser natürlicher Phänomene, die Bedeutung des Experiments, der Modellvorstellungen, des „Von-unten-hinauf-Argumentierens" in der Astronomie, des „Von-heute-zurück in die Vergangenheit" bei der Geologie, Paläontologie und Geschichte.[25]

Die unterrichtliche Realisierung exemplarisch-genetischen Lehrens und Lernens

◆ Die Bedeutung problemorientierter Hinführungen und genetischer Lehrgänge

Exemplarischer Unterricht bietet grundlegende Gesetzmäßigkeiten, Strukturen, Zusammenhänge der Unterrichtsstoffe den Schülern nicht in abgeschlossener, fertiger Form dar und lässt sie als Resultat, Faktum, Formel, Modell lernen, sondern verhilft ihnen dazu, „die „sachlogischen" Stufen der Entwicklung solcher Gesetzmäßigkeiten, Strukturen, Zusammenhänge entweder schrittweise aufbauend nachzuvollziehen bzw. zu entdecken oder aber analytisch, vom „fertigen" Ergebnis aus rückschreitend, zu rekonstruieren" (KLAFKI 1985, S. 93). Vor allem den ersten Weg bezeichnet WAGENSCHEIN als „exemplarisch-genetisches Lehren und Lernen", denn ein „streng exemplarisches Verfahren muss ‚genetisch' sein" (WAGENSCHEIN 1989, S. 75). Beim **exemplarisch-genetischen Lehren** bringt der Lehrer die Schüler dazu, die Entwicklung (Genesis) von Erscheinungen und Problemen durch erlebnishaft verstehendes, selbstständig entdeckendes, kritisches prüfendes, fachgemäß produktives Denken, Suchen und Problemlösen an der Sache entlang unter minimaler, der sokratischen Mäeutik (Hebammenkunst) vergleichbaren Führung des Lehrers nachzuvollziehen und dadurch fachgemäße Methoden, Arbeitsweisen und -techniken zu übernehmen, mit deren Hilfe sie die Welt und die Grenzen ihrer Erkenntnis erkennen können.
Der zweite Weg versucht vom vorhandenen Ergebnis, einem Produkt oder einer geschichtlichen Situation ausgehend durch analytisch-rückschreitendes **Rekonstruieren** oder **Nacherfinden** die Funktion einer Lichtschranke, mögliche Gründe für die Bauweise einer Burg, mögliche Ursachen einer geschichtlichen Entwicklung u. a. zu entdecken und zu verstehen.
Vor allem der erste Weg entspricht dem Konzept der „**originalen Begegnung**" HEINRICH ROTHS, dem Zurückführen eines Gegenstandes in seine Ursprungssituation und seinen Werdeprozess.[26]
Voraussetzung für das exemplarisch-genetische Lehren und Lernen ist, dass Lehrer und Schüler durch ein Phänomen aus ihrem Erfahrungsbereich, durch ein Problem aus ihrer Sicherheit zum Tun herausgefordert, **vom Problem ergriffen** werden. „Dieses ergriffene Ergreifen scheint mir das Kennzeichen des Bildungsprozesses zu sein ... (Der Mensch kann) nur gebildet werden ... durch eine Begegnung, die ihn ergreift, der er sich hingibt und die ihn dann zum Greifen und Begreifen bewegt." Den **problemorientierten Einstiegen** kommt deshalb besondere Bedeutung zu (WAGENSCHEIN 1965, S. 229 ff.; 1989, S. 34 ff.).
Das exemplarische Verfahren stellt deshalb einen „mehr oder weniger unvorbereiteten Gegenstand hin, von solcher Art, dass er dem Lernenden leicht ein Problem aufgeben kann, das sein tätiges und gründliches Suchen herausfordert, doch nicht allzu schwierig gewählt ist: nämlich so, dass er das Finden ermöglicht und dabei die besondere Art und Weise des Findens bewusst, durchschaubar machen kann, die für das Fach, die ‚Disziplin' exemplarisch ist" (WAGENSCHEIN 1965, S. 475). Der Lehrer sollte also „erst den Einzelfall anwesend sein lassen und mit den einfachsten, seiner Besonderheit zugewandten Denkmitteln verstehen (sozusagen mit den ‚bloßen Händen', mit dem ‚gesunden Menschenverstand'), dann: ihn, falls nötig, nach allgemeinen Regulativen entscheiden (mit ‚Werkzeug')" (WAGENSCHEIN 1989, S. 122). Dieses Vorgehen bezeichnet WAGENSCHEIN als **genetischen Lehrgang**.

Beispiel: Genetischer Lehrgang „Erdgeschichte"

Im genetischen Lehrgang „Erdgeschichte" lässt WAGENSCHEIN die Veränderungen der Erdgestalt von den Schülern entdecken:

- Ausgangspunkt ist eine „weittragende Frage, die sich dem unbefangenen, aber wachen Menschen aufdrängt aus der ruhigen, von Vorkenntnissen nicht geleiteten und auch nicht belasteten, Betrachtung der originalen Sache selbst". Ohne Eile werden Lichtbilder der sich verändernden Landschaft gezeigt wie Geröllhalden, Lawinen, Flusstäler, Wasserfälle. Diese „Exposition" muss der Sache angemessen sein: „Die Sache muss reden!" Die Schüler äußern erste Vermutungen und Einfälle.
- Das Thema „zündet": „Wie soll das enden? Alles geht zu Tal. Wird eine Zeit ohne Berge kommen?" Der Lehrer gibt den Schülern Zeit zum Denken, er lässt beunruhigende, produktive Verwirrung als Lernmotivation zu.
- Eine „Kette von Einfällen, Nachprüfungen, neuen Fragen" entwickelt sich, „wenn die ursprüngliche Frage eingewurzelt war". Der Lehrer legt weiteres produktives Material vor, z. B. das Zurückschreiten des Niagarafalles, das Voranschreiten des Nildeltas. Es „verstärkt sich der Eindruck der fortschreitenden Einebnung und Versumpfung der Landschaft. Von selbst kommt die Gegenfrage: Gibt es keine Gegenkräfte? Woher sind die Berge gekommen? Sind sie alle nur Erosionsinseln?"
- Naheliegende Einfälle werden untersucht, selbst wenn sie falsche Erklärungen enthalten wie den Vulkanismus, der Begleiterscheinung, aber nicht letzte Ursache ist. Andere Kräfte der Erde werden anhand von Fotografien oder Erkundungen studiert: die Verwerfungen und Brüche der Erdschichtungen in Steinbrüchen, im Gebirge. Aufgrund von Dokumenten über „das Aufsteigen der norwegischen und das Sinken der deutschen Nordseeküste" werden Katastrophentheorien wie Erdbeben aufgegeben. „Erst Versteinerungen ermöglichen die Altersordnung der vielfach zerrissenen Sedimente und erhellen damit ungeheure Abgründe an Zeit, die nötig gewesen sein müssen, um Meeresablagerungen von 10000 m Mächtigkeit anzuhäufen."
- Schließlich die Einsicht: „Wir leben auf einer ‚ruhelosen Erde' ... Mit das Wichtigste für die Formatio, die Bildung, ist hier das Verständnis der wahrhaft entsetzlichen Zeiträume, die sich aufgetan haben." Mit Hilfe der radioaktiven Methode allein könnte man sich von ihrer Richtigkeit überzeugen. „Auf solche Art schnell, raffiniert und nicht genetisch gewonnenen Kenntnissen fehlt aber etwas in uns, das mit naturwissenschaftlichen Begriffen nicht fassbar ist, eben die Einwurzelung in die ursprüngliche Welt, und das kontinuierliche, selbsttätige, mögliche produktive Gewinnen der an sich so unglaubhaften Einsicht" (WAGENSCHEIN 1989, S. 80–85).

Ausgangspunkt für exemplarisch-genetisches Lernen sind **Phänomene**, in der Grundschule vor allem eine **ganzheitliche**, noch nicht in die einzelnen Fächer Biologie, Physik, Chemie aufgefächerte **Naturbetrachtung**, die eine Fülle biologischer und physikalischer Beobachtungen aus dem Erfahrungsbereich der Kinder enthält, sie sammelt, ordnet, aufschreibt, hinterfrägt. Der Weg der Erkenntnisgewinnung durch problemlösend-entdeckende Verfahren kann in Grundzügen an exemplarisch ausgewählten Beispielen schon in der Grundschule angebahnt werden, z. B. beim Thema: Was braucht eine Pflanze zum Leben? Die Schüler überlegen dann Bedingungen, Bar-

barazweige (Kirsch- oder Forsythienzweige) zum Austreiben zu bringen, planen einfache Keimversuche mit Bohnen oder entdecken über Lichtmessungen im Wald die Bedeutung des Lichts für den Stockwerkbau und die Bodendeckung.[27]
Die ganzheitliche Naturbetrachtung der Grundschule wird dann in den nachfolgenden Jahrgangsstufen in die Fächer Biologie, Physik und Chemie aufgegliedert, in denen aber auch noch der **phänomenologische Aspekt** vorherrschen sollte. „Ich denke es mir so, dass man auf dieser Stufe das Messen und die Aufstellung der Funktion nur an wenigen Beispielen, dort aber ganz gründlich, vollzieht. Im übrigen aber in einer rein phänomenologischen Weise das Alltägliche, das Auffällige und das Wunderbare zusammenbindet" (WAGENSCHEIN 1965, S. 239). Dann wird der Physikunterricht auch die Mädchen erreichen und den Bruch zwischen Erlebnis und Abstraktion heilen.

Beispiel

Ganz im Sinne WAGENSCHEINS wird beispielsweise im **Biologieunterricht der Hauptschule** in Bayern von einer phänomenologischen Betrachtungsweise ausgegangen und zu einer zunehmend differenzierten Sicht geführt:
„Der Zugang zu den naturwissenschaftlichen Inhalten wird besonders geweckt und gefördert, wenn sie Interessen der Schüler berücksichtigen, neugierig machen, Freude vermitteln und wenn ihre Lebensbedeutsamkeit einsichtig ist. Deshalb beziehen sich die Themen des Lehrplans vor allem auf Phänomene, denen die Schüler täglich begegnen. Die Voraussetzungen, Interessen und Erwartungen von Buben und Mädchen sind zu berücksichtigen.
Die Schüler erhalten einen Einblick in Möglichkeiten, Nutzen und Gefahren naturwissenschaftlich-technischer Entwicklungen. Die Erfahrung, wie großartig die Natur ist und welche Fragen sie in sich birgt, weckt bei ihnen immer aufs Neue Bewunderung und Staunen. So sollen die Schüler zu einem einfühlsamen Verstehen der Natur geführt und befähigt werden, wechselseitige Beziehungen zwischen Mensch, Natur und Umwelt zu erkennen. Sie sollen sich der Verantwortung für ihr tägliches Handeln bewusst werden, das seinen tiefen Sinn in der Achtung vor der Welt als Schöpfung erhält. Vor diesem Hintergrund soll mit ihnen erörtert werden, ob alles verwirklicht werden darf, was die Wissenschaft ermöglicht ...
Die Unterrichtsthemen erschließen sich den Schülern soweit möglich durch die originale Begegnung mit der belebten und unbelebten Natur, durch eigenes Tun und durch den Einsatz der Sinne ...
Die Schüler sollen angeleitet werden, zum Schutz der Natur ihren praktischen Beitrag zu leisten. Durch die artgemäße Haltung und Pflege von Tieren und Pflanzen bauen sie eine emotionale Beziehung zu den Lebewesen auf. Das Erleben der Vielfalt der Natur fördert die Formen- und Artenkenntnis. Als Arbeitsfelder bieten sich z.B. schulnahe Biotope, einzelne Pflanzen und Tiere auf dem Schulgelände, das Halten von Tieren, zoologische und botanische Gärten an" (LEHRPLAN FÜR DIE BAYERISCHE HAUPTSCHULE – Physik/Chemie/Biologie, 1997, S. 43f.).

◆ **Die exemplarische Vermittlung fachgemäßer Methoden der Erkenntnisgewinnung**

Durch exemplarisch-genetische Verfahren in den naturwissenschaftlichen Fächern sollen nicht vorrangig Stoffziele, sondern auf der Ebene des „Fach-Exemplarischen"[28] Funktionsziele, d.h. Denk- und Problemlösestrategien, fachgemäße Arbeitsweisen und -techniken den Schüler vermittelt werden. WAGENSCHEIN entwirft deshalb anstelle der Stoffpläne **Funktionspläne** für den naturwissenschaftlichen Unterricht und postuliert folgende **Funktionsziele** für den Physikunterricht :

„1. Erfahren, was in der exakten Naturwissenschaft heißt: verstehen, erklären, die Ursache finden ...
Beginnen wir ... damit, dass wir uns wundern, dass wir staunen.
2. Erfahren, wie man ein messendes Experiment ausdenkt, ausführt, auswertet, und wie man aus dem Experiment mathematische Funktionen gewinnt.
3. Erfahren, wie ein ganzes Teilgebiet der Physik sich mit einem anderen in Beziehung setzen und gleichsam darin auflösen lässt ...
Ein ganzes Gebiet der Physik, etwa der Magnetismus, wird von einem anderen Bereich, hier der Elektrizitätslehre, aufgesogen, ‚annektiert'.
4. Erfahren, was in der Physik ein Modell ist ...
Man kann die Wärmelehre in der Mechanik nicht aufgehen lassen, ohne das Feld der Phänomene zu verlassen und sich von der Materie ein atomistisches ‚Bild' zu machen; den Magnetismus nicht in der Elektrizität, ohne die Vorstellung atomarer Kreisströme zu konstruieren. Es wird also nötig, über dem Feld der Phänomene eine Kuppel der Bilder, eine Modellwelt, eine Modellnatur auszudenken.
5. Erfahren, wie schließlich – aufbauend auf alles Vorangegangene – der physikalische Forschungsweg selber zum Gegenstand der Betrachtung wird, einer wissenschaftstheoretischen Betrachtung ...
(Physik wird als ‚ein Aspekt' erkannt, als) eine Schau-. und Bauweise, eine Art, die Natur zu behandeln, und nicht (als) ein Inventar objektiver Gegebenheiten.
6. An einigen Begriffsbildungen erfahren, wie die physikalische Art, die Natur zu lichten, geistesgeschichtlich geworden ist ...
Echt kann es nur so geschehen, dass an vielen Stellen, wo physikalische Grundbegriffe ‚auftreten', sie nicht gegeben, sondern entwickelt werden, konstruiert, und dass dann das Werden dieser Begriffe in die Zeiten zurückverfolgt wird, denen wir sie verdanken.
7. Erfahren, wie sich das technische (das erfindende) Denken von dem entdeckenden Denken unterscheidet ...
(Beim Entdecken sucht man etwas Unbekanntes, stellt Fragen, experimentiert, benutzt das bisher Gewusste und Gefundene und fügt immer wieder Neues hinzu. Beim Erfinden will man das Entdeckte etwas Gewünschtes tun lassen, eine Aufgabe erfüllen lassen und sich dann z. B. einen Schalter ausdenken (Wagnerscher Hammer), in der ein elektrischer Strom sich selbstständig aus und einschaltet).
8. Erfahren, wie ohne verfrühte Mathematisierung und ohne Modellvorstellungen ein phänomenologischer und ‚qualitativer' Zusammenhang herzustellen ist, der das ganze Grundgefüge der Physik gliedert und zusammenhält" (WAGENSCHEIN 1965, S. 230–240, 255–261).[29]

Letzteres Ziel ist besonders wichtig für die Unter- und die Mittelstufe weiterführender Schulen. Der Unterricht soll vor allem die Schüler **zum Fragen führen**, sie lehren, ein **Problem in altersgemäßer Sprache** möglichst lang von verschiedenen Seiten aus zu **durchdenken**, Hypothesen und Vermutungen zu äußern. Schon PIAGET wies durch

seine Untersuchungen darauf hin, dass Kinder bis etwa zum 12. Lebensjahr nicht in dem Sinne von Volumen, Gewicht, Menge, Dichte, Zeit denken, den die Physik voraussetzt. Allerdings zeigen viele Nachfolgeuntersuchungen zum intuitiven physikalischen Wissen von Kindern, „dass die Grundlagen unseres physikalischen Weltbilds sehr viel früher erworben werden, als traditionell angenommen wurde, ja vielleicht sogar in Grundzügen angeboren sind. Es ist unumstritten, dass trotz dieser reichhaltigen Grundlagen im Kindes- und Jugendalter wesentliche Veränderungen des physikalischen Verständnisses stattfinden. Unklar ist jedoch, wie diese zu beschreiben sind: als bloße Bereicherung angeborenen bzw. früh vorhandenen Wissens um elementare physikalische Prinzipien oder als Umstrukturierung von Begriffssystemen in Analogie zu Theorieveränderungen in der Wissenschaftsgeschichte" (SODIAN 1996, S. 643).
Die Lehrer sollten deshalb „Verfrühungen" vermeiden und Rücksicht auf den sachstrukturellen Entwicklungsstand ihrer Schüler nehmen. Durch das **altersgemäße Verbalisieren** erhalten sie Einblicke in die Denk- und Erfahrensweise der Kinder, auch in die „teils skurrile, teil chaotische Lernwelt des Falschen, des Unverdauten, des Nicht-ganz-Richtigen" (KUNERT 1991, S. 7). Im problemlösenden Unterricht sind die Schüler dann anzuleiten, ihre Hypothesen und Vorschläge durch fachgemäße Versuchsanordnungen und Verfahren zu überprüfen, Ergebnisse zu protokollieren, zu diskutieren und im Hinblick auf die Hypothesen und das Problem zu reflektieren.[30]
Wesentliche durch das exemplarisch-genetische Verfahren dem Schüler zu vermittelnde Funktionsziele fanden als **fachgemäße Arbeitsweisen und -techniken** Eingang in die **Lehrpläne** der natur- und gesellschaftswissenschaftlichen Fächer der Hauptschule:

Beispiele

Physik/Chemie/Biologie: „Die Schüler werden an wichtige fachliche Denkweisen herangeführt, z. B. das Verstehen und Darstellen von Zusammenhängen, das Denken in Modellen oder den Erkenntnisgewinn durch Experimente. Sie erwerben auch in „Physik/Chemie/Biologie" allgemeine Schlüsselqualifikationen, um Arbeiten selbstständig oder gemeinsam mit anderen verantwortungsbewusst zu planen, auszuführen und abzuschließen...
Die Schüler üben fachgemäße Arbeitsweisen und -techniken ein, wenden sie an und nutzen die Möglichkeiten handelnder, gedanklicher und sprachlicher Selbsttätigkeit. Besonderes Augenmerk ist auf die Festigung und sprachliche Fassung der Unterrichtsergebnisse sowie gegebenfalls auf ihre mathematische Durchdringung zu legen. Die Schüler sollen anstelle der Alltagssprache zunehmend die Fachsprache und naturwissenschaftlichen Symbole und Gleichungen gebrauchen. Der Sicherung dienen auch wertende Vertiefung und praxisorientierte Anwendung.
Bei der Klärung naturwissenschaftlicher Sachverhalte kommt dem Experiment große Bedeutung zu. Es sollte möglichts von den Schülern selbst geplant und durchgeführt werden, weil sie dabei in besonderem Maße handlungsorientiert lernen und fachgemäße Fähigkeiten und Fertigkeiten einüben. Deshalb hat das Schülerexperiment Vorrang" (LEHRPLAN FÜR DIE BAYERISCHE HAUPTSCHULE 1997, S. 43 f.).

Geschichte/Sozialkunde/Erdkunde: „Von Anfang an sind die fachgemäßen Arbeitsweisen verbindliche Unterrichtsinhalte. Sie werden gezielt eingeführt, intensiv geübt und beständig weiterentwickelt. Dazu gehören: Arbeiten und Umgehen mit Texten (z. B. historischen Quellentexten, darstellenden Sachtexten), Medien (z. B. Karten, Fotos, Bilder, Karikaturen, Statistiken, Diagrammen, Schaubildern und der Zeitleiste), Objekten (Globus, Modellen, Sachquellen); Informationen sammeln und auswerten (Beobachten von Objekten; Erkunden von Institutionen; Befragen und Interviewen von Experten und Zeitzeugen); in Simulationsspielen (Rollen- und Planspiel) verschiedenartige Verhaltensweisen erproben; Ergebnisse dokumentieren (Protokolle verfassen, Beobachtungen notieren, Berichte schreiben, Skizzen anfertigen, Situationen schildern; Sachverhalte in Skizzen, Tabellen, Schaubildern, Profilen graphisch darstellen); Fallanalysen, Diskussionen" (LEHRPLAN FÜR DIE BAYERISCHE HAUPTSCHULE 1997, S. 48).

Durch einen exemplarisch-genetischen Unterricht sollte vor allem in der **Ober-und Kollegstufe** weiterführender Schulen das hochgesteckte **Ziel** angestrebt werden, „dass der Lernende von einem bestimmten Fach nicht nur „Ergebnisse" kennt ..., nicht nur auch ..., wie sie gewonnen werden, sondern auch: welche Einschränkungen mit dieser Gewinnungsmethode verbunden sind. Dass der Lernende also erfährt, was in diesem Fach „eigentlich" geschieht: er lernt zu „wissen, was er tut", wenn er die dem Fach gemäße Haltung ... einnimmt, und was er nicht tut, das heißt auf welche Kategorien er bei der fachorientierten Erschließung seines Gegenstandes verzichtet" (WAGENSCHEIN 1965, S. 457). Solche „exemplarischen Tiefengrabungen" sollten die Schüler gemeinsam mit dem Lehrer im naturwissenschaftlichen Unterricht oder selbstständig bei der Erstellung der Facharbeiten vornehmen.
Trotzdem herrscht in der Mittel- und Oberstufe weiterführender Schulen oft noch die fachsystematische, stark mathematisierte Vermittlung von Stoffen vor. „Geben wir ... die Vorstellung auf, an jeder Stelle quantitativ, mathematisch streng oder gar theoretisch werden zu müssen. Damit verbauen wir dem Schüler den Blick in das Wesentlichere, das vorhergeht, und schädigen ihn ... Wir haben nicht Physiker vorzuschulen, sondern Menschen zu bilden, so dass einige auch Physiker werden können" (WAGENSCHEIN 1965, S. 260, 262).

◆ Organisatorische Voraussetzungen

Vertieftes, flexibles, produktives Denken ist nicht in 45-Minuten-Einheiten zu erreichen. Voraussetzung dafür ist mindestens ein **Epochalunterricht**, d. h. ein Epochenunterricht, der für die Dauer von ein bis mehreren Wochen alle Stunden der ein- bis zweistündigen, nebeneinander herlaufenden Fächer Biologie, Physik, Chemie, Erdkunde, Geschichte, Sozialkunde für ein Fach zu Verfügung stellt. In regelmäßigem Wechsel folgen dann Biologie-, Physik-,Chemie-, Geschichts- und Erdkundeepochen aufeinander. Durch die **Konzentration** auf ein Fach ist eine intensive, effektive Arbeit möglich.
Drängende Aufgaben und Probleme der Zeit oder komplexe Unterrichtsinhalte können aber meist nicht einem einzelnen Fach zugeordnet werden. Sinnvoll ist deshalb **themenorientiertes Arbeiten** in einem **fächerübergreifenden Unterricht**. Sachverhalte werden dabei von verschiedenen fachlichen Ansatzpunkten her betrachtet. Voraussetzung dafür ist die sinnvolle Kombination von Fächern wie beispielsweise

Physik/Chemie/Biologie und die **fachliche Kooperation** der Lehrkräfte, damit die inhaltliche Stoffverteilung abgestimmt, thematische Überschneidungen vermieden und organisatorische Maßnahmen frühzeitig eingeleitet werden können.[31] Epochal- wie fächerübergreifender Unterricht sind deshalb auch Vorbedingung für Formen offenen Unterrichts wie projektorientiertes Arbeiten und Projekte.

◆ Ergänzung des exemplarischen Lehrens durch orientierendes Lehren

In einem exemplarisch-genetischen Unterricht haben die Schüler anstelle „des gleichmäßig oberflächlichen Durchlaufens des Kenntniskataloges, Schritt für Schritt, die Erlaubnis, ja die Pflicht, sich hier und dort festzusetzen, einzugraben, Wurzeln zu schlagen, einzunisten ... ‚Inseln' zu bilden ... Zwischen den gutgegründeten Brückenpfeilern leiten dann luftigere Bögen schneller fort. Je ernster die Verdichtung, desto gleitender die Verbindung zwischen den Nestern der Gründlichkeit." Exemplarische Tiefenbohrungen sind aber nur möglich, wenn „ein verbindender untermeerischer Gebirgszug" hinzugedacht wird, wenn also eine Grundlegung und Grundkenntnisse vorhanden sind (WAGENSCHEIN 1989, S. 30 f.).

Beispiele

In **Geschichte** können Schüler an ausgewählten Beispielen in exemplarischer Vertiefung historische Fragestellungen und Methoden kennenlernen und aus dieser Erfahrung heraus Menschen- und Selbsterkenntnis gewinnen. Wenn Geschichte aber auch über die gegenwärtige Situation und die ihr gestellten Aufgaben aufklären soll, müssen die Schüler um historische Zusammenhänge, Brüche und Kontinuität der Entwicklung wissen. Dazu brauchen sie nicht nur eine vertiefte Sicht, sondern auch einen Überblick, eine Orientierung und zusätzliche Informationen.

In **Mathematik** müssen zuerst in systematisch aufgebauten Lehrgängen grundlegende kognitive Erkenntnisse, Operationen und Begriffe wie ein Zahlverständnis und grundlegende additive wie multiplikative Operationen und ihre Umkehrungen aufgebaut, operativ durchgearbeitet und durch variative Wiederholungen gesichert, an lebensnahen Sachaufgaben Strategien zur Lösung alltäglicher Probleme mittels mathematischer Verfahren vermittelt werden, bis sich die Schüler an ausgewählten Beispielen vertieft mit größeren mathematischen Problemen auseinandersetzen können.[32]

Das exemplarische Lehren erfordert also immer ein ergänzendes Verfahren, das ROTH als **orientierendes Lehren**, als Orientierung und Information bezeichnet. Es kann in verschiedenen Formen auftreten:

– Es folgt dem exemplarischen Lehren nach und erweitert das Verstandene, gibt Übersichten, stellt Zusammenhänge her, erspart Umwege. So werden in Erdkunde am Beispiel Italiens oder Frankreichs die Erscheinungsformen, Vor- und Nachteile des Tourismus erarbeitet, so dass ähnliche Probleme anderer Länder nur informierend angesprochen werden müssen.
– Es geht dem exemplarischen Lehren voraus, schafft die Grundlagen für ein vertieftes Verstehen durch exemplarisches Vorgehen. Dies notwendige Lernen kann bei-

spielsweise bei Gewohnheiten und Verhaltensweisen durch nachahmenden Vollzug geschehen, bevor das Verstehen erfolgt. Es kann systematisch wie beim Erwerb des Lesens, Schreibens, Rechnens erfolgen und Fähigkeiten und Fertigkeiten vermitteln, die erst exemplarisches Lehren ermöglichen. Orientierende Information kann für Menschen lebensnotwendig im Straßenverkehr und wichtig für die Bedienung vieler Haushaltsgeräte sein, ohne dass sie deren Aufbau und Funktionieren verstehen.[33]

3 Passung des Unterrichts an die Lernvoraussetzungen der Schüler durch Angemessenheit der lehrergelenkten Lernorganisation

Soll der vom Lehrer geplante und methodisch aufbereitete Unterricht sowohl den grundlegenden Zielperspektiven, dem Fach mit seinen einzelnen Bereichen, dem Unterrichtsgegenstand, der Sache, als auch individuellen Leistungsfähigkeiten, Begabungen, Interessen und Neigungen sowie den speziellen Lernbedürfnissen und -schwierigkeiten der Schüler gerecht werden und beide Seiten zur **Passung** bringen, so muss er durch **Elementarisierung**, **Strukturierung**, **Rhythmisierung**, **Differenzierung** und **Individualisierung** auf die jeweiligen kognitiven, sozial-emotional-affektiven, motorischen Lern- und Entwicklungsvoraussetzungen der Schüler abgestimmt werden.
Lernen können nur die Schüler selbst. Sie müssen individuell und allein den Weg zur Erkenntnis, zum Verstehen gehen, Wissen, Fertigkeiten und Fähigkeiten erwerben und durch notwendige Wiederholungen und Lernstrategien speichern. Ihrem relevanten Vorwissen kommt als wichtigste kognitive Ressource besondere Bedeutung zu. „Die Möglichkeit der Kompensation geringer Vorkenntnisse durch hohe intellektuelle Fähigkeiten nimmt mit zunehmender Aufgabenschwierigkeit systematisch ab. Demgegenüber können geringe intellektuelle Fähigkeiten durch gute Vorkenntnisse durchgängig kompensiert werden“ (WEINERT 1996b, S. 20). Dabei umfasst dieses Vorwissen nicht nur spezifische Kenntnisse in einem bestimmten Wissensgebiet, sondern auch die Qualität der gespeicherten Informationen wie den Grad ihrer Organisation (ungeordnet, um lebenspraktische Erfahrungen gruppiert, hierarchisch strukturiert), ihre Repräsentationsformen (enaktiv-handlungsbezogen, ikonisch, symbolisch, deklarativ oder operativ), die Leichtigkeit und Flexibilität ihres Abrufens und das Niveau der mit ihnen realisierbaren Operationen und Handlungen.[34] Durch eine auf das Vorwissen und die Lernstrategien der Schüler abgestimmte, differenzierte Gestaltung des Unterrichts können ihnen die Lehrkräfte helfen, ihr Wissen selbstständig und effektiv aufzubauen und zu speichern.

3.1 Passung an die Lernvoraussetzungen der Schüler durch Differenzierung und Individualisierung

Begriffsklärung

„Die Grundschule betreut jedes Kind mit dem Ziel seiner allseitigen Förderung. Sie sucht individuelle Begabungen bestmöglich zu entfalten, bemüht sich, Rückstände aufzuholen, Schwächen zu beheben oder anderweitig auszugleichen und leitet – wenn dies nicht möglich ist – dazu an, mit ihnen zu leben... Individuelle Förderung berücksichtigt Begabungs- und Leistungsunterschiede, darf aber keineswegs zur Bildung starrer Lerngruppen führen" (LEHRPLAN GRUNDSCHULE 1981, S. 550, 589). Zur optimalen Förderung jedes einzelnen Schülers durch Unterricht sind deshalb Formen der Differenzierung notwendig.

„Differenzierung in der Schule ist der Inbegriff aller organisatorischen und didaktisch-methodischen Maßnahmen, die eine unterschiedliche Behandlung der Schüler in unterrichtlicher oder erziehlicher Hinsicht bezwecken" (GLÖCKEL 1990, S. 87). „Differenzierung ist die Auflösung des heterogenen Klassenverbandes zugunsten homogener Gruppen in bezug auf die Leistungsfähigkeit oder Interessenrichtung der Schüler. Unter Differenzierung versteht man sowohl ein Unterrichtsprinzip als auch die entsprechenden Maßnahmen der Unterrichtsgestaltung zur Verwirklichung dieses Prinzips. Als Unterrichtsprinzip entspricht es dem der ‚Passung' ... und in seiner extremen Form dem der Individualisierung des Unterrichts.

Als eine pädagogische und organisatorische Maßnahme dient Differenzierung der gruppenmäßigen oder individuellen Anpassung entweder von Schwierigkeitsgraden der Anforderung an den Entwicklungsstand und die Leistungsfähigkeit der Schüler (Differenzierung nach Fähigkeiten) oder von Lernzielen und Angeboten an ihre Neigungen und Lernbedürfnisse (Differenzierung nach Interessen)" (SCHRÖDER 1991, S. 141).

„Individualisierung ist eine Spezialform der Differenzierung und intendiert die Berücksichtigung individueller Gegebenheiten jedes einzelnen Schülers (z. B. Fähigkeiten, Neigungen, Lernfortschritt u. a.) bei der Gestaltung des Unterrichts ... Individualisierung ist in der Regel im differenzierten Unterricht nur bei individueller Einzelbetreuung bzw. unter Bildung von Kleinstgruppen möglich" (SCHRÖDER 1991, S. 154).[35]

Formen der Differenzierung

◆ Äußere Differenzierung

Äußere Differenzierung greift über die einzelne Klasse hinaus und betrifft die Schulart bzw. Schulstruktur. Sie tritt als inter- und intraschulische Differenzierung in Form verschiedener **Schularten** (Grund-, Haupt-, Förderschulen, Realschulen, Gymnasien, Berufsschulen, Fachschulen, Fachoberschulen, Fachhochschulen, Universitäten, Akademien), **Ausbildungsrichtungen** (Fachrichtungen innerhalb einer Schulart wie beispielsweise neusprachliche, mathematisch-naturwissenschaftliche, wirtschaftswissenschaftliche, sozialwissenschaftliche, musische, kaufmännische, gewerbliche

Zweige), **Klassen** und **Kurse** innerhalb einzelner Schularten, z. B. Leistungs- und Grundkurse in der Kollegstufe, Meisterklassen in den Akademien, auf. Durch äußere Differenzierung sollen Schüler im Sinne eines mehr statisch gedachten Begabungs- und Leistungsbegriffs in entsprechenden Einrichtungen angemessen beschult werden. Im Endergebnis stellt die äußere Differenzierung aufgrund der unterschiedlichen Lernvoraussetzung oft eine Selektion nach sozialen, soziokulturellen Kriterien dar.

Auch die **Schulaufnahme** beim Schuleintritt und bei jedem Übertritt stellt eine Form äußerer Differenzierung dar. Gerade die Differenzierung aufgrund des Geburtsdatums ist nicht alleiniges Kriterium für die Einschulung. Ausschlaggebend für die Schulfähigkeit ist die körperliche, kognitive, sozial-emotionale und/oder motivationale Entwicklung des Kindes. Entscheidungen über eine vorzeitige Schulaufnahme oder mögliche Rückstellung versucht man deshalb durch eine genaue Diagnose der Schulfähigkeit mit einem umfassenden Instrumentarium wie dem „Kieler Einschulungsverfahren" abzusichern.[36]

In der **Grundschule** ist äußere Differenzierung nur in Form von **klassenübergreifenden Intensiv- oder Förderkursen** zur Behebung individueller Lernrückstände einzelner Schüler oder Gruppen, z. B. zur Vermittlung der deutschen Sprache als Zweitsprache für Aussiedler- und Ausländerkinder, für Kinder mit Schwierigkeiten beim Lesen oder Rechtschreiben (LRS-Kurse), oder als **Neigungskurse** (Schulchor, Instrumentalunterricht, Schulspiel, Arbeitsgemeinschaften) anzutreffen.

In weiterführenden Schulen wie beispielsweise der **Hauptschule** zeigt sie sich daneben noch in Form der **Wahlpflichtfächer** mit verpflichtender Wahl eines oder zweier Fächer wie Kunsterziehung oder Musik und der sukzessiven Wahl zwischen dem gewerblich-technischen Bereich (Werken/Technisches Zeichnen), dem kaufmännisch-bürotechnischen Bereich (Textverarbeitung/Bürotechnik) und dem hauswirtschaftlich-sozialem Bereich (Ernährung/Haushalt/Sozialpflege), in Form der **Wahlfächer** (zusätzliches frei gewähltes Fach aus dem Bereich der Wahlpflichtfächer oder der Wahlfächer wie Informatik, Kurzschrift, Werken/Textiles Gestalten) und der **Neigungskurse** in Form von **Arbeitsgemeinschaften**.

Die vor mehr als 20 Jahren übliche Form homogener Leistungskurse (A-, B-, C-Kurse) vor allem in Englisch, Mathematik, Deutsch, Physik/Chemie wurde aufgrund der fehlenden Durchlässigkeit und unerwünschter sozialpsychologischer Auswirkungen wie des Aufbrechens des sozialen Klassenverbandes aufgegeben.

Die Bedeutung äußerer Differenzierung wird zwischenzeitlich nüchterner gesehen. Sich verfestigende Zuweisungen können im Verbund mit bestimmten Lehrereinstellungen und -erwartungen, fehlenden Anregungen durch leistungsstarke Schüler bei leistungsschwächeren Schülern zu geringer Selbsteinschätzung, Lernmotivation, Anstrengungsbereitschaft, Selbstvertrauen und absinkenen Leistungen führen. Auch leistungsfähigere gewinnen wenig, wenn sich die Lehrer nicht auf die unterschiedlichen Schüler innerhalb einer Schulart oder eines Kurses einstellen und sie durch angemessene Unterrichtsmaßnahmen zu fördern versuchen. Äußere Differenzierungsmaßnahmen müssen sinnvoll mit inneren verknüpft werden.[37]

◆ Innere Differenzierung (Binnendifferenzierung)

Innere Differenzierung meint „all jene Differenzierungsformen, die innerhalb einer gemeinsam unterrichteten Klasse oder Lerngruppe vorgenommen werden" (KLAFKI 1985, S. 119). Der soziale Klassenverband bleibt erhalten und im Verantwortungsbereich des Lehrers, sozialpsychologische Fixierungen werden leichter vermieden. Innere Differenzierung soll alle Schüler bei der Aneignung von Kenntnissen, Erkenntnissen, Fähigkeiten und Fertigkeiten, bei der Entfaltung praktisch-handlungsbezogener, emotional-affektiver und sozialer Kompetenzen und Persönlichkeitsdimensionen unterstützen.

Der Lehrer geht bei der Vermittlung des durch die Lehrpläne verpflichtenden Fundamentums im Klassenunterricht meist von einer angenommenen, annähernd gleichen Ausgangslage aller Schüler aus. Er verteilt den Stoff der Lehrsequenzen, Lehreinheiten, Lehrgänge oder Kurse auf einzelne Unterrichtsstunden und legt fest, was möglichst alle Schüler in einem bestimmten Zeitraum gelernt haben sollen. Da einzelne Schüler aber entsprechend ihrer individuellen Lernvoraussetzungen oft mehr Lernzeit und individuelle Hilfestellung benötigen, fasst sie die Lehrkraft im Idealfall in einzelnen Unterrichtsphasen oder -stunden dann nach Lern-, Leistungsvoraussetzungen, Lerntempo oder Neigung in **Gruppen innerhalb der Klasse** zusammen und fördert sie durch **differenzierte Aufgaben**, **Medien** oder **Lernmethoden**. Unterbleibt diese innere Differenzierung, führt dies faktisch zu einer Benachteiligung guter wie schwacher Schüler durch versäumte Fördermöglichkeiten.[38]

Die Notwendigkeit innerer Differenzierung ergibt sich nicht nur beim Erlernen der Kulturtechniken im Erstunterricht, sondern in allen Jahrgängen oft auch innerhalb eines Faches wie Mathematik, beispielsweise beim Sachrechnen, „aus der unterschiedlichen Variationsbreite der außerschulischen Erfahrung der Schüler, der unterschiedlichen Lerngeschwindigkeit, der Abstraktionsfähigkeit, der Leistungsbereitschaft, der Motivierbarkeit, der Beherrschung mathematischer Verknüpfungsregeln, dem unterschiedlichen Sprachniveau, dem Umgang mit Symbolen und Formeln und dem Grad der Beherrschung von Grundfertigkeiten (Rechenfertigkeiten)" (DAVIDSON 1981, S. 426).

Innere Differenzierung entspricht der äußeren Form nach der Gruppenarbeit, kann aber auch in Partner- oder Einzelarbeit erfolgen, vom Lehrer geplant und gesteuert oder in offenen Unterrichtsphasen von den Schülern mehr oder weniger frei gewählt werden. Eine Sonderform ist die **Individualisierung** als Einzelbetreuung.

Formen innerer Differenzierung

Der Lehrer muss bei der Planung, Realisierung und Reflexion des Unterrichts entscheiden, in welchen Unterrichtsphasen er differenzieren will bzw. erkennen, wann einzelne Schüler oder Gruppen den Anschluss verloren haben. Im Hinblick auf die unterschiedlichen Lernvoraussetzungen und Fähigkeiten, Arbeits- und Lerntechniken der Schüler differenziert er dann nach Stoffumfang und Aufgabenform, Zeitaufwand, Anzahl der notwendigen Durchgänge und Wiederholungen, nach der Art der direkten Hilfe, der Repräsentationsformen (konkret handelnd, bildhaft darstellend, sprachlich, rein gedanklich usw.) und nach Sozialform.

◆ Die quantitative Differenzierung nach dem stofflichen Umfang

Die quantitative Differenzierung ist eine einfache Form der inneren Differenzierung. Sie berücksichtig vorwiegend das **Lerntempo** einzelner Schüler, die nach einer gemeinsamen Einführung in ein Fundamentum in Übungsphasen neben verpflichtenden Übungsaufgaben aus einem Angebot mehr oder weniger frei Zusatzaufgaben (Additum) auswählen und für eine bestimmte Zeitdauer selbst den Lern- und Übungsumfang bestimmen. Leistungsschwächere Schüler werden aber entmutigt, wenn sie immer nicht fertig gestellte Aufgaben zu Hause erledigen müssen und leistungsstärkere viel umfangreichere, schwierigere Aufgaben in gleicher Zeit lösen können. Leistungsstärkere verlieren die Übungsfreude, wenn die Aufgaben immer vorgeschrieben und nicht abwechslungsreich sind.

◆ Die qualitative Differenzierung

❖ Die Differenzierung nach Komplexität, Schwierigkeit und Anforderungsniveau der Aufgaben

Die qualitative Differenzierung berücksichtigt den unterschiedlichen Lernstand der Schüler besonders in Erarbeitungs- und Übungsphasen. So erhalten in Mathematik nach der Einführung, Besprechung, Erarbeitung einer gemeinsamen Aufgabe leistungsstärkere Schüler andere, komplexere Aufgaben auf höherem Anforderungsniveau als leistungsschwächere, die bei einfachen Grundaufgaben bleiben und dann strukturgleiche oder -ähnliche Aufgaben lösen. Voraussetzung dafür ist die Beherrschung grundlegender Arbeitsweisen und -techniken, beispielsweise die Anwendung von Lösungshilfen beim Sachrechnen oder das selbstständige Verbessern von Fehlern.[39] Noch motivierender sind Problemstellungen und Aufgaben, die Lösungen auf unterschiedlichem Niveau zulassen, da alle Schüler mit unterschiedlichen Lernvoraussetzungen an der gleichen Aufgabe arbeiten. „Entscheidend für den Unterricht ist und bleibt die Qualität der Lernaktivitäten. Die Lernorganisation durch den Lehrer muss darauf ausgerichtet sein, diese Qualität zu steigern. Dies gelingt umso natürlicher und leichter, je substantieller der Unterrichtsstoff ist, und je mehr sich der Lehrer von der inneren Dynamik des Stoffes tragen lässt" (WITTMANN 1994b, S. 182).[40]

❖ Die Differenzierung nach dem Denk- und Leistungsvermögen, Lern- und Arbeitstempo der Schüler

Um bei der Vermittlung grundlegender Kenntnisse leistungsschwächere wie -stärkere Schüler in gleicher Weise zu fördern, erhalten leistungsschwächere andere veranschaulichende Medien, Arbeitsmittel, Durchgänge bzw. mehr Lernzeit und mehr direkte Lehrerhilfen für die Durchdringung und Bewältigung gleicher Aufgaben. Den unterschiedlichen Lernvoraussetzungen kann der Lehrer durch verschiedenste Anschauungs- und Lösungshilfen in den unterschiedlichen Repräsentationsformen entsprechen.

❖ Die Differenzierung nach didaktischen Interventionen

„Die didaktischen Interventionen stellen als Sonderformen der Differenzierung ein helfendes Eingreifen dar, welches besonders bei Verhaltensstörungen oder Lern- und

Leistungsschwierigkeiten erforderlich wird. Im Lern- und Leistungsbereich vollziehen sich die didaktischen Interventionen durch Vorgabe von Lernhilfen oder durch begleitende Förderung des Lernprozesses, welche dazu dienen, beim einzelnen Schüler das Lerndefizit auszugleichen und Lernziele zu erreichen" (SCHRÖDER 1991, S. 153). Diese unterrichtlichen Maßnahmen sind besonders im **Erstunterricht** bei der Vermittlung grundlegender Kulturtechniken des Lesens, Schreibens und Rechnens unabdingbar, will man einzelne Schüler wegen mangelnder oder andersartiger Lernvoraussetzungen nicht hoffnungslos zurückfallen lassen mit negativen Konsequenzen wie dem zunehmenden Absinken der Schulleistungen und der Intelligenz durch Schereneffekte. Da Vorkenntnisse und Teilfertigkeiten im Verlaufe eines Grundschuljahres „zunehmend ausschlaggebender für Schulleistungen werden als die individuell vorhandenen Denkfähigkeiten ... (und) den unterrichtsdifferenzierenden Maßnahmen in erster Linie – und noch vor den kognitiven Fähigkeiten – zugänglich (sind), ... (besteht) die didaktische Konsequenz... darin, solche bestehenden und entstehenden Kenntnis-(Fertigkeits-) Defizite systematisch und kontinuierlich zu erfassen, um sie ‚sofort' – d. h. noch bevor sich schwerwiegende Schereneffekte anbahnen – durch zusätzliche differenzierende Lernhilfen abzustellen" (RÜDIGER 1978, S. 15). Die **Lernwegsdifferenzierung** in Form eines zielerreichenden, adaptiven Unterrichts (mastery learning), der durch geeignete Unterrichtsmaßnahmen und -materialien die Anhäufung von Lernlücken im Sinnes eines remedialen, helfenden Lehrens zu verhindern sucht, ist eigentlich eine Sonderform der qualitativen Differenzierung.[41]

***Beispiel:* Lernwegsdifferenzierung im Erstlesen**

Das „Regensburger Modell" stellt ein wissenschaftlich begründetes und erprobtes Konzept einer **kontinuierlichen Lernwegsdiffernzierung** im Rahmen eines lehrergesteuerten Erstunterrichts dar. „Jede didaktische Einheit (während der ersten 4 Schuljahresmonate von zweiwöchiger, später von einwöchiger Dauer) beginnt für alle Schüler mit grundlegenden Lernprozessen, die in den Basiseinheiten vermittelt werden. Die dabei von einzelnen Schülern nicht erworbenen Kenntnisse und Teilfertigkeiten werden dann mit Hilfe von Kontrollaufgaben erfasst und in entsprechenden ‚Intensivübungen' nachvermittelt. Zur gleichen Zeit erhalten die anderen Schüler ‚Extensivübungen' zur Vertiefung und ‚Ausübung' des Gelernten, nicht aber zum weiteren Voranschreiten. Die Gruppenbildung bleibt dabei flexibel. Schereneffekte werden weitgehend verhindert ... Die Zuweisungsgrenze zum Intensivteil wurde dabei auf 70 % und weniger der gelösten Aufgaben festgelegt, zur Berücksichtung des Messfehlers und zur Ausschöpfung bereitstehender Lehraktivitäten und Lernmaterialien können in Einzelfällen auch Schüler mit höheren Leistungspunktwerten den Intensivaufgaben zugewiesen werden ... Diese auf Grund vorbereiteter Materialien (Intensiv- und Extensivaufgaben des Arbeitsheftes, Kopiervorlagen für Kontrollaufgaben) systematisierte Lernwegsdifferenzierung schließt weitere Differenzierungsmaßnahmen nicht aus: einerseits durch weitere in den didaktischen Einheiten angebotene zusätzliche Übungsformen, andererseits durch über den Leselehrgang hinausreichende Maßnahmen, z. B. zusätzliche Förderstunden für Kleingruppen" (RÜDIGER 1978, S. 15).[42]

❖ Einfache Formen qualitativer Differenzierung

- Zusätzliche Wiederholungsphasen für langsamer lernende Schüler.
- Die direkte, intensive Betreuung lernschwächerer Schüler durch den Lehrer an der Tafel, während schnellere selbst lernen. Der Lehrer passt die Vermittlung des Lehrstoffes der Lernfähigkeit der Schüler an. Besonders geeignet sind Problemstellungen und Übungsaufgaben, die Lösungen auf verschiedenem Niveau zulassen.
- Unterschiedliche Anschauungs- und Lösungshilfen auf den verschiedensten Repräsentationsebenen zur Bearbeitung der gleichen Aufgabe.

Beispiele

Leistungsschwächere Schüler lösen in der 2. Jahrgangsstufe eine Addition ZE + Z (36 + 30) mit Hilfe von Spielgeld oder der Hundertertafel, leistungsstärkere rechnen im Kopf ohne Hilfe von Arbeitsmitteln.
Leistungsschwächere Kinder setzen eine Sachaufgabe in Mathematik in konkretes Handeln um, versprachlichen sie intensiv, stellen einzelne Größen in einem Streifenmodell oder Simplex dar, notieren Teilüberschriften und berechnen die Aufgabe. Leistungsstärkere suchen weitere Lösungswege, stellen sie in Form eines Baumdiagramms oder anderer Strukturierungsformen dar, erproben weitere Rechenverfahren, z. B. Dreisatz, algebraische Gleichung, oder erarbeiten sich selbst weitere Informationen.

- Differenzierte Hausaufgaben, z. B. Pflicht- und Wahlaufgaben verschiedensten Umfangs oder Komplexität.
- Vorinformieren besonders lernschwächerer Schüler über den neuen Lernstoff, d. h. Vorstrukturieren des neuen Stoffs.
- Die zunehmend selbstbestimmte Wahl von Aufgaben mit unterschiedlichstem Anforderungsniveau aus einem gezielt abgestimmten, Selbstkontrolle ermöglichendem Materialangebot in offenen Unterrichtsphasen wie Freiarbeit.
- Die einfach und schnell realisierbare **sukzessive Differenzierung**, d. h. das stufenweise Abkoppeln einzelner Schüler.

Beispiel

In Mathematik werden bei **Sachaufgaben** nach einer gemeinsamen kurzen Sachklärung und einer ersten Lösungsplanung die Schüler vom Klassenverband abgekoppelt, die eine aufgabenadäquate Lösungsplanung vorlegen. Sie arbeiten selbstständig, kontrollieren ihre Ergebnisse durch Quersummen oder Lösungszahlen, suchen eigene Lösungsansätze und Notationsformen und wählen dann selbst aus einem Aufgabenangebot Zusatzaufgaben mit höherem Schwierigkeitsgrad aus (quantitative und qualitative Differenzierung). Bei Problemen gliedern sie sich sofort wieder in die Arbeitsgruppe des Lehrers ein.
Der Lehrer bespricht mit der übrigen Klasse nochmals notwendige Angaben für eine Lösungsplanung, bietet zusätzliche Lösungshilfen wie konkretes Handeln, Streifenmodell, Simplex an und koppelt dann eine zweite Schülergruppe ab, die jetzt die Aufgabenlösung verstanden hat und die einzelnen Schritte verbalisieren kann.
Er arbeitet mit den Schülern an der Tafel weiter, die unsicher sind oder noch größere Ver-

ständnisprobleme haben. „Ein unbestrittener Vorteil dieser Differenzierungsform liegt darin, dass alle Schüler ihren Beitrag für die Lösung einer Aufgabe leisten" (DAVIDSON 1981, S. 426). Außerdem werden durch diese Kombination qualitativer und quantitativer Differenzierung leistungsstärkere Schüler nicht dauernd in ihrer Lern- und Arbeitsmotivation gebremst, sodass sie sich langweilen und zu stören beginnen, sondern durch motivierende Aufgaben angespornt und durch Selbstkontrolle bestätigt. Leistungsschwächere Schüler werden im Gegenzug nicht dauernd überfordert und können mit den ihnen adäquaten Methoden zur Aufgabenlösung gelangen.[43]

◆ Die Differenzierung nach sozialen Motiven zur Förderung der sozialen Kompetenz

Ziel sozialer Gruppierung ist die Vermittlung sozialer Kompetenz und prosozialen Verhaltens wie Kooperations- und Kommunikationsfähigkeit, Rücksichtnahme, Toleranz, gegenseitige Hilfe, Kritik- und Konfliktfähigkeit, um Schüler mit sozialen Problemen wie Außenseiter, dominante, nichtbeachtete und regressive in die Gemeinschaft zu integrieren, gemeinsam Aufgaben zu erledigen, sachgerechte Kritik entgegenzunehmen und zu geben und Konflikte gemeinsam zu lösen. Im Rahmen innerer Differenzierung sind dann flexible Gruppierung anzustreben und Fixierungen zu vermeiden. In allen Formen und Phasen des Unterrichts sind verschiedenste **Sozialformen**, teils mit freier Wahl der Partner, einsetzbar.[44]

◆ Die Differenzierung nach Interessen

Interessendifferenzierung ist möglich als äußere Differenzierung in Form von Arbeitsgemeinschaften, Wahlpflichtfächern, Wahlfächern und innerer Differenzierung bei der Wahl bestimmter Themen, die dann allein oder mit anderen im Rahmen schulischer Einzelarbeit, bei Klassenarbeiten, bei Hausarbeiten erledigt werden. Besonders bei Unterrichtsprojekten und Freiarbeitsphasen sind Wahlmöglichkeiten auch hinsichtlich der Arbeitsweisen, -techniken und der Arbeitspartner geboten.[45]

◆ Einfache Formen der Individualisierung

„Die Lernanreize, die Strukturierung des Stoffes in erprobten Lernschritten, die sofortige Kontrolle jedes Lernfortschritts, das Lerntempo, die Voraussicht möglicher Irrwege u. a. auf jeden Schüler genau abzustimmen, vermag kein Lehrer im Unterricht mit Klassen und Gruppen. Letztlich aber muss jeder Schüler selbst lernen. Das anzuregen, ist Sinn jedes individualisierenden Unterrichts" (BRUNNHUBER 1991, S. 56). Individuelles Lernen wird bei der **Alleinarbeit** der Schüler verlangt, so bei Einzelarbeit (Stillarbeit), bei Lernzielkontrollen, Probearbeiten, Schulaufgaben und Tests, bei der Erledigung von Hausaufgaben, beim Einprägen und Wiederholen.

Das individuelle Lernen der einzelnen Schüler wird immer dann unterstützt, wenn Lerninhalte über möglichst viele Sinneskanäle vermittelt, in verschiedenste Repräsentationsformen transformiert, der Unterricht strukturiert und rhythmisiert und viele Möglichkeiten zum selbsttätigen Lernen, konkreten Handeln und Verinnerlichen geboten werden.

Individuelles Lernen ist besonders leicht möglich in **offenen Unterrichtsphasen**, wenn sich Schüler mit selbst gewählten Aufgaben auseinander setzen und der Lehrer diese Zeit zur intensiven Betreuung von Einzelschülern nützt.

Wenig genützt wird in unseren Schulen der Einsatz von **Lernprogrammen am Computer** in offenen Unterrichts- wie in Übungsphasen, obwohl viele Schüler Erfahrungen im Umgang mit dem häuslichen Computer haben, die Arbeit äußerst intrinsisch motivierend ist und gute Lernprogramme eine echte Individualisierung des Lernens durch die Anpassung der Programmschritte an das Verständnis, das Anspruchsniveau, die Art des Fehlers, das Lerntempo ermöglichen. Ungeahnte Möglichkeiten bieten moderne leistungsfähige Computer für die Informationsgewinnung über Datennetze und Mailboxen, für das problemlösend-entdeckende Lernen im naturwissenschaftlichen Bereich, vor allem aber für die Kommunikation mit Menschen in anderen Ländern. Weitere Ausführungen finden sich im nächsten Kapitel.[46]

Voraussetzungen für innere Differenzierung

◆ Anforderungen an die Lehrer

Voraussetzungen eines schülerorientierten Unterrichts sind die möglichst genaue Erfassung der Lernvoraussetzungen, die kontinuierliche Beobachtung der Lernprozesse der Schüler und differenzierende und individualisierende Unterrichtsmaßnahmen.
Lehrer müssen sich über die Notwendigkeit der Differenzierung im Klaren sein, Aufgaben, Stoffe, Ziele auswählen, in etwa den Zeitbedarf des differenzierenden Unterrichts abschätzen, geeignete Arbeitsmittel, Aufgaben mit eindeutigen Arbeitsanweisungen und Kontrollmöglichkeiten bereitstellen und mit den Schülern die notwendigen Arbeits-, Kommunikations- und Kooperationstechniken für die Arbeit in Gruppen einschulen. Intrinsische Motivation, Arbeitsbereitschaft und Identifikation mit den Zielstellungen des Unterrichts werden durch größere Selbst- und Mitbestimmung in Phasen offenen Unterrichts mit Freiarbeit, Erkundungen, projektorientierten Verfahren erheblich gesteigert.
Tragende Säulen eines differenzierenden, für individuelle Lernprozesse genuin offenen Unterrichts sind die **Offenheit der Lehrer** und die **Selbsttätigkeit der Schüler**. Die Offenheit eines Lehrers drückt sich in einem sozial-integrativen Erziehungsstil, in der Respektierung der Eigenart und des Eigenrechts des Kindes und einer darauf gerichteten Haltung des Erziehers wie in seiner Bereitschaft zur kritischen Reflexion und Korrektur seines pädagogischen Denkens und Handelns aus.[47]
Innere Differenzierung ließe sich durch die Zusammenarbeit mit einem an der Schule eingesetzten **Förderlehrer** intensivieren, zum Beispiel mit einem pädagogischen Assistenten, der in enger Absprache mit der Klassenlehrkraft Kleingruppen von Schülern mit bestimmten Leistungsschwächen und -defiziten in Stützkursen zusätzlich fördert.

◆ Möglichkeiten der Erfassung unterschiedlicher Lernvoraussetzungen der Schüler

Schülerorientierte, differenzierte Unterrrichtsplanung und -gestaltung erfordern eine genaue Analyse der Lernvoraussetzungen wie des Lernzuwachses der Schüler. Folgende Möglichkeiten bieten sich an:

❖ Die Erfassung des Leistungsstandes durch Lernzielkontrollen, Leistungsfeststellungen und kontinuierliche Fehleranalysen

Hausaufgaben, Lernzielkontrollen, Probearbeiten, Schulaufgaben und Fehleranalysen haben eine **lerndiagnostische Funktion** für Lehrer und Schüler. Sie geben Auskunft, inwieweit die Lernziele einer Unterrichtssequenz oder eines Lehrgangs von den Schülern erreicht wurden, ob der Lehrer im Stoff fortschreiten kann oder nicht. Sie ermitteln den Lernstand und die Ausgangslage einzelner Schüler für eine weitere Förderung zur Behebung von Defiziten oder zur sinnvollen Weiterentwicklung erkennbarer Fähigkeiten. Die Art der Aufgabenstellung zur Überprüfung von Grundkenntnissen oder höheren Anforderungen ist dabei zu beachten. Schließlich geben sie durch die Analyse der Fehlerarten und -häufungen Hinweise auf vorhandene, oft alterstypische Alltagsvorstellungen der Schüler, beispielsweise in Mathematik und in den Naturwissenschaften, und auf die Struktur notwendiger Förderung.[48]

Beispiel: **Kontinuierliche Fehleranalyse in Mathematik**

Hausaufgaben-, Lernzielkontrollen und Probearbeiten geben Hinweise auf Fehler bei der Textauffassung, bei grundlegenden Rechenverfahren, beim Lösungsansatz, auf Schwierigkeiten und Ausfälle der Schüler. Weit schwieriger, aber wichtiger, ist das Aufdecken der **Fehlerstrategien**, der gedanklichen Prozesse, die zur Produktion von Fehlern führen. „Denn ohne Kenntnis der Fehlerstrategie gibt es keine Fehlererklärung, und ohne Fehlererklärung keine Fehlertherapie" (MAIER 1996, S. 57). Der Lehrer leitet mögliche Fehlerstrategien aus der **Beobachtung** einzelner Schüler bei der Aufgabenlösung, ihrer Verbalisierung des Vorgehens durch das **„laute Denken"**, ihrer Antworten auf gezielte Fragen, ihrer Lösung analoger Aufgaben ab. Ursachen für Fehler können in der Sache liegen wie in der irritierenden und irreführenden deutschen Leseweise der Zahlen (Einer vor Zehner, z. B. 46: sechs-und-vierzig) oder auf personale Faktoren zurückgeführt werden wie auf „mangelnde Differenziertheit der Wahrnehmung, visuelle Gliederungs- und Unterscheidungsschwäche, mangelnde Fähigkeit zur Strukturierung komplexer Symbolgebilde, Defizite in der Aufmerksamkeit und Konzentration, Gedächtnisschwäche, fehlerträchtige kognitive Verarbeitungsstile wie Flüchtigkeit und Impulsivität, durch Ängste und andere emotionale Ursachen bedingte Störungen oder Hemmungen bzw. Sperren des Denkens" (MAIER 1996, S. 58). Fehler können aber auch durch den Unterricht provoziert werden, vor allem durch ein unsystematisches, wenig strukturiertes, nur auf Reproduktion und nicht auf Verständnis zielendes Vorgehen, durch mangelndes Konkretisieren und Transformieren in andere Repräsentationsformen und Modelle, durch eine fehlende operative Durcharbeitung, zu geringe Verbalisierung und zu frühe Normierung. Bei Sachaufgaben kommt häufig die Auseinandersetzung mit dem Text zu kurz bzw. stehen keine sinnvollen Lösungshilfen zur Verfügung.[49]

❖ Die Feststellung der Lernvoraussetzungen durch einfache „Vortests"

Lehrkräfte versuchen nicht nur bei Übernahme einer neuen Klasse zu Schuljahresbeginn durch Vortests und Kontrollaufgaben die Lernvoraussetzungen der Schüler zu eruieren. Dies kann beispielsweise in **Deutsch/Rechtschreiben** durch das Diktat des gesicherten Wortschatzes der Vorklasse geschehen. Auch vor der Behandlung neuer Wörter des Grundwortschatzes gibt ein einfaches Wortdiktat der in der nachfolgen-

den Unterrichtseinheit eingeplanten neuen Wörter darüber Auskunft, welche von den meisten Schülern bereits richtig geschrieben, welche Fehlerschwerpunkte gemacht werden und welche differenzierenden Übungen deshalb einzuplanen sind. Der Lehrer analysiert die Fehler vor allem im Hinblick auf richtig geschriebene Grapheme und angewandte Rechtschreibstrategien. Im nachfolgenden Unterricht stellt er die richtig geschriebenen Wörter kurz heraus, untersucht die fehlerhaften gemeinsam mit den Schülern und lässt die richtige Schreibweise durch Erkundung der notwendigen Rechtschreibstrategien und Übungen einprägen. Detaillierte Analysen der Rechtschreibkompetenzen einzelner Schüler können mit Hilfe diagnostischer Rechtschreibtests wie der „Hamburger Schreibprobe" (MAY 1998) gewonnen werden.[50]
In **Heimat- und Sachkunde** stellt der Lehrer der Klasse einen neuen Themenbereich vor der detaillierten Behandlung kurz vor. Im Unterrichtsgespräch oder durch Sammeln von Schülerfragen erhält er Informationen über ihr Vorwissen und individuelle Interessen. Gleichzeitig kann er dadurch seine Schüler zu vorbereitenden Arbeiten wie dem Sammeln von Materialien und Informationen motivieren und den Lernprozess vorstrukturieren.

❖ Die Feststellung der Lernvoraussetzungen durch Schülerbeobachtung

Besonders in Fächern mit praktischen Leistungsnachweisen wie Kunsterziehung, Werken, Technisch Zeichnen, Sport, Musik erhält der Lehrer durch genaue Schülerbeobachtung eine Fülle von Informationen über vorhandende Fertigkeiten, motorische Geschicklichkeit und Ausdauer.

◆ Anforderungen an die Schüler

Die Schüler müssen selbstständig, mit einem Partner oder in Gruppen differenzierte Aufgaben erledigen und kontrollieren können. Notwendige Arbeitsweisen und -techniken, Lernstrategien und Verhaltensweisen sind an geeigneten Themenbereichen einzuüben. Auch die Eltern sollten über Notwendigkeit und Formen der differenzierenden Arbeit informiert werden.

Probleme bei Differenzierungs- und Individualisierungsmaßnahmen

Formen innerer Differenzierung können Über- und Unterforderung vermeiden und Lernleistung, Leistungsbereitschaft, Lernmotivation und Anspruchsniveau der Schüler steigern durch die Bestätigung des Lernerfolgs über informative, positive Rückmeldungen des Lehrers und die Erfahrung von Kompetenz und Selbstbestimmung bei der Wahl der Aufgaben und der Berücksichtigung von Interessen. Allerdings wirkt sich die Bildung homogener Leistungsgruppen nicht für alle Schüler gleich aus. Durch Wegfall eines „Zugpferdeffekts", den bessere Schüler bei nicht zu großen Leistungsunterschieden im Sinne einer **Vorbildfunktion** schwächeren gegenüber unbewusst ausüben können, wirkt sich die Bildung leistungshomogener Gruppen eher lern- und leistungshemmend als leistungssteigernd aus. Von einer Differenzierung profitieren am meisten Schüler im mittleren Leistungsbereich.
Leistungsschwächere Schüler erhalten bei variabel gestalteter innerer Differenzierung nicht nur Anregungen ihrer kognitiv leistungsfähigeren Mitschüler. Sie können

auch in einem ganzheitliches Lernen berücksichtigenden Unterricht eigene „Stärken" wie emotional-expressive, sportlich-motorische, praktisch-handwerkliche, organisatorische oder soziale Fähigkeiten und Fertigkeiten einbringen und entwickeln. Leistungsstärkere Schüler werden beispielsweise durch den Einsatz als Tutor zur Kontrolle eigenen Dominanzstrebens angehalten.[51]
Werden Lerndefizite nicht rechtzeitig behoben, kommt es durch Differenzierung in leistungshomogene Gruppen schnell zum **Schereneffekt**, d. h. zu immer stärkerem Auseinanderdriften der Leistungen und der Dominanz leistungsstärkerer Gruppen gegenüber leistungsschwächeren. Leistungsstärkere Schüler werden durch optimale Lernangebote immer besser, schwächere dagegen geraten bei sinkender Durchlässigkeit zwischen den Gruppen immer stärker ins Hintertreffen. Solche Schereneffekte wurden besonders bei äußerer Differenzierung in Leistungskursen beobachtet.[52]
Bei Differenzierungsmaßnahmen erweist sich eine normorientierte Leistungsbewertung als problematisch. Eine **lernzielorientierte Bewertung** hat eher lerndiagnostische Funktion und zeigt den Stand des Lernprozesses auf. Im Sinne einer pädagogischen Beurteilung sollte deshalb die **individuelle Leistungsfeststellung** und **-bewertung** den gegenwärtigen Lernstand mit der Vorleistung vergleichen, den Leistungsprozess wie das Leistungsprodukt berücksichtigen und sie in Form ermunternder Kommentare den Schülern rückmelden.[53] Dies könnte gerade leistungsschwächere Schüler eher zu einer Erfolgsbestätigung und Honorierung ihrer Anstrengungsbereitschaft führen und zu weiterer Anstrengung motivieren.
Allerdings gehört zur Persönlichkeitserziehung unserer Schüler auch, dass ein differenzierender Unterricht **individuelle Grenzen** verdeutlicht. „Der Schüler muss bei einer optimalen, persönlichen und langdauernden Förderung durch Forderung auch zu der Einsicht gelangen, dass unter Umständen persönliche Grenzen erreicht sind, die es zu bejahen gilt. Eine damit verbundene realistische Selbsteinschätzung, die individuelle Stärken hervorhebt und personenengebundene Schwächen nicht verheimlicht, dient zur eigenen Standortbestimmung in der Welt" (SEIBERT 1992a, S. 99).[54]
Schließlich würde ein gänzlich individualisierender Unterricht der Förderung der **Sozialkompetenz** der Persönlichkeit zuwiderlaufen. Soziales Lernen vollzieht sich nicht so sehr in homogenen als in heterogenen Gruppen und im Klassenverband, wo Konkurrenzdenken zugunsten gemeinsamer Problemlösung, kooperativer Tätigkeiten, sozialer Werte zurücktreten muss.

3.2 Passung an die Lernvoraussetzungen der Schüler durch Öffnung des Unterrichts

Begriffsklärung

Öffnung des Unterrichts kann sich auf verschiedene Aspekte beziehen:
- **Die inhaltliche, thematische Öffnung nach außen**
  Um Anregungen in den Unterricht hereinzuholen bzw. das Unterrichtsgeschehen und Schulleben nach außen zu verlagern und die Lernvoraussetzungen der Schüler stärker zu beachten, nimmt der Lehrer Themenvorschläge der Schüler in seine Planung auf und berücksichtigt Schülerinteressen. Er greift auf Berufs- und Le-

benserfahrungen außerschulischer Experten wie Handwerkern, Vertretern von Dienstleistungsunternehmen, Großeltern zurück und holt sie bei geeigneten Sachthemen in den Unterricht herein. Er eröffnet den Schülern Möglichkeiten originaler Begegnung mit der Wirklichkeit bei Erkundungen, Unterrichtsgängen, Wandertagen, Schullandheimaufenthalten. Unverzichtbar sind dabei Zweck- und Inhaltsbestimmung dieser thematischen Öffnung durch den Lehrer, um das pädagogisch und unterrichtlich Wesentliche und Wünschenswerte zu erkennen.[55]
- **Die Öffnung der Unterichtsorganisation**
  Diese setzt der Lehrer ein, um die Schüler in bestimmten Unterrichtsphasen zunehmend an der selbst verantworteten Gestaltung ihrer individuellen Lernprozesse zu beteiligen. Sie umfasst
  - die **Öffnung der Methoden**: Vorrang haben aktive, möglichst viele Sinne ansprechende Formen des Lernens wie handelndes, entdeckendes, problemlösendes, experimentierendes, kreatives, spielerisches Lernen und die freie Wahl von Arbeiten aus einem Lernangebot. Offenheit zielt auf die Freiheit bei der Wahl des Zeitpunktes, der Zeitdauer der Arbeit und der Arbeits- und Sozialform. Die Schüler werden möglichst früh zur Kontrolle eigener Lern- und Arbeitsergebnisse angehalten.
  - die **Öffnung der Medien und Arbeitsmittel**: Durch ein anregendes, didaktisch strukturiertes Material und durch Medien werden in einer entspannten Lernatmosphäre die Freude am selbstbestimmten Lernen geweckt, Fehler rückgemeldet und die unterschiedlichsten Lerntypen mit ihren komplexen Fähigkeiten des Wahrnehmens und Denkens angesprochen. Vielfältige Formen interaktiven Lernens am Computer können das Lernen in unseren Klassen bereichern.
  - die **Öffnung der Interaktionen**: Öffnungsphasen und offener Unterrricht erfordern vielfältige soziale Gruppierungen wie Gesprächs- und Morgenkreis, Einzel-, Partner- und Gruppenarbeit, die zunehmend von den Schülern mitbestimmt und gestaltet werden. Sie berücksichtigen ihre emotionalen und sozialen Bedürfnisse und fördern ihre Kooperations- und Kommunikationsfähigkeit, Leistungsbereitschaft und Lernmotivation.

  „Wir müssen das Kind als Subjekt seines Lebens und Lernens ernster nehmen als bisher und seine Objektrolle mindern; also: das Kind mehr eigenständig lernen lassen und weniger belehren; seine Selbststeuerungskräfte und sein Mitentscheidenkönnen wesentlich stärker zum Zuge kommen lassen; ein Zuviel an einengender Lenkung zurücknehmen zugunsten helfender Begleitung. All das bedeutet dann gleichzeitig mehr Individualisierung der Lernvorgänge“ (Schwarz 1989, S. 147).[56]
  Alle genannten Punkte sind aber nichts Neues, sondern Aspekte und Kennzeichen eines jeglichen schüler- und handlungsorientierten Unterrichts.

Die Bedeutung offener Lernformen

Offene Lernformen zeigen wie jeder schülerorientierte Unterricht **positive Auswirkungen** auf die **Persönlichkeitsentwicklung** der Schüler.
- Sie fördern die **intrinsische Motivation** durch die subjektiv erlebte Autonomie bei der Festlegung der zu erledigenden Arbeiten und ihrer Reihenfolge, bei der Wahl des Arbeitsmittels, des Arbeitspartners, des Arbeitstempos und -rhythmus und be-

friedigen das Bedürfnis der Schüler nach Selbstbestimmung. Offene Formen des Unterrichts wie „Freiarbeit ...(müssen) also vom Kinde erlebt werden als Erweiterung seines Handlungsraumes, in welchem es selbstständig das gestalten kann, was ihm in und außerhalb der Schule, in seiner Lebenswelt wichtig erscheint" (WENZEL 1983b, S. 434). Der Anreiz einer interessanten Tätigkeit in entspannter Lernatmosphäre, die Freude an der selbst bestimmten Arbeit, das Lernen am Erfolg durch Erfolgsbestätigung bzw. Fehlerrückmeldung über die Lernmaterialien fördern neben der intrinsischen Lernmotivation eine „positive Grundeinstellung zum Arbeitsprozess wie zum Arbeitsergebnis als Produkt intensiver selbst bestimmter Anstrengung" (HAUPTMANN/SCHUBERT 1989a, S. 10).[57]

- Sie begünstigen **handelndes Lernen** durch die selbsttätige Auseinandersetzung mit Objekten und Problemen. Das verwirklichte Aktivitätsprinzip entspricht der konkret-operativen Denkart vor allem der Grundschüler und unterstützt durch die intensivere, längere, anstrengungsbereitere Auseinandersetzung mit den Lerngegenständen, durch die erhöhte Aufmerksamkeit und Konzentration die kognitive Verarbeitung, bewirkt schnelleres und effizienteres Lernen und Verstehen und eine größere Fertigkeit in Arbeitsweisen und -techniken, wenn das Material sinnvoll strukturiert und optimal angepasst ist.[58]
- Sie begünstigen **individuelle Lernfortschritte**. Sie vermitteln vor allem entmutigten Schülern mit Lernschwierigkeiten durch die optimale Passung der Arbeitsmaterialien an ihren „sachstrukturellen Entwicklungsstand", durch die intensivere individuelle Hilfestellung durch den Lehrer schneller Erfolgserlebnisse als der normale lehrerzentrierte Unterricht und helfen **Selbstvertrauen** und ein angemessenes Anspruchsniveau aufzubauen.
- Sie unterstützen **Kreativität**, **Initiative**, **Spontaneität** und **Selbsteinschätzung**, wenn es Lehrer und Material erlauben.
- Sie fördern durch die **Erziehung zur Selbstständigkeit** besonders die **Entfaltung der Persönlichkeit**. Das Kind lernt durch Vermittlung notwendiger Fertigkeiten und Fähigkeiten, fremde Situationen und Anforderungen zunehmend ohne fremde Hilfe zu bewältigen, Interessen und ein **positives Selbstkonzept** von sich und seinen Leistungsfähigkeiten zu entwickeln.
- Sie dienen der **Sozialerziehung**. Sie fördern über prosoziale Verhaltensweisen wie Rücksicht- und Anteilnahme, Verständnis, Toleranz, durch die Zusammenarbeit mit anderen in der Partner- und Kleingruppe Interaktions-, Kommunikations- und Kooperationsfähigkeit (Sozialkompetenz) und befriedigen das Bedürfnis nach sozialem Eingebundensein und sozialer Anerkennung. Sie unterstützen durch die Wahrnehmung und Artikulation eigener Wünsche, Gefühle, Ängste, Schwächen und die zunehmende Selbstentscheidungsfähigkeit die **Selbstkompetenz**. Besonders bei Projekten, bei Erkundungen und Problemdiskussionen werden politische Dimensionen gemeinsamen Handelns erfahrbar und demokratische Verhaltensweisen angebahnt (politisches Lernen).[59]

Nach empirischen Untersuchungen sind die Auswirkungen beim rein fachlichen Lernen aber nicht ähnlich positiv. Offener Unterricht zeigt nur dann einen Zuwachs an fachlichem Wissen und Können,

- wenn er durch klare methodisch-didaktische **Strukturierung** der Unterrichtsphasen, der Lernarrangements und des Lernstoffes die Schüler zu effektivem, handlungs- und problemorientiertem, entdeckendem Lernen auf unterschiedlichem Niveau motiviert und dadurch strukturelle Lernprozesse der Schüler initiiert. Eine optimale Passung der Inhalte und notwendigen Strategien, der fachgemäßen Arbeitsweisen und -techniken, Verständlichkeit, Anschaulichkeit und Klarheit der Lehrerinstruktion kommen besonders leistungsschwächeren Schülern zugute.
- wenn bei insgesamt **hohen Leistungsanforderungen** darauf geachtet wird, keinen Schüler unter ein bestimmtes Anforderungsminimum fallen zu lassen. Der Lernfortschritt der Schüler wird deshalb kontinuierlich beobachtet und kontrolliert, um Lernlücken rechtzeitig durch individuelle Hilfe und Unterstützung zu schließen. Billigt man leistungsschwächeren Schülern bei effektiver Nutzung der gesamten Unterrichtszeit ausreichend Lernzeit zu, dann führen hohe Leistungserwartungen nicht automatisch zu hohem Leistungsdruck.
- wenn auf der Basis gegenseitigen Vertrauens durch eindeutige, sinnvolle **Regeln und Ordnungen** ein erfolgreiches, störungsarmes Lernen ermöglicht wird. Sie machen das Tätigkeitsfeld von Schülern und Lehrern innerhalb der Institution Schule überschaubar, reduzieren Verhaltensunsicherheiten und geben Orientierung.[60]

Soll ein „offener" wie ein „traditioneller" Unterricht insgesamt positive Wirkungen erzielen, muss er **umfassend schülerorientiert und lerneffektiv** geplant und gestaltet werden. Offene und geschlossene Unterrichtsphasen, sofern sie sich in der Realität überhaupt so eindeutig trennen lassen, stehen sich nicht unversöhnlich gegenüber, sondern sind aufeinander bezogen und ergänzen sich sinnvoll. Die sogenannten Kennzeichen offenen Unterrichts sind im Endergebnis lediglich Akzentuierungen jeglichen schüler- und handlungsorientierten Unterrichts.[61]

Voraussetzungen für Formen offenen Unterrichts

- Die Offenheit des Lehrers, sein vertrauensvolles, sozialintegratives, warmherziges, ermutigendes, das Lernen fördernde **Verhalten** sind Voraussetzung und Grundlage eines jeglichen persönlichkeitsfördernden, schülerorientierten Unterrichts. Diese Offenheit verändert seine Rolle. Er nimmt sich im Unterricht zurück und beobachtet intensiv die Lernprozesse, Arbeitsstile, Motivationen, Lernschwierigkeiten der Schüler. Er begleitet die Arbeit der Schüler als zurückhaltender **Lernberater**, steht ihnen zur Seite, moderiert, gibt vor allem unentschlossenen Kindern über ein informatives, sachliches Feedback Entscheidungshilfen und ermuntert sie immer wieder. Der Lehrer stellt geduldig Handlungssituationen bereit. Er findet mehr Zeit, sich einzelnen Schülern mit Fragen, Lernschwierigkeiten und Problemen zuzuwenden. Durch eine gezielte Schülerbeobachtung und individuelle Hilfen kann er langsames Arbeitstempo und störendes Arbeitsverhalten einzelner viel leichter in den Griff bekommen als beim Unterricht im Klassenverband.[62]
  Das Eingehen auf die situativ auftretenden Lern- und Interaktionsprobleme der Schüler erfordert ein flexibles, im Vergleich zum lehrerzentrierten Vorgehen weniger planbares Lehrerverhalten, das ergänzt wird durch Zurückhaltung, Abwartenkönnen, Geduld, Gelassenheit und Ruhe.[63] Ein erster Schritt dazu ist die

Reflexion der eigenen Arbeit, Empfindungen, Motive, Interessen für andere Unterrichtsformen.
Offener Unterricht erfordert mehr **Engagement** und didaktisch-methodisches **Können** des Lehrers. In der Anfangsphase muss er viel **Zeit** für die Vorbereitung des Unterrichts und die Auswahl oder Herstellung geeigneter Materialien aufwenden. Er muss bereit sein, mit anderen Kollegen zu kooperieren, von anderen zu lernen, gemeinsam mit anderen zu handeln, vorhandene Ressourcen im Einzugsbereich der Schule sinnvoll zu nutzen. Dies gilt besonders für fächerübergreifende Projekte, z. B. im Rahmen des Konzepts des praktischen Lernens.[64] Es geht also um eine grundsätzliche Anforderung an die Person des Lehrers, seinen Unterrichtsstil, seine Offenheit gegenüber den Bedürfnissen der Kinder gerade angesichts der veränderten Umwelt.[65]

- Die Schüler müssen zur selbstverantwortlichen Arbeit bereit und fähig sein. Gefordert sind nicht nur Interesse und Freude am Tun, die Beherrschung notwendiger sachgemäßer **Arbeitsweisen und -techniken** durch eine systematische Einführung in den Umgang mit Lernmaterialien und Medien, sondern auch **soziale Fähigkeiten** wie Rücksichtnahme, Hilfsbereitschaft, Disziplin, Toleranz und die Einhaltung vereinbarter Verhaltensregeln. Diese Verhaltensweisen werden von Anfang an schrittweise über Gesprächserziehung im Unterricht, über ausgewählte Sozialformen, Morgenkreise, Freispiel in der Vorviertelstunde, über bewusst gestaltete Tages- und Wochenanfänge, Schulfrühstücke, Klassenfeste und -feiern, über Entspannungs- und Stilleübungen eingeübt. Vereinbarte Zeichen für bestimmte Arbeitsformen und die tägliche Anwendung vereinbarter Verhaltensregeln beugen Verhaltensunsicherheiten vor, ermöglichen eine rasche Verständigung und entlasten den Lehrer von einer ständigen Begründung seiner Entscheidungen. Verbindliche Regeln helfen besonders Kindern, die nach kurzer Zeit eine begonnene Arbeit abbrechen und eine neue beginnen wollen, Zeitvorgaben Schülern, die beim Arbeiten trödeln.
- Die Eltern müssen diese Unterrichtsformen mittragen und sind deshalb in Elternabenden beispielsweise durch aktives Erproben der Arbeitsmaterialien über die Ziele der Freiarbeit zu informieren. Eltern helfen mit bei der Gestaltung des Klassenzimmers, der Durchführung eines Schulfrühstücks, der Erstellung von Materialien. Sie stehen als Repräsentanten bestimmter Berufe und früherer Zeiten im Sinne der „oral history" zur Verfügung.
- Kollegium und Schulleitung müssen Formen der Unterrichtsöffnung unterstützen. So wird beispielsweise Freiarbeit von Kolleginnen und Kollegen häufig aus Unkenntnis, aus Angst vor dem Arbeitsaufwand und aus der falschen Vorstellung heraus abgelehnt, es würde nur gespielt. Im Rahmen einer pädagogischen Konferenz oder schulhausinternen Lehrerfortbildung könnte sie vorgestellt und Kollegen Gelegenheit geboten werden, sich mit Freiarbeitsmaterialien konkret zu beschäftigen. Wesentlich ist, dass Freiarbeit nur einen Teil des regulären Stundenplan- oder Fachunterrichts abdeckt. Der Einsatz von sehr vielen Fachlehrern sollte rechtzeitig durch Gespräche mit der Schulleitung vermieden werden. Langfristig sollten verschiedene Formen der Öffnung von Unterricht immer in ein größeres **offenes Schulkonzept** eingebunden werden, das von möglichst vielen Kolleginnen und Kollegen und der Schulleitung gemeinsam getragen wird.

- Die neue **Raumgestaltung** kann Probleme mit dem Reinigungspersonal verursachen. Klassenzimmer mit verschiedenen Bereichen, Ecken und vielen Regalen zur Aufbewahrung des Lernmaterials sind nicht mehr so schnell zu säubern. Dem Unverständnis des Reinigungspersonals kann durch Gespräche und Kompromissbereitschaft begegnet werden.
- Dem **Arbeitsmaterial** kommt besondere Bedeutung zu. Es ist das entscheidende Element besonders der Freiarbeit. Ein geeignetes Arbeits- und Lernmaterial leistet einen Beitrag zur Verwirklichung modernster Lernprinzipien. Es gewährleistet
  - **selbsttätiges, handelndes Lernen** nach individuellem Lerntempo. Auch die ästhetische Gestaltung sollte Aufforderungscharakter besitzen, die Schüler zur selbsttätigen Auseinandersetzung motivieren, viele Sinne ansprechen und Denkprozesse initiieren.
  - **Lernen in individuellen Lernschritten** beispielsweise durch Isolation eines Merkmals, d. h. Ausrichtung auf einen unterrichtlichen Schwerpunkt, eine spezifische Lernaufgabe oder Aktivität, um Konzentration des Handelns und Systematik des Lernens zu gewährleisten. Die sachgerechten Aufgabenstellungen sollten auch zum problemlösenden Entdecken motivieren, Themenbereiche des Lehrplans abdecken und unterschiedliche Schwierigkeitsgrade aufweisen.
  - **immanente Fehlerkontrolle** aus der Sache heraus. Dem Schüler wird im handelnden Umgang ein Fehler sofort vom Material, nicht vom Lehrer, mitgeteilt.
  - **Sofortverstärkung** des Lernens mit positiven Auswirkungen auf intrinsische Motivation und Selbstverstärkung. Gerade misserfolgsängstliche Schüler gewinnen durch die kleinen Erfolgserlebnisse langsam wieder Zutrauen in die eigene Leistungsfähigkeit.
  - Alleinarbeit oder Lernen mit anderen und unterstützt **soziales Lernen** durch die Begrenzung der Quantität. Ist das Material wie in Montessori-Schulen nur einmal vorhanden, müssen sich die Schüler mit anderen arrangieren und gegenseitig Rücksicht nehmen.[66]

Freiarbeitsmaterialien sollen einfach und übersichtlich aufbewahrt werden können. Verlagsangebote sind meist sehr teuer und müssen sehr kritisch im Hinblick auf ihren Lernerfolg überprüft werden. Der Anreizcharakter von Spielen sollte in einem angemessenen Verhältnis zum Lerninhalt und den Lernmöglichkeiten stehen. Die Erstellung von Lernmaterialien passend zum Unterricht ist sehr zeitaufwendig und kann nur langfristig geleistet werden.

Gut geeignet für selbsttätiges Arbeiten sind auch Lexika, Atlanten, andere Schulbücher, Experimentierbücher, sachkundliches Experimentiermaterial, Kinder- und Jugendzeitschriften, Arbeitskarteien, Stempelkästen, Schreibmaschinen, zusätzliche Arbeitsblätter und Diktatsammlungen in Klarsichtfolien, die dann übersichtlich in Regalen und Schränken aufbewahrt werden.[67]

3.3 Die Realisierung verschiedener Formen offenen Unterrichts

Offene Unterrichtsphasen im traditionellen lehrerzentrierten Unterricht

Nachfolgende einfache Formen der inhaltlichen, thematischen, didaktisch-methodischen und interaktiven Öffnung sind schnell zu realisieren und stellen Möglichkeiten der Hinführung zur Freiarbeit dar.

◆ Die Öffnung der Aufgabenstellung in fachgebundenen Differenzierungsphasen und Übungsstunden

Als Einstieg in einen offeneren Unterricht bieten sich Übungsstunden oder -phasen mit differenziertem Übungsmaterial an. Für kurzzeitige Unterrichtsphasen werden aus einem eng begrenzten Lerninhalt **wahlfreie Übungen** angeboten. Die Differenzierung bezieht sich dabei auf die gleichen lehrplangemäßen Anforderungen an die Arbeiten der Schüler, hält aber die Aufgabenstellung relativ offen.
Bei der inneren Differenzierung im herkömmlichen Unterricht werden schon bei der Planung Arbeitsaufträge für unterschiedliche Schülergruppen vom Lehrer festgelegt, z. B. schwierigere Aufgaben für die leistungsstärkeren Schüler der Gruppe A, Zusatzaufgaben für schnellere Schüler.

Beispiele

Vom Lehrer vorgegebene differenzierte Übungen zum Einüben des Umgangs mit dem ABC (2.Jgst.):

„1. (Gruppe A) Trage die Nachbarn in das Buchstabenhaus ein! (Arbeitsblatt)
2. (Gruppe B) Ordne die Buchstabenkärtchen nach dem ABC! (Buchstabenkarten sind in mehreren Sätzen vorhanden.)
3. Zusatzaufgabe:
   - für Gruppe B: Arbeitsblatt von Gruppe A
   - für Gruppe A: Ordne die Vornamen unserer Klasse nach dem ABC"

Die gleichen Übungsinhalte (Einüben der Reihenfolge des Alphabets) werden in einer offenen Lernsituation nach gemeinsamer Einführung in die Thematik von den Schülern eigenverantwortlich bearbeitet.

Wahlfreie Übungen

„1. Ordne die Buchstabenkärtchen nach dem ABC!
2. Trage die Nachbarn in das Buchstabenhaus ein!
3. Ordne die Vornamen unserer Klasse nach dem ABC (Schreibe sie zuerst auf einzelne Zettel.)!"

Der Lehrer gibt folgende Hinweise:
- „Fange mit einer dieser Aufgaben an! (Du sollst mindestens eine Aufgabe erledigen.)
- Überlege und besprich dich evtl. zuerst mit deinem Nachbarn, was du machen willst!
- Hole dir dann vom Tisch entweder die Buchstabenkarten oder die Arbeitsblätter oder Zettel für die Namen deiner Mitschüler!"

Der Lehrer hält für schneller arbeitende Schüler Angebotsmöglichkeiten bereit:
- „Alphabetische Namensliste mit den Familiennamen
- Alphabetische Namensliste von Bekannten mit Telefonnummern
- Abc-Buch mit Wörtern aus dem Grundwortschatz" (Götzfried 1994, S. 60 f.).

Sinnvolles differenzierendes Arbeiten in offenen Unterrichtsphasen ist beispielsweise auch möglich in Deutsch/Rechtschreiben: Selbstständiges Üben der Lernwörter und Verbessern von Fehlern in allen selbst erstellten Texten. Um möglichst viele Lernzugänge der Schüler einzubeziehen, sollten die Übungen fehler- und wortspezifisch angelegt sein und verschiedenste Sinne ansprechen. Die Schüler üben dann teils mit Hilfe von Rechtschreibstrategien und freigewählten Übungsmöglichkeiten die einzelnen Lernwörter oder verbessern selbstständig Fehler.
Mathematik: Selbstständiges Lösen ausgewählter Sachaufgaben, Durchlaufen von Rechen-Trimm-Pfaden, Üben mit Hilfe von Rechenkarten, Arbeitsblättern usw. Das Sammeln der Ergebnisse geschieht am Tageslichtprojektor, über das Vorstellen im Sitzkreis, an Ausstellungsflächen oder über das individuelle Lehrerfeedback nach der Korrektur.
Diese Unterrichtsphasen weisen aufgrund ihrer thematischen Begrenztheit nur einen geringen Öffnungsgrad auf. Die Schüler eignen sich jedoch Verhaltenskompetenzen an, die notwendige Bedingungen für selbstgesteuertes Lernen darstellen. Sie wenden durch die konkrete Arbeit mit dem Material fachgemäße Arbeitsweisen und -techniken an und sichern sie, treffen selbst Entscheidungen, bewegen sich frei im Raum, ohne andere zu stören, tolerieren die unterschiedliche Zeitdauer für verschieden schwierige Aufgaben, lernen den sorgfältigen Umgang mit den Materialien und das Aufräumen. Gleichzeitig schaffen solche Öffnungsphasen im lehrerzentrierten Unterricht die Voraussetzung für eine zunehmende Öffnung in Form von Tages- oder Wochenplänen.[68]

◆ Die Arbeit mit Lernkarteien, Lern- und Übungszirkeln

Eine **Lernkartei** setzt sich aus Übungsaufgaben auf Karteikarten zusammen, die beispielsweise zur selbstständigen Erarbeitung von Lernwörtern in Rechtschreiben, zur individuellen wort- und fehlerspezifischen Verbesserung von Rechtschreibfehlern in Nachschriften, Diktaten, Aufsätzen geeignet sind.
Beim **Lernzirkel** (**Stationentraining**) wird ein Themenbereich des Lehrplans nach einer vom Lehrer methodisch durchdachten Aufteilung in kleinere Lernschritte (Stationen) mit Hilfe von didaktisch aufbereitetem Material von den Schülern selbstständig erarbeitet. Er entspricht im Zeitbedarf einer zwei- bis fünfstündigen Unterrichtssequenz. Die Reihenfolge der Bearbeitung wird frei gewählt oder mit Hilfe eines Handzettels gesteuert. Im Rahmen der frei bestimmten Sozialform erweist sich die Partnerarbeit durch die gegenseitige Hilfe und intensive Beratung als recht effektiv. Die Kontrolle der Arbeiten erfolgt durch die Schüler selbst oder durch entsprechende Präsentationsverfahren. Die einzelnen Stationen sollen den Lerninhalt über verschiedene Lernwege und Darstellungsformen vermitteln (Texte lesen, Kassetten anhören, Experimente durchführen, Film ansehen usw.) und nach Möglichkeit alle Sinne ansprechen. Eine Unterteilung in Pflicht- und freiwillige Zusatzstationen bietet Differenzierungsmöglichkeiten.
Beim **Übungszirkel** wird Erarbeitetes durch eine methodisch überlegte Anordnung einzelner Übungsstationen selbstständig wiederholt und vertieft.[69]
Ein Beispiel für einen Lernzirkel stellt die nachfolgend beschriebene Erkundung eines Teiches dar.

◆ Die Arbeit mit dem Tages- und Wochenplan

Im Gegensatz zu fachgebundenen wahlfreien Übungen enthält der Tagesplan Aufgaben aus verschiedenen Lernbereichen, für die mehr Zeit zugestanden werden muss. Tages- und Wochenplanarbeit kann bei sinnvoller Zusammenstellung der Aufgaben das fächerübergreifende Arbeiten unterstützen. Bei den Arbeiten sind **Pflicht- und Angebotsaufgaben** (Wahl- und Zusatzaufgaben) zu einzelnen Unterrichtsfächern oder -bereichen zu unterscheiden. Die Pflichtaufgaben sollten alternative Bearbeitungsmöglichkeiten zulassen, in ihrem Umfang aber so bemessen sein, dass auch schwächere Schüler noch Zeit für eine freie Beschäftigung haben.
Bei der Tages- und Wochenplanarbeit lernen die Kinder einen bestimmten Zeitraum zu überschauen und die eigene Arbeit zu planen. Sie teilen sich frei die Arbeiten ein, bestimmen ihre Reihenfolge, erledigen sie in Einzel- oder Partnerarbeit, integrieren individuelle Arbeitsaufträge, kontrollieren sie und stellen ihre dokumentierten Ergebnisse vor. Braucht ein Kind Hilfe, kann es sich an Mitschüler oder die Lehrkraft wenden. Tages- und Wochenplanarbeit fördert als eine „Spielart des offenen Unterrichts" weitaus stärker **eigenverantwortliches Lernen**. „Durch diese Möglichkeit zur eigenen Lernplanung erweist sich (z. B.) der Tagesplan in didaktischer Hinsicht als ein Instrumentarium der Differenzierung, denn die Arbeit mit ihm erlaubt nicht nur eine Anpassung an das Lerntempo des einzelnen Kindes, sondern zeitigt auch individuell ausgeprägte Kombinationen der verschiedenen Leistungsvollzüge wie differenzierte soziale Gruppierungsformen. Da er ein relativ umfangreiches Aufgabenpensum enthält, hat seine Erfüllung eine lange Phase der Schülerselbsttätigkeit zur Folge, in der sich Ausdauer, Arbeitsstile und Selbstständigkeit entfalten können" (GÖTZ 1991, S. 9).
Die Schüler entwickeln also **Selbstständigkeit durch Selbsttätigkeit**, fördern ihre Entscheidungs-, Kooperations- und Konfliktlösungsfähigkeit, gewinnen durch Selbstkontrolle und aufgabenbezogene Kommunikation Sicherheit in ihrer Selbsteinschätzung und erhalten mehr individuelle Hilfen, Denkanstöße, Hinweise und Anleitung.[70]
Zu Beginn der Schulwoche oder des Tages erhält jedes Kind einen von der Lehrkraft ausgearbeiten Wochen- oder Tagesplan, dessen thematischer Inhalt mit der Klasse, z. B. im Kreisgespräch besprochen wird.
Die Arbeitsphase mündet dann wieder in ein Kreisgespräch, in der die Schüler ihre Ergebnisse vorstellen und das Vorgehen und Schwierigkeiten reflektieren.

***Beispiel:* Wochenplan einer 2. Jahrgangsstufe**

Der Wochenplanunterricht wurde von Montag bis Donnerstag durchschnittlich eine Stunde am Tag durchgeführt. Am Freitag sammelte die Lehrkraft die Wochenpläne mit den erledigten Arbeiten zur Korrektur und Würdigung ein.[71]

Sabine

Arbeitsplan für die Woche vom 5.3. bis 9.3.1990

	Wichtig für dich!
Der Orkan Wiebke hat in der vergangenen Woche viel Unheil angerichtet. Viele Menschen klagen darüber. In der Geschichte "Der Wind vor dem Richter" klagen acht Leute den Wind sogar vor Gericht an. Zur Verteidigung werden sieben Zeugen geladen. Übt zunächst die Geschichte allein und lest sie dann mit verteilten Rollen! (AB liegt am Fensterbrett) ✓  *Schlage im Lexikon unter dem Begriff "Orkan" nach! - Lies aktuelle Zeitungsberichte zu diesem Thema!*	Im Lesen hast du feine Fortschritte erzielt! 
Dein Erstentwurf war sehr interessant zu lesen! Diese Woche sollst du die Geschichte mit Hilfe der Verbesserungsvorschläge bis Freitag überarbeiten. Achtung: Die Überschrift soll kurz und spannend sein! Tut mir leid Weitere Hilfe findest du am Fenster! ✓	Sabine, denke daran Satzanfänge abwechselnd zu beginnen!
Auch das O will gekonnt sein! Vorübung: Schwingen mit Wachsmalkreiden auf Computerpapier (Reitersitz) ✓ Üben im Heft: Arbeite mit Filzstiften, Buntstiften und Füller! Bilde Sätze mit den geübten O-Wörtern! ✓ Achtung: Schreibe höchstens eine Seite am Stück!	♥ Dein Schreibheft gefällt mir!
△ Wir zählen zusammen und ziehen ab (ZE+ZE / ZE-ZE ohne Übergang) Denken und Rechnen S. 66 Nr. 2 a - d ✓ S. 67 Nr. 2 a - d ✓ Rechne die Aufgaben jetzt in einem Schritt!  ** Denken und Rechnen S. 66 Nr. 3 / S. 67 Nr. 3 im Kopf* ✓ ** Lernscheiben* ** Rechenpuzzle*	Du bist ein toller Rechenkünstler, prima! 
HSK Lupe Wasser kann man mit verschiedenen Stoffen mischen Auf der Fensterbank stehen 3 Gläser mit Wasser. In jedem Glas ist Wasser mit einem anderen Stoff vermischt. Der Arbeitsauftrag liegt ebenfalls aus! ✓	Bei der GA darfst du ruhig deine Gedanken sagen! Trau' dich!!

Mo 5.Std.	Di 2.Std.	Mi 1.Std	Do 2.Std.
△ S. 66 Nr. 2	✎ Glatteis	✎ O-Wachsm.	Wasser
👁 AB	△ S. 66 + 67 Nr 3	△ S. 67 Nr. 2	✎ Heft
	👁 mit Tina	Konz-LÜK	△ Puzzle

(Heiss-Meissner 1991, S. 120)

Zur Wochenplanarbeit kann geführt werden über Übungsphasen nach einem **fachgebundenen Tagesplan**, über einen **Zweitagesplan**, über einen **fachgebundenen Wochenplan** mit Pflicht- und Wahlaufgaben bis zur Ausweitung auf mehrere Fächer. Die notwendige Arbeitszeit kann von zwei Stunden pro Woche bis auf ein bis zwei Stunden am Tag ausgedehnt werden.[72] Als Vorform für umfangreichere Wochenpläne können in der Hauptschule Tagespläne für mindestens zwei Schulstunden dienen, bei denen die Schüler das selbstständige Planen und Einteilen der Arbeiten trainieren.
Besonders wichtig ist, die **Eltern** vor der Einführung der Wochen- oder Tagesplanarbeit oder nach einer Erprobungsphase im Rahmen eines Elternabends zu informieren, damit es zu keiner Verunsicherung kommt. Am wirkungsvollsten erweist sich das konkrete „Durchspielen“ eines Tages- oder Wochenplans durch die Eltern. Sie erhalten die Pläne, das Arbeitsmaterial und bearbeiten alleine oder in Gruppen die Aufgaben.[73]
Reduziert die Wochenplanarbeit aber „die Lernaktivität der Kinder mehr oder weniger auf das Abarbeiten vorgegebener Informations- und Aufgabenpakete“, auf das Ausfüllen von Arbeitsblättern, auf die Steuerung des Unterrichts durch stumme Medien in festgelegten Zeittakten und nimmt der Unterricht zu wenig Rücksicht auf die Lernvoraussetzungen, Erfahrungen, Fragen, Probleme, Denkansätze und die gezielte Förderung der geistigen Arbeit der Kinder, dann kann es zu einer „Pervertierung“ der „Wochenplantechnologie“ kommen. „Die Schule ist kein Warenhaus und die Schüler können nicht auf Selbstbedienung verwiesen werden (für die man dann am Ausgang der Woche seinen Stempel bekommt)“ (KÖHNLEIN 1992, S. 21).

◆ Freispiel, Freies Lesen und Schreiben

„Vor dem Schuleintritt überwiegen im Leben des Kindes spielerische Betätigungen und Lernweisen. Es kann weitgehend selbst bestimmen, wie lange und womit es sich beschäftigen will.“ Deshalb sollte der Unterricht der ersten beiden Schuljahre „Gelegenheit zu Spiel, Bewegung und musischer Betätigung geben“ (LEHRPLAN FÜR DIE GRUNDSCHULE IN BAYERN 1981, S. 551). Im **Kindergarten** eröffnet das **Freispiel** den Tag. Während sich einige Kinder zielstrebig mit Spielen beschäftigen, lassen sich andere vom Material anregen, wieder andere schauen anderen zunächst zu, beteiligen sich dann am Spiel eines Kindes oder werden von der Erzieherin einbezogen.
Der grundlegende Unterricht des ersten Schuljahres kann über die freie Beschäftigung mit Spiel- und Lernmaterial in der Vorviertelstunde jedem Kind Möglichkeiten zum Sich-frei-Spielen, zum Abbau von Spannungen anbieten und einen problemlosen Zugang zur Freiarbeit verschaffen. Das Freispiel erscheint als „Königsweg“ zur Freiarbeit. Dem Lehrer eröffnen sich in der Freispielphase vielfältige Möglichkeiten zur Beobachtung von Sozialverhalten, Ausdauer und Interessen, zum Kennenlernen der Schüler, zu Anregung und Hilfe.[74]
Der Grundschulunterricht soll nicht nur die Kulturtechnik des sinnentnehmenden Lesens vermitteln, sondern auch zum Buch hinführen. Einzelne Schüler haben aber aufgrund ungünstiger häuslicher Voraussetzungen wie beispielsweise des unzureichenden Rezeptionsverhaltens der Eltern oder übermäßigen, unkontrollierten Fernsehkonsums kaum Erfahrungen im Umgang mit Büchern. Über **freie Lesephasen** könnten sie parallel zum Erstleseprozess mit geeigneten und ansprechend gestalteten

Büchern in Kontak kommen. Jeder liest in der Leseecke mit individuellem Lesetempo, was ihm Spaß macht oder liest anderen vor.
Schon während des Erlernens der Druckschrift werden die Schüler motiviert, kleine freie Texte, z. B. Einzelsätze, Mitteilungen über Vorlieben oder Haustiere zu schreiben. Dies ist besonders ausgeprägt im Konzept „Phonetisches Schreiben".[75] Die Themen der besonders von FREINET betonten **Freien Texte** erwachsen aus Wochenerlebnissen, besonderen Ereignissen oder erzählten phantastischen Geschichten. Die Schüler verfassen nach freier Entscheidung kleine Geschichten in Freiarbeitsphasen oder zu Hause, überarbeiten sie mit dem Lehrer, lesen sie der interessierten Klasse vor, schmücken sie mit Bildern und heften sie im Geschichtenheft der Klasse ab, das für alle kopiert wird. Dies steigert das Selbstwertgefühl und Zutrauen in die eigene sprachliche Ausdruckfähigkeit.[76]

◆ Erkundungen und Erkundungsspiele

Die Öffnung zur außerschulischen Lebenswelt, das Anknüpfen an Erfahrungen der Schüler, das entdeckende Lernen vor Ort durch erlebnisbetonte, erfahrungsbezogene und fächerübergreifende Auseinandersetzung mit der Wirklichkeit wurde von den Reformpädagogen PETERSEN, DEWEY u.a. betont. Die originale Begegnung mit der Wirklichkeit durch zunehmend von den Schülern mitgeplante und vorbereitete **Unterrichtsgänge** und **Erkundungen** kommt besonders in der Grundschule dem altersgemäßen Bedürfnis nach Bewegung und Aktivität, nach erlebnishafter, ganzheitlicher Erschließung der Umwelt, nach Exploration und immer neuen Fragen, nach Kommunikation und Kooperation mit anderen entgegen und weckt Lernmotivation, Freude am Lernen und Interessen.

***Beispiel:* Erkundung eines Teiches**

Im Rahmen des Heimat- und Sachkundeunterrichts der 3. Jahrgangsstufe erkunden die Schüler „das vielfältige Leben in und an einem Gewässer", beschreiben, unterscheiden und bestimmen einige Wasserpflanzen und -tiere und erörtern die Notwendigkeit des Gewässerschutzes.[77]
Die Erkundung wurde als **Teichrallye** im Botanischen Garten der Universität Regensburg durchgeführt. Neben einem naturnah angelegten Teich standen zwei weitere Wasserbecken mit Seerosen und einer Vielzahl von Schnecken, Wasserläufern, Fröschen und Molchen in den unterschiedlichsten Entwicklungsstadien zur Verfügung. Kleine Täfelchen gaben Auskunft über die Pflanzennamen und die Lebensweise der Tiere. Die Schüler durchliefen in frei gewählten Gruppen alle fünf markierten Stationen und erledigten unterschiedliche Arbeitsaufträge.

Station 1 (Teich):

- Wähle mindestens fünf Wasserpflanzen, die besonders häufig vorkommen. Betrachte sie genau! Notiere ihre Namen!
- Zeichne die Pflanze, die dir am besten gefällt!
- Wenn du noch Zeit hast, zeichne auf der Rückseite weitere Pflanzen.

Station 2 (Wasserbecken):

- Betrachte die Schnecken im Wasserbehälter und notiere deine Beobachtungen!
- Bestimme die Schnecken mit Hilfe der bereitliegenden Abbildungen!
- Hast du diesen Flugkünstler (Bild einer Libelle) schon entdeckt? Es ist eine Libelle.
  - Beobachte sie beim Fliegen. Kannst du dir vorstellen, warum sie mit einem Hubschrauber verglichen wird?
  - Schau in das bereitgestellte Glas! Was ist das wohl? (Haut einer geschlüpften Libelle). Vielleicht entdeckst du an Pflanzenstängeln das Gleiche.

Station 3 (Teich und Seerosenbecken):

- Betrachte die Seerosen im Teich! Du kannst verschiedene Arten entdecken. Notiere ihre Namen und die Blütenfarbe!
- Warum schwimmen Seerosenblätter? Sprich in der Gruppe darüber und schreibe deine Vermutungen auf!
- Überprüfe deine Vermutungen durch folgenden Versuch (Materialien: ein abgeschnittenes Seerosenblatt mit langem Stängel, eine wassergefüllte Plastikwanne, kleines Schwimmkissen):
  - Drücke das Seerosenblatt in der Wanne unter das Wasser und lass es dann los! Beobachte!
  - Führe den gleichen Versuch mit dem aufgeblasenen Schwimmkissen durch!
  - Drücke nun das Seerosenblatt unter das Wasser, nimm das Stängelende in den Mund und blase kräftig hinein!

Station 4 (Wasserbecken):

- Betrachte einen Rückenschwimmer bei seiner Fortbewegung im Teich!
  Womit bewegt er sich vorwärts? Lies dazu auch auf dem Informationsschild nach!
  Lies weiter, wie er sich ernährt!
  Du erfährst auch, warum man ihn nicht berühren soll!
- Hast du dieses Tier im Wasserbecken schon entdeckt? (Abbildung eines Wasserläufers). Beobachte es genau und gib ihm einen passenden Namen!
- Warum kann es so gut auf dem Wasser laufen? Betrachte dazu das Tier unter der Becherlupe! Die Antwort findest du auch auf dem Informationsschild!
- Probiere folgenden Versuch:
  Lass in der kleinen Schüssel eine Nadel auf der Wasseroberfläche schwimmen!
  Lege dazu die Nadel auf ein kleines Stück Löschpapier (ca. 2 cm^2)! Was passiert?

Station 5 (Wasserbecken):

- Aus dem Froschlaich entwickeln sich Kaulquappen. Du kannst sie im Wasserbecken entdecken. Beobachte, was sie tun!
- Ordne in der Gruppe die verschiedenen Entwicklungsstufen (Abbildungen auf Karteikarten) eines Frosches vom Laich bis zum „fertigen" Frosch. Sprich darüber!
- Schau nun im Becken nach, ob du Frösche unterschiedlicher Entwicklungsstadien entdecken kannst!
  (GLÖTZL, CH. 1995)

Auch Ortschaften können Schüler selbstständig erkunden. So beschäftigen sie sich beispielsweise in Kleingruppen mit Hilfe eines Aufgabenkatalogs innerhalb eines abgegrenzten Bezirks wie eines Marktplatzes mit Besonderheiten ihres Heimatortes, dokumentieren ihre Ergebnisse durch Fotos, Zeichnungen und Skizzen, interviewen Fachleute des Fremdenverkehrsamtes oder Passanten oder enträtseln Denkmäler. Auch lustige Fragestellungen sind aufzunehmen. Die Ergebnisse werden in den Arbeitsgruppen besprochen, Mitschülern und später auch Eltern vorgestellt und im Rahmen einer Unterrichtssequenz in einen größeren thematischen Zusammenhang eingeordnet.

◆ Die Öffnung des Unterrichts durch den Einsatz computergestützter multimedialer Lernumgebungen

Die Arbeit mit computerunterstützten Multimediaprogrammen eröffnet vielfältige Möglichkeiten selbst bestimmten, selbst gesteuerten, problemlösend-entdeckenden Lernens.

Diese Programme zeichnen sich im Gegensatz zu den bewährten Medien wie Dias, Filme, Videos, Karten, Schaubilder, Folien, CDs vor allem durch die parallele Präsentation und Integration von Daten, Text, Grafik mit Ton, Animation und Video, durch die Interaktivität zwischen Benutzer und System, vor allem aber durch die umfangreichen Eingriffs- und Manipulationsmöglichkeiten zur Simulation von Handeln in realen Umgebungen sowie durch die globale und lokale Vernetzung von Computern mit der Möglichkeit einer orts- und zeitunabhängigen Kommunikation aus.[78]

Multimediale Lernumgebungen ermöglichen es Schülern,

- **selbstständig, problemlösend-entdeckend, handlungsorientiert zu lernen**, dabei Lerntempo und Lernzeit selbst zu steuern, Lernschritte selbst auszuwählen, zu sequenzieren und zu kontrollieren.
- auf umfangreiche **Daten** in verschiedensten Repräsentationssystemen wie Datenbanken und Internet rasch zuzugreifen, z. B. auf geschriebene oder gesprochene Sprache, auf Grafiken, Tabellen und Statistiken, auf Bilder, Videoeinspielungen oder Musikbeispiele, Informationen gezielt auszuwählen, zu verknüpfen und individuelle Wissenssysteme und multiple Perspektiven aufzubauen.
- Prozesse und Phänomene in **Simulations- und Planspielen** zu simulieren und zu manipulieren, aufgestellte Hypothesen und Modelle zu testen, Parameter zu variieren und Konsequenzen von Entscheidungen abzuschätzen. Im naturwissenschaftlichen Unterricht eröffnen Computer mit ihrer hohen Verarbeitungsgeschwindigkeit, der Digitalisierung und raumzeitlichen Darstellung von Abläufen, der schnellen Erfassung und Auswertung von Messwerten neue Möglichkeiten des Experimentierens.
- mit anderen Menschen zu jeder Zeit und an jedem Ort zu **kommunizieren**, Erfahrungen auszutauschen und interkulturelle Beziehungen aufzubauen. Tutorielle Systeme in Medizin und Technik ermöglichen es, über Computernetze zeit- und ortsunabhängig den Rat von Experten in Anspruch zu nehmen. So trainieren beispielsweise Medizinstudenten mit fallbasierten Computerlernprogrammen an authentischen Fällen die Diagnose und notwendige Therapie dieser Krankheiten.[79]

Voraussetzung für die sinnvolle Nutzung multimedialer Lernumwelten ist eine gezielte Prüfung und Auswahl geeigneter Programme durch den Lehrer, eine schrittweise Anleitung und Heranführung der Schüler an die Programme und die Handhabung des Systems. Neue Medien sollen die originale Begegnung mit Personen, Lebewesen, Objekten nicht ersetzen, aber bei der Verarbeitung dieser Erfahrungen helfen. Es wäre sinnvoll, Medienerfahrungen der Kinder aufzugreifen und in den Unterricht zu integrieren. In den Sekundarstufen liegt dann der Schwerpunkt des Unterrichts vor allem auf der selbstständigen Gewinnung, Durcharbeitung und Strukturierung von Informationen zu einem bestimmten Thema oder Problem. Ohne Unterstützung sind aber nur Schüler mit hohem Vorwissen und gut ausgebildeten kognitiven Fähigkeiten und Lernstrategien in der Lage, die von Multimediaprogrammen zur Verfügung gestellten Lernhilfen angemessen zu nutzen. Besonders das Formulieren von Hypothesen, das Planen und Auswerten von Experimenten und Simulationsprozessen erfordern bereichsspezifisches Vorwissen und Fertigkeiten, die an exemplarischen, zunächst einfachen, dann zunehmend komplexeren Inhalten gezielt vermittelt werden müssen, und begleitende Unterstützung durch die Lehrkraft.[80]

Die Öffnung des Unterrichts durch Freiarbeit

◆ Begriff und Formen der Freiarbeit

Sind Lehrkräfte von der Bedeutung selbst gesteuerten Lernens überzeugt und planen deshalb regelmäßig Phasen selbst bestimmter Aktivitäten im Unterricht ein, so werden diese häufig mit den Oberbegriffen „Freiarbeit“, „freie Arbeit“ oder „freie Aktivitäten“ bezeichnet. Freiarbeit kann in allen bisher dargestellten Formen offenen Unterrichts beispielsweise in Form materialgeleiteten Lernens, freien Schreibens oder einer Wochenplanarbeit auftreten.[81]

„Freie Arbeit stellt eine im Wochenablauf einer Klasse feste, täglich (meist zu Beginn des Unterrichtstages) wiederkehrende Phase freier, selbst gewählter und selbst gesteuerter Aktivitäten dar, deren Dauer sich nach der Altersstufe und nach dem Entwicklungsstand des Arbeitsverhaltens richten. Sie bedürfen einer geplanten, gezielten und sukzessiven Anbahnung und Hinführung sowie einer ständig reflektierten Durchführung.

Die Freigabe verplanter und direkt vom Lehrer gesteuerter Unterrichtszeit, die Strukturierung des Klassenraumes und dessen reichhaltige Ausstattung mit vielfältigen Arbeitsmaterialien eröffnen den Schülern die Möglichkeit, sich selbst Arbeiten auszusuchen und sich für ein Vorhaben zu entscheiden, dies selbstständig zu planen und durchzuführen sowie das Arbeitsergebnis zu reflektieren, in die Klassengemeinschaft einzubringen und auf vielfältige Weise Bestätigung und Befriedigung zu erfahren. Dies entspricht im Wechsel von Spannung und Entspannung dem idealtypischen Ablauf des Arbeitsprozesses zum Aufbau und zur Förderung eines situations- und aufgabenangemessenen Arbeitsverhaltens ...

Auf ihr individuelles Lernen bezogen haben die Schüler entsprechend ihrer individuellen Entwicklung die Freiheit, schrittweise Ziele und Inhalte, Methode, Materialien und Darstellungsform, Lernort, Arbeitstempo und Sozialform selbst zu bestimmen. Die Schüler sind damit weitgehend ‚Agent ihrer Lernprozesse‘“ (MÜLLER 1991, S. 99 f.).[82]

Freie Arbeit ist also keine vordergründige Beschäftigungstherapie, kein blinder Aktionismus und keine willkürliche Stillarbeit. Freiarbeit ist ein Ergebnis der Bildung. „Wir müssen uns deshalb ganz entschieden dagegen verwahren, Freiarbeit als Einübungsfeld von Bedürfnisbefriedigung, als Abschütteln von Fremdbestimmung oder von Erlernen der Durchsetzung eigener Ansprüche zu sehen, wie das oft in Vorschlägen zur Alternativen Schule zum Ausdruck kommt. Demgegenüber ist daran festzuhalten, dass freies Handeln der Anstrengung, der freiwilligen Beschränkung aus Einsicht bedarf und erst am Ende einer Entwicklung stehen kann" (WENZEL 1983b, S. 435).

Freiarbeit ist eine Unterrichts- und Lernform und unterliegt den Ansprüchen und Gesetzmäßigkeiten von Unterricht:

- Freiarbeit findet während der Unterrichtszeit in Unterrichtsräumen bei bestimmten Lehrern mit von diesen ausgewählten Rahmeninhalten statt.
- Bei der Freiarbeit wählen die Schüler selbstständig die zu bewältigende Arbeit (Lerninhalt), den Arbeitsplatz, die Arbeitsmaterialien, den Arbeitsrhythmus (Lerntempo) und die Sozialform aus.
- Die Schüler entscheiden über das Ausmaß der Hilfestellungen und die Darstellungsform der Ergebnispräsentation.
- Die angebotenen vom Lehrer ausgewählten, vorbereiteten und eingeführten Arbeitsmittel beziehen sich größtenteils auf den Unterricht, meist auf Lehrgänge und sichernde, wiederholende oder weiterführende Übungsmöglichkeiten (Fertigkeiten in den Kulturtechniken Lesen, Schreiben, Rechnen, Einsichten aus der Heimat- und Sachkunde, aus Sachfächern) wie auf problemlösende, kreative oder spielerische Lernangebote. Sie ermöglichen Einzel-, Partner- und Gruppenarbeit.
- Täglich oder am Ende der Woche legen die Schüler Rechenschaft ab über ihre Arbeitsergebnisse, z. B. im Freiarbeitsheft, und über die Ausnutzung der Lernzeit (Kontrolle). Die Freiheit der Schüler erfährt ihre Grenzen „in der Freiheit der Mitschüler, in der Wahrung des Arbeitscharakters der Situation und des Ergebnisses; d. h. es ist alles erlaubt, was den Mitschüler in seiner Freien Arbeit nicht einschränkt und was ein Arbeitsergebnis zur Folge hat. Dies wird zu Beginn in festen Verhaltens- und Ordnungsregeln gemeinsam vereinbart, deren Einhaltung eine gemeinsame Verpflichtung und Aufgabe darstellt" (MÜLLER 1991, S. 101).
- Einen sukzessiven Übergang zur Freiarbeit und die schrittweise Erprobung selbst gesteuerten Lernens der Schüler ermöglicht die Tages- oder Wochenplanarbeit. Die Schüler arbeiten mit Hilfe eines individuellen oder gemeinsamen Tages- oder Wochenplans mit verbindlichen Arbeitspensen, Wahlmöglichkeiten und freien Angeboten.

Ziel der Freiarbeit ist also die Förderung der „Selbstständigkeit durch Selbsttätigkeit in Selbstverantwortung" (HAUPTMANN/SCHUBERT 1989, S. 8).[83]

◆ Wurzeln der Freiarbeit

Freie Arbeit ist ein Erbe der Reformpädagogik. Ihr Ziel war die ganzheitliche Förderung von Kopf, Herz und Hand bei möglichst großer Freiheit der Kinder. Bedeutsam für die heutige Freiarbeit sind besonders drei reformpädagogische Ansätze:

❖ Freiarbeit im pädagogischen Konzept von Maria Montessori (1870–1952)

Durch die Beschäftigung mit geistig behinderten Kindern kam die italienische Ärztin zur Pädagogik. Auf der Grundlage eines biologistischen Konzepts postuliert sie, dass sich die „normale" Entwicklung eines Kindes nur unter Gewährleistung von **Eigenaktivität in Freiheit** vollziehen kann. Sie glaubt an das naturhaft Gute im Menschen, das über aktives Handeln zur Entwicklung drängt. Erziehung hat dann die Aufgabe, diese natürlichen, spontanen, spielerisch-schöpferischen wie geistigen Kräfte zu erfassen und durch Anreize zu Eigenaktivität zur Entfaltung zu bringen. In **sensiblen Phasen**, d. h. Entwicklungsabschnitten besonderer Empfänglichkeit für bestimmte Umweltreize, kann das Kind in einer vorbereiteten Umgebung durch spontane, selbst gelenkte Betätigung Erfahrungen aus der Umwelt aufnehmen, zur Selbstständigkeit gelangen und seine individuellen Begabungen selbst ausbilden. Montessori betont die Bedeutung einer räumlich und sachlich **vorbereiteten Umgebung** wie auch die des **strukturierten Materials** für die Entwicklung der Sinne und der Motorik (Sehen, Hören, Riechen, Schmecken, Tasten, Gleichgewichtssinn). In der Sensibilisierung aller Sinne, in der Erweiterung und Verfeinerung der Wahrnehmung sieht sie eine Voraussetzung für die Entwicklung der Intelligenz wie der gesamten Persönlichkeit. Sowohl Mobiliar wie Lern- und Alltagsgegenstände sollen in ihrer Größe und Handhabbarkeit den Kindern angemessen sein. Das Kind wählt frei das Material aus, für das es besonderes Interesse zeigt, beschäftigt sich damit übend und bestimmt selbst Arbeitstempo und -dauer.
Die didaktischen Materialen präsentieren im Elementar- und Primarbereich Übungsbereiche des praktischen und sozialen Lebens, der Motorik und Stille, der Sinnesqualitäten zur Unterscheidung von Farben, Formen, Oberflächen- und Materialstrukturen, Tönen, der Geschmacks- und Wärmequalitäten, der mathematischen Beziehungen in verschiedenen Zahlenbereichen, der Operationen im Dezimalsystem, der Sprache und Kultur. Die Materialien gewährleisten durch die **Isolation eines Merkmals** die Ausrichtung der Konzentration auf eine spezifische Aktivität. Diese **Polarisierung der Aufmerksamkeit** kann dann zu einer besonders intensiven Auseinandersetzung mit dem Material, zu einem völligen Aufgehen in der Tätigkeit, zu einem Flow-Erleben führen.[84] Des Weiteren fördern die Materialien das selbsttätige Lernen in kleinen Lernschritten mit individuellem Lerntempo, das sofortige Erkennen und Beheben von Fehlern, Selbstverstärkung durch Erfolgserlebnisse und den Aufbau intrinsischer Motivation. Da sie nur einmal vorhanden sind, zwingen sie die Schüler zum Arrangement mit anderen. Aufgabe der Lehrkraft ist es, die Lernumgebung didaktisch vorzubereiten, die Kinder permanent bei der Arbeit in ihrem Lern- und Sozialverhalten zu beobachten und gegebenenfalls helfend einzugreifen. Je nach Entwicklungsstand weist sie das Kind in den Umgang mit den Materialien ein und vermittelt über einen einfachen **dreistufigen Lernprozess** des Zuordnungslernens und durch Isolation einer oder weniger überschaubarer Eigenschaften wichtige Erkenntnisse und Begriffe (Dies ist ein Quadrat. Gib mir ein Quadrat. Was ist das?). Jedes Kind erwirbt so über das individuelle Lernen durch Erkennen von Gleichheiten, Unterschieden, Abstufungen mit und ohne Sprache grundlegende Arbeitsweisen (unterscheiden, ordnen, reihen), Handlungsstrukturen, Zahl- und Mengenvorstel-

lungen, Grundrechenarten, Lesen, Schreiben, sachkundliche Kenntnisse und Interessen, Haltungen und Einstellungen (Ordnung, innere Konzentration usw.). Ein eigener Klassenunterricht in den Kulturtechniken findet deshalb in der Regel nicht statt.[85]

❖ Freiarbeit bei Peter Petersen (1884–1952)

Peter Petersen prägte den Begriff „Freiarbeit". In seiner „**Jenaplan-Schule**", die die größte internationale Verbreitung in den Niederlanden fand, wies er der **Gruppe** eine Schlüsselrolle in der Erziehung des einzelnen zu. Die Idee der Gemeinschaft bildet das Zentrum des pädagogischen Geschehens, denn Erziehung ereignet sich dort, „wo in einer menschlichen Gemeinschaft Menschen absichtslos füreinander da sind und ... tätig sind. Wollen wir also hinaus über die ‚Klasse', sollen wir mehr sein als eine soziale Gruppe, dann müssen wir unsere Gruppen so gestalten und nun auch so leben lassen, dass in ihnen Raum ist für das zwischenmenschliche Geschehen" (Petersen 1972, S. 10f.). Das gegenseitige Helfen und Lernen findet in **Stammgruppen** statt, die jeweils drei Jahrgangsstufen umfassen. Innerhalb der Stammgruppen schließen sich die Kinder zu **Interessengruppen** zusammen. Elementare Kulturtechniken werden den einzelnen **Leistungsgruppen** in Form von Niveaukursen vermittelt. Kooperative Arbeitsformen beim gemeinsamen Arbeiten, Spielen, Feiern, Miteinander-Sprechen betonen die Schulgemeinschaft. Besonders im Kreisgespräch werden Arbeiten geplant, besprochen, Ergebnisse vorgestellt, Feste vorbereitet. Etwa ab dem 9. Lebensjahr können sich die Kinder nach der Vermittlung der Fertigkeiten im Lesen, Schreiben, Rechnen und im Umgang mit Arbeitsmaterialien in der vorstrukturierten Lernumgebung frei bewegen und sich ihre nicht nur lehrplanbezogenen Lernmaterialien und Arbeitsthemen frei wählen. Die Gestaltung des Klassenzimmers als Wohnstube mit Lern- und Arbeitsmaterialien, Spielen, Aquarien, Terrarien, Blumen usw. fördert die selbstständige Arbeit. An Stelle des fächergebundenen, für das ganze Schuljahr als Stundenplan festgelegten Unterrichts in einzelnen Wochenstunden tritt eine andere Tagesgestaltung, ein lebendiger Rhythmus zwischen den verschiedenen Erarbeitungs-, Übungs- und Wahlkursen, Freiarbeit, Sport, Gestaltungslehre und den interessenbestimmten Gruppenarbeiten. Die Freiarbeit leistet durch das Arbeiten in der Gruppe, durch gegenseitige Anregung und Hilfe einen wertvollen Beitrag zur sozialen Erziehung im Rahmen der Persönlichkeitsentfaltung, zur Einführung der Kinder in die Gesellschaft und zur Entfaltung individueller Interessen.[86]

❖ Freies Arbeiten bei Celestin Freinet (1896–1966)

Freinet gab in Frankreich wichtige Impulse für eine kindgemäße „Ecole moderne". Er ist der Ansicht, dass ein Kind für seine Entwicklung „freien Zugang zur erfahrbaren Wirklichkeit, zu den Gegenständen, mit denen es arbeitet," braucht (Wenzel 1983, S. 20). Die kindliche Aktivität richtet sich von vornherein auf diese reale Wirklichkeit, deren Zugang durch das Material grundsätzlich möglich ist, und umfasst alle Lernbereiche. Dementsprechend bieten „**Ateliers**" in den Schulen, Arbeitsecken in den Klassenzimmern mit einer Vielzahl verschiedener ausgewählter Materialien, wie Arbeitskästen mit naturkundlichen Sammlungen zum Betrachten, Untersuchen, Experimentieren, Arbeitskarten und -blätter, Werkzeuge, Bastel- und Rechenmaterialien, eine Klassenbibliothek mit Kinderbüchern und Nachschlagewerken, Staffeleien, Musikinstrumente, Wandzeitungen, vielfältige Möglichkeiten für Primärerfahrungen, zur Selbsttätigkeit und Selbstbildung. Viele Erkundungen finden auch vor Ort statt. Der Unterricht beginnt mit einem Kreisgespräch, in dem Arbeitsergebnisse vorgetragen, Fragen gestellt, Probleme besprochen und der Tagesablauf gemeinsam festgelegt wird. Die Kinder beschäftigen sich in der anschließenden freien Arbeit nach dem in der Klassenversammlung selbst erstellten **Tages**- bzw. **Wochenplan** mit frei gewählten Aktivitäten, Arbeitsmitteln und Partnern. Im erlernten Umgang mit den Arbeitsmaterialien und Partnern und in der Art des freien Ausdrucks und der Kommunikation liegen Selbstständigkeit und Freiheit. Aus den Bedürfnissen der Kinder, aus ihren Zugängen zu allen Wirklichkeitsbereichen entstehen dann **Formen freien Ausdrucks** wie das Verfassen und Drucken frei gestalteter Texte in der Schuldruckerei, die Gestaltung einer Klassenzeitung, eines Berichtes, Rollenspiels, Gesprächs, der Korrespondenz mit einer anderen Klasse, das freie Malen und Musizieren. Verbindlich für alle sind das Beachten gemeinsam getroffener Entscheidungen, das Erfüllen von Pflichtnachweisen, z. B. Schreiben, Lektüre, Geographie, deren thematischer Schwerpunkt und zeitliche Planung aber den Schülern überlassen sind, das Respektieren der Partner und das Einhalten schulrechtlicher Bestimmungen. Soziales Lernen, Mitbestimmung und Mitgestaltung der Schüler am Schulleben spielen bei Freinet eine ebenso große Rolle wie die intensive Kooperation der Lehrer. **Projektorientiertes Arbeiten** ist „integraler Bestandteil der täglichen Unterrichtsarbeit. Freiarbeit beschränkt sich im Sinne selbsttätigen Arbeitens und problemlösenden Denkens nicht auf differenzierendes Üben, auf das Bearbeiten blutleerer Arbeitsblätter und lernpsychologisch zweifelhafter Lernspielchen. Freiarbeit im Sinne Freinets vermeidet eine ‚Überindividualisierung' des Lernens ebenso wie die Gefahr, schwächere Schüler ‚aus dem Blick zu verlieren'" (AUTHENRIETH 1996b, S. 373).[87]

◆ Mögliche Stufen bei der Hinführung zur Freiarbeit

Im Unterricht kann über vielfältige Zugänge, über alle bisher dargestellten Formen der Öffnung behutsam zur Freiarbeit geführt werden; die wichtigsten werden nochmals kurz zusammengefasst.

❖ Themenbezogene freie Arbeit in einzelnen offenen Unterrichtsphasen des herkömmlichen Unterrichts

Lehrer und Schüler sind an die vom Lehrplan vorgegebenen Ziele und Inhalte gebunden. Den Schülern wird aber schrittweise ein **Entscheidungs- und Handlungsfreiraum** bei der Verwirklichung einzelner Ziele, eigener Ideen und Wünsche zugestanden, z. B.

- bei der Wahl von Übungsformen zu einem Lerngegenstand, bei der selbstständigen Vorbereitung einer Nachschrift oder der Verbesserung von Rechtschreibfehlern in selbst gewählten Sozialformen und mit selbst gewählten Übungen;
- bei der selbstständigen Bearbeitung von Lernzirkeln;
- beim fachgebundenen Üben in Förderstunden mit differenzierten, strukturierten Materialien oder Lernspielen;
- bei der gemeinsamen Auswahl alternativer Inhalte, bei der Festlegung exemplarischer Beispiele;

- bei der Erkundung der Interessenlage der Schüler durch Sammeln von Fragen;
- bei der gemeinsamen Planung und Lösung von Problemfragen durch problemlösend-entdeckenden Unterricht, bei der Wahl der Gruppenaufträge und Fragestellungen;
- bei der originalen Begegnung mit der Wirklichkeit in Form von Unterrichtsgängen und Erkundungen, bei denen die Schüler innerhalb eines genau definierten Geländes selbstständig arbeiten dürfen;
- bei der Vorstellung und Dokumentation der Ergebnisse und Arbeitsprozesse in Form von Plakaten, Berichten, Fotowänden, Büchern usw. Alle Formen können dabei die Funktion von Lernzielkontrollen erfüllen.[88]

❖ Freispiel oder Lernspiele in der Vorviertelstunde oder in einzelnen Übungsphasen

Die Schüler beschäftigen sich mit Lernspielen und motivierendem Lern- und Übungsmaterial zu einzelnen Inhalten oder Bereichen des Unterrichts, beispielsweise mit Übungen zum Einmaleins, Spielen zum Auf- oder Abbauen von Wörtern im Erstleseunterricht, mit Arbeitsmaterialien zur Überprüfung der Lerninhalte der Vorstunde. **Signale** für die Beendigung der Arbeit könnten leise Musik, das Anschlagen von Fingerzimbeln oder eines Tischgongs sein. Im Sitzkreis werden Arbeiten und Ergebnisse vorgestellt, in den Unterricht eingebracht und das weitere Vorgehen besprochen.
Das Klassenzimmer wird durch Regale und Schränke unterteilt und mit Sitzecken, Gruppentischen usw. gestaltet. Die Materialien müssen in Ablagekörben, Aktenordnern, Dosen oder Schachteln einen festen Platz haben.

- Anfänglich nur in der Vorviertelstunde betrieben, weitet sich die Freiarbeit schnell auf ein bis drei Unterrichtsstunden pro Woche aus. Zu Beginn bleiben die individualisierenden Übungen aber eng an den Unterricht und die einzelnen Unterrichtsfächer gebunden. Die Reflexion der freien Arbeiten führt zu selbst gewählten Regeln im Bereich des Arbeits- und Sozialverhaltens.
- Das individuelle fachgebundene Üben wird zunehmend zum individuellen fachübergreifenden Üben in festen Freiarbeitsphasen. Die Schüler arbeiten mit Hilfe bereitgestellten Materials zunehmend bewusster und eigenverantwortlicher an individuell erkannten Defiziten in den verschiedenen Fächern oder Fachbereichen. Sie holen versäumte Inhalte nach oder üben beispielsweise mit geeigneten Texten Kulturtechniken wie das sinnerfassende oder flüssige Lesen. Eine kontinuierliche Fehleranalyse und informatives Feedback des Lehrers unterstützen sie in ihrem Bemühen.
- Inhalte des Lehrplans werden in immer größerem Maße in die Phasen freier Arbeit verlagert. Die Schüler erarbeiten und vertiefen nach eigener Wahl und nach Interesse Inhalte aus verschiedenen Fächern oder Sachbereichen. Dabei wird die Dartellungsform zunehmend frei gewählt, wie z. B. ein Aufbau einer Versuchsreihe, die Demonstration von Versuchen, ein Kurzreferat über das Leben eines Tieres, das Erstellen von Lernspielen, Übungskarten oder Übungsstationen zum aktuellen Mathematikunterricht.
- In einem weiteren Schritt können die Schüler völlig selbstständig und interessegeleitet zu einzelnen frei gewählten Themen arbeiten. Sie suchen Thema, Darstellungsform, Materialien aus und stellen ihre Ergebnisse in der Klasse vor, z. B. selbst

geschriebene Geschichten und Gedichte, Referate über individuelle Interessengebiete, neue Beispiele zu bekannten Themen.

Projektunterricht und projektorientierter Unterricht als Hochformen der Öffnung

◆ Kennzeichen des Projektunterrichts bzw. projektorientierten Unterrichts

Der Begriff **Projekt** wird vom lateinischen proicere (ent-, vor-, hinauswerfen) abgeleitet und für eine Unterrichtsform benutzt, in der Schüler unter der Anleitung des Lehrers an einem Projektthema die Fähigkeit zum gemeinsamen und selbst verantworteten Handeln erwerben, eigene Bedürfnisse, Wünsche und Interessen wahrnehmen, artikulieren, Aufgaben arbeitsteilig, kreativ und spontan bewältigen, die eigene Verantwortung und Initiative für gemeinsam geplante und geregelte Lernprozesse übernehmen, Werte reflektieren, praktisch „erleben" und verinnerlichen, soziale, kooperative und demokratische Verhaltensweisen einüben und Konflikte angemessen lösen. „Das Projekt ist ein konkretes, zeitlich begrenztes Unternehmen, das die Lösung eines Problems zum Ziel hat" (GERR 1988, S. 3).[89]
Diese Hochform offenen Arbeitens wurde vor allem von JOHN DEWEY und seinem Schüler W. KILPATRICK im ersten Drittel des 20. Jahrhunderts geprägt.[90] In Reaktion auf den tiefgreifenden Wandel im gesellschaftlichen und wirtschaftlichen Bereich sollten in der Idee des amerikanischen Pragmatismus und in der Tradition der Menschen- und Bürgerrechte die Gesellschaftsmitglieder lernen, durch wechselseitige Absprache und Verpflichtungen die sozialen, politischen, kulturellen Verhältnisse selbst zu regeln. Ihr Projektbegriff ist durch **Mitbestimmung** der Schüler, durch **Handlungsorientierung** und den **aktuellen Bezug zur sozialen Umwelt** geprägt. Über das planvolle Projekthandeln sollen soziales Engagement und demokratische Verhaltensweisen aufgebaut werden.
Zu Beginn der 70er Jahre erlebte in der Nachfolge des Schulreformgedankens der Projektunterricht vor allem an integrierten Gesamtschulen eine politische und ideologische Renaissance. Die unpräzise, inflationäre Verwendung des Projektbegriffs und die Überfrachtung des Projektunterrichts mit „illusionären systemkritischen Erwartungen", „die kapitalistischen Produktionsverhältnisse" durchleuchten zu können, führte zu einer berechtigten Skepsis vieler Lehrer und Eltern und zu einer deutlichen Abwertung des Projektgedankens.[91]
Kernstück eines jeden Projektunterrichts ist seine „Legitimation durch die Beteiligten (freier ‚Projektvertrag' zwischen Schüler/in und Lehrer/in)", ist die **gemeinsam beschlossene Problembearbeitung** und ihre Einbettung in die Lebenssituation der Schüler. Natürlich sind in der Grund- und Hauptschule besonders in Erkundungs- und Aktionsphasen die Schüler auf die Mitarbeit von Lehrern, Eltern, Fachleuten angewiesen. Besonders in der Grundschule sollte der Lehrer seine behutsame Führung nicht aufgeben, Bedürfnisse und Fähigkeiten seiner Kinder erkennen, ermutigen, begeistern, klären, Impulse setzen, bei der Strukturierung von Planungsprozessen helfen, z. B. Verfahrensregeln vorschlagen, den Ablaufplan miterstellen, Kontakte knüpfen, Materialien mitbeschaffen.
Werden Elemente des Projektunterrichts bei der Bearbeitung eines Problems verwendet, soll von **projektorientiertem Unterricht** gesprochen werden. Er schließt alle

Unterrichtsformen ein, die nach den Prinzipien der Projektmethode gestaltet werden. In der Grundschule sind realistischerweise nur projektorientierte Verfahren möglich.[92] Der Gedanke der „Demokratisierung" der Schule wird aber oft zugunsten des methodischen Ansatzes aufgegeben.

Kennzeichen/Elemente des Projektunterrichts sind der Bezug auf eine tatsächliche, aktuelle Lebenssituation, die Berücksichtigung der Bedürfnisse und Interessen der Schüler, die Zielgerichtetheit der Planung (Ziel-, Zeit-, Material- und Kostenplanung in Form eines Netzplanes) und die Produktorientierung mit einem sichtbaren Arbeitsergebnis am Ende (z. B.: Ausstellung, Videofilm, Veränderung des Pausenhofes, Schülerzeitung, Theaterstück, Schulfest, Betreuungsaktion, Naturlehrpfad). Bedeutsam sind des Weiteren die Selbstorganisation und kollektive Realisierung der Lern- und Arbeitsprozesse. Die Schüler legen die Ziele fest, planen, interviewen, sammeln Informationen, erstellen Arbeitsberichte, arbeiten im Team, lösen Meinungsverschiedenheiten und Konflikte, helfen einander usw. Kennzeichnend sind außerdem das fächerintegrierende, interdisziplinäre Vorgehen und die gesellschaftlich-soziale Relevanz projektorientierter Aufgabenstellungen (z. B.: Wir gestalten den Pausehof neu. Wir stellen Ausbildungsbetriebe unserer Stadt vor. Wir gestalten ein Schattenspiel. Wir übernehmen eine Bachpatenschaft).[93]

Da Merkmalskataloge variieren können, ist eine begriffliche Unterscheidung zwischen Projekt und projektorientiertem Unterricht nicht einfach und oft problematisch. Wesentlich ist, dass Projektunterricht und projektorientierter Unterricht überwiegend handlungsbezogen sind, über Arbeits- , Sozial- und Lernformen ein Lernen durch Erfahrung ermöglichen und sich über einen längeren Zeitraum erstrecken, der immer wieder von schulischer Alltagsarbeit unterbrochen wird. Während eines Schuljahres lassen sich deshalb nur wenige Projekte durchführen.

Besonders im **Konzept des praktischen Lernens** haben Projekte eine große Bedeutung. Sie verknüpfen verschiedene Tätigkeiten, z. B.

- das Herstellen oder Umgestalten von Objekten, das Arbeiten im Zusammenhang größerer Projekte wie die Veränderung von Klassenräumen, den Aufbau einer Schuldruckerei bis hin zur Mitarbeit an Renovierungsarbeiten und Verbesserungen im Wohngebiet;
- ästhetisches Gestalten beim Theater- und Figurenspiel, bei der Produktion einer Tonaufnahme oder eines schuleigenen Fernsehprogramms, der Gestaltung eines Theaterworkshops oder einer Ausstellung;
- ökologisch orientierte Tätigkeiten wie die Anlage und Pflege eines Feuchtbiotops oder eines Schulgartens, Praktika in der Land- und Forstwirtschaft, Boden- und Wasseruntersuchungen;
- interkulturelles Lernen bei der gemeinsamen Planung von Schulfesten, der Umsetzung von Partnerschaften;
- Erkunden und Erforschen der Lokalgeschichte, der Auswirkungen des Nationalsozialismus, der Folgen der Industrialisierung.

Durch Überschreiten der Fachgrenzen, durch die Betonung des sozialen Lernens, durch den Öffentlichkeitsbezug und die vielfältigen Kooperationsmöglichkeiten mit Institutionen, Fachleuten, Vereinen, kommunalen Organen tragen solche Projekte zur Öffnung der Schule bei.[94]

In Parallelität zum Projektbegriff bezieht sich das **Vorhaben** als Elementarform des Unterrichts auf die gemeinsame Arbeit einer Klasse. So wird beispielsweise in gemeinsamer Planung die Sage vom Brückenbau in Regensburg dramatisiert und als musikalisch umrahmtes Schattentheater für Mitschüler und Eltern gestaltet.[95] Wichtige Ziele des Projektunterrichts können auch durch ein Vorhaben angestrebt werden. Organisatorisch sind vier **Hauptformen** von Projektunterricht zu unterscheiden: als Projekt einer Klasse oder Lerngruppe im Rahmen eines Faches oder fächerübergreifend, als klassenübergreifender Unterricht innerhalb einer Jahrgangstufe in einem oder mehreren Fächern, als Unterricht einer ganzen Schulstufe oder als Projekt der ganzen Schule.[96]

◆ Phasen eines Projekts

Jedes Projekt durchläuft folgende Projektphasen:
- In der **Initialphase** kommen die Schüler über situative Anlässe oder emotional-affektive Betroffenheit, z. B. über die große Anzahl geschädigter Waldbäume an einer Wanderstrecke, zur vorläufigen Zielsetzung, sich im Rahmen eines Projekts mit den Ursachen der Waldschäden genauer auseinander zu setzen. Sie artikulieren ihre Wünsche, Bedürfnisse, Erwartungen hinsichtlich der Verwirklichung des Projekts. Auch der Lehrer oder externe Fachleute können Kinder auf Projektideen bringen.
- In der **Explorationsphase** setzen sich die Schüler mit der Projektidee weiter auseinander, beschaffen sich mit Hilfe spezifischer Arbeitstechniken weitere Informationen über das Thema, werten sie aus und planen das weitere Vorgehen genauer. Ein Projektplan mit Einzel- und Gruppeninitiativen, dem zeitlichen Ablauf, der Beschreibung eines Endprodukts oder einer Abschlussaktion wird erstellt.
- In der **Erarbeitungs-/Aktionsphase** setzen sich die Schüler in einzelnen Gruppen mit speziellen Fragestellungen auseinander. Sie interviewen bei einer Waldbegehung einen Förster über die Waldschäden, zeichnen Schäden mit der Videokamera auf, führen einfache chemische Experimente und Analysen des Bodens, der Gewässer und der Autoabgase durch. Der Lehrer berät, organisiert und vermittelt Kontakte mit Fachleuten, mit Vertretern der Gemeinde. Immer wieder werden kurze Reflexionsphasen zur Bestandsaufnahme, Problemanalyse, Weiterplanung durchgeführt.
- In der abschließenden **Reflexionsphase** werden die Ergebnisse vorgestellt, gemeinsam diskutiert, der Projektverlauf reflektiert und offene Fragen einer weiteren Bearbeitung zugeführt. Außerdem entscheiden sich die einzelnen Gruppen für die Art der Dokumentation der Ergebnisse.
- Je nach **Dokumentation** wird das Projekt in Form einer gemeinsam vorbereiteten Feier, eines Elternabend, eines szenischen Spiels, einer Ausstellung, eines Berichts an die Zeitung, eines Leserbriefes o. Ä. abgeschlossen.

Beispiele für Projekte finden sich in der angegebenen Literatur.[97]

◆ Grenzen des Projektunterrichts und des projektorientierten Unterrichts

Nicht alles ist in Projekten vermittelbar. Viele Kulturtechniken und Lerninhalte wie Lesen, Schreiben, Mathematik, Fremdsprachen sind auf systematisch geplante und strukturierte Lehrgänge mit Übungsphasen angewiesen und können nicht von Interessen- oder Erfahrungskonzepten der Schüler abhängen. „Schüler/innen laufen Gefahr, sich einseitig zu spezialisieren, wenn sie immer nur die ihren Neigungen entsprechenden Tätigkeiten in einem Projekt übernehmen." Es ist auch schwer festzustellen, was jeder wirklich im Projekt gelernt hat. Deshalb ist auch im projektorientierten Unterricht „grundsätzlich die Ergänzung durch Elemente des Lehrgangs nötig, um eigene Erfahrungen in systematische Zusammenhänge einzuordnen, vorliegende ‚fremde Forschungsergebnisse' mit eigenen Erfahrungen und Erkenntnissen zu vergleichen, ja auch um den Anschluss an den vom Lehrplan vorgesehenen Kanon von Fachinhalten zu halten ... Wenn handlungsorientierter Unterricht nicht zu einem Supermarkt mit Selbstbedienung verkommen will, in dem die zufälligen Lernbedürfnisse der Schüler/innen dominieren, muss er sich seines Bezuges zum systematisch geordneten Lehrgang und zu den Funktionen des Lehrplans in der Schule vergewissern" (GUDJONS 1986, S. 67, 98).

1 Vgl. EINSIEDLER 1985, S. 531
2 Vgl. WEINERT 1996b, S. 39 f.; B I/3; B III/3
3 Vgl. HECKHAUSEN 1988, S. 275 ff.; OERTER 1985, S. 552 f.; B IV/4
4 Vgl. PSCHIBUL 1980, S. 107 ff.
5 Vgl. BROPHY/GOOD 1976; GLÖTZL 1979, S. 40 ff.; PREUSS 1987, S. 5; A II/1
6 Vgl. die genaueren Ausführungen in A II/1; 2; B I/3; B III/3; B IV/4; B V/2; B VI/2.3; 3.3
7 Vgl. B IV/2.2; 4.2
8 Vgl. GLÖCKEL 1990b, S. 37; KLAFKI 1985, S. 67 f.; WEINERT 1996b, S. 13 f.
9 Vgl. GLÖCKEL 1990a, S. 167; B III/2
10 Vgl. KLAFIK 1985, S. 66 ff.; B I/1; B II/3.3
11 Vgl. GLÖCKEL 1990, S. 189
12 Vgl. GLÖCKEL 1990a, S. 296; 1990b, S. 41 ff.; KLINGER 1990, 192 ff.
13 Vgl. GLÖCKEL 1985, S. 340 ff.
14 Vgl. STORK 1990, S. 215ff; B I/3; B III/3
15 Vgl. GLÖCKEL 1990, S. 294 ff.; SEITZ 1992, S. 75; B IV/4.2
16 Vgl. WAGENSCHEIN 1985, S. 39 ff.
17 Vgl. GLÖCKEL 1985, S. 340 ff.;1990a,b; EINSIEDLER 1985, S .532 ff.; B I/3; B II/4.2; B III/3; B V/3
18 Vgl. KLINGER 1990, S. 194
19 Vgl. WAGENSCHEIN 1988, S. 268 ff.
20 Vgl. WAGENSCHEIN 1965, S. 480 ff.; WIATER 1996
21 GLÖCKEL 1990, S. 259; Vgl. B IV/4.2
22 Vgl. B VII/4
23 Der ausgewählte Sachverhalt „das Einzelne, in das man sich hier versenkt, ist nicht Stufe, es ist Spiegel des Ganzen", denn
„1. Je tiefer man sich eindringlich und inständig in die Klärung eines geeigneten Einzelproblems eines Faches versenkt, desto mehr gewinnt man von selbst für das Ganze des Faches.
2. Je tiefer man sich in ein Fach versenkt, desto notwendiger lösen sich die Wände des Faches von selbst auf und man erreicht die kommmunizierende, die humanisierende Tiefe, in welcher wir als ganze Menschen wurzeln, und so berührt, erschüttert, verwandelt und also gebildet werden...
Denn das Entlang-Gejagtwerden längs den Geleisen des Systems bildet nicht. Wir wollen Geleisleger erwecken, nicht Geleisfahrer machen" (WAGENSCHEIN 1989, S. 32, 229 ff.).
24 Vgl. KLAFKI 1985, S. 90
25 Vgl. WAGENSCHEIN 1965, S. 270 ff.; BLK 1997, S. 56 ff.,76 ff.
26 Vgl. ROTH 1973, S. 115 ff.; Vgl. B IV/4.2
27 Vgl. B V/ 3.2
28 GLÖCKEL 1990, S. 260
29 Vgl. BLK 1997, S. 56–61; B III/2; 3.3
30 Vgl. WAGENSCHEIN 1965, S. 20, 376 ff., 463 ff.; 1989, S. 98 ff., 122; B III/3.3
31 Vgl. LEHRPLAN FÜR DIE HAUPTSCHULE 1997, S. 9; B VI/3.3

32 Vgl. Lehrplan für die Hauptschule 1985, S. 361; Lehrplan für die Bayerische Hauptschule 1996, S. 36f.; Glöckel 1990, S. 260
33 Vgl. Roth 1973, S. 168–178; Wagenschein 1965, S. 456
34 Vgl. Weinert 1996b, S. 15 ff., 20 ff.; Friedrich/Mandl 1997, S. 247f.; B III/3.1, 3.2
35 Vgl. Scholz 1984, S. 42
36 Vgl. Fröse/Mölders/Wallrodt 1986, S. 5 ff.; Rüdiger/Kormann/Peez 1976, S. 177 ff.
37 Vgl. Klafki/Stöcker 1976, S. 497 ff.; Glötzl 1979a, S. 74 ff., 127 ff.; Klafki 1985, S. 119 ff.; Glöckel 1990, S. 88 ff.; Schröder 1991, S. 146 ff.; Schumberger 1987; Seitz 1994
38 Vgl. Klafki/Stöcker 1976, S. 503 ff.; Pabst 1977, S. 55 ff.; Klafki 1985, S. 127 ff.
39 Vgl. Scholz 1984, S. 54 ff.; Klafki 1985, S. 139 ff.; Seibert 1992a, 115 ff.; B V/4.3;4.4
40 Vgl. Wittmann 1994a, S. 164 ff.; BLK 1997, S. 92f.;
41 Vgl. Schröder 1991, S. 157 ff.; Seibert 1992a, S. 121 ff.; Steiner 1996, S. 296f.
42 Vgl. Rüdiger/Kormann/Peez 1976, S. 226 ff.
43 Vgl. Klafki/Stöcker 1976; S. 515f.; Klafki 1985, S. 135 ff.; Wittmann 1994a, S. 164 ff.; 1994b, S. 177 ff.; BLK 1997, S. 92f.;
44 Vgl. Fuhr 1977, S. 13ff; A II/ 2.3
45 Vgl. Scholz 1984, S. 61 ff.; B IV/4.2; B VI/3.2; 3.3
46 Vgl. B VI/3.3
47 Vgl. Klafki/Stöcker 1976, S. 518f.
48 Vgl. Drunkemühle/Pollert 1980, S,100 ff.; BLK 1997, S. 26 ff., 91 ff. B VIII/2;4
49 Vgl. Maier 1996, S. 56 ff.; Schuch 1989; Lorenz 1993, S. 201 ff.; Ganser 1999;B III/3.2; B V/4.4
50 Vgl. dazu genauer B V/4.3
51 Vgl. Klafki/Stöcker 1976, S. 502 ff.; Klafki 1985, S. 126 ff.
52 Vgl. Klafki/Stöcker 1976, S. 502 ff.; Seitz 1974; Schröder 1991, S. 159 ff.
53 Vgl. B VIII/3.2
54 Vgl. Lehrplan für die Grundschule, 1981, S. 550
55 Vgl. Heid 1992, S. 533f.
56 Vgl. Meiser 1993; Gerve 1992, S. 17 ff.; Behnken 1989; Gerr 1989; 1991; Götz 1991; Ipfling 1992; Morawietz 1995, S. 180 ff.; 1996, S. 302 ff.; Jürgens 1995c, S. 76 ff.; Baurmann/Feilke 1997
57 Vgl. Csikszentmihalyi/Schiefele 1993; Krapp 1993; Deci/Ryan 1993; Rüdiger G. 1990, S. 27f.; B IV/2.2
58 Vgl. Wenzel 1983a, b; Hauptmann/Schubert 1989a; Schmitt 1991; B I/3.2; B III/3; B IV/3
59 Vgl. Gerr 1991, S. 6; Einsiedler 1997b, S. 23 ff.; A II/ 2.3
60 Vgl. Jürgens 1995c, S. 77 ff.; Fend 1988, S. 544 ff.; Purkey/Smith 1991, S. 19 ff., 24 ff., 29 ff., 36 ff.; Aurin 1991, S. 80 ff.; Bönsch 1992, S. 48 ff.; Lukesch 1995, S. 217 ff., 235 ff.; Grühn 1995, S. 532 ff., 546 ff., 548 ff.; Einsiedler 1997b, S. 25 ff.; BLK 1997, S. 23 ff.; A II; B III/3; B V/4; B VI/2; B VII/3;4
61 Vgl. Heid 1992, S. 531 ff.; 1996, S. 167 ff.
62 Vgl. Wenzel 1987, S. 3 ff.; Gerr 1989, S. 3f.; Baurmann/Feilke 1997, S. 19f.
63 Vgl. Götz 1987, S. 541 ff.; Wittmann 1994a, S. 170
64 Vgl. Fauser u. a. 1988, S. 742f.; Beutel/Schönig 1992, S. 7f.
65 Vgl. Kunert 1991, S. 5 ff.; Morawietz 1995b, S. 81 ff.; Gerve 1992, S. 33 ff.; Einsiedler 1997b, S. 25 ff.
66 Vgl. Rüdiger 1990a, S. 209; BLK 1997, S. 24 ff.
67 Vgl. Miederer 1989; Gerve 1992, S. 24 ff., 31 ff.; Girg 1995; Akademie für Lehrerfortbildung 1994, S. 156–321
68 Vgl. Götz 1991, S. 8f.; Götzfried 1994, S. 59 ff.
69 Vgl. Thom 1994; Sprick 1996, S. 31 ff.; Abele/Schneider 1995; Baurmann/Feilke 1997, S. 22
70 Vgl. Heiss-Meissner 1991, S. 128; Morawietz 1995b, S. 81 ff.; Baurmann/Feilke 1997, S. 21f.
71 Vgl. Heiss-Meissner 1991; Götz 1991; Auer 1992; Akademie für Lehrerfortbildung 1994, S. 252–281
72 Vgl. Behnken 1989; Gerr 1989
73 Vgl. Heiss-Meissner 1991, S. 119
74 Vgl. Wenzel 1983a, S. 26 ff.; 1987, S. 3; Schmitt 1986, S. 409
75 Vgl. B V/4.3.
76 Vgl. Schmitt 1986, S. 411 ff.; Starczewski 1994; Utz 1994
77 Vgl. Lehrplan für die Grundschule in Bayern 1981, S. 623; Lehrplan für die Bayerische Grundschule 2000, S. 264
78 Vgl. Staatsinstitut für Schulpädagogik und Bildungsforschung 1998, S. 15 ff.
79 Vgl. Reinmann-Tothmeier/Mandl 1997a, S. 41–49; Friedrich/Mandl 1997, S. 263 ff.; BLK 1997, S. 77 ff.; ISB 1998;. Akademie für Lehrerfortbildung 1999; Zentralstelle für Computer im Unterricht 1999
80 Vgl. Friedrich/Mandl 1997, S. 265 f.
81 Vgl. Akademie für Lehrerfortbildung 1991; 1994
82 Vgl. Schmitt 1991, S. 129; Gerve 1992, S. 20 ff.; Zimmermann 1994; Jürgens 1995d, S. 81 ff.; Baurmann/Feilke 1997, S. 20 ff.
83 Vgl. Wenzel 1983a, b; Gerve 1992

84 Vgl. B IV/2.3
85 Vgl. Montessori 1976; 1980; Rüdiger 1990a, 1990b; Rüdiger G. 1990; Röbe 1991; Tschamler 1991; Lippert/Müller/Gesslein 1991; Röhrs 1991, S. 61 ff.
86 Vgl. Petersen 1951; 1972; Wenzel 1983, S. 12 ff.; Röbe 1991, S. 23 f.; Gross 1996
87 Vgl. Wenzel 1983, S. 16 ff.; Gerr 1989, S. 2 ff.; Röbe 1991, S. 24 ff.
88 Vgl. Gerr 1989, S. 4 ff.; Gerve 1992, S. 51 ff.; Baurmann/Feilke 1997, S. 21 ff., 24 ff.
89 Vgl. Gudjons 1986, S. 57 ff., 74; Bönsch 1991
90 Vgl. Dewey 1949, S. 26 ff., 37 ff., 257 ff.; Kilpatrick, W. H. 1935; Röhrs 1991, S. 11 ff., 34 ff.
91 Vgl. Gudjons 1986, S. 56
92 Vgl. Staatsinstitut 1988, S. 6 ff.; Gerr 1988, S. 3 f.
93 Vgl. Gudjons 1986, S. 57 ff.; Autenrieth 1996a, S. 16 ff.
94 Vgl. Projektgruppe praktisches Lernen 1988; Hurrelmann 1988; Beutel/Schönig 1992; Staatsinstitut für Schulpädagogik und Bildungsforschung 1994; Autenrieth 1996a
95 Vgl. Ameismeier 1987
96 Vgl. Gudjons 1986, S. 68
97 Vgl. Glötzl 1985; 1991b; Glötzl/Lengdobler 1985; Gudjons 1986, S. 68 ff.; Staatsinstitut 1988; 1994; Gerr 1988; 1989, S. 5 ff.; Schenk 1988; Suttner 1992; Köck 1991, S. 189 ff.; Autenrieth 1996a

VII Das Prinzip der Sicherung

Lesen Sie bitte nochmals im Kapitel B I/3.3 die Modellvorstellungen von der Funktionsweise unseres Gehirns beim Denken und Lernen !

1 Die Bedeutung der Sicherung

Alles aufgenommene Wissen, alle Kenntnisse, Fertigkeiten, Techniken, Verhaltensweisen müssen gesichert werden, d. h. sinnvoll wiederholt und geübt werden, um sie einzuprägen und für neue Lernsituationen verfügbar zu machen. Die einzelnen Prozesse eines sinnvollen Wissenserwerbs und Aufbaus kognitiver Strukturen durch vielfältige Formen handlungsorientierten Verknüpfens neuer Informationen und Erfahrungen mit bereits abgespeicherten, die Prozesse des elaborierten Verarbeitens, Verinnerlichens und Einprägens von Wissen, Fertigkeiten und Methoden durch mechanisches Wiederholen, Automatisieren oder einsichtiges, operatives Durcharbeiten und die Prozesse des Abrufens, Anwendens und Übertragens (Transfer) in neuen Lernsituationen lassen sich in der Praxis oft nicht eindeutig trennen, da sie parallel ablaufen. Durch eine überlegte Unterrichtsgestaltung können sie aber gezielt gefördert werden.
Wesentlich für die Effektivität der Lernprozesse ist, dass abgespeichertes Wissen wieder abgerufen, reorganisiert und angewendet werden kann. Entscheidend ist, „in welchem Maße das im Unterricht erworbene Können oder Wissen übertragbar ist auf dasjenige, was nicht im Unterricht gebracht werden kann" (DEUTSCHER BILDUNGSRAT 1970, S. 67). Durch kontinuierliche Wiederholungen, systematische Zusammenfassungen, operatives Durcharbeiten, durch übersichtliche Darstellungen und variative Anwendung unter neuen Fragestellungen und in multiplen Kontexten wird dieses Wissen flexibel übertragbar. Den Sicherungs- und Übungsphasen und der Vermittlung gezielter Denk-, Arbeits- und Lernmethoden sollte deshalb in der Schule wieder größere Aufmerksamkeit geschenkt werden.

2 Die Sicherung von Wissen und Können durch aktives Üben und Wiederholen[1]

Jeder kognitive Aufbauprozess unterliegt den Beschränkungen unseres Informationsverarbeitungssystems, wie beispielsweise den begrenzten Kapazitäten des Arbeitsgedächtnisses.

2.1 Prozesse, Grundsätze und Strategien des aktiven Übens und Wiederholens

Begriffsklärung

Soll deklaratives Wissen wie Fakten, Daten, Texte, Vokabeln, Rechensätze des Einmaleins ohne Benutzung einer Vorlage abgerufen und reproduziert werden, muss es durch Wiederholung eingeprägt werden. Der Übungsaufwand und die Zahl der Wiederholungen sind je nach Schwierigkeitsgrad und Umfang des Stoffes, der Art der kognitiven Auseinandersetzung, des emotionalen Angesprochenseins und des Abrufens unterschiedlich groß, z. B. freies Reproduzieren beim Beantworten von Fragen, Wiedererkennen gelernter Inhalte mit Abrufhilfen bei Multiple-Choice-Aufgaben oder mit Hilfe von Kontextinformationen bei Lückentexten. Schon das einfache mechanische Auswendiglernen durch lautes oder leises **Wiederholen** (Rehearsal) von nicht kontextgebundenen oder logisch verknüpfbaren Vokabellisten, geschichtlichen Daten, naturwissenschaftlichen Formeln führt zu einer deutlichen Verbesserung der Gedächtnisleistung. Durch **Lern- und Gedächtnisstrategien** kann das Lernen wesentlich erleichtert und gefördert werden.
Aktives Wiederholen von Gehörtem oder Gelesenem, beispielsweise in Form von mündlichen Teilzusammenfassungen, hält Informationen im Arbeitsgedächtnis präsent oder aktiviert sie immer wieder, bis sie durch vielfältige kognitive Verarbeitung in Form neuronaler Netze und spezifischer biochemischer Strukturen im Langzeitgedächtnis abgespeichert werden. Gleichzeitig dient es als bewusste Kontrolle für das Einprägen und als Abruftraining, da durch jede Wiederholung geprüft wird, ob die Lerngegenstände noch verfügbar sind. Das im Arbeitsgedächtnis befindliche, durch Wiederholungen eingeprägte, aber noch nicht durchgearbeitete Wissen besitzt im Gegensatz zu den Tiefenstrukturen des Langzeitgedächtnisses meist nur geringe Verarbeitungstiefe. Dementsprechend bezeichnet man Strategien zur Wiederholung dieser Oberflächenstrukturen als Oberflächenstrategien.[2]
Übungen und Wiederholungen können unterschiedlich effizient sein, je nachdem ob sie eher mechanisch oder überlegt eingesetzt werden. Bedeutender als die Rekapitulation sind **Reorganisation** und **Übertragung** des gelernten Wissens. Dies gilt auch für Teil- und Gesamtwiederholungen im Unterrichtsablauf.

Grundsätze und Strategien aktiven Übens und Wiederholens[3]

- **Je beziehungs- und bedeutungsvoller, je strukturierter und einsichtig erarbeitet der Lernstoff ist, desto weniger oft muss er wiederholt werden**

Sollen Lerninhalte auf Dauer behalten und übertragen werden, müssen sie über möglichst viele Sinnesorgane aufgenommen und am besten handelnd erworben werden. Durch Elaboration, d. h. aktive Verknüpfung mit dem Vorwissen und aktive Verarbeitung beispielsweise durch Transformation in vielfältige Repräsentationsformen und flexible Anwendung in multiplen Kontexten, werden sie verinnerlicht, operativ durchgearbeitet, damit einsichtig geübt und mit anderen Gedächtnisinhalten verknüpft. Mit Hilfe von Lern- und Gedächtnisstrategien, fachgemäßen Arbeitsweisen und -techniken erhöhen die Schüler ihre Behaltensleistung und bilden gleichzeitig

wirksame Abrufsysteme für dieses bedeutungsvolle Wissen im Langzeitgedächtnis aus. Für einen problemlösenden, das selbstständige Suchen und Entdecken fördernden Unterricht gilt: „Was recht verstanden ist, ‚drängt' zur Übung ... ‚Üben' ist das, was dem ...Verstehen von selber auf dem Fuße folgt ... Es folgt auch das Variieren-Wollen von selbst ... Wenn ...(die Kinder) einmal von der Lust des Forschens und dem Glück des Findens heimgesucht worden sind, so werden sie ... sehnsüchtig danach, diese Art des Verständnis-Suchens auf anderes zu übertragen. ‚Es geht ihnen etwas auf'" (WAGENSCHEIN 1965, S. 467f.). Schüler der 3.Jahrgangsstufe üben beispielsweise voller Begeisterung nach der langen Hinführung über das halbschriftliche Addieren das viel kürzere, einsichtig, konkret und ikonisierend erarbeitete Normalverfahren der schriftlichen Addition.[4]
Uneinsichtiges, unstrukturiertes, beziehungsloses und für den Schüler bedeutungsloses Lernmaterial erfordert häufige Wiederholungen. Mechanisches Lernen isolierten Faktenwissens ohne Verständnis, z. B. von Geschichtsdaten, führt schnell zur Übersättigung und zu ablehnenden Reaktionen der Schüler auf diese Lerninhalte. Es verhindert die Anwendung und Übertragung auf veränderte oder ähnliche Lernsituationen. Dies deutet darauf hin, dass weniger die Quantität als die **Qualität der Wiederholungen** für die Verbesserung der Gedächtnisleistungen verantwortlich ist. Schon das gemeinsame Wiederholen inhaltlich zusammengehörender Informationen in einer Memorierschleife unterstützt das Einprägen.[5]

◆ Aufgabenstellung und Lernmaterial sind dem Leistungsvermögen der Schüler anzupassen – Gelerntes ist regelmäßig zu kontrollieren

In Übungsphasen oder -stunden sollte der Lehrer die Aufgaben auf **Fehlerschwerpunkte** beziehen. Daneben dosiert er sie in ihrem Schwierigkeitsgrad, so dass sie von den Schülern bewältigt werden können. Er erklärt verständnisvoll, stellt passende Lernmaterialien zur Verfügung und stört die Übung nicht dauernd durch nachgeschobene Erläuterungen. Jeder Lern- und Übungsschritt sollte aber kontrolliert werden. Dies erfordert vom Lehrer **Differenzierung** nach Lernvoraussetzungen, Lerntempo und Lernmotivation.[6]
Die Effizienz von Übungsphasen hängt auch vom **Selbstvertrauen** der Schüler in die eigene Leistungsfähigkeit und von ihrem Selbstkonzept ab. Hoch leistungsmotivierte Schüler setzen sich ein realistisches Anspruchsniveau und wählen häufig Aufgaben mit mittlerem Schwierigkeitsgrad, während niedrig leistungsmotivierte häufiger zu leichte oder zu schwierige Aufgaben bevorzugen. Anforderungen, die die eigene Leistungsfähigkeit deutlich übersteigen, entmutigen. Eine anspornende Wirkung geht von Aufgaben mit einem Schwierigkeitsgrad aus, der in der Grenzzone der eigenen Leistungsfähigkeit angesiedelt ist. Der Lehrer sollte besonders schwächeren Schülern zu Erfolgserlebnissen verhelfen, um sie für das Fach zu motivieren. Sinnvoll sind **variative Übungsformen**, die Lösungen auf unterschiedlichem Niveau, eine Selbstkontrolle und sofortige Rückmeldung über die geleistete Arbeit erlauben, z. B. Magische Quadrate, Rechenpuzzles, komplexere Sachaufgaben, Übungsformen im Bereich offener Unterrichtsphasen und computerunterstützte multimediale Übungsprogramme.[7]

◆ Übungsphasen sollen rhythmisiert, Sozial- und Arbeitsformwechsel eingeplant werden

Ein Wechsel der Übungs-, Arbeits- und Sozialform bringt neue Informationen, Meinungen, Erfahrungen, motivationale Anreize, Assoziationen und Verknüpfungen. Ein auf das Konzentrations- und Leistungsniveau der Schüler abgestimmter Unterricht beugt Unkonzentriertheit, Interesselosigkeit, Monotonie und Übersättigung vor.

◆ Eine angstfreie, entspannte Lernatmosphäre ist Voraussetzung effektiven Übens

Voraussetzung für das Einprägen ist, dass die Prozesse der Informationsverarbeitung und -speicherung nicht negativ beeinflusst werden durch Angst, persönliche Probleme, Aufgaben oder Wünsche, durch äußere Reize wie Musik, das dauernde Reden anderer Personen oder durch ähnliche Störungen.
Während spielerischer Wettbewerb, Leistungsdruck und Zeitlimits bei Übungen gelegentlich anregend wirken, behindern mit Angst verbundene Prüfungssituationen und Furcht vor Sanktionen immer einsichtiges Lernen, da sie die Ursache für **Lernblockaden** sind. Die Aufmerksamkeit kann dann nicht auf die relevanten Informationen gerichtet werden. Besonders das Problemlösen und Transferleistungen sind auf eine entspannte Lernatmosphäre angewiesen. Voraussetzung dafür sind ein guter pädagogischer Bezug des Lehrers zu seinen Schülern und gegenseitig befriedigende Lehrer-Schüler- bzw. Schüler-Schüler-Interaktionen.

◆ Regelmäßig wiederkehrende Wiederholungen planen

Die **erste Wiederholung** ist vor allem bei **unstrukturierten Lernstoffen** ein wesentlicher Schritt zum Einprägen und Behalten und sollte möglichst bald nach der Informationsaufnahme, etwa in den nächsten 15 Minuten erfolgen. Dadurch bleiben nicht nur Informationen im Arbeitsgedächtnis, sondern sie werden auch durch die aktive Transformation, z.B. beim Paraphrasieren, beim Erklären einer selbst gefertigten Skizze oder beim Mind-Map, elaboriert. Man nimmt deshalb an, dass jedes Abrufen die abgespeicherten Informationen in der Weise verändert, dass Abrufprozesse verstärkt und das nachfolgende freie Erinnern erleichtert werden.[8]
Der Lehrer sollte deshalb

- regelmäßig mündliche und schriftliche **Teil- und Gesamtzusammenfassungen** einplanen und dabei das Gelernte auch unter veränderten Gesichtspunkten wiederholen lassen. Die für Wiederholungen angesetzten Lernzeiten sind Phasen höchster Verarbeitungsintensität im kognitiven Aufbauprozess. Sie sind besonders dort wichtig, wo neue Elemente höherer Ordnung konstruiert, z.B. Oberbegriffe gebildet werden. Teilzusammenfassungen sind dann begleitende Kontrollen des Verstehensprozesses der Schüler. Schon die Erwartung regelmäßiger mündlicher Zusammenfassungen beeinflusst den Wissenserwerb positiv, wahrscheinlich durch eine größere Zielorientierung und eine bewusstere Auswahl von Lernstrategien zur Erreichung dieser Ziele. Deshalb sollten auch beim aktiven Lesen regelmäßige Zusammenfassungen in den unterschiedlichsten Repräsentationsformen eingeplant werden.
- zu Beginn einer Unterrichtsstunde die Inhalte der Vorstunde aufgreifen und akti-

vieren oder bisher gelöste Problemfragen noch ungelösten gegenüberstellen. Durch **Zurückgreifen auf Gelerntes** knüpft er neue Lerninhalte an bekannte an. Dies fördert die Einbettung neuer Informationen in vorhandenen Wissensstrukturen und den Bedeutungsgehalt und Bekanntheitsgrad des Lernstoffes.

- **immanente Übungsmöglichkeiten** im Unterricht sehen und nutzen lernen, z. B. in der Warming-up-Phase des Mathematikunterrichts kontinuierlich Rechenfertigkeit, räumliches Vorstellungsvermögen und Lösungsstrategien trainieren. Jedes Abrufen ohne nochmalige Präsentation der Inhalte in identischer Weise wie früher bewirkt ein erneutes Verarbeiten. „Was jemand mit einiger Wahrscheinlichkeit aus dem Gedächtnis abrufen kann, soll er weder nachschauen noch bei jemand erfragen; er würde sich damit einer wesentlichen Lernmöglichkeit berauben" (STEINER 1996, S. 283).

◆ Den Lernstoff verteilen, kurz, aber häufig üben

Beim Erwerb komplexerer Fertigkeiten und Fähigkeiten, z. B. grundlegender Kulturtechniken wie Lesen, Schreiben, Rechnen, bei umfangreichen, schwierigen Lernaufgaben, bei jüngeren oder leistungsschwächeren Schülern ist **verteiltes Lernen und Üben** im Sinne gleichmäßig verteilter intensiver Übungen mit Pausen und Wiederholungen in größeren zeitlichen Abständen effizienter als massiertes Üben, d. h. Lernen ohne Unterbrechung bis zur Beherrschung des Inhalts. Es führt zu rascherem Erlernen, zu dauerhafter Speicherung und besserer Beherrschung des Gelernten, da sich unterschiedliche Assoziationen, Gedanken und damit verschiedene Schlüsselbegriffe, Stichwörter und Abrufsignale ausbilden und das Vergessen in den Pausen durch das darauffolgende Wiederlernen reduziert wird. Umfangreiche Lerninhalte sollten sinnvoll aufgeteilt und diese Teilinhalte als Ganzes gelernt werden. Schwächere Schüler gelangen dadurch rascher zu sichtbaren, motivierenden Lernerfolgen.[9] Diese Lernstrategie sollte der Lehrer den Schülern an Beispielen zeigen. Verteiltes Lernen ist weniger effektiv bei Aufgaben, die eine lange Aufwärmphase oder eine beträchtliche konzentrierte Anstrengung erfordern.

Bei kurzen, leichten Aufgaben, einfachen Informationen und bei fähigen Lernern ist **massiertes Lernen** angebracht. „Das Lernen im Ganzen ist häufig ökonomischer als das Lernen in Teilen" (AEBLI 1983, S. 332). Inhalte mit einer einheitlichen Bedeutung wie z. B. ein Gedicht sollten immer als Ganzes durchgearbeitet, gelernt und nicht Strophe für Strophe bis zur Beherrschung wiederholt und dann erst zum Ganzen zusammengefügt werden. Der Schüler erfasst beim Durcharbeiten des ganzen Gedichts den Inhalt schneller, erkennt den Sinn einzelner Strophen und vermeidet falsche Assoziationen, die beim isolierten Lernen einzelner Strophen entstehen könnten.

◆ Häufig kurze Lernpausen einlegen

Je nach Lernstoff sollten immer wieder kurze Gedankenpausen von 20 bis 30 Sekunden eingelegt werden, in denen ungestört die unbewussten, nachwirkenden Verarbeitungsprozesse ablaufen.

Alle 15 bis 20 Minuten könnte je nach Lernstoff der Kreislauf in drei- bis fünfminütigen **Minipausen** durch bekannte Bewegungs- und Auflockerungsübungen angeregt

werden. Nach ungefähr zwei Stunden Lernzeit sollten **Kurzpausen** von 15 bis 20 Minuten, nach drei bis vier Stunden Lernzeit **Erholungspausen** von ein bis zweieinhalb Stunden eingeplant werden.
„Pausen sind um so wirkungsvoller, je deutlicher sie sich von der vorhergehenden und nachfolgenden Lernzeit unterscheiden. Man sollte sich also attraktive und vom üblichen Lernen unterscheidbare Pausenaktivitäten suchen und realisieren. Eine ausgewogene Pausenplanung verhindert Interferenzen im Lernprozess, kann motivierende Wirkung haben und hilft, den Lernstoff zu strukturieren. Beachten muss man den Anfangswiderstand, dessen Grad steigt, je länger die Pause war" (PETERMANN, U. 1990, S. 78).

- **Ähnliches nicht hintereinander lernen**

Übungsintervalle sind nur dann effektiv, wenn in der Zwischenzeit nicht Ähnliches gelernt wird, da ansonsten retro- bzw. proaktive Hemmungen (Interferenzen) eintreten können. Wenn sich neuere und frühere Lerninhalte hochgradig ähneln, so kann bei der **retroaktiven Hemmung** bereits Gelerntes durch den neuen Lernstoff, bei der **proaktiven Hemmung** der neue Lernstoff durch bereits Gelerntes beeinträchtigt werden. Beim Lernen sollten deshalb Lernstoffe abgewechselt und unmittelbar vor Lernzielkontrollen keine neuen Lerninhalte gelernt, sondern nur bekannte wiederholt werden um Erinnerungshemmungen zu vermeiden.

- **Lernsättigung durch Überlernen vermeiden**

Beim Überlernen setzt der Schüler das Einprägen fort, obwohl er die Lerninhalte fehlerfrei wiedergeben kann. Das Überlernen bewirkt grundsätzlich durch die verlängerte Auseinandersetzung mit dem Stoff eine wachsende Anzahl von Verknüpfungen des neuen Lerninhalts mit bereits vorhandenen Gedächtnisinhalten, kann aber durch absinkende Lernmotivation, Langeweile und Sättigung diesen Lernerfolg beeinträchtigen. Der Lehrer sollte hier individuell weiterhelfen, vor allem aber neu motivieren.

2.2 Die Automatisierung von Wissen, Fertigkeiten und Verhaltensweisen

Begriffsklärung

Sollen Gedächtnisinhalte wie Faktenwissen und Fertigkeiten mühelos abgerufen und aktiviert werden können, so sind sie durch Übung und Wiederholung zu **automatisieren**. Bei vielen alltäglichen Fertigkeiten und Techniken spielt Automatisierung eine Rolle, z. B. beim Radfahren, Autofahren, Lesen, Schreiben, Rechnen. „Die Automatisierung von Techniken wie auch von Gedächtnisinhalten hat zwei positive Konsequenzen: Zum einen scheinen die so gefestigten Fertigkeiten keinen Platz im Kurzzeitspeicher (Arbeitsspeicher) zu benötigen, der daher für andere Zwecke, z. B. für die Elaboration von Gedächtnismaterial oder für den Einsatz von Denkstrategien frei bleibt; zum anderen können automatisierte Techniken und Inhalte nahezu ohne psychischen Aufwand eingesetzt werden, d. h. sie belasten den Akteur kaum mehr. Der Nachteil der Automatisierung besteht darin, dass bis zur Vollendung des Prozesses,

d. h. bis zur Beherrschung einer Technik bzw. eines Inhaltes ein großer Aufwand an Übung und Wiederholung betrieben werden muss und dass man daher nicht beliebig viele Vorgänge automatisieren kann. Zudem entzieht sich der so gespeicherte Inhalt selbst der bewussten Kontrolle, d. h. es fällt schwerer zu prüfen, ob der betreffende Prozess ein angezieltes Ergebnis auch wirklich erreicht" (OERTER 1988, S. 22).[10] Die Art der neuronalen Verknüpfung und biochemischen Speicherung dürfte sich deshalb bei automatisierten Inhalten und Fertigkeiten von denen unterscheiden, die vielfach verschaltet durch operatives Durcharbeiten produktiv und flexibel auf neue Situationen anwendbar sind.

Psychomotorische Fertigkeiten wie Turnen, Schreiben, Musizieren und spezifische kognitive Handlungsschemata, operative Fertigkeiten und Algorithmen wie das schriftliche Addieren, Subtrahieren, Multiplizieren und Dividieren werden über **ständige Wiederholung** der gleichen Abfolge der Teilvollzüge in variativen Aufgaben bis zur Geläufigkeit eingeschliffen. Motorische Fertigkeiten erwirbt der Schüler häufig als „verzögerte Nachahmung der Demonstration des Lehrers" (AEBLI 1969, S. 56), so im Sport oder bei der richtigen Aussprache eines Fremdwortes. Der Lehrer beobachtet den individuellen Vollzug jedes Schülers, leitet an, rhythmisiert, hält zu selbstkritischer Kontrolle und Verbesserung im Blick auf die Modellvorstellungen an und stellt allenfalls selbst richtig, indem er über die richtige Demonstration die Vorstellungen vom Handlungsablauf präzisiert.

Komplexere Fertigkeiten wie Schreiben, Lesen, das Spielen eines Instruments werden dabei meist aus in sich geschlossenen, regelrecht trainierten Teilfunktionen aufgebaut. Die **Automatisierung von Teilprozessen** erleichtert und ermöglicht erst durch ihre rasche Verfügbarkeit das Lernen. So gewährleistet die Beherrschung der Grundrechenarten die Bearbeitung von Rechenproblemen, weil dadurch der Speicherplatz für Denkvorgänge zur Verfügung steht und der psychische Aufwand des eigentlichen Rechnens minimiert wird. Komplexe motorische Fertigkeiten lassen sich auch aus einem vereinfachten Handlungsschema entwickeln, das grundlegende Muster der Fertigkeiten verdeutlicht und sukzessiv ausdifferenziert wird.[11] Allerdings verhindert mechanisches Lernen ohne Verständnis die Anwendung und Übertragung auf ähnliche oder veränderte Lernsituationen.

Grundsätze des Erlernens von Fertigkeiten

◆ Aufgabenstellungen und Lernmaterial müssen den Lernvoraussetzungen, dem Lerntempo und Anspruchsniveau der Schüler angepasst werden

Der Lehrer sollte vom Leichten zum Schweren voranschreiten und die Leistungsansprüche allmählich steigern, sie aber immer so dosieren, dass sie die Schüler zu bewältigen vermögen. Es kommt auf die Leistungsfähigkeit des einzelnen Schülers an. An geeigneten Materialien kann individuell oder in Arbeitsgruppen geübt werden. Je aufmerksamer und konzentrierter die Schüler Lehrerinstruktionen verfolgen und je öfter sie diese verbal wiederholen und dann motorisch umsetzen, desto leichter lernen sie eine Fertigkeit.

◆ Bei Übungen zum Automatisieren und Einprägen dürfen sich keine Flüchtigkeits- und Einstellungsfehler einschleichen

Eine saubere, geordnete Darstellung und Schreibweise beugt beispielsweise beim Einprägen von Wortbildern oder bei Rechenoperationen solchen Fehlern vor. Nur „der korrekte Vollzug (wirkt) leistungssteigernd ... Fehler müssen sofort korrigiert und vom Schüler richtig gestellt werden. Nur wenn auf den Fehler der nochmalige korrigierte Vollzug erfolgt, findet Lernen statt" (AEBLI 1983, S. 340f.).

◆ Kognitive Automatismen können Lernsets bewirken

Kognitive Automatismen, wie beispielsweise bestimmte Lösungswege bei Sachaufgaben oder Algorithmen, die ebenfalls durch häufige Anwendungen aufgebaut werden, entlasten das Gedächtnis. Sie bewirken andererseits Fixierungen (Lernsets) in den Einstellungen der Schüler gegenüber gleichartigen Problemen, wenn die Operationen vorher nicht intensiv durchgearbeitet und nur ein Lösungsweg zum Berechnen einer Aufgabe angeboten wurden. Die Schüler sehen dann andere, eventuell einfachere Lösungswege nicht mehr. Dem wirken variierende Aufgabenstellungen und eine reflektierende Übung entgegen, in der die Elemente des Vollzugs einsichtig erinnert und immer wieder begründet werden.

Beispiele: **Unterschiedlich angemessene, automatisierende Übungen im Mathematikunterricht**

– Im traditionellen Mathematikunterricht setzen Lehrer bei Unsicherheiten von Schülern bei der schriftlichen Multiplikation häufig Serien gleichartiger, scheinbar motivierender Aufgaben ein, die eine Selbstkontrolle der Lösungen ermöglichen wie beispielsweise Stöpselkarten, Aufgabenblätter mit Farbkontrollen, LÜK-Kästen oder Arbeitsblätter zum Ausmalen.

407 · 140 = ;	302 · 130 = ;	56980 (dunkelbraun)	64296 (hellbraun)
423 · 152 = ;	410 · 340 = ;	39260 (gelb)	139400 (hellgrün)

– Ältere Schüler lehnen solche Aufgabenserien nach einiger Zeit ab. Stellt man ihnen jedoch die Aufgabe, schöne Zahlen, z. B. Palindrome, durch Multiplikation zu erzielen, dann ist der Übungseffekt hoch, gleichzeitig denken sie über das Verfahren nach und bilden Einsichten aus.

37037 · 3 = 111111	77 · 13 = 1001	271 · 41 = 11111
37037 · 6 = 222222	77 · 26 = 2002	271 · 82 = 22222
37037 · 9 = 333333	77 · 39 = 3003	271 · 123 = 33333
37037 · 12 = 444444	77 · 52 = 4004	271 · 164 = 44444
? · ? = ?	? = ?	? = ?

Bei diesen Aufgaben wählt man eine ziffernmäßig interessante Zahl, die nicht Primzahl ist, und verdoppelt, verdreifacht usw. den anderen Faktor. Dadurch wird das Ergebnis verdoppelt, verdreifacht usw. (WITTMANN/MÜLLER 1994, S. 149).

$$\begin{aligned} 7 \cdot 6 &= 42 \\ 67 \cdot 66 &= 4422 \\ 667 \cdot 666 &= 444222 \end{aligned}$$

$$\begin{aligned} 1 \cdot 8 + 1 &= 9 \\ 12 \cdot 8 + 2 &= 98 \\ 123 \cdot 8 + 3 &= 987 \end{aligned}$$

Wie geht es weiter?
Wie kommt es zu diesen schönen Folgen?
Kann man sie beliebig fortsetzen?

$$\begin{aligned} 0 \cdot 9 + 1 &= 1 \\ 1 \cdot 9 + 2 &= 11 \\ 12 \cdot 9 + 3 &= 111 \\ 123 \cdot 9 + 4 &= 1111 \\ ? \cdot 9 + ? &= ? \\ (1234 \cdot 9 + 5 &= 111111) \end{aligned}$$

Der Zusammenhang verlangt ein Nachdenken über die schriftliche Multiplikation:
$1234 = 1111 + 111 + 11 + 1 \cdot 0$
und außerdem

$$\begin{aligned} 0 \cdot 9 + 1 &= 1 \\ 1 \cdot 9 + 1 &= 10 \\ 11 \cdot 9 + 1 &= 100 \\ 111 \cdot 9 + 1 &= 1000 \\ 1111 \cdot 9 + 1 &= 10000 \end{aligned}$$

also ist $1234 \cdot 9 + 5 = 11111$ (Vgl. LORENZ 1999, S. 24ff.)

2.3 Das Durcharbeiten von Handlungsschemata, Operationen und Begriffen als einsichtiges, operatives Üben

Begriffsklärung

Damit das an exemplarischen Beispielen handlungsorientiert und multisensorisch aufgebaute begriffliche, inhaltliche und operative Wissen und Können flexibel auf neue Situationen und Aufgaben anwendbar wird, ist es notwendig, die erarbeiteten neuen kognitiven Strukturen an ausgewählten einfachen Problemfällen und Beispielen operativ durchzuarbeiten, d.h. sinnbezogen und einsichtig zu üben und zu sichern. Die meisten Anwendungsaufgaben und -situationen präsentieren sich nicht nur in einer neuen sachlichen Einkleidung, sondern auch in einer transformierten Form, sei es in einer neuen medialen Darstellung, aus einer anderen Perspektive oder dass andere Variablen gegeben oder gesucht sind. „Durcharbeiten ist nicht einfach Üben. Sein Ziel ist das vertiefte Verständnis, die bewegliche Operation, nicht der Automatismus, der notwendig bedeutungsarm ist, weil er vor allem geläufig und sicher, unter geringer Belastung der Aufmerksamkeit ablaufen muss“(AEBLI 1983, S. 322). Durcharbeiten bedeutet **Durchdenken** des Vorgehens, der Beziehungen und Zusammenhänge zwischen den verschiedensten Aspekten eines Problems oder Erkenntnisobjektes. Das Durcharbeiten dient in erster Linie der Vertiefung und Klärung des Bedeutungsgehalts des erarbeiteten Wissens und Könnens. Durch das Durchdenken der vielfältigen Sachbeziehungen zwischen den Elementen einer Struktur wird ein **Wiedererkennen** und eine **flexible Rekonstruktion** dieser Struktur in neuen Anwendungssituationen ermöglicht.[12] Das erarbeitete Wissen und Können löst sich dadurch vom Einführungsbeispiel, wird flexibler und differenzierter. Operatives Durcharbeiten verhindert die Übernahme unverstandenen Wissens und die Entstehung starrer Denkgewohnheiten. Es kann in einzelnen Fällen auch dazu dienen, durch

Nachvollziehen von Lösungsschritten einer exemplarischen Aufgabe die der betreffenden Problemlösung zugrunde liegenden Schemata aufzubauen und durch Antizipation von Variationen und ihren Konsequenzen zu sichern.[13] Durcharbeiten unterstützt eine intensive Versprachlichung, Elaborations-, Organisations- und Transformationsstrategien.

Grundsätze und Strategien des operativen Durcharbeitens[14]

- Schon bei der **Planung** einer konkreten Aufgabe, z. B. einer Sachaufgabe in Mathematik, oder bei der Lösung eines konkreten Problems werden Lösungswege, einzelne Handlungsschritte, das Vorgehen und mögliche Variationen durchdacht und Ergebnisse und Aufwand abgeschätzt.
- Handlungsabläufe, Ereignisse, Tatsachen werden in ein anderes **Medium**, in eine andere Repräsentationsform wie eine Zeichnung, eine Kartenskizze, ein Modell, einen Text transformiert. Texte werden umstrukturiert, dramatisiert, dialogisiert. Dies verdeutlicht die Beziehungen der einzelnen Handlungselemente und Informationen, fördert ihre Verknüpfung, Verinnerlichung und Abstraktion.
- Handlungsabläufe, Ereignisse, Tatsachen werden aus verschiedenen **Perspektiven**, aus der Sicht verschiedener Beteiligter oder Adressaten betrachtet oder in umgekehrter, inverser Richtung durchlaufen. Physikalische und chemische Vorgänge wie beispielsweise Verdunstung und Kondensation, Oxidation und Reduktion sind ausgehend von den Phänomenen aufeinander zu beziehen. Kausalketten werden von den Folgen aufsteigend zu den Ursachen und umgekehrt von den Ursachen absteigend zu den Folgen durchdacht.
- Mathematische Operationen werden nach der Einführung durch die **Umkehroperation**, durch die **Variation von Lösungswegen und Teilschritten**, durch das Abschätzen der Auswirkungen von Veränderungen und durch das Aufzeigen der Beziehungen zwischen den Operationen flexibler einsetzbar.

Beispiele: **Operatives Üben im Mathematikunterricht der Grundschule**

Operative Übungen zur Addition im Zahlenraum bis 20 mit Hilfe von Zahlenkarten von 0 bis 10 (1. Jahrgangsstufe)

Aufgaben zum Anregen der Reflexion zur Summenbildung:
- Mit welchen Karten kommt die kleinste (größte) Summe heraus?
- Mit welchen Karten kommt ...12, 11, 10, 9... als Summe heraus?
- Versuche alle Aufgaben zur Summe 6,7, ... zu legen.

Operative Übungen:
- Die Lehrkraft legt die Karten 2 und 7. Die Schüler rechnen: 2 + 7 = 9.
- Eine Karte soll ersetzt werden, dass als Summe 10 herauskommt (2 + 8 = 10; 3 + 7 = 10).
- Weitere Aufgabenstellungen für die Ersetzung einer Karte: 2 + 9 = 11 (gewünschte Summe 13), 5 + 3 = 8 (gewünschte Summe 4) usw. Es gibt bei dieser Art Aufgabenstellung jeweils 1,2 oder 0 Lösungen.

(Wittmann/Müller 1994a, S. 57f.)

Operatives Üben mit Einmaleinsreihen

Bei der Behandlung von Einmaleinsreihen kommt es nicht nur auf das Auswendiglernen und Automatisieren an. Vor einem bewussten Einprägen sollten an einer Einmaleinsreihe die Struktur der Multiplikation als fortgesetzte Addition gleicher Summanden herausgearbeitet und dann die Eigenschaften der Operationen und die operativen Beziehungen verdeutlicht werden. Die Schüler bauen dazu aus den Multiplikationsgleichungen $2 \cdot x$, $10 \cdot x$ und $5 \cdot x$, den sogenannten Kern- oder Königsaufgaben, über das bekannte Verdoppeln, Halbieren, Vertauschen, Zerlegen und Erweitern selbstständig weitere Reihen auf und arbeiten sie operativ durch:

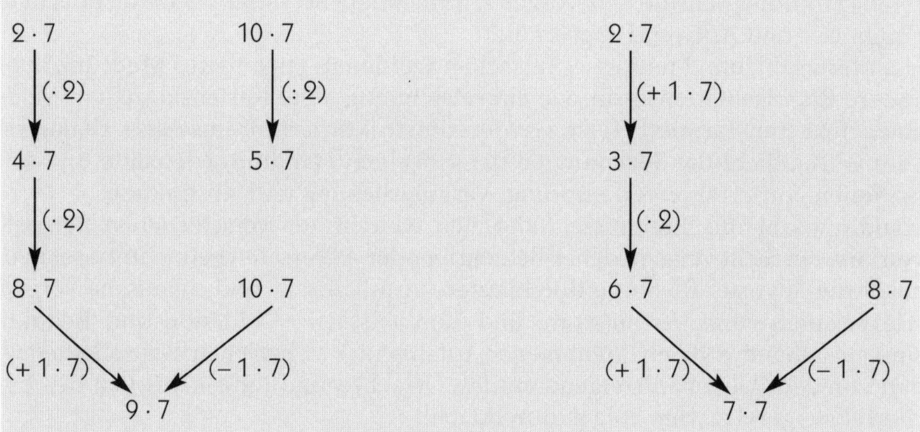

Alternative:

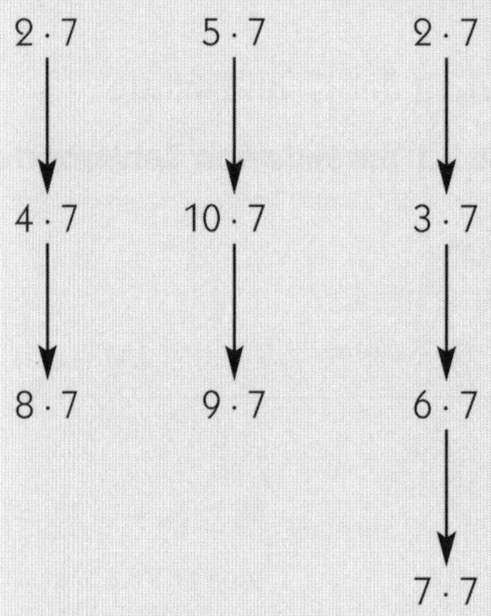

(RADATZ/SCHIPPER 1983, S. 85, S. 197 ff.)

Weitere Beispiele zur operativen Durcharbeitung von Sachaufgaben finden sich im Kapitel B V/4.4.
- **Begriffe** werden als Ausschnitte eines begrifflichen Systems, eines Begriffsnetzes vorgestellt, auf verschiedene Weise erklärt und zu benachbarten Begriffen in Beziehung gesetzt.
  Beispiele dazu finden sich im Kapitel B III/ 3.2

3 Die Förderung des aktiven, selbst gesteuerten Lernens durch Lern- und Gedächtnisstrategien

3.1 Bedeutung und Komponenten des selbst gesteuerten Lernens[15]

Die Fähigkeit zum selbst initiierten, selbst gesteuerten, eigenverantwortlichen Lernen ist eine Schlüsselqualifikation unserer Wissensgesellschaft. Sie ist Voraussetzung dafür, sich in der Flut mündlicher, schriftlicher, audiovisueller und digitalisierter Informationen zurechtzufinden und die ständig wechselnden Anforderungen der Technik und der Arbeitswelt zu bewältigen. Selbst gesteuertes Lernen kommt dem Bedürfnis nach Autonomie und Selbstbestimmung entgegen und kann damit zu einem erstrebenswerten Ziel persönlicher Lebensgestaltung werden. Allerdings ist dafür ein Minimum an Selbststeuerungsfertigkeiten und -fähigkeiten Voraussetzung, die durch Training und durch Lernangebote erworben werden, welche Selbststeuerung erfordern.

Die Selbststeuerung umfasst alle Komponenten des Lernprozesses:
- Die Selbststeuerung bei der **Vorbereitung des Lernens**: Das vom Lerner selbst bestimmte oder vom Lehrer gesetzte und vom Schüler übernommene Ziel weckt Interesse und motiviert unmittelbar zum Lernen. Extrinsische Motivationen können unmittelbar in das eigene Wertesystem integriert werden.
- Die Selbststeuerung bei der **Lernorganisation** umfasst Entscheidungen über Lernzeit, Lernwege, Lernorte, Lernmaterialien und Hilfsmittel, Methoden und Sozialformen beim Lernen mit anderen. Wird die Lernorganisation in der Schule vom Lehrer geregelt, ist dennoch eine Selbststeuerung möglich, wenn den Schülern Entscheidungsräume zugebilligt werden und sie sich in ihrem Tun unterstützt und nicht kontrolliert fühlen.
- Die Selbststeuerung bei der **Lernkoordination** zeigt sich in der Einbettung des Lernens in den Alltag, in der Abstimmung des Lernvorhabens mit anderen Aufgaben, konkurrierenden Tätigkeiten und Verpflichtungen. Diese Fähigkeit ist besonders von Erwachsenen gefordert, wenn ein explizites Lernvorhaben wie beispielsweise das Erlernen einer Fremdsprache oder eines Computerprogramms Koordinationsleistungen gegenüber Familie, Freunden oder Arbeitgeber notwendig macht.
- Die Selbststeuerung des **Lernprozesses** und der **Kontrolle** des Lernerfolgs: Jeder Lernende muss das Gelernte verstehen, in seine Wissensstruktur integrieren, im Gedächtnis abspeichern und anwenden können. Er kontrolliert selbst den Fortschritt seines Lernens und seinen Lernerfolg. Neben den dazu benötigten Lern-

und Gedächtnisstrategien spielen motivationale, emotionale und volitionale Komponenten eine bedeutsame Rolle.

3.2 Die Förderung aktiver Lern- und Gedächtnisstrategien

Begriffsklärung und Bedeutung von Lern- und Gedächtnisstrategien

Der Wissensaufbau kann durch eine gezielte Strukturierung des neuen Lernstoffes und durch den Einsatz sinnvoller Lern- und Gedächtnisstrategien erheblich gefördert werden. Letztere unterstützen als **mental repräsentierte Handlungspläne** die Assimilation, Integration und Vernetzung bedeutungsträchtiger Informationen in bestehende kognitive Strukturen, das Verstehen und Behalten neuen Wissens und die Anwendung und Übertragung auf neue Kontexte und Zusammenhänge. Sie werden als Informationsverarbeitungsstrategien und als metakognitive Strategien beschrieben, wobei erstere als Wiederholungs-, Organisations-, Elaborations- und Transformationsstrategien differenziert werden können.[16]

◆ Durch Organisationsstrategien Informationen und Lernstoffe strukturieren und durch Wiederholungsstrategien aktiv wiederholen

Durch aktives Wiederholen mit Hilfe von Wiederholungsstrategien werden Informationen im Arbeitsgedächtnis zur Elaboration präsent gehalten und Ergebnisse eingeprägt. Um die begrenzte Aufnahmefähigkeit des Kurzzeitspeichers der Schüler zu erweitern und die elaborative Verarbeitung von Informationen zu fördern, sollte der Lehrer neue Lerninhalte methodisch strukturieren und den Schülern notwendige **Organisationsstrategien** und **Arbeitstechniken** zur selbstständigen Strukturierung vermitteln. Sie unterstützen vor allem bei umfangreichem Faktenwissen, komplexen Texten und auch im Fremdsprachenunterricht die aktive Auseinandersetzung durch Reduzierung, Vereinfachung und Gliederung der Informationen und dadurch bewirktem Herausstellen von Zusammenhängen und Bezügen innerhalb des neu aufzubauenden Wissens.[17]

Das Markieren, Unterstreichen, Hervorheben wichtiger Kerngedanken und Aussagen, das Wegstreichen unwesentlicher Informationen, das Paraphrasieren und Zusammenfassen der Inhalte mit eigenen Worten, das Bilden von Oberbegriffen und Überschriften, die übersichtliche Darstellung in einer Map mit durch Pfeile visualisierten Kausalbeziehungen u.a. fördern die Bildung von Assoziationen und Verknüpfungen, den Aufbau hierarchisch organisierter, leicht einprägbarer Makro- oder Tiefenstrukturen und damit die Tiefe der Informationsverarbeitung und das einsichtige Lernen.

Das **Vorstrukturieren** des Lernstoffes, d.h. das kurze mündliche Vorstellen des neuen Themenbereichs und seiner geplanten unterrichtlichen Behandlung, vermittelt den Schülern eine Art gedankliches, bildhaftes Gerüst. Es bietet Ankerpunkte für nachfolgende Details und Einzelinformationen, die dadurch als bekannt und bedeutsam für das Thema erscheinen und leicht eingeordnet werden können. Auch **Fragen** an den neuen Lernstoff, **Vermutungen** über Zusammenhänge und Fragen zum weiteren Vorgehen beim Lernen motivieren zur Auseinandersetzung und steuern den

Lernprozess (Worum geht es? Was weiß ich schon? Kenne ich alle Begriffe? Welche Voraussetzungen, Ursachen, Bedingungen sind vorhanden? Welche Auswirkungen, Konsequenzen, Einflüsse ergeben sich daraus? Welche Beispiele, Belege, Anzeichen gibt es für diesen Sachverhalt? Was bedeutet dieser Begriff? Womit hängt er zusammen? Welche anderen Begriffe, Aspekte gehören dazu?). Durch sie werden Haupt- und Nebengedanken unterschieden, schwierige oder nicht verstandene Textstellen identifiziert, abstrakte mündliche oder schriftliche Informationen konkretisiert und Lösungsvorstellungen entwickelt.[18]
Die Strategien und Grundsätze **aktiven Wiederholens** wurden unter Punkt 2.1 dieses Kapitels genauer dargestellt.

◆ Durch Elaborations- und Transformationsstrategien die Verarbeitung aufgenommener Informationen und die Konstruktion von Wissen unterstützen

Elaborationsstrategien erleichtern durch das Anregen vielfältiger Assoziationen die Integration neuer Informationen in bestehende Wissensstrukturen und ihre Vernetzung. „Je reichhaltiger das Netz von (Verknüpfungen und) Assoziationen ist, in das eine Information für den Schüler eingebunden ist, und je differenzierter die Sinneinheiten in diesem Netzwerk sind, desto schneller wird gelernt und desto langsamer wird vergessen" (GAGE/BERLINER 1986, S. 326f.). Diese Vernetzung fördert nicht nur das Verstehen und Behalten, sondern auch das spätere Abrufen der Informationen aus dem Langzeitgedächtnis, da mehrere Wege zu ihnen führen. Lerninhalte sollten deshalb über **viele Sinneskanäle** und **variative Lernwege** aufgenommen und multimodal repräsentiert werden, um den einzelnen Schülern gerecht zu werden. Der überwiegend gewählte verbal-auditive Lernweg lässt wichtige Verknüpfungsmöglichkeiten ungenutzt. Die häufig als „Beweis" angeführte naive Addition von Sinnesleistungen, nach der ein Mensch „10% durch Lesen, 20% durch Hören, 30% durch Sehen (darin sind die 10% durch Lesen enthalten), 50% durch eine Kombination von Sehen und Hören, aber 90% durch Hören, Sehen und Tun" behält (REBEL in SCHMIDT 1988, S. 35), muss allerdings kritisch hinterfragt werden, da es keine Qualität von Sehen, Lesen, Tun unabhängig von Lernsituation und Gegenstand gibt. Diese Darstellung erfasst auch nicht differenziert genug die Kodierungsformen bei der kognitiven Repräsentation und vernachlässigt die Abstraktionsprozesse bei der eigentlichen Strukturbildung im Langzeitgedächtnis.[19]
Informationen können leichter erinnert werden, wenn sich gedankliche Bilder und Vorstellungen damit verbinden. Elaborationsstrategien wie die **Schlüsselwort- oder Lokalisierungsmethode** reichern durch die Verknüpfung mit Vorstellungsbildern verständnisarme Informationen wie isoliertes Faktenwissen oder Vokabeln mit Bedeutung an. Da abstrakte Verben schlechter behalten werden als anschauliche Verben oder Substantive, sollte der Lehrer deshalb Lerninhalte durch möglichst anschauliche Beispiele, Metaphern und Ausdrücke, die sich auf konkrete sinnliche Erfahrungen beziehen, bildhaft beschreiben, praktische Anwendungen überlegen und neue Begriffe auf bereits bekannte beziehen lassen. Auch die aktive **Transformation** der Informationen in verschiedene Repräsentationsformen wie Bilder, Skizzen, konkretes Handeln oder in eine verbale Beschreibung und ihre Strukturierung durch **Organisationsstrategien** erleichtern die Verinnerlichung vielfach multisensorisch kodierter

und durchgearbeiteter kognitiver Strukturen und Begriffe und fördern durch das operative Durcharbeiten das Verstehen und Einprägen.
Bildhafte Darstellungen allein bewirken allerdings nicht die gleiche Verarbeitungstiefe wie der **aktive Umgang** mit Lernstoffen. So werden von den Schülern Informationen über ein Tier dann am längsten im Gedächtnis behalten, wenn sie im Vergleich zur verbalen Informationsvermittlung zu einem Stopfpräparat oder zu einem Bild im Unterricht beispielsweise ein mitgebrachtes Meerschweinchen beobachten, füttern, streicheln können. Dieser multisensorische, handelnde Umgang mit einem Objekt weckt Interesse und Freude und aktiviert alle Sinne und relevanten Gedächtnisinhalte.[20] Das neuronale Netz relevanter Wissensstrukturen und Begriffe wird dichter geknüpft. Es kann flexibler eingesetzt und wirkungsvoller aus dem Langzeitgedächtnis abgerufen werden und steht als strukturelles Vorwissen für weitere Lernprozesse zur Verfügung.[21]
Transformationsstrategien unterstützen auch die Antizipation der Schüler über Ziele und Fortgang des Unterrichts aufgrund weniger Lehreräußerungen, das Verknüpfen von Informationen aus verschiedenen Unterrichtsphasen mit dem Vorwissen und das Ziehen von Schlussfolgerungen, um den Unterrichtsinhalt zu verstehen.[22] Elaborations- und Transformationsstrategien werden von den Schülern vor allem beim einsichtigen Aufbau kognitiver Strukturen und beim operativen Durcharbeiten eingesetzt.

Weitere Beispiele

- Herausschreiben, Zusammenfassen, Strukturieren wesentlicher Inhalte eines Textes
- Visualisieren der Informationen eines Textes, z. B. einer Sachaufgabe, durch Skizzen und Bilder oder konkrete Handlungen
- Genaues Beschreiben der Handlungsschritte und Abläufe eines Vorganges oder eines Versuches
- Konkrete Beispiele zu einem Sachverhalt, praktische Anwendungen suchen
- Das eigene Vorwissen zu einem neuen Thema eruieren

– Zusammenfassen der Informationen aus einem Text als Tabelle, netzwerkartiges Baumschema mit Ober- und Unterbegriffen, Flussdiagramm oder Mind-Map, z. B.

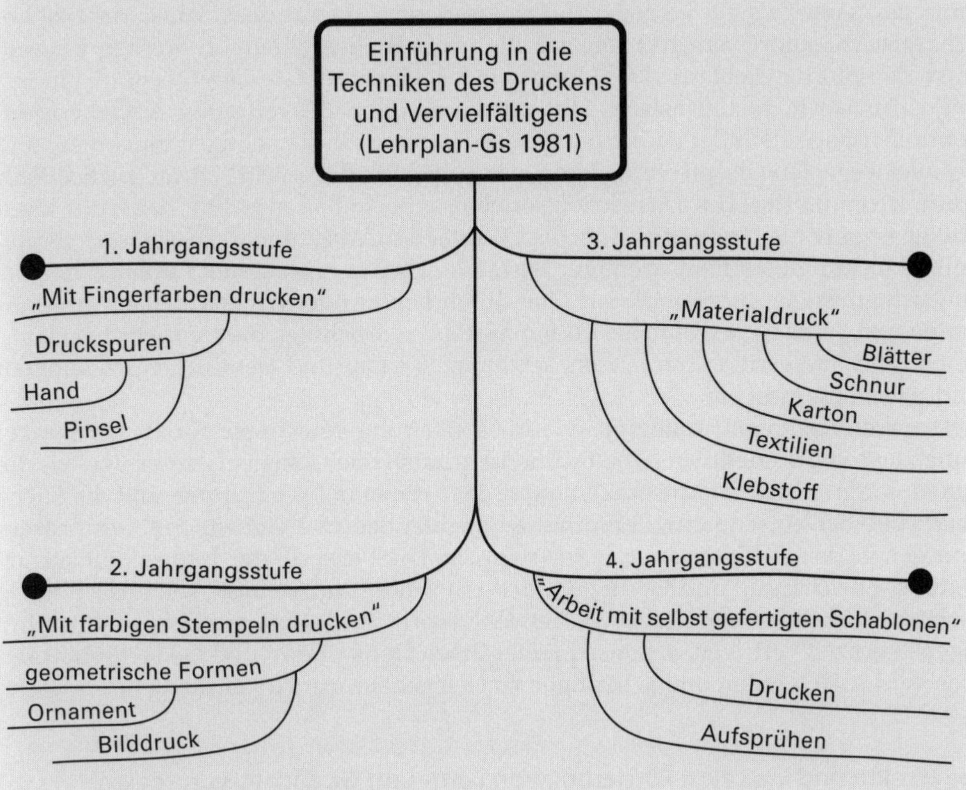

◆ **Durch metakognitive Strategien das Lernen und Einprägen planen, steuern und überwachen und metakognitives Wissen aufbauen**

Voraussetzung für den Einsatz von Lern- und Gedächtnisstrategien ist die **Metakognition**, d. h. das Wissen einer Person über ihre eigenen kognitiven Fähigkeiten, den Schwierigkeitsgrad und Anforderungscharakter von Aufgaben sowie über verschiedene Lernstrategien, ihre Wirkung und Nützlichkeit. Es umfasst vor allem **metakognitive Strategien** der Lernplanung, Überwachung und Steuerung und **ressourcenbezogene Strategien** der Bereitstellung von Lernressourcen.[23]
Zur Lernplanung gehören das Setzen von Zielen und Aufgabenanforderungen, das Formulieren von Problemen, Hypothesen, Lernfragen, die Festlegung der Lernzeiten und des Vorgehens. Diese Aktivitäten helfen bei der Bestimmung effektiver Strategien und aktivieren das Vorwissen. Verständnisfragen zum Lernstoff oder sachbezogene Rückmeldungen durch Lernmaterial oder Lehrer tragen zur Überwachung, Kontrolle und Steuerung des Lernvorgangs und zur Beseitigung auftretender Probleme bei.
Sowohl beim einfachen Wiederholen wie auch beim einsichtigen Lernen unter Einsatz von Gedächtnisstrategien ist eine **kontinuierliche Rückmeldung** über den Lernerfolg

unerlässlich. Diese Funktion übernehmen auch mündliche, schriftliche und praktische Leistungsfeststellungen. Dennoch ist die unmittelbare Kontrolle als Erfolgsbestätigung wirksamer als ein verzögertes Erfolgserlebnis, da auf diese Weise richtige Lösungsansätze sofort verstärkt und falsche im Entstehen eliminiert werden können. Auch die sofortige Fehlerrückmeldung durch geeignetes Material unterstützt eine erfolgreiche Arbeit, die intrinsische Motivation und das Selbstvertrauen. Nach Lernzielkontrollen zeigen Schüler häufig ein starkes Interesse für die richtigen Ergebnisse und Lösungswege. Eine Besprechung kann hier motivierend, bei sehr schwachen Schülern aber auch entmutigend wirken. Erfolgserlebnisse beeinflussen positiv, dauernde Misserfolge negativ die Lernmotivation, die Qualität der Arbeit und das Selbstwertgefühl.
Selbstkontrollen sind ein wichtiger Bestandteil selbst gesteuerten Lernens; sie wirken sich günstiger als Fremdkontrollen durch Lehrer oder Arbeitspartner auf Motivation und Setzung persönlicher Gütemaßstäbe aus. Schüler, die sich selbst als kompetent und interessiert einschätzen, setzen auch Lern- und Denkstrategien spontan und selbst bestimmt ein.
Ressourcenbezogene Strategien wie die Gestaltung einer ungestörten Lernumgebung, der Einsatz effektiver Arbeits- und Lernmittel oder sozialer Lernformen wie die gemeinsame Arbeit mit Mitschülern oder das Lernen in Lerngruppen und die Suche nach Hilfe bei Mitschülern, Lehrern oder Fachleuten unterstützen den Lernprozess und den gezielten Einsatz von Lernstrategien. Die Prozesse der Informationsverarbeitung, Speicherung und Übung werden effizienter und weniger zeitaufwendig, je mehr sie die Schüler selbst überwachen (Monitoring), je selbstständiger sie über ihre eigene Lernzeit verfügen, je konsequenter ihnen Denk-, Lern- und Gedächtnisstrategien vermittelt werden und je häufiger sie Gelegenheit zur Anwendung bekommen.

Die direkte und indirekte Förderung von Lern- und Gedächtnisstrategien[24]

◆ Die direkte Förderung durch Strategie- und Methodentraining

Lern- und Gedächtnisstrategien, fachgemäße Arbeitsweisen und -techniken und motivationale Strategien zur Selbststeuerung können über **direktes Strategietraining** an exemplarisch ausgewählten Inhalten gefördert werden. Sowohl das Einüben spezieller Lernstrategien wie auch die Vermittlung von Wissen über Vorteile, Nachteile und Anwendungsbedingungen der jeweiligen Strategie erhöhen die Effizienz selbst gesteuerten Lernens.
Schüler lernen Wiederholungsstrategien, wenn ihr sinnvoller Einsatz im Unterricht konkret angesprochen, erprobt und durch häufige Anwendung angemessen gesichert und automatisiert wird, z. B. beim Lernen eines Gedichtes, neuer Vokabeln, bei der Bewältigung eines umfangreichen Lernstoffes für eine Lernzielkontrolle. Der Lehrer sollte besonders am Schuljahresanfang über **methodenorientierte Unterrichtssequenzen** notwendige Lern- und Gedächtnisstrategien, fachgemäße Arbeitsweisen und -techniken vermitteln.[25]
Da die kognitiv ablaufenden Prozesse beim selbst gesteuerten Lernen nicht direkt beobachtet werden können, sollten sie die Schüler am **Lehrer als Modellperson** erfahren. Er verbalisiert sein modellhaftes Vorgehen und seine Überlegungen (kognitives

Modellieren). Er zeigt, wie Lernprozesse selbstständig geplant, kontrolliert und gesteuert werden. Er demonstriert Wiederholungsstrategien bei Teil- und Gesamtzusammenfassungen und Transformationsstrategien beim Umsetzen von erarbeiteten Kenntnissen und Erkenntnissen in vielfältige Repräsentationsformen. Mit Hilfe von Organisationsstrategien strukturiert er übersichtlich Tafelbilder, Texte und Einträge. Die eingesetzten Strategien, Arbeitsweisen und -techniken und ihre Anwendungsbereiche macht er den Schülern in der **Arbeitsrückschau** immer wieder bewusst. Er sichert sie, indem er sie in den nachfolgenden Unterrichtsstunden kontinuierlich an zunächst einfachen, prototypischen, dann zunehmend komplexeren, neuen Aufgaben anwenden lässt. Dadurch fördert er die allmähliche Speicherung der Strategien im Langzeitgedächtnis der Schüler und ihre bewusste, flexible Übertragung auf neue Situationen und Kontexte. Er stimmt Übungsaufgaben auf zentrale Lerninhalte oder Fehlerschwerpunke der Schüler ab, erklärt die Aufgaben verständlich, kontrolliert jeden Lernschritt, stört jedoch die Einzel- oder Partnerarbeit nicht dauernd durch zusätzlich nachgeschobene Erläuterungen. Gleichzeitig nimmt er mit zunehmendem Trainingsfortschritt seine Unterstützung in Form von Hilfestellungen und Rückmeldungen zurück.[26]

***Beispiel:* Umgang mit Diagrammen im Erdkundeunterricht**

Der Lehrer führt die Schüler im Erdkundeunterricht am Beispiel der Klimadiagramme in den Umgang mit Diagrammen ein. Sie interpretieren dann Klimadiagramme, ordnen sie in thematischen Karten einzelnen Klimazonen zu und begründen ihre Wahl. Diese fachgemäße Arbeitsweise wird dann in nachfolgenden Leistungskontrollen zur Aufgabenlösung benötigt.[27]

Durch eine derartig gezielte Förderung ließe sich besonders bei stärkerer Beachtung des selbst gesteuerten, selbsttätigen Lernens die Nutzung von Strategien schon im Grundschul- und vor allem im Jugendalter erheblich verbessern, wenngleich am Ende der Grundschule die Strategiekompetenz und das metakognitive Wissen oft erst unvollständig entwickelt sind. „Ein einigermaßen robustes Wissen um die Vorteile und Effekte von Gedächtnisstrategien (bildet sich) frühestens gegen Ende der Grundschulzeit aus ... (Der) Erwerb des Strategiewissens (hängt aber) nicht zuletzt von der Art des Unterrichts ab. Schüler aus Klassen, in denen vom Lehrer gehäuft Hinweise auf Lerntechniken und Gedächtnisstrategien gegeben werden, verfügen schon früher über diese Techniken als Schüler, die zu diesem Thema im Unterricht kaum etwas erfahren" (SCHNEIDER 1994, S. 189).[28] Untersuchungen zeigen allerdings, dass die „individuelle Lernkultur – gleichgültig, ob sie durch Wiederholungs- oder Tiefenverarbeitungsstrategien geprägt ist – für den Schulerfolg nur nachgeordnete Bedeutung hat". Dieses überraschende Ergebnis erklärt BAUMERT damit, „dass in der Schule primär reproduktive, parzellierte und nur kurzfristig verfügbare Leistungen honoriert würden, so dass ein wirkliches sachliches Engagement und ein strategisches Vorgehen beim Lernen gar nicht erfolgsrelevant werden können" (BAUMERT 1993, S. 329 ff.). Im Hinblick auf die Aufgaben der Schule ist aber ein Unterricht unabdingbar, der das selbstständige, selbst gesteuerte Lernen betont und bei den Schülern gezielt strukturelle Lernprozesse initiiert, durch die sie kognitive Strukturen und Qualifikationen aufbauen können. Auch bei Leistungsfeststellungen werden nicht nur reproduktive kognitive Leistungen gefordert, sondern Reorganisation und Transfer.[29]

◆ Die indirekte Förderung von Strategien durch die Gestaltung der unterrichtlichen Lernumgebung

BECK/GULDIMANN/ZUTAVERN betonen die Bedeutung selbst gesteuerten, zielgerichteten Lernens und metakognitiven Wissens für die eigenständige Anwendung der Problemlöse- und Lernstrategien auch außerhalb der Schule. Sie glauben aber, dass dies nicht durch Vermittlung, sondern über die individuelle Entwicklung von Lernstrategien durch die Schüler aufgrund motivierend gestalteter Lernumgebungen erreicht wird. In der Auseinandersetzung mit Ausführungsmodellen (Modeling) von Lehrern und Mitschülern, die laut denkend vorzeigen, wie sie an eine Aufgabe herangehen und auf ihre Weise lösen, und durch **Beobachtung** und **Reflexion der eigenen Arbeits- und Lernprozesse** sollten Schüler der zweiten bis neunten Klasse Strategien in den Bereichen Mathematisches Problemlösen, Wissenserwerb und Verfassen von Texten generieren. Die Schüler hielten schriftlich ihre Lernerfahrungen in Arbeitsheften fest (Monitoring), arbeiteten mit Mitschülern in **Lernpartnerschaften**, besprachen Lernprobleme und tauschten Lernerfahrungen aus. Vor allem ihre regelmäßige schriftliche Arbeitsrückschau und die gemeinsame Analyse und Reflexion der Lernprozesse in Klassenkonferenzen (Reflexion, Conferencing) führten zum Aufbau und zur Differenzierung individueller Strategien und ihrer eigenständigen, reflektierten Anwendung und Kontrolle. Von diesem Vorgehen profitierten gute und schwächere Schüler.[30]

Strategien können also auch indirekt über die Gestaltung der Lernumgebung gefördert werden. So ermöglichen beispielsweise multimediale Lernumgebungen wie computerbasierte Lernprogramme den raschen Zugriff auf verschiedene Repräsentationsformen, die Visualisierung von Wissen, die Simulation von Prozessen und damit die Erprobung von Problemlösungen und die Überprüfung von Hypothesen, den Aufbau multipler Perspektiven und das Abschätzen von Anwendungsmöglichkeiten.[31] Durch Eröffnung von Freiräumen für die eigenen Entscheidungen beim Lernen wie die Bestimmung des Lerntempos, der Lernmaterialien und -medien, der Lernpartner, der Formen der Lernkontrolle, der Sequenzierung der Lerninhalte wird selbst gesteuertes Lernen angeregt, gefordert und gefördert. Solche Lernumgebungen führen zu einer Öffnung des Unterrichts.[32] Ausschlaggebend dabei ist weniger die objektiv vorhandene als die subjektiv erlebte Autonomie der Schüler.[33]
Eine effektive Entwicklung oder Vermittlung von Strategien und Arbeitsweisen muss sich am **Entwicklungsstand der Schüler** und an der **Klassensituation** orientieren. Je geringer die kognitiven Fähigkeiten der Kinder ausgeprägt sind, desto direkter und strukturierter sollten sie schrittweise in Trainingseinheiten an die Strategien des selbst gesteuerten Lernens herangeführt werden. Ohne gezielte Anleitung und direkte Förderung kann es zu demotivierenden Schwierigkeiten bei der Bearbeitung von Aufgaben, beim Umgang mit umfangreichen Informationen und bei der Auswahl geeigneter Lernmaterialien kommen.

In der Schule gehen direkte und indirekte Strategieförderung Hand in Hand. Spätestens ab Beginn der 5. Jahrgangsstufe sind deshalb in den ersten Wochen eines Schuljahres im Sinne eines „**Methoden-** oder **Strategietrainings**“ die fehlenden Lern- und Gedächtnisstrategien, Arbeitsweisen und -techniken einzuüben und gleichzeitig selbst bestimmtes Lernen fordernde, effektive Lernphasen im Unterricht anzubieten. Die von BECK u.a. angesprochenen effektiven Möglichkeiten der schriftlichen und mündlichen Reflexion in der Arbeitsrückschau und der Lernpartnerschaften sind auch in einem traditionellen, stärker lehrerbezogenen, fragend-entwickelnden Unterricht möglich. Der Lehrer unterstützt die Strategieschulung zusätzlich durch verteiltes Üben, kooperatives Lernen und informatives Feedback.[34]
Gegen die Verwendung von Lern- und Gedächtnisstrategien und metakognitiven Strategien hegen aber besonders ältere Schüler und Erwachsene **motivationale Barrieren**, die dadurch entstehen, dass zunächst viel mehr Zeit für das Lernen investiert werden muss, um z.B. bei bildhaften Lerntechniken die Bilder zum Verknüpfen der Gedächtnisinhalte zu produzieren. Erst durch konkrete Erfahrungen der lernerleichternden Wirkung werden diese Barrieren abgebaut.

3.3 Das Aufdecken eigener Lernstrategien und des Lerntyps

Entscheidend für die Motivation der Schüler zu selbst gesteuertem Lernen ist, ihnen ihre eigenen methodischen Unzulänglichkeiten und Lernprobleme an konkreten Beispielen durch Befragungen, Lernspiele, Experimente im Unterricht vor Augen zu führen und sie zum Nachdenken über Strategien des Lernens zu ermutigen. Dies kann geschehen durch

- **Fragebogen zum Lernen**
  Die Schüler notieren, ob es ihnen eher schwer oder eher leicht fällt, fremde Texte rasch zu verstehen, Nachschlagewerke zu benutzen, einen Lernstoff übersichtlich zu gestalten, Klassenarbeiten gut vorzubereiten, mit Spaß und Freude zu lernen, die eigene Arbeit zu planen usw.
- **Lerntypen-Tests**
  Nachfolgend werden verschiedene Lernwege beschrieben. Trage in die zugehörigen Kästchen rechts eine [3] ein, wenn du auf dem jeweiligen Lernweg viel behältst, eine [2], wenn du einiges behältst, und eine [1], wenn du wenig behältst! Berechne anschließend für die unten angegebenen Lerntypen „Hören“, „Sehen“ und „Handeln“ die entsprechenden Zahlenwerte.

Lernwege

a) Ich mache mir zu einem Sachtext eine Tabelle . . . . ☐
b) Der Lehrer hält einen Vortrag zum Unterrichtsthema . . . . ☐
c) Ich sammle in Biologie verschiedene Pflanzen, klebe sie in eine Mappe und schreibe kurze Erläuterungen dazu . . . . ☐
d) Unsere Lehrerin zeigt uns in Sozialkunde einen Zeichentrickfilm zur Bundestagswahl (ohne Kommentar) . . . . ☐
e) Eine Mitschülerin liest einen Text aus dem Schulbuch vor . . . . ☐

f) Ich schaue mir die Bilder und Zeichnungen im Schulbuch an . . . . ☐
g) Ich fertige mir zu einem Lernstoff eine Zeichnung an . . . . ☐
h) Ich höre mir eine Englisch-Übungskassette an . . . . ☐
i) Der Lehrer zeigt uns Dias zum tropischen Regenwald . . . . ☐
j) Der Lehrer erklärt mir, wie der Bundeskanzler gewählt wird . . . . ☐
k) Ich schreibe die zu lernenden Vokabeln auf einen Zettel . . . . ☐
l) Ich schaue mir im Museum eine Ausstellung an . . . . ☐
m) Ich lese mir einen Text im Schulbuch durch . . . . ☐
n) Eine Mitschülerin trägt das Ergebnis ihrer Arbeitsgruppe vor . . . . ☐
o) Ich führe im Chemieunterricht einen einfachen Versuch durch . . . . ☐
p) Ich höre im Radio einen Reportage zu einem aktuellen Thema . . . . ☐
r) Ich betrachte ein Bilderbuch zum Alltagsleben in Afrika . . . . ☐
s) Ich schreibe mir zu einem Text das Wichtigste heraus . . . . ☐

☞ **Addiere die oben eingetragenen Ziffern!**

- Lerntyp Hören: Ziffern (b) + (e) + (h) + (j) + (n) + (p) = ________
- Lerntyp Sehen: Ziffern (d) + (f) + (i) + (l) + (m) + (r) = ________
- Lerntyp Handeln: Ziffern (a) + (c) + (g) + (k) + (o) + (s) = ________

(Klippert 1994, S. 60 f.)

Anstelle der Zahlen könnte man in diesem informellen Verfahren auch andere Zeichen verwenden. Schüler notieren dann ein (+), wenn sie auf diesem Lernweg viel, (O) einiges oder (–) wenig behalten.

Der Lerntyp „**Hören**" behält akustisch aufgenommene Informationen besonders schnell, z. B. Erklärungen des Lehrers, den Vortrag einer Mitschülerin, einen laut gelesenen Text, eine Reportage im Radio.

Der Lerntyp „**Sehen**" merkt sich besonders gut Bilder eines Filmes, Abbildungen und Zeichnungen im Buch, Exponate einer Ausstellung im Museum.

Der Lerntyp „**Handeln**" speichert eigenes Tun besonders leicht. Er schreibt z. B. das Wichtigste aus dem Text auf, erstellt eine Tabelle, fertigt eine Zeichnung zum Lehrstoff, notiert Vokabeln auf eine Karteikarte, führt in Physik einen einfachen Schülerversuch durch oder sammelt verschiedene Pflanzen, trocknet sie, klebt sie in eine Mappe und beschriftet sie.

Erfahrungsgemäß haben fast alle Schüler den höchsten Punktwert beim Handeln. Ausnahmen deuten auf spezielle Begabungen oder auf Training hin. Besonders wichtig ist die Diskussion der Ergebnisse und der Konsequenzen für das eigene Lernen.[35]

Im Anlehnung an Vester bestimmt Keller den Lerntyp eines Schülers durch **Merkaufgaben** zu einzelnen Gedächtnisbereichen. Erinnerte Wörter werden niedergeschrieben. Ausschlaggebend ist nur ihre Anzahl, nicht ihre Reihenfolge. Sie gibt Hinweise auf den vorrangigen Lernweg oder auf Mischtypen.[36]

Gedächtnisbereich Hören:
10 Wörter werden in 30 Sekunden langsam vorgelesen. Nach 10 Sekunden Pause notieren die Schüler in einer Minute alle erinnerten Wörter:
HANDTUCH – KLAVIER – FINGERHUT – OFEN – FENSTER – DECKE – GRIFF – MANTEL – RASEN – KAMIN
Gedächtnisbereich Lesen:
10 auf Plakate geschriebene Wörter werden in 30 Sekunden nacheinander gezeigt. Nach einer Pause von 10 Sekunden notieren die Schüler in einer Minute die gewussten Wörter:
PFENNIG – WASCHLAPPEN – SCHLÜSSEL – HEFT – APFEL – MESSER – SCHALLPLATTE – BLEISTIFT – MÜTZE – KOPF
Gedächtnisbereich Sehen:
10 Gegenstände werden in 30 Sekunden nacheinander gezeigt. Die schriftliche Erinnerung erfolgt nach einer Pause von 10 Sekunden eine Minute lang:
GABEL – KERZE – TUBE – LÖFFEL – RADIERGUMMI – SCHNUR – TASCHENTUCH – PUPPE – LINEAL – SCHERE
Gedächtnisbereich Schreiben:
10 Wörter werden in 30 Sekunden diktiert. Die Schüler schreiben sie untereinander und drehen dann das Blatt um. Nach einer Pause von 10 Sekunden notieren sie während einer Minute die Wörter, an die sie sich erinnern:
ROLLER – FAHNE – EI – BROT – HAUS – STUHL – UHR – LAMPE – BRIEF – SCHAUFEL

- **Spiele, Rätselformen und Texte mit falschen Behauptungen**
  Sie regen zum Nachdenken an, zum Zusammenstellen von Lerntipps und -strategien oder zu positiven Selbstinstruktionen (Mut-mach-Gedanken), z. B.: „Was ich will, das schaffe ich." „Übung macht den Meister." „Nur Mut, auch andere haben Schwierigkeiten." „Mutig gefragt ist besser als dumm geblieben." „Eine schlechte Note ist kein Beinbruch." „Probieren ist besser als resignieren."[37]

3.4 Lerntipps – nicht nur für Schüler[38]

Die nachfolgenden **Lerntipps** fassen die wichtigsten Lern- und Gedächtnisstrategien in übersichtlicher Weise zusammen. Sie sollten zu Schuljahresbeginn mit den Schülern besprochen und an ausgewählten Beispielen und Unterrichtsinhalten eingeübt und variativ angewendet werden. Für effektives Denken und Lernen und für die Erschließung eines Wissensbereiches spielt auch das deklarative Wissen im Sinne grundlegender, exemplarischer Modelle, Beispiele, Analogien eine wichtige Rolle. Im Unterricht sollte deshalb immer wieder auf bereits Gelerntes Bezug genommen und das abgespeicherte Wissen dadurch aktiviert und wiederholt werden.
Die genannten Lernstrategien betreffen die **Lernorganisation** (Zeitplanung, Arbeitsplatzgestaltung, Lernmitteleinsatz), die **Konzentration** und **Aufmerksamkeit** (Lernpausen, Aktivierung durch Lernweg- und Lernstoffwechsel), die elaborative **Verarbeitung** und das **Einprägen** im Gedächtnis (systematische Wiederholung, mnemotechnische Stoffverankerung, mehrkanalige Stoffaufnahme, Transformation in andere Repräsentationsformen, Strukturierung der Ergebnisse). Diese Lerntipps sollten auch den Eltern bei Elternabenden an Beispielen erläutert werden.

Voraussetzungen für sinnvolles Lernen schaffen

- Störfaktoren ausschalten (z. B. Nebenbeschäftigungen, Musik und Fernsehen, Besuch von Freunden und Mitschülern während der Hausaufgabenzeit)!
- Feste Arbeitszeiten unter Berücksichtigung der tagesrhythmischen Leistungsfähigkeit einhalten!
- Regelmäßige Pausen nach ca. 25 bis 30 Minuten einplanen zur Verankerung des Lernstoffes im Gedächtnis, zur Verhinderung von Gedächtnishemmungen und zur Erhaltung der Aufmerksamkeit und Konzentration:
  Arbeitszeit = Lernzeit + Pausen!

Lerntipps für die Erledigung von Hausaufgaben, für die Vorbereitung auf den Unterricht und auf Prüfsituationen

◆ Die Planung der Arbeit und der Lernzeit

- Hausaufgaben in Arbeitsblöcke von 15 bis 30 Minuten einteilen (Zettel an der Pinnwand).
- Hausaufgabenzeit einhalten.
- Frühzeitig mit der Vorbereitung auf Lernzielkontrollen beginnen; wichtige Daten in einen Terminkalender eintragen.
  Den Lernstoff in „Lernblöcke" einteilen; einen Block durch intensives Durcharbeiten (Unterstreichen, mündliches und schriftliches Zusammenfassen, Gliedern, Umsetzen in grafische Darstellungen usw.) lernen; am nächsten Tag das Gelernte abfragen, kontrollieren, Vergessenes nachlernen und dann erst mit dem nächsten Lernblock beginnen; am dritten Tag das bisher Gelernte überprüfen usw.

◆ Die Aneignung und Übung neuer Lernstoffe durch sinnvolle Erledigung der Hausaufgaben

- Mit einfachen, angenehmen, interessanten, kurzen Aufgaben beginnen.
- Zwischen verschiedenen Lernstoffen, vor allem zwischen schriftlichen und mündlichen (SM-Formel) abwechseln, um Lernhemmungen und rasche Ermüdung zu vermeiden.
- Ähnliches nicht hintereinander lernen.
- Fehlerlisten vor allem in Deutsch und Mathematik führen.
- Sich den Lernstoff mittels verschiedener Lernwege (Sinneskanäle) aneignen:

Lernstoffwechsel	SM – Wechsel	Lernwegwechsel
Mathematik (Gleichungen)	s	schreiben, Lösungsschritte farbig markieren
Deutsch (Inhaltsangabe)	m s	laut lesen, Fragen an den Text stellen, unterstreichen, markieren
Englisch (Vokabeln)	s m s	ins Vokabelheft eintragen, laut lesen – abhören – schreiben
Erdkunde	s	Umrissskizze mit Hilfe des Atlas auszeichnen
	s	Text auf dem Arbeitsblatt am Rand markieren
	m	Fragen beantworten

Tipps zur gezielten Informationsaufnahme aus Texten

Nachfolgende Lernstrategien unterstützen die Informationsentnahme:

- **Verschiedene Eingangskanäle (Hören, Sehen, Sprechen, Schreiben) benutzen und deutliche Reize setzen**

  Beispiel: **Aktives Lesen**

  - Laut oder halblaut lesen.
  - Wichtige Textstellen (Kerngedanken, Begriffe, Überschriften) unterstreichen oder farbig markieren.
  - Gliederungspunkte, Oberbegriffe, wichtige inhaltliche Aussagen in Stichpunkten am Textrand notieren, Absätze, Aufzählungen durchnummerieren.
  - Kernaussagen, Inhalte mit eigenen Worten zusammenfassen, in grafische Darstellungen, Bilder, Skizzen und Schemata mit Pfeilen, Kästchen u. Ä. zur Verdeutlichung von Ursache-Wirkung-Zusammenhängen usw. umsetzen, auf eigene Blätter ins Buch einlegen, an Pinnwand anheften oder auf Karteikarten notieren.

- **3-Schritt-Methode zur Informationsentnahme**

  Einen **Überblick** über den Text gewinnen, ihn dazu grob überfliegen, auf Überschriften, Absätze, fett gedruckte Wörter, Jahreszahlen, Abbildungen achten.

  Fragen an den Text stellen (Worum geht es? Was weiß ich schon? Kenne ich alle Begriffe?).

  Wichtige Textstellen **gründlich lesen**, bis der Sinn erfasst ist. Nach jedem Abschnitt nach dem Textinhalt, dem Hauptgedanken fragen, ihn in Gedanken wiederholen, auf selbst gestellte Fragen beziehen, Stichpunkte notieren. Dann das Gelesene mündlich oder schriftlich zusammenfassen oder dazu eine Gliederung, eine Skizze oder ein Schema anfertigen.

Tipps für die Speicherung von Lerninhalten im Gedächtnis

◆ Isoliertes Faktenwissen oder unstrukturierte Lernstoffe mit Gedächtnistechniken lernen

Umfangreiches, isoliertes Faktenwissen oder weniger bedeutungsvolle Detailinformationen können durch nachfolgende **Mnemotechniken** leichter eingeprägt werden. Bei der Reim-, Abkürzungs-, Geschichten- und Lokalisierungstechnik wird vor allem das paarweise Assoziieren oder die Verknüpfung mit Raumvorstellungen genutzt.

- Das **paarweise Assoziieren** ist beim Vokabellernen im Fremdsprachenunterricht oder beim Lernen von Begriffen angezeigt. Um sich beispielsweise die Bedeutung von „barn“ (Stall oder Scheune) zu merken, könnte eine Verbindung zum Nach„barn“ hergestellt werden (Beim Nachbarn gibt es einen Stall oder eine Scheune). Auch die Verknüpfung mit Vorstellungsbildern erleichtert das Einspeichern. Bei Stichwörtern oder abstrakten Begriffen sucht der Lernende ein konkretes Wort, das so ähnlich klingt (phonologische Speicherung), und verankert mit diesem Schlüsselwort eine bildhafte Vorstellung, z. B. Freiheit – Freiheitsstatue (**Schlüsselwort- oder Ankermethode**).
- **Reimtechnik** (Eselsbrücken): Merkverse (753 – Rom kroch aus dem Ei; Wer nämlich mit h schreibt, ist dämlich.).
- **Abkürzungstechnik**: Wortsilben oder Anfangsbuchstaben der zu merkenden Wörter (PAZATLIND – Pazifik, Atlantik, Indischer Ozean) zu einem Merkwort zusammenfügen.
- **Geschichtentechnik**: Aus zu lernenden Wörtern oder Begriffen eine Geschichte konstruieren.
- **Lokalisierungsmethode**: Einzelne, in einer bestimmten Reihenfolge angeordnete Lerninhalte, z. B. die Muskeln des Armes, merkt man sich entsprechend der räumlichen Anordnung der Zimmer einer Wohnung oder markanter Stationen und Orte entlang einer vertrauten Wegstrecke.

◆ Den Lernstoff überlegt und einsichtig lernen

Gruppenbildung, Verkürzung und bildhafte Vorstellungen unterstützen das kognitive Verarbeiten, Strukturieren und Einprägen des Wissens.

- **Gruppenbildung**: Merkwörter in Untergruppen zusammenfassen und nach Gruppen lernen (Rose, Tulpe, Veilchen – Pferd, Ziege, Esel).
- **Merkstoff verkürzen und strukturieren**: Oberbegriffe bilden, „Spickzettel“ schreiben, aber nicht benutzen.

- Den Lernstoff in **bildhafte Vorstellungen** transformieren: Den Lernstoff als Zeichnung, Skizze, beschriftetes Schaubild darstellen.
- **Logische Zusammenhänge**, Regeln, Gesetze durch „**W-Fragen**" erfassen (Worum geht es? Was habe ich gelesen? usw.); Inhalte mit eigenen Worten erklären, nicht nur auswendig hersagen.
- **Problemlösestrategien** überlegt anwenden.

Beispiel: **Das Lösen von Sachaufgaben**

- Eine Aufgabe genau durchlesen, den Inhalt ohne Zahlenangaben wiederholen.
- Die Aufgabe analysieren: Was ist gegeben? Was ist gesucht? Wichtige Begriffe und Angaben unterstreichen, den Aufgabeninhalt besonders in Geometrie durch eine Zeichnung verdeutlichen.
- Einen Lösungsplan erstellen: Lösungsschritte verbalisieren, durch Überschriften und Oberbegriffe strukturieren.
- Die Lösung durchführen: Haupt- und Nebenrechnungen klar voneinander trennen, in übersichtlicher Form darstellen.
- Die Lösung mit einem Antwortsatz abschließen, den Bezug zur Frage herstellen, das Ergebnis nachprüfen, z. B. in die Ausgangsgleichung einsetzen, mit der Wirklichkeit vergleichen (Kann das sein?).
- Den Lösungsweg rekapitulieren und bewerten.[39]

- Den **Lernstoff zu bereits Gelerntem in Beziehung setzen**, in Gelerntes einordnen (Was weiß ich schon? Hilft mir das bekannte Wissen beim Verstehen eines neuen Lernstoffes?).

◆ Den Lernstoff sinnvoll und systematisch wiederholen

Um einen umfangreichen Lernstoff einzuprägen, sind systematisch gezielte Wiederholungen einzuplanen. Der Lernstoff wird anfangs häufiger, dann in immer größeren Zeitabständen wiederholt. Dabei sollten die Wiederholungszeiten auch über einen längeren Zeitraum sinnvoll verteilt werden.

Beispiel: **Systematisches und effektives Vokabellernen**[40]

Vokabeln konzentriert multisensorisch aufnehmen

Beim Vokabellernen müssen über die verschiedenen Sinneskanäle akustisch-artikulatorische Wortklangbilder und visuelle Schriftbilder aufgenommen, mit bestimmten Bedeutungen verknüpft, mit bereits abgespeicherten Informationen in Beziehung gesetzt und systematisch eingeprägt werden, um langfristig abrufbar zu sein:

- Sich entspannt auf das neue Wort konzentrieren, das im Unterricht über eine Situation, ein Bild, einen Gegenstand, eine Umschreibung usw. eingeführt wird.
- Die Vokabel laut und deutlich lesen.
- Eine gehörte Vokabel mitsprechen, innerlich nachsprechen, sich den Wortklang vorstellen.
- Die Vokabel mitschreiben, beim Schreiben mitsprechen oder sich den Wortklang vorstellen und innerlich nachschreiben.

- Eine Vokabel mehrfach deutlich sprechen und an ihre Bedeutung denken. Sich bei bildhaften Wörtern den Gegenstand vorstellen (apple), eine Bewegung (I am picking an apple), einen Zustand (poor – Bild eines Bettlers), eine Situation (excuse me – einen Fremden ansprechen).
- Vokabeln beim Lernen mit Körperbewegungen verknüpfen, den Inhalt mimisch, gestisch darstellen usw.

Die in den Arbeitsspeicher aufgenommenen Vokabeln müssen innerhalb der ersten drei bis vier Minuten sofort wiederholt werden, z. B. durch Aufschreiben mit halblautem oder innerlichem Mitsprechen oder durch Einbetten in eine sinnvolle Äußerung, damit sie für weitere Elaborationen und für das Einprägen zur Verfügung stehen.

Vokabeln systematisch lernen und wiederholen

Die begrenzte Kapazität des Arbeitsgedächtnisses erfordert eine Beschränkung der neu zu lernenden Vokabeln auf ca. 30 neue Wörter pro Tag.

- Die Vokabeln in Gruppen (Lernblöcke) von 5 bis 9 Wörtern (7±2) einteilen (Chunking), um durch Reduktion und Verdichtung der Informationen die Kapazität maximal auszunützen, z. B. pupil, alarm, morning, soccer-match, television, midnight.
- Die Vokabeln einer Gruppe durch Konstruktion eines Satzes oder einer Geschichte mit bekannten, verfügbaren Wörtern verknüpfen und sie gleichsam verankern (Geschichten- oder Ankertechnik): The pupil didn't hear the alarm in the morning because he had watched a soccer-match on television until midnight.
- Zusammengehörige Vokabeln zu sinnvollen Gruppen zusammenfassen (Clustering), z. B. zu Wortfeldern (animals, garden, weather ...), Wortfamilien (space, spacecraft, spaceship, ...), Synonymen (frighten – scare), Antonymen (rich – poor), Lebensbereichen (village, church, street, farm ...), Beziehungs- und Bedeutungsnetzen (tools: saw, axe, hammer, tool box ... [for building a] ... house: rooms, windows, doors, roof, wall ...) und diese dann grafisch strukturieren:

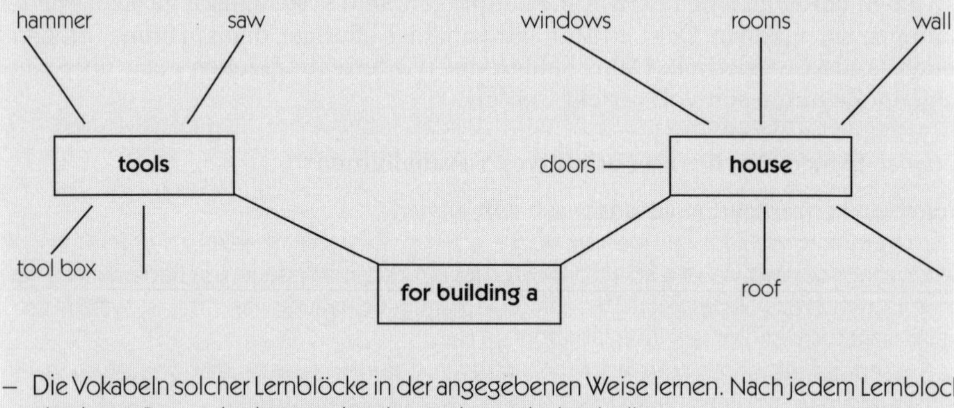

- Die Vokabeln solcher Lernblöcke in der angegebenen Weise lernen. Nach jedem Lernblock eine kurze Pause einplanen oder eine andere Arbeit erledigen.
- Jeden Lernblock nach 10 Minuten wiederholen. Da Wörter am Anfang und am Ende eines Lernblockes leichter behalten werden, bei der Wiederholung die Reihenfolge der Wörter abwechseln.

  Alle gelernten Wörter systematisch wiederholen:

Die 2. Wiederholung der Lernblöcke erfolgt nach etwa 3 bis 4 Stunden (am Abend),
die 3. Wiederholung am nächsten Tag,
die 4. Wiederholung nach 3 bis 5 Tagen (einer Woche),
die 5. Wiederholung nach einem Monat.
Generell gilt, dass der Zeitraum zwischen den Wiederholungen vergrößert, die benötigte Wiederholungszeit dagegen kürzer wird. Nur wichtige, schwierige, nicht gewusste Vokabeln werden intensiv wiederholt, die anderen nur kurzzeitig beachtet und dann ausgesondert.

Vokabeln mit Lernkarteien lernen
Die zeitaufwendige Arbeit mit Lernkarteien erleichtert das sinnvolle variative Wiederholen durch Zusammenstellen von Wortfeldern, motiviert durch den sichtbaren „Umfang" beherrschter Vokabeln und eröffnet besonders in den ersten Jahren des Fremdsprachenunterrichts vielfältige Spielmöglichkeiten.
Auf Karteikarten (DIN A7) werden auf die Vorderseite das Fremdwort, ein Satz, ein Satz mit Auswahllücke, ein Lückentext, ein Beispielsatz für eine Grammatikregel geschrieben, auf die Rückseite die Wortbedeutung, die Übersetzung des Satzes, sinnvolle Lückenwörter, die grammatische Regel, Merksätze, Reimwörter usw.
Neu beschriftete Karten und vergessene Vokabeln kommen in das 1. Fach des gefächerten Karteikastens. Am Abend werden diese Vokabeln nochmals wiederholt. Die gewussten wandern in das 2. Fach (Wiederholung nach einem Tag), die anderen bleiben im 1. Fach. Am nächsten Tag werden die Wörter des 2. Faches wiederholt und wandern bei richtiger Nennung in das 3. Fach (Wiederholung nach einer Woche), während vergessene wieder ins 1. Fach gesteckt werden. Die Vokabeln des 3. Faches werden nach einer Woche wiederholt und dann im 4. Fach (Wiederholung nach einem Monat) deponiert.

Vokabeln mit individuell erweiterbaren, computerunterstützten, multimedialen Lernprogrammen und fremdsprachlichen Medien lernen
Computerunterstützte Lernprogramme gewinnen zunehmend an Bedeutung und ermöglichen ein effektives, individualisiertes Vokabeltraining.[41] Bei der Arbeit mit Lernkassetten zum Lehrbuch lesen die Schüler laut mit, schreiben Diktate usw. Beim Vokabellernen mit selbst erstellten Tonkassetten werden bei der Aufnahme der Vokabeln oder Sätze auch Pausen eingeplant, in denen die Schüler beim Abhören die Wortbedeutung laut sprechen oder Sätze bilden. Weitere Möglichkeiten der Wortschatzerweiterung in einer Fremdsprache sind das Verfolgen fremdsprachlicher Radio- und Fernsehsendungen, das Übersetzen und Lernen von Liedern und die Lektüre von Zeitschriften und Büchern.

4 Die Anwendung und Übertragung des Gelernten auf neue Lernsituationen

4.1 Begriffsklärung, Arten und Inhalte des Transfers

Begriffsklärung

Zu den wichtigsten Aufgaben der Schule zählen nicht nur die Vermittlung von Wissen, Können, Fähigkeiten und Fertigkeiten, sondern vor allem das **Anwenden des Gelernten**, die **Übertragung** auf künftige ähnliche oder neue Situationen und die Entwicklung von Problemlösestrategien und motivationalen Orientierungen zum selbstständigen, kreativen Handeln. Wissen, das nicht in anderen Situationen oder bei anderen Problemstellungen angewendet wird, bleibt träge, d.h. an die Lernsituation gebunden und nicht flexibel einsetzbar.[42]
Die Anwendung und Übertragung des in einer bestimmten Lernsituation und einem bestimmten Kontext erworbenen Wissens und Könnens, der Kenntnisse, Kompetenzen, Fertigkeiten, Strategien, Einsichten, Verhaltensweisen und Einstellungen auf eine veränderte, neue Situation mit veränderten Bedingungen wird als Transfer bezeichnet.[43]
In der Schule geht es dabei vorrangig um die Erleichterung des nachfolgenden Lernens durch den vorausgegangenen Unterricht, so dass Aufgaben zunehmend problemloser und schneller gelöst werden können. Solch ein Transfer ist eine über Reproduktion und Transformation (Reorganisation) hinausgehende Leistung und Fähigkeit, die von den Lehrplänen aller Bundesländer verlangt und bei Leistungsfeststellungen und -bewertungen gefordert wird und deshalb im Unterricht gelernt werden soll. „Wer auf Transfer hin unterrichtet wurde und gelernt hat, das Gelernte auf neue Aufgaben zu übertragen, verfügt in anderer Weise über seine Kenntnisse, Fertigkeiten und Fähigkeiten als derjenige, der nur nachahmend gleiche Aufgaben in gleicher Weise lösen kann“ (DEUTSCHER BILDUNGSRAT 1971, S. 80).

Arten des Transfers

Analytisch lassen sich verschiedene **Transferarten** unterscheiden:
„Von **positivem Transfer** spricht man dort, wo ein Lernprozess durch vorausgegangene Lernakte zeitlich, qualitativ, quantitativ oder generell verbessert wird ... **Negativer Transfer** behindert bzw. beeinträchtigt entsprechend. Das kann geschehen durch zeitliche oder sachstrukturelle Interferenzen, durch inadäquate Anwendung erlernter Methoden, Techniken oder Prinzipien“ (WIDMER 1981, S. 382).[44]
Dieser positive, spezifische Transfer zeigt sich nach GAGNÉ im Unterricht als vertikaler, horizontaler und lateraler Transfer:
„Ein **vertikaler Transfer** ist zu beobachten, wenn eine zu lernende Fähigkeit rascher erworben wird, nachdem zuvor untergeordnete Fähigkeiten erlernt wurden ... Die untergeordneten Fähigkeiten haben Transferwirkung auf die Lernaufgaben höherer Ordnung“ (GAGNÉ 1970, S. 189). Die erworbenen Kenntnisse und Fähigkeiten ermöglichen nicht nur eine Anwendung in einer neuen Situation, sondern bewirken da-

durch eine weitere Steigerung der Kompetenz im Sinne des sukzessiven Dazu-Lernens (kumulativen Lernens). Aus diesem Grund ist der Begriff des vertikalen Transfers eigentlich missverständlich, da die angesprochene Steigerung auf einen fortschreitenden Aufbauprozess zurückzuführen ist, durch den bekannte Elemente zu neuen Strukturen verknüpft werden.[45] So verstehen Schüler in allen Unterrichtsfächern komplexere Operationen, Begriffe und Regeln leichter, wenn sie sich vorher bestimmte Grundlagen angeeignet haben. Ein adäquater Mengenbegriff ist beispielsweise in Mathematik die Voraussetzung für das Verständnis von Additions- und Subtraktionsregeln. Werden allgemeine Schlüsselqualifikationen wie Problemlöse-, Lern- und Gedächtnisstrategien, Heuristiken in speziellen Lernsequenzen aufgebaut, dann drängen diese auf weitere Anwendung und intendieren dadurch sukzessive Kompetenzsteigerung. Neben der Verfügbarkeit über ein relevantes Vorwissen, das eine aufgabenbezogene Bewertung und Elaboration neuer Informationen erleichtert, ist für den Erwerb eines komplexen inhaltlichen Wissens durch vertikalen Transfer ein lehrergesteuerter, systematisch strukturierter, den Lernvoraussetzungen der Schüler angepasster Unterricht eine zweckmäßige Unterrichtsform.[46]
Um Wissen beispielsweise in Mathematik oder Physik in verschiedenen lebenspraktischen Kontexten flexibel und kreativ anwenden zu können, müssen beim Wissenserwerb auch die situativen Kontexte der möglichen Anwendungen mitgelernt werden. Bei aktiv handelnder Problemlösung in lebenspraktischen und sozialen Lernarrangements wie Gruppenarbeit, Lernteams, Projektunterricht werden die in diesen Situationen erworbenen kognitiven Strukturen (Handlungsschemata, Strategien, Operationen, Begriffe) durch **horizontalen Transfer** auf Situationen und Aufgaben ähnlicher Struktur und Komplexität übertragen.[47] Die dazu notwendige Generalisierungsfähigkeit hängt von der Beweglichkeit des Denkens, von der operativen Durcharbeitung und der breiten Sicherung und Anwendung des Gelernten durch eine Vielzahl zunehmend unterschiedlicher Lernsituationen, Übungs- und Anwendungsaufgaben ab. So sind beispielsweise bei der Planung einer Unterrichtseinheit über die Längenausdehnung von Metallen in Abhängigkeit von der Temperatur Anwendungsfälle wie Rollenlager bei Brücken, Spannvorrichtungen für Oberleitungen der Eisenbahn, Seilbahnen, Skilifte auch für Aufgaben in Leistungsfeststellungen im Auge zu behalten.[48]
Eine wichtige Voraussetzung dafür ist die Verfügbarkeit über Methoden, Lern- und Gedächtnisstrategien, fachgemäße Arbeitsweisen und -techniken. Sie werden mit exemplarischen Unterrichtsinhalten eingeführt, durch selbstständiges Lernen in offenen Unterrichtsphasen erprobt, durch variative Anwendung in analogen oder neuen Aufgaben gesichert und durch **lateralen Transfer** flexibel nutzbar. Mit diesem Begriff kennzeichnet WEINERT die Anwendung und Übertragung methodischer Kompetenzen wie Lern- und Gedächtnisstrategien, Arbeitsweisen und –techniken auf neue Aufgaben und Problemfälle. Seine Wirksamkeit hängt von vertikalen und horizontalen Transferprozessen ab.[49]
Ein effektiver Unterricht führt zum Aufbau von Wissen und Können in situativ neuen Kontexten durch vertikale, horizontale und laterale Transferprozesse.[50] Da Lernleistungen von Schülern neben kognitiven Aspekten immer auch emotional-affektive wie Einstellungen, Werthaltungen und Motive umfassen, könnte auch zwischen **kog-**

nitivem und **emotionalem Transfer** unterschieden werden. Allerdings liegen empirische Untersuchungen fast nur zum kognitiven Transfer vor.[51]

Inhalte des Transfers

Seit zwei Jahrhunderten beschäftigt Lehrer die Frage, ob es möglich ist, im Sinne einer formalen, funktionalen Bildung anhand bestimmter Schulfächer oder Lerninhalte eine „allgemeine Geistesschulung" zu bewirken, also einzelne Inhaltsbereiche übergreifende geistige Fähigkeiten und Denkmethoden wie logisches Denken, Urteilsfähigkeit, Intelligenz, die auch nach dem Vergessen gelernter Inhalte bleiben und zur Lösung neuer Probleme befähigen (didaktischer Formalismus), oder ob genau jene umfangreichen Wissensinhalte zu vermitteln sind, die der Lernende später einmal benötigt (didaktischer Materialismus). Der **didaktische Formalismus** zeigte sich besonders bei den überschätzten positiven Transfereffekten und dem angenommenen Bildungswert Alter Sprachen oder der Mathematik für andere Fächer. Gegen diese „Glaubenssätze" formaler Bildung wurden seit der Jahrhundertwende von Psychologen wie EBERT, MEUMANN, THORNDIKE u.a. vielfache Bedenken vorgebracht und teilweise empirisch belegt.[52] Aufgrund der THORNDIKEschen Untersuchungsergebnisse, dass sich bestimmte Fächerkombinationen nicht signifikant auf einen Anstieg allgemeiner intellektueller Fähigkeiten auswirkten, wurden im amerikanischen Schulsystem (trotz geringer Aussagekraft der Untersuchungsergebnisse aufgrund wesentlicher methodologischer Mängel) eine Vielzahl lebenspraktischer Leistungs- und Neigungskurse installiert, die den Schülern im Sinne des **didaktischen Materialismus** unmittelbar im Alltagsleben anwendbare praktische Erfahrungen vermitteln sollen. Mit Lerntransfer war nach THORNDIKES „Theorie der identischen Elemente" auf der Grundlage assoziativer Lernvorstellungen nur zu rechnen, wenn Übungs- und Transferaufgabe sehr ähnlich waren und eine große Anzahl identischer Elemente, d.h. inhaltlicher, methodischer oder einstellungsmäßiger Übereinstimmungen zwischen Lern- und Anwendungssituation, enthielten.
Aus kognitionspsychologischer Sicht ist der Annahme THORNDIKES zuzustimmen, dass durch bestimmte Schulfächer keine allgemeinen, inhaltsneutralen Fähigkeiten geschult werden können. Erfolgreiches Lösen von Anwendungsproblemen setzt fachspezifisches Wissen, Lösungsstrategien und Arbeitsweisen voraus. Diese werden durch die Vermittlung fachspezifischer Lerninhalte aufgebaut. Für einen **positiven Transfer spezifischer Inhalte und Kenntnisse** (**spezifischer Transfer**) müssen sich die Struktur der Lern- und Anwendungssituation, der Transferaufgabe und die Wissensstruktur der Schüler inhaltlich und strukturell entsprechen und die Schüler über angemessene Verfahren zur Interpretation solchen Wissens verfügen. Natürlich können Wissen, Fähigkeiten und Fertigkeiten durch die Übertragung auf eine große Anzahl unterschiedlicher Aufgaben generalisiert werden, ohne aber eine formale, von Inhalten unabhängige, allgemeine Denkfähigkeit und Bildung zu gewährleisten.[53]
Einer Theorie der formalen Bildung im Sinne einer **methodischen Bildung** kommt allerdings theoretische und praktische Bedeutung zu. „Als methodische Bildung bezeichnet man den Erwerb bestimmter Verfahren (Algorithmen, Operationen) und Haltungen, welche einen breiten Anwendungsbereich haben" (MESSNER 1978, S. 143).

Neben Strategien wie Problemlöse- oder Kontrollstrategien zählt dazu auch Wissen über den Umgang mit bestimmten Aufgaben, Methoden zum Definieren von Teilzielen, Lernfähigkeiten und -fertigkeiten.[54] Dabei ist zu beachten, dass geistige Prozesse, methodische Fähigkeiten, Problemlöse- und Lernstrategien stets einer sachlichen Fundierung bedürfen. Methodische Fähigkeiten wie das Beobachten oder Klassifizieren brauchen hinreichend differenziertes Wissen, das dafür die Bezugspunkte liefert. Methodische Bildung erfordert eine sinnvolle materielle Bildung, die den Schülern an exemplarischen Fragestellungen und Themen das notwendige Sachwissen vermittelt. Bedeutsamer als der spezifische inhaltliche ist also der **laterale Transfer** der in bestimmten Fächern erlernten, durch Anwendung auf viele variative Anwendungsbeispiele abstrahierten und generalisierten allgemeinen Gesetzmäßigkeiten, Prinzipien, Denk-, Problemlöse- und Lernstrategien, Arbeitsweisen und -techniken (**Prinzipientransfer**). Durch ihn kann eine größere Klasse von Transferaufgaben bewältigt werden als durch den Transfer identischer Strukturen in ähnlichen Lern- und Anwendungsaufgaben. Lösungsprinzipien und Strategien sind als Systeme von Handlungsschemata zu betrachten, die beim Übertragen auf gleiche oder ähnliche Aufgaben reproduziert oder transformiert, auf neue Aufgaben durch Differenzierung oder Umstrukturierung akkomodiert werden. Die an bestimmten Inhalten erworbenen spezifischen Denk-, Lern- und Gedächtnisstrategien werden mit zunehmender Anwendung auf verschiedenste Aufgaben und Probleme langfristig allgemeiner.[55]

4.2 Die psychologische Struktur des Transfers

Wenn Lernen die Konstruktion neuen Wissens und Könnens, neuer kognitiver Handlungsschemata, Operationen, Begriffe in einer bestimmten Lernsituation und ihre Konsolidierung ist, dann betrifft Transfer die Anwendung und Übertragung dieser aufgebauten Strukturen auf neue Situationen, Objekte und Erscheinungen. Schon bei der Konstruktion neuen Wissens und Könnens wird im Sinne des kumulativen Lernens auf früher aufgebaute Strukturen und Lernergebnisse, auf Analogien oder Modelle zurückgegriffen und dadurch das Lernen erleichtert oder erschwert. Diese Nutzbarmachung von Gelerntem stellt einen Sonderfall der Anwendung dar. Die Bewältigung einer neuen, von früheren als verschieden wahrgenommenen Situation mit Hilfe des vorhandenen kognitiven und verhaltensmäßigen Repertoires geschieht durch **Rekonstruktion** der in einer früheren Lernsituation aufgebauten Struktur und ihrer konstituierenden Elemente und Beziehungen, d. h. durch erneute Wiederherstellung der Struktur und differenzierte Anpassung an die neue Situation. Die meisten Problemsituationen und Objekte ähneln schon früher kennen gelernten oder gelösten. Völlig neuartige Probleme erfordern aber den Aufbau neuer kognitiver Strukturen.

MESSNER schlug deshalb schon vor über 20 Jahren ein Kategorienschema für die Aktualisierung von Lernergebnissen vor.

Die Rekonstruktion einer Struktur erfolgt:[56]

	unter vertrauten Bedingungen	unter neuen Bedingungen
in unveränderter Form	**Reproduktion**	**Anwendung (Transfer)**
in veränderter Form	**Transformation**	**Anwendung (Transfer)**

(MESSNER 1978, S. 53)

- **Die Reproduktion von Lernergebnissen**
  „Bei der Reproduktion eines Handlungsschemas oder eines Begriffsinhalts werden die Elemente und Beziehungen, die ihren Inhalt konstituieren, unter vertrauten Bedingungen und in der gleichen Form wie schon einmal (wie in der Lernsituation) rekonstruiert. Dabei kann es darum gehen, entweder eine bekannte Struktur in einer vertrauten Situation wieder zu erkennen (recognition) oder eine bestimmte Struktur in einer bekannten Situation bzw. von einem vertrauten Problem wiederherzustellen (recall, reproduction)“ (MESSNER 1978, S. 54).
  Wiedererkennungsleistungen werden täglich unzählige Male vollbracht, z. B. das Wiedererkennen von Verkehrsschildern, bekannten Personen, Objekten, Landschaften, Textsorten, geometrischen Formen, künstlerischen Darstellungen, Musikstücken. **Wiederherstellung** kann als wortgetreue Wiedergabe einer sprachlich gefassten Struktur in Form auswendig gelernter Texte, Gedichte, Lehrsätze, Formeln, als Wiederherstellung einer sensomotorischen Bewegungsabfolge, Handlung oder Verhaltensweise beispielsweise beim Vorführen einer Rolle rückwärts, beim Tanzen eines Walzers, beim Flicken eines Fahrradschlauches oder als Anwendung einer mathematischen Operation beim schriftlichen Multiplizieren erfolgen. Wiedererkennen und Wiederherstellen hängen eng mit der Verarbeitung und Speicherung im Gedächtnis zusammen. Um Handlungsschemata oder Begriffe zu reproduzieren, müssen sie **wieder erinnert**, d. h. aus dem Langzeitgedächtnis ins Arbeitsgedächtnis abgerufen und bewusst gemacht werden. Dies stellt nur selten ein direktes Abrufen einer Information dar, sondern eher einen konstruktiven kognitiven Prozess, bei dem auf der Grundlage gezielter Suchprozesse einzelne Elemente der gesuchten Struktur evoziert und zueinander in Beziehung gesetzt werden. Voraussetzung dafür ist die vorherige Elaboration und Konsolidierung durch wiederholende Übung, Transformation und operative Durcharbeitung.[57]

- **Die Transformation von Lernergebnissen**
  Eine kognitive Struktur wird schon beim Aufbau zur **Verinnerlichung** meist in ein anderes enaktives, ikonisches oder sprachlich-symbolisches Medium transformiert, ohne dass sich dadurch ihre Bedeutung ändert. Diese Transformation geschieht auch bei der **operativen Durcharbeitung**, z. B. bei der Erklärung eines Sachverhalts von verschiedenen Standpunkten aus oder bei der Lösung eines Problems

auf verschiedenen Lösungswegen. Durch sie gewinnen die aufgebauten Strukturen an Flexibilität. Transformationsleistungen sind deshalb auch Indikatoren für die Beweglichkeit erworbener Strukturen.[58] Auch bei der **Rekonstruktion** werden die wiederhergestellten Strukturen in verschiedene Medien transformiert. Bei der reinen Transformation erfolgt die Rekonstruktion unter gleichen oder ähnlichen Bedingungen wie in der Lernphase, d. h. an der gleichen Problemsituation oder am gleichen Beispiel.

- **Der Transfer von Lernergebnissen**
  Bei einer Anwendung und einem Transfer unterscheiden sich Lern- und Anwendungssituation inhaltlich, medial oder sozial, entsprechen sich jedoch in struktureller Hinsicht, d. h. sie enthalten analoge Elemente oder Beziehungen. „Das Wesen der Anwendung besteht nun darin, dass die in einer bestimmten Situation aufgebaute Struktur an einem neuen Fall wieder erkannt oder in einer neuen Situation wiederhergestellt wird ... Beide Fälle erfordern eine Rekonstruktion einer bekannten Struktur unter neuen Bedingungen“ (MESSNER 1978, S. 59).
  Die **erkennende Anwendung** kann beispielsweise als Klassifikationsleistung bei der Bestimmung und Einordnung einer unbekannten Pflanze, als Erklärung eines neuen Sachverhalts, als Interpretation einer neuen Erscheinung oder eines neuen Textes auftreten. Eine bekannte Struktur wird an einer neuen Lernsituation erkannt, indem man die wahrgenommenen Gegebenheiten der neuen Situation mit den Elementen und Beziehungen der angewandten Struktur vergleicht, gedanklich klärt und begrifflich fasst. Das Wiedererkennen einer bekannten Struktur unter neuen Bedingungen geschieht also durch die Assimilation der neuen Situation, d. h. durch Rekonstruktion ihrer bekannten Elemente und Beziehungen und durch Akkomodation des angewandten Schemas an die neue Situation.
  Bei der **herstellenden Anwendung** wird eine bekannte Struktur in einer neuen Situation und unter neuen Bedingungen gedanklich und effektiv rekonstruiert. So werden beispielsweise bei der Planung und Konstruktion eines neuen Hauses die notwendigen Elemente (statische Berechnungen, Materialien usw.) bekannter Strukturen zueinander in Beziehung gesetzt. Die transferierten Schemata liefern einen kognitiven Plan für die Konstruktion eines neuen Hauses.
  Beim **Problemlösen** muss zuerst die Problemsituation mit ihren einzelnen Variablen und wechselseitigen Beziehungen untereinander erkannt werden, damit dann aufgrund dieser Analyse ein geeigneter Lösungsweg neu entwickelt werden kann. Die Problemlösung schließt erkennende und herstellende Anwendung mit ein. Ist die Problemsituation von früher her vertraut, erfolgt Problemlösen auch als Reproduktion. Bei Anwendungsproblemen ist der Problemtyp bekannt, aber seine inhaltliche Konkretisierung neu. Völlig neuartige Probleme erfordern kreative Problemlösungen, d. h. die Konstruktion neuartiger, ungewohnter Beziehungen unter Einbeziehung rekonstruierter Strukturen.

4.3 Bedingungen und Grundsätze eines anwendungsorientierten, transferfördernden Unterrichts

Viele Bedingungen, die einen positiven Transfer beeinflussen, wurden in den bisherigen Ausführungen bereits angesprochen. Sie sollen nochmals kurz zusammengefasst werden:

◆ **Auf strukturelle Entsprechungen zwischen Aufgaben und Problemen der Lern- und Anwendungssituation achten**[59]

Je mehr Aufgaben der Anwendungssituation denen der Lernsituation ähneln, desto leichter gelingt der Transfer. Dabei umfasst der Anwendungsbereich eines kognitiven Schemas alle „Fälle", d. h. Situationen, Objekte und Erscheinungen, die durch diese Anwendung assimiliert bzw. bewältigt werden können. Ausschlaggebend für die Ähnlichkeit sind nicht vage „identische Elemente", „objektive", oberflächliche Ähnlichkeiten zwischen Lern- und Anwendungssituation, sondern die nachfolgenden gemeinsamen strukturellen Entsprechungen und die von den Schülern subjektiv wahrgenommene Ähnlichkeit. Das Erkennen struktureller Analogien sollte deshalb systematisch trainiert werden.

– **Inhaltliche, sachliche oder logische Entsprechungen zwischen Lern- und Anwendungsaufgabe bzw. Anwendungssituation**
  Die wahrgenommenen gemeinsamen strukturellen Entsprechungen, d. h. die gemeinsamen Elemente und ihre Beziehungen, können gleiche Sachbeziehungen oder gleiche logische Zusammenhänge sein.

  Beispiel:

  Die Anwendungsaufgaben zur Volumenänderung physikalischer Körper sind strukturell gleich: Luft dehnt sich bei Erwärmung aus und drückt beispielsweise Flüssigkeit durch ein Rohr aus einem geschlossenen Gefäß. Diese Erkenntnis machten sich die Griechen z. B. beim „Wunderaltar des Heron von Alexandria" und die Römer nutzbar.[60]

– **Mediale Entsprechungen zwischen Lern- und Anwendungssituation**
  Auch die mediale Repräsentation eines Schemas bestimmt seinen Anwendungsbereich. Je nach medialer Ähnlichkeit oder Verschiedenheit von Lern- und Anwendungssituation kann die Anwendung von Gelerntem, die Rekonstruktion einer bekannten Struktur leichter oder schwerer fallen. Zu Schwierigkeiten kommt es meist dann, wenn schon der Aufbau von Wissen und Können nur in einem Medium erfolgt und eine Transformation in andere Medien unterbleibt. Dadurch wird ihre Verinnerlichung und operative Durcharbeitung behindert.

– **Soziale Entsprechungen zwischen Lern- und Anwendungssituationen**
  Auch soziale Verhaltensweisen können übertragen werden. Die Ähnlichkeit zwischen Lern- und Anwendungssituation ist durch analoge Rollenanforderungen und/oder soziale Kontrollen bestimmt. Im Unterricht erworbene und geförderte Einstellungen, Haltungen, prosoziale Verhaltensweisen wie Rücksichtnahme, Hilfsbereitschaft, Fairness werden wahrscheinlich nur auf solche außerschulischen

Lebenssituationen übertragen, die der schulischen in Hinsicht auf Rollenanforderungen und soziale Kontrolle entsprechen. Klaffen Wertorientierungen der Schule und die der außerschulischen Lebenswelt auseinander, dürften sie kaum verhaltenswirksam werden. So werden beispielsweise Rücksichtnahme und Entgegenkommen im Straßenverkehr wahrscheinlich nicht angewendet, wenn aggressives Autofahren zum guten Ton der sozialen Bezugsgruppe gehört.

◆ Schon bei der Konstruktion des Wissens seinen Anwendungsbereich bestimmen

Untersuchungen an Flugsimulatoren weisen darauf hin, dass der Kontext einer Lernsituation, d.h. ihre spezifischen Bedingungen, nicht nur das aufgebaute Wissen bestimmt, sondern auch seine Bedeutung im Sinne der Anwendbarkeit des Wissens für bestimmte Zwecke und Situationen. Transfer ist nicht einfach eine Funktion der identischen Elemente. Ob simulierte Handlungen und Vorgehensweisen wie beispielsweise das Führen eines Flugzeugs in konkreten Situationen übertragen werden können, hängt von den Bedingungen der Anwendungssituation wie beispielsweise Landeanflug oder Start, Turbulenzen, Reaktionen des Flugzeugtyps, äußere Einflüsse und von der Wahrnehmung des Piloten ab. In der Wissenskonstruktion werden Wissen und subjektiver Anwendungsbereich (Kontext) untrennbar verknüpft. Das Wissen wird „kontextualisiert".[61]
Sind die sachstrukturellen Entsprechungen und Ähnlichkeiten nur auf einen Anwendungsbereich bezogen, dann ist der Schüler bei einer nicht sofort wahrgenommenen Ähnlichkeit nicht zu einem Transfer in der Lage. Ein konstruktivistisches Verständnis von Lernen und Transfer fordert die stärkere Beachtung des Kontextes und die Klärung der Frage, welches Wissen mit welchem Anwendungsbereich aufgebaut wird.
Ein positiver Transfer wird erleichtert, wenn die Schüler schon in der Erarbeitungs- und Lernphase **Wissen unter Anwendungsgesichtspunkten erwerben**, durch das Durcharbeiten und das gezielte Anwenden und Üben einen breiten, reichhaltigen Anwendungsbereich aufbauen oder in der Anwendungsphase mit ihrem Wissen einen Anwendungsbereich rekonstruieren, in den die Transferaufgabe fällt. Die flexible Anwendbarkeit von Wissen hängt von der genauen und differenzierten Bestimmung möglicher Anwendungen und von der Art ihrer Auseinandersetzung mit der Lernaufgabe und den unterschiedlichen Anwendungen ab.[62] Der Lehrer sollte deshalb schon bei der Planung einer Unterrichtseinheit die Lerninhalte im Hinblick auf ihre Anwendungsmöglichkeiten und ihre Bedeutung für die Bewältigung der Lebenssituation der Schüler analysieren und reflektieren.

◆ Wissen und Können an Beispielen problemlösend und einsichtig erarbeiten und operativ durcharbeiten[63]

Gelerntes kann erst dann flexibel auf vielfältige Anwendungsbereiche übertragen werden, wenn es einsichtig an ausgewählten Beispielen erarbeitet und operativ durchgearbeitet wurde.

- Voraussetzung für die gezielte Initiierung individueller effektiver Lernprozesse ist die Berücksichtigung der kognitiven und nichtkognitiven **Lernvoraussetzungen** der Schüler. Möglichkeiten zur Eruierung des Vorwissens und Könnens wurden im Kapitel B VI/3.1 dargestellt. Alle Schüler profitieren bei der Erarbeitung von gut strukturierten, sequenzierten, veranschaulichten exemplarischen Beispielen und Lernkontexten. Schwächere Schüler brauchen besonders klare Vorgaben des Lehrers; sie ertragen Unsicherheiten des Wissens schwerer. Bei konstanten Lernbedingungen können sie eine geringere Verarbeitungstiefe und Qualität des Lernens durch viele Übungsbeispiele kompensieren. Gute Schüler fühlen sich dagegen auch von weniger strukturierten, offenen, komplexen Lernsituationen und vom kooperativen Lernen mit anderen angesprochen.[64]

- Je problemorientierter und authentischer die **Einstiegssituationen** im Hinblick auf den Lebens- und Erfahrungsbereich der Schüler sind, je mehr Schülererfahrungen damit aufgegriffen werden oder je realistischer simulierte Probleme sind, desto motivierter und intensiver setzen sich die Schüler mit der Problemlösung auseinander und verknüpfen das neu aufgebaute Wissen mit dem bereits abgespeicherten. Gleichzeitig wird Wissen und Können von Anfang an unter Anwendungsgesichtspunkten erworben.
  Realistische, komplexe, **offene Probleme** wecken besonderes Interesse. Sie wirken als „Anker", lenken die Aufmerksamkeit auf die Wahrnehmung und Identifizierung von Problemfragen, motivieren zur Problemlösung und zum entdeckenden Lernen, fördern das Verstehen komplexer Zusammenhänge und das spätere Abrufen aus dem Gedächtnis. Die Schüler gewinnen ihr Wissen aus unterschiedlichen Kontexten. Sie erfahren schon beim Wissenserwerb, welches Wissen auf andere Situationen übertragbar ist.[65]

Beispiel

Im Rahmen der **Anchored Instruction** wurde für den Mathematikunterricht der 5. Jahrgangsstufe eine Filmgeschichte über einen Wildhüter entwickelt, der in einem Reservat einen verletzten Adler findet. Zum Transport in die Tierklinik kommt aus Gründen, die im Film plausibel gemacht werden, nur ein Ultralight-Drachen in Frage. Die Schüler sollen dieses offene und komplexe Problem lösen. Dabei müssen weitere Bedingungen einbezogen werden wie die begrenzte Beladungskapazität, der kleine Tank des Drachens und die weiten Strecken im Dreieck zwischen dem Standort des Drachens, dem Fundort des Adlers und der Tierklinik. Sinn und Zweck der dazu notwendigen mathematischen Kenntnisse sowie deren Anwendungsbedingungen werden den Schülern unmittelbar einsichtig.[66]

Offene Probleme haben nicht nur in Mathematik und in den naturwissenschaftlichen Fächern für einen auf Verständnis ausgerichteten Unterricht große Bedeutung.[67]

- Eine **selbstständige, problemlösend-entdeckende Erarbeitung** und die **mediale Repräsentation** unterstützten das einsichtige Lernen, das Herausarbeiten von Gemeinsamkeiten und Unterschieden, das Erkennen und Verstehen von Beziehungen und Zusammenhängen zwischen den verschiedensten Aspekten eines Problems und den Aufbau von Wissen und Können. Besonders wichtig dafür ist das konkrete Handeln, die Veranschaulichung durch übersichtlich strukturierte oder vereinfachte, schematisierte Darstellungen und Modelle, die intensive Verbalisierung und symbolische Darstellung der einzelnen Lösungsschritte, Erkenntnisse und der gedanklichen Vorstellung. Sie stellen eine konstruktive Eigenleistung der Lernenden dar.[68]

- Erst durch das **operative Durcharbeiten** gewinnt Wissen an Flexibilität, die für die Anwendung nötig ist. Dies geschieht durch die Transformation in andere mediale Repräsentationsformen, durch das Durchdenken eines bestimmten Sachverhaltes von multiplen Perspektiven aus und durch die Variation des Vorgehens. Wissen wird von den Anwendungen abstrahiert und kann flexibel auf ähnliche oder neue Beispiele übertragen werden. Der Anwendungsbereich erweitert sich dadurch.[69]

Beispiele für operatives Durcharbeiten finden sich im vorhergehenden Abschnitt und in den Kapiteln B III/3.2 und B V/4.4.

◆ Kompetenzen und Methoden des Problemlösens, Denkens und Lernens vermitteln

Eine der wichtigsten didaktischen Maßnahmen für einen positiven Transfer ist der Aufbau grundlegender allgemeiner und spezifischer transferfördernder Kompetenzen und Methoden. An exemplarischen, nicht zu komplexen Beispielen erhalten die Schüler Einblicke in verallgemeinerbare Prinzipien und Gesetzmäßigkeiten des naturwissenschaftlichen Denkens und des Lehrstoffs. Über das modellhafte Problemlösen des Lehrers, durch unterrichtsbegleitende Arbeitsbesinnungen oder Arbeitsrückschauen gewinnen sie grundsätzliche Einsichten in Problemlöse- und Lernstrategien, fachgemäße Arbeitsweisen und -techniken. Sie wenden sie dann selbstständig auf zunächst einfache, ähnliche Beispiele an und erwerben dadurch Strategien und methodische Zugriffe, notwendige Arbeitshaltungen und Einstellungen und bauen ein handlungsrelevantes Sachwissen auf. Der Lehrer begleitet dieses geleitete Problemlösen. Er steigert sukzessiv die Schwierigkeit der Anwendung durch Aufgaben, die von den behandelten in stärkerem Maße abweichen und größere Transferschritte erfordern.[70]

◆ Vielseitige, variative Anwendungs- und Übungsaufgaben anbieten

Transfer erfordert Anwendung von Wissen und Können in multiplen Kontexten, d. h. neuen, mehr oder weniger ähnlichen Anwendungssituationen. Gleichförmige, kaum variierende Aufgaben dienen einer Durchstrukturierung von Operationen und Begriffen wenig oder gar nicht. Erst die gezielte Auswahl und Variation der Anwendungs- und Übungsbeispiele und die Steigerung des Schwierigkeitsgrades führen zur selbstständigen Unterscheidung lösungsrelevanter und irrelevanter Aufgabenmerkmale, Begriffe und Operationen, zur Identifizierung eines falschen Transfers und erweitern den Anwendungsbereich und Transfer des Gelernten. Den Schülern ist deshalb nicht nur im Mathematik- und im naturwissenschaftlichen Sachunterricht durch häufige intensive, produktive Anwendungs- und Übungsphasen ausreichend Gelegenheit zu geben, analoge und zunehmend variierte Anwendungsbeispiele individuell, mit dem Partner oder in Gruppen zu bearbeiten.[71]

Beispiele finden sich in den Kapiteln B III/3.3, B V/4.4 und B VIII/4.

◆ Den Schülern ein informatives, aufgabenbezogenes Feedback über ihren Problemlösungs- und Lernprozess geben

Beim expliziten Lösen von Unterrichtsproblemen wie beim selbstständigen Bearbeiten sollten die Schüler möglichst intensiv ihre Vermutungen, Lösungsplanungen und -strategien verbalisieren (laut denken) und immer wieder ihr Vorgehen reflektieren. Je genauer Schüler über ein informatives, aufgabenbezogenes Feedback durch Lehrer und Mitschüler erfahren, warum ein Lösungsweg erfolgreich war oder nicht, wo Fehler liegen oder welche Lösungswege angewendet werden können, desto schneller lernen sie grundlegende transferierbare Methoden. Mit zunehmender Verfügbarkeit über Methoden und Strategien des selbst gesteuerten Lernens und Problemlösens baut der Lehrer schrittweise seine Hilfestellung und Rückmeldung ab und überträgt den Schülern die Verantwortung für ihren Lernprozess.[72]

1 Vgl. Steiner 1975; Aebli 1980, 1981, 1983, 1987; Wippich 1984, S. 27 ff.; Angermeier 1984, S. 155 ff.; Gage/Berliner 1986, S. 312 ff.; Mandl/Friedrich/Hron 1986, S. 155 ff.; Oerter/Montada 1987, S. 537 ff., 552 ff.; Oerter 1988; Schmidt 1988, S. 33 f.; Baeriswyl 1989; Mietzel 1993, S. 170 ff.; Vester 1995, S. 43 ff.; Schneider/Büttner 1995, S. 673 ff.; van der Meer 1996, S. 221 ff.; Steiner 1996, S. 298 ff.; Friedrich/Mandl 1997, S. 249 ff.; B I/3.3

2 Vgl. Baumert 1993, S. 334; Eindsiedler 1996, S. 168 ff.; B I/3.3

3 Vgl. Aebli 1969, S. 167, 170 ff.; 1983, S. 326–350; Roth 1967, S. 273 ff.; Angermeier 1984, 173 f.; Keller 1985, S. 30, 63 ff.; Mandl/Friedrich/Hron 1986, S. 160 ff.; Petermann U. 1990, S. 77 ff.; Mietzel 1993, S. 181 f., 196 f.; Vester 1995, S. 190 f.; Schneider/Büttner 1995, S. 673 ff.; van der Meer 1996, S. 220 ff.

4 Vgl. B III/3.2

5 Vgl. Schneider/Büttner 1995, S. 674

6 Vgl. Helmke/Schrader/Weinert 1987, S. 249 ff.; vgl. B VI/3.1

7 Vgl. Reinmann-Rothmeier/Mandl 1997a, S. 41 ff.; B IV/1.1; B VI/3.3

8 Vgl. Steiner 1996, S. 282 ff., 298 ff.

9 Vgl. Mandl/Friedrich/Hron 1986, S. 188 ff.; Steiner 1996, S. 284 ff., 306

10 Vgl. Aebli 1969, S. 91 ff.; 1983, S. 220 ff., 242 ff., 328 ff.; Vester 1995, S. 48 f.

11 Vgl. Oerter 1988, S. 22; Aebli 1969, S. 58 ff.; 1983, S. 226 ff., 242 ff.; Mandl/Friedrich/Hron 1986, S. 173 ff.; Radatz/Schipper 1983, S. 192 ff.; Steiner 1996, S. 305 ff.; B VII/4

12 Vgl. B VII/4.1

13 Vgl. Steiner 1996, S. 302 ff.; siehe auch das Beispiel der Einführung in verschiedene Verfahren des halbschriftlichen Addierens und Subtrahierens in B III/3.3

14 Vgl. Aebli 1983, S. 235 ff., 310 ff.; Messner 1978, S. 178 ff., B I/3; B III/3.2; B V/4.3; 4.4; B VII/3.2

15 Reinmann-Rothmeier/Mandl 1997a, S. 28–33; Weinert/Schrader 1996, S. 306 ff., 312 ff.; Schiefele/Pekrun 1996, S. 257 ff., 260 ff.; Friedrich/Mandl 1997, S. 237 ff.; Kraft 1999, S. 833 ff.; B IV/2;3

16 Vgl. Heckhausen 1980, S. 608 ff.; Aebli 1983, S. 333 ff.; Baumert 1993, S. 336 ff.; Prenzel 1995, S. 64; van der Meer 1996, S. 221 ff.; Schiefele/Pekrun 1996, S. 260 ff.,269 ff.; Friedrich/Mandl 1997, S. 249 ff.; B I/3.3; B IV/2; 3; B V/4

17 Vgl. B III/1.1

18 Vgl. Angermeier 1984, S. 164 ff.; Prenzel 1995, S. 64 f.; van der Meer 1996, S. 221 ff.; Schiefele/Pekrun 1996, S. 260 ff.; Friedrich/Mandl 1997, S. 249 ff.; B V/4.2

19 Vgl. Eindsiedler 1996, S. 171 ff.

20 Düker/Tausch 1957; Ingendahl 1998, S. 5 ff., 10 ff.; van der Meer 1996, S. 224 ff.

21 Vgl. Bruner u. a. 1991, S. 27 ff., 33 ff., 44 ff., 73 ff.; Edelmann 1988, S. 121 f.; Vester 1995, S. 39 ff., 92 ff; 123 ff., 1128 ff.; Eindsiedler 1996, S. 175 ff.; Friedrich/Mandl 1997, S. 249 ff.

22 Vgl. Lehthinen 1992, S. 128 ff.; Friedrich/Mandl 1992, S. 24 ff.; 1997, S. 250 ff.; Steiner 1996, S. 259 ff.,299 ff.; Artelt 1999, S. 87 ff., 91 ff.

23 Vgl. Schiefele/Pekrun 1996, S. 262 ff.; Steiner 1996, S. 291 f.; Friedrich/Mandl 1997, S. 247 ff., 251 ff.; Baumert/Klieme/Neubrand u. a. 1999; Kraft 1999, S. 835 ff., 842 ff.

24 Reinmann-Rothmeier/Mandl 1997a, S. 34 ff.; Friedrich/Mandl 1997, S. 254 ff.

25 Vgl. BII/4.2; B V/4

26 Vgl. Helmke/Schrader/Weinert 1987, S. 249 ff.; Weinert/Schrader 1997, S. 229 ff., 312 ff., 320 ff.; Friedrich/Mandl 1997, S. 254 ff.

27 Vgl. B VIII/4.3
28 Vgl. SCHNEIDER/BÜTTNER 1995, S. 673 ff.
29 Siehe B VII/4; B VIII/4.1; 4.3
30 BECK/GULDIMANN/ZUTAVERN 1991, S. 738 ff.,742 ff., 763 ff.
31 Vgl. FRIEDRICH/MANDL 1997, S. 264 ff.; B VI/3.3
32 Vgl. FRIEDRICH/MANDL 1997, S. 258 ff., 262 ff.; WEINERT/SCHRADER 1997, S. 324 ff.; B I/1; B VI/3.2; 3.3;
33 Vgl. B IV/2.1
34 Vgl. FRIEDRICH/MANDL 1992, S. 26 ff.; 1997, S. 258 ff., 273 ff.; STEINER 1996, S. 294 ff.
35 Vgl. KLIPPERT 1884, S. 60 ff.; VESTER 1995, S. 144 ff.; MORAWIETZ 1995, S. 77 ff.
36 KELLER 1991, S. 407; HENNIG/KELLER 1992, S. 23 ff.; VESTER 1995, S. 153 ff.
37 Vgl. KLIPPERT 1994, S. 41 ff.
38 Vgl. SCHRÄDER-NAEF 1977; ROSENBUSCH 1980; ANGERMEIER 1984, S. 166 ff.; KELLER 1985; GAGE/BERLINER 1986, S. 341 ff.; WUNSCH 1987; OERTER/MONTADA 1987, S. 552; ENDRES 1989a, 1989b; ENGLBRECHT 1987; HITZLER/KELLER 1991; BÖNSCH 1993; VAN DER MEER 1996, S. 221 ff., 227 ff.; B V/4.2
39 Vgl. B V/4.4
40 Vgl. WUNSCH 1987; HELMS o. J.
41 Vgl. B VI / 3.3
42 Vgl. MANDL/GRUBER/RENKL 1994, S. 233; RENKL/MANDL/GRUBER 1996, S. 118 ff.
43 Vgl. STEINDORF 1981, S. 68; MESSNER 1978, S. 16 ff; MANDL/PRENZEL/GRÄSEL 1992, S. 126 ff; MANDL/GRUBER/RENKL 1994, S. 233 ff; PRENZEL/MANDL 1992, S. 701 ff.; STEINER 1996, S. 286 ff.
44 Vgl. MANDL/PRENZEL/GRÄSEL 1992, S. 128 ff.
45 Vgl. MESSNER 1978, S. 20; WEINERT 1996b, S. 12 ff.
46 Vgl. MIETZEL 1993, S. 155 ff.; FORTMÜLLER 1991b, S. 87 ff., 122 ff.; BLK 1997, S. 21 ff., 71 f., 89 f., 93 f.; WEINERT 1998, S. 115 ff.
47 Vgl. GAGNÉ 1970, S. 188; BLK 1997, S. 20 ff.
48 Vgl. B VIII/4.3
49 Vgl. WEINERT 1998, S. 117 ff.; BLK 1997, S. 21 ff.
50 Vgl. MANDL/PRENZEL/GRÄSEL 1992, S. 128 ff.; WEINERT 1998, S. 115 ff.
51 Vgl. FORTMÜLLER 1991b, S. 14 ff.
52 Vgl. WEINERT/SCHRADER 1997, S. 301–307.
53 Vgl. WEINERT 1974, S. 688 ff.; WIDMER 1981; FORTMÜLLER 1991b, S. 23 ff., 87 ff., 122 ff.; MIETZEL 1993, S. 155 ff.; WEINERT/SCHRADER 1997, S. 296, 302 ff.
54 Vgl. STEINER 1996, S. 286 ff.
55 Vgl. FORTMÜLLER 1991b, S. 213 ff.; BAUMERT 1993, S. 330 ff.; STEINER 1996, S. 286 ff.; B III/3; B VII/3
56 Vgl. MESSNER 1978, S. 54 ff., 80–113
57 Vgl. VAN DER MEER 1996, S. 232 ff.
58 Vgl. BIII/3
59 MESSNER 1978, S. 122–135; STEINER 1996, S. 286 ff.; INGENDAHL 1998, S. 5 ff.
60 Vgl. B VIII/4.3
61 Vgl. PRENZEL/MANDL 1993, S. 704
62 Vgl. MANDL/PRENZEL/GRÄSEL 1992, S. 130 ff.; STEINER 1996, S. 287 ff.
63 Vgl. AEBLI 1983, S. 367 ff., 380 ff.; WEINERT/SCHRADER 1997, S. 324 ff.; B III/3.; VII/2.3
64 Vgl. STARK/GRUBER/RENKL/MANDL 1997, S. 212 ff.
65 Vgl. HECKHAUSEN 1980, S. 608 ff.; AEBLI 1983, S. 333 ff.; BAUMERT 1993, S. 336 ff.; PRENZEL 1995, S. 64; STEINER 1996, S. 306 ff.; B IV/2;3; B VI/3.3
66 Vgl. MANDL/GRUBER/RENKL 1994, S. 235 ff.; 1995, S. 173 ff; GRUBER/LAW/MANDL/RENKL 1995, S. 179 ff.; GERSTENMAIER/MANDL 1995, S. 875 ff.
67 Vgl. BAUMERT/LEHMANN 1997, S. 115 ff., 225 ff.
68 Vgl. MESSNER 1978, S. 173 ff.; STARK/GRAF/RENKL/GRUBER/MANDL 1995, S. 305; INGENDAHL 1998, S. 10 ff. ; B III/3
69 Vgl. MANDL/PRENZEL/GRÄSEL 1992, S. 130 ff.; GERSTENMAIER/MANDL 1995, S. 875 ff.; MESSNER 1978, S. 164 ff.; STEINER 1996, S. 287 ff.; B III/3.2
70 Vgl. MESSNER 1978, S. 183 ff.; STARK/GRAF/RENKL/GRUBER/MANDL 1995, S. 306; STARK/GRUBER/RENKL/MANDL 1997, S. 205 ff.; WEINERT 1970, S. 705 f.; ROTH 1967, S. 293; WIDMER 1981; AEBLI 1983, S. 357 ff.; 366 ff., 380 f.; 1986, S. 160; GAGE/BERLINER 1986; S. 377 ff.; WAGENSCHEIN 1988; FORTMÜLLER 1991b, 71 ff., 93 ff., 118 ff., 230 ff.; MIETZEL 1993, S. 159 ff.; B III/ 3.3; B VII/ 3.2
71 Vgl. MESSNER 1978, S. 150; MIETZEL 1993, S. 160; AEBLI 1983, 357 ff., 366 ff.; 1986, S. 160; FRIEDRICH/MANDL 1997, S. 255 ff.; WEINERT/SCHRADER 1997, S. 326
72 Vgl. FRIEDRICH/MANDL 1997, S. 255 ff.; B IV/4.1; VIII/3.2

VIII Das Prinzip der Leistungsfeststellung und Leistungsbewertung

1 Psychologische, soziologische und pädagogische Aspekte schulischer Leistung

Eine allgemein gültige Definition von Leistung gibt es nicht. Je nach Ansatz wird der Leistungsbegriff unterschiedlich gefasst und verwendet. Das technisch-physikalische Leistungsverständnis von einer in einer bestimmten Zeit erledigten Arbeit greift für unterrichtliche und erziehliche Prozesse zu kurz, da bei diesem arbeitsorientierten Leistungsbegriff vor allem das Leistungsprodukt im Vordergrund steht. Schulische Leistung ist aber „weder eine absolute oder objektive noch eine isolierte bzw. autonome Größe ... Es gibt nicht ‚die Leistung', sondern nur ganz konkretes Verhalten, das unter selektiven theoretischen Gesichtspunkten als Leistung thematisiert werden kann" (HEID 1973, S. 895). Ob eine bestimmte Handlung oder ein Verhalten eines Individuums als Leistung angesehen wird, hängt von seinen eigenen Vorstellungen, Erwartungen, Interessen und Überzeugungen oder von denen familiärer, gesellschaftlich-institutionalisierter Bezugspersonen, Gruppen oder Instanzen und ihren Leistungskriterien, -indikatoren, -maßstäben und Bezugsnormen ab.

1.1 Psychologische Aspekte der Schulleistung[1]

„Schulleistung wird verstanden als die durch die Institution Schule initiierte, sich in Prozess- und Produktmerkmale aufgliedernde, von Unterrichtsmaßnahmen (Lehrer), von Interaktionen (Lehrer – Schüler; Schüler – Schüler) und von persönlichen Aktivitäten (Schüler) getragene Lernleistung eines Einzelschülers" (RÜDIGER/KORMANN/PEEZ 1978, S. 13).

- Schulleistungen bezeichnen allgemein das **Ergebnis schulischer Lernprozesse**, die durch unterrichtliche Maßnahmen zielorientiert initiiert und gesteuert werden. Sie bestehen in der Bewältigung bestimmter lehrplanadäquater schulischer Lern- und Leistungsanforderungen (Aufgabenaspekt) und werden in Form mündlicher, schriftlicher oder praktischer **Kenntnisse, Handlungen, Verhaltensweisen**, **Strategien** sichtbar. Schulerfolg und -versagen sind qualitative Beschreibungen, die zum Ausdruck bringen, ob die erbrachte Schülerleistung eine von der Schule festgesetzte Mindestanforderungsnorm über- oder unterschreitet.[2] Schulische Lernprozesse und Leistungen vollziehen sich im Rahmen der Institution Schule innerhalb bestimmter Zeiten (Zeitaspekt).
- Lernergebnisse können **Zwischenprodukte** des Lernprozesses in Form von Denkmustern, Haltungstendenzen, Einstellungen (Prozessprodukte) und **Endprodukte** sein, z. B. spezifisches Wissen, Kenntnisse, Fertigkeiten, Verhaltensweisen. Die Dar-

stellung des Gelernten ist aber nicht immer mit dem Gelernten gleichzusetzen. Schulische Lernprozesse und -ergebnisse tragen zur Persönlichkeitsentwicklung und Selbstverwirklichung bei (Persönlichkeitsaspekt).

- Für Schulleistungen haben individuelle Dispositionen der Schüler wie kognitive und psychomotorische **Fähigkeiten und Fertigkeiten** (Wahrnehmung, Denken, Gedächtnis, Sprach- und Sozialverhalten, Arbeitsweisen und -techniken, Strategien), verhaltenssteuernde wie individuelle **Lern- und Leistungsmotivationen**, Interessen, Einstellungen, Anstrengungsbereitschaften, Bewertungen und **emotional-affektive Empfindungen** wie Freude, Spaß usw. eine besondere Bedeutung. Sie hängen von familiären und soziokulturellen Sozialisationsbedingungen ab und müssen weiterentwickelt werden. Mit steigenden Schuljahren wächst nämlich die Bedeutsamkeit von Vorkenntnissen, Denk- und Behaltensstrategien und Anstrengungspotenzialen. Die unterschiedlichen Schulleistungsaspekte stehen in enger Wechselwirkung mit schulischen Bedingungen wie bestimmte Unterrichtsmaßnahmen, Eigenschaften der Lehrerpersönlichkeiten und ihre Interaktionsprozesse mit den Schülern.
- Die Bewertung eines Leistungsergebnisses wird durch den Grad der Annäherung an ein Ziel mit Hilfe eines **Bewertungs**- bzw. **Leistungsmaßstabes** innerhalb bestimmter **Bezugsnormen** vorgenommen (Bewertungsaspekt). Schulleistung kann in ihrer Ausprägung quantitativ durch Zuordnung von Punkten oder verbalen Beschreibungen oder qualitativ durch Bewertung der unterschiedlichen Anteile der Leistungskomponenten oder ihrer Relation zum Endergebnis bewertet werden.

1.2 Soziologische Aspekte schulischer Leistung und das Leistungsprinzip in unserer Gesellschaft[3]

Das Leben und Zusammenleben von Menschen in einer Gesellschaft wird durch eine Reihe von Regel- und Ordnungssystemen ermöglicht wie das Produktions-, Verteilungs-, soziale Sicherungs- oder Erziehungssystem, welche Modellvorstellungen darüber enthalten, nach welchen Prinzipien dieses gesellschaftliche Leben gestaltet werden soll. Solche Prinzipien sind beispielsweise das Demokratie-, Rechtsstaats-, Pluralismus- und Leistungsprinzip. Unsere Gesellschaft wird entsprechend des gesellschaftlichen Wettbewerbs als „Leistungsgesellschaft" interpretiert. In ihr fungiert das **Leistungsprinzip** als Steuerungsgröße zur Verteilung materieller und immaterieller Güter, obwohl es ebenso wenig wie der Leistungsbegriff eindeutig definiert werden kann. Es nimmt für sich in Anspruch, die Zuteilung von Einkommen, von beruflichen und sozialen Positionen, die Zulassung zu bestimmten Bildungsgängen u. a. (Entschädigungs-, Äquivalenz-, Allokations-, Statuszuweisungsfunktion) nach der individuell erbrachten Leistung für diese Gesellschaft besser und gerechter zu regulieren als andere Prinzipien wie die Verteilung nach sozialer Bedürftigkeit, Geburt und Geschlecht, Dienstalter und Erfahrung, Gesinnung, Glauben und Loyalität. Des Weiteren wird vorausgesetzt, dass diese Leistungen eindeutig gemessen werden können und jeder prinzipiell die gleichen Chancen zu ihrem Erbringen hat, wenn er nur dazu befähigt und gewillt ist.
Im Gegensatz zu diesen Annahmen ist in der gesellschaftlichen Realität die **individuelle Leistung** eines Individuums als scheinbar eindeutiger Beurteilungsmaßstab

fragwürdig. Für einen Großteil der Arbeitnehmer ist zur Vermeidung politischer und ökonomischer Krisen ein Mindesteinkommen relativ unabhängig von ihrer konkreten Arbeitsleistung durch eine Vielzahl von Gesetzen, Tarifverträgen, Sozialklauseln, Subventionierungsmaßnahmen usw. gesichert. Individuelle Leistung ist zudem durch die Entwicklung der Technik und die Komplexität arbeitsteilig organisierter Arbeitsvollzüge immer schwerer bestimmbar und umfasst weniger einen individuell zumessbaren Beitrag zur Produktion als Wohlverhalten, Anerkennung und Loyalität gegenüber Produktionszwecken und Leitungsstrukturen. Es bestimmen eher Angebot und Nachfrage, Image und Bedeutsamkeit einer beruflichen Tätigkeit dessen Vergütung als individuelle Leistungen. Oft ist es nicht einsichtig, wer, warum, für welche Leistungen wie belohnt wird. Zudem besteht aufgrund der unterschiedlichen ökonomischen und soziokulturellen Lebens- und Sozialisationsbedingungen in den verschiedenen Schichten und Klassen unserer Gesellschaft keine Chancengleichheit, sondern eine schichtspezifische Ungleichheit der Bildungs-, Berufs- und Sozialchancen, der Fähigkeiten und Bereitschaften, Leistungsanforderungen zu akzeptieren und sich danach auszurichten sowie Ungleichheiten und Benachteiligungen zu erkennen und dagegen anzugehen. Chancengleichheit ist wohl als Zielvorstellung im Grundgesetz verankert, aber faktisch keineswegs realisiert.[4]
Dieses unterstellte Leistungsprinzip wird unreflektiert auch auf das Bildungssystem übertragen. In Korrespondenz zum differenzierten Laufbahnsystem in Staat und Wirtschaft erteilt die Schule als gesellschaftliche Institution über Zeugnisse Zugangsberechtigungen und selektiert Schüler für bestimmte Schullaufbahnen und Berufe. Der verwendete Leistungsbegriff ist dann **produkt-, konkurrenz-** und **ausleseorientiert**. Er ist wegen der Wahrung der Gleichbehandlung aller Schüler **normorientiert**, d.h. die Leistungen aller Schüler werden an gleichen Leistungsforderungen verbindlicher Lernziele der amtlichen Lehrpläne gemessen und nach definierten Notenstufen bewertet. Individuelle Lernvoraussetzungen bleiben häufig unberücksichtigt.
Durch die Berechtigungen entsteht in der Grundschule im Hinblick auf den Übertritt, in den weiterführenden Schulen durch die vorgeschriebene Anzahl benoteter Leistungsfeststellungen ein „Zwang“ nach nachweisbaren Leistungen. Viele Eltern verstärken den Leistungs- und Konkurrenzdruck durch ihre überzogenen Erwartungen an die Schulkarriere ihrer Kinder, die dadurch in Leistungsstress geraten und Angst entwickeln können, Anforderungen in bestimmten Fächern nicht gewachsen zu sein oder durch schlechtere Leistungen an Prestige bei Mitschülern zu verlieren.
Auch das Schulsystem trägt dazu bei. Gleicher Unterricht mit gleichen Leistungsforderungen für alle trotz verschiedener Lernvoraussetzungen verstärkt vorhandene Ungleichheiten. Da Leistungsfeststellungen in einer bestimmten Zeit zu erbringen sind, vorwiegend kognitive Fähigkeiten ansprechen, durch den vorausgehenden Unterricht und durch Beurteilungsfehler der bewertenden Lehrkräfte beeinflusst werden, können sie nie die Leistungsfähigkeit von Schülern dokumentieren, sondern bestenfalls einen erreichten Stand in bestimmten Bereichen. Der **nichtpädagogische Leistungsbegriff** benachteiligt Schüler, die mehr Lernzeit benötigen, einen verzögerten Entwicklungsverlauf oder vorübergehende Lernstörungen aufweisen und oft weniger leistungsmotiviert sind, d.h. vor allem Kinder der soziokulturellen Unterschicht.

Soll aber unsere Gesellschaft in ihrem Bestand gesichert und gleichzeitig weiterentwickelt werden, um künftige Herausforderungen und globale Probleme unserer Welt bewältigen zu können, so ist die allseitige Bildung der Persönlichkeit mit selbst verantworteter Leistungsfähigkeit und Leistungsbereitschaft ihrer Mitglieder in unterschiedlichen Bereichen durch einen optimal angepassten, erziehenden Unterricht Voraussetzung (Reproduktionsfunktion und Weiterentwicklung).

1.3 Pädagogische Aspekte schulischer Leistung

Aus pädagogischer Sicht werden Leistung und Lernen immer rückbezogen auf den Erziehungs- und Unterrichtsauftrag der Schule, auf die individuellen Bedürfnisse und Lernvoraussetzungen der Schüler und auf die aktuellen gesellschaftlichen Entwicklungen, welche die Kindheit und Jugendzeit in besonderer Weise prägen. In Weiterführung des psychologischen Leistungsverständnisses betont die Pädagogik die Entwicklung der Persönlichkeit, der Motivation und der Selbstverantwortung für das individuelle Handeln und Leisten.

- **Leistung und Leistungsfähigkeit sind wichtige Bereiche der Persönlichkeit**
  Der Bildungs- und Erziehungsauftrag der Schule stellt den Menschen in seiner einzigartigen Ganzheit in den Mittelpunkt. Er strebt eine allseitige personale Bildung mit Sach-, Sozial- und Selbstkompetenz als Voraussetzung für jede weiterführende oder berufsorientierte Bildung durch die Vermittlung einer grundlegenden Allgemeinbildung an. Sie umfasst die Ausbildung vielfältiger Fähigkeiten, Fertigkeiten, Bereitschaften und Motive zur eigenverantwortlichen Gestaltung eines sinnerfüllten, auf Wertorientierungen beruhenden Lebens, zu eigenem Handeln und Leisten, zu Selbst- und Mitbestimmung, Kommunikation und Interaktion, Kritik und Urteil, zu kreativer Problem- und Konfliktlösung, zu individuellem, sozialem und gesellschaftlich-politischem Leben und Handeln, „verstanden als seine Fähigkeit, die Freiheit und die Freiheiten zu verwirklichen, die ihm die Verfassung gewährt und auferlegt" (DEUTSCHER BILDUNGSRAT 1970, S. 29).
  Individuell und gemeinsam mit anderen erbrachte Leistungen vermitteln Gefühle der Freude am Können, der Befriedigung und des Glücks, stärken des Selbstvertrauen in die eigene Leistungsfähigkeit und in künftige Problemlösungen und beeinflussen Selbstkompetenz und Identität. Schule muss „in dem Sinne ‚Leistungsschule' sein, dass sie die Bewältigung der Aufgaben und Lernprozesse ermöglicht und fordert, die zur Mündigkeit, Selbst- und Mitbestimmungsfähigkeit führen können" (KLAFKI 1985, S. 174). Schulleistungsforderungen haben dann Bildungswert.
  Unterrichtsziele, -inhalte und -methoden und die damit verknüpften Leistungsanforderungen sind dann danach zu beurteilen, welche Impulse für die Persönlichkeitsentwicklung von ihnen ausgehen, und nicht nur danach, welche Ansprüche von Gesellschaft und Wirtschaft dadurch erfüllt werden.[5]
- **Leistung ist immer produkt- und prozessorientiert**
  Ein pädagogischer Leistungsbegriff verzichtet nicht auf Leistungsforderungen, stellt aber nicht das Leistungsprodukt, sondern den individuellen Lern- und Leis-

tungsprozess der Schüler in den Vordergrund, ihre Anstrengungen, aber auch Probleme, Fehler und Defizite, um gezielte Maßnahmen der Förderung einleiten zu können.

- **Leistung ist ganzheitlich, komplex und von Lernvoraussetzungen abhängig**
  Schulische Leistungen existieren als mehrdimensional, multisensorisch erworbene Kenntnisse, Fähigkeiten, Fertigkeiten, Leistungsbereitschaften, Motivationen, Einstellungen und sind als Ergebnisse individueller und sozialer Lernprozesse immer vom Zusammenwirken von Erbanlagen und Anregungen familiärer, sozialer, gesellschaftlicher Umwelt bestimmt.
  Ein pädagogisches Leistungsverständnis berücksichtigt deshalb vor allem die individuellen Lernvoraussetzungen und -bedürfnisse, Lernfähigkeiten und -stile der Schüler bei der Planung und Organisation der Lernaufgaben und bei der Steuerung des Lernverhaltens durch angemessene Differenzierung der Leistungsziele und Lernwege. Auf das Kind zugeschnittene Leistungsanforderungen, die es mit Anstrengung tatsächlich erfüllen kann, und sinnvolle, vielfältige Lernanregungen und -hilfen vermitteln ihm die für seine Persönlichkeitsentfaltung notwendigen Könnens- und Kompetenzerfahrungen und Lernerfolge.[6]

- **Leistung setzt Leistungsbereitschaft, Lernmotivation, Leistungsmotivation und Interessen voraus**
  Individuelle Leistungsbereitschaften und -motive, intrinsische Motivation und Interessen steuern, fördern oder hemmen Lern- und Leistungsprozesse. Ihre Förderung durch Kompetenz unterstützende, Lern- und Leistungsmotivation und Interessen weckende Unterrichtsmaßnahmen ist Voraussetzung wie Ziel der Leistungserziehung.
  Möglichkeiten zum selbstständigen, selbst gesteuerten, aktiven Handeln und Problemlösen, beispielsweise in Phasen offenen Unterrichts mit Entscheidungsfreiräumen, vermitteln Schülern Erfahrungen der Autonomie und Kompetenz, verdeutlichen die Bedeutung der Anstrengung für den Lernerfolg, bauen intrinsische Motivation und Selbstvertrauen in die eigene Leistungsfähigkeit auf und ermöglichen ihnen erst, diese voll auszuschöpfen.

- **Leistung ist individuelle und soziale Leistung**
  Zur allseitigen Förderung der Persönlichkeit gehören als wichtige Schlüsselqualifikationen der Zukunft auch soziale Fähigkeiten wie Solidarität, Kooperations-, Interaktions-, Konfliktfähigkeit, soziale Sensibilität und Empathie. „Lernen und Leisten müssen viel stärker als bisher in Gruppen vollzogen werden; die individuelle Leistung sollte primär an ihrem Beitrag zur Lösung gemeinsamer Aufgaben gemessen werden und zugleich an ihrem Beitrag zum Lernfortschritt aller Mitglieder einer Gruppe: anderen helfen zu können; einen kleinen Schritt bei einer Problemlösung so erklären zu können, dass alle in der Gruppe ihn mitvollziehen und gemeinsam an der Weiterarbeit teilnehmen können; Kritik üben zu können, ohne zu dominieren, vielmehr als produktiven Beitrag zur gemeinsamen Bewältigung eines Problems" (Klafki 1985, S. 176).
  Ein pädagogischer Leistungsbegriff versteht Lernen und Leisten deshalb auch als

Prozess gegenseitiger Hilfe bei der Bewältigung von Aufgaben oder bei der Überwindung von Lernproblemen und fördert Erfahrungen sozialer Anerkennung, Wertschätzung und sozialen Eingebundenseins.[7]

- **Leistung bedarf grundlegender vertrauensvoller Anerkennung, Wertschätzung und Ermutigung**
  Voraussetzungen für das Zustandekommen von Leistungen sind das Vertrauen der Schüler in ihre eigene Leistungsfähigkeit auf der Grundlage von Erfahrungen der Kompetenz und des Erfolgs und das Zutrauen und positive Erwartungshaltungen signifikanter Bezugspersonen wie Eltern, Lehrer, Mitschüler. Das Angenommenwerden als Person in einer vertrauensvollen, gegenseitig wertschätzenden und achtenden Beziehung, positives informatives und nonverbales Feedback des Lehrers, die Passung des Unterrichts an die Lernvoraussetzungen der Schüler sind Basis einer pädagogisch angemessenen Lernförderung, der Persönlichkeitsentfaltung und der Bereitschaft, eigene Schwächen zu akzeptieren, sich im Rahmen individueller Möglichkeiten um ihre Reduzierung zu bemühen und dennoch eine positive Einstellung zum Lernen und Leisten zu gewinnen.[8]
- **Leistungsfeststellung und -bewertung sind pädagogische Hilfen im Lernprozess**
  Ein pädagogisches Verständnis von Leistung betont die leistungsfördernde, lerndiagnostische Funktion der Leistungsfeststellung und -bewertung. Im Unterricht sollten unterschieden werden
  - **die Leistungsfeststellung, -erhebung, -messung**, d.h. die quantitative und qualitative Ermittlung der erbrachten oder nicht erbrachten Leistungen eines Schülers bei der Bewältigung verschiedener Aufgaben und ihre nachfolgende Analyse.
  - **die Leistungsbewertung, -beurteilung,** d.h. die Bewertung der festgestellten Leistungen durch verbale Beschreibungen, durch Zuordnung von Punkten zu den einzelnen Aufgabenlösungen und von Noten zu den ermittelten Punkten entsprechend verschiedener Bezugsnormen und Beurteilungsmaßstäbe.

2 Funktionen der Feststellung und Bewertung schulischer Leistungen und ihre rechtlichen Rahmenbedingungen

Die ziffernmäßige oder verbale Bewertung der ermittelten Schülerleistungen gehört zu den unserem gegliederten Schulsystem als gesellschaftliche Institution von den Länderparlamenten zugeschriebenen, legitimierten, durch Gesetze und Verordnungen geregelten pädagogischen und gesellschaftlichen Aufgaben.

2.1 Die selektive Funktion der Leistungsfeststellungen und -bewertungen

Die als Zeugnisnote festgelegte ziffernmäßige Bewertung festgestellter Gesamtleistungen in einzelnen Fächern ist Grundlage für

- das Vorrücken in die nächst höhere Jahrgangsstufe, das Überspringen oder Wiederholen einer Jahrgangsstufe, die Überweisung an eine Förderschule,

- den Übertritt an eine weiterführende Schule,
- den Erwerb qualifizierender Bildungsabschlüsse wie Abitur, mittlerer Bildungsabschluss, Qualifizierter Hauptschulabschluss,
- den Abschluss bestimmter Ausbildungsverträge, das Ergreifen bestimmter Berufslaufbahnen,
- die Legitimation bestimmter bildungspolitischer Entscheidungen (Schulversuche, Zulassung von Privatschulen, Kontrolle von Schulsystemen, Schulen und Lehrern).

Die vorgeschriebene Leistungsbewertung bewirkt de facto eine **Selektion** und **Allokation** der Schüler.[9]

Durch **Schulgesetze und Verordnungen** werden Leistungsfeststellung und -bewertung in einem gewissen rechtlichen Rahmen festgelegt, z. B. die Modalitäten für die Erstellungen der Leistungsfeststellungen und Abschlussprüfungen, die Kommentierung der Noten durch Zeugnisbemerkungen und Wortgutachten, die Aufzeichnungs- und Aufbewahrungspflicht, die Pflicht zur Begründung der Bewertungen, die Überprüfung durch Schulaufsicht und Schulleitung, die Möglichkeiten der Eltern auf Widerspruch bei Verwaltungsakten wie Entscheidungen über Vorrücken, Wiederholung, Rückstellung, Rücktritt oder Überweisung an eine Förderschule oder auf Einsichtnahme in Leistungsaufzeichnungen. Dem Lehrer wird dadurch die Last der alleinigen Verantwortung genommen.[10]

Obwohl pädagogische Aspekte eines umfassenden Leistungsverständnisses in den Gesetzen intendiert sind und der pädagogischen Verantwortung des Lehrers anheim gestellt werden, zeigen die juristischen Kommentare der rechtlichen Regelungen doch ihre selektive Funktion durch einen eindeutig **norm-, produkt- und konkurrenzorientierten Leistungsbegriff**.

Beispiel: **Juristische Kommentierung der Leistungsbewertung in der Grund- und Hauptschule**

„Gegenstand der Benotung ist ausschließlich die Leistung des Schülers. Außerhalb der Leistung liegende Umstände wie persönliche Verhältnisse des Schülers (z. B. soziale Verhältnisse, Familie, Freundeskreis usw.), des Lehrers (z. B. sein Verhältnis zum Schüler usw.) dürfen keinen Einfluss auf die Bewertung der Schülerleistungen gewinnen. Bei der Notengebung ist Gleichbehandlung der Schüler oberstes Gebot, das auch den Vergleich der Leistungen mit denen der anderen Schüler erfordert ...

- Allgemeiner Maßstab sind die üblicherweise in der betreffenden Jahrgangsstufe der Volksschule zu stellenden Anforderungen, die sich insbesondere aus dem Lehrplan des jeweiligen Faches ergeben. Das Abstellen auf die Lernentwicklung einer Lerngruppe oder eines bestimmten Schülers ist nicht zulässig, sondern würde eine Auflösung des Leistungsbegriffs bedeuten.
- Der Schüler ist nach der tatsächlichen in der jeweiligen Leistungsbewertung gezeigten Leistung zu beurteilen, nicht nach einem früheren oder zu erwartenden Leistungsstand ...
- Für alle Schüler müssen die gleichen Bewertungsgrundsätze gelten. Abweichungen zugunsten oder zulasten einzelner Schüler sind ausgeschlossen, soweit nicht Sondervorschriften dies zulassen ...

– Vergünstigungen in den äußeren Bedingungen (z. B. in Form einer längeren Arbeitszeit) für erheblich Behinderte sind zulässig, soweit dadurch die Chancengleichheit nicht beeinträchtigt wird; unzulässig sind Vergünstigungen in den Leistungsanforderungen ..." (KAISER/MAHLER 1995, S. 88 f.).[11]

Viele Lehrer erfasst bei diesen Ausführungen Unbehagen, hängen doch Leistungsfähigkeit und -motivation stark vom soziokulturellen Anregungsmilieu ab. Ein individualistisch-wettbewerbsorientiertes Leistungsverständnis benachteiligt gerade schwächere, weniger leistungsmotivierte Schüler. Es gefährdet die Entwicklung aufgaben- und problemorientierter intrinsischer Leistungsmotivation und Interessen und lenkt allzu schnell von einer pädagogisch und sachlich angemessenen, individuellen und kriteriumsorientierten Bewertung auf den Leistungsvergleich mit anderen.

Den Gegensatz zwischen Leistungsförderung und -bewertung verschärfen Lehrer zusätzlich vor allem im Zusammenhang mit Übertritts- und Ausleseverfahren , wenn sie ihren Unterricht nicht an die Lernvoraussetzungen der Schüler anpassen und beispielsweise Rechtschreibleistungen vorwiegend oder ausschließlich durch benotete wöchentliche Nachschriften ermitteln.[12]

In der **Grundschule** bestimmen beispielsweise in Bayern in der 4. Jahrgangsstufe die umfassenden Leistungsfeststellungen in Deutsch, Mathematik und Heimat- und Sachkunde (Gesamtdurchschnittsnote mindestens 2,50) zusammen mit dem pädagogischen Gutachten des Lehrers die Eignung für den Besuch einer weiterführenden Schule. Bei nur befriedigenden Leistungen in Deutsch und Mathematik geben die Leistungen im Heimat- und Sachkundeunterricht dann oft den Ausschlag. Aufgrund der Offenheit des Lehrplans mit geforderten Wahlmöglichkeiten bei den Lerninhalten, falscher Elementarisierungen von Lerninhalten, nicht den Lernzielen entsprechender Anforderungsstufen der Probeaufgaben, geringer Beachtung der Notenstufen, des Unbehagens vor Einsprüchen und Angriffen der Eltern bei angemessenen Aufgabenstellungen, die aber dann nicht zu den erwarteten Leistungen ihrer Kinder führen, ergeben sich dann manchmal nicht mehr individuell oder regional erklärbare Abweichungen im Anforderungsniveau und damit in den Leistungsbewertungen.[13]

2.2 Die lerndiagnostische Funktion der Leistungsfeststellungen und -bewertungen

Für schwächere Schüler ist zur Erreichung der angestrebten Ziele, zur Förderung der Leistungsfähigkeit, Selbstständigkeit, Selbststeuerung und Selbstbeurteilung nicht ein gleichschrittiger Unterricht mit gleichen Anforderungen und Maßstäben bei der Bewertung der Leistungen notwendig, sondern ein differenzierendes Vorgehen, das Lernanforderungen, Lernwege, Lernhilfen und Lernzeiten den Lernvoraussetzungen anpasst.

Leistungsfeststellungen und -bewertungen sind Hilfen im Lernprozess. Ihnen werden folgende Funktionen zugesprochen:

– **Rückmeldefunktion für die Schüler** über ihre Lernprozesse, um bei Lernschwierigkeiten Korrekturmöglichkeiten für sich abzuleiten. „Leistungsbeurteilung hat

dann vor allem den Sinn, dem oder den Lernenden Rückmeldung zu geben über ihren Lernprozess: Wie weit bin ich jetzt eigentlich? Beherrschen wir diesen Schritt in einem größeren Lernzusammenhang schon? Muss ich noch einmal ein Stück des Lernweges zurückgehen? Woran liegt es, dass wir hier nicht weiterkommen? usw. Differenzierte Leistungsbeurteilung also nicht erst am Ende eines angestrebten Lernprozesses, als Offenbarungseid in Form der Klassenarbeit und der großen Prüfung, sondern als Moment im Lernprozess, als Lernhilfe!" (KLAFKI 1985, S. 180).
- **Rückmeldefunktion für den Lehrer** über den Erfolg oder Misserfolg seines Unterrichts, seine ausgewählten Lernziele, sein methodisches Vorgehen, seine Differenzierungsmaßnahmen. Aus der Analyse der Fehler und Schwierigkeiten einzelner Schüler bei der Leistungsfeststellung kann der Lehrer unter Einbeziehung ihrer Lernvoraussetzungen, Motivationen, Interessen, Einstellungen, Arbeitstechniken Konsequenzen für differenzierende und individualisierende Unterrichtsmaßnahmen ableiten.
- **Anreizfunktion für die Schüler** bei Erfolgen im Sinne einer Ermutigung und Verstärkung der Anstrengungen. Die Gefahr der Entmutigung durch häufige Misserfolge muss aber gesehen werden.
- **Berichtsfunktion für die Eltern**, die besonders dann über den Leistungsstand ihres Kindes informiert werden, wenn die Bewertung nicht nur in Form von Noten, sondern durch ermutigende Kommentare erfolgt.

Transparente Leistungsbewertungen unterstützen den Aufbau eines Bezugssystems der Schüler für die selbstständige Beurteilung ihrer Leistungen. Sie lernen die Annäherung an ein gestelltes Leistungsziel zu bewerten, Ursachen für falsche oder nicht erbrachte Aufgabenlösungen zu analysieren, Konsequenzen für ihren eigenen Lernprozess zu ziehen, fehlende Arbeitstechniken nachzulernen, notwendige Wiederholungen und Übungen durchzuführen und damit ihren Lernprozess zu verantworten.[14]

3 Anforderungen an eine angemessene Leistungsfeststellung und -bewertung

3.1 Verfahren der Leistungsfeststellung und -bewertung

Leistungen von Schülern können durch sogenannte objektive und subjektive Verfahren ermittelt werden.

Objektive Verfahren

Zu den objektiven Verfahren zählen standardisierte Schulleistungs-, Eignungs-, Intelligenz-, Entwicklungstests und andere genormte Tests, die alle den so genannten **Testgütekriterien** genügen. Die Gütekriterien sind:
- **Objektivität**, d. h. die Ausschaltung subjektiver Einflüsse der Prüfenden. Verschiedene Prüfer sollen Testleistungen durch Vereinheitlichung der Aufgabenstellung und ihrer Erläuterungen, der Bearbeitungszeit und zulässigen Hilfsmittel unter

möglichst gleichen Bedingungen erheben (Durchführungsobjektivität), durch festgelegte Auswertungsschlüssel und -kriterien gleich auswerten (Auswertungsobjektivität) und durch Vorgabe von Interpretationsschlüssel und Normtabellen gleich interpretieren (Interpretationsobjektivität).

- **Zuverlässigkeit (Reliabilität)** einer Messung, d.h. der Grad der Genauigkeit, mit dem ein bestimmtes Merkmal gemessen wird. Führen Wiederholungen, Halbierung der Aufgaben oder Paralleltests unter Ausschaltung von Übungseffekten innerhalb gewisser Toleranzen zu gleichen Ergebnissen, so sind die Verfahren reliabel. Ein errechneter Messfehler gibt an, innerhalb welcher Punktebereiche der tatsächliche Leistungswert eines Schülers liegen wird.
- **Gültigkeit (Validität)** eines Verfahrens, d.h. die Feststellung, ob es das misst, was es messen soll. Für die Schule sind besonders die Inhaltsgültigkeit (curriculare Gültigkeit), d.h. die Übereinstimmung mit den Lehrplänen durch eine möglichst genaue Beschreibung und Operationalisierung der Anforderungen, die Übereinstimmungsgültigkeit, d.h. die Übereinstimmung der Testergebnisse mit Zensuren und Schätzurteilen des Lehrers, und die Vorhersagegültigkeit, d.h. die Übereinstimmung der Ergebnisse mit späteren Leistungen, von Bedeutung. Die theoretisch geklärte Konstruktvalidität ist vor allem für psychologische Verfahren von Belang. Objektivität und Zuverlässigkeit sind Voraussetzungen für die Gültigkeit.[15]

Schulleistungstests sind gruppenbezogene Messverfahren, die einen Vergleich der Schülerleistungen mit dem Leistungsstand einer überörtlichen, repräsentativen Vergleichsgruppe aus Schülern verschiedener Klassen desselben Jahrgangs ermöglichen. Sie beziehen sich nicht auf konkrete Lehrpläne einzelner Bundesländer. Die Position eines Getesteten im Vergleich zu seiner Bezugsgruppe wird als Prozentrangplatz in einer Prozentrangskala angegeben oder in eine Standardtestnorm wie die T-Norm umgerechnet. Die verwendeten Testaufgaben müssen durch die Berechung der Trennschärfe und des Schwierigkeitsgrades deutlich zwischen leistungsstarken und -schwachen Schülern unterscheiden. Sie geben aber keine Rückmeldungen über die Annäherung einzelner Schüler an lernzielorientierte Anforderungen, über ihre individuellen Lernprozesse und notwendige Fördermaßnahmen.

Schulfähigkeitstests helfen zur Abklärung schulrelevanter Persönlichkeitsmerkmale wie kognitiver Faktoren und dienen qualifizierten Beratungslehrern, Schulpsychologen usw. zur zusätzlichen Diagnose bei Schulleistungsschwierigkeiten und -problemen.

Zu objektiveren Verfahren zählt man auch **informelle Leistungserhebungen** mit gebundenen oder freien Antworten oder Zwischenformen. Sie werden von den Lehrern selbst erstellt und sind im Gegensatz zu den standardisierten Schulleistungstests am Lehrplan einer Schulart eines Bundeslandes und an einer bestimmten Jahrgangsstufe und Klasse orientiert. Während sie zu Beginn der 70er Jahre durch die Berechnung von Schwierigkeitsgrad und Trennschärfe der Aufgaben im Sinne der klassischen Testtheorie normorientiert zwischen guten und schwächeren Schülern trennten, werden sie zunehmend kriteriumsorientiert konzipiert. Sie können im Sinne einer **unterrichtsbegleitenden Diagnose** dazu beitragen, das unterrichtliche Vorgehen an die augenblicklichen Lernvoraussetzungen der Schüler anzupassen, bei akuten Lerndefiziten schnell Lücken zu schließen, Lernschwierigkeiten rechtzeitig entgegenzuwirken, den Unterricht lernzielorientierter zu planen und traditionelle Kurzarbeiten durch diese objektivere Methode zu ersetzen.[16]

Subjektive Verfahren

Zu den subjektiven Verfahren zählen alle in der Schule eingesetzten Formen der **schriftlichen, mündlichen und praktischen Leistungsfeststellungen** (Probearbeiten, Schulaufgaben, Extemporale, Aufsätze, Demonstrationen, Vorführungen, Arbeitsergebnisse usw.), mit denen die Schülerleistungen, vorwiegend Leistungsprodukte, „in angemessenen Zeitabständen entsprechend der Art des Faches" (BayEUG 1997, Art. 52) ermittelt werden sollen, und alle Formen der **Verhaltensbeobachtung** zur Überprüfung des Leistungsprozesses, der Aufgabenbewältigung, Anstrengungsbereitschaft und Mitarbeit der Schüler. In die Leistungsbewertung am Jahresende fließen alle Einzelfeststellungen und Beobachtungen ein.
Schülerleistungen werden aber nicht unabhängig vom Lehrer erbracht. Er hat das festgestellte Wissen und Können durch seinen Unterricht vermittelt, die Ziele festgelegt, Lernprozesse initiiert, Ergebnisse und Fertigkeiten strukturiert und gesichert, die Schüler motiviert und ermuntert, die Aufgaben der Leistungsüberprüfung zusammengestellt und muss die korrigierten Leistungen verbal oder durch eine Ziffer bewerten. „Er geht auch selbst in den Messvorgang und das Messergebnis mit ein und steht gewissermaßen neben dem Schüler mit auf dem Prüfstand. Ein großer Teil seiner Handlungsanteile beruht auf Wertentscheidungen ... Die verschwiegenen subjektiven Anteile des Lehrers und die Verstecktheit und Abstraktheit der Bewertung erzeugen eine bedenkliche Scheinobjektivität: Noten sehen aus, als wären sie Ergebnisse mehr oder weniger exakter Messvorgänge, während sie in Wahrheit Werturteile darstellen, die nur Gültigkeit besitzen, wenn man den normativen Standpunkt des Wertenden teilt" (SACHER 1995b, S. 55).
Zur Bewertung festgestellter Leistungen sind mit den allgemeinen Erziehungszielen verträgliche Vergleichsmaßstäbe, **Bezugsnormen**, notwendig. Sie bestimmen aber nicht nur die Zuordnung von Noten oder verbalen Prädikaten, sondern im Sinne meist unbewusster, impliziter Theorien die Wahrnehmung, Selektion, Interpretation der Leistungen durch den Lehrer und die Gestaltung des Unterrichts mit.

3.2 Die Bedeutung der Bezugsnormen für die Leistungsfeststellung und -bewertung und ihre Auswirkungen auf den Lernprozess

Generell können drei Arten von Bezugsnormen unterschieden werden.

Arten und Bedeutung der Bezugsnormen

◆ Die soziale (gruppenbezogene, interindividuelle) Bezugsnorm

Bei der sozialen Bezugsnorm wird die **Leistung eines jeden Schülers mit den Leistungen der Mitschüler** derselben Klasse bei den gleichen Aufgaben **verglichen** und in eine Rangreihe gebracht. Die beste und die schlechteste Arbeit bilden dann z. B. die

Eckpunkte des klasseninternen Bezugssystems. Bevorzugt dient der **Klassendurchschnitt** als Vergleichsmaßstab: Gute Leistungen übertreffen ihn, schwache bleiben darunter. Der durchschnittlichen Punktezahl der Klasse wird dann bei der Benotung die Note 3 zugeordnet oder Noten werden im Sinne einer unterstellten Normalverteilung nach vorgegebenen Prozentanteilen verteilt, z.B. je 9 % Note 1 und 6, 16 % Note 2 und 5,25 % Note 3 und 4. Je nach Zugehörigkeit zu einer leistungsstarken oder -schwachen Klasse kann die gleiche Leistung eines Schülers schlecht oder gut bewertet werden. Die in verschiedenen Klassen erteilten Zensuren sind aber trotz einheitlicher Lehrpläne und ministerieller Notendefinition nicht vergleichbar, weil sich die Lehrer ausschließlich am Leistungsniveau ihrer Klasse orientieren. Voraussetzung für eine angemessene Bewertung wäre eine repräsentative Verteilung der Leistungsfähigkeit der beurteilten Klasse oder die Kenntnis der repräsentativen Leistungsfähigkeit der Schüler dieser Jahrgangsstufe. Dies ließe sich durch einen Vergleich der Schülerleistungen mit Ergebnissen eines standardisierten Schulleistungstests für diese Jahrgangsstufe erreichen. Doch diese messen nicht, was konkret im Unterricht behandelt wurde.[17] Soziale Vergleiche dienen nur zur Einschätzung der eigenen Fähigkeiten auf bestimmten Gebieten im Vergleich zu anderen und zur Einordnung innerhalb dieser Bezugsgruppe.

Eine ausschließliche Verwendung der sozialen Bezugsnorm widerspricht einer angemessenen Leistungsmessung und den geforderten Zielsetzungen der Solidarität, Mündigkeit und Selbstständigkeit. Sie leistet einen geringen Beitrag zum Unterricht, überfordert schwächere Schüler und hat **negative Auswirkungen** auf ihre Leistungsfähigkeit. Vorwiegend sozial beurteilende Lehrer stellen gleiche Anforderungen, geben weniger zusätzliche Lernhilfen, bekräftigen weniger positiv, führen Schülerleistungen schneller auf Begabungs- und Fähigkeitsunterschiede zurück, halten sie für relativ stabil und vorhersagbar, richten ihre Erwartungen an einem angenommenen generellen Leistungsniveau aus und reagieren weniger flexibel als sachlich und individuell beurteilende Lehrer. Dies führt langfristig zu einem Absinken der Leistungsmotivation der Schüler, zu hoher Misserfolgsängstlichkeit, Schulangst und negativer Attribuierung der eigenen Leistungen durch vermeintlich geringe Begabung und Unfähigkeit.[18]

◆ Die individuelle (intraindividuelle) Bezugsnorm

Bei der individuellen Bezugsnorm werden die **Leistungen der Schüler mit ihren Leistungen zu einem früheren Zeitpunkt verglichen** und ein Lernfortschritt oder -rückschritt festgestellt. Individuelle Steigerungen hängen besonders von der aufgewandten Anstrengungsbereitschaft und neu gelernten Strategien ab und nicht von Fähigkeitsunterschieden. Diese Bezugsnorm entspricht am ehesten dem pädagogischen Leistungsverständnis, da sie der Vorstellung einer von Lernvoraussetzungen abhängigen, prozessorientierten Leistung nahe kommt, sie steht aber dem rechtlich geforderten Gleichheitsgrundsatz und erhebungsmethodischen Problemen gegenüber. Die Ermittlung eines Lernfortschritts erfordert die Beurteilung derselben Kompetenz durch unterschiedliche Aufgaben zu verschiedenen Zeitpunkten. Individuell erhobene Zensuren sind nicht vergleichbar.

Individuell beurteilende Lehrer dosieren Unterrichts- und Leistungsanforderungen

flexibler, differenzierter und individueller als sozial bewertende. Sie führen Leistungsunterschiede eher auf situative Faktoren, auf Fleiß, Aufmerksamkeit, wechselnde Belastbarkeit zurück und überprüfen häufiger ihre Erwartungen. Sie reagieren flexibler bei Bekräftigungen oder Sanktionen, geben häufiger differenzierte Rückmeldungen und bewirken dadurch **günstige Motivationseffekte** bei den Schülern wie geringere Misserfolgsfurcht und Prüfungsangst, positive Kausalattribuierung der Leistungen in Abhängigkeit von der eigenen Tüchtigkeit, größere Anstrengungsbereitschaft, Mitarbeit, mehr Freude und Interesse.
Es nützt den Schülern aber wenig, wenn individuelle Normen erst bei der Beurteilung von Leistungen ins Spiel gebracht werden, ohne dass der vorausgehende Unterricht verändert wird. Die individuelle Bezugsnorm hat neben der kriterialen vor allem Bedeutung für die Gestaltung eines leistungsfördernden Unterrichts. Individualisierbar sind vor allem die Wege zu den Zielen, die Lernhilfen und Lernzeiten. Zur Überprüfung einer Fördermaßnahme bedarf es zusätzlich der kriterialen Norm.[19]

◆ Die sachliche, kriteriale (kriteriums-, anforderungsorientierte) Bezugsnorm

Die **Leistungen** der Schüler werden **mit einem festgelegten Kriterium**, z. B. dem durch Lernzielbeschreibungen vorgegebenen Anforderungsniveau in einzelnen Fächern, **verglichen**. Der Lehrer gewinnt im Bereich grundlegender Anforderungen eine Kontrolle über den Lernstand, über anforderungsbezogene Aufgabenstellungen, über Lernrückstände und notwendige Fördermaßnahmen. Auf die kriteriale Norm wird auch von dem seit 1968 geltenden Abkommen zwischen den Ländern zur Vereinheitlichung auf dem Gebiet des Schulwesens (Hamburger Abkommen) verwiesen, das in den Notenumschreibungen recht allgemein von Anforderungen spricht, denen eine gute Leistung besonders oder voll, eine schwache nicht entspricht. „Der Begriff „Anforderungen" bezieht sich auf den Umfang sowie auf die selbstständige und richtige Anwendung der Kenntnisse, Fähigkeiten und Fertigkeiten sowie auf die Art der Darstellung" (VSO 1998, § 18). Zensuren aus verschiedenen Klassen und Schulen sind dann nur bei gemeinsamer Präzisierung der Mindestanforderungen und höheren Anforderungen, gleicher Lernplanung und Unterrichtsgestaltung vergleichbar.
Die sachliche Bezugsnorm ermöglicht ohne Schwierigkeiten Kooperation mit anderen und ist neben der individuellen Bezugsnorm besonders zur Beurteilung von Fördermaßnahmen geeignet. Beziehen kriterial beurteilende Lehrer aber die Höhe der Anforderungen, den eigenen Unterricht und die Leistungsfähigkeiten der Schüler zu wenig aufeinander, dürften sich ähnlich negative Auswirkungen wie bei vorwiegend sozial beurteilenden Lehrern ergeben. Über- und Unterforderungen reduzieren dann Anstrengungsbereitschaft und Leistungsmotivation. Die sachliche Norm muss deshalb im Hinblick auf die Leistungsbeurteilung präzisiert und genau festgelegt werden, welche Leistungen als unbedingt notwendige Grundkenntnisse, -fähigkeiten und -fertigkeiten, welche als höhere Anforderungen zu gelten haben. Die Bestimmung der **Mindestkompetenz** ist dann Grundlage für die Zuordnung von Noten bei der Leistungsbewertung.[20]

Die Kombination der sachlichen und der individuellen Norm

Aufgrund der Notendefinitionen des Hamburger Abkommens und der gesetzlichen Vorschriften muss die Leistungsbewertung in der Schule ausschließlich unter der sachlichen Bezugsnorm erfolgen: „Maßstab ist grundsätzlich nicht der Leistungsstand einer bestimmten Klasse oder eines Schülers, vielmehr sind dies die üblicherweise in der betreffenden Schulart und Jahrgangsstufe zu stellenden Anforderungen; sie ergeben sich insbesondere aus dem Lehrplan des jeweiligen Faches. Eine Abstellung auf die Lernentwicklung einer Lerngruppe oder eines bestimmten Schülers würde eine völlige Relativierung der Leistungsbewertung bedeuten; damit könnten Schüler mit absolut gleicher Leistung unterschiedliche Noten erhalten" (FALCKENBERG/SCHIEDERMAIR/AMBERG 1983, S. 179 ff.).

Um aber eine dem pädagogischen Leistungsverständnis entsprechende, Leistungsmotivation und Selbstbewertung fördernde Leistungsbeurteilung durchzuführen, sollte eine lernzielorientiert festgestellte, **kriterial bewertete Leistung durch individuelle Kommentare ergänzt** werden. Allerdings unterliegen diese ähnlichen Einschränkungen wie die Bezugsnormen.

Betonen die Kommentare den sozialen Vergleich zu den Mitschülern („Deine Leistung liegt weit über dem Durchschnitt – Du kommst immer näher an die Spitze der Klasse heran – Dieses Mal warst du nicht bei den Schlechtesten. Prima!"), dann haben auch sie negative Auswirkungen: Motivation und Interesse sinken, Schulunlust und Prüfungsangst steigen vor allem bei schwachen Schülern.

Rein sachlich orientierte Kommentare führen bei allen Schülern zu geringen positiven Effekten („Es ist erfreulich, wie sicher du Gleichungen lösen kannst – Du kannst zwar mathematische Probleme lösen, du könntest aber noch wesentlich mehr Punkte erreichen, wenn du deine Formeln lernen würdest und beim Umrechnen sicherer wärst.").

Nur individuelle Kommentare, die die persönliche Leistungsentwicklung differenziert thematisieren, führen besonders bei leistungsschwachen Schülern zu höherer Leistungsmotivation, größerem Interesse und zu Lernsteigerungen („Du hast dich stark verbessert – Dein Fleiß hat sich gelohnt – Über deine Leistungssteigerung habe ich mich sehr gefreut – Du hättest im Unterricht deine Probleme äußern sollen, dann wäre dir diese Enttäuschung erspart geblieben – Gerade bei den einfachen Aufgaben hast du sehr viele Fehler gemacht. Woran kann das liegen? – Lass jetzt den Kopf nicht hängen. Beim nächsten Mal wird es sicher besser – Du hast dich deutlich verbessert. Du arbeitest jetzt viel sorgfältiger und hast auch bei der Lösung von Textaufgaben wesentlich weniger Probleme. Denke weiterhin an die Skizze als Hilfe bei schwierigen Sachverhalten.").[21]

Positive verbale Kommentare könnten bei Leistungsfeststellungen Schüler mit geringem Durchhaltevermögen oder Startschwierigkeiten ermuntern („Suche dir zuerst eine leichte Aufgabe!").

Auch die Gewährung **zusätzlicher Arbeitszeit** für langsam arbeitende Schüler ist möglich und ergibt ein objektiveres Bild von der eigentlichen Leistungsfähigkeit. Sie muss aber leistungsmindernd in die Bewertung eingehen, wenn es um die Feststellung von Geläufigkeit geht.[22]

Schon bei der Konstruktion lernzielorientierter Aufgabenstellungen könnten beispielsweise durch die **Aufgabenformulierung** individuelle Hilfen für schwächere Schüler aufgenommen werden.

Beispiel

Die Aufgabe „Multipliziere die Differenz der Zahlen 358 und 217 mit 7 und dividiere das Produkt durch 3." könnte auch anders formuliert werden:
„Ziehe von 358 die 217 ab, vervielfache das Ergebnis mit 7 und teile das neue Ergebnis durch 3".

Beide Aufgaben erfordern die gleiche Übersetzung eines Textes in Rechenoperationen, die erste dazu noch die Beherrschung eines bestimmten Fachjargons.[23]

3.3 Der Einfluss von Wahrnehmungs- und Beurteilungsfehlern auf die Feststellung und Bewertung von insbesondere mündlichen Leistungen

Der Lehrer steht im Unterricht in enger Interaktion mit vielen Schülern. Um adäquat handeln, auf ihr Verhalten angemessen reagieren zu können, konstruiert er meist unbewusst auf der Basis von Vorinformationen, Ersteindrücken, Beobachtungen, eigenen Persönlichkeitstheorien ein Bild jedes Schülers. Dies beeinflusst zusammen mit alltäglichen Erfahrungen, mit seinen Wünschen, Erwartungen, Vorurteilen die selektive Wahrnehmung des Verhaltens und der Leistungen dieser Schüler und wird dann durch das konkret beobachtete Schülerverhalten bestätigt.
In jedes Urteil, vor allem über Verhaltensweisen oder Persönlichkeit von Individuen, fließen also zufällige Schätzfehler und systematische Schätztendenzen, die so genannten **Beurteilungsfehler**, mit ein:

- Bei „**Milde- oder Strengefehlern**" beurteilt man Leistungen tendenziell überdurchschnittlich gut oder schlecht (Hoch- oder Tiefbeurteiler). Sympathie und Antipathie spielen dabei eine Rolle.
- Bei „**Fehlern der zentralen Tendenz**" vermeidet man ausgesprochen positive oder negative Urteile und differenziert sie zu wenig, vielleicht auch, um Konflikten mit Eltern aus dem Weg zu gehen.
- Durch „**Hof- oder Halo-Effekte**" werden einzelne Eigenschaften nicht unabhängig voneinander beurteilt, sondern miteinander in Beziehung gesetzt und Urteile dann aufgrund eines allgemeinen Gesamteindrucks, eines hervorstechenden Merkmals, von Sympathie oder Antipathie abgegeben.
- Mit „**impliziten Persönlichkeitstheorien**" werden Eigenschaften oder Leistungen von Schülern durch ein vereinfachtes Persönlichkeitsbild oft unabhängig von tatsächlichen Zusammenhängen erklärt.
- Bei „**logischen Fehlern**" bewertet man nicht aufgrund eines konkret beobachteten Schülerverhaltens, sondern anhand von Vorannahmen und Vorurteilen über die „logische" Zusammengehörigkeit bestimmter Wesenszüge und glaubt dann z. B., dass ein unkonzentrierter Schüler auch uninteressiert ist.
- Durch „**Kontrastfehler**" schreibt man der zu beurteilenden Person Eigenschaften zu, die der eigenen entgegengesetzt sind.

- Bei „**Ähnlichkeitsfehlern**“ nimmt man fälschlicherweise an, die beurteilte Person sei genau so geartet wie man selbst ist.
- Bei „**Projektionsfehlern**“ projiziert man eigene Wünsche, Einstellungen, Probleme, Fehler in die beurteilte Person.
- Bei „**Erwartungsfehlern**“ beeinflussen subjektive Erwartungshaltungen Urteile, Wahrnehmung und Verhalten des Beurteilers.

Besonders Erwartungen und implizite Persönlichkeitstheorien der Lehrer beeinflussen ihre selektive Wahrnehmung. Erwünscht ist der pflichtbewusste, selbstständige, konzentriert, gewissenhaft und ordentlich arbeitende, aufgeschlossene, fleißige, interessierte, hoch motivierte Schüler. Abgelehnt werden geringe Anstrengungsbereitschaft, fehlender Willenseinsatz, Unaufmerksamkeit, Unkonzentriertheit, schlampige Arbeitsweisen. Als leistungsfähig und begabt definierte Schüler werden dann meist als aufgeschlossen, diszipliniert, sauber, ehrlich, leistungsschwache als unaufmerksam, faul, frech, unordentlich beschrieben. Besonders von der sprachlichen Ausdrucksfähigkeit schließen Lehrer vorschnell auf Denkfähigkeit, Spontaneität, Aufgeschlossenheit, Mitarbeit, Konzentration und Interesse am Unterricht.

In die Beurteilung der Schülerleistungen fließen also neben Faktoren der kognitiven Leistungsfähigkeit des Wissens, Reproduzierens, Reorganisierens, Transferierens, Schlussfolgerns und Problemlösens immer Aspekte des allgemeinen Schülerverhaltens, der Arbeitsgewohnheiten, des Sozialverhaltens wie Kooperation mit anderen, Rücksichtnahme und Beliebtheit mit ein und haben Auswirkungen auf das konkrete verbale und nonverbale Verhalten des Lehrers, seine Erwartungen und die Interpretation weiterer Schülerleistungen.[24]

Solche Beurteilungsfehler beeinflussen besonders leicht Verbalbeurteilungen, z. B. die Zeugnisberichte der ersten beiden Jahrgangsstufen. Der eigentlichen Beurteilung sollten deshalb eine Reihe **diagnostischer Tätigkeiten des Lehrers** vorausgehen. Er sollte beispielsweise

- die Leistungsanforderungen und Ziele (Mindestkompetenzen und höhere Anwendungsleistungen) für jeden Lernbereich festlegen,
- die Lernvoraussetzungen des einzelnen Schülers erfassen,
- die Lernleistungen überprüfen und einschließlich der Defizite möglichst genau beschreiben,
- das Arbeits- und Sozialverhalten beobachten und anschließend beschreiben.[25]

Der Lehrer muss sich seiner subjektiven Beurteilungsfehler bei Beobachtungen, Leistungs- und Verhaltensbewertungen bewusst sein, um sie kontrollieren zu können. **Selbstreflexion** und gelegentliche **Gespräche mit Schülern** (Metakommunikation) über seine Beurteilungspraxis, über Ziele und Bewertungskriterien der mündlichen Leistungsfeststellungen helfen dabei.[26]

4 Die Erstellung anforderungsgerechter, lernzielorientierter schriftlicher Leistungsfeststellungen

4.1 Die Bestimmung der Leistungsanforderungen

Lehrplan- und Unterrichtsbezug, sachliche Richtigkeit der Aufgabenstellung

Leistungsnachweise richten sich in „Art, Zahl, Umfang, Schwierigkeit und Gewichtung … nach den Erfordernissen der jeweiligen Schulart“ (BayEUG 1997, §52(1)). Die Aufgaben müssen deshalb den Lehrplänen mit ihren Lernzielen, den vorgeschriebenen Notationsformen, Begriffen, Intentionen und didaktischen Schwerpunkten der Vorbemerkungen und didaktischen Prinzipien entsprechen (Lehrplanbezug).
Die angestrebten Lernziele sind die Richtschnur für die Planung und Gestaltung des Unterrichts und die Leistungsfeststellung. Die Aufgaben müssen sich im Gegensatz zu standardisierten Tests direkt aus dem Unterricht ergeben, ohne vollständig „vorgekaut“ worden zu sein. Sie sollten ein repräsentatives Abbild der Unterrichtsziele, der Inhalte, Arbeitsweisen und -techniken darstellen. Allerdings können gesicherte grundlegende Lernziele und -inhalte ohne nochmalige, unmittelbar vorausgehende Übung verlangt werden. Höhere, komplexe Anforderungen wie „kritische Auseinandersetzung, differenziertes Wahrnehmen, selbstständiges Handeln, schlussfolgerndes Denken, Genauigkeit“ dürfen aber nur dann in die Leistungsfeststellung einbezogen werden, wenn sie im Unterricht geübt und angewendet wurden. Auch eignen sich nicht alle Lernziele des Lehrplans für die schriftliche Leistungsfeststellung (erzieherische, emotional-affektive, z. B. Erleben von Gemeinschaft, Aufbau von Toleranz, Interesse an einem Fach).[27]
Auch die Form der mündlichen, schriftlichen und praktischen Leistungserhebung sollte der hauptsächlichen Aktivitätsform des vorangegangenen Unterrichts entsprechen. Entsprechend der Lehr- und Arbeitsformen stellt der Lehrer dann verschiedene Aufgaben unter Beachtung der sachlichen Richtigkeit und des Realitätsbezugs, der Formulierung, des Sprachniveaus der Schüler und der Übersichtlichkeit zusammen. Der Forderung nach sachlicher Richtigkeit wird besonders in naturwissenschaftlichen Fächern der Grundschule nicht immer entsprochen. Aufgrund der starken Elementarisierung kommt es dort immer wieder zu Verfälschungen der Sachverhalte.[28]

Anforderungsstufen der Aufgabenstellungen

◆ Aufgaben zur Überprüfung von Grundkenntnissen

Viele Probearbeiten sprechen vor allem in Heimat- und Sachkunde, den Sachfächern und in Mathematik oft recht einseitig das Gedächtnis, meist das Kurzzeitgedächtnis, an, wenn sie durch ihre Aufgabenstellung überwiegend **Reproduktionsleistungen** verlangen. Beim Reproduzieren werden bekannte Strukturen unter vertrauten Bedingungen rekonstruiert und verfügbare Elemente auf eine vertraute und eingeschliffene Art verknüpft. Die Reproduktion der im Unterricht vermittelten Inhalte kann als Wiedererkennen eines Buchstabens, Gegenstandes, Textes, Bildes, einer Melodie oder als wortgetreue Wiedergabe beispielsweise von Einträgen unter Darlegung sachlicher

Zusammenhänge und Begriffe oder als Nacherzählen des Inhalts eines Lesestücks erfolgen. Reproduktion umfasst auch das Wiederherstellen einer bekannten Struktur bei der Durchführung einfacher Rechenoperationen, der Umrechnung von Größen oder der Demonstration einer Bewegungsabfolge im Sportunterricht. Sie bedeutet aber nicht, Unsummen von Gedächtnisstoffen wiedergeben zu können.
Grundkenntnisse, Grundfähigkeiten und -fertigkeiten, z. B. die Anwendung von Normalverfahren innerhalb einer bestimmten Zeit, umfassen Lernziele und -inhalte, die besonders wichtig für ein Fach sind oder auf die beim späteren Lernen aufgebaut wird. Sie lassen sich als **Mindestkompetenz** beschreiben, „d. h. als das Maß jener Kenntnisse, Fähigkeiten und Fertigkeiten, die der Schüler haben muss, um auf dem jeweiligen Gebiet und in dem jeweiligen Fach erfolgreich weiterzulernen … Auf die festgesetzte Mindestkompetenz kann dann sowohl die Entscheidung über das Erreichen und Verfehlen von Lernzielen als auch die Ziffernbenotung nach unserem sechsstufigen System bezogen werden“ (SACHER 1995b, S. 58 f.). Als erfolgreich würde man dann jene Leistung ansehen, „die eben noch ausreicht, aufgrund derer wir einen Schüler eben noch als Erreicher eines Lernziels ansehen oder ihm gerade noch die Note 4 geben“ (SACHER 1995a, S. 8). Grundkenntnisse haben durch ihren Bezug auf einen abgeschlossenen Lernbereich stoffbegrenzende Wirkung.[29]
Mindestkompetenzen lassen sich von Lernzielen, Zielbeschreibungen oder Präambeln der Lehrpläne ableiten. Sie entsprechen dem Lernzielbereich Wissen der bayerischen Lehrpläne und den Kenntnissen der Taxonomie BLOOMS.[30] Im Unterricht betreffen sie die Grundkenntnisse, -fähigkeiten und -fertigkeiten, die immer wieder benötigt werden und deshalb öfter wiederholt werden müssen. Dabei haben nicht alle Grundfähigkeiten und -fertigkeiten die gleiche Bedeutung für erfolgreiches Weiterlernen. „Die Höhe der geforderten Mindestkompetenz richtet sich nach der Bedeutung der Lerninhalte für den weiteren Lernprozess … Lernbedeutsamkeit, nicht Schwierigkeit ist der zentrale Gesichtspunkt für Leistungsförderung und Leistungsmessung“ (SACHER 1995a, S. 8). So stellen Fähigkeiten und Fertigkeiten der Informationsaufnahme, -verarbeitung und des selbstständigen Lernens zentrale Kompetenzen künftiger Lebensbewältigung dar, die deshalb intensiv geübt und angewendet werden müssen. Auch Lehrpläne künftiger Klassen, Übertrittsverfahren, Abschlussprüfungen oder Gespräche mit Kollegen der abnehmenden Schulen geben Hinweise auf die dort vorausgesetzten Kompetenzen.
Fehlende Mindestkompetenzen müssen durch individualisierende und differenzierende Unterrichtsmaßnahmen und Hilfen nachgeholt werden, um durch dieses lückenschließende, **remediale Lernen** den Schülern die Chance zur Erreichung der Lernziele bzw. des Klassenziels zu eröffnen. Mindestkompetenzen in den zentralen Fächern Deutsch, Mathematik, Heimat- und Sachkunde bzw. den Sachfächern und in den Fremdsprachen an weiterführenden Schulen müssen vorhanden sein oder in absehbarer Zeit erreicht werden, damit ein Schüler am Unterricht in der nächst höheren Jahrgangsstufe mit Erfolg teilnehmen kann.[31]
In Leistungsfeststellungen werden von den Grundkenntnissen und -fähigkeiten sinnvollerweise nur die des zuletzt behandelten Lernbereichs überprüft. Bei der Festlegung der Noten für ein Zwischen- oder Jahreszeugnis geht es dann um alle in diesem Zeitraum vermittelten Grundkenntnisse und höheren Anforderungen. Leis-

tungsfeststellungen dürfen also nicht nur Reproduktionsleistungen enthalten. Sie würden Schüler mit gutem Gedächtnis und großem häuslichen Fleiß bevorteilen und jene benachteiligen, deren Leistungen sich durch bewegliches Denken, Transfer und Problemlösen auszeichnen. Letztere haben mit Reproduktionsaufgaben meist keinerlei Schwierigkeiten, können aber ihre Leistungsfähigkeit nicht unter Beweis stellen.

Beispiel: **Beispiele für fehlende Grundkenntnisse und -fähigkeiten nach dem Lehrplan der Grundschule in Bayern (CZINZOLL/STRIETZEL 1987)**

Jahrgangsstufe 1

Zwischenzeugnis:

Lesen:
- im Unterricht behandelte Buchstaben werden nicht beherrscht
- kann nicht zusammenlesen (Prinzip der Synthese ist nicht erfasst)

Mathematik:
- kann die gelernten Zahlen nicht darstellen
- versteht grundlegende Operationen (Addition, Subtraktion) nicht
- kann Zahlen nicht vergleichen

Jahreszeugnis:

Lesen:
- beherrscht die Buchstaben nicht
- kann Wörter nicht oder nur mühsam zusammenlesen
- kann einfache, fremde Texte in Druckschrift nicht lesen
- versteht den Inhalt einfacher, gelesener Texte nicht

Rechtschreiben:
- beim Abschreiben werden viele Fehler gemacht
- kann die Schreibung gelernter Wörter nicht dauerhaft (!) behalten

Mathematik:
- kann Additions-, Subtraktions- und Ergänzungsaufgaben im Zahlenraum bis 20 nicht lösen (z. B. $17 - \square = 12$)
- rechnet im Zahlenraum bis 10 ohne Anschauungsmittel fehlerhaft
- kann die Zeichen > < = nicht richtig anwenden
- kann grundlegende Operationen in einfachen Sachzusammenhängen nicht erkennen oder anwenden

Jahrgangsstufe 2

Zwischenzeugnis:

Lesen:
- einfache Texte werden nicht in angemessener Geschwindigkeit gelesen
- versteht den Inhalt einfacher, gelesener Texte nicht

Rechtschreiben:
- geübte Sätze werden auswendig nicht richtig wiedergegeben
- kann die Schreibung gelernter Wörter des Grundwortschatzes nicht dauerhaft (!) behalten

Mathematik:
- Addition und Subtraktion werden auch bei einfachen Aufgaben nicht beherrscht
- Aufgaben mit Zehnerübergang werden nicht gelöst
- versteht nicht den Aufbau des Hunderters (z. B. Ergänzen auf Hundert, Zehnerzahlen, Ergänzen im Zahlenstrahl, Stellerwertschreibweise: ZE ...)

Jahreszeugnis:

Lesen:
- kann fremde Texte nicht in angemessener Geschwindigkeit lesen
- versteht den Inhalt einfacher, fremder, gelesener Texte nicht

Rechtschreiben:
- kann Wörter aus dem Grundwortschatz bzw. geübte Sätze nicht dauerhaft (!) richtig schriftlich wiedergeben

Sprachgebrauch:
- kann kurze Sätze nicht selbstständig in leserlicher und deutlich verständlicher Fassung niederschreiben

Mathematik:
- beherrscht nicht Addieren, Subtrahieren und Ergänzen (auch mit Zehnerübergang)
- zeigt kein Verständnis der Multiplikation und Division
- beherrscht nicht die gelernten Einmaleinsaufgaben
- versteht nicht den Aufbau des Hunderters

Jahrgangsstufe 3

Deutsch:

Weiterführendes Lesen:
- Texte werden nur stockend und fehlerhaft gelesen
- wesentliche Informationen werden nur unvollständig entnommen

Rechtschreiben:
- Texte werden nicht nahezu fehlerfrei abgeschrieben
- Wörter aus dem Grundwortschatz bzw. geübte Sätze werden nicht dauerhaft richtig schriftlich wiedergegeben
- vom Grundwortschatz abgeleitete, nicht geübte Wörter werden nicht richtig geschrieben (Flexionen, Einzahl-Mehrzahl, zusammengesetzte Namenwörter, einfache Wortneubildungen durch Vor- und Nachsilben sowie Endungen)

Sprachbetrachtung:
- kann Wortarten (Namenwort, Zeitwort, Eigenschaftswort) nicht unterscheiden
- Gegenwart und Vergangenheit beim Zeitwort können nicht gebildet werden
- sinnvolles und richtiges Umstellen von mehrgliedrigen Sätzen gelingt nicht

Mündlicher Sprachgebrauch:
- Inhalte werden nur ungenau in einfachen Satzmustern und in undifferenzierter Ausdrucksweise wiedergegeben

Schriftlicher Sprachgebrauch:
- bei der schriftlichen Darstellung von Sachverhalten bzw. Erlebnisinhalten zeigen sich folgende Mängel: unvollständige Sätze, verworrener Aufbau, Aussage schwer oder kaum verständlich

Mathematik:
- Einmaleinsaufgaben werden nicht zügig gelöst
- zeigt kaum Verständnis der Multiplikation und Division
- Aufbau des Tausenders wird nicht verstanden
- Zehnerübergang bereitet beim schriftlichen Addieren und Subtrahieren Schwierigkeiten
- Sachaufgaben von einfacher mathematischer Struktur werden nicht gelöst
- Multiplizieren von zweistelligen Zahlen mittels Zahlzerlegung gelingt nicht
- Dividieren durch einstellige Zahlen und Zehnerzahlen gelingt nicht (Aufgaben ohne Rest)

Jahrgangsstufe 4

Deutsch:

weiterführendes Lesen:
- altersgemäße Texte werden nur stockend und fehlerhaft gelesen
- wesentliche Informationen werden nur unvollständig entnommen

Rechtschreibung:
- Wörter aus dem Grundwortschatz bzw. andere geübte Wörter werden nicht dauerhaft richtig schriftlich wiedergegeben
- einfache Wortverwandtschaften werden nicht erkannt
- vom Grundwortschatz abgeleitete, nicht geübte Wörter werden nicht richtig geschrieben

Sprachbetrachtung:
- kann Wortarten (Namen-, Zeit-, Eigenschafts-, Zahlwort) nicht unterscheiden
- Verknüpfen und Auflösen von Sätzen gelingt kaum
- Texte können nicht in andere Zeiten übertragen werden

mündlicher Sprachgebrauch:
- Inhalte werden nur ungenau in einfachen Satzmustern und in undifferenzierter Ausdrucksweise wiedergegeben

schriftlicher Sprachgebrauch:
- bei der schriftlichen Darstellung von Sachverhalten bzw. Erlebnisinhalten zeigen sich folgende Mängel: unvollständige Sätze, verworrener Aufbau, Aussage schwer oder kaum verständlich

Mathematik:
- Normalverfahren der schriftlichen Addition, Subtraktion und Multiplikation werden nicht zügig beherrscht

- Division mit zweistelligen Zahlen gelingt nicht
- Aufbau der Million wird nicht verstanden
- Sachaufgaben komplexerer Struktur mit einfachen Zahlen werden nicht gelöst; Sachaufgaben einfacherer Struktur im erweiterten Zahlenraum werden nicht gelöst
- kann Umrechnungen von Einheiten (z. B. DM – Pf, km – m, kg – g, Stunde – Minute, Tag – Stunde) bei sinnvollen Aufgabenstellungen nicht vollziehen
- zeigt im Unterricht kaum Verständnis einfacher geometrischer Zusammenhänge

(CZINCZOLL/STRIETZEL in CZINCZOLL 1987, S. 568)

◆ Aufgaben mit höheren Anforderungen

Da die Lehrpläne der einzelnen Bundesländer nach dem Hamburger Abkommen von 1968 höhere Anforderungen verlangen, müssen auch schriftliche Leistungsfeststellungen Aufgaben mit **Anwendungsleistungen** enthalten.

Höhere kognitive Anforderungen sind im Sinne der Lernzielstufung des Strukturplans des DEUTSCHEN BILDUNGSRATES

- die **Reorganisation**, die selbstständige, „eigene Verarbeitung und Anordnung des Stoffes": Reorganisation ist eine Transformationsleistung. Die rekonstruierten Strukturen werden variiert, indem ihre Elemente auf eine neue Art beweglich und transparent verknüpft werden, ohne dass sich ihre Bedeutung bzw. ihr Ergebnis ändert. Gelerntes wird beispielsweise unter einer neuen Fragestellung wiedergegeben, aus einer neuen Perspektive erklärt, in eine andere Darstellung umgesetzt, zu einem bestimmten Begriff werden Beispiele gesucht und erläutert, ein Diskussionsbeitrag wird mit eigenen Worten zusammengefasst, ein vertrautes Lösungsverfahren abgeändert, eine inverse Operation durchgeführt. Transformationsleistungen sind besonders valide Indikatoren für das Verständnis, d.h. den erfolgreichen Aufbau eines Begriffes oder einer Operation.
- der **Transfer**, die Übertragung der „Grundprinzipien des Gelernten auf neue ähnliche Aufgaben": Bei dieser Anwendungsleistung erfolgt die Rekonstruktion einer bekannten Struktur unter einer neuen Bedingung, in einer neuen Problemsituation, als neuer Fall. So wird beispielsweise bei der erkennenden Anwendung ein unbekannter Text auf bestimmte Merkmale hin analysiert und interpretiert. Dabei werden einzelne Elemente als bekannt identifiziert. Bei der herstellenden Anwendung werden dann z.B. komplexe Sachaufgaben gelöst, ein Text zu einer besprochenen Textgattung entworfen, eine Sprache in eine andere übersetzt, ein Werkstück geplant und produziert.
- das **problemlösende Denken**, d.h. eine kreative Lösung von Aufgaben mit relativ neuen Strukturen: Dies stellt eine Neuleistung des Denkens dar wie beispielsweise „zu einem abgehandelten Sachverhalt zusätzliche und neue Fragen zu stellen, neue Aspekte zu seiner Beurteilung zu finden, konstruktive Kritik zu üben, begründete Verbesserungsvorschläge zu machen, Alternativen zu entdecken, Hypothesen zu

finden und aufzustellen, selbst ein Experiment zu entwerfen und durchzuführen, Texte nach selbst gewählten Gesichtspunkten zu interpretieren." Diese Leistungen müssen aber zuerst im Unterricht angebahnt und gesichert werden (DEUTSCHER BILDUNGSRAT 1970, S. 78 ff.).[32]

Anwendungsaufgaben sollten möglichst **realistisch** sein. Realistische Anwendungssituationen des beruflichen und sozialen Lebens sind die eigentliche Bewährungsinstanz schulischen Lernens. Zu ihrer Konstruktion ist eine differenzierte Kenntnis der Lebensverhältnisse der jeweiligen Region notwendig. Sie enthalten **offene Problemstellungen** und Gegebenheiten, bei denen die Schüler die Relevanz und Reichweite der einzelnen Informationen selbst bestimmten müssen, z. B. bei der Identifizierung eines unbekannten Textes eines Autors. Sie sind meist komplex und erfordern eine Vielzahl zusammenhängender Handlungen und Operationen beispielsweise beim Planen und Herstellen eines Werkstücks, bei der Analyse einer Marktsituation. Sie dürfen aber keine offenen oder versteckten Hinweise auf das Lösungsschema enthalten.[33]

Die Lösung solcher Aufgaben muss höher bewertet werden als die von Reproduktionsaufgaben. Allerdings sind solche Aufgaben nicht von vornherein schwieriger als Reproduktionsaufgaben. Mit wenigen Denkvorgängen zu lösende Problemlösungsaufgaben sind sicher einfacher als die Wiedergabe großer, komplizierter Datenmengen. Meist aber sind sie komplexer, da zur Lösung reproduzierbares Wissen gedanklich verknüpft und neue kognitive Strukturen aufgebaut werden müssen. In der Praxis heben deshalb Transfer- und Problemlösungsaufgaben häufig den Schwierigkeitsgrad einer Leistungsfeststellung an. In Leistungsfeststellungen aufgenommene Problemlösungsaufgaben dürfen vorher nicht im Unterricht behandelt werden, da sie sonst nur noch Reproduktionsleistungen darstellen.

Prozentangaben für die einzelnen Lernzielstufen, z. B. 40 % Reproduktions-, 30 % Reorganisations-, 20 % Transfer- und 10 % Problemlösungsaufgaben, können nur grobe Richtwerte sein, da sich diese Lernzielniveaus in der Praxis nicht leicht voneinander unterscheiden lassen. Erst die Einbeziehung des vorausgegangenen Unterrichts erlaubt Aussagen über die Anforderungsstufe einer Aufgabe. Es ist nicht leicht, aber vom Lehrer gefordert, gerade für Proben im Heimat- und Sachkundeunterricht der Grundschule angemessene Aufgaben mit höheren Anforderungen zusammenzustellen.

Um schwächeren Schülern die Chance zu geben, wenigstens ausreichende Leistungen zu erlangen, sollten Leistungsfeststellungen Reproduktions- und einfache Reorganisationsleistungen in ausreichendem Maße enthalten. Stoffumfassendere Leistungsfeststellungen mit unterschiedlichen Anforderungsniveaus bedürfen aber auf alle Fälle einer anderen Bewertung als jene mit nur Reproduktions- und Reorganisationsaufgaben.[34]

4.2 Die Konstruktion und Durchführung anforderungsgerechter schriftlicher Leistungsfeststellungen

Schriftliche Leistungsfeststellungen müssen hinsichtlich des Umfangs, der Aufgabenstellung und der zeitlichen Dauer (z. B. in der Grundschule im allgemeinen nicht länger als 30 Minuten, in der Hauptschule nicht länger als 45 Minuten) der Altersstufe und den Lernvoraussetzungen der Schüler angemessen sein. In den letzten Klassen weiterführender Schulen sollte die Arbeitszeit sukzessiv den Anforderungen der Abschlussprüfungen wie z. B. des Qualifizierenden Hauptschulabschlusses angenähert werden.

Die Bestimmung des Umfangs von Leistungsfeststellungen

Probearbeiten mit vielen kurzen Aufgaben können eher die gesamte Breite der zu überprüfenden Kompetenzbereiche, das Verständnis einzelner Begriffe und Operationen abklären. Sie sind im allgemeinen reliabler und messen die Leistung genauer als solche mit wenigen, aber komplexen Aufgaben.
Sollen anspruchsvolle Kompetenzen und ganzheitliche Fähigkeiten tiefgründiger überprüft werden, dann sind wenige komplexe Aufgaben valider, d. h. sie erfassen zutreffender die zu ermittelnden Leistungen und erlauben eher Prognosen auf das spätere Verhalten im Beruf. Nach SACHER sollte man deshalb die Leistungen mit wechselnden Schwerpunkten ermitteln. „Einen guten Kompromiss stellt es dar, in Prüfungen einige komplexere und eine Reihe kleinerer Fragen zu stellen" (SACHER 1995a, S. 10).[35]

Die Formulierung und Darstellung der Aufgaben

Um Schülern die Lösung zu erleichtern, sollten Aufgaben
- nur inhaltlich Wesentliches abfragen, dabei die Lebensumwelt der Schüler berücksichtigen und sachlich richtig sein.
- in einer gut leserlichen und dem Alter der Schüler angepassten Schrift verfasst sein.
- in einer einfachen, verständlichen, klaren, altersgemäßen Sprache abgefasst sein.
- nur wichtige, einfache, aber konsequent verwendete Notationsformen enthalten.
- klar in einen Informations- und einen Frageteil gegliedert und durch Hervorhebungen, Nummerierungen, grafische Darstellungen übersichtlich strukturiert sein, aber keine Hinweise auf die anzuwendende Lösung enthalten.
- variativ gestaltet sein, z. B. Aufgaben mit Auswahlantworten, Zu- und Umordnungsaufgaben, Lückentexte, Ergänzungsaufgaben, Vervollständigung von Zeichnungen, freie Beantwortung, Kurzbeschreibungen. Dadurch werden unterschiedliche Lerntypen angesprochen.
- so klar gestellt werden, dass Lösungen eindeutig als richtig oder falsch interpretiert werden können und nicht von vorausgegangenen Ergebnissen abhängen.
- in einer Probearbeit richtig verteilt werden. Um das Selbstvertrauen der Schüler aufzubauen, beginnen Probearbeiten mit sogenannten „Eisbrecheraufgaben", d. h. einfachen, leicht lösbaren Reproduktionsaufgaben. Aufgaben mit höchsten Schwierigkeiten werden im Mittelbereich, Aufgaben mit geringeren Anforderungen wegen möglicher Ermüdung gegen Ende platziert.
- vom Lehrer in der vorgesehenen Zeit mit den eingeplanten Hilfsmitteln selbst schriftlich gelöst werden. Er erkennt dadurch unbeabsichtigte Schwierigkeiten bei der Lösung, kann rechtzeitig Änderungen vornehmen, Teilschritte einfügen und jeder Aufgabe entsprechend den jeweiligen Anforderungen Punkte zuordnen. Mit dieser Musterlösung vergleicht er bei der Korrektur die Schülerarbeiten.[36]

Auch lernorganisatorische Anforderungen künftiger Aufgabenbewältigung sind zu berücksichtigen. Wenn beispielsweise bei einer Abschlussprüfung die Mathematikaufgabe in 45 Minuten zu erledigen ist, sollte auch bei der Vorbereitungszeit zunehmend auf dieses Zeitmaß hingearbeitet werden.

Die Durchführung schriftlicher Leistungsfeststellungen

Schriftliche Leistungsfeststellungen sollen
- gleichmäßig über das Jahr verteilt und nicht in einem kurzen Zeitraum kumuliert werden.
- in weiterführenden Schulen undramatisch, ruhig angesagt und die überprüfbaren Inhalte genau bestimmt werden. In Bayern dürfen sie in der Grundschule nicht angekündigt werden, da die Inhalte im Unterricht vielfach gesichert und Prüfungsängste vermieden werden sollen.
- in einer angstfreien, entspannten, beruhigenden Atmosphäre durchgeführt werden. Entspannungs- und Stilleübungen vor der Leistungsfeststellung, die Imagination positiver Vorstellungsbilder, ermunterndes verbales und nonverbales Lehrerverhalten mindern Prüfungsängste und steigern die Konzentration und Aufmerksamkeit.
- vor allem von schwächeren und ängstlichen Schülern ohne Zeitdruck gelöst werden können. Die Reihenfolge der Bearbeitung wird den Schülern überlassen.
- bei sehr leistungsschwachen Schülern nicht immer benotet werden.
- nicht in der Abfolge der Noten und ohne Bekanntgabe von Punkte- und Fehlerhäufigkeiten oder Notendurchschnitten zurückgegeben werden.
- ermunternde Bemerkungen enthalten, die den Lernfortschritt einzelner Schüler verdeutlichen und anerkennen.[37]

4.3 Beispiele anforderungsgerechter, lernzielorientierter Leistungsfeststellungen

Beispiele aus dem Heimat- und Sachkundeunterricht der Grundschule

Bei den folgenden Beispielen werden den anforderungsgerechten Aufgaben von Leistungsfeststellungen jeweils die durch den Unterricht erworbenen Grundkenntnisse der Thematik vorangestellt, über die alle Schülern verfügen, die sie reproduzieren und anwenden können.

◆ **Bau einer Blüte** (3. Jgst.: Grundkenntnisse über die Entwicklung von der Blüte zur Frucht am Beispiel von Kirsche oder Apfel)[38]

Grundkenntnisse
- Den Aufbau einer Kirschblüte kennen, Blütenteile benennen und ihre Bedeutung erläutern, z. B. weiße oder farbige Blütenblätter zum Anlocken von Insekten, Staubgefäße mit Pollen zum Bestäuben von Blüten, Fruchtknoten mit der Samenanlage, Griffel und Narbe.
- Blütenteile an anderen Blüten wieder erkennen und benennen, z. B. an Apfel-, Birnen-, Pflaumen-, Heckenrosenblüten.

Aufgabe auf Reproduktionsniveau
Wie heißen die Teile dieser Kirschblüte?

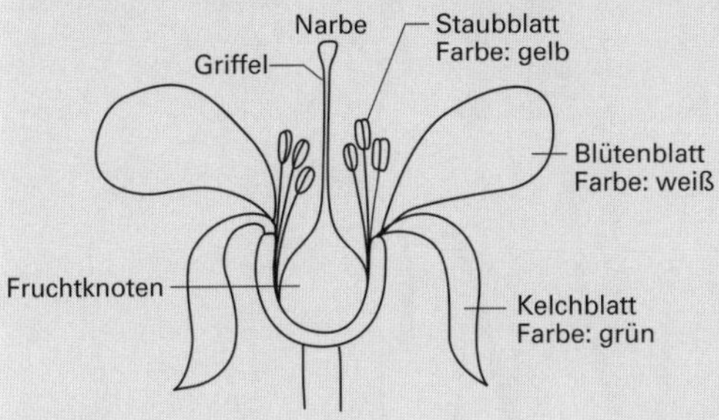

Aufgabe auf Reorganisationsniveau
Wie heißen die Teile dieser Blüte der Glockenblume?

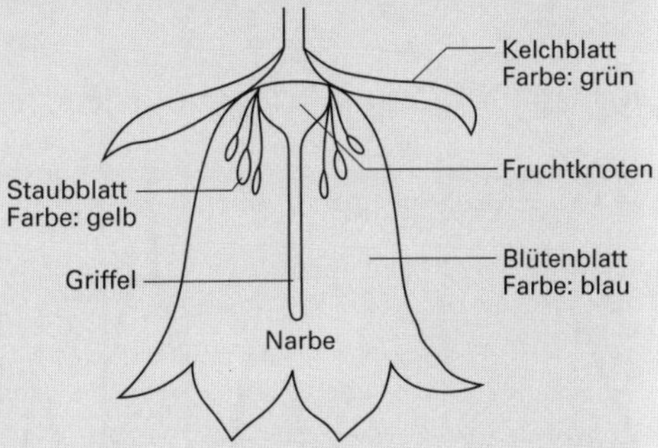

(CZINCZOLL 1984, S. 483)

Die Schüler müssen zusätzliche Denkleistungen erbringen, wenn sie an der Blüte einer rundblättrigen Glockenblume oder einer anderen Glockenblumenart, die nach unten gerichtet gezeichnet ist, die Blütenteile bestimmen sollen. Voraussetzung ist aber, dass sie beispielsweise von einer Pflanzenausstellung her wissen, wie eine Glockenblume in Wirklichkeit aussieht.
Als **praktische Leistungsfeststellung** ist das Zergliedern einer Blüte mit dem Benennen und Zeichnen der Teile geeignet.[39]

◆ **Heimische Getreidearten (3. Jgst.: Einfache Kenntnisse über Getreide)**

Grundkenntnisse
- Weizen, Roggen, Gerste, Hafer als wichtige heimische Getreidearten richtig benennen und unterscheiden.
- Unterscheidungsmerkmale nennen und zeigen: Ähre, Rispe, Korn, Grannen (Spelzen).

Weiterführende Denkaufgaben (Transfer, Problemlösen)
Unsere Getreidepflanzen stammen von Wildgräsern ab. Auf der folgenden Abbildung findest du eine Anzahl von Gräsern, die auf unseren Wiesen wachsen.
a) Bei welchen dieser Gräser fällt dir die Ähnlichkeit mit unseren Getreidearten besonders auf? Begründe!
b) Bei den Gräsern unterscheidet man
- Ährengräser
- Rispengräser

Versuche, die Nummern der Gräser beiden Begriffen zuzuordnen!
c) Eines dieser Gräser heißt „Glatthafer“. Findest du es heraus? (Nummer 1).[40]

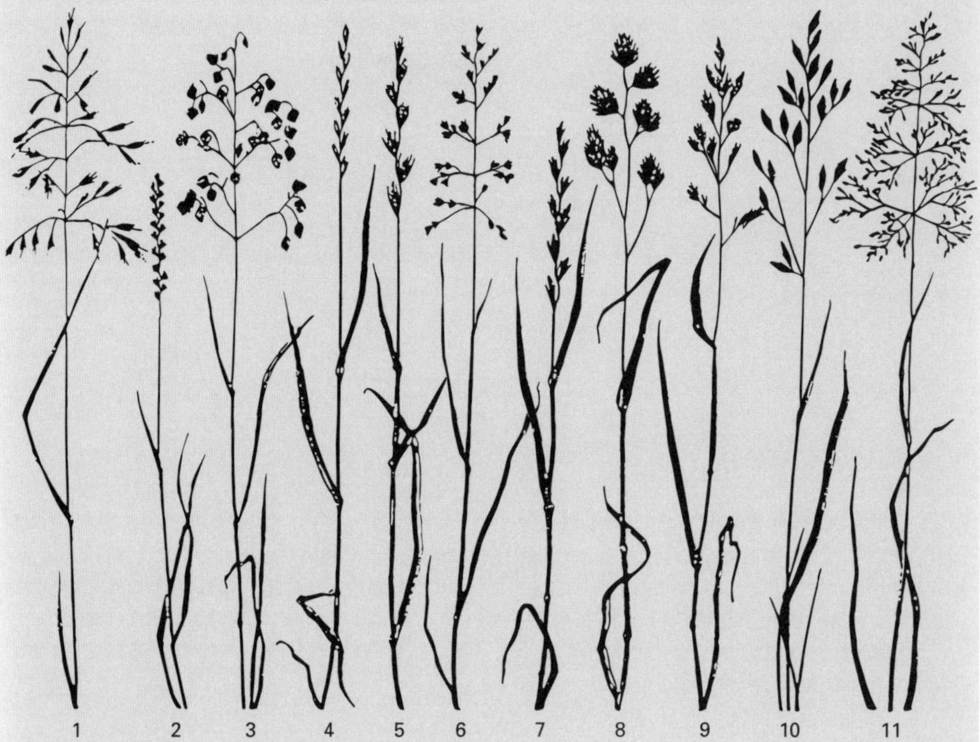

(HAMMER 1990)

◆ **Höhendarstellung in Karten** (**4. Jgst.: Fähigkeit, sich im erweiterten heimatlichen Raum mit Hilfe von Plänen und Karten zu orientieren**)

Grundkenntnisse

- An der Höhendarstellung eines heimatlichen Berges den „Gipfel, Fuß, Steilhang, Flachhang" eines Berges zeigen und diese Begriffe erklären.
- Wissen, dass Höhenlinien keine Wanderwege, sondern gedachte Linien sind, die Punkte gleicher Höhe verbinden.
- Erläutern, dass enge Abstände der Höhenlinien auf einen Steilhang, weite auf einen Flachhang hinweisen.
- Darlegen, dass die Zahlenangaben die Höhe vom Meeresspiegel aus ausdrücken und jeder Punkt auf einer Höhenlinie gleich hoch liegt.

Welches ist die richtige Seitenansicht des auf der Karte dargestellten Berges mit Höhenlinien? Kreuze sie an!

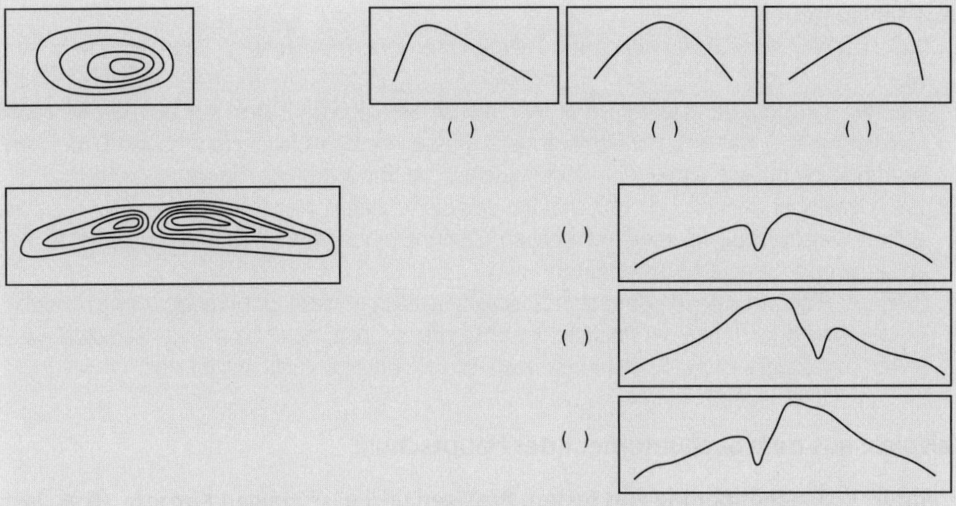

(STAATSINSTITUT FÜR SCHULPÄDAGOGIK UND BILDUNGSFORSCHUNG (ISB) 1987, S. 53)

Weiterführende Denkaufgaben (Transfer-, Problemlöseniveau)

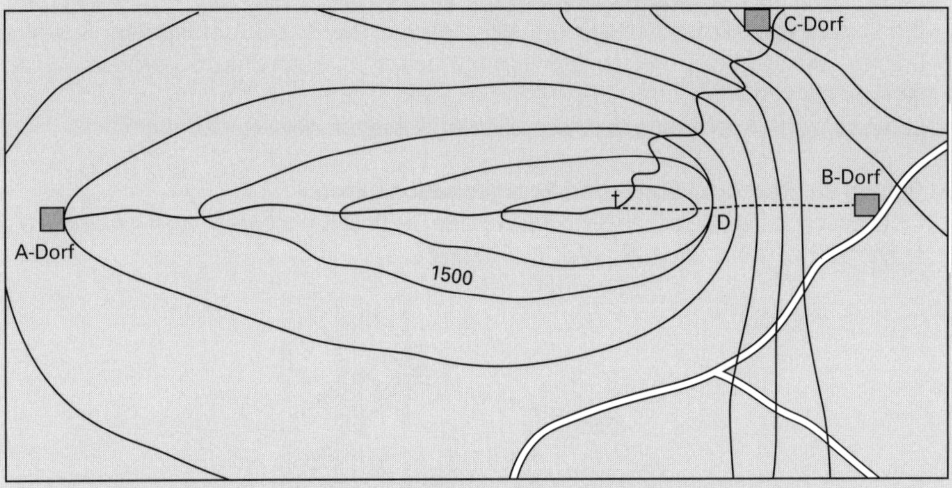

(STAATSINSTITUT FÜR SCHULPÄDAGOGIK UND BILDUNGSFORSCHUNG (ISB) 1987, S. 53)

Auswahlaufgaben:

1. Welchen Weg zum Gipfel würdest du älteren Menschen empfehlen? Begründe deine Antwort!
2. Die zwei geübten Bergsteiger Franz und Michael wollen von B-Dorf aus zum Gipfel (siehe Markierung -----). Mit welcher Schwierigkeit müssen sie beim Markierungspunkt D rechnen? Begründe deine Antwort! Zeichne ein, wie sie die Schwierigkeit meistern könnten!
3. (Bild der Höhendarstellung ohne die drei eingezeichneten Wege) Von jedem der drei Orte soll ein Weg zum Gipfel angelegt werden. Zeichne einen Weg für ältere Menschen, für junge Leute und für geübte Bergsteiger!
4. (Bild der Höhendarstellung mit drei Skiabfahrtspisten anstelle der Wanderwege) Welches ist die steilste, welches die flachste Piste? Ordne sie und beginne mit der steilsten Piste!. (Alternativ: Zeichne drei Skiabfahrtspisten ein, die unterschiedlich steil sind!).[41]

Beispiele aus dem Sachunterricht der Hauptschule

◆ **Physik: Volumenänderung von festen, flüssigen und gasförmigen Körpern (5./6. Jgst.: Den Zusammenhang zwischen Volumenänderung und Temperaturänderung kennen)**[42]

Grundkenntnisse

- Durch selbst geplante und durchgeführte Versuche feststellen, dass eine Temperaturänderung eine Volumenänderung von festen, flüssigen und gasförmigen Körpern bewirkt.
- Diese Erkenntnis in Je-desto-Sätzen formulieren.
- Die Erkenntnis an Erscheinungen der alltäglichen Umwelt, z. B. bei Brücken, Schienen, Drähten, Bimetallstreifen, Heizungsanlagen, Benzintanks, Autoreifen, Spraydosen, aufzeigen und erklären.
- Bedeutung und Auswirkung der Anomalie des Wassers in der Natur erläutern.

Aufgaben auf Reproduktions- und Reorganisationsniveau

- Oberleitungen der Deutschen Bahn AG werden durch Betongewichte straff gespannt. Diese hängen mal höher und mal tiefer. Wie kommt das?

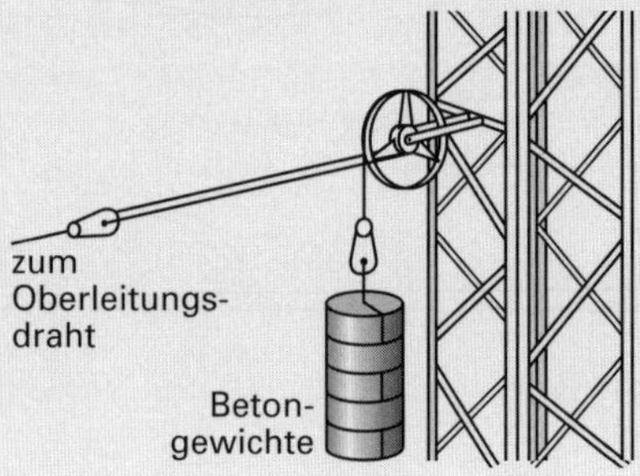

(Heinel u. a. 1986, S. 24)

- Die Stahlseile von Skiliften werden bergseits durch große Betongewichte gespannt. Erkläre, warum die Gewichte mal höher und mal tiefer hängen!

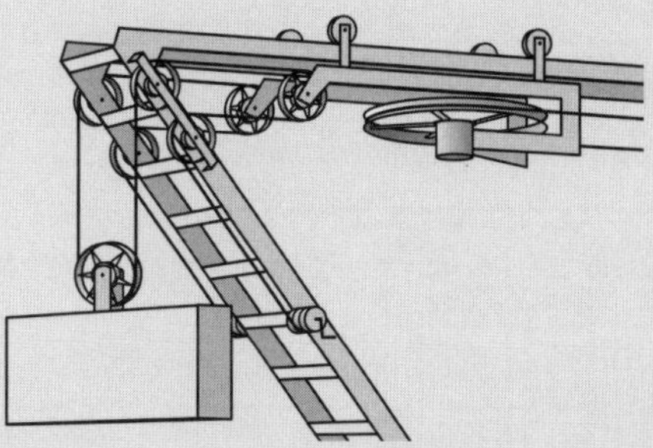

- Dieser Bimetallstreifen ist aus Aluminium und Eisen gefertigt. Beim Abkühlen verbiegt er sich nach unten. Welches ist die Aluminiumschicht? Beschrifte die Zeichnung! (Die Schüler fanden durch ihre Versuche heraus, dass die Wärmeausdehnung eines Aluminiumrohres größer ist als die eines vergleichbaren Kupfer- oder Eisenrohres.).

Weiterführende Denkaufgaben (Transfer-, Problemlösungsniveau)

- „Vor über 2000 Jahren konstruierte der griechische Ingenieur Philon einen Tempelaltar, dessen Feuer auf geheimnisvolle Weise gelöscht wurde. Das galt als ein Zeichen dafür, dass die Götter das Opfer angenommen hatten. Das nebenstehende Bild zeigt, wie diese Vorrichtung funktionierte. Erkläre!" (HEINEL u. a. 1986, S. 28).
- Um 100 v. Chr. wurde der „Wunderaltar des Heron von Alexandrien" bestaunt. Brannte das Feuer auf dem Altar, öffneten sich auf geheimnisvolle Weise die beiden Flügeltüren; sie schlossen sich, wenn das Feuer erlosch. Kannst du dieses Geheimnis erklären?

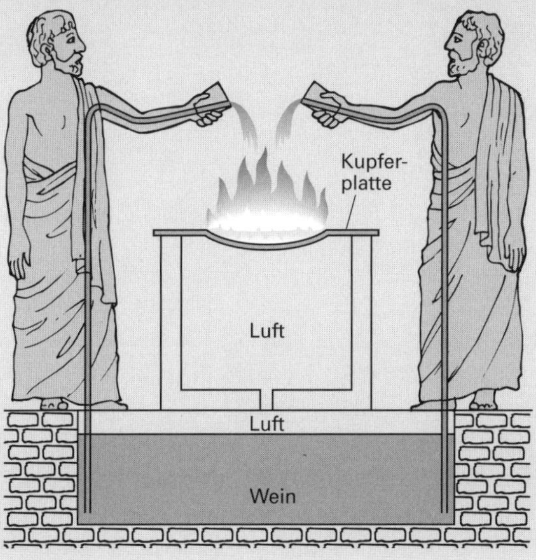

(HEINEL u. a. 1986, S. 28)

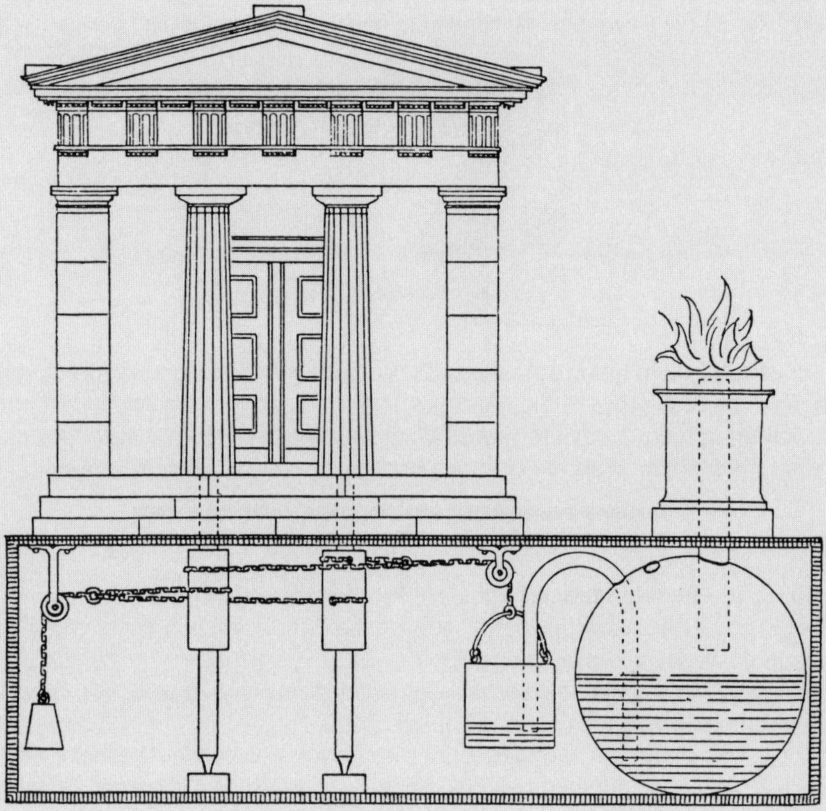

(BÜCHNER u. a. 1994, S. 62)

◆ Erdkunde: Klimazonen in Europa (7. Jgst.: Unterschiedliche Klimazonen in Europa kennen lernen)[43]

Grundkenntnisse

- Die unterschiedlichen Klimazonen Europas (Polares Klima in Nordeuropa, gemäßigtes/ozeanisches Klima in Westeuropa, kontinentales in Osteuropa, Mittelmeerklima in Südeuropa) durch Auswerten von thematischen Karten, Klimadiagrammen und Tabellen bestimmen.
- Die jährlichen Temperaturschwankungen und Niederschlagsmengen feststellen und vergleichen.
- Die Kennzeichen der verschiedenen Klimazonen beschreiben.
- Verschiedene Klimatypen entsprechenden Regionen auf der Europakarte zuordnen und durch Bilder veranschaulichen.

Reproduktions- und Reorganisationsaufgaben umfassen hier auch praktische Leistungen wie das Auswerten von thematischen Karten, Klimadiagrammen und Tabellen.

Da mit den nachfolgenden Tabellen und Klimadiagrammen nicht im Unterricht gearbeitet wurde, stellen ihre Auswertung und Zuordnung Reproduktions- und einfache Reorganisationsleistung dar.

- Beschreibe das Klima einer Klimazone anhand eines Klimadiagramms!
- Ordne den Klimadiagrammen dreier Städte, z. B. von Kiruna/Schweden (A), Malagá/Spanien (B) und Wolgograd/Russland (C), die vorliegenden Klimatabellen richtig zu und kennzeichne diese Städte in der Europakarte mit dem jeweiligen Buchstaben.

1

Monat	T	NS
Januar	13	60
Februar	13	50
März	15	60
April	16	50
Mai	19	30
Juni	23	10
Juli	25	0
August	26	0
September	24	30
Oktober	20	60
November	16	60
Dezember	13	70

2

Monat	T	NS
Januar	– 14	20
Februar	– 14	20
März	– 10	20
April	– 4	20
Mai	3	30
Juni	10	50
Juli	14	60
August	11	60
September	5	40
Oktober	– 2	30
November	– 7	30
Dezember	– 11	20

3

Monat	T	NS
Januar	–10	20
Februar	– 9	20
März	– 3	20
April	8	20
Mai	17	30
Juni	21	40
Juli	24	30
August	23	20
September	16	30
Oktober	8	20
November	0	30
Dezember	– 6	30

(HEIDENREICH u. a. 1986, S. 19)

◆ **Geschichte: Deutschland unter nationalsozialistischer Diktatur (8./9. Jgst.: Um den Totalitätsanspruch des NS-Regimes wissen und politischen Parolen gegenüber wachsam werden)**[44]

Grundkenntnisse

- Ziele der NS-Erziehung wie „Einordnung in die Volksgemeinschaft“ und „Unterordnung unter die NS-Führer“ erläutern.
- Kennzeichen der NS-Ideologie wie „Rassegefühl“, „Wehrtüchtigkeit“, „Volksgemeinschaft“ an Beispielen klären.
- NS-Propaganda-Parolen „Du bist nichts, dein Volk ist alles!“, „Ein Volk, ein Reich, ein Führer!“ erläutern.
- Die Einflussnahme auf das Leben der Jugendlichen durch die Hitlerjugend und andere NS-Organisationen darstellen.

Weiterführende Denkaufgaben (Transfer, Problemlösen)

Die nachfolgenden Texte wurden nicht im Unterricht behandelt. Die geforderten Leistungen liegen auf dem Anforderungsniveau des Transfers und problemlösenden Denkens.

- „Ein Hitler-Junge erinnert sich:
  Wir waren Hitler-Jungen, Kindersoldaten, längst ehe wir mit zehn Jahren für wert befunden wurden, das Braunhemd zu tragen. Schon vorher waren wir dauernd ‚im Einsatz‘. Wir sammelten Altpapier und Altmetalle, suchten Heilkräuter, schwangen fürs Winterhilfswerk die Sammelbüchse ..., waren aufs ‚Dienen‘ vorbereitet, ehe wir als Pimpfe zwei- oder dreimal die Woche und oft auch noch am Sonntag zum ‚Dienst‘ befohlen wurden. Mit dreizehn hatte ich es geschafft. Ich wurde ‚Jungzugführer‘ in einem Dörflein, wo es nur zwölf Pimpfe gab. Beim Sport und beim Geländespiel vertrugen wir uns prächtig und wenn ich zum Dienstschluss mein ‚dreifaches Sieg-Heil auf unseren geliebten Führer Adolf Hitler‘ ausrief, strahlten die Augen meiner Kameraden.“

  Worin unterschied sich das Leben eines Hitlerjungen von dem heutiger Jugendlicher?

- „Hitler beschrieb seine Vorstellungen über die Jugenderziehung einmal so:
  Eine gewalttätige, herrische, unerschrockene, grausame Jugend will ich. Schmerzen muss sie ertragen. Es darf nichts Schwaches und Zärtliches an ihr sein. Stark und schön will ich meine Jugend. Ich werde sie in allen Leibesübungen ausbilden lassen. Ich will eine athletische Jugend. Das ist das Erste und Wichtigste. Ich will keine intellektuelle Erziehung. Mit Wissen verderbe ich mir die Jugend.“

  Nimm Stellung zu den Erziehungszielen und ihrer Rangfolge!
  Welche Überlegungen standen wohl hinter den Aussagen Hitlers?

(Staatsinstitut für Schulpädagogik und Bildungsforschung 1995, S. 41).

◆ Mathematik: Umfang und Flächeninhalt von Kreisen bestimmen (8.Jgst. Geometrie)[45]

Grundkenntnisse

- Zusammenhang zwischen Umfang und Durchmesser erklären, die Formel zur Umfangsberechnung erläutern, Umfangsberechnungen durchführen.
- Den Zusammenhang zwischen Flächeninhalt und Radius von Kreisen an Beispielen erklären, Flächenberechnungen durchführen.

Probearbeit mit Aufgaben unterschiedlichen Anforderungsniveaus

Aufgabe	Punkte	Anforderungsstufe
1. Rechne um! a) 0,78 m^2 = ? dm^2 b) 7850 mm^2 = ? cm^2 b) 3,51 dm^2 = ? cm^3 d) 750 l = ? m^3	2	Repr.
2. Berechne die fehlenden Angaben folgender regelmäßiger Vielecke! Fünfeck Achteck Seitenlänge s 4,4 cm ? Höhe des Bestimmungsdreiecks h 3,0 cm 4,1 cm Fläche A ? ? Umfang U ? 27,2 cm	4	Repr.
3. Konstruiere ein Dreieck mit b = 4,5 cm; c = 5,4 cm; α = 65 °. Fertige zuerst eine Planskizze! Beschrifte die Eckpunkte, Seiten und Winkel!	3	Repr.
4. Zeichne in ein Gitternetz (Einheit cm) die Strecke AB mit den Punkten A (2/5) und B (7/2) sowie den Punkt P (6/5). Konstruiere mit Zirkel und Lineal die Senkrechte im Punkt P auf die Strecke AB! In welchem Punkt schneidet die Senkrechte die Rechtsachse?	3	Reorg.

Probearbeit mit Aufgaben unterschiedlichen Anforderungsniveaus (Fotsetzung)

Aufgabe	Punkte	Anforderungsstufe
5. In einem Betrieb werden Bleche aus Aluminium (Dichte 2,7 g/cm³) hergestellt (siehe Skizze!). Jedes Blech ist 8 mm stark. Berechne das Gewicht eines Aluminiumbleches! 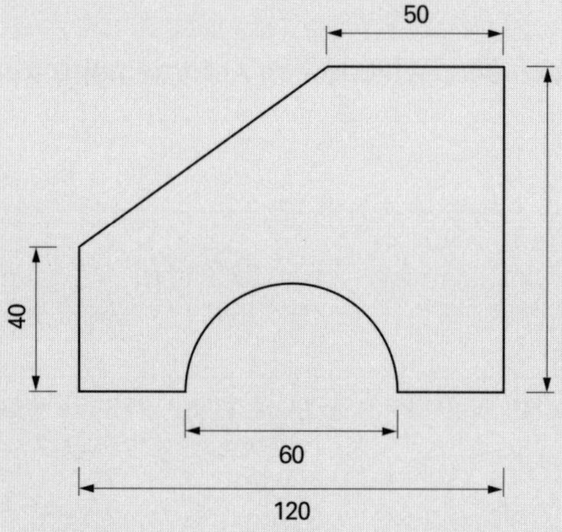	5	Reorg.
6. Trage die folgenden Punkte in ein Gitternetz (Einheit cm) ein und verbinde sie der Reihe nach zu einem Vieleck: A(2,5/1), C(10/4), D(7,5/8), E(3,5/6,5), F(1/4). a) Zerlege das Vieleck vorteilhaft in Teilflächen, sodass du mit genauen Maßen rechnen kannst! b) Berechne den Flächeninhalt des Sechsecks!	5	Trans.
7. Berechne die schraffierte Fläche der folgenden Figur! 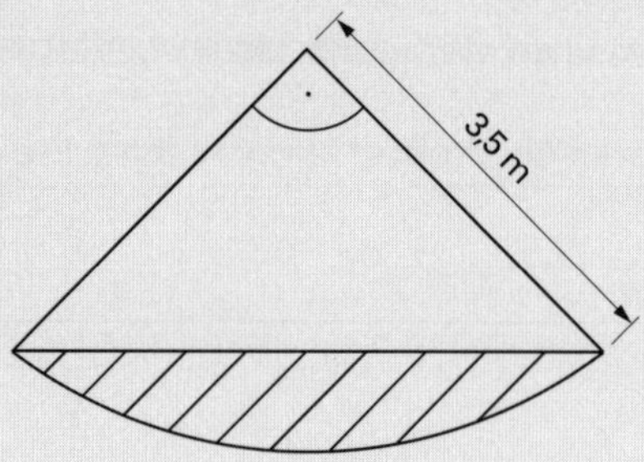	3	Trans.

Probearbeit mit Aufgaben unterschiedlichen Anforderungsniveaus (Fotsetzung)

Aufgabe	Punkte	Anforderungsstufe
8. a) Ein zylinderförmiger Messbecher hat einen inneren Durchmesser von 15 cm. Wie hoch steht das Wasser, wenn man 1 Liter Wasser einfüllt? (Runde auf 2 Kommastellen!) b) Das Wasser wird in einen zweiten Messbecher umgefüllt, dessen Durchmesser halb so groß ist. Wie hoch ist der Wasserstand? c) Vergleiche die Ergebnisse von a) und b)! Welche Gesetzmäßigkeit kannst du feststellen?	5	Probl.

(STAATSINSTITUT FÜR SCHULPÄDAGOGIK UND BILDUNGSFORSCHUNG 1992, S. 76 ff.)

5 Die angemessene Bewertung festgestellter schriftlicher Leistungen

5.1 Die Korrektur und die Analyse der ermittelten Leistungen

In Leistungsfeststellungen fließen immer Faktoren des vorausgehenden Unterrichts und der Anlage der Aufgaben mit ein. Bei unglücklicher Aufgabenkonstruktion können Probearbeiten deshalb auch unerwartet schlecht ausfallen. Im Interesse der Schüler, ihrer Lernprozesse und der Optimierung der Leistungsermittlung sollten deshalb die **Aufgabenstellungen** nach der Korrektur in Relation zum gesetzten Ziel **kritisch reflektiert** und **kontrolliert** werden:

- Wurden die angestrebten Lernziele und Leistungsanforderungen von der Klasse insgesamt, von einzeln Schülern erreicht oder sind Teilbereiche kaum gelöst worden?
- Waren die geforderten Mindestkompetenzaufgaben und die Aufgaben mit höheren Anforderungen angemessen?
- Häufen sich bestimmte Fehler bei einzelnen Aufgaben? Waren die Aufgaben adäquat formuliert?
- Häufen sich Flüchtigkeitsfehler oder unbearbeitete Aufgaben infolge des Zeitdrucks gegen Ende der Probe?
- Ist ein deutlicher Leistungsabfall bei den zuletzt bearbeiteten Aufgaben infolge Ermüdung feststellbar?
- Gibt es gravierende Leistungsveränderungen der ganzen Klasse oder bei einzelnen Schülern im Vergleich zu bisherigen Leistungen?

Erst eine **Analyse der Leistungen** gestattet eine **informative Rückmeldung** über vorhandene oder fehlende Kompetenzen, über Maßnahmen zur weiteren Einübung, über zusätzliche **differenzierende Hilfen**. Sie sollte den Schülern durch Anmerkungen an der jeweiligen Stelle in der Arbeit kurz mitgeteilt werden, z. B.
„Der Lösungsweg ist richtig, aber du hast mit falschen Zahlen weitergerechnet.
- Hier hättest du besser so gerechnet ...
- Hier hast du die Bezeichnung vergessen. Punkteabzug!

– Hier hast du im falschen Maßstab gezeichnet"
(Staatsinstitut für Schulpädagogik und Bildungsforschung 1992, S. 44).
Durch diese Anmerkungen, nicht durch die allgemeine Besprechung und noch weniger durch die Mitteilung der Punkte-Noten-Zuordnung allein wird **Transparenz der Leistungsbewertung** erreicht, erhalten die Schüler Auskunft über ihren Leistungsstand und Hinweise auf eine Förderung.
Der Lehrer überträgt dann die Leistungen eines jeden Schülers auf ein **Analyseblatt** oder eine Fehlerkarte, plant die Besprechung und Berichtigung der Fehler und eventuell notwendige personale Hilfen. Er führt **zusätzliche Überprüfungen** durch, wenn das Ergebnis überraschend von bisherigen Leistungen abweicht oder Zweifel an der Angemessenheit der Aufgabenstellung auftauchen. Genauere Klärung ermöglichen lerndiagnostische Einzelüberprüfungen, standardisierte Schulleistungs- und Fähigkeitstests oder die Einbeziehung weiterer Fachleute wie Kollegen, Schulleitung, Schulaufsicht, Schulpsychologen.[46]

5.2 Die anforderungsgerechte Benotung der ermittelten Schülerleistungen

Bei der Korrektur werden den einzelnen Aufgabenlösungen aus Gründen ökonomischen Arbeitens eine bestimmte Anzahl von Punkten zugeordnet. Dabei sollten Reproduktionsaufgaben wegen ihres geringen Anforderungsniveaus nur mit wenig Punkten gewichtet werden, z. B. Einmaleinsaufgaben mit viertel oder halben Punkten. Es wäre sinnvoll, zur Überprüfung reiner Grundkenntnisse und -fähigkeiten wie der Wörter des Grundwortschatzes unbenotete Lernzielkontrollen durchzuführen, die wichtige Hinweise auf den Lernstand und notwendige Fördermaßnahmen liefern. Eltern verstehen es nicht, wenn eine Probearbeit, die lediglich Mindestkompetenzen auf Reproduktionsniveau überprüft, bei 18 von insgesamt 24 Punkten kaum mehr mit ausreichend bewertet wird.
Verteilungsnormen für Schulleistungen, die sich an der Gaußschen Normalverteilung orientieren, z. B. 9 % aller Arbeiten Note 1 und Note 6, 16 % Note 2 und 5, 25 % Note 3 und 4, sind pädagogisch unerwünscht, da in der Schule möglichst viele Schüler die angestrebten Lernziele erreichen sollen. Die **rechtlich unzulässige soziale Bezugsnorm** (Hamburger Abkommen der Kultusminister vom 3. 10. 1968, § 19 Abs. 2) widerspricht völlig der schulischen Zielstellung. Auch die Berechnung von ungewichteten Mittelwerten aus Einzelnoten ist unsinnig. Hierbei werden die von allen Schülern erreichten Punkte addiert und durch die Anzahl der Schüler dividiert, diese mittlere Punktezahl (Punktedurchschnitt) mit der Note 3 belegt und alle weiteren Notenstufen linear verteilt. Dies würde gleiche Abstände zwischen den Notenstufen voraussetzen.
Noten sind statistisch gesehen Schätzurteile auf dem Niveau einer Ordinalskala. Sie erlauben lediglich Aussagen darüber, dass z. B. eine 3 besser ist als eine 4 und eine 1 besser als eine 2. Auch die von Prüfungsordnungen geforderte Berechnung von Notendurchschnitten ist statistisch unzulässig. Gesamtnoten aus Teilnoten werden deshalb von den Lehrern nicht allein aufgrund von Mittelwertberechnungen, sondern in pädagogischem Ermessen erstellt. Die auf Zehntel und Hundertstel berechneten Durchschnittsnoten eignen sich nicht als Basis für Schullaufbahnentscheidungen und täuschen eine Scheinobjektivität vor.[47]

Die Aufteilung aller erreichbaren Punkte im Sinne einer Normalverteilung (bis 9 % aller Punkte erreicht: Note 6, bis 25 %: Note 5, bis 50 %: Note 4, bis 75 %: Note 3, bis 91 %: Note 2, bis 100 %: Note 1) ist für den Lehrer höchstens ein erster grober Anhaltspunkt. Im Sinne der verschiedenen Lernzielstufen muss er zuerst festlegen, welche Aufgaben **Grundkenntnisse** und welche **Anwendungsleistungen** abtesten, und dann Punkte und Noten zuordnen. Hinweise dazu liefern **Notenumschreibungen**.
Für die Leistungsbewertung gelten seit 1968 bundesweit die KMK-Vereinbarungen des Hamburger Abkommens:

„Den Noten sind folgende Wortbedeutungen zugrunde zu legen:
1. sehr gut (1)
   Die Note ‚sehr gut' soll erteilt werden, wenn die Leistung den Anforderungen in besonderem Maße entspricht.
2. gut (2)
   Die Note ‚gut' soll erteilt werden, wenn die Leistung den Anforderungen voll entspricht.
3. befriedigend (3)
   Die Note ‚befriedigend' soll erteilt werden, wenn die Leistung im Allgemeinen den Anforderungen entspricht.
4. ausreichend (4)
   Die Note ‚ausreichend' soll erteilt werden, wenn die Leistung zwar Mängel aufweist, aber im Ganzen den Anforderungen noch entspricht.
5. mangelhaft (5)
   Die Note ‚mangelhaft' soll erteilt werden, wenn die Leistung den Anforderungen nicht entspricht, jedoch erkennen lässt, dass die notwendigen Grundkenntnisse vorhanden sind und die Mängel in absehbarer Zeit behoben werden können.
6. ungenügend (6)
   Die Note ‚ungenügend' soll erteilt werden, wenn die Leistung den Anforderungen nicht entspricht und selbst die Grundkenntnisse so lückenhaft sind, dass die Mängel in absehbarer Zeit nicht behoben werden können.

Der Begriff ‚Anforderungen' bezieht sich auf den Umfang sowie auf die selbstständige und richtige Anwendung der Kenntnisse, Fähigkeiten und Fertigkeiten und auf die Dauer der Darstellung" (VSO 1998, § 18).

„Als Grundregel muss gelten: Zensuren werden danach vergeben, in welchem Grade die einzelne Arbeit den gesetzten Anforderungen entspricht" (BARTNITZKY/CHRISTIANI 1987, S. 82).

„Die Entscheidung zwischen den Noten 4, 5 und 6 ist demnach eigentlich nicht durch Punktezählen zu treffen, sondern durch Ja-Nein-Entscheidungen bezogen auf einzelne Grundkenntnisse und -fähigkeiten bzw. durch ein fachlich und erfahrungsgemäß zu begründendes Gesamturteil bezogen auf alle im Laufe eines Schuljahres zu erwerbenden Grundkenntnisse" (CZINCZOLL/HARTL 1989a, S. 224).

- Grundkenntnisse nicht vorhanden oder so gering, dass Lücken nicht in absehbarer Zeit behoben werden können: Note 6
- Grundkenntnisse vorhanden mit Lücken und Mängeln, die in absehbarer Zeit behoben werden können: Note 5
- Grundkenntnisse sind vorhanden und werden auch angewendet: Note 4 und besser

Der Lehrer entscheidet bei den Noten 5 und 6, inwieweit die geforderten Grundkenntnisse vorhanden sind, z. B. Reproduktionsaufgaben gelöst wurden, und versucht in Kenntnis des Schülers und der Unterrichtssituation herauszufinden, ob Flüchtigkeitsfehler, Konzentrationsmängel oder Nichtkönnen ihren Nachweis verhindern.

Der Terminus „in absehbarer Zeit" ist zeitlich nicht definiert, muss aber im Zusammenhang mit lehrgangsmäßig aufeinander aufbauenden Lernprozessen in Kernfächern wie Deutsch und Mathematik gesehen werden. Der Lehrer klärt unter Einbeziehung des vorausgegangenen Unterrichts, der individuellen wie familiären Situation des Kindes und notfalls einer zusätzlichen diagnostischen Einzelüberprüfung, welche Grundkenntnisse fehlen, welche Voraussetzung für das Verständnis und das Fortschreiten im weiteren Unterrichtsstoff sind, und ob sie durch differenzierte Hilfen gegebenenfalls in wenigen Wochen bis einigen Monaten nachgeholt werden können, um den Anschluss an den weiterschreitenden Unterricht zu finden.

Eine ausreichende Leistung würde dann vorliegen, wenn Grundkenntnisse und -fähigkeiten wie Merkwissen, Operationen reproduziert und angewendet werden können. Die Note 4 erfordert also nicht nur die Lösung aller Reproduktionsaufgaben, sondern auch die mindestens einer Reorganisationsaufgabe.

Für die Noten 2 bis 4 helfen die Begriffe „voll", „im Allgemeinen", „im Ganzen" nicht weiter.[48]

Mangels trennscharfer Kriterien werden die Noten in der Praxis nach quantitativen Kriterien vergeben, d. h. meistens nach der Anzahl der erreichten Punkte bei der Lösung der Anwendungsaufgaben. Einer gleichmäßigen Stufung mit gleichen Punkten von Note zu Note entspräche eine lineare Skalierung. Dies würde aber statistisch eine vollkommen symmetrische Normalverteilung der erhaltenen Ergebnisse und eine mathematische Transformation voraussetzen und ist bei einer Rangskala wie den Noten nicht statthaft. Die Verteilung der Punkte auf die Notenstufen 3 bis 1 abzüglich der Punktezahl für die Mindestkompetenz muss den Notenumschreibungen entsprechen. Selbst wenn sich bei der Zusammenstellung aller Aufgaben und der Gewichtung durch Punkte die Reproduktionsaufgaben zu den Anwendungsaufgaben etwa im Verhältnis 3:7 verhielten, müsste sich der Punktebereich für eine befriedigende Leistung von der einer sehr guten unterscheiden.[49]

In der Praxis benoten viele Lehrer Probearbeiten mit Hilfe von Prozentwert- oder Punkte-Noten-Skalen. Bei den Prozentwertskalen gewichten sie zuerst ihre Aufgaben entsprechend ihres Anforderungsniveaus durch eine verschiedene Anzahl von Punkten und setzen dann den Anteil gelöster Aufgaben in Relation zur Gesamtpunktzahl (erreichte Punkte × 100 : Gesamtzahl der Punkte = Prozentwert). Dieser Prozentwert gibt aber nur den erreichten Leistungsumfang an und sagt noch nichts über die Qualität der Leistung aus. Den einzelnen Prozentwertbereichen werden dann Noten zugeordnet.
Bei der Erstellung von **Punkte-Noten-Skalen** notieren Lehrer die von einzelnen Schülern erreichten Punktwerte und verteilen sie unter Berücksichtigung der Anforderungen auf die einzelnen Noten, z. B.

Note	Prozente der möglichen Gesamtpunktzahl			Punkte
1	100 %–91 %	100 %–92 %	100 %–95 %	30,0–28
2	90 %–80 %	91 %–78 %	94 %–85 %	27,5–24
3	79 %–60 %	77 %–57 %	84 %–71 %	23,5–18
4	59 %–**40** %	56 %–**35** %	70 %–**55** %	17,5–12
5	39 %–20 %	34 %–21 %	54 %–21 %	11.5– 6
6	19 %– 0 %	20 %– 0 %	20 %– 0 %	5,5– 0
	Mk 40	Mk 35	Mk 55	Mk 40

Nicht die möglichst genaue mathematische Verteilung ist wesentlich, sondern die Entscheidung, bis zu welchem Prozent- oder Punktwert das Ergebnis den Anforderungen entspricht. Als erste Entscheidung wird die Mindestkompetenz festgelegt. MK 40 bedeutet, dass mindestens 40 % aller Punkte erreicht werden müssen, um Note 4 zu bekommen.[50]
Für eine gute Leistung (Note 2) müssen, um „voll den Anforderungen" zu entsprechen, praktisch alle Aufgaben gelöst werden, damit fast alle Punkte erreicht werden und „zum geforderten Merkwissen Zusammenhänge erklärt, Einsichten formuliert und gewonnenes Wissen auf andere Fälle transferiert werden ...; kleinere Mängel werden dabei toleriert" (ALTMANN 1987, S. 547).
Für die Note 1 ist auf alle Fälle eine zusätzliche Leistung („in besonderem Maße") notwendig wie die Lösung schwieriger Aufgaben, kreative Aufgabenlösungen, flottes Arbeitstempo, präziser Sprachgebrauch, Klarheit in der Begründung, Genauigkeit in der Darstellung.
Die zugeteilten Noten sollten dann durch eine **Kontrolle der Leistungsanforderungen** und durch **Fehleranalysen** nachüberprüft und gegebenenfalls korrigiert werden. Dies zeigt uns, dass auch die Benotung nach einer Prozentwert- oder Punkte-Noten-Zuordnung eine schwierige, im Endergebnis aber vom Lehrer auf der Grundlage seines Unterrichts zu verantwortende Entscheidung ist.[51]

***Beispiel:* Anforderungsgerechte Bewertung der Schreibfähigkeiten von Schülern im Schriftlichen Sprachgebrauch der Grundschule**

Auch im Deutschunterricht sind im Bereich Schriftliche Sprachgestaltung anforderungs- und lernzielorientierte Beurteilungen anzustreben. In die Bewertung sollten die im Unterricht behandelten Lernziele und die grundlegenden Schreibfähigkeiten der Schüler einbezogen werden. Der Lehrer schätzt nach dem ersten Durchlesen eines Schülertextes das Erreichen der Lernziele (umfassend erreicht, erreicht, nicht erreicht) und überprüft dann mit Hilfe einer Zusammenstellung grundlegender Schreibfähigkeiten beim nochmaligen exakten Durchlesen, welche Schreibfähigkeiten das Kind beim Schreiben realisieren konnte.[52]

Schreibfähigkeiten im Schriftlichen Sprachgebrauch

	überdurchschnittliche Leistung	**durchschnittliche Leistung**	**unterdurchschnittliche Leistung**
Schreib-ebene Text	Aufbau des Textes, Ausgestaltung des Inhalts und Wahl der sprachlichen Mittel sind der Funktion des Textes angemessen; der Text ist in sich gegliedert; bei fortlaufendem Schreiben werden die Einzelsätze durch Hinweise und Bezüge verknüpft; die grammatikalischen Zeiten werden richtig gebraucht, gegebenenfalls sogar situationsspezifisch gewechselt; der Textanfang führt den Leser in die Situation ein, das Textende wird bewusst gestaltet; die Überschrift trifft Inhalt und Absicht voll.	Aufbau des Textes, Ausgestaltung des Inhalts und Wahl der sprachlichen Mittel lassen bereits eine Ausrichtung an der Funktion erkennen; der Text ist in sich sachgerecht gegliedert; bei fortlaufendem Schreiben stehen die Einzelsätze relativ unverbunden nebeneinander, doch entstehen keine sachlichen und gedanklichen Sprünge; der Gebrauch der grammatikalischen Zeiten ist sachgerecht; der Text wird sinnvoll begonnen und abgeschlossen; die Überschrift ist für Inhalt und Absicht angemessen.	Aufbau des Textes, Ausgestaltung des Inhalts und Wahl der sprachlichen Mittel entsprechen nicht der Funktion des Textes; der Text ist in sich nicht sachgerecht gegliedert; bei fortlaufendem Schreiben stehen die Einzelsätze unverbunden nebeneinander; es ergeben sich sachliche oder gedankliche Lücken, die der Leser füllen muss; Fehler im Gebrauch der grammatikalischen Zeiten, der Text wird nicht sinnvoll begonnen oder abgeschlossen; die Überschrift ist für Inhalt oder Absicht nicht angemessen.
Schreib-ebene Satz	Die Sätze weisen schon einen komplizierten Bau auf und sind grammatikalisch richtig; es treten Satzverbindungen und Satzgefüge auf; das Ende eines Satzes wird durch	Die Sätze sind zwar überwiegend einfach, aber grammatikalisch richtig; das Kind erkennt die Satzgrenzen und kennzeichnet sie durch Satzschlusszeichen; es	Die Sätze sind sehr einfach gebaut, sie enthalten grammatikalische Fehler; das Kind erkennt Satzgrenzen teilweise nicht und lässt erforderliche Satzschlusszei chen aus;

	überdurchschnittliche Leistung	durchschnittliche Leistung	unterdurchschnittliche Leistung
	Satzschlusszeichen gekennzeichnet; verschiedene Satzmuster werden sachgerecht verwendet; in der Stellung der Satzglieder wird gewechselt; Satzanfänge werden offensichtlich zielbewusst variiert.	treten mehrere Satzmuster auf; wenigstens gelegentlich wird in der Stellung der Satzglieder abgewechselt; wenigsten teilweise treten erweiterte Sätze auf; die häufige Wiederholung gleicher Satzanfänge wird vermieden.	fast ausschließlich werden einfache Sätze formuliert; die Stellung der Satzglieder wird kaum gewechselt; häufige Wiederholung gleicher Satzanfänge kommen vor.
Schreibebene Wort	Der Wortgebrauch des Kindes ist präzise, die Wörter werden offensichtlich nicht nur richtig, sondern im Hinblick auf die Wirkung gewählt; Wiederholungen werden vermieden oder gestalterisch genutzt; Verben und Adjektive werden zielbewusst gewählt und eingesetzt; allgemeine und damit wenig aussagekräftige Wörter (wie „machen", „sagen" oder „schön") werden offensichtlich bewusst vermieden; die gewählte Sprachebene ist schriftsprachlich oder bewusst der Situation angepasst.	Der Wortschatz des Kindes ist sachgerecht, die Wörter werden gemäß ihrer Bedeutung richtig verwandt; häufige Wiederholungen gleicher Wörter werden vermieden; Verben und Adjektive werden schon gezielt ausgewählt; die Verwendung sehr allgemeiner und damit wenig aussagekräftiger Wörter (wie „machen", „sagen" oder „schön") ist eingeschränkt; die gewählte Sprachebene entspricht dem im schriftlichen Sprachgebrauch Üblichen (kein „Slang")	Der Wortgebrauch des Kindes ist teilweise nicht sachgerecht, Wörter passen manchmal in ihrer Bedeutung nicht; häufige Wortwiederholungen; Verben und Adjektive werden nicht gezielt ausgewählt; es werden überwiegend sehr allgemeine und damit wenig aussagekräftige Wörter (wie „machen", „sagen" oder „schön") verwandt; das Kind trifft noch nicht die Ebene des schriftlichen Sprachgebrauchs (es verfällt in „Slang").

(STOLLA 1995, S. 19, 20)

6 Die Feststellung und Bewertung mündlicher Leistungen

6.1 Die Bedeutung mündlicher Leistungen

Mündliche Leistungen sind wesentliche Bestandteile der Gesamtleistung der Schüler. Da Sprache das Medium fast aller Lernprozesse ist, werden sprachliche Leistungen in allen Unterrichtsfächern, nicht nur im mündlichen Sprachgebrauch verlangt. Sprachliche Leistungen sind aber stärker als andere von Vorerfahrungen, sozioökonomisch unterschiedlichen Sozialisationsprozessen und situativen Bedingungen wie Interesse, Erwartungen, Wohlbefinden, soziale Beziehungen usw. beeinflusst.
Mündliche Leistungen sind **konstitutive Bestandteile des Unterrichtsprozesses**. Durch Nach- und Zwischenfragen, Impulse, Bewertung der Schülerantworten versucht der Lehrer herauszufinden, ob seine lernzielorientiert geplanten Unterrichtsschritte angemessen sind, verändert sie notfalls, bietet zusätzliche Erklärungen oder Hilfen an. Er geht inhaltlich-sachlich oder emotional auf die Schüler ein und gibt ihnen über seine bewertenden Kommentare, über Mimik und Gestik ein unmittelbares Feedback über ihre Beiträge. Durch sie und durch zusätzliche Beobachtung des Lern-, Arbeits- und Sozialverhaltens verschafft er sich schnell Informationen über den aktuellen Leistungsstand.[53]
Die Feststellung mündlicher Leistungen geschieht vor allem in weiterführenden Schulen durch das herkömmliche Ausfragen oder „mehr aus der augenblicklichen Situation heraus und wird mit unterschiedlich anspruchsvollen Intentionen und Aufgabenstellungen sowie nahezu ohne Einsatz diagnostischer Hilfsmittel durchgeführt und darüber hinaus werden oft nicht einmal intra-individuell einheitliche Bewertungsnormen durchgehalten, d. h. ein und dieselbe Lehrkraft greift (zumeist unbewusst) auf unterschiedliche Bewertungsmaßstäbe selbst in vergleichbaren Prüfungssituationen zurück, je nachdem, welche Vor-Einschätzung jeweils vorliegt" (Jürgens 1995b, S. 55).
In die Feststellung mündlicher Leistungen fließt allzu schnell eine Vielzahl der bereits dargestellten **Wahrnehmungs- und Beurteilungsfehler** ein, welche die Vorteile der Prozessorientierung wieder einschränkt.

6.2 Möglichkeiten einer angemessenen Feststellung und Bewertung mündlicher Leistungen

Mündliche Leistungen ergeben sich aus dem Unterricht. Im Sinne eines pädagogischen Leistungsverständnisses ist es wünschenswert, den Schülern entsprechend ihren Voraussetzungen differenzierte Aufgaben und Lernhilfen zuzubilligen. Allerdings werden dadurch zwangsläufig die **Durchführungsobjektivität** und die **Vergleichbarkeit** der bewerteten Leistungen beeinträchtigt. Die Art der Fragestellung, ihr Anforderungsniveau und Schwierigkeitsgrad erschweren Vergleiche. Jede mündliche Leistungsbewertung stellt einen „Kompromiss zwischen diesen Zielen der Objektivierung und der Pädagogisierung dar, d. h. es muss jedesmal darum gehen, möglichst diese beiden disparaten Ansprüche auszubalancieren" (Jürgens 1995b, S. 54). Beim Beurteilen muss der Lehrer schnell die sachliche Richtigkeit und den Grad der Beantwortung überprüfen, notenmäßig einschätzen, die Angemessenheit der Fragestellung kontrollieren und dabei die anderen Schüler und seinen Unterricht im Auge behalten. Ziel muss es deshalb sein, mit Hilfe von **Beurteilungs- und Beobachtungshilfen** ein möglichst differenziertes Bild der Leistungsfähigkeiten und -fertigkeiten der Schüler zu gewinnen.

Beispiele

Mündliche Leistungen mit einfachen Anforderungen
- Wiederholen von Unterrichtsergebnissen
- Beschreiben durchgeführter Arbeitsaufträge und Versuche
- Erklären bekannter Skizzen, Bilder, Modelle, Beschriften von Tafelbildern

Mündliche Leistungen mit gesteigerten Anforderungen
- Vergleichen alter und neuer Sachverhalte
- Erläutern schwieriger Begriffe
- Begründen von Zusammenhängen (Warum-, Weshalb-Fragen)
- Erschließen von Regeln
- Vorstellen und Begründen von Lösungsmöglichkeiten
- Auswerten von Bild- und Textquellen, Umsetzen in andere Darstellungsformen, Übersichten, Grafiken
- Abstrahieren, Schlussfolgern, Transferieren, Problemlösen[54]

Grundlagen für die Überprüfung von Schlüsselqualifikationen sind auch die in einzelnen Fächern eingeübten **Arbeitsweisen, Denk- und Lernstrategien**. Sie lassen sich an geeigneten Inhalten als praktische Leistungen angemessen überprüfen und in **Analysebögen** eintragen.

Die Festlegung der Leistungsanforderungen und Beobachtungsziele

Mündliche Leistungen können Schülerantworten auf gezielte Fragen zu bestimmten Lerninhalten, Zusammenfassungen, freie Berichte, Erklärungen von Zusammenhängen anhand von Abbildungen usw. sein, die Ergebnisse (Produkte) von Lernprozessen darstellen. Sie weisen, z. B. bei Vorschlägen zu Problemlösungen, auf das Niveau kognitiver Leistungsfähigkeiten einzelner Schüler, beim Einholen von Informationen durch Nachfragen oder das gegliederte, präzise, grammatikalisch richtige Erteilen einer Auskunft auf bestimmte Fertigkeiten und Methoden hin und verdeutlichen damit den Stand ihres Lernprozesses. Sie können als **spezifische lernzielorientierte Einzelüberprüfungen** wie das Ausfragen, die gezielt geplante Beobachtung in einer bestimmten Unterrichtsphase oder als **systematische Beobachtungen** über einen längeren Zeitraum hinweg stattfinden und Lernfortschritte erkennen lassen.
Gegenstand der Leistungsfeststellung sind die Lernziele einzelner Unterrichtsfächer, die über bestimmte Inhalte in planmäßig organisierten Unterrichts- und Lernprozessen angestrebt werden, z. B. das Erteilen von Auskünften im mündlichen Sprachgebrauch, das Anwenden von Höflichkeitsformen. Nur das wird überprüft, was vorher

durchgenommen, geübt und gesichert wurde. Bei der Leistungsfeststellung sollten möglichst alle Anforderungsbereiche, nicht nur Grundkenntnisse und -fertigkeiten berücksichtigt und Situationen eingeplant werden, die Anwendungsleistungen wie das Transferieren und Problemlösen erfordern. Die Bewertungskriterien werden gemeinsam mit den Schülern erarbeitet oder bekannt gegeben, um die Leistungsmessung transparent zu machen.

Die Festlegung vergleichbarer Unterrichts- und Beobachtungssituationen

Mündliche Leistungsüberprüfungen müssen „angemessen, d. h. planmäßig und mit dem Anspruch auf Vergleichbarkeit erfasst, dokumentiert und interpretiert werden ... Schulische Beobachtungsverfahren stellen immer Kompromisse dar zwischen den Erfordernissen nach einer möglichst ökonomischen Handhabbarkeit ... und den Intentionen, zu aussagekräftigen Informationen zu gelangen" (JÜRGENS 1995b, S. 55).
Der Lehrer kann einem Schüler direkt bestimmte Aufgaben stellen und mündlich lösen lassen. Daneben sollte er sein Lern-, Arbeits- und Sozialverhalten einschließlich der Anwendung von Denk- und Arbeitsweisen in verschiedenen Standardsituationen, z. B. in bestimmten Lern- und Unterrichtsphasen oder Sozialformen, systematisch beobachten.
Bei der Übernahme einer Klasse begnügt man sich mit **Gelegenheitsbeobachtungen**, die nach einigen Wochen kontrolliert werden. Daraus ergeben sich Felder für **gezielte, systematische Beobachtungen** in den nächsten Wochen. Sie sollten bereits bei der Unterrichtsvorbereitung eingeplant werden.
Längerfristige Entwicklungen wie die Veränderung des Problemlöseverhaltens eines Schülers innerhalb eines Unterrichtsfaches, Schuljahres oder Halbjahres können durch systematische Beobachtungen in ähnlichen Unterrichtssituationen festgestellt werden, wobei Dauer, Zeitraum und Häufigkeit der Verhaltensbeobachtungen variieren können.

Die Durchführung der Leistungs- und Verhaltensbeobachtungen

◆ Leistungsbeobachtungen

Um die Erfassung und Bewertung mündlicher Leistungen etwas objektiver zu gestalten und Urteilstendenzen in ihrer Wirkung abzumildern, sind **Hilfsmittel zur schriftlichen Fixierung** notwendig.
Mündliche Leistungen oder ein bestimmtes Verhalten sollten sorgfältig eingeschätzt und zusammen mit einer kurzen Beschreibung der Situation dokumentiert werden. Eine leicht handhabbare, ökonomische Beurteilung wäre die Kennzeichnung überdurchschnittlicher Leistungen mit dem **Symbol** (+) , durchschnittlicher mit (O) und unterdurchschnittlicher mit (–).
Im mündlichen Sprachgebrauch in der Hauptschule könnten beispielsweise nach der Erarbeitung der bei einem Vorstellungsgespräch angemessenen sprachlichen Mittel in Rollenspielen diese Kriterien hinsichtlich Inhalt, Sprache und Verhalten angewendet, mittels eines Beobachtungs- und Bewertungskatalogs von den Schülern beurteilt, verbessert, erneut erprobt und schließlich bewertet werden:

Beispiel

Alltägliche Sprechsituationen angemessen bewältigen Name: ________
Datum: ________
Vorstellungsgespräch Gesamtbeurteilung: ________

Beurteilungspunkte	Bemerkungen, Beobachtungen
1. Inhalt	
a) Gesprächseröffnung	
– Begrüßung und Einleitung des Gesprächs	+ o –
b) Gesprächsverlauf	
– Reaktion auf vorbereitete Fragen	+ o –
– Reaktion auf unerwartete Fragen	+ o –
– Fragen des Bewerbers an den Personalleiter	+ o –
c) Gesprächsende (Verabschiedung, Bedanken ...)	+ o –
2. Sprache	
– deutliches Sprechen (Aussprache, Lautstärke)	+ o –
– flüssiges Sprechen	+ o –
– angenäherte Hochsprache	+ o –
3. Allgemeines Verhalten	
– Höflichkeitsformen angewandt (Gruß, Gesprächston, Verabschiedung)	+ o –
– Mimik (Lächeln, Blickkontakt)	+ o –
– Gestik (das Sprechen unterstützende Bewegungen, Körperhaltung)	+ o –

(STAATSINSTITUT FÜR SCHULPÄDAGOGIK UND BILDUNGSFORSCHUNG 1991a, S. 37).

Bei größeren Schulleistungsschwierigkeiten und gravierenden Veränderungen der Schullaufbahn könnte der Lehrer in einer Freistunde ein **lerndiagnostisches Einzelinterview** mit dem Schüler durchführen. Er überprüft beispielsweise das Lösen von Sachaufgaben, geht bei Schwierigkeiten sofort eine Lernstufe zurück, beobachtet Arbeitsverhalten und Vermeidungsstrategien des Schülers und motiviert ihn beim Nachlassen der Aufmerksamkeit oder bei Konzentrationsschwierigkeiten. Problemlos können dadurch verschiedenste Leistungsniveaus kontrolliert werden.

◆ Verhaltensbeobachtungen

Verhaltensbeobachtungen sind schon immer Grundlage der Unterrichtsplanung und des pädagogischen Handelns. Sie können frei oder durch Beobachtungskategorien gelenkt beschrieben werden.
Im **Pädagogischen Tagebuch** beschreibt der Lehrer frei, aber möglichst genau Verhaltensweisen und Aktivitäten einzelner Schüler in bestimmten Unterrichtssituationen wie Übungsstunden, Allein- und Partnerarbeit, Freiarbeitsphasen. Bei diesen da-

tierten Einträgen sollten auch Verlauf und Ursachen der Situation berücksichtigt werden. Dabei ist immer wieder selbstkritisch zu überprüfen, ob alle Schüler und nicht nur verhaltensauffällige beobachtet werden und das Verhalten Letzterer nicht vorschnell pauschalierend auf Persönlichkeitsursachen zurückgeführt wird.[55]
Gezielter lässt sich das Lern-, Leistungs- und Sozialverhalten der Schüler mit Hilfe einfacher Beobachtungskategorien beschreiben. Sie können aus den allgemeinen Lernzielen des Unterrichts abgeleitet werden und bilden die Grundlage für die Beurteilung der Leistungsfähigkeit, des Lernprozesses und des Sozialverhaltens der Schüler.

Beispiel: **Beobachtungskategorien für das Lern-, Leistungs- und Sozialverhalten**

Produktivität
Der Schüler
- entwickelt Eigeninitiative (stellt häufig Fragen, macht Vorschläge, bringt Ideen ein, findet Lösungswege, regt Gespräche an)
- zeigt sich Neuem gegenüber aufgeschlossen, stellt sich auf neue Aufgaben ein, findet sich schnell zurecht, gelangt zügig zum Problem
- besorgt sich selbst Informationen (Nachfragen, Nachschlagen, Erkunden)
- formuliert abweichende Meinungen, nimmt Interessen und Wünsche anderer wahr und vertritt sie mit ihnen gemeinsam
- ...

Kognitive Leistungsfähigkeit
Der Schüler
- unterscheidet Wesentliches von Unwesentlichem
- versucht genau zu beobachten, zu beschreiben und konstruktive Schlussfolgerungen zu ziehen
- kann bestimmte Lerninhalte auf neue übertragen
- ...

Selbstständigkeit
Der Schüler
- traut sich etwas zu, setzt sich Ziele
- übernimmt Aufgaben und führt sie durch
- geht planvoll und umsichtig vor, entwirft Arbeitsschritte
- erledigt die Arbeiten ohne Hilfe, Verstärkung und Rückmeldung anderer
- eignet sich selbst Wissen und Fertigkeiten an, holt Informationen ein, kontrolliert seine Ergebnisse
- ...

Leistungsbereitschaft
Der Schüler
- arbeitet im Unterricht regelmäßig mit
- arbeitet über längere Zeit konzentriert
- lässt sich nicht leicht ablenken
- erledigt zügig Aufgaben, strengt sich an
- arbeitet ohne Druck von außen

- lässt sich nicht entmutigen, setzt sich mit Lernwiderständen auseinander
- interessiert sich für Unterrichtsinhalte und Gegenstände
- ...

Kontakt-/Kooperationsfähigkeit

Der Schüler
- wendet sich Mitschülern aktiv zu, sucht die Zusammenarbeit mit ihnen, teilt sich mit, fragt, bietet Hilfe an, bittet um Hilfe
- geht auf Mitschüler ein, ist rücksichtsvoll, kann sich in sie hineinversetzen, sich mit ihnen freuen und traurig sein
- ist gesprächsbereit, beteiligt sich am Gespräch, hört Mitschülern zu und geht auf ihre Argumente ein
- respektiert die Meinungen und Ansprüche anderer, stellt eigene Interessen zurück
- setzt sich für die Gemeinschaft ein, übernimmt Aufgaben, hält sich an Vereinbarungen und Regeln
- ...

Konflikt-/Kritikfähigkeit

Der Schüler
- vertritt sachlich eigene Auffassungen und Ziele, äußert eigene Meinungen, begründet das eigene Verhalten
- geht auf Argumente ein, erkennt sie an, akzeptiert Entscheidungen, ist kompromissbereit, erträgt Kritik
- kontrolliert das eigene Verhalten, löst Konflikte ohne Anwendung von verbaler oder körperlicher Gewalt
- ...

(Bartnitzky/Christiani 1987, S. 54)[56]

Diese Beobachtungskategorien können in einen **Schülerbeobachtungsbogen** aufgenommen werden. Sie erinnern den Lehrer an zu beobachtende Leistungs- und Verhaltensaspekte. In eine freie Spalte wird in Phasen der Stillarbeit oder am Nachmittag das tatsächlich beobachtete Verhalten notiert. Wertende Pauschalierungen sind zu vermeiden. Allerdings fließen auch in diese Beobachtungen und Bewertungen Urteilsfehler mit ein. Die Beschreibungen sollten deshalb immer wieder selbstkritisch auf Vorurteile, bestimmte Erwartungen und Persönlichkeitstheorien hin überprüft werden.

7 Die Feststellung und Bewertung praktischer Leistungen

7.1 Beispiele praktischer Leistungen im Unterricht

Zu den Leistungen der Schüler zählen auch praktische Leistungen, d. h. **nachweisbares Können**, manuelle und motorische Fertigkeiten wie bestimmte sportliche Bewegungsabläufe, das bildnerische Gestalten, die Herstellung von Werkstücken usw. Praktische Leistungen werden aber nicht nur in den praktischen und musischen Fächern wie Sport, Kunsterziehung, Musik, Textilarbeit, Werken, Technisches Zeichnen,

Hauswirtschaft erbracht und in die Benotung einbezogen, sondern in allen Unterrichtsfächern. Allzu oft werden aber auch in diesen Fächern nur Leistungsprodukte wie Werkstücke, nicht aber das Lern- und Leistungsverhalten und die Methodenkompetenz des Schülers beim Entstehungsprozess bewertet. Da die **handelnde Auseinandersetzung** mit Gegenständen und Problemen Grundlage der denkenden Durchdringung, der Erfahrungs- und Begriffsbildung ist, kann auf praktische Leistungen im Unterricht nicht verzichtet werden.

Praktische Leistungen in Heimat- und Sachkunde der Grundschule bzw. den Sachfächern der weiterführenden Schulen sind beispielsweise

- der richtige Umgang mit Mikroskop, Taschenrechner, Messgeräten,
- der Aufbau von Versuchsandordnungen, das Durchführen und Auswerten von Versuchen und Experimenten,
- das Sammeln und Ordnen von Gegenständen, Früchten, Pflanzen, Zeugnissen der Vergangenheit,
- das Erstellen von Schautafeln, Entwicklungsreihen, Karten und Lageskizzen,
- das Aufbauen von Modellen im Sandkasten, das Erstellen von Werkarbeiten usw.

Praktische Leistungen in Mathematik sind z. B.

- der sach- und fachgerechte Umgang mit mathematischen Lernmaterialien und Veranschaulichungsmitteln, z. B. Steckwürfeln, Rechenstäben, Stellenwert-, Hunderter-, Prozenttafeln, Körper- und Flächenmodellen,
- die richtige Handhabung und der aufgabengerechte Einsatz von Mess- und Zeichengeräten wie Lineal, Geodreieck, Zirkel, Schablone, Meterstab,
- Fertigkeiten im Umgang mit dem Taschenrechner,
- die angemessene Anwendung verschiedener Arbeits- und Darstellungsweisen, z. B. das genaue Untereinanderschreiben bei den schriftlichen Normalverfahren, das Notieren im Bündelhaus, das Darstellen mit Hilfe des Mengen-, Längen-, Operatormodells,
- die handelnde Lösung von Sachaufgaben,
- das Zeichnen von Pfeildiagrammen,
- das Erstellen und Lesen von Tabellen, Schaubildern, Zeitplänen, Funktionen,
- das Herstellen achsensymmetrischer Figuren, z. B. durch Falten, Ausschneiden, Durchpausen,
- das Herstellen von Flächen- und Kantenmodellen,
- die Ermittlung des Flächeninhalts durch Auslegen mit Messquadraten,
- das Herstellen von Flächen aus Teilflächen,
- das Herstellen von Netzen durch Abrollen von Körpern und Flächen,
- das Herstellen von Bruchteilen durch Falten, Schneiden, Abzählen, Abmessen, Umfüllen, Wiegen,
- das Durchführen von Grundkonstruktionen, z. B. das Halbieren einer Strecke, das Fällen eines Lotes, die Konstruktion von Parallelen,
- das Ermitteln von Volumina durch Körperzerlegung oder Auffüllen der Hohlkörper.

Als **Bewertungskriterien** für die Bewertung praktischer Leistungen gelten dann Sachgemäßheit, Selbstständigkeit, Genauigkeit und Sorgfalt der Ausführung, Geläufigkeit, Arbeitstempo und Zeiteinteilung.

Je nach Aufgabe sollten dabei aber immer nur **Teilaspekte** berücksichtigt werden, über die dann der Lehrer Aufzeichnungen führt.[57]

7.2 Die Bewertung fachgemäßer Arbeitsweisen, Arbeitstechniken und Strategien

Zu den praktischen Leistungen zählen auch die eingeübten fachspezifischen Arbeitsweisen, Arbeitstechniken und Denk- und Lernstrategien. Dabei werden nicht mehr oder weniger vordergründige Wissens- oder Verstehensleistungen überprüft, sondern die Methodenkompetenz, d. h. das Bearbeiten von Aufgaben mit Hilfe verfügbarer Arbeitstechniken und Hilfsmittel wie Wörterbücher, Nachschlagwerke, Formelsammlungen usw.
Im Rahmen schriftlicher Leistungsnachweise können folgende Arbeitsweisen und -techniken überprüft werden:

- **Informationen aus Informationsträgern (Texte, Tabellen, Grafiken, Bilder) entnehmen**, z. B.
  - Fragen an Texte stellen, Rechenfragen entwickeln, vorgegebene Fragen beantworten,
  - wichtige Aussagen unterstreichen, Stichpunkte notieren, exzerpieren, zusammenfassen,
  - Schaubilder, Tabellen, Diagramme auswerten,
  - sich selbstständig Informationen beschaffen, in Lexika, Wörterbüchern nachschlagen,
  - Fehler entdecken und verbessern.
- **Informationen strukturieren und in andere Repräsentationsformen transformieren**, z. B.
  - Texte durch Absätze und Überschriften gliedern, ein Inhaltsverzeichnis erstellen,
  - Referate, Protokolle, Kommentare schreiben und gestalten,
  - Diagramme, Tabellen, Schaubilder anfertigen und beschreiben,
  - Simplex-Komplex-Strukturen einer Sachaufgabe aufzeichnen, Lösungswege grafisch darstellen,
  - eine saubere, normgerechte Arbeitsweise praktizieren,
  - Probleme analysieren, zielgerichtete Problemlösungen entwickeln, planvoll und umsichtig erproben, das Vorgehen kritisch reflektieren und überzeugend begründen.[58]

Durch gezielte Beobachtung des Lern- und Arbeitsverhaltens mit Hilfe eines solchen **Kriterienrasters** diagnostiziert der Lehrer den Grad der Beherrschung eingeübter Arbeitsweisen und -techniken. Er spricht Defizite in Form eines Feedbacks an und gibt Anregungen für die weitere Arbeit. Frühzeitig legt er seine Erwartungen und Bewertungskriterien offen (Bewertungstransparenz), damit die Schüler wissen, was von ihnen gefordert wird und sie ihre Leistungsanstrengungen gezielt einsetzen können. Nach einer Beobachtungsphase von mehreren Wochen sollten sie dann Gelegenheit erhalten, sich zur vorläufigen Bewertung ihrer methodischen Fähigkeiten und Fertigkeiten zu äußern und um Hinweise oder Erläuterungen nachzusuchen. Durch diese

Transparenz werden sowohl die Beobachtungskompetenz des Lehrers wie auch Akzeptanz und Verständnis der Schüler gesteigert.

8 Die Leistungsfeststellung und -bewertung in offenen Unterrichtsphasen

Leistungsfeststellungen und offener Unterricht sind kein Widerspruch. Offene Unterrichtsphasen bieten viel mehr Möglichkeiten als ein kleinschrittig geplanter Klassenunterricht, Leistungen der Schüler im Sinne des pädagogischen Leistungsverständnisses festzustellen, zu beschreiben und auch zu bewerten. Die Schüler streben bei der Frei- oder Wochenplanarbeit, bei Erkundungen oder projektorientierten Arbeiten oft höherrangige Ziele in den Lernbereichen Problemlösen, Selbstständigkeit, Kreativität allein und in Zusammenarbeit mit anderen an, sind aufgrund der hohen Lernmotivation leistungsbereiter und erreichen diese eher als im normalen Unterricht. Dem Lehrer eröffnen diese Unterrichtsphasen viele Möglichkeiten zur individuellen Leistungsbeobachtung, zur Differenzierung der Anforderungen, der individuellen Hilfe und Betreuung , der Beratung und fundierteren Beurteilung.
Hilfen für die Leistungsfeststellung und Beobachtung der Lernprozesse bieten die bereits vorgestellten Schülerbeobachtungsbögen, die die selbstständige Planung und Durchführung der Arbeit, die Form der Problemlösung, die eingesetzten Methoden, Arbeitsweisen und -techniken und das Sozialverhalten beschreiben helfen. Die Aufzeichnungen werden am Ende eines Halbjahres in die Bewertung der Leistungen einbezogen.
Auch die Arbeitsergebnisse (Dokumentationen) werden angemessen gewürdigt. So stellen beispielsweise Schüler individuelle Klassenfahrtenbücher über ihre Erlebnisse im Schullandheim oder in der Jugendherberge zusammen, die durch gemeinsam erarbeitete Berichte, Chroniken, Routenkarten, Zeichnungen, Lieder ergänzt und künstlerisch gestaltet werden. Es wäre auch möglich, ausgehend von den Lieblingsbüchern der Kinder, selber ein Klassenbuch mit individuellen Geschichten zu schreiben und in die Leseecke aufzunehmen. Diese Beispiele sind auch im normalen Klassenunterricht möglich. In offenen Unterrichtsphasen entwickeln die Kinder aus der motivierenden Beschäftigung heraus aber viel eher kreative Ideen.[59]

1 Vgl. Krapp 1976, S. 92 ff.; Rüdiger/Kormann/Peez 1978, S. 14 ff.; Messner 1978, S. 197 f.; Heckhausen 1989, S. 112 ff.; Härle 1981, S. 3 ff.; Köck 1991, S. 301 ff.; Lukesch 1995, S. 34–178; Steiner 1996, S. 279 ff.; Clement/Martens 2000, S. 102 ff.

2 Vgl. Krapp 1976, S. 92 ff.

3 Vgl. Ingenkamp 1976, S. 67–183; Klafki 1985, S. 171 ff.; Rüdiger/Kormann/Peez 1978, S. 46 ff.; Härle 1981, S. 5 ff.; Lichtenstein-Rother 1987, S. 50 ff.; 1989, S. 8 ff.; Ladenthin 1995, S. 10 ff.; Wiater 1995, S. 112; Ludwig 1995; A I/2

4 Vgl. Klafki 1985, S. 167 ff.; Glötzl 1979a, S. 17 ff.

5 Vgl. Klafki 1985, S. 172 ff.; 191 ff.; Lichtenstein-Rother 1987, S. 51 ff.; 1989, S. 8 ff.; Rekus 1993, S. 5 ff.; Jürgens 1995a, S. 38 f.; BayEUG 1997, Art. 7

6 Vgl. B I/3.3; B IV/4.1; B VI/3

7 Vgl. Rüdiger/Kormann/Peez 1978, S. 52 ff.; Härle 1981, S. 6 f.; Klafki 1985, S. 176 f.

8 Vgl. Stolla 1989, S. 15 f.; Rekus 1993, S. 6 f.; Jürgens 1995a, S. 39 ff.; 1995b, S. 53 f.; Lukesch 1995, S. 235 ff., 240; A II/1; 2.1

9 Vgl. ZIELINSKI 1974, S. 881 f.; INGENKAMP 1976, S. 15 ff., 56 ff., 62 ff.; CZINCZOLL/HARTL 1989a, S. 275; SACHER 1995a, S. 6
10 Vgl. BayEUG 1997, Art. 52, 53; VSO 1998, §18,26–41
11 Vgl. FALCKENBERG/SCHIEDERMAIR/AMBERG 1983, S. 174 ff.
12 Vgl. STOLLA 1989, S. 15; B V/4.3
13 Vgl. ALTMANN 1987, S. 547; VSO 1998, § 5
14 Vgl. ZIELINSKI 1974, S. 81 ff.; INGENKAMP 1976, S. 15 ff., 56 ff., 62 ff.; LOHRER 1995, S. 43 ff.
15 Vgl. INGENKAMP 1985, S. 34 ff., 117 ff.; LANGFELDT 1975; FRICKE 1978
16 Vgl. WENDELER 1970; ROSEMANN 1975; GAUDE/TESCHNER 1971; SCHWARZER/SCHWARZER 1978; INGENKAMP 1985, S. 130 ff.; TESTZENTRALE 1994
17 Vgl. INGENKAMP 1976, S. 187–226
18 Vgl. RHEINBERG 1995, S. 61 ff.; SACHER 1995b, S. 56 ff.; SCHIMUNEK 1994, S. 53; B IV/1.1
19 Vgl. RHEINBERG 1995, S. 61 ff.; SACHER 1995a, S. 7 ff.; 1995b, S. 56 ff.; B VI/3.2
20 Vgl. BARTNITZKY/CHRISTIANI 1987, S. 20 ff.; STAATSINSTITUT FÜR SCHULPÄDAGOGIK UND BILDUNGSFORSCHUNG 1992, S. 10 ff., 30 ff.; SACHER 1995b, S. 56 f.; B VIII/5.2
21 Vgl. STAATSINSTITUT FÜR SCHULPÄDAGOGIK UND BILDUNGSFORSCHUNG 1992, S. 31 ff.; PRENZEL 1993, S. 127; 1994, S. 1328 ff.; RHEINBERG 1995, S. 62; LUDWIG 1995, S. 118 ff.; CZINCZOLL 1995, S. 131; LUKESCH 1995, S. 217 ff., 272 ff.; B IV/1.1; 4.1
22 Vgl. CZINCZOLL 1995, S. 128 ff.
23 STAATSINSTITUT FÜR SCHULPÄDAGOGIK UND BILDUNGSFORSCHUNG 1992, S. 26
24 Vgl. GLÖTZL 1979a, S. 42–63, 77–84; 1979b; LANGHORST 1975; KLEBER 1978
25 Vgl. REGELEIN 1986, S. 108 ff.; BARTNITZKY/CHRISTIANI 1987, S. 69 ff.; EINSIEDLER/SCHÖLL 1995, S. 122 ff.; GLÖCKEL 1995; WEINHOLD 1995, S. 13 ff.
26 Vgl. JÜRGENS 1995b, S. 83 f.
27 Vgl. CZINCZOLL/HARTL 1989a, S. 222; MAIER 1996, S. 58 ff.
28 Vgl. CZINCZOLL/HARTL 1989b; B VI/2.2
29 Vgl. CZINCZOLL/HARTL 1989a, S. 224 ff.
30 Vgl. B II/3.2
31 Vgl. VSO 1998, § 27; CZINCZOLL 1987, S. 565 ff.
32 Vgl. MESSNER 1978, S. 197 ff.
33 Vgl. MESSNER 1978, S. 204 ff.
34 Vgl. CZINCZOLL/HARTL 1989a, S. 226 ff.; B VIII/5.2
35 Vgl. MESSNER 1978, S. 206 f.
36 Vgl. CZINCZOLL/HARTL 1989b; ROSEMANN 1975; SCANNEL/TRACY 1977; RÜTTER 1978; STAATSINSTITUT FÜR SCHULPÄDAGOGIK UND BILDUNGSFORSCHUNG 1987, S. 37 ff.; 1991; 1992, S. 18 ff.; 64 ff.; 1995, S. 16 ff.; SACHER 1995a, S. 10 f.; B VIII/4.3
37 Vgl. LUKESCH 1995, S. 219
38 Vgl. B VI/2.2 Exkurs
39 Vgl. CZINCZOLL 1984, S. 483
40 Vgl. HAMMER 1990
41 STAATSINSTITUT FÜR SCHULPÄDAGOGIK UND BILDUNGSFORSCHUNG 1987, S. 53; HAMMER 1990
42 LEHRPLAN FÜR DIE HAUPTSCHULE 1985, S. 335; LEHRPLAN FÜR DIE BAYERISCHE HAUPTSCHULE 1997, S. 104
43 LEHRPLAN FÜR DIE HAUPTSCHULE 1985, S. 400; LEHRPLAN FÜR DIE BAYERISCHE HAUPTSCHULE 1997, Erdkunde LZ 7.2.2
44 LEHRPLAN FÜR DIE HAUPTSCHULE 1985, S. 327; LEHRPLAN FÜR DIE HAUPTSCHULE 1997, Geschichte LZ 8.8.2
45 LEHRPLAN FÜR DIE HAUPTSCHULE 1985, S. 327; LEHRPLAN FÜR DIE HAUPTSCHULE 1985, S. 400; LEHRPLAN FÜR DIE BAYERISCHE HAUPTSCHULE 1997, S. : (LZ Ma 8.3.2)
46 Vgl. CZINCZOLL/HARTL 1989a, S. 278 ff.; SACHER 1995a, S. 11
47 Vgl. INGENKAMP 1985, S. 29 ff.; STAATSINSTITUT FÜR SCHULPÄDAGOGIK UND BILDUNGSFORSCHUNG 1992, S. 12 ff.
48 Vgl. auch INGENKAMP 1976, S. 16
49 Vgl. STAATSINSTITUT FÜR SCHULPÄDAGOGIK UND BILDUNGSFORSCHUNG 1992, S. 36
50 Vgl. SACHER 1995a, S. 8; 1995b, S. 58 ff.; LEOPOLD 1981, S. 155 ff.
51 Vgl. CZINCZOLL 1984, S. 486; CZINCZOLL/HARTL 1989a, S. 226 f.,. 275 ff.
52 Vgl. STOLLA 1995, S. 17 ff.
53 Vgl. REGELEIN 1986, S. 141 ff.
54 LEOPOLD 1981, S. 138 f.; REGELEIN 1986, S. 147 ff.; STAATSINSTITUT FÜR SCHULPÄDAGOGIK UND BILDUNGSFORSCHUNG 1987, S. 40; CZINCZOLL 1987, S. 566; 1995, S. 130 f.
55 Vgl. GLÖTZL 1979b, S. 336 ff.; BARTNITZKY/CHRISTIANI 1987, S. 60 ff.
56 Vgl. REGELEIN 1986, S. 111ff; JÜRGENS 1995b, S. 56
57 Vgl. STAATSINSTITUT FÜR SCHULPÄDAGOGIK UND BILDUNGSFORSCHUNG 1987, S. 80 ff.; 1992, S. 57
58 Vgl. KLIPPERT 1994, S. 259; B V/4.2; 4.4
59 Vgl. BARTNITZKY/CHRISTIANI 1987, S. 123 ff.; GUDJONS 1986, S. 95 ff.; STAATSINSTITUT FÜR SCHULPÄDAGOGIK UND BILDUNGSFORSCHUNG 1995, S. 52 ff.; B VI/3.2; 3.3

IX Literatur

ABELE, A./SCHNEIDER, P.: Ein Lernzirkel zur Geometrie. In: Pädagogische Welt 49 (1995), 9, S. 413–417.

ACHTENHAGEN, F.: Lehr-Lern-Forschung – Ein konstruktiver Beitrag zur Entwicklung einer wissenschaftlich gestützten Lehrerausbildung. In: LESCHINSKY, A., a. a. O., 1996, S. 245–264.

AEBLI, H.: Grundformen des Lehrens. Stuttgart 1969[8].

AEBLI, H.: Über die geistige Entwicklung des Kindes. Stuttgart 1968[2].

AEBLI, H.: Denken: das Ordnen des Tuns. Band I: Kognitive Aspekte der Handlungstheorie. Stuttgart 1980.

AEBLI, H.: Denken: das Ordnen des Tuns. Band II: Denkprozesse. Stuttgart 1981.

AEBLI, H.: Zwölf Grundformen des Lehrens. Eine allgemeine Didaktik auf psychologischer Grundlage. Stuttgart 1983 (1991[6]).

AEBLI, H.: Grundlagen des Lehrens. Eine Allgemeine Didaktik auf psychologischer Grundlage. Stuttgart 1987.

AEBLI, H.: Begriffliches Denken. In: MANDL, H./SPADA, H., a. a. O., 1988, S. 227–246.

AFFEMANN, R.: Anforderungen der Arbeitswelt und Konsequenzen für Bildung und Erziehung. In: SEIBERT, N./SERVE, H. J., a. a. O., 1994, S. 1193–1207.

AKADEMIE FÜR LEHRERFORTBILDUNG DILLINGEN: Gefährdung durch Video: Pädagogische Handlungsmöglichkeiten. Modellversuch. Dillingen 1988.

AKADEMIE FÜR LEHRERFORTBILDUNG DILLINGEN: Materialgeleitetes Lernen. Elemente der Montessori-Pädagogik in der Regelschule – Grundschulstufe. Ein Fortbildungsmodell der Akademie für Lehrerfortbildung Dillingen. Dillingen 1991.

AKADEMIE FÜR LEHRERFORTBILDUNG DILLINGEN: Freies Arbeiten. Realschule – Hauptschule – Gymnasium. Reformpädagogische Impulse für Erziehung und Unterricht in Regelschulen. Donauwörth 1994.

AKADEMIE FÜR LEHRERFORTBILDUNG UND PERSONALFÜHRUNG DILLINGEN: Schulinterne Lehrerfortbildung zu Telekommunikation und Multimedia. Handbuch und Arbeitsbuch. Dillingen 1999.

AKADEMIE FÜR LEHRERFORTBILDUNG UND PERSONALFÜHRUNG DILLINGEN: Lese-Rechtschreib-Schwierigkeiten. Diagnose – Förderung – Materialien. Donauwörth 2000.

ALLERBECK, K. R./HOAG, W. J.: Jugend und Wandel – Ergebnisse einer Replikationsstudie. In: WIEBE, a. a. O., 1988, S. 41–54.

ALTER/PETER u. a.: Erinnern und urteilen. Band IV. Stuttgart 1985.

ALTMANN, W.: Leistungsmessung und -bewertung in Heimat- und Sachkunde. In: Pädagogische Welt 41 (1987), 12, S. 546–549.

ALTMANN, W./GIERLINGER, W.: Einführung der Normalverfahren im Mathematikunterricht der Grundschule. In:

ALTMANN, W. / GASSNER, F. J. / GRUBER, S.: Seminar und Schule neu. Grundschule. Band 3. München 1983, S. 37–91.
ANDEREGG, J.: Der Unterricht im Spannungsfeld zwischen Wissenschaft und Erziehung. In: BECKMANN, H. K. / FISCHER, W. L., a. a. O., 1990, S. 65–73.
APEL, H. J.: Prinzipien didaktischen Handelns. In: SEIBERT, N. / SERVE, H. J., a. a. O., 1992, S. 9–42a.
APEL, H. J.: Gegen-, Neben-, Miteinander. Aufgabe und pädagogische Gestaltung des Lernorts Schule. In: 5 bis 10 Schulmagazin 7 (1992), 1, S. 52–56b.
APEL, H. J.: Allgemeinbildung als Aufgabe der Hauptschule. In: 5 bis 10 Schulmagazin 8 (1993), 2, S. 54–57.a.
APEL, H. J.: Zur Geschichte des Bildungsbegriffs. In: unterrichten / erziehen (1993), 3, S. 57–60; 4, S. 46–49.b.
APEL, H. J.: Erziehung zur „Selbsttätigkeit im Dienst des Wahren, Schönen und Guten". Überlegungen zum Bildungsauftrag der Schule. In: SEIBERT, N. / SERVE, H. J., a. a. O., 1994, S. 513–541.a.
APEL, H. J.: Pädagogisches Können und didaktische Fantasie. In: 5 bis 10 Schulmagazin 9 (1994), 2, S. 59–62.b.
APEL, H. J.: Schulisches Lernen, Lernschwierigkeiten und Lernhilfen. In: unterrichten / erziehen (1994), 1, S. 6–15.c.
ARNOLD, W. / EYSENCK, H. J. / MEILI, R. (Hrsg.): Lexikon der Psychologie. Neuausgabe. Freiburg, Basel, Wien 1987[3].
ARTELT, C.: Lernstrategien und Lernerfolg – Eine handlungsnahe Studie. In: Zeitschrift für Entwicklungspsychologie und Pädagogische Psychologie 31 (1999), 2, S. 86–96.
AUER, H.: Formen des offenen Unterrichts – aufgezeigt am Beispiel des Wochenplanunterrichts. In: 5 bis 10 Schulmagazin 7 (1992), 11, S. 8–11.
AUER, H.: Wochenplanunterricht – Grundsätze und Erfahrungen. In: AKADEMIE FÜR LEHRERFORTBILDUNG, a. a. O., 1994, S. 252–266.
AUGST, G. / DEHN, M.: Rechtschreibung und Rechtschreibunterricht. Können – Lehren – Lernen. Stuttgart, Düsseldorf, Leipzig 1998.
AUTENRIETH, N.: Selbst gestaltetes Schulleben. Chance für demokratisches Miteinander in der Schule. In: Pädagogische Welt 48 (1994), 6, S. 272–279.
AUTENRIETH, N.: Was ist ein Projekt wirklich? Anmerkungen zu einem inflationär gebrauchten Begriff. In: Pädagogische Welt 50 (1996), 1, S. 16–21.a.
AUTENRIETH, N.: Freinet-Pädagogik heute. In: Pädagogische Welt 50 (1996), 8, S. 372–376.b.
AURIN, K.: Strukturelemente und Merkmale guter Schulen – Worauf beruht ihre Qualität? In: AURIN, K. (Hrsg.), a. a. O., 1991[2], S. 64–97.
AURIN, K. (Hrsg.): Gute Schulen – worauf beruht ihre Wirksamkeit? Bad Heilbrunn / Obb. 1991[2].
BAETHGE, M. / HANTSCHE, B. / PELULL, W. / VOSKAMP, U.: Jugend: Arbeit und Identität. Lebensperspektiven und Interessenorientierungen von Jugendlichen. Eine Studie des Soziologischen Forschungsinstituts Göttingen (SOFI). Opladen 1988.
BAIRLEIN, S.: Freiarbeit – Wie fange ich an? In: Lehrerjournal Grundschulmagazin 6 (1991), 2, S. 11–13.
BALSTER, K.: Bewegungspädagogische Hilfen für überaktive Kinder im Klassenraum. In: Sonderschulmagazin (1993), 3, S. 5–6.
BARTHELMES, J.: Raver, Rapper, Punks, Skinheads und viele andere. Beobachtungen aus jugendkulturellen Szenen.

In: FATKE, R./HORNSTEIN, W./ LÜDERS, CHR./WINKLER, M., a.a.O., 1999, S. 39–50.

BARTNITZKY, H./CHRISTIANI, R.: Zeugnisschreiben in der Grundschule. Heinsberg 1987.

BAUER, H. F.: Grundlegende Bildung und Fachpropädeutik. In: SCHORCH, G. (Hrsg.): Grundlegende Bildung. Erziehung und Unterricht in der Grundschule. Bad Heilbrunn/Obb. 1988, S. 85–106.

BAUER, J. (Hrsg.): Lernziele, Kurse, Analysen zu schwarz auf weiß. Grundschule 2 (Neubearbeitung). Hannover 1983.a.

BAUER, J. (Hrsg.): Lernziele, Kurse, Analysen zu schwarz auf weiß. Grundschule 3 (Neubearbeitung). Hannover 1983.b.

BAUER, J. (Hrsg.): Lernziele, Kurse, Analysen zu schwarz auf weiß. Grundschule 4 (Neubearbeitung). Hannover 1984.

BAUER, L.: Denkförderung im Mathematikunterricht der Hauptschule. In: Lehrerjournal Hauptschulmagazin 4 (1989), 11, S. 5–12.

BAUMANN, S. u.a.: Sachbuch. 3. Schuljahr. Heimat- und Sachkunde. München 1997.

BAUMERT, J.: Lernstrategien, motivationale Orientierung und Selbstwirksamkeitsüberzeugungen im Kontext schulischen Lernens. In: Unterrichtswissenschaft 21 (1993), 4, S. 327–354.

BAUMERT, J.: Technisches Problemlösen im Grundschulalter: Zum Verhältnis von Alltags- und Schulwissen – Eine kulturvergleichende Studie. In: LESCHINKSKY, A., a.a.O., 1996, S. 187–209.

BAUMERT, J./LEHMANN, R. u.a.: TIMSS – Mathematisch-naturwissenschaftlicher Unterricht im internationalen Vergleich. Deskriptive Befunde. Opladen 1997.

BAUMERT, J./KLIEME, E./NEUBRAND, M./PRENZEL, M./SCHIEFELE, U./SCHNEIDER, W./TILLMANN, K. J./WEISS, M.: OECD – PISA (Programme for International Student Assessment). Internationales und nationales Rahmenkonzept. Berlin 1999.

BAURMANN, J./FEILKE, H.: Freies Arbeiten. In: Praxis Deutsch (1997), 141, S. 18–27.

BÄUERLE, S. (Hrsg.): Der gute Lehrer. Empfehlungen für den Umgang mit Schülern, Eltern und Kollegen. Stuttgart 1989.

BAYERISCHES GESETZ ÜBER DAS ERZIEHUNGS- UND UNTERRICHTSWESEN (BayEUG). Stand 26.07.1997. München 1997.

BAYERISCHES STAATSMINISTERIUM FÜR UNTERRICHT, KULTUS, WISSENSCHAFT UND KUNST (Hrsg.): Jugend und Gewalt. Kinder und Jugendliche als Opfer und Täter. Situation, Ursachen, Maßnahmen. Bericht der Bayerischen Staatsregierung. München 1994.

BAYERISCHES STAATSMINISTERIUM FÜR UNTERRICHT, KULTUS, WISSENSCHAFT UND KUNST: Schulversuch „Phonetisches Schreiben". Bekanntmachung vom 2. Februar 1998. In: KWMBl I Nr. 4/1998, S. 68–71.

BECK, E./GULDIMANN, T./ZUTAVERN, M.: Eigenständig lernende Schülerinnen und Schüler. Bericht über ein empirisches Forschungsprojekt. In: Zeitschrift für Pädagogik 37 (1991), 5, S. 735–768.

BECK-GERNSHEIM, E.: Auf dem Weg in die postfamiliale Familie. Von der Notgemeinschaft zur Wahlverwandtschaft. In: Aus Politik und Zeitgeschichte (1994), B 29–30, S. 3–14.

BECKER, G. R.: Handlungsorientierte Didaktik. 3 Bände. Weinheim, Basel 1988[2].

BECKMAN, L.: Auswirkungen von schulischen Leistungen auf die Kausalattribuierung von lehrenden und beobachtenden Personen. In: HOFER u. a.: Pädagogische Psychologie. Grundlagentexte 2. Frankfurt/M. 1973, S. 164–177.

BECKMANN, H. K./FISCHER, W. L.(Hrsg.): Herausforderung der Didaktik. Zur Polarität von Schüler- und Sachorientierung im Unterricht. Bad Heilbrunn/Obb. 1990.

BECKSTEIN, M.: Sachrechnen. In: unterrichten/erziehen (1995), 3, S. 5–10.

BEHR, M./WALTERSCHEID-KRAMER, J.: Einfühlendes Erzieherverhalten. Weinheim, Basel 1986.

BEILNER, H.: Die Geschichte als Motivationsanreiz. In: Pädagogische Welt 39 (1985), 1, S. 3–7.

BEILNER, H.: Geschichte handelnd erfahren. In: Pädagogische Welt 45 (1991), 1, S. 13–17.

BENWARE, C. A./DECI, E. L.: Quality of learning with an active versus passive motivational set. In: American Educational Research Journal 21 (1984), S. 755–765.

BERGIUS, R.: Analyse der „Begabung“: Die Bedingungen des intelligenten Verhaltens. In: ROTH, H., a. a. O., 1970, S. 229–268.

BERTHOLD, S./JAROSCH, E.: Mit Garfield auf Beleidungen reagieren. Zur Vermeidung von Aggressivität im Gespräch. In: 5 bis 10 Schulmagazin 9 (1994), 10, S. 37–38.

BERTRAM, H.: Auswirkungen der veränderten Familienstruktur. In: Pädagogische Welt 46 (1992), 6, S. 271–280.

BERTRAM, H.: Die Stadt, das Individuum und das Verschwinden der Familie. In: Aus Politik und Zeitgeschichte (1994), B 29–30, S. 15–35.

BESSOTH, R.: „Guter“ Unterricht: Von der Einfalt zur Vielfalt. In: Pädagogische Führung 2 (1991), 2, S. 69–75.

BEUTEL, W./SCHÖNIG, W.: Unterrichts- und Schulreform an der Grundschule durch Praktisches Lernen. In: Grundschulmagazin 7 (1992), 9, S. 7–9.

BEYER, B. K.: Moralische Diskussion im Unterricht: Wie macht man das? In: MAUERMANN, L./WEBER, E. (Hrsg.), a. a. O., 1981, S. 183–192.

BLK (Bund-Länder-Kommission für Bildungsplanung und Forschungsförderung) (Hrsg.): Gutachten zur Vorbereitung des Programms „Steigerung der Effizienz des mathematisch-naturwissenschaftlichen Unterrichts“. Bonn 1997.

BLUMENSTOCK, L.: Interesse fördern – eine pädagogische Aufgabe. In: Grundschule 27 (1995), 6, S. 10–11.

BÖNSCH, M.: Der Lehrer als Organisator von Lernprozessen? In: GRÖSCHEL, H. (Hrsg.): Die Bedeutung der Lehrerpersönlichkeit für Erziehung und Unterricht. München 1980, S. 62–78.

BÖNSCH, M.: Wege vom geschlossenen zum offenen Lernen in der Hauptschule. In: 5 bis 10 Schulmagazin 6 (1991), 2, S. 54–59.

BÖNSCH, M.: Was ist eine gute Schule? Ein Literaturbericht. In: Zeitschrift für Bildungsverwaltung 7 (1992), 2, S. 45–55.

BÖNSCH, M.: Üben – Teil des vollständigen Lernprozesses. In: Grundschulmagazin 8 (1993), 3, S. 38–41.

BÖNSCH, M.: Bildung in der Schule. In: SEIBERT, N./SERVE, H. J., a. a. O., 1994, S. 21–45.a.

BÖNSCH, M.: Kleine Stücke für eine effektivere Unterrichtsplanung. Zwei Beispiele zur Hinterfragung eingeschliffenen methodischen Vorgehens. In: Pädagogische Welt 48 (1994), 9, S. 414–416.b.

BÖNSCH, M.: Leistungsfeststellung und -beurteilung. In: Schulmagazin 5 bis 10 10 (1995), 2, S. 4–7.a.

BÖNSCH, M.: Werte und Normen. Wie können Verhaltensleitlinien heute begründet werden? In: Schulmagazin 5 bis 10 10 (1995), 6, S. 9–13.b.

BÖNSCH, M.: Neue LehrerInnen braucht das Land. Zu Akzentuierungen der Lehrerausbildung in der 1. Phase. In: Schulmagazin 5 bis 10 10 (1995), 7–8, S. 4–7.c.

BÖNSCH, M.: Unterrichtsstrukturen und soziales Verhalten. Zum Zusammenhang von Unterrichtsorganisation und individuellem Verhalten. In: Pädagogische Welt 50 (1996), 6, S. 282–283.

BOLLNOW, O. F.: Die pädagogische Atmosphäre. Untersuchungen über die gefühlsmäßigen zwischenmenschlichen Voraussetzungen der Erziehung. Heidelberg 1964.

BOLLNOW, O. F.: Der Begriff des pädagogischen Bezugs bei Hermann Nohl. In: Zeitschrift für Pädagogik 27 (1981), 1, S. 31–37.

BOS, W./BAUMERT, J.: Möglichkeiten, Grenzen und Perspektiven internationaler Bildungsforschung: das Beispiel TIMSS/III. In: Aus Politik und Zeitgeschichte (1999), B 35–36, S. 3–15.

BRADEMANN, T.: Lernen in Zusammenhängen aus psychologischer Sicht. In: Schulmagazin 5 bis 10 10 (1995), 11, S. 53–57.

BRESLAUER, K.: Wertvermittlung in der Grundschule. In: BRESLAUER, K./HACKER, H./POSCHARDT, D., a. a. O., 1978, S. 166–184.

BRESLAUER, K.: Grundlegende Werterziehung. In: SCHORCH, G., a. a. O., 1988, S. 125–147.

BRESLAUER, K./HACKER, H./POSCHARDT, D. (Hrsg.): Werterziehung als Auftrag der Schule. Hannover 1978.

BREZINKA, W.: Werterziehung? Problematik und Möglichkeiten. In: GAUGER, J. D. (Hrsg.): Bildung und Erziehung. Grundlage humaner Zukunftsgestaltung. Bonn 1991, S. 219–259.

BREZINKA, W.: Zur Problematik von Erziehungszielen in pluralistischen Gesellschaften. In: SEIBERT, N./SERVE, H. J., a. a. O., 1994, S. 590–634.

BRINKMANN, E.: Alle Kinder sind Legastheniker. Ein Beitrag zu einem längst überflüssig geglaubten Diskurs. In: Lernchancen 2 (1999), 11, S. 2–5.

BRINKMANN, E./BRÜGELMANN, H.: Rechtschreibentwicklung unter der Lupe. In: BRÜGELMANN, H./FÖLLING-ALBERS, M./RICHTER, S. (Hrsg.): Jahrbuch Grundschule. Seelze 1998, S. 176–180.

BROCKMEYER, R.: Qualitätsverbesserung in Schulen und Schulsystemen. Bonn 1999.

BROPHY, J. E./GOOD, T. L.: Die Lehrer-Schüler-Interaktion. München 1976.

BRÜGELMANN, H.: 20 Thesen zum Rechtschreibunterricht. In: BRÜGELMANN, H./RICHTER, S. (Hrsg.): „Wie wir recht schreiben lernen." Lengwil-Oberhofen 1994, S. 208–213.

BRÜNDEL, H./HURRELMANN, K.: Zunehmende Gewaltbereitschaft von Kindern und Jugendlichen. In: Aus Politik und Zeitgeschichte (1994), B 38, S. 3–9.

BRUNER, J. S.: Der Prozess der Erziehung. Düsseldorf, Berlin 1970.

BRUNER, J. S./OLVER, R. R./GREENFIELD, P. M.: Studien zur kognitiven Entwicklung. Stuttgart 1971.

BRUNNHUBER, P.: Prinzipien effektiver Unterrichtsgestaltung. Donauwörth 1991[18].

BÜCHNER, I.: Mit Lernern über das Lernen reden. Die HSP mit Schülern ausgewertet. In: Lernchancen 2 (1999), 11, S. 4953.

BÜCHNER, P./KRÜGER, H. H.: Soziale Ungleichheiten beim Bildungserwerb innerhalb und außerhalb der Schule. Ergebnisse einer empirischen Untersuchung in Hessen und Sachsen-Anhalt. In: Aus Politik und Zeitgeschichte (1996), B 11, S. 21–30.

BÜCHNER, R./DEHNE, B./KERN, E./NIGGEMEIER, F./SCHELKEN, M./SIMON, K. H./ROTTMANN, K.: Grundsteine Kunst 2. Schülerarbeitsbuch für den Kunstunterricht der Klassen 7 und 8 an allgemeinbildenden Schulen. Stuttgart 1994.

BURGER, A./BURGER, K. H.: Fantasiereisen müssen nicht nur „Hirnübungen" sein! Über das allmähliche Entwickeln eines Spiels aus meditativen Elementen und allseitigen praktischen Sinneserfahrungen. In: Pädagogische Welt 50 (1996), 4, S. 165–173.

BUSZELLO, H.: Vom Bundschuh zum Bauernkrieg. Paderborn 1979.

BUTSCHEK, R./HOFMEISTER, E./MÜHLDORFER, A.: Physik-Chemie. Schülerbuch 6 für die Hauptschule. Eching 1986.

CAPPEL, W.: Das Kind in der Schulklasse. Grundlagen und Methoden soziometrischer Untersuchungen. Weinheim, Berlin, Basel 1970[4].

CHOTT, P./GRABENBAUER, F.: Video und Freizeit. Projektorientiertes Arbeiten in der Grundschule zur Medien- und Freizeiterziehung. In: Pädagogische Welt 46 (1992), 8, S. 338–340.

CLAUS, T./HERTER, D.: Jugend und Gewalt. Ergebnisse einer empirischen Untersuchung an Magdeburger Schulen. In: Aus Politik und Zeitgeschichte (1994), B 38, S. 10–20.

CLEMENT, U./MARTENS, B.: Effizienter lernen durch Multimedia? Probleme der empirischen Feststellung von Ursachen des Lernerfolgs. In: Zeitschrift für Pädagogik 46 (2000), 1, S. 97–112.

CLOER, E.: Wandel der Kindheit und Jugend. Auswirkungen auf die Hauptschule. In: Pädagogische Welt 46 (1992), 1, S. 24–29.

COLBERG-SCHRADER, H.: Kindertageseinrichtungen – selbstverständlicher Teil kindlichen Lebens. In: FATKE, R./HORNSTEIN, W./LÜDERS, CH./WINKLER, M., a. a. O., 1999, S. 99–116.

COOPERSMITH, S.: Antecedents of self-esteem. (Fremont) San Francisco 1967.

CRISAND, E.: Psychologie der Gesprächsführung. Heidelberg 1994[5].

CSIKSZENTMIHALYI, M./SCHIEFELE, U.: Die Qualität des Erlebens und der Prozess des Lernens. In: Zeitschrift für Pädagogik 39 (1993), 2, S. 207–221.

CUBE, F. V./ALSHUTH, D.: Fordern statt Verwöhnen. Die Erkenntnisse der Verhaltensbiologie in Erziehung und Führung. München, Zürich 1989.

CZERWENKA, K.: „Der Elefant aus der Mücke". Weshalb es Lehrern so schwer fällt, über Unterrichtsstörungen zu sprechen. In: 42 (1988), 4, S. 178–181.

CZERWENKA, K.: Unkonzentriert, aggressiv und hyperaktiv. Wer kann helfen? In: Zeitschrift für Pädagogik 39 (1993), 5, S. 721–744.a.

CZERWENKA, K.: Gesprächsformen und Kommunikationsstrukturen bei der Elternarbeit. In: 5 bis 10 Schulmagazin 8 (1993), 12, S. 6–8.b.

CZERWENKA, K.: Die Not der Lehrer. Neue Ansprüche und Belastungen des Lehrerberufs. In: Pädagogische Welt 50 (1996), 4, S. 181–187.

CZINCZOLL, B.: Die schriftliche Probearbeit in der Heimat- und Sachkunde. In: Pädagogische Welt 38 (1984), 8, S. 481–486.

CZINCZOLL, B.: Die Entscheidung über das Wiederholen einer Jahrgangsstufe. In: Pädagogische Welt 40 (1987), 12, S. 565–567.

CZINCZOLL, B.: Bindungsstiftende Situationen und Möglichkeiten in der Schule? In: Pädagogische Welt 47 (1993), 11, S. 493–497.

CZINCZOLL, B.: Leistungsfeststellung und -bewertung als differenzierte Sachverhaltsaufklärung. In: Pädagogische Welt 49 (1995), 3, S. 125–131.

CZINCZOLL, B./HARTL, R.: Anregungen zur Verbesserung der Artenkenntnis von Pflanzen. In: Pädagogische Welt 42 (1988), 4, S. 155–157.

CZINCZOLL, B./HARTL, R.: Die Leistungsfeststellung und -bewertung in der Schule … In: Pädagogische Welt 43 (1989), 5, S. 222–227; 6, S. 275–279.a.

CZINCZOLL, B./HARTL, R.: Die Art der Aufgabenstellung als Fehlerursache bei Probearbeiten. In: Pädagogische Welt 43 (1989), 5, S. 228–234; 6, S. 279–284.b.

DANN, H. D.: Das Konstanzer Trainingsmodell (KTM). Hilfe zur Selbsthilfe für einen besseren Umgang mit Aggressionen und Störungen im Unterricht. In: unterrichten/erziehen (1989), 6, S. 55–56.

DANN, H. D.: Aggressionen und Störungen im Unterricht – Ein Selbsthilfeprogramm zur Verbesserung pädagogischen Handelns. In: AKADEMIE FÜR LEHRERFORTBILDUNG DILLINGEN (Hrsg.): 25 Jahre Schulberatung. Dillingen 1991, S. 107–115.

DANN, H. D./HEUBECK, E./STRAK, R.: Aggressionen und Störungen im Unterricht. Bericht über eine empirische Untersuchung. In: unterrichten/erziehen (1994), 1, S. 53–57.

DAVIDSON, D.: Die Behandlung einer Sachaufgabe im Mathematikunterricht der Grundschule. Didaktische Vorüberlegungen, methodische Gestaltung, Differenzierung. In: Blätter für Lehrerfortbildung 33 (1981), 11, S. 17–427.

DECI, E. L./RYAN, R. M.: Die Selbstbestimmungstheorie der Motivation und ihre Bedeutung für die Pädagogik. In: Zeitschrift für Pädagogik 39 (1993), 2, S. 223–238.

DETTENBORN, H./LAUTSCH, E.: Aggression in der Schule aus der Schülerperspektive. In: Zeitschrift für Pädagogik 39 (1993), 5, S. 745–774.

DEUTSCHER BILDUNGSRAT: Strukturplan für das Bildungswesen. Empfehlungen der Bildungskommission. Stuttgart 1970[2].

DEUTSCHE SCHELL: JUGENDWERK DER DEUTSCHEN SHELL (FISCHER, A./FUCHS, W./ZINNECKER, R. J.): Jugendliche und Erwachsene '85. Generationen im Vergleich. Band 1–5. Opladen 1985.

DEUTSCHE SCHELL: JUGENDWERK DER DEUTSCHEN SHELL (FISCHER, A./FUCHS, W./ZINNECKER, R. J.): Jugend '92. Lebenslagen, Orientierungen und Entwicklungsperspektiven im vereinten Deutschland. Opladen 1992.

DEUTSCHE SHELL: JUGENDWERK DER DEUTSCHEN SHELL (FISCHER, A./MÜNCHMEIER, R.): Jugend '97. Zukunftsperspektiven. Gesellschaftliches Engagement. Politische Orientierungen. Opladen 1997.

DEWEY, J.: Demokratie und Erziehung. Eine Einführung in die philosophische Pädagogik. Braunschweig, Berlin, Hamburg 1949 (1915[1]).

DIESENBERG, N.: Handlungswissen – Orientierungswissen – Existenzwissen. Zur Problematik, Abgrenzung und Explikation didaktisch relevanter Wissensformen. In: JUNG, M. (Hrsg.): Handlungswissen – Orientierungswissen – Existenzwissen. Stuttgart 1989, S. 76–100.

DIETRICHS, E.: Die vernachlässigte Koalition: Eltern und Lehrer. Zusammenarbeit dient Eltern, Lehrern und Schülern gleichermaßen. In: Der Junglehrer 32 (1989), 4, S. 10–16.

DIFF (DEUTSCHES INSTITUT FÜR FERNSTUDIEN AN DER UNIVERSITÄT TÜBINGEN) (Hrsg.): Lehrerprobleme – Schülerprobleme. Ein Programm zur Verbesserung pädagogischer Handlungsmöglichkeiten. Tübingen 1982.

DOLENC, R./SCHWÄGERL, G.: Informelle Diagnosemöglichkeiten. In: AKADEMIE FÜR LEHRERFORTBILDUNG UND PERSONALFÜHRUNG DILLINGEN, a. a. O., 2000, S. 117–141.

DOLLARD, J./DOOB, L. W./MILLER, N. E./MOWRER, O. H./SEARS, R. S.: Frustration und Aggression. Weinheim, Berlin, Basel 1971[2].

DOMKE, H.: Gedanken zum Gewaltproblem in der Schule. In: Pädagogische Welt 48 (1994), 3, S. 106.

DORSCH, F./HÄCKER, H./STAPF, K.: Dorsch Psychologisches Wörterbuch. Bern, Göttingen 1994[12].

DREIKURS, R./GRUNWALD, B./PEPPER, F. C.: Lehrer und Schüler lösen Disziplinprobleme. Weinheim, Basel 1987[4].

DREVER, J./FRÖHLICH, W. D.: dtv Wörterbuch zur Psychologie. München 1970[3].

DRUNKEMÜHLE, L./POLLERT, M.: Differenzieren lässt sich lernen. Anregungen und Beispiele zur inneren Differenzierung. Frankfurt a. M., Berlin, München 1980.

DUBS, R.: Konstruktivismus: Einige Überlegungen aus der Sicht der Unterrichtsgestaltung. In: Zeitschrift für Pädagogik 41 (1995), 6, S. 889–903.

DÜRR, O.: Erziehung in der Schule – Fehlanzeige? Vom sozialpädagogischen Defizit unserer Schulen. In: LOHMANN, CH. (Hrsg.): Schule als soziale Organisation. Bad Heilbrunn/Obb. 1978, S. 106–116.

DUIT, R.: Zur Rolle der konstruktivistischen Sichtweise in der naturwissenschaftsdidaktischen Lehr- und Lernforschung. In: Zeitschrift für Pädagogik 41 (1995), 6, S. 905–923.

DUNCKER, L.: Die Entfaltung von Interesse als grundschulpädagogische Aufgabe. In: Pädagogische Welt 48 (1994), 7, S. 296–300.

ECKHARDT, W.: Flexible Unterrichtsplanung und Lehrerhandeln. In: BÄUERLE, S. (Hrsg.), a. a. O., 1989, S. 41–65.

EGGERSH, D. P.: Das Geheimnis. Wie ein Theaterstück Gewalt zum Thema für Grundschüler macht. In: Grundschulmagazin 9 (1994), 9, S. 60–61.

EICKE, U./EICKE, W.: Aggressiv, fantasiearm, träge: Die Medienkinder. In: Psychologie heute. (1994), 4, S. 20–26.

EICHLSEDER, W.: Unkonzentriert? Hilfen für hyperaktive Kinder und ihre Eltern. Weinheim 1991.

EINSIEDLER, W.: Lehrmethoden. München 1981.

EINSIEDLER, W.: Sachunterricht der Grundschule zwischen Sachanspruch und Schülergemäßheit. In: Pädagogische Welt 39 (1985), 12, S. 530–533.

EINSIEDLER, W.: Grundlegung individueller Entwicklung und individuellen Lernens. In: SCHORCH, G., a. a. O., 1988, S. 50–69.

EINSIEDLER, W.: Kategoriale Bildung im Sachunterricht der Grundschule. In: Pädagogische Welt 46 (1992), 11, S. 462–486.a.

EINSIEDLER, W.: Ergebnisse und Probleme der Forschung zur Schulleistung in der Grundschule. In: Erziehung und Unterricht. Österreichische Pädagogische Zeitschrift 142 (1992), 1, S. 2–10.b.

EINSIEDLER, W.: Wissensstrukturen im Unterricht. Neuere Forschung zur Wissensrepräsentation und ihre Anwendung in der Didaktik. In: Zeit-

schrift für Pädagogik 42 (1996), 2, S. 167–192.
EINSIEDLER, W.: Unterrichtsqualität und Leistungsentwicklung: Literaturüberblick. In: WEINERT, F. E./HELMKE, A., a.a.O., 1997, S. 225–240.
EINSIEDLER, W.: Unterrichtsqualität in der Grundschule. Empirische Grundlagen und Programmatik: In: GLUMPLER, E./LUCHTENBERG, S. (Hrsg.): Jahrbuch Grundschulforschung. Band 1. Weinheim 1997, S. 11–33.b.
EINSIEDLER, W./SCHÖLL, G.: Pro und contra ziffernfreie Beurteilung in der Grundschule. In: Pädagogische Welt 49 (1995), 3, S. 120–124.
EMMINGER, E.: Das „Konstanzer Trainingsmodell" – ein Selbsthilfeprogramm für zeitgemäßes Unterrichten und Erziehen. In: Schulverwaltung BY (1993), 10, S. 303–306.
ENDELL, A./STRECKER, D./SCHEMEL, G./SCHIERHORN, H./VOLLMERS, B.: geradeaus. Sprachbuch fünf. Stuttgart 1996.a.
ENDELL, A./STRECKER, D./SCHEMEL, G./SCHIERHORN, H./VOLLMERS, B.: geradeaus. Sprachbuch sechs. Stuttgart 1996.b.
ENDELL, A./HUNEKE, H. W./JUNG-OSTERMANN, D./SCHEMEL, G./SCHIERHORN, H./VOLLMERS, B.: geradeaus. Sprachbuch sieben. Stuttgart 1997.
ENDRES, W. u.a.: Lernen mit Kniff und Pfiff. 9–13 Jahre. Kleine Lernmethodik für Schüler ab 9 Jahren. Weinheim, Basel 1989[3].a.
ENDRES, W. u.a.: So macht Lernen Spaß. 11–16 Jahre. Praktische Lerntipps für Schüler. Weinheim, Basel 1989[9].b.
ENGLBRECHT, A.: Hilfen zum richtigen Lern- und Arbeitsverhalten. In: KORMANN, A. (Hrsg.): Beurteilen und Fördern in der Erziehung. Orientierungshilfen bei Erziehungs- und Schulproblemen. Salzburg 1987, S. 182–211.
ENGLBRECHT, A./WEIGERT, H.: Lernbehinderungen verhindern. Anregungen für eine förderorientierte Grundschule. Frankfurt a.M. 1991.
ENGELBRECHT, S./STIEFENHOFER, B.: Übungskataloge für Nachschriften. In: 5 bis 10 Schulmagazin 8 (1993) 7–8, S. 19–26.
ERICHSON, CH. A.: „Ich habe alles abgelitten!" Vom Mut, ungeübte Wörter zu schreiben. In: Lernchancen 2 (1999), 11, S. 35–36, 45.
ERIKSON, E. H.: Wachstum und Krisen der gesunden Persönlichkeit. Stuttgart 1963.
ERIKSON, E. H.: Kindheit und Gesellschaft. Stuttgart 1968.
ESCHENHAGEN, D.: Warum der Mensch nicht wie ein Vogel fliegen kann. In: Unterricht Biologie (1977), 9, S. 14–19.
ESPENBERGER, G.: Landwirtschaft und Umweltprobleme (Hauptschule). Lernzirkel. In: AKADEMIE FÜR LEHRERFORTBILDUNG DILLINGEN, a.a.O., 1994, S. 432–436.
EWERT, O./THOMAS, J.: Das Verhältnis von Theorie und Praxis in der Instruktionspsychologie. In: WEINERT, F. E., a.a.O., 1996, S. 89–118.
FACKELMANN, J./MÜLLER, R.: Richtig schreiben mit Taps. Übungen zum Rechtschreiben für 9–11jährige. München 1986.
FALCKENBERG, D./SCHIEDERMAIR, W./AMBERG, H.: Bayerisches Gesetz über das Erziehungs- und Unterrichtswesen. Kommentar. Köln, Berlin, Kiel, Mainz, München 1983.
FATKE, R./HORNSTEIN, W./LÜDERS, CH./WINKLER, M. (Hrsg.): Erziehung und sozialer Wandel. Brennpunkte sozialpädagogischer Forschung, Theoriebildung und Praxis. Zeitschrift für Pädagogik. 39. Beiheft. Weinheim, Basel 1999.

FAUSER, P./SCHWEITZER, F.: Schule, gesellschaftliche Modernisierung und soziales Lernen – Schultheoretische Überlegungen. In: Zeitschrift für Pädagogik 31 (1985), 3, S. 339–363.

FAUSER, P./FLITNER, A./KONRAD, F. M./LIEBAU, E./SCHWEITZER, F.: Praktisches Lernen und Schulreform. Eine Projektbeschreibung. In: Zeitschrift für Pädagogik 34 (1988), 6, S. 729–748.

FAUSER, P./KONRAD, F. M.: Praktisches Lernen in einer veränderten Kindheit. In: Grundschule 21 (1989), 5, S. 29–31.

FAUST-SIEHL, G./BAUER, E. M./BAUR, W./WALLASCHEK, U.: Mit Kindern Stille entdecken. Frankfurt a. M. 19934.

FEND, H.: „Gute Schulen – schlechte Schulen" – Die einzelne Schule als pädagogische Handlungseinheit. In: Die Deutsche Schule 78 (1986), 3, S. 275–293.

FEND, H.: Schulqualität. Die Wiederentdeckung der Schule als pädagogische Gestaltungsebene. In: Neue Sammlung 28 (1988), 4, S. 537–547.

FEND, H.: Schulkultur und Schulqualität. In: LESCHINKSKY, A. (Hrsg.): Die Institutionalisierung von Lehren und Lernen. Beiträge zu einer Theorie der Schule. 34. Beiheft der Zeitschrift für Pädagogik. Weinheim, Basel 1996, S. 85–97.

FILLER, J.: Didaktisch-methodische Konsequenzen bei der Arbeit an Begriffen. In: unterrichten/erziehen 1 (1982), 1, S. 11–15.

FISCHER, R.: Pädagogische Arbeit im Vorfeld von Disziplinstörungen. Ein Beitrag unter besonderer Berücksichtigung der Grundbedürfnisse des Kindes auf der Basis von Interaktionsspielen. In: Pädagogische Welt 38 (1986), 8, S. 495–502.

FITTKAU, B.: Gestaltorientierte Selbsterfahrung. In: MUTZEK, W./PALLASCH, W. (Hrsg.) 1983, a. a. O., S. 213–225.

FLEISCHMANN, G.: Sachaufgaben in der Grundschule. In: ALTMANN, W./GASSNER, F. J./GRUBER, S.: Seminar und Schule neu. Grundschule. Band 3. München 1983, S. 103–122.

FLITNER, A.: Lernen ... mit Kopf, Herz und Hand. In: Lernen – Ereignis und Routine. Jahresheft IV des Friedrich Verlag, Velber 1986, S. 8–10.

FÖLLING-ALBERS, M.: Veränderte Kindheit verändert die Grundschule. Oldenburger Vor-Drucke. Universität Oldenburg. Zentrum für pädagogische Berufspraxis. Oldenburg 1988.

FÖLLING-ALBERS, M.: Kindheit heute. Herausforderungen für die Grundschule. In: Grundschule 21 (1989), 5, S. 10–12.

FÖLLING-ALBERS, M.: Interessen von Grundschulkindern. In: Grundschule 27 (1995), 6, S. 24–26.

FORTMÜLLER, R.: Lernpsychologie. Grundkonzeptionen, Theorien, Forschungsergebnisse. Wien 1991.a.

FORTMÜLLER, R.: Der Einfluss des Lernens auf die Bewältigung von Problemen. Eine kognitionspsychologische Analyse des Problembereichs „Lerntransfer". Wien 1991.b.

FRANKE, P.: Abwechslung ohne Überreizung. Anmerkungen zum Problem einer sinnvollen methodischen Rhythmisierung des Unterrichts. In: Pädagogische Welt 40 (1987), 10, S. 438–441.

FREY, K.: Theorien des Curriculums. Weinheim, Basel 19722.

FRICKE, R.: Gütekriterien von Tests. In: KLAUER, K. J.: Handbuch der Pädagogischen Diagnostik. Band 1. Düsseldorf 1978, S. 215–224.

FRIEBEL, H.: Jugend als (Weiter-)Bildungsprozess. In: WIEBE 1988, a. a. O., S. 121–137.

FRIEBEL, H.: Jugend in der Krise. Berufsstart und Familiengründung in historischer Perspektive. In: WIEBE 1989, a.a.O., S. 19–36.

FRIEDRICH, H. F./MANDL, H.: Lern- und Denkstrategien – ein Problemaufriss. In: MANDL, H./FRIEDRICH, H. F., a.a.O., 1992, S. 3–54.

FRIEDRICH, H. F./MANDL, H.: Analyse und Förderung selbst gesteuerten Lernens. In: WEINERT, F. E./MANDL, H., a.a.O., 1997, S. 237–293.

FRITZ, J. (Hrsg.): Programmiert zum Kriegsspielen. Weltbilder und Bilderwelten im Videospiel. Bonn 1988.

FRÖSE, S./MÖLDERS, R./WALLRODT, W.: Das Kieler Einschulungsverfahren. Weinheim 1986.

FRUTH, H. W./HEINEMANN, G.: Facheigene Arbeitstechniken im Sachunterricht der Grundschule am Beispiel der Einführung in das Kartenverständnis. In: Lehrerjournal Grundschulmagazin. Blätter für Lehrerfortbildung 3 (1988), 1, S. 5–7.

FÜNFER, K. H.: Problemorientierung im Geschichtsunterricht. In: paed (1985), 5, S. 1–5.

FUHR, R.: Ziel: Selbst bestimmtes soziales Lernen. In: FUHR, R. u.a.: Soziales Lernen, innere Differenzierung, Kleingruppenunterricht. Braunschweig 1977, S. 9–52.

GAGNÉ, R. M.: Die Bedingungen des menschlichen Lernens. Hannover 1970².

GAISER, W.: Hürden fürs Erwachsenwerden. Probleme der sozialräumlichen Verselbstständigung in der nachschulischen Jugendphase. In: WIEBE, a.a.O., 1989, S. 51–68.a.

GAISER, W. u.a.: Familienalltag. Ein Report des Deutschen Jugendinstituts. Frauensichten – Männersichten. Reinbek bei Hamburg 1989.b.

GANSER, B.: Präventive Fehleranalyse. Ein pädagogisch orientierter Ansatz. In: Lernchancen 2 (1999), 11, S. 21–26.

GAUDE, P./TESCHNER, W.: Objektivierte Leistungsmessung in der Schule. Einsatz Informeller Tests im Leistungsdifferenzierten Unterricht. Frankfurt, Berlin, München 1971².

GENSICKE, T.: Wertewandel und Familie. Auf dem Weg zu „egoistischem" oder „kooperativem" Individualismus. In: Aus Politik und Zeitgeschichte (1994), B 29–30, S. 36–47.

GEPPERT, K./PREUSS, E. (Hrsg.): Selbstständiges Lernen. Zur Methode des Schülers im Unterricht. Bad Heilbrunn/Obb. 1980.

GERR, H. E.: Projektorientierter Grundschulunterricht. In: Lehrerjournal Grundschulmagazin 3 (1988), 5, S. 2–5.

GERR, H. E.: Offener Unterricht. In: Lehrerjournal Grundschulmagazin 3 (1989), 7–8, S. 2–7.

GERR, H. E.: Von geschlossenen zu offenen Lernformen. In: Lehrerjournal Grundschulmagazin 6 (1991), 2, S. 4–7.

GERSTENMAIER, J./MANDL, H.: Wissenserwerb unter konstruktivistischer Perspektive. In: Zeitschrift für Pädagogik 41 (1995), 6, S. 867–888.

GERSTENMAIER, J./MANDL, H.: Wissensanwendung im Handlungskontext. Die Bedeutung intentionaler und funktionaler Perspektiven für den Zusammenhang von Wissen und Handeln. Forschungsbericht Nr. 71. Ludwig-Maximilians-Universität München 1996.

GERVE, F.: Freiarbeit. Lichtenau-Scherzheim 1992⁴.

GIEHRL, E./SAUTER, H. (Hrsg.): Muttersprache. Schülerarbeitsbuch für den Deutschunterricht in der 7. Jahrgangsstufe. Donauwörth 1986.

GIRG, R.: Freischwimmen im Materialpool. Kriterien für Freiarbeitsmaterial. In: Schulmagazin 5 bis 10 10 (1995), 9, S. 8–11.

GLÖCKEL, H.: Unterricht in der Spannung zwischen Sachanspruch und Schülergemäßheit. Überlegungen zum didaktischen Problem der Elementarisierung. In: Pädagogische Welt 39 (1985), 8, S. 338–342.

GLÖCKEL, H.: Vom Unterricht. Lehrbuch der Allgemeinen Didaktik. Bad Heilbrunn/Obb. 1990.a.

GLÖCKEL, H.: Unterricht in der Spannung zwischen Sachanspruch, Schülergemäßheit und pädagogischem Auftrag. In: BECKMANN, H. K./FISCHER, W. L., a. a. O., 1990, S. 33–50.b.

GLÖCKEL, H.: Allgemeinbildung als Auftrag der Schule. Fragen und erste Antworten zur Grundlegung. In: Pädagogische Welt 47 (1993), 2, S. 50–53.

GLÖCKEL, H.: Anschauung als Unterrichtsprinzip. In: unterrichten/erziehen 1995), 2, S. 6–9.a.

GLÖCKEL, H.: Über einige Irrtümer beim Notengeben. In: Pädagogische Welt 49 (1995), 2, S. 50–54.b.

GLÖCKEL, H.: Lernen in Zusammenhängen. In: Pädagogische Welt 50 (1996), 2, S. 80–83.

GLÖTZL, CH.: Didaktisch-methodische Möglichkeiten, Lernmotivation und Interesse von Grundschülern für ausgewählte biologische Themen aus dem Heimat- und Sachkundeunterricht der 3. Jahrgangsstufe zu wecken. Unveröffentlichte schriftliche Hausarbeit (gem. § 30 LPO I). Regensburg 1995.

GLÖTZL, H.: „Das habe ich mir gleich gedacht!" Der Einfluss von Lehrerverhalten und Schulsystem auf die Ausprägung und Verfestigung abweichenden Verhaltens. Weinheim, Basel 1979.a.

GLÖTZL, H.: Die Problematik von Schülerbeurteilungen. Beeinflussungsfaktoren der Lehrerurteile. In: Pädagogische Welt 33 (1979), 6, S. 332–343.b.

GLÖTZL, H.: Schulpraktische Möglichkeiten der Werterziehung in den naturwissenschaftlichen Fächern der Hauptschule. Referat auf dem Amberger Seminar 1979.c.

GLÖTZL, H.: Die Förderung des Vertrauens in der Schule. Einige Gedanken zu vertrauensfördernden Verhaltensweisen und Handlungen des Lehrers. In: Lehrerjournal Grundschulmagazin und Lehrerjournal Hauptschulmagazin (Seminarausgaben) 4 (1989), 1, S. 5–7.

GLÖTZL, H.: Kennzeichen einer veränderten Kindheit und Jugendzeit. Gesellschaftliche, strukturelle, demographische und individuelle Ursachen und Faktoren. Unveröffentlichtes Manuskript. Spindlhof 1990.a.

GLÖTZL, H.: Kunsterziehung in der Grund- und Hauptschule. Probleme im Fach Kunsterziehung und Möglichkeiten ihrer Behebung. In: Pädagogische Welt 44 (1990), 11, S. 518–525; 12, S. 571–575.b.

GLÖTZL, H.: Der Lehrer als Initiator von Erziehungsprozessen. Wichtige Erziehungsaufgaben des Lehrers und sein pädagogischer Bezug in der Schule von heute. In: Pädagogische Welt 45 (1991), 1, S. 23–27.a.

GLÖTZL, H.: „Eine Spur nach irgendwo …" – Höchste Zeit für ein Zeichen. Hauptschüler begegnen im Rahmen eines Projekts im Kunsterziehungsunterricht dem Maler Manfred G. Dinnes. In: Pädagogische Welt 45 (1991), 11, S. 514–519; 12; S. 566–569.b.

GLÖTZL, H.: Veränderte Kindheit und Jugendzeit – Konsequenzen für den Bildungs- und Erziehungsauftrag der Schule, insbesondere für den Religionsunterricht. In: Regensburger RU-Notizen. 16 (1997), 2, S. 60–80.

GLÖTZL, H./HARTL, R.: Die Weckung des Schülerinteresses für biologische Sachverhalte in Grund- und Hauptschule. In: Pädagogische Welt 39 (1985), 4, S. 167–172.

GLÖTZL, H./LENGDOBLER, H.: Integrativer Chemieunterricht in der Hauptschule. Aufgezeigt am Projekt „Waldsterben". In: Pädagogische Welt 39 (1985), 11, S. 492–499.

GLOGAUER, W.: Medienwirkungen. Medien können Kinder und Jugendliche aggressiv und kriminell machen. In: Pädagogische Welt 46 (1992), 8, S. 345–348.

GÖLLNER, K.: Das Rollenspiel im Unterrichtsalltag. In: 5 bis 10 Schulmagazin 9 (1994), 3, S. 78–81.

GÖLLNER, P.: Erziehung zum kritischen Medienkonsum – eine wichtige Aufgabe für Schule und Unterricht. In: 5 bis 10 Schulmagazin 9 (1994), 9, S. 78–81.

GÖTZ, M.: Von geschlossenen zu offenen Lernsituationen im Sachunterricht der Grundschule. In: Pädagogische Welt 41 (1987), 12, S. 537–543.

GÖTZ, M.: Wege zum offenen Unterricht. In: Lehrerjournal Grundschulmagazin 6 (1991), 2, S. 8–10.

GÖTZFRIED, W.: Differenzierung durch offene Lernsituationen im Unterricht. Begründung der Notwendigkeit und Überlegungen zur Realisierung. In: Pädagogische Welt 48 (1994), 2, S. 58–62.

GORDON, T.: Lehrer-Schüler-Konferenz. Wie man Konflikte in der Schule löst. Hamburg 1977[2].

GRATZER, W.: Aggression in der Schule. In: unterrichten/erziehen (1992), 5, S. 13–25.

GRATZER, W.: Mit Aggressionen umgehen. Braunschweig 1993.a.

GRATZER, W.: Unterrichtsstörungen/ Aggression in der Schule. In: Pädagogische Welt 47 (1993), 6, S. 247–253.b.

GREIL, J.: Rechtschreiben in der Grundschule. Basisüberlegungen – Wertung bisheriger Bemühungen – Unterrichtsmodelle. Donauwörth 1981.

GREIL, J.: Schulwortschatz – neu. Hauptschule. München 1982.a.

GREIL, J.: Rechtschreiben in der Hauptschule. In: ALTMANN, W./GASSNER, F. J./ GRUBER, S.: Seminar und Schule neu. Hauptschule. Band 1. München 1982, S. 35–50.b.

GREIL, J.: Rechtschreiben in der Grundschule. In: ALTMANN, W./GASSNER, F. J./ GRUBER, S.: Seminar und Schule neu. Grundschule. Band 2. München 1983, S. 83–94.

GREIL, J.: Wortprofi. Schulwörterbuch Deutsch. München 1996[2].

GREIL, J./KREUZ, A.: Möglichkeiten der Individualisierung und Differenzierung im Rechtschreibunterricht der Grundschule: In: Pädagogische Welt 38 (1984), 6, S. 329–334.

GRESZIK, B./HERING, F./EULER, H. A.: Gewalt in den Schulen. Ergebnisse einer Befragung in Kassel. In: Zeitschrift für Pädagogik, 41 (1995), 2, S. 265–284.

GRÖSCHEL, H. (Hrsg.): Heimat- und Sachkunde für die 3. Jahrgangsstufe. München 1983.

GROSS, E. (Hrsg.): Unsere Schule ist für die Zukunft da. Lehrerinnen und Lehrer stellen Elemente für eine Schule von morgen vor. Praxisberichte zur Schul- und Unterrichtsgestaltung nach Ideen des Jenaplans. Donauwörth 1996.

GROSSMANN, K.: Entwicklung und Bedeutung von Vertrauen aus der Sicht der Psychologie. In: Pädagogische Welt 42 (1988), 10, S. 435–439.
GRUBER, H./LAW, L. C./MANDL, H./RENKL, A.: Situated learning and transfer: State of the art. In: REIMANN, P./SPADA, H. (Eds.): Learning in humans and machines. Towards an interdisciplinary learning science. Oxford 1995, S. 168–188.
GRUEHN, S.: Vereinbarkeit kognitiver und nichtkognitiver Ziele im Unterricht. In: Zeitschrift für Pädagogik 41 (1995), 4, S. 531–553.
GSCHWENDNER, K./SCHWEIGER, J. (Hrsg.): Heimat- und Sachkunde 3. Wolf-Schülerbuch. Grundschule. 3. Jahrgangsstufe. Regensburg 1996.
GUDJONS, H.: Praxis der Interaktionserziehung. 180 Übungen und Spiele zum Gruppentraining in Schule, Jugendarbeit und Erwachsenenbildung. Bad Heilbrunn/Obb. 1978.
GUDJONS, H.: Berufsbezogene Selbsterfahrung durch Fallbesprechung in Lehrergruppen – mit einem Leitfaden. In: MUTZEK, W./PALLASCH, W., a. a. O., 1983, S. 258–266.
GUDJONS, H.: Handlungsorientiert Lehren und Lernen. Projektunterricht und Schüleraktivität. Bad Heilbrunn/Obb. 1986.
HACKER, H.: Werterziehung als Wertklärung. In: BRESLAUER, K./HACKER, H./POSCHARDT, D., a. a. O., 1978, S. 150–165.
HÄRLE, H.: Die pädagogische Dimension der Leistung: Klärung der zentralen Kategorien unter Berücksichtigung anthropologischer, psychologischer, soziologischer und pädagogischer Aspekte. In: paed (1981), 6, S. 1–9.
HÄRLE, H.: Aufbau von Vertrauen und Verantwortungsbereitschaft als Aufgabe von Erziehung und Unterricht. In: Grundschul-/Hauptschulmagazin. Blätter für Lehrerfortbildung. 3 (1988), 7/8, S. 10–16 und 3 (1988), 9, S. 1–3.
HÄRLE, H.: Verhaltensauffälliges Kind und Schule. 10 Thesen zu einem herausfordernden Problem. In: Pädagogische Welt 44 (1990), 8, S. 339–343.
HAHN, G.: Die Grundschule in Bayern. In: MAHLER, G./SELZLE, E. (Hrsg.): Lehrplan für die Grundschule in Bayern mit Erläuterungen und Handreichungen. Band 1. Donauwörth 1982, S. 13–28.
HAHN, M.: Die Bedeutung der Rhythmisierung in Unterricht und Erziehung. In: unterrichten/erziehen (1993) 3, S. 6–8.
HAMMER, J.: Anforderungsgerechte Probearbeiten in Heimat- und Sachkunde. Unveröffentlichtes Manuskript. Neumarkt 1990.
HARMS, G.: Lebensumwelten heutiger Kinder. In: Grundschule 21 (1989), 5, S. 13–15.
HARTINGER, A.: Interessenentwicklung und Unterricht. In: Grundschule (1995), 6, S. 27–29.
HARTL, R. (Hrsg.): Unterrichtsmodelle zum Lehrplan Biologie. Mit Aufgabenlösungen zu Natur und Mensch. Biologie für bayerische Hauptschulen. Jahrgangsstufe 5. Hannover 1980.
HARTL, R. (Hrsg.): Unterrichtsmodelle zum Lehrplan Biologie. Mit Aufgabenlösungen zu Natur und Mensch. Biologie für bayerische Hauptschulen. Jahrgangsstufe 6. Hannover 1981.a.
HARTL, R. (Hrsg.): Unterrichtsmodelle zum Lehrplan Biologie. Mit Aufgabenlösungen zu Natur und Mensch. Biologie für bayerische Hauptschulen. Jahrgangsstufe 7. Hannover 1981.b.
HARTL, R.: Möglichkeiten zur Förderung der Artenkenntnis von Tieren und

Pflanzen. In: STAATSINSTITUT FÜR SCHULPÄDAGOGIK UND BILDUNGSFORSCHUNG (Hrsg.): Handreichung zum Biologieunterricht in der Hauptschule unter besonderer Berücksichtigung der Umwelt- und Gesundheitserziehung. München 1990, S.7–40.

HASSELHORN, M./LINDNER-MÜLLER, C.: Kategoriales Organisieren und kumulatives Rehearsal: Zur Entwicklung der kombinierten Nutzung zweier Gedächtnisstrategien. In: Zeitschrift für Entwicklungspsychologie und Pädagogische Psychologie 27 (1995), 2, S. 139–156.

HAUPTMANN, H./SCHUBERT, R.: Freie Aktivitäten in ihrer Bedeutung für eine Erziehung zur Selbstständigkeit. In: unterrichten/erziehen (1989), 2, S. 8–13.a.

HAUPTMANN, H./SCHUBERT, R.: Themenorientierte Anregungskarten aus dem heimat- und sachkundlichen Bereich. In: unterrichten/erziehen (1989), 2, S. 20–24.b.

HAUPTMANN, H./SCHUBERT, R.: Überlegungen zur Arbeit mit Lernwörtern in der Grundschule. In: unterrichten/erziehen (1995), 6, S. 19–22.

HECKHAUSEN, H.: Förderung der Lernmotivierung und der intellektuellen Tüchtigkeiten. In: ROTH, H. (Hrsg.): Begabung und Lernen. Stuttgart 1970[5], S. 193–228.

HECKHAUSEN, H.: Motive und ihre Entstehung. In: WEINERT u. a., a. a. O., 1974, S. 133–171.a.

HECKHAUSEN, H.: Einflussfaktoren der Motiventwicklung. In: WEINERT u. a., a. a. O., 1974, S. 173–209.b.

HECKHAUSEN, H.: Motivation und Handeln. Berlin 1989[2].

HEID, H.: Das Leistungsprinzip – strategischer Faktor gesellschafts- und bildungspolitischer Kontroversen. In: Die Deutsche Berufs- und Fachschule 69 (1973), 12, S. 890–912.

HEID, H.: „Bildung" vor den Ansprüchen des Beschäftigungssystems. In: BUNDESARBEITSGEMEINSCHAFT SCHULE – WIRTSCHAFT (Hrsg.): Schule im Spannungsfeld von Ökonomie und Pädagogik. Köln 1976, S. 69–135.a.

HEID, H.: Wozu „Lernerfolgskontrolle"? Ideologiekritische Anmerkungen zur herrschenden Beurteilungspraxis. In: Die Deutsche Berufs- und Fachschule: 75 (1979), 1, S. 3–23.b.

HEID, H.: Kritische Anmerkungen zu Einwänden gegen die Forderung, Ziele erzieherischen Handelns zu operationalisieren. In: Vierteljahrsschrift für Wissenschaftliche Pädagogik 55 (1979), 4, S. 399–419.

HEID, H.: Stress in pädagogischer Betrachtung. In: Pädagogische Welt 35 (1981), 12, S. 35–42.

HEID, H.: Kritische Anmerkungen zur Pädagogischen Rechtfertigung ontogenetisch früher Auslese. In: HEIM/IPFLING (Hrsg.): Pädagogik in geschichtlicher Erfahrung und gegenwärtiger Verantwortung. Frankfurt/M., Bern, New York 1986, S. 184–199.

HEID, H.: Zweckbestimmung von Begabungsforschung. In: LANDESINSTITUT FÜR SCHULE UND WEITERBILDUNG (Hrsg.): Begabung – Lernen – Schulqualität. Soester Symposion 1987. Soest 1987, S. 17–20.

HEID, H.: Warum die Schule vielen Schülern und auch manchen Lehrern keinen Spaß macht. Über einige vernachlässigte Aspekte der Schul- und Unterrichtswirklichkeit. In: REINERT, G. B./DIETERICH, R. (Hrsg.): Theorie und Wirklichkeit. Frankfurt/M., Bern, New York 1987, S. 69–77.

HEID, H.: Lernerfolg von Schülern – ein Indikator für die Qualität des Lehrens?

In: Bäuerle, S. (Hrsg.), a. a. O., 1989, S. 8–20.a.
Heid, H.: Pädagogische Rückfragen an herkömmliche Bestimmungen von „Verhaltensauffälligkeit" und Schulleistungsversagen. In: Lukesch, H./Nöldner, W./Peez, H. (Hrsg.), a. a. O., 1989, S. 41–52.b.
Heid, H.: Über einige theoretische und empirische Voraussetzungen der Werterziehung. In: Zenner, M. (Hrsg.): Fachdidaktik zwischen Fachdisziplin und Erziehungswissenschaft. Bochum 1990, S. 215–228.
Heid, H.: Problematik einer Erziehung zur Verantwortungsbereitschaft. In: Neue Sammlung 31 (1991), 3, S. 459–481.
Heid, H.: „Offener Unterricht". In: Zeitschrift für Berufs- und Wirtschaftspädagogik 88 (1992), 7, S. 531–534.
Heid, H.: Zur Fragwürdigkeit einer Werterziehung. In: Busch, F. W. (Hrsg.): Wege entstehen beim Gehen. Erziehungswissenschaft in Dresden. Dresden 1993, S. 49–72.
Heid, H.: Was ist offen im offenen Unterricht? In: Leschinksky, A., a. a. O., 1996, S. 159–172.
Heidenreich, E./Kiefersauer, F./Roser, W./Wenisch, W.: Harms Erdkunde 7 für Hauptschulen in Bayern. München 1986.
Heidenreich, E./Kiefersauer, F./Roser, W./Wenisch, W.: Harms Erdkunde 7 für Hauptschulen in Bayern. Lehrerband mit Kopiervorlagen. München 1988.
Heinel, O./Hiering, P. G./Moosburger, G./Sesar, W./Stiegler, L.: Natur und Technik. Physik und Chemie 6 für die bayerische Hauptschule. Berlin 1986.
Heinelt, G.: Die Aggression im Schulalltag. In: Akademie für Lehrerfortbildung Dillingen (Hrsg.), a. a. O., 1994, S. 51–64.
Heiss-Meissner, A.: Wochenplan-Unterricht – mehr als nur eine Vorstufe zur Freien Arbeit. In: Akademie für Lehrerfortbildung Dillingen, a. a. O., 1991, S. 114–131.
Heitmeyer, W.: Desintegration und Gewalt. In: Jochheim, G.: Schule ohne Gewalt. Pädagogisches Zentrum Berlin 1992, S. 3–16.
Helle, H. J.: Gesellschaftliche Tendenzen und Perspektiven in Deutschland zu Beginn des Dritten Jahrtausends. In: Seibert, N./Serve, H. J., a. a. O., 1994, S. 72–102.
Heller, K. (Hrsg.): Leistungsbeurteilung in der Schule. Heidelberg 1975².
Heller, K.: Rechtschreibung 2000. Die aktuelle Reform. Wörterliste der geänderten Schreibungen. Stuttgart, Düsseldorf, Berlin, Leipzig 1996².a.
Heller, K.: Neuregelung der deutschen Rechtschreibung. In: schulreport (1996), 2, S. 23–30.b.
Helmke, A./Renkl, A.: Unaufmerksamkeit in Grundschulklassen: Problem der Klasse oder des Lehrers? In: Zeitschrift für Entwicklungspsychologie und Pädagogische Psychologie 25 (1993), 3, S. 185–205.
Helms, W.: Vokabeln lernen – 100 % behalten. Mind unlimited. Marburg o. J.
Hennig, C./Keller, G.: Lehrer lösen Schulprobleme. Donauwörth 1992.
Hensel, R.: Auf dem Weg zu weniger Gewalt – auch durch das Leben in der Schule. In: Senatsverwaltung für Schule, Berufsbildung und Sport: Gruppengewalt und Schule. Dokumentation einer Dienstbesprechung in der Senatsverwaltung für Schule, Berufsbildung und Sport. Berlin 1992, 15–24.
Hentig, H. v.: Die Schule neu denken.

Eine Übung in praktischer Vernunft. München, Wien 1994[3].

HERRMANN, U. u. a.: Jugend, Jugendprobleme, Jugendprotest. Stuttgart, Berlin, Köln, Mainz 1982.

HERZOG, R.: Aufbruch in der Bildungspolitik. Rede des Bundespräsidenten am 5. November 1997 in Berlin. In: PRESSE- UND INFORMATIONSAMT DER BUNDESREGIERUNG, Bonn 1997, Bulletin Nr. 87, S.1001–1008.

HESSE, A./JOSCZOK, D.: Annäherungen an die Quadratur des Kreises. TIMSS und die Folgen. In: Aus Politik und Zeitgeschichte (1999), B 35–36, S.16–23.

HEUMANN, H. (Hrsg.): Geschichte für morgen. Arbeitsbuch für bayerische Hauptschulen. 6. Jahrgangsstufe. Frankfurt/M. 1987.

HIRSCHBERGER, H.: Sach- und Textaufgaben im Mathematikunterricht. In: DRESCHER, R./HURYCH, F. (Hrsg.): Mathematik. Regensburg 1977, S. 60–79.

HÖHLER, G.: Werte für eine Welt im Wandel. In: SEIBERT, N./ SERVE, H. J. (Hrsg.), a.a.O., 1994, S. 116–134.

HÖHN, E./SCHICK, P.: Das Soziogramm. Eine Einführung für die psychologische und pädagogische Praxis. Stuttgart 1954.

HOFMANN, B.: Erziehung zur Verantwortungsbereitschaft in der Grundschule. In: Pädagogische Welt 42 (1988), 10, S. 440–443.

HOFFMANN, L./LEHRKE, M.: Eine Untersuchung über Schülerinteressen an Physik und Technik. In: Zeitschrift für Pädagogik 32 (1986), 2, S. 189–204.

HOFSÄSS, G.: Entdeckendes Lernen organisieren. In: Lernchancen (1999), 7, S. 11–17.

HOPF, W.: Die Problematik des Fernsehkonsums von Schülern in drei Schularten. In: Schulverwaltung BY 22 (1998), 2, S. 72.

HOPPE, H.: Ich war am schwächsten, als ich am härtesten war ... In: 5 bis 10 Schulmagazin 9 (1994), 3, S. 8–10.

HORN, M./FRIEDL, W.: Der „Schwarze Tod" in Regensburg (1713/14). In: STAATLICHES SCHULAMT IN DER STADT REGENSBURG (Hrsg.): Regensburger Materialien für den Unterricht. Regensburg 1985, G 15.

HORNSTEIN, W.: Jugend in der zweiten Hälfte der achtziger Jahre – Perspektiven und Aufgaben der Jugendforschung. Ein Beitrag zur Diskussion um die Neubestimmung der Kategorie Jugend. In: WIEBE 1988, a. a. O., S. 17–40.

HÜBNER, E./ROHLFS, H. H.: Jahrbuch der Bundesrepublik Deutschland 1989/90. München 1989.

HURRELMANN, K.: Schulische „Lernarbeit" im Jugendalter. Zur Verbindung von theoretischem und praktischem Lernen. In: Zeitschrift für Pädagogik 34 (1988), 6, S. 761–780.

HURRELMANN, K.: Warteschleifen. Keine Berufs- und Zukunftsperspektiven für Jugendliche? Weinheim, Basel 1989.a.

HURRELMANN, K.: Lebensbedingungen, Drogenkonsum, Sucht – soziologische und sozialisationstheoretische Erklärungsversuche. In: Bayerische Schule 42 (1989), 3, S. 19–22.b.

HURRELMANN, K.: Was ist eine gute Schule? Wie kann die Schule auf die veränderten Lebensbedingungen von Kindern und Jugendlichen reagieren? In: Pädagogische Welt 45 (1991), 8, S. 342–345.

HURRELMANN, K.: Gewalt, eine soziale Krankheit der Gesellschaft. Real erfahrene Gewalt im Alltag von Kindern und Jugendlichen (1.Teil).

In: Bayerische Schule 48 (1995), 12, S. 29–32.

HURRELMANN, K.: Medial vermittelte Gewalt in ihrer Bedeutung für Jugendliche (2.Teil). In: Bayerische Schule 49 (1996), 2, S. 19–21.

HURRELMANN, K./HOLLER, B./NORDLOHNE, E.: Die psychosozialen „Kosten" verunsicherter Statuserwartungen im Jugendalter. In: Zeitschrift für Pädagogik 34 (1988), 1, S. 25–44.

HURYCH, F.: „Training" im Anwenden und Verwenden von Lösungshilfen. In: DRESCHER, R./HURYCH, F. (Hrsg.): Mathematik. Regensburg 1977, S. 80–89.

HUTH, A./HUTH, W.: Meditation. Begegnung mit der eigenen Mitte. Einführung und Anleitung. München 1989[2].

IGL, P.: Informationen zum neuen bayerischen Hauptschullehrplan. In: Pädagogische Welt 50 (1996), 7, S. 294–297.

ILLINI, E./REISS, C.: „Ey, die verprügeln ja einen von uns!" Ein Beispiel für Konfliktbewältigung. In: unterrichten/erziehen (1995), 2, S. 32–35.

INGENKAMP, K. H. (Hrsg.): Die Fragwürdigkeit der Zensurengebung. Texte und Untersuchungsberichte. Weinheim, Basel 1976[6].

INGENKAMP, K. H.: Lehrbuch der Pädagogischen Diagnostik. Weinheim, Basel 1985.

IPFLING, H. J.: Freies Arbeiten, Handlungsorientierter Unterricht und Praktisches Lernen. Forderungen von gestern für die Schule von heute. In: Bayerische Schule. 45 (1992), 5, S. 4–8.

ITO, T.: Zwischen „Fassade" und „wirklicher Absicht". Eine Betrachtung über die dritte Erziehungsreform in Japan. In: Zeitschrift für Pädagogik 43 (1997), 3, 449–466.

JANSEN, H./MANNHAUPT, G./MARX, H./SKOWRONEK, H.: Das Bielefelder Screening (BISC). Göttingen 1999.

JENCHEN, H. J.: Vernetztes Denken lernen – Gebot der Stunde. In: unterrichten/erziehen (1991), 6, S. 9–17.

JOCHHEIM, G.: Schule ohne Gewalt. Pädagogisches Zentrum. Berlin 1992.

JOERGER, K.: Neuere Tendenzen in der Lernpsychologie und ihre Bedeutung für Lernplanung und Unterrichtsgestaltung. In: Katholische Erziehergemeinschaft: Von der Lernplanung zur Unterrichtsgestaltung. Donauwörth 1983, S. 9–25.

JÜRGENS, E.: Zur Begründung von Leistungsforderungen in der Schule. In: Grundschulmagazin 10 (1995), 1, S. 37–40.a.

JÜRGENS, E.: Überprüfung und Beurteilung mündlicher Leistungen. In: Schulmagazin 5 bis 10 10 (1995), 5, S. 53–57; 6, S. 81–84.b.

JÜRGENS, E.: Diskussion der Wirkungen Offenen Unterrichts. In: Schulmagazin 5 bis 10 10 (1995), 9, S. 76–79.c.

JÜRGENS, E.: Freie Formen des Unterrichts. In: Schulmagazin 5 bis 10 10 (1995), 12, S. 81–84.d.

JUNG, M. (Hrsg.): Handlungswissen – Orientierungswissen – Existenzwissen. Stuttgart 1989.

KAGERER, H.: Das Fremde hört nicht auf. Schule, ein Ort der gesellschaftlichen Weichenstellung. In: JOCHHEIM, G., a. a. O., 1992, S. 17–40.

KAISER, K./MAHLER, G. (Hrsg.): Die Schulordnung der Volksschule. Bayerisches Gesetz über das Erziehungs- und Unterrichtswesen (BayEUG) und Volksschulordnung (VSO). Loseblattkommentar. 38. Lieferung. Kronach 1995.

KAISER, W.: Individualisierung des Unterrichts. In: ABJ-Handbuch 1984:

Die individuelle Förderung des Schülers. München 1984, S. 11–39.

KAISER, W.: Überlegungen zur Förderung von Jugendlichen. In: 5 bis 10 Schulmagazin 9 (1994), 1, S. 9–11.

KALTHOFF, H.: Die Erzeugung von Wissen. Zur Fabrikation von Antworten im Schulunterricht. In: Zeitschrift für Pädagogik 41 (1995), 6, S. 925–939.

KARBAUMER, K.: Was, wie, wo, wann, warum? Gedanken zur Förderung der Fragehaltung. In: Pädagogische Welt 43 (1989), 11, S. 489–491.

KASTEN, H./KRAPP, A./SCHIEFELE, H.: Das Interessengenese-Projekt – eine Pilotstudie. In: Zeitschrift für Pädagogik 32 (1986), 2, S. 175–188.

KECK, R. W.: Vergleich und Vergleichen. Überlegungen zu einer Grundkategorie der pädagogisch-didaktischen Methodenlehre. In: unterrichten/erziehen (1994), 2, S. 6–13.

KELLER, G.: Lernen will gelernt sein: Lerntraining für Schüler. Heidelberg 1984[2].

KELLER, G.: Lehrer helfen lernen. Donauwörth 1985.

KELLER, G.: Gedächtnistyp, Gedächtnisstrategie und Schulleistung. Ergebnisse einer pädagogisch-psychologischen Studie. In: Pädagogische Welt 45 (1991), 9, S. 405–407.

KELLER, G.: Lernförderung in der schulpsychologischen Beratung. In: MANDL, H./FRIEDRICH, H. F. (Hrsg.), a. a. O., 1992, S. 151–164.

KELLER, J. A.: Grundlagen der Motivation. München 1981.

KILPATRICK, W. H.: Der Projektplan. Grundlegung und Praxis. Weimar 1935.

KILLERMANN, W.: Biologieunterricht heute. Eine Didaktik für Grundschule und Sekundarstufe 1. Donauwörth 1986[7].

KLAFKI, W.: Neue Studien zur Bildungstheorie und Didaktik. Beiträge zur kritisch-konstruktiven Didaktik. Weinheim, Basel 1985.

KLAFKI, W.: Allgemeinbildung heute. Grundlinien einer gegenwarts- und zukunftsbezogenen Konzeption. In: Pädagogische Welt 47 (1993), 3, S. 98–103.

KLAFKI, W.: Schlüsselprobleme als inhaltlicher Kern internationaler Erziehung. In: SEIBERT, N./SERVE, H. J., a. a. O., 1994, S. 135–159.

KLAFKI, W.: Zum Problem der Inhalte des Lehrens und Lernens in der Schule aus der Sicht kritisch-konstruktiver Didaktik. In: HOPMANN, S./RIQUARTS, K. (Hrsg.): Didaktik und/oder Curriculum. Grundprobleme einer international vergleichenden Didaktik. 33. Beiheft der Zeitschrift für Pädagogik. Weinheim, Basel 1995, S. 91–102.

KLAFKI, W./STÖCKER, H.: Innere Differenzierung des Unterrichts. In: Zeitschrift für Pädagogik 22 (1976), 4, S. 497–523.

KLAGES, H./GENSICKE, T.: Spannungsfelder des Wertewandels. Von der spontanen Entwicklung von Selbstentfaltungswerten zu deren Integration. In: SEIBERT, N./SERVE, H. J., a. a. O., 1994, S. 674–695.

KLAUER, K. J.(Hrsg.): Handbuch der Pädagogischen Diagnostik. Düsseldorf 1978.

KLEBER, E. W.: Probleme des Lehrerurteils. In: KLAUER, a. a. O., 1978, S. 589–617.

KLEIN-ALLERMANN, E./WILD, K. P./HOFER, M./NOACK, P./KRACKE, B.: Gewaltbereitschaft und rechtsextreme Einstellungen ost- und westdeutscher Jugendlicher als Folge gesellschaftlicher, familialer und schulischer Bedingungen. In: Zeitschrift für Entwicklungspsychologie und Pädagogische Psychologie 27 (1995), 3, S. 191–209.

KLINGER, W.: Bildung physikalischer Begriffe und ihre Vermittlung im Unterricht. In: Lehrerjournal Hauptschulmagazin. Blätter für Lehrerfortbildung 3 (1988), 2, S. 4–8.

KLINGER, W.: Zielvorstellungen des Physikunterrichts und das Problem der Elementarisierung fachwissenschaftlicher Inhalte. In: BECKMANN, H. K./FISCHER, W. L., a. a. O., 1990, S. 183–200.

KLIPPERT, H.: Handlungsorientiertes Lehren und Lernen in der Schule. In: 5 bis 10 Schulmagazin (1991), 1, S. 54–63.

KLIPPERT, H.: Methodentraining. Übungsbausteine für den Unterricht. Weinheim, Basel 1994.

KLIPPERT, H.: Kommunikationstraining. Übungsbausteine für den Unterricht. Weinheim, Basel 1999[6].a.

KLIPPERT, H.: Teamentwicklung im Klassenraum. Übungsbausteine für den Unterricht. Weinheim, Basel 1999[2].b.

KLIPPSTEIN, E./KLIPPSTEIN, H.: Soziale Erziehung mit kooperativen Spielen. Regelspiele für Vorschule und Schule. Bad Heilbrunn/Obb. 1978.

KLUWE, R. H.: Beweglichkeit des Denkens. In: MONTADA, L./REUSSER, K./STEINER, G., a. a. O., 1983, S. 127–145.

KLUWE, R. H.: Methoden der Psychologie zur Gewinnung von Daten über menschliches Wissen. In: MANDL, H./SPADA, H., a. a. O., 1988, S. 359–385.

KNOLL-JOKISCH, H.: Sozialerziehung und soziales Lernen in der Grundschule. Bad Heilbrunn/Obb. 1981.

KÖCK, P.: Praxis der Unterrichtsgestaltung und des Schullebens. Donauwörth 1991.

KÖCK, P.: Praktische Schulpädagogik. Donauwörth 1992[2].

KÖHNLEIN, W.: Wege des Ordnens: Zusammenhänge herstellen. In: LAUTERBACH, R./KÖHNLEIN, W./SPRECKELSEN, K./KLEWITZ, W. (Hrsg.): Wege des Ordnens. Vorträge des Arbeitstreffens zum naturwissenschaftlich-technischen Sachunterricht am 11. und 12. März 1991 in Berlin. Berlin, Kiel 1992, S. 9–28.

KOHLBERG, L.: Kognitive Entwicklung und moralische Erziehung. In: MAUERMANN, L./WEBER, E. (Hrsg.): Der Erziehungsauftrag der Schule. Donauwörth 1981, S. 107–117.

KONRAD, F. M.: Erfahrung und Lernen. Grundsätzliche Überlegungen zum Praktischen Lernen in der Grundschule. In: Grundschulmagazin 7 (1992), 9, S. 4–6.

KRAFT, S.: Selbst gesteuertes Lernen. Problembereiche in Theorie und Praxis. In: Zeitschrift für Pädagogik 45 (1999), 6, S. 833–845.

KRAPP, A.: Konzepte und Forschungsansätze zur Analyse des Zusammenhangs von Interesse, Lernen und Leistung. In: KRAPP, A./PRENZEL, M. (Hrsg.): Interesse, Lernen, Leistung. Münster 1992, S. 9–52.a.

KRAPP, A.: Interesse, Lernen und Leistung – Neue Forschungsansätze in der Pädagogischen Psychologie. In: Zeitschrift für Pädagogik 38 (1992), 5, S. 747–770.b.

KRAPP, A.: Das Interessenkonstrukt. Bestimmungsmerkmale der Interessenhandlung und des individuellen Interesses aus der Sicht einer Person-Gegenstand-Konzeption. In: KRAPP, A./PRENZEL, M. (Hrsg.): Interesse, Lernen, Leistung. Münster 1992, S. 297–329.c.

KRAPP, A.: Die Psychologie der Lernmotivation – Perspektiven der Forschung und ihre Bedeutung für die

Pädagogik. In: Zeitschrift für Pädagogik 39 (1993), 2, S. 187–206.a.

KRAPP, A.: Lernstrategien: Konzepte, Methoden und Befunde. In: Unterrichtswissenschaft 21 (1993), 4, S. 291–311.b.

KRAPPMANN, L./OSWALD, H.: Schulisches Lernen in Interaktionen mit Gleichaltrigen. In: Zeitschrift für Pädagogik 31 (1985), 3, S. 321–337.

KRAUS, J./SCHWARZ, W./WOLLER, E.: Wege in die Tiefe. Möglichkeiten, Schüler im Religionsunterricht zu einer tieferen Sicht der Wirklichkeit anzuleiten. Katholisches Schulkommissariat in Bayern. München 1993.

KRET, E.: Anders Lernen. Oder: Wie Lernen auch Spaß machen kann. In: Grundschulmagazin 10 (1995), 10, S. 4–9.

KRIEGELSTEIN, A.: Sachaufgaben. In: KRIEGELSTEIN, A. (Hrsg.): Der Mathematikunterricht in der 5./6. Jahrgangsstufe der Hauptschule. Handreichungen zum bayerischen Lehrplan von 1976. München 1977, S. 115–133.

KRÖNERT, G.: Lernzielkontrolle im Sachunterricht. In: paed (1980), 3, S. 9–10.

KÜHNEL, J.: Neubau des Rechenunterrichts. Bad Heilbrunn/Obb. 1954[9].

KÜSPERT, P./SCHNEIDER, W.: Hören, lauschen, lernen. Sprachspiele für Vorschulkinder. Göttingen 1998.

KUNERT, K.: Wege zum offenen Unterricht. In: 5 bis 10 Schulmagazin 6 (1991), 2, S. 5–8.

LADENTHIN, V.: Noten zum Leistungsbegriff. Einige Anmerkungen zur Möglichkeit des Leistungsprinzips in der Schule. In: Schulmagazin 10 (1995), 2, S. 8–11.

LANDERL, K./WIMMER, H./MOSER, E.: SLRT. Salzburger Lese- und Rechtschreibtest. Verfahren zur Differenzialdiagnose von Störungen des Lesens und Schreibens für die 1. bis 4. Schulstufe. Bern, Göttingen, Toronto, Seattle 1997.

LANG, D.: Freie Arbeit in der Grundschule. Grundzüge einer Unterrichtsform. Praktische Anregungen. Unveröffentlichtes Manuskript. Schwandorf 1994.

LANG, D.: Grundwortschatzarbeit – „Abhaken“ oder „Nachhaken“? Möglichkeiten nachhaltiger Wortschatzbildung und -erweiterung. In: unterrichten/erziehen (1995), 6, S. 23–27.

LANGFELDT, H. P.: Die klassische Testtheorie als Grundlage standardisierter Schulleistungstests. In: HELLER, a. a. O., 1975, S. 96–136.

LANGHORST, E.: Beobachtung und Beurteilung des Schülerverhaltens im Unterricht. In: HELLER, a. a. O., 1975, S. 252.

LANKES, E. M.: Sammeln – ein Interesse im Grundschulalter. In: Grundschule 27 (1995), 6, S. 18–19.

LASCHKOWSKI, W.: Testverfahren. In: AKADEMIE FÜR LEHRERFORTBILDUNG UND PERSONALFÜHRUNG DILLINGEN, a. a. O., 2000, S. 142–147.

LAUTERBACH, R./KÖHNLEIN, W./SPRECKELSEN, K./KLEWITZ, E. (Hrsg.): Wege des Ordnens. Probleme und Perspektiven des Sachunterrichts. Band 2. Kiel 1992.

LEHRPLÄNE FÜR DIE HAUPTSCHULE IN BAYERN 1980. In: MAHLER, G./ SELZLE, E. (Hrsg.): Lehrpläne für die Hauptschule in Bayern mit Erläuterungen und Handreichungen. 3 Bände. Donauwörth 1980.

LEHRPLAN FÜR DIE GRUNDSCHULE IN BAYERN. Amtsblatt des Bayerischen Staatsministeriums für Unterricht und Kultus, Sondernummer 20. München 1981.

LEHRPLAN FÜR DIE BAYERISCHE GRUNDSCHULE. München 2000.

LEHRPLAN FÜR DIE HAUPTSCHULE IN BAYERN. Amtsblatt des Bayerischen Staatsministeriums für Unterricht und Kultus, Sondernummer 13. München 1985.

LEHRPLAN FÜR DIE BAYERISCHE REALSCHULE. Amtsblatt des Bayerischen Staatsministeriums für Unterricht, Kultus, Wissenschaft und Kunst. Sondernummer 1. München 1993.

LEHRPLAN FÜR DIE BAYERISCHE REALSCHULE. Staatsinstitut für Schulpädagogik und Bildungsforschung. Abteilung Grund- und Hauptschule. München 1997.

LEHTINEN, E.: Lern- und Bewältigungsstrategien im Unterricht. In: MANDL, H./FRIEDRICH, H. F. (Hrsg.), a. a. O., 1992, S. 125–149.

LEOPOLD, H.: Leistungsfeststellung und Leistungsbeurteilung im Heimat- und Sachkundeunterricht der Grundschule. In: BARSIG, W./BERKMÜLLER, H./SAUTER, H. (Hrsg.): Leistungsanspruch und Humanität in der Schule von heute. Donauwörth 1981, S. 115–164.

LESCHINKSKY, A. (Hrsg.): Die Institutionalisierung von Lehren und Lernen. Beiträge zu einer Theorie der Schule. 34. Beiheft der Zeitschrift für Pädagogik. Weinheim, Basel 1996.

LICHTENSTEIN-ROTHER, I.: Leistungsbeurteilung in der Spannung zum pädagogischen Auftrag der Schule – erörtert am Beispiel ausgewählter Lernbereiche der Grundschule. In: MAUERMANN, L. (Hrsg.): Lehrer als Erzieher. Chancen, Perspektiven und Grenzen erzieherischen Handelns in der Schule. Donauwörth 1987, S. 49–62.

LICHTENSTEIN-ROTHER, I.: Leistung – pädagogisch gesehen. In: unterrichten/erziehen (1989), 1, S. 7–12.

LIEDTKE, M.: Bildungsaufgaben an der Schwelle zum 3. Jahrtausend – Ziele, Vorstellungen, Entwicklungstrends und anthropologische Rahmenbedingungen. In: SEIBERT, N./SERVE, H. J., a. a. O., 1994, S. 184–213.

LIPPERT, H. /MÜLLER, A. /GESSLEIN, I.: Einführung in die Montessori-Pädagogik unter besonderer Berücksichtigung der Materialien. In: AKADEMIE FÜR LEHRERFORTBILDUNG DILLINGEN, a. a. O., 1991, S. 39–54.

LODDENKEMPER, H.: Suggestopädie – Lernmethode für den Erwachsenen? In: Grundschulmagazin 9 (1994), 12, S. 59–61.

LOHRER, K.: Noten ohne Aussagekraft? Die Problematik schriftlicher Lernzielkontrollen im Heimat- und Sachkundeunterricht. In: Christ und Bildung 32 (1986), 4, S. 9–11.

LOHRER, K.: Der pädagogische Sinn der Leistungsbeurteilung in der Grundschule. In: Grundschulmagazin 10 (1995), 1, S. 41–44.

LORENZ, G.: An Grundwörtern Rechtschreiben lernen. Gedanken und Hinweise zu einem angemessenen Umgang mit dem Grundwortschatz. In: Pädagogische Welt 43 (1989), 10, S. 472–476.

LORENZ, J. H.: Lernstörungen im Mathematikunterricht. Ursachen, Diagnose und Fördermöglichkeiten. In: Pädagogische Welt 47 (1993), 5, S. 200–204.

LORENZ, J. H./RADATZ, H.: Handbuch des Förderns im Mathematikunterricht. Hannover 1993.

LORENZ, J. H.: Ein neuer Anfang auch mit Jugendlichen. In: Lernchancen (1999), 7, S. 24–30.

LUDWIG, P. H.: Pygmalion im Notenbuch. Die Auswirkung von Erwartungen bei Leistungsbeurteilung und -rückmeldung. In: Pädagogische Welt 49 (1995), 3, S. 115–119.

LUKESCH, H. (Hrsg.): Jugendmedienstudie. Verbreitung, Nutzung und ausgewählte Wirkungen von Massenmedien bei Kindern und Jugendlichen. Eine Multi-Medien-Untersuchung über Fernsehen, Video, Kino, Video- und Computerspiele sowie Printprodukte. Regensburg 1989.a.

LUKESCH, H. (Hrsg.): Quantitative und qualitative Aspekte des Videokonsums, des Videospielens und der Nutzung anderer Medien bei Kindern, Jugendlichen und jungen Erwachsenen. Regensburg 1989.b.

LUKESCH, H./NÖLDNER, W./PEEZ, H. (Hrsg.): Beratungsaufgaben in der Schule. Psychologisch-pädagogische Hilfen aus Theorie in Praxis für erzieherische und unterrichtliche Beratungsanlässe. München, Basel 1989.c.

LUKESCH, H.: Gewalt und Medienkonsum. In: Pädagogische Welt 48 (1993), 4, S. 157–161.

LUKESCH, H.: Einführung in die Pädagogische Psychologie. Regensburg 1995².

LUKESCH, H: Mediennutzung durch Kinder und Jugendliche. München 1996.a.

LUKESCH, H.: Medien und ihre Wirkungen. München 1996.b.

LUHMANN, N.: Vertrauen. Ein Mechanismus der Reduktion sozialer Komplexität. Stuttgart 1973.

MÄHLER, C.: Naive Theorien im kindlichen Denken. In: Zeitschrift für Entwicklungspsychologie und Pädagogische Psychologie 31 (1999), 2, S. 53–66.

MAGER, R. F.: Lernziele und Programmierter Unterricht. Weinheim, Berlin, Basel 1971².

MAIER, H.: Individuelle Förderung im Mathematikunterricht der Grund- und Hauptschule. In: ABJ-Handbuch 1984: Die individuelle Förderung des Schülers. München 1984, S. 187–214.

MAIER, H.: Leistungsfeststellung und Leistungsbewertung als pädagogische Aufgabe. In: Schulmagazin 5 bis 10 10 (1995), 2, S. 58–60.

MAIER, H.: Zum Schülerfehler im Mathematikunterricht. In: Pädagogische Welt 50 (1996), 2, S. 55–59.

MAIER, H.: Verfahren, Formeln und Sätze experimentell entdecken. In: unterrichten/erziehen 18 (1999), 4, S. 185–190.

MANDL, H./FRIEDRICH, H. F./HRON, A.: Psychologie des Wissenserwerbs. In: WEIDENMANN, B./KRAPP, A., a. a. O., 1986, S. 143–218.

MANDL, H./FRIEDRICH, H. F./HRON, A.: Theoretische Ansätze zum Wissenserwerb. In: MANDL, H./SPADA, H., a. a. O., 1988, S. 123–160.

MANDL, H./FRIEDRICH, H. F. (Hrsg.): Lern- und Denkstrategien. Analyse und Intervention. Göttingen 1992.

MANDL, H./GRUBER, H./RENKL, A.: Zum Problem der Wissensanwendung. In: Unterrichtswissenschaft 22 (1994), S. 233–242.

MANDL, H./GRUBER, H./RENKL, A.: Situiertes Lernen in multimedialen Lernumgebungen. In: ISSING, L. J./KLIMSA, P. (Hrsg.): Information und Lernen mit Multimedia. Weinheim 1995, S. 167–178.

MANDL, H./HUBER, G. L.(Hrsg.): Emotion und Kognition. München, Wien, Baltimore 1983.

MANDL, H./PRENZEL, M./GRÄSEL, C.: Das Problem des Lerntransfers in der betrieblichen Weiterbildung. In: Unterrichtswissenschaft 20 (1992), S. 126–143.

MANDL, H./REINMANN-ROTHMEIER, G.: Unterricht und Lernumgebungen gestalten. Forschungsbericht Nr. 60. Ludwig-Maximilians-Universität München 1995.

MANDL, H./SPADA, H.(Hrsg.): Wissenspsychologie. München, Weinheim 1988.

MANN, Ch.: Methoden der Strategievermittlung im Rechtschreibunterricht. In: Fachtagung Deutsch 1996. Methoden. Bremen 1996, S. 63–72.

MANNHAUPT, G.: Schulinterne Prävention statt Förderung. In: Lernchancen 2 (1999), 11, S. 74–76.

MARAS, R.: Das Tafelbild im Unterricht. München 1979.

MARAS, R.: Arbeitshilfen für das weiterführende Schreiben in der Grundschule. Donauwörth 1983.

MARAS, R.: Beiträge zu einem effektiven Lehren im Sachunterricht der Grundschule. In: Pädagogische Welt 38 (1984), 8, S. 474–480.

MARAS, R.: Arbeitshilfen zur Schreiberziehung in der Hauptschule. Donauwörth 1986.

MARAS, R.: Die Verwendung der Wandtafel im Unterricht. In: unterrichten/erziehen (1991), 4, S. 6–12.

MARAS, R.: Lernen in Zusammenhängen. In: Schulmagazin 5 bis 10 11 (1996), 2, S. 57–60; (1996), 3, S. 81–84.

MARENBACH, D.: Keine Angst vor Fehlern!. In: LUKESCH, H. u. a., a. a. O., 1989c, S. 103–113.

MARTINSEN, S.: Im Umgang mit Eltern professionell und sozialkompetent handeln. In: Grundschulmagazin 10 (1995), 9, S. 61–68.

MARTSCHINKE, S.: Der Aufbau mentaler Modelle durch bildliche Darstellungen. Eine experimentelle Studie über die Bedeutung der Merkmalsdimensionen Elaboriertheit und Strukturiertheit im Sachunterricht der Grundschule. In: Zeitschrift für Pädagogik 42 (1996), 2, S. 215–232.

MAUERMANN, L.: Der Beitrag des Unterrichts zur moralischen Erziehung. In: MAUERMANN, L./WEBER, E., a. a. O., 1981, S. 79–96.a.

MAUERMANN, L.: Unterrichtsplanung zur Diskussion eines moralischen Dilemmas in der 8./9. Jahrgangsstufe (Thema: Hauptschulabschluss-Prüfung). In: MAUERMANN, L./WEBER, E., a. a. O., 1981, S. 193–201.b.

MAUERMANN, L.: Methoden der Wertklärung nach dem Ansatz von Raths, Harmin & Simon – Darstellung und Kritik. In: MAUERMANN, L./WEBER, E., a. a. O., 1981, S. 210–223.c.

MAUERMANN , L.: Entwicklung als Ziel der Erziehung – Pädagogisches Handeln aus der Sicht der Kohlbergschen Entwicklungstheorie des moralischen Urteilens. In: MAUERMANN, L. (Hrsg.): Lehrer als Erzieher. Chancen, Perspektiven und Grenzen erzieherischen Handelns in der Schule. Donauwörth 1987, S. 63–80.

MAUERMANN , L.: Miteinander auf dem Weg zur „guten“ Schule. Zur Bedeutung des Faktors „Kooperation“ bei der Gestaltung schulischer Erziehungsprozesse. In: Pädagogische Welt 46 (1992), 2, S. 55–58.

MAUERMANN , L./WEBER, E.(Hrsg.): Der Erziehungsauftrag der Schule. Beiträge zur Theorie und Praxis moralischer Erziehung unter besonderer Berücksichtigung der Wertorientierung im Unterricht. Donauwörth 1981^2.

MAUNZ, Th.: Bildungsziele der Bayerischen Verfassung. In: TSCHAMLER, H./ZÖPFL, H.: Sinn- und Wertorientierung als Erziehungsauftrag der Schule. München 1978, S. 93–98.

MAY, P. : HPS – was ist das? In: Lernchancen 2 (1999), 11, S. 38–40.

MAY, P.: Hamburger Schreibprobe. Diagnose orthographischer Kompetenz. Zur Erfassung der grundlegenden Rchtschreibstrategien. Hamburg 1998[3].

MAY, P./MALITZKY, V./VIELUF, U.: Lernbeobachtungen mit der Hamburger Schreibprobe. In: Lernchancen 2 (1999), 11, S. 41–44.

MAYRINGER, H./WIMMER, H./LANDERL, K.: Die Vorhersage früher Lese- und Rechtschreibschwierigkeiten: Phonologische Schwächen als Prädiktoren. In: Zeitschrift für Entwicklungspsychologie und Pädagogische Psychologie 30 (1998), 2, S. 57–69.

MEISER, G.: „So lebten Kinder und Lehrer vor dem Ersten Weltkrieg in unserer Schule“. Erschließung von Situationen des Schulalltags durch Interview und Quellenarbeit in einem 3. Schuljahr. In: HEGELE, I. (Hrsg.): Lernziel: Freie Arbeit. Unterrichtsbeispiele aus der Grundschule. Weinheim, Basel 1993[3], S. 88–113.

MENZEL, W.: Zur Didaktik der Orthographie. In: Praxis Deutsch (1978), 32, S. 14–24.

MENZEL , W.: Üben, was schwierig ist – Nachschlagen, was wichtig ist. Schülerarbeitsheft für das 5.–7. Schuljahr. In: Lernen – Ereignis und Routine. Jahresheft IV des Friedrich Verlag, Velber. 1986, S. 41–51.

MENZEL , W.: Diktieren und Diktiertes aufschreiben. In: Praxis Deutsch (1997), 142, S. 15–26.

MESSNER, H.: Wissen und Anwenden. Zur Problematik des Transfers im Unterricht. Eine psychologisch-didaktische Analyse. Stuttgart 1978.

MIEDERER, G.: Geeignete Lern- und Arbeitsmittel – eine wesentliche Voraussetzung für effektives Arbeiten in den Phasen Freier Aktivitäten. In: unterrichten/erziehen (1989), 2, S. 25–27.

MIEDERER , G.: Vom spontanen Spiel zum Rollenspiel. Möglichkeiten des Aufbaus einer Rollenfähigkeit in der Grundschule. In: unterrichten/erziehen (1991), 1, S. 14–18.

MIEDERER, G./SCHUBERT, R.: Individualisierung und Differenzierung bei der Arbeit mit Lernwörtern. In: unterrichten/erziehen (1994), 3, S. 23–28.

MIETZEL, G.: Psychologie in Unterricht und Erziehung. Einführung in die Pädagogische Psychologie für Pädagogen und Psychologen. Göttingen 1993[4].

MILLER, R.: „Du blöde Sau!“ oder: Auf dem Weg zu einer Gesprächskultur in der Hauptschule. In: Schulmagazin 5 bis 10 10 (1995), 5, S. 4–7.

MIRAM, W.: Informationsverarbeitung. Reizphysiologie, Sinnesphysiologie, Neurophysiologie, Kybernetik. Hannover 1978.

MIRAM , W./SCHARF, K. H. (Hrsg.): Biologie heute S II. Hannover 1985[5].

MÖLLER, J./KÖLLER, O.: Kausalattributionen von Schulleistungen: Reaktive und nicht-reaktive Befragung. In: Zeitschrift für Entwicklungspsychologie und Pädagogische Psychologie 27 (1995), 3, S. 268–287.

MONTADA, L.: Die Lernpsychologie Jean Piagets. Stuttgart 1970.

MONTADA , L./REUSSER, K./STEINER, G. (Hrsg.): Kognition und Handeln. Stuttgart 1983.

MONTADA , L: Entwicklung der Moral. In: OERTER, R./ MONTADA, L., a. a. O., 1987, S. 738–766.

MONTADA , L.: Die geistige Entwicklung aus der Sicht Jean Piagets. In: OERTER, R./ MONTADA, L., a. a. O., 1995, S. 518–560.a.

MONTADA , L.: Moralische Entwicklung und moralische Sozialisation. In: OERTER, R./ MONTADA, L., a. a. O., 1995, S. 862–894.b.

MONTESSORI, M.: Schule des Kindes.

Hrsg. Oswald, P./Schulz-Benesch, G. Freiburg/B. 1976.

Montessori , M.: Kinder sind anders. Frankfurt, Wien, Berlin 1980.

Morawietz, H.: Verbale Aggressionen in der Schule. In: Pädagogische Welt 48 (1994), 3, S. 107–111.

Morawietz , H.: Lerntypen im lehrgangsorientierten und im offenen Unterricht. In: Schulmagazin 5 bis 10 (1995), 3, S. 76–81.a.

Morawietz , H.: Freiarbeit und Wochenplan verändern die Rollen von Lehrern und Schülern. In: Schulmagazin 5 bis 10 10 (1995), 9, S. 80–83.b.

Morawietz , H.: Offener Unterricht im Meinungsstreit von Haupt- und Realschülern. In: Pädagogische Welt 50 (1996), 7, S. 302–306.

Moser, H.: Handlungsorientierte Curriculumforschung. Weinheim, Basel 1976[2].

Mühle, G.: Vertrauensbildung und Ich-Entwicklung im Jugendalter. In: Schwartländer, J. (Hrsg.): Verstehen und Vertrauen. Stuttgart 1968, S. 124–135.

Müller, E.: Inseln der Ruhe. Ein neuer Weg zum Autogenen Training für Kinder und Erwachsene. München 1995[2].

Müller, G. N./Steinbring, H./Wittmann, E. Ch.: 10 Jahre „mathe 2000". Bilanz und Perspektiven. Festschrift zum 10-jährigen Bestehen des Projekts „mathe 2000" an der Universität Dortmund. Leipzig, Stuttgart, Düsseldorf 1997.

Müller, W.: Freie Arbeit in der Christophorus-Schule – eine Dimension eines pädagogischen Schulkonzepts. In: Akademie für Lehrerfortbildung Dillingen, a. a. O., 1991, S. 98-109.

Mutzek, W./Pallasch, W. (Hrsg.): Handbuch zum Lehrertraining. Konzepte und Erfahrungen. Weinheim, Basel 1983.

Nauck, B.: Regionale und sozialstrukturelle Differenzierung der Kindschaftsverhältnisse in Deutschland. In: Zeitschrift für Pädagogik 39 (1993), 6, S. 953–969.

Nauck, B./Meyer, W./Joos, M.: Sozialberichterstattung über Kinder in der Bundesrepublik Deutschland. Zielsetzungen, Forschungsstand und Perspektiven. In: Aus Politik und Zeitgeschichte (1996), B 19, S. 11–20.

Naumann, C. L.: Gesprochenes Deutsch und Orthographie. Frankfurt a. M. 1989.

Naumann, C. L. u. a.: Nomen schreibt man groß. Aber was sind Nomen? In: Lernchancen 2 (1999), 11, S. 64–69.

Neber, H. (Hrsg.): Entdeckendes Lernen. Weinheim, Basel 1975[2].

Neber, H.: Generierung von Wissen über ein Computerprogramm durch exploratives und problemorientiertes Lernen. In: Zeitschrift für Entwicklungspsychologie und Pädagogische Psychologie 25 (1993), 3, S. 206–224.

Neumann, D.: Falsche Ansichten über das Lernen? Reformgrundsätze auf dem Prüfstand. In: Pädagogische Welt 50 (1996), 6, S. 274–281.

Neumann, K.: Aufwachsen in Familien. Kindersituationen heute aus pädagogischer Perspektive. In: Fatke, R./Hornstein, W./Lüders, Ch./Winkler, M., a. a. O., 1999, S. 17–38.

Niebel, G./Hanewinkel, R./Ferstl, R.: Gewalt und Aggression in schleswig-holsteinischen Schulen. In: Zeitschrift für Pädagogik 39 (1993), 5, S. 775–798.

Niemeyer, A. H.: Grundsätze der Erziehung und des Unterrichts. Paderborn 1970 (orig. 1796).

Nissen, U.: Freizeit und moderne Kindheit. Sind Mädchen die „moderneren"

Kinder? In: BENNER, D./LENZEN, D./OTTO, H. U. (Hrsg.): Erziehungswissenschaft zwischen Modernisierung und Modernitätskrise. Zeitschrift für Pädagogik. 29. Beiheft. Weinheim, Basel 1992, S. 281–284.

NORDEN, A.: Was hättet ihr getan? Dortmund 1977.

OECD (Organisation for Economic Co-Operation and Development) (Hrsg.): Measering Student Knowledge and Skills. A New Framework for Assessment. Paris 1999.

OELKERS, J./PRIOR, H.: Soziales Lernen in der Schule. Königstein/Ts. 1982.

OERTER, R./SCHUSTER-OELTZSCHNER, M.: Gedächtnis und Wissen. In: OERTER, R./MONTADA, L., a. a. O., 1987, S. 537–577.

OERTER, R.: Entwicklung der Motivation und Handlungssteuerung. In: OERTER, R./MONTADA, L., a. a. O., 1987, S. 637–695.

OERTER, R.: Kind und Computer: Eine pädagogische Herausforderung. In: SEIBERT, N./SERVE, H. J., a. a. O., 1994, S. 1284–1313.

OERTER, R.: Kultur, Ökologie und Entwicklung. In: OERTER, R./MONTADA, L., a. a. O., 1995, S. 84–127.a.

OERTER, R.: Kindheit. In: OERTER, R./MONTADA, L., a. a. O., 1995, S. 249–309.b.

OERTER, R.: Motivation und Handlungssteuerung. In: OERTER, R./MONTADA, L., a. a. O., 1995, S. 758–822.c.

OERTER, R./DREHER, E.: Jugendalter. In: OERTER, R./MONTADA, L., a. a. O., 1995, S. 310–395.

OERTER, R./DREHER, M.: Entwicklung des Problemlösens. In: OERTER, R./MONTADA, L., a. a. O., 1995, S. 561–621.

OERTER, R./MONTADA, L.: Entwicklungspsychologie. Ein Lehrbuch. München, Weinheim 1987[2]

OERTER, R./MONTADA, L. (Hrsg.): Entwicklungspsychologie. Ein Lehrbuch. 3. vollständig überarbeitete und erweiterte Auflage. Weinheim 1995[3].

OPASCHOWSKI, H. W.: Zukunft und Lebenssinn: Folgen für den Einzelnen – Folgerungen für die Bildungspolitik. In: BECK, K./HERRLITZ, H. G./KLAFKI, W.: Erziehung und Bildung als öffentliche Aufgabe. Analyse – Befunde – Perspektiven. Zeitschrift für Pädagogik. 23. Beiheft. Weinheim, Basel 1988, S. 110–121.

OPASCHOWSKI, H. W.: Zukunft und Lebenssinn: Folgen für den Einzelnen – Folgerungen für die Bildungspolitik. In: SEIBERT, N./SERVE, H. J., a. a. O., 1994, S. 773–800.

OPWIS, K.: Produktionssysteme. In: MANDL, H./SPADA, H., a. a. O., 1988, S. 74–98.

OSER, F.: Zu-Mutung: Eine basale pädagogische Handlungsstruktur. In: SEIBERT, N./SERVE, H. J., a. a. O., 1994, S. 419–436.

ORTNER, R.: Lernbehinderungen und Lernstörungen bei Grundschulkindern. Donauwörth 1977.

OSSWALD, C.: Interessen fördern durch offene Lernsituationen. In: Grundschule 27 (1995), 6, S. 22–23.

PABST, J.: Das Konzept der inneren Differenzierung. In: FUHR, R. u. a.: Soziales Lernen, innere Differenzierung, Kleingruppenunterricht. Braunschweig 1977, S. 53–72.

PAUEN, S.: Überlebt der Animismus? Kritische Evaluation einer Hypothese zum präkausalen Denken. In: Zeitschrift für Entwicklungspsychologie und Pädagogische Psychologie 29 (1997), 2, S. 97–118.

PAULIG, P.: Sinn- und Wertvermittlung und der Erziehungsauftrag der Schule in Vergangenheit und Gegenwart. In:

TSCHAMLER, H./ZÖPFL, H.: Sinn- und Wertorientierung als Erziehungsauftrag der Schule. München 1978, S. 99–125.

PEEZ, H.: Leistungsmessung und Leistungsbeurteilung in der Schule. In: Lehrerjournal 2 (1987), 5, S. 9–12.

PEEZ, H.: Zum Problem der Echtheit des Lehrers. In: LUKESCH, H./NÖLDNER, W./PEEZ, H. , a. a. O., 1989c, S. 65–72.

PEKRUN, R.: Emotion, Motivation und Persönlichkeit. Weinheim 1988.

PEKRUN, R./SCHIEFELE, U.: Emotions- und motivationspsychologische Bedingungen der Lernleistung. In: WEINERT, F. E., a. a. O., 1996a, S. 153–180.

PETERMANN, F.: Psychologie des Vertrauens. Salzburg 1985.

PETERMANN, F.: Entwicklung von Aggression und Gewalt. In: Bayerische Schule 48 (1995), 9, S. 23–26.a.

PETERMANN, F.: Aggressives Verhalten. In: OERTER, R. MONTADA, L., a. a. O., 1995, S. 1016–1023.b.

PETERMANN, F./PETERMANN, U.: Aggressives Verhalten bei Kindern. In: KORMANN, A. (Hrsg.): Beurteilen und Fördern in der Erziehung. Orientierungshilfen bei Erziehungs- und Schulproblemen. Salzburg 1987, S. 212–229.

PETERMANN, F./PETERMANN, U.: Training mit aggressiven Kindern. Einzeltraining, Kindergruppe, Elternberatung. Weinheim 1993[6].

PETERMANN, U.: Wie kann ich meine Vergessenskurve manipulieren? Was Schüler über Lernprozesse wissen sollten. In: Pädagogische Welt 44 (1990), 2, S. 75–78.

PETERMANN, U.: Aggression und Gewalt: Prävention und Intervention. In: Bayerische Schule 48 (1995), 10, S. 19–22.

PETERSEN, P.: Der kleine Jena-Plan. Weinheim 1972[52/53].

PETERSEN, P.: Führungslehre des Unterrichts. Weinheim 1951[3].

PETERSSEN, W.: Handbuch Unterrichtsplanung. Grundfragen, Modelle, Stufen, Dimensionen. München 1982.

PETERSSEN, W.: Unterrichtsplanung. Grundlegung und Darstellung eines offenen Modells. In: Pädagogische Welt 49 (1995), 6, S. 246–251; 7, S. 333–337.

PETILLON, H./LAUX, H.: Unterrichtsstörungen in der Grundschule. Interventionshilfen durch gezielte Elternarbeit. In: Pädagogische Welt 49 (1995), 4, S. 146–150.

PFEIFER, P.: Grundkenntnisse über die Verbrennung – ein Beitrag zum Fachbezug Chemie in der 3.Jahrgangsstufe. In: Blätter für Lehrerfortbildung 38 (1986), 2, S. 54–58.

PFEIFER, P.: Feuer. Grundlegender Unterrichtsinhalt oder nur interessantes Phänomen. In: Naturwissenschaften im Unterricht – Chemie (1990), 1, S. 10–15.

PFEIFFER, CH./WETZELS, P.: Zur Struktur und Entwicklung der Jugendgewalt in Deutschland. Ein Thesenpapier auf Basis aktueller Forschungsbefunde. In: Aus Politik und Zeitgeschichte (1999), B 26, S. 3–22.

PFEUFFER, P.: Grundlegung sozialer Handlungsfähigkeit und -bereitschaft. In: SCHORCH, G., a. a. O., 1988, S. 70–84.

PIAGET, J.: Die Entwicklung der elementaren logischen Strukturen. Düsseldorf 1973.a.

PIAGET, J.: Der Strukturalismus. Olten/Freiburg i. B. 1973.b.

PIAGET, J.: Einführung in die genetische Erkenntnistheorie. Frankfurt a. M. 1973.c.

PIAGET, J.: Das moralische Urteil beim Kinde. Frankfurt a. M. 1973.d.

PIAGET, J.: Das Erwachen der Intelligenz

beim Kinde. (Gesammelte Werke 1). Stuttgart 1975.a.

PIAGET, J.: Nachahmung, Spiel und Traum – Die Entwicklung der Symbolfunktion beim Kinde. (Gesammelte Werke 5). Stuttgart 1975.b.

PIAGET, J.: Die Entwicklung des Erkennens I. Das mathematische Denken. (Gesammelte Werke 8). Stuttgart 1975.c.

PIAGET, J.: Die Entwicklung des Erkennens II. Das physikalische Denken. (Gesammelte Werke 9). Stuttgart 1975.d.

PIAGET, J.: Die Entwicklung des Erkennens III. Das biologische Denken. Das psychologische Denken. Das soziologische Denken. (Gesammelte Werke 10). Stuttgart 1975.e.

PIAGET, J.: Die Äquilibration der kognitiven Strukturen. Stuttgart 1976.

PIAGET, J.: Theorien und Methoden der modernen Erziehung. Frankfurt a. M. 1977².

PIAGET, J./INHELDER, B.: Gedächtnis und Intelligenz. Olten/Freiburg i. B. 1974.

PLÖSSL, W.: Lernzielorientierung, Wertgrundlagen und Freiraum. Einführung in Form und Gehalt der neuen Hauptschullehrpläne. In: MAHLER, G./SELZLE, E. (Hrsg.): Lehrpläne für die Hauptschule in Bayern mit Erläuterungen und Handreichungen. Band 1. Donauwörth 1980, S. 23–50.

PLÖSSL, W.: Lernzielorientierung, Klassenlehrplan, Erziehender Unterricht. In: MAHLER, G./SELZLE, E. (Hrsg.): Lehrplan für die Grundschule in Bayern mit Erläuterungen und Handreichungen. Band 1. Donauwörth 1982, S. 29–47.

PORTMANN, R./SCHNEIDER, E.: Spiele zur Entspannung und Konzentration. München 1990.

POTSCHKA, H.: Vertrauen und pädagogisches Verhältnis. In: Pädagogische Welt 42 (1988), 9, S. 386–391.

PRENZEL, M.: Autonomie und Motivation im Lernen Erwachsener. In: Zeitschrift für Pädagogik 39 (1993), 2, S. 239–253.

PRENZEL, M.: Mit Interesse in das 3. Jahrtausend! Pädagogische Überlegungen. In: SEIBERT, N./SERVE, H. J., a. a. O., 1994, S. 1314–1339.

PRENZEL, M.: Zum Lernen bewegen. Unterstützung von Lernmotivation durch Lehre. In: ALTNER, H. (Hrsg.): Blick in die Wissenschaft. Forschungsmagazin der Universität Regensburg. 4 (1995), 7, S. 58–66.

PRENZEL, M./EITEL, F./HOLZBACH, R./SCHOENHEINZ, R. J./SCHWEIBERER, L.: Lernmotivation im studentischen Unterricht in der Chirurgie. In: Zeitschrift für Pädagogische Psychologie 7 (1993), 2/3, S. 125–137.

PRENZEL, M./KRAPP, A./SCHIEFELE, H.: Grundzüge einer pädagogischen Interessentheorie. In: Zeitschrift für Pädagogik 32 (1986), 2, S. 163–173.

PRENZEL, M./LANKES, E. M.: Wie Lehrer Interesse wecken und fördern können. In: BÄUERLE, S., a. a. O., 1989, S. 66–81.

PRENZEL, M./LANKES, E. M.: Anregungen aus der pädagogischen Interessenforschung. In: Grundschule 27 (1995), 6, S. 12–13.

PRENZEL, M./MANDL, H.: Lerntransfer aus einer konstruktivistischen Perspektive. In: MONTADA, L.: Bericht über den 38. Kongress der Deutschen Gesellschaft für Psychologie in Trier 1992. Göttingen 1993, S. 701–709.

PREUSS, E.: Innere Differenzierung – kindgerecht. In: Lehrerjournal Grundschulmagazin 2 (1987), 5, S. 4–7.

PROJEKTGRUPPE PRAKTISCHES LERNEN: Erfahrungen mit praktischem Lernen. Eine Übersicht. In: Zeitschrift für Pädagogik 34 (1988), 6, S. 749–760.

PROSCH, B./ROMMING, G./SELGRATH, H.: Eine Schulgemeinde wird von einer 9. Hauptschulklasse zum Nachdenken und Handeln angeregt. „Gib Gewalt keine Chance!" In: unterrichten/erziehen (1993), 6, S. 32–37.

PSCHIBUL, M: Mündlicher Sprachgebrauch. Verstehen und Anwenden gesprochener Sprache. Donauwörth 1980.

PURKEY, S.C./SMITH, M.S.: Wirksame Schulen – Ein Überblick über die Ergebnisse der Schulwirkungsforschung in den Vereinigten Staaten. In: AURIN, K., a.a.O., 1991, S. 13–45.

QUENSTEDT, F.: Gewalt in der Hauptschule. Ein lösbares Problem? In: 5 bis 10 Schulmagazin 7 (1992), 5, S. 8–9.

RABENSTEIN, R.: Neue Wege bei der Unterrichtsvorbereitung? In: unterrichten/erziehen (1990), 6, S. 6–10.

RADATZ, H.: Ikonomanie. Oder: Wie sinnvoll sind die vielen Veranschaulichungen im Mathematikunterricht? In: Grundschulmagazin (1993), 3, S. 4–6.

RADATZ, H./SCHIPPER, W.: Handbuch für den Mathematikunterricht an Grundschulen. Hannover 1983.

RANKL, G.: Schulangst. In: Pädagogische Welt 48 (1994), 3, S. 102–106.

RAUH, H.: Frühe Kindheit. In: OERTER, R./ MONTADA, L., a.a.O., 1995, S. 167–248.

RAUSCHENBERGER, H.: Soziales Lernen – Nutzen und Nachteil eines mehrdeutigen Ausdrucks. In: Zeitschrift für Pädagogik 31 (1985), 3, S. 301–320.

REGELEIN, S.: Anregungen zur Praxis der Beurteilung und Benotung in der Grundschule. In: SCHWARK, W./WEISS, W./REGELEIN, S.: Beurteilen und Benoten in der Grundschule. München 1986, S. 103–153.

REGELWERK ZUR DEUTSCHEN RECHTSCHREIBUNG. Bayerisches Staatsministerium für Unterricht, Kultus, Wissenschaft und Kunst. München 1996.

REINMANN-ROTHMEIER, G./MANDL, H.: Wissen und Handeln. Eine theoretische Standortbestimmung. Forschungsbericht Nr. 70. Ludwig-Maximilians-Universität München 1996.

REINMANN-ROTHMEIER, G./MANDL, H.: Lernen mit Multimedia. Forschungsbericht Nr. 77. Ludwig-Maximilians-Universität München 1997.a.

REINMANN-ROTHMEIER, G./MANDL, H.: Lernen neu denken: Kompetenzen für die Wissensgesellschaft und deren Förderung. In: Schulverwaltung BY 20 (1997), 4, S. 144–146.b.

REKUS, J.: Nicht richten, sondern aufrichten! Zur pädagogischen Aufgabe der Leistungsbeurteilung in der Schule. In: Schulmagazin 8 (1993), 3, S. 4–7.

REKUS, J.: Lernen in Bezügen. Vom Sinn fächerüberschreitend-fächerverbindenden Unterrichts. In: 5 bis 10 Schulmagazin 9 (1994), 9, S. 8–11.

REKUS, J.: Lernen in Zusammenhängen – aber wer oder was hängt zusammen? In: unterrichten/erziehen (1996),1, S. 6–9.

RENKL, A./MANDL, H./GRUBER, H.: Inert Knowledge: Analyses and Remedies. In: Educational Psychologist 31 (1996), 2, S. 115–121.

RENNER, G.: Zwischen Konfuzius und Internet – Bildung in Singapur. In: Schulverwaltung. Ausgabe Bayern. 21 (1998), 6, S. 220–225.

RENNER, L.: Werterziehung und schulischer Ordnungsrahmen. In: Junglehrer 39 (1996), 6, S. 10.

REUSSER, K.: Erwerb mathematischer Kompetenzen: Literaturüberblick. In: WEINERT, F.E./HELMKE, A., a.a.O. 1997, S. 141–155.

RHEINBERG, F.: Leistungsmotivation. In: SCHIEFELE, H./KRAPP, A., a.a.O., 1981, S. 227–230.

RHEINBERG, F.: Individuelle Bezugsnormen der Leistungsbewertung und Motivation im Unterricht. In: Pädagogische Welt 49 (1995), 2, S. 59–62.

RICHTER, S.: Interessenbezogenes Rechtschreiblernen. Methodischer Leitfaden für den Rechtschreibunterricht in der Grundschule. Braunschweig 1998.

RICHTER, S.: Lesenlernen – mit und ohne Schwierigkeiten. In: AKADEMIE FÜR LEHRERFORTBILDUNG UND PERSONALFÜHRUNG DILLINGEN, a.a.O., 2000, S. 43–58.

RICHTER, S./BRÜGELMANN, H.: Rechtschreibentwicklung im Anfangsunterricht: 13 Thesen. In: BRÜGELMANN, H./RICHTER, S. (Hrsg.): „Wie wir recht schreiben lernen." Lengwil-Oberhofen 1994, S. 93–94.

RÖBE, E.: Gemeinsames und individuelles Lernen in der Grundschule als pädagogischer Auftrag und gestaltete Schulwirklichkeit. In: STAATSINSTITUT FÜR SCHULPÄDAGOGIK UND BILDUNGSFORSCHUNG (ISB): Gemeinsames und individuelles Lernen in der Grundschule. München 1990, S. 7–52.

RÖBE, E.: Reformpädagogische Impulse für die Weiterentwicklung der Regelschule. In: AKADEMIE FÜR LEHRERFORTBILDUNG DILLINGEN, a.a.O., 1991, S. 13–38.

RÖBE, E.: Den Schüler als Kind annehmen. Zur Reaktualisierung einer reformpädagogischen Programmatik. In: Grundschulmagazin 8 (1993), 12, S. 4–7.

RÖHLING, J.: Das Tafelbild – Bedeutung, Aufgabe, Gestaltung. In: Handreichungen für die Unterrichtspraxis. München 1978.

RÖHRS, H.: Die Reformpädagogik und ihre Perspektiven für eine Bildungsreform. Donauwörth 1991.

RÖSLER, H.F./PFEIFER, P.: Das Leuchten einer Flamme. Temperaturzonen und Temperaturmessung in der Flamme. In: Naturwissenschaften im Unterricht – Chemie (1990), 1, S. 15–19.

ROSEMANN, B.: Konstruktion und Einsatz von Informellen Tests zur Leistungsbeurteilung (Lernkontrolltests). In: HELLER, a.a.O., 1975, S. 182–221.

ROSENBUSCH, H.S.: Lerntechniken als Lehrziel. In: GEPPERT, K./PREUSS, E., a.a.O., 1980, S. 142–151.

ROTH, H. (Hrsg.): Begabung und Lernen. Gutachten und Studien der Bildungskommission. Band 4. Stuttgart 1970[5].

ROTH, H.: Pädagogische Anthropologie. Band I. Bildsamkeit und Bestimmung. Hannover 1976[4].

ROTH, H.: Pädagogische Anthropologie. Band II. Entwicklung und Erziehung. Hannover 1971.

ROTH, H.: Pädagogische Psychologie des Lehrens und Lernens. Hannover (1957[1]) 1973[14].

ROTH, L.: Die zunehmende Pädagogisierung des Lebens – oder: Wir lernen uns zu Tode. In: SEIBERT, N./SERVE, H.J. (Hrsg.), a.a.O., 1994, S. 300–335.

RÜDIGER, D.: Das System der Lernwegdifferenzierung. In: GRIMM, M./MARCINKOWSKI, N./MARENBACH, D./RÜDIGER, D.: Regensburger Modell – Lesen lernen mit Habakuk. Lehrerbuch. Frankfurt, Freising 1978.

RÜDIGER, D.: Montessori-Pädagogik – heute? In: Pädagogische Welt 44 (1990), 5, S. 207–210.a.

RÜDIGER, D.: Maria Montessori – Leben und Werk. Dillingen 1990.b.

RÜDIGER, D./KORMANN, A./ PEEZ, H.: Schuleintritt und Schulfähigkeit. Zur Theorie und Praxis der Einschulung. München, Basel 1976.

RÜDIGER, D./KORMANN, A./PEEZ, H.: Analyse der Schulleistung. In: DIFF (Hrsg.): Fernstudienlehrgang Ausbildung zum Beratungslehrer. Studienbrief 4. Tübingen 1978.

RÜDIGER, G.: Freiarbeit in der Grundschule. Bedeutung und Möglichkeiten der Verwirklichung, aufgezeigt an ausgewählten Beispielen aus der Unterrichtspraxis. In: Das Kind. 1. Halbjahr 1990, Heft 7, S. 24–39.

RÜLCKER, T.: Familienbedingungen heutiger Kinder. In: Grundschule 21 (1989), 5, S. 16–18.

RÜTTER, T.: Formen der Testaufgabe. In: KLAUER, a. a. O., 1978, S. 257–280.

RUPPRECHT, R.: Videoarbeit mit Schülern – ein vielseitiger Beitrag zum Praktischen Lernen. In: unterrichten/erziehen (1992), 6, S. 41–45.

SACHER, W.: Jugendgefährdung durch Video- und Computerspiele? Diskussion der Risiken im Horizont internationaler Forschungsergebnisse. In: Zeitschrift für Pädagogik 39 (1993), 2, S. 313–333.

SACHER, W.: Leistungsförderung und Leistungsbeurteilung. In: unterrichten/erziehen (1995), 1, S. 6–11.a.

SACHER, W.: Normenprobleme der Leistungsbeurteilung. In: Pädagogische Welt 49 (1995), 2, S. 55–59.b.

SALZ, R.: Disziplinlosigkeit – ein zunehmendes Problem in der Schule. In: Bayerische Schule 49 (1996) 5, S. 18–20.

SANDER, R.: Die Bedrohung durch Video. In: Pädagogische Welt 42 (1988), 8, S. 347–351.

SAXER, U./LANGENBUCHER, W./FRITZ, A.: Kommunikationsverhalten und Medien. Lesen in der modernen Gesellschaft. Eine Studie der Bertelsmann Stiftung. Gütersloh 1989.

SCANNELL, D. P./TRACY, D. B.: Testen und Messen im Unterricht. Wege zu einer differenzierten Überprüfung kognitiven und affektiven Lernens. Weinheim, Basel 1977.

SCHÄFERS, B.: Der Jugendliche in der Familie und in Gleichaltrigen-Gruppen. In: SCHÄFERS, B. (Hrsg.): Jugend in der Gegenwartsgesellschaft. Sonderheft 1980 der Zeitschrift Gegenwartskunde. Opladen 1980.

SCHADE, B.: Psychologie des sozialen Lernens. In: LOHMANN, CH. (Hrsg.): Schule als soziale Organisation. Bad Heilbrunn/Obb. 1978, S. 117–142.

SCHARF, K. H. (Hrsg.): Natur plus. Physik/Chemie/Biologie für bayerische Hauptschulen 5. Jahrgangsstufe. Hannover 1997.

SCHARF, K. H./WEBER, W.: Fortpflanzung und Entwicklung. Materialien für den Sekundarbereich II. Biologie. Hannover 1992².

SCHENK, H.: Packen wir's an. Projekte in der Grundschule. In: Lehrerjournal Grundschulmagazin 3 (1988), 5, S. 6–8.

SCHENK, J.: Drogenkonsum und Drogenabhängigkeit. In: Bayerische Schule 41 (1988), 20, 21, S. 19–24.

SCHEERER-NEUMANN, G.: Wortspezifisch: Ja – Wortbild: Nein. Ein letztes Lebewohl an die Wortbildtheorie. In: BRÜGELMANN, H. (Hrsg.): ABC und Schriftsprache. Konstanz 1986, S. 176–185.

SCHIEFELE, H.: Motivation und Motiventwicklung. In: SCHIEFELE, H./KRAPP, A., a. a. O., 1981, S. 260–265.

SCHIEFELE, H.: Interesse – Neue Antworten auf ein altes Problem. In: Zeitschrift für Pädagogik 32 (1986), 2, S. 153–162.

SCHIEFELE, H.: Brauchen wir eine Motivationspädagogik? In: Zeitschrift für Pädagogik 39 (1993), 2, S. 177–186.

SCHIEFELE, H./KRAPP, A.: Handlexikon zur Pädagogischen Psychologie. München 1981.

SCHIEFELE, U.: Motivationale Bedingungen des Textverstehens. In: Zeitschrift für Pädagogik 34 (1988), 5, S. 687–708.

SCHIEFELE, U./KRAPP, A./SCHREYER, I.: Metaanalyse des Zusammenhangs von Interesse und schulischer Leistung. In: Zeitschrift für Entwicklungspsychologie und Pädagogische Psychologie 25 (1993), 2, S. 120–148.

SCHIEFELE, U./PEKRUN, R.: Psychologische Modelle des fremd gesteuerten und selbst gesteuerten Lernens. In: WEINERT, F. W., a. a. O., 1996,a, S. 249–278.

SCHIEKOFER, A.: Lernzirkel „Arbeit mit dem Wörterbuch". In: Schulmagazin 5 bis 10 8 (1993), 11, S. 19–26.

SCHIMUNEK, F. P.: Pro und contra Zensuren. In: Schulmagazin 8 (1993), 3, S. 8–11.

SCHIMUNEK, F. P.: Leistungsermittlung und -bewertung: Konsequenzen für den Unterricht. In: Schulmagazin 5 bis 10 9 (1994), 4, S. 53–56.

SCHIMUNEK, F. P.: Vielfalt und Akzeptanz von Zensuren. In: 5 bis 10 Schulmagazin 10 (1995), 7/8, S. 78–81.

SCHMIELAU, C.: Projekt: Klassengesprächskreis. Konfliktberatung am sozialen Ort Schule. In: 5 bis 10 Schulmagazin 7 (1992), 4, S. 53–57.

SCHMITT, H.: Jedem das Seine – allen das Grundlegende. Individualisierung im grundlegenden Unterricht. In: Pädagogische Welt 40 (1986), 9, S. 409–414.

SCHMITT, H.: Erfahrungen durch Freiarbeit. Eine Möglichkeit sinnerfüllten Lernens auf der Grundlage von Erfahrungs- und Handlungsorientierung. In: Pädagogische Welt 45 (1991), 3, S. 128–132.

SCHNABEL, K. U.: Ausländerfeindlichkeit bei Jugendlichen in Deutschland. Eine Synopse empirischer Befunde seit 1990. In: Zeitschrift für Pädagogik 39 (1993), 5, S. 799–822.

SCHNEIDER, B.: „Ich messe mich". Erweiterung des klassenbezogenen Grundwortschatzes in einer Sprachverwertungssituation des 2. Schuljahres. In: HEGELE, I. (Hrsg.): Lernziel: Freie Arbeit. Unterrichtsbeispiele aus der Grundschule. Weinheim, Basel 1993[3], S. 56–87.

SCHNEIDER, H./SEUFERT, U./WEIGAND, J.: Wir stellen ein Steinbeil her. Vorgeschichte zum Anfassen I. In: Junglehrer 39 (1996), 6, S. 19.

SCHNEIDER, H./SEUFERT, U./WEIGAND, J.: Auf den Spuren der Kelten im Grabfeld. Vorgeschichte zum Anfassen II. In: Junglehrer 39 (1996), 7, S. 19.

SCHNEIDER, W.: Der Übergang in weiterführende Schulen nach dem 4. oder 6. Grundschuljahr? Theoretische Aussagen und empirische Befunde zur Prognose des Schulerfolgs. In: Bayerische Schule 47 (1994), 5, S. 15–20.

SCHNEIDER, W.: Das Konzept der phonologischen Bewusstheit und seine Bedeutung für den Schriftspracherwerb. In: AKADEMIE FÜR LEHRERFORTBILDUNG UND PERSONALFÜHRUNG DILLINGEN, a. a. O., 2000, S. 96–105.

SCHNEIDER, W./BÜTTNER, G.: Entwicklung des Gedächtnisses. In: OERTER, R./MONTADA, L., a. a. O., 1995, S. 654–704.

SCHNEIDER, W./ROTH, E./KÜSPERT, P./ENNEMOSER, M.: Kurz- und langfristige Effekte eines Trainings der sprachlichen (phonologischen) Bewusstheit bei unterschiedlichen Leistungsgruppen: Befunde einer Sekundäranalyse. In: Zeitschrift für Entwicklungspsychologie und Pädagogische Psychologie 30 (1998), 1, S. 26–39.

SCHNOTZ, W./ZINK, T./PFEIFFER, M.: Visualisierung im Lehr-Lern-Prozess. In: Zeitschrift für Pädagogik 42 (1996), 2, S. 193–213.

SCHOCH, F.: Zur Funktion „erschließender" und „weiterführender" Fragen beim Lernen und Erkennen. In: MONTADA, L./REUSSER, K./STEINER, G., a. a. O., Stuttgart 1983, S. 204–218.

SCHOLZ, G.: Innere Differenzierung als didaktische Maßnahme. In: ABJ-Handbuch 1984: Die individuelle Förderung des Schülers. München 1984, S. 41–68.

SCHOR, B.: Hyperkinese – ein Trauma für Kind und Mitwelt. In: Schulverwaltung (1993) 4, S. 128–132.

SCHORCH, G.: Grundlegung schulischen Lernens und Arbeitens. In: SCHORCH, G. (Hrsg.), a. a. O., Bad Heilbrunn/Obb. 1988, S. 34–49.

SCHORCH, G. (Hrsg.): Grundlegende Bildung. Erziehung und Unterricht in der Grundschule. Bad Heilbrunn/Obb. 1988.

SCHREMPP, I./SODIAN, B.: Wissenschaftliches Denken im Grundschulalter. Die Fähigkeit zur Hypothesenprüfung und Evidenzevaluation im Kontext der Attribution von Leistungsergebnissen. In: Zeitschrift für Entwicklungspsychologie und Pädagogische Psychologie 31 (1999), 2, S. 67–77.

SCHRÖDER, H.: Die Verwirklichung des Erziehungsauftrags der Schule angesichts bestehender Erziehungsprobleme. In: ARBEITSGEMEINSCHAFT BAYERISCHER JUNGLEHRER (ABJ): Der Erziehungsauftrag der Schule. München 1983, S. 11–24.

SCHRÖDER, H.: Lernen und Lehren im Unterricht. Grundlagen und Aspekte der Allgemeinen Didaktik. München 1991[3].

SCHUBERT, R.: Helfen ja – nur wann, wobei und wie? Alltagssituationen auf dem Weg zu einer humaneren Schule. In: unterrichten/erziehen (1996), 2, S. 10–14.

SCHUBERT, R./SCHIPPER, S.: Zaubertricks lesen – für uns kein Problem. (Einführung in grundlegende Techniken der Texterschließung). In: unterrichten/erziehen 7 (1988), 1, S. 18–21.

SCHUBERT, V.: Kooperatives Lernen lernen? Zur Diskussion über das Bildungswesen in Japan. In: Zeitschrift für Pädagogik 44 (1998), 3, S. 397–409.

SCHUCH, B.: Warum so viele Fehler beim Bruchrechnen? Was sagen empirische Untersuchungen dazu? In: Lehrerjournal 4 (1989), 11, S. 13–16.

SCHÜMER, G.: Projektunterricht in der Regelschule. Anmerkungen zur pädagogischen Freiheit des Lehrers. In: LESCHINSKY, A., a. a. O., 1996, S. 141–158.

SCHULORDNUNG FÜR DIE VOLKSSCHULEN IN BAYERN (Volksschulordnung – VSO). Stand 23. 07. 1998. München 1998.

SCHULTE-KÖRNE, G./DEIMEL, W./REMSCHMIDT, H.: Die Bedeutung von phonologischer Dekodierfähigkeit und orthographischem Wissen für die Rechtschreibfähigkeit Erwachsener. In: Zeitschrift für Klinische Psychologie 26 (1997), 3, S. 210–217.

SCHURIUS, L.: Bedeutung, Einschulung und Einsatz fachrelevanter Arbeitsweisen und Arbeitstechniken im Sachunterricht der Hauptschule. In: ARBEITSGEMEINSCHAFT BAYERISCHER JUNGLEHRER (ABJ): Der Erziehungsauftrag der Schule. München 1983, S. 79–91.

SCHURIUS, L.: Relevante Arbeitstechniken im Biologieunterricht der Grund- und Hauptschule. Bedeutung, Einschu-

lung und Anwendung. In: Pädagogische Welt 39 (1985), 4, S. 173–177.
SCHUSTER, K.: Das Rollenspiel im Unterricht. In: unterrichten/erziehen (1991), S. 7–13.
SCHWARK, W./WEISS, W./REGELEIN, S.: Beurteilen und Benoten in der Grundschule. München 1987.
SCHWARZER, CH./SCHWARZER, R.: Informelle Tests. In: KLAUER, K.J.: a.a.O., Band 1, 1978, S. 317–330.
SCHWEISTHAL, G.: Grundsätzliche Überlegungen aus der Sicht der Phonetik zum Einsatz schriftsprachlicher Unterrichtsmittel zu Beginn des 1. Grundschuljahres. Universität München, Institut für Phonetik und Sprachliche Kommunikation 1997.
SCHWINDT, B.: Ende gut ...? Ravensburg 1977.
SEIBERT, N.: Tafelbildarbeit und Arbeitsblattgestaltung. In: unterrichten/erziehen (1991),4, S. 13–17.
SEIBERT, N.: Das Unterrichtsprinzip der Differenzierung. In: SEIBERT, N./SERVE, H.J., a.a.O., 1992, S. 97–126.a.
SEIBERT, N.: Das Unterrichtsprinzip der Strukturierung. In: SEIBERT, N./SERVE, H.J., a.a.O., 1992, S. 199–219.b.
SEIBERT, N.: Das Unterrichtsprinzip der Veranschaulichung. In: SEIBERT, N./ SERVE, H.J., a.a.O., 1992, S. 247–265.c.
SEIBERT, N.: Erziehungsnot und -verantwortung. Erziehungsschwierigkeiten als pädagogische Herausforderung an den einzelnen Lehrer. In: Pädagogische Welt 46 (1992), 6, S. 255–258.d.
SEIBERT, N./SERVE, H.J. (Hrsg.): Prinzipien guten Unterrichts. Kriterien einer zeitgemäßen Unterrichtsgestaltung. München 1992.
SEIBERT, N./SERVE, H.J. (Hrsg.): Erziehung und Bildung an der Schwelle zum dritten Jahrtausend. Multidisziplinäre Aspekte, Analysen, Positionen, Perspektiven. München 1994.
SEILER, T.B.: Die Reversibilität in der Entwicklung des Denkens. Ein Beitrag zur Deutung der Theorie Piagets. Stuttgart 1968.
SEILER, T.B./WANNENMACHER, W.: Begriffs- und Bedeutungsentwicklung. In: OERTER, R./MONTADA, L., a.a.O., 1987, S. 463–505.
SEITZ, O.: Bewältigung von Erziehungsproblemen. In: Pädagogische Welt 40 (1986), 5, S. 195–198.
SEITZ, O.: Videokatalog: Problemsituationen im Unterricht. In: LUKESCH, H./ NÖLDNER, W./ PEEZ, H. (Hrsg.), a.a.O., 1989, S. 241–252.
SEITZ, O.: Problemsituationen im Unterricht. Regensburg 1991.
SEITZ, O.: Superlearning – mit Nachfrage. In: unterrichten/erziehen (1991), 6, S. 56–62.
SEITZ, O.: Kriterien guten Unterrichts. Versuch einer Ableitung aus dem Begriff „Vermittlung“. In: SEIBERT, N./ SERVE, H.J., a.a.O., 1992, S. 45–93.
SEITZ, O.: „Verhaltensauffälligkeiten“ als Problem. In: 5 bis 10 Schulmagazin 9 (1994), 4, S. 7–9.a.
SEITZ, O.: Verhaltensauffälligkeiten im Unterricht. In: unterrichten/erziehen (1994), 1, S. 16-22.b.
SEITZ, O.: Anschauung: Der sinn-volle Unterricht. In: unterrichten/erziehen (1995), 2, S. 4–5.
SELG, H./MEES, U./BERG, D.: Psychologie der Aggressivität. Göttingen 1988.
SILBEREISEN, R.K.: Soziale Kognition. Entwicklung von sozialem Wissen und Verstehen. In: OERTER, R./MONTADA, L., a.a.O., 1995, S. 823–861.
SIMONS, P.R.: Lernen, selbstständig zu lernen – ein Rahmenmodell. In: MANDL, H./FRIEDRICH, H.F., a.a.O., 1992, S. 251–264.

SINUS-INSTITUT: Die verunsicherte Generation. Jugend und Wertewandel. Ein Bericht des SINUS-INSTITUTS im Auftrag des Bundesministers für Jugend, Familie und Gesundheit. Opladen 1983.

SIMON, S. B.: Wertklärung im Unterricht. In: MAUERMANN, L./WEBER, E. (Hrsg.), a. a. O., 1981, S. 202–209.

SKOWRONEK, H.: Lernen und Lernfähigkeit. München 1971³.

SMOLA, J.: Lösungshilfen im Rechtschreibunterricht. In: Blätter für Lehrerfortbildung 33 (1981) 2, S. 52–57.

SODIAN, B.: Entwicklung bereichsspezifischen Wissens. In: OERTER, R./MONTADA, L., a. a. O., 1995, S. 622–653.

SPANHEL, D.: Medienhandeln der Jugendlichen im Schnittpunkt von Lebenslauf und Alltagswelt. In: AKADEMIE FÜR LEHRERFORTBILDUNG DILLINGEN 1988, a. a. O., S. 45–56.

SPANHEL, D.: Die Bedeutung des Schul- und Klassenklimas für Erziehung und Unterricht. In: Pädagogische Welt 47 (1993), 5, S. 224–234.

SPANHEL, D.: „Wirklichkeit aus zweiter Hand." Wie Jugendliche die elektronischen Medien nutzen, um sich ihre eigene Lebenswelt aufzubauen. In: Schulmagazin 5 bis 10 10(1995), 5, S. 58–60.a.

SPANHEL, D.: Schlüsselqualifikationen verändern das Lernen in der Schule. In: Schulmagazin 5 bis 10 10 (1995), 10, S. 53–57.b.

SPAUN, K. V.: Gewalt und Aggression an der Schule. Vorbericht. Staatsinstitut für Schulpädagogik und Bildungsforschung München. München 1994.

SPRECKELSEN, K.: Ordnen und Verstehen im physikalischen Bereich des Sachunterrichts. In: LAUTERBACH, R./ KÖHNLEIN, W./ SPRECKELSEN, K./ KLEWITZ, W., a. a. O., 1992, S. 63–72.

SPRICK, W.: Warum selbst gesteuertes Lernen? In: Pädagogische Welt 50 (1996), 1, S. 25–33.

STAATSINSTITUT FÜR SCHULPÄDAGOGIK (ISP): Handreichung zur inneren Differenzierung im Unterricht der Grundschule. München 1976.

STAATSINSTITUT FÜR SCHULPÄDAGOGIK UND BILDUNGSFORSCHUNG (ISB): Handreichung zur Ermittlung und Beschreibung von Schülerleistungen in der Grundschule. München 1987.

STAATSINSTITUT FÜR SCHULPÄDAGOGIK UND BILDUNGSFORSCHUNG (ISB): Empfehlungen zum Projektunterricht in der Hauptschule. München 1988.

STAATSINSTITUT FÜR SCHULPÄDAGOGIK UND BILDUNGSFORSCHUNG (ISB): Erfassen von Schülerleistungen im Fach Deutsch der Hauptschule. Handreichung zur Leistungsermittlung und Leistungsbeurteilung. München 1991.a.

STAATSINSTITUT FÜR SCHULPÄDAGOGIK UND BILDUNGSFORSCHUNG (ISB): Handreichung zum Lernen an außerschulischen Lernorten (Hauptschule). München 1991.b.

STAATSINSTITUT FÜR SCHULPÄDAGOGIK UND BILDUNGSFORSCHUNG (ISB): Erfassen von Schülerleistungen im Fach Mathematik der Hauptschule. Handreichung zur Leistungsermittlung und Leistungsbeurteilung. München 1992.

STAATSINSTITUT FÜR SCHULPÄDAGOGIK UND BILDUNGSFORSCHUNG (ISB): 101 Projekte. Dokumentation beispielhafter Projekte an bayerischen Hauptschulen. München 1994.

STAATSINSTITUT FÜR SCHULPÄDAGOGIK UND BILDUNGSFORSCHUNG (ISB): Erfassen von Schülerleistungen in den Sachfächern der Hauptschule. Handreichung zur Leistungsermittlung und Leistungsbeurteilung. Donauwörth 1995.

Staatsinstitut für Schulpädagogik und Bildungsforschung (ISB): Grundlagen des Lehrplanmodells. Unveröffentlichtes Grundlagenpapier für Arbeitskreismitglieder. München 1996.a.

Staatsinstitut für Schulpädagogik und Bildungsforschung (ISB): Handreichungen Neuregelung der deutschen Rechtschreibung. Schulartübergreifend. München 1996.b.

Staatsinstitut für Schulpädagogik und Bildungsforschung (ISB): Schulversuch „Phonetisches Schreiben". München 1997.

Staatsinstitut für Schulpädagogik und Bildungsforschung (ISB): Handreichung zum Einsatz des Computers in der Grundschule. Band 1. München 1998.

Stadler, B.: Die Funktion der Ausgangssituation im problemorientierten Sachunterricht der Grund- und Hauptschule. In: Blätter für Lehrerfortbildung 32 (1980), 6, S. 255–262.

Staeck, L.: Missbrauch von Medikamenten bei Schülern. In: Bayerische Schule 42 (1989), 6, S. 11–15, 7; S. 11–14.

Starczewski, G.: Freies Schreiben. In: Akademie für Lehrerfortbildung Dillingen, a. a. O., 1994, S. 295–307.

Stark, R./Graf, M./Renkl, A./Gruber, H./Mandl, H.: Förderung von Handlungskompetenz durch geleitetes Problemlösen und multiple Lernkontexte. In: Zeitschrift für Entwicklungspsychologie und Pädagogische Psychologie 27 (1995), 4, S. 289–312.

Stark, R./Gruber, H./Renkl, A./Mandl, H.: „Wenn um mich herum alles drunter und drüber geht, fühle ich mich so richtig wohl" – Ambiguitätstoleranz und Transfererfolg. In: Psychologie in Erziehung und Unterricht 44 (1997), S. 204–215.

Statistisches Bundesamt (Hrsg.): Datenreport 1989. Zahlen und Fakten über die Bundesrepublik Deutschland. Bonn 1989.

Statistisches Bundesamt (Hrsg.): Datenreport 1992. Zahlen und Fakten über die Bundesrepublik Deutschland. Bonn 1992.

Staub, E.: Entwicklung prosozialen Verhaltens. Zur Psychologie der Mitmenschlichkeit. München, Wien, Baltimore 1982.

Steiner, G.: Erkennen, Lernen und Entwicklung: der kognitive Aspekt. In: Aebli, H./Montada, L./ Steiner, G.: Erkennen, Lernen, Wachsen. Zur pädagogischen Motivationstheorie, zur Lernpsychologie und zur kognitiven Entwicklung. Stuttgart 1975.

Steiner, G.: Visuelles Vorstellen – das Ordnen ... wovon eigentlich? In: Montada, L./Reusser, K./Steiner, G., a. a. O., 1983, S. 23–34.

Steiner, G.: Lernen. 20 Szenarien aus dem Alltag. Bern, Stuttgart, Toronto 1988.a.

Steiner, G.: Analoge Repräsentationen. In: Mandl, H./Spada, H., a. a. O., 1988, S. 99–119.b.

Steiner, G.: Lernverhalten, Lernleistung und Instruktionsmethoden. In: Weinert, F. E., a. a. O., 1996a, S. 279–317.

Steindorf, G.: Grundbegriffe des Lehrens und Lernens. Bad Heilbrunn/ Obb. 1991^3.

Stern, E.: Keiner wie der andere. Zum Umgang mit Leistungsunterschieden in der Grundschule. In: Grundschulmagazin 10 (1995), 11, S. 37–40.

Stern, E.: Erwerb mathematischer Kompetenzen: Ergebnisse aus dem Scholastik-Projekt. In: Weinert, F. E./ Helmke, A., a. a. O. 1997, S. 157–170.

Stiegler, L./Schröder, W./Sichelschmidt, R. /Vestner, H.: Natur und

Technik. Physik und Chemie 5/6. Ausgabe B. Berlin 1978.

STOLLA, G.: Probleme der Leistungserziehung, Leistungsförderung und Leistungsbewertung – dargestellt am Beispiel Rechtschreiben. In: unterrichten/erziehen (1989), 1, S. 13–16.

STOLLA, G.: Aufsatzbewertung auf zwei Säulen: Lernzielorientierung und vorhandene Schreibfähigkeit. In: unterrichten/erziehen (1995), 1, S. 17–20.

STORK, H.: Die Wahrnehmung des pädagogischen Auftrags im naturwissenschaftlichen Unterricht, insbesondere im Chemieunterricht. In: BECKMANN, H. K./FISCHER, W. L., a. a. O., 1990, S. 201–222.

STRIETZEL, W.: Arbeitsheft für den Mathematikunterricht 5. München 1977.

STRIETZEL, W.: Differenziertes Arbeiten an einer Sachaufgabe im 6. Schülerjahrgang. In: Pädagogische Welt 32 (1978), 11, S. 663–671.

STRIETZEL, W.: Arbeitsheft für den Mathematikunterricht 6. München 1980.

STRIETZEL, W.: Sachaufgaben in der Grundschule. 25. Amberger Seminar 1985.

STRIETZEL, W.: Das Tafelbild, ein vergessenes Medium. 29. Amberger Seminar 1989.

STRUCK, P.: Gewalt – eine Herausforderung für die Pädagogik. In: Bayerische Schule 49 (1996), 3, S. 27–30.

STRUCK, P.: Neue Lehrer braucht das Land. Ein Plädoyer für eine zeitgemäße Schule. Darmstadt 1994.

SUMSER, I.: Von den Sinnen zu den Begriffen. Ziele und praktische Beispiele für ein bewusstes Arbeiten mit Begriffen. In: unterrichten/erziehen (1994), 6, S. 19–21.

SUSTECK, H.: Intervention bei Aggressivität. In: 5 bis 10 Schulmagazin 7 (1992), 5, S. 4–7.

SUTTNER, R.: Der Projektunterricht im Schulalltag. In: 5 bis 10 Schulmagazin 6 (1991), 2, S. 9–12.

SUTTNER, R.: Lebensgemeinschaft Teich. Projektmethode im Schullandheim. In: 5 bis 10 Schulmagazin 6 (1992), 9, S. 21–24.

TAUSCH, R.: Die Förderung des persönlichen Lernens des Lehrers – notwendig für persönliches und fachliches Lernen der Schüler. In: MUTZEK, W./ PALLASCH, W., a. a. O., 1983, S. 276–292.

TAUSCH, R./TAUSCH, A.: Erziehungspsychologie. Begegnung von Person zu Person. Göttingen, Toronto, Zürich 1991[10]

TENNSTÄDT, K. CH./KRAUSE, F./HUMPERT, W./DANN, H. D.: Das Konstanzer Trainingsmodell (KTM). Ein integratives Selbsthilfeprogramm für Lehrkräfte zur Bewältigung von Aggressionen und Störungen im Unterricht. Bern, Stuttgart 1992[2].

TESTZENTRALE DES BERUFSVERBANDES DEUTSCHER PSYCHOLOGEN: Testkatalog 1994/95. Göttingen, Bern 1994.

TEUTSCH, G. M.: Die Vermittlung sozialverantwortlicher Einstellungen im Schulgeschehen. In: MAUERMANN, L./ WEBER, E. (Hrsg.), a. a. O., 1981, S. 137–163.

THOM, W.: Lernzirkel allgemein. In: AKADEMIE FÜR LEHRERFORTBILDUNG DILLINGEN 1994, a. a. O., S. 430–431.

TILLMANN, K. J.: Gewalt in der Schule: Was sagt die erziehungswissenschaftliche Forschung dazu? In: Recht der Jugend und des Bildungswesens. 42 (1994), 2, S. 163–174.

TODT, E./BUSCH, L.: Aggression und Gewalt in Schulen. In: Recht der Jugend und des Bildungswesens. 42 (1994), 2, S. 174–186.

TRÖGER, W.: Erziehung zum Vertrauen.

In: Pädagogische Welt 42 (1988), 9, S. 392–397.

TSCHAMLER, H.: Die Entwicklung des Kindes. Ein Vergleich zwischen Maria Montessori und Jean Piaget. In: AKADEMIE FÜR LEHRERFORTBILDUNG DILLINGEN, a. a. O., 1991, S. 55–78.

ULICH, D.: Attribuierung. In: SCHIEFELE, H./KRAPP, A., a. a. O., 1981, S. 21–25.

ULRICH, W.: Vorauseilendes Schreiben. Zur Arbeit mit der Anlauttabelle beim Lesen- und Schreibenlernen. In: Grundschule (1998), 6, S. 32–39.

UTZ, K.: Freies Schreiben in der Hauptschule. In: AKADEMIE FÜR LEHRERFORTBILDUNG UND PERSONALFÜHRUNG DILLINGEN, a. a. O., 1994, S. 308–316.

VALTIN, R.: Dem Kind in seinem Denken begegnen – Ein altes, kaum eingelöstes Postulat der Grundschuldidaktik. In: LESCHINKSKY, A., a. a. O., 1996, S. 173–186.

VALTIN, R.: Die Theorie der kognitiven Klarheit – Das neue Verständnis von Lese-Rechtschreib-Schwierigkeiten. In: AKADEMIE FÜR LEHRERFORTBILDUNG UND PERSONALFÜHRUNG DILLINGEN, a. a. O., 2000, S. 16–42.

VAN DER MEER, E.: Gesetzmäßigkeiten und Steuerungsmöglichkeiten des Wissenserwerbs. In: WEINERT, F. E., a. a. O., 1996a, S. 209–248.

VANGEROW, H. H.: Schule im Wald. Eine waldkundliche Handreichung. (Hrsg. Schutzgemeinschaft Deutscher Wald, Landesverband Bayern) München 1984.

VERFASSUNG DES FREISTAATES BAYERN, Bekanntmachung der Neufassung der Verfassung des Freistaates Bayern vom 15. Dezember 1998. In: Bayerisches Gesetz- und Verordnungsblatt (1998), 26, S. 991–1010.

VIERLINGER, R.: Das Schulkreuz der Lehrer. Disziplinstörungen und Unterricht. Wien, München 1990.

VIERLINGER, R.: Der Lehrer im Korsett seiner Rahmenbedingungen. In: Bayerische Schule 47 (1994), 6, S. 23–26; 7/8, S. 13–16.

VESTER, F.: Denken, Lernen, Vergessen. München 1995[22].

VOGEL, G. H. (Hrsg.): Formel 5. Mathematik für Hauptschulen. Bamberg, Stuttgart 1992[4].a.

VOGEL, G. H. (Hrsg.): Formel 6. Mathematik für Hauptschulen. Bamberg, Stuttgart 1992[4].b.

VOGEL, G. H.: Didaktisch-methodische Überlegungen zum Mathematikunterricht. Eine Bestandsaufnahme. Unveröffentlichtes Manuskript. Spindlhof 1994.

VOGEL, G. H./VOLLATH, E. (Hrsg.): Formel 5. Mathematik für die Hauptschule. Bamberg, Stuttgart 1997.a.

VOGEL, G. H./VOLLATH, E. (Hrsg.): Formel 7. Mathematik für die Hauptschule. Bamberg, Stuttgart 1997.b.

VOGEL, G. H./VOLLATH, E. (Hrsg.): Formel 8. Mathematik für die Hauptschule. Bamberg, Stuttgart 1998.

VSO: siehe SCHULORDNUNG FÜR DIE VOLKSSCHULE IN BAYERN.

VUKOVICH, A.: Ein- und Auswirkungskomponenten von Anerkennung und Lob. In: LUKESCH, H./NÖLDNER, W./PEEZ, H., a. a. O., 1989c, S. 210–231.

WAGENSCHEIN, M.: Ursprüngliches Verstehen und exaktes Denken. Band I. Stuttgart 1965.

WAGENSCHEIN, M.: Ursprüngliches Verstehen und exaktes Denken. Band II. Stuttgart 1970.

WAGENSCHEIN, M.: Naturphänomene sehen und verstehen. Genetische Lehrgänge. Stuttgart 1988[2].

WAGENSCHEIN, M.: Verstehen lehren. Genetisch – Sokratisch – Exemplarisch. Weinheim, Basel 1989[8].

WAGNER-WINTERHAGER, L.: Erziehung

durch Alleinerziehende. Der Wandel der Familienstrukturen und seine Folgen für die Erziehung und Bildung. In: Zeitschrift für Pädagogik 34 (1988), 5, S. 641–656.

WALPER, S.: Familienbeziehungen und Sozialentwicklung Jugendlicher in Kern-, Ein-Eltern- und Stieffamilien. In: Zeitschrift für Entwicklungspsychologie und Pädagogische Psychologie. 27 (1995), 2, S. 93–121.

WAHRIG, G.: Deutsches Wörterbuch. Gütersloh 1997[6].

WATZKE, O.: Rechtschreibunterricht in der Sekundarstufe 1. München 1977[4].

WEBER, E.: Aktuelle und prinzipielle Überlegungen zum Erziehungsauftrag in der Schule. In: MAUERMANN, L./WEBER, E., a. a. O., 1981, S. 33–78.

WEBER, E.: Biographische Orientierung der Pädagogik: Erziehung und Bildung im Lebenslauf. In: SEIBERT, N./SERVE, H. J., a. a. O., 1994, S. 364–403.

WEIDENMANN, B./KRAPP, A.(Hrsg.): Pädagogische Psychologie. München, Weinheim 1986.

WEIDENMANN, B.: Handeln: Königsweg des Lernens? Psychologische Begründung des handlungsorientierten Unterrichts. In: Lehrerjournal Hauptschulmagazin 5 (1990), 12, S. 55–59.

WEIDENMANN, B.: Schülerzeichnungen: Wie Wissensstrukturen sichtbar werden. In: Schulmagazin 5 bis 10 10 (1995), 6, S. 77–80.

WEINERT, F. E.: Lernen ... gegen die Abwertung des Wissens. In: Lernen – Ereignis und Routine. Jahresheft IV des Friedrich Verlag, Velber 1986, S. 102–104.

WEINERT, F. E.: Psychologische Probleme der Schüler – Pädagogische Aufgaben des Lehrers. In: Bayerische Schule 45(1992),8, S. 15–18.

WEINERT, F. E. (Hrsg.): Psychologie des Lernens und der Instruktion. Göttingen, Bern, Toronto, Seattle 1996.a.

WEINERT, F. E. : Lerntheorien und Instruktionsmodelle. In: WEINERT, F. E., a. a. O., 1996a, S. 1–48.b.

WEINERT, F. E. (Hrsg.): Psychologie des Unterrichts und der Schule. Göttingen, Bern, Toronto, Seattle 1997.

WEINERT, F. E.: Neue Unterrichtskonzepte zwischen gesellschaftlichen Notwendigkeiten, pädagogischen Visionen und psychologischen Möglichkeiten. In: BAYERISCHES STAATSMINISTERIUM FÜR UNTERRICHT, KULTUS, WISSENSCHAFT UND KUNST (Hrsg.): Wissen und Werte für die Welt von morgen. München 1998, S. 101–125.

WEINERT, F. E./GRAUMANN, C. F./ HECKHAUSEN, H./HOFER, M. (Hrsg.): Funk-Kolleg Pädagogische Psychologie. 2 Bände. Frankfurt/M. 1974.

WEINERT, F. E./HELMKE, A.: Der gute Lehrer: Person, Funktion oder Fiktion? In: LESCHINSKY, A., a. a. O., 1996, S. 223–243.

WEINERT, F. E./HELMKE, A. (Hrsg.): Entwicklung im Grundschulalter. Weinheim 1997.

WEINERT, F. E./MANDL, H. (Hrsg.): Psychologie der Erwachsenenbildung. Göttingen, Bern, Toronto, Seattle 1997.

WEINERT, F. E./SCHRADER, F. W.: Lernen lernen als psychologisches Problem. In: WEINERT, F. E./MANDL, H., a. a. O., 1997, S. 295–235.

WEINERT, F. E./WALDMANN, M. R.: Wissensentwicklung und Wissenserwerb. In: MANDL, H./SPADA, H., a. a. O., 1988, S. 161–199.

WEINHOLD, B: Zeugnisberichte in der Grundschule – ganzheitlich gesehen. In: unterrichten/erziehen (1995), 1, S. 12–16.

WEISS, G./ZÖPFL, H.: Gewalt im Fernsehen – Gewalt durch Fernsehen. In:

Pädagogische Welt 46 (1992), 8, S. 349–350.

WEISS, R. H.: Mediengewalt bei Kindern und Jugendlichen. Gibt es einen Zusammenhang zwischen Persönlichkeitsmerkmalen und Medienwirkung? In: Schulverwaltung BY 22 (1999), 2, S. 65–73.

WENDELER, J.: Standardarbeiten – Verfahren zur Objektivierung der Notengebung. Weinheim, Berlin, Basel 1970[2].

WENDER, K. F.: Semantische Netzwerke als Bestandteil gedächtnispsychologischer Theorien. In: MANDL, H./SPADA, H., a. a. O., 1988, S. 55–73.

WENZEL, A.: Freiarbeit in der Grundschule. Modelle, Berichte und Beispiele. Bad Heilbrunn/Obb. 1983.a.

WENZEL, A.: Überlegungen zur Freiarbeit in der Grundschule. In: Pädagogische Welt 37 (1983), 7, S. 431–436.b.

WENZEL, A.: Freiarbeit in der Grundschule – Chancen und Probleme. In: Lehrerjournal Grundschulmagazin 2 (1987), 11, S. 2–5.

WESTPHALEN, K.: Praxisnahe Curriculumentwicklung. Donauwörth 1973.

WESTPHALEN, K.: Alte und neue Qualifikationen. Was sollen Hauptschüler heute lernen? In: Lehrerjournal Hauptschulmagazin 5 (1990), 12, S. 5–8.

WIATER, W.: Allgemeinbildung heute: Alle bilden sich allseitig an allem? In: unterrichten/erziehen (1993), 1, S. 56–60.a.

WIATER, W. : Unterrichten und lernen in der Schule. Eine Einführung in die Didaktik. Donauwörth 1993.b.

WIATER, W.: Vernunftgemäß und zugleich solidarisch handeln. Was den Gebildeten der Zukunft ausmacht. In: SEIBERT, N./SERVE, H. J., a. a. O., 1994, S. 419–436.

WIATER, W.: Leistungsstress in der Schule. In: Pädagogische Welt 49 (1995), 3, S. 111–114.

WIATER, W.: Phänomene halten sich nicht an Fächergrenzen. Didaktische Überlegungen zu mehrperspektivischen Lerninhalten. In: Pädagogische Welt 50 (1996), 3, S. 122–127.

WIEBE, H. H. (Hrsg.): Jugend in Europa. Situation und Forschungsstand. Opladen 1988.

WIEBE, H. H. (Hrsg.): Jugend in der Sackgasse? Gegen die Entwarnung in der Jugendfrage! Bad Segeberg 1989.

WILD, K. B./KRAPP, A.: Elternhaus und intrinsische Lernmotivation. In: Zeitschrift für Pädagogik 41 (1995), 4, S. 579–595.

WILD, K. P./SCHIEFELE, U.: Induktiv versus deduktiv entwickelte Fragebogenverfahren zur Erfassung von Merkmalen des Lernverhaltens. In: Unterrichtswissenschaft 21 (1993), 4, S. 312–326.

WINKEL, R.: Der gestörte Unterricht. Diagnostische und therapeutische Möglichkeiten. Bochum 1988[4].

WINKEL, R.: Birgit und ihre Lehrerin oder: Was uns störende Schüler/innen eigentlich sagen wollen. In: Junglehrer 34 (1991), 7, S. 13–17.

WINKEL, R.: Aggressionen und Konzentrationsstörungen in unseren Schulen oder: Fallberichte aus dem Schulalltag. In: Bayerische Schule 45 (1992), 10, S. 7–12.

WINKEL, R.: Die Sprache der Gewalt oder: Die fünf Sinnperspektiven aggressiven Verhaltens in der Schule. In: Elternforum (1993), 2, S. 14–16.

WINKEL, R.: Schule von heute für morgen. Oder: Was sollen unsere Schüler/innen auf welche Weise (nicht) lernen? In: SEIBERT, N./SERVE, H. J., a. a. O., 1994, S. 1167–1192.

WITTMANN, E. CH.: Wider die Flut der „bunten Hunde" und der „grauen Päckchen": Die Konzeption des aktiv-entdeckenden Lernens und des produktiven Übens. In: WITTMANN, E. CH./MÜLLER, G. N., a. a. O., 1994a, S. 157–171.a.

WITTMANN, E. CH.: Üben im Lernprozess. In: WITTMANN, E. CH./MÜLLER, G. N., a. a. O., 1994b, S. 175–182.b.

WITTMANN, E. CH./MÜLLER, G. N.: Handbuch produktiver Rechenübungen. Band 1. Vom Einspluseins zum Einmaleins. Stuttgart, Düsseldorf, Berlin, Leipzig 1994[2].a.

WITTMANN, E. CH./MÜLLER, G. N.: Handbuch produktiver Rechenübungen. Band 2. Vom halbschriftlichen zum schriftlichen Rechnen. Stuttgart, Düsseldorf, Berlin, Leipzig 1994[2].b.

WITTMANN, E. CH./MÜLLER, G. N. u. a.: Das Zahlenbuch. Mathematik im 1. Schuljahr. Lehrerband. Stuttgart 1994[2].

WITTMANN, E. CH./MÜLLER, G. N. u. a.: Das Zahlenbuch. Mathematik im 2. Schuljahr. Lehrerband. Stuttgart 1995.

WITTMANN, E. CH./MÜLLER, G. N. u. a.: Das Zahlenbuch. Mathematik im 3. Schuljahr. Lehrerband. Stuttgart 1996.

WITTMANN, E. CH./MÜLLER, G. N. u. a.: Das Zahlenbuch. Mathematik im 4. Schuljahr. Lehrerband. Stuttgart 1997.

WITTMANN, J.: Trickkiste 1. Experimente, wie sie nicht im Physikbuch stehen. München 1986[2].

WÖLFEL, U.: Die grauen und die grünen Felder. Ravensburg 1986[5].

WOLLERSHEIM, H. W.: Altersstruktur und Erziehungsfähigkeit von Lehrerkollegien. In: BÄUERLE, S. (Hrsg.), a. a. O., 1989, S. 155–174.

WUNSCH, CH.: Vokabellernen als Lerntechnik. In: Pädagogische Welt 41 (1987) 2, S. 77–82.

ZEIHER, H.: Kindheit: Organisiert und isoliert. In: psychologie heute 17 (1990), 2, S. 20–27.

ZENTRALSTELLE FÜR COMPUTER IM UNTERRICHT: Computereinsatz im Fachunterricht. Volksschulen, Förderschulen. Augsburg 1999.

ZIELINSKI, W.: Die Beurteilung von Schülerleistungen. In: WEINERT, F. E. u. a.: Funk-Kolleg Pädagogische Psychologie. Frankfurt 1974, S. 879–900.

ZINNECKER, J.: Kinder im Übergang. Ein wissenschaftlicher Essay. In: Aus Politik und Zeitgeschichte (1996), B 11, S. 3–10.

ZIMMERMANN, H. D.: Freies Arbeiten. In: AKADEMIE FÜR LEHRERFORTBILDUNG, a. a. O., 1994, S. 79–95.

Verfasser und Quellen

Texte

BULL, BRUNO HORST
Ein schlechter Schüler (S. 261)
Aus: Eine Katze ging ins Wirtshaus.
München 1972.
Rechte beim Autor.

MORGENSTERN, CHRISTIAN
Zwei Trichter (S. 286)
Aus: Gesammelte Werke.
München 1965.

Rechtschreibprofil von Nadine (S. 318 ff.)
Aus: MAY, PETER u. a.:
Manual zur Hamburger Schreibprobe.
© 1999 by verlag für pädagogische medien GmbH Hamburg.

Arbeitsplan für die Woche vom 5. 3. bis 9. 3. 1990 von Sabine (S. 391)
Aus: AKADEMIE FÜR LEHRERFORTBILDUNG (Hrsg.):
Materialgeleitetes Lernen.
Elemente der Motessori-Pädagogik in der Regelschule – Grundschulstufe.
Dillingen 1991.
Rechte beim Herausgeber.

Probearbeit mit Aufgaben unterschiedlichen Anforderungsniveaus (S. 481 ff.)
Aus: STAATSINSTITUT FÜR SCHULPÄDAGOGIK UND BILDUNGSFORSCHUNG MÜNCHEN (Hrsg.):
Erfassen von Schülerleistungen im Fach Mathematik der Hauptschule.
Handreichung zur Leistungsermittlung und Leistungsbeurteilung.
München 1992.
Rechte beim Herausgeber.

Abbildungen

Goya (S. 262)
© AKG, Berlin.

Vogel im Flug (S. 262)
© Okapia, Frankfurt/Main.

Notgeld (S. 266)
© Süddeutscher Bilderdienst, München.